铁路工程建设标准汇编

路 基 工 程

中 国 铁 道 出 版 社

2009年·北京

内 容 简 介

本汇编收录了铁道部现行的青藏铁路高原多年冻土区路基工程质量检验评定及验收标准(试行)、铁路路基边坡绿色防护技术暂行规定、铁路路基工程施工质量验收标准、铁路工程土工试验规程、铁路路基设计规范、客运专线铁路路基工程施工技术指南、客运专线铁路路基工程施工质量验收暂行标准、变形模量 E_{V2} 检测规程(试行)、铁路路基支挡结构设计规范、铁路特殊路基设计规范、铁路路基土工合成材料应用设计规范、客货共线铁路路基工程施工技术指南、铁路路堑边坡光面(预裂)爆破技术规程等铁路路基工程相关标准,可供相关人员参考。

图书在版编目(CIP)数据

铁路工程建设标准汇编. 路基工程/铁路工程技术标准所编. —北京:中国铁道出版社,2009.8
ISBN 978-7-113-09335-8

Ⅰ.铁… Ⅱ.①铁…②铁… Ⅲ.①铁路工程-工程施工-标准-汇编-中国②铁路路基-工程施工-标准-汇编-中国 Ⅳ.U215-65

中国版本图书馆 CIP 数据核字(2008)第 169752 号

书　　名:铁路工程建设标准汇编
　　　　　路 基 工 程

作　　者:铁路工程技术标准所　编

策划编辑:江新锡　许士杰
责任编辑:徐　艳　　电话:(010)51873065　　电子信箱:xy810@eyou.com
封面设计:冯龙彬
责任校对:张玉华
责任印制:李　佳

出版发行:中国铁道出版社(100054,北京市宣武区右安门西街 8 号)
网　　址:http://www.tdpress.com
印　　刷:北京铭成印刷有限公司印刷
版　　次:2009 年 9 月第 1 版　2009 年 9 月第 1 次印刷
开　　本:787 mm×1 092 mm　1/16　印张:72　字数:1 748 千字
书　　号:ISBN 978-7-113-09335-8/TU·976
定　　价:230.00 元

前　言

铁路工程建设标准是落实铁路建设总体技术路线和目标控制要求的综合体现，是确定工程实施方案和系统技术措施的基本依据，是实现铁路建设科学化、规范化管理的重要保障。制定和实施标准，对及时总结先进、成熟、可靠、有效的科技创新成果和工程实践经验，确保工程质量和安全，促进技术进步，提高社会效益和经济效益，全面提升铁路建设水平等具有重要意义。

铁路工程建设标准包括铁路线路、轨道、路基、桥涵、隧道、站场、机务设备、通信、信号、电力、电力牵引供电、给水排水、房建与暖通、环境保护等专业，分为综合、勘察、设计、施工、验收等类别。截至2009年8月，现行铁路工程建设标准共计204项，其中国家标准7项、行业标准109项、技术指南18项、具有标准性质而未编标准号的规章和技术规定70项。

近年来，为全面落实“以人为本、服务运输、强本简末、系统优化、着眼发展”的建设理念，适应又好又快推进大规模、高标准铁路建设的需要，铁路工程建设标准工作建立了灵活机动、迅速有效的动态管理机制，铁路工程建设标准不断吸收成功的先进技术，其技术先进性、经济合理性、安全可靠性、时效性和可操作性得到了全面提升，为现代化铁路建设提供了强大的技术支撑。

为了方便铁路工程建设者学习、掌握铁路工程建设标准，并在铁路工程建设过程中准确地执行、运用标准，保证标准的权威性、严肃性落到实处，我们对现行铁路工程建设标准进行了系统整理，现汇编出版，供各级领导干部、工程技术人员、管理人员和施工操作人员使用。

铁路工程建设标准汇编收集了截至2009年8月发布的现行铁路工程建设标准，按专业共分为：综合（上）、综合（下）、工程测量、地质水文、线路轨道工程、路基工程、桥涵工程、隧道工程、站场枢纽工程、房屋建筑及给水排水工程、混凝土工程。

在铁路工程建设标准汇编整理过程中，对原版本中的内容进行了勘误，并按历次发布的局部修订文件进行了条文修订。同时，对标准中容易产生歧义的编排做了调整，以便读者准确理解标准的涵义。

科学技术在不断进步，铁路工程建设标准也会不断地更新、提高和完善。因此，读者在使用本标准汇编过程中，应注意相关工程建设标准的变化情况，并及时更新相应内容。

铁路工程技术标准所

2009年8月

总 目 录

中华人民共和国行业标准

建技〔2002〕18号

青藏铁路高原多年冻土区路基工程质量检验评定及验收标准（试行）

2002—02—27 发布　　　　2002—02—27 实施

中华人民共和国铁道部　发布

前 言

为了加强青藏铁路高原多年冻土区路基施工质量管理,确保路基工程质量,根据铁道部建设管理司“关于下达《青藏铁路高原多年冻土区工程施工及验收暂行规定》(含质量检验评定标准)编制任务的通知”(建技〔2001〕20 号)的要求,按照《青藏铁路高原多年冻土区工程设计暂行规定》(上册)和《青藏铁路高原多年冻土区工程施工暂行规定》(上册)的有关标准与规定,结合青藏高原多年冻土区路基工程的特点及既有工程建设的经验,特制定本标准。

本标准共分 6 章:第 1 章总则;第 2 章工程质量检验评定方法;第 3 章区间路基;第 4 章支挡建筑物;第 5 章站场路基;第 6 章路基工程验收。另有 11 个附录。

在执行本标准过程中,希望各单位结合工程实践和科研成果,认真总结经验,积累资料。如发现需要修改和补充之处,请及时将意见和有关资料寄交中铁五局(集团)有限公司(贵阳市枣山路 23 号,邮编 550003),并抄送铁道部建设管理司技术标准处(北京市复兴路 10 号,邮编 100844),供今后修订时参考。

本标准由铁道部建设管理司负责解释。

本标准主编单位:中铁五局(集团)有限公司。

本标准参编单位:铁道第一勘察设计院。

本标准主要起草人员:王永义、王忆宁、周晋筑、邓小卫、谢一振、王光金、苟祖宽、方东明、包黎明、龙锦永。

目　　次

1 总 则

1.0.1 为统一青藏铁路高原多年冻土区路基工程质量检验评定及验收的方法和标准，加强工程质量管理，保障工程质量，制定本标准。

1.0.2 本标准适用于青藏铁路高原多年冻土区路基工程质量的检验评定及验收。

1.0.3 本标准所依据的标准和规范主要有：

1 铁道部已颁布的涉及路基及相关专业的规范、标准；

2 《青藏铁路高原多年冻土区工程勘察暂行规定》；

3 《青藏铁路高原多年冻土区工程设计暂行规定》(上册)；

4 《青藏铁路高原多年冻土区工程施工暂行规定》(上册)。

1.0.4 本标准是对现行《铁路路基工程质量检验评定标准》(TB 10414—98)的补充，应在工程实践中总结经验，进一步完善有关内容。

1.0.5 青藏铁路高原多年冻土区路基工程质量的检验评定及验收，除应符合本标准外，尚应符合国家现行有关强制性标准的规定。

2　工程质量检验评定方法

2.1　质量检验项目的划分

2.1.1　青藏铁路高原多年冻土区路基工程（以下简称路基工程）质量的检验与评定应划分为分项、分部和单位工程进行，并应符合下列规定：

1　分项工程——按工种、工序、所用材料等划分，其检验项目由下述三个项目或其中的两个项目组成：

1）保证项目——保证工程安全和使用功能，对工程质量有决定性影响的检验项目；

2）基本项目——保证工程安全和使用功能，对工程质量有重要影响的检验项目；

3）允许偏差项目——在检测中允许少量检测点超出本标准规定的偏差范围，但仍可满足工程安全和使用功能的检验项目。

2　分部工程——按一个完整部位、主要结构、施工特点或施工阶段划分。

3　单位工程——按一个完整的工程项目或相当规模的施工范围划分。

2.1.2　根据对整体路基工程质量的影响程度，分部工程应划分为重要分部工程和一般分部工程。

2.1.3　路基工程质量检验项目划分应符合表 2.1.3 的规定。

表 2.1.3　路基工程质量检验项目划分

单位工程	分部工程	分项工程	检验项目条款号		
			保证项目	基本项目	允许偏差项目
区间路基	少冰、多冰冻土及多年冻土融区地段路堤	路堤地基表层	3.1.1～3.1.3	3.1.4、3.1.5	3.1.6、3.1.7
		基床以下填层	3.2.1、3.2.2	3.2.3	3.2.4
		基床填层	3.3.1～3.3.3	3.3.4、3.3.5	3.3.6、3.3.7
		路基面	3.4.1	3.4.2	
		加筋填层	3.5.1～3.5.3	3.5.4、3.5.5	3.5.6、3.5.7
		填石层	3.6.1、3.6.2	3.6.3	3.6.4
		路堤边坡	3.7.1		3.7.2
		路堤水沟	3.8.1～3.8.5	3.8.6～3.8.10	3.8.11
		挡水埝	3.9.1～3.9.3	3.9.4	3.9.5
		取土场	3.10.1～3.10.3	3.10.4	
	※高含冰量冻土地段路堤	路堤基底换填	3.11.1～3.11.3	3.11.4	3.11.5、3.11.6
		路堤地基表层	3.12.1、3.1.1～3.1.3	3.1.4、3.1.5	3.1.7
		基床以下填层	3.13.1、3.2.1、3.2.2	3.2.3	3.2.4
		基床填层	3.14.1、3.3.1～3.3.3	3.3.4、3.3.5	3.3.6、3.3.7
		路基面	3.15.1、3.4.1	3.4.2	

续上表

单位工程	分部工程	分项工程	检验项目条款号		
			保证项目	基本项目	允许偏差项目
区间路基	※高含冰量冻土地段路堤	工业保温材料保温层	3.16.1～3.16.4	3.16.5	3.16.6～3.16.8
		通风管通风路堤	3.17.1～3.17.3	3.17.4、3.17.5	3.17.6
		块、片石通风路堤	3.18.1、3.18.2	3.18.3、3.18.4	3.18.5、3.18.6
		热棒	3.19.1、3.19.2	3.19.3	3.19.4
		复合土工膜防渗层	3.20.1～3.20.3	3.20.4、3.20.5	3.20.6、3.20.7
		加筋填层	3.21.1、3.5.1～3.5.3	3.5.4、3.5.5	3.5.6、3.5.7
		填石层	3.22.1、3.6.1、3.6.2	3.6.3	3.6.4
		保温护道	3.23.1、3.23.2	3.23.3	3.23.4
		通风护道	3.24.1	3.24.2	3.24.3
		路堤边坡	3.25.1、3.7.1		3.7.2
		挡水埝	3.26.1、3.9.1～3.9.3	3.9.4	3.9.5
		路堤水沟	3.27.1、3.27.2	3.27.3～3.27.5	3.27.6
		取土场	3.28.1、3.10.1～3.10.3	3.10.4	
		弃土堆	3.29.1、3.29.2	3.29.3、3.29.4	
		地温和沉降监测	3.30.1～3.30.3	3.30.4	
	少冰多冰冻土及多年冻土融区地段路堑	基床表层换填	3.31.1、3.31.2	3.31.3、3.31.4	3.31.5
		路基面	3.32.1、3.32.2	3.32.3	3.32.4
		路堑边坡	3.33.1	3.33.2	3.33.3
		路堑水沟	3.34.1～3.34.4	3.34.5	3.34.6、3.34.7
		保温渗水暗沟	3.35.1～3.35.4	3.35.5～3.35.9	3.35.10、3.35.11
		路堑爆破	3.36.1、3.36.2	3.36.3	
		半填半挖路基	3.37.1～3.37.4	3.37.5	3.37.6
	※高含冰量冻土地段路堑	路堑基底换填	3.38.1～3.38.3	3.38.4、3.38.5	3.38.6
		工业保温材料保温层	3.39.1、3.16.1～3.16.4	3.16.5	3.16.6～3.16.8
		复合土工膜防渗层	3.40.1、3.20.1～3.20.3	3.20.4、3.20.5	3.20.6、3.20.7
		路基面	3.41.1、3.32.1	3.32.3	
		路堑边坡	3.42.1、3.33.1	3.33.2	3.33.3
		路堑边坡换填	3.43.1～3.43.3	3.43.4	3.43.5
		堑顶包角	3.44.1、3.44.2	3.44.3	3.44.4
		挡水埝	3.45.1、3.9.1～3.9.3	3.9.4	3.9.5
		路堑水沟	3.46.1～3.46.3	3.46.4、3.46.5	3.46.6
		保温渗水暗沟	3.47.1、3.35.1～3.35.4	3.35.5～3.35.9	3.35.10、3.35.11
		路堑爆破	3.48.1、3.48.2	3.48.3、3.48.4	
		半填半挖路基	3.49.1～3.49.5	3.49.6、3.49.7	3.49.8、3.49.9
		弃土堆	3.50.1、3.29.1、3.29.2	3.29.3、3.29.4	
		取土场	3.51.1、3.10.1～3.10.3	3.10.4	
		地温和沉降监测	3.52.1、3.30.1～3.30.3	3.30.4	

续上表

单位工程	分部工程		分项工程	检验项目条款号		
				保证项目	基本项目	允许偏差项目
区间路基	过渡段	冻土地质结构过渡段	高含冰量冻土不同地温过渡段	3.53.1		
			高含冰量冻土与少冰、多冰冻土过渡段	3.54.1		
			多年冻土区与融区过渡段	3.55.1		
		路堤与桥梁过渡段	地基表层	3.56.1、3.1.1~3.1.3	3.1.4、3.1.5	3.1.6、3.1.7
			基床表层以下填层	3.57.1、3.57.2	3.57.3、3.57.4	3.57.5、3.57.6
			基床表层	3.58.1、3.3.1~3.3.3 3.57.2	3.3.4、3.3.5	3.3.6、3.3.7
			路基面	3.59.1、3.4.1	3.4.2	
			工业保温材料保温层	3.60.1、3.16.1~3.16.4	3.16.5	3.16.6~3.16.8
			加筋填层	3.61.1、3.5.1~3.5.3	3.5.4、3.5.5	3.5.6、3.5.7
			保温护道	3.62.1、3.23.1、3.23.2	3.23.3	3.23.4
			过渡段边坡	3.63.1、3.7.1		3.7.2
		※高含冰量冻土地段路堤与路堑过渡段	基底换填	3.64.1、3.11.1~3.11.3	3.11.4	3.11.5、3.11.6
			基床以下填层	3.65.1、3.2.1、3.2.2	3.2.3	3.2.4
			基床填层	3.66.1、3.3.1~3.3.3	3.3.4、3.3.5	3.3.6、3.3.7
			路基面	3.67.1、3.4.1	3.4.2	
			工业保温材料保温层	3.68.1、3.16.1~3.16.4	3.16.5	3.16.6~3.16.8
			复合土工膜防渗层	3.69.1、3.20.1~3.20.3	3.20.4、3.20.5	3.20.6、3.20.7
			过渡段边坡	3.70.1、3.7.1		3.7.2
			地温和沉降监测	3.71.1、3.30.1~3.30.3	3.30.4	
	冰椎、冻胀丘地段路基(包括爆炸性充水鼓丘)		路堤基底换填	3.72.1、3.11.1~3.11.3	3.11.4	3.11.5、3.11.6
			路堤地基表层	3.73.1、3.1.1~3.1.3	3.1.4、3.1.5	3.1.6、3.1.7
			基床以下填层	3.74.1、3.2.1、3.2.2	3.2.3	3.2.4
			基床填层	3.75.1、3.3.1~3.3.3	3.3.4、3.3.5	3.3.6、3.3.7
			路基面	3.76.1、3.4.1	3.4.2	
			工业保温材料保温层	3.77.1、3.16.1~3.16.4	3.16.5	3.16.6~3.16.8
			复合土工膜防渗层	3.78.1、3.20.1~3.20.3	3.20.4、3.20.5	3.20.6、3.20.7
			加筋填层	3.79.1、3.5.1~3.5.3	3.5.4、3.5.5	3.5.6、3.5.7
			保温护道	3.80.1、3.23.1、3.23.2	3.23.3	3.23.4
			路堤边坡	3.81.1、3.7.1		3.7.2
			挡水捻	3.82.1、3.9.1~3.9.3	3.9.4	3.9.5
			路堤水沟	3.83.1、3.8.1~3.8.5 3.27.1、3.27.2	3.8.6~3.8.10、 3.27.3~3.27.5	3.8.11、3.27.6
			保温渗水暗沟	3.84.1、3.35.1~3.35.4	3.35.5~3.35.9	3.35.10、3.35.11

续上表

单位工程	分部工程	分项工程	检验项目条款号		
			保证项目	基本项目	允许偏差项目
区间路基	热融滑坍地段路基	路基基底换填	3.85.1、3.11.1~3.11.3、3.38.1~3.38.3	3.11.4、3,38.4、3.38.5	3.11.5、3.11.6、3.38.6
		路堤地基表层	3.86.1、3.1.1~3.1.3	3.1.4、3.1.5	3.1.7
		基床以下填层	3.87.1、3.2.1、3.2.2	3.2.3	3.2.4
		基床填层	3.88.1、3.3.1~3.3.3	3.3.4、3.3.5	3.3.6、3.3.7
		路基面	3.89.1、3.4.1、3.32.1	3.4.2、3.32.3	
		工业保温材料保温层	3.90.1、3.16.1~3.16.4	3.16.5	3.16.6~3.16.8
		复合土工膜防渗层	3.91.1、3.20.1~3.20.3	3.20.4、3.20.5	3.20.6、3.20.7
		保温护道	3.92.1、3.23.1、3.23.2	3.23.3	3.23.4
		路基边坡	3.93.1、3.7.1、3.33.1	3.33.2	3.7.2、3.33.3
		保温护坡	3.94.1、3.94.2	3.94.3	3.94.4
		路堑边坡换填	3.95.1、3.43.1~3.43.3	3.43.4	3.43.5
		堑顶包角	3.96.1、3.44.1、3.44.2	3.44.3	3.44.4
		挡水埝	3.97.1、3.9.1~3.9.3	3.9.4	3.9.5
		路基水沟	3.98.1、3.27.1、3.27.2、3.46.1~3.46.3	3.27.3~3.27.5、3.46.4、3.46.5	3.27.6、3.46.6
	热融湖（塘）地段路基	路堤基底换填	3.99.1、3.11.1、3.11.2	3.11.4	3.11.5、3.11.6
		抛石挤淤	3.100.1、3.100.2	3.100.3	3.100.4、3.100.5
		基床以下填层	3.101.1、3.2.1、3.2.2	3.2.3	3.2.4
		基床填层	3.102.1、3.3.1~3.3.3	3.3.4、3.3.5	3.3.6、3.3.7
		路基面	3.103.1、3.4.1	3.4.2	
		工业保温材料保温层	3.104.1、3.16.1~3.16.4	3.16.5	3.16.6~3.16.8
		复合土工膜隔断层	3.105.1、3.20.1~3.20.3	3.20.4、3.20.5	3.20.6、3.20.7
		通风护道	3.106.1、3.24.1	3.24.2	3.24.3
		路堤边坡	3.107.1、3.7.1		3.7.2
		地温和沉降监测	3.108.1、3.30.1~3.30.3	3.30.4	
	※冻土沼泽（沼泽化湿地）地段路基	路堤基底换填	3.109.1、3.11.1~3.11.3	3.11.4	3.11.5、3.11.6
		抛石挤淤	3.110.1、3.100.1、3.100.2	3.100.3	3.100.4、3.100.5
		基床以下填层	3.111.1、3.2.1、3.2.2	3.2.3	3.2.4
		基床填层	3.112.1、3.3.1~3.3.3	3.3.4、3.3.5	3.3.6、3.3.7
		路基面	3.113.1、3.4.1	3.4.2	
		工业保温材料保温层	3.114.1、3.16.1~3.16.4	3.16.5	3.16.6~3.16.8
		复合土工膜隔断层	3.115.1、3.20.1~3.20.3	3.20.4、3.20.5	3.20.6、3.20.7
		通风护道	3.116.1、3.24.1	3.24.2	3.24.3
		路堤边坡	3.117.1、3.7.1		3.7.2
		挡水埝	3.118.1、3.9.1~3.9.3	3.9.4	3.9.5
		地温和沉降监测	3.119.1、3.30.1~3.30.3	3.30.4	

续上表

单位工程	分部工程	分项工程	检验项目条款号		
			保证项目	基本项目	允许偏差项目
区间路基	路基防护	拼装式骨架护坡	3.120.1~3.120.5	3.120.6~3.120.8	3.120.9、3.120.10
支挡建筑物	"L"型悬臂式挡土墙	明挖基础	4.1.1、4.6.1、4.6.2、4.6.5	4.6.7、4.6.10	4.6.11、4.6.12
		挡土墙墙身	4.2.1、4.2.2	4.2.3~4.2.5	4.2.6
		墙背填筑	4.3.1~4.3.3	4.3.4	4.3.5
		工业保温材料保温层	4.4.1、4.4.2	4.4.3	4.4.4
		隔水层	4.5.1、3.20.1~3.20.3	3.20.4、3.20.5	3.20.6、3.20.7
	锚杆挡土墙	明挖基础	4.6.1~4.6.6	4.6.7~4.6.10	4.6.11、4.6.12
		锚杆	4.7.1~4.7.4	4.7.5、4.7.6	4.7.7
		肋柱	4.8.1	4.8.2	4.8.3
		墙面板	4.9.1	4.9.2、4.9.3	4.9.4
		墙背填筑	4.10.1、4.3.1~4.3.3	4.3.4	4.3.5
		工业保温材料保温层	4.11.1、4.4.1、4.4.2	4.4.3	4.4.4
		隔水层	4.12.1、3.20.1~3.20.3	3.20.4、3.20.5	3.20.6、3.20.7
	桩板式挡土墙	锚固桩	4.13.1~4.13.5	4.13.6、4.13.7	4.13.8
		桩间挡土板	4.14.1、4.9.1	4.9.2、4.9.3	4.9.4
		墙背填筑	4.15.1、4.3.1~4.3.3	4.3.4	4.3.5
		工业保温材料保温层	4.16.1、4.4.1、4.4.2	4.4.3	4.4.4
		隔水层	4.17.1、3.20.1~3.20.3	3.20.4、3.20.5	3.20.6、3.20.7
站场路基	填方路基	基底换填	5.1.1、3.11.1~3.11.3	3.11.4	3.11.5、3.11.6
		地基表层	5.2.1、3.1.1~3.1.3	3.1.4、3.1.5	3.1.6、3.1.7
		路基填筑	5.3.1、3.2.1、3.2.2、3.3.1~3.3.3	3.2.3、3.3.4、3.3.5	3.2.4、3.3.6、3.3.7
		路基面	5.4.1、3.4.1	3.4.2	
		工业保温材料保温层	5.5.1、3.16.1~3.16.4	3.16.5	3.16.6~3.16.8
		复合土工膜防渗层	5.6.1、3.20.1~3.20.3	3.20.4、3.20.5	3.20.6、3.20.7
		填方路基边坡	5.7.1、3.7.1		3.7.2
		取土场	5.8.1、3.10.1~3.10.3	3.10.4	
		弃土堆	5.9.1、3.29.1、3.29.2	3.29.3、3.29.4	
	挖方路基	基床表层换填	5.10.1、3.31.1、3.31.2	3.31.3、3.31.4	3.31.5
		基底换填	5.11.1、3.38.1~3.38.3	3.38.4、3.38.5	3.38.6
		工业保温材料保温层	5.12.1、3.16.1~3.16.4	3.16.5	3.16.6~3.16.8
		复合土工膜防渗层	5.13.1、3.20.1~3.20.3	3.20.4、3.20.5	3.20.6、3.20.7
		路基面	5.14.1、3.32.1、3.32.2	3.32.3	3.32.4
		挖方路基边坡	5.15.1、3.33.1	3.33.2	3.33.3
		挖方路基边坡换填	5.16.1、3.43.1~3.43.3	3.43.4	3.43.5

续上表

单位工程	分部工程	分项工程	检验项目条款号		
			保证项目	基本项目	允许偏差项目
站场路基	挖方路基	堑顶包角	5.17.1、3.44.1、3.44.2	3.44.3	3.44.4
		挖方路基爆破	5.18.1、3.36.1、3.36.2、3.48.1、3.48.2	3.36.3、3.48.3、3.48.4	
		弃土堆	5.19.1、3.29.1、3.29.2	3.29.3、3.29.4	
		取土场	5.20.1、3.10.1~3.10.3	3.10.4	
	※站场路基排水	挡水埝	5.21.1、3.9.1~3.9.3	3.9.4	3.9.5
		保温渗水暗沟	5.22.1、3.35.1~3.35.4	3.35.5~3.35.9	3.35.10、3.35.11
		排水管道	5.23.1、5.23.2	5.23.3	
		排水沟槽	5.24.1、3.8.1~3.8.5、3.27.1、3.27.2、3.34.1~3.34.4、3.46.1~3.46.3	3.8.6~3.8.10、3.27.3~3.27.5、3.34.5、3.46.4、3.46.5	3.8.11、3.27.6、3.34.6、3.34.7、3.46.6
		检查井和沉淀井	5.25.1、5.25.2	5.25.3	5.25.4

注：带“※”的分部工程为重要分部工程。

2.1.4 厂制成品、设备应进行检验，但不参与评定。

2.2 质量等级的划分

2.2.1 分项、分部、单位工程质量的检验评定应划分为合格和优良两个等级。

2.2.2 分项工程的质量等级应符合下列规定：

1 合格

1）保证项目必须符合本标准对该项目规定的质量要求；

2）基本项目抽检的点（处、件，下同）应符合本标准对该项目规定的合格要求；

3）允许偏差项目抽检点数中应有 80% 及以上的实测值在该项目规定的允许偏差范围内。

2 优良

1）保证项目必须符合本标准对该项目规定的质量要求。

2）基本项目抽检的点中，应在合格的基础上有 60% 及以上符合本标准对该项目规定的优良标准，该项目即为优良；同时，优良的项目数应占检验项目数的 60% 及以上。

3）允许偏差项目抽检点数中应有 90% 及以上的实测值在该项目规定的允许偏差范围内。

2.2.3 当分项工程质量经检验不符合本标准的合格规定时，应按以下规定确定其质量等级：

1 返工重做的可重新评定其质量等级。

2 经加固补强且经有资质的检测单位鉴定，能够达到设计要求的，其质量仅可评为合格。

3 无法加固补强，但经建设单位组织有关部门确认，能够满足结构安全和使用功能要求的,其质量仅可定为合格,但其所在的分部工程和单位工程不得评为优良。

2.2.4　分部工程的质量等级应符合下列规定:

1　合格:所含分项工程的质量全部合格。

2　优良:所含分项工程的质量全部合格,其中有60%及以上为优良。

2.2.5　单位工程的质量等级应符合下列规定:

1　合格:所含分部工程的质量全部合格。

2　优良:所含分部工程的质量全部合格,其中有60%及以上为优良,且重要分部工程的质量为优良。

2.3　质量检验评定的程序和组织

2.3.1　分项、分部和单位工程质量的检验评定应由施工单位与监理单位共同进行,并按所划分的项次分级签认。

2.3.2　分项工程质量应在自检合格的基础上,由工程队或项目经理部技术和质量负责人组织有关人员进行检验评定,经监理工程师核定后,由工程队或项目经理部按表2.3.2填写分项工程质量检验评定表,并按要求提供给有关单位。

2.3.3　分部工程质量应由工程队或项目经理部负责人组织有关人员进行评定,经监理分站负责人核定后,由工程队或项目经理部按表2.3.3填写分部工程质量评定表,并按要求提供给有关单位。

2.3.4　单位工程质量应由工程指挥部负责人组织有关部门进行评定,经总监理工程师核定后,由工程指挥部按表2.3.4填写单位工程质量评定表,并按要求提供给有关单位。

2.3.5　当单位工程尚未全部竣工,而部分工程已具备一定的生产能力需要组织验交时,则该部分工程也可视为一个单位工程进行质量检验和评定。

表 2.3.2 ××分项工程质量检验评定表

单位工程名称　　　　　　分部工程名称　　　　　　施工单位

		项　目	质　量　情　况
保证项目	1		
	2		
	3		
	4		
	5		
	6		
	7		
	8		

		项　目	质量情况										等级
			1	2	3	4	5	6	7	8	9	10	
基本项目	1												
	2												
	3												
	4												
	5												
	6												

		项　目	允许偏差	实测值									
				1	2	3	4	5	6	7	8	9	10
允许偏差项目	1												
	2												
	3												
	4												
	5												
	6												
	7												
	8												

检验结果	保证项目	
	基本项目	检查　　项,其中优良　　项,优良率　　%
	允许偏差项目	实测　　点,其中合格　　点,合格率　　%

评定等级	工程队或项目经理部质检工程师:	核定等级		监理工程师:
	工程队或项目经理部技术负责人:			
	工程队或项目经理部负责人:			

年　月　日

表 2.3.3 ××分部工程质量评定表

单位工程名称　　　　　　　　　　　　施工单位

项次	分项工程名称	项数	其中优良项数	备注
1				
2				
3				
4				
5				
6				
7				
8				
9				
10				
11				
12				
13				
14				
15				
16				
17				
18				
19				
20				
21				
22				
23				
24				
合计				优良率　%

评定等级		工程队或项目经理部质检工程师: 工程队或项目经理部技术负责人: 工程队或项目经理部负责人:	核定等级		监理工程师: 监理分站负责人:

年　月　日

表 2.3.4　单位工程质量评定表

单位工程名称　　　　　　开工日期：　年　月　日
施　工　单　位
工　程　地　点
工　程　数　量　　　　　　竣工日期：　年　月　日

项次	分部工程名称	核定质量等级	备　注
1			
2			
3			
4			
5			
6			
7			
8			
9			
10			
11			
12			
13			
14			
15			
16			
17			
18			
19			

合计项数：　　　　其中优良项数：　　　　优良率：　%

<table>
<tr><td rowspan="3">评定等级</td><td rowspan="3"></td><td>工程队或项目经理部负责人：</td><td rowspan="3">核定等级</td><td rowspan="3"></td><td rowspan="3">总监理工程师：

公　章
年　月　日</td></tr>
<tr><td>工程指挥部技术负责人：</td></tr>
<tr><td>工程指挥部负责人：

公　章
年　月　日</td></tr>
</table>

3 区间路基

I 少冰、多冰冻土及多年冻土融区地段路堤

3.1 路堤地基表层

(Ⅰ)保 证 项 目

3.1.1 原地表草皮不宜清除。开挖地段在开挖前,应按设计要求将原地表草皮移植。

检验数量:全段检查。

检验方法:目测,查施工记录。

3.1.2 路堤地基表层应符合下列要求:

1 地基表层松散土层处理符合《铁路路基设计规范》(TB 10001—99)的有关规定。当地表有草皮时,压实质量根据试验段确定的压实遍数控制。

2 地基翻挖回填和换填的深度、填料种类及基技术条件、压实质量应符合设计要求。

3 按设计开挖的台阶基底完整、密实,大致平齐,台阶宽度不小于1.0 m或符合要求。

4 原地面坑穴处理彻底,无质量隐患,符合设计要求。

检验数量:全段检查,并符合本标准附录A、附录B或附录C的有关规定。

检验方法:随施工目测、尺量,查试验报告、检测报告和施工记录。

3.1.3 抛填片石的石料强度、块径和压实质量应按本标准第3.100.1、3.100.2条的规定检验。

(Ⅱ)基 本 项 目

3.1.4 地基范围及其两侧的地面排水、防渗和地下水拦截、引排应符合设计要求,并在路基施工前预先完成。地下水的出露位置和处理前、后的出水情况应有记录。

合格:达到设计要求。

优良:符合设计要求,排水设施施做及时,排、防水及出水口处理效果良好。

检验数量:全段检查。

检验方法:随施工观察,查检查证及施工记录。

3.1.5 盐渍土地段按一般路基处理的地基,其含盐量应小于设计规定的容许值。且含水量不得大于液限。

合格:达到设计要求。

优良:符合设计要求,含盐量及含水量均有效地控制在容许值以内。

检验数量:全段检查。

检验方法:查试验报告。

(Ⅲ)允许偏差项目

3.1.6 换填地基位置和换填顶面高程、中线至边缘距离、宽度、横坡、平整度允许偏差应符合本标准第3.2.4、3.11.5条的有关规定。

3.1.7 抛填片石地基边线、顶面宽度、顶面高程允许偏差应符合本标准第3.100.4条的规定。

3.2 基床以下填层

(Ⅰ)保 证 项 目

3.2.1 基床以下填层填料的种类、技术条件应符合设计及表3.2.1的规定。每一压实层全宽应采用同一种类且条件相同的填料(特殊设计除外)。

表3.2.1 基床以下部位填料使用范围

填料类别名称		条件说明	不浸水部分	浸水部分
岩块	硬块石		宜	宜
	软块石	微风化(非泥质岩石)	宜	可
		弱风化	可	不宜
		强风化	不得	不得
粗粒土	漂石土、卵石土、碎石土、圆砾土、角砾土	细粒土含量≤15%,级配良好	宜	宜
		细粒土含量在15%~30%,级配不良	宜	不宜
		细粒土含量>30%	可	不宜
	砾砂、粗砂、中砂		宜	宜
	细砂	有防止振动液化和增强水稳性措施	宜	可
		无防止振动液化和增强水稳性措施	可	不得
	粉砂	有防止振动液化和增强水稳性措施	可	不宜
		无防止振动液化和增强水稳性措施	不宜	不得
	黏砂		宜	不宜
细粒土	砂粉土、砂黏土		宜	不宜
	粉土、粉黏土		可	不宜
	黏粉土、黏土		不得	不得
	有机土		严禁	严禁
冻土			严禁	严禁

检验数量:全工点检查,并符合本标准附录A的有关规定。

检验方法:随压实层目测检查同屋填料,查试验报告和施工记录。

3.2.2 基床以下填层的压实质量应符合表3.2.2的规定。

表 3.2.2 基床以下填层压实标准

填筑部位	填料类别 / 压实指标	细粒土和黏砂、粉砂	细砂、中砂粗砂、砾砂	砾石类	碎石类	块石类混合料
不浸水部分	压实系数 K_h	0.86	—	0.86	0.86	—
	地基系数 K_{30}(MPa/cm)	0.7	0.7	0.8	0.8	1.0
	相对密度 D_r	—	0.65	0.65	0.65	—
浸水部分及涵洞缺口	压实系数 K_h	0.89	—	0.89	0.89	—
	地基系数 K_{30}(MPa/cm)	0.8	0.8	1.0	1.0	1.2
	相对密度 D_r	—	0.7	0.7	0.7	—

注:1 K_h 为重型击实试验的压实系数。
2 地基系数 K_{30} 应按本标准附录 D 的要求进行测定,以下同。
3 涵洞缺口指涵洞两侧每边不小于涵洞孔径 2 倍的范围。
4 基床以下填层的压实质量,对细粒土和黏砂、粉砂及可击实的砾石类土、碎石类土应采用压实系数与地基系数作为控制指标;对细砂、中砂、粗砂、砾砂及不可击实的砾石类土、碎石类土应采用相对密度与地基系数作为控制指标;对块石类混合料应采用地基系数作为控制指标。
5 当填土中粒径大于 40 mm 的颗粒含量不超过 30% 时,其击实试验方法应执行本标准附录 H 的规定;当填土中粒径大于 40 mm 的颗粒含量超过 30% 时,其击实试验方法应执行本标准附录 J、附录 K 的规定;当填土为不可击实的砾石类土和碎石类土时,其最大干密度和最小干密度的试验方法应执行本标准附录 J、附录 L 的规定。

检验数量:全工点检查,并符合本标准附录 C 的有关规定。

检验方法:查检测报告。

(Ⅱ)基 本 项 目

3.2.3 基床以下填层填筑压实应符合下列规定:

1 填层填料中的土块应打碎。

2 必须分层填筑压实。每填筑层虚铺厚度及碾压遍数应经试验段确定。

3 碾压时填料含水量应控制在由试验段确定的施工允许含水量范围内。

4 分层压实面宜平整,无积水、无明显碾压轮迹、无显著局部凸凹等现象。路拱坡面应符合设计。

5 上下相接的压实层使用不同种类及颗粒条件的填料时,其粒径应符合 $D_{15}/d_{85} \leq 4$(两渗水土间)或 $D_{15} < 0.5$ mm(非渗水土与渗水土间)的要求。

6 分段填筑的路堤,先填地段在接头处留有高度不大于 1 m、宽度不小于 1.5 m 的台阶。

合格:达到设计及上述要求。

优良:符合设计及上述要求,层面平整,横坡平顺,排水良好。

检验数量:每压实层。

检验方法:随施工观察,查施工记录。

(Ⅲ)允许偏差项目

3.2.4 基床以下路堤顶面高程、中线至边缘距离、宽度、横坡、平整度及浸水与不浸水部分分界高程允许偏差应符合表3.2.4的规定。

表3.2.4 基床以下路堤顶面高程、中线至边缘距离、宽度、横坡、平整度及浸水与不浸水部分分界高程允许偏差

序号	项目	允许偏差	检验数量	检验方法
1	顶面高程	±50 mm	每100 m检查3点	水准仪测
2	中线至边缘距离	±50 mm	每100 m检查3点	尺量
3	宽度	不小于设计值	每100 m检查3点	尺量
4	横坡	±0.5%	每100 m检查2个断面	坡度尺量
5	平整度	20 mm 填石路堤50 mm	每100 m检查5点	2.5 m长直尺量测
6	浸水与不浸水部分分界高程	−100 mm	每100 m检查3点	水准仪测或尺量

3.3 基床填层

（Ⅰ）保证项目

3.3.1 基床填层填料的种类、技术条件应符合设计及表3.3.1的规定。每一压实层全宽应使用同一种类且条件相同的填料(有特别设计时,应符合其使用要求)。

表3.3.1 基床部位填料使用范围

<table>
<tr><th colspan="2" rowspan="3">填料类别名称</th><th colspan="2" rowspan="3">条件说明</th><th colspan="4">地区年平均降水量(mm)</th></tr>
<tr><th colspan="2">不大于500</th><th colspan="2">大于500</th></tr>
<tr><th>表层</th><th>底层</th><th>表层</th><th>底层</th></tr>
<tr><td rowspan="5">岩块</td><td>硬块石</td><td colspan="2"></td><td>不得</td><td>可</td><td>不得</td><td>可</td></tr>
<tr><td rowspan="3">软块石</td><td colspan="2">微风化(非泥质岩石)</td><td>不得</td><td>可</td><td>不得</td><td>可</td></tr>
<tr><td colspan="2">弱风化</td><td>不得</td><td>可</td><td>不得</td><td>可</td></tr>
<tr><td colspan="2">强风化</td><td>严禁</td><td>不得</td><td>严禁</td><td>不得</td></tr>
<tr><td>漂石土</td><td colspan="2">细粒土含量小于30%</td><td>不得</td><td>可</td><td>不得</td><td>可</td></tr>
<tr><td rowspan="9">粗粒土</td><td rowspan="4">卵石土
碎石土
圆砾土
角砾土</td><td colspan="2">细粒土含量小于15%</td><td>宜</td><td>可</td><td>宜</td><td>可</td></tr>
<tr><td colspan="2">细粒土含量在15%~30%</td><td>宜</td><td>可</td><td>宜</td><td>可</td></tr>
<tr><td rowspan="2">细粒土含量大于30%</td><td>$I_p \leq 12, W_L \leq 32$</td><td>不宜</td><td>可</td><td>不宜</td><td>可</td></tr>
<tr><td>$I_p > 12, W_L > 32$</td><td>不宜</td><td>可</td><td>不得</td><td>可</td></tr>
<tr><td rowspan="2">砾砂、粗砂、中砂</td><td colspan="2">级配良好</td><td>宜</td><td>可</td><td>宜</td><td>可</td></tr>
<tr><td colspan="2">级配不良</td><td>宜</td><td>可</td><td>宜</td><td>可</td></tr>
<tr><td>细砂</td><td colspan="2"></td><td>不宜</td><td>可</td><td>不宜</td><td>可</td></tr>
<tr><td>粉砂</td><td colspan="2"></td><td>不宜</td><td>可</td><td>不得</td><td>可</td></tr>
<tr><td>黏砂</td><td colspan="2"></td><td>宜</td><td>可</td><td>宜</td><td>可</td></tr>
</table>

续上表

填料类别名称		条件说明	地区年平均降水量(mm)			
			不大于500		大于500	
			表层	底层	表层	底层
细粒土	砂粉土		宜	可	宜	可
	砂黏土	$I_p \leqslant 12, W_L \leqslant 32$	宜	可	宜	可
		$I_p > 12, W_L > 32$	可	可	不得	可
	粉土、粉黏土	$I_p \leqslant 12, W_L \leqslant 32$	不宜	可	不宜	可
		$I_p > 12, W_L > 32$	不宜	可	不得	可
	黏粉土、黏土		严禁	不得	严禁	不得
	有机土		严禁	严禁	严禁	严禁
冻土			严禁	严禁	严禁	严禁

检验数量:全工点检查,并符合本标准附录A的有关规定。

检验方法:随压实层目测检查同层填料,查试验报告和施工记录。

3.3.2　基床填层的压实质量应符合表3.3.2的规定。

表3.3.2　基床填层压实标准

填筑部位	压实指标 \ 填料类别	细粒土和黏砂、粉砂	细砂、中砂粗砂、砾砂	砾石类	碎石类	块石类混合料
表层	压实系数 K_h	0.91	—	0.91	0.91	—
	地基系数 K_{30}(MPa/cm)	0.9	1.0	1.2	1.2	—
	相对密度 D_r	—	0.75	0.75	0.75	—
底层	压实系数 K_h	0.89	—	0.89	0.89	—
	地基系数 K_{30}(MPa/cm)	0.8	0.8	1.0	1.0	1.2
	相对密度 D_r	—	0.7	0.7	0.7	—

注:1　基床填层的压实质量,对细粒土和黏砂、粉砂及可击实的砾石类土、碎石类土应采用压实系数与地基系数作为控制指标;对细砂、中砂、粗砂、砾砂及不可击实的砾石类土、碎石类土应采用相对密度与地基系数作为控制指标;对块石类混合料应采用地基系数作为控制指标。

2　当填土中粒径大于40 mm的颗粒含量不超过30%时,其击实试验方法应执行本标准附录H的规定;当填土中粒径大于40 mm的颗粒含量超过30%时,其击实试验方法应执行本标准附录J、附录K的规定;当填土为不可击实的砾石类土和碎石类土时,其最大干密度和最小干密度的试验方法应执行本标准附录J、附录L的规定。

检验数量:全工点检查,并符合本标准附录B、附录C的有关规定。

检验方法:查检测报告。

3.3.3　基床表层路肩高程、中线至路肩边缘距离、宽度、横坡、平整度限差及检验数量、检验方法应符合表3.3.3的规定。

表3.3.3　基床表层路肩高程、中线至路肩边缘距离、宽度、横坡、平整度限差及检验数量、检验方法

序号	项　　目	限差	检验数量	检验方法
1	路肩高程	±30 mm	每100 m检查3点	水准仪测
2	中线至路肩边缘距离	±30 mm	每100 m检查3点	尺量

续上表

序号	项　目	限差	检验数量	检验方法
3	宽度	不小于设计值	每 100 m 检查 3 点	尺量
4	横坡	±0.5%	每 100 m 检查 2 个断面	坡度尺量
5	平整度	15 mm	每 100 m 检查 10 点	2.5 m 长直尺量测

(Ⅱ)基 本 项 目

3.3.4 基床填层填筑压实应符合下列规定：

1 填料中土块应打碎，基床表层不得含有粒径大于 150 mm 的颗粒，填料颗粒级配良好。

2 必须分层填筑压实。每填筑层虚铺厚度及碾压遍数应经试验段确定。

3 碾压时填料含水量应控制在由试验段确定的施工允许含水量范围内。

4 每压实层面应密实、平整，无积水、无明显碾压轮迹、无显著局部凸凹等现象。路拱坡面应符合设计。

合格：达到设计及上述要求。

优良：符合设计及上述要求，层面平整，层厚均匀，路拱横坡平顺，排水良好。

检验数量：每压实层。

检验方法：随施工观察，查施工记录。

3.3.5 基床填层中上下相接的压实层使用不同种类及颗粒条件的填料时，其粒径应符合 $D_{15}/d_{85} \leqslant 4$（两渗水土间）或 $D_{15} < 0.5$ mm（非渗水土与渗水土间）的要求。

合格：达到上述要求。

优良：符合上述要求，上下层相接紧密。

检验数量：全工点检查。

检验方法：查试验报告和施工记录。

(Ⅲ)允许偏差项目

3.3.6 基床底层顶面高程、中线至边缘距离、宽度、横坡、平整度允许偏差应符合表 3.3.6 的规定。

表 3.3.6 基床底层顶面高程、中线至边缘距离、宽度、横坡、平整度允许偏差

序号	项　目	允许偏差	检验数量	检验方法
1	顶面高程	±50 mm	每 100 m 检查 3 点	水准仪测
2	中线至边缘距离	±50 mm	每 100 m 检查 3 点	尺量
3	宽度	≥设计值	每 100 m 检查 3 点	尺量
4	横坡	±0.5%	每 100 m 检查 2 个断面	坡度尺量
5	平整度	20 mm 填石路堤 50 mm	每 100 m 检查 5 点	2.5 m 长直尺量测

3.3.7 基床结构厚度允许偏差应符合表 3.3.7 的规定。

表 3.3.7 基床结构厚度允许偏差

序号	项 目	允许偏差	检验数量	检验方法
1	表层	-30 mm	每 100 m 检查 3 点	尺量,查施工记录
2	底层	±30 mm	每 100 m 检查 3 点	尺量,查施工记录

3.4 路 基 面

(Ⅰ)保 证 项 目

3.4.1 路堤中线、高程及路基断面应符合设计要求。路基中线、高程的测量精度应符合本标准附录 E 的规定。

检验数量:沿线检查,每 1 000 m 抽查 100 m,中线、高程测 3 点;路基断面测 3 个。

检验方法:测量、观察。

(Ⅱ)基 本 项 目

3.4.2 路拱坡面应平顺,路基面不得积水,填补凹坑应用与路基面相同的填料压实。

合格:达到设计要求。

优良:符合设计要求,路拱表面平顺、密实、路肩肩棱整齐。

检验数量:沿线检查,每 1 000 m 抽查 100 m。

检验方法:观察,并查施工记录。

3.5 加 筋 填 层

(Ⅰ)保 证 项 目

3.5.1 土工格栅的品种、规格及性能应符合设计要求。

检验数量:每批检查,每批数量不超过 15 000m^2。

检验方法:查验产品出厂合格证和性能报告单及进场抽检试验报告。

3.5.2 土工格栅的铺设范围、铺设层数、铺设方向和连接方法、连接强度应符合设计要求。

检验数量:全工点检查,并符合《铁路路基土工合成材料应用技术规范》(TB 10118—99)第 6.4.2 条的有关规定。

检验方法:随铺设层观察,查施工记录和试验报告。

3.5.3 加筋填层填料的种类、条件及压实质量应根据所处路堤部位分别按本标准第 3.2.1、3.2.2、3.3.1、3.3.2 条的有关规定检验。

(Ⅱ)基 本 项 目

3.5.4 铺设土工格栅前应整平下承层,其平整度、横坡及压实质量应符合设计要求,且不得有坚硬凸出物。土工格栅铺设时,应绷紧、拉挺,不得褶皱和损坏。铺好后应及时填土覆盖。压实机械与土工格栅间至少应有30 cm厚的填土,严禁压实机械直接在土工格栅表面进行碾压。

合格:达到设计要求。

优良:符合设计要求,下承层平顺、密实、整洁,土工格栅无褶皱、无污染且保护完好。

检验数量:全工点检查。

检验方法:随铺设层检查,查施工记录和检测报告。

3.5.5 加筋填层填筑压实应根据所处路堤部位分别按本标准第3.2.3、3.3.4条的规定检验。

(Ⅲ)允许偏差项目

3.5.6 土工格栅铺设层竖向间距、上下层接缝错开距离允许偏差应符合表3.5.6的规定。

表3.5.6 土工格栅铺设层竖向间距、上下层接缝错开距离允许偏差

序号	项 目	允许偏差	检验数量	检验方法
1	竖向间距	±50 mm	每层每100 m检查3点	水准仪测,查施工记录
2	上下层接缝错开距离	±50 mm	每层每100 m检查3点	尺量,查施工记录

3.5.7 加筋填层顶面高程、中线至边缘距离、宽度、横坡、平整度允许偏差应符合本标准第3.2.4条的有关规定。

3.6 填 石 层

(Ⅰ)保 证 项 目

3.6.1 石料应采用级配较好的硬质岩块,其强度、块径必须符合设计要求。强风化及全风化的软岩块不得用于路堤填筑,易风化的泥质软块石不得用于路堤浸水部分。

检验数量:全工点检查,并符合本标准附录A的有关规定。

检验方法:随施工目测鉴别,查试验报告。

3.6.2 填石层压实质量应根据所处路堤部位分别按本标准第3.2.2、3.3.2条的有关规定检验。

(Ⅱ)基本项目

3.6.3 填石层应分层填筑压实。每填筑层虚铺厚度及碾压遍数应经试验段确定。填石空隙应用较小石块或石屑填满铺平,并做到层厚均匀、压实层面平整。边坡码砌应与堤身填筑同步,达到嵌紧、密实、稳固。

合格:达到设计及上述要求。

优良:符合设计及上述要求,填层石料级配良好,嵌楔紧密,层面平整,层厚均匀,边坡平顺。

检验数量:每填筑层。

检验方法:随施工观察,查施工记录。

(Ⅲ)允许偏差项目

3.6.4　填石层顶面高程、中线至边缘距离、宽度、平整度允许偏差应符合本标准第3.2.4条的有关规定。

3.7　路堤边坡

(Ⅰ)保证项目

3.7.1　路堤边坡应平顺、密实、稳固,并符合设计要求。

检验数量:每1 000 m抽查100 m。

检验方法:沿线目测。

(Ⅱ)允许偏差项目

3.7.2　路堤边坡坡度、平台允许偏差应符合表3.7.2的规定。

表3.7.2　路堤边坡坡度、平台允许偏差

序号	项　目	允许偏差	检验数量	检验方法
1	基床边坡坡度(偏陡量)	3%设计值	每100 m每侧检查3点	竿尺或坡度尺量
2	基床以下路堤边坡坡度(偏陡量)	3%设计值	每100 m每侧检查3点	竿尺或坡度尺量
3	变坡点位置	±200 mm	每段检查3点	水准仪测或尺量
4	平台位置	±200 mm	每段检查3点	水准仪测或尺量
5	平台宽度	±50 mm	每段检查3点	尺量

3.8　路堤水沟

(Ⅰ)保证项目

3.8.1　路堤水沟的设置范围及其纵坡应符合设计和实际地形情况,沟基稳固,排水通畅。

检验数量:每段检查。

检验方法:观察,并查施工记录。

3.8.2　路堤水沟的砌体规格、材料及品种应符合设计要求。

检验数量:每段检查。

检验方法:观察,并查试验报告。

3.8.3　预制水沟各预制块的形状、尺寸、混凝土强度与配筋应符合设计要求,且棱线规则,表面平整、密实、光洁。

检验数量:每批抽查5%。

检验方法:观察、尺量,并查验出厂合格证、试验报告和施工记录。

3.8.4 防渗和塞封材料的品种、规格及性能应符合设计要求。

检验数量:每段检查。

检验方法:观察、尺量,查验产品出厂合格证和进场抽检试验报告。

3.8.5 开挖水沟地段地表草皮的移植应符合设计,并按本标准第3.1.1条的规定检验。

(Ⅱ)基本项目

3.8.6 水沟开挖断面应符合设计,沟底与沟边应平顺、密实、整齐,沟内不积水、无淤塞。

合格:达到设计要求。

优良:符合设计要求,沟身完整,外观整齐,无积水及淤塞。

检验数量:每条沟检查。

检验方法:观察、尺量,查施工记录。

3.8.7 水沟铺砌应密实、平整、无渗漏水,并符合设计要求。铺砌背后及顶部与地面之间应填塞封严。

合格:达到设计要求。

优良:符合设计要求,外观整齐,棱线规则。

检验数量:每条沟抽查。

检验方法:观察,必要时局部做蔽水试验。

3.8.8 预制水沟的各预制块应拼装顺直,接缝咬合完好。其背后及顶部应按设计堵塞封平,不得有空洞。

合格:达到设计要求。

优良:符合设计要求,外观平顺、整齐,无翘曲现象。

检验数量:每条沟抽查。

检验方法:随施工观察,查施工记录。

3.8.9 防渗材料的铺设范围、搭接尺寸应符合设计要求。铺设时应绷紧、抻平,并与沟底、沟壁土体密贴,不得褶皱和损坏。

合格:达到设计要求。

优良:符合设计要求,防渗材料无褶皱、无污染现象。

检验数量:每条沟抽查。

检验方法:随施工观察,查施工记录。

3.8.10 水沟的伸缩缝位置、缝宽与缝的塞封应符合设计规定。

合格:达到设计要求。

优良:符合设计要求,外观缝条齐直,塞封密实。

检验数量:每条沟抽查。

检验方法:目测、尺量。

(Ⅲ)允许偏差项目

3.8.11 水沟的各部允许偏差应符合表3.8.11的规定。

表 3.8.11　水沟各部允许偏差

序号	项　　目	允许偏差	检验数量	检验方法
1	沟底中心位置	±50 mm	每 100 m 每查 5 点	尺量
2	沟底高程	±20 mm	每 100 m 检查 5 点	水准仪测
3	净空尺寸(上下宽、深度)	±20 mm	每 100 m 检查 5 组	尺量
4	边坡坡度(偏陡量)	5% 设计值	每 100 m 检查 5 点	坡度尺量
5	铺砌厚度	5% 设计值	每 100 m 检查 5 点	尺量,查施工记录
6	沟底平整度	15 mm	每 100 m 检查 3 点	2 m 长直尺量测

注:沟底中心位置以距路基中线距离计。

3.9 挡 水 埝

(Ⅰ)保 证 项 目

3.9.1　挡水埝的设置范围和填料的种类、技术条件应符合设计要求。

检验数量:全段检查,并符合本标准附录 A 的有关规定。

检验方法:观察、目测鉴别,查试验报告和施工记录。

3.9.2　挡水埝所用挡水板的品种、规格及性能应符合设计要求。

检验数量:每批检查,每批数量不超过 15 000 m^2。

检验方法:查验产品出厂合格证和性能报告单及进场抽检试验报告。

3.9.3　挡水埝所用挡水板的插设范围、插设深度和连接方式应符合设计要求。

检验数量:全段检查。

检验方法:随施工观察、测量,查施工记录。

(Ⅱ)基 本 项 目

3.9.4　挡水埝填筑压实及挡水板插设应符合下列规定:

1　挡水埝基底应稳定,且不得破坏周围原地面及植被。

2　挡水埝应分层填筑压实,压实质量应符合设计要求。

3　挡水埝迎水侧流水面应排水通畅,积水坑和洼地应回填夯实。

4　挡水埝的防渗加固应按设计要求及时施做完成。

5　挡水板在插设过程中应保证不扭曲,且两侧回填密实。

合格:达到设计及上述要求。

优良:符合设计及上述要求,原地面及植被保护完好,迎水侧流水面排水通畅。

检验数量:全段检查。

检验方法:随施工观察,查施工记录和检测报告。

(Ⅲ)允许偏差项目

3.9.5　挡水埝顶面高程、宽度、边坡坡度、内侧至护道(路堤)坡脚距离允许偏差应符合

表3.9.5的规定。

表3.9.5 挡水埝顶面高程、宽度、边坡坡度、内侧至护道(路堤)坡脚距离允许偏差

序号	项 目	允许偏差	检验数量	检验方法
1	顶面高程	±50 mm	每100 m检查2点	水准仪测
2	宽度	不小于设计值	每100 m检查2点	尺量
3	边坡坡度(偏陡量)	5%设计值	每100 m每侧检查2点	坡度尺量
4	内侧至护道(路堤)坡脚距离	不小于设计值	每100 m检查2点	尺量

3.10 取土场

(Ⅰ)保证项目

3.10.1 取土场的位置、范围、深度、边坡坡度及运土方式必须符合设计和环境保护的要求,严禁任意挖取。

检验数量:每场检查。

检验方法:观察、尺量,并查施工记录。

3.10.2 取土场至路基间行车线路及宽度应固定。行车线路的设置和结构形式应符合设计要求。

检验数量:每场抽查。

检验方法:观察、尺量,并查施工记录。

3.10.3 取土场地表草皮植被的移植应符合设计,并按本标准第3.1.1条的规定检验。

(Ⅱ)基本项目

3.10.4 利用完后取土场的整平、覆盖、排水等应符合设计要求。

合格:达到设计要求。

优良:符合设计要求,外观整齐规则。

检验数量:每场检查。

检验方法:观察。

Ⅱ 高含冰量冻土地段路堤

3.11 路堤基底换填

(Ⅰ)保证项目

3.11.1 路堤基底的换填范围、深度与换填所用的填料种类及其技术条件必须符合设计要求。

检验数量:全工点检查,并符合本标准附录A的有关规定。

检验方法:随施工尺量、野外鉴别,查施工记录和试验报告。

3.11.2 换填填料应分层填筑、分层压实、分层检测,其压实质量应根据所处路堤部位分别按本标准第 3.2.2、3.3.2 条的有关规定检验。

3.11.3 换填开挖地段地表草皮的移植应符合设计,并按本标准第 3.1.1 条的规定检验。

(Ⅱ)基 本 项 目

3.11.4 开挖换填应使各道工序紧密衔接,减少基坑暴露时间。换填范围内的冻土应清除干净,坑底应按设计整平压实或设置宽度不小于 1.0 m 的台阶,并做好与挖方地段换填基底的顺接。

合格:达到设计要求。

优良:符合设计要求,坑底平整或台阶平齐,无积水。

检验数量:全段检查。

检验方法:随施工观察,查检查证。

(Ⅲ)允许偏差项目

3.11.5 路堤基底换填位置允许偏差应符合表 3.11.5 的规定。

表 3.11.5 路堤基底换填位置允许偏差

项 目	允许偏差	检验数量	检验方法
基坑坡脚线位置	50 mm	每 100 m 检查 3 点	经纬仪测,查测量记录

3.11.6 换填顶面高程、中线至边缘距离、宽度、横坡、平整度允许偏差应符合本标准第 3.2.4 条的有关规定。

3.12 路堤地基表层

3.12.1 路堤地基表层的各项质量应按本标准第 3.1.1 ~ 3.1.5、3.1.7 条的有关规定检验。

3.13 基床以下填层

3.13.1 基床以下填层应按设计要求进行填筑。其各项质量应按本标准第 3.2.1 ~ 3.2.4 条的规定检验。

3.14 基 床 填 层

3.14.1 基床填层应按设计要求进行填筑。其各项质量应按本标准第 3.3.1 ~ 3.3.7 条的规定检验。

3.15 路 基 面

3.15.1 路基面的各项质量应按本标准第3.4.1、3.4.2条的规定检验。

3.16 工业保温材料保温层

（Ⅰ）保 证 项 目

3.16.1 工业保温材料的种类、规格及物理力学性能应符合设计要求。

检验数量：符合本标准附录F的有关规定。

检验方法：查验产品出厂合格证和性能报告单及进场抽检试验报告。

3.16.2 工业保温材料的铺设范围、铺设层数和铺设厚度应符合设计要求。

检验数量：全工点检查。

检验方法：随施工观察、尺量，查施工记录。

3.16.3 工业保温材料因路堤填筑压实而产生的压缩变形量应符合设计要求。

检验数量：每工点检查2个断面，每个断面左、中、右3点。

检验方法：在上垫层和上覆第一层填土填筑压实后挖开针刺检查，查施工记录。

3.16.4 工业保温材料的上、下砂垫层应采用质地坚硬的中、粗砂，其含泥量不得大于5%，且不含草根、垃圾等有机杂物。砂垫层的设置范围、压实质量应符合设计要求。

检验数量：全工点检查，并符合本标准附录A、附录C的有关规定。

检验方法：目测鉴别、尺量，查试验报告、检测报告和施工记录。

（Ⅱ）基 本 项 目

3.16.5 铺设工业保温材料保温层应符合下列规定：

1 施工时间应符合设计要求。

2 铺设前应整平下垫层，不得有坚硬凸出物。工业保温材料应按设计密贴排放或分层错缝铺设，其接缝密封应符合设计要求。铺好后应及时填砂覆盖。

3 上垫层及上覆填土施工应严格按试验段确定的施工参数和机械配备进行控制，保证上覆填土压实质量满足设计要求且工业保温材料不被破坏。严禁施工机械直接驶入工业保温材料表面。

合格：达到设计要求。

优良：符合设计要求，上下垫层平顺、密实、整洁，工业保温材料保护完好。

检验数量：全工点检查。

检验方法：随铺设层检查，查施工记录。

（Ⅲ）允许偏差项目

3.16.6 工业保温材料铺设中线至边缘距离、宽度、横坡、上下层接缝错开距离允许偏差应符合表3.16.6的规定。

表3.16.6　工业保温材料铺设中线至边缘距离、宽度、横坡、上下层接缝错开距离允许偏差

序号	项　目	允许偏差	检验数量	检验方法
1	中线至边缘距离	±30 mm	每100 m检查5点	尺量,查施工记录
2	宽度	不小于设计值	每100 m检查5点	尺量,查施工记录
3	横坡	±0.5%	每100 m检查2个断面	坡度尺量,查施工记录
4	上下层接缝错开距离	-50 mm	每100 m检查20点	尺量,查施工记录

3.16.7　上下砂垫层顶面高程、中线至边缘距离、宽度、横坡、平整度允许偏差应符合本标准第3.2.4条的有关规定。

3.16.8　上下砂垫层厚度允许偏差应符合表3.16.8的规定。

表3.16.8　上下砂垫层厚度允许偏差

项　目	允许偏差	检验数量	检验方法
上下砂垫层厚度	不小于设计值	每100 m检查3点	尺量,查施工记录

3.17　通风管通风路堤

(Ⅰ)保证项目

3.17.1　通风管的种类、规格及性能应符合设计要求。

检验数量:每批抽查1‰,并不得少于2根。

检验方法:查验产品出厂合格证和性能报告单及进场抽检试验报告。

3.17.2　通风管的铺设范围、铺设方向、横向铺设长度应符合设计要求。

检验数量:全工点检查。

检验方法:随施工观察、尺量,查施工记录。

3.17.3　通风管部位路堤填料的种类、条件及压实质量应根据所处路堤部位分别按本标准第3.2.1、3.2.2、3.3.1、3.3.2条的有关规定检验。

(Ⅱ)基本项目

3.17.4　通风管应铺设顺直,固定和连接方法应符合设计要求。沟槽内管周应用中粗砂及时回填密实均匀,并防止通风管受到损坏。

合格:达到设计要求。

优良:符合设计要求,管道顺直,沟槽内无空洞或欠填现象。

检验数量:全工点检查。

检验方法:随施工观察,查施工记录。

3.17.5　通风管部位路堤填筑压实应根据所处路堤部位分别按本标准第3.2.3、3.3.4条的规定检验。

(Ⅲ)允许偏差项目

3.17.6 通风管顶面高程、铺设间距允许偏差应符合表3.17.6的规定。

表3.17.6 通风管顶面高程、铺设间距允许偏差

序号	项目	允许偏差	检验数量	检验方法
1	顶面高程	±30 mm	每100 m检查5根管,每根管左、中、右各1点	水准仪测,查测量记录
2	铺设间距	±30 mm	每100 m检查10根管	尺量,查施工记录

3.18 块、片石通风路堤

(Ⅰ)保证项目

3.18.1 块、片石的强度、块径和填筑范围应符合设计要求。

检验数量:全工点检查,并符合本标准附录A的有关规定。

检验方法:随施工目测鉴别、尺量,查试验报告和施工记录。

3.18.2 块、片石的压实质量应符合设计要求。

检验数量:全工点检查,并符合本标准附录C的有关规定。

检验方法:查试验报告。

(Ⅱ)基本项目

3.18.3 填筑块、片石前应整平下承层,其平整度、横坡及压实质量应符合设计要求。块、片石填筑虚铺厚度及碾压遍数应经试验段确定,压实顶面宜平整。边坡码砌应在堤身填筑前进行,其厚度应满足设计要求,达到平整、稳固。

合格:达到设计及上述要求。

优良:符合设计及上述要求,填层层厚均匀、层面平整,边坡平顺。

检验数量:全工点检查。

检验方法:随施工观察,查施工记录和检测报告。

3.18.4 反滤层构造及所用材料和压实质量应符合设计要求。

合格:达到设计要求。

优良:符合设计要求,反滤层材质优良,铺设平整、均匀、密实。

检验数量:全工点检查,并符合本标准附录A、附录C的有关规定。

检验方法:随施工目测鉴别,查试验报告、检测报告和施工记录。

(Ⅲ)允许偏差项目

3.18.5 块、片石填层和反滤层顶面高程、中线至边缘距离、宽度、平整度允许偏差应符合本标准第3.2.4条的有关规定。

3.18.6　块、片石填层和反滤层厚度允许偏差应符合本标准第3.16.8条的规定。

3.19　热　　棒

(Ⅰ)保 证 项 目

3.19.1　热棒的结构、形状、规格及工作性能应符合设计要求。

检验数量:每批抽查10%。

检验方法:随施工观察、尺量,并进行现场加热检查;查验产品出厂合格证和性能报告单,并查施工记录。

3.19.2　热棒的埋设范围、数量、位置、间距、深度及布设形式应符合设计要求。

检验数量:全工点检查。

检验方法:随施工观察、尺量,查施工记录。

(Ⅱ)基 本 项 目

3.19.3　热棒安装时间应符合设计要求。安装过程中应防止碰撞、摩擦棒身,以保证散热器及散热器和管壳上的防腐反射涂层免遭损坏,并保持壳体容器的密封状态。安装好后应及时按设计进行钻孔或基坑回填,并回填饱满密实。在回填料充分冻结或达到设计规定的强度前,应将热棒支撑固定。

合格:达到设计要求。

优良:符合设计要求,棒身顺直,防腐反射涂层保护完好。

检验数量:全工点检查。

检验方法:随施工观察,查施工记录和试验报告。

(Ⅲ)允许偏差项目

3.19.4　热棒棒身垂直度允许偏差应符合表3.19.4的规定。

表3.19.4　热棒棒身垂直度允许偏差

项　目	允许偏差	检验数量	检验方法
棒身垂直度	1%	抽检10%,但不少于5根	经纬仪或吊线测量,查测量记录

3.20　复合土工膜防渗层

(Ⅰ)保 证 项 目

3.20.1　复合土工膜的种类、规格及性能应符合设计要求。

检验数量:每批检查,每批数量不超过15 000 m^2。

检验方法:查验产品出厂合格证和性能报告单及进场抽检试验报告。

3.20.2 复合土工膜的铺设范围和连接方法、连接质量应符合设计要求。

检验数量：全工点检查，并符合《铁路路基土工合成材料应用技术规范》（TB 10118—99）第3.4.2条的有关规定。

检验方法：随铺设观察，查施工记录和试验报告。

3.20.3 复合土工膜上、下垫层填料的种类、技术条件及压实质量应符合设计要求。

检验数量：全工点检查，并根据所处路堤部位分别符合本标准附录A、附录B或附录C的有关规定。

检验方法：目测鉴别，查试验报告、检测报告和施工记录。

（Ⅱ）基 本 项 目

3.20.4 铺设复合土工膜前应整平下垫层，其平整度、横坡应符合设计要求，且不得有坚硬凸出物。复合土工膜铺设时，应平顺、松紧适度，不得褶皱和损坏。铺好后应及时填砂覆盖。

合格：达到设计要求。

优良：符合设计要求，下垫层平顺、密实、整洁，复合土工膜无褶皱、无污染。

检验数量：全工点检查。

检验方法：随铺设层检查，查施工记录。

3.20.5 复合土工膜的上垫层不宜直接压实，需待上覆填土后采用小型振动碾压机械压实。只有当垫层和填料厚度大于0.6 m后方可采用重型机械压实。

合格：达到设计要求。

优良：符合设计要求，复合土工膜保护完好。

检验数量：全工点检查。

检验方法：随铺设检查，查施工记录。

（Ⅲ）允许偏差项目

3.20.6 复合土工膜铺设中线至边缘距离、宽度、横坡、接缝宽度允许偏差应符合表3.20.6的规定。

表3.20.6 复合土工膜铺设中线至边缘距离、宽度、横坡、接缝宽度允许偏差

序号	项　目	允许偏差	检验数量	检验方法
1	中线至边缘距离	±30 mm	每100 m检查3点	尺量，查施工记录
2	宽度	不小于设计值	每100 m检查3点	尺量，查施工记录
3	横坡	±0.5%	每100 m检查2个断面	坡度尺量，查施工记录
4	接缝宽度	±50 mm	每100 m检查3点	尺量，查施工记录

3.20.7 复合土工膜上下垫层顶面高程、中线至边缘距离、宽度、横坡、平整度、厚度允许偏差应符合本标准第3.2.4、3.16.8条的规定。

3.21 加 筋 填 层

3.21.1 加筋填层的各项质量应按本标准第3.5.1～3.5.7条的规定检验。

3.22 填 石 层

3.22.1 填石层的各项质量应按本标准第 3.6.1 ~ 3.6.4 条的规定检验。

3.23 保 温 护 道

(Ⅰ)保 证 项 目

3.23.1 保温护道的设置范围和所用填料的种类、技术条件应符合设计要求。

检验数量:全工点检查,并符合本标准附录 A 的有关规定。

检验方法:随施工目测鉴别、尺量,查试验报告和施工记录。

3.23.2 保温护道的压实质量应符合设计要求,并按本标准第 3.2.2 条的有关规定检验。

(Ⅱ)基 本 项 目

3.23.3 保温护道填筑压实应符合下列规定:

1 护道基底应平整,横坡应符合设计。

2 路堤高度不大于 6 m,且护道与路堤所用填料相同时,两者应一体分层填筑。

3 路堤高度大于 6 m 或护道与路堤所用填料不相同时,宜先施工路堤再填筑护道。护道应分层填筑、分层平整、分层碾压,并与路堤衔接牢固、密贴。分层压实面宜平整,无积水、无显著局部凸凹等现象。横坡应符合设计。

4 护道边坡应平顺、密实、稳固。

5 护道前后两端应按设计做好顺接。

合格:达到设计及上述要求。

优良:符合设计及上述要求,层面平整,横坡平顺,排水良好。

检验数量:每压实层。

检验方法:随施工观察,查施工记录。

(Ⅲ)允许偏差项目

3.23.4 保温护道顶面高程、宽度、横坡、边坡坡度允许偏差应符合表 3.23.4 的规定。

表 3.23.4 保温护道顶面高程、宽度、横坡、边坡坡度允许偏差

序号	项　目	允许偏差	检验数量	检验方法
1	顶面高程	±50 mm	每 100 m 每侧检查 2 点	水准仪测
2	宽度	不小于设计值	每 100 m 每侧检查 2 点	尺量
3	横坡	±1%	每 100 m 每侧检查 2 个断面	坡度尺量
4	边坡坡度(偏陡量)	5% 设计值	每 100 m 每侧检查 2 点	坡度尺量

3.24 通风护道

（Ⅰ）保证项目

3.24.1 通风护道的设置范围和所用填料的种类、技术条件应符合设计要求，并按本标准第3.23.1条的规定检验。

（Ⅱ）基本项目

3.24.2 通风护道填筑应符合下列要求：

1 护道基底应平整，横坡应符合设计。

2 护道边坡码砌应在护道填筑前进行，达到平整、稳固。

3 护道前后两端应按设计做好顺接。

合格：达到设计及上述要求。

优良：符合设计及上述要求，顶面平整，边坡平顺。

检验数量：全段检查。

检验方法：随施工观察，查施工记录。

（Ⅲ）允许偏差项目

3.24.3 通风护道顶面高程、宽度、边坡坡度允许偏差应符合本标准第3.23.4条的有关规定。

3.25 路堤边坡

3.25.1 路堤边坡的各项质量应按本标准第3.7.1、3.7.2条的规定检验。

3.26 挡水埝

3.26.1 挡水埝的各项质量应按本标准第3.9.1～3.9.5条的规定检验。

3.27 路堤水沟

（Ⅰ）保证项目

3.27.1 水沟设置范围及纵坡、预制水沟制作、防渗及塞封材料、工业保温材料等的质量应按本标准第3.8.1、3.8.3、3.8.4、3.16.1条的规定检验。

3.27.2 开挖水沟地段地表草皮的移植应符合设计，并按本标准第3.1.1条的规定检验。

(Ⅱ)基 本 项 目

3.27.3 水沟开挖应分段快速进行,减少多年冻土暴露时间。水沟开挖断面应按本标准第3.8.6条的规定检验。

3.27.4 工业保温材料的铺设范围、铺设厚度和接缝密封应符合设计要求。铺设时应平整并密贴合缝。铺好后应及时覆盖。

合格:达到设计要求。

优良:符合设计要求,铺设平顺、密贴。

检验数量:每条沟检查。

检验方法:随施工观察、尺量,查施工记录。

3.27.5 防渗材料铺设、预制水沟拼装、伸缩缝设置等质量应按本标准第3.8.8~3.8.10条的规定检验。

(Ⅲ)允许偏差项目

3.27.6 水沟各部允许偏差应符合本标准第3.8.11条的有关规定。

3.28 取 土 场

3.28.1 取土场的各项质量要求应按本标准第3.10.1~3.10.4条的规定检验。

3.29 弃 土 堆

(Ⅰ)保 证 项 目

3.29.1 弃土堆位置、高度及弃土运输方式必须符合设计和环境保护的要求,严禁任意弃土。

检验数量:沿线逐堆检查。

检验方法:观察,并查施工记录。

3.29.2 弃土行车线路设置应按本标准第3.10.2条的规定检验。

(Ⅱ)基 本 项 目

3.29.3 弃土置于山坡下侧时,应远离线路并每隔适当距离留有缺口,以使坡面地表水和冻土融化后能顺利排出。

合格:达到设计要求。

优良:符合设计要求,地面不积水。

检验数量:逐堆抽查。

检验方法:观察。

3.29.4 为弃土堆加设的挡墙、加强和排水设施的位置、构造应符合设计要求。

合格：达到设计要求。

优良：符合设计要求，稳定无隐患。

检验数量：逐处抽查。

检验方法：观察，并查对设计文件。

3.30 地温和沉降监测

(Ⅰ)保证项目

3.30.1 按保护多年冻土和延缓多年冻土融化速度原则设计的高含冰量冻土地段路基，在施工过程中应按设计要求设置监测点进行地温和沉降监测。监测资料应齐全、详实、规范，并符合设计。

检验数量：全工点检查。

检验方法：观察，并查对设计文件和监测记录。

3.30.2 监测断面及每一断面上的测点布设数量、监测频次和监测精度应符合设计规定。监测基桩必须置于不受冻融影响和施工影响的稳定地基内，并定期复核校正。

检验数量：全工点检查。

检验方法：观察，并查监测记录。

3.30.3 监测装置的构造、结构尺寸及制作元件和材料的种类、规格、材质应符合设计要求，且无影响监测精度的缺陷。

检验数量：全工点检查。

检验方法：随施工观察、尺量，查施工记录和有关试验检测资料。

(Ⅱ)基本项目

3.30.4 监测断面里程与监测点的埋设位置、深度及埋设加固方法应符合设计。监测期间应对监测点采取有效措施加以保护。

检验数量：全工点抽查。

检验方法：随施工观察、尺量，查施工记录。

Ⅲ 少冰、多冰冻土及多年冻土融区地段路堑

3.31 基床表层换填

(Ⅰ)保证项目

3.31.1 基床表层换填的填料种类、技术条件及压实质量应按本标准第3.3.1、3.3.2条的有关规定检验。

3.31.2 基床表层路肩高程、中线至路肩边缘距离、宽度、横坡、平整度应按本标准第

3.3.3 条的规定检验。

(Ⅱ)基 本 项 目

3.31.3 路堑应开挖至路肩设计高程以下 0.6 m,开挖表面应按设计整平压实,并做成向两侧 4% 的排水坡。

合格:达到设计要求。

优良:符合设计要求,路拱坡面平顺整齐,无泥化现象。

检验数量:全段检查。

检验方法:查检查证。

3.31.4 渗水暗沟施工不得破坏路堑开挖表面。如有破坏,应用中、粗砂补齐压实。

合格:达到设计要求。

优良:符合设计要求,路堑开挖表面平整。

检验数量:逐处检查。

检验方法:查检查证和施工记录。

(Ⅲ)允许偏差项目

3.31.5 基床表层厚度允许偏差应符合本标准第 3.3.7 条的有关规定。

3.32 路 基 面

(Ⅰ)保 证 项 目

3.32.1 路堑中线、高程及路基断面应符合设计要求。路基中线、高程的测量精度应符合本标准附录 E 的规定。

检验数量:沿线检查,每段抽查 50 m,中线、高程测 3 点,路基断面测 3 个。

检验方法:测量、观察。

3.32.2 路堑基底翻挖回填的深度及压实质量应符合设计要求,并按本标准第 3.1.2 条的有关规定检验。

(Ⅱ)基 本 项 目

3.32.3 路基面应平顺密实、肩棱整齐,路拱坡面符合设计。凹坑应用与路基面相同的填料填平压实,凸起部分应凿平。缺损路肩应按设计修补平整。

合格:达到设计要求。

优良:符合设计要求,路拱坡面平顺,肩棱整齐,坡脚、侧沟线条顺直。

检验数量:每段抽查 50 m。

检验方法:观察,并查施工记录。

(Ⅲ)允许偏差项目

3.32.4 石质路堑路基面平整度允许偏差应符合表3.32.4的规定。

表3.32.4 石质路堑路基面平整度允许偏差

项目	允许偏差	检验数量	检验方法
平整度	50 mm	每100 m检查10点	2.5 m长直尺量测

3.33 路堑边坡

(Ⅰ)保证项目

3.33.1 路堑边坡应完整、平顺,无危石、浮石。

检验数量:每段抽查。

检验方法:观察。

(Ⅱ)基本项目

3.33.2 路堑边坡中部设有平台时,其截水、排水、防渗和检查设施应符合设计要求。

合格:达到设计要求。

优良:符合设计要求,边坡平台稳定,排水设施完善,检查设备使用方便。

检验数量:每段抽查。

检验方法:观察。

(Ⅲ)允许偏差项目

3.33.3 路堑边坡坡度、平台允许偏差应符合表3.33.3的规定。

表3.33.3 路堑边坡坡度、平台允许偏差

序号	项目	允许偏差	检验数量	检验方法
1	边坡坡度	不大于设计值	每100 m每侧检查2点	竿尺或坡度尺量
2	变坡点位置	±200 mm	每段检查3点	水准仪测或尺量
3	中部平台位置	±200 mm	每段检查3点	水准仪测或尺量
4	中部平台宽度	±100 mm	每段检查3点	尺量

3.34 路堑水沟

(Ⅰ)保证项目

3.34.1 水沟设置范围及纵坡、砌体材料及品种、预制水沟制作、防渗及塞封材料等的质

量应按本标准第 3.8.1～3.8.4 条的规定检验。

3.34.2　信号、电力电费槽开挖应符合设计且不得破坏堑坡坡脚。开挖时,必须保证侧沟和侧沟平台完整,如有破坏,应用原加固材料补齐。

检验数量:每段检查。

检验方法:观察。

3.34.3　基床换填地段侧沟的泄水孔位置、孔径、孔距、构造及所用材料应符合设计规定,孔内应通畅。

检验数量:每条沟抽查 20%。

检验方法:观察、尺量,并查验每批土工合成材料出厂合格证和性能报告单及进场抽检试验报告。

3.34.4　开挖水沟地段地表草皮的移植应符合设计,并按本标准第 3.1.1 条的规定检验。

(Ⅱ)基 本 项 目

3.34.5　水沟开挖、铺砌和预制水沟拼装、防渗材料铺设、伸缩缝设置等质量应按本标准第 3.8.6～3.8.10 条的规定检验。

(Ⅲ)允许偏差项目

3.34.6　水沟各部允许偏差应符合本标准第 3.8.11 条的规定。

3.34.7　侧沟平台宽度、泄水孔坡度允许偏差应符合表 3.34.7 的规定。

表 3.34.7　侧沟平台宽度、泄水孔坡度允许偏差

序号	项目	允许偏差	检验数量	检验方法
1	平台宽度	±50 mm	每 100 m 检查 3 点	尺量
2	泄水孔坡度	±0.5%	每条沟抽查 5%	吊线尺量

3.35　保温渗水暗沟

(Ⅰ)保 证 项 目

3.35.1　渗水暗沟的施工时间、设置范围、纵坡、出水口地点及防冻处理应符合设计要求,并排水通畅。其沟槽开挖应自下游向上游分段进行,且必须保证沟槽两壁平顺。

检验数量:每条沟检查。

检验方法:随施工观察,查对设计文件、查检查证。

3.35.2　渗水暗沟基础类型及所用材料应符合设计,表面应平顺,严禁出现反坡或凹凸不平现象。

检验数量:每条沟检查。

检验方法:随施工观察,查检查证和试验报告。

3.35.3　渗水暗沟铺设的工业保温材料和复合土工膜品种、规格及性能应符合设计要求,并按本标准第3.16.1、3.20.1条的规定检验。

3.35.4 渗水暗沟中铺设的土工织物和渗水管品种、规格及性能应符合设计要求。

检验数量：土工织物，每批检查，每批数量不超过15 000 m^2；渗水管，每批抽查2‰，并不得少于2根。

检验方法：查验产品出厂合格证和性能报告单及进场抽检试验报告。

（Ⅱ）基本项目

3.35.5 土工织物的铺设范围、搭接尺寸应符合设计要求。铺设时应绷紧、抻平，并与沟壁被保护土体密贴，不得褶皱和损坏。

合格：达到设计要求。

优良：符合设计要求，土工织物无褶皱、无污染现象。

检验数量：每条沟抽查。

检验方法：随施工观察，查施工记录。

3.35.6 复合土工膜铺设要求应按本标准第3.20.2、3.20.4条的规定检验。

3.35.7 渗水管铺设位置、固定和连接方法应符合设计要求。沟槽内应用粒径符合要求的洁净材料及时回填密实均匀，并防止土工织物和渗水管受到损伤。

合格：达到设计要求。

优良：符合设计要求，管位正确，沟槽内无空洞或欠填现象。

检验数量：每条沟抽查。

检验方法：随施工观察，查施工记录。

3.35.8 工业保温材料的铺设要求应按本标准第3.16.2、3.16.5条的有关规定检验。

3.35.9 检查井位置、井体厚度和混凝土强度及井盖形状、强度、拉手安设应符合设计要求。设计有钢筋梯的须预埋就位。

合格：达到设计要求。

优良：符合设计要求，井体混凝土表面平顺光洁，井盖安装平稳、密贴。

检验数量：每个检查井。

检验方法：观察，并查试验报告和施工记录。

（Ⅲ）允许偏差项目

3.35.10 渗水暗沟中心位置、沟底高程、净空尺寸允许偏差应符合表3.35.10的规定。

表3.35.10 渗水暗沟中心位置、沟底高程、净空尺寸允许偏差

序号	项　目	允许偏差	检验数量	检验方法
1	中心位置	±50 mm	每100 m检查5点	尺量，查施工记录
2	沟底高程	±20 mm	每100 m检查2点	水准仪测，查测量记录
3	净空尺寸（上下宽、深度）	±30 mm	每100 m检查2组	尺量，查施工记录

3.35.11 检查井井底高程、净空尺寸、钢筋梯间距及井盖尺寸允许偏差应符合表3.35.11的规定。

表 3.35.11 检查井井底高程、净空尺寸、钢筋梯间距及井盖尺寸允许偏差

序号	项 目	允许偏差	检验数量	检验方法
1	井底高程	±20 mm	每个检查井	水准仪测
2	净空尺寸(内径、深度)	±20 mm	每个检查井	尺量
3	钢筋梯间距	±30 mm	每个检查井	尺量
4	井盖直径	±20 mm	每个井盖	尺量
5	井盖厚度	不小于设计值	每个井盖	尺量

3.36 路 堑 爆 破

(Ⅰ)保 证 项 目

3.36.1 爆破不得导致对路堑各部、邻近建筑物和其他设施以及开挖界限以外的生态环境造成破坏。

检验数量:每段检查。

检验方法:观察。

3.36.2 爆破开挖范围内地表草皮的移植应符合设计,并按本标准第 3.1.1 条的规定检验。

(Ⅱ)基 本 项 目

3.36.3 爆破开挖边坡应岩体稳定、岩面平整。

合格:达到设计要求。

优良:符合设计要求,边坡稳定,坡面局部凹凸差不大于 15 cm。

检验数量:每段抽查 50 m。

检验方法:观察、尺量。

3.37 半填半挖路基

(Ⅰ)保 证 项 目

3.37.1 半填半挖路基挖除的范围与换填所用的填料种类及其技术条件应符合设计要求。

检验数量:每段检查,并符合本标准附录 A 的有关规定。

检验方法:随施工尺量、野外鉴别,查检查证和试验报告。

3.37.2 换填填料的压实质量、填筑要求应按本标准第 3.3.2、3.3.4 条的规定检验。

3.37.3 换填顶面高程、宽度、横坡、平整度应按本标准第 3.3.3 条的规定检验。

3.37.4 换填开挖地段地表草皮的移植应符合设计,并按本标准第 3.1.1 条的规定检验。

(Ⅱ)基本项目

3.37.5 换填地段基底表面应平顺整齐,并做成向外4%的排水坡。

合格:达到设计要求。

优良:符合设计要求,基底平顺、无积水。

检验数量:每段抽查。

检验方法:查检查证。

(Ⅲ)允许偏差项目

3.37.6 换填地段位置、换填厚度允许偏差应符合表3.37.6的规定。

表3.37.6 换填地段位置、换填厚度允许偏差

序号	项目		允许偏差	检验数量	检验方法
1	基底边线位置		-50 mm	每100 mm检查3点	经纬仪测,查测量记录
2	换填厚度	基床底层	±30 mm	每100 m检查3点	尺量,查施工记录
		基床表层	-30 mm	每100 m检查3点	尺量,查施工记录

Ⅳ 高含冰量冻土地段路堑

3.38 路堑基底换填

(Ⅰ)保证项目

3.38.1 路堑基底的换填范围、深度与换填所用的填料种类及其技术条件必须符合设计要求,并按本标准第3.11.1条的规定检验。

3.38.2 换填填料的填筑要求与压实质量应按本标准第3.11.2条的规定检验。

3.38.3 换填顶面高程、中线至路肩边缘距离、宽度、横坡、平整度应按本标准第3.3.3条的规定检验。

(Ⅱ)基本项目

3.38.4 路堑基底换填应符合下列规定:

1 施工时间应符合设计要求。

2 换填应在路堑分段开挖后及时进行,并连续作业、快速施工,同时加强临时保温防护,减少对多年冻土的热干扰。

3 换填范围内的冻土应清除干净,基底开挖面应平整。

合格:达到设计和上述要求。

优良:符合设计和上述要求,基底暴露时间短,开挖面平整、无积水。

检验数量:全段检查。

检验方法:随施工观察,查检查证和施工记录。

3.38.5 路堑开挖表面不得因渗水暗沟施工而受到破坏,并按本标准第3.31.4条的规定检验。

(Ⅲ)允许偏差项目

3.38.6 基床以下填层和基床底层顶面高程、中线至边缘距离、宽度、横坡、平整度及基床结构厚度允许偏差应符合本标准第3.2.4、3.3.6、3.3.7条的有关规定。

3.39 工业保温材料保温层

3.39.1 工业保温材料保温层的各项质量应按本标准第3.16.1~3.16.8条的规定检验。

3.40 复合土工膜防渗层

3.40.1 复合土工膜防渗层的各项质量应按本标准第3.20.1~3.20.7条的规定检验。

3.41 路 基 面

3.41.1 路堑中线、高程、断面、路面的各项质量应按本标准第3.32.1、3.32.3条的有关规定检验。

3.42 路 堑 边 坡

3.42.1 路堑边坡应减少暴露时间。其各项质量应按本标准第3.33.1~3.33.3条的规定检验。

3.43 路堑边坡换填

(Ⅰ)保 证 项 目

3.43.1 路堑边坡换填的范围、厚度与换填所用的填料种类及其技术条件必须符合设计要求,并按本标准第3.11.1条的规定检验。

3.43.2 换填填料应分层填筑、分层压实、分层检测,其压实质量应符合设计要求。

检验数量:全段检查,并符合本标准附录C的有关规定。

检验方法:随施工观察,查施工记录和检测报告。

3.43.3 换填后边坡应完整、平顺、稳固,无浮石、浮砟。

检验数量:每段抽查。

检验方法:观察。

(Ⅱ)基 本 项 目

3.43.4 路堑边坡换填应符合下列规定：

1 施工时间应符合设计要求。

2 换填应在路堑分段开挖后及时进行，并连续作业、快速施工，同时加强临时保温防护，减少对多年冻土的热干扰。

3 换填范围内的冻土应清除干净。换填顺序宜先阳坡、后阴坡。

合格：达到设计和上述要求。

优良：符合设计和上述要求，开挖边坡暴露时间短，多年冻土保护完好。

检验数量：每段检查。

检验方法：随施工观察，查施工记录。

(Ⅲ)允许偏差项目

3.43.5 换填边坡坡度允许偏差应符合本标准第3.33.3条的有关规定。

3.44 堑顶包角

(Ⅰ)保 证 项 目

3.44.1 路堑堑顶包角的设置范围和填料的种类及其技术条件应符合设计要求，并按本标准第3.9.1条的规定检验。

3.44.2 堑顶包角的填筑压实应与路堑边坡的换填一同进行，并按本标准第3.43.2条的规定检验。

(Ⅱ)基 本 项 目

3.44.3 填筑堑顶包角不得破坏周围原地面及植被。堑顶包角边坡和顶面应平顺、密实、稳固，无积水。

合格：达到设计要求。

优良：符合设计要求，原地面及植被保护完好，坡面和顶面平顺、密实。

检验数量：每段检查。

检验方法：随施工观察，查施工记录。

(Ⅲ)允许偏差项目

3.44.4 堑顶包角高度、顶面宽度、边坡坡度、外侧坡脚至路堑中线距离允许偏差应符合表3.44.4的规定。

表 3.44.4 堑顶包角高度、顶面宽度、边坡坡度、外侧坡脚至路堑中线距离允许偏差

序号	项 目	允许偏差	检验数量	检验方法
1	高度	±50 mm	每 100 m 检查 2 点	尺量
2	顶面宽度	不小于设计值	每 100 m 检查 2 点	尺量
3	边坡坡度(偏陡量)	3% 设计值	每 100 m 每侧检查 2 点	坡度尺量
4	外侧坡脚至路堑中线距离	±50 mm	每 100 m 检查 2 点	尺量

3.45 挡 水 埝

3.45.1 挡水埝的各项质量应按本标准第 3.9.1 ~3.9.5 条的规定检验。

3.46 路 堑 水 沟

(Ⅰ)保 证 项 目

3.46.1 水沟设置范围及纵坡、预制水沟制作、防渗及塞封材料、工业保温材料等的质量应按本标准第 3.8.1、3.8.3、3.8.4、3.16.1 条的规定检验。

3.46.2 侧沟及侧沟平台完整、侧沟泄水孔设置等质量应按本标准第 3.34.2、3.34.3 条的规定检验。

3.46.3 开挖水沟地段地表草皮的移植应符合设计,并按本标准第 3.1.1 条的规定检验。

(Ⅱ)基 本 项 目

3.46.4 水沟开挖应分段快速进行,并采取措施减少多年冻土暴露时间。水沟开挖断面应按本标准第 3.8.6 条的规定检验。

3.46.5 预制水沟拼装、防渗和工业保温材料铺设、伸缩缝设置等应按本标准第 3.8.8 ~3.8.10、3.27.4 条的规定检验。

(Ⅲ)允许偏差项目

3.46.6 水沟各部、侧沟平台宽度及泄水孔坡度允许偏差应符合本标准第 3.8.11、3.34.7 条的有关规定。

3.47 保温渗水暗沟

3.47.1 保温渗水暗沟应分段快速施工,并采取措施减少多年冻土暴露时间。其各项质量应按本标准第 3.35.1 ~3.35.11 条的规定检验。

3.48 路堑爆破

(Ⅰ)保 证 项 目

3.48.1 路堑爆破开挖断面必须符合设计要求。爆破不得导致对路堑各部、邻近建筑物和其他设施以及开挖界限以外的生态环境造成破坏。

检验数量:每段检查,并抽查3个断面。

检验方法:观察、测量。

3.48.2 爆破开挖范围内地表草皮的移植应符合设计,并按本标准第3.1.1条的规定检验。

(Ⅱ)基 本 项 目

3.48.3 路堑爆破开挖时间应符合设计要求,同时应分段快速进行,并加强临时保温防护,减少对多年冻土的热干扰。

合格:达到上述要求。

优良:符合上述要求,基底和边坡多年冻土保护完好。

检验数量:每段检查。

检验方法:观察,并查施工记录。

3.48.4 边坡面爆破质量要求应按本标准第3.36.3条的规定检验。

3.49 半填半挖路基

(Ⅰ)保 证 项 目

3.49.1 半填半挖路基换填的范围、部位、深度与换填所用的填料种类及其技术条件必须符合设计要求,并按本标准第3.11.1条的规定检验。

3.49.2 基底和边坡换填填料的填筑要求、压实质量应分别按本标准第3.11.2、3.43.2条的规定检验。

3.49.3 基底换填顶面高程、中线至路肩边缘距离、宽度、横坡、平整度应按本标准第3.3.3条的规定检验。

3.49.4 换填边坡应按本标准第3.43.3条的规定检验。

3.49.5 换填开挖地段地表草皮的移植应符合设计,并按本标准第3.1.1条的规定检验。

(Ⅱ)基 本 项 目

3.49.6 换填地段基底表面应按本标准第3.37.5条的规定检验。

3.49.7 基底和边坡换填的要求应分别按本标准第3.38.4、3.43.4条的规定检验。

(Ⅲ)允许偏差项目

3.49.8 基床以下填层和基床底层顶面高程、中线至边缘距离、宽度、横坡、平整度及基床结构厚度允许偏差应符合本标准第3.2.4、3.3.6、3.3.7条的有关规定。

3.49.9 换填边坡坡度允许偏差应符合本标准第3.33.3条的有关规定。

3.50 弃土堆

3.50.1 弃土堆的各项质量要求应按本标准第3.29.1～3.29.4条的规定检验。

3.51 取土场

3.51.1 取土场的各项质量要求应按本标准第3.10.1～3.10.4条的规定检验。

3.52 地温和沉降监测

3.52.1 地温和沉降监测的各项质量要求应按本标准第3.30.1～3.30.4条的规定检验。

Ⅴ 过渡段

Ⅴ—1 冻土地质结构过渡段

3.53 高含冰量冻土不同地温过渡段

3.53.1 高含冰量冻土不同地温过渡段应按相对高地温段的设计要求施工，其长度应符合设计要求。各项质量应按本标准第3章Ⅱ、Ⅳ节的有关规定检验。

3.54 高含冰量冻土与少冰、多冰冻土过渡段

3.54.1 高含冰量冻土与少冰、多冰冻土过渡段应按高含冰量冻土地段的设计要求施工，其长度应符合设计要求。各项质量应按本标准第3章Ⅱ、Ⅳ节的有关规定检验。

3.55 多年冻土区与融区过渡段

3.55.1 多年冻土区与融区过渡段应按多年冻土区地段的设计要求施工，其长度应符合设计要求。各项质量应按本标准第3章Ⅰ～Ⅳ节的有关规定检验。

V—2 路堤与桥梁过渡段

3.56 地基表层

3.56.1 过渡段地基表层处理应按设计要求与桥台、相邻路堤的地基同时进行，并按本标准第3.1.1~3.1.7条的有关规定检验。

3.57 基床表层以下填层

（Ⅰ）保证项目

3.57.1 基床表层以下填层填料的种类、技术条件应符合设计要求。台后填层每一压实层全宽应使用同一种类且条件相同的填料。

检验数量：每个过渡段，并符合本标准附录A的有关规定。

检验方法：随压实层目测检查同层填料，查试验报告和施工记录。

3.57.2 基床表层以下填层应与相邻的锥体按水平分层一体同时填筑并均匀压实，其压实质量应符合设计要求。在填筑压实过程中，应保证桥台稳定、无损伤。

检验数量：每个过渡段，并符合本标准附录C的有关规定。

检验方法：观察，并查检测报告和施工记录。

（Ⅱ）基本项目

3.57.3 基床表层以下填层的填筑压实应按本标准第3.2.3条的有关规定检验。

3.57.4 相邻路堤使用与过渡段基床表层以下填层不同种类及颗粒条件的填料时，其粒径应符合 $D_{15}/d_{85} \leqslant 4$（两渗水土间）或 $D_{15} < 0.5$ mm（非渗水土与渗水土间）的要求。

合格：达到上述要求。

优良：符合上述要求，上下层相接紧密。

检验数量：每个过渡段。

检验方法：查试验报告和施工记录。

（Ⅲ）允许偏差项目

3.57.5 基床表层以下填层顶面高程、中线至边缘距离、宽度、横坡、平整度允许偏差应符合表3.57.5的规定。

表3.57.5 基床表层以下填层顶面高程、中线至边缘距离、宽度、横坡、平整度允许偏差

序号	项　目	允许偏差	检验数量	检验方法
1	顶面高程	±50 mm	每过渡段检查2点	水准仪测
2	中线至边缘距离	±50 mm	每过渡段检查2点	尺量
3	宽度	不小于设计值	每过渡段检查2点	尺量
4	横坡	±0.5%	每过渡段检查2个断面	坡度尺量
5	平整度	20 mm	每过渡段检查3点	2.5 m长直尺量测

3.57.6 基床表层以下填层纵向填筑长度、坡度允许偏差应符合表3.57.6的规定。

表3.57.6 基床表层以下填层纵向填筑长度、坡度允许偏差

序号	项目	允许偏差	检验数量	检验方法
1	纵向填筑长度	不小于设计值	每过渡段、每层检查左、中、右3点	尺量,并查施工记录
2	纵向填筑坡度	不大于设计值	每过渡段、每层检查左、中、右3点	坡度尺量,查施工记录

3.58 基床表层

3.58.1 基床表层的各项质量和桥台稳定应按本标准第3.3.1~3.3.7、3.57.2条的有关规定检验。

3.59 路基面

3.59.1 路基面的各项质量应按本标准第3.4.1、3.4.2条的规定检验。

3.60 工业保温材料保温层

3.60.1 工业保温材料保温层的各项质量应按本标准第3.16.1~3.16.8条的规定检验。

3.61 加筋填层

3.61.1 加筋填层的各项质量应按本标准第3.5.1~3.5.7条的规定检验。

3.62 保温护道

3.62.1 保温护道的各项质量应按本标准第3.23.1~3.23.4条的规定检验。

3.63 过渡段边坡

3.63.1 过渡段边坡的各项质量应按本标准第3.7.1、3.7.2条的规定检验。

V—3 高含冰量冻土地段路堤与路堑过渡段

3.64 基底换填

3.64.1 基底换填的各项质量应按本标准第3.11.1~3.11.6条的规定检验。

3.65 基床以下填层

3.65.1 基床以下填层的各项质量应按本标准第3.2.1~3.2.4条的规定检验。

3.66 基床填层

3.66.1 基床填层的各项质量应按本标准第3.3.1~3.3.7条的规定检验。

3.67 路基面

3.67.1 路基面的各项质量应按本标准第3.4.1、3.4.2条的规定检验。

3.68 工业保温材料保温层

3.68.1 工业保温材料保温层的各项质量应按本标准第3.16.1~3.16.8条的规定检验。

3.69 复合土工膜防渗层

3.69.1 复合土工膜防渗层的各项质量应按本标准第3.20.1~3.20.7条的规定检验。

3.70 过渡段边坡

3.70.1 过渡段边坡的各项质量应按本标准第3.7.1、3.7.2条的规定检验。

3.71 地温和沉降监测

3.71.1 地温和沉降监测的各项质量要求应按本标准第3.30.1~3.30.4条的规定检验。

Ⅵ 冰锥、冻胀丘地段路基(包括爆炸性充水鼓丘)

3.72 路堤基底换填

3.72.1 路堤基底换填的各项质量应按本标准第3.11.1~3.11.6条的规定检验。

3.73 路堤地基表层

3.73.1 路堤地基表层的各项质量应按本标准第3.1.1~3.1.7条的有关规定检验。

3.74 基床以下填层

3.74.1 基床以下填层的各项质量应按本标准第3.2.1~3.2.4条的规定检验。

3.75 基床填层

3.75.1 基床填层的各项质量应按本标准第3.3.1～3.3.7条的规定检验。

3.76 路基面

3.76.1 路基面的各项质量应按本标准第3.4.1、3.4.2条的规定检验。

3.77 工业保温材料保温层

3.77.1 工业保温材料保温层的各项质量应按本标准第3.16.1～3.16.8条的规定检验。

3.78 复合土工膜防渗层

3.78.1 复合土工膜防渗层的各项质量应按本标准第3.20.1～3.20.7条的规定检验。

3.79 加筋填层

3.79.1 加筋填层的各项质量应按本标准第3.5.1～3.5.7条的规定检验。

3.80 保温护道

3.80.1 保温护道的各项质量应按本标准第3.23.1～3.23.4条的规定检验。

3.81 路堤边坡

3.81.1 路堤边坡的各项质量应按本标准第3.7.1、3.7.2条的规定检验。

3.82 挡水埝

3.82.1 挡水埝的各项质量应按本标准第3.9.1～3.9.5条的规定检验。

3.83 路堤水沟

3.83.1 路堤水沟的各项质量应按本标准第3.8.1～3.8.11或3.27.1～3.27.6条的规定检验。

3.84 保温渗水暗沟

3.84.1 保温渗水暗沟的各项质量应按本标准第 3.35.1～3.35.11 条的规定检验。

Ⅶ 热融滑坍地段路基

3.85 路基基底换填

3.85.1 路堤、路堑基底换填的各项质量应分别按本标准第 3.11.1～3.11.6 和 3.38.1～3.38.6 条的规定检验。

3.86 路堤地基表层

3.86.1 路堤地基表层的各项质量应按本标准第 3.1.1～3.1.5、3.1.7 条的有关规定检验。

3.87 基床以下填层

3.87.1 基床以下填层的各项质量应按本标准第 3.2.1～3.2.4 条的规定检验。

3.88 基床填层

3.88.1 基床填层的各项质量应按本标准第 3.3.1～3.3.7 条的规定检验。

3.89 路基面

3.89.1 路堤、路堑路基面的各项质量应分别按本标准第 3.4.1、3.4.2 和 3.32.1、3.32.3 条的有关规定检验。

3.90 工业保温材料保温层

3.90.1 工业保温材料保温层的各项质量应按本标准第 3.16.1～3.16.8 条的规定检验。

3.91 复合土工膜防渗层

3.91.1 复合土工膜防渗层的各项质量应按本标准第 3.20.1～3.20.7 条的规定检验。

3.92 保温护道

3.92.1 保温护道的各项质量应按本标准第 3.23.1～3.23.4 条的规定检验。

3.93 路基边坡

3.93.1 路堤、路堑边坡的各项质量应分别按本标准第3.7.1、3.7.2和3.33.1~3.33.3条的规定检验。

3.94 保温护坡

(Ⅰ)保证项目

3.94.1 保温护坡的设置范围、厚度与所用填料的种类、技术条件必须符合设计要求。

检验数量:全段检查,并符合本标准附录A的有关规定。

检验方法:随施工尺量、野外鉴别,查施工记录和试验报告。

3.94.2 保温护坡应分层填筑、分层压实、分层检测,其压实质量应符合设计要求。

检验数量:全段检查,并符合本标准附录C的有关规定。

检验方法:随施工观察,查施工记录和检测报告。

(Ⅱ)基本项目

3.94.3 保温护坡填筑应符合下列规定:

1 保温护坡应分段快速施工,并加强对热融滑坍体坡脚的防护和暴露冰层的临时保温防护,不得引发新的热融滑坍。

2 护坡基底应稳定,且不得破坏周围原地面及植被。

3 护坡应与热融滑坍体前缘衔接牢固、密贴。其边坡面应完整、平顺、稳固,并按设计做好与原坡面的顺接。

4 护坡的防渗加固应按设计要求及时施做完成。

合格:达到设计及上述要求。

优良:符合设计及上述要求,原地面及植被保护完好,边坡面稳固、平顺。

检验数量:每段检查。

检验方法:随施工观察,查施工记录。

(Ⅲ)允许偏差项目

3.94.4 保温护坡基底高程、坡顶高程、坡脚至路基中线距离、边坡坡度、变坡点位置允许偏差应符合表3.94.4的规定。

表3.94.4 保温护坡基底高程、坡顶高程、坡脚至路基中线距离、边坡坡度、变坡点位置允许偏差

序号	项　目	允许偏差	检验数量	检验方法
1	基底高程	±50 mm	每100 m坡长检查2点	水准仪测,查测量记录
2	坡顶高程	-30 mm	每100 m坡长检查2点	水准仪测

续上表

序号	项　目	允许偏差	检验数量	检验方法
3	坡脚至路基中线距离	不小于设计值	每100 m坡长检查2点	尺量
4	边坡坡度	不大于设计值	每100 m坡长检查2点	坡度尺量
5	变坡点位置	±100 mm	每100 m坡长检查2点	水准仪测或尺量

3.95　路堑边坡换填

3.95.1　路堑边坡换填的各项质量应按本标准第3.43.1～3.43.5条的规定检验。

3.96　堑顶包角

3.96.1　堑顶包角的各项质量应按本标准第3.44.1～3.44.4条的规定检验。

3.97　挡水埝

3.97.1　挡水埝的各项质量应按本标准第3.9.1～3.9.5条的规定检验。

3.98　路基水沟

3.98.1　路堤、路堑水沟的各项质量应分别按本标准第3.27.1～3.27.6和3.46.1～3.46.6条的规定检验。

Ⅷ　热融湖(塘)地段路基

3.99　路堤基底换填

3.99.1　路堤基底换填应按设计要求采用抽干积水或不抽干积水的方法施工。其各项质量应按本标准第3.11.1、3.11.2、3.11.4～3.11.6条的有关规定检验。

3.100　抛石挤淤

（Ⅰ）保证项目

3.100.1　抛石挤淤必须采用不易风化的石料，其强度、块径应符合设计要求。

检验数量：全工点检查，并符合本标准附录A的有关规定。

检验方法：目测鉴别，并查试验报告。

3.100.2　抛石顶面应碾压或夯击密实，地基系数应符合设计要求。

检验数量：全工点检查，并符合本标准附录C的有关规定。

检验方法：查检测报告。

(Ⅱ)基 本 项 目

3.100.3 反滤层构造及所用材料和压实质量应按本标准第3.18.4条的规定检验。

(Ⅲ)允许偏差项目

3.100.4 抛石挤淤地基边线、顶面高程、顶面宽度允许偏差应符合表3.100.4的规定。

表3.100.4 抛石挤淤地基边线、顶面高程、顶面宽度允许偏差

序号	项 目	允许偏差	检验数量	检验方法
1	地基边线	-150 mm	每100 m检查3点	尺量,查施工记录
2	顶面高程	+200 mm, -50 mm	每100 m检查3点	水准仪测
3	顶面宽度	不小于设计值	每100 m检查3点	尺量

注:对要求填满的湖(塘)、泥沼不做序号1、3检验。

3.100.5 反滤层厚度允许偏差应符合本标准第3.16.8条的规定。

3.101 基床以下填层

3.101.1 基床以下填层的各项质量应按本标准第3.2.1~3.2.4条的规定检验。

3.102 基 床 填 层

3.102.1 基床填层的各项质量应按本标准第3.3.1~3.3.7条的规定检验。

3.103 路 基 面

3.103.1 路基面的各项质量应按本标准第3.4.1、3.4.2条的规定检验。

3.104 工业保温材料保温层

3.104.1 工业保温材料保温层的各项质量应按本标准第3.16.1~3.16.8条的规定检验。

3.105 复合土工膜隔断层

3.105.1 复合土工膜隔断层的各项质量应按本标准第3.20.1~3.20.7条的规定检验。

3.106 通 风 护 道

3.106.1 通风护道的各项质量应按本标准第3.24.1~3.24.3条的规定检验。

3.107 路堤边坡

3.107.1 路堤边坡的各项质量应按本标准第3.7.1、3.7.2条的规定检验。

3.108 地温和沉降监测

3.108.1 地温和沉降监测的各项质量要求应按本标准第3.30.1～3.30.4条的规定检验。

Ⅸ 冻土沼泽(沼泽化湿地)地段路基

3.109 路堤基底换填

3.109.1 路堤基底换填的各项质量应按本标准第3.11.1～3.11.6条的有关规定检验。

3.110 抛石挤淤

3.110.1 抛石挤淤的各项质量应按本标准第3.100.1～3.100.5条的规定检验。

3.111 基床以下填层

3.111.1 基床以下填层的各项质量应按本标准第3.2.1～3.2.4的规定检验。

3.112 基床填层

3.112.1 基床填层的各项质量应按本标准第3.3.1～3.3.7条的规定检验。

3.113 路基面

3.113.1 路基面的各项质量应按本标准第3.4.1、3.4.2条的规定检验。

3.114 工业保温材料保温层

3.114.1 工业保温材料保温层的各项质量应按本标准第3.16.1～3.16.8条的规定检验。

3.115 复合土工膜隔断层

3.115.1 复合土工膜隔断层的各项质量应按本标准第3.20.1～3.20.7条的规定检验。

3.116 通风护道

3.116.1 通风护道的各项质量应按本标准第3.24.1~3.24.3条的规定检验。

3.117 路堤边坡

3.117.1 路堤边坡的各项质量应按本标准第3.7.1、3.7.2条的规定检验。

3.118 挡水埝

3.118.1 挡水埝的各项质量应按本标准第3.9.1~3.9.5条的规定检验。

3.119 地温和沉降监测

3.119.1 地温和沉降监测的各项质量要求应按本标准第3.30.1~3.30.4条的规定检验。

X 路基防护

3.120 拼装式骨架护坡

(Ⅰ)保证项目

3.120.1 骨架护坡的设置范围、结构类型与各部拼装(砌筑)形式(包括骨架、肋柱、检查踏步、护肩、镶边、基础)及其位置应符合设计要求。

检验数量:每段防护坡面检查。

检验方法:对照设计文件目测、尺量。

3.120.2 骨架预制构件的形状、尺寸、混凝土强度与配筋应符合设计要求,并按本标准第3.8.3条的规定检验。

3.120.3 砌体规格、材料强度等级应符合设计和《铁路混凝土与砌体工程施工规范》(TB 10210—2001)的有关规定。

检验数量:每段防护坡面检查。

检验方法:查试验报告。

3.120.4 锚杆及灌浆所用的材料、锚杆孔和锚杆锚固力等的质量应符合设计,并按本标准第4.7.1、4.7.2、4.7.4条的规定检验。

3.120.5 垫块、螺栓、螺帽的品种和规格应符合设计要求。

检验数量:每批抽查5%。

检验方法:观察、尺量。

（Ⅱ）基 本 项 目

3.120.6 护坡施工前，坡体及护坡基底应稳定，坡面应平整密实，坡度符合设计。预制构件应拼装整齐、平顺、紧密、稳固。砌体应纵横搭叠错缝、砂浆饱满，缝口填塞紧密。护坡厚度均匀，表面平顺整齐，并与边坡嵌接牢固密贴。

合格：达到设计要求。

优良：符合设计要求，外观平顺、光洁、整齐。

检验数量：每段防护坡面抽查。

检验方法：观察，有疑问时撬开检查。

3.120.7 锚杆安装、灌浆及防锈处理应符合设计，并按本标准第4.7.5条的规定检验。

3.120.8 伸缩缝的位置、缝宽与缝的塞封应符合设计规定。

合格：达到设计要求。

优良：符合设计要求，外观缝条齐直，塞封密实。

检验数量：每段防护坡面抽查。

检验方法：目测、尺量。

（Ⅲ）允许偏差项目

3.120.9 锚杆钻孔、自由段长度允许偏差应符合本标准第4.7.7条的规定。

3.120.10 拼装式骨架护坡各部允许偏差应符合表3.120.10的规定。

表3.120.10 拼装式骨架护坡各部允许偏差

序号	项　目	允许偏差	检验数量	检验方法
1	基底高程	±50 mm	每100 m坡长检查5点	水准仪测，查测量记录
2	坡顶高程	−30 mm	每100 m坡长检查5点	水准仪测
3	骨架净距	±50 mm	每段坡面检查6点	尺量
4	骨架嵌置深度	−20 mm	每段坡面检查6点	尺量，查施工记录
5	护肩、镶边及基础厚度、宽度	−20 mm	每段坡面检查6组	尺量，并查施工记录
6	检查踏步宽度、厚度	−30 mm	每处踏步检查1组	尺量，并查施工记录
7	坡面平整度	30 mm	每100 m坡长检查3点	2 m长直尺量测

4 支挡建筑物

I L形悬臂式挡土墙

4.1 明挖基础

4.1.1 L形悬臂式挡土墙明挖基础的各项质量应按本标准第4.6.1、4.6.2、4.6.5、4.6.7、4.6.10~4.6.12条的有关规定检验。

4.2 挡土墙墙身

(Ⅰ)保证项目

4.2.1 墙身预制构件的形状、尺寸、泄水孔及预埋件设置、混凝土强度与配筋应符合设计要求,且棱线规则,表面平整、密实、光洁。

检验数量:每批抽查10%。

检验方法:观察、尺量,并查验出厂合格证、试验报告和施工记录。

4.2.2 连接板、螺栓、螺帽的品种和规格应符合设计要求,并按本标准第3.120.5条的规定检验。

(Ⅱ)基本项目

4.2.3 墙身应拼装整齐、平顺、紧密、稳固,接缝内无填充。

合格:达到设计要求。

优良:符合设计要求,墙面整体规则、平顺。

检验数量:每段检查。

检验方法:观察。

4.2.4 墙面泄水孔位置、孔径、孔距、构造及所用材料应符合设计要求,孔内应通畅。

合格:达到设计要求。

优良:符合设计要求,泄水孔排水通畅。

检验数量:每段抽查总数的20%。

检验方法:观察,尺量。

4.2.5 伸缩缝的位置、缝宽及连接板、螺栓、螺帽的安装和防锈处理应符合设计要求。

合格:达到设计要求。

优良:符合设计要求,伸缩缝缝条齐直,连接板安装整齐。

检验数量:每段抽查。

检验方法：目测，尺量。

（Ⅲ）允许偏差项目

4.2.6　墙身顶面高程、前缘至路基中线距离、垂直度、平整度允许偏差应符合表4.2.6的规定。

表4.2.6　墙身顶面高程、前缘至路基中线距离、垂直度、平整度允许偏差

序号	项　　目		允许偏差	检验数量	检验方法
1	顶面高程		±20 mm	每20 m检验2点	水准仪测
2	前缘至路基中线距离		+20 mm	每20 m检验2点	尺　量
3	垂直度	$h \leqslant 5$	10 mm	每20 m检查2点	经纬仪或吊线测量
		$h > 5$	15 mm		
4	平整度		20 mm	每20 m检查2点	2 m长直尺量测

4.3　墙背填筑

（Ⅰ）保证项目

4.3.1　墙背填筑厚度与所用填料的种类、技术条件应符合设计要求，并按本标准第3.11.1条的有关规定检验。

4.3.2　墙背填料应分层填筑、分层压实、分层检测，其压实质量应符合设计要求，并按本标准第3.43.2条的规定检验。

4.3.3　在填筑压实过程中，应保证墙身稳定、无损伤。

检验数量：每段抽查。

检验方法：随施工观察，查施工记录。

（Ⅱ）基本项目

4.3.4　墙背填筑要求应按本标准第3.43.4条的有关规定检验。

（Ⅲ）允许偏差项目

4.3.5　墙背填筑顶面高程、横坡允许偏差应符合本标准第3.2.4条的有关规定。

4.4　工业保温材料保温层

（Ⅰ）保证项目

4.4.1　工业保温材料的种类、规格及物理力学性能应符合设计要求，并按本标准第

3.16.1 条的规定检验。

4.4.2 工业保温材料的铺设范围、铺设层数和铺设厚度应符合设计要求,并按本标准第 3.16.2 条的规定检验。

(Ⅱ)基 本 项 目

4.4.3 铺设工业保温材料前应清洁、整平墙身。工业保温材料应按设计密贴排放或分层错缝铺设,其接缝密封应符合设计要求。铺好后应及时回填墙背填料。

合格:达到设计要求。

优良:符合设计要求,工业保温材料保护完好,接缝密封良好。

检验数量:每段检查。

检验方法:随施工观察,查施工记录。

(Ⅲ)允许偏差项目

4.4.4 工业保温材料两层接缝错开距离允许偏差应符合本标准第 3.16.6 条的有关规定。

4.5 隔 水 层

4.5.1 复合土工膜隔水层的各项质量应按本标准第 3.20.1 ~3.20.7 条的有关规定检验。

Ⅱ 锚杆挡土墙

4.6 明 挖 基 础

(Ⅰ)保 证 项 目

4.6.1 基底土质、多年冻土类型、承载力及开挖高程应与设计相符,基坑底面无浮渣、积水、积冰。

检验数量:每个基坑。

检验方法:随施工观察、野外鉴别,查检查证和检测报告。

4.6.2 基坑爆破开挖要求应按本标准第 3.36.1、3.36.2 条的有关规定检验。

4.6.3 现浇混凝土基础所用的原材料、配合比及强度与抗冻融指标等应符合设计和《青藏铁路高原多年冻土区工程施工暂行规定》(上册)的有关要求。

检验数量:每个基坑。

检验方法:查验出厂合格证、试验报告和施工记录。

4.6.4 拼装基础各预制块的形状、尺寸、混凝土强度与配筋应符合设计要求,并按本标准第 4.2.1 条的有关规定检验。

4.6.5 基坑换填范围和深度、垫层铺设厚度及换填、垫层铺设、回填所用的填料种类和技术条件必须符合设计要求,并按本标准第 3.11.1 条的规定检验。

4.6.6 基底保温层所用的工业保温材料及其铺设范围、铺设厚度等应符合设计要求,并按本标准第3.16.1~3.16.4条的有关规定检验。

(Ⅱ)基 本 项 目

4.6.7 高含冰量冻土地段明挖基础的施工时间应符合设计要求,并应分段连续作业、快速施工,同时加强临时保温防护,减少对多年冻土的热干扰。墙址处岩土层宜少受施工扰动。台阶形坑底应完整、密实,台面与阶壁大致平顺。水平和斜面基底应平整、密实。

合格:达到设计及上述要求。

优良:符合设计及上述要求,基底稳固无损。

检验数量:每个基坑。

检验方法:随施工观察,查检查证和施工记录。

4.6.8 基底保温层铺设要求应按本标准第3.16.5条的有关规定检验。

4.6.9 现浇基础的混凝土施工应符合《青藏铁路高原多年冻土区工程施工暂行规定》(上册)的有关要求,且应振捣密实,表面光滑平整,不得有蜂窝、麻面,接缝处不得有夹渣缝和受冻痕迹。拼装基础的各预制块应拼装平顺、整齐、紧密、稳固,其背面及接缝应按设计填塞封严。沉降缝的位置与塞封处理及基础防冻胀处理应符合设计要求。

合格:达到设计和施工暂规要求。

优良:符合设计和施工暂规要求,混凝土表面平整、密实、光洁,各预制块拼装平整、紧密。

检验数量:每个基坑。

检验方法:随施工观察、敲击,查施工记录。

4.6.10 基坑换填、垫层铺设和回填应及时进行并分层夯实,其压实质量应符合设计要求。基坑回填土表面的隔水层设置应符合设计要求。

合格:达到设计要求。

优良:符合设计要求,表面平实。

检验数量:每坑检查,并符合本标准附录C中关于路基地基检测频次的规定。

检验方法:随施工观察、查检测报告和施工记录。

(Ⅲ)允许偏差项目

4.6.11 明挖基坑尺寸、斜面基底坡度、起迄里程允许偏差应符合表4.6.11的规定。

表4.6.11 明挖基坑尺寸、斜面基底坡度、起迄里程允许偏差

序号	项　目	允许偏差	检验数量	检验方法
1	坑底宽度	+50 mm,−10 mm	每20 m检查2点	尺量,查施工记录
2	台阶尺寸	±100 mm	每段台阶基底检查2点	尺量,查施工记录
3	斜面基底坡度	±1%	每段斜面基底检查3点	坡度尺量,查施工记录
4	起迄里程	±100 mm	每段检查	经纬仪测线、尺量,查测量记录

4.6.12 基础顶面高程、前边缘至路基中线距离、宽度、起迄里程允许偏差应符合表

4.6.12 的规定。

表 4.6.12　基础顶面高程、前边缘至路基中线距离、宽度、起迄里程允许偏差

序号	项　目	允许偏差	检验数量	检验方法
1	顶面高程	±20 mm	每 20 m 检查 3 点	水准仪测
2	前边缘至路基中线距离	不小于设计值	每段每 20 m 检查 3 点	尺量
3	宽　度	±50 mm	每段每 20 m 检查 3 点	尺量
4	扩大基础襟边高、宽度	±20 mm	每段检查 3 组	尺量
5	起迄里程	±100 mm	每段检查	经纬仪测线、尺量

4.7　锚　杆

(Ⅰ)保 证 项 目

4.7.1　锚杆材料的种类、材质、规格及性能应符合设计要求。

检验数量和检验方法:查验每批产品出厂合格证和性能报告单及进场抽检试验报告。

4.7.2　锚杆孔灌浆所用的材料应符合设计要求。

检验数量和检验方法:查验每批产品出厂合格证和性能报告单及进场抽检试验报告。

4.7.3　锚杆的数量、布设形式和范围应符合设计要求。

检验数量:全工点检查。

检验方法:目测检查。

4.7.4　锚杆孔孔深、孔径和锚杆锚固力应符合设计要求。

检验数量:每工点抽查 3% 的锚杆。

检验方法:测量、拉拔试验,查施工记录和试验记录。

(Ⅱ)基 本 项 目

4.7.5　安装锚杆前,应吹净孔内粉尘、石(冰)碎、积水。安装锚杆后灌浆应符合设计要求,灌注时温度不得低于 10 ℃。锚杆自由段和锚头防锈处理应符合设计要求。

合格:达到设计要求。

优良:符合设计要求,锚杆无松拔现象。

检验数量:每工点抽查 3% 的锚杆。

检验方法:观察,查施工记录。

4.7.6　张拉与锚固应在砂浆达到设计规定强度且最后施做的锚杆孔周土体回冻之后进行。

合格:达到设计要求。

优良:符合设计要求,不出现松锚现象。

检验数量:每工点抽查 3% 的锚杆。

检验方法:观察,查地温观测资料和施工记录。

(Ⅲ)允许偏差项目

4.7.7 锚杆钻孔、自由段长度允许偏差应符合表4.7.7的规定。

表4.7.7 锚杆钻孔、自由段长度允许偏差

序号	项目		允许偏差	检验数量	检验方法
1	钻孔方位角		±10	每工点抽检3%	经纬仪测,查测量记录
2	钻孔倾角		±2.5°	每工点抽检3%	量角器测,查施工记录
3	孔位	垂直	±30 mm	每工点抽检3%	经纬仪测
4		水平	±30 mm	每工点抽检3%	经纬仪测
5	自由段长度		±20 mm	每工点抽检3%	竿尺量,查施工记录

4.8 肋　柱

(Ⅰ)保 证 项 目

4.8.1 肋柱预制件的形状、尺寸、混凝土强度与配筋应符合设计要求,且棱线规则,表面平整、密实、光洁。

检验数量:每根肋柱。

检验方法:观察、尺量,并查验出厂合格证、试验报告和施工记录。

(Ⅱ)基 本 项 目

4.8.2 肋柱与基础的连接形式、连接强度应符合设计要求。肋柱必须待锚杆达到设计要求后方可安装,且应安装整齐、稳固。

合格:达到设计要求。

优良:符合设计要求,肋柱安装规则、整齐。

检验数量:每根肋柱。

检验方法:观察,并查施工记录和试验报告。

(Ⅲ)允许偏差项目

4.8.3 肋柱柱位、柱身垂直度、顶面高程允许偏差应符合表4.8.3的规定。

表4.8.3 肋柱柱位、柱身垂直度、顶面高程允许偏差

序号	项目	允许偏差	检验数量	检验方法
1	柱位(纵横向)	纵向±20 mm,横向+20 mm	每根肋柱检查1组	尺量
2	柱身垂直度	0.5%	每根肋柱检查	经纬仪或吊线测量
3	顶面高程	±20 mm	每根肋柱检查1点	水准仪测量

注:柱位横向以距路基中线距离计。

4.9 墙 面 板

(Ⅰ)保 证 项 目

4.9.1 预制墙面板应符合设计要求,并按本标准第 4.2.1 条的有关规定检验。

(Ⅱ)基 本 项 目

4.9.2 墙面板应按设计拼装整齐、平顺、紧密、稳固,并按本标准第 4.2.3 条的有关规定检验。

4.9.3 墙面泄水孔应按本标准第 4.2.4 条的规定检验。

(Ⅲ)允许偏差项目

4.9.4 墙面板顶面高程、垂直度、平整度允许偏差应符合本标准第 4.2.6 条的有关规定。

4.10 墙 背 填 筑

4.10.1 墙背填筑的各项质量应按本标准第 4.3.1 ~ 4.3.5 条的规定检验。

4.11 工业保温材料保温层

4.11.1 工业保温材料保温层的各项质量应按本标准第 4.4.1 ~ 4.4.4 条的规定检验。

4.12 隔 水 层

4.12.1 复合土工膜隔水层的各项质量应按本标准第 3.20.1 ~ 3.20.7 条的有关规定检验。

Ⅲ 桩板式挡土墙

4.13 锚 固 桩

(Ⅰ)保 证 项 目

4.13.1 桩孔深度和截面尺寸必须符合设计要求。桩孔达到设计深度后,应核实地质情况,并结合滑动面实际情况确定最终高程。

检验数量:每根桩。

检查方法:随施工观察、测量,查施工记录和检查证。

4.13.2 桩身混凝土所用的原材料、配合比、强度与抗冻隔指标等应符合设计和《青藏铁路高原多年冻土区工程施工暂行规定》(上册)的有关要求。

检验数量:每根桩。

检验方法:查验出厂合格证、试验报告和施工记录。

4.13.3 钢筋骨架的制作,安装应按《青藏铁路高原多年冻土区桥涵工程质量检验评定及验收标准(试行)》的有关规定检验。竖向主钢筋或其他钢筋的搭接位置应避免设在土石分界和滑动面处。

检验数量和检验方法:逐节检查搭接位置。

4.13.4 护筒所用材料、制作、埋置深度和桩身防冻胀处理应符合设计要求。

检验数量:每根桩。

检验方法:观察、尺量,查验出厂合格证和施工记录。

4.13.5 锚固桩必须进行基桩完整性检测。

检验数量:每根桩。

检验方法:无损检测。

(Ⅱ)基 本 项 目

4.13.6 露出原地面部分桩身立模应保证桩身结构尺寸,接缝不漏浆。

合格:达到设计要求。

优良:符合设计要求,外观整齐规则。

检验数量:每根桩。

检验方法:观察、尺量。

4.13.7 桩身混凝土施工应符合《青藏铁路高原多年冻土区工程施工暂行规定》(上册)的有关要求,且应连续灌注。

合格:达到设计和施工暂规要求。

优良:符合设计和施工暂规要求,混凝土灌注过程连续性、和易性好,表面光滑平整。

检验数量:每根桩。

检验方法:随施工观察、敲击,查施工记录。

(Ⅲ)允许偏差项目

4.13.8 锚固桩桩位、桩身垂直度、顶面高程允许偏差应符合本标准第4.8.3条的规定。

4.14 桩间挡土板

4.14.1 桩间挡土板的各项质量应符合设计要求,并按本标准第4.9.1~4.9.4条的规定检验。

4.15 墙背填筑

4.15.1 墙背填筑的各项质量应按本标准第 4.3.1 ~4.3.5 条的规定检验。

4.16 工业保温材料保温层

4.16.1 工业保温材料保温层的各项质量应按本标准第 4.4.1 ~4.4.4 条的规定检验。

4.17 隔水层

4.17.1 复合土工膜隔水层的各项质量应按本标准第 3.20.1 ~3.20.7 条的有关规定检验。

5 站场路基

I 填方路基

5.1 基底换填

5.1.1 基底换填的各项质量应按本标准第3.11.1～3.11.6条的有关规定检验，并符合本标准附录G的有关规定。

5.2 地基表层

5.2.1 地基表层的各项质量应按本标准第3.1.1～3.1.7条的有关规定检验，并符合本标准附录G的有关规定。

5.3 路基填筑

5.3.1 路基填筑的各项质量应按本标准第3.2.1～3.2.4、3.3.1～3.3.7条的有关规定检验，并符合本标准附录G的有关规定。

5.4 路基层

5.4.1 路基面的各项质量应按本标准第3.4.1、3.4.2条的规定检验。

5.5 工业保温材料保温层

5.5.1 工业保温材料保温层的各项质量应按本标准第3.16.1～3.16.8条的规定检验，并符合本标准附录G的有关规定。

5.6 复合土工膜防渗层

5.6.1 复合土工膜防渗层的各项质量应按本标准第3.20.1～3.20.7条的规定检验，并符合本标准附录G的有关规定。

5.7 填方路基边坡

5.7.1 填方路基边坡的各项质量应按本标准第3.7.1、3.7.2条的规定检验。

5.8 取 土 场

5.8.1 取土场的各项质量要求应按本标准第3.10.1~3.10.4条的规定检验。

5.9 弃 土 堆

5.9.1 弃土堆的各项质量要求应按本标准第3.29.1~3.29.4条的规定检验。

Ⅱ 挖方路基

5.10 基床表面换填

5.10.1 基床表层换填的各项质量应按本标准第3.31.1~3.31.5条的规定检验,并符合本标准附录G的有关规定。

5.11 基 底 换 填

5.11.1 基底换填的各项质量应按本标准第3.38.1~3.38.6条的有关规定检验,并符合本标准附录G的有关规定。

5.12 工业保温材料保温层

5.12.1 工业保温材料保温层的各项质量应按本标准第3.16.1~3.16.8条的规定检验,并符合本标准附录G的有关规定。

5.13 复合土工膜防渗层

5.13.1 复合土工膜防渗层的各项质量应按本标准第3.20.1~3.20.7条的规定检验,并符合本标准附录G的有关规定。

5.14 路 基 面

5.14.1 路基面的各项质量应按本标准第3.32.1~3.32.4条的有关规定检验,并符合本标准附录G的有关规定。

5.15 挖方路基边坡

5.15.1 挖方路基边坡的各项质量应按本标准第3.33.1~3.33.3条的规定检验。

5.16 挖方路基边坡换填

5.16.1 挖方路基边坡换填的各项质量应按本标准第3.43.1～3.43.5条的规定检验。

5.17 堑顶包角

5.17.1 堑顶包角的各项质量应按本标准第3.44.1～3.44.4条的规定检验。

5.18 挖方路基爆破

5.18.1 挖方路基爆破的各项质量应按本标准第3.36.1～3.36.3或3.48.1～3.48.4条的规定检验。

5.19 弃土堆

5.19.1 弃土堆的各项质量要求应按本标准第3.29.1～3.29.4条的规定检验。

5.20 取土场

5.20.1 取土场的各项质量要求应按本标准第3.10.1～3.10.4条的规定检验。

Ⅲ 站场路基排水

5.21 挡水埝

5.21.1 挡水埝的各项质量应按本标准第3.9.1～3.9.5条的规定检验。

5.22 保温渗水暗沟

5.22.1 保温渗水暗沟的各项质量应按本标准第3.35.1～3.35.11条的规定检验。

5.23 排水管道

（Ⅰ）保证项目

5.23.1 站线间纵向或横向排水设施所用管道和管道附件的种类、规格及性能必须符合设计要求。

检验数量：每批抽查2‰。

检验方法：查验产品出厂合格证和性能报告单及进场抽检试验报告。

5.23.2 站线间纵向或横向排水设施的位置、标高、坡度、垫层厚度及防冻、防腐处理必须符合设计要求。

检验数量:全工点检查。

检验方法:随施工目测或尺量,查施工记录。

(Ⅱ)基 本 项 目

5.23.3 排水管道的连接应符合下列规定:

1 前后管节连接紧密,接口密封良好,无渗漏水。

2 管节承插方向符合设计要求。

合格:达到设计及上述要求。

优良:符合设计及上述要求,管口清洁整齐。

检验数量:抽查连接点总数的5%。

检验方法:随施工观察,并在必要时灌水检查,查施工记录。

5.24 排 水 沟 槽

5.24.1 填方、挖方路基排水沟槽的各项质量应分别按本标准第3.8.1~3.8.11或3.27.1~3.27.6、3.34.1~3.34.7或3.46.1~3.46.6条的有关规定检验。沟槽盖板的质量应按《铁路站场建筑工程质量检验评定标准》(TB 10423—98)的有关规定检验。

5.25 检查井和沉淀井

(Ⅰ)保 证 项 目

5.25.1 检查井和沉淀井所用的材料及其强度应符合设计要求。设计有钢筋梯的必须预埋就位。

检验数量:每井检查。

检验方法:观察,并查试验报告和施工记录。

5.25.2 检查井和沉淀井与管、槽的嵌接应密贴不漏水,其防冻处理应符合设计要求。

检验数量:每井检查。

检验方法:观察,必要时灌水检查。

(Ⅱ)基 本 项 目

5.25.3 检查井和沉淀井的位置、井体厚度及井盖形状、拉手安设应符合设计要求,并按本标准第3.35.9条的有关规定检验。

(Ⅲ)允许偏差项目

5.25.4 检查井和沉淀井井底高程、净空尺寸、钢筋梯间距及井盖尺寸允许偏差应符合本标准第3.35.11条的规定。

6 路基工程验收

6.0.1 竣工工程应按单位工程验收。单位工程划分和质量评定应符合本标准规定。

6.0.2 验收时应以监理工程师签字的工程质量检验评定表和隐蔽工程检查证为依据。

6.0.3 竣工验收时,施工单位应提供下列文件资料:

1 路基工程竣工验收报告;

2 路基工程质量检验评定资料;

3 路基工程竣工图及其他竣工文件(包括隐蔽工程检查证);

4 变更设计资料;

5 工程日志;

6 中线、高程竣工测量资料及主要永久标志位置图;

7 工程试验资料;

8 有关原材料和构配件的出厂合格证、性能报告单等质量证明资料及原材料进场抽检试验报告;

9 观测资料;

10 按保护多年冻土和延缓多年冻土融化速度原则设计的高含冰量冻土地段路基地温、沉降等监测资料与分析报告;

11 重大质量事故处理记录;

12 工程总结。

附录 A　路堤填料与地基土检验项目及频次

表 A.0.1　路堤填料与地基土检验项目及频次

路堤部位	填料类别	检验项目及频次				
		颗粒级配	液塑限	击实试验	最大密度和最小密度	单轴饱和抗压试验
基床底层及以下路堤	细粒土及粉砂、黏砂	5 000～10 000 m³（简易筛分）	5 000～10 000 m³ 或土质明显变化时	5 000～10 000 m³ 或土质明显变化时	—	—
	细砂、中砂、粗砂、砾砂	10 000 m³	—	—	10 000 m³ 或土质明显变化时	—
	砾石类	10 000 m³	—	10 000 m³ 或土质明显变化时	10 000 m³ 或土质明显变化时	—
	碎石类	20 000 m³	—	20 000 m³ 或土质明显变化时	20 000 m³ 或土质明显变化时	—
	漂石土	20 000 m³	—	—	—	—
	硬块石、软块石	20 000 m³（简易筛分）	—	—	—	20 000 m³ 或土质明显变化时
基床表层	细粒土及黏砂	1 000 m³（简易筛分）	1 000 m³ 或土质明显变化时	1 000 m³ 或土质明显变化时	—	—
	中砂、粗砂、砾砂	10 000 m³	—	—	1 000 m³ 或土质明显变化时	—
	砾石类	10 000 m³	—	1 000 m³ 或土质明显变化时	1 000 m³ 或土质明显变化时	—
	碎石类（最大粒径≤150 mm）	10 000 m³	—	2 000 m³ 或土质明显变化时	2 000 m³ 或土质明显变化时	—
路基地基		每 200 m 或地基土明显变化时	每 200 m 或地基土明显变化时	每 200 m 或地基土明显变化时	每 200 m 或地基土明显变化时	—

注：挡水埝、保温护道、通风护道、边坡换填、堑顶包角、保温护坡及支挡建筑物明挖基坑换填、回填所用填料的检验项目及频次可按照基床底层及以下路堤填料检验的有关规定执行。

附录 B 基床表层填筑压实质量检测频次

表 B.0.1 基床表层填筑压实质量检测频次

检测指标	压实系数 K_h	地基系数 K_{30}	相对密度 D_r
检测频次	每层沿纵向每 100 m 检测 5 点,距路基边 1 m 处 4 点,中间 1 点。过渡段每层检测 3 点,左、中、右各 1 点	在表层顶面每 100 m 检测 2 点,中间 1 点,距路基边 2 m 处 1 点。过渡段在基床表层顶面检测 2 点,两侧距路基边 2 m 处各 1 点	每层沿纵向每 100 m 检测 5 点,距路基边 1 m 处 4 点,中间 1 点。过渡段每层检测 3 点,左、中、右各 1 点

附录C　基床表层以下路堤填筑压实质量检测频次

表 C.0.1　基床表层以下路堤填筑压实质量检测频次

检测指标	压实系数 K_h	地基系数 K_{30}	相对密度 D_r
基床表层以下路堤检测频次	每层沿纵向每100 m检测5点，距路基边1 m处4点，中间1点。过渡段每层检测3点，左、中、右各1点	每填高约0.9 m，100 m范围内检测2点，中间1点，距路基边2 m处1点。每填高约0.9 m，过渡段距路基边2 m处检测1点	每层沿纵向每100 m检测5点，距路基边1 m处4点，中间1点。过渡段每层检测3点，左、中、右各1点
路基地基检测频次	每100 m检测5点，距地基边1 m处4点，中间1点。在过渡段范围内检测3点，左、中、右各1点。当进行翻挖回填或换填时，应分层检测	每100 m范围内检测2点，中间1点，距地基边2 m处1点。在过渡段范围内距地基边2 m处检测1点。当进行翻挖回填或换填时，每填高约0.9 m应进行检测	每100 m检测5点，距地基边1 m处4点，中间1点。在过渡段范围内检测3点，左、中、右各1点。当进行翻挖回填或换填时，应分层检测

附录D K_{30}荷载板试验

D.0.1 试验仪具和材料

1 荷载板:厚度大于2.2 cm、直径30 cm的钢制圆板。

2 加载装置:采用装有压力表或测力计的50~200 kN千斤顶与后轴重大于20 kN的试验工程车或其他载重车辆组成加载装置。压力表或测力计精度为1%,量程应符合要求。荷载反力支点(汽车车轮)距荷载板的距离(轮边至板边)应大于1.0 m。

3 沉降量量测装置:由百分表、支承梁及支脚组成。百分表分度值为0.01 mm,量程不小于20 mm,支承梁长度应大于3 m。

4 砂子:洁净干燥,粒径0.3~0.6 mm。

5 其他:秒表、水平尺、毛刷、钢垫块等。

D.0.2 试验操作要点

1 根据检测需要选择有代表性的测点。测点处应土质均匀、不含杂质。

2 整平测点位置时要尽可能保持压实土的原状态,如有凹下部位,可用砂子垫平,但砂子厚度不得超过2 mm。

3 安放荷载板应用水平尺校正,使其处于水平状态。荷载板要与反力荷载中心对正,以减少荷载板水平移动。

4 将千斤顶放置在荷载板上,并使荷载板、千斤顶、反力荷载的中心位于同一垂直线上。

5 安装沉降量量测装置时,要将支脚放置在距荷载板边缘1.5 m、距荷载反力支点(车轮边缘)1.0 m以外,并安装调好百分表。

6 为使荷载板与土基接触良好,先预加0.035 MPa的荷载,稳定后卸载到零,读取并记录百分表的起始读数。以0.035 MPa的增量分级加载,每增加一级荷载,要待该级荷载下沉稳定后,记录百分表读数(左、右表的读数)。当每分钟的沉降量不大于该级荷载产生的总沉降量的1%时,即可认为沉降稳定,然后加下一级荷载。当累计沉降量达到1.5 mm或荷载强度超过估计的现场实际最大接触压力或达到地基屈服点时,整个试验即可终止。当左、右百分表的读数差小于其平均值的30%时,取平均值;若超过30%,应停止试验,另行选点重测。

D.0.3 试验记录与资料整理

1 试验过程中必须按《地基系数K_{30}检测(记录)报告》的内容详细记录,见表D.0.3。

2 根据试验结果绘制荷载强度(P)—沉降量(S)曲线,从曲线上查出相应标准沉降量—1.25 mm的荷载强度,用下式计算地基系数K_{30}值。

$$K_{30}(\text{MPa/cm})=\frac{\text{荷载强度(MPa)}}{\text{标准沉降量(cm)}}$$

表 D.0.3　地基系数 K_{30} 检测(记录)报告

委托单位:　　　　委托编号:　　　　报告编号:

工程名称:　　　　试验编号:　　　　试验日期:

路基里程:　　　　测点位置:　　　　报告日期:

	压力表或测力计	百分表 左表	百分表 右表	填料名称
生产厂家				
出厂编号				
管理号				
示值范围				

压力表或测力计读数	荷载(kN)	荷载板荷载强度(MPa)	百分表读数(0.01 mm) 左表	百分表读数(0.01 mm) 右表	分级沉降量(0.01 mm) 左	分级沉降量(0.01 mm) 右	平均	累计沉降量(0.01 mm)

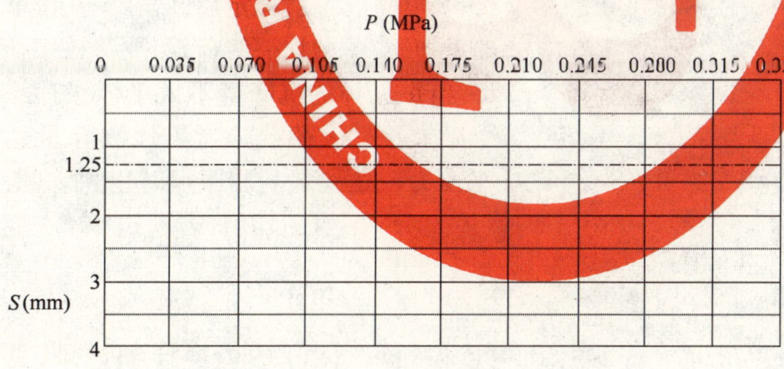

P—S 曲线

沉降 1.25 mm 对应的荷载强度(MPa)
地基系数 K_{30} 的值(MPa/cm)
检测环境描述:

检验评定依据:	检测结论:

检测　　　　复核　　　　技术负责人　　　　单位(章)

附录 E 路基中线、高程测量精度限差

表 E.0.1—1 路基中线测量精度限差

序号	项目	限差
1	直线方向闭合	$K_c \leqslant 400$ m 时,每 100 m 允许 5 mm; $K_c > 400$ m 时,允许 20 mm
2	直线测距闭合	1/2 000
3	曲线方向闭合	50 mm
4	曲线测距闭合	1/2 000

注:1 方向闭合:直线按转点正倒镜点位横向差计,曲线按测线会合点的横向差计;

2 测距闭合:均按测距会合点的纵向相对差计;

3 K_c——直线上转点的点间距。

表 E.0.1—2 路基高程桩点测量精度限差

序号	项目	限差
1	水准基点高程	$\pm 30\ K_s^{1/2}$
2	中线桩高程	±30 mm

注:1 K_s——水准基点间的距离,以 km 计;

2 高程以设计基点为准,限差按往复或重复测量的闭合差计。

附录 F　工业保温材料(硬质聚氨酯和聚苯乙烯板)施工抽检规定

F.0.1　技术要求

1　板材长度、宽度、厚度允许偏差应符合表 F.0.1 的规定。

表 F.0.1　板材长度、宽度、厚度允许偏差

长度、宽度	允许偏差	厚　度	允许偏差
<1 000 mm	±5 mm	<50 mm	±2 mm
1 000 ~2 000 mm	±8 mm	50 ~75 mm	±3 mm
2 000 ~4 000 mm	±10 mm	75 ~100 mm	±4mm
>4 000 mm	-10 mm	>100 mm	±5 mm

2　外观:硬质聚氨酯板,表面基本平整,无严重凸凹不平;聚苯乙烯板,色泽为白色,外形基本平整,无明显膨胀和收缩变形,熔结良好、无明显掉粒、汕渍和杂质。

3　物理力学性能应符合设计要求。

F.0.2　试验方法

1　规格尺寸:用精度 1 mm 的钢尺,长、宽、厚各测 3 点。

2　外观:在自然光线下目测检验。

3　物理力学性能:试样应首先在温度(23 ±2)℃、相对湿度 45% ~55% 的环境中进行至少 48 h(硬质聚氨酯板)或 16 h(聚苯乙烯板)状态调节。

1)密度:按 GB 6343 的规定进行。当板材的自然表皮作为产品整体一起使用时,不应在测量密度前除去。当板材带有面层、复合层或涂层时应予以清除,然后测其密度。

2)抗压强度:按 GB 8813 的规定进行。取屈服点或形变 10% 时的压缩应力,视谁先发生而定。

3)导热系数、吸水率等其他指标:按《建筑物隔热用硬质聚氨酯泡沫塑料》(GB 10800—89)和《隔热用聚苯乙烯泡沫塑料》(GB 10801—89)的有关规定进行。

F.0.3　抽检频次和判定规则

1　每批抽检。硬质聚氨酯板每批不超过 1 000 m^3,聚苯乙烯板每批不超过 2 000 m^3。

2　规格尺寸及外观每批抽检 20 块。其中如有 2 块及以上不合格时,应重新从原批中双倍取样复验,4 块及以上不合格时,则该批产品为不合格。

3　物理力学性能每批抽检 2 块。其中如有任何一项指标不合格时,应重新从原批中双倍取样对不合格项目进行复验,复验结果按双倍样的算术平均值计算,仍不合格时,则该批产品为不合格。

附录 G 站场路基填筑压实质量和各部尺寸检测频次

表 G.0.1—1 站场路基填筑压实质量检测频次

检测指标 填筑部位	压实系数 K_h	地基系数 K_{30}	相对密度 D_r
基床表层	每层沿横向每 7.1 m、纵向每 100 m 检测 3 点，距横向边 1 m处 2 点，中间 1 点	在表层顶面沿横向每7.1 m、纵向每100 m 检测2 点，中间1 点，距横向边 2 m 处 1 点	每层沿横向每 7.1 m、纵向每 100 m 检测 3 点，距横向边 1 m处 2 点，中间 1 点
基床表层以下路堤	每层沿横向每 7.1 m、纵向每 100 m 检测 3 点，距横向边 1 m处 2 点，中间 1 点	每填高约 0.9 m，横向 7.1 m、纵向 100 m 范围内检测 2 点，中间 1 点，距横向边 2 m 处 1 点	每层沿横向每 7.1 m、纵向每 100 m 检测 3 点，距横向边 1 m处 2 点，中间 1 点
路基地基	沿横向每 7.1 m、纵向每 100 m检测 3 点，距横向边1 m 处2 点，中间 1 点。当进行翻挖回填或换填时，应分层检测	沿横向每 7.1 m、纵向每 100 m范围内检测 2 点，中间 1 点，距横向边 2 m 处 1 点。当进行翻挖回填或换填时，每填高约 0.9 m 应进行检测	沿横向每 7.1 m、纵向每 100 m检测 3 点，距横向边 1 m 处 2 点，中间 1 点。当进行翻挖回填或换填时，应分层检测

表 G.0.1—2 路堤顶面高程、最外侧线路中线至路基边缘距离、路基宽度、横坡、平整度、浸水与不浸水部分分界高程、基床结构厚度检测频次

路堤部位 检测项目	基床以下填层	基床底层	基床表层
顶面高程	沿横向每 7.1 m、纵向每 100 m检测 3 点	沿横向每 7.1 m、纵向每 100 m检测 3 点	沿横向每 7.1 m、纵向每 100 m检测 3 点
最外侧线路中线至路基边缘距离	沿横向每 7.1 m、纵向每 100 m检测 3 点	沿横向每 7.1 m、纵向每 100 m检测 3 点	沿横向每 7.1 m、纵向每 100 m检测 3 点
路基宽度	每100 m检测 3 点	每100 m检测 3 点	每100 m检测 3 点
横　坡	沿横向每 7.1 m、纵向每 100 m检测 2 个断面	沿横向每 7.1 m、纵向每 100 m检测 2 个断面	沿横向每 7.1 m、纵向每 100 m检测 2 个断面
平整度	沿横向每 7.1 m、纵向每 100 m检测 5 点	沿横向每 7.1 m、纵向每 100 m检测 5 点	沿横向每 7.1 m、纵向每 100 m检测 10 点
浸水与不浸水部分分界高程	沿横向每 7.1 m、纵向每 100 m检测 3 点	—	—
基床结构厚度	—	沿横向每 7.1 m、纵向每 100 m检测 3 点	沿横向每 7.1 m、纵向每 100 m检测 3 点

表 G.0.1—3　工业保温材料保温层铺设中线至边缘距离、宽度、横坡、上下层接缝错开距离、上下砂垫层厚度检测频次

序号	项　目	检测频次
1	中线至边缘距离	沿横向每 7.1 m、纵向每 100 m 检测 5 点
2	宽　度	沿横向每 7.1 m、纵向每 100 m 检测 5 点
3	横　坡	沿横向每 7.1 m、纵向每 100 m 检测 2 个断面
4	上下层接缝错开距离	沿横向每 7.1 m、纵向每 100 m 检测 20 点
5	上下砂垫层厚度	沿横向每 7.1 m、纵向每 100 m 检测 3 点

表 G.0.1—4　复合土工膜铺设中线至边缘距离、宽度、横坡、接缝宽度、上下垫层厚度检测频次

序号	项　目	检测频次
1	中线至边缘距离	沿横向每 7.1 m、纵向每 100 m 检测 3 点
2	宽　度	沿横向每 7.1 m、纵向每 100 m 检测 3 点
3	横　坡	沿横向每 7.1 m、纵向每 100 m 检测 2 个断面
4	接缝宽度	沿横向每 7.1 m、纵向每 100 m 检测 3 点
5	上下垫层厚度	沿横向每 7.1 m、纵向每 100 m 检测 3 点

表 G.0.1—5　石质路堑路基面平整度检测频次

项　目	检测频次
平 整 度	沿横向每 7.1 m、纵向每 100 m 检查 10 点

附录 H　击实试验

H. 0. 1　本试验的目的是用标准击实法测定土的含水量与干密度的关系,从而确定其最优含水量和最大干密度。

H. 0. 2　本试验适用于粒径大于 40 mm 的颗粒质量小于总质量的 30% 且不能自由排水的土。

H. 0. 3　本击实试验单位体积击实功为 2 684. 9 kJ/m^3。击实试验标准技术参数见表 H. 0. 3。

表 H. 0. 3　击实试验标准技术参数

试验类型	试验方法										
	编号	击实仪规格							试验条件		
		击锤			击实筒			护筒			
		质量 (kg)	锤底直径 (mm)	落高 (mm)	内径 (mm)	筒高 (mm)	容积 (cm^3)	高度 (mm)	层数	每层击数	最大粒径 mm
重型	Z1	4. 5	51	457	102	116	947. 4	50	3	25	5
	Z1	4. 5	51	457	152	116	2 103. 4	50	5	56	20
	Z3	4. 5	51	457	152	116	2 103. 4	50	3	94	40

注:1　Z1、Z2、Z3 分别称为重 1、重 2、重 3;

　　2　筒高为筒内净高。

H. 0. 4　当试样中粒径大于 40 mm 的颗粒质量占总质量的 5% ~30% 时,其最大干密度和最优含水量应进行校正。

H. 0. 5　仪器设备应符合下列规定:

　1　击实筒:钢制圆柱形筒,尺寸应符合表 H. 0. 3 的规定。该筒配有钢护筒、底板和垫块,见图 H. 0. 5—1。

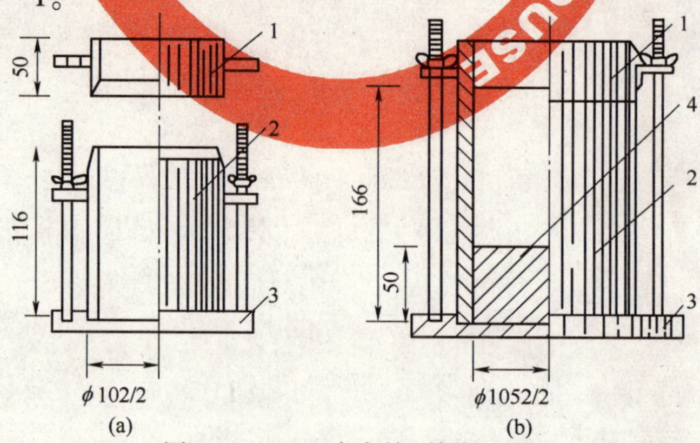

图 H. 0. 5—1　击实筒(单位:mm)

(a) A 型击实筒　　(b) B 型击实筒

1—护筒;2—击实筒;3—底板;4—垫块

2 击锤：击锤必须配备导筒，锤与导筒之间要有相应的间隙，并设有排气孔，使锤能自由下落，见图 H.0.5—2。击锤可用人工操作或机械操作，机械操作的击锤必须有控制落距的跟踪装置和使锤击点按一定角度均匀分布的装置。

3 推土器：螺旋式推土器或其他适用设备。

4 天平：称量 200 g，分度值 0.01 g。

5 台秤：称量 10 kg，分度值 5 g。

6 标准筛：孔径为 5 mm、20 mm 和 40 mm。

7 其他：碾土设备、喷水设备、修土刀、称重盒、烘箱等。

H.0.6 试样制备分为干法和湿法两种。

1 干法制备试样应按下列步骤进行：

1）将代表性试样风干或在低于 50 ℃温度下进行烘干。烘干后以不破坏试样的基本颗粒为准，将土碾碎，过 5 mm、20 mm和 40 mm 筛，拌和均匀备用。试样数量，采用 A 型击实筒最少 20 kg，B 型击实筒最少 50 kg。

2）按烘干法测定试样的风干含水量。按试样的塑限估计最优含水量，在最优含水量附近选择依次相差约 2% 的含水量制备一组试样（至少 5 个，其中 2 个含水量大于塑限，2 个小于塑限）。加水量可用下式计算：

$$m_w = \frac{m}{1+0.01W_0}0.01(W'-W_0) \qquad (H.0.6)$$

式中 m_w——试样所需加水量（kg）；

m——风干试样质量（kg）；

W_0——试样的风干含水量（%）；

W'——要求达到的含水量（%）。

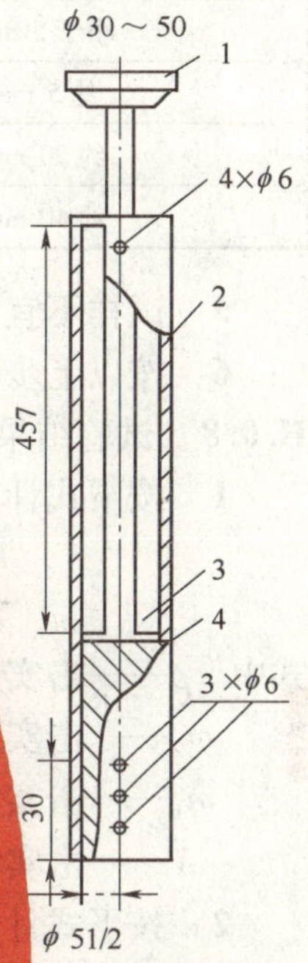

图 H.0.5—2 击锤和导筒（单位：mm）
1—提手；2—导筒；3—硬橡皮垫；4—击锤

3）按预定的含水量制备试样。根据击实筒容积大小，取试样 2.5 kg 或 6.5 kg，平铺于不吸水的平板上，洒水拌和均匀，然后分别放入有盖的容器里静置备用。高塑性黏性土静置时间不得小于 24 h，低塑性黏性土静置时间可酌情缩短，但不应小于 12 h。

2 湿法制备试样应按下列步骤进行：将天然试样碾碎，过 5 mm、20 mm 和 40 mm 筛，按第一款 2）的步骤风干或加水到所要求的不同含水量。制备好的试样要完全拌匀，保证水分均匀分布。

H.0.7 击实试验按下列步骤进行：

1 称取击实筒质量（m_1）并作记录。

2 将击实仪放在坚实的地基上，安装好击实筒及护筒（B 型击实筒内还要放入垫块，垫块为钢制圆柱体，直径 150 mm、高 50 mm），并在内壁涂少许润滑油。取制备好的试样按表 H.0.3 的规定，分层击实。每层装填高度应大致相同，两层交界处层面应刮毛，所用试样的总量应使最后的击实面超出击实筒顶不大于 6 mm。击实时要保持导筒垂直平稳，使击锤均匀作用到整个试样上。

3 击实完成后拆去护筒，用修土刀修平击实筒顶部的试样，拆除底板，擦净筒的外壁，称筒和试样的总质量（m_2），准确至 5 g。

4 用推土器将试样从筒中推出，从试样中部取代表性试样采用烘干法测定含水量。

计算至 0.1% ,平行误差不得超过 1% 。取样数量应符合表 H.0.7 的规定。

表 H.0.7　测定含水量所需试样的数量

试样最大粒径	试样数量	取样个数
小于 5 mm	不小于 15 g	2
约 5 mm	约 50 g	2
约 20 mm	约 250 g	1
约 40 mm	约 500g	1

5　试样不宜重复使用。含易被击碎的脆性颗粒的试样及高塑性黏土不得重复使用。

6　按以上步骤进行不同含水量试样的击实。

H.0.8　试验结果按下列公式计算及制图。

1　按下式计算击实后试样的湿密度:

$$\rho = \frac{m_2 - m_1}{V} \qquad (H.0.8—1)$$

式中　ρ——击实后试样的湿密度(g/cm³),精确至 0.0.1 g/cm³;

m_2——击实后筒和湿试样质量(g);

m_1——击实筒质量(g);

V——击实筒容积(cm³)。

2　按下式计算击实后试样的干密度:

$$\rho_d = \frac{\rho}{1 + 0.01W} \qquad (H.0.8—2)$$

式中　ρ_d——击实后试样的干密度(g/cm³),精确至 0.01 g/cm³;

W——含水量(%),计算至 0.1% 。

3　以干密度为纵坐标,含水量为横坐标,绘制干密度与含水量的关系曲线,见图 H.0.8。曲线上峰值点的纵横坐标分别表示该击实试样的最大干密度和最优含水量。若曲线不能绘出正确的峰值点,应进行补点。

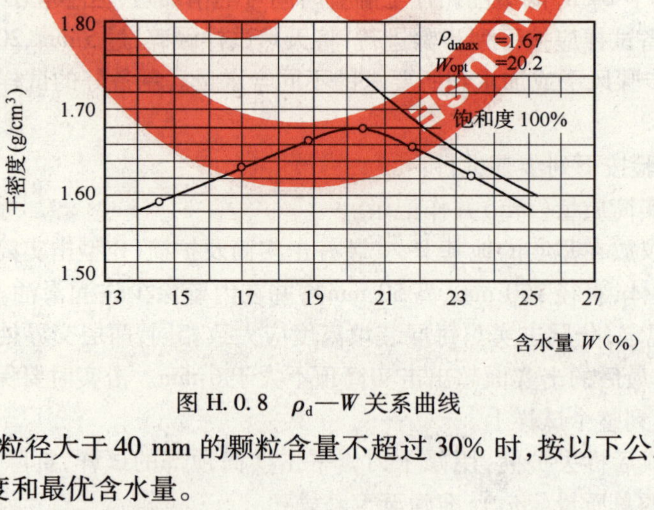

图 H.0.8　ρ_d—W 关系曲线

4　当试样中粒径大于 40 mm 的颗粒含量不超过 30% 时,按以下公式计算校正试验所得的最大干密度和最优含水量。

1)按下式计算校正最大干密度:

$$\rho'_{dmax}=\frac{1}{\frac{1-P_s}{\rho_{dmax}}+\frac{P_s}{P_{s2}}} \quad (H.0.8—3)$$

式中 ρ'_{dmax}——校正后试样的最大干密度(g/cm^3),精确至0.01 g/cm^3;

ρ_{dmax}——粒径小于40 mm的试样试验所得的最大干密度(g/cm^3);

P_s——以小数表示的试样中粒径大于40 mm的颗粒含量;

P_{s2}——粒径大于40 mm颗粒的毛体积密度(g/cm^3)。

2)按下式校正计算最优含水量:

$$W'_{opt}=W_{opt}(1-P_s)+P_s-W_2 \quad (H.0.8—4)$$

式中 W'_{opt}——校正后试样的最优含水量(%),精确至0.1%;

W_{opt}——粒径小于40 mm的试样试验所得的最优含水量(%);

W_2——粒径大于40 mm颗粒的含水量(%)。

5 按下式计算饱和含水量:

$$W_{sat}=(\frac{\rho_w}{\rho_d}-\frac{\rho_w}{\rho_S})\times 100\% \quad (H.0.8—5)$$

式中 W_{sat}——饱和含水量(%),精确至0.1%;

ρ_S——试样颗粒密度(g/cm^3)。对于粗粒土,则为试样中粗细颗粒的混合密度;

ρ_w——4 ℃时水的密度(g/cm^3)。

6 计算数个干密度下试样的饱和含水量,以干密度为纵坐标,含水量为横坐标,绘制出饱和曲线,见图H.0.8。

注:100%饱和曲线位于击实曲线右侧,且与击实曲线大致平行。理论上,击实曲线不能与饱和曲线相交,否则,应检查颗粒密度、称量、计算、试验方法或绘图是否有误。

H.0.9 试验记录格式见表H.0.9。

表 H.0.9 击实试验记录

委托单位： 委托编号： 试验编号：

工程名称： 取样地点： 试验日期

土的风干含水量			估计最优含水量			层数		
制样方法			填料类别			每层击数		
填料名称			土样说明					
				1	2	3	4	5
干密度	制样时加水量(mL)							
	筒加土质量(g)	①						
	筒的质量(g)	②						
	湿土质量(g)	③	①—②					
	湿密度(g/cm³)	④						
	干密度(g/cm³)	⑤	④/(1+0.01W)					
含水量	盒号							
	盒加湿土质量(g)	①						
	盒加干土质量(g)	②						
	盒质量(g)	③						
	水的质量(g)	④	①—②					
	干土质量(g)	⑤	②—③					
	含水量(%)	⑥	④/⑤×100%					
	平均含水量(%)							
最大干密度 (g/cm³)			最优含水量 %			饱和度 %		
大于40 mm 颗粒含量 %			校正后最大干密度 g/cm³			校正后最优含水量 %		

试验 复核

附录J 粗颗粒土的试样制备

J.0.1 本试验的目的是将具有代表性的粗颗粒土,经过必要的制备程序,为各项试验提供试验用料。本试验适用于黏质粗颗粒土和无黏性粗颗粒土。

J.0.2 试验仪器设备

1 粗筛:孔径60 mm、40 mm、20 mm、10 mm、5 mm。

2 细筛:孔径2 mm、1 mm、0.5 mm、0.25 mm、0.075 mm。

3 台秤:称量100 kg或50 kg,分度值50 g;称量10 kg,分度值5 g。

4 天平:称量5 000 g,分度值1 g;称量200 g,分度值0.01 g。

5 其他:振筛机、烘箱、木锤、橡皮板、铁铲、盛土盘、喷雾器、保湿缸等。

J.0.3 仪器设备的检定和校准

1 计量仪器(如天平、台秤等):由法定检定单位检定。

2 试验筛:按《试验筛》(GB 6003—85)的规定自校。

J.0.4 黏质粗颗粒土的试样制备

1 将代表性试样风干或在低于50 ℃温度下烘干,用木锤将土块及附着在粗颗粒土上的细粒土敲散。应注意避免破坏土的基本颗粒。

2 取约20 kg试样依次过筛,按>60 mm、60~40 mm、40~20 mm、20~10 mm、10~5 mm、<5 mm分组并称其质量,测定粒径大于5 mm土(或各粒组)及粒径小于5 mm土的风干含水量,计算各粒组含量百分数。

3 当试样中含超粒径颗粒(>60 mm)时,对超粒径颗粒(>60 mm)有以下3种处理方法供选择:

1)等量替代法:根据筛分结果,将粒径在60~5 mm之间的土粒,按比例等质量替换超粒径颗粒。

2)相似级配法:根据原级配曲线的粒径,分别按照几何相似条件等比例地将原样粒径缩小至试验允许的粒径。缩小后的试样级配应保持不均匀系数不变。

3)混合法:同时采用1)、2)两种方法,即先用适当的比例缩小,使小于5 mm粒径土的质量不大于总质量的30%,若仍有超粒径颗粒再用等量替代法制样。

4 将取好的试样拌和均匀,平铺在不吸水的垫板上,根据含水量按要求计算加水量。用喷雾器均匀喷洒所需水量后,充分拌和,密封湿润24 h。

5 如土料数量不够,可重复使用。但风化土和含有棱角的易破碎石砟、堆石料则不允许重复使用。

6 制备好的试样如暂时不用,应装入塑料袋或内衬塑料膜的编制袋中,扎紧袋口,密封保存,以防含水量变化。

J.0.5 无黏性粗颗粒土的试样制备

1 将代表性试样在105 ℃~110 ℃温度下烘干,并使弱胶结试样充分剥落。

2 按本附录第J.0.4条第2、3、5款的规定进行备样。

J.0.6 按下式计算等量替代法级配:

$$P_i = \frac{P_{oi}}{P_5 - P_{dmax}} P_5 \tag{J.0.6}$$

式中 P_i——替代后粗粒某粒组含量(%);

P_{oi}——原级配某粒组含量(%);

P_5——粒径大于5 mm土的含量(%);

P_{dmax}——超粒径颗粒含量(%)。

J.0.7 按下列两式计算相似级配法粒径和级配:

1 相似级配法粒径

$$d_{ni} = \frac{d_{0i}}{n} \tag{J.0.7—1}$$

2 相似级配法级配

$$P_{dn} = P_{do} \tag{J.0.7—2}$$

式中 d_{ni}——原级配某粒径缩小后的粒径(mm);

d_{oi}——原级配某粒径(mm);

n——粒径缩小倍数,$n = d_{omax}/d_{max}$;

P_{dn}——粒径缩小 n 倍后相应的小于某粒径含量百分数(%);

P_{do}——原级配相应的小于某粒径含量百分数(%);

d_{omax}——原级配最大粒径(mm);

d_{max}——允许最大粒径(mm)。

J.0.8 按下列两式计算试样所需加水量:

$$m_w = \frac{m}{1 + 0.01W_0} 0.01(W' - W_0) \tag{J.0.8—1}$$

$$W_0 = W_1 P_5 + W_2(1 - P_5) \tag{J.0.8—2}$$

式中 m_w——试样所需加水量(kg);

m——风干试样总质量(kg);

W_0——风干试样总含水量(%);

W'——要求达到的含水量(%);

W_1——大于5 mm粒径风干含水量(%);

W_2——小于5 mm粒径风干含水量(%);

P_5——粒径大于5 mm土的含量,以小数计。

J.0.9 试样制备记录见表J.0.9。

表 J.0.9　粗颗粒土试样制备记录表

委托单位：　　　　委托编号：　　　　试验编号：

工程名称：　　　　取料地点：　　　　试验日期：

粒径(mm)	原级配		替换料级配	各粒组取风干土质量(kg)	描述
	留筛土质量(kg)	留筛百分数(%)			
60					
40					
20					
10					
5					
≤5					
总计					
风干粗粒土质量 m_1(kg)			风干细粒土质量 m_2(kg)		
粗料风干含水量 W_1(%)			细料风干含水量 W_2(%)		
试样加水量 m_w(kg)			风干土总含水量 W_0(%)		

试验　　　　复核

附录 K　粗颗粒土击实试验

K. 0. 1　本试验的目的是用标准击实法测定粗颗粒土的含水量与干密度的关系,从而确定其最优含水量和最大干密度。

K. 0. 2　本试验适用于最大粒径 60 mm 且不能自由排水的含黏性土的粗颗粒土。

K. 0. 3　本击实试验单位体积击实功为 2 688. 2 kJ/m^3。击实试验标准技术参数见表 K. 0. 3。

表 K. 0. 3　击实试验标准技术参数

击实仪规格							试验条件		
击锤			击实筒			套筒	层数	每层击数	最大粒径(mm)
质量(kg)	锤底直径(mm)	落高(mm)	内径(mm)	筒高(mm)	容积(cm^3)	高度(mm)			
35. 2	150	600	300	288	20 358	100	3	88	60

K. 0. 4　试验仪器设备

1　大型击实仪:由击实筒、套筒、击锤、导筒等组成,见图 K. 0. 4。其主要技术指标应符合 GB/T 15406—94 的规定,见表 K. 0. 3。

2　天平:称量 200 g,分度值 0. 01 g;称量 2 000 g,分度值 1 g。

3　台秤:称量 10 kg,分度值 5 g;称量 100 kg,分度值 50 g。

4　粗筛:孔径 60 mm、40 mm、20 mm、10 mm、5 mm。

5　其他:喷水器、恒湿器、搪瓷盘、大铝盘、铁铲、木棒、刮土刀、平口刀等。

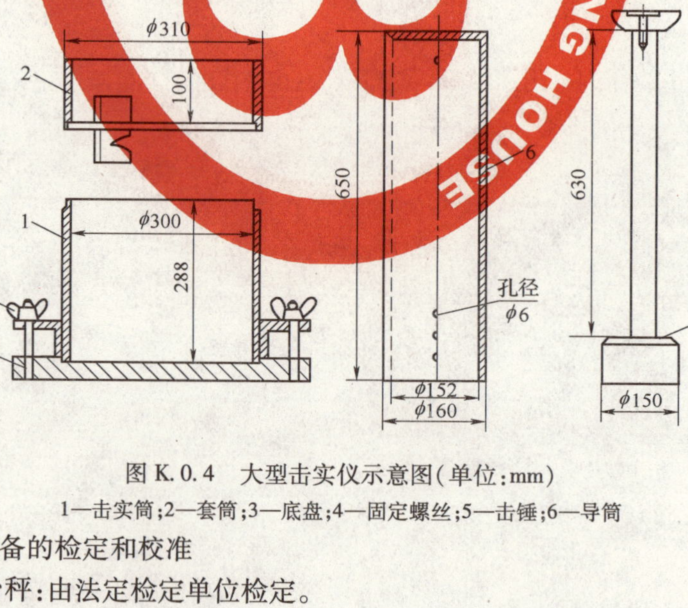

图 K. 0. 4　大型击实仪示意图(单位:mm)

1—击实筒;2—套筒;3—底盘;4—固定螺丝;5—击锤;6—导筒

K. 0. 5　仪器设备的检定和校准

1　天平、台秤:由法定检定单位检定。

2　击实仪：参照《铁路工程试验专用仪器校验方法》自校。

3　试验筛：按《试验筛》(GB 6003—85)的规定自校。

K.0.6　试样制备

1　试样制备按本标准附录J的有关规定进行。本试验一组不少于5个试样，每个试样的质量约为35～45 kg。各试样的含水量依次相差2%左右，且保证击实后试样的含水量有2个大于最优含水量、2个小于最优含水量、1个接近最优含水量。

2　干法制备：将代表性试样风干或在低于50 ℃温度下烘干后进行。

3　湿法制备：

1）宜用于含强风化岩块的粗颗粒土，且最大粒径不大于60 mm。

2）取天然含水量的试样约300～400 kg，分成7等份。其中1份测定试样含水量，1份备用，其余5份按本条1款的规定，采用风干或加水的方法，使试样达到要求的含水量。制备好的试样要完全拌匀，保证水分均匀分布。

试样最优含水量可参照下式估算：

$$W_{优} = W_{面干} P_5 + W_p (1 - P_5) \quad (K.0.6)$$

式中　$W_{优}$——估算最优含水量(%)；

$W_{面干}$——大于5 mm颗粒土的饱和面干状态含水量(%)；

P_5——粒径大于5 mm土的含量(%)；

W_p——细颗粒土的塑限含水量(%)。

K.0.7　试样击实

1　击实仪应放在刚性基础上，安装调整好后拧紧全部螺帽，并在击实筒内壁及底板涂一薄层润滑油。

2　取制备好的试样，拌和均匀，按本附录第K.0.3条的规定分层击实。装填试样时，应防止粗粒集中并控制每层的高度大致相同。每层击实后，应将其表面刮毛。最后一层的顶面不应超过击实筒顶面15 mm。

3　击实完成后，取下套环，除去超高部分余土，并将表面填平。然后卸去底盘，将击实筒外壁擦净，称筒与试样总质量，精确至50 g。

4　将试样从击实筒内推出，从试样中部取2～5 kg代表性试样采用烘干法测定其含水量，精确至0.1%，平行误差不得超过1%。

5　试样不宜重复使用。含易被击碎的脆性颗粒的试样不得重复使用。

6　按以上步骤进行不同含水量试样的击实。

K.0.8　试验结果的计算及制图

1　按下式计算击实后的干密度和湿密度：

$$\rho_d = \frac{\rho}{1 + 0.01W} \quad (K.0.8\text{—}1)$$

$$\rho = \frac{m_2 - m_1}{V} \quad (K.0.8\text{—}2)$$

式中　ρ_d——击实后试样的干密度(g/cm³)，精确至0.01 g/cm³；

ρ——击实后试样的湿密度(g/cm³)，精确至0.01 g/cm³；

W——含水量(%)，精确至0.1%；

m_2——击实后筒和湿试样质量(g)；

m_1——击实筒质量(g)；

V——击实筒容积(cm^3)。

2 以干密度为纵坐标，含水量为横坐标，绘制干密度和含水量的关系曲线，见图K.0.8。曲线上峰值点的纵横坐标分别表示该击实试样的最大干密度ρ_{dmax}和最优含水量W_{opt}。

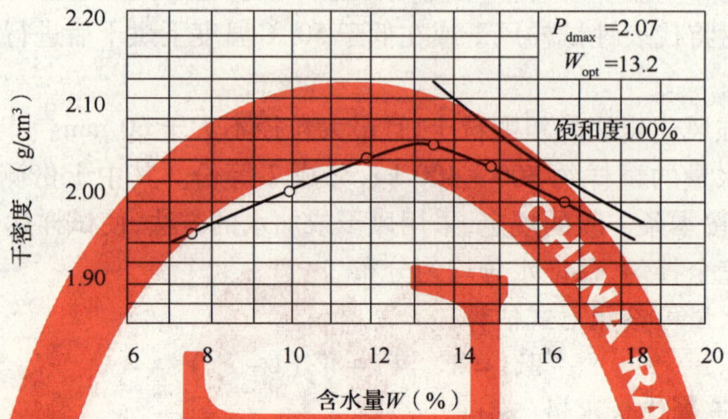

图 K.0.8 ρ_d—W 关系曲线

3 按下式计算饱和状态含水量：

$$W_{sat} = \left(\frac{\rho_w}{\rho_d} - \frac{\rho_w}{\rho_s}\right) \times 100\% \quad (K.0.8—3)$$

式中 W_{sat}——饱和状态含水量(%)，精确至0.1%；

ρ_w——4 ℃时水的密度(g/cm^3)；

ρ_d——试样的干密度(g/cm^3)；

ρ_s——试样颗粒密度，为试样中粗细颗粒的混合密度。

4 计算数个干密度下土的饱和含水量，以干密度为纵坐标，含水量为横坐标，绘制饱和曲线，见图K.0.8。

注：100%饱和曲线位于击实曲线右侧，且与击实曲线大致平行。理论上，击实曲线不能与饱和曲线相交，否则，应检查颗粒密度、称量、计算、试验方法或绘图是否有误。

K.0.9 试验记录格式见表K.0.9。

表 K.0.9 粗颗粒土击实试验记录

委托单位： 委托编号： 试验编号：

工程名称： 取料地点： 试验日期：

土的风干含水量 制样方法 填料名称			试样说明 估计最优含水量 填料类别						
				1	2	3	4	5	6
干密度	制样时加水量(mL)								
	筒加土质量(g)	①							
	筒的质量(g)	②							
	湿土质量(g)	③	①-②						
	湿密度(g/cm^3)	④	③/20358						
	干密度(g/cm^3)	⑤	④/(1+0.01W)						
含水量	盘 号								
	盘加湿土质量(g)	①							
	盘加干土质量(g)	②							
	盘质量(g)	③							
	水的质量(g)	④	①-②						
	干土质量(g)	⑤	②-③						
	含水量(%)	⑥	④/⑤×100%						
	平均含水量(%)								
最大干密度：				最优含水量：					

试验 复核

附录 L　粗颗粒土的最大干密度和最小干密度试验

L.0.1　本试验采用固定体积法测定粗颗粒土的最小干密度,采用振动台法测定粗颗粒土的最大干密度。

L.0.2　本试验适用于最大粒径 60 mm 且能自由排水的粗颗粒土。粗颗粒土中细粒土(<0.75 mm)含量不得大于 12%。

L.0.3　试验仪器设备

1　最大干密度试验装置由振动台、试样筒、筒套、加重盖板及加重物组成,其技术条件应符合 GB/T 15406—94 的规定,见图 L.0.3。

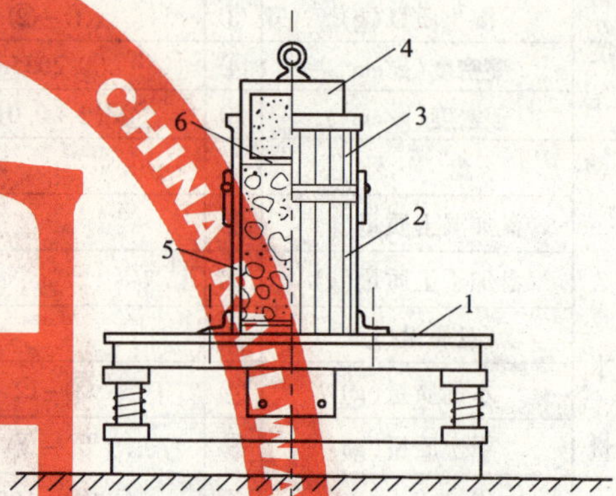

图 L.0.3　最大干密度试验装置图

1—振动台;2—试样筒;3—套筒;4—加重物;5—试样;6—加重盖板

1)振动台:采用具有隔振装置的振动台,台面尺寸为 762 mm × 762 mm。振动台的负荷应满足试样筒、套筒、加重盖板、加重物及试样等总质量要求。振动台频率为 40 ~ 60 Hz,振幅为 ±2 mm可调。

2)试样筒:Ⅰ号及Ⅱ号试样筒的尺寸见表 L.0.3。

表 L.0.3　试样筒尺寸

试样筒编号	内径 D(cm)	高度 H(cm)	允许最大粒径 d_{max}(mm)	试样质量 m(kg)
Ⅰ	30	34	60	40 ~ 50
Ⅱ	20	23	20	10 ~ 15

3)套筒:应与试样筒连接紧固,且内径一致。

4)加重盖板:盖板为 1.2 cm 厚的钢板,直径略小于试样筒,中心应有 ϕ15 mm 未穿通的提吊螺孔。

5)加重物:每一种尺寸的试样筒对应有一重物。对所用的试样筒,加重盖板与加重物的总压力为 14 kPa。

2　游标卡尺:量程 150 mm 以上,分度值 0.1 mm。

3　试验筛:

1)粗筛:孔径 60 mm、40 mm、20 mm、10 mm、5 mm。

2)细筛:孔径 2 mm、1 mm、0.5 mm、0.25 mm、0.075 mm。

4　台秤:称量 50 kg,分度值 50 g;称量 10 kg,分度值 5 g。

5　其他设备:搅拌盘、起吊设备、铁铲、毛刷、秒表、钢尺、称料筒、大磁盘等。

L.0.4　仪器设备的检定和校准

1　计量仪器(台秤、卡尺等):由法定检定单位检定。

2　试样筒体积的校准：参照《铁路工程试验专用仪器校验方法》自校。计算体积时，Ⅰ号试样筒准确到 25 cm^3，Ⅱ号试样筒准确到 10 cm^3。

3　试验筛：按《试验筛》(GB 6003—85)的规定自校。

L.0.5　试样制备按本标准附录J的有关规定进行。当试样中含超粒径颗粒(>60 mm)时，对超粒径颗粒(>60 mm)应按相似级配法进行处理。

L.0.6　最小干密度的测定

1　根据试样的最大粒径选用试样筒。

2　用大勺或小铲将拌匀的烘干试样填入试样筒内。装填时小铲应贴近筒内土面，使铲中试样徐徐滑入筒内，直至填土高出筒顶且余土高度不超过 25 mm 为止。将筒面整平，称筒及试样总质量。

3　最小干密度应进行两次平行测定，其平行差值不得大于 0.05 g/cm^3，取其算术平均值。

L.0.7　最大干密度的测定

1　干法：将拌匀的烘干试样装填于试样筒中，装填方法与最小干密度的测定相同。可用最小干密度试验时装好的试样筒，放在振动台上，加上套筒，并把加重盖板放于土面上，依次安放好加重物，然后固定在振动台上。将振动台振动频率调至 60 Hz，垂直振幅调至 0.64 mm，振动 8 min 后，卸除重物和套筒。用游标卡尺测读试样高度，沿试样筒壁测试 4 个点，4 个点位置须互成 90°，按其平均值计算试样高度及试样体积。

2　湿法：在烘干试样中加适量的水，或用天然的湿土进行装样。装完试样后，立即振动 6 min。对于高含水量的试样，为了防止在振动过程中产生颗粒跳动，振动时应随时增减振动台的振幅。振动后吸除土面上的积水，依次装上套筒、加重盖板及加重物，然后固定在振动台上。将振动台振动频率调至 60 Hz，垂直振幅调至 0.64 mm，振动 8 min 后，卸除重物与套筒。用游标卡尺测读试样高度，方法同本条 1 款。称筒与试样总质量。取代表性试样测含水量。

3　最大干密度应进行两次平行测定，其平行差值不得大于 0.05 g/cm^3，取其算术平均值。

L.0.8　试验结果的计算

1　最小干密度：

$$\rho_{dmin} = \frac{m_d}{V_c} \tag{L.0.8—1}$$

式中　ρ_{dmin}——最小干密度(g/cm^3)；

m_d——干土质量(g)；

V_c——试样体积(cm^3)。

2　最大干密度：

$$\rho_{dmax} = \frac{m_d}{V_s} \tag{L.0.8—2}$$

式中　ρ_{dmax}——最大干密度(g/cm^3)；

m_d——干土质量(g)；

V_s——试样体积(cm^3)。

L.0.9　试验记录格式见表 L.0.9。

表 L.0.9 粗颗粒土最大干密度和最小干密度试验记录

委托单位： 委托编号： 试验编号：

工程名称： 取料地点： 试验日期：

填料名称 试样说明			填料类别				
试验项目				最小干密度		最大干密度	
试样加试样筒质量(g)		①					
试样筒质量(g)		②					
试样质量	干法(g)	③	①-②				
	湿法(g)	④	①-②				
试样筒截面积(cm^2)		⑤					
试样筒高度(cm)		⑥					
试样表面至试样筒顶面距离(cm)		⑦					
试样体积(cm^3)		⑧	⑤×(⑥-⑦)				
湿法试样含水量(%)		⑨					
试样干密度	干法(g/cm^3)	⑩	③/⑧				
	湿法(g/cm^3)	⑪	④/[⑧×(1+0.01⑨)]				
平均干密度(g/cm^3)							

试验 复核

本标准用词说明

执行本标准条文时，对于要求严格程度不同的用词说明如下，以便在执行中区别对待。

(1)表示很严格，非这样做不可的用词：

正面词采用“必须”；

反面词采用“严禁”。

(2)表示严格，在正常情况下均应这样做的用词：

正面词采用“应”；

反面词采用“不应”或“不得”。

(3)表示允许稍有选择，在条件许可时首先应这样做的用词：

正面词采用“宜”；

反面词采用“不宜”。

表示有选择，在一定条件下可以这样做的，采用“可”。

《青藏铁路高原多年冻土区路基工程质量检验评定及验收标准(试行)》条文说明

本条文说明系对重点条文的编制依据、存在的问题以及在执行中应注意的事项等予以说明。为了减少篇幅,只列条文号,未抄录原条文。

2.1.1、2.1.3　青藏铁路高原多年冻土区路基工程质量检验评定的检验项目划分,仍沿用现行验标的规定。为避免重复,表2.1.3规定的检验项目仅列出了对青藏铁路高原多年冻土区路基工程中有特殊质量要求的分项、分部和单位工程,未包括的内容仍需执行现行验标的规定。路基单位工程划分应根据设计工程类型、施工管段和施工组织等因素确定,最大范围不宜超过10 km。

2.2.4、2.2.5　在评定分部、单位工程的质量等级时,其所含的分项、分部工程,除应包括本标准表2.1.3所列的内容外,尚须包括现行验标相应条款规定的内容。

2.3.1　为保证质量检验评定的公正性及评定结论的真实、可靠,本标准规定了由施工单位和监理单位共同进行质量的检验评定,并分级签认。

3.1.2　当地面横坡缓于1:5且原地面植被较发育时,可用重型振动压路机对原地面进行碾压。此时,对原地面和原地面上第一层填土可不作压实质量检测,但其后填层的压实质量应达到路堤相应部位的压实质量标准。

3.2.1、3.3.1　在多年冻土区选择路基填料时,应考虑冻结层上水的发育程度及填料的冻胀敏感性,有条件时尽可能选用卵砾石土或其他不冻胀、弱冻胀土作为填料。

3.2.2、3.3.2　鉴于青藏铁路在多年冻土区范围内的填料大多为砂砾土、碎石土,为加快现场施工检测速度,本标准规定了对可击实的砾石类土和碎石类土采用压实系数、不可击实的砾石类土和碎石类土采用相对密度作为分层填筑压实的控制指标,填高约0.9 m时再进行地基系数检测。

3.3.3　基床表层的路肩高程、中线至路肩边缘距离、宽度、横坡、平整度不应允许有检测点超出规定的偏差范围,故此条规定为限差,以示与允许偏差的区别,并纳入保证项目。

3.10.1、3.29.1　运土方式系指运土采用的运输机械。为有效保护青藏高原十分脆弱的生态环境,取(弃)土宜选用挖掘机配自卸汽车,不得采用推土机和铲运机作为取(弃)土的运输机械。

3.11.4　高含冰量冻土地段基底开挖换填应尽量安排在寒季或寒暖交替时进行。当在暖季开挖换填时,必须采取有效措施,防止多年冻土大量融化。

3.16.3、3.16.5　工业保温材料的压缩变形量超过40%时,将变成弹柔体,其密度、导热系数增大,隔热保温性能下降,且在路基中形成一层软弱层。故在工业保温材料施工前,应通过试验段确定合理的施工参数和机械配备,以确保工业保温材料保温层的施工质量符合要求。

3.19.1 由于施工现场没有条件对热棒的工作性能指标作出定量检测,故只能在查验出厂合格证和性能报告单的基础上,通过加热的方法进行定性检查。具体做法是,将热棒蒸发段浸泡在热水中,同时用手握住冷凝段,如很快感到明显变热,即证明热棒工作状态良好。

3.38.1、3.43.1 高含冰量冻土路堑基底和边坡的换填厚度是经过热工计算确定并满足保护冻土原则要求的,所以其换填范围、深(厚)度及所用填料必须符合设计要求。

3.38.4、3.43.4、3.48.3 高含冰量冻土路堑开挖的施工季节对路堑工程质量影响很大,宜在暖末寒初或寒季末进行开挖,暖季早期完成换填和保温层施工。施工前,应按设计要求做好堑顶排水系统及临时排水设施,防止地表水和冻结层上水流入路堑。同时,高含冰量冻土路堑宜按照设计全宽分段施工,开挖一段,处理一段,使路堑多年冻土暴露时间尽量缩短。

4.7.6 锚杆孔周土体回冻前,未产生冻结力,故锚杆不应受力。孔周土体回冻与否,可通过地温观测作出判断。

中华人民共和国行业标准

建技〔2003〕7号

铁路路基边坡绿色防护技术暂行规定

2003—01—22 发布　　　　2003—02—01 实施

中华人民共和国铁道部　发布

前　言

本暂行规定是根据《关于下达2001年铁路工程建设规范、定额、标准设计编制计划的通知》(铁建设函〔2001〕72号)的安排编制而成。

本暂行规定内容包括总则、术语、基本规定、一般地区路基边坡绿色防护设计、干旱地区路基边坡绿色防护设计、寒冷地区路基边坡绿色防护设计、施工、工程质量检验评定及验收共8章及3个附录。

本暂行规定规定系首次编制,在执行本暂行规定过程中,希望各单位结合工程实践,认真总结经验、积累资料。如发现需要修改和补充之处,请将意见和有关资料寄交铁道第四勘察设计院(地址:武汉市武昌区杨园,邮编:430063),并抄送铁道部经济规划研究院铁路工程技术标准所(地址:北京市海淀区羊坊店路甲8号,邮编:100038)。

本暂行规定由铁道部建设管理司负责解释。

本暂行规定主编单位:铁道第四勘察设计院。

本暂行规定参编单位:铁道第一勘察设计院、铁道第二勘察设计院、铁道第三勘察设计院。本暂行规定主要起草人:杜兴国、王应铭、冯俊德、宋绪国、包黎明、龙锦永、张成刚、李海光、吴连海、彭泽仁、李小和、谭远发。

目　　次

1 总 则

1.0.1 为统一铁路路基边坡绿色防护技术要求，制定本规定。

1.0.2 本规定适用于新建及改建铁路路基边坡绿色防护工程设计、施工与验收。既有铁路路基边坡绿色防护工程设计、施工与验收可参照执行。

1.0.3 铁路路基边坡绿色防护工程应作为路基工程的组成部分，与其同步设计、同步建成、同步验收。

1.0.4 铁路路基边坡绿色防护设计应遵循“因地制宜、安全可靠、经济合理、植物防护或植物防护与工程防护措施综合应用”的原则。

1.0.5 铁路路基边坡绿色防护应积极推广采用新技术、新材料、新工艺。

1.0.6 铁路路基边坡绿色防护除应符合本规定外，尚应符合国家现行的有关强制性标准的规定。

2 术　语

2.0.1　边坡绿色防护

对边坡坡面采取植物防护或植物防护与工程防护（土工合成材料、浆砌片石骨架、混凝土框格、坡脚矮挡墙等）相结合的防护措施。

2.0.2　人工植物防护

以人工手段，对边坡坡面播种、插植或移植植物，通过养护达到绿色防护效果。

2.0.3　种子净度

从被检种子样品中除去杂质和其他种子后，被检种子样品中纯种子质量占样品总质量的百分比。

2.0.4　种子发芽率

种子发芽试验终期（规定日期内）全部正常发芽种子数占供试验种子数的百分比。

2.0.5　种子含水率

种子样品中水分的质量占供试验样品质量的百分比。

2.0.6　成活

乔木、灌木以植株地面以上1/2～2/3以上部位能正常发芽生长并形成一定的冠幅为准；草本植物和花卉，以能正常生长发育为准。

2.0.7　成活率

成活的植物数量与原种植数量的百分比。

2.0.8　覆盖率

地面上全部植物茎叶的垂直投影面积与取样面积的百分比。

2.0.9　藤本植物

株体不能自立，依靠吸盘、卷须钩刺或本身的缠绕性，缠绕或攀附于其他物体而向上生长，或者匍地生长的木本植物。藤本植物有常绿和落叶之分。

2.0.10　灌木

体型较矮小，主干低矮或者茎干自地面呈多枝生出而无明显主干的多年生木本植物。按高度可分为大灌木（2～3 m）、中灌木（1～2 m）、小灌木（约1 m）。

2.0.11　乔木

体型高大，分枝和叶组成庞大的树冠，主干和分枝有明显区别的多年生木本植物。按高度可分为伟乔木（31 m以上）、大乔木（21～30 m）、中乔木（11～20 m）和小乔木（6～10 m）。

2.0.12　乡土植物

自然分布范围内的当地原产植物。

2.0.13　熟土、生土

耕作过或有植物生长的，有一定肥力、团粒结构和孔隙的土壤称为熟土；反之，没有耕作过，有效肥力很差，无一定的团粒结构，植物不能正常生长的土壤称为生土。

2.0.14 冠幅

乔木、灌木近圆形的树冠的大小，常用直径表示。

2.0.15 植被

覆盖某地域上的全部植物的统称。

2.0.16 液压喷播植草

将草(灌木)种子、化肥、土壤改良剂、土壤稳定剂、种子黏结剂(纸浆)、水充分混合后，用专用机械均匀地喷射到边坡上，用无纺布覆盖，适当洒水养护使种子发芽、生长，以形成植被的植草方法。

2.0.17 植生带

把筛选好的草子(或按比例混合的草子)，均匀地撒在两层载体之间，复合而成有草子的带状草坪建植材料。

2.0.18 客土植生

当边坡表层土质不适宜植物生长时，采取在边坡坡面上铺设或置换一定厚度、适宜植物生长的土壤(或混合材料)，以利植物生长。

2.0.19 喷混植生

采用专用的喷射机，将拌和均匀的种植基材喷射到坡面(或挂网的坡面)上，植物依靠"基材"生长发育，形成坡面植物防护。

2.0.20 绿化基材

是为边坡绿化或绿色防护配置种植基材的一种材料，根据不同的气候、边坡坡率和岩土质条件，可配置成不同类型的绿化基材。

2.0.21 种植基材

经过配置、拌和均匀后喷射到边坡坡面上进行绿色防护(绿化)的植生材料。种植基材可由绿化基材、混合草种、种植土、肥料、团粒剂、稳定剂、保水剂和水等组成，或由种植土、混合草种、肥料、黏结剂、pH 缓解剂和水等组成。

2.0.22 穴植容器苗

将在营养钵或其他容器中培育好的容器草(灌木)苗穴植在边坡坡面上的一种植物栽植技术。

3 基本规定

3.0.1 铁路路基边坡绿色防护，按植物生长的气候条件可分为一般地区路基边坡绿色防护和特殊地区路基边坡绿色防护。

1 年平均降水量600 mm及以上，最冷月月平均气温高于或等于 -5 ℃的温暖、湿润地区可定为一般地区。

2 特殊地区可分为干旱地区和寒冷地区。年平均降水量小于600 mm的地区可定为干旱地区；最冷月月平均气温低于 -5 ℃的地区可定为寒冷地区。

3.0.2 路基边坡绿色防护应具有保护路基稳定、水土保持、改善生态环境等作用。根据路基工程所处的人文环境，宜考虑绿色防护的景观效果。

3.0.3 路基边坡绿色防护设计应包括以下内容：

1 绿色防护工程类型；

2 植物建植方法；

3 植物种类的选择与植物配置；

4 边坡坡面处理（土质改良、换土、增加坡面粗糙度等）；

5 干旱地区的浇灌方式；

6 施工和养护要求。

3.0.4 路基边坡绿色防护设计应考虑下列因素：

1 边坡高度、边坡坡率、边坡浸水条件；

2 边坡的土质、岩性；

3 坡面土壤的厚度、酸碱度、盐渍化程度、含水率、肥力等；

4 物候期、降水量、蒸发量、气温、霜期、冻结与解冻期、风向风力等，以及极端气温、暴雨、干旱、大风等灾害性气象情况；

5 乡土植物的生态习性和主要功能；

6 当地的绿化技术经验；

7 干旱少雨地区可供施工和养护浇灌的地表水、地下水条件。

3.0.5 路基边坡绿色防护所采用植物的成年高度、冠幅、攀缘性、根系等，不得影响行车和铁路设备的安全。新植树木与地下管线最小水平距离见附录A。

3.0.6 路基边坡绿色防护范围应符合以下规定：

1 路堤边坡防护至坡脚；

2 路堑边坡防护至堑顶外不小于1.0 m。

3.0.7 位于车站、居民点的路基，可结合路基边坡的岩土质、边坡形式进行绿色防护设计，在边坡平台、边坡顶部和坡脚处栽植灌木、花灌木或常青灌木等；挡土墙地段有条件时，可在墙顶或墙趾处设置绿化槽，槽内种植低矮灌木或藤本植物。

3.0.8 路基边坡绿色防护植物的选择，应根据边坡防护目的、气温、降水、土质、施工季节等确定，并符合下列要求：

1 抗逆性强，可抵抗公害、病虫害，易养护。

2 不产生其他环境污染，不应成为对附近作物传播病虫害的中间媒介。

3 易成活、生长快、萌根性强、茎矮叶茂、覆盖度大、根系发达和价格低廉的多年生草本植物或灌木、藤本植物。

4 植物生长应适应当地自然环境，优先选择乡土植物。路基边坡绿色防护常用草本植物见附录B。

5 有条件时可选择具有经济效益和景观效果的植物。

3.0.9 路基边坡绿色防护施工应符合设计要求。

3.0.10 混播草种的配置应遵循"速生与慢生相结合、豆科与非豆科相结合、浅根与深根相结合、返青期不同的品种相结合"的原则。

3.0.11 路基边坡绿色防护工程宜安排在有利于植物萌发、生长的季节施工，对反季节种植的植物应加强施工后的管理养护工作。

3.0.12 绿色防护施工和养护用水，不得含有害植物生长的成分，必要时应进行水质分析。

3.0.13 草、灌木或藤本植物种子的播种量，应结合工点边坡的岩土性质、边坡坡率、种子发芽率、千粒重、设计覆盖率和成活率等确定。主要草坪草种子的等级标准应符合附录C的要求。

3.0.14 路基边坡绿色防护工程质量检验评定及验收应符合本暂行规定第8章的规定。

3.0.15 对于土质、岩性、气象等特殊条件下的路基，宜结合工程实际情况，选段开展路基边坡绿色防护试验，完善设计、指导施工。

4 一般地区路基边坡绿色防护设计

4.1 一 般 规 定

4.1.1 土质路基边坡应采用绿色防护,不宜采用封闭式工程防护;石质路基边坡绿色防护可根据具体情况确定。

4.1.2 路基边坡绿色防护植物建植可选择以下方法:

1 撒草子种草;

2 液压喷播植草;

3 客土植生;

4 喷混植生;

5 种植草、灌木、藤本植物、乔木;

6 铺人工草皮。

4.1.3 土质路基边坡绿色防护宜选用草本植物、灌木或藤本植物;石质路基边坡绿色防护宜采用草本植物或藤本植物。

4.1.4 当边坡坡面的岩土质不适宜植物生长时,可采取土质改良、客土植生、喷混植生等措施。

4.1.5 路基边坡采用植草防护时,宜选择在覆盖率、生长期、抗逆性、根系深浅等方面优势互补的草种混播。

4.2 土 质 路 堑

4.2.1 土质路堑边坡绿色防护宜选用多年生草本植物或矮灌木,不宜采用乔木。

4.2.2 单独采用植物防护的边坡高度不宜大于 10 m。

4.2.3 高度大于 10 m 的边坡,土质为膨胀土、粉土、砂类土和碎石类土等边坡,坡面受雨水冲刷严重或坡面有地下水渗出、坡面潮湿的边坡,宜采用土工网、土工网垫、立体植被护坡网、浆砌片石骨架、混凝土框格等与植草、栽植灌木相结的防护措施,必要时可设置坡脚矮挡墙、边坡支撑渗沟等。

4.2.4 砂类土、碎石类土等土质贫瘠的边坡,可在坡面上开挖行距 20 ~ 40 cm、深度不小于 20 cm 的水平横沟,沟内回填种植土,然后采用液压喷播植草。必要时,可采用客土植生、喷混植生等措施。

4.2.5 边坡坡面较光滑,植物种子着落困难时,应采取措施增加坡面粗糙度,必要时可在坡面上开挖凹槽、植沟或蜂窝状浅坑。

4.2.6 当土壤 pH 值小于 5.0 或大于 8.5 时,应进行土壤酸碱度改良,改良材料的掺入量应通过试验确定。

4.3 土质路堤

4.3.1 土质路堤边坡绿色防护宜选用多年生草本植物或灌木，在不影响铁路行车和设备安全的条件下，路堤坡脚可种植中、小乔木。

4.3.2 边坡高度小于或等于 8 m 时，坡面可单独采用植物防护。

4.3.3 下列情况宜采用土工网、土工网垫、立体植被护坡网、浆砌片石骨架、混凝土框格与植草或种植灌木相结合的防护措施。

1 边坡高度大于 8 m；

2 边坡填料为膨胀土、粉土、砂类土、碎石类土和易风化的软岩块。

4.3.4 短时间浸水的边坡，当水流速度小于 1.8 m/s 时，宜选用根茎发达、缠绕性强和耐湿耐水淹的草种进行绿色防护。沿河路堤的下部边坡或坡脚一定范围内，可采用栽植乔木、灌木的防冲刷措施。

4.3.5 土壤贫瘠的边坡，可在坡面上开挖水平横沟或挖坑，在沟内放置植生带或坑内放入肥料等方法，为植物提供生长基质。

4.4 石质路堑

4.4.1 强风化、全风化的软质岩和全风化的硬质岩路堑边坡，可参照本暂行规定第 4.2 节的规定进行边坡绿色防护设计，必要时应进行土质改良，增加植生层肥力和保水、保温、养护等措施。

4.4.2 弱风化的软质岩和弱风化、强风化的硬质岩路堑边坡，应根据地层岩性、风化程度、边坡坡率与高度等因素，采用挖坑种植低矮灌木、灌丛间液压喷播植草、挖沟填种植土后液压喷播植草、铺设土工网垫人工草皮卷、骨（框）架内填充种植土后液压喷播或土工网垫植草、土工格室植草等绿色防护措施；当边坡陡于 1:0.75 时，宜采用挂网喷混植生或挂网预埋植生带后进行喷混植生防护，路堑边坡中部和底部平台可设置绿化槽，槽内种植灌木、藤本植物。

4.4.3 填充于骨（框）架、土工格室内的种植土宜过筛，最大粒径应小于 30 mm，种植土应含有植物生长必需的平衡养分和矿物元素。

4.4.4 喷混植生所采用的种植基材应符合以下规定：

1 具有良好的透气性、团粒化度和酸碱度；

2 含有植物生长必需的平衡养分和矿物元素；

3 较好的保水能力；

4 具有一定的强度和较强的抗暴雨侵蚀能力。

4.5 石质路堤

4.5.1 石质路堤边坡绿色防护，可采用下列措施：

1 当边坡较低时，宜采用边坡摊铺种植土后再液压喷播植草或撒草子植草；

2 当边坡较高时，宜采用土工网垫植草或骨架护坡，骨架内填充种植土后再液压喷播植草。

5 干旱地区路基边坡绿色防护设计

5.1 一般规定

5.1.1 干旱地区年平均降水量大于400 mm或年降水量小于400 mm有浇灌条件的土质路基边坡宜采用绿色防护。

5.1.2 路基边坡绿色防护应选用适应性强、耐干旱、耐贫瘠、根系发达和种子繁殖能力强的乡土植物。

5.1.3 路基边坡绿色防护采用的植物应草、灌木、藤本植物相结合。

5.1.4 坡面土壤贫瘠时,应采取客土或施肥措施。

5.1.5 风沙地区路基边坡绿色防护,应结合防风固沙林带统一设计。

5.1.6 当采用浇灌进行边坡绿色防护时,应进行浇灌工程设计。

5.2 土质路堑

5.2.1 坡率不陡于1∶1的边坡,当边坡高度小于10 m时,可采用液压喷播植草、铺土工网垫液压喷播植草或穴植容器苗等防护措施;边坡高度大于10 m时,宜采用骨架内液压喷播植草或穴植容器苗防护措施。穴植容器苗的间距宜为0.3~0.6 m。

5.2.2 坡率陡于1∶1的边坡,可采用挂网喷混植生防护。

5.3 土质路堤

5.3.1 边坡高度小于8 m时,可采用撒播草(灌木)子、穴植容器苗、保水型植生带等措施进行防护,也可采用液压喷播植草防护。

5.3.2 边坡高度大于8 m时,可采用坡面铺设土工网或土工网垫结合液压喷播植草防护、骨架内液压喷播植草或骨架内穴植容器苗等措施进行防护。

6 寒冷地区路基边坡绿色防护设计

6.1 一般规定

6.1.1 年平均降水量大于600 mm及以上的地区,路基边坡宜采用绿色防护;年平均降水量大于400 mm小于600 mm的地区,路基边坡绿色防护可参照干旱地区设计。

6.1.2 路基边坡绿色防护植物建植可选择以下方法:

1 撒草子种草(撒播、沟播、穴播);

2 铺人工草皮、植生带、液压喷播植草、喷混植生;

3 种植灌木、藤本植物;

4 种植灌木、藤本植物与植草相结合。

6.1.3 路基边坡绿色防护草种的选择应符合以下规定:

1 耐寒、耐旱、耐贫瘠、根系发达、叶茎低矮或有匍匐茎的多年生草种;

2 便于管理、易于养护、易成活、成坪快、与杂草竞争力强、无病虫害且能自播的草种;

3 当地生长的固土能力强的品种;

4 不同品种的草种混播。

6.1.4 灌木、藤本植物应选择耐寒、耐旱、耐贫瘠的品种。

6.2 土质路堑

6.2.1 边坡高度小于6 m时,可单独采用植物防护。

6.2.2 边坡高度大于等于6 m时,可采用铺土工网垫或骨架结合植物防护。

6.3 土质路堤

6.3.1 边坡高度小于等于6 m时,可单独采用植物防护。

6.3.2 边坡高度大于6 m时,可采用斜铺土工网垫、平铺土工格栅或骨架护坡结合植物防护。

6.4 石质路堑

6.4.1 强风化、全风化的软质岩和全风化的硬质岩路堑边坡,可参照本暂行规定第6.2节进行边坡绿色防护设计。

6.4.2 弱风化的软质岩和弱风化、强风化的硬质岩路堑边坡,可采用喷混植生进行边坡绿色防护设计。

6.4.3 喷混植生种植基材的喷射厚度，应根据施工地点的气象、水文、地层岩性、堑坡坡率和堑坡高度等综合确定。

6.4.4 在坡脚或边坡平台上可种植藤本植物或灌木。

6.5 石质路堤

6.5.1 石质路堤边坡采用绿色防护时，应对坡面进行处理，使之具备植物生长的条件，处理的方法可采用挖沟、穴换土或帮填土，骨架内充填土等。

6.5.2 石质路堤边坡绿色防护，可采用沟播植草、穴植灌木、液压喷播植草、喷混植生等方法，也可采用坡脚处种植藤本植物的方法。

7 施　工

7.1 一般规定

7.1.1 路基边坡绿色防护工程施工应符合现行《铁路路基施工规范》(TB 10202)的有关规定;植物防护施工应根据不同地区及气候条件,选择适宜的施工季节和合理的施工方法,并按施工准备、坡面整修、种子处理、苗木整修、种植、养护和工程验收等程序进行。

7.1.2 植物种植前应对边坡坡面进行清理整平,清除有碍植物生长的杂物、危石,填平低凹。施用底肥时应以有机肥为主,均匀撒布或条施、穴施。

7.1.3 植物浇灌工程设施宜在植物种植前完成,并与路基、桥涵等工程协调施工。

7.1.4 植物种植应根据所采用植物的特性,适时种植,避免在暴雨季节、干燥大风和高温天气施工。

7.1.5 路基边坡绿色防护工程施工应安排合理的工期,在雨季到来之前使植物形成边坡防护能力;未形成防护能力时,宜采取排水、覆盖等临时保护措施。

7.1.6 采用植物种子的纯度、净度、含水率、千粒重和发芽率等应达到合格标准。引进的种子应有检疫合格证。主要草坪草种子等级标准见附录C。

灌木、藤本植物苗木应有短主干,丛生型苗木应有主茎1~3个,无损伤,根际有分枝,无病虫害,须根良好。

7.1.7 播种前应进行种子发芽率试验,根据试验结果适当调整播种种子用量。

7.1.8 种子皮厚、休眠期长,不易发芽或发芽迟缓需处理后播种的草种应进行催芽处理。

7.1.9 路基边坡绿色防护所用工程材料的技术性能、规格,必须满足工程的使用要求和应用条件。每批材料在施工前应查验其合格证和材料性能、质量报告单,并抽样检验。

7.1.10 植物种植后应根据天气情况及时浇水,确保种子(植株)发芽生长,植物成活。

7.1.11 路基边坡绿色防护工程竣工验收前,应对种植植物作好浇水、施肥、防治病虫害和补植等养护工作。

7.2 植物建植

7.2.1 人工草皮铺种应符合以下要求:

1 铺人工草皮的坡面应平整、密实、湿润;

2 切取的草皮规格宜大小一致、厚薄均匀、不松不散、便于搬运;

3 草皮应随采、随运、随铺,防止干萎;

4 铺种施工应自下向上顺铺,挖方边坡应铺过边坡顶部不少于1.0 m,草皮端部应嵌入地面;

5 草皮应与坡面密贴,块与块之间应留有一定间隔,草皮宜用竹(木)钉与坡面固定;

6 草皮铺种后应立即浇灌,加强保护和管理。

7.2.2 采用撒播或开沟条播、穴播等直播方法植草时,播种应均匀,播种后应及时覆土,埋没种子 1 ~ 2 cm,并适当拍压。宜覆盖无纺布或稻草、麦秸,成活后可适时除去覆盖物。

7.2.3 液压喷播植草施工应符合以下要求:

1 施工前应进行喷播材料配比设计和种子发芽率检测。

2 喷播应均匀,停机后再开机喷播时,应注意喷播面的搭接,防止漏喷。对砂类土、粉土及进行过坡面松土处理的边坡,应先洒水润湿后再喷播。喷播时应注意风向,避免逆风向喷播,大风大雨时应停止施工。喷播后应及时覆盖无纺布,并用 U 形铁线固定。

3 喷播完成后应适时洒水养护,定期检查无纺布破损或被风吹开情况、坡面冲刷情况、种子发芽生长情况、有无病虫害,并及时采取补救措施。植物成活后,适时回收无纺布。

7.2.4 喷混植生施工应符合以下要求:

1 应清除坡面浮石、浮根和其他杂物,宜使坡面平整,使种植基材与坡面自然结合。

2 需挂网时应按设计的锚杆孔位钻孔,钻孔方向应与坡面垂直。

3 安装锚杆应采用水泥药卷或注浆固定锚杆,水泥药卷或砂浆应填满钻孔并捣实。

4 铺设、固定金属网时应拉紧金属网,网间用铁线连接,安装锚杆托板固定金属网。

5 坡面有地下水集中出露时,应采取引排措施。

6 外购绿化基材和草种,应查验其合格证和材料性能报告单,并抽样检验。种植基材组分配比应通过现场试验验证确认后,方可用于施工。

7 种植基材配制应有计量设备,计量应准确,拌和应充分,可采用人工或机械拌和。

8 喷射种植基材宜正对坡面喷射,设计范围内应喷射均匀,不留空白。

9 喷射种植基材后应经常洒水养护,养护期不宜少于 45 d。

7.2.5 土工网、土工网垫植物防护工程施工应符合以下要求:

1 铺设前应整平坡面并适量洒水湿润边坡,铺设时应与坡面密贴并固定。

2 搭接宽度:土工网不应小于 10 cm,土工网垫不应小于 2 cm。土工网、土工网垫应用固定钉垂直坡面固定,其间距宜为 0.5 ~ 1.5 m(搭接部分适当加密),钉的长度应为 30 ~ 40 cm。铺设范围应包括路肩、平台及堑顶外 1.0 m。

3 播种草子后应及时覆盖厚 2 cm 左右的细土并适当拍压,并做好洒水养护工作。养护期一般地区不宜少于 30 d,干旱和寒冷地区不宜少于 45 d。

7.2.6 灌木、藤本植物种植应符合以下要求:

1 匍匐藤本植物种植可采用播种、匍匐茎分栽、小段扦插等方法;

2 种植坑的布置应符合设计要求,种植坑深宜为 25 cm,直径为 20 cm;

3 植苗前应检查种植坑的规格,然后浇灌底水,待水全部渗透后种植;

4 种植宜选择在无风的阴天或多云的天气;

5 种植后应及时浇定根水,并适时浇水养护。

7.2.7 香根草种植应符合以下要求:

1 一般采取等高行栽种植,草苗应随采、随运、随栽,防止干萎。行株间距应根据不同的坡形、坡率、土壤性质、水肥条件等确定,一般情况下行间距应为 1 ~ 2 m,株间距应小于 20 cm,每穴 2 ~ 3 株。

2 草苗应修剪,茎应粗壮,叶片应至少 3 片以上。栽植时可采取沟植、穴植、穴植容器苗等方法，坑深宜为 20 cm，宽为 10～30 cm。

3　植苗前应先在坑（沟）中施底肥，再撒盖厚约 3 cm 的土。栽苗时宜做到草根不弯，栽完后应压实让根与土壤充分接触，然后浇定根水。

4　种植宜选择阴天或多云天气，栽后初期应加强浇水养护。

5　香根草与其他草间种时，应先栽植香根草。

7.2.8　植生带铺设施工应符合以下要求：

1　植生带的质量应符合《主要花卉产品等级第 7 部分：草坪》（GB/T 18247·7—2000）的有关规定。

2　边坡坡面应整平，击碎较大的土块并适当压实，避免产生虚空影响铺设质量。

3　铺设时应将植生带的接边、搭头按植生带的有效部分搭接好；铺设后应固定，上面均匀覆盖厚 0.5～2.0 cm 的细土。

4　喷洒水应均匀，喷力应小，避免冲走覆土。

7.2.9　穴植容器苗施工应符合以下要求：

1　整平边坡坡面；

2　在种植容器苗的点位处打深为 20 cm、直径为 15 cm 的穴（孔）。

3　浇水浸穴。

4　浇水浸穴后穴内回填 5 cm 厚的营养土并压实，置入培育好的容器草（灌木）苗，再用营养土填平压实。

5　施工后应在当天浇透水。

8　工程质量检验评定及验收

8.1　检验及评定标准

8.1.1　路基边坡绿色防护工程质量，应按分项工程进行检验和评定。分项工程的质量等级划分、确定除应符合现行《铁路路基工程质量检验评定标准》（TB 10414）要求外，还应符合本章的要求。

8.1.2　植物防护所采用的植物种类和防护范围应符合设计要求。

检验数量：每个防护坡面检查。

检验方法：目测检查，查对设计文件。

8.1.3　植物的覆盖率、成活率、病虫害发生率、绿色程度、根系发育状况、种植基材流失状况和厚度等质量检验及评定标准应符合表8.1.3—1、表8.1.3—2、表8.1.3—3、表8.1.3—4的规定。

表8.1.3—1　一般地区路基边坡绿色防护植物覆盖率、成活率质量评定标准

评定项目		工程质量 合格	工程质量 优良
		覆盖率（%）	
植草防护	土质路基边坡	85	95
	石质路基边坡	70	80
		成活率（%）	
种植藤本植物、灌木、乔木防护	土质路基边坡	80	90
	石质路基边坡	70	80

表8.1.3—2　干旱地区路基边坡绿色防护植物覆盖率、成活率质量评定标准

评定项目		工程质量 合格	工程质量 优良
植草防护	土质路基	覆盖率（%）	
		65	75
种植藤本植物、灌木、乔木防护		成活率（%）	
		70	75

表8.1.3—3　寒冷地区路基边坡绿色防护植物覆盖率、成活率质量评定标准

评定项目		工程质量 合格	工程质量 优良
		覆盖率（%）	
植草防护	土质路基边坡	80	90
	石质路基边坡	70	80
		成活率（%）	
种植藤本植物、灌木、乔木防护	土质路基边坡	75	85
	石质路基边坡	70	80

表 8.1.3—4 一般地区、干旱地区、寒冷地区路基边坡植物防护植物病虫害发生率等质量评定标准

评定项目		工程质量	
		合格	优良
植物防护	土质路基边坡 石质路基边坡	病虫害发生率(%)	
		20	10
		植被绿色程度(%)	
		80	90
		根系发育状况	
		根系较发育	根系发育
		种植基材流失状况	
		有较明显冲蚀	基本无流失或有少量流失
		种植基材厚度(施工厚度/设计厚度)(%)	
		80	90

检验数量:每个防护坡面检查。

检验方法:植草:尺量、计面积、统计计算;目测。

植株:点数,统计计算;目测。

8.1.4 植物的覆盖率、成活率等,其允许偏差应符合表 8.1.4 的规定。

表 8.1.4 边坡植物覆盖率、成活率等允许偏差

项目	允许偏差	检验数量		检验方法
		范围	点数	
覆盖率(%)	5	每 1 000 m^2	3 条带	尺量,计面积
成活率(%)	5	每 1 000 m^2	3 条带	点数,统计计算
病虫害发生率(%)	5	每 1 000 m^2	3 条带	目测
植被绿色程度(%)	10	每 1 000 m^2	3 条带	
种植基厚度(%)	5	每 1 000 m^2	4 处	开挖,尺量,查对设计文件

注:检验点数以一条检验带(从顶至底)为一点,带宽 3 m。

8.2 工程验收

8.2.1 路基边坡绿色防护工程竣工验收除应与路基主体工程同步验收外,尚应符合下列规定:

1 采用草本植物进行防护的工程,应在植物种值完工 6 ~ 12 个月后验收;

2 采用藤本植物、灌木、乔木植物进行防护的工程,应在植物种植完工一年后验收;

3 采用草本植物和木本植物相结合进行防护的工程,应在全部植物种植完工一年后验收。

4 绿色防护的灌溉工程,应按设计进行验收。

8.2.2 路基边坡绿色防护工程竣工验收时,施工单位除应提供相应的路基工程竣工资料外,尚应提供下列资料:

1 土质及水质化验报告；

2 种子发芽率试验报告；

3 种植基材的配制报告；

4 引进苗木、种子的检疫报告；

5 外购绿化基材和草种的合格证或检验报告；

6 施工总结（包括养护方法）。

附录A 新植树木与地下管线最小水平距离

A.0.1 新植树木与地下管线的最小水平距离，应根据管线及树木种类按表A.0.1确定。

表A.0.1 新植树木与地下管线最小水平距离 单位：m

名称	乔木	灌木、绿篱
给水管、排水管、闸门	1.5	不限
电力电缆	1.5	0.5
弱电电缆	2.0	1.0
乙炔、氧气、压缩空气管、热力管	2.0	2.0
煤气管、石油管	1.5	1.0
天然气管	1.2	1.2

注：树木与地下管线的距离是指树干基部的外缘与管线外缘的净距离；灌木或绿篱与地下管线的距离是指地表处分蘖枝干基部的外缘与管线外缘的净距离。

附录 B 路基边坡绿色防护常用草本植物

B. 0. 1 路基边坡绿色防护常用草本植物，应根据地域、草种的适用性，按表 B. 0. 1 选用。

表 B. 0. 1 路基边坡绿色防护常用草本植物

分 区	地 域	适宜性草本植物	选择性草本植物
东北寒冷区	黑、吉、辽	高羊茅、冰草、百喜草、无芒雀麦、白颖、苔草、柴羊茅、柴花苜蓿、白三叶	早熟禾、黑麦草、细羊茅、结缕草、野牛草、弯叶画眉、匍匐剪股颖
西北、西南干冷区	蒙、新、甘、陕、宁、藏	高羊茅、冰草、小冠花、无芒雀麦、白颖苔草、百脉根	野牛草、结缕草、草熟禾、小糠草、黑麦草、沙生冰草、苜蓿、沙打旺
华北冷暖区	京、津、晋、冀、鲁、豫	结缕草、野牛草、羊茅、黑麦草、老芒麦、白颖苔草、三叶草、异穗苔草	无芒雀麦、冰草、早熟禾、小冠花、小糠草、香根草
华中暖温区	苏、鄂、皖、湘、浙北	假俭草、结缕草、狗牙根、高羊茅、地毯草、百苜草、香根草	三叶草、黑麦草、小糠草、画眉草
华东热湿区	皖中南、沪、鲁、苏、浙、赣	狗牙根、假俭草、结缕草、两耳草、雀稗、地毯草、百苜草、白三叶、苜蓿、多花木兰、香根草	剪股颖、马蹄筋、野牛草、黑麦草
华南热湿区	闽、桂、粤、台	狗牙草、假俭草、地毯草、竹节草、马尼拉、天鹅绒、百喜草、香根草	高羊茅、黑麦草、马蹄筋、三叶草、画眉草、百慕大草
西南温湿区	云、贵、川、渝	狗牙根、假俭草、黑麦草、柴羊茅、三叶草、雀稗、香根草	结缕草、竹节草、早熟禾、狗尾草、小糠草、高羊茅
特殊地区	盐化土地、海涂	结缕草、高羊茅、沙打旺、苜蓿	黑麦草、狗牙根、早熟禾、狗尾草、竹节草、雀稗

注：本表参考了《公路绿化规范》(报批稿)附表 4—3。

附录 C　主要草坪草种子等级标准

C. 0. 1　主要草坪草种子的等级标准，应根据其净度、发芽率、其他种子含量和含水率按表 C. 0. 1 确定。

表 C. 0. 1　主要草坪草种子等级标准

中文名	拉丁名	等级	净度(%)不低于	发芽率(%)不低于	其他种子含量(质量百分比)(%)	含水率(%)不高于
冰草	Agropyron cristatum	1	90	80	1. 0	11
		2	85	75	1. 5	11
		3	80	70	2. 0	11
翦股颖	Agrostis spp.	1	90	85	0. 5	11
		2	85	80	1. 0	11
		3	80	75	1. 5	11
地毯草	Axonopus spp.	1	95	80	0. 5	12
		2	90	70	1. 0	12
		3	85	60	1. 5	12
无芒雀麦	Bromus inermis	1	95	90	1. 0	11
		2	90	85	1. 5	11
		3	85	80	2. 0	11
格兰马草	Bouteloua gracilis	1	95	85	1. 0	12
		2	90	75	1. 5	12
		3	85	65	2. 0	12
狗芽根	Cynodon spp.	1	95	85	0. 5	12
		2	90	80	1. 0	12
		3	85	75	1. 5	12
画眉草	Eragrostis spp	1	95	85	0. 5	11
		2	90	80	1. 0	11
		3	85	75	1. 5	11
假俭草	Eremochloa ophiuroides	1	95	80	1. 0	11
		2	90	70	1. 5	11
		3	85	60	2. 0	11
高羊茅	Festuca arundinacea	1	98	85	1. 0	12
		2	95	80	1. 5	12
		3	90	75	2. 0	12

续上表

中文名	拉丁名	等级	净度(%)不低于	发芽率(%)不低于	其他种子含量(质量百分比)(%)	含水率(%)不高于
细羊茅	Festuca rubra	1	95	85	1.0	11
		2	90	80	1.5	11
		3	85	75	2.0	11
黑麦草	Lolium spp.	1	98	90	1.0	12
		2	95	85	1.5	12
		3	90	80	2.0	12
巴哈雀稗	Paspalum notatum	1	95	75	1.0	12
		2	90	65	1.5	12
		3	85	55	2.0	12
狼尾草	Pennisetum spp.	1	95	70	1.0	12
		2	90	60	1.5	12
		3	85	50	2.0	12
猫尾草	Phleum pratense	1	95	85	1.0	11
		2	90	75	1.5	11
		3	85	65	2.0	11
早熟禾	Poa spp.	1	95	85	1.0	11
		2	90	75	1.5	11
		3	85	65	2.0	11
结缕草	Zoysia spp.	1	90	70	1.0	12
		2	85	60	1.5	12
		3	80	50	2.1	12
野牛草	Buchloe engelm	1	90	70	1.0	11
		2	85	60	1.5	11
		3	80	50	2.0	11

注:本表引自《主要花卉产品等级第7部分:草坪》(GB/T 18247.7—2000)。

本暂行规定用词说明

执行本暂行规定条文时，对于要求严格程度的用词说明如下，以便在执行中区别对待。

(1)表示很严格，非这样做不可的用词：

正面词采用“必须”；

反面词采用“严禁”。

(2)表示严格，在正常情况下均应这样做的用词；

正面词采用“应”；

反面词采用“不应”或“不得”。

(3)表示允许稍有选择，在条件许可时首先应这样做的用词：

正面词采用“宜”；

反面词采用“不宜”；

表示有选择，在一定条件下可以这样做的，采用“可”。

《铁路路基边坡绿色防护技术暂行规定》条文说明

本条文说明系对重点条文的编制依据、存在问题以及在执行中应注意的事项等予以说明。为了减少篇幅,只列条文号,未抄录原条文。

1.0.1　2001年1月19日铁道部在《转发国务院关于进一步推进全国绿色通道建设的通知》(铁计〔2001〕8号)中指出,全国绿色通道建设是一项具有战略意义的国土绿化工程,铁路绿色通道建设是全国绿色通道建设的重要组成部分,包括新建、既有铁路两侧的绿化、美化和路基边坡的绿色(植物)防护工程。结合铁路建设和运营实施绿色通道工程,不仅能够改善铁路沿线的生态环境,完成国土绿化的战略要求,还可加强路基防护,控制水土流失,减轻生态灾害,对保障运输安全也具有重要作用。

路基工程在铁路工程中占有较大的比重,修建路基工程对生态环境的影响较大,而且有较大的绿化空间。因此,路基边坡绿色(植物)防护是铁路绿色通道建设的重点。为贯彻落实铁道部"通知",推进铁路路基边坡绿色防护,提高总体水平,同时考虑路基边坡绿色防护技术现状和铁路路基工程实际情况,制定本暂行规定。

1.0.2　本暂行规定适用于我国各等级新建、改建的国铁、合资铁路和地方铁路路基边坡绿色防护工程设计、施工和竣工验收;既有铁路路基边坡可通过改造,逐步达到绿色防护的相应标准和要求。隧道进出口边仰坡、取土和弃土(渣)场地的绿色防护,其设计、施工和竣工验收可参照本暂行规定执行。

1.0.4　铁路工程建设遍及全国各地,铁路沿线的气象、水文、植被、地质、人文景观等自然地理条件存在差异,路基边坡的高度、坡率和土质也不尽相同,同时,路基边坡绿色防护不仅涉及防护技术,还涉及到植物学、土壤学、化学等多方面的科学知识。因此,路基边坡绿色防护应遵循"因地制宜、安全可靠,经济合理和防护措施综合应用"的原则。

因地制宜:即根据不同的自然地理条件和边坡条件,选择适宜的防护措施、植物种类、种植时期和养护方法,达到绿色防护的目的。

安全可靠:绿色防护不仅要保证边坡的稳定,还必须注意所采用植物的高度、冠幅、根系,不得影响行车安全和通讯线路、电力线路及其他建筑物的安全使用;所采用的植物种群,不得对当地的物种造成侵害。

经济合理:通过方案比选、优化设计,利用有限的资金,达到绿色防护的最佳效果。

植物防护与工程防护措施综合应用:路基边坡防护应当是生态型的综合防护,根据具体条件可单独采用植物防护,或植物防护与工程防护措施相结合,既保证边坡的稳定又改善了生态环境。

1.0.5　近几年来国内外有关坡面植物建植的技术、材料、工艺等发展较快,铁路路基边坡绿色防护刚刚起步,因此应积极引进、采用适宜的新技术、新材料、新设备、新工艺,提高铁路路基边坡绿色防护的技术水平、科技含量,降低成本,增强效果。

2.0.2 人工植物防护针对性强,见效快,但费用较高,养护工作量大。

2.0.8 《森林管理学》、《草业科学研究方法》等著作中写到,覆盖率也可用盖度表述,即植物群落总体或各个种的地上部分的垂直投影面积与取样面积的百分比。盖度有投影盖度(全株盖度)和植基盖度两种。调查覆盖率指标时,样方随机选取,最小面积乔木、灌木、草本植物分别为:15 m×15 m,4 m×4 m,1 m×1 m。本暂行规定的覆盖率是指全株投影盖度。《主要花卉产品等级第 7 部分:草坪》(GB/T 18247.7—2000)将盖度定义为:草坪草的地上部分垂直投影面积与取样面积的百分比。

2.0.17 引自《主要花卉产品等级第 7 部分:草坪》(GB/T 18247.7—2000)。

2.0.19 目前国内说法不一,有喷混凝土植生、厚层基材喷射植被护坡(TBS)等名称,概括地说均是将一种配置好的"混合料"喷射到坡面上,有的"混合料"中水泥含量仅占 2%～3%,因此,本暂行规定将名称统一为喷混植生。

3.0.1 铁路路基边坡绿色防护工程的重点是植物建植,植物建植的基本自然条件是水(降水量)和热(气温)。基于这两个基本条件,为便于从宏观上分地区考虑路基边坡绿色防护设计、施工和植物种植质量检验评定标准,划分为一般地区和特殊地区(干旱地区、寒冷地区)路基边坡绿色防护。分区标准主要参考了"中国草坪气候生态区划的指标及分区标准"(韩保烈,等. 草坪建植与管理手册,1999. 中国林业出版社)、"对铁路工程影响的气候分区"(铁路工程地质手册,1999. 中国铁道出版社)、我国降水量分带表"(铁路工程设计技术手册·路基篇,1997. 人民铁道出版社),分别见说明表 3.0.1—1、说明表 3.0.1—2、说明表 3.0.1—3。

说明表 3.0.1—1 中国草坪气候生态区划的指标及分区标准

区号	气候带	年平均温度(℃)	年平均降水量(mm)	月平均温度(℃)		月平均相对湿度(%)	
				1 月	7 月	1 月	7 月
Ⅰ	青藏高原带	-14.0 ~ 9.0	100 ~ 1 170	-23.0 ~ -8.0	-3.0 ~ 19.0	27 ~ 50	33 ~ 87
Ⅱ	寒冷半干旱带	-3.0 ~ 10.0	270 ~ 720	-20.0 ~ 3.0	2.0 ~ 20.0	40 ~ 5	61 ~ 83
Ⅲ	寒冷潮湿带	8.0 ~ 10.0	265 ~ 1 070	-20.0 ~ 6.0	9.0 ~ 21.0	42 ~ 77	72 ~ 80
Ⅳ	寒冷干旱带	-8.0 ~ 11.0	100 ~ 510	-26.0 ~ 6.0	2.0 ~ 22.0	35 ~ 65	30 ~ 73
Ⅴ	北过渡带	-1.0 ~ 15.0	480 ~ 1 090	-9.0 ~ 2.0	9.0 ~ 25.0	44 ~ 72	70 ~ 90
Ⅵ	云贵高原带	3.0 ~ 20.0	610 ~ 1 770	-8.0 ~ 11.0	10.0 ~ 22.0	50 ~ 80	74 ~ 90
Ⅶ	南过渡带	6.5 ~ 18.0	735 ~ 1 680	-3.0 ~ 7.0	14.0 ~ 29.0	57 ~ 84	75 ~ 90
Ⅷ	温暖潮湿带	13.0 ~ 18.0	940 ~ 2 050	1.0 ~ 9.0	23.0 ~ 34.0	69 ~ 80	74 ~ 94
Ⅸ	热带亚热带	13.0 ~ 25.0	900 ~ 2 370	5.0 ~ 21.0	26.0 ~ 35.0	68 ~ 85	74 ~ 96

说明表 3.0.1—2 对铁路工程影响的气候分区

分 区	气候条件	
	最冷月月平均气温	一年内冻结和融化循环次数
严寒地区	< -15 ℃	>50
寒冷地区	-5 ~ -15 ℃	20 ~ 50
温暖地区	> -5 ℃	<20

说明表 3.0.1—3　我国降水量分带表

带别	正常年降水量(mm)	包括地区
丰水带	>1 600	台湾、福建、广东的大部,浙江、江西、湖南、广西的一部分和四川、云南、西藏的东南部
多水带	1 600～800	淮河、汉水以南广大的长江中、下游地区,广西、贵州、四川大部分地区,以及东北长白山区
过渡带	800～400	淮河、汉水以北,包括华东、陕西和东北的大部分地区,以及甘肃南部、四川西部和西藏东部地区
少水带	400～200	内蒙草原、黄河上游、西藏东部和新疆天山、阿尔泰山的山麓地带
干旱带	<200	内蒙古、宁夏、甘肃、青海、新疆的大片戈壁沙漠地区和西藏荒漠地区

一般地区的划分指标为年平均降水量600 mm及以上和最冷月月平均气温高于-5 ℃;干旱地区划分指标为年平均降水量小于600 mm,未限定气温,所以干旱地区存在既干旱又寒冷的情况,或最冷月月平均气温高于-5 ℃;同样,寒冷地区未限定年平均降水量,存在既寒冷又年平均降水量大于或小于600 mm的情况。地区的划分是相对的,设计时应根据当地的气象资料考虑路基边坡绿色防护。

3.0.2　铁路路基边坡绿色防护应在保证边坡稳定的前提下,改善生态环境和有利于防治水土流失、风沙、冲刷等自然灾害。发达国家不仅重视交通工程的交通功能,还强调其本身是当地的人文景观,也是欣赏沿线风景的长廊。我国高速公路也比较重视绿化景观。从铁路实际情况出发,全线景观绿化投资过大,仅当路基工程位于县市城区、大中型车站、风景区等地时,路基边坡绿色防护宜适当美化,种植一些常青和观赏植物,达到人文景观和自然环境协调优美的效果。

3.0.4　本条规定了路基边坡绿色防护设计应考虑的因素,调查和勘察时应收集相应的资料。特别是水源调查,水是干旱地区路基边坡绿色防护的控制因素之一,为保证植物种植和养护用水,勘察时应注意地表和地下水情况的调查。

3.0.5　路基边坡绿色防护所采用植物的成年高度、冠幅、攀缘植物的藤蔓,在任何情况下(包括大风引起的植物枝干的摇摆)均不得侵入《铁路技术管理规程》规定的建筑接近限界,不得影响铁路架空线路(通讯线、电力线、接触网等)的安全使用;应避免根深植物的根系对地下管线的影响;必要时还应考虑防火。《铁路林业技术管理规则》(铁工务〔1989〕93号部令发布)第2.2.1条对植树(灌木)位置提出了具体要求,可参照执行。

3.0.6　路堤坡脚外的天然护道或人工护道均属于绿色防护的范围,一般情况下防护至坡脚。路堑边坡的绿色防护可至堑顶外排水沟边,一般情况下至堑顶外不小于1.0 m。

3.0.7　当挡土墙位于县市城区、车站等人群活动较多的地带,为了增加生态效果,美化环境,可在墙顶、墙趾外砌筑盛土槽,槽内种植不影响行车安全的低矮灌木或藤本植物。也可在墙身设置悬挂式盛土槽,槽内种植植物。该方法在市政工程中已有应用。

3.0.8　本条对路基边坡绿色防护植物的选择提出了要求。铁路沿线生态环境复杂,养护困难,又强调保护边坡稳定和改善生态环境的作用,因此要求植物种类和生态习性的多样性,易于成活,易于养护和粗放管理。本条未提到乔木,其原因见4.1.3条说明,有条件时可以采用。乡土植物,其种源多、适应性强、价格低、效果好、易成活,应优先选用。第5款是指,在满足路基边坡绿色防护设计要求的前提下,在适宜的地区可选择种植水杉、樟树、紫穗槐、枸杞、香根草、夹竹桃、木槿、茶花等具有经济价值或观赏性的植物,取得边坡绿色防护经济效益和环境效益的双重效果。

3.0.11 “种树无时，惟勿使树知”，即是强调尽量在树木的休眠期移植，容易成活。开花早的树种包括白玉兰、梅花等，可在花谢后种植；较耐寒的树种，如杨柳等，一般秋季种植；耐寒性较差的或珍贵的边缘树种，如香樟、桉树、法桐、月季、小叶黄杨等，一般春季种植；暖季型草播种的适宜平均气温为 25 ℃，晚春至初夏播种为佳；冷季型草播种的适宜平均气温为 15 ℃，一般秋季播种为佳。在华东、华中、华南等温暖地区，3 至 11 月均可播种，以春、秋为宜。华北、东北、西北等地区，一般 4 至 9 月播种，尤以雨季为宜。

3.0.12 边坡绿色防护工程中的工程防护工程施工用水，应采用有关规定的水质标准。植物建植和浇灌用水，一般自然条件下的地表水和地下水均可使用，可根据水体处植物生长情况和当地居民使用情况判定。对工业和生活排放的污水，应慎重使用。水中有害植物生长的成分，主要指油、酸、碱、盐的含量不得超过危害植物生长的标准，根据《中国土壤》（第 2 版，1987）当 pH > 8.5 或 pH < 5.0 时，有害植物生长，盐的含量不得大于 5‰，对油的含量未有明确的标准。

3.0.13 确定播种量时，种子发芽率高、土质好、土壤可保持湿润、种植时间充足，播种量可适当减少，相反则应增加。根据铁四院、铁三院、铁一院路基边坡液压喷播植草的经验，一般每平方米草子的发芽数应为 10 000 ~ 20 000 颗。灌林、藤本植物播种时多采用点播，发芽率可通过试验确定，发芽数根据发芽率和设计要求确定。常用草种种子千粒重、每克种子粒数、单播种子用量和发芽温度，可参照说明表 3.0.13，本表参考了《公路绿化规范》（报批稿）附表 4—4。

说明表 3.0.13 常用草种种子千粒重、每克种子粒数、单播种子用量和发芽温度

草坪草名称	千粒重（g/1 000 粒）	克粒数（粒/g）	发芽温度（℃）	单播种子用量（g/m^2）	
				正 常	密度加大
小糠草	0.910	10 991	20 ~ 30	4 ~ 6	8
匍匐翦股颖	0.057	17 532	15 ~ 30	3 ~ 5	7
细弱翦股颖	0.052	19 214	15 ~ 30	3 ~ 5	7
欧翦股颖	0.038	26 378	20 ~ 30	3 ~ 5	7
草地早熟禾	0.209	4 795	15 ~ 30	6 ~ 8	10
林地早熟禾	—	—	—	6 ~ 8	10
加拿大早熟禾	0.182	5 496	15 ~ 30	6 ~ 8	10
普通早熟禾	0.179	5 595	20 ~ 30	6 ~ 8	10
早熟禾	—	—	20 ~ 30	—	—
球茎早熟禾	—	—	10	—	—
野牛草	9.009	111 *	20 ~ 35	20 ~ 25	30
狗牙根	0.264	3 970	20 ~ 35	6 ~ 7	9
结缕草	0.332	3 015	20 ~ 35	8 ~ 12	20
沟叶结缕草	—	—	20 ~ 35	—	—
假俭草	1.135	881	20 ~ 35	16 ~ 18	25
紫羊茅	0.831	1 203	15 ~ 20	14 ~ 17	20
紫羊茅（匍匐）	0.824	1 213	20 ~ 25	14 ~ 17	20

续上表

草坪草名称	千粒重(g/1 000粒)	克粒数(粒/g)	发芽温度(℃)	单播种子用量(g/m²)	
				正　常	密度加大
羊茅	0.857	1 167	15~25	14~17	20
苇状羊茅	2.000	500	20~30	25~35	40
高株羊茅	2.000	500	20~30	25~35	40
毛叶羊茅		—	10~25	—	—
多年生黑麦草	2.000	500	20~30	25~35	40
多花黑麦草		—	20~30	25~35	40
鸭茅		—	20~30	—	—
猫尾草	0.400	2 498	20~30	6~8	10
冰草	1.401	714	15~30	15~17	25
无芒雀麦		—	20~30	—	—
地毯草	0.404	2 474	20~35	6~10	12
两耳草		—	30~35		
巴哈雀稗	2.740	365	—	29~39	—
双穗雀稗		—	30~35	—	—
格兰马草	0.506	1 978	20~30	6~10	12
垂穗草		—	15~30	—	—
紫花苜蓿				15~20	
红白三叶				5~10	
沙打旺				25~35	
百脉根				3~5	
披碱草				30~35	
小冠花				10~15	

注:1　密度加大指突击绿化、军事防护等特殊需要;

2　野牛草所播的是"头状花序"。

3.0.15　路基边坡绿色防护的植物建植,涉及气象、土壤、植物、物理化学等多方面的科学技术。目前铁路路基边坡绿色防护的技术方法还比较少,实践经验还不够丰富,特别是对干旱、寒冷、岩质、贫瘠土等特殊条件的边坡绿色防护做的较少。因此,对特殊条件下的边坡绿色防护,宜结合工程选点试验,积累经验,完善设计,指导施工。同时还宜结合工程,开展绿色防护新技术、新方法、新材料的试验研究,以充实路基边坡绿色防护技术。

4.1.1　一般地区的土质路基边坡,其气候和土质条件适宜植物建植,为了改善生态环境,应采取绿色防护,尽量不单独使用喷护、挂网喷护、干(浆)砌片石、浆砌片石护墙等封闭式的工程防护措施。石质路基边坡植生条件差,植物建植难度大,应根据当地的气候、岩性、边坡坡率、边坡高度等具体条件,以及工程造价,考虑边坡绿色防护的可行性和措施方法,切忌忽视客观条件为绿色防护而绿色防护。

本暂行规定所述"石质路基"(石质路堑和石质路堤)的含义,是从边坡绿色防护植物建植考虑,具有岩石性质的路基。石质路堑,一般指由未风化~强风化的硬质岩、未风化~弱风化的软质岩,以及漂石土、碎石土、圆砾土等构成的路堑;石质路堤,一般指用不易风化的硬块石、卵石土、圆砾土等填筑的路堤。

4.1.2 本条针对路基边坡提出的植物建植方法，只是当前常用而且效果较好的几种，设计时应根据具体情况和工程投资合理选择。为了保护生态环境，不应铲用天然草皮，所以该条只列了“铺人工草皮”（人工培育的草皮）。

撒草子、铺人工草皮、液压喷播植草、客土植生、植生带等，一般适用于路基边坡坡率缓于1:1的土质和全风化、强风化岩石边坡。铁道第四勘察设计院在株六复线对全风化~强风化红砂岩、1:0.75的路堑边坡液压喷播植草，效果良好。据刘朝晖、李宇峙“高速公路边坡坡面生物防护方法研究”（路基工程，1999(3)），1996年10月深圳市新华丰草业有限公司，采用液压喷播植草，在钦防高速公路试验了4个不同坡率的挖方边坡，坡率分别为1:2、1:1.5、1:1、1:0.75，土质均为风化泥质岩，成活率达80%~95%。

撒草子可采用全坡面撒播或沟播（行播），施工简便，造价低，但质量较难控制。铺人工草皮适用于需要迅速得到防护或绿化的边坡。液压喷播植草，是我国于20世纪90年代初引进的现代化植草技术，机械化施工，速度快，效率高，质量好，公路、市政、铁路工程已广泛应用。客土填生，技术简单，目前铁路工程中应用较少。植生带植草已纳入《主要花卉产品等级第7部分：草坪》（GB/T 18247.7—2000），在暴雨强度大的地区使用有突出优势。

喷混植生是近年来国内引进开发的岩质边坡植物防护新技术，目前名称尚不统一。1998年，四川省励自生态与环境工程技术有限公司与西南交通大学、铁道第二勘察设计院合作，进行“岩石边坡厚层基材喷射植被护坡工程（TBS）技术”研究，该项研究2000年12月23日通过了由四川省科技厅组织的技术鉴定。喷混植生技术适用于边坡坡率缓于1:0.5稳定的岩石边坡、土质边坡。喷混植生技术已在京九、金温、内昆、渝怀、宝兰二线等铁路工程中应用。

4.1.3 从植物生态效果分析，同等面积的树林是同等面积的草地绿化效果（降温增温、提供氧气、吸收有害气体等）的3~4倍。铁路路基边坡绿色防护之所以选用草本植物、灌木和藤本植物，是因其覆盖率大，防护和绿化功能较好，同时还考虑了行车安全。乔木对边坡增加重力过大、吸水性强，风吹树摇使边坡发生裂缝，不利于边坡稳定，而且过高的乔木或乔木被风吹倒后会影响行车安全，因此不宜在边坡上种植乔木。

4.1.4 边坡植草时，边坡表层应有30 cm厚的土；边坡栽植灌木时，边坡表层应有45~60 cm厚的土。当其土质贫瘠，酸碱度、含盐量、碎石等含量过高，不适宜植物生长时，可采取土质改良或换土的措施。种植植物所需最小土层厚度可参考说明表4.1.4，本表引自《公路绿化规范》（报批稿）。

说明表4.1.4 种植植物所需最小土层厚度

	草本植物	小灌木	大灌木	浅根乔木	深根乔木
生存所需厚度(cm)	10~15	30	45	60	90~100
生长所需厚度(cm)	30	45	60	90~100	150

4.1.5 草种混播是根据环境条件、养护能力选择两种或两种以上的草种，或同一种类的不同栽培品种混合播种，建成一个多元群体的草坪植物群落。混播的主要优势在于可充分利用不同草种的生长习性（生长快慢、返青期早晚、绿色程度、根深根浅等），对光、肥、水的要求，对土壤适应性及抗病虫性等方面的优点，达到优势互补，增强边坡植物防护效果。草种的混播应注意掌握主要草种的生长习性和主要优点，合理配置，各组分的比例要

适应。根据《草坪建植与管理手册》(韩保烈等,1999 年,中国林业出版社),护坡型混播配方:(1)50% 高羊茅,25% 多年生黑麦草,10% 白三叶,10% 狗牙根,5% 结缕草;(2)5% 羊茅草,10% 糖密草,35% 小米草,28% 地毯草,12% 雀稗,10% 虎尾草。据铁道第四勘察设计院 1998 年 4 月在湖北枝江化肥厂铁路专用线对膨胀土路堤边坡液压喷播植草试验研究,混播配方有:(1)狗牙根 42%,百喜草 32%,画眉草 26%。一年后覆盖率达 95% ~100%。(2)高羊茅 60%,黑麦草 40%。一年后覆盖率为 65% ~70%。

4.2.1　见本暂行规定 4.1.3 条条文说明。

4.2.2　考虑坡面的稳定,一般情况下土质边坡高度大于 10 m 时,不宜单独采用植物防护,宜采用植物防护与工程防护相结合的措施。

4.2.3　本条所述的几类土质边坡,坡面的稳定性较差,采用土工合成材料可起到固土防冲的效果,浆砌片石骨架(带排水槽)和混凝土框格可增强坡面的稳定性,均利于植物的生长。

新长铁路海安至南通段,路堤高 2.0 ~5.5 m,坡率 1:1.5,填料均为粉土,1999 年雨季边坡冲蚀溜坍严重,难以成形。针对这种情况,对 2 ~4 m 高的路堤边坡采用三维网垫或单层土工网、立体植被护坡网液压喷播植草防护;对 4.0 ~5.5 m 高的路堤边坡采用浆砌片石骨架(带排水槽)和固化剂成型框格液压喷播植草,坡脚设 1.8 m 高的浆砌片石护坡,均取得了良好的效果。

4.2.4　据《草坪大专函授教材》(2000 年),土壤中有机质含量小于 2.5% 时为贫瘠土。

4.2.6　土壤酸碱性是极为重要的化学指标,对土壤肥力和植物营养有多方面的影响。不同植物对土壤的酸碱度要求不同。草本植物和土壤微生物对土壤酸碱度有一定要求,对大多数品种来说以 pH 值 6.0 ~8.0 为宜。

根据土壤溶液的 pH 值,一般将土壤的酸碱度分为若干等级,见说明表 4.2.6—1。

说明表 4.2.6—1　土壤酸碱度分级

土壤 pH 值	<5.0	5.0 ~6.5	6.5 ~7.5	7.5 ~8.5	>8.5
等级	强酸性	酸性	中性	碱性	强碱性

注:该表引自《中国土壤》,2 版,1987。

对 pH 值小于 5.0 的酸性土可掺入细石灰粉或草木灰改良,对 pH 值大于 8.5 的碱性土可掺入过磷酸钙、硫酸亚铁或石膏等改良,也可采用酸性或碱性肥料改良。改良材料的掺入量最好通过实地取土试验确定,也可参考有关资料。说明表 4.2.6—2 为酸性土改良所需石灰石用量(引自《草坪建植与管理手册》)。

说明表 4.2.6—2　酸性土改良所需石灰石用量

土壤 pH 值	石灰石用量(kg/92.9 m^2)			
	轻砂土	中砂壤土	壤土和粉壤土	粉壤土和黏土
4.0	40	55	75	90
4.5	36	48	68	80
5.0	32	40	55	68
5.5	20	27	40	55
6.5	11	14	20	27

4.3.4 本条参照《铁路路基设计规范》(TB 10001—99)第9.2.2条制订。坡面植草防护一般要求边坡不浸水或短期浸水,短时间浸水情况下,边坡可采取植物防护,但是流速应小于1.8 m/s,同时宜选择根、茎、藤蔓发达,耐湿、抗冲刷能力强的植物。

《城镇绿化建设与管理》(丁朝华等,金盾出版社,1998)一书,根据水生植物在水中的生长状态及生态习性,将其分为四个类型:(1)浮水植物,植物叶片漂浮在水面生长,如睡莲、王莲、青萍等。(2)挺水植物,植物的叶片长出水面,如荷花、香蒲、芦苇等。(3)沉水植物,全部植物生长在水中,在水中生长发育,如金鱼藻、眼子菜等。(4)湿生植物,这类植物的根系和部分树干淹没在水中生长。有的树种,在整个生活周期,它的根系和树干基部浸泡在水中并生长良好,如池杉、水杉、垂柳、水曲柳、胡颓子、紫穗槐、虎耳草、普通早熟禾等。

4.4.1 由于全风化的硬质岩体(石英质除外),大部分已呈土状,而强风化的软质岩体虽然还呈块状或球状结构,但是边坡开挖后,可风化成土状,因此可以参照土质边坡进行绿色防护设计。但是风化的岩土缺乏或缺少植物生长所必需的养分和矿物元素,且保水、保湿能力较差,因此根据坡面的岩土情况,必要时应进行土质改良,增加植生层的肥力(如增加液压喷播的喷射厚度或肥力、增加初期追施面肥的次数等措施),并根据施工季节和施工地区的降水量,视需要增加保湿、养护等措施。

4.4.2 本条所推荐的几种岩石边坡绿化方法是通过调研大量的工程实例和文献资料,归纳出来的应用较为广泛、成功的边坡绿化方法。成南、成雅、渝黔高速公路,对边坡坡率等于或缓于1:1的软质岩边坡,采用挖沟填种植土后液压喷射植草,或挖沟结合挖坑回填种植土坑内栽种低矮灌木、灌丛间液压喷播植草防护,取得了良好防护和绿化、美化效果。

三峡库区缸子岭观景台下的强风化花岗岩边坡,采用撒铺少量种植土后再铺土工网植草防护,三峡大坝采石场进场道路左侧强风化花岗岩边坡采用三维土工网垫植草防护,都取得了良好的防护和绿化、美化效果。

对于强风化、弱风化的硬质岩和弱风化软质岩边坡,植物无法生长。当边坡坡率等于或缓于1:1时,可采用骨架、骨架内充填厚8~10 cm种植土后,再液压喷播植草防护,但应注意采取预防表层种植土在雨水作用下坍滑的措施,如骨架选用截水型,骨架间距尽量小一些,或在骨架内铺设土工网或土工网垫等措施。当边坡坡率等于或陡于1:0.75时,考虑植生层在植被尚未形成之前雨水的冲刷作用、堑坡表层受爆破影响松动和岩体结构面对边坡稳定性的不利影响,宜优先采用挂网喷射厚层基材(喷混植生护坡方法之一),或挂网并预埋植生带后再喷混植生护坡防护。这两种方法在襄石、内昆、株六线以及都江堰矿山公路,成南、渝黔高速公路等工程中得到了较多的应用,获得了成功。

渝黔高速公路近20万平方米的土工格室植草护坡,因为坡陡(陡于1:0.75)、坡面平整度差、锚杆少、土工格室焊点连接强度低等诸多因素,失败的近5万平方米。因此,应慎用土工格室植草护坡,特别是陡于1:1的边坡不宜采用。

4.4.3 填充于骨架内的种植土(客土)应尽量破碎均匀,土颗粒过大既不利于土壤自身的保水、保肥,也不利于植物吸收水分、养分和根的生长。因此,根据经验拟定填充的种植土的最大粒径不大于30 mm,这个尺寸约为填充厚度的1/3,要求并不算高,准确的定量指标还有待于更多的工程实践验证。

植物生长除氮、磷、钾、钙、镁、硫等几种必需的营养元素外,还必须有微量营养元素如铁、硼、锰、锌等。本条仅对植物所需的营养元素和矿物元素提出了原则性要求,具体定量指标依据所选植物不同而不同,还与当地的气候和环境有关,有待更多的工程实践和实验积累资料。

4.4.4 本条仅对喷混植生护坡所采用的种植基材的结构特性、营养特性、保水特性、抗暴雨冲蚀能力和强度特性提出了定性要求。根据四川省励自生态与环境工程技术有限公司、西南交大岩土工程研究所和铁二院提供的《岩石边坡厚层基材喷射植物护坡工程技术研究报告》(2000 年)和《TBS 植被护坡标准化设计和施工规程》(2001 年),要求厚层基材(喷混植生种植基材中的一种)具有适宜于植物生长的结构,即良好的透气性、团粒化度和酸碱度;要求种植基材固、液、气三相体积比大致为 1:(0.5~2):1,团粒化度不小于 60%,pH 值在 5.5~7.0 之间;要求含有植物生长必需的平衡养分和矿物元素,即要求有机质含量≥32%(其中腐殖质含量≥10%),主要营养元素氮、磷、钾($N+P_2O_5+K_2O$)含量≥4.0%;要求具有良好的保水能力,即要求种植基有效含水量≥60%,在平均气温 22 ℃、自然风干条件下,种植基从田间持水量下降至凋萎含水量的时间≥50 d;要求具有一定的强度和较强的抗暴雨侵蚀能力,即要求在田间持水量条件下,种植基快剪试验测得的指标 $C\geqslant 20$ kPa、$\phi\geqslant 30°$,喷射施工完成 12 h 后,在降雨量 250 mm/h、持续降雨 60 min 条件下,种植基累计流失量小于 1 200 g/m^2(约为一般种值土壤的 1/3)。

襄石、内昆、株六线所采用喷混植生,种植基材是由砂质壤土、秸秆与锯木屑等有机纤维、饼肥(长效肥)、复合肥、水泥和混和草种按一定比例充分搅拌而成的。根据《喷混植生技术在高速公路岩石边坡防护中的应用》〔周颖等,岩土力学,2001(3)〕,在惠河高速公路(地处南亚热带海洋性季风气候区)所采用的材料配比见说明表 4.4.4。

说明表 4.4.4　喷植混和料配合比　　(单位:kg/m^3)

混和料类型	砂质壤土	水泥	锯木	饼肥	复合肥	混和草种	水(含养护)	适应边坡
1	830	100	110	110	10	4	1 600	软石夹土
2	810	100	120	120	10	4	1 140	软石
3	810	100	120	120	10	4	800	次坚石、坚石

由于工程所处地区气候、岩性、边坡坡率与高度不同,上述配比会有所不同,宜通过配比试验或小范围工程试验确定。

4.5.1 填石路堤,当边坡较低(≤5 m)时,可采用摊铺厚 2~3 cm 种植土后再液压喷播植草;当边坡较高(5~10 m)时,可采用土工网垫植草防护;当边坡高度大于 10 m 时,宜采用骨架护坡,骨架内填充厚 6~8 cm 种植土后再液压喷播植草防护。渝怀线的铜仁车站,填料均为白云岩,低路堤采用撒铺厚 2~3 cm 种值土后液压喷播植草,边坡高度不小于 5 m 时采用三维土工网垫植草防护。渝怀线高谷车站填石路基(填料为灰岩岩块),以及 DK398+215~DK399+139 段以灰岩和钙质页岩为主的填方边坡,由于在 319 国道旁,对绿化美化要求较高,填土高度分别为 22 m 和 16 m,采用骨架内充填厚 6~8 cm 种植土后再液压喷播植草防护,均取得了良好的防护和绿化、美化效果。

5.1.1 由于自然条件的制约,长期以来,铁路路基边坡防护工程设计中对植物防护的优点、重要性认识不足、重视不够,未在不同的干旱地区选择具有代表性的植物防护工程进行系统、全面的科学试验研究工作,仅在风沙路基防治和降水量适中的地区积累了一些成功的经验,而在降水量偏小的地区尚缺乏绿色防护植物成活的工程实例,因此只规定"年降水量大于 400 mm 或年降水量小于 400 mm,有浇灌条件的土质路基边坡坡面宜采用绿色防护”。对于其他条件，可结合工程实际进行适当的设计、试验，不断积累经验，为今后暂行规定的修编提供资料。

5.1.2 植物种类选择：

1 草本植物应按附录B选择。

2 以下灌木供设计时选用：拧条、野枸杞、紫穗槐、花棒、甘蒙柽柳、沙冬青、沙棘、沙拐枣、胡枝子、梭梭等。

3 供选用的藤本植物有：山荞麦、葛藤、五叶地锦、爬山虎等。

5.2.1 据调查，甘肃省林业科学技术推广总站在植树造林方面取得了多项科研成果，积累了宝贵的经验，其中认为穴植容器苗是干旱地区边坡绿色防护的一种好措施。容器苗包括容器草苗和容器灌木苗，设计时按以下要求考虑：

1 草苗的间距应选用较小值，灌木苗的间距应选用较大值；

2 穴植方式可选用草、灌木间隔穴值，也可单独采用草或灌木成片穴植；

3 每一容器草苗内需有10棵以上草，每一容器灌木苗内需有3~4株灌木苗；

4 栽植穴中的营养土由种植土、肥料、泥炭、油渣、Pt菌根、ABT生根粉、固体保水剂、消毒剂、杀虫剂等组成。

5.2.2 据调查，陕西省常青公路绿化技术研究所认为，喷混植生的厚度一般为10 cm。根据目前铁路边坡喷混植生防护设计施工情况，挂网喷混植生防护时，喷种植基材的厚度为7~9 cm。

6.1.1 寒冷地区影响绿色防护效果的主要因素是降水量的大小，而冬季气温较低的问题，可通过选择耐寒植物并在合适的季节种植解决。

6.1.2 种植灌木、藤木植物与植草相结合，既能保证绿色防护的长期性与耐久性，又可通过相互间的搭配，增强绿化效果。搭配的方式可采取孤植、丛植、群植相结合，长绿与落叶相结合，有花与无花相结合，形态不同的相结合，构成多层次的复合结构。车站或城镇附近的路基边坡，其绿化设计可考虑采用庭园绿化的方法。

6.1.3 选择乡土植物，是因其种源多，适应性强、造价低、效果好、易成活，可较好地体现地方特色。

不同品种草的抗病、耐寒、耐旱等能力不同，选择不同类型的草种混播，可优势互补，提高抗逆性，使草种适应差异较大的环境条件，草坪维持时间长久。另外，边坡土壤一般较贫瘠，应选择豆科植物，利用其固氮能力提高肥力。

6.2.1、6.2.2 对细粒土含量较低的岩块和粗粒土，以及其他特别贫瘠的土质边坡，植物种植前应对边坡坡面进行处理，以适合植物生长。坡面处理方法，可采用挖沟（穴）局部换土或全面换土，对其他特别贫瘠的土质边坡，也可采用掺入土壤改良剂进行改良。土壤改良剂包括有机改良剂，如泥炭、刨花、稻壳等；无机改良剂，如石灰、石膏、沙子等。改良时可根据改良目的（改良其物理性质、化学性质、生物性质），选择不同的改良剂。

6.4.1 全风化、强风化的软质岩和全风化的硬质岩一般呈土状，其路堑边坡绿色防护可参照土质路堑设计，但其土质一般较贫瘠，不适宜植物生长，可采用挖沟（穴）换土或帮填土方法进行处理，换填土应采用优质种植土。

6.4.3 种值基材的喷射厚度与年降水量、堑坡坡率、地层岩性以及年最长无降水天数有关，一般为8~15 cm，陡于1:1的堑坡需设短锚杆挂网来固定种植基材。

7.1.1 路基边坡绿色防护工程施工的重点是植物建植，在施工季节、工期、施工方法、工序和工艺上都有一定的要求，因此应周密计划，与路基主体工程施工统筹安排，避免植物防护（种植）与主体工程和工程防护施工脱节，避免错过适宜的施工（种植）季节。并应严格按施工工序施工，上道工序质量达到要求后才能转入下道工序，不同的气候区、不同的植物、不同的季节和不同的立地条件，植物的种植施工方法不同，本暂行规定在这方面未作详细规定，可参照有关技术资料，合理选择种植施工方法。

7.1.2 植物种植前边坡坡面的整修是一道很重要的施工工序，包括将土质坡面整平、填平低凹、打碎大的土块，土块的大小宜在 30 mm 以下，清除坡面上的碎石、危石、施工废弃物（木料、混凝土块等），这些不仅影响植物的生长，也影响植物与坡面的密贴，影响植物建植的质量。

肥料的种类较多，一类是有机肥，通常称迟效肥（长效肥），如人粪尿、厩肥、绿肥、油饼肥、堆肥、塘泥等；另一类是各类化肥，通称为速效肥。有机肥一般作为基肥，在种植前施入穴中。有机肥肥力时间长，又能改善土壤的团粒结构。路基边坡多为生土，底肥应以有机肥为主，撒布或与土壤拌和均应均匀，避免肥料集中肥边过大，反而影响植物生长。

7.1.4 暴雨季节、干旱天气、大风和高温等气象条件，既不利于植物成活，又不利于种植施工作业，应避免在这些条件下施工。

7.1.5 植物从种植、成活到正常生长，形成边坡防护能力，需要一定的时间，如草本植物一般需要 3 ~ 6 个月，灌木、藤本植物、乔木则需要 6 个月或一年以下的时间。因此，边坡绿色防护施工应考虑植物成活、生长情况、安排合理工期，在雨季到来之前使植物能稳定生存和具有保护边坡的能力。在雨季到来之前，未能形成防护边坡能力时，应采取措施，避免集中水流冲蚀边坡，可采用土工布、稻杆麦杆覆盖，保护路基边坡。

7.1.6 为丰富本地植物种类，增强边坡植物防护效果，从国外或国内其他地区引进新的植物种类和品种是必要的。植物引种应注意：(1)避免引进植物对当地物种生存的侵害，对生态环境的影响。(2)植物检疫。植物检疫的目的是防止危险性病原物从病区向无病区传播。植物检疫是对种子、苗木等繁殖材料进行检查，对于检查到带有危险性病原物的植物材料，应就地销毁，或者退还原产地。

7.1.8 常用的种子催芽处理方法有：

冷水浸种：播种前将种子浸泡于冷水中一定时间，捞出晾干，随后播种。目的是让干燥的种子吸收水分，播种后容易萌发出苗。

机械处理：一般是将种子放在布袋中搓揉，借机械力破坏种子的表皮，使水分能渗透到胚芽中，以提高发芽率。

药物催芽：一些种子种皮具有一层附着物，水分和空气不易进入，直接播种发芽困难，常用水∶氢氧化纳 = 1 000∶5 的溶液浸泡种子，借化学反应破坏硬表皮，之后再用清水浸种，阴干后播种。

高温处理：使种子保持一定的温度，置于 40 ℃温度下堆积数小时，或采用 40 ℃及 50 ℃温度变温处理4 ~ 5 d。

7.1.10 水是植物成活生长的重要因素，种植后应重视合理的浇灌工作，否则难以达到设计要求的成活率、覆盖率。不同种类的植物对水分的需求各不相同，有的耐旱，有的喜湿，有的耐水湿。同种植物在一年中不同的发育期内，对水分的需求也不相同。早春植株萌发期，需水量不多；枝叶旺盛生长期，需水较多，花芽分化期及开花期，需水量较少；果实生育期，需水量较多；春季需水量较少，夏季高温季节需水量较多。砂性土易干，要勤浇水，黏性土浇水次数可适当减少。因此，浇灌要因植物、因在、因时制宜。浇灌的种类与时期可分为三种类型：

（1）保活水：为保证种子（植株）发芽生长，一般种植后 30 ~ 45 d 内应定期及时浇水。为加速新种植物的根系与土壤的密贴，第一次浇水要浇足量。灌木和草本植物每隔 4 ~ 5 d、乔木每隔 7 ~ 10 d 需浇灌一次。30 ~ 45 d 以后，可适当减少浇灌次数。

（2）生长水：我国南方夏季高温久旱无雨时，易引起植物叶发黄或枯死，应注意浇水。华北、西北地区，冬季少雪，春季多风，雨前应多浇水。

（3）防冻水：我国北方地区，冬季一般严寒多风，应于入冬前浇一次防冻水，即冬水。

7.1.11 为保证边坡绿色防护工程质量，工程竣工验收前应作好施肥、植物病虫害防治和补植工作。这期间以施全价（N.P.K）无机肥为主。根据植物病害和虫害的种类选择药物防治，苗期防治病虫害使用药物时要注意施用浓度。对苗木枯死，雨水冲毁的植被应及时补植，以免影响工程质量。

7.2.1 以往铁路路基边坡铺草皮防护多铲用当地天然草皮，对草皮质量、铺草皮施工工艺都不够重视，草皮死亡率高，也破坏了天然植被。本条对铺人工草皮施工作了具体规定，重点是铺草皮前应对边坡坡面进行整平，适度松土、洒水润湿，草皮块之间缝隙撒细土充填。铺设后用木锤拍紧。

7.2.3 喷播是利用专用的喷播机完成的，喷播机分为自行式、拖挂式等，大面积喷播施工可大大提高工效。在我国南北方不同地区、不同土质边坡的铁路都有大量液压喷播植草的实践经验，初植效果良好，但应重视施工工艺和工后的养护。液压喷播植草施工流程见说明图 7.2.3。

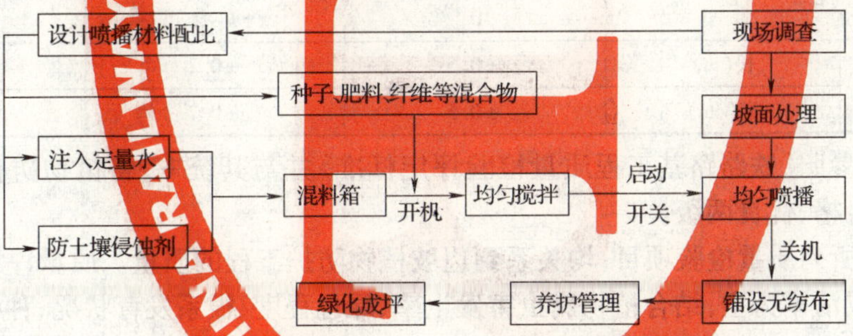

说明图 7.2.3 液压、喷播植草施工流程示意图

7.2.4 目前国内喷射种植基材防护边坡应用较少，本条主要是参考《岩石边坡植被护坡技术(3)——厚层基材喷射植被护坡设计及施工》〔张俊云，冯俊德，等，路基工程，2000（6）〕、宜昌市久丰植生工程有限责任公司提出的“喷混凝土植生工程技术条款”，以及日本岩床绿化工程协会“有机质系列喷射岩床绿化工法技术资料”（1997 年 8 月修订）制订的。挂网时钻孔深度应按设计孔深加深 20 cm。

7.2.5 本条引自《铁路路基土工合成材料应用技术规范》（TB 10118—99）。

7.2.7 香根草（Voetiveria Zizanioideo）是近年来世界上大力推广的一种较理想的护坡草种，原产于泰国、印度、马达加斯加等国。系多年生草本植物，雌雄同体，一般不开花结果，其繁殖多采用分枝或压埋活茎方法。生长速度快，耐酸碱盐渍，抗病虫害，根系呈网状，垂直深扎可达地下数米。适应于土壤 pH 值为 3.0 ~ 11.0、气温 −15.9 ℃ ~ 50 ℃、年降雨量 300 ~ 3 000 mm 的环境条件。

香根草在国内公路边坡防护中已有应用,新长铁路有限责任公司 2001 年在新长铁路 DK377 + 887 ~ DK378 + 187 段路堤(高 3 ~4 m,边坡坡率 1∶1.5,填料为粉土)进行了边坡行栽香根草防护试验,效果良好,试验研究成果通过了专家评审,本条即根据其试验研究成果制订。

7.2.8　据《草坪建植与管理手册》介绍,目前国内外采用的植生带加工工艺主要有双层热复合植生带生产工艺、单层点播植生带工艺、双层针刺复合匀播植生带工艺,近期我国推出了冷复合法生产工艺。各种工艺各有优缺点,目前都在发展中。基本要求是:(1)种子植生带生产加工工艺一定要保证种子不受损伤,包括机械磨损、冷热复合对种子活力的影响,确保种子的活力和发芽率。(2)布种均匀,定位准确,保证播种的质量和密度。(3)载体轻薄、均匀,不能有破损或漏洞。(4)植生带的长度、宽度要一致,边沿要整齐。《主要花卉产品等级第 7 部分:草坪》(GB/T 18247.7—2000)对草坪植生带等级标准作了规定,见说明表 7.2.8。

说明表 7.2.8　草坪植生带等级标准

检测指标 \ 等级		一级	二级	三级
植生带载体均匀度误差(%)		±5	±6	±7
植生带种子均一性(%)		≥95	≥90	≥80
植生带发芽率(%)		≥85	≥80	≥70
植生带种子密度(粒/cm²)		>3	3 ~2	1
植生带接头(个)		0	1 ~2	3
植生带孔洞(个)		0	1 ~2	3
规格误差	长(m)	±0.5	±0.7	±1
	宽(cm)	±0.5	±0.7	±1

8.1.1　本条参照《铁路路基工程质量检验评定标准》并与其统一,将植物防护工程质量等级划分为合格、优良两级。

8.1.3　本条所列质量检验项目,均关系到边坡植物防护工程的质量。质量评定应以植物的覆盖率或成活率为主,结合植物病虫害发生率、绿色程度、根系发育状况、种植基情况等综合评定。制订本条时参考了《主要花卉产品等级第 7 部分:草坪》(GB/T 18247.7—2000)、铁路及公路路基边坡植物防护的调查资料,分别见说明表 8.1.3—1、说明表 8.1.3—2、说明表 8.1.3—3、说明表 8.1.3—4。

说明表 8.1.3—1　公路草坪等级标准

检测指标 \ 等　级	一　级	二　级	三　级
盖度(%)	≥85	≥80	≥75
草坪高度(cm)	≤10	≤20	≤40
色　泽	颜色均匀一致, 色墨绿或深绿	颜色欠均匀一致, 色浅绿或淡绿	颜色不均一, 色黄绿,黄色 <25%
病虫侵害度(%)	≤4	≤9	≤15
杂草率(%)	≤10	≤15	≤20
地下生物量(g/m²)	≥1 500	≥1 000	≥700

注:该表摘自《主要花卉产品等级第 7 部分:草坪》表 8。

说明表 8.1.3—2　水土保持草坪等级标准

检测指标＼等级	一　级	二　级	三　级
盖度(%)	≥85	≥80	≥75
病虫侵害度(%)	≤4	≤9	≤15
地下生物量(g/m^2)	≥1 500	≥1 000	≥700

注:该表摘自《主要花卉产品等级第7部分:草坪》表7。

说明表 8.1.3—3　部分铁路路基边坡植物防护覆盖率调查资料

铁路名称	路基边坡岩土质	覆盖率(%)	附　注
湖北枝江化肥厂专用线	路堤,膨胀土	80~100	一年后,液压喷播植草
新长铁路	路堤,粉土、粉细砂	90~100	一年后,液压喷播植草
内昆铁路	路堤,膨胀土	>90	两个雨季后,土工网垫撒草子
株六复线	隧道弃砟路堤,红砂岩路堑	80~100	一年后,液压喷播植草
株六复线	路堤,土质及软岩	50	撒草子
株六复线	路堤,土质及软岩	80	三维网垫撒草子
湛海线	路堑,膨胀土	90	铺人工草皮,三维网垫撒草子
京霸联络线	路堤,粉土	65~85	三个月后,土工网垫撒草子

说明表 8.1.3—4　部分公路绿化覆盖率

区　划	路　段	自然覆盖率(%)	人工覆盖率(%)	公路等级
干旱区	青海109国道	50~70		三级
	陕西宝高速公路	50~80	80~100	高速公路
	晋五台山旅游公路	60~75		二级、三级
	内蒙呼包公路	40~60		高速公路
半干旱区	北京首都机场公路		90~100	
	冀102国道京秦段	50~80	70~100	一级、二级
	吉林长吉公路	50~80	70~100	高速公路
	皖合宁公路	75~100	90~100	高速公路
	鲁济青公路	75~100	90~100	高速公路
湿润区	浙江杭甬公路	50~100	70~100	高速公路
	沪嘉高速公路		90~100	高速公路
	川渝成渝公路	85~100	90~100	高速公路

注:该表引自《公路绿化规范》(报批稿)调查资料。

《铁路林业技术管理规则》(铁工务〔1989〕93号部令发布)中,对造林成活率标准作了规定(见说明表8.1.3—5)。据铁道第一勘察设计院资料,南疆铁路(1995年)树木成活率为80%;神延铁路路基植物护坡试验,树柳成活率达85%,侧柏成活率达75%,所以本暂规关于植物成活率质量评定标准制订的依据还不充分,有待进一步积累资料。

8.2.1　根据《中华人民共和国环境保护法》中"三同时"的要求,路基成型后应及时进行边坡绿色防护施工,路基工程竣工验收时边坡绿色防护工程应同时达到验收要求。本条规定,是考虑植物种植后到成活、正常生长,形成边坡防护能力,需要经过一定的时间检验，一般地区植草防护边坡需3～6个月时间，其他地区则需要6～12个月的时间；采用乔木、灌木、藤本植物防护的工程，应在植物种植完工一年后验收。

说明表8.1.3—5　成活率标准

地　区	等级标准(%)			
	优　良	良　好	合　格	不合格
南　方	90以上	85以上	75以上	75以下
北方、东北、西北	90以上	80以上	70以上	70以下

8.2.2　本条针对路基边坡绿色防护中的植物防护工程、竣工验收时应提交的资料作了一般规定，具体可视所做工程内容而定。

中华人民共和国行业标准

铁建设〔2003〕127 号

铁路路基工程施工质量验收标准

Standard for constructional quality acceptance of railway subgrade engineering

TB 10414—2003
J 285—2004

2003—12—16 发布　　2004—01—01 实施

中华人民共和国铁道部　发布

前　言

本标准是根据铁道部《关于印发2001年铁路工程建设规范、定额、标准设计编制计划的通知》(铁建设函〔2001〕72号)的要求,在《铁路路基工程质量检验评定标准》(TB 10414—98)的基础上修订而成的。

本标准在编制过程中认真贯彻了"调整地位、验评分离、充实内容、严格程序、强化检测、明确职责"的指导思想,进行了深入的调查研究,总结了我国铁路路基工程施工质量控制的实践经验,并广泛征求了有关方面的意见。本标准提出了铁路路基工程的施工要求、质量保证措施、验收方法、验收程序和质量标准,明确了建设各方在施工质量控制中的职责,严格了材料进场验收和施工质量检测的程序及方法,体现了科学性和可操作性,突出了验标对铁路路基工程施工质量的控制。

本标准应与《铁路混凝土与砌体工程施工质量验收标准》(TB 10424—2003)配合使用。

本标准共分21章,主要内容包括:总则、术语、基本规定、地基处理、基床以下路堤、基床、路堑、重力式挡土墙、短卸荷板式挡土墙、悬臂式和扶壁式挡土墙、锚杆挡土墙、锚定板挡土墙、加筋土挡土墙、土钉墙、抗滑桩、桩板式挡土墙、预应力锚索、路基防护、路基排水、路基附属设施、路基单位工程观感质量评定等另有7个附录。

本次修订的主要内容如下:

1. 修改了标准的适用范围,将旅客列车设计行车速度由140 km/h提高到160 km/h。

2. 完善了工程施工质量验收的方法、程序和质量标准,取消了优良等级评定。

3. 补充和完善了地基处理验收内容和方法。

4. 强调了基床底层和基床表层的施工质量验收采用双指标控制的内容和方法,并对路堑施工质量控制作出了规定。

5. 增加了路堤与桥台间过渡段的检验方法与内容。

6. 增加了取土场(坑)、弃土场(堆)的验收内容。

7. 将路基支挡的检验内容与现行的《铁路路基支挡结构设计规范》(TB 10025)进行了协调,补充了相关验收内容。

本标准以黑体字标志的条文为强制性条文,必须严格执行。

在执行本标准过程中,希望各单位结合工程实践,认真总结经验,积累资料。如发现需要修改和补充之处,请及时将意见及有关资料寄交中铁二局集团有限公司规改办公室(四川省成都市通锦路16号,邮政编码:610032),并抄送铁路工程技术标准所(北京市海淀区羊坊店路甲8号,邮政编码:100038),供今后修订时参考。

本标准由铁道部建设管理司负责解释。

本标准主编单位:中铁二局集团有限公司。

本标准主要起草人:胡建、万伟明、林原、彭经枢、李树堃、韩学增。

目　次

1 总 则

1.0.1 为了加强铁路工程施工质量管理,统一铁路路基工程施工质量的验收,保证工程质量,制定本标准。

1.0.2 本标准适用于旅客列车设计行车速度等于或小于160 km/h的客货列车共线运行的新建、改建标准轨距铁路路基工程施工质量的验收。对于其他铁路的路基工程及本标准未涉及的新技术、新工艺、新设备、新材料,其施工质量的验收应另行制定补充标准。

1.0.3 施工单位作为工程施工质量控制的主体,应对工程施工质量进行全过程控制;建设单位、监理单位和勘察设计单位等各方应按有关规定的要求对施工阶段的工程质量进行控制。

1.0.4 铁路路基工程施工应贯彻国民经济可持续发展战略,做好环境保护、水土保持等工作,合理利用资源,并做到文明安全施工。

1.0.5 铁路路基工程施工质量的检验、检测工作取得的质量数据应真实可靠,全面反映工程质量状况。所用方法和仪器设备应符合相关标准的规定。

1.0.6 铁路路基工程施工中所采用的承包合同文件和工程技术文件等对施工质量的要求不得低于本标准的规定。

1.0.7 铁路路基工程施工质量的验收除应符合本标准外,尚应符合国家现行有关标准的规定。

2 术　语

2.0.1　工程施工质量　constructional quality of engineering

反映工程施工过程或实体满足相关标准规定或合同约定的要求，包括其在安全、使用功能及其耐久性能、环境保护等方面所有明显和隐含能力的特性总和。

2.0.2　验收　acceptance

工程施工质量在施工单位自行检查评定的基础上，参与建设活动的有关单位共同对检验批、分项、分部、单位工程的质量按有关规定进行检验，根据相关标准以书面形式对工程质量达到合格与否做出确认。

2.0.3　进场验收　site acceptance

对进入施工现场的材料、构配件、设备等按相关标准规定要求进行检验，对其达到合格与否做出确认。

2.0.4　检验批　inspection lot

按同一生产条件或按规定的方式汇总起来供检验用的，由一定数量样本组成的检验体。

2.0.5　检验　inspection

对检验项目中的性能进行量测、检查、试验等，并将结果与标准规定要求进行比较，以确定每项性能是否合格所进行的活动。

2.0.6　见证　witness

监理单位或建设单位现场监督施工单位某过程完成情况的活动。

2.0.7　见证取样检测　evidential testing

在监理单位或建设单位监督下，由施工单位有关人员现场取样，并送至具备相应资质的检测单位所进行的检测。

2.0.8　平行检验　parallel acceptance testing

监理机构利用一定的检查或检测手段，在承包单位自检的基础上，按照一定的比例独立进行检查或检测的活动。

2.0.9　旁站　stop and supervision

在工程的关键部位或关键工序施工过程中，由监理人员在现场进行的监督活动。

2.0.10　工序　constructional procedure

施工过程中具有相对独立特点的作业活动，或由必要的技术间隙及停顿分割的作业活动，是组成施工过程的基本单元。

2.0.11　交接检验　handing over inspection

由施工的承接方与完成方经双方检查并对可否继续施工做出确认的活动。

2.0.12　主控项目　dominant item

工程中的安全、卫生、环境保护和公众利益起决定性作用的检验项目。

2.0.13　一般项目　general item

除主控项目以外的检验项目。

2.0.14 抽样检验　sampling inspection

按照规定的抽样方案，随机地从进场的材料、构配件、设备或工程检验项目中，按检验批抽取一定数量的样本所进行的检验。

2.0.15 抽样方案　sampling scheme

根据检验项目的特性所确定的抽样数量方法。

2.0.16 计数检验　counting inspection

在抽样的样本中，记录每一个体有某种属性或计算每一个体中的缺陷数目的检查方法。

2.0.17 计量检验　quantitative inspection

在抽样检验的样本中，对每一个体测量其某个定量特性的检查方法。

2.0.18 观感质量　quality of appearance

通过观察和必要的量测所反映的工程外在的质量。

2.0.19 返工　rework

对不合格的工程部位采取的重新制作、重新施工等措施。

2.0.20 返修　repair

对工程不符合标准规定的部位采取整修等措施。

2.0.21 一般缺陷　common defect

对结构构件的受力性能或安装使用性能无决定性影响的缺陷。

2.0.22 严重缺陷　serious defect

对结构构件的受力性能或安装使用性能有决定性影响的缺陷。

2.0.23 工后沉降　settled behind filled later

路基竣工铺轨开始以后产生的沉降量。

2.0.24 过渡段　transitionary section

路堤与桥台、路堤与路堑、路堤与横向构筑物等的衔接处，为使轨道刚度与沉降平顺过渡而设置的区域。

3 基本规定

3.1 一般规定

3.1.1 铁路路基工程施工现场质量管理应有相应的技术标准、健全的质量管理体系和施工质量检验制度。

施工现场质量管理检查记录应由施工单位在施工前按表3.1.1的规定填写，总监理工程师进行检查，并做出检查结论。

3.1.2 路基工程应按下列规定进行施工质量控制：

1 路基工程采用的主要材料、构配件和设备，施工单位应对其外观、规格、型号和质量证明文件等进行验收，并经监理工程师检查认可。凡涉及结构安全和使用功能的，施工单位应进行检验，监理单位应按规定进行平行检验或见证取样检测。

2 各工序应按施工技术标准进行质量控制，每道工序完成后，施工单位应进行检查，并形成记录。

3 工序之间应进行交接检验，上道工序应满足下道工序的施工条件和技术要求。相关专业工序之间的交接检验应经监理工程师检查认可，未经检查或经检查不合格的不得进行下道工序施工。

3.1.3 路基工程施工质量应按下列规定进行验收：

1 工程施工质量应符合本标准和铁道部现行有关标准的规定。

2 工程施工质量应符合工程勘察、设计文件的要求。

3 参加工程施工质量验收的各方人员应具备规定的资格；各种检查记录表签证人员应报建设单位确认、备案。

4 工程施工质量的验收均应在施工单位自行检查评定合格的基础上进行。

表3.1.1 施工现场质量管理检查记录

<table>
<tr><td>单位工程名称</td><td colspan="2"></td><td colspan="2">开 工 日 期</td><td colspan="2"></td></tr>
<tr><td>建 设 单 位</td><td colspan="2"></td><td colspan="2">项目负责人</td><td colspan="2"></td></tr>
<tr><td>设 计 单 位</td><td colspan="2"></td><td colspan="2">项目负责人</td><td colspan="2"></td></tr>
<tr><td>监 理 单 位</td><td colspan="2"></td><td colspan="2">总监理工程师</td><td colspan="2"></td></tr>
<tr><td>施 工 单 位</td><td>项目负责人</td><td></td><td colspan="2">项目技术负责人</td><td colspan="2"></td></tr>
<tr><td>序 号</td><td colspan="4">项 目</td><td colspan="2">内 容</td></tr>
<tr><td>1</td><td colspan="4">开工报告</td><td colspan="2"></td></tr>
<tr><td>2</td><td colspan="4">现场质量管理制度</td><td colspan="2"></td></tr>
<tr><td>3</td><td colspan="4">质量责任制</td><td colspan="2"></td></tr>
<tr><td>4</td><td colspan="4">工程质量检验制度</td><td colspan="2"></td></tr>
<tr><td>5</td><td colspan="4">施工技术标准</td><td colspan="2"></td></tr>
</table>

续上表

序号	项目	内容
6	施工图现场核对情况	
7	地质勘察资料	
8	交接桩、施工复测及测量控制网资料	
9	施工组织设计、施工技术方案、环境保护方案及审批	
10	分包方资质与对分包单位的管理制度	
11	主要专业工种操作上岗证书	
12	施工设备及计量器具设置	
13	工程材料、设备管理制度	
检查结论： 总监理工程师 年 月 日		

5 隐蔽工程在隐蔽前应由施工单位通知监理单位组织验收，并应形成验收文件。地基处理等重要分部工程验收时，勘察设计单位应派人参加。

6 涉及结构安全的试块、试件和现场检验项目，监理单位应按规定进行平行检验、见证取样检测或见证检测。

7 检验批的质量应按主控项目和一般项目进行验收。

8 对涉及结构安全和使用功能的分部工程应进行抽样检测。

9 承担见证取样检测及有关结构安全检测的单位应具有相应的资质。

10 单位工程的观感质量应由验收人员通过现场检查共同确认。

3.2 工程施工质量验收的划分

3.2.1 路基工程施工质量验收划分为单位工程、分部工程、分项工程和检验批。

3.2.2 单位工程应按一个完整工程或一个相当规模的施工范围划分，并按下列原则确定：

1 一个区间或一个车站的正线路基为一个单位工程；

2 一个施工单位担负的路基施工长度为一个单位工程；

3 特别大型的支挡结构可作为一个单位工程。

3.2.3 分部工程应按一个完整部位或主要结构及施工阶段划分。

3.2.4 分项工程应按工种、工序、材料、施工工艺等划分。

3.2.5 检验批可依据施工及质量控制和验收需要按施工段或部位等划分。

3.2.6 路基工程的分部工程、分项工程划分和检验批检验项目应符合表3.2.6的规定。

表 3.2.6　路基工程分部工程、分项工程、检验批划分和检验项目

分部工程	分项工程	检验批	检验项目条文号	
			主控项目	一般项目
地基处理	原地面平整、碾压	单线连续长度≤300 m，双线连续长度≤200 m	4.1.2～4.1.3	4.1.4
	换　填	单线连续长度≤300 m，双线连续长度≤200 m	4.2.3～4.2.6	4.2.7
	抛石挤淤	单线连续长度≤300 m，双线连续长度≤200 m	4.3.2、4.3.3	4.3.4、4.3.5
	高压旋喷桩	≤1 000 根	4.4.5～4.4.10	4.4.11
	浆体喷射搅拌桩	≤1 000 根	4.5.6～4.5.12	4.5.13
	粉体喷射搅拌桩	≤1 000 根	4.6.5～4.6.11	4.6.12
	砂　桩	≤1 000 根	4.7.3～4.7.9	4.7.10
	碎石桩	≤1 000 根	4.8.4～4.8.9	4.8.10
	灰土挤密桩	≤1 000 根	4.9.3～4.9.8	4.9.9
	袋装砂井	单线连续长度≤300 m，双线连续长度≤200 m	4.10.4～4.10.8	4.10.9
	塑料排水板	单线连续长度≤300 m，双线连续长度≤200 m	4.11.5～4.11.7	4.11.8、4.11.9
	土工合成材料加筋垫层	单线连续长度≤300 m，双线连续长度≤200 m	4.12.4、4.12.5	4.12.6、4.12.7
	砂(碎石)垫层	单线连续长度≤300 m，双线连续长度≤200 m	4.13.3、4.13.4	4.13.5、4.13.6
	强　夯	单线连续长度≤200 m，双线连续长度≤150 m	4.14.5～4.14.7	4.14.8～4.14.10
	重锤夯实	单线连续长度≤200 m，双线连续长度≤150 m	4.15.5～4.15.7	4.15.8～4.15.10
	真空预压	连续长度≤100 m	4.16.4～4.16.8	4.16.9
	堆载预压	单线连续长度≤300 m，双线连续长度≤200 m	4.17.3～4.17.5	4.17.6
	毛细水隔断层	单线连续长度≤300 m，双线连续长度≤200 m	4.18.3～4.18.5	4.18.6～4.18.8
	复合土工膜隔断层	单线连续长度≤300 m，双线连续长度≤200 m	4.19.4～4.19.8	4.19.9～4.19.12
	洞穴、陷穴处理	每个洞穴、陷穴	4.20.5～4.20.11	4.20.12～4.20.14
基床以下路堤	一般路堤填筑	单线连续长度≤300 m，双线连续长度≤200 m 每检测层	5.1.4～5.1.6	5.1.7～5.1.9
	路堤边坡	单线连续长度≤300 m，双线连续长度≤200 m（双侧边坡）每检测层	5.2.1、5.2.2	5.2.3
	路堤与桥台间过渡段填筑	每个基坑、过渡段基底每检测层	5.3.6～5.3.12	5.3.13
	加筋土路堤填筑	单线连续长度≤300 m，双线连续长度≤200 m 每检测层	5.4.5～5.4.9	5.4.10、5.4.11
	改良土路堤填筑	单线连续长度≤300 m，双线连续长度≤200 m 每检测层	5.5.4～5.5.9	5.5.10、5.5.11
	填石路堤	连续长度≤200 m 每检测层	5.6.7～5.6.10	5.6.11
	盐渍土地基上路堤填筑	单线连续长度≤300 m，双线连续长度≤200 m 每检测层	5.7.4～5.7.7	5.7.8
	软土地基上路堤填筑	单线连续长度≤300 m，双线连续长度≤200 m 每检测层	5.8.8～5.8.16	5.8.17～5.8.20
	冻土地基上路堤填筑	单线连续长度≤300 m，双线连续长度≤200 m 每检测层	5.9.6～5.9.9	5.9.10～5.9.11
	膨胀土路堤填筑	单线连续长度≤300 m，双线连续长度≤200 m 每检测层	5.10.9～5.10.13	5.10.14、5.10.15
	黄土路堤填筑	单线连续长度≤300 m，双线连续长度≤200 m 每检测层	5.11.6～5.11.9	5.11.10
	取土场(坑)	每处	5.12.3、5.12.4	5.12.5、5.12.6

续上表

分部工程		分项工程	检验批	检验项目条文号 主控项目	检验项目条文号 一般项目
基床		基床底层	单线连续长度≤300 m,双线连续长度≤200 m 每检测层	6.1.3~6.1.10	6.1.11~6.1.13
		基床表层	单线连续长度≤300 m,双线连续长度≤200 m 每检测层	6.2.4~6.2.8	6.2.9~6.2.11
		路基面	单线连续长度≤300 m,双线连续长度≤200 m	6.3.1~6.3.3	6.3.4、6.3.5
路堑		路堑基床底层	单线连续长度≤300 m,双线连续长度≤200 m 每检测层	7.1.3~7.1.7	7.1.8
		路堑基床表层	单线连续长度≤300 m,双线连续长度≤200 m 每检测层	7.2.4~7.2.7	7.2.8~7.2.10
		路堑开挖	单线连续长度≤300 m,双线连续长度≤200 m	7.3.3、7.3.4	7.3.5、7.3.6
		膨胀岩(土)路堑	单线连续长度≤300 m,双线连续长度≤200 m	7.4.2	7.4.3、7.4.4
		黄土路堑	单线连续长度≤300 m 双线连续长度≤200 m	7.5.2~7.5.4	7.5.5、7.5.6
		冻土路堑	单线连续长度≤300 m,双线连续长度≤200 m	7.6.4~7.6.9	7.6.10~7.6.12
		弃土场(堆)	沿线长度≤500 m或每一处集中弃土场	7.7.4~7.7.8	7.7.9~7.7.14
路基支挡	重力式挡土墙	明挖基坑	伸缩缝间长度或每跳槽分段长度	8.1.4~8.1.6	8.1.7
		基　础	伸缩缝间长度或每跳槽分段长度	8.2.3~8.2.5	8.2.6~8.2.8
		桩基础	每根桩	8.3.3~8.3.9	8.3.10~8.3.12
		桩基础承台	两伸缩缝(沉降缝)间长度	8.4.2~8.4.5	8.4.6
		沉井基础	每个沉井基础	8.5.4~8.5.8	8.5.9~8.5.11
		换填基础	沿挡土墙长度方向≤50 m	8.6.2~8.6.4	8.6.5
		挡土墙墙身及墙背填筑	两伸缩缝间长度	8.7.3~8.7.9	8.7.10~8.7.12
	短卸荷板式挡土墙	明挖基坑	伸缩缝间长度或每跳槽分段长度	9.1.2	9.1.3
		基　础	伸缩缝间长度或每跳槽分段长度	9.2.2	9.2.3
		挡土墙墙身及墙背填筑	两伸缩缝间长度	9.3.4~9.3.7	9.3.8
		短卸荷板	两沉降(伸缩)缝间长度	9.4.2~9.4.5	9.4.6
	悬臂式和扶壁式挡土墙	明挖基坑	两伸缩缝间长度或每跳槽分段长度	10.1.2	10.1.3
		墙趾板、墙踵板	两沉降(伸缩)缝间长度	10.2.2~10.2.6	10.2.7~10.2.9
		墙面板、扶壁	两沉降(伸缩)缝间长度	10.3.2~10.3.8	10.3.9~10.3.12
	锚杆挡土墙	明挖基坑	肋柱式每个基坑;无肋柱式两伸缩缝间基坑	11.1.2	11.1.3
		基　础	肋柱式每个基础;无肋柱式两伸缩缝间基础	11.2.2	11.2.3~11.2.5
		锚杆制作、安装	两伸缩缝间长度	11.3.4~11.3.8	11.3.9
		肋柱、墙面板	每根肋柱;两伸缩缝间面板	11.4.2~11.4.8	11.4.9、11.4.10
		分级平台	两伸缩缝间长度	11.5.1、11.5.2	11.5.3

续上表

分部工程		分项工程	检验批	检验项目条文号	
				主控项目	一般项目
路基支挡	锚定板挡土墙	明挖基坑	肋柱式每个基坑;无肋柱式两伸缩缝间基坑	12.1.2	12.1.3
		基　　础	肋柱式每个基础;无肋柱式两伸缩缝间基础	12.2.2	12.2.3、12.2.4
		肋柱、墙面板	每根肋柱;两伸缩缝间面板	12.3.2~12.3.4	12.3.5
		拉杆、锚定板	两伸缩缝间长度	12.4.3~12.4.7	12.4.8~12.4.10
		墙后填筑	两伸缩缝间长度	12.5.3~12.5.5	—
		分级平台	两伸缩缝间长度	12.6.1、12.6.2	12.6.3
	加筋土挡土墙	明挖基坑	两沉降缝间长度	13.1.2	13.1.3
		基　　础	两沉降缝间长度	13.2.3~13.2.5	13.2.6
		墙 面 板	两沉降缝间长度	13.3.3~13.3.7	13.3.8~13.3.11
		拉　　筋	路基连续长度≤100 m	13.4.2~13.4.4	13.4.5
		填料填筑	单线连续长度≤100 m 双线连续长度≤50 m 每检测层	13.5.1~13.5.4	—
		钢筋混凝土帽石	两伸缩缝间长度	13.6.2~13.6.5	13.6.6、13.6.7
	土钉墙	土　　钉	两伸缩缝间长度	14.1.5~14.1.7	14.1.8、14.1.9
		钢筋网(土工网)	两伸缩缝间长度	14.2.2~14.2.5	14.2.6、14.2.7
		喷射混凝土面层	两伸缩缝间长度	14.3.2~14.3.6	14.3.7
		明挖基坑	两伸缩缝间长度	14.4.2	14.4.3
		混凝土(砌体)坡脚墙	两伸缩缝间长度	14.5.2~14.5.5	14.5.6~14.5.8
	抗滑桩	桩　　孔	每根桩	15.1.4~15.1.6	15.1.7
		钢筋骨架	每孔钢筋骨架	15.2.2~15.2.5	15.2.6
		桩身混凝土	每根桩	15.3.4~15.3.6	15.3.7
		地面排水及桩顶封闭	每个工点	15.4.2、15.4.3	15.4.4、15.4.5
	桩板式挡墙	桩　　孔	每根桩	15.1.4~15.1.6	15.1.7
		钢筋骨架	每孔钢筋骨架	15.2.2~15.2.5	15.2.6
		桩身混凝土	每根桩	16.3.2、16.3.3	16.3.4、16.3.5
		挡 土 板	连续安装长度≤50 m	16.4.2~16.4.4	16.4.5
		墙后填筑	单线连续长度≤100 m,双线连续长度≤50 m 每填层	16.5.3	—
	预应力锚索	锚 索 孔	每孔	17.1.2	17.1.3
		锚索编制	每孔锚索	17.2.3~17.2.8	—
		注浆锚固	≤30 孔	17.3.3~17.3.5	17.3.6
		锚索张拉	每根锚索	17.4.4~17.4.11	—
		锁定及注浆	≤30 孔	17.5.3~17.5.5	17.5.6、17.5.7
		垫块及混凝土封闭	≤100 m^3 混凝土	17.6.1、17.6.2	17.6.3

续上表

分部工程	分项工程	检验批	检验项目条文号	
			主控项目	一般项目
路基防护	植物防护	单侧连续长度≤1 000 m,双侧连续长度≤500 m	18.1.4、18.1.5	18.1.6~18.1.8
	土工网垫、土工网护坡	一般地区单侧连续长度≤300 m,双侧连续长度≤150 m;特殊地区单侧连续长度≤200 m,双侧连续长度≤100 m	18.2.1~18.2.3	18.2.4、18.2.5
	混凝土、浆砌护坡(墙)	一般地区单侧连续长度≤100 m,双侧连续长度≤50 m;特殊地区单侧连续长度≤50 m,双侧连续长度≤25 m	18.3.2~18.3.10	18.3.11、18.3.12
	干砌石护坡	一般地区单侧连续长度≤100 m,双侧连续长度≤50 m;特殊地区单侧连续长度≤50 m,双侧连续长度≤25 m	18.4.1~18.4.5	18.4.6、18.4.7
	边坡喷护	一般地区单侧连续长度≤100 m,双侧连续长度≤50 m;特殊地区单侧连续长度≤50 m,双侧连续长度≤25 m	18.5.1~18.5.3	18.5.4~18.5.6
	边坡挂网锚喷防护	单侧连续长度≤50 m,双侧连续长度≤25 m	18.6.1~18.6.10	18.6.11~18.6.14
	边坡勾缝、灌浆、填缝、嵌补	边坡裂缝连续长度≤200 m;每一处嵌补	18.7.1~18.7.5	18.7.6
	边坡支顶	每个工点	18.8.3~18.8.10	18.8.11
	拦石墙、拦石堤、缓冲填土层	每个工点	18.9.3~18.9.7	18.9.8
	拦石网、拦石桩、拦石柱	防护连续长度≤100 m	18.10.2~18.10.5	18.10.6
	固沙及阻沙设施	固沙防护连续长度≤1 000 m;每一项阻沙设施	18.11.2~18.11.7	18.11.8
	挡风墙	墙连续长度≤100 m	18.12.1~18.12.11	18.12.12~18.12.14
	防雪害设施	每一项设施	18.13.1~18.13.3	18.13.4
	护岸	直线地段连续长度≤100 m 曲线地段连续长度≤40 m	18.14.5~18.14.15	18.14.16~18.14.20
	导流堤	堤连续长度≤100 m	18.15.3~18.15.5	18.15.6~18.15.8
	消能堤	堤连续长度≤100 m	18.16.3~18.16.7	18.16.8~18.16.10
	挡水埝	埝连续长度≤100 m	18.17.1~18.17.4	18.17.5
路基排水	地表排水沟	沟连续长度≤100 m	19.1.3~19.1.7	19.1.8、19.1.9
	急流槽	每座槽	19.2.3~19.2.6	19.2.7
	地下排水	沟连续长度≤100 m;每个检查井	19.3.3~19.3.10	19.3.11~19.3.13
	支撑渗沟	每条沟	19.4.2~19.4.5	19.4.6、19.4.7
	渗井	每个井	19.5.2~19.5.7	19.5.8、19.5.9
	渗水、泄水隧洞	每一衬砌灌筑段	19.6.2~19.6.12	19.6.13
	河床开挖	直线地段连续长度≤100 m,曲线地段连续长度≤40 m	19.7.3、19.7.4	19.7.5
	河床冲刷防护	直线地段连续长度≤100 m,曲线地段连续长度≤40 m	19.8.4~19.8.8	19.8.9
路基附属工程	栏杆、检查梯	每一项设施	20.1.3~20.1.8	20.1.9、21.1.10

3.3 工程施工质量验收

3.3.1 检验批的质量验收应包括如下内容：

1 实物检查，按下列方式进行：

1）对原材料、构配件和设备等的检验，应按进场的批次和产品的抽样检验方案执行；

2）对混凝土强度等，应按国家现行有关标准和本标准规定的抽样检验方案执行；

3）对本标准中采用计数检验的项目，应按抽查总点数的合格点率进行检查。

2 资料检查，包括原材料、构配件和设备等的质量证明文件（质量合格证、规格、型号及性能检测报告等）和检验报告、施工过程中重要工序的自检和交接检验记录、平行检验报告、见证取样检测报告、隐蔽工程验收记录等。

3.3.2 检验批合格质量应符合下列规定：

1 主控项目的质量经抽样检验全部合格；

2 一般项目的质量经抽样检验全部合格；当采用计数检验时，有允许偏差的抽查点，除有专门要求外，合格点率应达到80%及以上，且不合格点的最大偏差不得大于规定允许偏差值的1.5倍；

3 具有完整的施工操作依据、质量检查记录。

3.3.3 分项工程质量验收合格应符合下列规定：

1 分项工程所含的检验批均应符合合格质量的规定；

2 分项工程所含的检验批的质量验收记录应完整。

3.3.4 分部工程质量验收合格应符合下列规定：

1 分部工程所含分项工程的质量均应验收合格；

2 质量控制资料应完整；

3 地基处理、基床以下路堤、基床、路堑边坡等涉及结构安全和使用功能的项目检验和抽样检测结果应符合有关规定。

3.3.5 单位工程质量验收合格应符合下列规定：

1 单位工程所含分部工程的质量均应验收合格；

2 质量控制资料应完整；

3 单位工程所含分部工程有关安全和功能的检测资料应完整；

4 主要功能的抽查结果应符合有关标准规范的规定；

5 观感质量验收应符合要求。

3.3.6 当检验批质量不符合要求时，应按以下规定进行处理：

1 经返工重做的或更换构配件、设备的检验批，应重新进行验收；

2 当检验批的试块、试件强度不能满足要求时，经有资质的法定检测单位检测鉴定，能够达到设计要求的检验批，应予以验收。

3.3.7 通过返修或加固处理仍不能满足安全和使用功能要求的分部工程、单位工程，严禁验收。

3.4 工程施工质量验收的程序和组织

3.4.1 检验批应由施工单位自检合格后报监理单位，由监理工程师组织施工单位专职质量检查员等进行验收。监理单位应对全部主控项目进行检查，对一般项目的检查内容和数量可根据具体情况确定。检验批质量验收记录应按表3.4.1填写。

表3.4.1 ＿＿＿＿检验批质量验收记录

单位工程名称				
分部工程名称				
分项工程名称			验收部位	
施工单位			项目负责人	
施工质量验收标准名称及编号				
施工质量验收标准的规定			施工单位检查评定记录	监理单位验收记录
主控项目	1			
	2			
	3			
	4			
	5			
	6			
一般项目	1			
	2			
	3			
	4			
	5			
施工单位检查评定结果		专职质量检查员 年 月 日 分项工程技术负责人 年 月 日 分项工程负责人 年 月 日		
监理单位验收结论		监理工程师 年 月 日		

3.4.2 分项工程应由监理工程师组织施工单位分项工程技术负责人等进行验收，并按表3.4.2填写记录。

表 3.4.2 ________分项工程质量验收记录

<table>
<tr><td colspan="2">单位工程名称</td><td colspan="4"></td></tr>
<tr><td colspan="2">分部工程名称</td><td colspan="2"></td><td>检验批数</td><td></td></tr>
<tr><td colspan="2">施 工 单 位</td><td colspan="2"></td><td>项目负责人</td><td></td></tr>
<tr><td>序号</td><td colspan="2">检验批部位</td><td>施工单位检查评定结果</td><td colspan="2">监理单位验收结论</td></tr>
<tr><td>1</td><td colspan="2"></td><td></td><td colspan="2"></td></tr>
<tr><td>2</td><td colspan="2"></td><td></td><td colspan="2"></td></tr>
<tr><td>3</td><td colspan="2"></td><td></td><td colspan="2"></td></tr>
<tr><td>4</td><td colspan="2"></td><td></td><td colspan="2"></td></tr>
<tr><td>5</td><td colspan="2"></td><td></td><td colspan="2"></td></tr>
<tr><td>6</td><td colspan="2"></td><td></td><td colspan="2"></td></tr>
<tr><td>7</td><td colspan="2"></td><td></td><td colspan="2"></td></tr>
<tr><td>8</td><td colspan="2"></td><td></td><td colspan="2"></td></tr>
<tr><td>9</td><td colspan="2"></td><td></td><td colspan="2"></td></tr>
<tr><td>10</td><td colspan="2"></td><td></td><td colspan="2"></td></tr>
<tr><td>11</td><td colspan="2"></td><td></td><td colspan="2"></td></tr>
<tr><td>12</td><td colspan="2"></td><td></td><td colspan="2"></td></tr>
<tr><td>13</td><td colspan="2"></td><td></td><td colspan="2"></td></tr>
<tr><td>14</td><td colspan="2"></td><td></td><td colspan="2"></td></tr>
<tr><td>15</td><td colspan="2"></td><td></td><td colspan="2"></td></tr>
<tr><td colspan="2">施工单位
检查评定结果</td><td colspan="4">分项工程技术负责人　　　　年　月　日</td></tr>
<tr><td colspan="2">监理单位
验收结论</td><td colspan="4">监理工程师　　　　年　月　日</td></tr>
</table>

3.4.3 分部工程应由监理工程师组织施工单位项目负责人和技术、质量负责人等进行验收,路基工程涉及地基处理、路堑开挖、沉降观测等涉及结构安全和使用功能的分部工程进行验收时,勘察设计单位项目负责人应参加,并按表3.4.3填写记录。

表3.4.3 ________分部工程质量验收记录

<table>
<tr><td colspan="2">单位工程名称</td><td colspan="4"></td></tr>
<tr><td colspan="2">施　工　单　位</td><td colspan="4"></td></tr>
<tr><td colspan="2">项目负责人</td><td></td><td>项目技术负责人</td><td></td><td>项目质量负责人</td></tr>
<tr><td>序号</td><td>分项工程名称</td><td>检验批数</td><td colspan="2">施工单位检查评定结果</td><td>监理单位验收结论</td></tr>
<tr><td>1</td><td></td><td></td><td colspan="2"></td><td></td></tr>
<tr><td>2</td><td></td><td></td><td colspan="2"></td><td></td></tr>
<tr><td>3</td><td></td><td></td><td colspan="2"></td><td></td></tr>
<tr><td>4</td><td></td><td></td><td colspan="2"></td><td></td></tr>
<tr><td>5</td><td></td><td></td><td colspan="2"></td><td></td></tr>
<tr><td>6</td><td></td><td></td><td colspan="2"></td><td></td></tr>
<tr><td>7</td><td></td><td></td><td colspan="2"></td><td></td></tr>
<tr><td>8</td><td></td><td></td><td colspan="2"></td><td></td></tr>
<tr><td>9</td><td></td><td></td><td colspan="2"></td><td></td></tr>
<tr><td>10</td><td></td><td></td><td colspan="2"></td><td></td></tr>
<tr><td colspan="3">质量控制资料</td><td colspan="2"></td><td></td></tr>
<tr><td colspan="3">安全和功能检验(检测)报告</td><td colspan="2"></td><td></td></tr>
<tr><td rowspan="3">验
收
单
位</td><td>施工单位</td><td colspan="4">项目负责人　　　　年　月　日</td></tr>
<tr><td>勘察设计单位</td><td colspan="4">项目负责人　　　　年　月　日</td></tr>
<tr><td>监理单位</td><td colspan="4">监理工程师　　　　年　月　日</td></tr>
</table>

注:1 勘察设计单位应参加含有地基处理、路堑开挖、沉降观测等分部工程的验收;
2 质量控制资料核查、安全和功能抽查项目按表3.4.5—2和表3.4.5—3确定。

3.4.4 单位工程完工后,施工单位应自行组织有关人员进行检查评定,并向建设单位提交工程验收报告。

3.4.5 建设单位收到工程验收报告后,应由建设单位项目负责人组织施工、设计、监理单位进行单位工程验收,并按表 3.4.5—1 ~ 表 3.4.5—4 填写记录。

3.4.6 单位工程有分包单位施工时,分包单位应对所承担的工程项目按本标准规定的程序进行检查评定,总包单位应派人参加。分包工程完成后,应将有关工程资料移交总包单位。

3.4.7 当参加验收各方对工程施工质量验收意见不一致时,可请铁路建设行政主管部门或其委托的质量监督部门协调处理。

表 3.4.5—1　单位工程质量验收记录

<table>
<tr><td colspan="2">单位工程名称</td><td colspan="3"></td></tr>
<tr><td colspan="2">开工日期</td><td>　</td><td>竣工日期</td><td>　</td></tr>
<tr><td colspan="2">施工单位</td><td colspan="3"></td></tr>
<tr><td colspan="2">项目负责人</td><td>　项目技术负责人</td><td>　项目质量负责人</td><td></td></tr>
<tr><td>序号</td><td>项　目</td><td colspan="2">验 收 记 录</td><td>验收结论</td></tr>
<tr><td>1</td><td>分部工程</td><td colspan="2">共　分部
经查,符合标准规定及设计要求　分部</td><td></td></tr>
<tr><td>2</td><td>质量控制资料核查</td><td colspan="2">共　项
经查,符合要求　项
不符合要求　项</td><td></td></tr>
<tr><td>3</td><td>安全和主要使用功能核查及抽查结果</td><td colspan="2">共核查、抽查　项
符合要求　项
不符合要求　项</td><td></td></tr>
<tr><td>4</td><td>观感质量验收</td><td colspan="2">共检查　项
评定为合格的　项
评定为差的　项</td><td></td></tr>
<tr><td>5</td><td>综合验收结论</td><td colspan="3"></td></tr>
<tr><td rowspan="2">验
收
单
位</td><td>施工单位</td><td>监理单位</td><td>勘察设计单位</td><td>建设单位</td></tr>
<tr><td>(公章)
单位负责人
年 月 日</td><td>(公章)
总监理工程师
年 月 日</td><td>(公章)
项目负责人
年 月 日</td><td>(公章)
项目负责人
年 月 日</td></tr>
</table>

表 3.4.5—2 单位工程质量控制资料核查记录

单位工程名称				
施 工 单 位				
序号	资 料 名 称	份 数	核查意见	核查人
1	图纸会审、设计变更、洽商记录			
2	原材料出厂合格证及进场检(试)验报告			
3	成品及半成品出厂合格证或试验报告			
4	施工控制测量、放线记录			
5	施工记录			
6	隐蔽工程验收记录			
7	路基检测、试验报告			
8	沉降观测资料			
9	工程质量事故及事故调查处理资料			
10	施工现场质量管理检查记录			
11	分项、分部工程质量验收记录			
12	新材料、新工艺施工记录			
13				
14				
结论: 施工单位项目负责人　　　　　　总监理工程师 年　月　日　　　　　　年　月　日				

注:核查人为验收组的监理单位人员。

表 3.4.5—3 单位工程安全和功能检验资料核查及主要功能抽查记录

单位工程名称				
施 工 单 位				
序号	检查、抽查项目	份数	检查、抽查意见	核查、抽查人
1	复合地基承载力试验记录			
2	沉降观测记录			
3	路基竣工高程、中线、宽度实测记录			
4	预应力锚索测力记录			
5	挡墙墙身无损检测记录			
6				
7				
8				
9				
10				
11				
12				
结论： 施工单位项目负责人 年 月 日		总监理工程师 年 月 日		建设单位项目负责人 年 月 日

注：1 核查、抽检项目由验收组协商确定；

2 核查、抽查人为验收组的监理单位人员。

表 3.4.5—4 路基单位工程观感质量检查记录

<table>
<tr><td colspan="2">工程名称</td><td colspan="3"></td></tr>
<tr><td colspan="2">施工单位</td><td colspan="3"></td></tr>
<tr><td rowspan="2">序号</td><td rowspan="2">项目名称</td><td rowspan="2">质量状况</td><td colspan="2">质量评定</td></tr>
<tr><td>合格</td><td>差</td></tr>
<tr><td>1</td><td>路基面</td><td></td><td></td><td></td></tr>
<tr><td>2</td><td>路堤边坡</td><td></td><td></td><td></td></tr>
<tr><td>3</td><td>路堑边坡</td><td></td><td></td><td></td></tr>
<tr><td>4</td><td>挡土墙砌筑(安装)</td><td></td><td></td><td></td></tr>
<tr><td>5</td><td>浆砌(干砌)护坡</td><td></td><td></td><td></td></tr>
<tr><td>6</td><td>植物防护</td><td></td><td></td><td></td></tr>
<tr><td>7</td><td>排水沟槽</td><td></td><td></td><td></td></tr>
<tr><td></td><td></td><td></td><td></td><td></td></tr>
<tr><td></td><td></td><td></td><td></td><td></td></tr>
<tr><td></td><td></td><td></td><td></td><td></td></tr>
<tr><td></td><td></td><td></td><td></td><td></td></tr>
<tr><td></td><td></td><td></td><td></td><td></td></tr>
<tr><td colspan="5">检查结论:

施工单位项目负责人 总监理工程师 建设单位项目负责人
年 月 日 年 月 日 年 月 日</td></tr>
</table>

注:观感质量评定为“差”的项目应返修。

4 地 基 处 理

4.1 原地面平整、碾压

一 般 规 定

4.1.1 施工前应对平整处理的范围进行复核。

主 控 项 目

4.1.2 设计不作特别处理的地基,经平整、夯压后,其表面应无杂草、树根、腐殖土。地基地下水出露处的处理应满足设计要求。

检验数量:施工单位、监理单位全部检查。

检验方法:观察、核对。

4.1.3 当路堤高度小于2.5 m 时,其地基压实质量应符合本标准附录 B 的规定。

检验数量:施工单位每 100 m 等间距检查 4 个点;监理单位每 200 m 见证检验 2 个点。

检验方法:根据地基土的类别,其检验方法应符合本标准第 6.1.6 条的规定。

一 般 项 目

4.1.4 地面横坡陡于1:5时,应按设计在原地面开挖台阶,台阶宽度不小于 2 m。

检验数量:施工单位检查 9 个点。

检验方法:尺量,水准测量。

4.2 换 填

一 般 规 定

4.2.1 施工前应对换填的范围、深度进行复核。

4.2.2 换填区域采用机械开挖时应留有30~50 cm 厚的人工清理层。

主 控 项 目

4.2.3 换填所用的填料种类、质量、使用范围应符合设计要求。

检验数量:施工单位每换填 10 000 m^3 时检查 2 组,每增加5 000 m^3,增加 1 组检验;监理单位按施工单位抽检次数的 10% 分别进行平行检验和见证检验,均不少于一次。

检验方法:检查产品质量证明文件及抽样试验。

4.2.4 冻土地基基底换填时,含冰量大的冻土、泥炭应清除至弃土场或至少距路基坡脚 20 m 以外。开挖后应做好边坡保温和加固工作。

检验数量:施工单位、监理单位全部检查。

检验方法：观察、尺量。

4.2.5 换填的深度和范围应符合设计要求。

检验数量：施工单位、监理单位全部检查。

检验方法：观察、尺量。

4.2.6 换填地基的压实标准应符合设计要求。路堤高度小于基床厚度的低路堤，设计需换填时，其换填后的地基压实质量应符合本标准附录 B 的规定。

检验数量：施工单位每 100 m 换填层等间距检查 4 点；监理单位每 200 m 换填层见证检验 2 点。

检验方法：根据换填填料的种类，检验方法应符合本标准第 6.1.6 条规定。

一般项目

4.2.7 换填地基顶面应有横向排水坡度，其高程、中线至边缘距离、宽度、横坡、平整度允许偏差及检验标准应符合表 4.2.7 的规定。

表 4.2.7 换填地基顶面的高程、中线至边缘距离、宽度、横坡、平整度允许偏差及检验标准

序号	项目	允许偏差	施工单位检查数量	检验方法
1	高程	±50 mm	每 100 m 等间距检查 3 点	水准仪测量
2	中线至边缘距离	±50 mm	每 100 m 等间距检查 3 点	尺量
3	宽度	不小于设计值	每 100 m 等间距检查 3 点	尺量
4	横坡	±0.5%	每 100 m 等间距检查 3 个断面	尺量
5	平整度	填土 50 mm，填石 100 mm	每 100 m 等间距检查 5 点	2.5 m 直尺量测

4.3 抛石挤淤

一般规定

4.3.1 施工前应进行抛填深度、硬下卧层横坡探测，确定抛填方案。抛填应自地基中部向两侧进行；有横坡时自高侧向低侧进行。

主控项目

4.3.2 抛填所用片石应坚硬、不易风化，其截面最小尺寸≥0.15 m，母岩饱和抗压强度应符合设计要求。

检验数量：施工单位对每一个料场检测 3 组试件，材料发生较大变化时应重新检验；监理单位按施工单位抽检次数的 10% 分别进行平行检验和见证检验，均不少于一次。

检验方法：观察、尺量、试验室做抗压强度试验。

一般项目

4.3.3 抛填片石的范围、顶面高程允许偏差及检验标准应符合表 4.3.3 的规定。

表4.3.3 抛填片石的范围、顶面高程允许偏差及检验标准

序号	项目	允许偏差	施工单位检查数量	检验方法
1	范围	不小于设计值	每100 m检查2点	尺量
2	顶面高程	+200 −50 mm	每100 m检查2点	水准测量

4.3.4 抛填片石中线至边缘距离、宽度、横坡、平整度允许偏差及检验标准应符合本标准第4.2.7条的有关规定。

4.4 高压旋喷桩

一般规定

4.4.1 施工前应选择有代表性的地段进行成桩工艺性试验(不少于2根),确定主要工艺参数,并报监理单位确认。

4.4.2 高压旋喷桩施工工点应有符合环保要求的废浆隔离与回收设施。

4.4.3 旋喷桩机应配备符合计量规定的计量装置,且装置应处于检定有效期内。

4.4.4 高压旋喷桩施工开始后应及时进行复合地基承载力试验,以确认设计参数。

主控项目

4.4.5 施工用水泥及外加剂的品种、规格、质量应符合设计要求。

检验数量:施工单位对水泥和外加剂按本标准附录E的有关规定执行,其他加固料按相关规定进行进场检验;监理单位按施工单位抽检次数的10%进行见证检验,但至少一次。

检验方法:检查产品质量证明文件及抽样试验。

4.4.6 高压旋喷桩布置形式应符合设计要求。

检验数量:施工单位、监理单位全部检查。

检验方法:观察、尺量。

4.4.7 高压旋喷桩的布置数量应符合设计要求。

检验数量:施工单位、监理单位全部检查。

检验方法:计数。

4.4.8 高压旋喷桩长度应符合设计要求。

检验数量:施工单位检查旋喷桩总数的3%,且不少于3根;监理单位按施工单位检查数的20%见证检验,且不少于1根。

检验方法:尺量钻杆长度刻线,必要时钻芯检查。

4.4.9 高压旋喷桩桩体无侧限抗压强度应符合设计要求。

检验数量:施工单位检查总根数的2‰,且不少于2根;监理单位按施工单位检查数的20%见证检验,且不少于1根。

检验方法:在桩顶1 m以下截取设计规定龄期的试件做无侧限抗压强度试验,或采用钻芯取样法在桩径方向1/4处、桩长范围内垂直钻芯,取3个不同深度的芯样试件做无侧限抗压强度试验。

4.4.10 高压旋喷桩复合地基承载力应符合设计要求。

检验数量：总桩数的2‰，监理单位见证检验。

检验方法：平板载荷试验。

一般项目

4.4.11 高压旋喷桩桩体直径、间距、垂直度允许偏差及检验标准应符合表4.4.11的规定。

表4.4.11 高压旋喷桩桩体直径、间距、垂直度允许偏差及检验标准

序号	项　目	允许偏差	施工单位检查数量	检验方法
1	桩体直径	不小于设计值	抽查1%，且不少于2根	挖探50～100 cm，钢尺丈量
2	桩体间距	±100 mm	抽查1%，且不少于5处	钢尺丈量
3	垂直度	1.5%	抽查2%，且不少于2根	经纬仪测量钻杆垂直度

4.5 浆体喷射搅拌桩

一般规定

4.5.1 施工前应选择有代表性的地段进行工艺性试验（不少于2根），确定主要工艺参数，并报监理单位确认。

4.5.2 搅拌桩机应配备符合计量规定的计量装置，且装置应处于检定有效期内。

4.5.3 浆体搅拌桩施工工点应有符合环保要求的废浆隔离与回收设施。

4.5.4 浆体喷射搅拌桩复搅施工长度应按设计要求进行。

4.5.5 浆体喷射搅拌桩施工开始后应及时进行复合地基承载力试验，以确认设计参数。

主控项目

4.5.6 施工用水泥及外加剂的品种、规格、质量应符合设计要求。

检验数量：施工单位对水泥和外加剂按本标准附录E的有关规定执行，其他加固料按相关规定进行进场检验；监理单位按施工单位抽检次数的10%进行见证检验，但至少一次。

检验方法：检查产品质量证明文件及抽样试验。

4.5.7 浆体喷射搅拌桩布置形式应符合设计要求。

检验数量：施工单位、监理单位全部检查。

检验方法：观察、尺量。

4.5.8 浆体喷射搅拌桩的布置数量应符合设计要求。

检验数量：施工单位、监理单位全部检查。

检验方法：计数。

4.5.9 浆体喷射搅拌桩长度应符合设计要求，其检验应符合本标准第4.4.8条的规定。

4.5.10 浆体喷射搅拌桩单桩喷浆量应符合设计要求。

检验数量：施工单位检查总桩数的2%，且不少于20根；监理单位按施工单位检验数量的20%见证检验。

检验方法:查施工计量记录。

4.5.11　浆体喷射搅拌桩桩体强度应符合设计要求。

检验数量:施工单位检查总根数的 2‰,且不少于 2 根;监理单位按施工单位检查数量的 20% 见证检验,且不少于 1 根。

检验方法:在桩顶 1 m 以下截取设计规定龄期的试件做无侧限抗压强度试验,或采用钻芯取样法在桩径方向 1/4 处、桩长范围内垂直钻芯,取 3 个不同深度的芯样试件做无侧限抗压强度试验。

4.5.12　浆体喷射搅拌桩复合地基承载力应符合设计要求。

检验数量:总桩数的 2‰,监理单位见证检验。

检验方法:平板载荷试验。

一 般 项 目

4.5.13　浆体喷射搅拌桩的直径、间距、垂直度允许偏差及检验标准应符合表4.4.11的规定。

4.6　粉体喷射搅拌桩

一 般 规 定

4.6.1　施工前应选择有代表性的地段进行工艺性试验(不少于 2 根),确定主要工艺参数,并报监理单位确认。

4.6.2　粉体喷射搅拌桩复搅施工应符合设计要求。

4.6.3　粉喷桩机应配备符合计量规定的计量装置,且装置应处于检定有效期内。

4.6.4　粉体喷射搅拌桩施工开始后应及时进行复合地基承载力试验,以确认设计参数。

主 控 项 目

4.6.5　粉体喷射搅拌桩加固料种类、规格、质量应符合设计要求。

检验数量:施工单位对水泥和外加剂按本标准附录 E 的有关规定执行,其他加固料按相关规定进行进场检验;监理单位按施工单位抽检次数的 10% 进行见证检验,但至少一次。

检验方法:检查产品质量证明文件及抽样试验。

4.6.6　粉体喷射搅拌桩布置形式应符合设计要求。

检验数量:施工单位、监理单位全部检查。

检验方法:观察、尺量。

4.6.7　粉体喷射搅拌桩的布置数量应符合设计要求。

检验数量:施工单位、监理单位全部检查。

检验方法:计数。

4.6.8　粉体喷射搅拌桩长度应符合设计要求。

检验数量:施工单位全部检查;监理单位按施工单位检查数量的 20% 见证检验。

检验方法:测量钻杆的长度刻线。

4.6.9　粉体喷射搅拌桩单桩喷粉量应符合设计要求。

检验数量:施工单位检查总根数的 2%,且不少于 20 根;监理单位按施工单位检查数量的 20% 见证检验。

检验方法:查施工计量记录。

4.6.10 粉体喷射搅拌桩桩体强度应符合设计要求。其质量验收应符合本标准第4.5.11条的规定。

4.6.11 粉体喷射搅拌桩复合地基承载力应符合设计要求。

检验数量:总桩数的 2‰,监理单位见证检验。

检验方法:平板载荷试验。

一般项目

4.6.12 粉体喷射搅拌桩直径、间距、垂直度允许偏差及检验标准应符合本标准第4.4.11条的规定。

4.7 砂 桩

一般规定

4.7.1 施工前应选择有代表性的地段进行工艺性试验(不少于 2 根),确定主要工艺参数,并报监理单位确认。

4.7.2 砂桩施工开始后应及时进行复合地基承载力试验,以确认设计参数。

主控项目

4.7.3 砂桩所用的砂料应为渗水率较高的中粗砂、砾砂,细度模数为 2.3~3.7,含泥量≤5%。

检验数量:同一产地、品种、规格且连续进场的砂料,每 10 000 m^3 为一批,不足 10 000 m^3 亦按一批计。施工单位每批检验一组砂样;监理单位按施工单位抽检次数的 10% 分别进行平行检验和见证检验,均不少于一次。

检验方法:检查产品质量证明文件及抽样试验。

4.7.4 砂桩布置形式应符合设计要求。

检验数量:施工单位、监理单位全部检查。

检验方法:观察、尺量。

4.7.5 砂桩的布置数量应符合设计要求。

检验数量:施工单位、监理单位全部检查。

检验方法:计数。

4.7.6 砂桩桩身长度应符合设计要求。

检验数量:施工单位检查总根数的 5%,且不少于 5 根;监理单位按施工单位检查数量的 20% 见证检验,且不少于 2 根。

检验方法:测量沉桩钢管深度刻线。

4.7.7 单桩灌砂量应符合设计要求。

检验数量:施工单位检查总根数的 2%,且不少于 2 根;监理单位按施工单位检查数量的 10% 平行检验,且不少于 2 根。

检验方法：用砂料计量斗计量实际灌砂量。

4.7.8 砂桩桩身密度应符合设计要求。

检验数量：施工单位检查总根数的2%，且不少于2根；监理单位按施工单位检查数量的20%见证检验，且不少于2根。

检验方法：砂桩施工完毕，达到规定静置时间后，对桩身密度采用圆锥动力触探方法($N_{63.5}$)检测，自桩顶以下2.0 m开始计数。

4.7.9 砂桩复合地基承载力应符合设计要求。

检验数量：总桩数的2‰，监理单位见证检验。

检验方法：平板载荷试验。

一般项目

4.7.10 砂桩的间距、桩径、垂直度允许偏差及检验标准应符合表4.7.10的规定。

表4.7.10 砂桩的间距、桩径、垂直度允许偏差及检验标准

序号	项目	允许偏差		施工单位检查数量	检验方法
1	间距	±100 mm		抽查5%，且不少于5处	尺量
2	桩径	振动法	−20 mm	抽查5%，且不少于5根	尺量
		锤击法	+100 −50 mm		
3	垂直度	1.5%		抽查1%，且不少于3根	经纬仪或吊线测桩架倾斜度

4.8 碎石桩

一般规定

4.8.1 施工前应选择有代表性的地段进行工艺性试验(不少于2根)，确定主要工艺参数，并报监理单位确认。

4.8.2 碎石桩在拔管填充碎石的施工过程中应按设计要求进行重复振动反插。

4.8.3 碎石桩施工开始后应及时进行复合地基承载力试验，以确认设计参数。

主控项目

4.8.4 碎石桩所用的碎石进场应按批进行检验，碎石粒径为20～50 mm，含泥量≤5%。

检验数量：同一产地、品种、规格且连续进场的碎石，每3 000 m^3为一批，不足3 000 m^3亦按一批计。施工单位每批检验一组；监理单位按施工单位抽检次数的10%分别进行平行检验和见证检验，均不少于一次。

检验方法：检查产品质量证明文件及抽样试验。

4.8.5 碎石桩的布置形式应符合设计要求。

检验数量：施工单位、监理单位全部检查。

检验方法：观察、尺量。

4.8.6 碎石桩的布置数量应符合设计要求。

检验数量：施工单位、监理单位全部检查。

检验方法:计数。

4.8.7 碎石桩的桩身长度应符合本标准第4.7.6条的规定。

4.8.8 碎石桩的桩身密度应符合设计要求。

检验数量:施工单位检查2%,且不少于2根;监理单位按施工单位检查数量的20%见证检验,且不少于1根。

检验方法:桩身密度采用圆锥动力触探方法检测($N_{63.5}$),自桩顶以下2.0 m开始记数。

4.8.9 碎石桩复合地基承载力应符合设计要求。

检验数量:总桩数的2‰,监理单位见证检验。

检验方法:平板载荷试验。

一般项目

4.8.10 碎石桩的间距、桩径、垂直度允许偏差及检验标准应符合本标准第4.7.10条的规定。

4.9 灰土挤密桩

一般规定

4.9.1 挤密桩施工前应选择有代表性的地段进行工艺性试验(不少于3根),确定主要工艺参数,并报监理单位确认。

4.9.2 挤密桩施工开始后应及时进行复合地基承载力试验,以确认设计参数。

主控项目

4.9.3 挤密桩所用材料的品种、规格、质量应符合设计要求。

检验数量:水泥和外加剂按本标准附录E的有关规定执行。其他加固料按相关规定进行进场检验。监理单位按施工单位抽检次数的10%进行见证检验,但至少一次。

检验方法:检查产品质量证明文件及抽样试验。

4.9.4 挤密桩布置形式应符合设计要求。

检验数量:施工单位、监理单位全部检查。

检验方法:观察、尺量。

4.9.5 挤密桩的布置数量应符合设计要求。

检验数量:施工单位、监理单位全部检查。

检验方法:计数。

4.9.6 挤密桩长度应符合设计要求。

检验数量:施工单位全部检查;监理单位按施工单位检查数量的20%见证检验。

检验方法:测量钢管的长度刻线。

4.9.7 挤密桩桩孔填夯密实度应符合设计要求。

检验数量:施工单位检查挤密桩总根数的2%,且不少于3根;监理单位按施工单位检查数量的20%见证检验,且不少于1根。

检验方法:动力触探(N_{10},$N_{63.5}$)或设计指定的方法。

4.9.8　挤密桩复合地基承载力应符合设计要求。

检验数量：总桩数的2‰，监理单位见证检验。

检验方法：平板载荷试验。

一 般 项 目

4.9.9　挤密桩的桩位、垂直度、直径允许偏差及检验标准应符合表4.9.9的规定。

表4.9.9　挤密桩桩位、垂直度、直径允许偏差及检验标准

序号	项　目	允许偏差	施工单位检查数量	检验方法
1	桩　位	桩间距×5%	3%	尺　量
2	垂直度	1.5%	3%	测　量
3	直　径	±50 mm	3%	尺　量

4.10　袋装砂井

一般规定

4.10.1　施工前应清除原地面的各种杂物，并按设计要求填筑工作垫层。施工场地应排水通畅。

4.10.2　袋装砂井施工应有防止砂袋扭结、缩颈、断裂和带起的措施，施工中拔管带出长度大于0.5 m时，必须在原砂井旁边重新插设。

4.10.3　砂袋进场后应有妥善的保管措施，不得在露天阳光暴晒下存放。

主 控 项 目

4.10.4　袋装砂井砂料进场时应按批进行检验，砂料应为渗水率较高的风干中、粗砂，细度模数为2.3～3.7，含泥量<3%。

检验数量：同一产地、品种、规格且连续进场的砂料每5 000 m^3为一批，不足5 000 m^3亦按一批计。施工单位每批检验一组，更换砂料场时，必须重新检验；监理单位按施工单位抽检次数的10%分别进行平行检验和见证检验，均不少于一次。

检验方法：观察，检查产品质量证明文件及抽样试验。

4.10.5　砂袋进场后应进行现场验收，其技术指标应符合设计要求。

检验数量：同一厂家、品种、规格且连续进场的砂袋，每10万m作为一批，不足10万m亦按一批计。施工单位每批检验1组；监理单位按施工单位抽检次数的10%分别进行平行检验和见证检验，均不少于一次。

检验方法：施工单位查验产品质量合格证，进行质量、抗拉强度、渗透系数及等效孔径等性能试验；监理单位检查试验报告并进行见证检验或平行检验。

4.10.6　袋装砂井的打入深度应符合设计要求。

检验数量：施工单位等距检查总根数的2%；监理单位按施工单位检查数量的20%见证检验。

检验方法：测量沉桩钢管刻度线。

4.10.7　砂袋灌砂后应饱满、密实，施设后应及时向袋内补砂。

检验数量:施工单位检查砂井总根数的 10%;监理单位按施工单位检查数量的 10%平行检验。

检验方法:观察。

4.10.8 袋装砂井的布设形式、数量应符合设计要求。

检验数量:施工单位、监理单位全部检查。

检验方法:观察、尺量、计数。

一般项目

4.10.9 袋装砂井的间距、直径、埋入砂垫层长度、布置范围允许偏差及检验标准应符合表 4.10.9 的规定。

表 4.10.9 袋装砂井的间距、直径、埋入砂垫层长度、布置范围允许偏差及检验标准

序号	项目	允许偏差	施工单位检查数量	检验方法
1	间距(纵、横向)	±100 mm	总根数的 2%	尺量
2	直径	±5 mm	总根数的 2%	尺量
3	埋入砂垫层长度	$^{+100}_{0}$ mm	总根数的 2%	尺量
4	布置范围	±100 mm	5 点	尺量

4.11 塑料排水板

一般规定

4.11.1 施工前应清除地面上的淤泥、树根、草皮及杂物。

4.11.2 塑料排水板施工前工作垫层的填筑应符合本标准第5.1.2条的有关规定。

4.11.3 塑料排水板进场后应妥善保管,防止损坏,严禁在阳光下暴晒。塑料排水板芯板应采用全新材料,不得采用再生塑料。

4.11.4 塑料排水板施工应有保证排水板不扭曲和防止泥土、杂物进入导管的措施。塑料排水板不得接长使用。施工中拔管带出长度大于 0.5 m 时,必须在原排水板旁边重新插设;打设完毕应尽快覆盖砂垫层。

主控项目

4.11.5 塑料排水板的品种、规格、质量应符合设计要求,进场时应进行现场验收。

检验数量:同一产地、厂家、品种且连续进场的塑料排水板每 10 万 m 为一批,不足 10 万 m亦按一批计。对芯板的材料、单位长度重量,施工单位每批检验 1 组;监理单位按施工单位抽检次数的 10% 分别进行平行检验和见证检验,均不少于一次。

检验方法:检查产品质量合格证,对芯板的单位长度重量、抗拉强度、伸长率、纵向通水率以及滤膜的单位面积重、抗拉强度、渗透系数、等效孔径等性能进行试验。

4.11.6 塑料排水板的布置形式、数量应符合设计要求。

检验数量:施工单位、监理单位全部检查。

检验方法:观察、计数。

4.11.7　塑料排水板的插设深度应符合设计要求。

检验数量:施工单位检查总根数的 2%;监理单位按施工单位检查数量的 20% 见证检验。

检验方法:尺量导管深度控制线。

一 般 项 目

4.11.8　塑料排水板的板间距、伸入砂垫层的长度、布置范围允许偏差及检验标准应符合表4.11.8 的规定。

表 4.11.8　塑料排水板的板间距、伸入砂垫层的长度、布置范围允许偏差及检验标准

序号	项　　目	允许偏差	施工单位检查数量	检验方法
1	板 间 距	±150 mm	总根数的 10%	尺　量
2	伸入砂垫层的长度	$^{+100}_{0}$ mm	总根数的 10%	尺　量
3	布置范围	±100 mm	每 100 m 等间距检查 3 处	尺　量

4.11.9　工作垫层顶面高程、中线至边缘距离、宽度、横坡、平整度允许偏差及检验标准应符合本标准第 4.2.7 条的规定。

4.12　土工合成材料加筋垫层

一 般 规 定

4.12.1　加筋垫层下承层填料不得有尖石、硬块。

4.12.2　土工合成材料进场后应妥善保管,防止损坏;严禁在阳光下暴晒。

4.12.3　土工合成材料铺设后,严禁直接碾压,严禁运输、碾压机械直接在土工合成材料上行走。应及时填土(砂)覆盖,待上覆土后采用轻型碾压机械压实,只有当上覆土填层厚度大于0.6 m后,方能用重型压实机械压实。

主 控 项 目

4.12.4　土工合成材料的品种、规格、质量应符合设计要求。进场时应进行现场验收,并对其技术性能进行检验。

检验数量:同一产地、厂家、品种且连续进场的土工合成材料每 30 000 m^2 为一批,不足 30 000 m^2 时也按一批计。施工单位每批检验 1 组;监理单位按施工单位抽检次数的 10% 分别进行平行检验和见证检验,均不少于一次。

检验方法:施工单位查验产品质量合格证,对材料的抗拉强度等性能进行试验;监理单位检查试验报告并进行平行检验。

4.12.5　土工合成材料的铺设层数、方向和连接方法应符合设计要求。

检验数量:施工单位每 100 m 等间距检查 3 点;监理单位每 100 m 见证检验 1 点。

检验方法:观察、尺量。

一般项目

4.12.6 土工合成材料铺设时，应绷紧、铺平，不得褶皱或损坏。铺设后，应按设计要求铺设回折段并填土(砂)、整平，逐幅回折。

检验数量：施工单位每100 m等间距检查3点。

检验方法：观察、尺量。

4.12.7 土工合成材料的铺设范围、搭接长度、竖向间距、回折长度、上下层接缝错开距离的允许偏差及检验标准应符合表4.12.7的规定。

表4.12.7 土工合成材料的铺设范围、搭接长度、竖向间距、接缝错开距离、回折长度、上下层接缝错开距离的允许偏差及检验标准

序号	项目	允许偏差	施工单位检查数量	检验方法
1	铺设范围	$^{+100}_{0}$ mm	每100 m等间距检查3点	尺 量
2	搭接长度	$^{+50}_{0}$ mm	每100 m等间距检查3点	尺 量
3	竖向间距	±50 mm	每100 m等间距检查3点	尺 量
4	回折长度	±50 mm	每100 m等间距检查3点	尺 量
5	上下层接缝错开距离	±50 mm	每100 m等间距检查3点	尺 量

4.13 砂(碎石)垫层

一般规定

4.13.1 施工前施工单位应做压实工艺性试验，确定主要工艺参数，并报监理单位确认。

4.13.2 砂、碎石垫层基底应平整、碾压，无植物根系和浮土，其平整度、排水横坡应符合设计要求。

主控项目

4.13.3 砂垫层应采用中、粗、砾砂，其含泥量不得大于5%；碎石垫层应采用未风化的碎(卵)石和砾石，最大粒径不得大于50 mm，其含泥量不得大于5%，且不含草根、垃圾等有机杂物。垫层用砂、碎石进场时应进行进场验收，并对其杂质含量和粒径级配进行检验。

检验数量：同一产地、品种、规格且连续进场的砂每10 000 m^3、碎石每3 000 m^3为一批，不足上述数量时亦为一批。施工单位每批检验1组；监理单位抽检次数的10%分别进行平行检验和见证检验，均不少于一次。

检验方法：筛析法、有机质含量试验；草根、垃圾采用观察。

4.13.4 砂、碎石垫层应分层碾压，其压实质量应符合设计要求，其检验数量和方法应符合本标准第5.1.6条的规定。

一般项目

4.13.5 砂、碎石垫层的厚度和设置范围的允许偏差及检验标准应符合表4.13.5的规定。

表 4.13.5　砂、碎石垫层的厚度、设置范围的允许偏差及检验标准

序号	项　目	允许偏差	施工单位检查数量	检验方法
1	垫层厚度	不小于设计值	每 100 m 等间距检查 3 点	尺　量
2	设置范围	±50 mm	每 100 m 等间距检查 3 处	尺　量

4.13.6　砂、碎石垫层顶面高程、中线至边缘距离、宽度、横坡、平整度的允许偏差及检验标准应符合本标准第4.2.7 条的规定。

4.14　强　夯

一 般 规 定

4.14.1　施工前，施工单位应做工艺性试夯试验，确定主要工艺参数，并报监理单位确认。

4.14.2　每遍夯击后应将夯坑填平，再进行下一遍夯击。强夯完毕，应按设计要求平整场地。

4.14.3　强夯施工应按设计要求采取隔振措施。

4.14.4　强夯锤重、落距应满足有效加固深度的要求。

主 控 项 目

4.14.5　夯击点布置应符合设计要求。

检验数量：施工单位每 100 m 等间距检查 3 个断面，每个断面左、中、右各 1 点；监理单位见证检验 1 个断面。

检验方法：尺量。

4.14.6　单击夯击遍数、最后两击平均夯沉量应符合试夯确认的工艺要求，低能量满夯的搭接面积不得小于 1/4 夯锤直径。

检验数量：施工单位对最后两击平均夯沉量、低能量满夯的搭接面积，检查每遍总夯击点数的 10%；监理单位按施工单位检查数量的 20% 见证检验。

检验方法：观察、尺量。

4.14.7　强夯加固地基的承载力应符合设计要求。检验深度不小于设计处理深度，检验时间应符合设计规定。必要时，设计单位、监理单位、施工单位共同确认检验结果。

检验数量：施工单位每 100 m 等间距检查 3 个断面，每个断面左、中、右各 1 点；监理单位见证检验 1 个断面。

检验方法：每个断面做动力触探试验 2 点（贯入深度 <4 m 的一般黏性土或黏性素填土采用 N_{10}，砂土或碎石土采用 $N_{63.5}$）；做静力触探试验 1 点。

一 般 项 目

4.14.8　强夯处理范围应符合设计要求，其允许偏差为 ±150 mm。

检验数量：施工单位每 100 m 等间距检查 3 点。

检验方法：尺量。

4.14.9　强夯夯坑中心允许偏差为0.1D（D 为夯锤直径）。

检验数量：施工单位检查总夯击点的 10% 。

检验方法:尺量,查施工记录。

4.14.10 强夯地基顶面的高程、中线至边缘距离、宽度、横坡、平整度允许偏差及检验标准应符合本标准第4.2.7条的规定。

4.15 重锤夯实

一般规定

4.15.1 施工前,施工单位应做地基土天然含水量试验和试夯工艺性试验,确定主要工艺参数,并报监理单位确认。

4.15.2 每遍夯击后应将夯坑填平,再进行下一遍夯击。重锤夯实完毕,应按设计要求平整场地。

4.15.3 重锤夯实施工应按设计要求采取隔振措施。

4.15.4 重锤夯实的锤重、落距应满足有效加固深度的要求。

主控项目

4.15.5 重锤夯实夯击点布置应符合设计要求。

检验数量:施工单位每100 m等间距检查3个断面,每个断面左、中、右各1点。监理单位见证检验1个断面。

检验方法:尺量。

4.15.6 单击夯击遍数、最后两击平均夯沉量应符合试夯确认的工艺要求,前后两遍的夯迹应错开一半。

检验数量:施工单位对最后两击平均夯沉量和前后两遍的夯迹搭接,检查每遍总夯击点数的10%。监理单位按施工单位检查数量的20%见证检验。

检验方法:观察、尺量。

4.15.7 重锤夯实加固地基的承载力应符合设计要求,其质量检验应符合本标准第4.14.7条的规定。

一般项目

4.15.8 重锤夯实处理范围应符合设计要求,其允许偏差为±150 mm。

检验数量:施工单位每100 m等间距检查3点。

检验方法:尺量。

4.15.9 重锤夯实夯坑中心允许偏差及检验标准应符合本标准第4.14.9条的规定。

4.15.10 重锤夯实地基顶面的高程、中线至边缘距离、宽度、横坡、平整度允许偏差及检验标准应符合本标准第4.2.7条的规定。

4.16 真空预压

一般规定

4.16.1 真空预压前砂垫层表面应平整、表层无尖石、硬块。

4.16.2 在正式抽气预压前应进行试抽气,检查抽气设备及密封系统的密封性能。

4.16.3 测点应按设计要求的数量、位置埋设,并按设计要求的观测频次和观测精度进行观测。观测资料应齐全、详实、规范。

主 控 项 目

4.16.4 密封膜、排水滤管的种类、规格及质量应符合设计要求,进场时应进行现场验收,并对其技术性能进行检验。

检验数量:同一产地、厂家、品种且连续进场的密封膜每 10 000 m^2、排水滤管每 10 000 m为一批,不足上述数量时亦按一批计。施工单位每批检验 1 组;监理单位按施工单位抽检次数的 10% 分别进行平行检验和见证检验,均不少于一次。

检验方法:每批密封膜中随机取两卷,每卷各截取 2 m^2 做 1 组密封性能试验;每批排水滤管中随机截取 2 段,每段各 1.0 m 做 1 组物理性能试验。

4.16.5 排水滤管的布置形式、滤水管之间的连接、管上滤水孔应符合设计要求。

检验数量:施工单位检查 3 个断面;监理单位见证检验 1 个断面。

检验方法:观察、尺量。

4.16.6 密封膜铺设层数应符合设计要求,铺设时应适当放松,表面不得损坏。密封膜接缝应粘接牢固,热合加工的搭接缝宽度不得小于 15 mm。

检验数量:施工单位检查接条数的 20% ;监理单位按施工单位检查数量的 20% 见证检验。

检验方法:观察、尺量。

4.16.7 抽气阶段膜下真空度应符合设计要求。

检验数量:施工单位、监理单位全部检查。

检验方法:真空度测头读数。

4.16.8 真空预压后的总沉降量应符合设计要求。

检验数量:施工单位检查全部沉降观测点;监理单位按全部沉降观测点的 20% 见证检验。

检验方法:水准测量。

一 般 项 目

4.16.9 真空预压处理范围、周围排水沟位置应符合设计要求,其允许偏差为 ±150 mm。

检验数量:施工单位检查 2 个断面。

检验方法:观察、尺量。

4.17 堆 载 预 压

一 般 规 定

4.17.1 堆载预压施工时应妥善保护各种沉降观测装置。堆载过程中的沉降观测应符合本标准第 5.8.5 条的规定。

4.17.2 堆载预压不得使用淤泥土或含垃圾杂物的填料。

主 控 项 目

4.17.3 堆载的填料密度应符合设计要求。

检验数量：施工单位每 100 m 检查 3 处；监理单位每 100 m 见证检验 1 处。

检验方法：根据填料类别，检验方法应符合本标准第 5.1.6 条规定。

4.17.4 堆载预压填筑高度不得小于设计高度。

检验数量：施工单位每 100 m 检查 6 处；监理单位每 100 m 见证检验 2 处。

检验方法：尺量、水准测量。

4.17.5 堆载预压后的总沉降量应符合设计要求。

检验数量：施工单位检查全部沉降观测点；监理单位按全部沉降观测点的 20% 见证检验。

检验方法：水准测量。

一般项目

4.17.6 堆载预压的宽度、范围、边坡坡率允许偏差及检验标准应符合表 4.17.6 的规定。

表 4.17.6 堆载预压的宽度、范围、边坡坡率允许偏差及检验标准

序号	项目	允许偏差	施工单位检查数量	检验方法
1	宽度	±50 mm	每 100 m 等间距检查 4 点	尺量
2	范围	±100 mm	每 100 m 等间距检查 2 点	测量
3	边坡坡率	±0.5% 设计值	每 100 m 等间距检查 4 处	坡度尺量

4.18 毛细水隔断层

一般规定

4.18.1 施工前应对隔断层填料做压实工艺性试验，确定主要工艺参数，并报监理单位确认。

4.18.2 施工前原地面平整、夯压应符合本标准第4.1.2 条的规定，并应结合永久性排水设施做好路基两侧地面排水。

主控项目

4.18.3 隔断层填料应符合设计要求，填料的检验应符合本标准第 5.1.4 条的规定。

4.18.4 隔断层填筑厚度及压实工艺应符合本标准第5.1.5 条的规定。

4.18.5 隔断层中各结构层应分层碾压，其压实质量应符合本标准第 5.1.6 条的有关规定。

一般项目

4.18.6 毛细水隔断层设置范围应符合设计要求，其允许偏差为 ±150 mm。

检验数量：施工单位每 100 m 等间距检查 3 点。

检验方法：尺量。

4.18.7 隔断层中各结构层厚度应符合设计要求，其允许偏差为 ±50 mm。

检验数量：施工单位每 100 m 等间距检查 2 个断面，每个断面左、中、右各 1 点。

检验方法：尺量，查施工单位施工记录。

4.18.8 毛细水隔断层顶面的高程、中线至边缘距离、宽度、横坡、平整度允许偏差及检验标准应符合本标准第4.2.7条的规定。

4.19 复合土工膜隔断层

一般规定

4.19.1 施工前基底应平整、碾压，无植物根系和浮土，其原地面平整、夯压应符合设计要求，并应结合永久性排水设施做好路基两侧地面排水。

4.19.2 复合土工膜进场后应妥善保管，防止损坏；严禁在阳光下暴晒。

4.19.3 复合土工膜铺设后，严禁直接碾压，严禁运输、碾压机械直接在复合土工膜上行走。应及时填土(砂)覆盖，待上覆土后采用轻型碾压机械压实，只有当上覆土填层厚度大于0.6 m后，方能用重型压实机械压实。

主控项目

4.19.4 复合土工膜品种、规格、质量应符合设计要求。进场时应进行现场验收，并对其技术性能进行检验。

检验数量：同一产地、厂家、品种且连续进场的土工合成材料每30 000 m^2 为一批，不足30 000 m^2 时也按一批计。施工单位每批检验1组；监理单位按施工单位抽检次数的10%分别进行平行检验和见证检验，均不少于一次。

检验方法：施工单位查验产品质量合格证，对其渗透系数、抗拉强度、顶破强度、等效孔径等性能进行试验；监理单位检查试验报告并进行见证检验或平行检验。

4.19.5 复合土工膜上、下砂垫层应采用级配良好的中、粗砂，其含泥量不得大于5%，且不含草根、垃圾等有机杂物。进场时应进行现场检验，并对其杂质含量和粒径级配进行检验。

检验数量：同一产地、厂家、品种且连续进场的砂每10 000 m^3 为一批，不足上述数量时亦为一批。施工单位每批检验1组；监理单位按施工单位抽检次数的10%分别进行平行检验和见证检验，均不少于一次。

检验方法：筛析法、有机质含量试验。

4.19.6 复合土工膜的连接方法、连接质量应符合设计要求。

检验数量：施工单位每100 m等间距检查3点；监理单位每100 m见证检验1点。

检验方法：观察、尺量。

4.19.7 复合土工膜上、下砂垫层的厚度应符合设计要求。

检验数量：施工单位每100 m等间距检查2个断面，每个断面左、中、右各1点；监理单位每200 m见证检验1个断面。

检验方法：尺量。

4.19.8 复合土工膜上、下砂垫层的压实质量应符合本标准附录C的规定。

检验数量：施工单位全部检查；监理单位按施工单位抽检次数的10%分别进行平行检验和见证检验，均不少于一次。

检验方法：应符合《铁路工程土工试验规程》(TB 10102)的有关规定。

一 般 项 目

4.19.9 复合土工膜铺设时，应铺平，松紧适度，表面不得褶皱或损坏。

检验数量：施工单位每 100 m 等间距检查 3 点。

检验方法：观察、尺量。

4.19.10 复合土工膜的设置范围应符合设计要求，其允许偏差 ±150 mm。

检验数量：施工单位每 100 m 等间距检查 3 点。

检验方法：尺量。

4.19.11 复合土工膜搭接长度允许偏差为 $^{+50}_{0}$ mm。

检验数量：施工单位每 100 m 等间距检查 3 点。

检验方法：尺量。

4.19.12 复合土工膜隔断层顶面的高程、中线至边缘距离、宽度、横坡、平整度允许偏差及检验标准应符合本标准第 4.2.7 条的规定。

4.20 洞穴、陷穴处理

一 般 规 定

4.20.1 施工前应对洞穴、陷穴的范围、分布情况及水文地质资料等进行核查。

4.20.2 注浆施工过程中应防止溶隙、溶缝、洞穴渗漏，如有“跑浆”现象，应及时查明原因并处理。注浆施工时应有符合环保要求的废浆隔离与回收设施。

4.20.3 地基面以下洞穴、陷穴的砌筑和回填时，洞壁表面的溶蚀部分应铲除，洞壁仰斜部分应凿成台阶。

4.20.4 埋藏较深的陷穴，应自内向外逐段回填夯实，坑洞顶板处应用片石码砌挤紧，夯填封口的厚度应符合设计要求。

主 控 项 目

4.20.5 混凝土、砌体及注浆所用砂、碎石、水泥、钢筋、外加剂等材料的品种、规格、质量应符合设计要求，其进场检验应符合本标准附录 E 的有关规定。

检验数量：施工单位全部检验；监理单位按施工单位检验数量的 20% 见证检验或 10% 平行检验。

检验方法：符合附录 E 的有关规定。

4.20.6 洞穴、陷穴的回填施工应按设计要求清除洞内充填物；片石回填石块应大、小搭配，相互嵌塞紧密稳固，填石空隙应用小石块或石屑填满；洞口封闭回填应夯填密实。

检验数量：施工单位、监理单位对洞内填充物的清除情况全部检查；施工单位对洞内回填质量检验不少于 3 点；监理单位见证检验 1 点。

检验方法：观察，轻型动力触探试验。

4.20.7 混凝土（砌体）强度等级应符合设计要求；混凝土体（砌筑体）封闭的顶部应与路基基底面平齐，且搭盖洞口四周宽度不小于 0.2 m。

检验数量：施工单位每 100 m^3 砌体的砂浆、混凝土取试件 1 组，不足 100 m^3 亦制取 1 组试件；监理单位按施工单位抽检次数的 10% 进行见证检验，但至少一次；施工单位对洞

口封闭处理质量检查不少于3点;监理单位见证检验1点。

检验方法:抗压强度试验,观察、尺量。

4.20.8　洞口封闭用钢筋混凝土盖板施工质量及验收应符合本标准第8.4.3~8.4.5条的规定。

4.20.9　浆砌片石(混凝土)支顶墙或支顶柱施工质量及验收应符合本标准第8.7.4~8.7.5条的规定。

4.20.10　洞穴、陷穴注浆处理采取的岩芯无侧限抗压强度应符合本标准第4.4.9条的规定。

4.20.11　洞穴、陷穴地基处理后,应对处理效果和质量进行检查。

检验数量:施工单位全部检验,监理单位见证检验。

检验方法:应符合现行《铁路工程物理勘探规程》(TB 100013)方法的有关规定。

一 般 项 目

4.20.12　洞穴、陷穴处理的孔间距、孔深、灌浆压力允许偏差及检验标准应符合表4.20.12的规定。

表4.20.12　洞穴、陷穴处理的孔间距、孔深、灌浆压力允许偏差及检验标准

序号	项　目	允许偏差	施工单位检查数量	检 查 方 法
1	孔间距	±100 mm	总灌浆孔数的10%	观察、尺量
2	孔　深	±100 mm	总灌浆孔数的10%	测量钻杆上划出的深度控制线、查施工单位记录
3	灌浆压力	±10%	总灌浆孔数的10%	观察、查施工单位记录

4.20.13　路基面上边坡、堑顶封闭砌体的高程、厚度允许偏差及检验标准应符合表4.20.13的规定。

表4.20.13　路基面上、边坡、堑顶封闭砌体的高程、厚度允许偏差表及检验标准

序号	项　目		允 许 偏 差	施工单位检查数量	检验方法
1	路基面上封闭砌体	高　程	+20 mm	3点	水准仪测量
2		厚　度	-50 mm,但应成刚体	3点	尺量或水准仪测量顶、底高程差
3	边坡、堑顶封闭砌体	外端凸出	100 mm	3点	观　察
4		厚　度	不小于设计值	3点	尺　量

4.20.14　地基面以下的洞穴、陷穴处理顶面的高程、中线至边缘距离、宽度、横坡、平整度允许偏差及检验标准应符合本标准第4.2.7条的规定。

5　基床以下路堤

5.1　一般路堤填筑

一 般 规 定

5.1.1　填筑前应按设计文件对路堤基底和处理后的地基面进行检查，选择试验段做摊铺压实工艺性试验，确定工艺参数，并报监理单位确认。

5.1.2　路堤填筑、压实施工应符合下列规定：

1　路基填筑作业应按四区段八流程作业方式进行，分层碾压。碾压时，各区段交接处应重叠压实。

2　碾压时，填料的含水量应严格控制，其施工含水量应控制在最优含水量 -3% ~ +2% 范围内。严禁雨天进行非渗水土的填筑作业。

3　每层压实面应有不小于 2% 的横坡且平整、无积水、无明显碾压轮迹、无明显局部凸凹等现象。两侧应按一定加宽值填筑，且应将路基两侧边缘碾压密实。

4　河滩、滨河路堤宜在枯水季节施工，并在洪汛前做完水下防护工程。滨海路堤应采用围堰拦潮或利用潮汐间歇期施工。水库路堤宜在水库蓄水前或低水位时期施工。

5　填筑桥头河滩路堤，不得在河滩上取土。填筑滨海路堤，不得在临海一侧取土。

6　涵洞两侧必须同时填筑。涵洞顶部填土厚度大于 1 m 后，方可允许大型机械填筑或通过。

5.1.3　填筑厚度应根据路堤高度、填料种类、压实条件、地基情况、施工季节及延续时间等因素，考虑路堤沉落量和地基沉降量，并与桥台或两端线路纵坡顺接，适当调整预留量，顺坡后的坡度不应大于线路限制坡度。

主 控 项 目

5.1.4　路堤填料种类、质量应符合设计要求。填筑前应对取土场填料进行取样检验；填筑时应对运至现场的填料进行抽样检验。当填料土质发生变化或更换取土场时应重新进行检验。

检验数量：施工单位对填料的检验项目、检验数量应符合表 5.1.4 的规定；监理单位应检查试验结果，在每填筑 50 000 m^3 时平行检验 1 组。

检验方法：应符合《铁路工程土工试验规程》(TB 10102)的有关规定。

5.1.5　路堤分层摊铺压实厚度应符合工艺性试验确定的填筑厚度和压实工艺参数要求。

检验数量：施工单位每 100 m 检查 3 处；监理单位每 100 m 见证检验 1 处。

检验方法：观察、尺量。

5.1.6　路堤每一填筑层全宽应采用同一种填料，压实质量应符合本标准附录 C 的规定；不同种类填料(除块石类混合料外)应采用双指标控制，并符合下列规定：

1　细粒土和砂类土中的黏砂土、粉砂土，应采用压实系数和地基系数；

表 5.1.4 填料的检验项目、检验数量

填料种类	颗粒级配	相对密度	液、塑限	击实试验	大于 5 mm 颗粒的单位体积重	大于 20 mm 颗粒的单位体积重	大于 40 mm 颗粒的单位体积重
细粒土及粉砂、黏砂	—	—	每 5 000 ~ 10 000 m^3	每 5 000 ~ 10 000 m^3	每 5 000 m^3	—	每 5 000 m^3
粗粒土（除粉砂、黏砂外）	每 10 000 m^3	每 10 000 m^3	—	—	每 10 000 m^3	—	每 10 000 m^3
碎石类土	每 10 000 m^3	每 10 000 m^3	—	每 5 000 ~ 10 000 m^3	—	每 10 000 m^3	—
块石类土	每 10 000 m^3	—	—	—	—	—	—

注：1 表列数字为进行一次试验的填料体积（m^3）；

2 大于 5、20、40 mm 颗粒的单位体积重系进行密度校正计算时应做的试验；

3 当细粒土中含粗颗粒的最大粒径大于重型击实试验试筒所规定的最大粒径时，超过尺寸的粗颗粒应做颗粒密度试验。

2 砂类土（黏砂土、粉砂土除外），应采用相对密度和地基系数；

3 砾石类土和碎石类土，应采用孔隙率和地基系数；

4 块石类混合料，应采用地基系数。

检验数量：施工单位对填筑层压实质量的检验数量应符合表 5.1.6 的规定；监理单位按施工单位抽检次数的 10% 分别进行平行检验和见证检验，均不少于一次。

表 5.1.6 基床以下路堤填筑层压实质量的检验数量、检验方法

填料种类	检 验 数 量	检 验 方 法
各种土类	每填高 0.9 m，纵向每 100 m 检查 2 个断面 4 点，距路基边缘 2 m 处 2 点、中间 2 点，不足 0.9 m 亦检查 2 个断面 4 点	K_{30} 平板载荷仪
细粒土和砂类土中的黏砂土、粉砂土	每层沿纵向每 100 m 等间距检查 2 个断面 6 点，每断面左、中、右各 1 点，左、右点距路基边缘 1 m 处	环刀法、核子密度仪
粗粒土、细粒土		灌砂法、气囊法
粗粒土、细粒土、碎石类、最大粒径小于 60 mm 的块石类土		灌 水 法

检验方法：应符合《铁路工程土工试验规程》（TB 10102）的有关规定。

一 般 项 目

5.1.7 使用不同种类填料填筑时，上下两层填料的颗粒级配应满足 $D_{15} < 4d_{85}$，且每一压实层全宽宜采用同一种类且条件相同的填料。当渗水土填在非渗水土上时，非渗水土层顶面应向两侧设置 4% 的横向排水坡；非渗水土填在渗水土上，接触面可为平面。

检验数量：施工单位每 100 m 等间距检查 3 处。

检验方法：观察、坡度尺量。

5.1.8 浸水路堤粗粒土外包体宽度、与路堤核心填土衔接台阶宽度、反滤层宽度应符合设计要求。

检验数量:施工单位每 100 m 等间距检查 3 处。

检验方法:尺量。

5.1.9 基床以下路堤顶面高程、中线至边缘距离、宽度、横坡、平整度允许偏差及检验标准应符合表 5.1.9 的规定。

表 5.1.9 基床以下路堤顶面高程、中线至边缘距离、宽度、横坡、平整度允许偏差及检验标准

序号	项目	允许偏差	施工单位检查数量	检验方法
1	高程	±50 mm	每 100 m 等间距检查 3 个断面,左、中、右各 1 点	水准仪测量
2	中线至边缘距离	±50 mm	每 100 m 等间距检查 3 个断面,左、右各 1 点	尺量
3	宽度	不小于设计值	每 100 m 等间距检查 3 个断面	尺量
4	横坡	±0.5%	每 100 m 等间距检查 3 个断面	尺量
5	平整度	土质路堤顶面 30 mm,填石路堤顶面 100 mm	每 100 m 等间距检查 6 点	2.5 m 直尺量测

5.2 路堤边坡

主控项目

5.2.1 路堤边坡应密实、稳固,其压实质量应符合设计要求。

检验数量:施工单位每 100 m 等间距检查 4 点(距路基边缘 0.5 m 处,每侧 2 点);监理单位每 200 m 见证检验 2 点。

检验方法:应符合本标准第 5.1.6 条的规定。

5.2.2 边坡肩棱整齐,曲线圆顺,坡面平整,无浮渣。

检验数量:施工单位每 100 m 等间距每侧检查 2 处;监理单位每 100 m 见证检验 1 处。

检验方法:观察、尺量。

一般项目

5.2.3 路堤的边坡坡率、变坡点位置、平台高程、平台宽度允许偏差及检验标准应符合表 5.2.3 的规定。

表 5.2.3 路堤的边坡坡率、变坡点位置、平台高程、平台宽度允许偏差及检验标准

序号	项目	允许偏差	施工单位检查数量	检验方法
1	边坡坡率(偏陡量)	3% 设计值	每 100 m 每侧检查 2 点	坡度尺量
2	变坡点位置	±200 mm	每 100 m 每侧检查 3 点	水准仪测量或尺量
3	平台高程	±100 mm	每 100 m 每侧检查 2 点	水准仪测量
4	平台宽度	±50 mm	每 100 m 每侧检查 2 点	尺量

5.3　路堤与桥台间过渡段填筑

一般规定

5.3.1　填筑前应选择试验段做摊铺压实工艺性试验，确定主要工艺参数，并报监理单位确认。

5.3.2　过渡段填筑必须待桥台结构物混凝土或砌体水泥砂浆强度达到设计强度、过渡段地基工程经验收合格后方能施工。

5.3.3　过渡段施工应采取加强压实和排水措施，严禁在雨天填筑。

5.3.4　桥台后2 m范围内的填筑压实应采用人工配合小型机械压实，过渡段的填筑不得破坏桥台的稳定及损坏结构物。

5.3.5　软土和泥沼地区路堤填筑完成后，对有架桥机作业的桥头过渡段路堤必须进行试压和预压。

主控项目

5.3.6　过渡段一般填料的检验应符合本标准第5.1.4条的规定。

5.3.7　级配碎石、级配砂砾石的质量应符合设计要求。

检验数量：施工单位在填筑前应对级配碎石、级配砂砾石填料抽样检验，填料的检验项目、检验数量应符合表5.3.7的规定；监理单位对颗粒分析、磨耗率、有机质含量每填筑50 000 m^3平行检验1组，其余项目每填筑10 000 m^3平行检验1组，且每个桥台过渡段不少于1组。

检验方法：应符合《铁路工程土工试验规程》(TB 10102)的有关规定。

表5.3.7　路堤与桥台过渡段级配碎石、级配砂砾石检验项目、检验数量

颗粒分析	磨耗量	有机质含量	颗粒级配	击实试验	大于5 mm颗粒的单位体积重
10 000 m^3	10 000 m^3	10 000 m^3	2 000 m^3	2 000 m^3	2 000 m^3

注：表列数字为进行一次试验的填料数量(m^3)。

5.3.8　桥台基坑回填混凝土所用砂、碎石、水泥等材料的品种、规格、质量应符合设计要求，其进场检验应符合本标准附录E的有关规定。

5.3.9　桥台基坑回填土应分层填筑、压实，其压实质量应符合本标准附录C的规定。

检验数量：施工单位每个桥台每检测层检查2点；监理单位每两检测层见证检验1点。

检验方法：应符合本标准第5.1.6条的规定。

5.3.10　桥台基坑回填混凝土的强度等级应符合设计要求。

检验数量：施工单位每100 m^3混凝土取试件1组，不足100 m^3亦制取1组试件；监理单位按施工单位抽检次数的10%进行见证检验，但至少一次。

检验方法：混凝土试件做抗压试验。

5.3.11　分层摊铺压实厚度应符合压实工艺性试验确定的厚度和压实工艺要求。

检验数量：施工单位每个桥台每检测层检查2点；监理单位每两检测层见证检验1点。

检验方法：观察、尺量。

5.3.12　过渡段基床表层、基床底层及基床以下路堤的填筑压实质量应分别符合本标准附录 B 和附录 C 的规定。

检验数量：施工单位每个桥台每检测层检查 2 点；监理单位按施工单位抽检次数的 20% 进行平行检验，但至少一次。

检验方法：根据填料的类别，按照本标准第 5.1.6 条规定的方法检验。

一 般 项 目

5.3.13　路堤与桥台间过渡段的顶面高程、中线至边缘距离、宽度、横坡、平整度允许偏差及检验标准应符合本标准第 5.1.9 条的规定。

5.4　加筋土路堤填筑

一 般 规 定

5.4.1　填筑前应选择试验段做摊铺压实工艺性试验，确定工艺参数，并报监理单位确认。

5.4.2　土工合成材料进场后应妥善保管，防止损坏，且严禁在阳光下暴晒。

5.4.3　土工合成材料铺设后，严禁直接碾压，严禁运输、碾压机械直接在土工合成材料上行走。应及时填土(砂)覆盖，采用轻型碾压机械压实，只有当其上覆土填层压实厚度大于 0.6 m 后，方能用重型压实机械压实。

5.4.4　加筋土路堤填筑施工的一般要求应符合本标准第5.1.2条的有关规定。

主 控 项 目

5.4.5　填料的种类、质量应符合设计要求，其检验应符合本标准第 5.1.4 条的规定。

5.4.6　土工合成材料的品种、规格、质量应符合设计要求，其检验应符合本标准第 4.12.4 条的规定。

5.4.7　土工合成材料的铺设层数、方向和连接方法应符合本标准第 4.12.5 条的规定。

5.4.8　加筋土路堤应按工艺性试验确定的摊铺压实厚度分层填筑压实。

检验数量：施工单位每检测层每 100 m 检查 3 处；监理单位每检测层每 100 m 见证检验 1 处。

检验方法：观察、尺量。

5.4.9　加筋土路堤压实质量及检验数量、检验方法应符合本标准第 5.1.6 条的规定。

一 般 项 目

5.4.10　土工合成材料的铺设范围、搭接长度、竖向间距、回折长度及上、下层接缝错开距离允许偏差及检验标准应符合本标准第 4.12.7 条的规定。

5.4.11　加筋土路堤顶面高程、中线至边缘距离、宽度、横坡、平整度允许偏差及检验标准应符合本标准第 5.1.9 条的规定。

5.5 改良土路堤填筑

一般规定

5.5.1 填筑前应按设计要求现场取样对材料和混合料做室内无侧限抗压强度和土工试验,并按室内试验配合比选择试验段做摊铺压实工艺性试验,确定工艺参数,并报监理单位确认。

5.5.2 水泥、石灰、粉煤灰运输、储存应妥善覆盖保管,不得日晒雨淋,受潮变质。生石灰应经过充分消解后方能使用。施工中应有防止水泥、石灰、粉煤灰粉末飞扬的措施。

5.5.3 改良土的填筑、压实施工应符合下列规定:

1 改良土的下承层表面应平整、坚实,应有不小于2%的排水坡;

2 拌和时,土块应打碎,粒径不应大于15 mm,应按工艺性试验确定的配合比配料并拌和均匀,色泽一致,无灰条、灰团、花面,拌和物中不得含有土块、生石灰块,及时消除粗细集料窝和局部过分潮湿之处;

3 填料的含水量应严格控制,其施工含水量等于或略大于最优含水量;

4 碾压后的压实层面不得有明显轮迹,并不得有"弹簧"、松散、起皮现象,压实层面应平整;

5 外掺水泥、石灰、粉煤灰的改良土路基应按设计要求的养生期洒水养生。

主控项目

5.5.4 外掺水泥、石灰、粉煤灰的品种、规格、质量应符合设计要求。

检验数量:施工单位对同一产地、厂家、品种且连续进场的水泥每 500 t 做一次水泥强度等级和终凝时间检验,石灰每4 000 t做一次有效钙、氧化镁检验,粉煤灰每 4 000 t 做一次烧失量检验;监理单位在掺用量每 10 000 t 时平行检验 1 组,且每分部工程不少于 1 组。

检验方法:应符合《铁路工程土工试验规程》(TB 10102)的有关规定。

5.5.5 外掺砂、砾石、碎石的种类、质量应符合设计要求,进场时应进行材料检验。

检验数量:同一产地、品种、规格且连续进场的砂、砾石、碎石材料每 2 000 m^3 为 1 批,不足上述数量时亦按一批计。施工单位每批检验 1 组;监理单位按施工单位抽检次数的 10% 分别进行平行检验和见证检验,均不少于一次。

检验方法:颗粒分析、密度、压碎值、有机质试验。

5.5.6 改良土填筑过程中应对改良土的混合料进行现场检验,并应符合表 5.5.6 的规定。

检验数量:施工单位对改良土的检验项目、检验数量应符合表 5.5.6 的规定;监理单位在每填筑 10 000 m^3 时平行检验 1 组,且每分部工程不少于 1 组。

检验方法:应符合《铁路工程土工试验规程》(TB 10102)的有关规定。

5.5.7 改良土路堤填筑摊铺厚度应符合本标准第5.1.5条的规定。

5.5.8 路拌深度应达到层底,不得留有"素土"层。

检验数量:施工单位每检测层每 100 m 检查 2 个断面(每个断面左、中、右各 1 点);监理单位每检测层每 100 m 见证 1 个断面。

检验方法:挖坑检查。

表 5.5.6 掺砂、砾石、碎石的改良土检验项目、检验数量

改良土种类	颗粒级配	相对密度	液、塑限	压碎值	击实试验	大于 5 mm 颗粒的单位体积重	大于 20 mm 颗粒的单位体积重
掺砂改良土	5 000 m^3	5 000 m^3	5 000 m^3	—	5 000 m^3	5 000 m^3	—
掺砾石改良土	5 000 m^3	5 000 m^3	5 000 m^3	5 000 m^3	5 000 m^3	—	5 000 m^3
掺碎石改良土	5 000 m^3	5 000 m^3	5 000 m^3	5 000 m^3	5 000 m^3	—	5 000 m^3

注:1 表列数字为进行一次检验的填料数量;
2 大于 5、20 mm 颗粒的单位体积重系进行密度校正计算时应做的试验;
3 压碎值为评定土中的砾、碎石抗压碎能力。

5.5.9 改良土路堤填筑压实质量应符合本标准第 5.1.6 条的规定,且掺水泥、石灰、粉煤灰的改良土的无侧限抗压强度应符合设计要求,其检验数量和强度评定应符合本标准附录 G 的规定。

一 般 项 目

5.5.10 改良土填筑层石灰、水泥掺料剂量试验配比允许偏差为 +1% ~ -0.5%。

检验方法:施工单位每层每 100 m 检查 3 处。

检验方法:EDTA 滴定法。

5.5.11 路堤顶面高程、中线至边缘距离、宽度、横坡、平整度允许偏差及检验标准应符合本标准第 5.1.9 条的规定。

5.6 填 石 路 堤

一 般 规 定

5.6.1 填筑前应选择试验段做摊铺压实工艺试验,确定主要工艺参数,并报监理单位确认。

5.6.2 填料石块的最大尺寸不得大于层厚的 2/3,严禁倾填施工。

5.6.3 当填料的岩性相差较大时,应将不同岩性的填料分层填筑。遇水软化及强风化的软岩块不得用于路堤填筑。

5.6.4 填筑施工时石块应大、小搭配,相互嵌塞紧密稳固,并做到层厚均匀,顶面平整。

5.6.5 边坡码砌应随路堤施工同步进行。先铺大块石块,大面向下,小面向上,码砌平稳。

5.6.6 填筑层进行地基系数检测时检测点若遇大石块,应移至大石块外,整平检测点底面后进行检测。

主 控 项 目

5.6.7 填料的种类、质量应符合设计要求,进场时应进行材料检验。

检验数量:施工单位在每填筑 10 000 m^3 时,做 1 组石料抗压强度检验;监理单位在每填筑 100 000 m^3 做 1 组平行检验,且每分部工程不得少于 1 组。

检验方法:岩块抗压强度试验。

5.6.8 每层填料的松铺厚度不得大于0.8 m。

检验数量：施工单位每检测层每 100 m 等间距检查 3 点；监理单位每检测层每 100 m 见证 1 点。

检验方法：观察、尺量。

5.6.9 路堤边坡码砌宽度不得小于1 m。

检验数量：施工单位每检测层每 100 m 等间距检查 2 个断面 4 点（每个断面左、右各 1 点）；监理单位每检测层每 200 m 见证 1 个断面 2 点。

检验方法：尺量。

5.6.10 填石路堤填筑层压实质量应符合本标准附录 C 的规定。

检验数量：施工单位每层纵向每 100 m 检查 2 点，检测点应布置在中部 1 点，距填层边沿 2 m 处 1 点，按左、中、右大致均匀分布；监理单位每 200 m 见证检验 1 点。

检验方法：K_{30}荷载板试验。

一 般 项 目

5.6.11 填石路堤顶面的高程、中线至边缘距离、宽度、横坡、平整度允许偏差及检验标准应符合本标准第 5.1.9 条的有关规定。

5.7 盐渍土地基上路堤填筑

一 般 规 定

5.7.1 填筑前应选择试验段做摊铺压实工艺性试验，确定主要工艺参数，并报监理单位确认。

5.7.2 含盐量超过本标准附录 D 规定的盐渍土不得用作填料。

5.7.3 盐渍土路堤填筑、压实施工的一般要求应符合本标准第 5.1.2 条有关规定。严禁雨天取土填筑。

主 控 项 目

5.7.4 填料的种类、质量应符合设计要求，其检验应符合本标准第 5.1.4 条的规定。

5.7.5 对取土坑、场的填料含盐量的均匀性应进行检验。

检验数量：施工单位每填筑 1 000 m^3 应对含盐量的均匀性检验 1 组；监理单位在每填筑 10 000 m^3 应对填料含盐量均匀性平行检验 1 组，且每分部工程不少于 1 组。

检验方法：易溶盐试验。

5.7.6 盐渍土路堤分层填筑摊铺厚度及检验标准应符合本标准第 5.1.5 条的规定。

5.7.7 盐渍土路堤填筑分层压实质量：填料为蜂窝状结构的石膏土应打碎再压实，压实后土的干重度不得小于 16.4 kN/m^3，地基系数应符合本标准附录 C 的规定；含盐量在 5% ~8%之间的氯盐渍土填层应加强压实，其含水量不应大于最优含水量，压实系数 K_h 不得小于 0.91，地基系数应符合本标准附录 C 的规定；其余不同种类盐渍土填料的压实质量应符合本标准附录 C 的规定。

检验数量：施工单位对填筑层压实质量的检验数量应符合表 5.1.6 的规定；监理单位按施工单位抽检次数的 10%分别进行平行检验和见证检验，均不少于一次。

检验方法：应符合《铁路工程土工试验规程》（TB 10102）的有关规定。

一 般 项 目

5.7.8　盐渍土路堤顶面高程、中线至边缘距离、宽度、横坡、平整度允许偏差及检验标准应符合本标准第5.1.9条的规定。

5.8　软土地基上路堤填筑

一 般 规 定

5.8.1　填筑前应进行地质核查，选择试验段做摊铺压实工艺性试验，确定主要工艺参数，并报监理单位确认。

5.8.2　软土路堤沉降观测装置应符合设计要求。观测基桩必须置于不受施工影响的稳定地基内，并定期复核校正。

5.8.3　施工中应保护观测装置。若发现损坏，应及时恢复，保证观测装置的完好性和观测数据的连续性。

5.8.4　堆载预压期间应按设计要求连续进行沉降观测。

5.8.5　当填筑至接近极限高度时，应按设计要求加密沉降观测频次，严格控制填筑速率，并应随施工过程及时整理观测结果，观测资料应齐全、详实、规范、符合设计要求。

5.8.6　软土路堤填筑施工的一般要求应符合本标准第5.1.2条、第5.5.3条的有关规定。

5.8.7　软土路堤的填筑应根据路堤高度、填料种类、压实条件、地基情况、施工季节及延续时间等因素，适当考虑路堤沉落量和地基沉降量，调整预留沉降量，并与桥台或两端线路纵坡顺接。

主 控 项 目

5.8.8　填料的种类、质量应符合设计要求，其检验应符合本标准第5.1.4条规定。对特殊填料应按相应的规定进行检验。

5.8.9　土工合成材料的品种、规格、质量应符合设计要求，检验应符合本标准第4.12.4条的规定。

5.8.10　土工合成材料的铺设层数、方向和连接方法应符合本标准第4.12.5条的规定。

5.8.11　软土路堤分层填筑摊铺厚度应符合本标准第5.1.5条，特殊填料的填筑应符合相应的规定。

5.8.12　软土路堤的填筑速率应符合设计要求。

路基中心沉降每昼夜不得大于10 mm，边桩水平位移每昼夜不得大于5 mm。

检验数量：施工单位按设计要求的观测精度和观测频次进行观测；监理单位每5 d检查1次观测情况，每10 d见证观测1次。

检验方法：水准仪、经纬仪测量、尺量。

5.8.13　软土路堤压实质量的检验，应符合本标准第5.1.6条规定，特殊填料的压实质量应符合相应的规定。

5.8.14　软土路堤反压护道宜与路堤本体同时分层填筑，反压护道与路堤本体分开填筑时，必须在路堤填达临界高度前将护道筑好。其填筑高度应符合设计要求。

检验数量：施工单位每100 m等间距检查2个断面，每个断面左、右侧护道各1点；监

理单位每 200 m 见证检验 1 个断面。

检验方法：观察、尺量。

5.8.15 软土路堤反压护道的压实质量应符合本标准附录 C 的规定。

检验数量：施工单位每检测层每 100 m 等间距检查 2 个断面，每个断面左、右侧护道各 1 点；监理单位每检测层每 200 m 见证检验 1 个断面。

检验方法：按本标准第 5.1.6 条的规定方法检验。

5.8.16 预压土的堆载高度和容重应符合设计要求。必须按设计要求的卸载时间卸载，卸载完成后应平整路基面。

检验数量：施工单位对高度、容重每 100 m 等间距检查 2 个断面，每个断面左、中、右各 1 点；监理单位每 200 m 见证检验 1 个断面。

检验方法：尺量，容重根据填料类别分别采用环刀法、灌砂法、灌水法及气囊法检验。

一 般 项 目

5.8.17 软土路堤观测断面上的测点布置数量、位置应符合设计要求。

检验数量：施工单位全部检查。

检验方法：观察、计数。

5.8.18 土工合成材料搭接长度、竖向间距、回折长度、上下层接缝错开距离、铺设范围的允许偏差及检验标准应符合本标准第 4.12.7 条的规定。

5.8.19 软土路堤反压护道顶面的高程、宽度、横向坡度和边坡坡率应符合设计要求，其允许偏差及检验标准应符合表 5.8.19 的规定。

表 5.8.19 反压护道顶面的高程、宽度、横向坡度和边坡坡率允许偏差及检验标准

序号	项　　目	允许偏差	施工单位检查数量	检验方法
1	高　　程	±50 mm	每 100 m 检查 2 个断面，每个断面左、右侧护道各 1 点	水准仪测量
2	宽　　度	±50 mm	每 100 m 检查 2 个断面，每个断面左、右侧护道各 1 点	尺　　量
3	横向、边坡坡率	±0.5% 设计值	每 100 m 检查 2 个断面，每个断面左、右侧护道各 1 处	坡度尺量

5.8.20 软土路堤顶面高程、中线至边缘距离、宽度、横坡、平整度允许偏差及检验标准应符合本标准第 5.1.9 条的规定。

5.9 冻土地基上路堤填筑

一 般 规 定

5.9.1 填筑前应选择试验段做摊铺压实工艺性试验，确定主要施工参数，并报监理单位确认。

5.9.2 施工和生活中产生的废水、废油、废液应统筹规划，排放至指定位置。施工机械应按照规划的道路行走，不得破坏地基的冻土状态。

5.9.3 冻土地基上路堤填筑压实施工的一般要求应符合本标准第 5.1.2 条的有关规定。

5.9.4 护道和保温护道宜与路堤本体同时分层填筑。富冰、饱冰、含土冰层地基的护道

与路堤填料相同时，两者应同时分层填筑；与路堤填料不同时，宜先施工路堤，再分层填筑护道。

5.9.5 冻土地基上路堤的填筑应按设计最大融沉量考虑路基施工加宽值，并适当考虑路堤沉落量和地基融沉量调整预留沉降量，并与桥台或两端线路纵坡顺接，顺坡后的坡度不应大于线路限制坡度加2‰。

主 控 项 目

5.9.6 填料的种类、质量应符合设计要求，填料的检验应符合本标准第5.1.4条的规定。

5.9.7 冻土路堤（含护道和保温护道）分层填筑摊铺厚度应符合本标准第5.1.5条的规定。

5.9.8 冻土路堤压实质量应符合本标准第5.1.6条的规定。

5.9.9 保温护道的设置范围和压实质量应符合设计要求。

检验数量：设置范围施工单位、监理单位全部检验。压实质量施工单位每100 m等间距检查2个断面，每个断面左、右侧护道各1点；监理单位每200 m见证检验1个断面。

检验方法：尺量，压实质量根据填料的类别分别采用环刀法、灌砂法、灌水法及气囊法检验。

一 般 项 目

5.9.10 冻土路堤护道和保温护道的顶面高程、厚度、宽度、边坡坡率、顶面横向排水坡度允许偏差及检验标准应符合表5.9.10的规定。

表5.9.10 冻土路堤护道和保温护道的顶面高程、厚度、宽度、边坡坡率、横向排水坡度允许偏差及检验标准

序号	项 目	允许偏差	施工单位检查数量	检验方法
1	高 程	±50 mm	每100 m检查2个断面，每个断面左、右侧护道各1点	水准仪测量
2	厚 度	±30 mm	每100 m检查2个断面，每个断面左、右侧护道各1点	尺 量
3	宽 度	±50 mm	每100 m检查2个断面，每个断面左、右侧护道各1点	尺 量
4	边坡坡率	±0.5%设计值	每100 m检查2个断面，每个断面左、右侧护道各1点	坡度尺量
5	横向坡度	+1%	每100 m检查2个断面，每个断面左、右侧护道各1点	坡度尺量

5.9.11 冻土路堤顶面高程、中线至边缘距离、宽度、横坡、平整度允许偏差及检验标准应符合本标准第5.1.9条的规定。

5.10 膨胀土路堤填筑

一 般 规 定

5.10.1 填筑前应选择试验段做摊铺压实工艺性试验，确定主要工艺参数，并报监理单位

确认。

5.10.2 施工前应结合永久排水设施做好地面水、地下水的排放，排水沟应随挖随砌，铺砌必须及时完成。路基加固工程的基坑应严格夯实回填封闭。施工过程中，施工、生活用水不得流入路基范围内。路基坡脚10 m范围内不得弃土。

5.10.3 膨胀土地区的低路堤施工应做好地质资料的复核和地基处理。

5.10.4 膨胀土路堤填筑应避免在雨季施工；应集中力量，分段完成。

5.10.5 膨胀土路堤填筑压实施工的一般要求应符合本标准第5.1.2条的有关规定。

5.10.6 土工合成材料进场后应妥善保管，防止损坏；严禁在阳光下暴晒。

5.10.7 土工合成材料铺设后，严禁直接碾压，严禁运输、碾压机械直接在土工合成材料上行走。应及时填土(砂)覆盖，采用轻型碾压机械压实，只有当上覆土填层压实厚度大于0.6 m后，方能用重型压实机械压实。

5.10.8 膨胀土路堤填筑应根据路堤高度、填料种类、压实条件、地基情况、施工季节及延续时间等因素，适当考虑路堤沉落量和地基沉降量，调整预留沉降量并与桥台或两端线路纵坡顺接，顺坡后的坡度不应大于线路限制坡度加2‰。

主 控 项 目

5.10.9 填料种类、质量应符合设计要求，填料的检验应符合本标准第5.1.4条的规定。

5.10.10 土工合成材料的品种、规格、质量应符合设计要求，材料的进场检验应符合本标准第4.12.4条的规定。

5.10.11 土工合成材料的铺设层数、方向和连接方法及检验应符合本标准第4.12.5条的规定。

5.10.12 膨胀土路堤分层填筑摊铺厚度及检验应符合本标准第5.1.5条的规定。

5.10.13 膨胀土路堤的压实质量及检验应符合本标准第5.1.6条的规定。

一 般 项 目

5.10.14 土工合成材料的铺设范围、搭接长度、竖向间距、回折长度及上、下层接缝错开距离的允许偏差及检验标准应符合本标准第4.12.7条的规定。

5.10.15 路堤顶面高程、中线至边缘距离、宽度、横坡、平整度允许偏差及检验标准应符合本标准第5.1.9条的规定。

5.11 黄土路堤填筑

一 般 规 定

5.11.1 填筑前应选择试验段做摊铺压实工艺性试验，确定主要工艺参数，并报监理单位确认。

5.11.2 施工前应结合永久排水设施做好地面水的排放，排水设施不得渗漏。工作面应保持4%的横向排水坡，路堤坡脚不得受水浸泡、冲刷。

5.11.3 黄土路堤填筑施工的一般要求应符合本标准第5.1.2条的有关规定，填料的含水量应严格控制在规定范围内，并宜接近最优含水量。

5.11.4 黄土路堤填筑宜在旱季施工，当不得不在雨季施工时，应集中力量快速施工。

5.11.5　黄土路堤填筑应适当考虑路堤沉落量调整预留量，并与桥台或两端线路纵坡顺接，顺坡后的坡度不应大于线路限制坡度加2‰。

主 控 项 目

5.11.6　填料的种类、质量应符合设计要求，其检验应符合本标准第5.1.4条的规定。

5.11.7　黄土路堤分层填筑摊铺厚度应符合本标准第5.1.5条的规定。

5.11.8　采用黏粒含量大于30%的Q_2^1、Q_1黄土或古土壤作填料时，应按设计要求的宽度填筑在基床以下路堤堤心部位，并按填筑试验段确定的厚度和压实工艺与两侧其他填料同时分层摊铺压实。

检验数量：施工单位对填筑宽度和分层厚度每检测层每100 m检查2个断面；监理单位每检测层每200 m见证检验1个断面。

检验方法：尺量。

5.11.9　黄土路堤的压实质量及检验应符合本标准第5.1.6条的规定，但干容重不小于15.5 kN/m³。

一 般 项 目

5.11.10　黄土路堤的顶面高程、中线至边缘距离、宽度、横坡、平整度允许偏差及检验标准应符合本标准第5.1.9条的规定。

5.12　取土场(坑)

一 般 规 定

5.12.1　取土场(坑)应按设计要求及时做好排水设施，并与当地的排水系统相衔接。

5.12.2　取土场(坑)边缘距路堤边坡延长线以外不小于2 m。

主 控 项 目

5.12.3　取土场(坑)的布置形式、取土深度应符合设计要求。

检验数量：施工单位、监理单位全部检查。

检验方法：观察。

5.12.4　取土场(坑)的边坡防护形式、数量应符合设计要求。

检验数量：施工单位、监理单位全部检查。

检验方法：观察、计数。

一 般 项 目

5.12.5　取土场(坑)的底面应平整，边坡坡面应平顺、无浮渣、无悬石。

检验数量：施工单位全部检查。

检验方法：观察。

5.12.6　取土场(坑)的边坡坡率允许偏差为3%设计值。

检验数量：施工单位每100 m检查2点。

检验方法：坡度尺量。

6 基 床

6.1 基床底层

一般规定

6.1.1 填筑前应选择试验段进行换填摊铺压实工艺性试验,确定主要工艺参数,并报监理单位确认。

6.1.2 路堤基床底层的填筑施工的一般要求应符合本标准第5.1.2条的有关规定。

主控项目

6.1.3 基床底层填料和换填的填料种类、质量应符合设计要求,填料的检验应符合本标准第5.1.4条的规定。改良土原材料的品种、规格、质量应符合本标准第5.5.4～5.5.6条的规定。

6.1.4 路堤与路堑结合部应按设计要求在原地面开挖台阶,台阶宽度不小于1 m,台阶土应密实。

检验数量:施工单位每个结合部检查3个点;监理单位见证检验1个点。

检验方法:观察、尺量。

6.1.5 基床底层分层填筑摊铺厚度应符合本标准第5.1.5条的规定。

6.1.6 路堤基床底层全宽应采用同一种填料填筑,其压实质量应符合本标准附录B的规定;不同种类填料(除块石类混合料外)应采用双指标控制,并应符合下列规定:

1 细粒土和黏砂土,应采用压实系数和地基系数;

2 砂类土(黏砂土除外),应采用相对密度和地基系数;

3 砾石类土和碎石类土,应采用孔隙率和地基系数;

4 块石类混合料,应采用地基系数。

检验数量:施工单位对填筑层压实质量的检验数量应符合表6.1.6的规定;监理单位按施工单位抽检次数的10%分别进行平行检验和见证检验,均不少于一次。

检验方法:应符合《铁路工程土工试验规程》(TB 10102)的有关规定。

表6.1.6 基床填筑层压实质量的检验数量、检测方法

填料种类	检验数量	检验方法
各种土类	每填高0.9 m,纵向每100 m检查2个断面4点,距路基边缘2 m处2点、中间2点。不足0.9 m亦检查2个断面4点	K_{30}平板载荷仪
细粒土和黏砂土	每层沿纵向每100 m等间距检查2个断面6点,每断面左、中、右各1点,左、右点距路基边缘1 m处	核子密度仪、环刀法
粗粒土、细粒土		灌砂法、气囊法
粗粒土、细粒土、碎石类、最大粒径小于60 mm的块石类土		灌水法

6.1.7 改良土路基的基床底层的施工质量应符合本标准第5.5.8条的规定，其压实质量应符合本标准附录B的规定。掺水泥、石灰、粉煤灰的无侧限抗压强度应符合本标准附录G的规定。

6.1.8 采用土工合成材料加筋基床底层的施工质量应符合本标准第4.12.4~4.12.5条的规定。

6.1.9 复合土工膜加固基床底层的施工质量应符合本标准第4.19.4~4.19.7条的规定；上下砂垫层的压实质量应符合本标准附录B的规定。

6.1.10 基床底层边坡的施工质量应符合本标准第5.2.1条的规定。

一 般 项 目

6.1.11 使用不同种类填料填筑时应符合本标准第5.1.7条的规定。

6.1.12 改良土填筑层的石灰、水泥掺入剂量允许偏差及检验标准应符合本标准第5.5.10条的规定。

6.1.13 基床底层顶面中线高程、中线至路基边缘距离、宽度、横坡、平整度允许偏差及检验标准应符合本标准第6.2.11条和第6.3.5条的有关规定。

6.2 基床表层

一 般 规 定

6.2.1 基床表层每一压实层全宽必须使用同一种类且条件相同的填料。

6.2.2 填筑前应选择试验段进行摊铺压实工艺性试验，确定主要工艺参数，并报监理单位确认。

6.2.3 路堤基床表层的填筑施工应符合下列规定：

1 填料的颗粒粒径不得大于150 mm。

2 基床表层填料与基床底层填料的颗粒级配不满足 $D_{15} < 4d_{85}$ 时，应在两层填料间铺设粒径过渡层（下部填土为改良土时，可不受此项限制）。

3 填料的含水量应严格控制，其施工含水量应控制在最优含水量的 -3% ~ +2% 范围以内。

4 摊铺压实宜按四区段八流程作业方式作业。碾压时，各区段交接处应重叠压实，纵向搭接长度不得小于2 m，纵向行与行之间的轮迹重叠压实不小于0.3 m，横向同层接头处重叠压实不小于1 m，上下两层填筑接头应错开不小于3 m。

5 填筑时应按一定值加宽，且两侧边缘应碾压密实。

6 每层压实面应有排水横坡且平整、无积水、无明显碾压轮迹、无明显局部凸凹等现象。

7 严禁在雨天进行填筑作业。

主 控 项 目

6.2.4 基床表层填料的种类、质量应符合设计要求。填筑前应对取土场填料进行取样检验；填筑时应对运至现场的填料进行抽样检验。当填料土质发生变化或更换取土场时应重新进行检验。

检验数量:施工单位对填料的检验项目、检验数量应符合表 6.2.4 的规定;监理单位应检查试验结果,在每填筑 50 000 m^3 时平行检验一组。

检验方法:应符合《铁路工程土工试验规程》(TB 10102)的有关规定。

表 6.2.4　基床表层填料的检验项目、检验数量

填料种类	颗粒级配	液、塑限	击实试验	大于 5 mm 颗粒的单位体积重	大于 20 mm 颗粒的单位体积重	大于 40 mm 颗粒的单位体积重
细粒土及黏砂土	—	5 000 m^3	5 000 m^3	5 000 m^3	—	—
粗粒土(黏砂土除外)	5 000 m^3	—	—	5 000 m^3	—	—
碎石土	5 000 m^3	5 000 m^3	—	—	5 000 m^3	5 000 m^3

注:1　表列数据为进行一次试验的填料数量;
2　表列数 5 mm、20 mm、40 mm 颗粒的单位体积重系进行密度校正计算时应做的试验;
3　当细粒中含粗颗粒的最大粒径大于重型击实试验试筒所规定的最大粒径时,超过尺寸的粗颗粒应做颗粒密度试验。

6.2.5　基床表层采用级配碎石、级配砂砾石的填料时,其质量和检验应符合本标准第 5.3.7 条的规定。

6.2.6　基床表层的分层填筑摊铺厚度应符合工艺性试验确定的填筑厚度和压实工艺参数要求,并不得大于 0.3 m。

检验数量:施工单位每 100 m 检查 3 处;监理单位每 100 m 见证检验 1 处。

检验方法:观察、尺量。

6.2.7　基床表层的厚度不得小于设计值。

检验数量:施工单位每 100 m 检查 6 点;监理单位每 300 m 见证检验 4 点。

检验方法:挖坑尺量。

6.2.8　路堤基床表层的填筑层压实质量及检验应符合本标准第 6.1.6 条的规定。

一 般 项 目

6.2.9　有路拱与无路拱路基的连接,应在无路拱地段按设计要求削铲顺坡,长度不应小于 10 m。

检验数量:施工单位全部检查。

检验方法:观察、尺量。

6.2.10　基床表层干砌护肩应大面平整、咬接紧密、肩棱整齐、圆顺。表面平整度 ≤50 mm。

检验数量:施工单位每 100 m 左、右侧各等间距检查 5 点。

检验方法:2.5 m 直尺配合塞尺量测。

6.2.11　路基基床表层中线高程、路肩高程、中线至路肩边缘距离、宽度、横坡允许偏差及检验标准应符合表 6.2.11 的规定。

表 6.2.11　路基基床表层中线高程、路肩高程、中线至路肩边缘距离、宽度、横坡允许偏差及检验

序号	项　目	允许偏差	施工单位检验数量	检验方法
1	中线高程	±20 mm	每 100 m 等间距检验 3 点	水准仪测量
2	路肩高程	±20 mm	每 100 m 等间距检验 6 点（左、右各 3 点）	水准仪测量
3	中线至路肩边缘距离	路堑：$^{+100}_{0}$ mm，路堤：不小于设计值	每 100 m 等间距检验 3 个断面	尺　量
4	宽　度	不小于设计值	每 100 m 等间距检验 3 个断面	尺　量
5	横　坡	±0.5%	每 100 m 等间距检验 5 个断面	坡度尺量/水准测量

6.3 路 基 面

主 控 项 目

6.3.1　路基中线和路肩的位置、高程应符合设计要求，测量的允许限差应符合本标准附录 A 的规定。

检验数量：施工单位等间距检查 9 个断面 27 个点（每个断面中线 1 点，路肩 2 点）；监理单位见证检验 3 个断面 9 个点。

检验方法：水准仪、经纬仪测量。

6.3.2　站后工程埋设穿过路基的管、线、桩、柱等预埋构件，不得侵入设计规定的限界，且应保持路基的外观整齐。

检验数量：施工单位、监理单位全部检查。

检验方法：观察、尺量。

6.3.3　路拱、坡面应平顺。路肩线平直、肩棱整齐、曲线圆顺、线型美观。

检验数量：施工单位、监理单位全部检查。

检验方法：观察。

一 般 项 目

6.3.4　路基面不得积水，填补路基面凹坑时应将深 10 ~ 15 cm 的表层挖松，并采用与路基面相同的填料压实。

检验数量：施工单位对填补凹坑检查 2 处。

检验方法：观察、尺量。

6.3.5　路基面平整度允许偏差及检验标准应符合表6.3.5 的规定。

表 6.3.5　路基面平整度允许限差及检验标准

项　目	允许偏差	施工单位检验数量	检验方法
路堤和土质路堑基床	15 mm	每 100 m 等间距检验 5 点	用 2.5 m 长直尺量测

7 路 堑

7.1 路堑基床底层

一般规定

7.1.1 填筑前应选择试验段做换填摊铺压实工艺性试验，确定主要工艺参数，并报监理单位确认。

7.1.2 基床底层换填摊铺、压实施工的一般要求应符合本标准第5.1.2条的有关规定。

主控项目

7.1.3 路堑基床底层换填的填料种类、质量应符合设计要求，其检验应符合本标准第5.1.4条的规定。

7.1.4 路堑基床底层厚度范围内含有软弱土层时，其天然土层静力触探比贯入阻力 P_s 值：Ⅰ级铁路不得小于1.2 MPa，Ⅱ级铁路不得小于1.0 MPa。低于上述指标时，应挖除基床底层厚度范围内天然土层，换填符合设计要求的填料或采用改良土填料填筑。

检验数量：施工单位每100 m检查2点；监理单位每200 m见证检验1点，且每分部工程不少于1点。

检验方法：静力触探。

7.1.5 路堑基床底层的换填深度应符合设计要求。

检验数量：施工单位每100 m等间距检查3点；监理单位见证检验1点。

检验方法：尺量。

7.1.6 路堑基床底层换填分层摊铺压实厚度应符合本标准第5.1.5条的规定。

7.1.7 路堑基床底层换填土的压实质量应符合本标准第6.1.6～6.1.7条的规定。

一般项目

7.1.8 路堑基床底层顶面高程、中线至路肩边缘距离、宽度、横坡、平整度的允许偏差及检验标准应符合本标准第6.2.11条和第6.3.5条的有关规定。

7.2 路堑基床表层

一般规定

7.2.1 基床表层换填施工前，应选择试验段进行摊铺压实工艺性试验，确定主要工艺参数，并报监理单位确认。

7.2.2 基床表层换填施工每一压实层必须使用同一种类且条件相同的填料。

7.2.3 基床表层换填摊铺压实施工的一般要求应符合本标准第6.2.3条的规定。

主控项目

7.2.4 基床表层换填的填料种类、质量及检验应符合本标准第 6.2.4~6.2.5 条的规定。

7.2.5 基床表层换填的分层填筑摊铺厚度及检验应符合本标准第 6.2.6 条的规定。

7.2.6 基床表层换填的厚度应符合设计要求。

检验数量:施工单位每 100 m 等间距检查 3 点;监理单位见证检验 1 点。

检验方法:尺量。

7.2.7 基床表层的压实质量应符合本标准第 6.1.6 条的规定。

一般项目

7.2.8 有路拱与无路拱的路基面的衔接,应符合本标准第 6.2.9 条的规定。

7.2.9 路基面应平顺、无积水,路肩肩棱整齐、曲线圆顺。石质路堑路基面超爆坑凹超过 30 cm 时,应用浆砌片石填平。

检验数量:施工单位全部检查。

检验方法:观察、尺量。

7.2.10 路堑基床表层中线高程、路肩高程、中线至路肩边缘距离、宽度、横坡允许偏差及检验标准应符合本标准第 6.2.11 条的规定。

7.3 路堑开挖

一般规定

7.3.1 路堑开挖施工应符合下列规定:

1 路堑施工应做好堑顶截、排水,堑顶为土质或含有软弱夹层的岩层时,天沟应及时铺砌或采取其他防渗措施。

2 不稳定的土质路堑边坡应分层加固。开挖和边坡加固有特别要求时,则应按设计要求办理。

3 石质路堑开挖严禁采用洞室爆破,宜采用深孔、预裂、光面爆破。

4 石质路堑采用爆破法开挖施工时,不得造成路堑边坡稳定的隐患和对邻近建筑物的损伤或隐患。

5 开挖区应保持排水系统畅通,临时排水设施宜与永久性排水设施相结合,并与原有排水系统相适应。

6 边坡开挖应符合下列规定:

1)标出边桩连接线,经常检查边坡开挖坡度;

2)坡面应平顺、无明显凹凸,无危石、浮土、砟堆、杂物;

3)需设防护的边坡,应按设计及时防护;当不能紧跟开挖防护时,应预留一定厚度的保护层。

7 开挖前和施工过程中,应随时检查坡顶、坡面的危石、裂缝和其他不稳定情况,并妥善处理;

8 路堑严禁掏底开挖。

7.3.2 石质路堑开挖施工前,监理工程师应参与审核每次爆破设计,且与现场核对相符。

爆破施工应符合《爆破安全规程》(GB 6722)的规定。

主控项目

7.3.3 路堑开挖应自上而下纵向、水平分层开挖，纵向坡度不得小于4%。

检验数量：施工单位每开挖层每100 m检查3点；监理单位每100 m见证检验1点。

检验方法：观察、水准测量。

7.3.4 光面爆破或预裂爆破的边坡坡面上宜保持炮孔痕迹，硬质岩石边坡炮孔痕迹率应达到50%；边坡坡面平顺，凹凸差应小于150 mm。

检验数量：施工单位每开挖层每100 m检查2个断面；监理单位每两层见证检验1个断面。

检验方法：观察、尺量。

一般项目

7.3.5 路堑边坡坡率、变坡点、平台位置、宽度、侧沟排水坡度允许偏差及检验标准应符合表7.3.5的规定。

表7.3.5 路堑边坡坡率、变坡点位置、平台位置、平台宽度、侧沟排水坡度允许偏差及检验标准

序号	项目	允许偏差	施工单位检验数量	检验方法
1	边坡坡率(偏陡量)	不得陡于设计坡率	每100 m每侧检查2点，上、下部各1点	用坡度尺量、计算
2	变坡点位置	±200 mm	每100 m每侧检查3点	水准仪测或尺量
3	平台位置	±200 mm	每100 m每侧检查3点	水准仪测或尺量
4	平台宽度	±100 mm	每100 m每侧检查3点	尺量
5	侧沟排水坡度	不得积水	每条沟全验	目测

7.3.6 光面或预裂爆破成型边坡坡率允许偏差及检验标准应符合表7.3.6的规定。

表7.3.6 光面或预裂爆破成型边坡坡率允许偏差及检验方法

序号	项目	允许偏差	施工单位检验数量	检验方法
1	倾斜坡面坡率	±3%设计坡度值	每100 m每侧等间距检查6点，上、下各3点	吊线尺量
2	垂直坡面坡率	正坡2°，不允许倒坡	每100 m每侧等间距检查6点，上、下各3点	吊线尺量、计算

7.4 膨胀岩(土)路堑

一般规定

7.4.1 膨胀岩(土)路堑施工的一般要求除应符合本标准第7.3.1条的规定外，并应符合下列规定：

1 膨胀岩(土)路堑的侧沟、天沟、吊沟、排水沟的铺砌必须及时完成。施工、生活、工农业用水应采取有效措施，禁止流入施工现场。

2　应集中力量、快速施工,及时封闭、分段完成。应避免在大雨、连续阴雨天施工。

3　路堑开挖不宜采用爆破法施工。当岩质较硬需要爆破时,必须严格控制用药量,采取措施减少震动。

4　设有支挡结构的边坡应随开挖随砌筑;如防护不能紧跟开挖完成时,应暂留厚度不小于 50 cm 的保护层。

5　路堑高侧山坡不应设置弃土堆。需要设置弃土堆时,弃土堆距边坡顶不应小于10 m。

主 控 项 目

7.4.2　膨胀岩(土)路堑的开挖应符合本标准第 7.3.3 ~7.3.4 条的有关规定。

一 般 项 目

7.4.3　路堑边坡坡率、变坡点、平台位置、宽度、侧沟排水坡度允许偏差及检验方法应符合本标准第 7.3.5 条的规定。

7.4.4　光面或预裂爆破成型边坡坡率允许偏差及检验方法应符合本标准第 7.3.6 条的规定。

7.5 黄土路堑

一 般 规 定

7.5.1　黄土路堑施工的一般要求除应符合本标准第 7.3.1 条的规定外,并应符合下列规定:

1　施工前应做好堑顶截、排水和地面排水设施,各种水沟铺砌必须保证质量,严防渗漏。生产和生活用水应妥善处理,不得流入施工现场软化地基、浸泡边坡。

2　注浆施工时应有符合环保要求的废浆隔离与回收设施。

3　施工宜在旱季进行,确需在雨季施工时,应集中力量快速施工。

4　降雨量大的地区应及早做好边坡防护和冲刷防护。

主 控 项 目

7.5.2　黄土路堑陷穴处理施工质量及检验应符合本标准第 4.20.6 条的规定。

7.5.3　黄土路堑开挖应符合本标准第 7.3.3 条的规定。

7.5.4　堑顶边缘外边坡高度加 5 m 范围内的积水洼地、裂缝应用黄土填平并夯实,夯实后土的干容重不得小于 15.5 kN/m^3。

检验数量:施工单位全部检查;监理单位按施工单位检查数量的 20% 见证检验。

检验方法:尺量、环刀法或核子湿度密度仪法。

一 般 项 目

7.5.5　陷穴处理的孔间距、孔深、灌浆压力允许偏差及检验标准应符合本标准第 4.20.12 条的规定。

7.5.6　黄土路堑边坡坡率、变坡点位置、平台位置、宽度、侧沟排水坡度允许偏差及检验标准应符合本标准表第 7.3.5 条的规定。

7.6 冻土路堑

一般规定

7.6.1 施工前应选择试验段进行边坡填筑压实工艺性试验,确定主要工艺参数,报监理单位确认。

7.6.2 冻土路堑开挖施工的一般要求除应符合本标准第 7.3.1 条的规定外,并应符合下列规定:

1 施工前应结合永久性排水设施做好堑顶和层上水的截、排水,及时铺砌或采取其他防渗措施。施工、生活、工农业用水应采取有效措施禁止流入施工现场。

2 季节性冻土的排水设施应在融化季节初期完成。

3 路堑开挖宜采用松动爆破或机械开挖。爆破不得造成路堑边坡稳定的隐患和对邻近建筑物的损伤或隐患以及开挖范围以外的生态环境破坏;严禁采用洞室爆破。

4 多年冻土路堑开挖应在寒季施工;应分段开挖,及时保温防护。

5 弃土应弃于远离路堑的下方侧,严禁随意弃土。

6 开挖地段原地面地表的草皮应按设计要求移植。

7.6.3 工业保温材料进场后,应妥善保管,防止损坏。铺设后,铺设层上严禁运输、碾压机械直接在工业保温材料上行走,应及时填土(砂)覆盖。

主控项目

7.6.4 富冰、饱冰、含土冰层路堑堑顶包角和路堑边坡换填填料的种类、质量应符合设计要求,其检验应符合本标准第 5.1.4 条的规定。

7.6.5 工业保温材料因填筑压实而产生的压缩变形量应符合设计要求。

检验数量:施工单位每 100 m 检查 2 个断面,每个断面左、中、右各 1 点;监理单位见证检验。

检验方法:在上垫层和上覆第一层填土填筑压实后挖开针刺法测量。

7.6.6 富冰、饱冰、含土冰层路堑堑顶包角的厚度应符合设计要求。

检验数量:施工单位每 100 m 等间距检查 2 点;监理单位每 100 m 见证检验 1 点。

检验方法:尺量。

7.6.7 路堑开挖应符合本标准第 7.3.3 条和第 7.3.4 条的规定。

7.6.8 边坡换填的厚度应符合设计要求。

检验数量:施工单位每 100 m 等间距检查 4 点;监理单位每 100 m 见证检验 1 点。

检验方法:尺量。

7.6.9 边坡换填分层摊铺厚度应符合工艺性试验确定的填筑厚度和压实工艺要求。

检验数量:施工单位每 100 m 等间距检查 3 点;监理单位每 100 m 见证检验 1 点。

检验方法:尺量。

一般项目

7.6.10 富冰、饱冰、含土冰层路堑堑顶包角的设置范围应符合设计要求。

检验数量:施工单位每 100 m 等间距检查 2 点。

检验方法:测量。

7.6.11 边坡换填的范围应符合设计要求。

检验数量:施工单位每 100 m 等间距检查 3 点。

检验方法:测量。

7.6.12 路堑边坡坡率、变坡点位置、平台位置、宽度、侧沟排水坡度允许偏差及检验标准应符合本标准第 7.3.5 条的规定。

7.7 弃土场(堆)

一 般 规 定

7.7.1 弃土场(堆)设置除应符合国家环保要求外,并应符合下列规定:

1 沿河岸或傍山路堑的弃土不得弃入河道或涵洞口,不得向江、河、湖泊、水库、沟渠弃土;

2 可能挤压桥孔、改变水流方向和加剧对河岸的冲刷的地方不得弃土;

3 严禁贴近桥墩台或在其他构筑物附近弃土;

4 严禁在岩溶漏斗处、暗河口、泥石流沟上游弃土;

5 不宜沿江、河、海的岸滩堆置弃土。

7.7.2 在下列地段和部位,当无稳定的加固措施时,不得弃土:

1 地面横坡陡于 1:5地段的堑顶上方;

2 边坡土质松软或岩层倾向线路,且倾向角对边坡稳定不利的地段;

3 有滑动危险或受水冲刷可能造成泥石流的地段。

7.7.3 路堑边坡较高侧弃土堆应连续堆置,边坡较低侧应留有缺口,应能使堑顶地面排水通畅。

主 控 项 目

7.7.4 弃土场(堆)挡土墙使用的原材料及检验应符合本标准第 8.7.3 条的规定。

7.7.5 弃土场(堆)挡土墙的设置位置、构造尺寸应符合设计要求。

检验数量:施工单位每座检查 2 点;监理单位见证检验 1 点。

检验方法:观察、经纬仪测量。

7.7.6 弃土场(堆)挡土墙的基坑开挖应符合本标准第8.1.4~8.1.6 条的规定。

7.7.7 弃土场(堆)挡土墙基础、墙身所用材料及施工质量应符合本标准第 8.7.4~8.7.9 条的规定。

7.7.8 弃土场(堆)的弃土堆高度应符合设计要求。

检验数量:施工单位对集中弃土场每处检查,对沿线弃土堆每堆检查 5 处;监理单位见证检验 1 处。

检验方法:尺量。

一 般 项 目

7.7.9 弃土场(堆)的范围、弃土堆内侧坡脚至堑顶距离应符合设计要求。

检验数量:施工单位对集中弃土场每处检查 4 处,对沿线弃土堆每堆检查 2 处。

检验方法:尺量。

7.7.10　弃土场(堆)的弃土堆坡度应符合设计要求。

检验数量:施工单位对集中弃土场每处检查 4 处,对沿线弃土堆每堆检查 2 处。

检验方法:坡度尺量。

7.7.11　弃土堆表面应平顺,并按设计要求进行防护。

检验数量:施工单位全部检查。

检验方法:观察。

7.7.12　弃土场(堆)挡土墙明挖基坑各部尺寸允许偏差及检验标准应符合本标准第 8.1.7 条的有关规定。

7.7.13　基础砌体高程、宽度,起讫里程、沉降缝位置及宽度允许偏差及检验标准应符合本标准第 8.2.8 条的有关规定。

7.7.14　弃土场(堆)挡土墙墙身厚度、顶面高程、泄水孔间距、起讫里程、墙面垂直度、斜度、平整度允许偏差及检验标准应符合本标准第 8.7.11、第 8.7.12 条的有关规定。

8　重力式挡土墙

8.1　明挖基坑

一般规定

8.1.1　基坑开挖时应采取临时支护措施保持边坡稳定。地质条件较差，基坑开挖较深，边坡稳定性较差时，为确保边坡稳定，应分段跳槽开挖，并及时下基封闭。

8.1.2　基坑开挖过程中应避免对墙趾处持力岩土层的扰动，并应避免雨水浸泡基坑。

8.1.3　基坑开挖完成后，首段基坑地基承载力应经设计、施工、监理三方共同检验合格后方能进入下道工序施工。

主控项目

8.1.4　基坑底面应无浮渣，基坑地基承载力应符合设计要求。

检验数量：施工单位检查 2 点；监理单位见证检验 1 点。

检验方法：土质基坑采用动力触探（$N_{63.5}$）；击数标准经试验确定或设计给定，试验时监理旁站；石质基坑采用现场目测鉴别方法。

8.1.5　基坑开挖高程应符合设计要求。

检验数量：施工单位检查 4 点；监理单位见证检验 1 点。

检验方法：水准测量、尺量。

8.1.6　台阶形坑底应完整无伤损，台面与阶壁应平顺。斜面地基应平整、无贴补。

检验数量：施工单位、监理单位全部检查。

检验方法：观察、尺量。

一般项目

8.1.7　挡土墙明挖基坑各部尺寸允许偏差及检验标准应符合表8.1.7的规定。

表 8.1.7　挡土墙明挖基坑各部尺寸允许偏差及检验标准

序号	项　目	允许偏差	施工单位检查数量	检验方法
1	基坑边缘距路基中线距离	$^{+50}_{-10}$ mm	4 点	尺　量
2	台阶尺寸	±100 mm	4 点	尺　量
3	斜面基底坡率	±1%	4 点	水平尺与楔形尺量
4	起讫里程	±100 mm	截面尺寸变化处 2 点	经纬仪测量、尺量
5	基底高程	$^{0}_{-50}$ mm	4～6 点	水准仪测量

8.2 基　　础

一般规定

8.2.1 设计无特殊要求时，基础及墙身应一次砌筑。

8.2.2 基础砌筑应采用挤浆法，确保灰缝饱满。砌块应大面朝下，丁顺相间，互相咬接，上下错缝，不得有通缝和空缝。砌体周边应平顺整齐或与基坑壁紧贴，基坑超挖部分应用同级混凝土/砌体进行封闭。台阶基础的砌体与阶壁间隙应插浆塞满，台阶处不得砌成竖向通缝。

主控项目

8.2.3 基础砌筑所用砂、石料、水泥等材料的品种、规格、质量应符合设计要求，其进场检验应符合本标准附录 E 的有关规定。

8.2.4 基础混凝土（浆砌片石砂浆）强度等级应符合设计要求。

检验数量：施工单位每 100 m^3 砌体的砂浆、混凝土取试件 1 组，不足 100 m^3 亦制取 1 组试件；监理单位按施工单位检查数量的 10% 平行检验，且不少于 1 组。

检验方法：混凝土（砂浆）试件做抗压强度试验。

8.2.5 沉降缝（伸缩缝）的预留及塞缝处理应符合设计要求。

检验数量：施工单位检查每道沉降缝；监理单位按施工单位检查数量的 10% 平行检验。

检验方法：观察、尺量。

一般项目

8.2.6 基坑回填应分层夯填密实，并应符合设计要求。

检验数量：施工单位检查 3 点。

检验方法：轻型动力触探（N_{10}），击数标准经击实试验确定。

8.2.7 基础表面除设计有专门要求外，应轮廓清晰、大面平整。

检验数量：施工单位全部检查。

检验方法：观察。

8.2.8 基础顶面高程、前边缘距路基中线距离、基础宽度、基础襟边宽度（高度）、起讫里程（长度）、沉降缝位置及宽度允许偏差及检验标准应符合表 8.2.8 的规定。

表 8.2.8 基础顶面高程、前边缘距路基中线距离、基础宽度、基础襟边宽度（高度）、起讫里程（长度）、沉降缝位置及宽度允许偏差及检验标准

序号	项　目	允许偏差	施工单位检查数量	检验方法
1	高　程	±20 mm	3 点	水准仪测量
2	前边缘距路基中线距离	+50 mm	3 点	钢 尺 量
3	基础宽度	±50 mm	3 点	尺　量
4	基础襟边宽度（高度）	±20 mm	每扩大基础段 3 组	尺　量

续上表

序号	项　　目	允许偏差	施工单位检查数量	检验方法
5	起讫里程(长度)	±100 mm	每不同结构尺寸段1处	经纬仪测量、尺量
6	沉降缝位置	±50 mm	每道	尺　量
7	沉降缝宽度	±4 mm	6处	尺　量

注:非水平基础底面高程应检测墙趾墙踵处高程。

8.3 桩 基 础

一 般 规 定

8.3.1　桩孔开挖应做好桩孔护壁、防止坍孔,并做好地面排水及孔内通风工作。

8.3.2　桩孔混凝土应连续灌注。地下水发育地区则应按水下混凝土施工。钻孔桩混凝土应采用水下混凝土灌注方法施工。

主 控 项 目

8.3.3　桩基础所用钢筋、水泥、砂、碎石的品种、规格、质量应符合设计要求,其进场检验应符合本标准附录E的有关规定。

8.3.4　桩底持力层应符合设计要求。

检验数量:施工单位全部检查;监理单位按施工单位检验数量的20%见证检验。首根桩设计单位应见证。

检验方法:现场鉴别。

8.3.5　桩孔形式应符合设计要求。

检验数量:施工单位全部检查;监理单位按施工单位检查数量的20%见证检验。

检验方法:挖孔桩采用尺量,钻孔桩采用检孔器检测。

8.3.6　桩身钢筋的规格、数量、钢筋骨架形式、钢筋连接方式应符合设计要求。

检验数量:施工单位全部检查;监理单位按施工单位检查数量的20%见证检验或10%平行检验。

检验方法:观察、尺量。

8.3.7　桩身钢筋接头的施工质量应符合铁道部现行《铁路混凝土与砌体工程施工质量验收标准》(TB 10424)的有关规定。

8.3.8　桩身混凝土强度等级应符合设计要求。

检验数量:施工单位每100 m^3 混凝土取试件1组,不足100 m^3 亦制取1组试件;监理单位按施工单位检查数量的20%见证检验或10%平行检验,且不少于1组。

检验方法:混凝土试件做抗压强度试验。

8.3.9　桩身混凝土灌注应连续、完整。

检验数量:施工单位全部检查;监理单位按施工单位检查数量的20%见证检验。

检验方法:低应变动力检测或声波透射法。

一 般 项 目

8.3.10　桩孔倾斜度不得大于孔深的0.5%。

检验数量:施工单位全部检查。

检验方法:吊线、尺量。

8.3.11 桩身钢筋骨架允许偏差及检验方法应符合表8.3.11的规定。

表8.3.11 挖(钻)孔桩钢筋骨架的允许偏差及检验方法

序号	项目	允许偏差(mm)	检验方法
1	钢筋骨架在承台底以下长度	±100	尺量检查
2	钢筋骨架直径	±20	
3	主钢筋间距	±0.5d	尺量检查不少于5处
4	加强筋间距	±20	
5	箍筋间距或螺旋筋间距	±20	
6	钢筋骨架垂直度	骨架长度1%	吊线尺量检查

注:d为钢筋直径。

检验数量:施工单位全部检查。

8.3.12 桩的平面位置、桩底高程、桩径允许偏差及检验方法应符合表8.3.12的规定。

表8.3.12 桩的平面位置、桩底高程、桩径、允许偏差及检验方法

序号	项目	允许偏差	检验方法
1	桩的平面位置	±50 mm	尺量
2	桩底高程	±100 mm	尺量
3	桩径	不小于设计值	尺量

检验数量:施工单位全部检查。

8.4 桩基础承台

一般规定

8.4.1 两沉降缝间的桩基础承台混凝土应连续灌筑一次成型。

主控项目

8.4.2 承台所用钢筋、水泥、砂、碎石的品种、规格、质量应符合设计要求,其进场检验应符合本标准附录E的有关规定。

8.4.3 承台钢筋的规格、数量、钢筋骨架形式、钢筋连接方式应符合设计要求。

检验数量:施工单位全部检查;监理单位按施工单位检查数量的10%平行检验。

检验方法:观察、尺量。

8.4.4 承台钢筋接头的施工质量应符合铁道部现行《铁路混凝土与砌体工程施工质量验收标准》(TB 10424)的有关规定。

8.4.5 承台混凝土强度等级应符合设计要求。

检验数量:施工单位每100 m³混凝土取1组试件,不足100 m³亦制取1组试件;监理

单位按施工单位检查数量的20%见证检验或10%平行检验,且不少于1组。

检验方法:混凝土试件做抗压试验。

一般项目

8.4.6 承台高程、边缘距路基中线距离、基础宽度、起讫里程、沉降缝位置及宽度允许偏差及检验标准应符合本标准第8.2.8条的有关规定。

8.5 沉井基础

一般规定

8.5.1 沉井施工前应对山洪、泥石流等情况进行调查,并制订相应的安全措施。

8.5.2 沉井下沉前应按设计要求,对附近影响范围内的建筑物,制订防护措施,并在下沉过程中建立观测制度。

8.5.3 沉井下沉过程中排出的废土,应按环保相关要求弃置于指定的地点。

主控项目

8.5.4 沉井混凝土所用钢筋、水泥、砂、碎石的品种、规格、质量应符合设计要求,其进场检验应符合本标准附录E的有关规定。

8.5.5 沉井模板及支架的安装和拆除应符合铁道部现行《铁路混凝土与砌体工程施工质量验收标准》(TB 10424)的有关规定。

8.5.6 沉井底节混凝土必须达到设计强度等级,其上各节混凝土应达到设计强度等级的70%后方可下沉。沉井混凝土强度等级的验收应符合铁道部现行《铁路混凝土与砌体工程施工质量验收标准》(TB 10424)的有关规定。

检验数量:施工单位每100 m^3 混凝土取试件1组,不足100 m^3 亦制取1组试件;监理单位按施工单位检查数量的20%见证检验或10%平行检验,且不少于1组。

检验方法:混凝土试件做抗压试验。

8.5.7 沉井钢筋的规格、数量、钢筋骨架形式、钢筋连接方式应符合设计要求。

检验数量:施工单位全部检查;监理单位按施工单位检查数量的10%平行检验。

检验方法:观察、尺量。

8.5.8 沉井钢筋接头的施工质量应符合铁道部现行《铁路混凝土与砌体工程施工质量验收标准》(TB 10424)的有关规定。

一般项目

8.5.9 沉井承台(顶盖)高程、边缘距路基中线距离、起讫里程允许偏差及检验方法应符合本标准第8.2.8条相应项目的规定。

8.5.10 混凝土沉井制作允许偏差及检验方法应符合表8.5.10的规定。

检验数量:施工单位全部检查。

8.5.11 沉井下沉至设计标高后的允许偏差及检验方法应符合表8.5.11的规定。

表 8.5.10　混凝土沉井制作允许偏差及检验方法

序号	项目		允许偏差	检验方法
1	平面尺寸	长、宽	±0.5%，且不大于 120 mm	测量每边不少于 2 处
		曲线半径	±0.5%，且不大于 60 mm	尺量不少于 4 处
		对角线	±1%，且不大于 180 mm	尺　量
2	井壁厚度	混凝土、片石混凝土	±40 mm	尺量不少于 4 处
		钢筋混凝土	±15 mm	
3	井壁表面平整度		±5 mm	2 m 靠尺量不少于 4 处

表 8.5.11　沉井下沉至设计高程后的允许偏差及检验方法

序号	项目	允许偏差	检验方法
1	底面、顶面中心位置	$h/50$ mm	底、顶面至少各测量 4 处
2	倾斜度	1/50	测　量
3	平面扭角(矩形、圆端形)	1°	

注：h 为沉井高度。

检验数量：施工单位全部检查。

8.6　换填基础

一般规定

8.6.1　换填施工前应对照设计文件核实软弱土层厚度及范围，并报监理单位及设计单位确认。

主控项目

8.6.2　换填所用材料的品种、规格、质量应符合设计要求，其进场检验应符合本标准第 4.2.3 条的规定。

8.6.3　换填基础的基底高程应符合设计要求。

检验数量：施工单位检查 8 点；监理单位见证检验 2 点。

检验方法：水准仪测量。

8.6.4　换填基础的压实质量应符合设计要求。

检验数量：施工单位对每压实层检查 8 点；监理单位见证检验 2 点。

检验方法：根据填料类别采用动力触探(N_{10}，$N_{63.5}$)或设计指定的其他方法。

一般项目

8.6.5　换填基础的顶面高程、换填深度、边缘距路基中线的距离、起讫里程允许偏差及检验标准应符合表 8.6.5 的规定。

表 8.6.5　换填基础顶面高程、换填深度、边缘距路基中线的距离、起讫里程允许偏差及检验标准

序号	项　　目	允许偏差	施工单位检验数量	检验方法
1	高　　程	±20 mm	3 点	水准仪测量
2	换填深度	±50 mm	3 点	水准仪测量
3	边缘距路基中线距离	+50 mm	3 处	钢尺丈量
4	起讫里程	±100 mm	1 组	经纬仪测量、尺量

8.7　挡土墙墙身及墙背填筑

一 般 规 定

8.7.1　挡土墙墙身砌筑应采用挤浆法，确保灰缝饱满。砌块应大面朝下，丁顺相间，互相咬接，上下错缝，不得有通缝和空缝。墙身排水孔严禁倒坡。

8.7.2　路堤衡重式挡墙的下墙与上墙结合部应有接搓，严禁砌成水平通缝。挡墙与填土的接触面宜留有一定的糙度。衡重台顶面应严格按设计要求设置排水孔。

主 控 项 目

8.7.3　挡墙砌筑所用的水泥、砂、石料及反滤层材料的品种、规格、质量应符合设计要求，其进场检验应符合本标准附录 E 的有关规定。

8.7.4　墙身浆砌片石的砂浆、混凝土强度等级应符合设计要求。

检验数量：施工单位每 100 m^3 砌体的砂浆、混凝土取试件 1 组，不足 100 m^3 亦制取试件 1 组；监理单位按施工单位检查数量的 20% 见证检验或 10% 平行检验，且不少于 1 组。

检验方法：砂浆、混凝土试件做抗压试验。

8.7.5　墙面应平顺整齐。墙顶、两端面与基础连接处应密贴封严。

检验数量：施工单位、监理单位全部检查。

检验方法：观察。

8.7.6　墙身沉降缝（伸缩缝）的预留与塞封应符合设计要求，接缝平直、塞缝严密。

检验数量：施工单位全部检查；监理单位按施工单位检查数量的 10% 平行检验。

检验方法：观察、尺量。

8.7.7　泄水孔孔径尺寸、排水坡度应符合设计要求，并排水通畅。

检验数量：施工单位检查总数的 10%；监理单位按施工单位检查数量的 20% 见证检验。

检验方法：炮棍法测排水坡、尺量。

8.7.8　墙后防排水设施、隔水反滤层的构造应符合设计要求，其反滤层厚度不小于设计规定。

检验数量：施工单位检查不少于 3 处；监理单位见证检验 1 处。

检验方法：观察、尺量。

8.7.9　墙背填筑应分层压实，其压实质量应符合设计要求。

检验数量:施工单位每夯填层检查3点;监理单位每三层见证检验2点。

检验方法:轻型动力触探(N_{10}),其击数标准经试验确定。

一 般 项 目

8.7.10　浆砌片石(块石、砌块)的砌缝宽度、三块片石相接处的内切圆直径和砌筑方式应符合表8.7.10的规定。

表8.7.10　浆砌片石(块石、砌块)的砌缝宽度、三块片石相接处的内切圆直径和砌筑方式

序号	项　目	浆砌片石(mm)	浆砌块石(mm)	浆砌料石(混凝土砌块)(mm)
1	表面砌缝宽度	≤40	≤30	15~20
2	每找平一次的砌筑高度	≤1 200	≤1 200	—
3	两层间竖向错缝	≥80	≥80	≥100,困难时丁石上下只能一面有竖缝
4	三块石料间的内切圆直径	≤70	—	—
5	砌筑方式	—	一丁一顺或二顺一丁	一丁一顺

检验数量:施工单位全部检查。

检验方法:观察、尺量。

8.7.11　墙身前边缘距线路中线距离、墙身厚度、顶面高程、泄水孔间距、起讫里程允许偏差及检验标准应符合表8.7.11的规定。

表8.7.11　墙身前边缘距线路中线距离、墙身厚度、顶面高程、泄水孔间距、起讫里程、沉降缝位置、沉降缝宽度允许偏差及检验方法

序号	项　目	允许偏差		施工单位检查数量	检验方法
		浆砌片石	混凝土		
1	距线路中线距离	$^{+50}_{0}$ mm	$^{+20}_{0}$ mm	3处	经纬仪测量、尺量
2	墙身厚度(前缘至后缘)	$^{+20}_{0}$ mm	$^{+20}_{0}$ mm	3处	尺　量
3	顶面高程	±20 mm	±20 mm	3点	水准仪测量
4	泄水孔间距	±20 mm	±20 mm	抽查10%,1组	尺　量
5	起讫里程	±100 mm	±100 mm	每不同结构长度,2处	经纬仪测量、尺量
6	沉降缝位置	±50 mm	±50 mm	每道缝	尺　量
7	沉降缝宽度	±4 mm	±4 mm	6处	尺　量

8.7.12　墙面垂直度、斜度、平整度允许偏差及检验标准应符合表8.7.12的规定。

表 8.7.12 墙面垂直度、斜度、平整度允许偏差及检验标准

序号	项目		允许偏差		施工单位检查数量	检验方法
			浆砌片石	混凝土		
1	垂直度	$h \leq 6$ m	20 mm	10 mm	3 处	吊线尺量
2		$h > 6$ m	30 mm	15 mm	3 处	吊线尺量
3	斜度		±5% 设计斜度	±3% 设计斜度	3 处	坡度尺或吊线尺量
4	平整度		50 mm	20 mm	3 处	2.5 m 直尺,尺量

9 短卸荷板式挡土墙

9.1 明挖基坑

一般规定

9.1.1 短卸荷板式挡土墙明挖基坑施工的一般要求应符合本标准第8.1.1～8.1.3条的规定。

主控项目

9.1.2 短卸荷板式挡土墙明挖基坑施工质量及验收应符合本标准第8.1.4～8.1.6条的规定。

一般项目

9.1.3 短卸荷板式挡土墙基坑各部尺寸允许偏差及检验标准应符合本标准第8.1.7条的规定。

9.2 基 础

一般规定

9.2.1 短卸荷板式挡土墙基础施工的一般要求应符合本标准第8.2.1～8.2.2条的规定。

主控项目

9.2.2 短卸荷板式挡土墙基础砌筑施工质量及验收应符合本标准第8.2.3～8.2.5条的规定。

一般项目

9.2.3 短卸荷板式挡土墙基坑回填、基础表面质量、基础砌筑各部尺寸允许偏差及检验标准应符合本标准第8.2.6～8.2.8条的规定。

9.3 挡土墙墙身及墙背填筑

一般规定

9.3.1 挡土墙墙身应按上墙与下墙两个部分进行施工。

9.3.2 挡土墙的下墙与上墙结合部应有接茬，严禁砌成水平通缝。挡墙与填土的接触面宜留有一定的糙度。短卸荷板顶面应严格按设计要求设置排水孔。

9.3.3 挡土墙墙身的施工应符合本标准第8.7.1条的规定。

主 控 项 目

9.3.4 挡土墙墙身的施工质量及验收应符合本标准第 8.7.3～8.7.5 条的规定。

9.3.5 墙身沉降缝的施工质量及验收应符合本标准第 8.7.6 条的规定。

9.3.6 墙后泄水孔及反滤层的施工质量及验收应符合本标准第 8.7.7～8.7.8 条的规定。

9.3.7 挡土墙墙背填筑施工质量及检验应符合本标准第 8.7.9 条的规定。

一 般 项 目

9.3.8 短卸荷板式挡土墙墙身的砌缝施工及墙身各部尺寸允许偏差及检验标准应符合本标准第 8.7.10～8.7.12 条的规定。

9.4 短卸荷板

一 般 规 定

9.4.1 短卸荷板宜优先采用现浇法施工。当采用预制吊装施工时，卸荷板及垫板表面应有粗糙度，铺设时应铺垫水泥砂浆使其与墙体连接牢固。

主 控 项 目

9.4.2 短卸荷板制作所用的钢筋、水泥、砂、石料及反滤层材料的品种、规格、质量应符合设计要求，其进场检验应符合本标准附录 E 的有关规定。

9.4.3 短卸荷板、垫板的混凝土强度等级应符合设计要求。

检验数量：施工单位每 100 m^3 混凝土取试件 1 组，不足100 m^3混凝土亦取试件 1 组；监理单位按施工单位检查数量的 20% 见证检验或 10% 平行检验，亦不少于 1 组。

检验方法：混凝土试件做抗压试验。

9.4.4 短卸荷板采用预制吊装时，在卸荷板与上墙体接触面间应按设计要求插入短钢筋，在卸荷板嵌入墙体部分应按设计要求垫以混凝土垫板。

检验数量：施工单位、监理单位全部检查。

检验方法：观察、尺量。

9.4.5 短卸荷板面上墙体内应按设计要求设置排水孔，排水孔不得倒坡。

检验数量：施工单位检查总数的 20%；监理单位按施工单位检查数量的 20% 见证检验。

检验方法：观察、尺量、炮棍法测排水坡。

一 般 项 目

9.4.6 短卸荷板安装高程、长度、宽度、厚度允许偏差及检验标准应符合表 9.4.6 的规定。

表 9.4.6　短卸荷板安装高程、长度、宽度、厚度允许偏差及检验标准

序号	项　目	允许偏差	施工单位检查数量	检验方法
1	高　程	±20 mm	3点	水准仪测量
2	长　度	$^{+10}_{-5}$ mm	2处	尺　量
3	宽　度	$^{+3}_{-5}$ mm	3处	尺　量
4	厚　度	$^{+4}_{-2}$ mm	3处	尺　量

10 悬臂式和扶壁式挡土墙

10.1 明挖基坑

一般规定

10.1.1 悬臂式和扶壁式挡土墙明挖基坑施工的一般要求应符合本标准第 8.1.1 ~ 8.1.3 条的规定。

主控项目

10.1.2 悬臂式和扶壁式挡土墙明挖基坑的施工质量及验收应符合本标准第 8.1.4 ~ 8.1.6 条的规定。

一般项目

10.1.3 悬臂式和扶壁式挡土墙明挖基坑各部尺寸允许偏差及检验标准应符合本标准第 8.1.7 条的规定。

10.2 墙趾板、墙踵板

一般规定

10.2.1 墙趾板、墙踵板、面板及肋的钢筋应一次绑扎、安装。宜一次完成混凝土灌注；混凝土施工应符合铁道部现行《铁路混凝土与砌体工程施工质量验收标准》(TB 10424)的有关规定。

主控项目

10.2.2 墙趾板、墙踵板所用的钢筋、砂、碎石等材料的品种、规格、质量应符合设计要求，其进场检验应符合本标准附录 E 的有关规定。

10.2.3 墙趾板、墙踵板钢筋的规格、数量、钢筋骨架形式、钢筋连接方式应符合设计要求。

检验数量：施工单位全部检查；监理单位按施工单位检查数量的 10% 平行检验。

检验方法：观察、尺量。

10.2.4 墙趾板、墙踵板钢筋接头的施工质量应符合铁道部现行《铁路混凝土与砌体工程施工质量验收标准》(TB 10424)的有关规定规定。

10.2.5 墙趾板、墙踵板的混凝土强度等级应符合设计要求。

检验数量：施工单位每 100 m^3 混凝土取试件 1 组，不足100 m^3混凝土亦取试件 1 组；监理单位按施工单位检查数量的 20% 见证检验或 10% 平行检验，且不少于 1 组。

检验方法：混凝土试件做抗压强度试验。

10.2.6 墙趾板、墙踵板、面板及肋(扶壁)的模板应支架稳固、接缝严密、具有足够的强度和刚度。

检验数量:施工单位、监理单位全部检查。

检验方法:观察,必要时做荷载试验。

一 般 项 目

10.2.7 墙趾板、墙踵板后的回填应符合本标准第 8.2.6 条的规定。

10.2.8 墙趾板、墙踵板顶面高程、前边缘距路基中线距离、宽度、起讫里程、沉降缝位置及宽度等允许偏差及检验方法应符合本标准第 8.2.8 条的有关规定。

10.2.9 墙趾板、墙踵板的墙面垂直度、斜度、平整度允许偏差及检验方法应符合本标准第 8.7.12 条的有关规定。

10.3 墙面板、扶壁

一 般 规 定

10.3.1 墙背填筑应在墙面板混凝土强度达到设计强度等级的 70% 以后方可进行施工。

主 控 项 目

10.3.2 墙面板、扶壁施工所用材料的品种、规格、质量应符合设计要求,其进场检验应符合本标准附录 E 的有关规定。

10.3.3 墙面板、扶壁钢筋的规格、数量、钢筋骨架形式、钢筋连接方式应符合设计要求。

检验数量:施工单位全部检查;监理单位按施工单位检查数量的 20% 见证检验或 10% 平行检验。

检验方法:观察、尺量。

10.3.4 墙面板、扶壁钢筋接头的施工质量应符合铁道部现行《铁路混凝土与砌体工程施工质量验收标准》(TB 10424)的有关规定。

10.3.5 墙面板、扶壁的混凝土强度等级应符合设计要求。

检验数量:施工单位每 100 m^3 混凝土取试件 1 组,不足 100 m^3 混凝土亦取试件 1 组;监理单位按施工单位检查数量的 20% 见证检验或 10% 平行检验,且不少于 1 组。

检验方法:混凝土试件做抗压强度试验。

10.3.6 墙背反滤层应按设计要求随填筑及时施工。

检验数量:施工单位、监理单位全部检查。

检验方法:观察、尺量。

10.3.7 泄水孔孔径尺寸、排水坡度应符合设计要求,并排水通畅。

检验数量:施工单位按泄水孔总数的 10% 检查;监理单位按施工单位检查数量的 20% 见证检验 。

检验方法:炮棍法测排水坡、尺量。

10.3.8 墙面板、扶壁的模板应支架稳固、接缝严密、具有足够的强度和刚度。

检验数量:施工单位、监理单位全部检查。

检验方法:观察,必要时做模拟荷载试验。

一 般 项 目

10.3.9　墙背填筑的压实质量应符合设计要求。其检验数量及方法应符合本标准第5.1节、第6.1节、第6.2节中一般项目的有关规定，特殊填料的填筑压实质量应符合相应规定。

10.3.10　悬臂式和扶壁式挡土墙沉降缝(伸缩缝)的施工质量及验收应符合本标准第8.7.6条的规定。

10.3.11　墙身前边缘距线路中线距离、墙身厚度、顶面高程、泄水孔间距、起讫里程允许偏差及检验方法应符合本标准第8.7.11条的规定。

10.3.12　墙身垂直度、斜度、平整度允许偏差及检验标准应符合本标准第8.7.12条的规定。

11 锚杆挡土墙

11.1 明挖基坑

一般规定

11.1.1 锚杆挡土墙明挖基坑施工的一般要求应符合本标准第8.1.1～8.1.3条的规定。

主控项目

11.1.2 锚杆挡土墙明挖基坑施工质量及验收应符合本标准第8.1.4～8.1.6条的规定。

一般项目

11.1.3 锚杆挡土墙明挖基坑各部尺寸允许偏差及检验标准应符合本标准第8.1.7条的规定。

11.2 基 础

一般规定

11.2.1 基础砌筑施工的一般要求应符合本标准第8.2.1～8.2.2条的规定。

主控项目

11.2.2 基础砌筑施工质量及验收应符合本标准第8.2.3～8.2.5条的规定。

一般项目

11.2.3 基坑回填施工质量应符合本标准第8.2.6条的规定。
11.2.4 基础表面质量应符合本标准第8.2.7条的规定。
11.2.5 基础施工各部尺寸允许偏差及检验标准应符合本标准第8.2.8条的规定。

11.3 锚杆制作、安装

一般规定

11.3.1 锚孔应用高压风、水清孔，并严格执行灌浆施工工艺要求，当用水清孔影响锚杆的抗拔强度时，应用高压风清孔。

11.3.2 锚杆正式施工前，应采用与正式施工相同的施工方法施作试验锚杆，对锚杆做抗拔力试验并确认其能达到设计要求，确定施工参数。试验的锚杆数为工作锚杆数的3%，且不少于3根。

11.3.3 锚杆注浆应采用孔底注浆法，注浆压力应达到设计或试验时所确定的参数。必

须待锚固砂浆达到设计强度的70%以后，方可安装肋柱和墙面板。

主 控 项 目

11.3.4　锚孔注浆所用各种材料的品种、规格、质量应符合设计要求。其进场检验应符合本标准附录E及相关产品的规定。

11.3.5　注浆体强度等级应符合设计要求。

检验数量：施工单位每检验批取试件2组，每组试件不少于6块；监理单位按施工单位检验数量的20%见证检验或10%平行检验，且不少于1组。

检验方法：试件做抗压强度试验。

11.3.6　锚杆抗拔力应达到设计要求。

检验数量：施工单位检查锚杆总数的3%；监理单位按施工单位检查数量的20%见证检验。

检验方法：锚杆抗拔力试验。

11.3.7　锚杆布置形式应符合设计要求。

检验数量：施工单位、监理单位全部检查。

检验方法：观察、尺量。

11.3.8　锚头及锚杆未锚入土层部分，应按设计做好除锈、防锈处理。

检验数量：施工单位、监理单位全部检查。

检验方法：观察。

一 般 项 目

11.3.9　锚孔位置、直径、倾角、深度及锚杆长度允许偏差及检验标准应符合表11.3.9的规定。

表11.3.9　锚孔位置、直径、倾角、深度及锚杆长度允许偏差及检验标准

序号	项　目	允许偏差	施工单位检查数量	检验方法
1	位　置	±50 mm	每孔2组4点	经纬仪测、尺量
2	直　径	$^{+10}_{-5}$ mm	每孔2组4点	尺　量
3	倾　角	±3%	每　孔	导杆法测量
4	深　度	±50 mm	每　孔	尺　量
5	锚杆长度	±50 mm	抽查10%	尺　量

11.4　肋柱、墙面板

一 般 规 定

11.4.1　肋柱和墙面板必须待锚固砂浆达到设计强度的70%以后方可安装。肋柱和墙面板在安装之前应正确标注正、反面标识。

主 控 项 目

11.4.2　锚杆挡土墙肋柱、挡土板所用材料的品种、规格、质量应符合设计要求，其进场检

验应符合本标准附录 E 的有关规定。

11.4.3　回填填料的品种、规格、质量应符合设计要求。其进场检验应符合本标准第 5.1.4 条的规定。

11.4.4　工厂预制构件应有出厂合格证，并按批量进行现场验收。

检验数量：施工单位全部检查；监理单位按施工单位检查数量的 20% 见证检验 。

检验方法：对规格、质量证明文件等进行现场检查、核对。

11.4.5　肋柱、墙面板混凝土强度等级应符合设计要求。

检验数量：施工单位每 100 m^3 混凝土取 1 组试件，不足100 m^3 混凝土亦取 1 组试件；监理单位按施工单位检查数量的 20% 见证检验或 10% 平行检验，且不少于 1 组。

检验方法：混凝土试件做抗压强度试验。

11.4.6　墙面板后回填应分层夯实，其夯实质量应符合设计要求。

检验数量：施工单位每夯填层检查 3 点；监理单位每三层见证检验 2 点。

检验方法：轻型动力触探（N_{10}），其击数标准经试验确定。

11.4.7　墙面板后反滤层构造及厚度应符合设计要求。

检验数量：施工单位每层检查 5 点；监理单位见证检验 1 点。

检验方法：反滤层厚度采用尺量。

11.4.8　墙面泄水孔的施工质量应符合本标准第 8.7.7 条的规定。

一 般 项 目

11.4.9　锚杆挡土墙肋柱、墙面板等钢筋混凝土构件允许偏差及检验标准应符合表 11.4.9 的规定。

表 11.4.9　锚杆挡土墙肋柱、墙面板等钢筋混凝土构件允许偏差及检验标准

序号	项　　目	允许偏差	施工单位检查数量	检验方法
1	柱 长 度	+5 −10 mm	每批成品 10%，且不少于 3 件。每件 2 点（组）	尺　量
2	板、块件长度	+10 −5 mm	每批成品 10%，且不少于 3 件。每件 2 点（组）	尺　量
3	板、柱体宽（厚）	±5 mm	每批成品 10%，且不少于 3 件。每件 2 点（组）	尺　量
4	板宽、高度	±5 mm	每批成品 10%，且不少于 3 件。每件 2 点（组）	尺　量
5	柱 弯 曲	$L/750$	每批成品 10%，且不少于 3 件。每件 2 点（组）	拉线尺量
6	板对角线	10 mm	每批成品 10%，且不少于 3 件。每件 2 点（组）	尺　量
7	外面平整度	5 mm	每批成品 10%，且不少于 3 件。每件 3 点	2.5 m 直尺、中钢尺
8	预埋件中心	3 mm	每批成品 10%，且不少于 3 件。每件 2 点	尺　量

注：L 为构件长度。

11.4.10　锚杆挡土墙肋柱高度、间距及与线路中线距离允许偏差及检验标准应符合表 11.4.10 的规定。

表 11.4.10　锚杆挡土墙肋柱高度、间距及与线路中线距离允许偏差及检验标准

序号	项　　目	允许偏差	施工单位检查数量	检验方法
1	肋柱高度	$^{+2}_{-1}$cm	2 点	测　量
2	肋柱间距	±50 cm	3～6 点	测　量
3	与线路中线距离	$^{+5}_{-1}$cm	2 点	测　量

11.5　分级平台

主控项目

11.5.1　分级平台高程应符合设计要求。

检验数量：施工单位检查 5 点；监理单位见证检验 1 点。

检验方法：水准仪测量。

11.5.2　分级平台宽度、封闭质量应符合设计要求。

检验数量：施工单位对宽度检查 3 处，监理单位见证检验 1 处；施工单位、监理单位对封闭质量全部检查。

检验方法：宽度采用尺量；封闭质量采用观察。

一般项目

11.5.3　分级平台排水坡应符合设计要求，外观平顺，并保持纵、横排水通畅。

检验数量：施工单位对排水坡检查 5 处。

检验方法：观察、水准仪测量。

12　锚定板挡土墙

12.1　明挖基坑

一般规定

12.1.1　锚定板挡土墙明挖基坑施工的一般要求应符合本标准的8.1.1～8.1.3条的规定。

主控项目

12.1.2　锚定板挡土墙明挖基坑施工质量及验收应符合本标准第8.1.4～8.1.6条的规定。

一般项目

12.1.3　锚定板挡土墙明挖基坑施工各部尺寸允许偏差及检验标准应符合本标准第8.1.7条的规定。

12.2　基　　础

一般规定

12.2.1　锚定板挡土墙基础施工的一般要求应符合本标准第8.2.1～8.2.2条的规定。

主控项目

12.2.2　锚定板挡土墙基础施工质量及验收应符合本标准第8.2.3～8.2.5条的规定。

一般项目

12.2.3　基坑回填施工质量应符合本标准第8.2.6条的规定。

12.2.4　锚定板挡土墙基础施工各部尺寸允许偏差及检验标准应符合本标准第8.2.8条的规定。

12.3　肋柱、墙面板

一般规定

12.3.1　锚定板挡土墙肋柱、墙面板施工的一般要求应符合本标准第11.4.1条的规定。

主控项目

12.3.2　锚定板挡土墙肋柱、墙面板施工质量及验收应符合本标准第11.4.2～11.4.5条的规定。

12.3.3 锚定板挡土墙肋柱、墙面板回填施工质量及验收应符合本标准第11.4.6条的规定。

12.3.4 墙后反滤层及泄水孔施工质量及检验应符合本标准第11.4.7～11.4.8条的规定。

一般项目

12.3.5 锚定板挡土墙肋柱、墙面板施工各项允许偏差及检验方法应符合本标准第11.4.9～11.4.10条的规定。

12.4 拉杆、锚定板

一般规定

12.4.1 拉杆及锚定板埋设时，应在填土夯填至拉杆高程以上20 cm后再挖槽就位。锚定板前方超挖部分应用混凝土或灰土回填夯实。挖槽时，宜使锚定板比设计位置抬高3～5 cm，严禁直接碾压拉杆或锚定板。

12.4.2 肋柱严禁前倾，而应适当向填土一侧倾斜，其仰斜度应符合设计要求。肋柱吊装时，应在肋柱基础的杯座槽内铺垫2 cm厚的沥青砂浆。

主控项目

12.4.3 锚定板、拉杆所用各种材料的品种、规格、质量应符合设计要求，其进场检验应符合本标准附录E及相关产品的规定。

12.4.4 工厂预制构件应有出厂合格证，并按批量进行现场验收。

检验数量：施工单位全部检查；监理单位按施工单位检查数量的20%见证检验。

检验方法：对规格、质量证明文件等进行现场检查、核对。

12.4.5 锚定板混凝土强度等级应符合设计要求。

检验数量：施工单位每100 m^3 混凝土取1组试件，不足100 m^3混凝土亦取1组试件；监理单位按施工单位检验数量的20%见证检验或10%平行检验，且不少于1组。

检验方法：混凝土试件做抗压强度试验。

12.4.6 拉杆、锚定板的安装应符合设计要求。

检验数量：施工单位每层检查10处；监理单位见证检验2处。

检验方法：观察、尺量。

12.4.7 埋于土中的锚定板拉杆以及肋柱外露锚头，应按设计做好除锈、防锈处理。

检验数量：施工单位、监理单位全部检查。

检验方法：观察。

一般项目

12.4.8 锚定板、肋柱与螺丝端杆连接处应按设计要求做好除锈、防锈处理。

检验数量：施工单位全部检查。

检验方法：观察。

12.4.9 锚定板挡土墙肋柱、墙面板等钢筋混凝土预制构件允许偏差及检验标准应符合本标准第11.4.9条的规定。

12.4.10 锚定板挡土墙肋柱高度、间距及与线路中线距离允许偏差及检验标准应符合本标准第11.4.10条的规定。

12.5 墙后填筑

一般规定

12.5.1 锚定板挡土墙填料不得使用膨胀土、盐渍土，严禁使用有腐蚀作用的酸性土和有机质土。

12.5.2 锚定板挡土墙墙后填土时，严禁直接碾压拉杆或锚定板，且碾压方向应垂直于拉杆，距挡板1.5 m范围内应采用小型压实机具施工。

主控项目

12.5.3 锚定板挡土墙墙后填料的种类、质量应符合设计要求。

检验数量：施工单位检查2组；监理单位按施工单位检查数量的20%见证检验或10%平行检验，且不少于1组。

检验方法：应符合《铁路工程土工试验规程》(TB 10102)的有关规定。

12.5.4 锚定板挡土墙墙后填料必须分层压实，分层厚度宜为30 cm，填料粒径不应大于10 cm，其压实质量应符合设计要求。

检验数量：施工单位每填筑层检查不少于5点；监理单位见证检验1点。

检验方法：根据填料的类别，按本标准第5.1.6条规定的方法进行检验。

12.5.5 当设计有墙背反滤层时，反滤层施工应随填筑同时进行，其施工质量应符合设计要求。

检验数量：施工单位检查5处；监理单位见证检验1处。

检验方法：观察、尺量。

12.6 分级平台

主控项目

12.6.1 分级平台的设置高程应符合设计要求。

检验数量：施工单位检查5处；监理单位见证检验1处。

检验方法：水准仪测量。

12.6.2 分级平台的宽度及封闭质量应符合设计要求。

检验数量：施工单位对宽度检查3处，监理单位见证检验1处；施工单位、监理单位对封闭质量全部检查。

检验方法：宽度采用尺量；封闭质量采用观察。

一般项目

12.6.3 分级平台排水坡应符合设计要求。外观平顺，并保持纵、横排水通畅。

检验数量：施工单位对排水坡检查5处。

检验方法：观察、水准仪测量。

13 加筋土挡土墙

13.1 明挖基坑

一般规定

13.1.1 基坑开挖时应做好基坑及地面排水，确保施工范围内无积水。严禁积水浸泡基底。

主控项目

13.1.2 加筋土挡土墙明挖基坑的施工质量及验收应符合本标准第8.1.4~8.1.6条的规定。

一般项目

13.1.3 加筋土挡土墙明挖基坑的各部尺寸允许偏差及检验标准应符合本标准第8.1.7条的规定。

13.2 基 础

一般规定

13.2.1 基础砌筑应采用挤浆法，确保灰缝饱满。砌块应大面朝下，丁顺相间，互相咬接，上下错缝，不得有通缝和空缝。砌体周边应平顺整齐或与基坑壁紧贴。台阶基础的砌体与阶壁间隙应插浆塞满，台阶处不得砌成竖向通缝。

13.2.2 基坑地基检验合格后应及时封闭基坑。

主控项目

13.2.3 **加筋土挡土墙基础混凝土、砌体所用砂、石料、水泥等建筑材料的品种、规格、质量应符合设计要求，其进场检验应符合本标准附录E的规定。**

13.2.4 **墙基础浆砌片石砂浆、混凝土强度等级应符合设计要求。**

检验数量：施工单位每100 m^3 砌体的砂浆、混凝土取试件1组，不足100 m^3 亦制取1组试件；监理单位按施工单位检验数量的20%见证检验或10%平行检验，且不少于1组。

检验方法：砂浆、混凝土试件做抗压强度试验。

13.2.5 沉降缝（伸缩缝）的预留与塞封应符合设计要求，接缝平直，塞缝严密。

检验数量：施工单位全部检查；监理单位按施工单位检查数的10%平行检验。

检验方法：观察、尺量。

一 般 项 目

13.2.6 砌体、混凝土基础高程、前边缘距路基中线距离、宽度、起讫里程、沉降缝位置及宽度等允许偏差及检验标准应符合本标准第 8.2.8 条的有关规定。

13.3 墙 面 板

一 般 规 定

13.3.1 墙面板在运输、吊装及存放过程中应有可靠的防止面板断裂、保护楔口不受损坏的措施。

13.3.2 墙面板安装时，板面应适当后仰，确保填土后墙面垂直度符合设计要求。

主 控 项 目

13.3.3 钢筋混凝土墙面板所用水泥、钢筋、粗细骨料、外加剂等原材料的品种、规格、质量应符合设计要求，其进场检验应符合本标准附录 E 及相关产品的规定。

13.3.4 反滤层材料的品种、规格、质量以及设置厚度应符合设计要求。

检验数量：施工单位检验 3 组样品；监理单位按施工单位检验数量的 20% 见证检验，且不少于 1 组。

检验方法：试验室做样品检测，反滤层厚度采用尺量。

13.3.5 模板应支架稳固、接缝严密、具有足够的强度和刚度。

检验数量：施工单位、监理单位全部检查。

检验方法：观察，必要时做模拟荷载试验。

13.3.6 钢筋骨架形式、钢筋连接方式应符合设计要求。

检验数量：施工单位全部检查；监理单位按施工单位检查数量的 10% 平行检验。

检验方法：观察、尺量。

13.3.7 墙面板的混凝土强度等级应符合设计要求。

检验数量：施工单位每 100 m^3 混凝土取试件 1 组，不足 100 m^3 混凝土亦取试件 1 组；监理单位按施工单位检验数量的 20% 见证检验或 10% 平行检验，且不少于 1 组。

检验方法：混凝土试件做抗压强度试验。

一 般 项 目

13.3.8 墙面板与拉筋的连接及防腐蚀处理应符合设计要求。

检验数量：施工单位全部检查。

检验方法：观察。

13.3.9 墙面板应拼装整齐、平顺，墙面和填料应构成稳固整体。

检验数量：施工单位全部检查。

检验方法：观察、测量。

13.3.10 沉降缝的施工及检验标准应符合本标准表第 8.7.11 条的有关规定。

13.3.11 墙面板构件允许偏差及检验标准应符合本标准第 11.4.9 条的规定。

13.4 拉 筋

一般规定

13.4.1 拉筋材料进场后应妥善保管，尤其是复合土工带、土工格栅等土工合成材料，严禁暴晒。施工过程中，应随施工随填埋，尽量减少拉筋材料在阳光下直接爆晒的时间。

主控项目

13.4.2 拉筋材料的品种、规格、质量应符合设计要求。

检验数量：施工单位按进场材料数量的3%进行检验；监理单位按施工单位检验数量的20%见证检验或10%平行检验。

检验方法：

钢筋混凝土板条拉带、钢带应符合《铁路混凝土与砌体工程施工质量验收标准》(TB 10424)的有关规定。

复合土工带、土工格栅应符合《铁路路基土工合成材料应用技术规范》(TB 10118)的有关规定。

13.4.3 拉筋应铺设在平整压实的填料上；严禁施工机械在未覆盖填料的筋材上行走。

检验数量：施工单位、监理单位全部检查。

检验方法：观察。

13.4.4 金属拉筋及拉筋与墙面板的连接应按设计要求做好防锈、防腐蚀处理。

检验数量：施工单位全部检查；监理单位按施工单位检查数量的20%见证检验。

检验方法：观察、查防腐蚀材料技术证明书。

一般项目

13.4.5 拉筋带长度允许偏差为±5%。

检验数量：施工单位检查10处。

检验方法：尺量。

13.5 填料填筑

主控项目

13.5.1 加筋土挡土墙的填料种类、质量应符合设计要求，粒径不应大于10 cm，不得采用膨胀土。填料的进场检验应符合本标准第5.1.4条的规定。

13.5.2 填料应分层填筑、碾压，填料的碾压顺序应从筋带中部压向筋带尾部，再由中部压向面板，全面轻压后再重压。填料未压实前碾压机械不应作90°转向操作。压实机械与面板距离不应小于1 m，在此范围内应采用小型夯实机械或人工夯实。严禁羊足碾碾压。

检验数量：施工单位、监理单位全部检查。

检验方法：观察。

13.5.3 填料的分层厚度宜为30 cm左右。采用细粒土时应做好封闭层、反滤层。

检验数量:施工单位、监理单位全部检查。

检验方法:观察、尺量。

13.5.4 填料分层压实质量应符合本标准第5.1.6条的规定。

13.6 钢筋混凝土帽石

一般规定

13.6.1 帽石分段应与墙身一致。

主控项目

13.6.2 钢筋混凝土帽石所用材料的品种、规格、质量应符合设计要求,其进场检验应符合本标准附录E的规定。

13.6.3 帽石混凝土模板应支架稳固、接缝严密、具有足够的强度和刚度。

检验数量:施工单位、监理单位全部检查。

检验方法:观察,必要时做模拟荷载试验。

13.6.4 帽石混凝土钢筋的规格、数量、钢筋骨架形式、钢筋连接方式应符合设计要求。

检验数量:施工单位全部检查;监理单位按施工单位检查数量的平行检验10%。

检验方法:观察、尺量。

13.6.5 帽石钢筋混凝土强度等级应符合设计要求。

检验数量:施工单位每100 m^3 混凝土取试件1组,不足100 m^3 混凝土亦取试件1组;监理单位按施工单位检验数量的20%见证检验或10%平行检验,且不少于1组。

检验方法:混凝土试件做抗压强度试验。

一般项目

13.6.6 帽石与墙面板应嵌接牢固,墙面板应嵌入帽石之内构成整体。

检验数量:施工单位全部检查。

检验方法:观察。

13.6.7 帽石边缘距路基中线距离、帽石厚度及宽度、顶面高程、起讫里程允许偏差及检验标准应符合表13.6.7的规定。

表13.6.7 帽石边缘距路基中线距离、帽石厚度及宽度、顶面高程、起讫里程允许偏差及检验标准

序号	项目	允许偏差		施工单位检查数量	检验方法
		浆砌片石	混凝土		
1	路基中线距离	$^{+50}_{0}$ mm	+20 mm	3处	经纬仪测量、尺量
2	帽石厚度	$^{+10}_{0}$ mm	+10 mm	3处	尺量
3	帽石宽度	±20 mm	±20 mm	3处	尺量
4	顶面高程	±20 mm	±20 mm	3点	水准仪测量
5	起讫里程	±100 mm	±100 mm	不同结构长度检查2处	经纬仪测量、尺量

14 土钉墙

14.1 土 钉

一般规定

14.1.1 土钉墙施工前应先检测路堑横断面,净空合格后方能进行土钉墙施工。

14.1.2 土钉墙应按"自上而下、分段施工"的原则组织施工,并及时挂网喷护,不得使坡面长期暴露风化失稳。

14.1.3 土钉钻孔时,严禁灌水。钉孔注浆应采用孔底注浆法,确保注浆饱满。注浆压力宜为 0.2 MPa。

14.1.4 土钉墙施工时应按设计要求制作支撑架。

主控项目

14.1.5 土钉所用钢筋的品种、规格、质量应符合设计要求,其进场检验应符合本标准附录 E 的规定。

14.1.6 土钉的布置形式应符合设计要求。

检验数量:施工单位、监理单位全部检查。

检验方法:观察。

14.1.7 钉孔锚固砂浆强度等级应符合设计要求。

检验数量:施工单位每 100 m^3 砂浆取试件 1 组,不足100 m^3 亦按一批计;监理单位按施工单位检验数量的 20% 见证检验或 10% 平行检验,且不少于 1 组。

检验方法:砂浆试件做抗压强度试验。

一般项目

14.1.8 土钉墙沉降缝设置及塞缝处理应符合设计要求。

检验数量:施工单位全部检查。

检验方法:观察、尺量。

14.1.9 土钉孔深、间距、长度允许偏差及检验标准应符合表 14.1.9 规定。

表 14.1.9 土钉孔深、间距、长度允许偏差及检验方法

序 号	项 目	允许偏差	施工单位检查数量	检验方法
1	孔 深	±50 mm	总数的10%	尺 量
2	间 距	±50 mm	总数的10%	尺 量
3	长 度	±50 mm	总数的10%	尺 量

14.2 钢 筋 网（土工网）

一 般 规 定

14.2.1 挂网材料如为土工合成材料时，应采取妥善的防晒措施，防止土工合成材料老化。挂网前应清除坡面松散土石。

主 控 项 目

14.2.2 钢筋的品种、规格、质量应符合设计要求，其进场检验应符合本标准附录 E 的规定。

14.2.3 土工合成材料品种、规格、质量应符合设计要求，其进场检验应符合本标准第 4.12.4 条的规定。

14.2.4 挂网施工前应检测路堑横断面，确认其符合设计要求。

检验数量：施工单位检查 4 个断面；监理单位见证检验 1 个断面。

检验方法：测量、观察坡面松散土石。

14.2.5 网的规格、尺寸、网与土钉的连接应符合设计要求。

检验数量：施工单位按网面积的 10% 进行检查；监理单位按施工单位检验数量的 20% 见证检验。

检验方法：网的规格采用尺量，挂网与土钉的连接采用观察及查焊接试验报告。

一 般 项 目

14.2.6 网格间距允许偏差为 ±20 mm。

检验数量：施工单位检查挂网面积的 5%。

检验方法：尺量。

14.2.7 土工合成材料搭接长度允许偏差及检验标准应符合本标准第 4.12.7 条的有关规定。

14.3 喷射混凝土面层

一 般 规 定

14.3.1 喷射混凝土面层施工应符合现行《锚杆喷射混凝土支护技术规范》（GB 52086）的有关规定。

主 控 项 目

14.3.2 喷射混凝土面层所用水泥、粗细骨料、外加剂等材料的品种、规格、质量应符合设计要求，其进场检验应符合本标准附录 E 的有关规定。

14.3.3 喷射混凝土强度等级应符合设计要求。

检验数量：施工单位每 50 m^3 喷射混凝土制取试件 1 组，不足 50 m^3 亦制取试件 1 组；监理单位按施工单位检验数量的 20% 见证检验或 10% 平行检验，且不少于 1 组。

检验方法：混凝土试件做抗压强度试验。

14.3.4 喷射混凝土面层厚度在每个断面上全部检查,60% 以上不应小于设计厚度,最小值不应小于设计厚度的一半;同时,检查孔处厚度的平均值,不应小于设计厚度值。

检验数量:施工单位检查 3 个断面,每个断面不少于 5 个检查点;监理单位按施工单位检查数量的 20% 见证检验或 10% 平行检验。

检验方法:凿孔实测或预埋厚度标志。

14.3.5 泄水孔孔径、排水方向应符合设计要求,并排水通畅。

检验数量:施工单位检查排水孔数量的 20%;监理单位按施工单位检查数量的 20% 见证检验。

检验方法:观察、尺量。

14.3.6 墙后反滤层分布及厚度应符合设计要求。

检验数量:施工单位对反滤层分布及厚度检查 10 处;监理单位见证检验 2 处。

检验方法:观察、尺量。

一 般 项 目

14.3.7 喷射混凝土应与坡面、钢筋网(土工网)紧密结合,其表面应平顺、无裂隙、无露筋。

检验数量:施工单位全部检查。

检验方法:观察。

14.4 明挖基坑

一 般 规 定

14.4.1 土钉墙坡脚墙基坑施工应尽快完成,同时应采取措施防止基坑被水浸泡。

主 控 项 目

14.4.2 土钉墙坡脚墙基坑开挖应符合本标准第 8.1.4、第 8.1.6 条的规定。

一 般 项 目

14.4.3 坡脚墙明挖基坑各部尺寸允许偏差及检验标准应符合本标准第 8.1.7 条的规定。

14.5 混凝土(砌体)坡脚墙

一 般 规 定

14.5.1 砌体坡脚墙墙身砌筑应采用挤浆法,确保灰缝饱满。砌块应大面朝下,丁顺相间,互相咬接,上下错缝,不得有通缝和空缝。墙身排水孔严禁倒坡。

主 控 项 目

14.5.2 混凝土(砌体)坡脚墙砌筑所用的水泥、砂、石料及反滤层材料的品种、规格、质量应符合设计要求,其进场检验应符合本标准附录 E 的规定。

14.5.3 坡脚墙墙身浆砌片石砂浆、混凝土强度等级应符合设计要求。

检验数量：施工单位每 100 m^3 砌体的砂浆、混凝土取试件 1 组，不足 100 m^3 亦制取 1 组试件；监理单位按施工单位检查数量的 20% 见证检验或 10% 平行检验，且不少于 1 组。

检验方法：砂浆、混凝土试件做抗压强度试验。

14.5.4　混凝土坡脚墙模板应支架稳固、接缝严密、具有足够的强度和刚度。

检验数量：施工单位、监理单位全部检查。

检验方法：观察、尺量。

14.5.5　沉降缝(伸缩缝)预留与塞封应符合设计要求，接缝平直，塞缝严密。

检验数量：施工单位全部检查；监理单位按施工单位检查数量的 20% 见证检验。

检验方法：观察、尺量。

一般项目

14.5.6　坡脚墙混凝土(砌体)应与土钉钢筋网(土工网)和喷射混凝土面层结合紧密。

检验数量：施工单位全部检查。

检验方法：观察。

14.5.7　坡脚墙墙身前边缘距线路中线距离、墙身厚度、顶面高程、泄水孔间距、起讫里程、沉降缝位置和宽度允许偏差及检验标准应符合本标准第 8.7.11 条的规定。

14.5.8　坡脚墙墙面垂直度、斜度、平整度允许偏差及检验标准应符合本标准第 8.7.12 条的规定。

15 抗 滑 桩

15.1 桩 孔

一般规定

15.1.1 桩孔开挖前应做好施工场地平整及地面截排水和通风设施。桩孔第一节护壁应高出地面 20 cm,加强孔口护壁,做好井口锁口,防止地面坍塌。桩孔开挖和支护不得在土石层变化处和滑床面处分节。护壁厚度不得小于 15 cm,护壁混凝土应紧贴围岩灌注;灌注前应清除岩壁上的松动石块、浮土。滑动面处的护壁应加强。在承受推力较大的护壁和孔口加强衬砌的混凝土中应加钢筋。在围岩松软破碎和有滑动面的节段,应在护壁内顺滑坡方向用临时横撑加强支护,并注意观察其受力情况,当发现横撑受力变形、破损而失效时,孔下施工人员必须立即撤离。

15.1.2 开挖过程中应及时记录地质剖面、滑动面位置,填好地质柱状图,并根据地质情况,及时做好支护。在土石层变化处及滑动面附近,应加强支护,护壁不得分节。注意观察支护情况,若有变形、破损,应立即采取加强措施,撤离井下施工人员。

15.1.3 桩孔挖至设计标高后,应由监理、设计、施工人员会同验孔,并结合滑动面实际情况确定孔底高程。

主控项目

15.1.4 抗滑桩桩孔断面尺寸不得小于桩身设计断面尺寸加护壁厚度。

检验数量:施工单位检查 5 ~ 10 个断面;监理单位见证检验 1 ~ 2 个断面。

检验方法:尺量。

15.1.5 桩孔孔型应符合设计要求。

检验数量:施工单位、监理单位全部检查。

检验方法:观察、测量。

15.1.6 桩孔孔底持力层应符合设计要求。

检验数量:施工单位、监理单位全部检查。

检验方法:现场鉴别。

一般项目

15.1.7 桩孔中心位置、断面尺寸、孔底高程、桩孔垂直度允许偏差及检验应符合表 15.1.7 的规定。

表 15.1.7 桩孔中心位置、断面尺寸、孔底高程、桩孔垂直度允许偏差及检验方法

序号	项　　目	允 许 偏 差	施工单位检查数量	检 验 方 法
1	中心位置	纵向 ±100 mm,横向 $^{+100}_{-50}$ mm	纵 1 处,横 1 处	经纬仪、尺量
2	断面尺寸	不小于设计尺寸	6 处	尺量孔上、中、下三个断面纵、横
3	孔底高程	±50 mm	1 点	水准仪、尺量
4	桩孔垂直度	1%	1 处	吊线、尺量

15.2 钢筋骨架

一 般 规 定

15.2.1 抗滑桩钢筋骨架安装就位后应有确保混凝土灌注时钢筋骨架不得上浮的措施。

主 控 项 目

15.2.2 钢筋的品种、规格、质量应符合设计要求,其进场检验应符合本标准附录 E 的规定。

15.2.3 钢筋骨架的规格、数量、形式及钢筋连接方式应符合设计要求。

检验数量:施工单位全部检查;监理单位按施工单位检查数量的 10% 平行检验。

检验方法:观察、尺量。

15.2.4 竖向主钢筋或其他钢材的接头应避开土石分界和滑动面处。接头分布应符合设计要求。

检验数量:施工单位、监理单位全部检查。

检验方法:观察、尺量。

15.2.5 桩身钢筋接头的施工质量应符合铁道部现行《铁路混凝土与砌体工程施工质量验收标准》(TB 10424)的有关规定。

一 般 项 目

15.2.6 抗滑桩钢筋骨架安装尺寸允许偏差及检验标准应符合表 15.2.6 的规定。

表 15.2.6 抗滑桩钢筋骨架安装尺寸允许偏差及检验标准

序 号	项　　目	允 许 偏 差	施工单位检查数量	检验方法
1	钢筋骨架长度	±100 mm	全验	用钢尺量
2	主筋间距	±5 mm	15 点	用钢尺量
3	钢筋骨架直径	±20 mm	15 点	用钢尺量
4	箍筋间距	±20 mm	20 点	用钢尺量
5	钢筋骨架垂直度	2%	全验	吊线尺量

15.3 桩身混凝土

一 般 规 定

15.3.1 抗滑桩混凝土施工应符合设计要求。

15.3.2 灌筑混凝土前应清除孔底松散土石、抽干积水,并应检查净空断面尺寸、钢筋骨架就位情况。

15.3.3 地下水发育时,应采取水下混凝土灌筑法。

主 控 项 目

15.3.4 抗滑桩混凝土所用水泥、粗细骨料、外加剂等原材料的品种、规格、质量应符合设计要求,其进场检验应符合本标准附录 E 的规定。

15.3.5 抗滑桩桩身混凝土强度等级应符合设计要求。

检验数量:施工单位每 100 m^3 混凝土取 1 组试件,不足100 m^3 亦制取 1 组试件;监理单位按施工单位检验数量的 10% 平行检验,且不少于 1 组。

检验方法:试件做抗压强度试验。

15.3.6 抗滑桩桩身混凝土灌注应连续、完整。

检验数量:施工单位、监理单位全部检查。

检验方法:低应变动力检测或声波透射法。

一 般 项 目

15.3.7 桩身顶面高程允许偏差为 ±50 mm。

检验数量:施工单位全部检查。

检验方法:水准仪测量(采用水下混凝土灌注的桩,测量去除夹渣混凝土后的混凝土顶面)。

15.4 地面排水及桩顶封闭

一 般 规 定

15.4.1 排水设施位置、排水纵坡应与设计一致,并结合路基排水系统的布置,将水排至路基主排水沟。

主 控 项 目

15.4.2 抗滑桩工程地面排水设施及桩顶封闭所用材料的品种、规格、质量应符合设计要求,其进场检验应符合本标准附录 E 的规定。

15.4.3 桩顶封闭及排水设施所用混凝土(砂浆)强度等级应符合设计要求。

检验数量:施工单位每 100 m^3 混凝土(每 100 m^3 砌体的砂浆)取 1 组试件,不足 100 m^{3}亦制取 1 组试件;监理单位按施工单位检验数量的 20% 见证检验或 10% 平行检验,且不少于 1 组。

检验方法:试件做抗压强度试验。

一 般 项 目

15.4.4 抗滑桩顶面及其周围应按设计要求用混凝土或砂浆抹面封闭。封闭面应保持一定排水坡、避免积水。

检验数量:施工单位全部检查。

检验方法：观察、水准测量。

15.4.5 排水沟设置范围、高程、坡度、平整度、宽度、深度、铺砌厚度允许偏差及检验方法应符合本标准第19.1.9条的规定。

16 桩板式挡土墙

16.1 桩孔开挖

16.1.1 桩孔开挖与支护施工质量及验收应符合本标准第 15.1 节的规定。

16.2 钢筋骨架

16.2.1 钢筋骨架的施工质量及验收应符合本标准第 15.2 节的规定。

16.3 桩身混凝土

一般规定

16.3.1 桩身混凝土施工的一般要求应符合本标准第 15.3.1 ~ 15.3.3 条的规定。

主控项目

16.3.2 桩身混凝土的施工质量应符合本标准第 15.3.4 ~ 15.3.6 条的规定。

16.3.3 桩身地上部分应按设计预埋铁件或设置牛腿，以便安装挡土板。预埋铁件或牛腿的规格、尺寸、数量应符合设计要求。

检验数量：施工单位全部检查；监理单位按施工单位检查数量的 20% 见证检验。

检验方法：观察、尺量、计数。

一般项目

16.3.4 桩身混凝土地上部分应轮廓清晰，无蜂窝、麻面现象。

检验数量：施工单位全部检查。

检验方法：观察。

16.3.5 桩身顶面高程允许偏差及检验标准应符合本标准第 15.3.7 条的规定。

16.4 挡土板

一般规定

16.4.1 预制挡土板应待其混凝土强度达到设计强度 75% 以上方可进行运输与吊装。运输、吊装时应布置好合理的支点与吊点，避免强烈震动与摔打，防止挡土板破损。

主控项目

16.4.2 钢筋混凝土挡土板所用水泥、粗细骨料、外加剂等原材料的品种、规格、质量应符

合设计要求，其进场检验应符合本标准附录 E 的规定。

16.4.3 挡土板混凝土强度等级应符合设计要求。

检验数量：施工单位每 100 m^3 混凝土取 1 组试件，不足100 m^3 亦应制取 1 组试件；监理单位按施工单位检验数量的 20% 见证检验或 10% 平行检验，且不少于 1 组。

检验方法：试件做抗压强度试验。

16.4.4 挡土板与锚固桩间应连接牢固，并符合设计要求。悬挂式挡土板与锚固桩的连接处理应符合设计要求。

检验数量：施工单位全部检查；监理单位按施工单位检查数量的 20% 见证检验。

检验方法：观察、尺量。

一般项目

16.4.5 挡土板制造尺寸误差：长度为 $^{+10}_{-5}$ mm，宽度及厚度为 ±5 mm，且外观平整，无蜂窝麻面。

检验数量：施工单位全部检查。

检验方法：观察、尺量。

16.5 墙后填筑

一般规定

16.5.1 桩板式挡土墙墙后填筑施工一般要求，应符合本标准第 5.1 节和第 6.1 ~ 6.2 节的有关规定，特殊填料的填筑施工应按照本标准的相应规定执行。

16.5.2 墙后填土应在锚固桩混凝土强度达到设计强度 70% 以后方可进行填筑。

主控项目

16.5.3 挡土板后填筑的施工质量及验收应符合本标准第 12.5.3 ~ 12.5.5 条的规定。

17　预应力锚索

17.1　锚　索　孔

一般规定

17.1.1　钻孔时应记录地层变化情况,核实地层分界面、滑动面高程及设计长度,置于稳定岩层中的锚固段长度应符合设计要求。

主控项目

17.1.2　锚索孔的布置形式及间距应符合设计要求。

检验数量:施工单位全部检查;监理单位见证检验20%。

检验方法:观察、尺量。

一般项目

17.1.3　锚索孔位置、孔径、倾角、深度允许偏差及检验标准应符合表17.1.3的规定。

表17.1.3　锚索孔位置、孔径、倾角、深度允许偏差及检验标准

序号	项　目	允许偏差	施工单位检查数量	检验方法
1	位　置	±100 mm	1处	经纬仪测量、尺量
2	孔　径	$^{+10}_{0}$ mm	2处	尺　量
3	倾　角	1%	1处	导杆法量
4	深　度	$^{+100}_{0}$ mm	1点	尺量钻杆长

17.2　锚　索　编　制

一般规定

17.2.1　预应力钢绞线锚索编制工艺应符合设计要求。

17.2.2　编索前应按设计要求对预应力钢绞线进行除锈、调直等处理。

主控项目

17.2.3　编制锚索的预应力钢绞线的品种、规格、质量应符合设计要求,其进场检验应符合本标准附录E的有关规定。

17.2.4　每束锚索的规格、组合形式应符合设计要求。

检验数量:施工单位全部检查;监理单位按施工单位检查数量的20%见证检验。

检验方法:查出厂技术证明书、观察、尺量。

17.2.5　钢绞线按设计要求编成锚索后,应按设计做好防锈处理。

检验数量：施工单位全部检查；监理单位按施工单位检查数量的 20% 见证检验。

检验方法：观察。

17.2.6 锚具、锚塞（夹片）、垫板的品种、规格、质量应符合设计要求。

检验数量：施工单位对锚具的外观全部检检，对锚具的力学性能指标按锚具总数的 2% 进行抽检；监理单位按施工单位检验数量的 20% 见证检验。

检验方法：外观采用目测，锚具的力学性能指标送有资质的实验室试验。

17.2.7 每束锚索其锚固段应按设计要求用一系列紧箍环和扩张环制成波浪状，其自由段应有防护外套。

检验数量：施工单位全部检查；监理单位按施工单位检查数量的 20% 见证检验。

检验方法：观察。

17.2.8 切断钢绞线及锚索时，应采用切割机或砂轮锯，且应有可靠的对锚索降温的措施。严禁用电弧烧割。

检验数量：施工单位全部检查；监理单位按施工单位检查数量的 20% 见证检验。

检验方法：观察。

17.3 注浆锚固

一般规定

17.3.1 锚索施工前应按工作锚索数量的 3% 作锚固试验，且不少于 3 根。

17.3.2 注浆锚固应采用普通硅酸盐水泥，若设计有要求时按设计办理。

主控项目

17.3.3 锚索注浆所用水泥、砂、外加剂等原材料的品种、规格、质量应符合设计要求，其进场检验应符合本标准附录 E 的有关规定。

17.3.4 注浆体强度等级应符合设计要求。

检验数量：施工单位每 30 孔取 1 组试件（6 块），不足 30 孔亦制取 1 组试件；监理单位按施工单位检验组数的 20% 见证检验或 10% 平行检验，且不少于 1 组。

检验方法：试件做抗压强度试验。

17.3.5 锚孔注浆应采用孔底注浆法，注浆压力应符合锚固试验时取得的压力参数，并应二次补浆，确保注浆密实。

检验数量：施工单位全部检查；监理单位见证检验 20%。

检验方法：通过压力表读数、观察。

一般项目

17.3.6 锚孔注浆前应清孔。

检验数量：施工单位全部检查。

检验方法：观察。

17.4 锚索张拉

一般规定

17.4.1 锚索张拉施工工艺应符合设计要求。张拉用千斤顶、仪表设备应按检定周期送计量测试部门检定,且应配套标定、配套使用。当使用过程中张拉设备出现异常现象或设备检修以后,均应重新进行标定。

17.4.2 锚索张拉应在其锚固段砂浆强度达到设计规定的强度以后进行。锚索张拉时应逐级加力、并对加力值及锚索伸长值做好施工记录。

17.4.3 锚索张拉前应按设计要求安装测力计,并按设计要求进行观测。同时应做好测力计的保护工作。

主控项目

17.4.4 锚具、锚塞(夹片)、垫板的品种、规格、质量应符合本标准第17.2.6条的规定。

17.4.5 锚具、锚塞(夹片)、垫板安装位置应符合设计要求。

检验数量:施工单位全部检查;监理单位按施工单位检查数量的20%见证检验。

检验方法:钢尺、卡尺量测。

17.4.6 锚索预应力张拉应分级加力,其总拉力应满足设计要求。

检验数量:施工单位全部检查;监理单位见证检验20%。

检验方法:查施工单位预应力张拉施工记录、读测力计数据。监理旁站。

17.4.7 锚索张拉实际伸长值与计算伸长值之差不得超过±6%。

检验数量:施工单位全部检查;监理单位见证检验20%。

检验方法:尺量、查施工单位预应力张拉记录。

17.4.8 锚索张拉时,滑(断)丝总数不得超过钢丝总数的5‰,且1束内滑(断)丝不超过1根。

检验数量:施工单位全部检查;监理单位见证检验20%。

检验方法:观察、计数。

17.4.9 锚索张拉完成7 d后,应对其拉力和外观进行复查,复查合格后方能切除多余的锚索,进行最后的锚固作业。

检验数量:施工单位对拉力按锚孔总数的20%进行复查,外观全部检查;监理单位见证检验20%。

检验方法:复拉读数、观察。

17.4.10 锚索张拉端锁定后,其回缩量及锚塞(夹片)外露量应符合设计要求。

检验数量:施工单位全部检查;监理单位见证检验20%。

检验方法:钢尺测量。

17.4.11 锚索张拉顺序,应根据地层情况,按设计要求进行。

检验数量:施工单位全部检查;监理单位见证检验20%。

检验方法:观察。

17.5　锁定及注浆

一 般 规 定

17.5.1　锁定及注浆施工工艺应符合设计要求。

17.5.2　锁定及注浆前应具有经监理工程师检查签证的预应力张拉记录、检查证。

主 控 项 目

17.5.3　注浆用材料的品种、规格、质量应符合设计要求，其进场检验应符合本标准附录 E 的有关规定。

17.5.4　锚具最终锁定时，锚索回缩量及锚塞（夹片）外露量应符合本标准第 17.4.10 条的规定。

17.5.5　注浆用水泥砂浆强度等级应符合设计要求。

检验数量：施工单位每 30 孔取 1 组试件（6 块），不足 30 孔亦制取 1 组试件；监理单位按施工单位检验数量的 10% 平行检验，且不少于 1 组。

检验方法：试件做抗压强度试验。

一 般 项 目

17.5.6　锚具底座顶面与锚孔轴线应互相垂直。

检验数量：施工单位全部检查。

检验方法：观察、尺量。

17.5.7　锚头部分应按设计要求涂刷防腐剂。

检验数量：施工单位全部检查。

检验方法：观察。

17.6　垫块及混凝土封闭

主 控 项 目

17.6.1　垫块预制及混凝土封闭所用水泥、钢筋、粗细骨料等原材料的品种、规格、质量应符合设计要求，其进场检验应符合本标准附录 E 的规定。

17.6.2　垫块及封闭混凝土强度等级应符合设计要求。

检验数量：施工单位每 100 m^3 混凝土取试件 1 组，不足100 m^3 亦制取 1 组试件；监理单位按施工单位检验数量的 20% 见证检验，且不少于 1 组。

检验方法：试件做抗压强度试验。

一 般 项 目

17.6.3　垫块尺寸允许偏差及检验标准应符合本标准表 11.4.9 中第 2、4 项的规定。

18 路基防护

18.1 植物防护

一般规定

18.1.1 撒播草籽应均匀落入坡面,与土壤充分接触,并及时覆盖表土、适当拍压。

18.1.2 移植的草皮应与坡面钉合牢固,表面平整。

18.1.3 按设计要求选择适合于当地生长的植株,植株应挺直、长势良好。

主控项目

18.1.4 草籽、草皮或植株的种类及数量应符合设计要求。

检验数量:施工单位全部检查;监理单位按施工单位检查数量的20%见证检验。

检验方法:观察。

18.1.5 植物防护范围应符合设计要求。

检验数量:施工单位每100 m检查1处;监理单位每500 m见证检验1处,且不少于1处。

检验方法:观察、尺量。

一般项目

18.1.6 边坡坡率应符合设计要求。

检验数量:施工单位每100 m检查2处。

检验方法:尺量。

18.1.7 植物防护应沿坡面连续覆盖,其覆盖率、成活率及检验标准应符合表18.1.7的规定。

表18.1.7 植物防护覆盖率、成活率及检验标准

序号	项目			覆盖率(%)	成活率(%)	施工单位检查数量	检验方法
1	一般地区	植草防护	土质路基边坡	85	—	3条带	尺量、计面积
2			石质路基边坡	70	—	3条带	尺量、计面积
3		种植藤本植物、灌木、乔木防护	土质路基边坡	—	80	3条带	点数、统计计算
4			石质路基边坡	—	70	3条带	点数、统计计算
5	干旱地区	植草防护	土质路基边坡	65	—	3条带	尺量、计面积
6	干旱地区	种植藤本植物、灌木、乔木防护		—	70	3条带	点数、统计计算

续上表

序号	项目			覆盖率（%）	成活率（%）	施工单位检查数量	检验方法
7	寒冷地区	植草防护	土质路基边坡	80	—	3 条带	尺量、计面积
8			石质路基边坡	70	—	3 条带	尺量、计面积
9		种植藤本植物、灌木、乔木防护	土质路基边坡	—	75	3 条带	点数、统计计算
10			石质路基边坡	—	70	3 条带	点数、统计计算

注：检验点数以一条检验带（从顶至底）为一点，带宽 3 m。

18.1.8 防护林带带宽、行距、株距允许偏差及检验标准应符合表 18.1.8 的规定。

表 18.1.8 防护林带带宽、行距、株距允许偏差及检验标准

序　号	项　目	允许偏差	施工单位检查数量	检验方法
1	带　宽	±5 000 mm	每 100 m 检查 2 处	尺　量
2	行距、株距	±10% 设计尺寸	每 100 m 检查 5 组	尺　量

18.2 土工网垫、土工网护坡

主控项目

18.2.1 土工合成材料的品种、规格、质量应符合设计要求，其进场检验应符合本标准第 4.12.4 条的规定。

18.2.2 土工网垫、土工网铺设范围、层数、连接方法和固定方式应符合本标准第 4.12.5 条的规定。

18.2.3 防护范围应符合设计要求。

检验数量：施工单位每 100 m 检查 1 处；监理单位每 500 m 见证检验 1 处，且不少于 1 处。

检验方法：观察、尺量。

一般项目

18.2.4 护坡墙面应密实、稳固，轮廓线顺直。

检验数量：施工单位全部检查。

检验方法：观察。

18.2.5 土工网垫、土工网铺设搭接长度、竖向间距、回折长度、上下层接缝错开距离、铺设范围应符合设计及本标准第 4.12.7 条的规定。

18.3 混凝土、浆砌护坡（墙）

一般规定

18.3.1 砌筑应采用挤浆法，确保灰缝饱满。砌块应大面朝下，丁顺相间，互相咬接，上下错缝，不得有通缝和空缝。砌体周边应平顺整齐。

主控项目

18.3.2 混凝土、砌体所用钢筋、水泥、石料、砂等材料的品种、规格、质量应符合设计要求，其进场检验应符合本标准附E的有关规定。

18.3.3 防护的布置方式应符合设计要求。

检验数量：施工单位、监理单位全部检查。

检验方法：观察。

18.3.4 基坑施工质量应分别符合本标准第8.1.4条和第8.1.5条的规定。

18.3.5 混凝土（砌体砂浆）强度等级应符合设计要求。

检验数量：施工单位每100 m^3 混凝土（每100 m^3 砌体的砂浆）取1组试件，不足100 m^3 亦取1组试件；监理单位按施工单位检查数量的20%见证检验或10%平行检验，且不少于1组。

检验方法：试件做抗压强度试验。

18.3.6 混凝土、浆砌护坡（墙）局部超挖或凹陷处应挖成台阶，用与砌体相同的材料砌补，不得回填土、石或干砌片石。

检验数量：施工单位、监理单位全部检查。

检验方法：观察。

18.3.7 变截面护墙的变截面顶及底宽、分级平台位置及尺寸应符合设计要求。

检验数量：施工单位检查6～12处；监理单位见证检验2～4处。

检验方法：观察、尺量。

18.3.8 砌体沉降缝（伸缩缝）预留与塞封质量应符合本标准第8.7.6条的规定。

18.3.9 泄水孔孔径尺寸、排水坡度应符合本标准第8.7.7条的规定。

18.3.10 墙背填筑及其压实质量应符合本标准第8.7.9条的规定。

一般项目

18.3.11 护坡墙面应密实、稳固，轮廓线顺直。

检验数量：施工单位全部检查。

检验方法：观察。

18.3.12 混凝土、浆砌护坡墙平面位置、高程、坡率、厚度、表面平整度允许偏差及检验标准应符合表18.3.12的规定。

表18.3.12 护坡墙平面位置、高程、坡率、厚度、表面平整度允许偏差及检验标准

序号	项目		允许偏差	施工单位检查数量	检验方法
1	平面位置		±100 mm	护坡墙每25 m检查3处	经纬仪测
2	坡顶高程		±30 mm	护坡墙每25 m检查3点	水准仪测
3	坡率		0.5%设计值	护坡墙每25 m检查3处	吊垂线测
4	厚度	混凝土	±20 mm	抽查25 m检查6点，上、中、下部各2点	坡面缝处尺量
5		砌体	±30 mm	抽查25 m检查6点，上、中、下部各2点	尺量
6		垫层	±30 mm	抽查25 m检查6点，上、中、下部各2点	尺量

续上表

序号	项目	允许偏差	施工单位检查数量	检验方法
7	底面高程	±50 mm	每护坡长25 m检查1点	水准仪测
8	表面平整度	砌片石30 mm,混凝土15 mm	每护坡长25 m检查3处	尺量

18.4 干砌石护坡

主控项目

18.4.1 干砌石的规格、质量应符合设计要求,其进场检验应符合本标准附录E的有关规定。

18.4.2 砌筑应紧密,纵横搭叠应压缝。采用卵石干砌,应栽砌(卵石长轴垂直坡面)并挤紧,同层卵石块径应大体一致,护坡平顺、整齐,符合设计要求。

检验数量:施工单位全部检查;监理单位按施工单位检查数量的20%见证检验。

检验方法:观察。

18.4.3 护坡沉降缝(伸缩缝)预留及塞封质量应符合本标准第8.7.6条的规定。

18.4.4 泄水孔孔径尺寸、排水坡度应符合本标准第8.7.7条的规定。

18.4.5 墙背填筑及其压实质量应符合本标准第8.7.9条的规定。

一般项目

18.4.6 护坡墙面应密实、稳固,轮廓线顺直。

检验数量:施工单位全部检查。

检验方法:观察。

18.4.7 干砌石护坡平面位置、高程、坡度、厚度、表面平整度允许偏差及检验标准应符合本标准第18.3.12条的规定。

18.5 边坡喷护

主控项目

18.5.1 喷射混凝土的水泥、砂、碎石、外加剂等材料的品种、规格、质量应符合设计要求,其进场检验应符合本标准附录E的规定。

18.5.2 喷射混凝土强度等级应符合本标准第14.3.3条的规定。

18.5.3 喷射混凝土面层厚度应符合本标准第14.3.4条的规定。

一般项目

18.5.4 喷护前应平整坡面,边坡坡面应密实、稳固,轮廓线顺直。

检验数量:施工单位全部检查。

检验方法:观察。

18.5.5 喷层应与边坡基面牢固结合,不得漏喷、脱层;周边与基面之间应无空隙。

检验数量:施工单位全部检查。

检验方法:观察。

18.5.6 喷层表面应均匀、平顺,不得有突变。

检验数量:施工单位全部检查。

检验方法:观察。

18.6 边坡挂网锚喷防护

主控项目

18.6.1 挂网锚喷防护的钢筋、水泥、砂、碎石、外加剂等材料的品种、规格、质量应符合设计要求。其进场检验应符合本标准附录E的规定。

18.6.2 钢纤维的品种、规格、质量应符合设计要求和相关产品的规定。

检验数量:施工单位每批检查;监理单位按施工单位检查数量的20%见证检验。

检验方法:观察、查产品质量证明文件。

18.6.3 土工合成材料的品种、规格、质量应符合设计要求。其进场检验应符合本标准第4.12.4条的规定。

18.6.4 钢筋网规格、尺寸应符合设计要求。

检验数量:施工单位每网片检查4点;监理单位见证检验1点。

检验方法:尺量。

18.6.5 网片制作、安装应与坡面适应,其保护层厚度应大于3 cm。

检验数量:施工单位每批检查10点;监理单位按施工单位检查数量的20%见证检验。

检验方法:尺量。

18.6.6 土工网、土工格栅的铺设施工质量应符合本标准第4.12.5条的规定。

18.6.7 锚杆(土钉)设置深度应符合设计要求。

检验数量:施工单位按锚杆(土钉)数量的10%检查;监理单位按施工单位检查数量的20%见证检验。

检验方法:观察、尺量。

18.6.8 钢纤维喷射混凝土拌和料配合比应符合设计要求。

检验数量:施工单位检查拌和料总量的5%;监理单位按施工单位检查数量的20%见证检验。

检验方法:查拌和料中钢纤维掺量计量值。

18.6.9 喷射混凝土强度等级应符合本标准第14.3.3条的规定。

18.6.10 喷射混凝土面层厚度应符合本标准第14.3.4条的规定。

一般项目

18.6.11 锚喷前应平整坡面,边坡坡面应密实、稳固,轮廓线顺直。

检验数量:施工单位全部检查。

检验方法:观察。

18.6.12 网与锚杆(土钉)应连接牢固,锚杆(土钉)与坡体应锚接牢固,形成完整的支护体系。

检验数量:施工单位全部检查。

检验方法:观察。

18.6.13 喷层表面应均匀、平顺,不得有突变。

检验数量:施工单位全部检查。

检验方法:观察。

18.6.14 喷层应与其基面牢固结合,不得漏喷、脱层、网材出露、锚杆、土钉露头。

检验数量:施工单位全部检查。

检验方法:观察。

18.7 边坡勾缝、灌浆、填缝、嵌补

主 控 项 目

18.7.1 混凝土、砌体的钢筋、水泥、砂、石等材料的品种、规格、质量应符合设计要求,其进场检验应符合本标准附录 E 的规定。

18.7.2 混凝土、砌体砂浆强度等级应符合本标准第 18.3.5 条的规定。

18.7.3 勾缝材料塞入缝中深度不宜小于缝口宽度的 2 倍并应抹插密实、无松散脱皮。

检验数量:施工单位检查 6 处;监理单位见证检验 2 处。

检验方法:观察、尺量。

18.7.4 灌浆填缝应满至缝口并压实抹平。

检验数量:施工单位检查 6 处;监理单位见证检验 2 处。

检验方法:观察、尺量。

18.7.5 嵌补趾部基面应大致水平,并应留有适当襟边,其宽度不小于 20 cm。

检验数量:施工单位检查 2 处;监理单位见证检验 1 处。

检验方法:观察、尺量。

一 般 项 目

18.7.6 嵌补砌体砌筑应密实、表面与边坡面齐平、周边封严。

检验数量:施工单位全部检查。

检验方法:观察。

18.8 边 坡 支 顶

一 般 规 定

18.8.1 砌筑施工应采用挤浆法,确保灰缝饱满。砌块应大面朝下,丁顺相间,互相咬接,上下错缝,不得有通缝和空缝。砌体周边应平顺整齐。

18.8.2 混凝土灌筑必须连续进行。

主 控 项 目

18.8.3 混凝土、砌体所用钢筋、水泥、砂、石等材料的品种、规格、质量应符合设计要求,其进场检验应符合本标准附录 E 的有关规定。

18.8.4 支顶构筑物与所支顶危岩的位置应符合设计要求。

检验数量:施工单位检查 2 处;监理单位见证检验 1 处。

检验方法:观察、尺量。

18.8.5 支顶构筑物的结构形式应符合设计要求。

检验数量:施工单位、监理单位全部检查。

检验方法:观察、尺量。

18.8.6 构筑物地基基面应平整,台阶型地基的台阶尺寸应符合设计要求。

检验数量:施工单位检查 4 处;监理单位见证检验 2 处。

检验方法:观察、尺量。

18.8.7 地基持力层应符合设计要求。

检验数量:施工单位、监理单位全部检查。

检验方法:现场鉴别。

18.8.8 钢筋的规格、数量、钢筋骨架形式、钢筋连接方式应符合设计要求。

检验数量:施工单位、监理单位全部检查。

检验方法:观察、尺量。

18.8.9 混凝土、砌体砂浆强度等级应符合本标准第 18.3.5 条的规定。

18.8.10 构筑物顶部与危岩底部应抵紧、无空隙,支点位置正确。

检验数量:施工单位、监理单位全部检查。

检验方法:观察、尺量。

一般项目

18.8.11 支顶构筑物横断面尺寸、垂直度、斜度允许偏差及检验标准应符合表 18.8.11 的规定。

表 18.8.11 支顶构筑物横断面尺寸、垂直度、斜度允许偏差及检验标准

序号	项目	允许偏差		施工单位检查数量	检验方法
		浆砌片石	混凝土		
1	横断面尺寸	不小于设计值	不小于设计值	3 组	尺量
2	墙面垂直度	$H/200$,且小于 30 mm	$H/500$,且小于 20 mm	每垂直面全高 3 处	吊线尺量
3	柱面垂直度	$H/200$,且小于 30 mm	$H/1\,000$ 且小于 10 mm	每垂直面全高 3 处	吊线尺量
4	斜度	5% 设计斜度	5% 设计斜度	每斜面 3 处	坡度尺或吊线尺量

注:H 为墙的高度。

18.9 拦石墙、拦石堤、缓冲填土层

一般规定

18.9.1 砌筑施工应采用挤浆法,确保灰缝饱满。砌块应大面朝下,丁顺相间,互相咬接,上下错缝,不得有通缝和空缝。砌体周边应平顺整齐。

18.9.2 拦石土质堤填筑与压实施工质量应符合本标准第 8.7.9 条的规定。

主 控 项 目

18.9.3　拦石墙、拦石堤、缓冲填土层的水泥、砂、石等材料的品种、规格、质量应符合设计要求，其进场检验应符合本标准附录 E 的有关规定。

18.9.4　拦石墙、拦石堤、缓冲填土层的结构形式应符合设计要求。

检验数量：施工单位、监理单位全部检查。

检验方法：观察、尺量。

18.9.5　拦石墙、拦石堤基底开挖高程应符合本标准第 8.1.5 条的规定。

18.9.6　混凝土、砌体砂浆强度等级应符合本标准第 18.3.5 条的规定。

18.9.7　沉降缝（伸缩缝）预留及塞封处理应符合本标准第 8.2.5 条的规定。

一 般 项 目

18.9.8　拦石墙、拦石堤、缓冲填土层断面尺寸的允许偏差为 ±10% 设计值。

检验数量：施工单位检查 3 组。

检验方法：尺量。

18.10　拦石网、拦石桩、拦石柱

一 般 规 定

18.10.1　拦石网、拦石桩、拦石柱的布置与排列应符合设计要求，并与实际地形协调。

主 控 项 目

18.10.2　拦石桩、拦石柱、拦石网的钢筋、水泥、砂、石等材料的品种、规格、质量应符合设计要求，其进场检验应符合本标准附录 E 的规定。

18.10.3　拦石网、拦石桩、拦石柱的结构尺寸应符合设计要求。

检验数量：施工单位全部检查；监理单位按施工单位检查数量的 20% 见证检验 。

检验方法：观察、尺量。

18.10.4　拦石桩、拦石柱的埋设与连接应牢固。

检验数量：施工单位、监理单位全部检查。

检验方法：观察。

18.10.5　金属网应成弧形，网底与地面间应无空隙，网设置应稳固，外观应平顺。

检验数量：施工单位、监理单位全部检查。

检验方法：观察，尺量。

一 般 项 目

18.10.6　拦石网、拦石桩、拦石柱的高程、位置、高度、埋深、断面尺寸、间距、网孔尺寸允许偏差及检验标准应符合表 18.10.6 的规定。

表 18.10.6 拦石网、拦石桩、拦石柱的高程、位置、高度、埋深、断面尺寸、间距、网孔尺寸允许偏差及检验标准

序号	项目	允许偏差	施工单位检查数量	检验方法
1	高程	符合设计值	8点	水准仪测量
2	位置	符合设计指定地点	每连续网、柱长,检查2处	观察、尺量
3	柱、桩、网高度	$^{+50}_{-20}$ mm	抽查20%,1组	尺量
4	柱、桩埋入深度	不小于设计值	抽查20%,1点	尺量
5	断面尺寸	±5%设计值	抽查10%,1组	尺量
6	柱、桩间距	±200 mm	抽查10%,1处	尺量
7	网孔尺寸	±20 mm	抽查12孔,3组	尺量

18.11 固沙及阻沙设施

一般规定

18.11.1 固沙及阻沙设施的组成应符合设计要求。

主控项目

18.11.2 固沙及阻沙设施的原材料进场检验应符合设计要求。

检验数量:施工单位全部检查;监理单位按施工单位检查数量的20%见证检验。

检验方法:观察、必要时查试验报告。

18.11.3 固沙防护种类、结构形式应符合设计要求。

检验数量:施工单位、监理单位全部检查。

检验方法:观察。

18.11.4 土工网垫、土工网植物防护、防沙栅栏、截沙沟堤、格状沙障、各部防沙层、覆盖层及其他配属措施均应呈完整状态,构筑应稳固。

检验数量:施工单位、监理单位全部检查。

检验方法:观察。

18.11.5 风沙地区线路两侧各500 m内的地表原有植被和地表硬壳不应受施工破坏。

检验数量:施工单位检查6处;监理单位见证检验2处。

检验方法:观察,必要时测量检查。

18.11.6 风沙地区采用取土坑防护时,其构筑应符合设计要求,取土坑应设在背风侧,其距路堤坡脚不得小于5 m。

检验数量:施工单位、监理单位全部检查。

检验方法:观察、尺量。

18.11.7 风沙地区采用弃土堆防护时,其构筑应符合设计要求。弃土堆应设在背风侧,其距路堑顶边缘不得小于10 m。

检验数量:施工单位、监理单位全部检查。

检验方法:观察、尺量。

一般项目

18.11.8　固沙、阻沙各项设施位置、高度、埋深、高程、断面尺寸、宽(厚)度、草格尺寸允许偏差及检验标准应符合表18.11.8的规定。

表18.11.8　固沙、阻沙各项设施位置、高度、埋深、高程、断面尺寸、宽(厚)度、草格尺寸允许偏差及检验标准

序号	项目		允许偏差	施工单位检验数量	检验方法
1	位置(中线至边缘线)		±100 mm	4处	尺量
2	防沙栅栏	高度	±50 mm	设施数量的10%,6处	尺量
3		桩、柱埋入深度	$^{+50}_{0}$ mm		
4	截沙沟堤	沟底、堤顶高程	±50 mm	设施数量的10%,6点	水准仪测量或尺量
5		断面尺寸	$^{+100}_{-50}$ mm		
6	格状沙障	宽度	不小于设计宽度	设施数量的10%,6处	尺量
7		草格尺寸	±50 mm		
8	防护层覆盖层	宽度	-5%设计值	设施数量的10%,6处	尺量
9		厚度	-5%设计值		

18.12　挡风墙

主控项目

18.12.1　挡风墙所用钢筋、水泥、砂、石等材料的品种、规格、质量应符合本标准附录E的有关规定。

18.12.2　混凝土、砌体砂浆强度等级应符合本标准第18.3.5条的规定。

18.12.3　挡风墙地基平整与夯压应符合本标准第4.1.2条的规定。

18.12.4　基础插板应垂直于边坡,其施工质量应符合设计要求。

检验数量:施工单位检查5处;监理单位见证检验1处。

检验方法:观察、尺量。

18.12.5　土堤式挡风墙两侧边坡坡率应符合设计要求。

检验数量:施工单位检查10处;监理单位检验2处。

检验方法:观察、尺量。

18.12.6　墙面板砌筑应与墙内填土同步进行,填土应夯填密实。

检验数量:施工单位、监理单位全部检查。

检验方法:观察。

18.12.7　对拉式挡风墙的拉杆数量、型号、设置位置及防锈防腐处理应符合设计要求。

检验数量:施工单位检查设置数量的20%;监理单位按施工单位检查数量的20%见证检验。

检验方法:观察、尺量。

18.12.8　L形柱式挡风墙现浇立臂的钢筋规格、数量、钢筋骨架形式、钢筋连接方式应符合设计要求。

检验数量:施工单位全部检查;监理单位按施工单位检查数量的10%平行检验。

检验方法:观察、尺量。

18.12.9 L形柱式挡风墙现浇立臂,应待其混凝土达到设计强度后,方能吊装挡风板。

检验数量:施工单位、监理单位全部检查。

检验方法:查强度试验报告。

18.12.10 伸缩缝预留及塞封质量应符合本标准第8.7.6条的规定。

18.12.11 迎风侧热沥青的涂刷层数及施工质量应符合设计要求。

检验数量:施工单位、监理单位全部检查。

检验方法:观察。

一 般 项 目

18.12.12 墙面应平顺、整齐。

检验数量:施工单位全部检查。

检验方法:观察。

18.12.13 挡风墙边缘距线路中心距离、高程、墙面垂直度允许偏差及检验标准应符合表18.12.13的规定。

18.12.14 挡风墙肋柱、墙面板等预制构件允许偏差及检验标准应符合本标准第11.4.9条的规定。

表18.12.13 挡风墙边缘距线路中心距离、高程、墙面垂直度允许偏差及检验标准

序号	项目		允许偏差	施工单位检查数量	检验方法
1	墙边缘距线路中心线距离		±20 mm	5处	尺量
2	墙高程	底面	±50 mm	5点	水准测量
3		顶面	±30 mm	5点	水准测量
4	对拉式或L形柱式挡土墙墙面垂直度		H/500,且小于20 mm	每垂直面全高,5处	吊线尺量

18.13 防雪害设施

主 控 项 目

18.13.1 防雪害设施的材料的进场检验应符合设计要求。

检验数量:施工单位每批材料全部检查;监理单位按施工单位检查数量的20%见证检验。

检验方法:按有关规定检验、观察。

18.13.2 防雪害设施组成应符合设计要求。

检验数量:施工单位、监理单位全部检查。

检验方法:观察。

18.13.3 防雪害沟堤、格状雪障、防护层、覆盖层等设施应完善,构筑稳固牢靠。

检验数量:施工单位、监理单位全部检查。

检验方法:观察。

一 般 项 目

18.13.4 防雪害设施位置、高度、埋深、高程、断面尺寸、宽度允许偏差及检验标准应符合本标准第 18.11.8 条的规定。

18.14 护 岸

一 般 规 定

18.14.1 护岸工程类型应符合设计要求。

18.14.2 护岸的布置方式应符合设计要求。

18.14.3 抛石、抛预制块护岸的抛掷位置及体积应符合设计要求。

18.14.4 石笼、沉枕、土工模袋护岸的抛掷位置及笼(袋)体积应符合设计要求。

主 控 项 目

18.14.5 混凝土、砌体所用钢筋、水泥、砂、石等材料的品种、规格、质量应符合设计要求,其进场检验应符合本标准附录 E 的规定。

18.14.6 抛掷物所用土工合成材料的品种、规格、质量应符合设计要求,其进场检验应符合本标准第 4.12.4 条的规定。

18.14.7 墙背填料的种类、质量应符合本标准第 12.5.3 条的规定。

18.14.8 护岸建筑物位置应符合设计要求。

检验数量:施工单位检查 4 处;监理单位见证检验 2 处。

检验方法:测量。

18.14.9 混凝土、砌体护岸的基坑施工质量、基坑地基承载力应分别符合本标准第 8.1.4~8.1.6 条的规定。

18.14.10 混凝土、砌体砂浆强度等级应符合本标准第 18.3.5 条的要求。

18.14.11 沉降缝(伸缩缝)预留及塞封质量应符合本标准第 8.2.5 条的规定。

18.14.12 墙背回填及其压实质量应符合本标准第 12.5.4 条的规定。

18.14.13 抛掷护岸基脚处平面防冲刷措施的基础埋深应符合设计要求。

检验数量:施工单位检查 6 处;监理单位见证检验 2 处。

检验方法:观察、测量。

18.14.14 石料应不易风化,装填应饱满;笼(袋)周边石料块径应大于网孔径,心部较小石块含量不得大于石笼(袋)体积的 20% 。

检验数量:施工单位、监理单位全部检查。

检验方法:观察、尺量。

18.14.15 土工合成材料石笼、沉枕、土工模袋的结构应抗滑、抗浮、抗冰凌、抗冲刷。

检验数量:施工单位、监理单位全部检查。

检验方法:观察、尺量。

一般项目

18.14.16 护岸边坡坡率、变坡点位置允许偏差及检验方法应符合本标准第7.3.5条的规定。

18.14.17 石笼、沉枕、模袋的排列组合应符合设计要求，搭叠衔接应稳固。坡面、顶面、纵横向应整齐平顺。

检验数量：施工单位全部检查。

检验方法：观察。

18.14.18 混凝土及砌体护岸高程、长度、嵌入深度、断面尺寸、基础底高程允许偏差及检验标准应符合表18.14.18的规定。

表18.14.18 混凝土、砌体护岸高程、长度、嵌入深度、断面尺寸、基础底高程允许偏差及检验标准

序号	项　目	允许偏差	施工单位检查数量	检验方法
1	顶面高程	−30 mm	15点	水准仪测量
2	长　度	±100 mm	1处	尺　量
3	根嵌入深度	−5%设计深度	4点(上下部各2点)	尺　量
4	砌筑体断面尺寸	$^{+20}_{0}$ mm	3处	尺　量
5	基础底高程	土质±50 mm，岩石 $^{+50}_{-200}$ mm	3点	水准仪测量

18.14.19 抛护体顶宽、高度允许偏差及检验标准应符合表18.14.19的规定。

表18.14.19 抛护体顶宽、高度允许偏差及检验标准

序号	项　目	允许偏差	施工单位检查数量	检验方法
1	抛护体顶面宽度	−100 mm	6处	尺　量
2	抛护体平均高度(按不同设计高程分段)	−20%设计高度	6处	水准仪测量或尺量

注：序号2所指高度按顶面与基底高程差计。

18.14.20 石笼防护护坡厚度、坡度、高程、护脚厚度、护脚宽度及护脚高程允许偏差及检验标准应符合表18.14.20的规定。

表18.14.20 石笼护坡厚度、坡度、高程、护脚厚度、护脚宽度及护脚高程允许偏差及检验标准

序号	项　目	允许偏差	施工单位检查数量	检验方法
1	厚　度	−50 mm	每10 m，6处(上、下部各3)	拉线尺量
2	坡　度	±5%设计长度	每40 m，3处	坡度尺量
3	顶面高程	−100 mm	每40m，3点	水准仪测量
4	护脚厚度	−100 mm	抽查10 m，6处	拉线尺量
5	护脚宽度	±150 mm	每40 m，3处	拉线尺量
6	护脚高程	±150 mm	每40 m，3点	水准仪测量

18.15 导 流 堤

一 般 规 定

18.15.1 导流堤平面位置、堤身、堤根的构造应符合设计要求。应与环境协调一致。

18.15.2 砌筑施工应采用挤浆法，确保灰缝饱满。砌块应大面朝下，丁顺相间，互相咬接，上下错缝，不得有通缝和空缝。砌体周边应平顺整齐。

主 控 项 目

18.15.3 导流堤的钢筋、水泥、砂、石等材料的品种、规格、质量应符合设计要求，其进场检验应符合本标准附录 E 的规定。

18.15.4 基坑施工质量、基坑地基承载力应分别符合本标准第 8.1.4 ~ 8.1.6 条的规定。

18.15.5 混凝土、砌体砂浆强度等级应符合本标准第 18.3.5 条的规定。

一 般 项 目

18.15.6 基坑回填施工质量应符合本标准第 8.2.6 条的规定。

18.15.7 导流堤砌体表面应平顺、整齐。

检验数量：施工单位全部检查。

检验方法：观察。

18.15.8 导流堤高程、长度、嵌入深度、断面尺寸及基础底高程的允许偏差及检验标准应符合本标准第 18.14.18 条的规定。

18.16 消 能 堤

一 般 规 定

18.16.1 消能堤构造、平面位置应符合设计要求。应与环境协调一致。

18.16.2 砌筑施工应采用挤浆法，确保灰缝饱满。砌块应大面朝下，丁顺相间，互相咬接，上下错缝，不得有通缝和空缝。砌体周边应平顺整齐。沉降缝位置及塞缝处理应符合设计要求。

主 控 项 目

18.16.3 消能堤的钢筋、水泥、砂、石等材料的品种、规格、质量应符合设计要求，其进场检验应符合本标准附录 E 的规定。

18.16.4 消能堤的位置、结构尺寸应符合设计要求。

检验数量：施工单位等间距检查 3 处；监理单位见证检验 1 处。

检验方法：观察、尺量。

18.16.5 混凝土、砌体的基坑施工质量、基坑地基承载力应分别符合本标准第 8.1.4 ~ 8.1.6 条的规定。

18.16.6 混凝土、砌体的砂浆强度等级应符合本标准第 18.3.5 条的规定。

18.16.7 沉降缝（伸缩缝）预留及塞封质量应符合本标准第 8.2.5 条的规定。

一般项目

18.16.8 基坑回填施工质量应符合本标准第 8.2.6 条的规定。

18.16.9 消能堤砌体表面应平顺、整齐。

检验数量:施工单位全部检查。

检验方法:观察。

18.16.10 消能堤高程、长度、嵌入深度、断面尺寸及基础底高程允许偏差及检验标准应符合本标准第 18.14.18 条的有关规定。

18.17 挡水埝

主控项目

18.17.1 挡水板的钢筋、水泥、砂、石等材料的品种、规格、质量应符合设计要求,其进场检验应符合本标准附录 E 的规定。

18.17.2 挡水板的品种、规格、质量应符合设计要求。

检验数量:施工单位每 10 000 m^2 为一批,每批检验 5%,不足一批亦按一批计;监理单位按施工单位检验数量的 20% 见证检验,且不少于 1 批。

检验方法:观察、尺量。

18.17.3 挡水板的插设范围、深度和连接方式应符合设计要求。

检验数量:施工单位、监理单位全部检查。

检验方法:观察、尺量。

18.17.4 挡水埝填筑压实及挡水板插设应符合下列规定:

1 挡水埝基底应稳定,且不得破坏周围原地面及植被;

2 挡水埝应分层填筑压实,其压实质量应符合设计要求;

3 挡水埝迎水侧流水面应排水通畅,积水坑和洼地应回填夯实;

4 挡水埝的防渗加固应按设计要求及时施作完成;

5 挡水板在插设过程中应保证不扭曲,且两侧应回填密实。

检验数量:施工单位对填筑压实质量按本标准第 8.7.9 条的规定进行检验,其余项目全部检查;监理单位对压实质量每三层见证检查 2 点,其余项目按施工单位检查数量的 20% 见证检查。

检验方法:对压实质量采用轻型动力触探(N_{10}),其击数标准经试验确定;观察、尺量。

一般项目

18.17.5 挡水埝顶面高程、宽度、边坡坡率、内侧至护道(路堤)坡脚距离允许偏差及检验标准应符合表 18.17.5 的规定。

表 18.17.5　挡水埝顶面高程、宽度、边坡坡度、内侧至护道(路堤)坡脚距离允许偏差及检验标准

序号	项　　目	允许偏差	施工单位检查数量	检验方法
1	高　程	±50 mm	2点	水准测量
2	宽　度	不小于设计值	2处	尺　量
3	边坡坡率	5%设计值	每侧2处	坡度尺量
4	内侧至护道(路堤)坡脚距离	不小于设计值	2处	尺　量

19 路 基 排 水

19.1 地表排水沟

一 般 规 定

19.1.1 路基排水沟、侧沟、天沟等地表排水设施应与天然沟渠和相邻的桥涵、隧道、车站等排水设备衔接配合，组成完整的排水系统。

19.1.2 排水设施结构形式应符合设计要求。

主 控 项 目

19.1.3 砌体的钢筋、水泥、砂、石等材料的品种、规格、质量应符合设计要求，其进场检验应符合本标准附录 E 的有关规定。

19.1.4 土工合成材料的品种、规格、质量应符合设计要求，其进场检验应符合本标准第 4.12.4 条的规定。

19.1.5 地表排水设施平面位置应符合设计要求，其纵坡应和实际地形相协调，排水通畅，不得反坡。

检验数量：施工单位检查 6 处；监理单位见证检验 2 处。

检验方法：观察、尺量、水准仪测量。

19.1.6 排水沟开挖断面应符合设计要求，沟底地基应稳固。

检验数量：施工单位检查 6 处；监理单位见证检验 2 处。

检验方法：尺量、水准测量。

19.1.7 砌体砂浆强度等级应符合本标准第 18.3.5 条的规定。

一 般 项 目

19.1.8 铺砌背后及顶部与地面之间应填塞封严；沟底及沟边应平顺整齐。

检验数量：施工单位全部检查。

检验方法：观察。

19.1.9 地表排水沟设置范围、高程、坡度、平整度、宽度、深度、铺砌厚度允许偏差及检验标准应符合表 19.1.9 的规定。

表 19.1.9 地表排水沟设置范围、高程、坡度、平整度、宽度、深度、铺砌厚度允许偏差及检验标准

序号	项 目	允 许 偏 差	施工单位检查数量	检验方法
1	设置范围	±200 mm	每条沟 2 处	测 量
2	沟底高程	土质 ±20 mm，石质 ±30 mm，铺砌沟 ±20 mm	6 点	水准仪测量

续上表

序号	项 目	允 许 偏 差	施工单位检查数量	检验方法
3	沟底坡度	5% 设计坡度	6 处	坡度尺量
4	沟底平整度	土质 15 mm,石质 30 mm,铺砌沟 15 mm	6 处	尺 量
5	宽 度	$^{+50}_{-20}$ mm	6 处	尺 量
6	深 度	$^{+100}_{-30}$ mm	6 点	尺 量
7	铺砌厚度	−10% 设计厚度	6 处	尺 量

19.2 急 流 槽

一 般 规 定

19.2.1 急流槽平面位置及过水能力应符合设计要求,与相邻的排水设备衔接配合。

19.2.2 急流槽出口处消力池应能有效降低急流流速,消除冲击能量。

主 控 项 目

19.2.3 急流槽的水泥、砂、石等材料的品种、规格、质量应符合设计要求,其进场检验应符合本标准附录 E 的有关规定。

19.2.4 急流槽平面位置及其纵坡应符合设计要求。

检验数量:施工单位检查 3 处;监理单位见证检验 1 处。

检验方法:尺量,对纵坡采用水准仪测量。

19.2.5 槽基应稳固、密实。

检验数量:施工单位、监理单位全部检查。

检验方法:观察。

19.2.6 混凝土、砂浆强度等级应符合本标准第 18.3.5 条的规定。

一 般 项 目

19.2.7 急流槽断面尺寸、深度、铺砌厚度允许偏差及检验标准应符合表 19.2.7 的规定。

表 19.2.7 急流槽断面尺寸、深度、铺砌厚度允许偏差及检验标准

序号	项 目	允 许 偏 差	施工单位检查数量	检验方法
1	底宽、顶宽	$^{+50}_{0}$ mm	6 处	尺 量
2	深 度	$^{+50}_{0}$ mm	6 处	尺 量
3	铺砌厚度	−10% 设计厚度	6 处	尺 量

19.3 地下排水

一般规定

19.3.1 地下排水设施应与地表排水系统相配套,水路畅通无隐患。

19.3.2 沟槽内碎石回填应均匀、密实。

主控项目

19.3.3 排水设施所用水泥、砂、石料等材料的品种、规格、质量应符合设计要求,其进场检验应符合本标准附录 E 的规定。

19.3.4 渗水管、土工布的品种、规格、质量应符合设计要求,其进场检验应符合本标准第 4.12.4 条的规定。

19.3.5 沟底地基应稳固、密实。

检验数量:施工单位、监理单位全部检查。

检验方法:观察。

19.3.6 土工织物铺设层数、方向和连接方法应符合本标准第 4.12.5 条的规定。

19.3.7 混凝土、砂浆强度等级应符合本标准第 18.3.5 条的规定。

19.3.8 反滤层构造应符合设计要求。

检验数量:施工单位检查 4 处;监理单位见证检验 1 处。

检验方法:观察、尺量。

19.3.9 渗水管铺设位置、连接方法应符合设计要求。

检验数量:施工单位对管道铺设位置检查 4 处,检查每个连接处;监理单位见证检验 1 处。

检验方法:观察,管道铺设位置采用测量。

19.3.10 检查井断面、附属设备安装应符合设计要求。井盖密贴。

检验数量:施工单位检查 2 处;监理单位按施工单位检查数量的 20% 见证检验,且不少于 1 处。

检验方法:观察、尺量。

一般项目

19.3.11 土工织物铺设应绷紧、抻平,不得褶皱损坏,且无老化、无污染。

检验数量:施工单位全部检查。

检验方法:观察。

19.3.12 沟顶铺砌片石及勾缝应平顺、美观。

检验数量:施工单位全部检查。

检验方法:观察。

19.3.13 盲沟及暗沟中心位置、沟底高程、断面尺寸、排水纵坡、检查井位置允许偏差及检验标准应符合表 19.3.13 的规定。

表 19.3.13　盲沟及暗沟中心位置、沟底高程、断面尺寸、排水纵坡、检查井位置允许偏差及检验标准

序号	项　　目	允许偏差		施工单位检查数量	检　验　方　法
1	中心位置	±50 mm		每侧3点	通过检查井引点,经纬仪测量
2	沟底高程	±20 mm		8个点	通过检查井,水准仪测量
3	断面尺寸	$^{+50}_{-20}$ mm		每100 m抽查2处	尺　　量
4	排水纵坡	±5%设计坡度		2处	水准仪测量
5	检查井位置	纵向	±50 mm	每10座抽查2处	经纬仪测量、尺量
		横向	$^{+50}_{-20}$ mm	每10座抽查2处	经纬仪测量、尺量

19.4　支 撑 渗 沟

一 般 规 定

19.4.1　支撑渗沟应与地表排水系统相配套。

主 控 项 目

19.4.2　砌体的水泥、砂、石料等材料的品种、规格、质量应符合设计要求,其进场检验应符合本标准附录E的规定。

19.4.3　沟底应稳固,砌筑应密实。

检验数量:施工单位、监理单位全部检查。

检验方法:观察。

19.4.4　混凝土、砂浆强度等级应符合本标准第18.3.5条的规定。

19.4.5　反滤层构造应符合设计要求。

检验数量:施工单位检查4处;监理单位见证检验1处。

检验方法:观察、尺量。

一 般 项 目

19.4.6　支撑渗沟砌筑与充填应密实,与相连构筑物的衔接应密贴无空隙,排水通畅。

检验数量:施工单位全部检查。

检验方法:观察。

19.4.7　支撑渗沟中心间距、沟身长度、断面尺寸、反滤层厚度、封闭层厚度允许偏差及检验标准应符合表19.4.7的规定。

表 19.4.7　支撑渗沟中心间距、沟身长度、断面尺寸、反滤层厚度、封闭层厚度允许偏差及检验标准

序号	项　　目	允许偏差	施工单位检查数量	检验方法
1	中心间距	±100 mm	2处	尺　　量
2	沟身长度	±100 mm	1处	尺　　量
3	断面尺寸	$^{+50}_{-20}$ mm	2处	尺　　量
4	反滤层厚度	±30 mm	每分层2处	尺　　量
5	封闭层厚度	−10%设计厚度	3处	尺　　量

19.5 渗 井

一般规定

19.5.1 渗井反滤材料充填应均匀、密实,各种反滤层设置应符合设计要求。

主控项目

19.5.2 渗井的水泥、砂、石等材料的品种、规格、质量应符合设计要求,其进场检验应符合本标准附录E的规定。

19.5.3 土工织物、渗水管品种、规格、质量应符合设计要求,其进场检验应符合本标准第4.12.4条的规定。

19.5.4 渗井开挖断面应符合设计要求,井壁应平顺。

检验数量:施工单位检查4处;监理单位见证检验2处。

检验方法:观察、尺量。

19.5.5 渗井构造及深度应符合设计要求。

检验数量:施工单位、监理单位全部检查。

检验方法:观察、测量。

19.5.6 混凝土、砂浆强度等级应符合本标准第18.3.5条的规定。

19.5.7 反滤层构造应符合设计要求。

检验数量:施工单位检查4处;监理单位见证检验1处。

检验方法:观察、尺量。

一般项目

19.5.8 施工接头缝应塞实封严。

检验数量:施工单位全部检查。

检验方法:观察。

19.5.9 渗井平面位置、深度、反滤层厚度、搭接长度、断面尺寸允许偏差及检验标准应符合表19.5.9的规定。

表19.5.9 渗井平面位置、深度、反滤层厚度、搭接长度、断面尺寸允许偏差及检验标准

序号	项　目	允许偏差	施工单位检查数量	检验方法
1	平面位置	±50 mm	1处	经纬仪测量
2	深　度	$^{+100}_{0}$ mm	1点	尺　量
3	反滤层厚度	±30 mm	2处	尺　量
4	土工合成材料搭接长度	$^{+30}_{0}$ mm	每井每分层2处	尺　量
5	断面尺寸	$^{+50}_{-20}$ mm	2处	尺　量

19.6　渗水、泄水隧洞

一般规定

19.6.1　渗水、泄水隧洞的弃土一般要求应符合本标准第7.7.1、7.7.2条的规定。

主控项目

19.6.2　混凝土、砌体、注浆的钢筋、水泥、砂、石、外加剂等材料的品种、规格、质量应符合设计要求，其进场检验应符合本标准附录E的规定。

19.6.3　防水板、土工复合材料的品种、规格、质量应符合设计要求，其进场检验应符合本标准第4.12.4条的规定。

19.6.4　渗水隧洞集水段位置、长度应符合设计要求。

检验数量：施工单位检查2处；监理单位见证检验1处。

检验方法：尺量。

19.6.5　泄水隧洞进水处位置及其底部纵坡应符合设计要求。

检验数量：施工单位对底部纵坡检查6处；监理单位见证检验1处。

检验方法：观察、尺量、水准仪测量。

19.6.6　隧洞开挖断面中线、高程必须符合设计要求。

检验数量：施工单位每衬砌段检查1次；监理单位按施工单位检查数量的20%见证检验。

检验方法：经纬仪、水准仪测量。

19.6.7　隧洞不应欠挖，当围岩完整、石质坚硬时，允许岩石个别突出部分（每1 m^2 不大于0.21 m^2）侵入衬砌，但侵入值应小于衬砌厚度的1/3，并小于10 cm。拱脚以上1 m内断面严禁欠挖。

检验数量：施工单位每衬砌段检验1次；监理单位见证检验。

检验方法：全站仪、经纬仪量测周边轮廓断面，绘断面图与设计断面图核对。

19.6.8　衬砌混凝土、砌体砂浆强度等级应符合本标准第18.3.5条的规定。

19.6.9　喷射混凝土强度等级应符合本标准第14.3.3条的规定。

19.6.10　渗滤层材料铺设应符合设计要求。

检验数量：施工单位、监理单位全部检查。

检验方法：观察。

19.6.11　土工复合材料的铺设范围、连接方法应符合设计要求。

检验数量：施工单位每段衬砌等间距检查4点；监理单位见证检验1点。

检验方法：观察、尺量。

19.6.12　沉降缝（伸缩缝）预留及塞封处理应符合本标准第8.2.5条的规定。

一般项目

19.6.13　渗水、泄水隧洞衬砌厚度、净空尺寸允许偏差及检验标准应符合表19.6.13的规定。

表 19.6.13 渗水、泄水隧洞衬砌厚度、净空尺寸允许偏差及检验标准

序号	项目	允许偏差	施工单位检查数量	检验方法
1	衬砌厚度	-5%设计厚度	洞长 20 m,6 点(拱墙两侧各 2 点)	尺量
2	净空宽、高度	±100 mm	洞长 20 m,3 组	尺量

19.7 河床开挖

一般规定

19.7.1 河床开挖平面位置或改造后的新河床和原河床的分合位置应符合设计要求,并与环境协调。

19.7.2 河床底面应平顺,坡顶和坡脚线应整齐、顺直。

主控项目

19.7.3 河床开挖应先挖中段、再挖末段,经检查确认新河床已完全符合要求后,方可挖通上游河段。

检验数量:施工单位、监理单位全部检查。

检验方法:观察。

19.7.4 石质河床的爆破作业方式应符合现行《爆破安全规程》(GB 6722)的有关规定。

检验数量:施工单位、监理单位全部检查。

检验方法:观察。

一般项目

19.7.5 河床中心线位置、底高程、纵坡、底宽、边坡坡率允许偏差及检验标准应符合表 19.7.5 的规定。

表 19.7.5 河床中心线位置、底高程、纵坡、底宽、边坡坡度允许偏差及检验标准

序号	项目	允许偏差	施工单位检查数量	检验方法
1	中心线位置	±100 mm	3 处	尺量
2	底高程	±50 mm	3 点	水准仪测量
3	纵坡	±5%设计坡度	3 处	水准仪测量
4	底宽	±100 mm	3 处	尺量
5	边坡坡率	±5%	4 处(左右侧各 2 处)	坡度尺量

19.8 河床冲刷防护

一般规定

19.8.1 河床冲刷防护平面位置、长度、构造形式应符合设计要求。

19.8.2 改河入水口与会合处加固的位置、范围与构造应符合设计要求。

19.8.3　砌筑施工应采用挤浆法，确保灰缝饱满。砌块应大面朝下，丁顺相间，互相咬接，上下错缝，不得有通缝和空缝。砌体周边应平顺整齐。

主 控 项 目

19.8.4　混凝土、砌体的钢筋、水泥、砂、石料等材料的品种、规格、质量应符合设计要求，其进场检验应符合本标准附录 E 的规定。

19.8.5　基底高程应符合本标准第 8.1.5 条的规定。

19.8.6　基坑地基承载力应符合本标准第 8.1.4 条的规定。

19.8.7　混凝土、砌体砂浆强度等级应符合本标准第 18.3.5 条的规定。

19.8.8　沉降缝(伸缩缝)预留及塞封质量应符合本标准第 8.2.5 条的规定。

一 般 项 目

19.8.9　防护、加固构筑物平面位置、高程、坡度、厚度、底面高程、平整度允许偏差及检验标准应符合表 19.8.9 的规定。

表 19.8.9　防护、加固构筑物平面位置、高程、坡度、厚度、底面高程、平整度允许偏差及检验标准

序号	项　目		允许偏差	施工单位检查数量	检验方法
1	平面位置		±100 mm	护坡长 20 m,3 处	经纬仪测量
2	坡顶高程		−30 mm	护坡长 20 m,3 点	水准仪测量
3	坡　度		0.5% 设计值	护坡长 20 m,3 处	吊 垂 线
4	厚度	砌　体	±30 mm	护坡长 20 m,6 处(上、中、下部各 2 处)	尺　量
		垫　层	±30 mm		
5	底面高程		±50 mm	护坡长 20 m,1 点	水准仪测量
6	表面平整度		砌石 30 mm, 混凝土 15 mm	护坡长 20 m,3 处	尺　量

20　路基附属设施

20.1　栏杆、检查梯

一般规定

20.1.1　栏杆、检查梯的设置应顺直，且与实际地形协调一致。

20.1.2　金属栏杆杆件应做好防锈处理，不得脱皮。非金属栏杆杆件不得露筋。

主控项目

20.1.3　栏杆及混凝土、砌体所用钢型材、钢筋、水泥、砂、石等材料的品种、规格、质量应符合设计要求，其进场检验应符合本标准附录E的有关规定。

20.1.4　涂料的品种、规格、质量应符合设计和产品的相关规定。

检验数量：施工单位、监理单位全部检查。

检验方法：检查质量证明文件，观察。

20.1.5　高边坡安全栏杆立柱的间距应符合设计要求，设置应稳固。杆件连接应牢靠。

检验数量：施工单位检查4处；监理单位见证检验2处。

检验方法：观察、尺量。

20.1.6　金属栏杆杆件的涂料层数、涂刷施工质量应符合设计要求，不得漏涂。

检验数量：施工单位、监理单位全部检查。

检验方法：观察。

20.1.7　混凝土、砌体砂浆强度等级应符合本标准第18.3.5条的规定。

20.1.8　高边坡分级平台设置位置符合设计要求。

检验数量：施工单位、监理单位全部检查。

检验方法：观察。

一般项目

20.1.9　检查梯梯面应水平并防滑，棱线应顺直。

检验数量：施工单位全部检查。

检验方法：观察。

20.1.10　栏杆、检查梯平面位置、构件断面尺寸、安装尺寸、柱垂直度、平台宽度允许偏差及检验标准应符合表20.1.10的规定。

20.2　隔离栅栏

主控项目

20.2.1　栅栏所用钢型材、钢筋、水泥、砂、石等材料的品种、规格、质量应符合设计要求。

其进场检验应符合本标准附录 E 的有关规定。

表 20.1.10 栏杆、检查梯平面位置、构件断面尺寸、安装尺寸、柱垂直度、平台宽度允许偏差及检验标准

序号	项　目	允许偏差	施工单位检查数量	检验方法
1	平面位置	±100 mm	3 处	测　量
2	构件断面尺寸	±5% 设计值	抽查 10% 构件,1 组	尺　量
3	安装尺寸	±20 mm	抽查 10% 构件,1 组	尺　量
4	柱垂直度	0.5%	抽查 10%,2 处(纵横向各 1 处)	尺　量
5	检查梯、台尺寸	±30 mm	抽查 5 级,2 处	尺　量
6	平台宽度	$^{+20}_{-5}$ mm	抽查 5 级,2 处	尺　量

20.2.2 涂料的品种、规格、性能应符合设计和产品的相关规定。

20.2.3 隔离栅栏位置与路基中线距离应符合设计要求。

检验数量:施工单位检验 10 处,监理单位见证检验 2 处。

检验方法:尺量。

20.2.4 立柱间距应符合设计要求,埋设应稳固。

检验数量:施工单位检验 10 处,监理见证检验 2 处。

检验方法:观察、尺量。

20.2.5 隔离栅栏结构尺寸应符合设计要求。

检验数量:施工单位检验 10 处,监理单位见证检验 2 处。

检验方法:尺量。

20.2.6 混凝土、砌体砂浆强度等级应符合本标准第 18.3.5 条的规定。

20.2.7 金属杆件的涂刷层数、涂刷施工质量应符合设计要求。不得漏涂。

检验数量:施工单位、监理单位全部检验。

检验方法:观察。

20.2.8 隔离栅栏有关标志的设置位置、结构尺寸应符合设计要求。

检验数量:施工单位、监理单位全部检验。

检验方法:观察、尺量。

一 般 项 目

20.2.9 隔离栅栏设置应平顺,与地面密贴。

检验数量:施工单位全部检验。

检验方法:观察。

21　单位工程观感质量评定

21.1　一 般 规 定

21.1.1　观感质量由建设单位组织监理单位、施工单位共同进行现场评定。

21.1.2　观感质量检查评定达不到合格标准,应进行返修。

21.2　评 定 标 准

21.2.1　路基面观感质量合格标准:

路肩线条平直、肩棱整齐、路拱线条清晰,路拱面平整,路拱横坡及路拱形式清晰无明显凹凸;穿越路基面的管线部位回填规范无明显的凹凸,路基外观整洁。

21.2.2　路堤边坡观感质量合格标准:

坡脚、路肩线条清晰、顺直(个别段落允许有少量不顺直),边坡坡面平顺无较大凹凸(允许有个别、局部凹凸),各种检查设备(检查梯、栏杆)等与路堤边坡协调、美观大方。

21.2.3　路堑边坡观感质量合格标准:

路堑边坡坡脚线条清晰、坡面平整、圆顺,坡面无悬凸、浮石,光面(预裂)炮孔痕迹清晰,高边坡平台清晰、平顺。

21.2.4　挡土墙砌筑(安装)观感质量合格标准:

砌体(混凝土)轮廓清晰、大面平整(允许有个别、局部不平整)、色泽基本一致,无蜂窝、麻面现象,砌体嵌缝紧密、片石(砌体)间咬接良好;安装构件间接缝紧密、大面平整、无明显错台。

21.2.5　浆砌(干砌)护坡观感质量合格标准:

护坡砌体大面平整、轮廓清晰、砌体嵌缝紧密、片石(砌块)间咬接良好;护坡大面无明显凹陷。

21.2.6　植物防护观感质量合格标准:

边坡植株均匀、长势较好,无局部漏植;边坡草皮表面平整、植株均匀、长势较好、基本无露土现象。

21.2.7　排水沟槽观感质量合格标准:

排水沟、天沟、侧沟等沟沿、沟顶线条基本清晰、顺直,流水面平顺、无淤积现象,砌体嵌缝紧密、大面平整、片石(砌块)间咬接良好。沟槽盖板基本无破损、安装牢固、无明显安装错台。

21.2.8　隔离栅栏观感质量合格标准:

隔离栅栏安装牢固、立面竖直、圆顺,与地形及路基排水系统协调,整个隔离栅栏系统色泽一致,无花脸现象。

附录 A 路基中线、高程测量的允许限差

表 A.1 路基中线测量的允许限差

序号	项　目	允 许 限 差
1	直线方向闭合	K_c≤400 时,每 100 m 允许 5 mm; K_c>400 m 时,允许 20 mm
2	直线测距闭合	1/2 000
3	曲线方向闭合	50 mm
4	曲线测距闭合	1/2 000

注:1 方向闭合:直线按转点正倒镜点位横向差计,曲线按测线会合点的横向差计;
2 测距闭合:均按测距会合点的纵向差相对计算;
3 K_c 为直线上转点的点间距。

表 A.2 路基高程测量的允许限差

序 号	项　目	允 许 限 差
1	水准基点高程	$\pm 30\sqrt{K_s}$
2	中线桩高程	$^{+20}_{-30}$ mm

注:1 K_s 为水准基点的距离(km);
2 高程以设计基点为准,限差按往复或重复测量的诸闭合差。

附录 B 路基基床的压实标准

表 B　路基基床的压实标准

层位	填料类别 / 铁路等级 / 压实指标	细粒土、粉砂改良土		砂类土(粉砂除外)		砾石类		碎石类		块 石 类	
		Ⅰ级	Ⅱ级	Ⅰ级	Ⅱ级	Ⅰ级	Ⅱ级	Ⅰ级	Ⅱ级	Ⅰ级	Ⅱ级
基床表层	压实系数 K	—	(0.93)	—	—	—	—	—	—	—	—
	地基系数 K_{30}(MPa/cm)	—	(100)	—	110	150	140	150	140	—	—
	相对密度 D_r	—	—	—	0.8	—	—	—	—	—	—
	孔隙率 n(%)	—	—	—	—	28	29	28	29	—	—
基床底层	压实系数 K	(0.93)	0.91	—	—	—	—	—	—	—	—
	地基系数 K_{30}(MPa/m)	(100)	90	100	100	120	120	130	130	150	150
	相对密度 D_r	—	—	0.75	0.75	—	—	—	—	—	—
	孔隙率 n(%)	—	—	—	—	31	31	31	31	—	—

注：细粒土、粉砂、改良土一栏中，有括号的仅为改良土的压实标准，无括号的为细粒土、粉砂、改良土的压实标准。

附录 C　路基基床以下路堤填筑层压实标准

表 C　路基基床以下路堤填筑层压实标准

填筑部位	填料类别 / 铁路等级 / 压实指标	细粒土、粉砂改良土		砂类土(粉砂除外)		砾石类		碎石类		块石类	
		Ⅰ级	Ⅱ级	Ⅰ级	Ⅱ级	Ⅰ级	Ⅱ级	Ⅰ级	Ⅱ级	Ⅰ级	Ⅱ级
不浸水部分	压实系数 K	0.90	0.90	—	—	—	—	—	—	—	—
	地基系数 K_{30}(MPa/m)	80	80	80	80	110	110	120	120	130	130
	相对密度 D_r	—	—	0.7	0.7	—	—	—	—	—	—
	孔隙率 n(%)	—	—	—	—	32	32	32	32	—	—
浸水部分及桥涵两端	压实系数 K	—	—	—	—	—	—	—	—	—	—
	地基系数 K_{30}(MPa/m)	—	—	(80)	(80)	(110)	(110)	(120)	(120)	(130)	(130)
	相对密度 D_r	—	—	(0.7)	(0.7)	—	—	—	—	—	—
	孔隙率 n(%)	—	—	—	—	(32)	(32)	(32)	(32)	—	—

注：1　括号内砂类土(粉砂除外)、砾石类、碎石类、块石类中渗水土填料的压实标准。

2　路堤与桥台、路堤与涵洞、路堤与硬质岩石路堑连接处过渡段填料的压实标准应满足附录B中的基床底层的规定。

附录D　盐渍土地基土和填料的容许易溶盐含量

表D　盐渍土地基土和填料的容许易溶盐含量

盐渍土名称	容许含盐量(%)	说　　明
氯盐渍土	5~8	一般为5%，如增大压实系数，可提高其含量，但最高不得大于8%；其中硫酸钠含量不得大于2%
亚氯盐渍土	5	其中硫酸钠含量不得大于2%
亚硫酸盐渍土	5	其中硫酸钠含量不得大于2%
硫酸盐渍土	2.5	其中硫酸钠含量不得大于2%
碱性盐渍土	2	其中易溶的碳酸盐含量不得大于0.5%

注：在干燥度大于50、年平均降水量小于60 mm、相对湿度小于40%的内陆盆地地区，当无地表水浸泡时，路堤填料和地基土均不受氯盐含量的限制。

附录E　有关原材料质量与检验

E.1　一般规定

E.1.1　本附录所列的检验数量均为施工单位检验数量，监理单位应按施工单位检验数量的10%平行检验。

E.1.2　本附录仅列路基工程常用材料的常规试验项目。其他项目按《铁路混凝土与砌体工程施工质量验收标准》(TB 10424)有关规定执行。

E.2　原材料检验

E.2.1　钢筋检验应符合下列规定：

钢筋进场时，必须按批次抽取试件做力学性能和工艺性能试验，其质量必须符合现行国家标准《钢筋混凝土用热轧光圆钢筋》(GB 13013)和《钢筋混凝土用热轧带肋钢筋》(GB 1499)要求。

1　每批钢筋由同一牌号、同一炉罐号、同一规格、同一交货状态组成一批，并不得大于60 t。

2　检查每批钢筋外观质量。

3　每批钢筋任选2根各做1组试样，每组各2根试件，分别做拉伸机冷弯试验。

若其中1个项目不合格，应另取2倍数量做第2次试验；若仍有1根不合格，则该批钢筋判为不合格。

4　钢筋焊接试验：

每≤200个接头为一批，从中切取6个试件：3个做拉力试验，3个做冷弯试验。

3个拉力试件中有1个不合格，另取6个重做试验；若仍有1个不合格，则该批对焊接头为不合格。

E.2.2　钢绞线检验应符合下列规定：

预应力钢绞线进场时，必须按批次抽取试件做力学性能和工艺性能试验，其质量必须符合现行国家标准《预应力混凝土用钢绞线》(GB/T 5224)要求。

1　每批钢绞线应由同一牌号、同一规格、同一交货状态组成一批，并不得大于30 t。

2　每批中任选3盘作外观检查。

3　每批截取1根做拉力试验(最大负荷、屈服负荷、伸长率)当有2项不合格时，应判该盘为不合格。再从其他盘另取2倍数量试样复验，若仍有1项不合格，则该批钢绞线判为不合格。

4　松弛性由厂方提供试验报告。

E.2.3　水泥检验应符合下列规定：

水泥进场时，必须按批次对其品种、级别、包装或散装仓号、袋装质量、出厂日期等进行验收，并对其强度、安定性进行试验，其质量必须符合现行国家标准。

1　每检验批由同厂家、同品种、同批号、同等级、同出厂日期水泥组成。散装水泥每

500 t 为一批,袋装水泥每 200 t 为一批。不足上述数量时,亦按一批计。

2 每批应进行强度、安定性、凝结时间试验,其取样及试验方法应符合国家标准《硅酸盐水泥、普通硅酸盐水泥》(GB 175)《水泥标准稠度用水量凝结时间、安定性检验方法》(GB 1346)和《水泥细度检验方法》(GB 1345)的有关规定。

3 出厂日期超过 3 个月,应按上述规定复验,并按复验的结果安排使用。

E.2.4 外加剂检验应符合下列规定:

混凝土用外加剂进场时,必须按批对减水率、凝结时间差、抗压强度比进行检验,其质量必须符合现行国家标准《混凝土外加剂》(GB 8076)、《混凝土外加剂应用技术规范》(GB 50119)和有关环境保护的规定。

1 同一生产厂家、批号、品种、出厂日期且连续进场的外加剂,每 50 t 为一批,不足 50 t 亦按一批计。

2 施工单位每批抽检一次做减水率、凝结时间差、抗压强度比试验。

E.3 细 骨 料

E.3.1 细骨料检验数量为:同产地、品种、规格且连续进场的细骨料,每 400 m^3 或 600 t 为一批,不足 400 m^3 或 600 t 也按一批计。施工单位每批抽检一次。

检验方法为:试验室试验。

检验内容为:筛分曲线、细度模数、含泥量、有机物含量等。其颗粒级配、细度模数、坚固性指标按国家标准《普通混凝土用砂质量标准及检验方法》(JGJ 52)的规定执行,其他指标应符合表 E.3.1—1 ~3 的规定。

表 E.3.1—1 天然砂中有害物质含量

序 号	混 凝 土 强 度 等 级	<C30	C30 ~ C45	≥C50
1	含泥量(按质量计,%)	≤5.0	≤3.0	<2.0
2	泥块含量(按质量计,%)	<1.0	<0.5	<0.5
3	硫化物及硫酸盐含量(折算成 SO_3,按质量计,%)	<1.0	<1.0	<0.5
4	云母含量(按质量计,%)	≤1.0	≤1.0	<0.5
5	轻物质(比重小于 2,如煤、贝壳等)含量(按质量计,%)	≤1.0	≤1.0	≤1.0
6	有机物含量(用比色法试验)	颜色不应深于标准色。当深于标准色,则应按水泥胶砂强度检验方法进行强度对比试验,抗压强度比不应低于 0.95		

注:1 泥块系指砂中粒径大于 1.25 mm,经水洗、手捏后变成小于 0.63 mm 的颗粒;

2 对有抗冻、抗渗或其他特殊要求的混凝土用砂,含泥量不应大于 3%;

3 当砂中发现有颗粒状的硫酸盐或硫化物杂质时,应进行专门检验,仅在确认满足混凝土耐久性要求时,方可使用。

表 E.3.1—2 机制砂颗粒级配范围

筛孔尺寸(mm)	10.0	5.00	2.50	1.25	0.630	0.315	0.170
累计筛余百分率(%)	0	0 ~ 10	15 ~ 40	35 ~ 60	50 ~ 75	65 ~ 90	80 ~ 100

表 E. 3. 1—3　机制砂技术要求

序号	混凝土强度等级	＜C30	序号	混凝土强度等级	＜C30
1	石粉含量(小于80 μm颗粒,按质量计,%)	≤10	5	坚固性指标(用硫酸钠饱和溶液法检验,经5次循环后质量损失率,%)	≤8
2	泥块含量(按质量计,%)	≤0.5	6	压碎指标值(按质量计,%)	≤35
3	硫化物和硫酸盐含量(折算为 SO_3 按质量计,%)	≤1.0	7	有机物含量(用比色法试验)	颜色不应深于标准色。当深于标准色时,则应按水泥胶砂强度检验方法进行强度对比试验,抗压强度比不应低于0.95
4	云母含量(按质量计,%)	≤1.0			

注:1　本表适应于白云石、石灰岩、花岗岩和玄武岩经爆破、机械扎制的机制砂;
　　2　当混凝土强度等级等于或大于C30需使用机制砂时,应经过试验,确认符合质量要求时方可使用。

E. 3. 2　混凝土宜用中砂(细度模量2.3～3.0),混凝土强度等级＜C30时,含泥量≤5%(质量计)。

E. 3. 3　喷射混凝土用砂细度模量应大于2.5,含泥量应小于3%(质量计)。

E. 3. 4　锚杆灌浆用砂粒径＜2.5 mm,含泥量应＜3%(质量计)。

E.4　粗　骨　料

E. 4. 1　粗骨料检验数量为:同产地、品种、规格且连续进场的粗骨料,每400 m^3 或600 t为一批,不足400 m^3 或600 t亦按一批计。施工单位每批抽检一次。

检验方法为:试验室试验。

检验内容为:级配、强度(压碎指标)、坚固性、碱活性、有害物质含量。

其颗粒级配、压碎指标值、坚固性指标、有害物质含量应符合表E.4.1—1～4的规定。

表 E. 4. 1—1　粗骨料的颗粒级配范围

级配情况	累计筛余(%) 筛孔尺寸(mm) / 公称粒径(mm)	2.50	5.00	10.0	16.0	20.0	25.0	31.5	40.0	50.0	63.0	80.0	100
连续粒级	5～10	95～100	80～100	0～15	0	—	—	—	—	—	—	—	—
	5～16	95～100	90～100	30～60	0～10	0	—	—	—	—	—	—	—
	5～20	95～100	90～100	40～70	—	0～10	0	—	—	—	—	—	—
	5～25	95～100	90～100	—	30～70	—	0～5	0	—	—	—	—	—
	5～31.5	95～100	90～100	70～90	—	15～45	—	0～5	0	—	—	—	—
	5～40	—	95～100	75～90	—	30～60	—	—	0～5	0	—	—	—
	5～63	95～100	95～100	85～95	60～80	45～70	—	30～40	15～20	—	0～5	0	—
	5～80	95～100	95～100	80～95	—	60～80	—	—	30～60	—	15～20	0～5	0

续上表

级配情况	累计筛余（%）／筛孔尺寸（mm）／公称粒径（mm）	2.50	5.00	10.0	16.0	20.0	25.0	31.5	40.0	50.0	63.0	80.0	100
单粒级	10～20	—	95～100	85～100	—	0～15	0	—	—	—	—	—	—
	16～31.5	—	95～100	—	85～100	—	—	0～10	0	—	—	—	—
	20～40	—	—	95～100	—	80～100	—	—	0～10	0	—	—	—
	31.5～63	—	—	—	95～100	—	—	75～100	45～75	—	0～10	—	—
	40～80	—	—	—	—	95～100	—	—	70～100	—	30～60	0～10	0

注：1　累计筛余按质量计（%）；

　　2　粒径的上限为该粒级的最大粒径。

表 E.4.1—2　粗骨料压碎指标值

混凝土强度等级	≥C30			<C30		
压碎指标值（按质量损失计，%）／岩石种类／粗骨料种类	沉积岩	深成岩 变质岩	喷出岩	沉积岩	深成岩 变质岩	喷出岩
碎　石	≤10	≤12	≤13	≤13	≤20	≤30
卵　石	≤12			≤16		

注：沉积岩包括石灰岩、砂岩等；深成岩包括花岗岩、正长岩、橄榄岩等；变质岩包括片岩、麻石英岩；喷出岩包括玄武岩和辉绿岩等。

表 E.4.1—3　粗骨料坚固性指标

经 5 次循环后质量损失（%）／结构或构件类型／混凝土所处的环境条件	混凝土结构	预应力混凝土结构
最冷月平均气温低于 0 ℃ 的地区，并经常处于潮湿或干湿交替状态下的混凝土	≤8	≤5
其他条件下使用的混凝土	≤12	≤8

注：1　当粗骨料未达到本表规定的坚固性指标，但在混凝土试验中具有足够的抗冻性时，可根据情况接纳采用；

　　2　粗骨料吸水率小于 0.5% 时，可不做坚固性试验。

E.4.2　其强度与混凝土强度之比应 >1.5。

E.4.3　路基工程混凝土用碎石含泥量≤2%。

E.4.4　最大粒径应小于结构截面最小尺寸 1/4，也不得大于钢筋最小净距 3/4，且不大于 100 mm。

E.5　水

E.5.1　拌制混凝土及砂浆用的水宜用饮用水。

E.5.2 采用其他水源时,应按规定进行检验。同水源不少于1次。判定其侵蚀类型及侵蚀程度,并据此采取防护措施。

E.5.3 海水不可用于拌制钢筋混凝土。

表 E.4.1—4 粗骨料中的有害物质含量

混凝土强度等级	≥C30	<C30
针、片状颗粒总含量(按质量计,%)	≤10	≤10
含泥量(按质量计,%)	≤1.0	≤2.0
泥块含量(按质量计,%)	≤0.25	
硫化物及硫酸盐含量(折算成 SO_3,按质量计,%)	≤1.0	≤1.0
氯化物(以 NaCl 计,%)	0.03	—
卵石中有机质含量(用比色法试验)	颜色不应深于标准色。当深于标准色时,应配制成混凝土进行强度对比试验,抗压强度比不应低于0.95	

注:1 有抗渗、抗冻或其他特殊要求混凝土所用的粗骨料,应符合表中≥C30混凝土技术要求;
2 当粗骨料中发现有颗粒状硫酸盐或硫化物杂质时,应进行专门检验,在确认能满足耐久性要求时可使用;
3 凡颗粒长度大于该颗粒所属粒级的平均粒径2.4倍者为针状颗粒;厚度小于平均粒径0.4倍者为片状颗粒;平均粒径指该粒级上、下限粒径的平均值。

E.6 石 料

E.6.1 石料应按批进行检验,以连续进场数量≤400 m^3 为一批。

工程所用的砌体石料,其质量标准应符合表E.5.1的规定。

表 E.6.1 工程所用的砌体石料的类别、规格和质量要求

序号	类 别	形 状	规格和质量要求
1	普通片石	形状不规则	石块中部厚度不小于15 cm
2	镶面片石	形状不规则	有两个大致平行面,厚度不小于15 cm,其他尺寸大于厚度
3	块 石	形状规则,大致方正	稍加修整,厚度不得小于20 cm,长度及宽度不小于厚度
4	镶面块石	形状规则,大致方正	外露面稍加修凿,凹入深度不大于2 cm,尺寸同块石。外露面向内修凿的进深不小于7 cm,但尾部的宽度和厚度不大于修凿的部分。丁石的长度不小于顺石宽度的1.5倍
5	粗料石	形状规则的六面体	经粗加工,表面不允许凸出,凹入深度不大于2 cm,厚度不小于20 cm,宽度不小于厚度,长度不小于厚度1.5倍。外露面向内修凿进深不得小于10 cm,且修凿面应与外露面垂直,每10 cm应凿切4~5条纹。丁石的长度应比相邻顺石宽度大15 cm
6	细料石	形状规则的六面体,或按设计要求	经细加工,表面不允许凸出,凹入深度不大于1 cm,尺寸同粗料石

E.6.2 每批应做强度试验,其强度等级≥MU30。

E.6.3 各类石料最小块径应大于15 cm。

E.6.4 寒冷地区所用石料应做冻融循环试验。

E.6.5 石料分片石、块石、料石及漂石等种类、规格,应按规定作外观检查。各种类型石料均应质地坚硬、不易风化、无裂纹、无水锈。

附录F　工业保温材料(硬质聚氨酯和聚苯乙烯)施工抽检规定

F.0.1　技术要求

1　板材长度、宽度、厚度允许偏差应符合表F.0.1的规定。

表F.0.1　板材长度、宽度、厚度允许偏差表

长度及宽度	允许偏差	厚　　度	允许偏差
<1 000 mm	±5 mm	<50 mm	±2 mm
1 000～2 000 mm	±8 mm	50～75 mm	±3 mm
2 000～4 000 mm	±10 mm	75～100 mm	±4 mm
>4 000 mm	-10 mm	>100 mm	±5 mm

2　外观:硬质聚氨酯板表面基本平整,无严重凹凸不平;聚苯乙烯板色泽为白色,外形基本平整,无明显膨胀和收缩变形,熔结良好,无明显油渍和杂质。

3　物理力学性能应符合设计要求。

F.0.2　试验方法

1　规格尺寸:用精度1 mm的钢尺,长、宽、厚各测3点。

2　外观:在自然光线下目测检验。

3　物理力学性能:试样应首先在温度(23±2)℃、相对湿度45%～55%的环境中进行至少48 h(硬质聚氨酯板)或16 h(聚苯乙烯板)状态调节。

1)密度:当板材的自然表皮作为产品整体一起使用时,不应在测量密度前除去。当板材带有面层、复合层或涂层时应予以清除,然后测其密度。

2)抗压强度:取屈服点或形变10%时的压缩应力,视谁先发生而定。

3)导热系数、吸水率等其他指标:按《建筑物隔热用硬质聚氨酯泡沫塑料》(GB 10800)及《隔热用聚苯乙烯泡沫塑料》(GB 10801)的有关规定进行。

F.0.3　施工单位检验数量

1　硬质聚氨酯板每批不超过1 000 m^3,聚苯乙烯板每批不超过2 000 m^3。

2　规格尺寸及外观每批抽检20块。其中如有2块及以上不合格时,应重新从原批中双倍取样复验,4块及以上不合格时则该批产品为不合格。

3　物理力学性能每批抽检2块,其中如有任何一项指标不合格时,应重新从原批中双倍取样对不合格项目进行复验,复验结果按双倍样的算术平均值计算,仍不合格时则该批产品为不合格。

附录G　改良土试件强度检验数量和强度评定

G.0.1　改良土试件强度以规定温度下保湿6 d、浸水1 d后的无侧限抗压强度为标准。

G.0.2　在现场按规定频次取样，按工地预定达到的压实度制备试件。试件制备数量每2 000 m^2：不论稳定细粒土、粗粒土，当多次试验结果的偏差系数 $C_v \leqslant 10\%$ 时，可为6个试件；$C_v \leqslant 10\% \sim 15\%$ 时，可为9个试件；$C_v > 15\%$ 时，则需要13个试件。

G.0.3　评定路段试样的平均强度 $\overline{R}$ 应满足下式要求：

$$\overline{R} \geqslant R_d / (1 - Z_a C_v)$$

式中　R_d——设计抗压强度；

C_v——试验结果的偏差系数（以小数计）；

Z_a——标准正态分布表中随保证率而变的系数，保证率取95%，$Z_a = 1.645$。

本标准用词说明

执行本标准条文时，对于要求严格程度的用词说明如下，以便在执行中区别对待。

(1)表示很严格，非这样做不可的用词：

正面词采用"必须"；

反面词采用"严禁"。

(2)表示严格，在正常情况下均应这样做的用词：

正面词采用"应"；

反面词采用"不应"或"不得"。

(3)表示允许稍有选择，在条件许可时首先应这样做的用词：

正面词采用"宜"；

反面词采用"不宜"。

表示有选择，在一定条件下可以这样做的，采用"可"。

《铁路路基工程施工质量验收标准》
条 文 说 明

本条文说明系对重点条文的编制依据，存在的问题以及在执行中应注意的事项等予以说明。为了减少篇幅，只列条文号，未抄录原文。

1.0.1　本标准的编制目的是为了加强和统一铁路路基工程施工质量的验收。本标准不涉及工程决策阶段的质量、勘察设计阶段的质量和运营维修阶段的质量等。

本标准是政府部门、专门质量机构、建设单位、监理单位、勘察设计单位和施工单位对工程施工阶段的质量进行监督、管理和控制的主要依据。

由于施工阶段的质量控制是工程整体质量控制的关键环节，工程整体质量在很大程度上取决于施工阶段的质量控制，所以本标准根据铁路路基专业的工程质量特性，规定了建设活动各方对工程施工质量控制的方法、程序、职责以及质量指标，藉以保证工程质量。

1.0.2　本标准适用于旅客列车最高行车速度 160 km/h 及以下的客货列车共线运行的新建、改建标准轨距铁路。在标准体系中，本标准是铁路路基工程专业施工质量验收的主体标准。客运专线、高速铁路的路基工程以及本标准制订时没能纳入的新技术、新工艺、新设备、新材料等，应该在本标准的基础上制订补充规定。

1.0.3　《建设工程质量管理条例》分别规定了建设单位、勘察设计单位、监理单位和施工单位的法定质量职责和义务。本标准根据铁路路基工程的专业特点，对建设各方在施工阶段的质量职责具体细化均做出了明确规定，改变了几十年来一贯沿用的工程施工质量仅由施工单位一方负责的传统模式，促使各方共同保证工程质量的合格。

1.0.4　铁路工程施工点多线长、施工期较长，取弃土（渣）、污水（物）排放、噪声等对生态环境的影响很大。施工单位应在施工前制订有效的环保方案，施工期内最大限度地减少对环境的影响，施工结束后给予必要的恢复，切实做好环境保护和水土保持工作，保证国民经济的可持续发展。设计有要求的更应该全面按设计文件办理。

1.0.5　铁路工程施工质量检验检测工作，是工程质量管理的重要组成部分，也是工程质量控制的重要手段。客观、准确的检验检测数据，是评价工程质量的科学依据。判定工程施工质量合格与否，要体现质量数据说话的原则。其基础是质量数据必须真实可靠，并且能够代表工程施工质量情况。这就要求检验检测所用的仪器方法和抽样方案必须符合相关标准或技术条件的规定，方法统一，数据才有可比性。另外，随着工程检测技术的发展，一些成熟可靠的新方法、新仪器不断出现，尤其是对工程实体质量的检测，使用新技术后，能减少检测工作量，提高检测精度，应该积极采用。但采用这些新技术应经过必要程序的鉴定。

1.0.6　本标准中规定的质量指标是合格标准。合格标准也就是控制施工质量的最低标准。达不到本标准所规定的质量要求的工程，其结构安全和使用功能就不能得到有效保证和满足,就是不合格的工程。所以本标准要求施工所采用的承包合同文件和其他工程技术文件等,对施工质量的要求不能低于本标准中的规定。

1.0.7 铁路工程施工过程中的环节多、影响工程质量的因素多,所以采用的标准规范就会很多。既有技术标准又有管理标准、既有国家标准又有行业标准、甚至还有国际标准和国外标准,本标准难以一一详列。一般情况下可根据工程实际情况,确定各种标准规范的采用与否。但是对于施工过程涉及到的、现行国家和铁道行业标准中有强制性执行要求的标准或标准条文则必须贯彻执行。

3.1.1 工程施工质量要体现过程控制的原则。施工现场应配齐相应的施工技术标准,包括国家标准、行业标准和企业标准;施工单位要有健全的质量管理体系,要建立必要的施工质量检验制度;施工准备工作要全面、到位。

施工前,监理单位(未委托监理的项目为建设单位,下同)要对施工单位所做的施工准备工作进行全面检查。这是对监理单位和施工单位两方提出的要求,是保证开工后顺利施工和保证工程质量的基础。一般情况下,每个单位工程应检查一次。施工现场质量管理检查记录由施工单位的现场负责人填写,由监理单位的总监理工程师进行检查验收,做出合格或不合格及限期整改的结论。

现场质量管理制度应包括现场施工技术资料的管理制度在内。

3.1.2 工程施工质量控制的要点是两个方面:一是对材料、构配件和设备质量的进场验收;二是对各工序操作质量的自检、交接检。

(1)对材料、构配件和设备质量的进场验收应分两个层次进行。

现场验收:对材料、构配件和设备的外观、规格、型号和质量证明文件等进行验收。检验方法为观察检查并配以必要的尺量、检查合格证、厂家(产地)试验报告;检验数量多为全部检查。施工单位和监理单位的检验方法和数量多数情况下相同。未经检验或检验不合格的,不得运进施工现场。

试验检验:凡是涉及结构安全和使用功能的,要进行试验检验。试验检验项目的确定掌握两个原则:一是对工程的结构安全和使用功能确有重要影响;二是大多数单位具备相应的试验条件。施工单位试验检验的批量、抽样数量、质量指标应根据相关产品标准、设计要求或工程特点确定,检验方法符合相关标准或技术条件的规定。监理单位要按施工单位抽样数量的20%或10%以上的比例进行见证取样检测或平行检验。不合格的不得用于工程施工。

(2)对工序操作质量的自检、交接检验。

自检:施工过程中各工序应按施工技术标准进行操作,该工序完成后,对反映该工序质量的控制点进行自检。自检的结果要留有记录。这些结果可以作为施工记录的内容,有的也正好是检验批验收需要的检验数据,要填入检验批质量验收记录表中。

交接检验:一般情况下,一个工序完成后就形成了一个检验批,可以对这个检验批进行验收,而不需要另外进行交接检验。对于不能形成检验批的工序,在其完成后应由其完成方与承接方进行交接检验。特别是不同专业工序之间的交接检验,应经监理工程师检查认可,未经检查或经检查不合格的不得进行下道工序施工。其目的有三个:一是促进前道工序的质量控制;二是促进后道工序对前道工序质量的保护;三是分清质量职责,避免发生纠纷。

3.1.3 作为铁路路基工程施工质量验收的强制性条文,必须严格遵守。工程施工质量验收包括检验批、分项工程、分部工程和单位工程施工质量的验收。

1　铁路路基工程施工质量验收依据的标准有两本：本标准和《铁路混凝土与砌体工程施工质量验收标准》(TB 10424—2003)。除两标准及两标准条文中提及的有关标准外，均不得作为验收依据。

2　按图施工是施工单位的重要原则，勘察设计文件是施工的依据，施工中不得随意改变勘察设计文件。如必须改变时，应按程序由设计单位修改，施工质量也应符合修改后的设计文件要求。

3　参加施工质量验收的各方人员，是指参加检验批、分项工程、分部工程、单位工程施工质量验收的人员，这些人员应具有相应的资格。本标准给出了原则性的规定，还应结合工程情况、管理模式等，在保证工程质量、分清责任的前提下具体确定。

4　施工单位是施工质量控制的主体，应对工程施工质量负责，其工程施工质量必须达到本标准的规定。另外，其他各方的验收工作必须在施工单位自行检查合格基础上进行，否则，也是违反标准的行为。

5　施工单位对隐蔽工程在施工完成后应先行检查，符合要求后通知监理单位验收。对于重要的地基处理，在开挖至设计高程后，还应通知勘察设计单位参加验收，实际上是要求勘察设计单位对现场地质情况进行确认。这一点对于保证工程质量及日后可能出现的质量事故的责任判定很重要，不能忽视。

6　为了保证对涉及结构安全的试块、试件的代表性和真实性负责，监理单位必须按本标准对各检查项目的规定，进行平行检验或见证取样检测、见证检测。且各检验项目中均有具体规定。涉及结构安全和使用功能的现场检测项目，监理单位应按规定进行见证或平行检验。见证或平行检验的数量各检验项目中也有具体规定。

7　检验批质量验收是对主控项目和一般项目的检查验收。只要这些项目的质量达到了本标准的规定，就可以判定该检验批合格。标准中的其他要求不在检验批质量验收中涉及。

8　对涉及结构安全和使用功能的重要分部工程的抽样检测，是这次标准修订增加的重要内容，以前的标准中没有这方面的要求。

9　为了保证见证取样检测及结构安全检测结果的可靠性、可比性和公正性，检测单位应具备有关管理部门核定的资质。对于特殊项目的检测，可由建设单位确定检测单位。

10　单位工程的观感质量相对涉及结构安全和使用功能的主体工程质量而言，应该是比较次要的。但是，对完工后的工程进行一次全面检查，对工程整体质量进行一次现场核实，是很有必要的。观感质量验收绝不是单纯的外观检查，也不是在单位工程完成后对涉及外观质量的项目进行重新检查，更不是引导施工单位在工程外观上做片面的投入。观感质量验收的目的在于直观地从宏观上对工程的安全可靠性能和使用功能进行验收。如局部缺损、污染等，特别是在检验批、分项工程、分部工程的检查验收时反映不出来，而后来又发生变化的情况，通过观感质量验收及时发现问题，提出整改，是一个不可缺少的质量控制环节。

3.2.1～3.2.6　铁路路基工程施工质量验收应按四级划分：单位工程、分部工程、分项工程、检验批。

单位工程：按一个完整工程，或一个完整工程中的相当规模施工范围，或几个完整工程组成的相当规模施工范围划分。其重要的划分原则为一个单位工程必须是由一个施工单位施工的。

分部工程:按一个完整的部位、主要结构或施工阶段划分,由若干个分项工程组成。

分项工程:主要是按工种划分,有的也可按工序、材料、工艺等划分。由若干个检验批组成,特殊情况下仅含一个检验批。

检验批:是分项工程的组成部分。根据施工质量控制和验收需要,将一个分项工程划分成若干各检验批。检验批是施工质量验收的基本单元。

单位工程、分部工程、分项工程的划分以及检验批的具体规模数量,是开展工程质量验收工作的重要基础,是提高验标可操作性的关键所在,在各级工程质量验收中必须严格执行。为了提高验收资料的系统性和完整性,方便检查、归档、验收,具体实施中,应对单位工程、分部工程、分项工程以及检验批进行编号,每一个检验批都应当有自己独立的一个号码。具体的编号方式参照《铁路工程施工质量验收标准应用指南》执行。

3.3.1 检验批质量验收内容包括实物检查和资料检查两部分。本标准对检验批质量验收的要求都是根据这两个方面做出的规定。

3.3.2 检验批质量合格的前提是主控项目和一般项目的质量经抽样检验合格。对于有允许偏差的一般项目抽查点除有专门要求外,规定在允许偏差内的点应达到80%及以上,其余抽查点可以超出允许偏差,但不得超出1.5倍的允许偏差。

3.3.3 分项工程质量验收是对其所含检验批质量的统计汇总。主要是检查核对检验批是否覆盖分项工程范围,不能缺漏。当然,如果检验批质量不合格也就不能进行分项工程质量验收。

3.3.4 分部工程质量验收包括以下三个方面的内容:

1 分部工程所含分项工程的质量均应验收合格。这也是一项统计汇总工作。应注意核对有没有缺漏的分项工程,各分项工程验收是否正确等。

2 质量控制资料应完整。这也是一项统计汇总工作,主要是检查检验批的验收资料、施工操作依据、质量记录是否完整配套,是否全面反映了质量状况。

3 地基基础、梁部结构的检验和抽样检测结果应符合本标准的有关规定。主要检查项目是否有缺漏、检测记录是否符合要求,检测结果是否符合本标准的规定和设计要求。

3.3.5 单位工程质量的验收是建设活动各方对施工质量控制的最后一关。分部工程质量、质量控制资料、检测资料及抽查结果、观感质量均应符合本标准的规定。

3.3.6 工程质量不符合要求的情况,多在检验批质量验收阶段出现,否则会影响相关分项、分部工程质量的验收。

(1)对于推倒重做、更换构配件或设备的检验批,应该重新进行验收。当重新抽样检查后,检验项目符合本标准规定的,应判定该检验批合格。

(2)个别试块试件的强度不能满足要求的情况,包括试块试件失去代表性、试块试件缺少、试验报告有缺陷或对试验报告有怀疑等。在这种情况下,应由有资质的检测单位进行检验测试,如果测试结果证明该检验批的质量能够达到原设计的要求,则该检验批予以合格验收。

对于其他不合格的现象,因情况复杂,本标准不能给出明确的处理方案。由各方根据具体情况按程序协商处理。

3.3.7 采取返修或加固处理措施后,仍然存在严重缺陷,不能满足安全和使用要求的分部、单位工程,是不合格工程,严禁验收。

3.4.1～3.4.7　标准中规定的检验批质量验收记录表是通用格式。由于分项工程所含项目差别很大,实际操作过程中,往往发生漏检项目、项目名称不统一、质量描述不规范、检验数量不足等具体问题,所以检验批质量验收记录采用统一格式是非常必要的。各检验批质量验收记录表的具体格式和填写要求参照《铁路工程施工质量验收标准应用指南》执行。

工程施工质量验收的程序和组织反映了以下要点:

(1)施工单位自检合格是验收工作的基础。

(2)监理单位对所有主控项目进行检查,对一般项目根据施工单位质量控制情况确定检查项目。

(3)参加验收的各方人员应具备相应的资格,主要是能够负质量责任,当发生质量问题时具有可追溯性。

(4)勘察设计单位只参加单位工程和与勘察、设计文件有直接关系的重要分部工程的验收。

4.3.3　由于抛填片石其块径可能超过 30 cm,若遇到此种情况时,则应将试验点移出大块石并整平试验点处的片石基础顶面,随后进行 K_{30} 荷载试验。

4.4.1　凡复合地基的施工,在施工前均应进行工艺性试验以查明此种地质条件下设计所选定的工艺是否适应,同时还要确定采用此种工艺时的主要技术参数及其控制要点,在正式施工时做到心中有数。若设计选用的工艺不适应此种地质条件,则要根据试验的结果向设计单位提出变更设计申请,采用最佳的处理工艺以取得最好的复合地基处理效果。

4.4.3　由于旋喷桩的施工质量在很大程度上取决于施工所用材料计量是否准确,故特别对施工设备的计量装置提出了要求。尤其是计量装置是否处于检定有效期内十分重要,故实际执行本条规定时应核对设备的铭牌、机号及计量装置检定合格证书。

4.4.9　根据研究结果,旋喷与搅拌桩在成桩后 90 d 其水泥土的强度都还在缓慢增长,建筑有关规范均未十分明确地规定检验的取样时间,某些手册建议 90 d 取样较为合理,故本标准规定按设计要求的龄期取样。

4.4.10、4.5.12、4.6.11　复合地基承载力的检测在未铺设垫层时进行。

4.7.7　由于在接近地表的一定深度内,土的自重应力不足以形成足够的上覆压力,桩周土对桩的径向约束力小,造成砂(石)桩体上部 1～2 m 长度范围内密实度偏低,而这并不能准确反映该砂桩的真实质量(碎石桩亦有类似的情况)故此处规定 2.0 m 以下才开始计数。

4.7.9　复合地基承载力的检测在未铺设垫层时进行。

4.8.1　工艺性试验主要明确能适应该工点地质条件的成桩方法,同时确定(选定)与该方法相适应的砂石料含水量等重要参数。经验表明:砂石料含水量对成桩质量有很大影响,且砂石料含水量又不易控制,固应做好工点的工艺性试验以确保施工顺利进行。

4.8.9　复合地基承载力的检测在未铺设垫层时进行。

4.9　本节所列挤密桩是指桩的挤密材料为非碎石、非砂材料的挤密桩。由于桩身填夯材料的不确定性,因此本节对桩身密度的检测除指定了动力触探外,还明确了设计指定的其他方法。

4.9.7　在《建筑地基处理技术规范》中关于灰土挤密桩或土挤密桩处理地基的质量检验,是规定检验处理深度内桩体和桩间土的干密度,并计算平均压实系数和平均挤密系数来判断地基的处理质量。本标准为便于检验的操作,按照原位测试的相关规程,参照秦沈客运专线采用动力触探或标准贯入方法检验砂桩和碎石桩施工质量的成功经验而制定的检验方法。在正式检验以前,其检验的击数标准应经实验室试验确定,或由设计单位给出。

4.9.8 复合地基承载力的检测在未铺设垫层时进行。

4.12.4 每批土工合成材料生产时的原料配制、生产工艺都会存在差异,因此,必须查验有关出厂技术证书和抽检试验报告,抽检取样应按 GB/T 17689 的规定进行。

4.12.5 土工合成材料两个方向的强度不一致,一般纵向强度较高。铺设方向必须符合设计,使其强度高的方向与设计需要的受力方向一致,更利于充分发挥材料的性能。土工格栅受力方向的连接可采用固定钉固定法或编接法。编接法为割取格栅上两条强度高的肋插入格栅编接。其他土工合成材料的搭接方法按《铁路路基土工合成材料应用技术规范》的规定进行。土工合成材料系合成化工原料,受阳光照射容易老化,一般情况下暴晒间隔时间不应超过 48 h。

5.1.2 本条四区段为:填筑区段、平整区段、碾压区段、检验区段;八流程为:施工准备、基底处理、边坡码砌、分层填筑、摊铺平整、振动碾压、检验签证、路面整修。

5.2.1 因 K_{30} 平板荷载仪检测边坡和路桥过渡段时难以操作和保证安全,为确保边坡与路堤压实质量相同,亦可采用小型和便于操作的动态变形模量测试仪对路堤压实质量进行过程控制。这种方法的应用,正处于探索和积累经验过程,根据现有的有关资料,现将秦沈线等使用的情况介绍如下:动态变形模量检测是通过采用"DBM 型动态变形模量测试仪"和"K_{30} 平板荷载试验仪"对秦沈客运专线路基的 800 多组 E_{vd} 与 K_{30} 的对比试验数据统计得出的。建议在具体工程施工时,应事先对同类性质的土通过进行 E_{vd} 与 K_{30} 的对比试验确定 E_{vd} 值与 K_{30} 值相关关系后,再采用动态变形模量测试仪检测路堤压实质量。动态变形模量检测可适用于检测工作面较为狭窄的地方。其具体内容如下:

(1)动态变形模量是指土体在一定的竖向冲击力 F_s 和冲击时间 T_s 作用下抵抗变形能力的参数。它由下列平板压力公式计算得出。

$$E_{vd} = 1.5 \times r \times \sigma / S$$

E_{vd}——动态变形模量(MPa),计算至 0.1 MPa;

r——圆形刚性荷载板的半径(mm),即 $r = 150$ mm;

σ——荷载板下的最大冲击动应力(MPa),它是通过在刚性基础上由最大冲击力 $F_s = 7.07$ kN 且冲击作用时间 $t_s = 18$ ms 时标定得到的,即 $\sigma = 0.1$ MPa;

S——实测荷载板下沉幅值,即荷载板的沉陷值(mm);

1.5——荷载板形状影响系数。

实测结果采用公式 $E_{vd} = 22.5/S$ 计算。

(2)测试时导向杆应与荷载板保持垂直,倾斜度不大于 5°,测试面尽量水平,可用中细砂补平,测试面与荷载板底面密贴。试验前应首先进行三次预冲击,消除可能产生的塑性变形的影响,使荷载板下得到精确的平整面。

(3)记录格式按下列 E_{vd} 动态平板载荷试验记录编制,参见说明表 5.2.1—1。

① 取三次冲击测得的 S 平均值计算得到的 E_{vd},作为该检测点的测试值。

② 作为承载力施工质量监控及验收的凭证,必须在试验记录表格中附上动态变形模量测试仪打印出的实测结果及实测 $S—t$(沉陷—时间)曲线。

③ 根据某种条件下同类性质土的 E_{vd} 与 K_{30} 的相关关系，可以推算出 K_{30} 值，参见说明表 5.2.1—2。

说明表 5.2.1—1　E_{vd} 动态平板载荷试验记录

<table>
<tr><td colspan="5">工程名称：　填料类型：　试验编号：
检测部位：　填层厚度：　试验日期：
施工单位：　检测里程：　环境温度：
仪器型号：　检测标高：　含 水 率：</td></tr>
<tr><td>冲击顺序</td><td>沉陷值
S_i(mm)</td><td>平均沉陷值
s(mm)</td><td>动态变形模量
E_{vd}(MPa)</td><td>备　注</td></tr>
<tr><td></td><td></td><td rowspan="3"></td><td rowspan="3"></td><td rowspan="3"></td></tr>
<tr><td></td><td></td></tr>
<tr><td></td><td></td></tr>
<tr><td colspan="5">附
动态变形模量测试仪打印的实测结果及实测 $S—t$（沉陷—时间）曲线：</td></tr>
</table>

复核：　　年　　月　　日　　试验：　　年　　月　　日

5.5.9 改良土强度评定因铁路工程无相应的评定标准，本条系采用《公路工程质量检验评定标准》（JTJ 071—98）中的附录 G，考虑高速、一级公路水泥稳定土、石灰稳定土、石灰粉煤灰稳定土 7 d 浸水强度标准≥0.8 MPa，故保证率取 95%。

说明表 5.2.1—2　E_{vd} 与 K_{30} 相关关系表

土 的 种 类	相 关 关 系
细 粒 土	$K_{30}=3.45E_{vd}+0.1$
粗 粒 土	$K_{30}=3.33E_{vd}+6.1$
碎 石 土	$K_{30}=3.10E_{vd}+14.3$
级配碎石	$K_{30}=3.49E_{vd}+14.4$

5.6

本节所指填石路堤，是指填料为块石类的路堤填筑施工及质量检验。

8.1.4 因不同的土质及不同的承载力要求，其击数标准具有差异，故本条规定击数标准应经试验确定，且强调了监理旁站，其目的也是为了确认经试验得出的击数标准。

8.2.6 以往的标准对基坑的回填较少规定具体的检验方法，此次改编过程中考虑应明确方法，便于操作，故规定统一采用 N_{10} 轻型触探进行检验。此处应注意的是：击数标准应经实验室试验确定。

8.3

本节重点叙述的是挖孔桩兼顾钻孔桩。经了解，采用打入桩基础的挡墙目前我国铁路还没有，采用钻孔桩基础的挡墙也十分罕见，故本节重点叙述挖孔桩。

8.3.9 对于反射波法或声波透射法的选用应根据桩径的情况而定，当桩径大于 1.5 m 时建议选用声波透射法检测桩身混凝土的连续性。由于受桩周土约束、激振能量、桩身材料阻尼和桩身截面变化等因素的影响,应力波从桩顶传至桩底再从桩底反射回桩顶的过程为一能量和幅值逐渐衰减的过程。因此,采用反射波法检测的桩长应通过现场试验,依据能否识别桩底反射信号,确定是否适用反射波法进行检测。

8.7.2 根据结构设计的要求结合以往的经验,施工过程中施工单位往往将上墙与下墙结合部砌成了水平通缝,而这恰好是对结构受力最不利的,故本条特别规定在这个部位严禁砌成水平通缝,还应有接搓,以确保结构的整体受力性能。

10.2.1 本条规定是从结构的整体受力角度考虑,但由于某些时候施工条件的限制混凝土灌注会受到限制,故作此规定。但是从结构角度讲应尽可能创造条件一次整体灌注墙趾板、墙踵板、面板及肋的混凝土,这样更有利于结构的安全。

13.1.3 本条由于引进了$N_{63.5}$判断地基承载力,而不同的地基土达到规定的地基承载力其击数标准不同,故本条规定击数标准须经试验确定或设计给定。

13.4.1 因高分子材料制造的拉筋材料,暴露于日光下极易老化,故要求施工时应快速填埋筋带,确保施工质量。

14.3.4 本条混凝土喷层厚度的判别标准引自《锚杆喷射混凝土支护技术规范》(GBJ 86—85)。

15.3.6 根据铁道部的要求,对于诸如抗滑桩这样的重要结构"要有可靠的判断桩身混凝土质量的方法"的要求,本条特对检验桩身混凝土的连续与完整性规定两种检验方法。反射波法或声波透射法的选择与使用,请参阅本标准第8.3.9条条文说明。

17

预应力锚索是路基支挡结构新技术,在我国工程实例还不十分丰富。本标准中有关预应力锚索张拉规定,系根据《铁路桥涵工程施工质量验收标准》中有关条文拟订。因岩土工程受压后变形较大,其超张拉值规定比预应力桥梁要大。根据《铁路路基支挡结构设计规范》,当锚索自由段为土层时,其超张拉值宜为15%～25%;当其自由段为岩层时,宜为10%～15%。

在预应力张拉时,其张拉力质量标准为:以应力控制为主,伸长量作为校核。即所谓"双控标准"。关于预应力钢筋(钢绞线)在张拉时的伸长值,由于其弹性模量E_g有一定波动(详见桥涵设计规范),且管道摩阻力也因管壁材料、粗糙程度及管道几何形状不同而有所差别,因此理论计算伸长值与实际张拉伸长值有一定误差。此项误差,根据最新出版的铁路、公路、建筑方面规范及有关资料,均已和国际接轨,即采用了国际预应力协会主编的《钢筋混凝土和预应力混凝土施工指南》所规定的标准:实际伸长值与理论计算伸长值比较,其误差控制在±6%范围内。若超过此范围,应停止张拉,查明原因并及时处理。本标准亦照此。

17.2.6 对锚具的力学性能指标的检验应送有检测资质的检测机构进行。

17.4.2 由于设计单位对张拉时锚固段砂浆的要求可能是达到设计强度的70%,也可能是达到设计强度的100%,故本条规定为"应达到设计规定的强度"。

18.2～18.5

该三节检验批中的"特殊地区",是指特殊岩(土)或高边坡地段。

18.3.3 本条的防护布置方式有骨架护坡、混凝土预制块(板)护坡、混凝土或浆砌石护墙(护坡)等,应根据设计要求进行。

19

路基范围内的地表水和地下水的防排系统,是保护路基的重要工程。因此,本标准要求其自身的设置应稳实可靠,按设计配套齐全,除具有足够的流水断面畅通排水、不得危及各部安全外,并能与周围环境的区域性排水设施网络组成一体。尤其地下防排水系统要满足设计的永久性要求,不污染、不影响本地区的安全、卫生条件。

19.8

本标准中对改河工程的检验规定,仅适用于铁路路基设计范围中的改移河道。

中华人民共和国行业标准

铁建设函〔2004〕121号

铁路工程土工试验规程

Code for soil test of railway engineering

TB 10102—2004

J 338—2004

2004—03—09 发布　　　2004—04—01 实施

中华人民共和国铁道部　发布

前　言

本规程是根据铁道部《关于下达2000年铁路工程建设规范、定额编制计划的通知》(铁建函〔2000〕36号)的要求,在《铁路工程土工试验方法》(TBJ 102—87,含1996年局部修订版)和《填土密度湿度核子仪测试规程》(TB/T 10217—96)的基础上修订而成的。

本规程内容包括:总则,术语和符号,土样和试样制备,含水率试验,密度试验,颗粒密度试验,颗粒分析试验,界限含水率试验,湿化试验,最大分子吸水率试验,相对密度试验,天然坡角试验,毛细管水上升高度试验,渗透试验,固结试验,直接剪切试验,排水反复直接剪切试验,三轴压缩试验,无侧限抗压强度试验,击实试验,K_{30}、E_{vd}平板载荷试验,黄土湿陷性试验,自由膨胀率试验,膨胀率试验,膨胀力试验,收缩试验,冻土总含水率试验,冻土密度试验,改良土试验,酸碱度(pH值)试验,易溶盐试验,中溶盐试验,难溶盐试验,有机质含量试验,阳离子交换量试验,蒙脱石含量试验等36章,另有5个附录。

本规程修订的主要内容如下:

1. 根据国家法定计量单位的规定,对部分名词和计量单位进行了修改,增加了"术语和符号"一章。

2. 物理性项目试验中,对部分试验方法作了补充和修改,含水率试验删去了原"炒干法",增加了"碳化钙减量法";密度试验删去了原"湿度密度计法",增加了"气囊法"等。

3. 力学性质试验项目补充增加了"12 h快速固结试验"、三轴压缩试验的"固结排水剪"和"一个试样多级加荷试验"等。

4. 为了加强路基工程施工质量检测的需要,总结吸收了部分科研成果而列入"K_{30}平板载荷试验"、"E_{vd}动态平板载荷试验"、"改良土试验"等方法。

5. 为了满足对膨胀土判定的需要,增加了"阳离子交换量试验"和"蒙脱石含量试验"。

本规程以黑体字标志的条文为强制性条文,必须严格执行。

在执行本规程过程中,希望各单位结合工程实践,认真总结经验,积累资料。如发现需要修改和补充之处,请及时将意见及有关资料寄交铁道第一勘察设计院(甘肃省兰州市和政路75号,邮政编码:730000),并抄送铁路工程技术标准所(北京市海淀区羊坊店路甲8号,邮政编码:100038),供今后修订时参考。

本规程由铁道部建设管理司负责解释。

本规程主编单位:铁道第一勘察设计院。

本规程参编单位:中铁一局集团有限公司、铁道建筑研究设计院。

本规程主要起草人:强世杰、吴连荣、俞志英、王鹤、屠海峰、彭树立、肖作声、张贵珍、李怒放、赵亚品。

目　次

1 总 则

1.0.1 为统一铁路工程土工试验方法及技术要求,为工程设计和施工提供可靠的计算指标和参数,制定本规程。

1.0.2 本规程适用于铁路工程各类地基土和填料的基本性质试验。

1.0.3 本规程试验用水,除特殊要求外均指纯水。纯水的纯度应符合电导率小于 2 μS/cm或电阻率大于0.5 MΩ·cm的要求;试验用试剂,除特殊要求外,应符合国家标准二级品,即分析纯(A、R)及以上等级的试剂。

1.0.4 本规程试验采用的仪器、设备,应按规定进行检定或校验。

1.0.5 铁路工程土工试验除应符合本规程外,尚应符合国家现行的有关强制性标准的规定。

2 术语和符号

2.1 术 语

2.1.1 土样 sample

土样是指未经加工的土的样品。

2.1.2 试样 specimen

试样是指按试验目的,将土样经过加工制成可供试验的样品。

2.1.3 量瓶 measuring bottle

量瓶是指具有一定标准体积的测量容器,容量有50 mL、100 mL两种。以前称为比重瓶。

2.1.4 动力黏度 dynamic viscosity

移动的液体中的切应力与速度梯度(流速沿高度的变化率)成正比,此比例系数 η 则称为动力黏度(或称黏滞系数),简称黏度。

2.1.5 黏聚力 cohesion

当法向应力为零时,土粒间的抗剪强度,也称凝聚力、内聚力、黏着力。

2.1.6 K_{30}试验 (K_{30} for coefficient of subgrade reaction test)

用直径为30 cm的刚性承压板,测定下沉量为1.25 mm时的地基系数的试验方法。

2.1.7 动态变形模量 dynamic modulus of deformation

动态变形模量是指土体在一定大小的竖向冲击力 F_s 和冲击时间 t_s 作用下抵抗变形能力的参数。

2.1.8 荷重率(荷载率) load rate

某级的荷载增量与前一级荷载总量之比。

2.1.9 饱和面干密度(表干密度) saturated surface dry density

单位体积(含材料的实体矿物成分及其闭口空隙、开口空隙等颗粒表面轮廓线所包围的全部毛体积)物质颗粒的饱和面干质量。

2.1.10 毛体积密度 bulk density

单位体积(含材料的实体矿物成分及其闭口空隙、开口空隙等颗粒表面轮廓线所包围的全部毛体积)物质颗粒的干质量。

2.1.11 酸碱度 acidity and alkalinity

溶液中氢离子浓度活度的负对数,即pH值。

2.2 符 号

2.2.1 物理性指标

A_t——崩解量

C_c——曲率系数

C_u——不均匀系数

C_s——收缩系数

D_r——相对密度

e——孔隙比

e_s——线缩率

e_v——体缩率

F_s——自由膨胀率

H_k——毛细管水上升高度

H_c——毛细管水强烈上升高度

I_L——液性指数

I_p——塑性指数

k——渗透系数

m——土(或试样)质量

S_r——饱和度

V_H——膨胀率

V_{HP}——加荷膨胀率

w——含水率

w_A——冻土总含水率

w_x——吸水率

w_L——液限

w_P——塑限

w_s——缩限

w_{opt}——最优含水率

W_u——有机质含量

a_w——含水比

ρ——土的密度

ρ_s——土的颗粒密度

ρ_w——水的密度

ρ_{dmax}——最大干密度

ρ_a——毛体积密度

ρ_b——饱和面干密度

2.2.2 力学性指标

A_f——试样破坏时的孔隙水压力系数

a_v——压缩系数

B——孔隙水压力系数

c——黏聚力

C_c——压缩指数

C_s——回弹指数

C_v——固结系数

E_e——回弹模量
E_s——压缩模量
E_{vd}——动态变形模量
K_{30}——地基系数
m_v——体积压缩系数
p_c——先期固结压力
p_p——膨胀力
p_{sh}——湿陷起始压力
q_u——无侧限抗压强度
R_c——改良土的无侧限抗压强度
S——抗剪强度
S_t——灵敏度
S_i——单位沉降量
S_r——残余强度
u——孔隙水压力
δ_s——湿陷系数
δ_{zs}——自重湿陷系数
η——动力黏度
σ——正应力
ϕ——内摩擦角

2.2.3 化学性指标

b_B——物质 B 的质量摩尔浓度
$CEC(NH_4^+)$——阳离子交换量
DT——易溶盐含量
M——蒙脱石含量
pH——酸碱度，即 pH 值

3 土样和试样制备

3.1 土样的验收与保管

3.1.1 土样验收应按下列步骤进行：

1 土样送达试验单位，必须同时提交试验委托书及其他必要的工程资料。试验委托书应写明工程名称、试坑（或钻孔）编号、土样编号、取土深度（原状土应有地下水位高程、土柱上下方向）、取样日期、试验项目、试验方法及要求等。

2 试验单位接到土样后，应按试验委托书进行验收。在清点土样时，要仔细核对土样标签上填写的土样编号、工程名称、试坑（或钻坑）编号、取样深度等是否与委托书相符，检查土样包装是否符合要求，判定土样数量和质量能否满足试验项目和试验方法的要求。各试验项目所需土样数量应符合表3.1.1规定。

3 验收后应进行室内编号和登记。

3.1.2 土样保管应符合下列规定：

1 土样验收后交给负责试验的人员妥善保管。应将原状土样和需要保持天然含水率的扰动土样置於阴凉处，原状土样上下方向不得倒置。从取土样之日起至开始试验的时间不宜超过20 d。

2 对含放射性和有毒物质的土样，或取自瘟疫流行区和农业病虫害流行区的土样，必须按有关行业的防护规定采取严格的防护措施。

3 试验后的剩余土样应装入原土样筒（或土样袋）内妥善保存，待试验报告提交一个月后仍无查询方可处理。若有疑问，可用余土复试。

表3.1.1 各试验项目所需土样数量

种类 / 试验项目	黏性土、粉土		砂类土、圆（角）砾土	
	原状土（筒） ϕ10 cm×20 cm	扰动土 （g）	原状土（筒） ϕ10 cm×20 cm	扰动土 （g）
含水率		100~300		800~1 000
密度	1		1	
颗粒密度		50		砂50；砾2 000~10 000
颗粒分析		100~400		砂200~500；砾7 000
液塑限		500		
收缩	1	1 000		
膨胀	2	2 000		
湿化	1	1 000		
毛细管水上升高度	1	1 500		1 500
击实		40 000~50 000		50 000~60 000
渗透	1	2 000		3 000~5 000
固结	1	1 000		
黄土湿陷	2			

续上表

种类 试验项目	黏性土、粉土		砂类土、圆(角)砾土	
	原状土(筒) ϕ10 cm×20 cm	扰动土 (g)	原状土(筒) ϕ10 cm×20 cm	扰动土 (g)
三轴压缩	4	10 000		15 000
直接剪切	2	5 000		
残余强度	2	5 000		
无侧限抗压强度	1			
相对密度				3 000～6 000
天然坡角				5 000
易溶盐		均质500,非均质1 000		
中溶盐		均质500,非均质1 000		
难溶盐		均质500,非均质1 000		
有机质		均质500,非均质1 000		
阳离子交换量		均质500,非均质1 000		
蒙脱石		均质500,非均质1 000		

3.2 扰动土试样制备

3.2.1 试样制备采用的仪器设备应符合下列要求：

1 细筛:孔径5、2、0.5 mm。

2 洗筛:孔径0.075 mm。

3 台秤:称量10～50 kg,分度值为10～50 g。

4 天平:称量1 000 g,分度值0.1 g;称量200 g,分度值0.01 g。

5 环刀:内径61.8 mm和79.8 mm,高20 mm;内径61.8 mm,高40 mm。

6 击样器:如图3.2.1—1所示。

7 压样器:如图3.2.1—2所示。

8 抽气机(附真空测压表)。

9 其他:烘箱、干燥器、保湿器、研钵木碾、橡皮板、玻璃瓶、切土刀,钢丝锯、凡士林、土样标签及盛土器皿等。

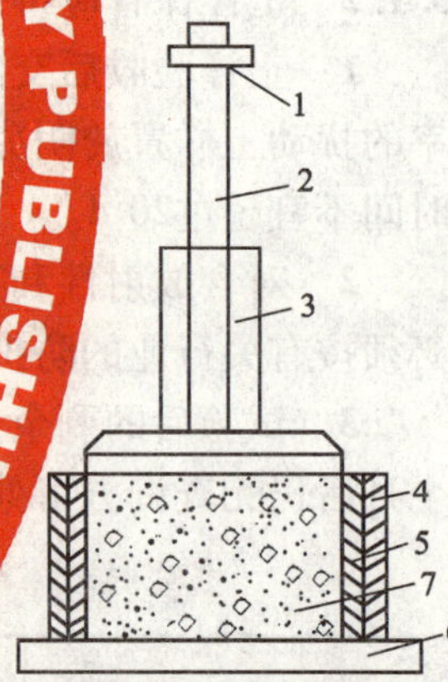

图3.2.1—1 击样器

1—定位环;2—导杆;3—击锤;4—击样筒;5—环刀;6—底座;7—试样

3.2.2 扰动土试样制备应按下列步骤进行：

1 对土样的颜色、土类、气味及夹杂物等进行描述。如有需要,应将土样充分拌匀,取代表性土样测含水率。

2 将团、块状扰动土样风干后,在橡皮板上用木碾碾散(切勿破坏土粒天然结构)。

3 根据试验所需土样数量,将碾散后的土样过筛。物理性试验土样如液限、塑限、缩限等试验,过0.5 mm筛;水理性及力学性试验土样,过2 mm筛;击实试验土样,过5 mm筛。筛下土样充分拌匀后,用四分对角取样法取出试验用的土样,则为制得供试验备用的扰动土试样。

4 当配制一定含水率的试样时,应取过2 mm筛的风干土1～5 kg,按式(3.2.6—2)计算所需加水量。将试样平铺于搪瓷盘内,用喷雾器喷洒所需加水量充分拌匀,然后装入保湿器内浸润一昼夜备用。砂类土浸润时间可酌情缩短。

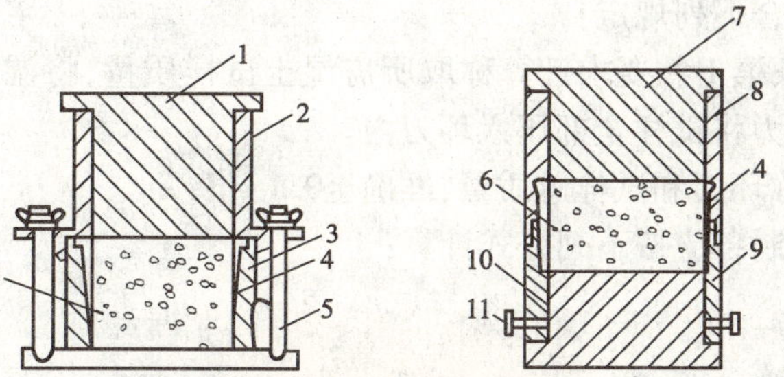

(a) 单向　　(b) 双向

图 3.2.1—2　压样器

1—活塞;2—导筒;3—护环;4—环刀;5—拉杆;6—试样;
7—上活塞;8—上导筒;9—下导筒;10—下活塞;11—销钉

5　测定浸润后试样的含水率,与要求的含水率差值不得大于 ±1%,若大于 ±1% 时应适当减少或增加试样中的加水量。

6　对不同土层的土样制备混合试样时,应根据各土层厚度,按比例计算相应的取土量,然后按本条第 1 至第 4 款进行制备。

7　对无黏聚性的砂类土和砾类土土样,按本条第 3 款制备试样,并用四分法取出代表性试样一部分供颗粒分析用。其余过 5 mm 筛,将筛上、筛下的试样分别贮存,供作颗粒密度和最大、最小孔隙比试验用。取 5 mm 筛下一部分试样再过 2 mm 筛,留筛下试样供作力学性试验用。

8　当砾类土土样表面黏有黏粒时,应先用水浸泡,将泡过的土样在 2 mm 筛上冲洗。然后将筛上、筛下(土浆)分别风干碾散,取一部分作颗粒大小分析用。余下的部分再按本条第 2 ~5 款步骤进行。

9　根据工程对试验项目的要求,将扰动土制备成所需状态试样,供水理、物理、力学等试验用。

10　试样制备数量视需要而定,一般应多制备 1 ~2 个备用。扰动土制成同一组试样的密度、含水率与要求的密度、含水率之差值应分别在 ±0.02 g/cm^3 与 ±1% 范围之内,且各试样之间的差值也应满足这一规定。

11　试样制备可采用击实法、击样法和压样法。

3.2.3　击实法应符合下列规定:

1　根据试样所要求的干密度、含水率,按式(3.2.6—1)和式(3.2.6—2)计算结果制备湿土样,然后按本规程第 20 章的击实程序将土样击实到所需的密度,用推土器推出。

2　将环刀的内壁涂一薄层凡士林,刀口向下放在土样上,用切土刀将土样削成略大于环刀直径的土柱。边垂直下压环刀边削土柱至伸出环刀为止。

3　用钢丝锯或切土刀将环刀与土柱分离,削去两端余土并修平。擦净环刀外壁,称环刀与土总质量,准确至 0.1 g。取环刀两端削下的土样测含水率。试样制备应迅速。

3.2.4　击样法应符合下列规定:

1　根据环刀容积及要求的干密度,按式(3.2.6—3)计算结果称取湿土试样。

2　将称出的湿土试样全部倒入装有环刀的击样器内,用击实方法将试样全部击入环刀内。

3　取出带试样的环刀,称环刀和试样总质量,准确到0.1 g。

3.2.5 压样法应符合下列规定：

1 按第3.2.4条第1款要求计算称取所需湿土试样质量，将湿土试样倒入装有环刀的压样器内，以静压力将试样全部压入环刀内。

2 取出环刀，称环刀和试样总质量，准确至0.1 g。

3.2.6 扰动土试样制备应按下列公式计算：

1 干土质量

$$m_{\mathrm{d}}=\frac{m_0}{1+0.01w_0} \tag{3.2.6—1}$$

式中 m_{d}——干土质量(g)；

m_0——湿土(或风干土)质量(g)；

w_0——湿土(或风干土)含水率(%)。

2 制备试样所需加水量

$$m_{\mathrm{w}}=\frac{m_0}{1+0.01w_0}\times0.01(w_1-w_0) \tag{3.2.6—2}$$

式中 m_{w}——试样所需加水量(g)；

w_1——试样所要求的含水率(%)。

3 制备试样所需湿土质量

$$m_0=(1+0.01w_0)\rho_{\mathrm{d}}V \tag{3.2.6—3}$$

式中 ρ_{d}——试样干密度(g/cm³)；

V——试样体积(环刀容积)(cm³)。

4 制备试样应增加的水量

$$\Delta m_{\mathrm{w}}=0.01(w_1-w_0)\rho_{\mathrm{d}}V \tag{3.2.6—4}$$

式中 Δm_{w}——制备试样应增加的水量(g)。

3.2.7 扰动土试样制备记录格式应符合表3.2.7的要求。

表3.2.7　扰动土试样制备记录

试样编号	制备标准		计算所需土质量及加水质量						试样制备								与制备标准之差	
	含水率	干密度	试样体积	干土质量	风干或天然含水率	风干或天然状态土质量	加水质量	湿土质量	制备方法	环刀与湿土质量	环刀质量	湿土质量	环刀体积	湿土密度	含水率	干土密度	含水率	干密度
	(%)	(g/cm³)	(cm³)	(g)	(%)	(g)	(g)	(g)		(g)	(g)	(g)	(cm³)	(g/cm³)	(%)	(g/cm³)	(%)	(g/cm³)

复核______ ____年____月____日　　　　试验______ ____年____月____日

3.3 原状土试样制备

3.3.1 根据力学试验项目要求，制备同一组试样的密度差值不应大于0.03 g/cm³，含水率差值不应大于2%。

3.3.2 原状土试样制备应按下列步骤进行：

1 将土样筒按标明的上、下方向放置，剥去蜡皮和胶带，开启土样筒取出土样。检查土样情况，当确定土样已扰动或取土质量不符合规定(如土样结构受到破坏、土样直径小于制样要求尺寸等)时，不应制备力学试验的试样。

2 制备直接剪切的试样，应将土样上、下方向颠倒放置，其他力学试验项目制样切土方向应与土样的天然沉积方向一致。

3 按本规程第3.2.3条第2~3款步骤切削土样。切削过程中应细心观察土样的情况，并描述试样的层次、气味、颜色、有无夹杂物，土质是否均匀等。

4 切取软塑的细粒土，土样竖直放置易产生堆瘫时，可将土样水平放置，切成略大于环刀高度的土样段，用环刀一次压入制成试样。

5 切取试样后剩余的原状土样，应装入原筒并在周围用碎土填紧，或用蜡纸包好放在保湿器内，以备补作试验时用。对切好的试样，如不立即进行试验和无需饱和，则应将试样暂存于保湿器内。

3.4 化学分析试样制备

3.4.1 pH值与易溶盐试验用的试样制备应按下列步骤进行：

将潮湿的土样捏碎摊开于瓷盘中，弃除土中植物根、茎及其他杂物，置于阴凉通风处晾干。风干后用木棒或橡皮锤敲击胶结团核使其分散(注意不得破坏土的天然颗粒)，拌和均匀后用四分法取300 g，过2 mm筛，称筛上剩余颗粒的质量后弃去，并计算其占总试样质量百分数。2 mm筛下的试样用研钵充分研碎使全部通过1 mm筛(不得撒失)混合均匀，贮于广口瓶中备用。

3.4.2 中溶盐、难溶盐和有机质试验用的试样制备应按下列步骤进行：

将潮湿土样捏碎摊开置于瓷盘中，除去土中植物根、茎、叶及其他夹杂物，放在阴凉通风处晾干。风干后拌和均匀，用四分法取平均试样约100 g，用玛瑙研钵彻底研细，使全部通过孔径0.15 mm筛(不得撒失)混合均匀后贮于广口瓶中备用。

3.4.3 蒙脱石和阳离子交换量试验用的试样制备应按下列步骤进行：

土样处理同第3.4.2条，用四分法取风干拌匀的试样100 g，在玛瑙研钵中研细，使全部通过孔径0.25 mm筛(不得撒失)混合均匀贮于广口瓶中备用。

用以上方法制得的试样均为风干土试样，化学分析前应按本规程第4.2节测定风干土含水率。

3.5 试样饱和

3.5.1 试样饱和宜根据土样的透水性能，可分别采用下列方法：

1　砂类土可直接在仪器内浸水饱和。

2　渗透系数大于10^{-4} cm/s 的较易透水的黏性土，可采用毛细管饱和法；渗透系数小于10^{-4}cm/s 的黏性土，可采用真空饱和法，但土的结构性较差，抽气可能发生试样扰动者不宜采用。

3.5.2　毛细管饱和法应符合下列规定：

1　选用框架式饱和器（图3.5.2），在装有试样的环刀两面贴放滤纸和直径略大于环刀的透水石，装入饱和器内，旋紧固定螺母。

2　将装好试样的饱和器放入水箱中，注清水入箱，水面不宜将试样淹没，使土中气体得以排出。

3　关上箱盖，防止水分蒸发，借土的毛细管作用使试样饱和，饱和时间约需 3 d。

4　取出饱和器，松开螺丝，取出环刀，擦干外壁，吸去试样表面积水，取下试样上、下滤纸，称环刀和试样的总质量，准确至 0.1 g，并计算试样的饱和度。如果饱和度小于 95% 时，应按本条第 1 ~ 3 款继续进行饱和。

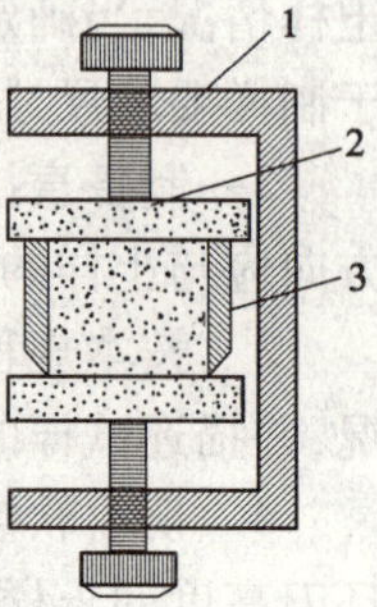

图 3.5.2　框架式饱和器

1—夹板；2—透水石；3—环刀

3.5.3　真空饱和法应符合下列规定：

1　选用重叠式饱和器（图 3.5.3—1）或框架式饱和器（图 3.5.2）和真空饱和装置（图 3.5.3—2）。在重叠式饱和器下夹板的正中，依次放置透水石、滤纸、带试样的环刀、滤纸、透水石，如此顺序重复，由下向上重叠到拉杆高度，将饱和器上夹板盖好后，拧紧拉杆上端的螺丝，将各个环刀在上、下夹板间夹紧。

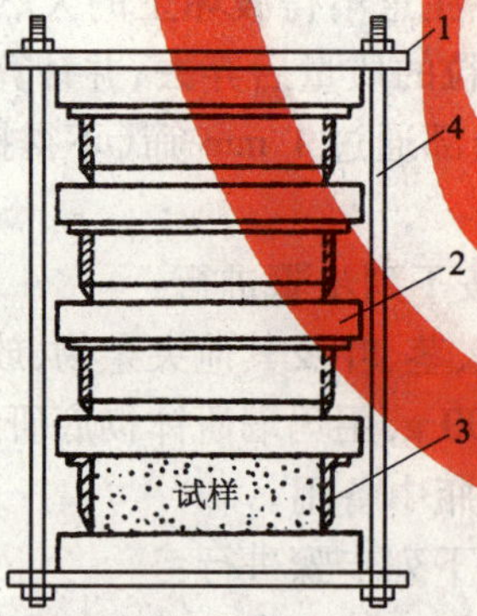

图 3.5.3—1　重叠式饱和器

1—夹板；2—透水板；3—环刀；4—拉杆

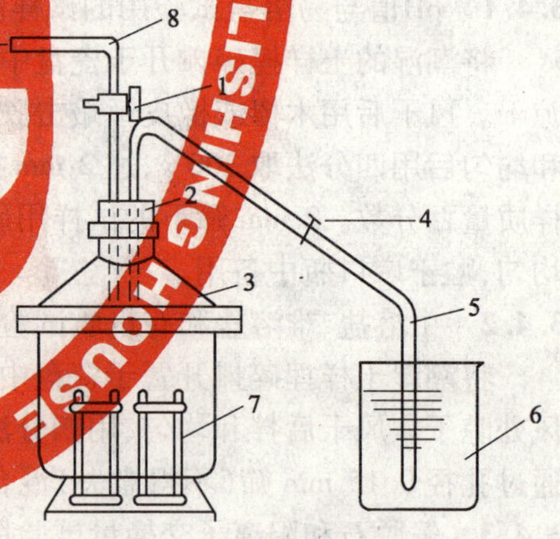

图 3.5.3—2　真空饱和装置

1—二通阀；2—橡皮塞；3—真空缸；4—管夹；5—引水管；6—水缸；7—重叠式饱和器；8—排气管；9—接抽气机

2　将装有试样的饱和器放入真空缸内，真空缸和盖之间应涂一层凡士林以防漏气。

3　关闭管夹，打开二通阀，将真空缸与抽气机接通，开动抽气机，当真空压力表读数接近 -100 kPa 后，继续抽气不少于 1 h。然后开启管夹，使清水由引水管徐徐注入真空缸内。在注水过程中，应调节管夹，使真空压力表上的数值基本保持不变。

4　待饱和器完全被水淹没后停止抽气，将引水管自水缸中提出，使空气由引水管进入真空缸内，静置一定时间，借大气压力使试样饱和。

5 取出带环刀的试样，称环刀和土总质量，准确至0.1 g，并计算饱和度。如饱和度小于95%，应继续进行饱和。

3.5.4 试样的饱和度应按下式计算：

$$S_r = \frac{w_{sr}\rho_s}{e\rho_w} \tag{3.5.4}$$

式中 S_r——试样的饱和度（%）；

w_{sr}——试样饱和后的含水率（%）；

ρ_s——土的颗粒密度（g/cm^3）；

e——试样的孔隙比；

ρ_w——水的密度（g/cm^3）。

4 含水率试验

4.1 一般规定

4.1.1 土的含水率是土在105 ℃～110 ℃温度下烘至恒量时所失去水的质量与恒量后干土质量的比值，以百分数表示。

4.1.2 本试验以烘干法为测定含水率的标准方法，适用于各类土。当需要快速测定含水率时，可依土的性质和工程情况分别选用下列方法：

1 酒精燃烧法：适用于不含有机质的砂类土、粉土和黏性土。

2 碳化钙减量法：适用于各类土。

3 核子射线法：适用于现场原位测定填料为细粒土和砂类土的含水率。

4.1.3 烘干法测定含水率，当土中有机质含量即灼失量超过5%或土中含石膏和硫酸盐时，应控制温度在65 ℃～70 ℃将试样烘至恒量。

4.2 烘干法

4.2.1 本试验应采用下列仪器设备：

1 电热干燥箱：应能控制温度为105 ℃～110 ℃。

2 真空干燥箱：应能控制温度为65 ℃～70 ℃。

3 天平：称量200 g，分度值0.01 g；称量1 000 g，分度值0.2 g。

4 称量盒：直径50 mm，高30 mm；长200 mm，宽100 mm，高40 mm，可采用等质量称量盒。

5 干燥箱：内用硅胶干燥剂。

4.2.2 试验操作应按下列步骤进行：

1 根据不同土类按表4.2.2确定称取代表性试样质量，放入称量盒内，立即盖好盒盖，将盒外附着的土擦净后称量。称量时可在天平放砝码的盘内放上等质量的称量盒，即可直接称得湿土质量。

表4.2.2 烘干法测定含水率所需试样质量

按《铁路路基设计规范》填料分类	按《铁路工程岩土分类标准》分类	取试样质量(g)
细粒土	粉土、黏性土	15～30
粗粒土	砂类土、有机土	30～50
	圆砾或角砾	250～500
碎石类土	碎石类土	500～1 000

2 打开盒盖，将装有试样的称量盒放入烘箱，在105 ℃～110 ℃温度下烘干。烘干时间对粉土、黏性土不少于8 h；砂类土不少于6 h；砾、碎石类土不少于4 h。

3　将称量盒从烘箱中取出，盖上盒盖，放入干燥器中冷却至室温，称干土质量。

4　本试验称量小于200 g，准确至0.01 g；称量大于200 g，准确至0.2 g。

5　对含有机质大于5%的土，烘干温度应控制65 ℃～70 ℃，在真空干燥箱中烘7 h或在电热干燥箱中烘18 h。

4.2.3　试验结果应按下式计算：

$$w=\left(\frac{m_0}{m_d}-1\right)\times 100 \tag{4.2.3}$$

式中　w——含水率（%），计算至0.1%；

m_d——干试样质量（g）；

m_0——湿试样质量（g）。

4.2.4　本试验应进行平行测定，平行测定的差值应符合表4.2.4的规定，取其算术平均值。

表4.2.4　含水率测定允许差

土的类别	含水率平行差值（%）		
	$w \leqslant 10$	$10 < w \leqslant 40$	$w > 40$
砂类土、有机土、粉土、黏性土	0.5	1.0	2.0
碎石土	1.0	2.0	—

4.2.5　记录格式应符合表4.2.5的要求。

表4.2.5　烘干法含水率试验记录

试样编号	称量盒号	湿土质量（g）	干土质量（g）	含水率（%）	平均含水率（%）	备注
		（1）	（2）	$\left(\frac{(1)}{(2)}-1\right)\times 100$		

复核______　____年____月____日　　　　试验______　____年____月____日

4.3　酒精燃烧法

4.3.1　本试验应采用下列仪器设备：

1　天平：称量200 g，分度值0.01 g。

2　酒精：浓度95%。

3　其他：干燥器、等质量的称量盒、滴管、火柴等。

4.3.2　试验操作应按下列步骤进行：

1　取代表性试样（黏性土5～10 g，砂类土20～30 g），放入称量盒内，按本规程第4.2.2条第1款称得湿土质量。

2　打开盒盖，用滴管将浓度为95%的酒精滴入盒内，直至试样表面出现自由液面。将盒底在桌面上轻轻敲击，使酒精浸透全部试样，然后点燃盒中酒精，直烧至火焰熄灭。

3　冷却约1 min后，再按本条第2款重复操作。黏性土应烧4次，砂类土应烧3次。

4　待最后一次燃烧火焰熄灭后，盖上盒盖，在干燥器中冷却至室温，立即称干土质量。

5　本试验称量应准确至0.01 g。

4.3.3　本试验结果应按本规程式(4.2.3)计算。

4.3.4　本试验允许差应符合本规程第4.2.4条的规定。

4.3.5　本试验记录格式应符合本规程表4.2.5的要求。

4.4　碳化钙减量法

4.4.1　本试验应采用下列仪器设备：

1　天平：称量200 g或1 000 g，分度值0.01 g。

2　反应容器：采用烧杯或蒸发皿时用玻璃棒当研杵；采用搪瓷容器时用塑料棒当研杵。

3　碳化钙(电石)粉末：粒径应小于0.5 mm。

4　其他设备：玻璃表面皿、毛刷、勺子。

4.4.2　试验操作应按下列步骤进行：

1　用已知质量的反应容器(带研杵)在天平上按表4.2.2依不同土类确定称取试样质量，准确至0.01 g。

2　用表面皿在天平上称取碳化钙粉末，其用量按表4.4.2确定，准确至0.01 g。

表4.4.2　按估计试样含水率和取样量确定碳化钙的用量

估计的试样含水率(%)	3	7	11	15	20	25	30	36	42
经验倍数值 n	0.2	0.4	0.6	0.8	1.0	1.2	1.4	1.6	1.8
碳化钙粉末用量(g)	试验时称取试样质量 $m \times n$								

3　将称取的碳化钙粉末全部倒入已盛有试样的反应容器中(不得撒失)，然后用研杵充分研磨(捣碎泥球、结块)约3～5 min，彻底均匀混合后，称取混合物及反应容器和研杵的总质量，取下再研磨1～2 min，再称量，如此重复，直至相邻两次称量之差不大于0.01 g，则认为反应完毕，试验即告结束。

4.4.3　试验结果应按下式计算：

$$w = \frac{m_{C_2H_2} \times 1.385}{m - m_{C_2H_2} \times 1.385} \times 100 \tag{4.4.3}$$

$$m_{C_2H_2} = m_A - m_B$$

式中　w——含水率(%)，计算至0.1%；

m——称取湿土试样的质量(g)；

$m_{C_2H_2}$——产生乙炔气体的质量(g)，计算至0.01 g；

m_A——反应前试样加碳化钙粉末和反应容器(带研杵)的总质量(g)；

m_B——反应后混合物和反应容器(带研杵)的总质量(g)；

1.385——($2H_2O/C_2H_2$)的换算因数。

4.4.4　本试验应进行平行测定，平行测定的差值应符合本规程表4.2.4的规定，取算术平均值。

4.4.5　记录格式应符合表4.4.5的要求。

表 4.4.5　碳化钙减量法含水率试验记录

试样编号	反应容器与研杵的质量(g)	反应前		反应后	$m_{C_2H_2}$的质量(g)	试验结果	
		湿土样质量(g)	碳化钙粉末质量(g)	混合物的质量(g)		含水率(%)	平均值(%)

复核_____　____年____月____日　　　　试验_____　____年____月____日

4.5　核子射线法

4.5.1　本试验应采用下列仪器设备：

1　主机：由放射源、探测器、微处理器、测深定位装置等组成，见图 4.5.1 所示。

1）放射源：铯 137—γ 源，辐射活性 3.7×10^8 Bq；镅 241/铍中子源，辐射活性 1.85×10^9 Bq。

2）探测器：盖革—密勒计数管，接收 γ 射线；氦－3 探测管，接收中子射线。

3）微处理器：将探测器接收到的射线信号转换成数据，并经运算后显示检测结果。

4）测深定位装置：将放射源定位到预定的测试深度。

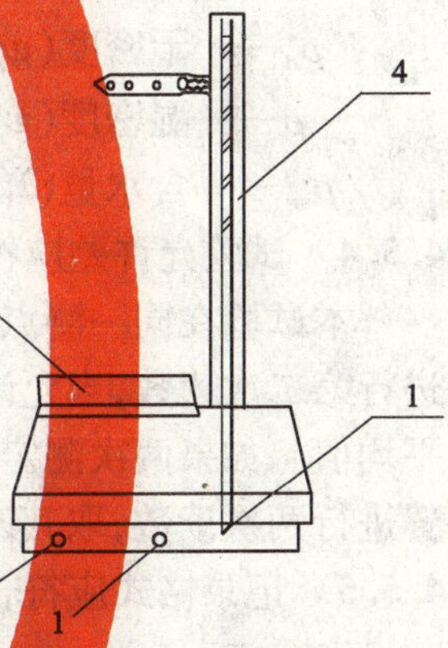

图 4.5.1　核子湿度密度仪示意
1—放射源；2—探测器；3—微处理器；4—测深定位装置

2　附件：标准块、导板、钻杆、充电器。

3　技术指标：

1）测量范围：含水量 0～0.64 g/cm^3；密度 1.12～2.73 g/cm^3。

2）准确度：含水量 ±0.004 g/cm^3；密度 ±0.004 g/cm^3。

4　计量检定应按《核子湿度密度测试仪检定规程》(JJG 128—91)进行，检定周期为两年。

4.5.2　试验操作应按下列步骤进行：

1　标准计数或统计试验：将标准块放在坚硬的材质表面，按规定将仪器放置在标准块上，仪器手柄设置在安全位置。周围10 m以内无其他放射源，3 m 以内的地面上不应堆放其他材料。按下启动键，开始进行标准计数或统计试验。操作人员应退到离仪器 2 m 以外区域。当仪器发出结束信号后，检查含水量、密度的标准计数或统计分析结果，如果其数值在规定的范围内，即可开始检测。

2　输入设定参数：

1）测量计数时间（不宜小于 30 s）；

2）选择计量单位 g/cm^3 或 kg/cm^3；

3）密度、含水量的偏移量，当无偏移量时输入“0”；

4）测点记录号。

3　平整被测材料表面，必要时可用少量细粉颗粒铺平，然后用导板和钻杆造孔。孔深必须大于测试深度，孔应垂直；孔壁光滑，不得坍塌。如被测材料不便于造孔，可采用反射法进行检测。

4　按规定将仪器就位，并将放射源定位到预定的测试深度，按下启动键开始测试，操作人员退到离仪器 2 m 以外的区域。

5　当仪器发出测试结束信号后，将放射源退回到安全位置，并储存或记录检测结果。

6　当被测材料中含有硼、氢等吸收中子的元素成非自由水氢元素时，其检测结果应用烘干法求出偏移量进行校正。

7　在基坑边缘或沟中测试时，仪器的侧面与坑壁的距离不宜小于 0.6 m；采用特殊补偿功能对测试结果进行校正的不受距离的限制。

4.5.3　试验结果应按下式计算：

$$w = \frac{\rho_{sw}}{\rho - \rho_{sw}} = \frac{\rho_{sw}}{\rho_d} \times 100\% \qquad (4.5.3)$$

式中　w——含水率（%），计算至 0.1%；

ρ_d——干密度（g/cm³）；

ρ——湿密度（g/cm³）；

ρ_{sw}——含水量（单位体积土中水的质量）（g/cm³）。

4.5.4　试验允许差应符合下列规定：

本试验在同一测点，仪器在初始位置进行第一次读数，然后将仪器绕测孔旋转 180°进行第二次读数，当允许平行差值符合本规程第 4.2.4 条的规定，试验结果取两次读数的平均值。如果两次测定的平行差值超过允许差值，则应将仪器再旋转到 90°和 270°的位置进行两次读数，取其四次读数的算术平均值。

4.5.5　记录格式应符合表4.5.5的要求。

表 4.5.5　核子射线法测定含水率和密度记录表

测试日期	里程	填筑高度（m）	测点位置	测点编号	读数次数	湿密度（g/cm³）		干密度（g/cm³）		含水率（%）	
						读数	平均	读数	平均	读数	平均
					1						
					2						
					3						
					4						

复核＿＿＿＿＿＿＿年＿＿月＿＿日　　　　试验＿＿＿＿＿＿＿年＿＿月＿＿日

5 密度试验

5.1 一般规定

5.1.1 土的密度是土的单位体积质量。

5.1.2 本试验的目的是测定土的密度,用于计算土的干密度,孔隙比、孔隙度、饱和度等指标。

5.1.3 本试验应根据土的类别采用下列方法:

1 环刀法适用于粉土和黏性土。

2 蜡封法适用于环刀难以切削并易碎裂的土。

3 灌砂法、气囊法适用于现场测定最大粒径小于 20 mm 的土的密度。

4 灌水法适用于现场测定最大粒径小于 60 mm 的土的密度。

5 核子射线法适用于现场测定填料为细粒土、砂类土的压实密度。

5.2 环刀法

5.2.1 本试验应采用下列仪器设备:

1 环刀:内径61.8 mm或 79.8 mm,高 20 mm。

2 天平:称量500 g,分度值 0.1 g;称量 200 g,分度值 0.01 g。

3 其他:切土刀、钢丝锯、直尺、凡士林等。

5.2.2 试验操作应按下列步骤进行:

本试验应按工程需要取原状土或扰动土制备击实试样,试样切削和称量按本规程第 3.2.3 条第 2~3 款规定进行。称量试样时,可在天平放法码一端放一等质量环刀,直接称出湿土质量,准确至 0.1 g。

5.2.3 试验结果应按下列公式计算:

$$\rho = \frac{m_0}{V} \quad (5.2.3\text{—}1)$$

$$\rho_d = \frac{\rho}{1 + 0.01w} \quad (5.2.3\text{—}2)$$

式中 ρ——试样的湿密度(g/cm^3),计算至 0.01 g/cm^3;

ρ_d——试样的干密度(g/cm^3);

m_0——湿试样质量(g);

V——环刀容积(cm^3);

w——试样含水率(%)。

5.2.4 本试验应进行平行测定,平行测定的差值不得大于0.03 g/cm^3,取算术平均值。

5.2.5 记录格式应符合表5.2.5的要求。

表 5.2.5　环刀法密度试验记录

试样编号	环刀号	湿土质量(g)	环刀体积(cm^3)	湿密度(g/cm^3)	含水率(%)	干密度(g/cm^3)	平均干密度(g/cm^3)
		(1)	(2)	$(3)=\frac{(1)}{(2)}$	(4)	$(5)=\frac{(3)}{1+0.01(4)}$	(6)

复核______ ____年____月____日　　　　试验______ ____年____月____日

5.3　蜡　封　法

5.3.1　本试验应采用下列仪器设备：

1　天平：称量500 g，分度值0.1 g。

2　其他：切土刀、石蜡、烧杯、温度计、细线、针及熔蜡加热器等。

5.3.2　试验操作应按下列步骤进行：

1　切取约30 cm^3的代表性试样，削去表面浮松土及尖锐棱角，系于细线上称其质量，准确至0.1 g，并取切削余土测定含水率。

2　持线将试样缓缓浸入刚过熔点的蜡液中，待全部浸没后立即提出。仔细检查试样四周的蜡膜上有无气泡存在。若有气泡应用热针刺破，并涂平孔口。待冷却后，称蜡封试样在空气中的质量，准确至0.1 g。

3　持线将蜡封试样吊在天平一端，浸没于烧杯中的水中（如图5.3.2），且勿与杯壁接触，称蜡封试样在水中的质量，准确至0.1 g，并测记水的温度，准确至1 ℃。

4　取出试样，擦干表面水分后再称一次质量。与第一次所称质量相比较，若质量增加，则证明试样中有水浸入，应另取试样重作试验。

5　当用电子天平或电子秤测定时，先将盛水的烧杯放在称盘上，当显示稳定后，按清零键。再将蜡封试样吊在固定支架上浸没于水中，勿与杯壁接触，称量，准确至0.1 g。该质量即为蜡封试样排开液体的质量。

图 5.3.2　蜡封法密度测定示意
1—盛水杯；2—蜡封试样；3—细线；4—砝码

5.3.3　试验结果应按下列公式计算：

1　采用吊盘天平测定时

$$\rho=\frac{m_0}{\dfrac{m_n-m_{nw}}{\rho_{wT}}-\dfrac{m_n-m_0}{\rho_n}}\qquad(5.3.3\text{—}1)$$

式中　m_n——蜡封试样质量(g)；

m_{nw}——蜡封试样在水中的质量(g)；

ρ_{wT}——纯水在 T ℃时的密度(g/cm^3)，查表7.3.4—3；

ρ_n——蜡的密度（≈0.92 g/cm³）。

2 采用电子天平测定时

$$\rho = \frac{m_0}{\dfrac{m_{nf}}{\rho_{wT}} - \dfrac{m_n - m_0}{\rho_n}} \tag{5.3.3—2}$$

式中 m_{nf}——蜡封试样排开水的质量（g）。

3 试样的干密度按本规程式（5.2.3—2）计算。

5.3.4 本试验应进行平行测定，平行测定的差值不得大于0.03 g/cm³，取算术平均值。

5.3.5 记录格式应符合表5.3.5的要求。

表 5.3.5 蜡封法密度试验记录（蜡密度 ρ_n = 0.92 g/cm³）

试样编号	试样质量（g）	蜡封试样质量（g）	蜡封试样在水中的质量（g）	水温（℃）	水的密度（g/cm³）	蜡封试样体积（cm³）	蜡体积（cm³）	试样体积（cm³）	湿密度（g/cm³）	含水率（%）	干密度（g/cm³）	平均干密度（g/cm³）
	(1)	(2)	(3)		(4)	(5)	(6)	(7)	(8)	(9)	(10)	(11)
						$\frac{(2)-(3)}{(4)}$	$\frac{(2)-(1)}{\rho_n}$	(5) − (6)	$\frac{(1)}{(7)}$		$\frac{(8)}{1+0.01(9)}$	

复核_____ ____年____月____日　　　　试验_____ ____年____月____日

5.4 灌 砂 法

5.4.1 本试验应采用下列仪器设备：

1 密度测定器：由容砂瓶、灌砂漏斗和底盘组成，如图5.4.1所示。容砂瓶的容积为4 L；灌砂漏斗高135 mm、直径165 mm、颈部有孔径为13 mm的圆柱形阀门；容砂瓶和灌砂漏斗之间用螺纹接头联接。底盘承托灌砂漏斗和容砂瓶。

2 天平：称量10 kg，分度值5 g；称量500 g，分度值0.1 g。

3 土样筛：孔径0.25、0.50 mm。

4 其他：小铁锹、小铁铲、盛土容器等。

5.4.2 标准砂密度的测定应按下列步骤进行：

1 标准砂宜选用粒径为0.25～0.50 mm，密度为1.47～1.61 g/cm³的洁净干燥砂。

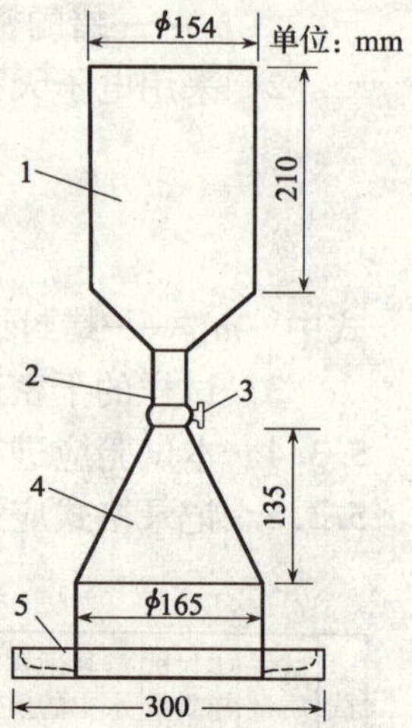

图 5.4.1　密度测定器
1—容砂瓶；2—螺纹接头；3—阀门；4—灌砂漏斗；5—底盘

2　将容砂瓶与灌砂漏斗经螺纹接头接紧，并作以标记，以后每次拆卸再衔接时都要接在这一位置。称组装好的密度测定器的质量(m_{r1})，准确至5 g。

3　将干燥的密度测定器竖立(灌砂漏斗口向上)在工作台上，打开阀门，往密度测定器内注水，直至水面高出阀门，关闭阀门，倒掉漏斗中多余的水，称注满水的密度测定器总质量(m_{r2})，准确至5 g，同时测定水温，准确至0.5 ℃。再重复测定两次，将三次测值之间的差值换算为该温度下水的体积不得大于3 mL，取三次测定值的平均值。

4　将干燥的密度测定器竖立(灌砂漏斗口向上)在工作台上，关阀门，向漏斗中灌满标准砂。打开阀门使漏斗中的砂漏入容砂瓶内，边漏边继续向漏斗中补充砂，当标准砂停止流动时迅速关闭阀门。倒掉漏斗内多余的砂，称灌满标准砂的密度测定器总质量(m_{r3})，准确至5 g。测定过程中应避免震动。

5　容砂瓶容积按下式计算：

$$V_r=(m_{r2}-m_{r1})/\rho_{wT} \tag{5.4.2—1}$$

式中　V_r——容砂瓶容积(cm^3)；

m_{r2}——注满水的密度测定器的总质量(g)；

m_{r1}——密度测定器的质量(g)。

6　标准砂的密度按下式计算：

$$\rho_{sr}=\frac{m_{r3}-m_{r1}}{V_r} \tag{5.4.2—2}$$

式中　ρ_{sr}——标准砂的密度(g/cm^3)；计算至0.01 g/cm^3。

m_{r3}——灌满标准砂的密度测定器的总质量(g)。

5.4.3　测定灌满灌砂漏斗所需标准砂的质量应按下列步骤进行：

1　按本章第5.4.2条第4款方法将标准砂灌满容砂瓶，并称取灌满标准砂的密度测定器的总质量(m_{r3})。

2　将灌满标准砂的密度测定器倒置(即灌砂漏斗口向下)在一洁净的平面上，打开阀门，直至砂停止流动。

3　迅速关闭阀们，称取剩余标准砂和密度测定器的总质量，计算流失的标准砂的质量，该流失量即为灌满漏斗所需标准砂的质量(m_{r4})。

4　重复上述步骤三次，取其平均值。

5.4.4　试验操作应按下列步骤进行：

1　按土的最大粒径不大于20 mm的要求选定试坑位置，将试坑位置的地面铲平，其面积略大于试坑直径150 mm，按试坑直径划出坑口轮廓线，在轮郭线内下挖至要求深度200 mm处，边挖边将挖出的土放入盛土容器内，称土的质量，准确至10 g，然后取代表性土样测定含水率。

2　向容砂瓶内灌满标准砂，关阀门，称灌满标准砂的密度测定器的总质量，准确至5 g。

3　将密度测定器倒置(灌砂漏斗口向下)于挖好的坑口上，打开阀门，使密度测定器内的标准砂流入坑内,当密度测定器内标准砂停止流动时关闭阀门。

4 称密度测定器和剩余标准砂的质量 m_{r5},准确至 5 g,并计算灌满试坑所用标准砂的质量($m_{sr}=m_{r3}-m_{r4}-m_{r5}$)。

5.4.5 试验结果应按下列公式计算:

$$\rho=\frac{m_p}{\dfrac{m_{sr}}{\rho_{sr}}} \tag{5.4.5—1}$$

$$\rho_d=\frac{\dfrac{m_p}{1+0.01w_0}}{\dfrac{m_{sr}}{\rho_{sr}}} \tag{5.4.5—2}$$

式中 m_{sr}——灌满试坑所用标准砂的质量(g);

m_p——取自试坑内土的质量(g)。

5.4.6 记录格式应符合表5.4.6的要求。

表 5.4.6 灌砂法密度试验记录

试 坑 编 号			测 定
灌满标准砂的密度测定器总质量(g)	(1)		
灌砂漏斗所需标准砂的质量(g)	(2)		
密度测定器和剩余标准砂的质量(g)	(3)		
灌满试坑所用标准砂的质量(g)	(4)	(4)=(1)-(2)-(3)	
标准砂密度(g/cm^3)	(5)		
试坑体积(cm^3)	(6)	(6)=(4)/(5)	
土和容器质量(g)	(7)		
容器质量(g)	(8)		
土的质量(g)	(9)	(9)=(7)-(8)	
土的密度(g/cm^3)	(10)	(10)=(9)/(6)	
土的含水率(%)	(11)		
土的干密度(g/cm^3)	(12)	(12)=(10)/[1+0.01(11)]	

复核_____ ____年____月____日　　　　试验_____ ____年____月____日

5.5 灌 水 法

5.5.1 本试验应采用下列仪器设备:

1 储水筒:直径应均匀,并附有刻度及出水管。

2 台秤:称量50 kg,分度值 10 g。

3 塑料薄膜袋:由聚氯乙烯塑料薄膜制成。

4 其他:盛土容器、水准尺、钢卷尺、挖土工具等。

5.5.2 试验操作应按下列步骤进行：

1 在选定的试坑位置处铲平略大于试坑直径的地面，并根据土的最大粒径，按表 5.5.2 确定试坑尺寸。

2 按确定的试坑直径划出坑口轮廓线，在轮廓线内下挖至要求深度。边挖边将坑内的试样装入盛土容器内，称土的质量，准确至 10 g，并取代表性土样测定含水率。

3 试坑挖好后，将略大于试坑容积的塑料薄膜袋沿坑底、坑壁紧密相贴，到地面后翻开袋口，袋口周围用重物压牢固定。

表 5.5.2 试 坑 尺 寸

试样最大粒径(mm)	试坑尺寸(mm)	
	直 径	深 度
5～20	150	200
40	200	250
60	250	300

4 记录储水筒内初始水位高度，打开储水筒的注水管，让水缓缓流入坑内塑料薄膜袋内。当袋内水面上升到接近坑口地面时将水流调小，待水面与坑口地面齐平时立即关闭注水管，持续 3～5 min，记录储水筒内水位的高度。如袋内出现水面下降时，应另取塑料薄膜袋重做试验。

5.5.3 试验结果应按下列公式计算：

$$\rho = \frac{m_p}{V_p} \tag{5.5.3—1}$$

$$V_p = (H_1 - H_2) \cdot A_w \tag{5.5.3—2}$$

式中 V_p——试坑体积(cm^3)；

H_1——储水筒内初始水位高度(cm)；

H_2——储水筒内注水终止时水位高度(cm)；

A_w——储水筒断面积(cm^2)；

5.5.4 记录格式应符合表5.5.4的要求。

表 5.5.4 灌水法密度试验记录

试样编号	试坑编号	储水筒水位(cm)		储水筒断面积(cm^2)	试坑体积(cm^3)	土的质量(g)	土的含水率(%)	土的湿密度(g/cm^3)	平均值(g/cm^3)	平均干密度(g/cm^3)
		初始	终了							
		(1)	(2)	(3)	(4) = [(2) − (1)] × (3)	(5)	(6)	$(7)=\frac{(5)}{(4)}$	(8)	$(9)=\frac{(8)}{1+0.01(6)}$

复核______ ____年____月____日　　　　试验______ ____年____月____日

5.6 气 囊 法

5.6.1 本试验应采用下列仪器设备：

1 气囊式容积测定仪：仪器主要由气囊、缸筒、活塞、空心活塞杆、球囊、水位管、数显测尺、护坑环组成，如图 5.6.1 所示。仪器各部件应符合下列要求：

1）气囊应有弹性，壁厚不大于 0.3 mm，直径和容积不小于试坑直径和体积。

2）缸筒容积不小于5 L。

3）水位管长度不小于650 mm。

4）50%的氯化锌水溶液，密度不小于1.5 g/cm³。

5）数显测尺最小分度值0.01 mm。

2 台秤：称量10 kg，分度值5 g。

3 挖土工具：凿子、锤子、勺子、半圆土铲、毛刷等。

4 其他：盛土容器、钢卷尺等。

5.6.2 试验操作应按下列步骤进行：

1 清扫场地，护坑环置于试坑位置。

2 仪器置于护坑环上，并用压块固定。

3 打开排气阀，将测尺游标推至缸筒顶面，活塞提到缸筒顶端。

4 关上排气阀，慢慢向下推动活塞，直到水位管中溶液水柱升至水位标线。读取数显测尺初始数显数值（L_1）并做记录。

5 提起活塞，使水柱退回零位，松开固定压块，移走仪器。

6 试坑开挖和试样称量按本章第5.5.2条第1～2款的规定进行。

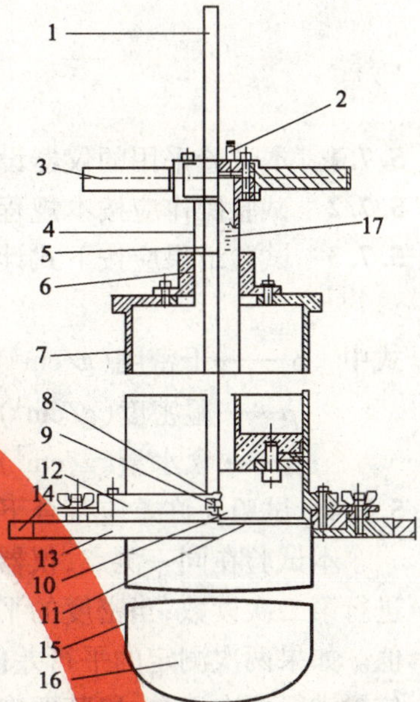

图5.6.1 气囊式容积测定仪

1—水位标线；2—排气阀；3—封盖及手柄；4—活塞杆；5—水位管；6—导向盘；7—缸筒；8—球囊；9—水溶液；10—活塞；11—隔栅；12—压盘；13—护坑环；14—踏板；15—气囊；16—压缩空气；17—数显测尺

7 仪器重新置于护坑环上并固定，将测尺游标重新推至缸筒顶面，慢慢地向下推动活塞，直到溶液水柱升至水位标线，读取数显测尺终止数显数值（L_2）并做记录。

8 当坑壁与大气温差较大时，气囊在坑内停留时间不宜超过3 min。

5.6.3 试验结果应按下列公式计算：

$$\rho = \frac{m_p}{V_p} \qquad (5.6.3—1)$$

$$V_p = A_g \cdot (L_2 - L_1) \qquad (5.6.3—2)$$

式中 A_g——容积仪常数（cm³/mm）；

L_1——数显测尺初始读数（mm）；

L_2——数显测尺终止读数（mm）。

5.6.4 记录格式应符合表5.6.4的要求。

表5.6.4 气囊法密度试验记录

容积仪常数 A_g = cm³/mm

试坑编号	试样编号	数显测尺读数（mm）			试坑体积（cm³）	试样质量（g）	试样湿密度（g/cm³）	含水率（%）	试样干密度（g/cm³）	平均干密度（g/cm³）
		初始	终止	读数差						
		(1)	(2)	(3)=(2)−(1)	(4)=A_g·(3)	(5)	(6)=(5)/(4)	(7)	(8)=$\frac{(6)}{1+\frac{(7)}{100}}$	

复核______ ____年____月____日　　　　试验______ ____年____月____日

5.7　核子射线法

5.7.1　本试验采用的仪器设备应符合本规程第4.5.1条的要求。

5.7.2　试验操作应按本规程第4.5.2条规定进行。

5.7.3　试验结果应按下式计算：

$$\rho_d = \rho - \rho_{sw} \tag{5.7.3}$$

式中　ρ_d——干密度（g/cm^3），计算至0.01 g/cm^3；

ρ——湿密度（g/cm^3）；

ρ_{sw}——含水量（g/cm^3）。

5.7.4　试验允许差应符合下列规定：

本试验在同一测点，仪器在初始位置进行第一次读数，然后将仪器绕测孔旋转180°进行第二次读数，当密度的平行差值不大于0.03 g/cm^3 时，试验结果取两次读数的平均值。如果两次测定的平行差值超过允许差值，则应将仪器再绕测孔旋转到90°和270°的位置进行两次读数，取其四次读数的算术平均值。

5.7.5　记录格式应符合本规程表4.5.5的要求。

6 颗粒密度试验

6.1 一般规定

6.1.1 土的颗粒密度是土体内固体颗粒质量与颗粒体积之比值,单位为 g/cm³。

6.1.2 本试验的目的是测定土的颗粒密度,用于计算土的孔隙比、孔隙度、饱和度等指标。

6.1.3 本试验应根据土粒不同粒径,分别采用下列方法:

1 粒径小于5 mm的土用量瓶法测定。

2 粒径等于大于5 mm 的土,其中大于 20 mm 的颗粒含量少于 10% 时用浮称法,多于 10% 时用虹吸筒法。

3 当土中含有小于和大于5 mm的颗粒,则应按本条第 1 ~2 款规定,分别用量瓶法、浮称法或虹吸筒法测定不同粒径的颗粒密度,平均颗粒密度应按下式计算:

$$\rho_{sm} = \frac{1}{\frac{p_1}{\rho_{s1}} + \frac{p_2}{\rho_{s2}}} \tag{6.1.3}$$

式中 ρ_{sm}——平均颗粒密度(g/cm³),计算至 0.01 g/cm³;

ρ_{s1},ρ_{s2}——大于和小于 5 mm 粒径的颗粒密度(g/cm³);

p_1,p_2——大于和小于 5 mm 粒径的土粒质量占总质量的质量分数。

6.2 量 瓶 法

6.2.1 本试验应采用下列仪器设备:

1 量瓶:容积100(或 50)mL。

2 天平:称量 200 g,分度值 0.001 g。

3 恒温水槽:准确度应为 ±1 ℃。

4 砂浴:应能调节温度。

5 温度计:测量范围 0 ℃ ~50 ℃,分度值 0.5 ℃。

6 真空抽气设备:包括真空泵、抽气缸、真空压力表等。

7 其他:烘箱、纯水、中性液体(如煤油等)、孔径 20 mm 及 5 mm 筛、漏斗、滴管等。

6.2.2 试验操作应按下列步骤进行:

1 一般土的颗粒密度应采用纯水测定;当土中含有可溶盐、亲水性胶体或有机质,应采用中性液体(如煤油)测定。

2 量瓶在使用前必须进行量瓶和水(或中性液体)总质量的校正,其校正方法应按附录 A 规定进行。

3 将量瓶烘干,取烘干土 15 g 装入 100 mL 量瓶内(若用 50 mL 量瓶,宜取 10 g),称量瓶和土的总质量,准确至 0.001 g。

4 向已装有干土的量瓶内注入纯水至量瓶的一半处，摇动量瓶，然后将量瓶放在砂浴上煮沸。煮沸时间自悬液沸腾时算起，砂土及粉土不少于 30 min，黏土及粉质黏土不少于1 h。

5 煮沸完毕，取下量瓶，冷却至接近室温，将事先煮沸并冷却的纯水注入量瓶至近满（有恒温水槽时，可将量瓶放于恒温水槽内）。待瓶内悬液温度稳定及悬液上部澄清时，塞好瓶塞，使多余水分自瓶塞毛细管中溢出，将瓶外壁上的水分擦干后，称量瓶、水和土总质量，准确至0.001 g，并测定量瓶内水的温度，准确至0.5 ℃。

6 根据测得的温度，从已绘制的“温度与量瓶和水的总质量关系曲线”中查得量瓶和水的总质量。

7 用中性液体（如煤油）测定含有可溶盐、亲水性胶体或有机质土的颗粒密度时，可用真空抽气法代替煮沸法排除土中空气。对砂土，为了防止煮沸时颗粒跳出，也可采用真空抽气法。抽气时真空压力表读数须接近 100 kPa，抽气时间 1 ~ 2 h，直至悬液内无气泡逸出时为止。其余步骤与本条第 3 ~ 5 款相同。根据测得温度，从已绘出的“温度与量瓶和中性液体的总质量关系曲线”中查得量瓶和中性液体的总质量。

6.2.3 试验结果应按下列公式计算：

1 用纯水测定时

$$\rho_s = \frac{m_d}{m_{pw} + m_d - m_{pws}} \cdot \rho_{wT} \tag{6.2.3—1}$$

式中 ρ_s——颗粒密度（g/cm^3），计算至0.01 g/cm^3；

m_{pw}——量瓶和水的总质量（g）；

m_{pws}——量瓶、水和土的总质量（g）；

m_d——干试样质量（g）；

ρ_{wT}——T ℃时水的密度（g/cm^3）。

2 用中性液体测定时

$$\rho_s = \frac{m_d}{m_{pu} + m_d - m_{pus}} \cdot \rho_{uT} \tag{6.2.3—2}$$

式中 m_{pu}——量瓶和中性液体总质量（g）；

m_{pus}——量瓶、中性液体和土的总质量（g）；

ρ_{uT}——T ℃时中性液体的密度（g/cm^3），按附录 A.0.4 实测。

6.2.4 本试验应进行平行测定，平行测定的差值不得大于0.02 g/cm^3，取算术平均值。

6.2.5 记录格式应符合表 6.2.5 的要求。

表 6.2.5 量瓶法颗粒密度试验记录

试样编号	瓶号	量瓶质量(g)	干试样质量(g)	量瓶 + 液体 + 干试样质量(g)	温度 T(℃)	T(℃)时量瓶 + 液体质量(g)	与干试样同体积的液体质量(g)	T(℃)时液体密度(g/cm^3)	颗粒密度(g/cm^3)	平均值(g/cm^3)
①	②	③	④	⑤	⑥	⑦	⑧=④+⑦-⑤	⑨	⑩=(④/⑧)·⑨	

复核______ ____年____月____日　　　　试验______ ____年____月____日

6.3 浮 称 法

6.3.1 本试验应采用下列仪器设备：

1 孔径小于 5 mm 的铁丝筐，直径约 10～15 cm，高约 10～20 cm。

2 适合铁丝框沉入用的盛水容器。

3 浮称天平：称量 2 kg，分度值 0.2 g。

4 其他：烘箱、温度计、孔径 5 及 20 mm 筛、毛巾、瓷盘等。

6.3.2 试验操作应按下列步骤进行：

1 取粒径大于 5 mm 的代表性试样约 1 000 g，用清水洗净后，将试样浸在 15 ℃～25 ℃的水中，浸泡 24 h 后取出，将试样放在湿毛巾上滚擦或擦干（以颗粒表面无发亮水膜为准），即得饱和面干试样，称饱和面干试样质量（m_b）。

2 将铁丝筐浸入水中，称铁丝筐在水中的质量（m_1），如图 6.3.2。

3 将已知质量的饱和面干试样全部放入铁丝筐中，缓缓浸没于水中，并在水中摇晃至无气泡逸出为止，称铁丝筐和试样在水中总质量（m_2），并测定盛水容器内水温，准确至 0.5 ℃。

4 取出铁丝筐中的全部试样放于瓷盘中，吸去盘中余水，置于 105 ℃～110 ℃烘箱中烘 4～6 h，取出冷却至室温，称烘干试样的质量（m_d）。

5 本试验称量应准确至 0.2 g。

图 6.3.2 浮称天平

1—调平平衡砝码盘；2—盛水容器；3—盛土样的铁丝筐

6.3.3 试验结果应按下列公式计算：

1 颗粒密度

$$\rho_s = \frac{m_d}{m_d - (m_2 - m_1)} \cdot \rho_{wT} \quad (6.3.3\text{—}1)$$

式中 m_1——铁丝筐在水中的质量（g）；

m_2——铁丝筐和试样在水中总质量（g）。

2 饱和面干密度和毛体积密度

$$\rho_b = \frac{m_b}{m_b - (m_2 - m_1)} \cdot \rho_{wT} \quad (6.3.3\text{—}2)$$

$$\rho_a = \frac{m_d}{m_b - (m_2 - m_1)} \cdot \rho_{wT} \quad (6.3.3\text{—}3)$$

式中 ρ_b——饱和面干密度（g/cm³）；

ρ_a——毛体积密度（g/cm³）；

m_b——饱和面干试样质量（g）。

3 吸着含水率

$$w_x = \left(\frac{m_b}{m_d} - 1\right) \times 100 \quad (6.3.3\text{—}4)$$

式中 w_x——吸着含水率（%），计算至 0.1%。

4 孔隙率

$$n = \left(1 - \frac{\rho_d}{\rho_s}\right) \times 100 \qquad (6.3.3—5)$$

式中 n——孔隙率(%);

ρ_d——土的干密度(g/cm^3);

ρ_s——土的颗粒密度(g/cm^3)。

6.3.4 本试验应进行平行测定,平行测定的差值不得大于 0.02 g/cm^3,取算术平均值。

6.3.5 记录格式应符合表 6.3.5 的要求。

表 6.3.5 浮称法颗粒密度试验记录

试样编号	烘干试样质量(g)	饱和面干试样质量(g)	管加试样在水中质量(g)	筐在水中质量(g)	试样在水中质量(g)	温度(℃)	水的密度(查表)(g/cm^3)	颗粒密度(g/cm^3)	平均值(g/cm^3)
	①	②	③	④	⑤=③-④	⑥	⑦	$⑧=\frac{①\times⑦}{①-⑤}$	

复核______ ____年____月____日　　　　试验______ ____年____月____日

6.4 虹 吸 筒 法

6.4.1 本试验应采用下列仪器设备:

1 虹吸筒:见图 6.4.1。

2 台秤:称量 10 kg,分度值 1 g。

3 量筒:容积大于 200 mL。

4 其他同第 6.3.1 条第 4 款。

6.4.2 试验操作应按下列步骤进行:

1 取粒径大于 5 mm 具代表性的试样 1 ~ 7 kg,将试样彻底冲洗,直至颗粒表面无尘土和其他污物。

2 再将试样浸没水中浸泡 24 h 后取出,用湿毛巾滚擦颗粒表面水分,即得饱和面干试样,称其质量。

3 注清水入虹吸筒,至管口有水溢出时为止。待管中水流停止后,关闭管夹。将已称量的饱和面干试样缓缓放入筒中,边放边搅,直至无气泡逸出为止。搅动时勿使水溅出虹吸筒外。

4 待虹吸筒中水面平静后,开启管夹,让试样排开的水从虹吸管中流入量筒内。

5 测量筒内水的温度,准确至 0.5 ℃,称量筒质量及量筒和水的总质量。

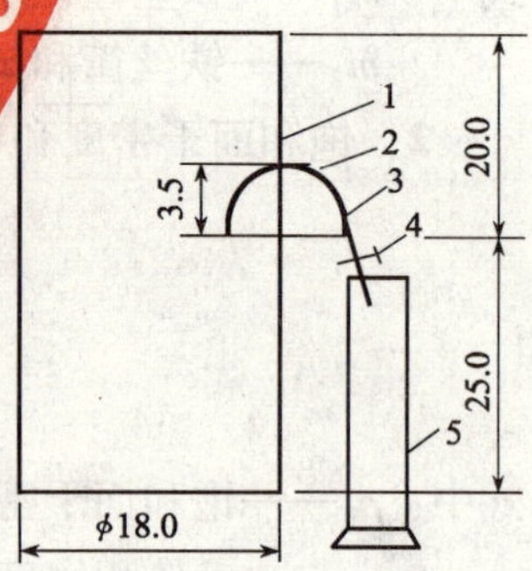

图 6.4.1 虹吸筒示意(单位:cm)

1—虹吸筒;2—虹吸管;3—橡皮管;4—管夹;5—量筒

6 取出虹吸筒内全部试样放于瓷盘中,吸去余水,置于 105 ℃ ~110 ℃烘干,称其质量。

7 本试验称量应准确至1 g。

6.4.3 试验结果应按下列公式计算：

1 颗粒密度

$$\rho_s = \frac{m_d}{(m_{cw} - m_c) - (m_b - m_d)} \cdot \rho_{wT} \qquad (6.4.3—1)$$

式中 m_c——量筒质量(g)；

m_{cw}——量筒和水的总质量(g)。

2 饱和面干密度和毛体积密度

$$\rho_b = \frac{m_b}{(m_{cw} - m_c)} \cdot \rho_{wT} \qquad (6.4.3—2)$$

$$\rho_a = \frac{m_d}{(m_{cw} - m_c)} \cdot \rho_{wT} \qquad (6.4.3—3)$$

3 吸着含水率应按本规程式(6.3.3—4)计算。

4 孔隙率应按本规程式(6.3.3—5)计算。

6.4.4 本试验应进行平行测定，平行测定的差值不得大于0.02 g/cm³，取算术平均值。

6.4.5 记录格式应符合表6.4.5的要求。

表6.4.5 虹吸筒法颗粒密度试验记录

量筒质量 m_c = g

试样号	水的温度(℃)	水的密度(g/cm³)(查表)	烘干试样质量(g)	饱和面干试样质量(g)	量筒和排开水总质量(g)	排开水质量(g)	吸着水质量(g)	颗粒密度(g/cm³)	平均值(g/cm³)
	①	②	③	④	⑤	⑥=⑤−m_c	⑦=④−③	⑧=$\frac{③×②}{⑥−⑦}$	

复核________ ______年____月____日　　　　试验________ ______年____月____日

7 颗粒分析试验

7.1 一般规定

7.1.1 颗粒分析试验是测定土中粒组及各粒组干土质量占该土总质量的质量分数，以百分数表示。

7.1.2 本试验应根据土的颗粒粒径大小，采用下列试验方法：

1 筛析法适用于粒径小于或等于 60 mm，大于 0.075 mm 的土。

2 密度计法和移液管法适用于粒径小于 0.075 mm 的土。

3 当土中含有粒径大于和小于 0.075 mm 的颗粒，各超过总质量的 10% 时，应联合使用筛析法及密度计法或移液管法。

7.2 筛析法

7.2.1 本试验应采用下列仪器设备：

1 分析筛：

1）粗筛：孔径为 60、40、20、10、5、2 mm；

2）细筛：孔径为 2、1、0.5、0.25、0.075 mm。

2 天平：称量 5 000 g，分度值 1 g；称量 1 000 g，分度值 0.1 g；称量 200 g，分度值 0.01 g。

3 筛析机：上下震动正常。

4 其他设备：烘箱、瓷盘、研钵（带橡皮头的杵、钢丝刷）等。

7.2.2 筛析法的取样数量，应符合表 7.2.2 的规定。

表 7.2.2 取样数量

土粒粒径（mm）	取样数量（g）
<2	100 ~ 300
<10	300 ~ 1 000
<20	1 000 ~ 2 000
<40	2 000 ~ 4 000
<60	4 000 以上

7.2.3 试验操作应按下列步骤进行：

1 无凝聚性土的试验

1）视土样颗粒大小，用四分对角线法按表 7.2.2 的规定取样数量，取代表性风干试样。当称量小于 500 g 时，应准确至 0.1 g；当称量大于 500 g 时，应准确至 1 g。

2）将试样过 2 mm 筛，称筛上或筛下的试样质量。当筛下的试样质量小于试样总质量的 10% 时，不作细筛分析；当筛上的试样质量小于试样总质量的 10% 时，不作粗筛分析。

3）取过 2 mm 筛上的试样倒入依次叠好的粗筛最上层筛中；筛下的试样倒入依次叠好的细筛最上层筛中，进行筛析。细筛宜置于筛析机上震筛，震筛时间为 10 ~ 15 min。

4) 按由上而下的顺序将各筛取下，于白瓷盘上用手拍叩摇晃，检查各筛，直至筛净为止，筛下的试样应收放入下一级筛内，最后称各级筛上及底盘内试样的质量，应准确至0.1 g。

5) 筛后各级筛上和底盘内试样质量的总和与筛前试样总质量的差值，不得大于试样总质量的1%。

2 含有黏土粒的砂类土的试验

1) 先将土样放在橡皮板上，用木碾充分碾散黏结的土团块，然后按本条第1款要求称取试样，置于盛有清水的容器内充分搅拌，使试样中的粗细颗粒完全分离。

2) 将容器中的试样悬液通过2 mm筛，边翻动、边冲洗、边过筛，直到筛上仅留大于2 mm的土粒为止。取筛上的试样风干后称量，准确至0.1 g，然后按本条第1款第3)～5)项各步骤进行粗筛分析。

3) 取过2 mm筛下的悬液，用带橡皮头的研杵研磨，使通过0.075 mm筛，筛上土粒反复加清水研磨过筛，直至悬液澄清为止，将筛上的试样烘干称量，准确至0.1 g，然后按本条第1款第3)～5)项各步骤进行细筛分析。

4) 当小于0.075 mm试样质量超过试样总质量的10%时，应按本规程密度计法或移液管法测定小于0.075 mm的颗粒组成。

7.2.4 试验结果应按下列公式计算及制图：

1 小于某粒径的试样质量占试样总质量的百分数：

$$X=\frac{m_A}{m_B}\cdot d_x \tag{7.2.4—1}$$

式中 X——小于某粒径的试样质量占试样总质量的百分数(%)，计算至0.1%；

m_A——小于某粒径的试样质量(g)；

m_B——细筛(或密度计)分析时为所取试样质量；粗筛分析时为所取试样总质量(g)；

d_x——粒径小于2 mm或粒径小于0.075 mm的试样质量占试样总质量的百分数(%)；若土中无大于2 mm(或无大于0.075 mm)的颗粒时，计算细筛(或密度计)及粗筛分析 $d_x=100\%$。

2 以小于某粒径的试样质量占试样总质量的百分数为纵坐标，颗粒粒径为横坐标，在单对数坐标纸上绘制颗粒大小分布曲线，见图7.2.4中03号线。当粗筛与细筛或筛析法与密度计法联合分析时，应将分段曲线接绘成一平滑曲线。

3 级配指标：

1) 不均匀系数

$$C_u=d_{60}/d_{10} \tag{7.2.4—2}$$

式中 C_u——不均匀系数，计算至0.01；

d_{60}——限制粒径，即在分布曲线上小于该粒径的试样含量占总试样质量的60%的粒径；

d_{10}——有效粒径，即在分布曲线上小于该粒径的试样含量占总试样质量的10%的粒径。

2) 曲率系数

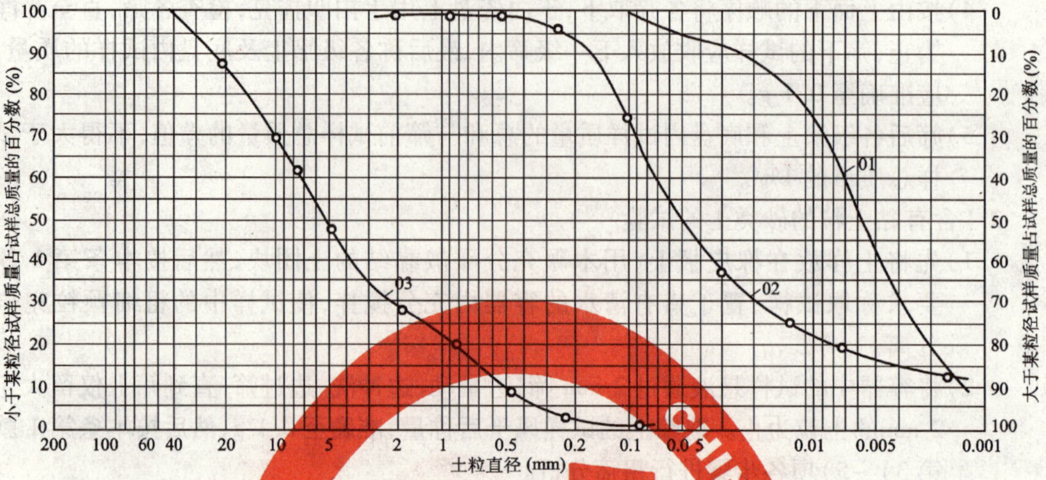

图 7.2.4　颗粒大小分布曲线

$$C_c = d_{30}^2/(d_{10} \cdot d_{60}) \quad (7.2.4—3)$$

式中　C_c——曲率系数，计算至 0.01；

d_{30}——在分布曲线上，小于该粒径的试样含量占总试样质量的 30% 的粒径；

7.2.5　记录格式应符合表 7.2.5 的要求。

表 7.2.5　筛析法颗粒分析记录

试样编号：

风干试样质量 =　　g			小于 0.075 mm 的试样占总试样质量百分数 =　　%		
2 mm 筛上试样质量 =　　g			小于 2 mm 的试样占总试样质量百分数 =　　%		
2 mm 筛下试样质量 =　　g			细筛分析时所取试样质量 =　　g		
筛　号	孔径(mm)	累积留筛试样质量(g)	小于该孔径的试样质量(g)	小于该孔径的试样质量百分数(%)	小于该孔径占总试样质量百分数(%)
底盘总计					

复核＿＿＿＿＿　＿＿＿年＿＿＿月＿＿＿日　　　　试验＿＿＿＿＿　＿＿＿年＿＿＿月＿＿＿日

7.3　密度计法

7.3.1　本试验应采用下列仪器设备：

1　密度计：密度计应按本规程附录 B 校正。

1）甲种：刻度单位以摄氏 20 ℃时每 1 000 mL 悬液内所含试样质量的克数表示。刻度自 −5 ~ 50，分度值为 0.5。

2）乙种：刻度单位以摄氏 20 ℃时悬液的相对密度表示。刻度自 0.995 ~ 1.020，分度值为 0.000 2。

2　量筒：高约 420 mm，内径约 60 mm，容积 1 000 mL，刻度 0 ~ 1 000 mL，分度值为10 mL。

3　细筛：孔径为 2、0.5、0.25、0.075 mm。

4　洗筛：孔径为 0.075 mm。

5 洗筛漏斗:上口直径略大于洗筛直径,下口直径略小于量筒直径。

6 天平:称量 1 000 g,分度值 0.1 g;称量 200 g,分度值 0.01 g。

7 温度计:量程 0 ℃ ~50 ℃,分度值为 0.5 ℃。

8 搅拌器:底板直径 50 mm,孔径为 3 mm,杆长约450 mm,带旋转叶。

9 煮沸设备:附冷凝管装置。

10 其他设备:秒表、锥形瓶(500 mL)、研钵、木杵、电导率仪等。

7.3.2 试剂配制应符合下列规定:

1 4% 六偏磷酸钠溶液:溶解 4 g 六偏磷酸钠$(NaPO_3)_6$ 于 100 mL 水中。

2 5% 酸性硝酸银溶液:溶解 5 g 硝酸银($AgNO_3$)于100 mL 10% 硝酸溶液中。

3 5% 酸性氯化钡溶液:溶解 5 g 氯化钡($BaCl_2$)于 100 mL 10% 盐酸溶液中。

7.3.3 试验操作应按下列步骤进行:

1 本试验应采用风干试样。当试样中易溶盐含量大于 0.5% 时,应洗盐。易溶盐含量的检验方法可用电导法或目测法。

1)电导法:按电导率仪使用说明书操作,测定土水比为 1:5的试样溶液在 T ℃时的电导率,并按下式计算 20 ℃时的电导率:

$$\sigma_{20} = \sigma_T / [1 + 0.02(T - 20)] \tag{7.3.3—1}$$

式中 σ_{20}——20 ℃时试样溶液的电导率(μS/cm);

σ_T——T ℃时试样溶液的电导率(μS/cm);

T——测定试样溶液时的温度(℃)。

当 σ_{20} 大于 1 000 μS/cm 时,应洗盐。当 σ_{20} 大于2 000 μS/cm时,应按本规程第 31.2 节测定易溶盐含量。

2)目测法:取风干试样 3 g 于烧杯中,加少量水调成糊状研散,再加水 25 mL,煮沸 10 min,冷却后移入试管中,放置过夜,观察试管中悬液,若出现有凝聚现象,应洗盐。并按本规程第 31.2 节进行易溶盐含量测定。

3)洗盐方法:按式(7.3.3—3)计算应称取干试样质量为 30 g 时的风干试样质量,准确至 0.01 g,倒入500 mL的锥形瓶中,加水 200 mL,搅拌后用滤纸过滤或抽气过滤,并用水洗滤,直至滤液的电导率 σ_{20} 小于1 000 μS/cm(或对 5% 酸性 $AgNO_3$ 和 5% 酸性 $BaCl_2$ 溶液均无白色沉淀反应)为止。洗盐后滤纸上试样按本条第 4 款进行操作。

2 称取具有代表性风干试样 200 ~ 300 g,过 2 mm 筛,求出筛上试样占试样总质量的百分数。取筛下试样测定风干含水率。

3 计算按干试样质量为 30 g 时应取风干试样质量:

当易溶盐含量小于 1% 时

$$m_0 = 30(1 + 0.01w_0) \tag{7.3.3—2}$$

当易溶盐含量大于或等于 1% 时

$$m_0 = \frac{30(1 + 0.01w_0)}{1 - 0.01DT} \tag{7.3.3—3}$$

式中 m_0——风干试样质量(g);

w_0——风干试样含水率(%);

DT——易溶盐含量(%)。

4　将计算后应称取的风干试样或洗盐后在滤纸上的试样倒入 500 mL 锥形瓶中，加水 200 mL 并冲洗滤纸上土粒，浸泡过夜，然后置于煮沸设备上煮沸 40 min。

5　将煮沸后冷却的悬液移入烧杯中，静置 1 min，使上部悬液通过洗筛漏斗上 0.075 mm洗筛进入量筒中，留在杯底的沉淀物用带橡皮头的研杵研散，加适量水搅拌后，静置1 min，再使悬液通过洗筛漏斗上的 0.075 mm 洗筛进入量筒中，如此反复倾洗（每次倾洗最后所得总悬液不得超过 1 000 mL）直至杯内的砂粒洗净为止。将杯中和筛上的砂粒合并洗入蒸发皿中，倾弃清水，烘干称量、并按本规程第 7.2.3 条第 1 款第 3）~5）项进行细筛分析，并计算各级颗粒占试样总质量的百分数。

6　于量筒内的悬液加入 4% 六偏磷酸钠（$(NaPO_3)_6$）10 mL，再加水至 1 000 mL。对于加入六偏磷酸钠后仍不能完全分散的试样应选用其他分散剂。

7　将搅拌器放入量筒中，沿悬液深度上下搅拌 1 min，取出搅拌器，立即开动秒表，将密度计放入悬液中测记 0.5、1、5、30、120、1 440 min 时的密度计读数。每次读数均应在预定时间前 10 ~20 s 内将密度计放入悬液中并接近读数的深度，保持密度计浮泡处于量筒中心，不得贴近量筒内壁。

8　密度计读数均以弯液面上缘为准。甲种密度计应准确至 0.5；乙种密度计应准确至 0.000 2。每次读数后应取出密度计放入盛有纯水的量筒中，并应测定相应的悬液温度，准确至0.5 ℃。放入或取出密度计时，不得搅动悬液。

7.3.4　试验结果应按下列公式计算及制图：

1　小于某粒径试样质量占总试样的百分数：

甲种密度计：

$$X = \frac{100}{m_d} C_s (R + m_T + n - C_D) \tag{7.3.4—1}$$

式中　X——小于某粒径试样质量百分数（%），计算至 0.1%；

m_d——试样干质量（g）；

C_s——颗粒密度校正值，见表 7.3.4—1；

m_T——悬液温度校正值，见表 7.3.4—2；

C_D——分散剂校正值；

n——弯液面校正值；

R——甲种密度计读数。

乙种密度计：

$$X = \frac{100V_x}{m_d} C_s' [(R' - 1) + m_T' + n' - C_D'] \rho_{w20} \tag{7.3.4—2}$$

式中　R'——乙种密度计读数；

V_x——悬液体积（=1 000 mL）；

C_s'——颗粒密度校正值，见表 7.3.4—1；

m_T'——悬液温度校正值，见表 7.3.4—2；

n'——弯液面校正值，按本规程附录 B.0.3 校正；

C_D'——分散剂校正值，按本规程附录 B.0.4 校正；

ρ_{w20}——20 ℃时纯水的密度（=0.998 232 g/cm^3）。

表 7.3.4—1 颗粒密度校正值

颗粒密度 $\rho_s(g/cm^3)$	颗粒密度校正值		颗粒密度 $\rho_s(g/cm^3)$	颗粒密度校正值	
	甲种密度计(C_s)	乙种密度计(C_s')		甲种密度计(C_s)	乙种密度计(C_s')
2.50	1.038	1.667	2.70	0.989	1.588
2.52	1.032	1.658	2.72	0.984	1.581
2.54	1.027	1.649	2.74	0.981	1.575
2.56	1.022	1.641	2.76	0.976	1.568
2.58	1.017	1.633	2.78	0.973	1.562
2.60	1.012	1.625	2.80	0.969	1.556
2.62	1.007	1.617	2.82	0.964	1.549
2.64	1.002	1.610	2.84	0.961	1.543
2.66	0.997	1.602	2.86	0.958	1.538
2.68	0.993	1.595	2.88	0.954	1.532

表 7.3.4—2 温度校正值

悬液温度(℃)	甲种密度计温度校正值 m_T	乙种密度计温度校正值 m_T'	悬液温度(℃)	甲种密度计温度校正值 m_T	乙种密度计温度校正值 m_T'
10.0	−2.0	−0.001 2	20.5	+0.1	+0.000 1
10.5	−1.9	−0.001 2	21.0	+0.3	+0.000 2
11.0	−1.9	−0.001 2	21.5	+0.5	+0.000 3
11.5	−1.8	−0.001 1	22.0	+0.6	+0.000 4
12.0	−1.8	−0.001 1	22.5	+0.8	+0.000 5
12.5	−1.7	−0.001 0	23.0	+0.9	+0.000 6
13.0	−1.6	−0.001 0	23.5	+1.1	+0.000 7
13.5	−1.5	−0.000 9	24.0	+1.3	+0.000 8
14.0	−1.4	−0.000 9	24.5	+1.5	+0.000 9
14.5	−1.3	−0.000 8	25.0	+1.7	+0.001 0
15.0	−1.2	−0.000 8	25.5	+1.9	+0.001 1
15.5	−1.1	−0.000 7	26.0	+2.1	+0.001 3
16.0	−1.0	−0.000 6	26.5	+2.2	+0.001 4
16.5	−0.9	−0.000 6	27.0	+2.5	+0.001 5
17.0	−0.8	−0.000 5	27.5	+2.6	+0.001 6
17.5	−0.7	−0.000 4	28.0	+2.9	+0.001 8
18.0	−0.5	−0.000 3	28.5	+3.1	+0.001 9
18.5	−0.4	−0.000 3	29.0	+3.3	+0.002 1
19.0	−0.3	−0.000 2	29.5	+3.5	+0.002 2
19.5	−0.1	−0.000 1	30.0	+3.7	+0.002 3
20.0	0.0	0.000 0			

2 土粒粒径：

$$d=\sqrt{\frac{1\,800\times\eta\cdot L}{\left(\frac{\rho_s-\rho_{wT}}{\rho_w}\right)\gamma_w\cdot t}}=\sqrt{\frac{18\times10^4\times\eta\cdot L}{\left(\frac{\rho_s-\rho_{wT}}{\rho_w}\right)\times9.81\cdot t}} \quad (7.3.4\text{—}3)$$

式中 d——土粒粒径(mm)，计算至 0.001 mm；

η——水的动力黏度($=10^{-6}$ kPa·s)，查表 7.3.4—3；

ρ_s——颗粒密度(g/cm^3)；

ρ_{wT}——T ℃时水的密度(g/cm^3)，查表 7.3.4—3；

ρ_w——4 ℃时水的密度(g/cm^3)；

γ_w——4 ℃时水的容重($=9.81\ kN/m^3$)；

L——某一时间内土粒沉降距离(cm)；

t——沉降时间(s)。

为简化计算,式(7.3.4—3)可写成:

$$d = K\sqrt{\frac{L}{t}} \tag{7.3.4—4}$$

式中 K——粒径计算系数$\left(=\sqrt{\dfrac{18\times10^{4}\eta}{\left(\dfrac{\rho_{s}-\rho_{wT}}{\rho_{w}}\right)\times9.81}}\right)$,与悬液温度和颗粒密度有关,其值可查表7.3.4—4。

表7.3.4—3 T ℃时水的动力黏度和密度

温度 T	动力黏度 η	水的密度 ρ_w	温度 T	动力黏度 η	水的密度 ρ_w	温度 T	动力黏度 η	水的密度 ρ_w
℃	$\times10^{-6}$kPa·s	g/cm³	℃	$\times10^{-6}$kPa·s	g/cm³	℃	$\times10^{-6}$kPa·s	g/cm³
5.0	1.516	0.999 992	15.0	1.144	0.999 126	25.0	0.899	0.997 074
5.5	1.493	982	15.5	1.130	050	25.5	0.889	0.996 944
6.0	1.470	968	16.0	1.115	0.998 970	26.0	0.879	813
6.5	1.449	951	16.5	1.101	888	26.5	0.869	679
7.0	1.427	930	17.0	1.088	802	27.0	0.860	542
7.5	1.407	905	17.5	1.074	714	27.5	0.850	403
8.0	1.387	876	18.0	1.061	623	28.0	0.841	262
8.5	1.367	844	18.5	1.048	530	28.5	0.832	119
9.0	1.347	809	19.0	1.035	433	29.0	0.823	0.995 974
9.5	1.328	770	19.5	1.022	334	29.5	0.814	826
10.0	1.310	728	20.0	1.010	232	30.0	0.806	676
10.5	1.292	682	20.5	0.998	128	30.5	0.797	524
11.0	1.274	633	21.0	0.986	021	31.0	0.789	369
11.5	1.256	580	21.5	0.974	0.997 911	31.5	0.781	213
12.0	1.239	525	22.0	0.963	799	32.0	0.773	054
12.5	1.223	466	22.5	0.952	685	32.5	0.765	0.994 894
13.0	1.206	404	23.0	0.941	567	33.0	0.757	731
13.5	1.190	339	23.5	0.930	448	33.5	0.749	566
14.0	1.175	271	24.0	0.919	327	34.0	0.742	399
14.5	1.160	200	24.5	0.909	201	34.5	0.734	230

表7.3.4—4 粒径计算系数K值

温度(℃)	颗粒密度(g/cm³)										
	2.5	2.55	2.60	2.65	2.70	2.75	2.80	2.85	2.90	2.95	3.00
5.0	0.136 2	0.134 0	0.131 9	0.129 8	0.127 9	0.126 1	0.124 3	0.122 6	0.121 0	0.119 4	0.118 0
5.5	0.135 1	0.132 9	0.130 9	0.128 8	0.126 9	0.125 1	0.123 3	0.121 7	0.120 0	0.118 5	0.117 0
6.0	0.134 2	0.132 0	0.129 9	0.127 9	0.126 0	0.124 2	0.122 5	0.120 8	0.119 2	0.117 7	0.116 2
6.5	0.133 1	0.131 0	0.128 9	0.126 9	0.125 1	0.123 3	0.121 5	0.119 9	0.118 3	0.116 7	0.115 3
7.0	0.132 2	0.130 0	0.128 0	0.126 0	0.124 2	0.122 4	0.120 7	0.118 9	0.117 4	0.115 9	0.114 5
7.5	0.131 2	0.129 0	0.127 0	0.125 1	0.123 2	0.121 4	0.119 7	0.118 1	0.116 5	0.1150	0.113 6
8.0	0.130 3	0.128 1	0.126 1	0.124 2	0.122 4	0.120 6	0.118 9	0.117 3	0.115 8	0.114 2	0.112 8
8.5	0.129 3	0.127 2	0.125 2	0.123 3	0.121 4	0.119 7	0.118 0	0.116 4	0.114 9	0.113 4	0.112 0

续上表

温度(℃)	颗粒密度(g/cm³)										
	2.5	2.55	2.60	2.65	2.70	2.75	2.80	2.85	2.90	2.95	3.00
9.0	0.128 4	0.126 3	0.124 3	0.122 4	0.120 6	0.118 8	0.117 2	0.115 6	0.114 1	0.112 6	0.111 2
9.5	0.127 4	0.125 4	0.123 4	0.121 5	0.119 7	0.118 0	0.116 3	0.114 7	0.113 2	0.111 8	0.110 4
10.0	0.126 6	0.124 5	0.122 6	0.120 7	0.118 9	0.117 2	0.115 6	0.114 0	0.112 5	0.111 0	0.109 6
10.5	0.125 7	0.123 7	0.121 7	0.119 8	0.118 2	0.116 5	0.114 7	0.113 2	0.111 7	0.110 2	0.108 8
11.0	0.124 8	0.122 8	0.120 9	0.119 0	0.117 3	0.115 6	0.114 0	0.112 4	0.110 9	0.109 5	0.108 1
11.5	0.123 9	0.121 9	0.120 0	0.118 2	0.116 4	0.114 7	0.113 1	0.111 6	0.110 1	0.108 7	0.107 3
12.0	0.123 1	0.121 1	0.119 2	0.117 4	0.115 6	0.114 0	0.112 4	0.110 8	0.109 4	0.108 0	0.106 6
12.5	0.122 3	0.120 6	0.118 4	0.116 6	0.115 0	0.113 3	0.111 6	0.110 1	0.108 7	0.107 3	0.105 9
13.0	0.121 5	0.119 5	0.117 6	0.115 8	0.114 1	0.112 5	0.110 9	0.109 4	0.108 0	0.106 5	0.105 2
13.5	0.120 7	0.118 7	0.116 8	0.115 1	0.113 4	0.111 8	0.110 2	0.108 7	0.107 2	0.105 8	0.104 5
14.0	0.119 9	0.117 9	0.116 1	0.114 3	0.112 6	0.111 0	0.109 4	0.107 9	0.106 5	0.105 1	0.103 8
14.5	0.119 1	0.117 2	0.115 3	0.113 5	0.111 8	0.110 2	0.108 7	0.107 2	0.105 8	0.104 5	0.103 1
15.0	0.118 3	0.116 4	0.114 6	0.112 8	0.111 2	0.109 6	0.108 0	0.106 5	0.105 2	0.103 8	0.102 5
15.5	0.117 5	0.115 6	0.113 8	0.112 1	0.110 3	0.108 7	0.107 3	0.105 8	0.104 4	0.103 1	0.101 8
16.0	0.116 8	0.114 9	0.113 1	0.111 4	0.109 7	0.108 2	0.106 6	0.105 2	0.103 8	0.102 4	0.101 2
16.5	0.116 1	0.114 2	0.112 4	0.110 7	0.109 1	0.107 5	0.106 0	0.104 5	0.103 1	0.101 8	0.100 5
17.0	0.115 3	0.113 4	0.111 7	0.110 0	0.108 4	0.106 8	0.105 3	0.103 8	0.102 5	0.101 2	0.099 9
17.5	0.114 6	0.112 7	0.110 9	0.109 2	0.107 7	0.106 2	0.104 6	0.103 2	0.101 8	0.100 5	0.099 2
18.0	0.113 9	0.112 0	0.110 3	0.108 6	0.107 0	0.105 4	0.104 0	0.102 5	0.101 2	0.099 9	0.098 6
18.5	0.113 2	0.111 3	0.109 6	0.107 9	0.106 4	0.104 9	0.103 3	0.101 9	0.100 6	0.099 3	0.098 0
19.0	0.112 5	0.110 6	0.108 9	0.107 2	0.105 7	0.104 1	0.102 7	0.101 3	0.100 0	0.098 6	0.097 4
19.5	0.111 8	0.110 0	0.108 3	0.106 6	0.105 0	0.103 5	0.102 1	0.100 7	0.099 3	0.098 1	0.096 8
20.0	0.111 1	0.109 3	0.107 6	0.105 9	0.104 4	0.102 9	0.101 4	0.100 0	0.098 7	0.097 4	0.096 2
20.5	0.110 4	0.108 6	0.106 9	0.105 3	0.103 9	0.102 4	0.100 8	0.099 4	0.098 1	0.096 9	0.095 6
21.0	0.109 8	0.108 0	0.106 3	0.104 7	0.103 1	0.101 6	0.100 2	0.098 8	0.097 6	0.096 3	0.095 1
21.5	0.109 1	0.107 4	0.105 7	0.104 1	0.102 6	0.101 1	0.095 6	0.098 3	0.097 0	0.095 7	0.094 5
22.0	0.108 5	0.106 7	0.105 0	0.103 4	0.101 9	0.100 4	0.099 0	0.097 7	0.096 4	0.095 1	0.094 0
22.5	0.107 8	0.106 1	0.104 4	0.102 8	0.101 3	0.099 9	0.098 4	0.097 1	0.095 8	0.094 6	0.093 4
23.0	0.107 2	0.105 5	0.103 8	0.102 2	0.100 7	0.099 3	0.097 9	0.096 5	0.095 3	0.094 0	0.092 9
23.5	0.106 6	0.104 8	0.103 2	0.101 6	0.100 2	0.098 8	0.097 3	0.096 0	0.094 7	0.093 5	0.092 3
24.0	0.106 0	0.104 3	0.102 6	0.101 1	0.099 6	0.098 2	0.096 8	0.095 4	0.094 2	0.093 0	0.091 8
24.5	0.105 4	0.103 6	0.102 0	0.100 5	0.009 0	0.097 6	0.096 2	0.094 9	0.093 6	0.092 4	0.091 3
25.0	0.104 8	0.103 1	0.101 5	0.099 9	0.098 4	0.097 0	0.095 7	0.094 4	0.093 1	0.091 9	0.090 8
25.5	0.104 2	0.102 5	0.100 9	0.099 3	0.097 9	0.096 5	0.095 1	0.093 8	0.092 6	0.091 4	0.090 2
26.0	0.103 6	0.101 9	0.100 3	0.098 8	0.097 3	0.095 9	0.094 6	0.093 3	0.092 1	0.090 9	0.089 7
26.5	0.103 0	0.101 3	0.099 7	0.098 2	0.096 8	0.095 4	0.094 0	0.092 7	0.091 5	0.090 3	0.089 2

续上表

温度（℃）	颗粒密度（g/cm³）										
	2.5	2.55	2.60	2.65	2.70	2.75	2.80	2.85	2.90	2.95	3.00
27.0	0.102 5	0.100 8	0.099 2	0.097 7	0.096 3	0.094 9	0.093 6	0.092 3	0.091 1	0.089 9	0.088 8
27.5	0.101 8	0.100 2	0.098 6	0.097 1	0.095 7	0.094 3	0.093 0	0.091 7	0.090 5	0.089 3	0.088 2
28.0	0.101 3	0.099 7	0.098 1	0.096 6	0.095 2	0.093 8	0.092 5	0.091 2	0.090 0	0.088 9	0.087 8
28.5	0.100 8	0.099 1	0.097 6	0.096 1	0.094 8	0.093 5	0.092 0	0.090 7	0.089 5	0.088 4	0.087 3
29.0	0.100 2	0.098 6	0.097 0	0.095 6	0.094 2	0.092 8	0.091 5	0.090 3	0.089 1	0.087 9	0.086 8
29.5	0.099 7	0.098 0	0.096 5	0.095 0	0.093 9	0.092 6	0.091 0	0.089 7	0.088 6	0.087 4	0.086 3
30.0	0.099 2	0.097 5	0.096 0	0.094 6	0.093 2	0.091 8	0.090 6	0.089 3	0.088 1	0.087 0	0.085 9
30.5	0.098 6	0.097 0	0.095 5	0.094 0	0.092 7	0.091 3	0.090 0	0.088 8	0.087 6	0.086 5	0.085 4

3　以小于某粒径试样质量百分数为纵坐标，土粒直径的对数值为横坐标绘制颗粒大小分布曲线。如与筛析法联合分析，应将两段曲线绘成一平滑曲线，见图 7.2.4。

7.3.5　记录格式应符合表 7.3.5 的要求。

表 7.3.5　密度计法颗粒分析试验记录

试样编号：

小于 2 mm 试样占总试样质量的百分数	%	密度计号	
风干试样质量（m_0）	g	量筒号	
风干含水率（w_0）	%	颗粒密度（ρ_s）	
干试样质量（m_d）	g	颗粒密度校正值（C_s）	
易溶盐含量（DT）	%	弯液面校正值（n）	
试样处理说明：		土样原始状态	

试验时间	下沉时间 t（min）	悬液温度 T（℃）	密度计读数（R_H）					土粒沉降距离 L（cm）	土粒直径 d（mm）	小于某粒径试样质量百分数（%）	小于某粒径占试样总质量百分数（%）
			密度计读数 R	温度校正值 m_T	分散剂校正值 C_D	$R_M = R + m_T + n - C_D$	$R_H = R_M \cdot C_s$				
	0.5										
	1										
	2										
	5										
	30										
	120										
	1 440										

复核______ ______年____月____日　　　　试验______ ______年____月____日

7.4　移液管法

7.4.1　本试验应采用下列仪器设备

1　移液管：容积 25 mL，见图 7.4.1。

2　小烧杯：容积 50 mL，称量准确至 0.001 g。

3　分析天平:称量 200 g,分度值 0.001 g。

4　恒温水槽:量程 0 ℃ ~100 ℃,分度值 0.5 ℃。

5　其他设备同本标准密度计法第 7.3.1 条。

7.4.2　试验操作应按下列步骤进行:

1　称取代表性试样(黏土 10 ~15 g、砂土 20 g),准确至0.001 g,并按本标准密度计法第 7.3.3 条第 1 ~6 款各步骤制备悬液。

2　将装置悬液的量筒置于恒温水槽中至悬液温度稳定,测记悬液温度,准确至 0.5 ℃。

3　按本规程式(7.3.4—4)计算粒径,小于 0.05、0.01、0.005、0.002 mm 和其他所需粒径下沉一定深度需要静置的时间,可查表 7.4.2。

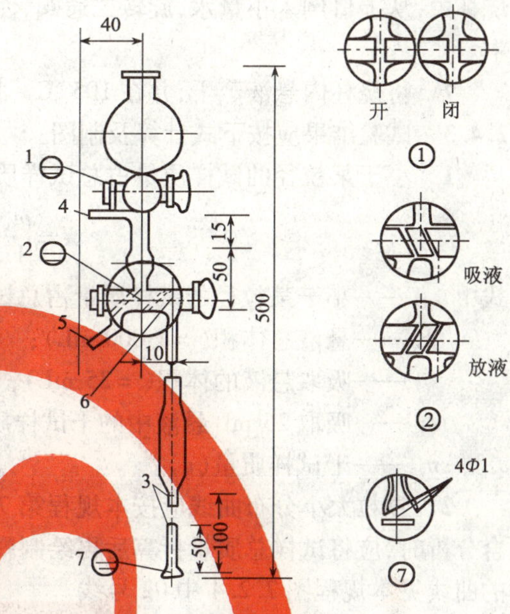

图 7.4.1　移液管装置(单位:mm)

1—二通阀;2—三通阀;3—移液管刻度;4—接吸球;5—放液口;6—移液管容积(25 mL ±0.5 mL);7—移液管口

表 7.4.2　土粒沉降时间表

土粒比重	粒径(cm)	沉降距离(cm)	10 ℃			15 ℃			16 ℃			17 ℃			18 ℃			19 ℃			20 ℃			21 ℃			22 ℃			23 ℃			24 ℃			25 ℃		
			h	min	s	h	min	s	h	min	s	h	min	s	h	min	s	h	min	s	h	min	s	h	min	s	h	min	s	h	min	s	h	min	s	h	min	s
2.60	0.05	10		1	0			57			51			50			49			47			46			45			44			43			42			41
	0.01			25	3		23	50		21	19		20	48		20	17		19	46		19	18		18	50		18	22		17	57		17	33		17	10
	0.005		1	40	12	1	35	22	1	25	50	1	23	11	1	21	7	1	19	4	1	17	11	1	15	20	1	13	30	1	11	50	1	10	11	1	8	41
	0.002		10	26	17	9	56	0	8	52	59	8	39	52	8	26	55	8	14	8	8	2	24	7	50	49	7	39	22	7	28	56	7	18	37	7	9	17
2.65	0.05	10			58			51			50			48			47			46			45			44			43			42			41			40
	0.01			24	17		21	12		20	41		20	10		19	39		19	9		18	41		18	16		17	49		17	25		17	2		16	38
	0.005		1	37	7	1	24	50	1	22	44	1	20	40	1	18	38	1	16	37	1	14	46	1	13	5	1	11	17	1	9	38	1	8	8	1	6	32
	0.002		10	7	1	8	50	10	8	37	5	8	24	10	8	11	25	7	58	50	7	47	17	7	36	45	7	25	29	7	15	12	7	5	53	6	55	50
2.70	0.05	10			57			49			48			47			46			45			44			43			42			41			40			39
	0.01			23	34		20	37		20	3		19	35		19	5		18	37		18	10		17	43		17	19		16	54		16	32		16	8
	0.005		1	34	15	1	22	26	1	20	14	1	18	20	1	16	20	1	14	29	1	12	40	1	10	52	1	9	13	1	7	36	1	6	8	1	4	33
	0.002		9	49	3	8	35	14	8	21	25	8	9	37	7	57	3	7	45	31	7	34	8	7	22	36	7	12	39	7	2	31	6	53	20	6	43	26
2.75	0.05	10			55			48			47			46			44			43			42			41			40			39			39			38
	0.01			22	54		20	1		19	31		19	1		18	31		18	4		17	39		18	12		17	48		16	26		16	4		15	41
	0.005		1	31	34	1	20	5	1	18	3	1	18	2	1	14	4	1	12	15	1	10	35	1	8	49	1	7	12	1	5	44	1	4	17	1	2	44
	0.002		9	32	20	8	20	30	8	7	48	8	7	16	7	4	53	7	31	32	7	21	11	7	10	6	7	0	0	6	50	51	6	41	48	6	32	2
2.80	0.05	10			53			47			45			44			43			42			41			40			39			38			37			37
	0.01			22	16		19	26		18	56		18	29		18	2		17	35		17	18		16	44		16	20		15	58		15	37		15	16
	0.005		1	29	5	1	17	46	1	15	45	1	13	55	1	12	7	1	10	19	1	8	11	1	6	56	1	5	20	1	3	54	1	2	28	1	1	3
	0.002		9	16	48	8	6	0	7	53	29	7	42	0	7	30	40	7	19	28	7	8	24	6	58	20	6	48	22	6	39	21	6	31	26	6	21	36

4　用搅拌器沿悬液深度上下搅拌 1 min,取出搅拌器并开动秒表,将移液管的二通阀置于关闭位置,三通阀置于移液管和吸球相通位置,根据各粒径所需的静置时间,提前 10 s将移液管放入悬液中,浸入深度 10 cm 处,用吸球吸取悬液。吸取量不得少于 25 mL。

5　旋转三通阀,使吸球与放液口相通让多余的悬液从放液口流出并收集倒回原悬液中。

6　将移液管下口放入烧杯内,旋转三通阀,使吸球与移液管相通,用吸球将悬液挤入烧杯中，从上口倒入小量水，旋转二通阀，使上下口连通，水则通过移液管将悬液洗入烧杯中。

7　将烧杯内悬液蒸干，并在 105 ℃ ~110 ℃温度下烘至恒量，准确至 0.001 g。

7.4.3　试验结果应按下式计算及制图：

1　小于某粒径的试样质量占总试样质量的百分数：

$$X = \frac{m_x \cdot V_x}{V \cdot m_d} \times 100 \tag{7.4.3}$$

式中　X——小于某粒径的试样质量占总试样质量的百分数(%)，计算至 0.1%；

V_x——悬液总体积(=1 000 mL)；

V——吸取悬液的体积(=25 mL)；

m_x——吸取 25 mL 悬液中的干试样质量(g)；

m_d——干试样质量(g)。

2　颗粒大小分布曲线应按本规程第 7.2.4 条第 2 款绘制。当移液管法与筛析法联合分析时，应将试样总质量折算后再绘制颗粒大小分布曲线，并将两段曲线连成一条平滑的曲线见本规程图 7.2.4 中 02 号线。

7.4.4　记录格式应符合表 7.4.4 的要求。

表 7.4.4　移液管法颗粒分析记录

试样编号					土颗粒密度　　g/cm³		
干试样质量　　g					锥形瓶号		
小于 2 mm 颗粒占总试样质量百分数　　%					烧杯号		
小于 0.075 mm 颗粒占总试样质量百分数　　%					量筒号		
粒径 (mm)	杯号	杯加试样质量 (g)	杯质量 (g)	吸管内干试样质量 (g)	1 L 量筒内干试样的质量 (g)	小于某粒径试样质量百分数 (%)	小于某粒径试样占总试样质量百分数 (%)
0.05							
0.01							
0.005							
0.002							

复核＿＿＿＿＿＿＿年＿＿月＿＿日　　　　试验＿＿＿＿＿＿＿年＿＿月＿＿日

8 界限含水率试验

8.1 一 般 规 定

8.1.1 液限是黏性土从可塑状态过渡到流动状态时的界限含水率;塑限是黏性土从可塑状态过渡到半固体状态时的界限含水率;缩限是土由半固体状态过渡到固体状态时且体积不再收缩时的界限含水率。

8.1.2 本试验的目的是测定黏性土的液限、塑限和缩限,用于计算塑性指数、液性指数和土的分类。

8.1.3 本试验适用于粒径小于0.5 mm 颗粒组成的土。

8.2 液、塑限联合测定法

8.2.1 本试验应采用下列仪器设备:

1 液塑限联合测定仪如图 8.2.1 所示。

1)圆锥质量 76 g,锥角 30°。

2)读数显示:宜采用光电式、游标式和百分表式。

3)试样杯:直径 40 ~ 50 mm,高 30 ~ 40 mm。

2 天平:称量 200 g,分度值 0.01 g。

3 其他:烘箱、干燥器、称量盒、调土刀、凡士林等。

8.2.2 试验操作应按下列步骤进行:

1 本试验应采用保持天然含水率的土样制备试样。在无法保持土的天然含水率情况下,也可用风干土制备试样。

2 当采用天然含水率的土样时,应剔除大于0.5 mm的颗粒,然后分别按下沉深度为 3 ~ 5 mm、9 ~ 11 mm及 16 ~ 18 mm(或分别按接近液限、塑限和二者的中间状态)制备不同稠度的土膏,静置湿润。静置时间可根据含水率的大小而定。

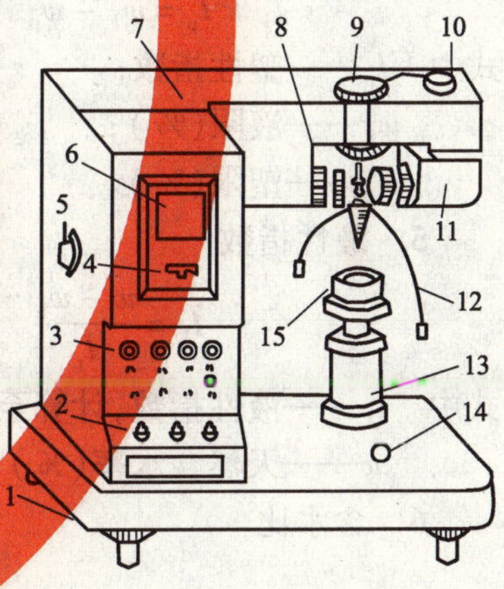

图 8.2.1 光电式液塑限联合测定仪
1—水平调节螺丝;2—控制开关;
3—指标灯;4—零线调节螺丝;
5—反光镜调节螺丝;6—屏幕;
7—机壳;8—物镜调节螺丝;
9—电磁装置;10—光源调节螺丝;
11—光源;12—圆锥仪;13—升降台;
14—水平泡;15—试样杯

3 当采用风干土样时,取过 0.5 mm 筛的代表性试样约200 g,分成 3 份,分别放入 3 个盛土皿中,加入不同数量的纯水,使分别达到本条第 2 款中所述的 3 种稠度状态,调成均匀土膏,然后用玻璃和湿毛巾盖住或放在密封的保湿器中,静置 24 h。

4 将制备好的土膏用调土刀加以充分调拌均匀,密实地填入试样杯中,尽量使土中空气逸出。高出试样杯的余土用调土刀刮平,将试样杯安放在仪器升降座上。

5 在圆锥仪锥体上涂以薄层凡士林。接通电源,使电磁铁吸稳圆锥仪(对于游标式或百分表式，提起锥杆，用旋钮固定）。

6　调节屏幕准线，使初始读数为零（游标尺或百分表读数调零）。调整升降台，使圆锥仪锥尖刚好接触土面，指示灯亮时圆锥仪在自重作用下沉入试样中（游标式或百分表式用手扭动旋钮，放开锥杆）。约经 5 s 后立即测读圆锥下沉深度。取出试样杯，取 10 g 以上的试样 2 个装入称量盒内，测定其含水率。

7　重复本条第 4 ~6 款步骤，测试其余两个试样的圆锥下沉深度和含水率。

8.2.3　试验结果应按下列公式计算及绘图：

1　试样的含水率按本规程式(4.2.3)计算。

2　以含水率为横坐标，圆锥下沉深度为纵坐标，在双对数坐标纸上绘制如图 8.2.3 的关系曲线。三点应连成一条直线，如图中 A 线所示。当三点不在一条直线上，则通过高含水率这一点与其余两点连成两条直线，在圆锥下沉深度为 2 mm 处可查得相应的两个含水率。当这两个含水率的差值小于 2% 时，应以这两点的含水率平均值与高含水率的点连成一条直线，如图中 B 线所示。当这两个含水率之差值大于或等于 2% 时，则应再补做试验。

3　在图 8.2.3 中，下沉深度为 17 mm 所对应的含水率为液限；下沉深度为 10 mm 所对应的含水率为 10 mm 液限；下沉深度为 2 mm 所对应的含水率为塑限。取值以百分数表示，准确至 0.1%。

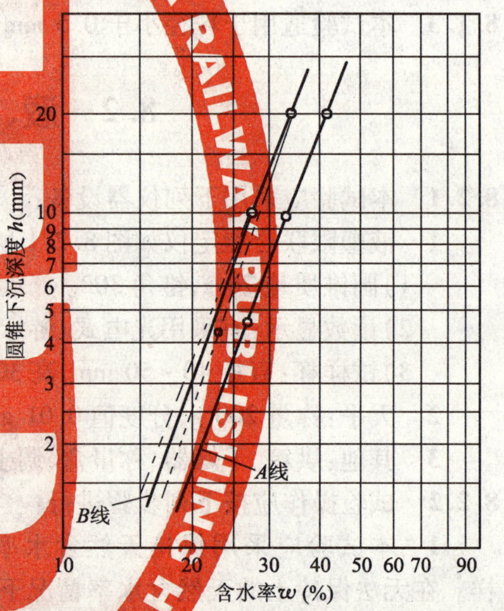

图 8.2.3　圆锥下沉深度与含水率关系曲线

4　塑性指数

$$I_p = w_L - w_p \qquad (8.2.3\text{—}1)$$

式中　I_p——塑性指数；

w_L——液限(%)；

w_p——塑限(%)。

5　液性指数

$$I_L = \frac{w - w_p}{I_p} \qquad (8.2.3\text{—}2)$$

式中　I_L——液性指数，计算至 0.01；

w——天然含水率(%)。

6　含水比

$$a_w = \frac{w}{w_L} \qquad (8.2.3\text{—}3)$$

式中　a_w——含水比。

8.2.4　记录格式应符合表 8.2.4 的要求。

表 8.2.4　液、塑限联合试验记录

试样编号	圆锥下沉深度 h (mm)	称量盒号	湿试样质量(g)	干试样质量(g)	含水率(%)	液限(%)	液限(%)	塑限(%)	土的分类
			(1)	(2)	$(3)=\left(\frac{(1)}{(2)}-1\right)\times 100$	(4) h = 17 mm	(5) h = 10 mm	(6) h = 2 mm	

复核＿＿＿＿＿＿年＿＿月＿＿日　　　　　试验＿＿＿＿＿＿年＿＿月＿＿日

8.3 碟式仪液限试验

8.3.1 本试验应采用下列仪器设备：

1 碟式液限仪：由土碟、支架及底座组成，见图 8.3.1。其底座由硬橡胶制成，并配有一定形状和尺寸的专用划刀。

2 天平：称量 200 g，分度值 0.01 g。

3 其他：烘箱、干燥器、称量盒、调土刀等。

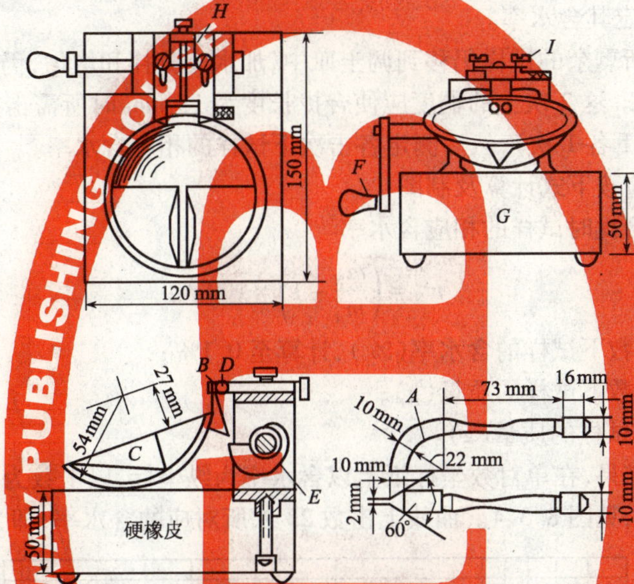

图 8.3.1 碟式液限仪

A—划刀；*B*—销子；*C*—土碟；*D*—支架；*E*—蜗轮；*F*—摇柄；*G*—底座；*H*—调整板；*I*—螺丝

8.3.2 碟式仪在试验前的检查校正应按下列步骤进行：

1 检查连接土碟的销子 *B* 是否磨损。

2 上紧固定螺丝 *I*。

3 用划刀柄（直径为 10 mm）为量度，前后移动调整板 *H*，使土碟底至底座 *G* 之间落高为 10 mm，拧紧螺丝 *I*，固定调整板。

8.3.3 试验操作应按下列步骤进行：

1 取已过0.5 mm筛的天然或风干试样约 100 g，放在调土皿中，加入纯水，用调土刀进行反复拌匀。

2 由调土皿中取一部分试样，平铺于土碟的前半部，如图 8.3.1 中。铺土时必须注意防止在试样中混入气泡，并用调土刀将试样面修平，使中间最厚处为 10 mm，将多余试样仍放回原来的调土皿中。以蜗轮为中心，用划刀自后向前沿土碟中央将试样划成槽缝清晰的两半，如图 8.3.3(a)。为避免槽缝边扯裂或者是试样在土碟中滑动，允许从前到后，再从后到前多划几次，将槽逐步加深，以代替一次划槽。最后一次从后至前划槽能明显地接触碟底，但宜减少划槽的次数。

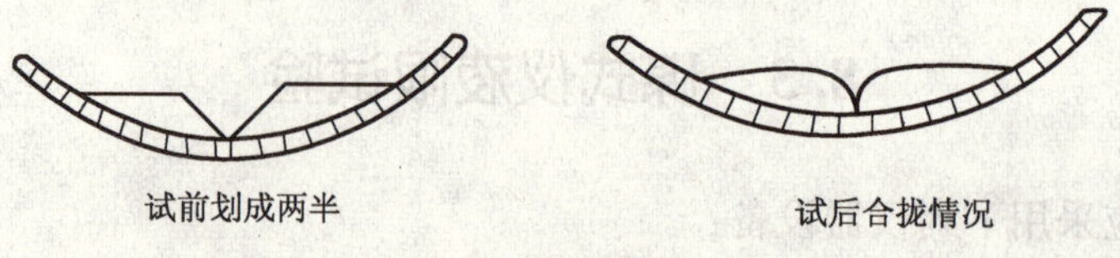

图 8.3.3　划槽及合拢状况

3　以2 r/s的速率转动摇柄，使土碟反复起落，坠击于底座上，数其击数，直至试样两边在槽底的合拢长度为 13 mm 为止，如图 8.3.3(b)所示。记录击数，并在槽的两边采取试样 10 g 左右，测定其含水率。

4　将土碟中所剩余的试样仍移到调土皿中，加水充分拌和均匀，仍按本条第 1～3 款至少再做 2 次试验。这 2 次土的稠度应使合拢长度为 13 mm 时所需击数在 15～35 次之间(25 次以上和以下各 1 次)，然后测定各击次下试样的相应含水率。

8.3.4　试验结果应按下式计算及制图：

1　各击数下合拢时试样的相应含水率

$$w_N = \left(\frac{m_N}{m_d} - 1\right) \times 100 \tag{8.3.4}$$

式中　w_N——N 击数下试样的含水率(%)，计算至 0.1%；

m_N——N 击数下试样的质量(g)；

m_d——烘干试样的质量(g)。

2　根据计算结果，在单对数坐标纸上以含水率为纵坐标，以击数为横坐标，绘制含水率与击数关系曲线，见图 8.3.4。曲线上击数 25 次所对应的含水率，即为该试样的液限。

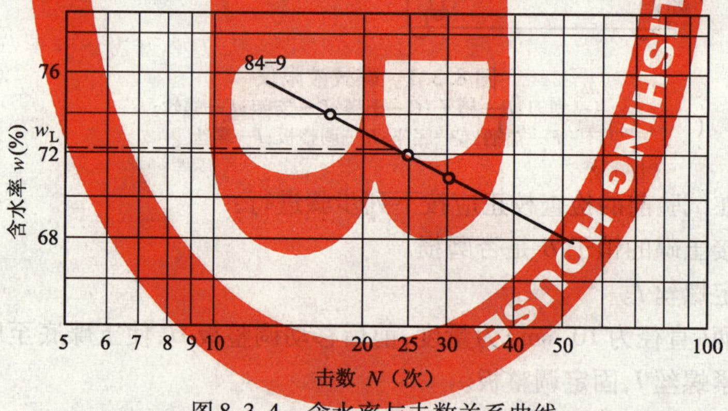

图 8.3.4　含水率与击数关系曲线

8.3.5　记录格式应符合表8.3.5的要求。

表 8.3.5　碟式仪液限试验记录

试样编号	击数 N	盒号	湿试样质量 m(g)	干试样质量 m_d(g)	含水率 w (%)	液限 w_L (%)	塑限 w_p (%)	塑性指数 I_p	液性指数 I_L
			(1)	(2)	$(3)=\left(\frac{(1)}{(2)}-1\right)\times 100$	(4)	(5)	(6)	$(7)=\frac{(3)-(5)}{(6)}$

复核＿＿＿＿ ＿＿年＿＿月＿＿日　　　　试验＿＿＿＿ ＿＿年＿＿月＿＿日

8.4 搓条法塑限试验

8.4.1 本试验应采用下列仪器设备：

1 毛玻璃板：约 200 mm × 300 mm。

2 直径3 mm的金属丝或卡尺。

3 其他：同本规程第 8.3.1 条第 2 ~ 3 款。

8.4.2 试验操作应按下列步骤进行：

1 取0.5 mm筛下的代表性试样 100 g，加纯水拌和均匀，湿润过夜；或者直接从液限试验制备好的试样中取约 30 g 土备用。

2 为使试样的含水率接近塑限，可先将试样在手中捏揉至不黏手，或用吹风机稍微吹干，然后将试样捏扁。如出现裂缝，表示试样已接近塑限。

3 取接近塑限的试样8 ~ 10 g，用手搓成椭圆形，然后用手掌在毛玻璃板上搓滚。搓滚时手掌要均匀施加压力于土条上，不得使土条在毛玻璃板上作无力滚动，土条长度不宜超过手掌宽度，土条不得产生空心现象。

4 土条搓成直径3 mm时未产生裂缝或断裂，表示试样的含水率高于塑限，应将土条捏成一团，重新搓滚，直至土条直径达3 mm时产生裂缝并开始断裂为止。当土条直径大于 3 mm 时即断裂，表示试样含水率低于塑限，应弃掉，重新取样做试验。若土条在任何含水率下始终搓不到3 mm 即开始断裂，则该土无塑性。

5 取直径符合3 mm断裂土条 3 ~ 5 g 放入称量盒内，盖紧盒盖，测定其含水率，此含水率即土的塑限。

8.4.3 试验结果应按下式计算：

$$w_p = \left(\frac{m}{m_d} - 1\right) \times 100 \tag{8.4.3}$$

式中 w_p——塑限(%)，计算至 0.1% ；

m——湿试样质量(g)。

8.4.4 本试验应进行两次平行测定，允许平行差值应符合本规程第 4.2.4 条的规定，取其算术平均值。

8.4.5 记录格式应符合表 8.4.5 的要求。

表 8.4.5 搓条法塑限试验记录

试样编号	盒号	湿试样质量(g)	干试样质量(g)	含水率(g)	塑限(%)
		(1)	(2)	$(3) = \left(\frac{(1)}{(2)} - 1\right) \times 100$	(4)

复核____________年____月____日　　　　试验____________年____月____日

8.5 收缩皿法缩限试验

8.5.1 本试验应采用下列仪器设备：

1　收缩皿：金属制成，直径 45～50 mm，高 20～30 mm。

2　天平：称量 500 g，分度值 0.01 g。

3　蜡、烧杯、细线、针。

4　其他应符合本规程第8.2.1条第3款的要求。

8.5.2　试验操作应按下列步骤进行：

1　取已过0.5 mm筛的代表性试样约 200 g，搅拌均匀，加纯水制备成含水率等于或略大于 10 mm 液限的试样。

2　在收缩皿内涂一薄层凡士林，将试样分层填入收缩皿中，每次填入后，将收缩皿底拍击试验桌桌面，直至驱尽气泡，在收缩皿内填满试样后刮平表面。

3　擦净收缩皿的外部，称收缩皿和试样的总质量，准确至 0.01 g。

4　将填满试样的收缩皿放在通风处晾干，当试样颜色逐渐变淡时，放入烘箱内烘至恒量。取出后立即置于干燥器内冷却至室温，称收缩皿和干试样的总质量，准确至 0.01 g。

5　用蜡封法测定干试样的体积。

8.5.3　试验允许差应符合本规程第4.2.4条规定。

8.5.4　试验结果应按下式计算：

$$w_s = w - \frac{V_0 - V_d}{m_d} \cdot \rho_w \times 100 \tag{8.5.4}$$

式中　w_s——土的缩限（%），计算至 0.1%；

w——制备时湿试样的含水率（%）；

V_0——湿试样体积（cm^3）；

V_d——干试样体积（cm^3）；

ρ_w——水的密度（g/cm^3）。

8.5.5　记录格式应符合表 8.5.5 的要求。

表 8.5.5　收缩皿法缩限试验记录

试 样 编 号							
收 缩 皿 编 号							
湿试样质量	(g)	(1)					
干试样质量	(g)	(2)					
含水率	(%)	(3)	$\left(\frac{(1)}{(2)}-1\right)\times 100$				
湿试样体积	(cm^3)	(4)					
干试样体积	(cm^3)	(5)					
收缩体积	(cm^3)	(6)	(4)－(5)				
收缩含水率	(%)	(7)	$\frac{(6)}{(2)}\rho_w \times 100$				
缩限	(%)	(8)	(3)－(7)				
平均值	(%)	(9)					

复核________ ____年____月____日　　　　试验________ ____年____月____日

9 湿化试验

9.0.1 土的湿化是土体在水中发生崩解的现象。

9.0.2 本试验的目的是测定黏性土在水中的湿化速度及崩解状态。

9.0.3 本试验适用于具有原状结构的黏性土和按工程需要用扰动土制备的击实土。

9.0.4 本试验应采用下列仪器设备：

1 湿化仪：由浮筒、网板、玻璃水槽组成，如图9.0.4。

1) 浮筒：长颈锥体，下有挂钩，颈上有刻度，分度值为5。

2) 网板：10 cm×10 cm 金属方格网，孔径1 cm，可挂在浮筒下端。

3) 玻璃水槽：宽约15 cm，高约70 cm，长度视需要而定，内盛清水。

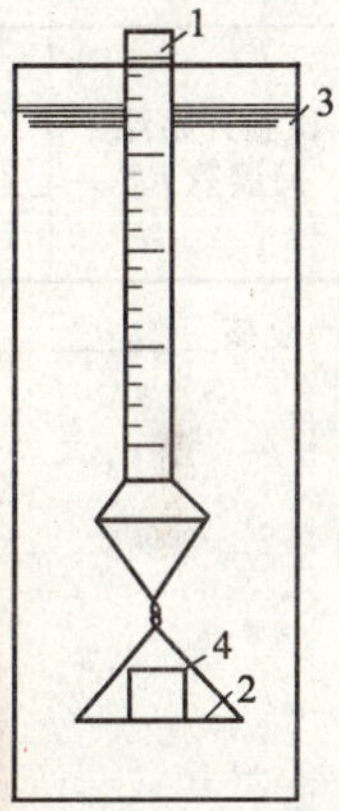

图9.0.4 湿化仪示意
1—浮筒；2—网板；3—水槽；4—试样

2 天平：称量500 g，分度值0.01 g。

3 其他：切土刀、钢尺、秒表、时钟等。

9.0.5 试验操作应按下列步骤进行：

1 从原状土或按工程需要用扰动土制备的重塑土样中，切取边长为5 cm的立方体试样。

2 按本规程第4.2节和第5.2节规定分别测定土的含水率和密度。

3 将试样放在金属网板中央，并悬挂在浮筒下端，然后手持浮筒颈端，迅速将试样浸入水槽中，开动秒表。

4 立即测记开始时浮筒齐水面处刻度的瞬间读数及开始时间。

5 按1、5、10、30、60 min，2、3、4 h……测记浮筒齐水面处的刻度读数，并描述试样的崩解情况（粉状、片状、块状）。根据试样崩解的快慢，可适当缩短或增长测读时间间隔。

6 当试样完全崩解通过网格落下后，试验即告结束。如果试样经两昼夜不崩解可终止试验，则记下试样在水中的情况。

9.0.6 试验结果应按下式计算：

$$A_t = \frac{R_t - R_0}{100 - R_0} \times 100 \tag{9.0.5}$$

式中 A_t——试样在时间 t 时的崩解量(%)；

R_t——时间 t 时浮筒齐水面处的刻度读数；

R_0——试验开始时浮筒齐水面刻度的瞬间稳定读数。

9.0.7 记录格式应符合表9.0.7的要求。

表 9.0.7　湿化试验记录

<table>
<tr><td colspan="2">试样编号</td><td colspan="2">密　度
(g/cm^3)</td><td>含水率
(%)</td><td colspan="2">试 样 状 态</td><td>仪 器 号</td></tr>
<tr><td colspan="2"></td><td colspan="2"></td><td></td><td colspan="2"></td><td></td></tr>
<tr><td colspan="2">试验开
始时间</td><td colspan="2">浮筒读数
经过时间</td><td>浮筒读数</td><td>浮筒读数
差　值</td><td>崩解量(%)</td><td rowspan="2">崩解情况描述</td></tr>
<tr><td>年</td><td>月</td><td>h</td><td>min</td><td>R_t</td><td>$R_t - R_0$</td><td>$A_t = \frac{R_t - R_0}{100 - R_0} \times 100$</td></tr>
<tr><td colspan="2" rowspan="3">d:___
h:___
min:___</td><td></td><td></td><td></td><td></td><td></td><td></td></tr>
<tr><td></td><td></td><td></td><td></td><td></td><td></td></tr>
<tr><td></td><td></td><td></td><td></td><td></td><td></td></tr>
<tr><td colspan="2" rowspan="3">试验开始浮
筒读数 R_0</td><td></td><td></td><td></td><td></td><td></td><td></td></tr>
<tr><td></td><td></td><td></td><td></td><td></td><td></td></tr>
<tr><td></td><td></td><td></td><td></td><td></td><td></td></tr>
</table>

复核________ ____年____月____日　　　　　　　　试验________ ____年____月____日

10　最大分子吸水率试验

10.0.1　土的最大分子吸水率是土粒表面由分子力所吸引的薄膜水的质量与干土质量的比值,以百分数表示。

10.0.2　本试验的目的是测定充分饱和的土承受1 000倍重力的离心作用1 h后的含水率,该含水率视为土的最大分子吸水率。

10.0.3　本试验采用离心含水当量法测定土的最大分子吸水率。适用于粒径小于0.5 mm的土。

10.0.4　本试验应采用下列仪器设备:

1　离心机:其尺寸与运转能确保在试样的重心处产生相当于1 000倍重力的离心力达1 h。

2　离心枢轴杯:带有盖子,内装古氏坩埚及相应的支承架。坩埚离杯底距离为13 mm,如图10.0.4所示。在离心力作用下所排出的水不与坩埚或土接触。

3　古氏坩埚:容积约为25 mL,具有底孔的瓷坩埚。其外部尺寸:高约37.5 mm,顶部直径25 mm,底部直径20 mm,如图10.0.4。

4　天平:称量200 g,分度值0.01 g。

5　其他:2 mm筛、称量盒、保湿器、烘箱等。

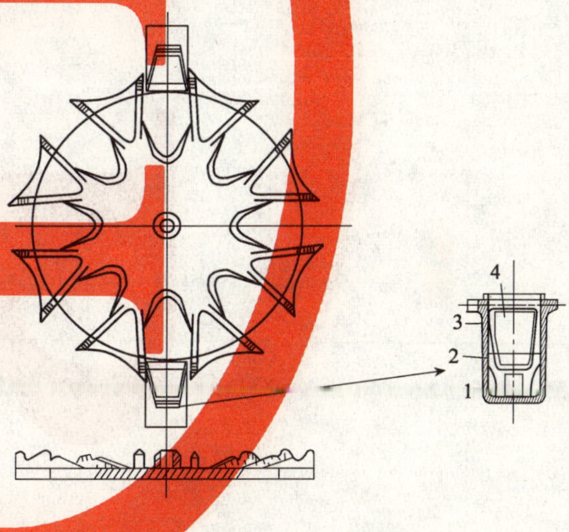

图10.0.4　离心机主零件示意

1—坩埚支承架;2—滤纸;3—离心枢轴杯;4—坩埚

10.0.5　试验操作应按下列步骤进行:

1　试样制备应按本规程第3.2.2条第2~3款的规定进行。从制备好的小于0.5 mm的试样中取2份,每份5 g,分别倒入底面铺湿滤纸的两个坩埚中。

2　将装有试样的坩埚置于盛有纯水的盆中,水深应高出试样顶面5 mm,静置8 h以上,当试样表面出现自由水时,表示试样已饱和,取出坩埚放入保湿器中再静置12 h,以保证试样中水分均匀分布。

3　取出坩埚,吸去试样表面的自由水,放入离心枢轴杯中,将成对的坩埚放在离心机的对称位置上。

4　控制离心机的内室温度在(20±1)℃,使离心机在5 min内达到要求的转速(约为2 300 r/min),在该速度下旋转1 h,然后逐渐减速,在5 min内停止转动。

5　取出两个坩埚内的试样分别放入两个称量盒内,盖紧上盖,按本规程第4.2.2条步骤测定该试样此时的含水率即为离心含水当量。

10.0.6　试验结果应按下式计算:

$$w_{cme}=\left(\frac{m_a}{m_d}-1\right)\times 100 \qquad (10.0.6)$$

式中 w_{cme}——土的离心含水当量(%),计算至0.1%;

m_a——离心后的试样质量(g);

m_d——烘干试样质量(g)。

10.0.7 本试验应进行平行测定,平行测定允许差值应符合:当 $w_{cme}\leqslant 15\%$ 时,不大于1%;当 $w_{cme}>15\%$ 时,不大于2%。取算术平均值。

10.0.8 记录格式应符合表10.0.8的要求。

表10.0.8 离心含水当量试验记录

试样编号	称量盒号	离心后的试样质量(g)	烘干试样质量(g)	离心含水当量(%)	离心含水当量平均值(%)	备 注
		(1)	(2)	$\left(\frac{(1)}{(2)}-1\right)\times 100$		

复核________ ____年____月____日　　　　试验________ ____年____月____日

11 相对密度试验

11.1 一般规定

11.1.1 相对密度是无黏性土处于最松散孔隙比与天然状态(或给定)孔隙比之差和最松散态孔隙比与最紧密状态孔隙比之差的比值。

11.1.2 本试验测定砂的最小干密度采用漏斗法或量筒法,测定最大干密度采用振动锤击法;测定碎石类土的最小和最大干密度分别采用固定体积法和振动台振动加重物法。

11.1.3 砂的相对密度试验适用于颗粒粒径小于5 mm,且粒径2~5 mm的试样质量不大于试样总质量的15%及粒径小于0.075 mm的颗粒质量不大于总土质量的12%;砾和碎石类土的相对密度试验适用于最大粒径为60 mm,且粗颗粒中小于0.075 mm的颗粒含量不得大于12%。

11.2 砂的相对密度试验

11.2.1 本试验应采用仪器设备:

1 量筒:容积500 mL和1 000 mL,后者内径应大于6 cm;

2 长颈漏斗:颈管内径约1.2 cm,颈口磨平,见图11.2.1—1;

3 锤形塞:直径约1.5 cm的圆锥体镶于铁杆上;

4 砂面拂平器,见图11.2.1—1;

5 金属容器:容积250 mL,内径5 cm,高12.7 cm;容积1 000 mL,内径10 cm,高12.7 cm;

6 振动叉,见图11.2.1—2;

7 击锤:锤质量1.25 kg,落高15 cm,锤底直径5 cm,见图11.2.1—2;

8 天平:称量5 000 g,分度值1 g。

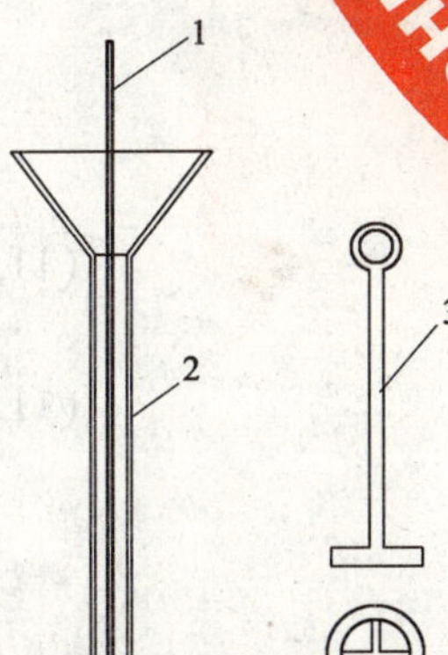

图11.2.1—1 漏斗及拂平器
1—锥形塞;2—长颈漏斗;
3—砂面拂平器

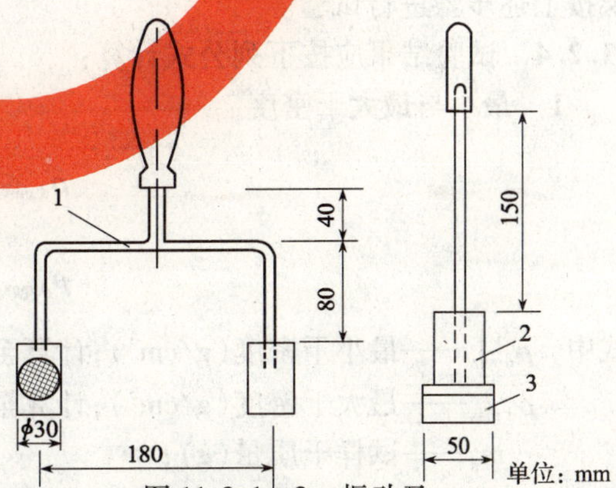

图11.2.1—2 振动叉及击锤
1—振动叉;2—击锤;3—锤座

11.2.2 最小干密度试验应按下列步骤进行:

1 取代表性的烘干或充分风干的土样,用手搓匀或用圆木棍在橡皮板上碾散,然后过 5 mm 筛,并剔除大于 5 mm 的颗粒。拌和均匀后取 1 500 g 试样进行试验。

2 将锥形塞杆自漏斗下口穿入,并向上提起,使锥体堵住漏斗管口,一并放入容积 1 000 mL的量筒中,使其下端与筒底接触。

3 称取试样700 g,准确至 1 g,均匀倒入漏斗中,将漏斗与塞杆同时提高,移动塞杆使锥体略离开管口,管口应经常保持高出砂面约 1 ~2 cm,使试样缓慢且均匀的落入量筒中。

4 待试样全部落入量筒后,取出漏斗与锥形塞,用砂面拂平器将砂面拂平,勿使量筒振动,然后测读砂样的体积,估读至 5 mL。

5 用手掌或橡皮板堵住量筒口,将量筒倒转,然后缓慢的转回到原来位置,如此重复几次,记下试样在量筒内所占体积的最大值,估读至 5 mL。

6 取上述两种方法测得的较大体积值,计算最小干密度。

7 当试样中不含大于2 mm的颗粒时,可取试样 400 g,采用 500 mL 的量筒,按上述步骤进行试验。

11.2.3 最大干密度试验应按下列步骤进行:

1 取代表性试样约4 kg,按本规程第 11.2.2 条第 1 款进行处理。

2 将试样分三次倒入金属容器内进行振击。第一次取试样 600 ~800 g(其数量应控制在振击后试样体积略大于容器容积的 1/3)倒入 1 000 mL 的容器内,用振动叉以每分钟各 150 ~200 次的速度敲打容器两侧,并在同一时间内用击锤锤击试样表面,每分钟 30 ~60 次,直至试样体积不变为止(一般约 5 ~10 min),敲打时要用足够的力量使试样处于振动状态;锤击时,粗砂可用较少击数,细砂应用较多击数。

3 按本条第2款步骤进行后两次的装样、振动和锤击,第三次装样时应先在容器口上安装套环。

4 最后一次振毕,取下套环,用修土刀齐容器顶面刮去多余试样,称容器和试样总质量,准确至 1 g。

5 当试样中不含大于2 mm的颗粒时,可每次取试样 500 g,用 250 mL 金属容器,分 3 层按上述步骤进行试验。

11.2.4 试验结果应按下列公式计算:

1 最小与最大干密度

$$\rho_{d\,min}=\frac{m_d}{V_{max}} \tag{11.2.4—1}$$

$$\rho_{d\,max}=\frac{m_d}{V_{min}} \tag{11.2.4—2}$$

式中 $\rho_{d\,min}$——最小干密度(g/cm^3);计算至 0.01 g/cm^3;

$\rho_{d\,max}$——最大干密度(g/cm^3);计算至 0.01 g/cm^3;

m_d——试样干质量(g);

V_{max}——最松散状态的试样体积(cm^3);

V_{min}——最密实状态的试样体积(cm^3)。

2 最大与最小孔隙比

$$e_{\max}=\frac{\rho_{s}}{\rho_{d\min}}-1 \qquad (11.2.4\text{—}3)$$

$$e_{\min}=\frac{\rho_{s}}{\rho_{d\max}}-1 \qquad (11.2.4\text{—}4)$$

式中 $e_{\max}$——最大孔隙比；

$e_{\min}$——最小孔隙比；

ρ_{s}——土的颗粒密度（g/cm^{3}）。

3 相对密度

$$D_{r}=\frac{e_{\max}-e_{0}}{e_{\max}-e_{\min}} \qquad (11.2.4\text{—}5)$$

$$D_{r}=\frac{\rho_{d\max}(\rho_{d}-\rho_{d\min})}{\rho_{d}(\rho_{d\max}-\rho_{d\min})} \qquad (11.2.4\text{—}6)$$

式中 D_{r}——相对密度，计算至 0.01；

e_{0}——天然孔隙比或填土的孔隙比；

ρ_{d}——天然干密度或填土的干密度（g/cm^{3}）。

11.2.5 最小干密度与最大干密度均应进行平行测定，平行差值不得大于 0.03 g/cm^{3}，取其算术平均值。

11.2.6 记录格式应符合表 11.2.6 的要求。

表 11.2.6 砂的相对密度试验记录

试样编号		试样说明					
		试验项目		最大孔隙比		最小孔隙比	
		试验方法		漏斗法		锤击法	
试样加容器质量		(1)					
容器质量		(2)					
试样质量		(3)	(1) − (2)				
试样体积		(4)					
干密度		(5)	(3) + (4)				
平均干密度		(6)					
颗粒密度		(7)					
孔隙比		(8)					
天然干密度		(9)					
天然孔隙比		(10)					
相对密度		(11)					

复核________ ____年____月____日　　　　试验________ ____年____月____日

11.3 碎石类土的相对密度试验

11.3.1 本试验应采用下列仪器设备：

1　最大干密度试验装置，如图 11.3.1 所示。它由振动台、试样筒、套筒、加重盖板及加重物组成。

1）振动台：具有隔振装置的振动台。台面尺寸为 762 mm×762 mm，振动台的负荷应满足试样筒、套筒、加重盖板、加重物及试样等总质量要求。振动台频率应为 40～60 Hz，振幅为 0～2 可调。

2）试样筒：Ⅰ及Ⅱ号试样筒的尺寸见表 11.3.1。试样筒体积应进行校准：用量程 0～300 mm，分度值0.05 mm，的游标卡尺直接测量试样筒的尺寸，并绘制出体积与高度的关系曲线以备使用。测量时准确到0.1 mm。计算体积时，Ⅰ号试样筒准确到 25 cm^3，Ⅱ号筒准确到 10 cm^3。

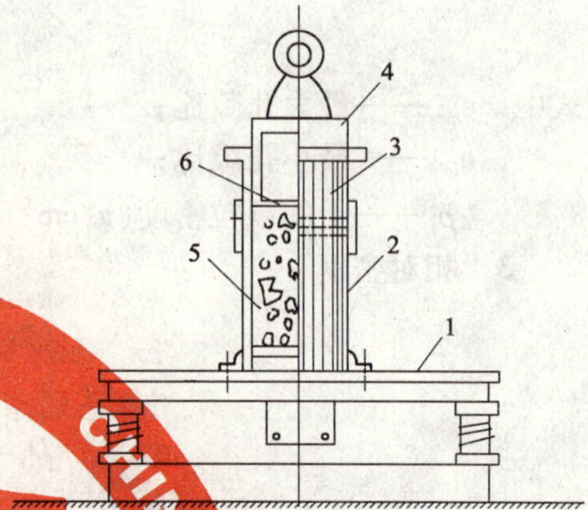

图 11.3.1　最大干密度试验装置

1—振动台；2—试样筒；3—套筒；4—加重物；5—试样；6—加重盖板

3）套筒：应与试样筒紧固连接。

4）加重盖板：盖板为 1.2 cm 厚的钢板，直径略小于试样筒，中心应有 15 mm 穿通的提吊螺孔。

5）加重物：每一种尺寸的试样筒有一重物。对所用的试样筒，加重盖板与加重物的总压力为 14 kPa。

表 11.3.1　试样筒尺寸

试样筒编号	内径 D(cm)	高度 H(cm)	体积 V(cm^3)	允许最大粒径 d_{max}(mm)	试样质量 m(kg)
Ⅰ	30	34	24 033	60	40～50
Ⅱ	20	23	7 226	20	10～15

2　测针架及测针：测针的分度值为 0.1 mm。

3　灌注设备：带管嘴的漏斗。管嘴直径 10～20 mm，漏斗喇叭口径 ϕ100～150 mm，管嘴长度视套筒长度而定。

4　试验筛：

1）粗筛：孔径分别为 60、40、20、10、5 mm；

2）细筛：孔径分别为 5、2、1、0.5、0.25、0.125、0.075 mm。

5　台秤：称量 50 kg，分度值 50 kg；称量 10 kg，分度值5 kg。

6　其他设备：搅拌盘、提吊设备、铁铲、毛刷、秒表、钢尺、卡尺、称料筒、大瓷盘等。

11.3.2　试样制备应选用代表性试样在105 ℃～110 ℃下烘干，并分级过筛贮存。筛分过程中应使弱胶结的土样能充分剥落。

11.3.3　最小干密度试验应按下列步骤进行：

1　根据试样的最大粒径，选用灌注设备及试样筒。称筒质量。

2　对粒径小于 10 mm 的烘干试样，采用固定体积法。将拌匀的试样，从漏斗管嘴均匀徐徐地注入试样筒。注入时随时调整漏斗管口的高度，使自由下落的距离保持在 2～

5 cm之间。同时要从外侧向中心呈螺旋线移动,使土层厚度均匀增高而不产生大小颗粒分离。当充填到高出筒顶约25 mm时,用钢直刀沿筒口刮去余土。注意在操作时不得扰动试样筒。称筒及试样总质量。

3 对粒径大于10 mm的烘干试样,采用固定体积法。用大勺或小铲将试样填入试样筒内。装填时小铲应贴近筒内土面,使铲中试样徐徐滑入筒内,直至填土高出筒顶,余土高度不应超过25 mm为止,然后将筒面整平。当有大颗粒露顶时,凸出筒顶的体积应能近似地与筒顶水平面以下的大凹隙体积相抵消,称筒及试样总质量。

4 最小干密度测定应按上述步骤进行平行试验。每次测定值都列出,不取平均值。

5 对于超径料含量较多的粗颗粒土,为求得原级配的相对密度值,应进行最大粒径以下不同模型比的最小干密度系列试验。

11.3.4 最大干密度试验可采用干法或湿法按下列步骤进行:

1 干法:先拌匀烘干试样,将试样装填于试样筒内,称筒与试样总质量。装填方法与最小干密度方法相同。通常情况是直接用最小干密度试验时装好的试样筒,放在振动台上,加上套筒,把加压盖板放在土上面依次安放好加重物。随即将振动台调整至最优振幅0.64 mm,振动8 min后,卸除加重物和套筒,测读试样高度,计算试样体积。

2 湿法:在烘干试料中加适量的水,或用天然的湿土进行装样。装完试样后,应立即振动6 min。对于高含水率的试样,为了防止某些土在振动过程中产生颗粒跳动,振动6 min时,应随时减小振动台的振幅。振动后吸除土面上的积水,依次装上套筒,施加重物,然后固定在振动台上,振动8 min后,依次卸除加重物与套筒。测读试样高度,称试样筒与试样总质量。取代表性试样测含水率。

3 最大干密度测定应进行平行试验。每次测定值都列出,不取平均值。

11.3.5 试验结果应按下列公式计算:

1 最小、最大干密度和试样体积

1)最小干密度

$$\rho_{d\,min} = \frac{m_d}{V_c} \tag{11.3.5—1}$$

2)最大干密度

$$\rho_{d\,max} = \frac{m_d}{V_s} \tag{11.3.5—2}$$

3)试样体积

$$V_s = V_c - (R_i - R_t) \cdot A \tag{11.3.5—3}$$

式中 V_c——试样筒的体积(cm^3);

V_s——试样体积(cm^3);

R_t——振动后加压盖板上百分表的读数(mm);

R_i——起始读数(mm);

A——试样筒断面积(cm^2)。

2 相对密度 D_r

$$D_r = \frac{\rho_{d\,max} - (\rho_d - \rho_{d\,min})}{\rho_d(\rho_{d\,max} - \rho_{d\,min})} \tag{11.3.5—4}$$

$$D_r = \frac{e_{max} - e_0}{e_{max} - e_{min}} \tag{11.3.5—5}$$

3　压实度

$$R_c = \frac{\rho_d}{\rho_{max}} \tag{11.3.5—6}$$

式中　R_c——压实度，以小数计。

4　密度指数：

$$I_D = \frac{\rho_d - \rho_{min}}{\rho_{d\,max} - \rho_{d\,min}} \times 100 \tag{11.3.5—7}$$

式中　I_D——密度指数。

11.3.6　记录格式应符合表 11.3.6 的要求。

表 11.3.6　碎石类土相对密度试验记录

试样编号		试样说明		
试验项目	最大孔隙比 e_{max}	最小干密度 $\rho_{d\,min}$	最小孔隙比 e_{min}	最大干密度 $\rho_{d\,max}$
试验方法		干　法		
		湿　法		
试样加试样筒质量　(kg)				
试样筒质量　(kg)				
试样质量　(kg)				
试样体积　(cm^3)				
干密度　(g/cm^3)				
平均干密度　(g/cm^3)				
颗粒密度　(g/cm^3)				
孔隙比				
天然(给定)干密度　(g/cm^3)				
天然孔隙比				
相对密度				
压实度				
密度指数　(%)				

复核__________年____月____日　　　　试验__________年____月____日

12　天然坡角试验

12.0.1　天然坡角是砂类土在堆积时其天然坡面和水平面所形成的最大倾角。

12.0.2　本试验的目的是测定砂类土在充分风干状态和水下状态的天然坡角。

12.0.3　本试验采用圆盘提升法。适用于粒径小于 5 mm 且不含粉粒的砂类土。

12.0.4　本试验应采用下列仪器设备：

1　天然坡角测定仪：见图 12.0.4 所示。圆盘直径 10 cm，适用于粒径小于 2 mm 的砂类土；圆盘直径 20 cm，适用于粒径小于 5 mm 的砂类。

2　其他：勺、水槽等。

12.0.5　试验操作应按下列步骤进行：

1　取代表性的充分风干试样若干。转动制动器，使圆盘落在底盘中。用勺沿铁杆四周倾倒试样，勺离试样表面的高度应始终保持在 1 cm 左右，直至圆盘的外缘完全蓄满为止。

2　徐徐转动制动器，使圆盘平稳升起，直至离开底盘内的试样为止。读取锥顶与铁杆接触处的刻度（$\tan\alpha_c$）。

3　如需继续测定水下状态的天然坡角时，应重复以上步骤测读锥顶及铁杆接触处的刻度后，将盛满试样的圆盘缓缓地沉入水槽中。当锥体全部浸入水中后，停止下沉，待充分饱和，直至无气泡上升为止。

4　再徐徐转动制动器，使圆盘由水中升起。当锥体露出水面时，再读取锥顶与铁杆接触处的刻度（$\tan\alpha_w$）。

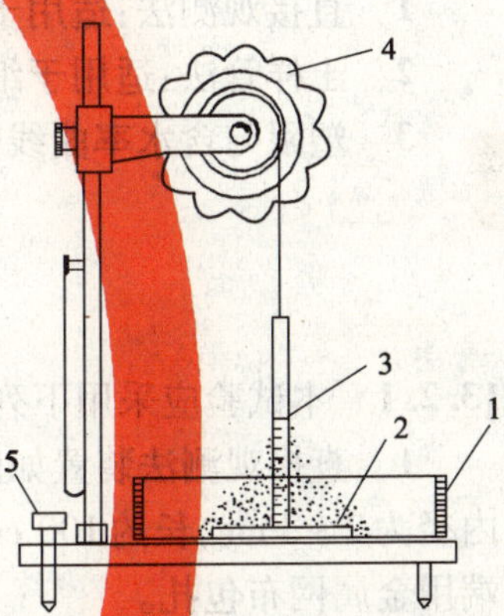

图 12.0.4　天然坡角测定仪
1—底盘；2—圆盘；3—铁杆；4—制动器；5—水平螺丝

5　根据已测得的值 $\tan\alpha_c$ 和 $\tan\alpha_w$，可从三角函数表中查得天然坡角。

6　本试验应进行两次平行测定，取算术平均值，以整数（度）表示。

12.0.6　记录格式应符合表 12.0.6 的要求。

表 12.0.6　天然坡角试验记录

试样编号	充分风干状态天然坡角			水下状态天然坡角			备注
	读　数		平均值	读　数		平均值	
	$\tan\alpha_c$	(°)	(°)	$\tan\alpha_w$	(°)	(°)	

复核＿＿＿＿　＿＿＿年＿＿月＿＿日　　　　试验＿＿＿＿　＿＿＿年＿＿月＿＿日

13　毛细管水上升高度试验

13.1　一 般 规 定

13.1.1　土的毛细管水上升高度是水在土孔隙中因受毛细管作用而上升的最大高度；毛细管水强烈上升高度是对路基工程易发生危害的那部分毛细管水上升高度。

13.1.2　本试验的目的是测定土的毛细管水上升高度或毛细管水强烈上升高度。

13.1.3　本试验应根据不同的土类，采用下列方法：

1　直接观测法：适用于粗砂、中砂。

2　土样管法：适用于细砂、粉土和毛细管水上升高度较小的黏性土。

3　塑限与含水率曲线交会法：适用于测定黏性土的毛细管水强烈上升高度。

13.2　直接观测法

13.2.1　本试验应采用下列仪器设备：

1　直接观测法装置如图 13.2.1 所示，包括支架、盛水器及厚壁玻璃管。厚壁玻璃管内径为 2 ~ 3 cm，长约 100 cm，零刻度离底端 1 cm，刻度读数自下而上，分度值 0.5 cm。底端用金属网布包扎。

2　天平：称量 2 000 g，分度值 0.1 g。

3　其他：漏斗、捣棒、锥形瓶、管夹等。

13.2.2　试验操作应按下列步骤进行；

1　试样制备应符合本规程第 3.3.2 条的规定。从制备好的试样中取 1 500 g，用漏斗分数次装入玻璃管中，并用捣棒轻轻捣实，使密度均匀，并达到所需的干密度。

2　将装好试样的玻璃管垂直插入盛水器中，使零刻度低于盛水器口，用两个管夹将玻璃管固定在支架上。

3　往盛水器中注水，使水面与玻璃管上的零刻度齐平。为了保持试验过程中盛水器内水位不变，倒扣一个盛水的小锥形瓶。锥形瓶口安一细玻璃管与盛水器中的水面接触，用管夹将三角瓶固定在支架上。

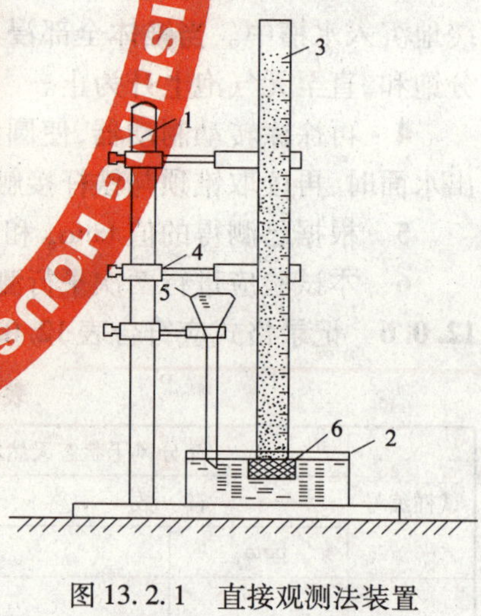

图 13.2.1　直接观测法装置

1—支架；2—盛水器；3—玻璃管；4—管夹；5—锥形瓶；6—金属网布

4　注水后根据玻璃管中试样颜色变化，测记毛细管水上升高度，准确至 0.5 cm。测记时间为 5、10、20、30、60 min，以后每隔 3 ~ 4 h 测记一次，直至上升高度不变为止，取稳定值即为毛细管水上升高度。

13.2.3　记录格式应符合表 13.2.3 的要求。

表 13.2.3 直接观测法毛细管水上升高度试验记录

试 样 编 号								试样状态
仪 器 编 号								
毛细管水上升高度(cm)	日	时	分					试样干密度 = g/cm^3 试样孔隙比 =

复核________ ______年____月____日　　　　试验________ ______年____月____日

13.3 土样管法

13.3.1 本试验应采用下列仪器设备：

1 土样管毛管仪如图 13.3.1 所示：

1)玻璃筒(或一端呈刃口的金属筒)。直径 4 ~ 6 cm,高约 12 cm,底部装有带孔橡皮塞。

2)测压管:直径约 1 cm,长度约 200 cm。

3)排气管:安有橡皮管和止水管夹。

4)直尺:刻度分度值 0.5 cm,零刻度与试样底部齐平。

2 天平:称量 2 000 g,分度值 0.1 g。

3 其他:供水瓶、切土筒、盛土皿、切土刀、捣棒、称量盒等。

13.3.2 试验操作应按下列步骤进行:

1 关闭管夹 A、B、C,供水瓶注满水。取代表性风干试样 500 ~ 600 g,经研散后分数次装入底部铺有金属网布的玻璃筒内,并逐次用捣棒捣实,使其均匀,达到所需的孔隙比,直至试样高度达 8 cm 为止。如系原状试样,用有刃口的金属筒削取试样高约 8 cm,推入玻璃筒中,使距筒端约 2 cm。四周间隙用蜡密封,玻璃筒下口用铺有筛布的橡皮塞塞紧,不使漏气。

若土中含有较多黏土颗粒,则在筛布上铺约 1 cm 厚的粗砂缓冲层,此时直尺零点应与缓冲层顶面齐平。

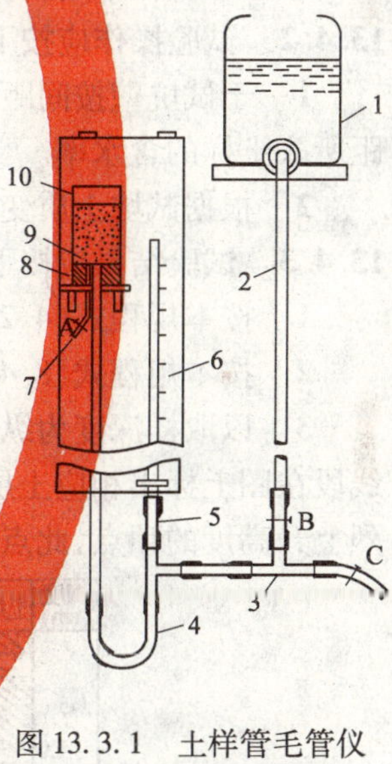

图 13.3.1 土样管毛管仪

1—供水瓶;2—玻璃管;3—三通接头;4—橡皮管;5—测压管;6—直尺;7—排气管;8—橡皮塞;9—筛布;10—玻璃筒;A、B、C 为管夹

2 开启管夹 A、B,使水缓缓地经测压管上升至试样下部。排尽管内空气至排气管流出的水中无气泡时,关闭管夹 A、B。

3 间断地缓慢开启或关闭管夹 B,使水面由下而上饱和试样,至试样顶面见水时,关闭管夹 B。

4 缓缓打开管夹 C,使测压管右边的水面逐渐下降,至管内水面停止下降或开始上升时,记下此时测压管中水面读数,准确至 0.5 cm,即为毛细管水上升高度。

5 重复本条第 2 ~ 4 款步骤,进行两次以上测定,取其两次相接近结果的算术平均值。

13.3.3 记录格式应符合表 13.3.3 的要求。

表 13.3.3　土样管法毛管水上升高度试验记录

试验日期						
试样编号						
试样的质量(g)						
试样体积(cm^3)						
试样密度(g/cm^3)						
含水率(%)						
干密度(g/cm^3)						
孔隙比						
仪器编号						
毛管水上升高度(cm)						
平均值(cm)						

复核________ ______年____月____日　　　　　　试验________ ______年____月____日

13.4　塑限与含水率曲线交会法

13.4.1　本试验采用的仪器设备应符合本规程第 4.2.1 条和第 8.4.1 条的要求。

13.4.2　试验操作应按下列步骤进行：

1　于试坑壁按间距 15 ~ 20 cm 自上而下采取土样，并按本规程第 4.2.2 条测定各间距所取土样的含水率。

2　根据试坑土质变化情况分层，并按本规程第 8.4.2 条测定各分层土的塑限。

13.4.3　试验结果应按下列公式计算和绘图：

1　按本规程式(4.2.3)计算土的含水率。

2　按本规程式(8.4.3)计算土的塑限。

3　以取样深度为纵坐标，含水率为横坐标，绘制深度与含水率关系曲线。再用竖直线段在图上标出相应土层的塑限，竖直线段与含水率曲线最上面的交点，即为毛细管水强烈上升高度的顶点，此点到地下水位的距离为毛细管水强烈上升高度，图 13.4.3 所示。

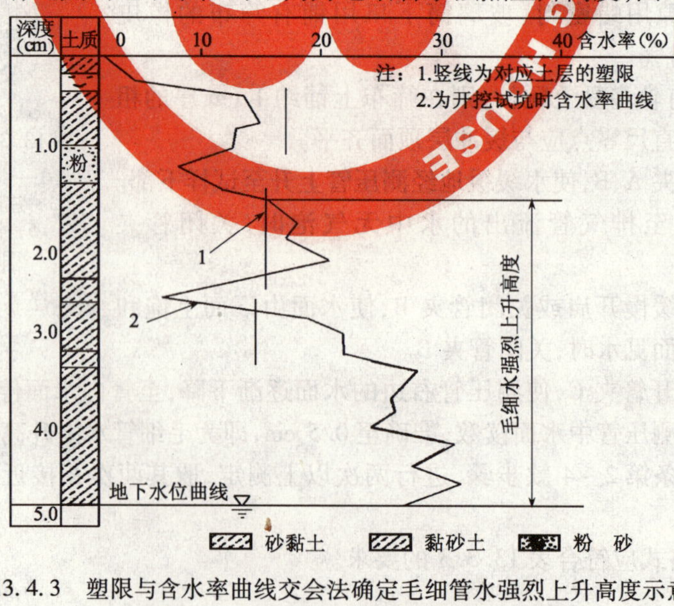

图 13.4.3　塑限与含水率曲线交会法确定毛细管水强烈上升高度示意

13.4.4　本试验应进行平行测定，平行测定允许差值应符合本规程第4.2.4条的规定。

13.4.5　记录格式应符合表13.4.5的要求。

表13.4.5　塑线与含水率试验记录

试样编号	盒号	湿土质量(g)	干土质量(g)	含水率(%)	塑限(%)
		(1)	(2)	$(3)=\left(\frac{(1)}{(2)}-1\right)\times 100$	(4)

复核________ ______年____月____日　　　　　试验________ ______年____月____日

14 渗透试验

14.1 一般规定

14.1.1 渗透是水在土孔隙中运动的现象。当土中渗透水呈层流状态时，则渗透速度 v 与水力坡降 i 成正比，当水力坡降 $i=1$ 时的渗透速度称为土的渗透系数 k。以达西定理表示为：

$$v = ki$$

14.1.2 本试验的目的是测定土的渗透系数 k。供设计与施工开挖工程中选择排水、降水方法，计算斜坡稳定、坝基渗流，确定路堤、河堤断面浸润线位置等。

14.1.3 本试验应根据不同土类，采用下列方法：

1 常水头法：适用于砂土及含少量砾石的无黏聚性土。

2 变水头法：适用于粉土和黏性土。

14.1.4 本试验用水应采用纯水或洁净天然水。在试验前必须用抽气法或煮沸法进行脱气。试验时水温宜高于室温 3 ℃ ~4 ℃。

14.2 常水头法

14.2.1 本试验应采用下列仪器设备：

1 常水头渗透仪装置如图 14.2.1 所示。其中：封底金属圆筒内径为 10 cm，高 40 cm，当使用其他尺寸的圆筒时，圆筒内径应大于试样最大粒径的 10 倍；玻璃测压管内径宜为 0.6 cm；分度值为 0.1 cm。

2 天平：称量 5 000 g，分度值 1.0 g。

3 量筒：容积 500 mL。

4 温度计：分度值 0.5 ℃。

5 其他附属设备：秒表、木锤、橡皮管、支架等。

14.2.2 试验操作应按下列步骤进行：

1 按图 14.2.1 装好仪器，并检查各管路接头处是否漏水。将调节管与供水管连通，从渗水孔向圆筒内充水至水位略高于金属孔板，关止水夹。

2 取具有代表性的风干试样 3 ~4 kg，称量准确至 0.1 g，并测定含水率。

3 用直尺量测圆筒中金属孔板至筒顶的高度，然后将风干试样分层装入圆筒内，每层厚 2 ~3 cm，用木锤轻轻击实到一定厚度，以控制到所要求的孔隙比。当试样含黏粒较多时，应在金属孔板上加铺约 2 cm 的粗砂过滤层，防止试验时细粒流失。每层试样装好后使水由圆筒底部向上渗入，使试样逐渐饱和至顶面。如此逐层装填试样并进行饱和，直至最后一层试样高出测压孔 3 ~4 cm 为止。在试样上端同样铺约 2 cm 厚度的砾砂作缓冲层。待最后一层试样饱和后，继续使水位缓缓上升至溢水孔有水溢出。

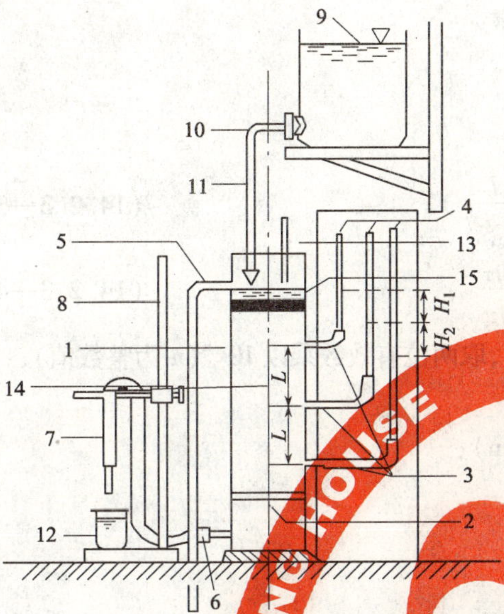

1—封底金属圆筒;2—金属孔板;
3—测压孔;4—玻璃测压管;
5—溢水孔;6—渗水孔;
7—调节管;8—滑动支架;
9—容量为 5 000 mL 的供水瓶;
10—供水管;11—止水夹;
12—容量为 500 mL 的量筒;
13—温度计;14—试样;
15—砾石层

图 14.2.1 常水头渗透仪装置

4 试样装好后,量测试样顶面至圆管上口的高度,计算试样净高。称剩余试样质量,准确至 0.1 g,计算装入的试样总质量。

5 静置数分钟后,检查各测压管水位是否与溢水孔齐平。当不齐平时,可用吸水球对准水位低的测压管口进行吸水排气,直至水位齐平为止。

6 提高调节管,使其高于溢水孔,然后将调节管与供水管分开,并将供水管放入圆筒内,开止水夹,使水由上端注入圆筒内。

7 降低调节管至试样上部 1/3 高度处,形成水位差,使水渗过试样经调节管流出。在渗透过程中应调节供水管止水夹,使进入圆筒的水量略多于渗出的水量,溢水孔始终有余水溢出,以保持圆筒内水位不变,使试样处于常水头下渗透。

8 测压管水位稳定后,记录其水位,并计算各测压管间的水位差。

9 开动秒表,同时用量筒自调节管口接取经一定时间的渗透水,并重复一次。在接取渗透水时,调节管口不可淹没于水中。

10 测记进水与出水处的水温,取平均值。

11 降低调节管至试样的中部及下部 1/3 处,以改变水力坡降,按本条第 7 ~ 10 款步骤重复进行测定。

12 根据需要,可改变试样的孔隙比,测定相应的渗透系数。

14.2.3 试验结果应按下列公式计算及制图:

1 试样的干密度 ρ_d 及孔隙比 e:

$$\rho_d = \frac{m_d}{A \cdot h} \qquad (14.2.3\text{—}1)$$

$$e = \frac{\rho_s}{\rho_d} - 1 \qquad (14.2.3\text{—}2)$$

式中 ρ_d——试样干密度(g/cm^3);

m_d——试样干质量(g);

A——试样面积(cm^2);

h——试样高度(cm)；

e——试样孔隙比；

ρ_s——土的颗粒密度(g/cm^3)。

2　渗透系数 k_T 及 k_{20}

$$k_T = \frac{Q \cdot L}{A \cdot H \cdot t} \qquad (14.2.3—3)$$

$$k_{20} = k_T \frac{\eta_T}{\eta_{20}} \qquad (14.2.3—4)$$

式中　k_T——水温 T ℃时试样的渗透系数(cm/s)，取两位有效数乘以 10^{-n}(n 为整数值)；

Q——时间 t 秒内渗透水量(cm^3)；

L——两测压孔中心间的试样高度(10 cm)；

H——平均水位差(cm)；

t——时间(s)；

A——试样面积(cm^2)；

k_{20}——标准温度(20 ℃)时试样的渗透系数(cm/s)；

η_T——T ℃时水的动力黏度(10^{-6} kPa · s)；

η_{20}——20 ℃时水的动力黏度(10^{-6} kPa · s)。

动力黏度比 η_T/η_{20} 与温度关系，可按表 14.2.3 确定。

注：平均水位差 H 可按 $(H_1+H_2)/2$ 计算。H_1 为上、中测压管水位差(cm)，H_2 为中、下测压管水位差(cm)。

3　当进行不同孔隙比下的渗透系数试验时，可在单对数坐标纸上绘制以孔隙比 e 为纵坐标，渗透系数 k_{20} 为横坐标的 e—$\lg k_{20}$ 关系曲线，如图 14.2.3 所示。

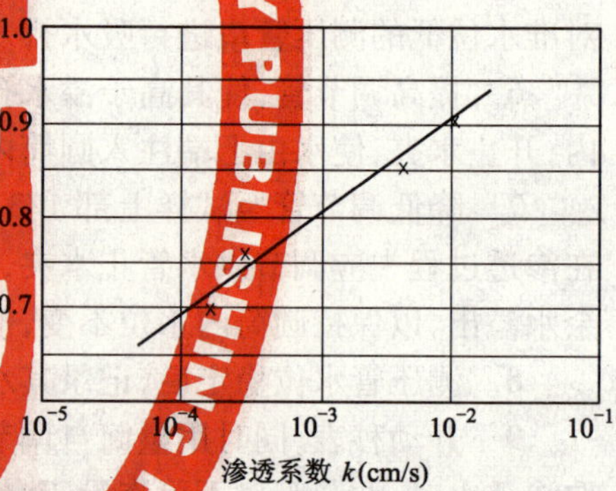

图 14.2.3　孔隙比与渗透系数关系曲线

14.2.4　试验允许差应符合下列规定：

在测得的渗透系数结果中应取 3 ~ 4 个允许差值小于 2.0×10^{-n} cm/s 的数值，求其平均值，作为试样在该孔隙比 e 的渗透系数。

表 14.2.3　不同温度水的动力黏度比

温度(℃)	$\frac{\eta_T}{\eta_{20}}$	温度(℃)	$\frac{\eta_T}{\eta_{20}}$	温度(℃)	$\frac{\eta_T}{\eta_{20}}$	温度(℃)	$\frac{\eta_T}{\eta_{20}}$	温度(℃)	$\frac{\eta_T}{\eta_{20}}$
5	1.501	10.0	1.297	15.0	1.133	20.0	1.000	27.0	0.850
5.5	1.478	10.5	1.297	15.5	1.119	20.5	0.988	28.0	0.833
6.0	1.455	11.0	1.261	16.0	1.104	21.0	0.976	29.0	0.815
6.5	1.435	11.5	1.243	16.5	1.090	21.5	0.964	30.0	0.798
7.0	1.414	12.0	1.227	17.0	1.077	22.0	0.953	31.0	0.781
7.5	1.393	12.5	1.211	17.5	1.066	22.5	0.943	32.0	0.765
8.0	1.373	13.0	1.194	18.0	1.050	23.0	0.932	33.0	0.750
8.5	1.353	13.5	1.176	18.5	1.038	24.0	0.910	34.0	0.735
9.0	1.334	14.0	1.163	19.0	1.025	25.0	0.890	35.0	0.720
9.5	1.315	14.5	1.148	19.5	1.012	26.0	0.870		

注：不同温度时水的动力黏度，见本规程表 7.3.4—3。

14.2.5　记录格式应符合表 14.2.5 的要求。

表 14.2.5　常水头渗透试验记录

试样编号________　　试样高度________cm　　试样质量________g

土粒密度________g/cm³

试样面积(A)________cm²　　孔隙比________

仪器编号________　　试样密度________g/cm³　　测压孔间距　10　cm

试验次数	经过时间 t(s)	测压管水位(cm)			水位差(cm)			水力坡降 J	渗透水量 Q (cm³)	渗透系数 k_T (cm/s)	平均水温 (℃)	校正系数 $\frac{\eta_T}{\eta_{20}}$	水温 20 ℃渗透系数 k_{20} (cm/s)	平均渗透系数 k_{20} (cm/s)	备注
		Ⅰ管	Ⅱ管	Ⅲ管	H_1	H_2	平均 H								
	(1)	(2)	(3)	(4)	(5)	(6)	(7)	(8)	(9)	(10)	(11)	(12)	(13)	(14)	
					(2)－(3)	(3)－(4)	$\frac{(5)-(6)}{2}$	0.1×(7)		$\frac{(9)}{A\times(8)\times(1)}$			10×(12)	$\frac{\Sigma(13)}{n}$	

复核________　____年____月____日　　　　试验________　____年____月____日

14.3　变 水 头 法

14.3.1　本试验应采用下列仪器设备：

1　变水头装置：由渗透容器、变水头管、供水瓶、进水管等组成，如图 14.3.1。变水头管内径应均匀，且不大于 1 cm，长度 1.5 m 左右，固定在刻度板上，刻度最小分度值为 1.0 mm。

2　渗透容器：由环刀、透水石、套环及上、下盖组成。环刀内径 61.8 mm，高 40 mm；透水石的渗透系数应大于 10^{-3} cm/s。

3　其他：100 mL 量筒、秒表、温度计、切土刀、凡士林、橡皮管等。

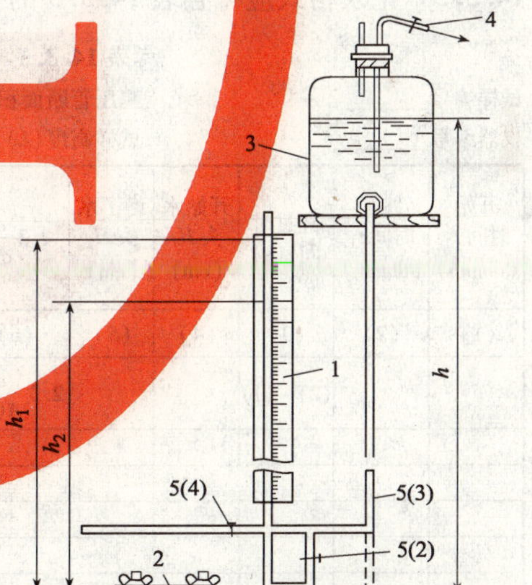

图 14.3.1　变水头渗透装置

1—变水头管；2—渗透容器；3—供水瓶；4—接水源管；5—进水管夹；6—排气管；7—出水管

14.3.2　试验操作应按下列步骤进行：

1　根据工程需要，用环刀在垂直或平行土样层面切取原状试样或由扰动土制备成给定密度的试样。切土时不得用切土刀反复涂抹试样表面。

2　将容器套环内壁涂抹一薄层凡士林，然后将盛有试样的环刀推入套环内，擦净挤出的凡士林，装好带有透水石和垫圈的上下盖，拧紧螺丝，使其不漏气，不漏水。对不易透水的试样，按本规程第 3.5.3 条的规定进行抽气饱和；对饱和试样和易透水的试样，直接用变水头装置的水头进行试样饱和。

3　将渗透容器的进水口与水头装置连通，关闭管夹 5(2)、5(3)，开启管夹 4，使供水瓶注满水。然后关闭管夹 4 开启管夹 5(2)及 5(3),使水头管内充满水。

4　将容器侧立,排气管 6 向上,并打开排气管管夹。打开进水口管夹 5(1),充水排除渗透容器底部的空气,直至溢出水无夹带气泡为止。关闭排气管管夹,放平渗透容器。

5　在一定水头(应根据试样结构疏松程度确定,且不宜大于 2.0 m)作用下,静置一段时间,待上出水管口有水溢出时,可开始测定。

6　将水头管充水至需要高度后,关闭管夹 5(2)。当水位降至所选定的开始水头 H_1 时,开动秒表,经过时间 t 后,测记终了水头 H_2。如此连续测记 2 ~ 3 次后,再使水头管的水位回升至另一需要高度,重复以上步骤试验 5 ~ 6 次。每次测记水头时同时测定水温,准确至 0.5 ℃。

14.3.3　试验结果应按下列公式计算:

1　渗透系数 k_T:

$$k_T = 2.3\frac{aL}{A(t_2 - t_1)}\lg\frac{H_1}{H_2} \tag{14.3.3}$$

式中　a——变水头管的断面积(cm^2);

2.3——ln 和 lg 的变换因数;

L——渗径,即试样高度(cm);

t_1, t_2——测读水头的起始和终止时间(s);

H_1, H_2——起始和终止水头(cm)。

2　标准温度下的渗透系数 k_{20} 应按式(14.2.3—4)计算。

14.3.4　试验允许差应符合本规程第 14.2.4 条规定。

14.3.5　记录格式应符合表 14.3.5 的要求。

表 14.3.5　变水头渗透试验记录表

试样编号________　　　测压管断面积(a)______cm^2　　　孔隙比________

仪器编号________　　　试样高度(L)______cm　　　试样面积(A)______cm^2

开始时间 t_1 (dhmin)	终了时间 t_1 (dhmin)	经过时间 t(s)	开始水头 H_1 (cm)	终了水头 H_2 (cm)	$2.3\frac{aL}{At}$	$\lg\frac{H_1}{H_2}$	水温 T℃时的渗透系数 k_T (cm/s)	水温(℃)	校正系数 $\frac{\eta_T}{\eta_{20}}$	渗透系数 k_{20} (cm/s)	平均渗透系数 k_{20} (cm/s)
(1)	(2)	(3)	(4)	(5)	(6)	(7)	(8)	(9)	(10)	(11)	(12)
		(2) − (1)			$2.3\frac{aL}{A(3)}$	$\lg\frac{(4)}{(5)}$	(6) × (7)			(8) × (9)	$\frac{\Sigma(11)}{n}$

复核________　______年____月____日　　　　　试验________　______年____月____日

15 固结试验

15.1 一般规定

15.1.1 饱和土体受到压力后,孔隙中的部分水逐渐从土体中排出,土中孔隙水压力逐渐减小,作用在土骨架上的有效应力逐渐增加,土体积随之压缩,直到变形达到稳定为止。土体这一变形的过程称为固结。非饱和土在外力作用下的变形通常是由孔隙中气体排出或压缩所引起,主要取决于有效应力的改变,土体的这种变形称为压缩。

15.1.2 本试验的目的是测定试样在侧限与轴向排水条件下的变形和压力,或孔隙比与压力的关系、变形和时间的关系,以便计算土的压缩系数 α_v、压缩指数 C_c、回弹指数 C_s、压缩模量 E_s、固结系数 C_v 及原状土的先期固结压力等。

15.1.3 本试验应优先采用标准固结试验。该方法适用于饱和的黏性土,当只进行压缩试验时,允许用于非饱和土。

15.1.4 当采用标准固结试验的时间不能满足工程要求时,可采用 12 h 快速固结试验。该方法适用于测定一般黏性土的先期固结压力和压缩指数的试验。

15.1.5 对沉降计算要求精度不高,主要为求压缩系数和压缩模量时,可采用 1 h 快速压缩试验。该方法适用于渗透性较大的非饱和土。

15.2 标准固结试验

15.2.1 本试验应采用下列仪器设备:

1 固结容器:由环刀、护环、透水板、加压上盖和水槽等组成,如图 15.2.1 所示。固结仪变形量应按本规程附录 D 进行较正。

1)环刀:内径为 61.8 mm 和 79.8 mm,高度为 20 mm。

2)透水板:透水石或不受腐蚀的金属材料制成,其渗透系数必须大于试样的渗透系数。顶部透水板的直径应小于环刀内径 0.2 ~ 0.5 mm。

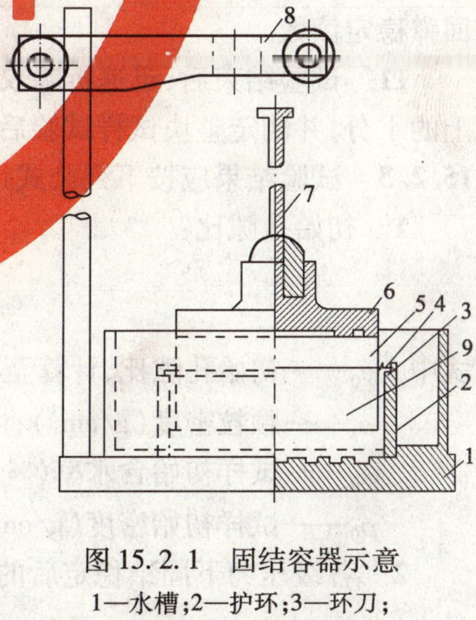

图 15.2.1 固结容器示意

1—水槽;2—护环;3—环刀;4—导环;5—透水板;6—加压上盖;7—位移计导杆;8—位移计架;9—试样

2 加压设备:能垂直施加各级规定的压力,无冲击影响。

3 变形量测设备:百分表量程 10 mm,分度值为 0.01 mm 或准确度为全量程 0.2% 的位移传感器。

4 天平:称量 500 g,分度值 0.1 g;称量 100 g,分度值 0.01 g。

5　其他：切土刀、钢丝锯、称量盒、烘箱、秒表等。

15.2.2　试验操作应按下列步骤进行：

1　根据工程需要，切取原状土试样或制备给定密度与含水率的扰动土试样，制备方法按本规程第3.2节和第3.3节规定进行。需要饱和时，按第3.5.3条的规定进行抽气饱和。

2　在固结容器内放入护环、透水板、滤纸；将带有环刀的试样装入护环内，在试样上再放入滤纸、透水板、加压盖板，置于加压框架下；对准加压框架的中心，安装百分表或位移传感器。当试样为饱和土时，上、下透水板应事先浸水饱和；对非饱和状态的试样，透水板和滤纸的湿度应与试样湿度相接近。

3　施加1 kPa的预压力，使试样与仪器上下各部件之间接触良好，将百分表或位移传感器调整到零位或测读初始值。

4　记录初始读数后，卸除预压力，开始施加第一级压力。第一级压力的大小应根据土的软硬程度而定，可分别为12.5、25或50 kPa。

5　饱和试样或工程上要求浸水的试样，在施加第一级压力后，立即向容器内注水，使试样在水下进行试验。非饱和试样，用湿棉纱围住加压盖板四周，以避免试验过程中水分的蒸发。

6　加压等级一般为12.5、25、50、100、200、400、800、1 600、3 200 kPa。最后一级的压力应大于上覆土层计算压力的100～200 kPa。

7　需要测定先期固结压力时，加压率宜小于1.0，可采用0.5或0.25的加压率。最后一级压力应使e—lg$p$曲线的下段出现较长的直线段。

8　当需测定沉降速率、固结系数时，加压后应按下列时间顺序测记量表读数：6 s、15 s、1 min、2 min15 s、4 min、6 min15 s、9 min、12 min15 s、16 min、20 min15 s、25 min、30 min15 s、36 min、42 min15 s、49 min、64 min、100 min、200 min、400 min及23、24 h直至稳定为止。

9　当不需要测定沉降速率时，稳定标准为每级压力下固结24 h。只测定压缩系数时，每级压力下的稳定标准为每小时试样的变形量不大于0.005 mm。

10　当需作回弹试验时，可在某级压力下固结稳定后逐级卸荷，直到卸至第一级压力为止。每次卸荷后的回弹稳定标准与加压时相同，并测记每级压力及最后一级压力时的回弹稳定读数。

11　试验结束后，迅速拆除仪器各部件，取出带环刀的试样，擦干试样两端和环刀壁上的水分，并测定整块试样试验后的含水率。

15.2.3　试验结果应按下列公式计算及制图：

1　初始孔隙比：

$$e_0 = \frac{\rho_s(1 + 0.01w_0)}{\rho_0} - 1 \tag{15.2.3—1}$$

式中　e_0——初始孔隙比，计算至0.01；

ρ_s——颗粒密度（g/cm^3）；

w_0——试样初始含水率（%）；

ρ_0——试样初始密度（g/cm^3）。

2　各级压力下固结稳定后的单位沉降量：

$$S_i = \frac{\sum \Delta h_i}{h_0} \times 1\,000 \tag{15.2.3—2}$$

式中　S_i——单位沉降量（mm/m）；

$\sum\Delta h_i$——在某级压力下,试样固结稳定后的总变形量(mm)(等于该压力下固结稳定后的读数减去仪器变形量);

h_0——试样的初始高度(mm)。

3 第 i 级压力下固结稳定后的孔隙比:

$$e_i = \frac{h_i(1+e_0)}{h_0} - 1 \quad (15.2.3\text{—}3)$$

式中 e_i——第 i 级压力下固结稳定后的孔隙比,计算至0.01;

h_i——第 i 级压力下固结稳定后的高度(mm)。

4 某一压力范围内的压缩系数:

$$\alpha_v = \frac{e_i - e_{i+1}}{p_{i+1} - p_i} \quad (15.2.3\text{—}4)$$

式中 α_v——某一压力范围内的压缩系数(MPa^{-1}),计算至0.01 MPa^{-1};

e_{i+1}——第 $i+1$ 级压力下固结稳定后的孔隙比;

p_i——第 i 级压力(kPa);

p_{i+1}——第 $i+1$ 级压力(kPa)。

5 某一压力范围内的压缩模量和体积压缩系数:

$$E_s = \frac{1+e_i}{\alpha_v} \quad (15.2.3\text{—}5)$$

$$m_v = \frac{1}{E_s} = \frac{\alpha_v}{1+e_i} \quad (15.2.3\text{—}6)$$

式中 E_s——压缩模量(MPa),计算至0.1 MPa;

m_v——体积压缩系数(MPa^{-1}),计算至0.01 MPa^{-1}。

6 压缩指数和回弹指数:

$$C_c(C_s) = \frac{e_i - e_{i+1}}{\lg p_{i+1} - \lg p_i} \quad (15.2.3\text{—}7)$$

式中 C_c——压缩指数,即 e—$\lg p$ 曲线直线段的斜率,计算至0.001;

C_s——回弹指数,即回弹曲线上某一压力范围内的平均斜率,计算至0.001。

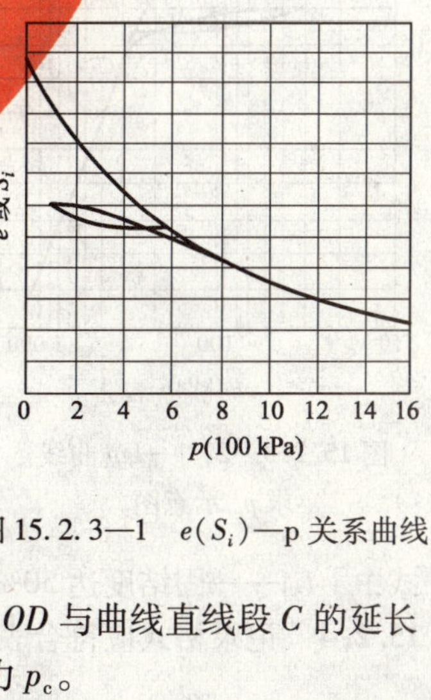

图15.2.3—1 $e(S_i)$—p 关系曲线

7 以单位沉降量 S_i 或孔隙比 e 为纵坐标,压力 p 为横坐标,绘制单位沉降量或孔隙比与压力的关系曲线,见图15.2.3—1。

8 以孔隙比 e 为纵坐标,$\lg p$ 为横坐标,绘制 e—$\lg p$ 关系曲线,见图15.2.3—2。

9 原状土的先期固结压力 p_c 的确定方法见图15.2.3—2所示,在 e—$\lg p$ 曲线上找出最小曲率半径 R_{min} 点 O,过 O 点作水平线 OA,切线 OB 及 $\angle AOB$ 的角平分线 OD,OD 与曲线直线段 C 的延长线交于 E 点,对应于 E 点的压力即为该原状土的先期固结压力 p_c。

10 固结系数 C_v 应按下列方法确定:

1)时间平方根法:对某一级压力,以试样的变形 d(mm)为纵坐标,时间平方根 $\sqrt{t}$(min)为横坐标,绘制 $d—\sqrt{t}$ 曲线,见图 15.2.3—3。延长 $d—\sqrt{t}$ 曲线开始段的直线,交纵坐标轴于 d_s(d_s 为理论零点)。过 d_s 作另一直线,使其横坐标为前一直线横坐标的 1.15 倍,则后一直线与 $d—\sqrt{t}$ 曲线交点所对应的时间的平方即为试样固结度达 90% 所需的时间 t_{90}。该压力下的固结系数按下式计算:

$$C_v = \frac{0.848(\overline{h})^2}{t_{90}} \qquad (15.2.3—8)$$

式中 C_v——固结系数(cm^2/s),计算至 0.01 cm^2/s;

$\overline{h}$——最大排水距离,等于某一压力下试样初始和终了高度的平均值之半(cm);

t_{90}——固结度达 90% 所需的时间(s)。

2)时间对数法:对某一级压力,以试样的变形 d(mm)为纵坐标,时间对数(min)为横坐标,绘制 $d—\lg t$ 曲线,见图 15.2.3—4。在 $d—\lg t$ 曲线的开始线段,选任一时间 t_1,相对应的变形量为 d_1,再取时间 $t_2 = t_1/4$,相对应的变形量为 d_2,则 $2d_2—d_1$ 为 d_{01}。依次再取另一时间按此法求得 d_{02}、d_{03}、d_{04} 等,取其平均值即为理论零点 d_0。延长 $d—\lg t$ 曲线中部的直线段和过曲线尾部数点作一切线的交点即为理论终点 d_{100},则 $d_{50} = \frac{d_0 + d_{100}}{2}$。对应于 d_{50} 的时间即为试样固结度达 50% 所需的时间 t_{50},该压力下的固结系数按下式计算:

$$C_v = \frac{0.197(\overline{h})^2}{t_{50}} \qquad (15.2.3—9)$$

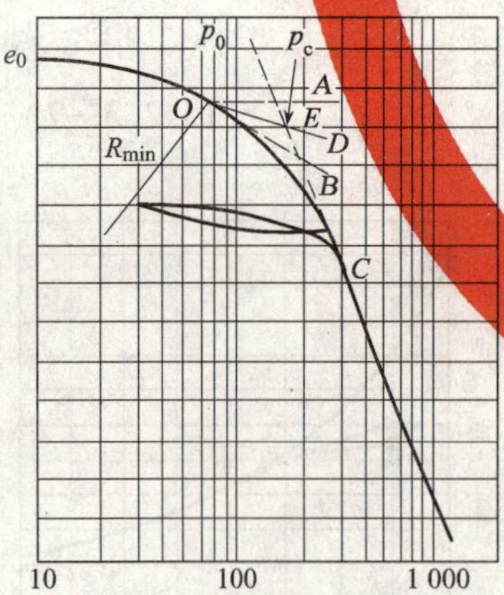

图 15.2.3—2 $e—\lg p$ 曲线求 p_c 示意图

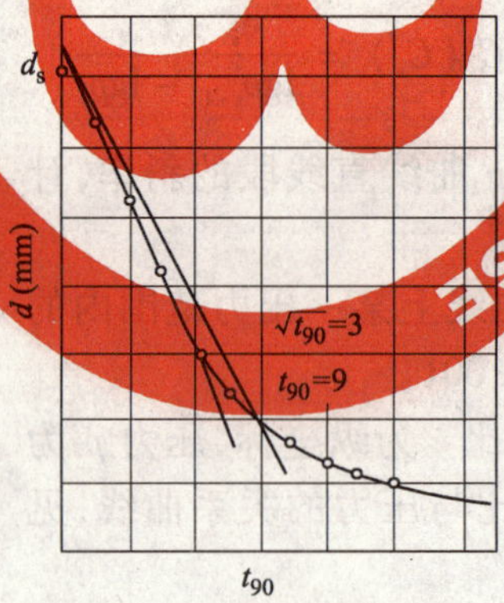

图 15.2.3—3 时间平方根法求 t_{90}

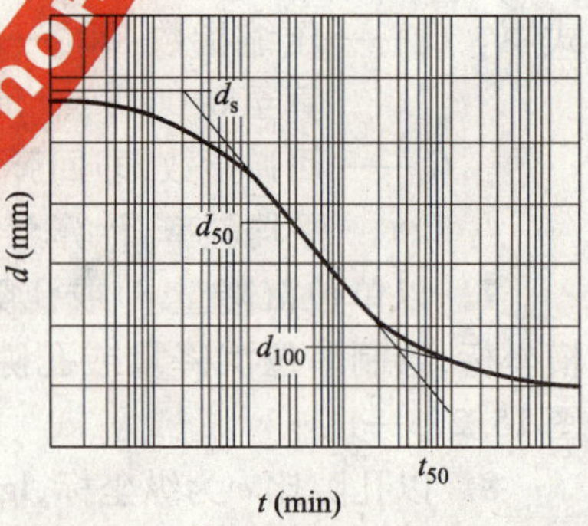

图 15.2.3—4 时间对数法求 t_{50}

式中 t_{50}——固结度达 50% 所需的时间(s)。

15.2.4 记录格式应符合表 15.2.4—1 ~ 3 的要求。

表 15.2.4—1 标准固结试验记录(一)

试样编号________ 仪器号________

试样面积 cm²		颗粒密度 g/cm³			初始孔隙比		
试验前试样高度 cm		试验前饱和度 %			试验后饱和度 %		
试样密度	环刀号	环刀加湿试样的质量(g)	环刀质量(g)	湿试样质量(g)	环刀体积(cm³)	密度(g/cm³)	平均密度(g/cm³)
试验前							
试验后							
试样含水率	盒 号	湿试样质量(g)		干试样质量(g)	含水率(%)		平均值(%)
试验前							
试验后							

复核______ ____年____月____日 试验______ ____年____月____日

表 15.2.4—2 标准固结试验记录(二)

压力(kPa) / 经过时间	P =		P =		P =		P =	
	日期	百分表读数(mm)	日期	百分表读数(mm)	日期	百分表读数(mm)	日期	百分表读数(mm)
0								
6 s								
15 s								
1 min								
2.25 min								
4 min								
6.25 min								
9 min								
12.25 min								
16 min								
20.25 min								
25 min								
30.25 min								
36 min								
42.25 min								
49 min								
64 min								
100 min								
200 min								
400 min								
23 h								
24 h								
总变形量(mm)								
仪器变形量(mm)								
试样总变形量(mm)								

复核______ ____年____月____日 试验______ ____年____月____日

表 15.2.4—3　标准固结试验记录(三)

试样编号

试验前试样高度 h_0 试验前孔隙比 e_0			$C_v=\frac{0.848(\bar{h})^2}{t_{90}}$ 或 $C_v=\frac{0.197(\bar{h})^2}{t_{50}}$					
加压历时	压力 p_i	试样总变形量 $\sum\Delta h_i$	压缩后的试样高度 $h_i=h_0-\sum\Delta h_i$	孔隙比 $e_i=\frac{h_i(1+e_i)}{h_0}-1$	压缩系数 $\alpha_v=\frac{e_i-e_{i+1}}{p_{i+1}-p_i}$	压缩模量 $E_s=\frac{1+e_i}{\alpha_v}$	排水距离 $\bar{h}=\frac{h_i+h_{i+1}}{4}$	固结系数 C_v
	(kPa)	(mm)	(mm)	(1)	(MPa^{-1})	(MPa)	(cm)	(cm^2/s)

复核______ ____年____月____日　　　　试验______ ____年____月____日

15.3　12 h 快速固结试验

15.3.1　本试验采用的仪器设备应符合本规程第 15.2.1 条的要求。

15.3.2　试验操作应按下列步骤进行：

1　试样的制备、安装和预压应按本规程第 15.2.1 条第 1 ~ 4 款步骤进行。

2　在施加第一级压力后，立即向容器内注水，使试样在水中进行试验。也可用湿棉纱围住加压盖板四周，以避免试验过程中水分的蒸发。

3　需要施加的各级压力应与标准固结试验相同，宜为 12.5、25、50、100、200、400、800、1 600、3 200 kPa。第一级的压力大小应视土的软硬程度而定，宜用 12.5 或 25 kPa，施加的压力应使测得的 e—lg$p$ 曲线下段出现直线段，最后一级压力应大于土的自重压力与附加压力之和。

4　每级压力下测记 12 h 变形量后立即施加下一级压力，逐级加压至所需压力。最后一级压力下除测记 12 h 的试样变形量外，还须测记加压到 24 h 的试样变形量。

5　试验结束后，吸去容器中的水，卸去荷重，取出试样。

15.3.3　试样在各级压力下固结 12 h 和最后一级压力下固结 24 h 时的孔隙比应按下列

公式计算：

1 试样初始孔隙比的计算应按本规程第 15.2.3 条第 1 款进行。

2 各级压力下试样固结 12 h 时的孔隙比：

$$e_{i12} = \frac{h_{i12}(1 + e_0)}{h_0} - 1 \tag{15.3.3—1}$$

式中 e_{i12}——第 i 级压力下试样固结 12 h 的孔隙比；

h_{i12}——第 i 级压力下试样固结 12 h 后的高度(mm)。

3 最后一级压力下试样固结 24 h 时的孔隙比：

$$e_L = \frac{h_L(1 + e_0)}{h_0} - 1 \tag{15.3.3—2}$$

式中 e_L——最后一级压力下试样固结 24 h 的孔隙比；

h_L——最后一级压力下试样固结 24 h 后的高度(mm)。

15.3.4 试样孔隙比计算结果应采用下式进行校正：

$$\Delta e_{i12} = \frac{\Delta e_L}{C_{cL}} \times C_{ci12} \tag{15.3.4—1}$$

$$e_i = e_{i12} - \Delta e_{i12} \tag{15.3.4—2}$$

式中 e_i——第 i 级压力下修正后的孔隙比；

Δe_{i12}——第 i 级压力下的次固结孔隙比增量；

Δe_L——最后一级压力下次固结孔隙比增量(最后一级压力下 12 h 与 24 h 孔隙比之差)；

C_{ci12}——第 i 级压力下的压缩指数，即为各级 12 h 所得 e—lg$p$ 曲线第 i 级节点处斜率的绝对值，宜根据(e_{i12}, lgp_i)各节点采用三次样条函数插值计算，C_{ci12} 为节点处一阶导数绝对值；

C_{cL}——最后一级压力下的压缩指数。

15.3.5 在计算条件有限时，可采用 K 值修正法对各级压力下试样变形量进行修正，其修正方法如下：

$$K = \frac{\Delta h_{L24}}{\Delta h_{L12}} \tag{15.3.5—1}$$

$$\Delta h_i = K \times \Delta h_{i12} \tag{15.3.5—2}$$

式中 Δh_i——第 i 级压力下修正后的试样总变形量(mm)；

K——修正系数；

Δh_{L24}——最后一级压力下 24 h 的试样总变形量(mm)；

Δh_{L12}——最后一级压力下 12 h 的试样总变形量(mm)。

修正后孔隙比为

$$e_i = e_0 - \frac{1 + e_0}{h_0}\Delta h_i \tag{15.3.5—3}$$

15.3.6 以修正后孔隙比 e 为纵坐标，以压力对数 lg$p$ 为横坐标，绘制 e—lg$p$ 曲线。原状土试样先期固结压力的确定方法应符合本规程第 15.2.3 条第 9 款的规定。

15.3.7 压缩指数的计算应符合本规程第 15.2.3 条第 6 款的规定。

15.3.8 记录格式应符合表 15.3.8 的要求。

表 15.3.8　12 h 快速固结试验记录

试样编号:________　　　　　　　　　　　　　　　　　　仪器编号:________

试样初始高度　mm 试样初始密度　g/cm³		试样面积　cm² 颗粒密度　g/cm³			试样初始孔隙比 试样初始含水率　%		
压力(kPa)	12 h 试件和仪器变形量(mm)	仪器变形量(mm)	试样 12 h 变形量 Δh_{i12}(mm)	修正后变形量 Δh_{i24}(mm)	12 h 固结后试样高度 h_{i12}(mm)	试样 12 h 孔隙比 e_{i12}	修正后孔隙比 e_i
修正方法							

复核______ ____年____月____日　　　　　　　　　　　　　　　　试验______ ____年____月____日

15.4　1 h 快速压缩试验

15.4.1　本试验采用的仪器设备应符合本规程第 15.2.1 条的要求。

15.4.2　试验操作应按下列步骤进行:

1　试样的切取及装入容器,应按本规程第 15.2.2 条第 1~3 款的规定进行。加荷等级一般为 50、100、200、300、400、600 kPa。

2　加压后测记 1 h 时的试样高度变化,立即施加下一级压力,逐级加压至所需压力。加最后一级压力时除测记 1 h 时的试样变形外,还需测记试样达到压缩稳定时的量表读数。稳定标准为每小时试样变形不超过 0.005 mm。

3　试验结束后应按本规程第 15.2.2 条第 11 款的规定拆除仪器。

15.4.3　试验结果应按下列公式计算及制图:

1　各级压力下试样校正后的总变形量:

$$\sum \Delta h_i = (h_i)_t \frac{(h_n)_T}{(h_n)_t} = K(h_i)_t \tag{15.4.3—1}$$

式中　$\sum \Delta h_i$——某一压力下校正后的试样总变形量(mm),计算至 0.01 mm;

$(h_i)_t$——某一压力下固结 1 h 的变形量减去该压力下的仪器变形量(mm);

$(h_n)_t$——最后一级压力下固结 1 h 的变形量减去该压力下的仪器变形量(mm);

$(h_n)_T$——最后一级压力下固结稳定后的总变形量减去该压力下的仪器变形量(mm);

K——校正系数。

2 试样的初始孔隙比应按本规程式(15.2.3—1)进行计算。

3 各级压力下固结1 h试样校正后的孔隙比：

$$e_i = e_0 - \frac{1+e_0}{h_0}\sum \Delta h_i \quad (15.4.3\text{—}2)$$

式中 e_i——某一压力下固结1 h试样校正后的孔隙比，计算至0.01。

4 某一压力范围内的压缩系数 α_v 和压缩模量 E_s，应按本规程式(15.2.3—4)和式(15.2.3—5)进行计算。

15.4.4 以孔隙比 e 为纵坐标，压力 p 为横坐标，绘制孔隙比与压力关系曲线。

15.4.5 记录格式应符合表15.4.5的要求。

表15.4.5 1 h快速压缩试验记录

试样编号________ 仪器号________

试样初始高度 mm 颗粒密度 g/cm^3			试样初始密度 g/cm^3 $K=(h_n)_T/(h_n)_t=$		试样初始含水率 %		
加压历时(h)	压力(kPa)	校正前试样总变形量(mm)	校正后试样总变形量(mm)	压缩后试样高度(mm)	校正后孔隙比	压缩系数(MPa^{-1})	压缩模量(MPa)
1							
1							
1							
1							
1							
1							
稳定							

复核________ ____年____月____日 试验________ ____年____月____日

16　直接剪切试验

16.1　一 般 规 定

16.1.1　直接剪切试验，应取 4 个试样，在直剪仪中分别施加不同竖向压力，再分别对它们施加水平剪切力进行剪切，求得破坏时的剪应力 τ。然后根据库仑定律确定土的抗剪强度参数：内摩擦角 ϕ 和黏聚力 c。

16.1.2　直接剪试验可分为快剪、固结快剪、慢剪三种试验方法。

16.1.3　本试验适用于测定黏性土和粉土的抗剪强度参数 c 和 ϕ 及土颗粒粒径小于 2 mm砂类土的抗剪强度参数 ϕ。渗透系数 $k>10^{-6}$ cm/s 的土不宜做快剪试验。

16.2　快 剪 试 验

16.2.1　本试验应采用下列仪器设备：

1　应变控制式直剪仪：包括剪切盒、垂直加压设备、剪切传动装置、测力计、位移量测系统。如图 16.2.1。直剪仪和测力计应按本规程附录 C 进行校正和率定。

2　位移计：可用量程为 10 mm，分度值为 0.01 mm 的百分表或准确度为全量程 0.2% 的传感器。

3　环刀：内径 61.8 mm，高 20 mm。

4　透水板或不透水板：直径比环刀略小约 0.2 ~ 0.5 mm。

5　天平：称量 500 g，分度值 0.1 g。

6　其他：切土刀、滤纸、保湿器等。

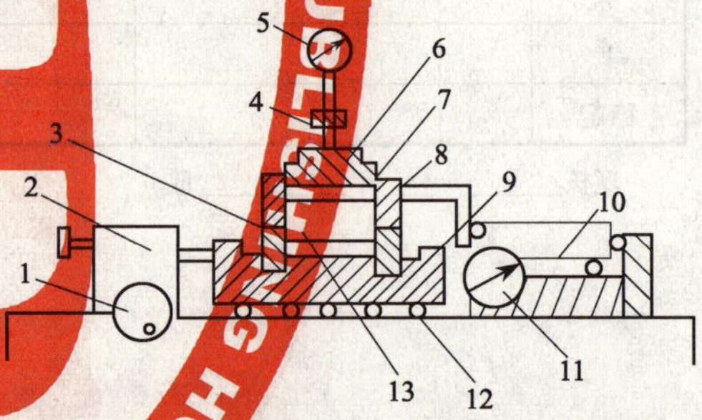

图 16.2.1　应变控制式直剪仪

1—剪切传动装置；2—推动器；3—下盒；4—垂直加压框架；5—垂直位移计；6—传压板；7—透水板；8—上盒；9—储水盒；10—测力计；11—水平位移计；12—滚珠；13—试样

16.2.2　试验操作应按下列步骤进行：

1　原状土试样制备应按本规程第 3.3 节的规定进行；扰动土试样制备应按本规程第 3.2 节的规定进行；当试样需要进行饱和时，应按本规程第 3.5 节的规定进行。

2　对准剪切容器的上下盒，插入固定销，在下盒内放入不透水板，将带有试样的环刀刃口向上，对准剪切盒口，在试样上面放不透水板（或透水板加薄膜塑料），然后将试样缓缓推入剪切盒内，再移去环刀。

3　转动传动装置，使上盒的前端钢珠刚好与测力计接触，调整测力计读数为零。顺次加上传压板、钢珠、加压框架。如需观测垂直变形，可安装垂直位移计，并记录初始读数。

4　施加垂直压力的大小应根据工程要求和土的软硬状态决定。一般可按 25、50、

100、200 kPa 或 100、200、300、400 kPa 施加压力。

5 立即拔去固定销，将测力计调零后，开动秒表，以0.8 ~ 1.2 mm/min的剪切速度对试样进行剪切，控制在 3 ~ 5 min 内剪损。当测力计的读数不变或出现后退，表示试样已被剪损，一般应剪切至剪切变形达 4 mm 为止。如测力计读数随剪切变形继续加大，则剪切变形应达到 6 mm 为止。试样每产生0.2 ~ 0.4 mm位移时，应测记测力计和位移读数一次，直到剪损为止，记下破坏值。

6 剪切结束后应立即吸去剪切盒内积水，退去剪切力和垂直压力，移去加压框架，取出试样，测定试样剪切面上的含水率。

7 按上述步骤连续剪完不同垂直压力下的其余三个试样。

16.2.3 试验结果应按下列公式计算及制图：

1 剪应力及剪切位移：

$$\tau = (CR/A_0) \times 10 \tag{16.2.3—1}$$

$$\Delta L = \Delta L' n - R \tag{16.2.3—2}$$

式中 τ——剪应力(kPa)，计算至 1 kPa；

C——测力计率定系数(N/0.01 mm)；

R——测力计读数(0.01 mm)；

A_0——试样面积(cm^2)；

10——单位换算因数；

ΔL——剪切位移(0.01 mm)；

n——手轮转数；

$\Delta L'$——手轮每转的位移(mm)。

2 以剪应力τ为纵坐标，剪切位移 ΔL 为横坐标，绘制 τ—ΔL 关系曲线，见图 16.2.3—1。选取τ—ΔL 关系曲线上剪应力的峰值或稳定值作为抗剪强度 s，见图 16.2.3—1 中曲线上的箭头所示。如无明显峰值时，取剪切位移 4 mm 所对应的剪应力作为抗剪强度。

3 以抗剪强度 S 为纵坐标，垂直压力 p 为横坐标，绘制 S—p 关系曲线，见图 16.2.3—2。根据图上各实测点，绘制一条视测直线，各实测点与直线上对应点的抗剪强度之差，不得超过直线上对应点抗剪强度的 ±5%。直线在纵坐标上的截距为土的黏聚力 c，直线的倾角为土的内摩擦角 ϕ。

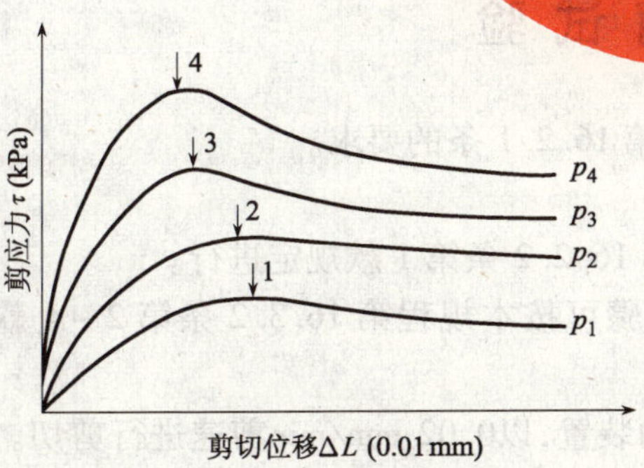

图 16.2.3—1 剪应力与剪切位移关系曲线

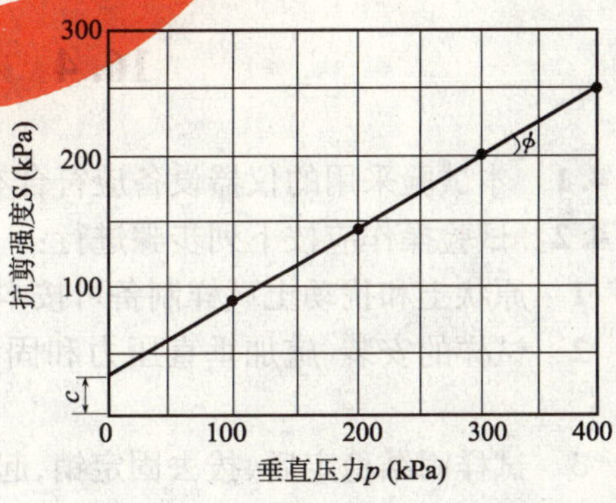

图 16.2.3—2 抗剪强度与垂直压力关系曲线

16.2.4　记录格式应符合表 16.2.4 的要求。

表 16.2.4　直接剪切试验记录

试样编号		土颗粒密度 ρ_s =		试验方法		
环刀号	试样状态	含水率 w(%)	湿密度 ρ(g/cm^3)	干密度 ρ_d(g/cm^3)	孔隙比 e	饱和度 S_r
	初始					
	饱和					
	剪后					

仪器编号	垂直压力　kPa	率定系数 C = 　N/0.01 mm
剪切速率　mm/min	剪切历时　min	试样面积 A_0 = 　cm^2
剪切前固结时间　min	剪切前压缩量　mm	抗剪强度　kPa

时间	垂直量表读数 (0.01 mm)	手轮转数 (n)	测力计读数 (0.01 mm)	剪切位移 (0.01 mm)	剪应力 (kPa)
(1)	(2)	(3)	(4)	(5) = ΔL′ × (3) − (4)	(6) = $\frac{(4)\times C}{A_0}\times 10$

复核＿＿＿　＿＿年＿＿月＿＿日　　　　　　　　　　试验＿＿＿　＿＿年＿＿月＿＿日

16.3　固结快剪试验

16.3.1　本试验采用的仪器设备应符合本规程第 16.2.1 条的要求。

16.3.2　试验操作应按下列步骤进行：

1　原状土和扰动土试样制备可按本规程第 16.2.2 条第 1 款规定进行。

2　试样的安装可按本规程第 16.2.2 条第 2 ~ 3 款进行。但试样上下两面的不透水板应改为透水板，并贴放湿滤纸。

3　施加垂直压力后，每隔 1 h 测定垂直位移一次，待试样每小时变形量：黏性土不大于 0.005 mm，粉土和砂类土不大于 0.01 mm 时，则固结已趋稳定。

4　其余试验步骤应按本规程第 16.2.2 条第 4 ~ 7 款进行。

16.3.3　试验结果计算及制图应按本规程第 16.2.3 条进行。

16.3.4　记录格式应符合本规程表 16.2.4 的要求。

16.4　慢剪试验

16.4.1　本试验采用的仪器设备应符合本规程第 16.2.1 条的要求。

16.4.2　试验操作应按下列步骤进行：

1　原状土和扰动土试样制备可按本规程第 16.2.2 条第 1 款规定进行。

2　试样的安装、施加垂直压力和固结等步骤可按本规程第 16.3.2 条第 2 ~ 4 款进行。

3　试样固结稳定后，拔去固定销，起动传动装置，以 0.02 mm/min 剪速进行剪切。也可按下式估算剪切破坏时间：

$$t_f = 50t_{50} \tag{16.4.2}$$

式中 t_f——达到破坏所经历的时间(min);

t_{50}——固结度达 50% 所需的时间(min)。

剪损标准可按本规程第 16.2.2 条第 5 款规定选取。

4 其余试验步骤可按本规程第 16.2.2 条第 6~7 款进行。

16.4.3 试验结果计算和制图应按本规程第 16.2.3 条进行。

16.4.4 记录格式应符合本规程表 16.2.4 的要求。

17　排水反复直接剪切试验

17.0.1　在给定的有效应力作用下，对黏性土进行排水剪切试验，当剪应力达到峰值强度后，随着剪切位移的增大，强度逐渐减小，最后趋于某一稳定值，此值称为残余强度。

17.0.2　排水反复直接剪切试验应制备4个试样在不同的垂直压力下进行反复剪切，分别求得剪应力的最后稳定值，以确定残余强度参数 c_r 和 ϕ_r。

17.0.3　本试验适用于黏性土和泥化夹层。

17.0.4　本试验应采用下列仪器设备：

1　应变控制式反复直剪仪：包括变速设备、可逆电动机和反推夹具，如图 17.0.4 所示。直剪仪和测力计应按本规程附录 C 进行校正和率定。

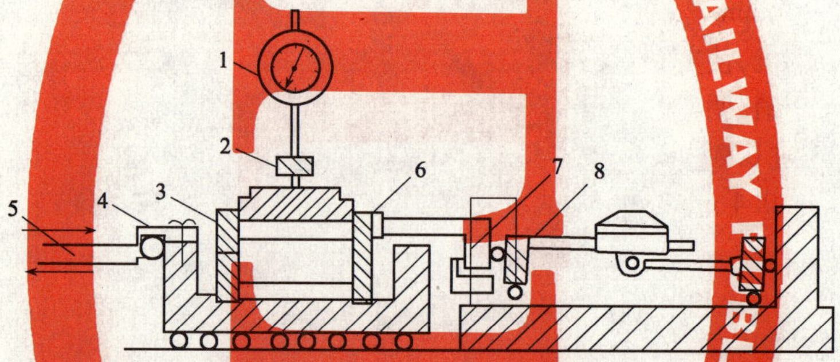

图 17.0.4　反复直剪仪示意

1—垂直变形位移计；2—加压框架；3—试样；4—连接件；5—推动轴；6—剪切盒；7—限制连接件；8—测力计

2　垂直变形位移计（百分表）：量程 10 mm，分度值0.01 mm。

3　天平：称量 500 g，分度值 0.1 g。

4　环刀：内径 61.8 mm，高 20 mm。

5　其他：饱和器、切土刀、钢丝锯、滤纸、秒表等。

17.0.5　试样制备应按下列规定进行：

1　有软弱面的原状土样，应先分清软弱面的天然滑动方向，整平土样的两端，使顶面与软弱面平行。在环刀内涂一薄层凡士林。切土时，应使此软弱面处于环刀的高度一半处，然后在试样面上划出此软弱面的天然滑动方向。

2　对超固结黏土或完整的原状黏土，应按本规程第 3.3 节的规定制成试样后，放入剪切盒内。先在小于 50 kPa 的垂直压力下以较快的剪切速率进行预剪，使形成一个破裂面（如试样坚硬，也可用刀、锯等工具先切割成一个剪切面），然后在垂直加荷下固结稳定后进行剪切。

3　对于泥化夹层或滑坡层面，当无法取得原状土样时，可刮取夹层或层面上的土样，制备成圆锥下沉深度为 10 mm 的液限状态土膏，再将土膏填入环刀内。填装时，先沿环刀的四周填入，再填中部，应排除试样内的空气，同一组试样填入密度允许差值为0.03 g/cm^3。

4 原状土样应尽量取靠近破裂面上的土测其含水率，扰动土样应取切下的余土测其含水率。

5 一般采用抽气饱和法使试样达到饱和。

17.0.6 试验操作应按下列步骤进行：

1 对直剪仪进行详细检查。对准上、下剪切盒，插入固定销。顺序放上透水板、滤纸，并将试样推入剪切盒内。上面再放上滤纸、透水板、加压盖板、钢珠及加压框架等。安装垂直变形位移计。在剪切盒周围包以湿棉花，以防止水分的蒸发。

2 每组试验应制备4个试样，在4种不同垂直压力下进行剪切。垂直压力宜为100、200、300、400 kPa。各个垂直压力可一次轻轻施加，若土质松软，应分级施加以防试样被挤出。

3 在试样上施加垂直压力后，测记垂直变形读数，当读数小于0.005 mm/h时，可认为固结已达稳定。也可在其他仪器上进行预固结，然后再移到剪切盒内，继续固结至稳定后，再进行剪切。

4 除含水率相当于液限试样的剪切外，一般原状土和硬黏土在试验时剪切盒应开缝，缝宽0.3～1.0 mm。

5 启动电动机，使剪切盒前端的钢珠与测力计接触，并调整其初始读数。

6 拔出固定销，调节变速箱。对粉土、粉质黏土的剪速不宜超过0.06 mm/min；对黏土的剪速不宜超过0.02 mm/min。开动电动机正向开关，按以上剪速进行剪切，试样每产生剪切位移0.2～0.4 mm，测记测力计和位移读数，当剪应力超过峰值后，按剪切位移每隔0.5 mm测记一次。直至最大剪切位移8～10 mm时停止剪切。每次剪切时，试验不允许中断。

7 第一次剪切完成后，启动电动机反向开关，以剪速不大于0.6 mm/min将剪切盒反向推至与上剪切盒重合后，插入固定销。

8 等待半小时后，重复本条第5～7款的步骤进行第二次剪切，如此反复剪切多次，直至最后两次剪切时测力计读数接近为止。一般对粉土、粉质黏土需剪切5～6次。总剪切量达40～50 mm，对黏土需剪切3～4次，总剪切位移量达30～40 mm。

9 剪切结束后，测记垂直位移计的读数，吸去剪切盒中积水，尽快卸除位移计、垂直压力、加压框架、加压盖板及剪切盒等。并描述剪切面的破坏情况。取剪切面上下的试样测定剪后含水率。

17.0.7 试验结果应按下式计算及制图：

1 残余强度：

$$\tau_r = (C \cdot R / A_0) \times 10 \tag{17.0.7}$$

式中 τ_r——剪应力(kPa)，计算至1 kPa；

C——测力计率定系数(N/0.01mm)；

R——测力计读数(0.01mm)；

A_0——试样面积(cm^2)；

10——单位换算因数。

2 绘制剪应力与剪切位移关系曲线，见图17.0.7—1。取每一个试验曲线上第一次剪切峰值为峰值剪应力τ_f，最后稳定值为残余剪应力τ_r。绘制抗剪强度与垂直压力关系曲线，见图17.0.7—2。

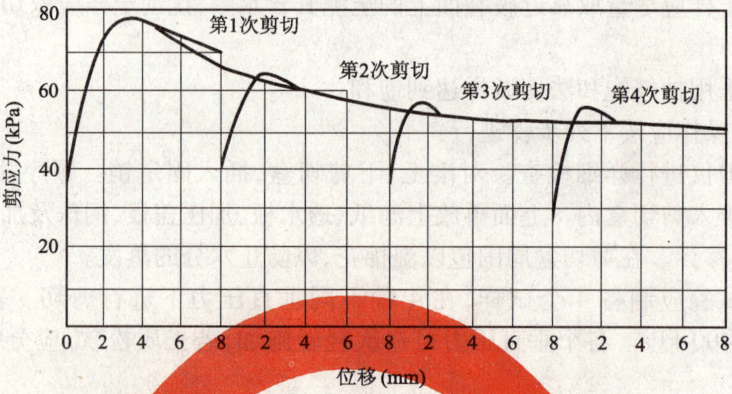

图 17.0.7—1 剪应力与剪切位移曲线

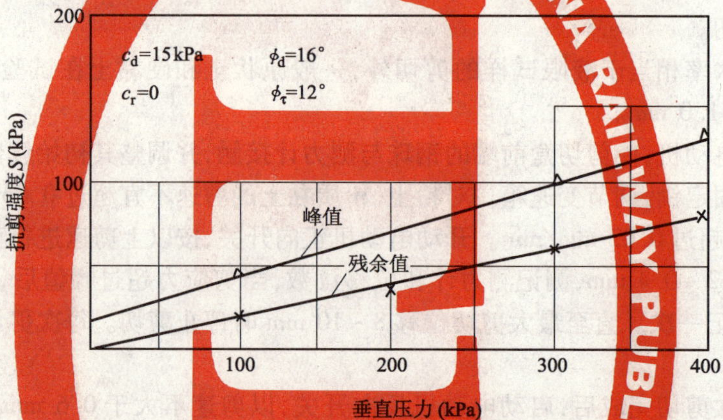

图 17.0.7—2 抗剪强度与垂直压力关系曲线

17.0.8 记录格式应符合表 17.0.8 的要求。

表 17.0.8 排水反复直接剪切试验

工程名称________ 试样编号________

仪器编号:		剪前固结时间:	min
测力计率定系数:	N/0.01 mm	剪前固结沉降量:	mm
		试样面积:	cm^2
剪切速率:	mm/min	剪切次数:	
垂直压力:	kPa	抗剪强度:	kPa

剪切位移	垂直位移计读数	测力计读数	剪应力
(0.01 mm)	(0.01 mm)	(0.01 mm)	(kPa)
30 60 100 130 160 200 230 260 300 350 400 ⋮ 800			

注:"+"为剪胀,"-"为剪缩。

复核______ ____年____月____日 试验______ ____年____月____日

18 三轴压缩试验

18.1 一 般 规 定

18.1.1 三轴压缩试验宜采用 3 ~4 个圆柱形试样,分别在不同的恒定周围压力下,逐渐增加轴向压力,使试样内部产生剪应力直至试样破坏的一种抗剪强度试验。

18.1.2 本试验方法适用于测定黏性土、粉土和砂类土的总抗剪强度参数和有效抗剪强度参数。

18.1.3 本试验根据排水条件,可分为下列三种方法:

1 不固结不排水剪(UU)试验是在施加周围压力和增加轴向压力直至破坏过程中不允许试样排水。可求得总抗剪强度参数(c_u、ϕ_u)。

2 固结不排水剪(CU 或$\overline{CU}$)试验是试样先在某一周围压力作用下排水固结。然后在保持不排水的情况下,增加轴向压力直至破坏为止。本试验可测得总抗剪强度参数 c_{cu}、ϕ_{cu}或者有效抗剪强度参数 c'、ϕ'和孔隙压力系数。

3 固结排水剪(CD)试验是试样先在某一周围压力作用下排水固结,然后在允许试样继续排水的条件下增加轴向压力直至破坏为止。本试验可测得有效抗剪强度参数 c_d、ϕ_d。

18.1.4 在无法取得 3 ~4 个试样进行三轴压缩试验时,可采用一个试样多级加荷试验。

18.2 仪 器 设 备

18.2.1 本试验应采用下列仪器设备:

1 应变控制式三轴仪如图 18.2.1—1 所示,主要包括压力室、轴向加压设备、周围压力控制系统、反压力控制系统、孔隙压力测量系统、轴向变形和体积变化量测系统。

2 附属设备

1)击实筒:见图 18.2.1—2。

2)饱和器:见图 18.2.1—3。

3)切土盘:见图 18.2.1—4。

4)切土器和切土架:见图 18.2.1—5。

5)原状土分样器:见图 18.2.1—6。

6)承膜筒安装示意图:见图 18.2.1—7。

7)制备砂样圆模:见图 18.2.1—8。

3 天平:称量 200 g、分度值 0.01 g;称量 1 000 g,分度值 0.1 g;称量 5 kg,分度值1 g。

4 量表:量程 30 mm,分度值 0.01 mm。

5 橡皮膜:对直径 39.1 mm 和直径 61.8 mm 的试样,橡皮膜厚度以 0.1 ~0.2 mm为宜,对直径 101 mm 的试样,橡皮膜厚度以 0.2 ~0.3 mm 为宜。

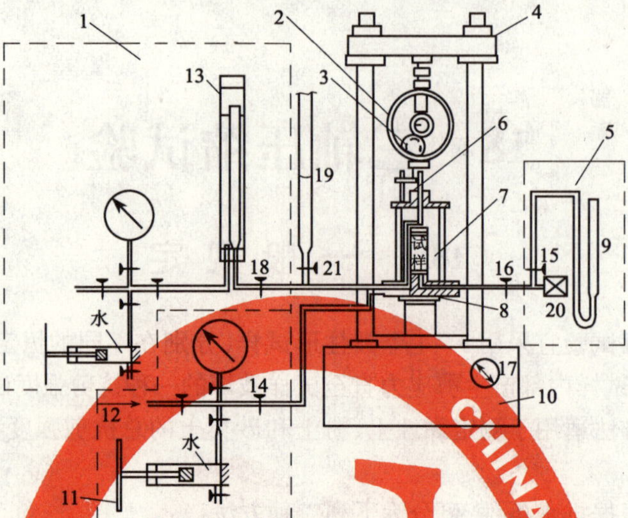

图 18.2.1—1 三轴仪组成示意

1—反压力控制系统;2—轴向测力计;3—轴向位移计;4—试验机横梁;
5—孔隙压力测量系统;6—活塞;7—压力室;8—升降台;9—量水管;
10—试验机;11—周围压力控制系统;12—压力源;13—体变管;
14—周围压力阀;15—量管阀;16—孔隙压力阀;17—手轮;
18—体变管阀;19—排水管;20—孔隙压力传感器;21—排水管阀

图 18.2.1—2 击实筒

1—套环;2—定位螺丝;3—导杆;4—击锤;
5—底板;6—套筒;7—饱和器;8—底板

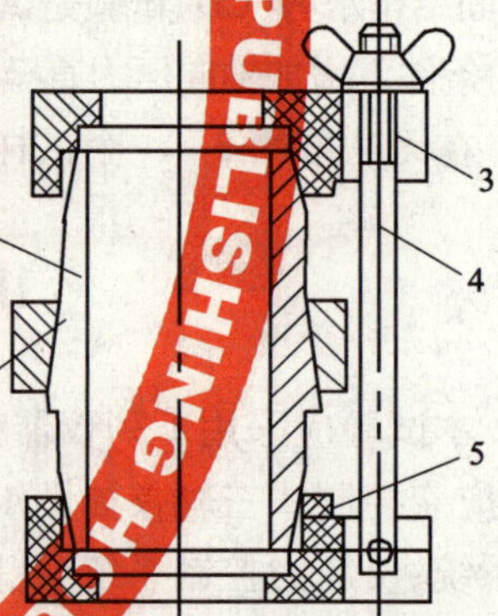

图 18.2.1—3 饱和器

1—土样筒;2—紧箍;3—夹板;
4—拉杆;5—透水板

18.2.2 试验时的仪器应符合下列要求:

1 对于周围压力控制系统和反压力控制系统的仪表其误差应小于全量程的±1%。如用传感器,其误差应小于全量程的±0.5%。根据试样强度的大小,选择不同量程的测力计,应使最大轴向压力的准确度不低于1%。

2 孔隙压力量测系统的气泡应完全排除。其方法是一边向系统内充脱气水一边施加压力,并打开孔隙压力阀让管路中的气泡从压力室底座排除。应反复几次,使气泡完全冲出为止(如用零位指示器时,可将水银移入贮槽内,关闭量管阀,用调压筒对孔隙压力量测系统加压排除气泡,注意勿使贮槽内水银冲出指示器。排气完毕后,从贮槽中移回水银,关闭孔隙压力阀,用调压筒施加压力)。整个系统的体积变化系数应小于 $1.5\times10^{-5}\ cm^3/kPa$。

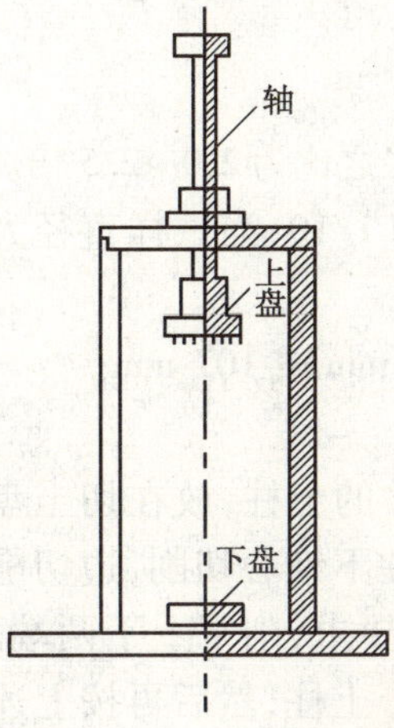

图 18.2.1—4　切土盘

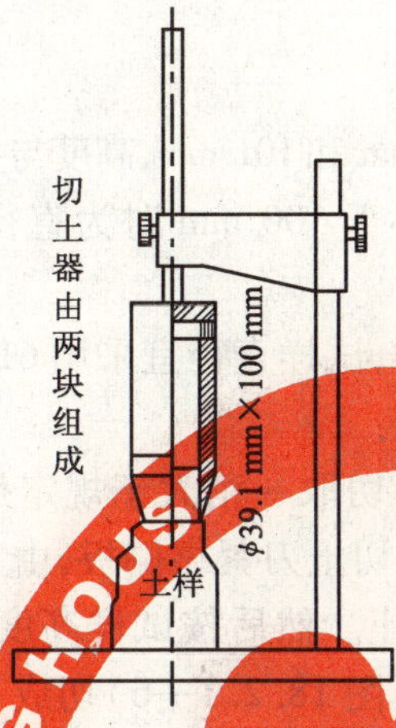

图 18.2.1—5　切土器和切土架

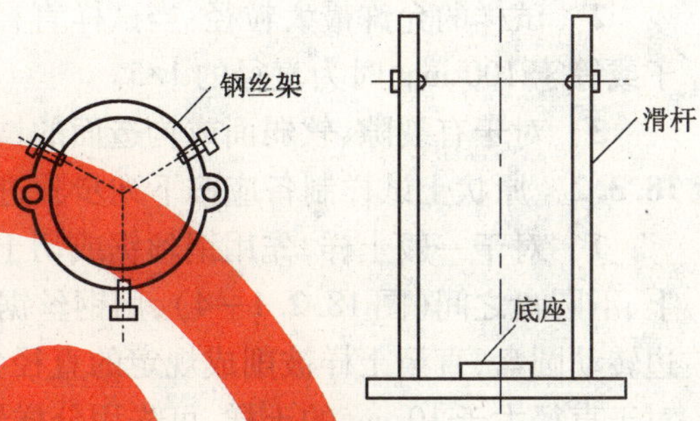

图 18.2.1—6　原状土分样器

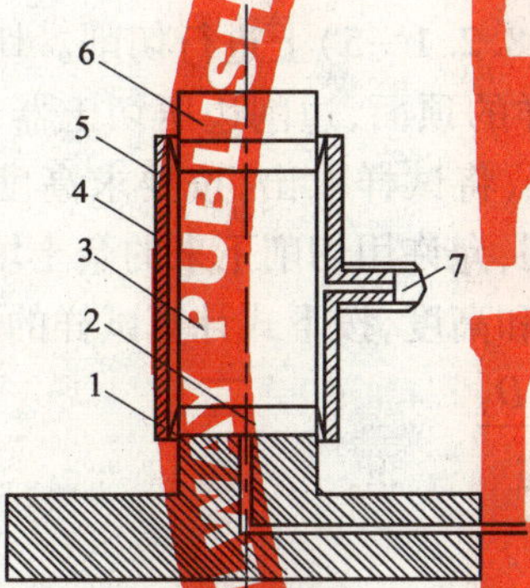

图 18.2.1—7　承膜筒安装示意

1—压力室底座;2—透水板;
3—试样;4—承膜筒;5—橡皮膜;
6—上帽;7—吸气孔

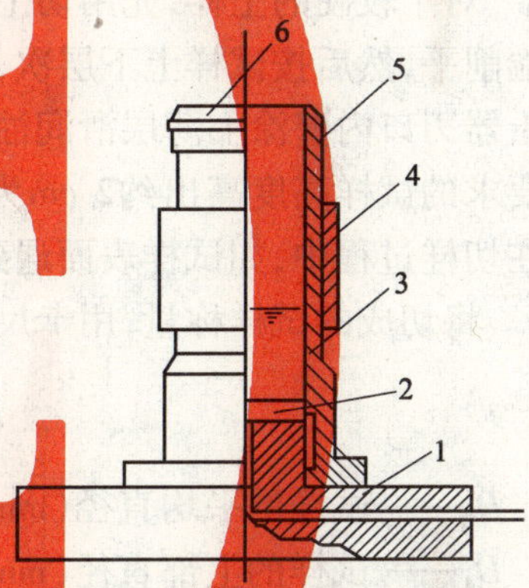

图 18.2.1—8　制备砂样圆模

1—压力室底座;2—透水板;
3—制样圆模(两片合成);4—紧箍;
5—橡皮膜;6—橡皮圈

3　排水管路应畅通,各连接处应无漏水漏气现象,压力室活塞杆在轴套内能自由滑动。

4　橡皮膜的检查方法是扎紧两端,向膜内充气,然后沉入水中应无气泡溢出,方可使用。

5　各种试验方法进行试样剪切前,应按表 18.2.2 规定对三轴仪阀门的开、关状态进行检查。

表 18.2.2　各阀门的开、关状态及强度参数

试验方法	体变管阀(18)	排水管阀(19)	周围压力阀(14)	孔隙压力阀(16)	量管阀(15)	强度参数
UU 试验	关	关	开	关	关	c_u、ϕ_u
$\overline{CU}$试验（测孔隙压力）	关	关	开	开	关	c'、ϕ'
CU 试验	关	关	开	关	关	c_{cu}、ϕ_{cu}
CD 试验	开	开	开	开	关	c_d、ϕ_d

18.3 试样的制备和饱和

18.3.1 试样尺寸应符合下列规定：

1 试样直径为35.0 mm、39.1 mm、61.8 mm和101 mm，高度与直径之比为2.0～2.5倍。

2 试样的允许最大粒径：当试样直径小于100 mm时为直径的1/10；当试样直径大于或等于100 mm时为直径的1/5。

3 对于有裂隙、软弱面或构造面的试样，试样直径宜采用61.8 mm或101 mm。

18.3.2 原状土试样制备应按下列步骤进行：

1 对于一般土样，先用钢丝锯或切土刀切取一稍大于规定尺寸的土柱，放在切土盘上、下圆盘之间（图18.2.1—4），用钢丝锯或切土刀紧靠侧板，由上往下细心切削，边切削边转动圆盘，直至土样被削成规定的直径为止。然后按试样高度的要求，削平上下两端。对于直径大于10 cm的土样，可先用分样器（图18.2.1—6）切成3个土柱，然后再按上述方法切取直径为39.1 mm的试样。

2 对于较硬的土样，先用切土刀或钢丝锯切取一块稍大于规定尺寸的土柱，并将上、下两端削平，然后按试样上下层次，放在切土架（图18.2.1—5）上进行切削。切削前应先在切土器刃口内壁涂上薄层滑润油，将刀口对准土样的顶面，边削边压切土器，直至切削到比要求的试样高度高出约2 cm为止。拆开切土器，将试样取出，按要求高度将两端削平。在切样过程中，如试样表面遇到砾石而形成孔洞，允许用切削下来的余土填补。

3 将切成的试样称量，用卡尺测量试样的直径和高度，按下式计算试样的平均直径：

$$D_0 = \frac{D_1 + 2D_2 + D_3}{4} \tag{18.3.2}$$

式中 D_0——试样的平均直径（mm）；

D_1——试样的上部直径（mm）；

D_2——试样的中部直径（mm）；

D_3——试样的下部直径（mm）。

4 取切下的余土测定含水率。同一组试样间的含水率差值不宜大于2%，密度差值不宜大于0.03 g/cm^3。

18.3.3 扰动土试样制备宜采用击实法或土膏法，应按下列步骤进行：

1 击实法试样制备应根据要求的干密度和含水率，按本规程第3.2.2条第1～5款步骤备样后，在击实筒内分层击实，粉土分3～5层，黏性土分5～8层，每层土样质量应相等，每层接触面应刨毛。击完最后一层，将击实筒内的试样两端整平，取出试样称其质量，同一组试样的密度差值不得超过0.02 g/cm^3。

2 对于含水率接近液限的软黏土应采用土膏法制样。先将土样调成含水率略大于液限的土膏，在保湿器内静置约24 h。测定土膏含水率，同一组试样含水率差值不应大于1%。在压力室底座上依次装上透水板、湿滤纸、橡皮膜和对开圆模，称制备好的土膏将其填入橡皮膜内。操作中应避免在试样中夹有气泡。试样装好后整平顶部，称剩余的土膏，计算装入土膏质量。在试样顶部依次放湿滤纸、透水板和顶帽并扎紧橡皮膜。然后打开孔隙压力阀和量管阀，降低量水管，使其水位低于试样中心约50 cm，测读量水管读数，算出排水后试样的含水率。拆去对开模，测定试样上、中、下部位的直径及高度，按本规程式

(18.3.2)计算试样的平均直径。

18.3.4　砂类土试样制备应按下列步骤进行：

根据试验要求的试样干密度和试样体积称取所需风干砂样质量。分为三等分，在水中煮沸，冷却后待用。

开启孔隙压力阀及量管阀，使压力室底座充水。将煮沸过的透水板滑入压力室底座上，用橡皮圈将透水板扎紧在底座上。关闭孔隙压力阀及量管阀，将橡皮膜的一端套在压力室底座上并扎紧，将对开模套在底座上，使橡皮膜的上端翻过来，抽气，可使橡皮膜贴紧对开模的内壁，如图18.2.1—8。注脱气水约达对开膜高度的1/3处，立即将经煮沸冷却后的砂样装入膜中，填至要求高度。当第1层砂样填完后，继续注水至2/3高度处，装第2层砂样。直至模内装满所称的砂样为止。放上透水板、试样帽，翻起橡皮膜，扎紧试样帽。

开启量水管阀降低量水管，使量水管内水面低于试样中心位置下约20 cm，以产生负压，使试样能站立起来。除去对开膜，再量测此时试样的直径和高度，复核试样的干密度，各试样的干密度差值不得大于0.03 g/cm^3。

18.3.5　试样饱和宜选用下列方法：

1　抽气饱和：将装有试样的饱和器置于真空缸中进行抽气。当真空度接近1个大气压后再继续抽气1~2 h。其他步骤可按本规程第3.5.3条进行。然后取出试样并称其质量。

2　水头饱和：对于砂类土和粉土可直接在仪器上用水头饱和。其方法是先将试样按本规程第18.5.1条第1款的步骤安装于压力室内。施加18 kPa的周围压力，并同时提高试样底部量管的水面和降低连接试样顶部固结排水管的水面，使两管水面差在1 m左右，打开孔隙压力阀、量管阀和排水管阀，让水自下而上通过试样，直至同一时间间隔内量管流出的水量与固结排水管内的水量相等为止。

3　反压力饱和：要求试样完全饱和时，则应对试样施加反压力。反压力系统和周围压力系统相同(对不固结不排水剪试验可用同一套设备施加)，但应用双层体变管代替排水量管。试样装好后，调节孔隙水压力等于大气压力，关闭孔隙压力阀、反压力阀、体变管阀，测记体变管读数，开启周围压力阀，先对试样施加18 kPa的周围压力，开启孔隙压力阀，待孔隙压力稳定后记录读数，并关闭孔隙压力阀。

反压力应分级施加，并同时分级施加周围压力，宜减少对试样的扰动。在施加反压力过程中，始终保持周围压力比反压力大18 kPa。反压力和周围压力的每级增量：对软黏土取30 kPa；对坚实的土或初始饱和度较低的土取50~70 kPa。具体操作时，先调节周围压力至50 kPa，并将反压力系统调至30 kPa，同时打开周围压力阀和反压力阀，再缓慢地打开孔隙压力阀，待孔隙压力稳定后，测记孔隙压力计和体变管读数，再施加下一级的周围压力和反压力。

计算每级周围压力下的孔隙压力增量 Δu，并与周围压力增量 $\Delta\sigma_3$ 比较，当 $\Delta u/\Delta\sigma_3 \leq 0.98$ 时，则表示试样尚未饱和，这时应关闭孔隙压力阀、反压力阀和周围压力阀，继续按上述规定施加下一级周围压力和反压力。当试样在某级压力下 $\Delta u/\Delta\sigma_3 > 0.98$ 时，表明试样已达到饱和。

18.4　不固结不排水剪试验

18.4.1　试验操作应按下列步骤进行：

1　试样安装：

1)对压力室底座充水,在底座上放置不透水板,依次放上试样、不透水板、试样帽。将橡皮模套在承膜筒内,两端翻出筒外,如图 18.2.1—7 所示。从吸气孔吸气,使膜贴紧承膜筒的内壁,然后套在试样的外面,放气,翻起橡皮膜的两端,取出承模筒。用橡皮圈将橡皮膜两端与压力室底座及试样帽分别扎紧。

2)提升压力室罩顶部活塞,装上压力室罩,将活塞对准试样帽的中心,旋紧底座连接螺丝,再将轴向测力计对准活塞。

3)开启排气孔,向压力室充水,当快注满水时,降低进水速度,当水从排气孔溢出时,关闭排气孔。

4)关闭体变管阀和孔隙压力阀,开启周围压力阀,施加周围压力 σ_3。周围压力大小应与工程的实际荷载相适应,尽可能使最大周围压力与土体的最大实际荷载大致相等。也可按 100、200、300、400 kPa 施加周围压力。

5)旋转手轮,同时转动活塞,当轴向测力计有微读数时表示活塞已与试样帽接触。将轴向测力计和轴向位移计的读数调整到零位。

2 试样剪切:

1)电动机启动前,应按表 18.2.2 规定将各阀门开启或关闭。

2)剪切应变速率宜为每分钟应变 0.5% ~1.0%,按此调整变速箱排挡。

3)启动电动机,合上离合器,进行剪切。在开始阶段,试样每产生 0.3% ~0.4% 的轴向应变,测记测力计读数和轴向位移计读数各一次。当轴向应变大于 3% 时,试样每产生 0.7% ~0.8% 的轴向应变,测记一次。当遇到试样特别脆硬或软弱时,应加密或减少测记次数。

4)当读数出现峰值时,应继续剪切至轴向应变超过 3%。当测力计读数不出现峰值时,应继续剪切到轴向应变达 15% ~20%。

5)试样剪切结束后,关闭电动机、脱开离合器,关闭压力阀,使压力表退回到零,对准粗调离合器,反转粗调手轮,降下压力室,开排气孔,排除压力室内的水。

6)拆卸压力室外罩,取下试样外面的橡皮膜,称取试样的质量和测定含水率。

18.4.2 试验结果应按下列公式计算及制图:

1 轴向应变:

$$\varepsilon_1 = \frac{\Delta h_i}{h_0} \times 100 \tag{18.4.2—1}$$

式中 ε_1——轴向应变(%),计算至 0.1%;

Δh_i——剪切过程中试样高度变化(mm);

h_0——试样原始高度(mm)。

2 试样剪切时的面积:

$$A_a = \frac{A_0}{1 - 0.01\varepsilon_1} \tag{18.4.2—2}$$

式中 A_a——试样剪切时的面积(cm^2),计算至 0.01 cm^2;

A_0——试样初始面积(cm^2)。

3 主应力差:

$$\sigma_1 - \sigma_3 = \frac{CR}{A_a} \times 10 \tag{18.4.2—3}$$

式中　$\sigma_1-\sigma_3$——主应力差(kPa)；

σ_1——大主应力(kPa)；

σ_3——小主应力(kPa)；

C——测力计率定系数(N/0.01 mm)；

R——测力计读数(0.01 mm)；

10——单位换算因数。

4　以主应力差为纵坐标，轴向应变为横坐标，绘制主应力差与轴向应变关系曲线(见图18.4.2—1)。取曲线上主应力差峰值作为破坏点，无峰值时，取15%轴向应变时的主应力差值作为破坏点。

5　以剪应力为纵坐标，垂直应力为横坐标，在横坐标轴上以破坏时的$\frac{\sigma_{1f}+\sigma_{3f}}{2}$为圆心，以$\frac{\sigma_{1f}-\sigma_{3f}}{2}$为半径，在$\tau-\sigma$应力平面上绘制破损应力圆，绘制不同周围压力下破损应力圆包线。该包线的倾角为内摩擦角ϕ_u，包线在纵轴上的截距为黏聚力c_u(见图18.4.2—2)。

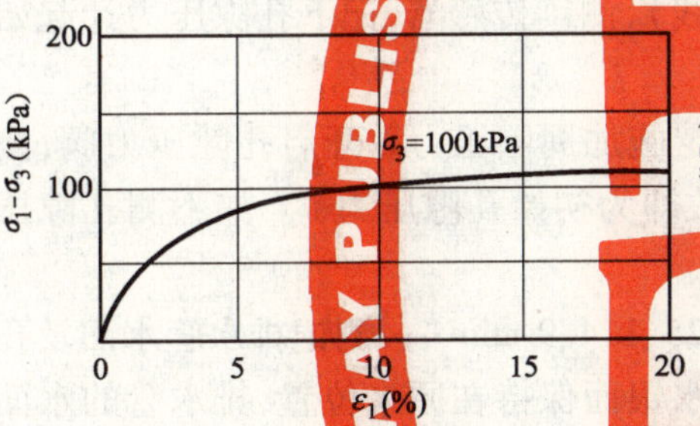

图18.4.2—1　主应力差与轴向应变关系曲线

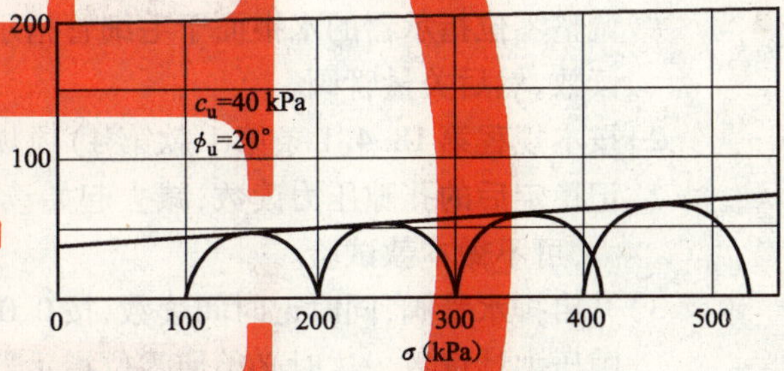

图18.4.2—2　不固结不排水剪强度包线

18.4.3　试验记录格式应符合表18.4.3的要求。

表18.4.3　不固结不排水剪三轴试验记录

工程名称：________　　　　试样编号：________

<table>
<tr><td colspan="2">试样直径：___(mm)
试样体积：___(cm³)
试样含水率 w：___(%)
测力计率定系数 C：___(N/0.01 mm)</td><td colspan="2">试样高度 h_0：___(mm)
试样质量：___(g)
周围压力：___(kPa)</td><td>试样面积 A_0：___(cm^2)
试样密度：___(g/cm^3)
剪切速率：___(mm/min)</td></tr>
<tr><td>轴向位移计读数
(mm)</td><td>测力计读数
(0.01mm)</td><td>轴向应变
(%)</td><td>剪切时的试样面积
(cm^2)</td><td>主应力差
(kPa)</td></tr>
<tr><td>(1)</td><td>(2)</td><td>$(3)=\frac{(1)}{h_0}\times100\%$</td><td>$(4)=\frac{A_0}{1-0.01(3)}$</td><td>$(5)=\frac{10\times C\times(2)}{(4)}$</td></tr>
<tr><td></td><td></td><td></td><td></td><td></td></tr>
</table>

复核______　____年____月____日　　　　试验______　____年____月____日

18.5　固结不排水剪试验

18.5.1　试验操作应按下列步骤进行：

1 试样安装：

1）开启孔隙压力阀和量管阀，对孔隙水压力系统及压力室底座充水排气，关闭孔隙压力阀和量管阀。在压力室底座上依次放透水板、湿滤纸、试样、湿滤纸、透水板，并在试样的周围贴浸过水的滤纸条 7 ~ 9 条。将橡皮膜用承膜筒套在试样的外面，用橡皮圈将橡皮膜下端与底座扎紧。

2）打开孔隙压力阀和量管阀，使水徐徐地从试样底部流入，以排除试样与橡皮膜之间的气泡，关闭孔隙压力阀和量管阀。开启排水阀，使试样帽中充水，用橡皮圈将橡皮膜上端与试样帽扎紧，降低排水管，使管内水面位于试样中心以下约 18 ~ 40 cm，吸尽试样与橡皮膜之间的多余水分，关闭排水阀。

3）如需要测定应力应变关系时，应在试样与透水板之间放置中间夹有硅脂的两层圆形橡皮膜，在膜的中间应留有直径为 10 mm 的圆孔排水。

4）压力室罩安装、充水及测力计调整应按本规程第 18.4.1 条第 1 款第 2）~ 5）项的规定进行。

2 试样固结：

1）调整量管水面位于试样中心高度处。开启量管阀（若用零位指示器时用调压筒调整零位指示器的水银面于毛细管指示线），测读传感器，记下孔隙压力计起始读数，然后关量管阀。

2）按本规程第 18.4.1 条第 1 款第 4）项规定施加周围压力。开启孔隙压力阀，测记稳定后的孔隙压力读数，减去起始读数即为初始孔隙压力 u。如不测孔隙压力，可不做本款试验。

3）开启排水管阀，同时记时间读数，按 0、0.25、1、4、9 min……测记排水管水面及孔隙压力计读数。这时必须使零位指示器水银面保持在原来位置，排水管的水面位置也应在试样的中心处。固结度应达到 95% 以上，随时绘制排水量 ΔV 与时间平方根或者时间对数曲线，如图 18.5.1（a）、（b）。

4）开启体变管阀，使试样排水固结。完成固结后，关闭排水管阀或体变管阀，记下读数。转动细调手轮，待测力计读数开始微动，表示活塞已与试样接触，记录轴向位移计读数，此时固结下沉为 Δh。计算此时的试样高 h_c。

5）使测力计、垂直位移计读数调到零。其余试样按以上方法在不同 σ_3 压力下排水固结。

3 试样剪切：

1）CU 试验的试样剪切应按本规程第 18.4.1 条第 2 款的规定进行。

2）$\overline{\text{CU}}$试验的剪切应变速率：黏土和粉质黏土宜用每分钟应变 0.05% ~ 0.1%；粉土为每分钟应变 0.1% ~ 0.5%。

3）试样剪切应按表 18.2.2 规定检查各阀门开启和关闭状态。

4）启动电动机，合上离合器，开始剪切。测力计、轴向位移计的读数，应按本规程 18.4.1 条第 2 款第 3）、4）项进行测记。$\overline{\text{CU}}$试验测读轴向位移计时应同时测读孔隙压力计的读数。

5）试验结束后，按本规程第 18.4.1 条第 2 款第 5）、6）项退掉压力，卸除压力室外罩及试样。

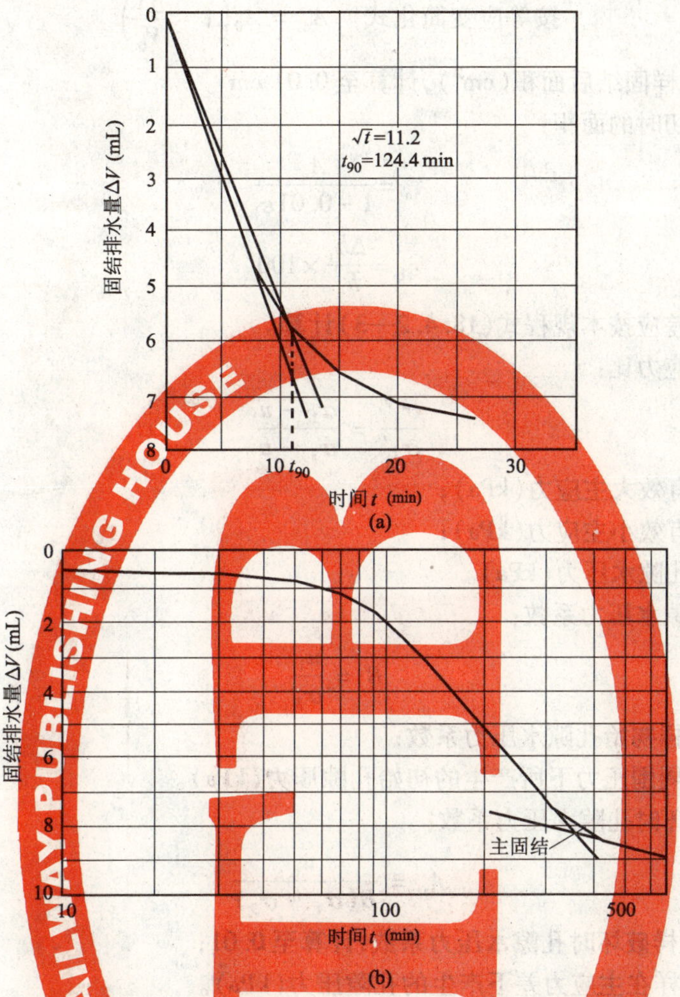

图 18.5.1 排水量与排水时间的关系曲线

(a)固结排水量与时间平方根曲线；(b)固结排水量与时间对数曲线。

18.5.2 试验结果应按下列公式计算及制图：

1 试样固结后高度：

$$\text{按实测固结下沉}\quad h_c = h_0 - \Delta h_c \tag{18.5.2—1}$$

$$\text{按等应变简化式}\quad h_c = h_0\left(1 - \frac{\Delta V}{V_0}\right)^{1/3} \tag{18.5.2—2}$$

式中 h_c——试样固结后高度(cm)，计算至 0.01 cm；

Δh_c——实测固结变形量(cm)；

h_0, V_0——分别为试样原始高度(cm)和体积(cm^3)；

ΔV——试样固结前后体积变化(可由实测或试验前后质量差换算)。

2 试样固结后面积：

$$\text{按实测固结下沉}\quad A_c = \frac{V_0 - \Delta V}{h_c} \tag{18.5.2—3}$$

按等应变简化式　$A_c = A_0\left(1 - \dfrac{\Delta V}{V_0}\right)^{2/3}$　(18.5.2—4)

式中　A_c——试样固结后面积(cm^2),计算至 0.01 cm^2。

3　试样剪切时的面积:

$$A_a = \frac{A_c}{1 - 0.01\varepsilon_1} \quad (18.5.2—5)$$

$$\varepsilon_1 = \frac{\Delta h_i}{h_c} \times 100 \quad (18.5.2—6)$$

4　主应力差应按本规程式(18.4.2—3)计算。

5　有效主应力比:

$$\frac{\sigma_1'}{\sigma_3'} = \frac{\sigma_1 - u}{\sigma_3 - u} \quad (18.5.2—7)$$

式中　σ_1'——有效大主应力(kPa);

σ_3'——有效小主应力(kPa);

u——孔隙水压力(kPa)。

6　初始孔隙水压力系数:

$$B = \frac{u_1}{\sigma_3} \quad (18.5.2—8)$$

式中　B——试样初始孔隙水压力系数;

u_1——在周围压力下所产生的初始孔隙压力(kPa)。

7　试样破坏时孔隙水压力系数:

$$A_f = \frac{u_f}{B(\sigma_1 - \sigma_3)} \quad (18.5.2—9)$$

式中　A_f——试样破坏时孔隙水压力系数,计算至 0.01;

u_f——试样在主应力差下产生的孔隙压力(kPa)。

8　主应力差与轴向应变关系曲线应按本规程第 18.4.2 条第 4 款规定绘制。

9　以有效主应力比为纵坐标,轴向应变为横坐标,绘制有效主应力比与轴向应变关系曲线(见图 18.5.2—1)。

10　以孔隙水压力 u 为纵坐标,轴向应变 ε_1 为横坐标,绘制孔隙水压力与轴向应变关系曲线(见图 18.5.2—2)。

11　以$\frac{1}{2}(\sigma_1' - \sigma_3')$为纵坐标与$\frac{1}{2}(\sigma_1' + \sigma_3')$为横坐标,绘制有效应力路径曲线,以曲线上密集点或转折点作为破坏点,连成一条直线(见图 18.5.2—3),并按下列公式计算有效内摩擦角和有效黏聚力:

有效内摩擦角:

$$\phi' = \arcsin(\tan\phi) \quad (18.5.2—10)$$

有效黏聚力:

$$c' = \frac{d}{\cos\phi'} \quad (18.5.2—11)$$

式中　ϕ'——有效内摩擦角(°),计算至 0.1°;

ϕ——应力路径曲线图上破坏点连线的倾角(°);

c'——有效应力；

d——应力路径曲线图上破坏点连线在纵坐标轴上的截距。

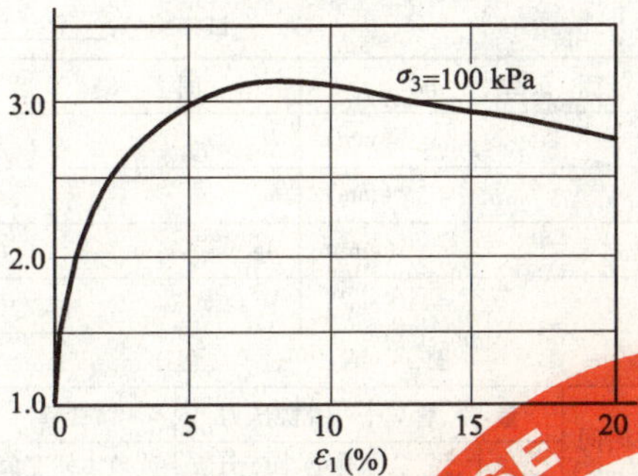

图 18.5.2—1　有效主应力比与轴向应变关系曲线

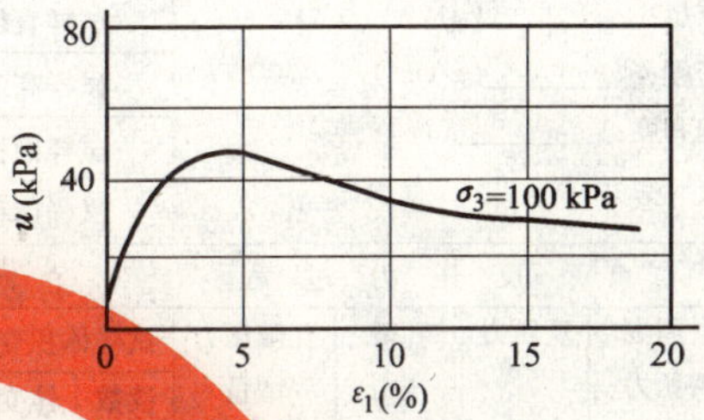

图 18.5.2—2　孔隙压力与轴向应变关系曲线

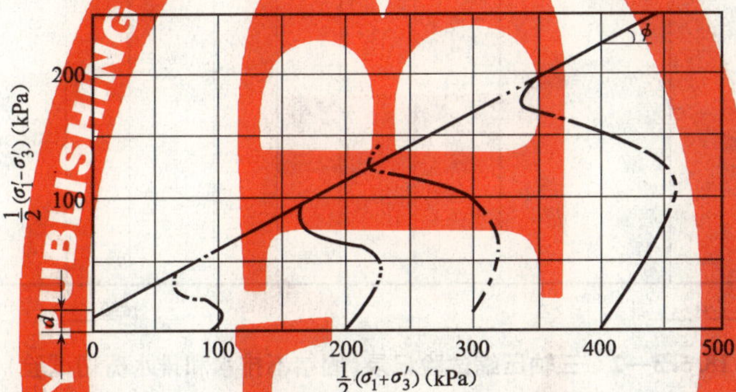

图 18.5.2—3　应力路径曲线(正常固结黏土)

12　以有效主应力差或有效主应力比的峰值作为破坏点，无峰值时，以有效应力路径的密集点或轴向应变15%时主应力差值作为破坏点，按本规程第18.4.2条第5款的规定绘制破坏应力圆及不同周围压力下的破坏应力圆包线，并求出总应力强度参数；有效内摩擦角和有效黏聚力，应以$\frac{1}{2}(\sigma'_{1f}+\sigma'_{3f})$为圆心，以$\frac{1}{2}(\sigma'_{1f}-\sigma'_{3f})$为半径(下角标f表示破坏时的值)，绘制有效破坏应力圆确定(见图18.5.2—4中的虚线所示)。

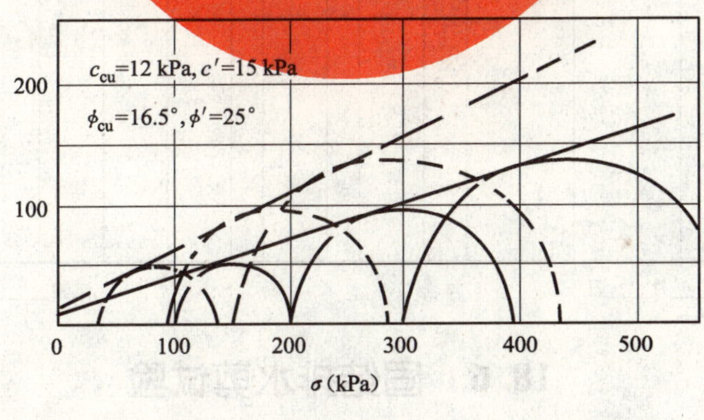

图 18.5.2—4　固结不排水剪强度包线

18.5.3 记录格式应符合表 18.5.3—1 和表 18.5.3—2 的要求。

表 18.5.3—1 三轴压缩试验记录(固结过程)

工程名称:__________ 试样编号:__________

周围压力:________(kPa)	试样尺寸	固结前		固结后	
试样质量:________(g)	试样直径	D_0	(mm)	D_c	(mm)
试样密度:________(g/cm^3)	试样高度	h_0	(mm)	h_c	(mm)
试样饱和度:________(%)	试样面积	A_0	(cm^2)	A_c	(cm^2)
	试样体积	V_0	(cm^3)	V_c	(cm^3)

反压力过程								固结过程							
时间	周围压力	反压力	孔隙压力	孔隙压力增量	试样体积变化		说明(检验结果)	时间	量管		孔隙压力		体变管		说明
(min)	σ_3(kPa)	u_0(kPa)	u(kPa)	Δu(kPa)	读数(cm^3)	体变量(cm^3)		(min)	读数	排水量	读数(kPa)	压力值(kPa)	读数(cm^3)	体变值(cm^3)	

复核______ ____年____月____日 试验______ ____年____月____日

表 18.5.3—2 三轴压缩试验记录(固结不排水和排水剪切试验)

工程名称:__________ 试样编号:__________

试样固结后高度 h_c:________(mm) 试样固结后面积 A_c:________(cm^2) 试样固结后体积 V_c:________(cm^3)

周围压力 σ_3:____(kPa) 剪切速率:____(mm/min) 测力计率定系数 C:____(N/0.01mm)

轴向变形读数 Δh(0.01 mm)	轴向应变 $\varepsilon_1=\frac{\Delta h_i}{h_c}$(%)	试样校正面积 $A_a=\frac{A_c}{1-\varepsilon_1}$(cm^3)	测力计读数 R(0.01 mm)	主应力差 $(\sigma_1-\sigma_3)=\frac{RC}{A_a}\times 10$(kPa)	大主应力 $\sigma_1=(\sigma_1-\sigma_3)+\sigma_3$(kPa)	孔隙压力		试样体积变化				有效大主应力 σ_1'(kPa)	有效小主应力 σ_3'(kPa)	有效主应力比 $\frac{\sigma_1'}{\sigma_3'}$	$\frac{\sigma_1-\sigma_3}{2}$(kPa)	$\frac{\sigma_1+\sigma_3}{2}$(kPa)	$\frac{\sigma_1'+\sigma_3'}{2}$(kPa)
						读数	压力值(kPa)	排水管		体积变化							
								读数	排出水量(cm^3)	读数	体变量(cm^3)						

复核______ ____年____月____日 试验______ ____年____月____日

18.6 固结排水剪试验

18.6.1 试验操作应按下列步骤进行:

1 试样的安装应按本规程第 18.5.1 条第 1 款规定进行。

2 排水固结应按本规程第 18.5.1 条第 2 款规定进行。

3 试样剪切：

1）固结排水剪中试样剪切应按表 18.2.2 规定检查各阀门的开启和闭关状态。

2）剪切速率应采用每分钟应变 0.003% ~0.012%。在整个剪切过程中，应使孔隙水压力消散度达 95% 以上，当达不到时，应放慢剪切速率。

3）启动电动机，合上离合器。剪切过程中测记测力计、轴向变形读数应按本规程第 18.4.1 条第 2 款第 2）、4）项规定进行。在测读轴向变形时，应同时测体变管读数或排水管水位。在剪切过程中，应经常调整排水管及量管水的水位，使水位与试样中心高度齐平。

4）试样剪切结束后，关闭排水阀、孔隙压力阀及量管阀。再按本规程第 18.4.1 条第 2 款第 5）、6）项退除压力，卸掉压力室外罩和试样。

18.6.2 试验结果应按下列公式计算及制图：

1 试样固结后的面积、高度应按本规程式（18.5.2—1）和式（18.5.2—2）进行计算。

2 剪切时的试样面积校正值：

$$A_a = \frac{V_c - \Delta V_i}{h_c - \Delta h_i} \tag{18.6.2}$$

$$V_c = a_c h_c$$

式中 V_c——试样固结后体积（cm^3）；

ΔV_i——剪切过程中试样体积变化（cm^3）；

Δh_i——剪切过程中试样高度变化（cm）。

3 主应力差应按本规程公式（18.4.2—3）进行计算。

4 有效主应力比及孔隙压力系数应按本规程式（18.5.2—7）、式（18.5.2—8）和式（18.5.2—9）进行计算。

5 主应力差与轴向应变关系曲线应按本规程第 18.4.2 条第 4 款规定绘制。

6 主应力比与轴向应变关系曲线应按本规程第 18.5.2 条第 9 款规定绘制。

7 破损应力圆、有效内摩擦角和有效黏聚力应按本规程第 18.5.2 条第 12 款步骤绘制固结排水剪强度包线（见图 18.6.2）。

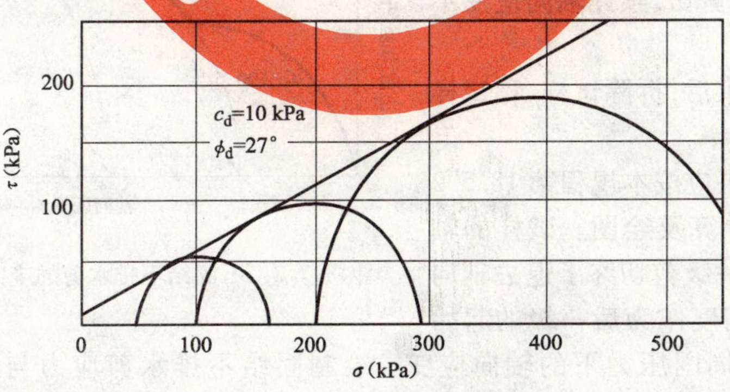

图 18.6.2 固结排水剪强度包线

18.6.3 记录格式应符合本规程表 18.5.3—1 和表 18.5.3—2 的要求。

18.7　一个试样多级加荷试验

18.7.1　本试验采用一个试样多级施加周围压力和轴向压力进行剪切，以测定土的总抗剪强度参数 c、ϕ 和有效抗剪强度参数 c'、ϕ'。本方法适用于一般黏性土和粉土。

18.7.2　不固结不排水剪试验应按下列步骤进行：

1　试样安装应按本规程第 18.4.1 条第 1 款步骤进行。

2　施加第一级周围压力，试样剪切应按本规程第 18.4.1 条第 2 款第 2）、3）项规定的应变速率进行。当测力计读数达到稳定或接近稳定时，测记测力计和轴向位移计读数。关闭电动机，将测力计调整为零。

3　施加第二级周围压力，这时测力计因施加周围压力读数略有增加，应将测力计读数调整至零位。然后转动手轮，当测力计读数微动时，表示试样帽与测力计重新接触，再按原来剪切速率进行剪切，直至测力计读数稳定或接近稳定为止。如此进行第三级、第四级周围压力下的剪切。累计轴向应变不应超过 20%。

4　试验结束后，拆除试样，称试样的质量，并测定含水率。

5　试验结果应按本规程第 18.4.2 条第 1～4 款规定进行计算及绘图。试样的轴向应变按累计变形计算，绘制不固结不排水试验的主应力差与轴向应变关系曲线（见图 18.7.2）。

18.7.3　固结不排水剪试验应按下列步骤进行：

1　试样安装应按本规程第 18.5.1 条第 1 款步骤进行。

2　试样固结应按本规程第 18.5.1 条第 2 款步骤进行。第一级周围压力采用 50 kPa，第二级和以后各级周围压力应等于、大于前一级周围压力下的破坏大主应力。

3　试样剪切按本规程第 18.5.1 条第 3 款步骤进行。第一级剪切完成后，退除轴向压力，待孔隙压力稳定后再施加第二级周围压力，进行排水固结。

4　固结完成后进行第二级周围压力下的剪切，并按上述步骤进行，第三级周围压力下的剪切，累计轴向应变不得超过 20%。

5　试验结束后，拆除试样，称试样质量并测定含水率。

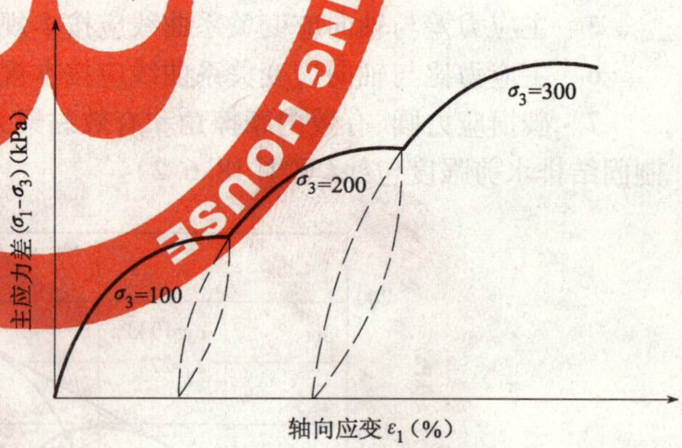

图 18.7.2　不固结不排水剪的应力与应变关系曲线

6　试验结果应按本规程第 18.5.2 条的规定进行计算及绘图。试样的轴向变形，应以前一级剪切终了退去轴向压力后的试样高度作为后一级的起始高度，计算各级周围压力下的轴向应变。绘制固结不排水剪应力与应变曲线（见图 18.7.3—1）及一个试样固结不排水剪强度包线（见图 18.7.3—2）。

18.7.4　记录格式应符合本规程表 18.4.3、表 18.5.3—1 和表 18.5.3—2 的要求。

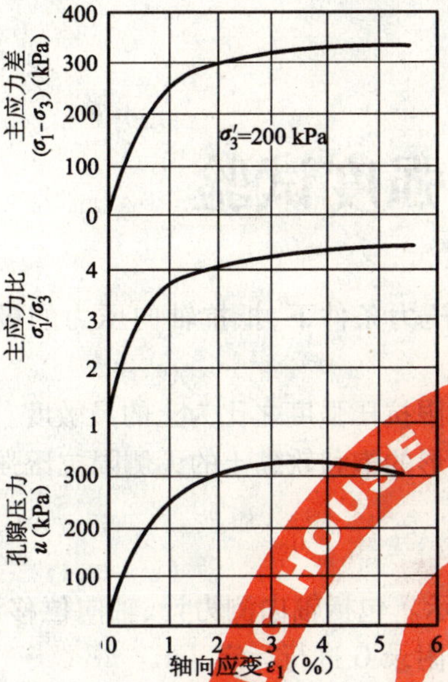

图 18.7.3—1　固结不排水剪应力与应变曲线

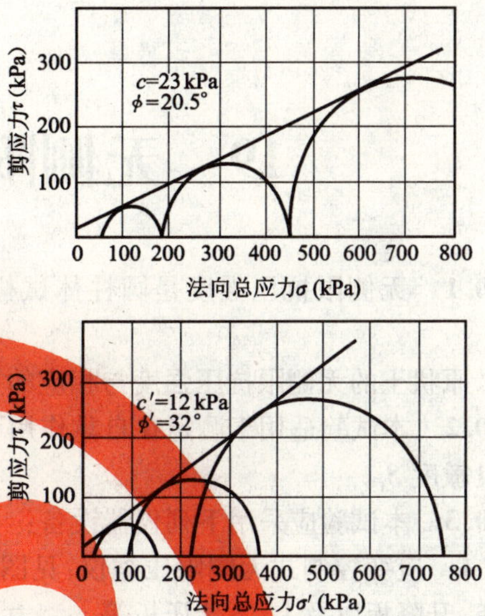

图 18.7.3—2　一个试样固结不排水剪强度包线

19　无侧限抗压强度试验

19.0.1　无侧限抗压强度是圆柱体试样在无侧向压力条件下，抵抗轴向压力的极限强度。

原状土的无侧限抗压强度与相应的重塑土无侧限抗压强度之比为土的灵敏度。

19.0.2　本试验适用于测定在自重作用下不发生变形的饱和软黏土的无侧限抗压强度 q_u 和灵敏度 S_t。

19.0.3　本试验应采用下列仪器设备：

1　应变控制式无侧限压缩仪：见图 19.0.3 所示。包括轴向测力计、轴向位移计、加荷架、升降板以及上、下传压板等。测力计按本规程附录 C 进行标定。

2　轴向位移计：量程 10 mm，分度值 0.01 mm 的百分表或准确度为全量程 0.2% 的位移传感器。

3　天平：称量 500 g，分度值 0.1 g。

4　其他：切土盘、重塑筒、秒表、0.1 mm 精度卡尺、切土刀、钢丝锯、凡士林等。

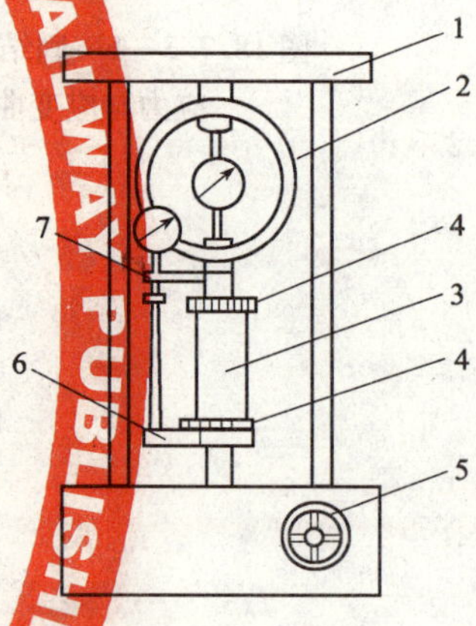

图 19.0.3　应变控制式无侧限压缩仪

1—轴向加荷架；2—轴向测力计；3—试样；4—上、下传压板；5—手轮或电动转轮；6—升降板；7—轴向位移计

19.0.4　试验操作应按下列步骤进行：

1　按本规程第 18.3 节制备试样。试样直径宜为 35～50 mm，高径比宜为 2.0～2.5。

2　将已制备的试样置于下传压板上，开始转动转轮，使试样与上传压板刚好接触，并将轴向测力计和轴向位移计的读数均调整到零。

3　以每分钟 1%～3% 的应变速度（每分钟约 5～15 转）转动转轮，使整个试验在 8～10 min 内完成。

4　轴向应变小于 3% 时，每增加 0.5% 记录测力计和位移计读数一次；轴向应变到达 3% 以后，每增加 1% 记录测力计和位移计读数一次。

5　测力计读数达到峰值或稳定值以后，应继续转动转轮，再继续进行 3%～5% 的应变值，即可停止试验。当读数无稳定值时，则试验应进行到轴向应变达 20% 为止。

6　试验结束后，迅速反转转轮，取出试样，并描述破坏后试样的形状。

7　当需测定灵敏度时，应将已破坏后的试样刮掉表面上的凡士林，再加入少量切削下来的余土，包以塑料布，用手搓捏，以破坏其原来结构。按本规程第 3.2 节制成与原状试样密度相等的重塑试样。然后按上述步骤进行试验。

19.0.5　试验结果应按下列公式计算及制图：

1　轴向应变：

$$\varepsilon_1 = \frac{\Delta h}{h_0} \times 100 \qquad (19.0.5\text{—}1)$$

式中　ε_1——轴向应变（%）；

Δh——轴向变形（mm）；

h_0——试样的初始高度（mm）。

2　校正后的试样面积：

$$A_a = \frac{A_0}{1 - 0.01\varepsilon_1} \tag{19.0.5—2}$$

式中　A_a——校正后试样面积（cm^2）；

A_0——试样初始面积（cm^2）。

3　试样所受的轴向应力：

$$\sigma = \frac{C \cdot R}{A_a} \times 10 \tag{19.0.5—3}$$

式中　σ——轴向应力（kPa）；

C——测力计率定系数（N/0.01mm）；

R——测力计读数（0.01mm）；

10——单位换算因数。

4　以轴向应力为纵坐标，轴向应变为横坐标，绘制应力与应变关系曲线；见图19.0.5。在曲线上最大轴向应力值为 q_u，当最大轴向应力值不明显时，可取轴向应变为15%处的应力为无侧限抗压强度值。

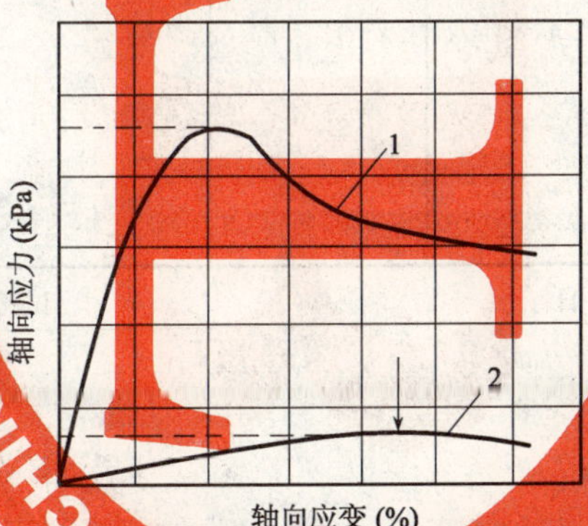

图 19.0.5　轴向应力与轴向应变关系曲线

1—原状试样；2—重塑试样

5　灵敏度：

$$S_t = \frac{q_u}{q_u'} \tag{19.0.5—4}$$

式中　S_t——灵敏度；

q_u——原状试样的无侧限抗压强度（kPa）；

q_u'——重塑试样的无侧限抗压强度（kPa）。

19.0.6　记录格式应符合表19.0.6的要求。

表 19.0.6 无侧限抗压强度试验记录

试样说明__________ 试样编号__________

<table>
<tr><td colspan="3">试验前试样高度 h_0 = cm</td><td colspan="3">转轮每转一转上升高度 ΔL = mm</td><td rowspan="5">试样破坏状态</td></tr>
<tr><td colspan="3">试验前试样直径 D_0 = cm</td><td colspan="3">量力环率定系数 C = N/0.01 mm</td></tr>
<tr><td colspan="3">试验前试样面积 A_0 = cm^2</td><td colspan="3">原状试样无侧限抗压强度 q_u = kPa</td></tr>
<tr><td colspan="3">试样质量 m = g</td><td colspan="3">重塑试样无侧限抗压强度 q_u' = kPa</td></tr>
<tr><td colspan="3">试样密度 ρ = g/cm^3</td><td colspan="3">灵敏度 S_t =</td></tr>
<tr><td>转轮转数</td><td>测力计读数</td><td>轴向变形</td><td>轴向应变</td><td>校正后面积</td><td>轴向荷重</td><td>轴向应力</td></tr>
<tr><td>(n)</td><td>(0.01 mm)</td><td>(0.01 mm)</td><td>(%)</td><td>(cm^2)</td><td>(N)</td><td>(kPa)</td></tr>
<tr><td>(1)</td><td>(2)</td><td>(3)</td><td>(4)</td><td>(5)</td><td>(6)</td><td>(7)</td></tr>
<tr><td></td><td></td><td></td><td></td><td>$\frac{A_0}{1-(4)}$</td><td>$C\times(2)$</td><td>$\frac{(6)}{(5)}\times 10$</td></tr>
<tr><td></td><td></td><td></td><td></td><td></td><td></td><td></td></tr>
</table>

复核______ ____年____月____日 试验______ ____年____月____日

20 击实试验

20.0.1 击实试验是测定试样在标准击实功作用下含水率与干密度之间的关系,从而确定该试样的最优含水率和最大干密度。

20.0.2 本试验应分轻型击实和重型击实。轻型击实试验单位体积击实功宜为600 kJ/m³,重型击实试验单位体积击实功宜为2 700 kJ/m³。

20.0.3 本试验类型和方法列于表20.0.3,应根据工程要求和试样最大粒径选用。

表20.0.3 击实试验标准技术参数

试验类型	编号	试验方法									
		击实仪规格							试验条件		
		击锤			击实筒			护筒	层数	每层击数	最大粒径
		质量(kg)	锤底直径(mm)	落距(mm)	内径(mm)	筒高(mm)	容积(cm^3)	高度(mm)			(mm)
轻型	Q1	2.5	51	305	102	116	947.4	50	3	25	5
	Q2	2.5	51	305	152	116	2 103.9	50	3	56	20
重型	Z1	4.5	51	457	102	116	947.4	50	5	25	5
	Z2	4.5	51	457	152	116	2 103.9	50	5	56	20
	Z3	4.5	51	457	152	116	2 103.9	50	3	94	40

注:1 Q1、Q2、Z1、Z2、Z3 分别称轻1、轻2、重1、重2、重3;
2 Q2、Z2、Z3 筒高为筒内净高。

20.0.4 当试样中粒径大于各方法相应最大粒径5 mm、20 mm 或40 mm 的颗粒质量占总质量的5% ~30%时,其最大干密度和最优含水率应进行校正。

20.0.5 本试验应采用下列仪器设备:

1 击实筒:钢制圆柱形筒,尺寸应符合表20.0.3规定。该筒配有钢护筒、底板和垫块,见图20.0.5—1。

2 击锤:击锤必须配备导筒,锤与导筒之间要有相应的间隙,使锤能自由下落,并设有排气孔,见图20.0.5—2。击锤可用人工操作或机械操作,机械操作的击锤必须有控制落距的跟踪装置和锤击点按一定角度均匀分布的装置。

3 推土器:螺旋式推土器或其他适用设备。

4 天平:称量200 g,分度值0.01 g。

5 台秤:称量15 kg,分度值5 g。

6 标准筛:孔径为5 mm、20 mm、40 mm。

7 其他:碾土设备、喷水设备、切土刀、称量盒、烘箱等。

20.0.6 试样制备分为干法和湿法两种,应符合下列规定:

1 干法制备试样应按下列步骤进行:

1)将代表性试样风干或在低于50 ℃温度下进行烘干。烘干后以不破坏试样的基本颗粒为准。将土碾碎，过 5 mm、20 mm 或 40 mm 筛，拌和均匀备用。试样数量，小直径击实筒最少 20 kg，大直径击实筒最少 50 kg。

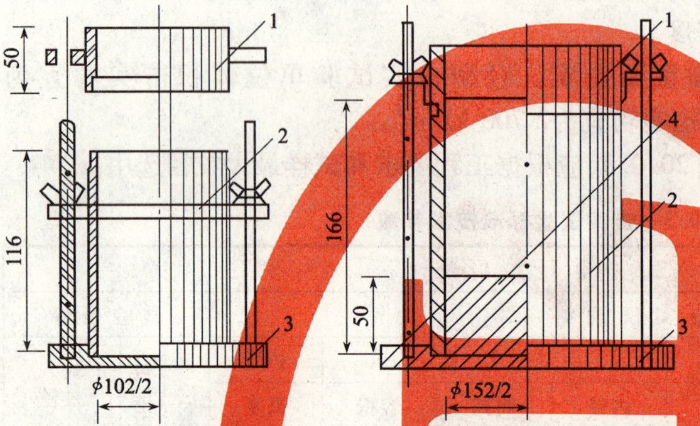

(a)小击实筒　　(b)大击实筒

图 20. 0. 5—1　击实筒(单位：mm)

1—护筒；2—击实筒；3—底板；4—垫块

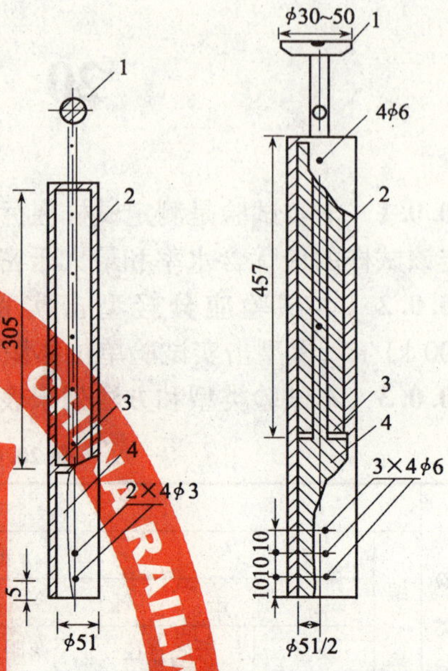

(a) 2.5 kg击锤　　(b) 4.5 kg击锤

图 20. 0. 5—2　击锤与导筒(单位：mm)

1—提手；2—导筒；3—硬橡皮垫；4—击锤

2) 按本规程第 4. 2 节烘干法测定试样的风干含水率。按试样的塑限估计最优含水率，在最优含水率附近选择依次相差约 2% 的含水率制备一组试样至少 5 个，其中 2 个含水率大于塑限、2 个小于塑限、1 个接近塑限。加水量可用下式计算：

$$m_w' = \frac{m_0}{1 + w_0}(w' - w_0) \qquad (20.0.6)$$

式中　m_w'——所需加水量(g)；

m_0——风干试样质量(g)；

w_0——风干试样含水率(%)；

w'——要求达到的含水率(%)。

3) 按预定的含水率制备试样。根据击实筒容积大小，每个试样取 2. 5 kg 或6. 5 kg，平铺于不吸水的平板上，洒水拌和均匀，然后分别放入有盖的容器里静置备用。高塑性黏性土静置时间不得小于 24 h，低塑性黏性土静置时间可缩短，但不应小于 12 h。

2　湿法制备试样应按下列步骤进行：将天然含水率的试样碾碎过 5 mm、20 mm 或40 mm 筛，混合均匀后，按选用击实筒容积取 5 份试样，其中一份保持天然含水率，其余 4 份分别风干或加水达到所要求的不同含水率。制备好的试样要完全拌匀，保证水分均匀分布。

20. 0. 7　试验操作应按下列步骤进行：

1　称取击实筒质量(m_1)并作记录。

2　将击实仪放在坚实的地面上，安装好击实筒及护筒(大直径击实筒内还要放入垫块)，内壁涂少许润滑油。每个试样应根据选用试验类型按表 20. 0. 3 规定，分层击实。每层高度应近似，两层交界处层面刨毛，所用试样的总量应使最后的击实面超出击实筒顶不大于6 mm。击实时要保持导筒垂直平稳，并按第20.0.3条规定相应试验类型的层数和击数，以均匀速度作用到整个试样上。击锤应沿击实筒周围锤击一遍后，中间再加一击。

3 击实完成后拆去护筒，用切土刀修平击实筒顶部的试样，拆除底板，当试样底面超出筒外时，也应修平，擦净筒的外壁，称筒和试样的总质量，准确至5 g。

4 用推土器将试样从筒中推出，从其中心取2个代表性试样按本规程第4.2节烘干法测定含水率。

5 试样不宜重复使用。对易被击碎的脆性颗粒及高塑性黏土的试样不得重复使用。

6 按以上步骤进行不同含水率试样的击实。

20.0.8 试验结果应按下列公式计算及制图：

1 击实后试样的湿密度：

$$\rho = \frac{m_2 - m_1}{V} \tag{20.0.8—1}$$

式中 ρ——击实后试样的湿密度（g/cm³），计算至0.01 g/cm³；

m_2——击实后筒和湿试样质量（g）；

m_1——击实筒质量（g）；

V——击实筒容积（cm³）。

2 击实后试样的干密度：

$$\rho_d = \frac{\rho}{1 + 0.01w} \tag{20.0.8—2}$$

式中 ρ_d——击实后试样的干密度（g/cm³），计算至0.01 g/cm³；

w——含水率（%）。

3 以干密度为纵坐标，含水率为横坐标，绘制干密度与含水率的关系曲线，见图20.0.8。曲线上峰值点的纵横坐标分别表示该击实试样的最大干密度和最优含水率。若曲线不能绘出正确的峰值点，应进行补点。

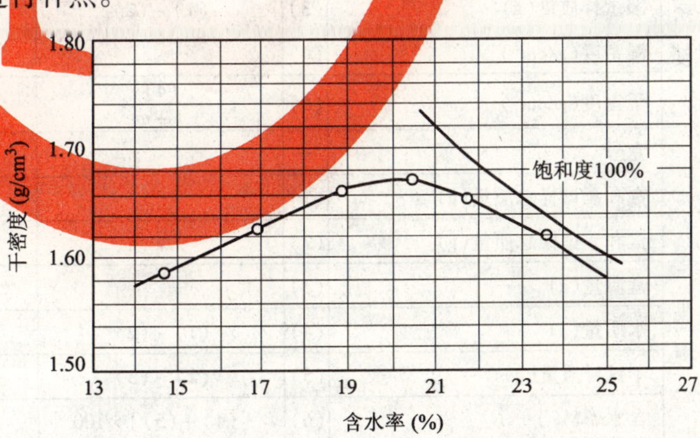

图20.0.8 ρ_d—w关系曲线

4 根据第20.0.4条规定，试验所得的最大干密度和最优含水率需校正时，应按以下公式进行：

1）校正后试样的最大干密度：

$$\rho'_{dmax} = \frac{1}{\frac{1 - p_s}{\rho_{dmax}} + \frac{p_s}{\rho_a}} \tag{20.0.8—3}$$

式中 ρ'_{dmax}——校正后试样的最大干密度（g/cm³），计算至0.01 g/cm³；

ρ_{dmax}——粒径小于5 mm、20 mm或40 mm的试样试验所得的最大干密度（g/cm³）；

p_s——试样中粒径大于 5 mm、20 mm 或 40 mm 的颗粒含量的质量分数；

ρ_a——粒径大于 5 mm、20 mm 或 40 mm 的颗粒毛体积密度（g/cm^3），由本规程第 6.3 节或第 6.4 节测得。

2）校正后试样的最优含水率：

$$w'_{opt} = w_{opt}(1 - p_s) + p_s w_x \qquad (20.0.8\text{—}4)$$

式中 w'_{opt}——校正后试样的最优含水率（%），计算至 0.01%；

w_{opt}——粒径小于 5 mm、20 mm 或 40 mm 的试样试验所得的最优含水率（%）；

w_x——粒径大于 5 mm、20 mm 或 40 mm 颗粒吸着含水率（%），由本规程第 6.3 节或第 6.4 节测得。

5　饱和含水率：

$$w_{sat} = \left(\frac{\rho_w}{\rho_d} - \frac{\rho_w}{\rho_s}\right) \times 100 \qquad (20.0.8\text{—}5)$$

式中 w_{sat}——饱和含水率（%），计算至 0.1%；

ρ_s——试样颗粒密度，对于粗粒土，则为试样中粗细颗粒的混合密度；

ρ_w——4 ℃时水的密度（g/cm^3）；

6　计算数个干密度下试样的饱和含水率，以干密度为纵坐标，含水率为横坐标，绘制出饱和曲线，见图 20.0.8。

20.0.9　记录格式应符合表 20.0.9 的要求。

表 20.0.9　击实试验记录

试样编号________

试验方法 土的分类 土的密度		风干试样含水率 估计最优含水率 干法、湿法制备		层数 每层击数				
	试验点号			1	2	3	4	5
干密度	筒和试样总质量（g）	（1）						
	筒质量（g）	（2）						
	湿试样质量（g）	（3）	（1）－（2）					
	湿密度（g/cm^3）	（4）						
	干密度（g/cm^3）	（5）	$\frac{(4)}{1+w}$					
含水率	盒号	—						
	盒和湿试样总质量（g）	（1）						
	盒和干试样总质量（g）	（2）						
	盒质量（g）	（3）						
	水质量（g）	（4）	（1）－（2）					
	干试样质量（g）	（5）	（2）－（3）					
	含水率（%）	（6）	〔（4）÷（5）〕×100					
	平均含水率（%）							
最大干密度　　g/cm^3			最优含水率　　%		饱和度　　%			
大于 5 mm、20 mm 或 40 mm 颗粒含量　　%			校正后最大干密度　　g/cm^3		校正后最优含水率　　%			

复核______　____年____月____日　　　　试验______　____年____月____日

21 K_{30}、E_{vd}平板载荷试验

21.1 一 般 规 定

21.1.1 K_{30}平板载荷试验是采用直径为 30 cm 的荷载板测定下沉量为 1.25 mm 地基系数的试验方法。计量单位为 MPa/m。

21.1.2 E_{vd}动态平板载荷试验是采用动态变形模量测试仪来监控检测土体承载力指标——动态变形模量 E_{vd}的试验方法。它通过落锤试验和沉陷测定来直接测出反映土体动态特性的指标 E_{vd}，计量单位为 MPa。

21.1.3 K_{30}平板载荷试验和 E_{vd}动态平板载荷试验适用于粒径不大于荷载板直径 1/4 的各类土和土石混合填料，测试有效深度范围为 400～500 mm。

21.1.4 试验场地及环境条件应符合下列要求：

1 K_{30}平板载荷试验：

1）对于水分挥发快的均粒砂，表面结硬壳、软化、或因其他原因表层扰动的土，平板荷载试验应置于扰动带以下进行。

2）对于粗、细粒均质土，宜在压实后 2～4 h 内开始进行。

3）测试面必须是平整无坑洞的地面。对于粗粒土或混合料造成的表面凹凸不平，应铺设一层约 2～3 mm 的干燥中砂或石膏腻子。此外，测试面必须远离震源，以保持测试精度。

4）雨天或风力大于 6 级的天气，不得进行试验。

2 E_{vd}动态平板载荷试验：

1）测试面宜水平，其倾斜度不大于 5°。

2）测试面必须平整无坑洞。对于粗粒土或混合料造成的表面凹凸不平，可用少量细中砂来补平。

3）试验时测试点必须远离震源。

21.2 K_{30}平板载荷试验

21.2.1 本试验应采用下列仪器设备：

1 荷载板：荷载板为圆形钢板，其直径为 30 cm，板厚为 25 mm。荷载板上应带有水准泡。

2 加载装置：

1）液压千斤顶与手动油泵，通过高压油软管连接。千斤顶顶端应设置球铰，并配有可调节丝杆和加长杆件，以便与各种不同高度的反力装置相适应。选用荷载应大于或等于 50 kN。

2）液压油软管长度至少为 2 m，两端应装有自动开闭阀门的快速接头，以防止液压

油漏出。

3)手动液压泵上应装有一个可调节减压阀,可准确地分级对荷载板实施加、卸载。

4)测压表量程应达到最大试验荷载的1.25倍,精度不低于0.6级。

5)当使用测力计直接测量加荷荷载时,测力计精度应达到1%。

3 反力装置的承载能力应大于最大试验荷载10 kN。

4 下沉量测量装置由测桥和测表组成。测桥是用于安装测表固定支架或作为测表量测基准面,由长度大于3 m的支撑梁和支撑座组成,当跨度为4 m时其截面系数应大于或等于8 cm^3。测表宜配置3~4个精度为0.01 mm的百分表或电子数显百分表,量程应不小于10 mm,每个测表应配有可调式固定支架。

5 其他:铁锹、钢板尺(长400 mm)、毛刷、圬工泥刀、刮铲、水准仪、铅锤、褶尺、干燥中砂、石膏、油、遮阳挡风设施等。

21.2.2 试验仪器的校验应符合下列规定:

1 测试地基系数时,应对仪器进行测试校验。

2 新仪器进行试验的三个月内,应每月标定一次,以作出相应误差修正。当三次标定误差小于±5%时,仪器进入稳定期。

3 仪器每次投入新工点或每年必须予以校验一次。仪器校验方法见本规程附录E。

21.2.3 试验操作应按下列步骤进行:

1 场地测试面应进行平整,并使用毛刷扫去松土。当处于斜坡上时,应将荷载板支撑面做成水平面。

2 安置平板载荷仪:

1)将荷载板放置于测试地面上,应使荷载板与地面良好接触,必要时可铺设一薄层干燥砂(2~3 mm)或石膏腻子。当用石膏腻子做垫层时,应在荷载板底面上抹一层油膜,然后将荷载板安放在石膏层上,左右转动荷载板并轻轻击打顶面,使其与地面完全接触,与此同时可借助荷载板上水准泡或水准仪调整水平。

2)将反力装置承载部分安置于荷载板上方,并加以制动。反力装置的支撑点必须距荷载板外侧边缘1 m以外。

3)将千斤顶放置于反力装置下面的荷载板上,可利用加长杆和通过调节丝杆,使千斤顶顶端球铰座紧贴在反力装置承载部位上,组装时应保持千斤顶垂直不出现倾斜。

4)安置测桥,测桥支撑座应设置在距离荷载板外侧边缘及反力装置支承点1 m以外,测表的安放必须相互对称,并且应与荷载板中心保持等距离。

3 加载试验:

1)为稳固荷载板,预先加0.01 MPa荷载约30 s,待稳定后卸除荷载,将百分表读数调至零或读取百分表读数作为下沉量的起始读数。

2)以0.04 MPa的增量,逐级加载。每增加一级荷载,当1 min的沉降量不大于该级荷载产生的沉降量的1%时,读取荷载强度和下沉量读数,然后增加下一级荷载。

3)当总下沉量超过规定的基准值(1.25 mm),或者荷载强度超过估计的现场实际最大接触压力,或者达到地基的屈服点,试验即可终止。

4 当试验过程出现异常时(如荷载板严重倾斜,荷载板过度下沉),应将试验点下挖相当于荷载板直径的深度,重新进行试验。对出现的异常应在试验记录表中注明。

21.2.4 试验结果应按下列公式计算及制图:

1 根据试验结果绘出荷载强度与下沉量关系曲线，见图21.2.4。

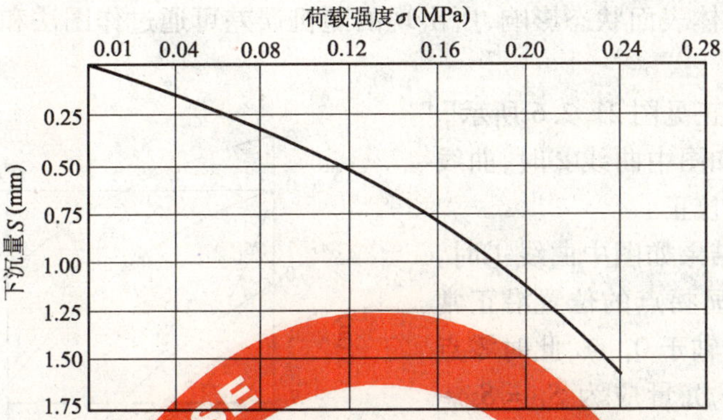

图21.2.4 荷载强度 σ—下沉量 S 关系曲线

2 从荷载强度与下沉量关系曲线得出下沉量基准值时的荷载强度，并按下式计算出地基系数：

$$K_{30}=\sigma_s/S_s \tag{21.2.4}$$

式中 K_{30}——由直径30 cm的荷载板测得的地基系数(MPa/m)，计算取整数；

σ_s——σ—S 曲线中 $S_s=1.25\times10^{-3}$ m相对应的荷载强度(MPa)；

S_s——下沉量基准值($=1.25\times10^{-3}$ m)。

21.2.5 试验记录格式应符合表21.2.5的要求。

表21.2.5 K_{30}平板载荷试验记录

<table>
<tr><td colspan="3">工程名称：
工程地点：
施工单位：
荷载板直径：</td><td colspan="3">填料类型：
填层厚度：
检测里程：
检测标高：</td><td colspan="2">试验编号：
试验日期：
试验人员：
试验负责人：</td></tr>
<tr><td rowspan="2">加载顺序</td><td rowspan="2">荷载强度
σ(MPa)</td><td rowspan="2">油压表读数
$P_{压}$(MPa)</td><td colspan="4">下沉量S(mm)(百分表读数)</td><td rowspan="2">荷载板中心下沉量(mm)</td></tr>
<tr><td>表1</td><td>表2</td><td>表3</td><td>平均</td></tr>
<tr><td>预压</td><td>0.01</td><td></td><td></td><td></td><td></td><td></td><td></td></tr>
<tr><td>复位</td><td>0.00</td><td></td><td></td><td></td><td></td><td></td><td></td></tr>
<tr><td>1</td><td>0.04</td><td></td><td></td><td></td><td></td><td></td><td></td></tr>
<tr><td>2</td><td>0.08</td><td></td><td></td><td></td><td></td><td></td><td></td></tr>
<tr><td>3</td><td>0.12</td><td></td><td></td><td></td><td></td><td></td><td></td></tr>
<tr><td>4</td><td>0.16</td><td></td><td></td><td></td><td></td><td></td><td></td></tr>
<tr><td>5</td><td>0.20</td><td></td><td></td><td></td><td></td><td></td><td></td></tr>
<tr><td>6</td><td>0.24</td><td></td><td></td><td></td><td></td><td></td><td></td></tr>
<tr><td></td><td></td><td></td><td></td><td></td><td></td><td></td><td></td></tr>
<tr><td></td><td></td><td></td><td></td><td></td><td></td><td></td><td></td></tr>
</table>

复核______ ____年____月____日　　　试验______ ____年____月____日

21.2.6 随机误差应按下列规定进行校正：

1 由被测土体表面状态影响，所出现的随机误差可通过作图法和 K_{30} ADJUST 程序进行校正。

2 作图法校正见图 21.2.6 所示。

当试验结果如图中曲线②时，曲线经坐标原点，可不校正。

当试验误差结果如图中曲线①时，应在曲线出现明显拐点的位置沿正常曲线延伸，使交 S 轴于 0_1 点，此时零点下移 $\Delta S''$，标准下沉量应为 $S_1 = S_s + \Delta S''$，并由此对应的荷载强度 σ_1 计算出 K_s 值。

当试验结果如图中曲线③时，应在曲线出现明显拐点的位置沿正常曲线曲率延伸，使交 S 轴于 0_3 点，此时零点上移 $\Delta S'$，标准下沉量应为 $S_3 = S_s - \Delta S'$，并由此对应的荷载强度 σ_3 计算出 K_s 值。

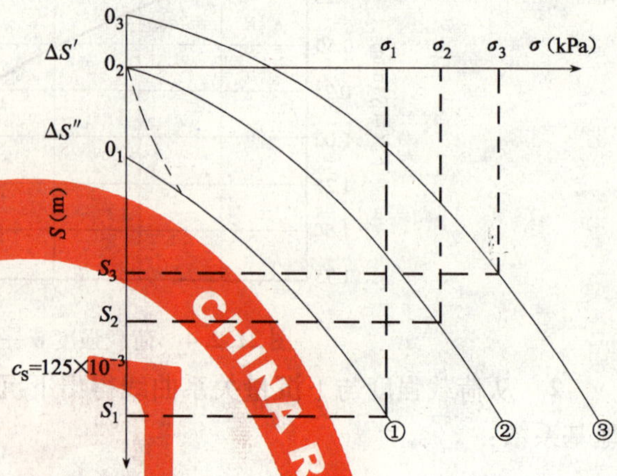

图 21.2.6　随机误差的校正示意

21.3　E_{vd}动态平板载荷试验

21.3.1 本试验应采用下列仪器设备：

1 动态变形模量测试仪由加载装置、荷载板和沉陷测定仪三部分组成，见图 21.3.1。

2 加载装置主要由挂（脱）钩装置、落锤、导向杆、阻尼装置等部分构成。

1）落锤重：10 kg。

2）最大冲击力：7.07 kN。

3）冲击持续时间：18 ±2 ms。

4）导向杆必须保持垂直、光洁。

3 荷载板主要由圆形钢板和传感器等部分构成。

1）圆形钢板直径 300 mm；厚度 20 mm。

2）传感器必须牢固密贴地安装在荷载板的中心位置上。

4 沉陷测定仪主要由信号处理、显示、打印机和电源等部分构成。

5 沉陷测试范围：（0.1 ~2.0）mm ±0.05 mm。

E_{vd}测试范围：10 MPa < E_{vd} < 225 MPa。

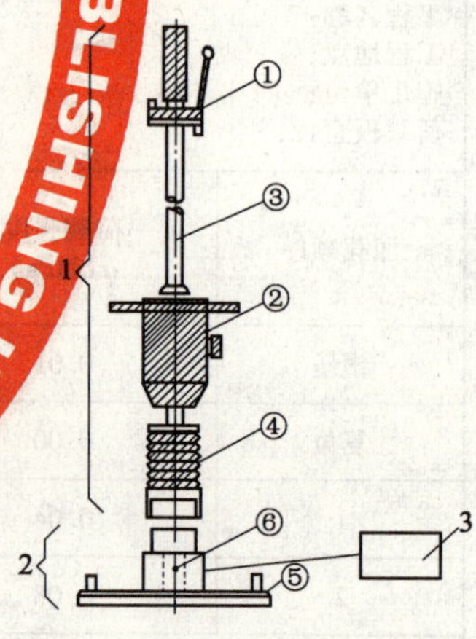

图 21.3.1　动态变形模量测试仪

1—加载装置（①挂（脱）钩装置；②落锤；③导向杆；④阻尼装置）；2—载荷板（⑤圆形钢板；⑥传感器）；3—沉陷测定仪

21.3.2 仪器的校验和标定应符合下列要求：

1 仪器在每次试验前应按使用说明书进行校验。

2 仪器每年必须重新标定一次。

21.3.3 试验操作应按下列步骤进行：

1 测试前的准备工作:

1)测试面应整平。应使荷载板与地面良好接触。必要时可用少量的细中砂来补平。

2)导向杆应保持垂直。

3)检查仪器标明的落距。

2 测试步骤:

1)荷载板放置在平整好的测试面上,安装上导向杆并保持其垂直。

2)将落锤提升至挂(脱)钩装置上挂住,然后使落锤脱钩并自由落下,当落锤弹回后将其抓住并挂在挂(脱)钩装置上。按此操作进行三次预冲击。

3)正式测试时按上述第2)项的方式进行三次冲击测试,作为正式测试记录。测试时应避免荷载板的移动和跳跃。

4)测试时,应记录每个测点的工程名称、检测部位、试验时间、土的种类、含水率以及相关的参数。

21.3.4 试验结果应按下列平板压力公式计算:

$$E_{vd}=1.5\times r\times\sigma/S \tag{21.3.4—1}$$

式中 E_{vd}——动态变形模量(MPa),计算至0.1 MPa;

r——圆形刚性荷载板的半径(mm),即 $r=150$ mm;

σ——荷载板下的最大动应力,它是通过在刚性基础上,由最大冲击力 $F_s=7.07$ kN 且冲击时间 $t_s=18$ ms 时标定得到的,$\sigma=0.1$ MPa;

S——实测荷载板下沉幅值(mm);

1.5——荷载板形状影响系数。

实测结果可采用下列简化公式:

$$E_{vd}=22.5/S \tag{21.3.4—2}$$

根据 E_{vd} 与 K_{30} 的相关关系,可以推算出 K_{30} 值。

21.3.5 记录格式应符合表21.3.5的要求。

表 21.3.5 E_{vd} 动态平板载荷试验记录

工程名称: 检测部位: 施工单位: 仪器型号:		填料类型: 填层厚度: 检测里程: 检测标高:		试验编号: 试验日期: 环境温度: 含水率:
冲击顺序	沉陷值 S_i(mm)	平均沉陷值 S(mm)	动态变形模量 E_{vd}(MPa)	备 注
附 动态变形模量测试仪打印的实测结果及实测 $S—t$(沉陷—时间)曲线:				

复核:______ ____年____月____日 试验:______ ____年____月____日

1 取三次冲击测得的平均值 S 计算 E_{vd},作为该检测点的测试值。

2 在试验记录表格中应附有动态变形模量测试仪打印出的实测结果及实测 $S—t$(沉陷—时间)曲线。

22　黄土湿陷性试验

22.1　一 般 规 定

22.1.1　黄土湿陷性是黄土在一定的压力、浸水作用下，产生压缩、湿陷变形的过程。

22.1.2　黄土湿陷性试验应根据不同工程要求，分别测定黄土的湿陷系数、自重湿陷系数和湿陷起始压力。

22.1.3　本试验在同一土样中制备的试样密度差值不得大于0.03 g/cm^3。

22.2　湿陷系数的测定

22.2.1　本试验采用的仪器设备应符合本规程第15.2.1条规定。环刀面积不得小于50 cm^2。

22.2.2　试验操作应按下列步骤进行：

1　切土时，应使试样的加荷方向与土层受压方向一致。如遇有大孔隙贯通试样时，应用切余的碎土填入堵塞。

2　试样安装及施加预压应按本规程第15.2.2条第2～3款规定进行。浸水水质应采用纯水，当有特殊要求时，可按要求的水质浸水，但应在报告中加以注明水质条件。

3　记录初读数后，立即卸除预压力，开始施加第一级压力50 kPa，加压后，每隔1 h测记百分表读数一次，直至试样变形稳定为止。然后依次施加第二级及以后各级压力。

4　加压等级一般为50、100、150、200 kPa，最后一级压力应按取土深度而定：从基底算起至10 m深度以内，压力为200 kPa；10 m以下至非湿陷性土层顶面，使用其上覆土层的饱和自重压力，当大于300 kPa时，仍应用300 kPa；当基底压力大于300 kPa时，宜按实际压力确定。

5　当试样在最后一级压力下变形稳定后，向容器内注入纯水，水面应高出试样顶面，并保持该水面直至试验结束。每隔1 h测读百分表一次，直至试样变形稳定为止。

6　各级压力下及浸水后的变形稳定标准为每小时变形量不大于0.01 mm。

7　拆卸仪器及试样应符合本规程第15.2.2条第11款的规定。

22.2.3　试验结果应按下式计算：

$$\delta_s = \frac{h_p - h_p'}{h_0} \tag{22.2.3}$$

式中　δ_s——湿陷系数，计算至0.001；

h_p——试样在加至最后一级压力时，下沉稳定后的高度(mm)；

h_p'——试样在加至最后一级压力稳定后，经浸水下沉稳定的高度(mm)；

h_0——试样的原始高度(mm)。

22.2.4　记录格式应符合表22.2.4的要求。

表 22.2.4　黄土湿陷性试验记录

试样编号________　　　　仪器号________　　　　试验方法________

试样初始高度______mm　　　　试样含水率________

试样密度________　　　　颗粒密度________

压力(kPa) / 变形读数(mm)											浸　水	
	时间	读数	时间	读数	时间	读数	时间	读数	时间	读数	时间	读数
总变形量												
仪器变形量												
试样变形量												
试样高度												
			湿陷变形系数 $\delta_s = \frac{h_1 - h_2}{h_0}$						自重湿陷系数 $\delta_{zs} = \frac{h_z - h_z'}{h_0}$			

复核________　____年____月____日　　　　试验________　____年____月____日

22.3　自重湿陷系数的测定

22.3.1　本试验采用的仪器设备应符合本规程第 22.2.1 条规定。

22.3.2　试验操作应按下列步骤进行：

1　试样制备及安装应按本规程第 22.2.2 条第 1～2 款规定进行。

2　土的饱和自重压力按下式计算确定。

$$P_z = g_n \sum_{i=1}^{n} \rho_{sri} \times H_i \tag{22.3.2—1}$$

$$\rho_{sri} = \frac{\rho_{0i}}{1 + 0.01 w_{0i}} \left(1 - \frac{0.85}{\rho_{si}} \rho_{w4}\right) + 0.85 \rho_{w4} \tag{22.3.2—2}$$

式中　P_z——该土样深度处上覆土的饱和(S_r 为 85%)自重压力(kPa),计算至 1 kPa;

g_n——重力加速度(=9.81 m/s^2);

n——该深度范围内土的分层数;

H_i——第 i 层土的厚度(m);

ρ_{sri}——第 i 层土的饱和密度(g/cm^3);

ρ_{0i}——第 i 层土的密度(g/cm^3);

w_{0i}——第 i 层土的含水率(%);

ρ_{si}——第 i 层土的颗粒密度(g/cm^3);

ρ_{w4}——4 ℃时水的密度(g/cm^3)。

3　将试样保持在天然湿度下,施加土的饱和自重压力。当饱和自重压力小于 50 kPa 时,可一次施加;当大于 50 kPa 时,应分次施加。每次加压不应大于 50 kPa,每次加压的时间间隔不应少于 15 min。如此连续加压直至饱和自重压力 P_z 为止。加最后一次压力后，每隔 1 h 测记百分表读数一次，直至试样变形稳定为止。稳定标准应符合本规程第 22.2.2 条第 6 款的规定。

4　浸水后湿陷变形应按本规程第 22.2.2 条第 5～6 款规定测定。

5　拆卸仪器及试样应符合本规程第 15.2.2 条第 11 款规定。

22.3.3　试验结果应按下式计算：

$$\delta_{zs} = \frac{h_z - h_z'}{h_0} \tag{22.3.3}$$

式中　δ_{zs}——自重湿陷系数，计算至 0.001；

h_z——保持天然的湿度和结构的试样，加压至土的饱和自重压力时，下沉稳定后的高度（mm）；

h_z'——上述加压稳定后的试样，在浸水作用下，下沉稳定后的高度（mm）；

22.3.4　记录格式应符合本规程表 22.2.4 的要求。

22.4　湿陷起始压力的测定

22.4.1　本试验应采用的仪器设备应符合本规程第 22.2.1 条规定。

22.4.2　本试验可采用单线法或双线法。

22.4.3　试验操作应按下列步骤进行：

1　试样制备应按本规程第 3.3.2 条和第 22.2.2 条第 1 款规定进行。单线法切取 5 个环刀试样；双线法切取 2 个环刀试样。试样安装应按本规程第 15.2.2 条第 2～3 款规定进行。

2　采用单线法试验时，5 个试样都在天然湿度下加压，分别加至不同的规定压力时，再按本规程第 22.2.2 条第 3～6 款规定进行试验，直至试样湿陷变形稳定为止。

3　采用双线法试验时，一个试样在天然湿度下分级加压，按本规程第 22.2.1 条第 3～6 款的步骤进行试验，直至最后一级压力下浸水湿陷变形稳定为止；另一个试样在天然湿度下施加第一级压力，变形稳定后浸水，至湿陷稳定，再继续分级加压，直至试样在各级压力下浸水变形稳定为止。

压力等级在 150 kPa 以内，每级增量为 25～50 kPa；150 kPa 以上，每级增量为 50～100 kPa。最后一级压力的大小，应符合本规程第 22.2.2 条第 4 款的规定。

4　试验结束后，按本规程第 15.2.2 条第 11 款的规定拆卸仪器及试样。

22.4.4　试验结果应按下式计算及制图：

1　各级压力下的湿陷系数：

$$\delta_{sp} = \frac{h_{pn} - h_{pw}}{h_0} \tag{22.4.3}$$

式中　δ_{sp}——各级压力下的湿陷系数；计算至 0.001；

h_{pn}——在各级压力下试样变形稳定后的高度（mm）；

h_{pw}——在各级压力下试样浸水变形稳定后的高度（mm）。

2　以湿陷系数为纵坐标，压力为横坐标，绘制湿陷系数与压力的关系曲线见图 22.4.3。取曲线上湿陷系数为 0.015 所对应的压力即为湿陷起始压力。

22.4.5　记录格式应符合表22.4.5的要求。

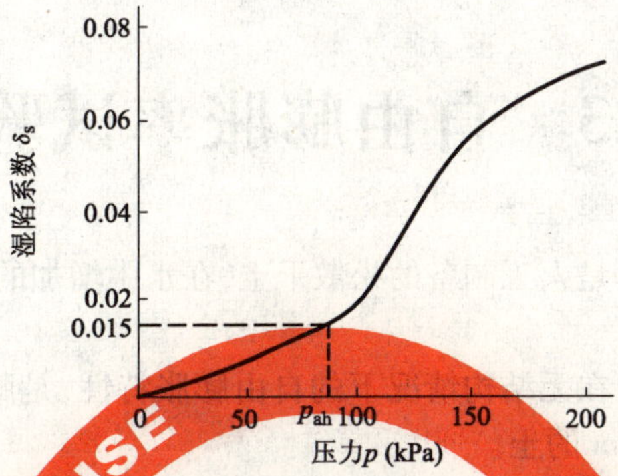

图22.4.3　湿陷系数与压力关系曲线

表22.4.5　黄土湿陷性试验记录(湿陷起始压力)

试样编号：

试样初始高度：　(mm)								试样初始高度：　(mm)						
	天然状态　仪器号：							浸水状态　仪器号：						
经过时间(min)	50(25)(kPa)	100(50)(kPa)	150(75)(kPa)	200(100)(kPa)	250(150)(kPa)	300(200)(kPa)	浸水	50(25)(kPa)	浸水	100(50)(kPa)	150(75)(kPa)	200(100)(kPa)	250(150)(kPa)	300(200)(kPa)
	百分表读数(mm)								百分表读数(mm)					
仪器变形量														
试样变形量														
湿陷系数														

复核________　____年____月____日　　　　试验________　____年____月____日

23　自由膨胀率试验

23.0.1　土的自由膨胀率是人工制备的松散干土，在水中增加的体积与原始体积之比，以百分数表示。

23.0.2　本试验是测定土在无结构情况下的自由膨胀特性，是膨胀土的初判指标。本试验适用于粒径小于 0.5 mm 的土。

23.0.3　本试验应采用下列仪器设备：

1　量筒：容积 50 mL，分度值 1 mL，容积和刻度应标定。

2　量土杯：容积 10 mL，内径 20 mm。

3　无颈漏斗：上口直径 50 ~ 60 mm，下口直径 5 mm。

4　搅拌器：由直杆和带孔圆板组成，圆板直径应小于量筒内径 2 mm。

5　天平：称量 200 g，分度值 0.01 g。

6　其他：孔径 0.5 mm 筛、取土勺、平口刮刀、漏斗支架、碾土工具等。

23.0.4　试验操作应按下列步骤进行：

1　用四分对角线法取风干试样约 100 g，在橡皮板上碾散，剔除石子、结核后，过 0.5 mm筛，并在 105 ℃ ~ 110 ℃温度下烘干 8 h，移入干燥器内冷却至室温。

2　按图 23.0.3 所示装置，将无颈漏斗放在支架上，漏斗下口对准量土杯中心并保持距离 10 mm，用取土匙取适量试样倒入漏斗中，倒试样时取土匙应与漏斗壁接触并尽量靠近漏头底部，边倒边用细铁丝轻轻搅动。当量土杯装满试样并溢出时，停止向漏斗倒试样，移开漏斗，轻轻地用平口刮刀刮去杯口多余土，称量土杯中试样质量，准确至 0.01 g。另取一个量土杯，重复上述操作，称取第二个试样质量。两个试样质量的差值应不大于 0.1 g。

3　向量筒内注水约 30 mL，并加入 5% NaCl 溶液 5 mL，将试样倒入量筒内，用搅拌器在量筒中自液面至筒底上下搅拌各 10 次，再用水冲洗搅拌器和量筒内壁至悬液达 50 mL。

4　待悬液澄清后，每隔 2 h 测记一次土面读数；估读至0.1 mL，直至两次读数差值小于 0.2 mL，则认为膨胀稳定。若土面倾斜，读数可取中值。

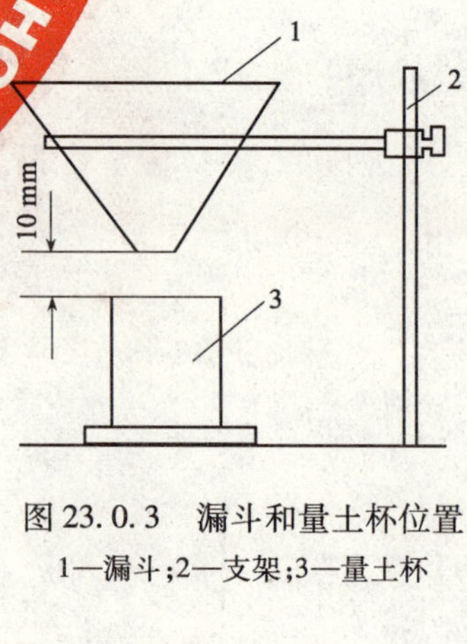

图 23.0.3　漏斗和量土杯位置

1—漏斗；2—支架；3—量土杯

23.0.5　试验结果应按下式计算：

$$F_s = \frac{V_1 - V_0}{V_0} \times 100 \qquad (23.0.5)$$

式中　F_s——自由膨胀率（%），计算至 1%；

V_1——试样在水中膨胀稳定的体积（mL）；

V_0——试样原体积（mL）。

23.0.6　本试验应进行平行测定，允许平行差值：当 $F_s < 60\%$ 时为 5%；$F_s \geqslant 60\%$ 时为

8%。取其算术平均值。

23.0.7 试验记录格式应符合表23.0.7的要求。

表23.0.7 自由膨胀率试验记录

试样编号	干试样质量	试样原始体积	量筒编号	量筒校正值	不同时间(h)体积读数(mL)					体积增量	自由膨胀率	平均值
					2	4	6	8	10			
	(g)	(mL)		(mL)	(mL)					(mL)	(%)	(%)

复核______ ____年____月____日　　　　试验______ ____年____月____日

24 膨胀率试验

24.1 一 般 规 定

24.1.1 膨胀率是试样在有侧限条件下浸水后的单向膨胀量与试样原始高度之比值。

24.1.2 膨胀率试验可分为无荷载膨胀率试验和有荷载膨胀率试验。

24.1.3 本试验适用于测定原状土和扰动土击实试样的膨胀率。

24.2 无荷载膨胀率试验

24.2.1 本试验应采用下列仪器设备：

1 膨胀仪：见图 24.2.1；也可用固结仪，见本规程图 15.2.1。

2 环刀：内径 61.8 mm，高 20 mm（另配一个与环刀内径相同高 10 mm 的接环）。

3 天平：称量 500 g，分度值 0.01 g。

4 其他：切土刀、吸水球等。

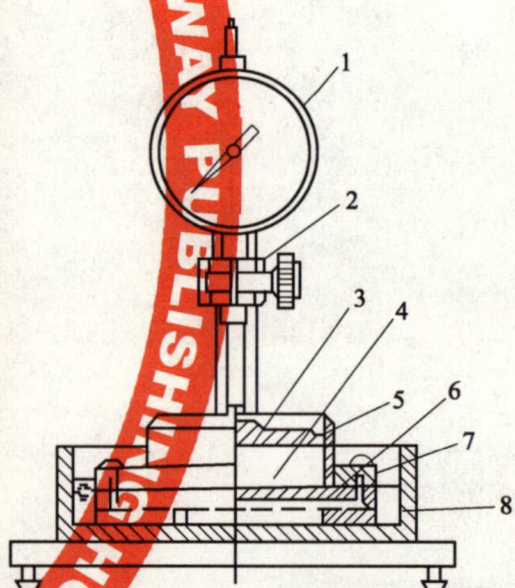

图 24.2.1 膨胀仪示意

1—百分表；2—表架；3—有孔板；4—试样；5—环刀；6—透水板；7—压板；8—水盒

24.2.2 试验操作应按下列步骤进行：

1 在环刀内壁涂一薄层凡士林，切取原状土试样或所需状态的击实试样，修平两端。称环刀和土的总质量，准确至 0.1 g，并测定试验前的含水率、密度及计算孔隙比。

2 将烘干冷却的透水板埋置于切削下的余土内 1 h，取出刷尽后，放入仪器中。将环刀套上接环，钝口端用压环固定在底座上，使试样底面与透水板顶面密贴，然后一起放入水盒中。将有孔活塞板轻轻放在试样的顶面，对准活塞中心，安装百分表，并记下初读数。

3 在水盒中注入纯水，使水自下而上进入试样，并保持水面高出试样顶面约 5 mm。注水后，每隔 2 h 测记百分表读数一次，直至两次读数之差值不超过 0.01 mm 为止。

4 试验完毕后，吸去容器中的水。从环刀内推出试样，并称其质量。将试样烘干后再称其干质量，计算膨胀后的含水率、密度和孔隙比。

24.2.3 试验结果应按下式计算：

$$V_H = \frac{R_t - R_0}{H_0} \times 100 \tag{24.2.3}$$

式中 V_H——时间 t 时的无荷载膨胀率（%），计算至 0.1%；

R_t——时间 t 时的百分表读数（mm）；

R_0——试验开始时百分表读数(mm);

H_0——试验原始高度(mm)。

24.2.4 记录格式应符合表 24.2.4 的要求。

表 24.2.4 膨胀率试验记录

试样编号 土颗粒密度 ρ_s(g/cm^3)		压力(kPa)		仪器号 环刀号	
项目	内 容	试 验 前		试 验 后	
含水率	湿试样质量(g)	(1)		(1)	
	干试样质量(g)	(2)		(2)	
	含水率(%)	(3) = [(1)/(2) −1]100		(3) = [(1)/(2) −1]100	
密度	环刀加湿试样质量(g)	(4)		(4)	
	环刀质量(g)	(5)		(5)	
	湿试样质量(g)	(6) = (4) − (5)		(6) = (4) − (5)	
	试样体积(cm^3)	(7) V_0		(7) $V_0(1+V_h)$	
	密度(g/cm^3)	(8) = (6)/(7)		(8) = (6)/(7)	
干密度(g/cm^3)		(9) = (8)/[1 +0.01(3)]		(9) = (8)/[1 +0.01(3)]	
孔隙比(1)		(10) = [ρ_s/(9)] −1		(10) = [ρ_s/(9)] −1	

膨胀率测定							
测定时间			经过时间			量表读数 R	膨胀率 V_h(V_{HP})
d	h	min	d	h	min	(mm)	(%)

复核________ ____年____月____日　　　　试验________ ____年____月____日

24.3 有荷载膨胀率试验

24.3.1 本试验应采用下列仪器设备:

1 固结仪:见本规程图 15.2.1,另备一个与环刀内径相同的接环,高 10 mm。试验前,应按附录 D 对固结仪在不同压力下进行仪器变形量校正。

2 其他与本规程第 24.2.1 条第 2 ~4 款相同。

24.3.2 试验操作应按下列步骤进行:

1 在环刀内壁涂一薄层凡士林,按第 5.2.2 条要求切取有代表性的试样,称环刀和试样的总质量,准确至 0.1 g。并测定试验前的含水率、密度及计算孔隙比。

2 将试样放入容器内,放上接环透水石和盖板,安好百分表,施加 1 kPa 的预压力,使仪器各部件之间接触良好。将百分表指针调整到全量程的中值整数,记下初读数,卸下预压力。

3 按要求分级连续施加压力,直至达到要求的压力为止。如要求的压力大于或等于

150 kPa 时，每级增量应为 50 kPa。如要求的压力小于 150 kPa 时，每级增量应为 25 kPa。每级加压的间隔时间为 10 min。加压时应避免冲击。当施加最后一级压力后，每小时变形小于 0.01 mm 即可认为变形已稳定。

4 随后向容器内注入纯水，使水自下而上进入试样，并保持水面高出试样顶面约 5 mm。

5 浸水后每隔 2 h 测记百分表读数一次，直至两次读数差值不超过 0.01 mm 为止。

6 试验完毕后，吸去容器中的水，卸除荷载，取出试样称量，烘干冷却后再称量，计算膨胀后的含水率、密度和孔隙比。

24.3.3 试验结果应按下式计算：

$$V_{HP}=\frac{R_t+R_P-R_0}{H_0}\times 100 \tag{24.3.3}$$

式中 V_{HP}——压力 P 下的膨胀率(%)，计算至 0.1%；

R_P——压力 P 下的仪器压缩变形量(mm)。

24.3.4 记录格式应符合表 24.2.4 的要求。

25 膨胀力试验

25.0.1 土的膨胀力是试样在体积不变的条件下,浸水膨胀后所产生的内应力。

25.0.2 本试验应采用加荷平衡法,适用于原状土和击实土的膨胀力测定。

25.0.3 本试验采用的仪器设备应符合本规程第15.2.1条的要求。

25.0.4 试验操作应按下列步骤进行:

1 按本规程第15.2.2条第2款将试样放入压缩容器内,并施加1 kPa的预压力,使试样和仪器上下各部件紧密接触。安装百分表,并调整到零位,测记初读数后卸去预压力。

2 自下而上向容器内注入纯水,并保持水面高出试样顶面5 mm。

3 当百分表开始顺时针方向转动时,表明试样开始膨胀,应立即施加适当的平衡荷载,使百分表指针重新回到初读数。

4 当所施加的荷载足以使仪器产生变形时,在施加下一级平衡荷载时,百分表指针不仅应回到原位,还应逆时钟转动一个相当于该荷载下仪器变形量的数值。

5 试样在某级荷载下间隔2 h百分表读数不再变化,表示试样在该荷载下已达到稳定。

6 试验结束后吸去容器内的水,取出试样并称其质量及测定试验后的含水率、密度,计算孔隙比。

25.0.5 试验结果应按下式计算:

$$P_{\mathrm{p}} = \frac{W \cdot r}{A} \times 10 \tag{25.0.5}$$

式中 P_{p}——膨胀力(kPa),计算至1 kPa;

W——施加在试样上的总平衡荷载(N);

A——试样面积($\mathrm{cm^2}$);

r——固结仪的杠杆比。

25.0.6 记录格式应符合表25.0.6的要求。

表 25.0.6 膨胀力试验记录

试样编号 土颗粒密度 ρ_s($\mathrm{g/cm^3}$)		仪器号 试样面积($\mathrm{cm^3}$)	杠杆比(r) 环刀号	
项目	内　容		试 验 前	试 验 后
含水率	湿试样质量(g)	(1)		
	干试样质量(g)	(2)		
	含水率(%)	$(3)=\left[\frac{(1)}{(2)}-1\right]\times 100$		

续上表

<table>
<tr><td colspan="3">试样编号
土颗粒密度ρ_s(g/cm^3)</td><td colspan="2">仪器号
试样面积(cm^3)</td><td colspan="2">杠杆比(r)
环刀号</td></tr>
<tr><td rowspan="5">密度</td><td colspan="2">环刀和湿试样总质量(g)</td><td colspan="2">(4)</td><td></td><td></td></tr>
<tr><td colspan="2">环刀质量(g)</td><td colspan="2">(5)</td><td></td><td></td></tr>
<tr><td colspan="2">湿试样质量(g)</td><td colspan="2">(6)=(4)-(5)</td><td></td><td></td></tr>
<tr><td colspan="2">试样体积(cm^3)</td><td colspan="2">(7)</td><td></td><td></td></tr>
<tr><td colspan="2">密度(g/cm^3)</td><td colspan="2">(8)=(6)/(7)</td><td></td><td></td></tr>
<tr><td colspan="3">干密度(g/cm^3)</td><td colspan="2">(9)=(8)/[1+0.01(3)]</td><td></td><td></td></tr>
<tr><td colspan="3">孔隙比(1)</td><td colspan="2">(10)=[ρ_s/(9)]-1</td><td></td><td></td></tr>
<tr><td colspan="7">膨胀力测定</td></tr>
<tr><td colspan="3">测定时间</td><td>总平衡荷载</td><td>仪器变形量</td><td colspan="2">膨胀力</td></tr>
<tr><td>d</td><td>h</td><td>min</td><td>(N)</td><td>(mm)</td><td colspan="2">(kPa)</td></tr>
<tr><td></td><td></td><td></td><td></td><td></td><td colspan="2"></td></tr>
<tr><td></td><td></td><td></td><td></td><td></td><td colspan="2"></td></tr>
<tr><td></td><td></td><td></td><td></td><td></td><td colspan="2"></td></tr>
<tr><td></td><td></td><td></td><td></td><td></td><td colspan="2"></td></tr>
</table>

复核＿＿＿＿＿年＿＿月＿＿日　　　　　　试验＿＿＿＿＿年＿＿月＿＿日

26 收缩试验

26.0.1 土的收缩是原状土在水分蒸发过程中体积减小的现象。

26.0.2 本试验适用于原状土和击实黏性土。

26.0.3 本试验应采用下列仪器设备:

1 收缩仪:如图 26.0.3 所示。多孔板上的孔的面积应大于总面积的 50%。

2 环刀:直径 61.8 mm,高度 20 mm。

3 百分表:量程 10 mm,分度值 0.01 mm。

4 天平:称量 500 g,分度值 0.1 g。

5 其他:烘箱、制样器具及蜡封工具等。

26.0.4 试验操作应按下列步骤进行:

1 收缩试验的原状土试样应按本规程第 3.3.1 条和第 3.3.2 条的规定进行制备,击实土试样按本规程第 3.2.3 条的规定制备。

2 将制好的试样置于收缩仪上,放上测板,安装百分表,记下初读数,在 25 ℃±5 ℃下进行风干。

3 试验初期,根据室内温度和收缩速度,每隔 1~4 h 测记百分表读数,并称整套装置和试样质量,准确至 0.1 g。2 d 后,每隔 6~24 h 测记百分表读数并称质量,直至两次百分表读数基本不变。称质量时应保持百分表读数不变。在图 26.0.5 所示的收缩曲线的第 Ⅰ 阶段内应取得不少于 4 个数据。

4 试验结束后取出试样,在 105 ℃~110 ℃温度下烘干,称干土质量,准确到 0.1 g。

5 按本规程第 5.3 节蜡封法测定烘干试样体积。

图 26.0.3 收缩仪

1—百分表;2—支架;3—测板;4—试样;5—多孔板;6—垫块

26.0.5 试验结果应按下列公式计算及绘图:

1 试样在不同时间的含水率:

$$w_i = \left(\frac{m_i}{m_d} - 1\right) \times 100 \qquad (26.0.5—1)$$

式中 w_i——某时刻试样的含水率(%),计算至 0.01;

m_i——某时刻试样的质量(g);

m_d——试样烘干后的质量(g)。

2 线缩率:

$$e_{st} = \frac{R_t - R_0}{H_0} \times 100 \qquad (26.0.5—2)$$

式中 e_{st}——试样在某时刻的线缩率(%);

R_t——某时刻的百分表读数(0.01 mm);

R_0——百分表初始读数(0.01 mm);

H_0——试样初始高度(mm)。

3 体缩率:

$$e_v=\frac{V_0-V_d}{V_0}\times 100 \qquad (26.0.5—3)$$

式中 e_v——体缩率(%);

V_0——试样初始体积(cm^3);

V_d——试样烘干后的体积(cm^3)。

4 收缩系数:

$$C_s=\frac{\Delta e_{si}}{\Delta w} \qquad (26.0.5—4)$$

式中 C_s——竖向收缩系数;

Δe_{si}——与 Δw 相对应的两点线缩率之差(%);

Δw——收缩曲线上第Ⅰ阶段两点的含水率之差(%)。

5 以线缩率为纵坐标,含水率为横坐标,绘制关系曲线,如图 26.0.5。延长第Ⅰ、Ⅲ阶段的直线段至相交,两线交点对应的横坐标 w_s 即为原状土的缩限。

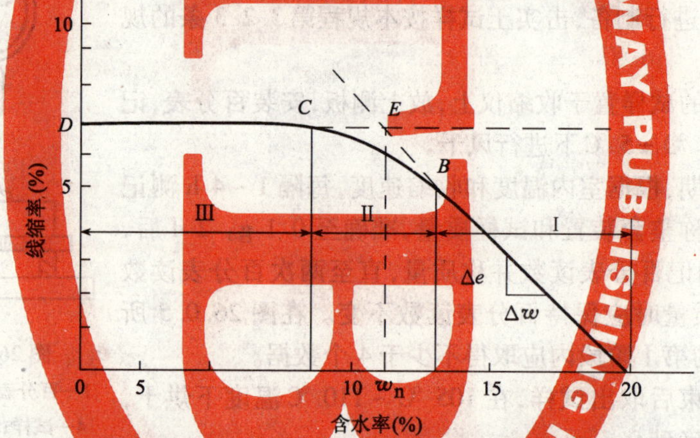

图 26.0.5 线缩率与含水率关系曲线

26.0.6 记录格式应符合表 26.0.6 的要求。

表 26.0.6 收缩试验记录

试样编号:________ 试样说明:________

测定时间			百分表读数	单向收缩	线缩率	试样质量	水质量	含水率	备注
d	h	min	(0.01 mm)	(mm)	(%)	(g)	(g)	(%)	
体缩(%)			收缩系数		缩限(%)				

复核________年____月____日 试验________年____月____日

27 冻土总含水率试验

27.1 一 般 规 定

27.1.1 冻土总含水率是冻土中所含冰和未冻水的总质量与干土质量之比，即冻土试样在 105 ℃～110 ℃下烘至恒量时所失去的水的质量与烘干土质量的比值，以百分数表示。

27.1.2 本试验的标准方法应为烘干法，在现场或需要快速测定含水率时，对层(网)状冰构造的黏性土或砂类土冻土，可采用联合测定法。

27.2 烘 干 法

27.2.1 本试验应采用下列仪器设备：

1 天平：称量 5 000 g，分度值 1 g。

2 其余仪器设备应符合本规程第 4.2.1 条的要求。

27.2.2 试验操作应按下列步骤进行：

1 对整体状冰构造的黏性土或砂类土冻土，含水率的试验步骤应按本规程第 4.2.2 条规定进行，但每个试样的质量不得少于 50 g。

2 对薄层(网)状及中等层(网)状冰构造的冻土，应采用平均试样法测定含水率：

1) 将土样用四分对角法取出 1 000～2 000 g(视冻土构造均匀程度而定，较均匀的可少取，反之应多取)，进行称量，准确至 0.1 g，放入搪瓷盘中使其融化。

2) 将融化的试样调拌成均匀糊状(土太湿时，将多余水分澄清后可用吸水球和滤纸吸出，或让其自然蒸发；土太干时，可适当加水)，进行称量，准确至 0.1 g。

3) 从糊状土中取样测定含水率，其试验步骤可按本规程第 4.2 节进行。

27.2.3 试验结果应按下列公式计算：

1 整体状冰构造的冻土总含水率计算与本规程第 4.2.3 条公式相同。

2 层(网)状冰构造冻土总含水率，应按下式计算：

$$w_A = \left[\frac{m_1}{m_2}(1 + 0.01w_n) - 1\right] \times 100 \qquad (27.2.3)$$

式中 w_A——冻土总含水率(%)，计算至 0.1%；

m_1——冻土试样质量(g)；

m_2——调成糊状的试样质量(g)；

w_n——糊状试样的含水率(%)。

27.2.4 试验允许差应符合下列规定：

整体状冰构造冻土的总含水率应进行平行测定，其平行差值应符合表 27.2.4 的规定；层(网)状冰构造冻土的含水率平行差值不应大于 1%。

表 27.2.4 冻土总含水率测定平行差值

含水率(%)	小于10	10~30	大于30
平行差值(%)	1	2	3

27.2.5 整体状冰构造冻土的总含水率记录格式应同本规程表 4.2.5。层(网)状冰构造的冻土总含水率记录格式应符合表 27.2.5 的要求。

27.3 联合测定法

27.3.1 本试验应采用下列仪器设备:

1 排液筒:见图 27.3.1。

2 台秤:称量 10 kg,分度值 1 g。

3 量筒:容积 1 000 mL,分度值 10 mL。

表 27.2.5 层(网)状冰构造的冻土总含水率试验记录

工程名称: 试坑(钻孔)号:

试样编号	冻土试样质量	调成糊状的试样质量	盒号	糊状试样的含水率				冻土总含水率 w_A(%)
				湿试样质量	干试样质量	含水率	平均值	$w_A=\left[\frac{m_1}{m_2}(1+0.01w_n)-1\right]\times100$
	m_1	m_2		m_a	m_d	w_n	w_n	
	(g)	(g)		(g)	(g)	(%)	(%)	

复核____ 年__月__日 试验____ 年__月__日

27.3.2 试验操作应按下列步骤进行:

1 取约 1 000~1 500 g 的冻土试样,称其质量。

2 将接近 0 ℃的清水倒入排液筒内,置于台秤上,松开止水夹,让多余的水流出。然后拧紧止水夹,称筒和水的总质量。

3 将试样用细线拴住缓缓放入排液筒中,打开止水夹,使排液筒中的水流入量筒内。水流停止后,拧紧止水夹,立即称排液筒、水和试样的总质量。同时测读量筒中水的体积,用以校核冻土试样的体积。

4 使冻土试样在排液筒内完全融化并呈松散状态,筒中水面下降后应重新加水至高出虹吸管顶,待水澄清后松开止水夹排水,当水流停止后拧紧止水夹,并称排液筒、水和土颗粒的总质量。

5 本试验称量应准确至 1 g。

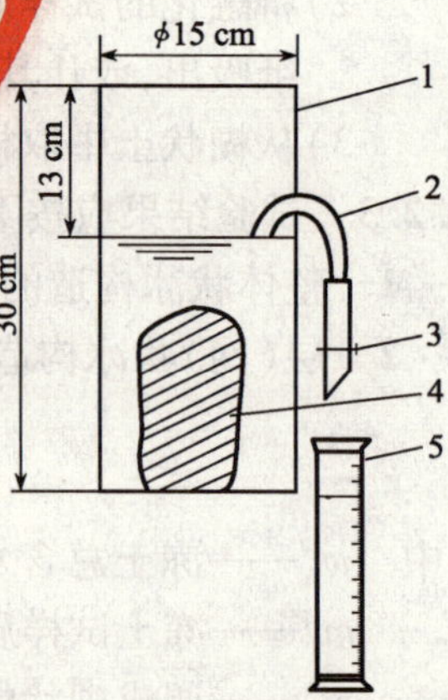

图 27.3.1 排液筒装置示意

1—排液筒;2—虹吸管;3—止水夹;4—冻土试样;5—量筒

27.3.3 试验结果应按下列公式计算:

1　冻土密度：

$$\rho_f = \frac{m}{m + m_1 - m_2} \cdot \rho_w \qquad (27.3.3\text{—}1)$$

式中　ρ_f——冻土密度(g/cm³)，计算至0.01 g/cm³；

m——冻土试样质量(g)；

m_1——筒和水的总质量(g)；

m_2——筒、水和试样的总质量(g)；

ρ_w——水的密度(g/cm³)。

2　冻土总含水率：

$$w_A = \left[\frac{m\left(\frac{\rho_s}{\rho_w} - 1\right)}{(m_3 - m_1)\frac{\rho_s}{\rho_w}} - 1\right] \times 100 \qquad (27.3.3\text{—}2)$$

式中　w_A——冻土总含水率(%)，计算至0.1%；

m_3——筒、水和土颗粒的总质量(g)；

ρ_s——土颗粒密度(g/cm³)，可实测也可采用经验值。

27.3.4　记录格式应符合表27.3.4的要求。

表27.3.4　冻土密度和总含水率联合测定记录

工程名称：　　　　　　　　　　　　　　　　试坑(钻孔)号：

试样编号	冻土试样质量	筒和水的总质量	筒、水和试样总质量	筒、水和土粒的总质量	土颗粒密度	冻土体积	冻土密度	冻土总含水率
	m	m_1	m_2	m_3	ρ_s		ρ_f	w_A
	(g)	(g)	(g)	(g)	g/cm³	cm³	(g/cm³)	(%)
	(1)	(2)	(3)	(4)	(5)	(6)	(7)	(8)
	—	—				$\frac{(1)+(2)-(3)}{\rho_w}$	$\frac{(1)}{(6)}$	$\left\{\frac{(1)\cdot[(5)-1]}{[(4)-(2)]\cdot(5)}-1\right\}\times 100$

复核＿＿＿＿　＿＿年＿＿月＿＿日　　　　　　试验＿＿＿＿　＿＿年＿＿月

28 冻土密度试验

28.1 一般规定

28.1.1 冻土密度是冻土的单位体积质量。

28.1.2 本试验应根据冻土的特点和试验条件选用液体称量法、联合测定法、充砂法和环刀法。

1 液体称量法适用于表面无显著孔隙的冻土。

2 联合测定法适用于层(网)状冰构造的黏性土或砂类土。

3 充砂法适用于表面有明显孔隙的冻土。

4 环刀法适用于土温高于 -3 ℃的黏性土和砂类土。

28.1.3 冻土密度试验宜在负温环境下进行。无负温环境时,应采取保温措施和快速测定。在试验过程中,冻土表面不得发生融化。

28.2 液体称量法

28.2.1 本试验应采用下列仪器设备:

1 天平:称量 1 000 g,分度值 0.1 g。

2 液体密度计:分度值为 0.001 g/cm^3。

3 温度计:测量范围 -30 ℃ ~ +20 ℃,分度值为 0.1 ℃。

4 量筒:容积 1 000 mL。

5 盛液筒:容积 1 000 ~2 000 mL。

6 广口保温瓶:容积约 9 000 mL。

7 试验用液体:负温煤油或 0 ℃水。

28.2.2 试验操作应按下列步骤进行:

1 测定负温下的煤油密度:在广口保温瓶中装入冰和水若干,然后加入一定比例的盐冷却剂(见表 28.2.2),搅拌均匀后,将盛煤油的量筒放入此保温瓶内的冰、水混合物中,预冷至煤油温度稳定后,测定其密度,准确至 0.001 g/cm^3;同时测记温度,准确至 0.1 ℃。如此调整 4 ~5 个不同的负温值,测定其相应的密度值,并绘制煤油的密度与温度关系曲线(如图 28.2.2)。

2 切取冻土试样 300 ~1 000 g,系于细线上称其质量,准确至 0.1 g。

3 将预先冷却至接近试样温度的煤油,装入盛液筒内 2/3 高度处,用温度计测煤油温度,准确至 0.1 ℃。

4 如用浮称天平时,可将试样吊在天平一端,使试样全部浸没在煤油中,称试样在煤油中的质量,准确至 0.01 g;如用电子天平或上皿天平时,将盛液筒放在天平的称量盘上,将试样吊在固定的支架上浸入煤油中(勿与盛液筒底或壁接触),称其质量,准确至0.01 g。

表 28.2.2 盐 冷 却 剂

盐的名称	100 g 水(10 ℃ ~15 ℃)中盐的克数(g)	混合后达到最低温度(℃)	100 g 雪(或细冰)中盐的克数(g)	混合后达到最低温度(℃)
NH_4Cl	30	-5.1	25	-15.8
$NaNO_3$	75	-5.3	59	-18.5
NH_4NO_3	60	-13.6	60	-17.3
$CaCl_2 \cdot 6H_2O$	250	-12.4	82 125 143	-21.5 -40.3 -55
NaCl			33	-21.2
KCNS	150	-23.7		
$(NH_4)_2SO_4$			62	-19

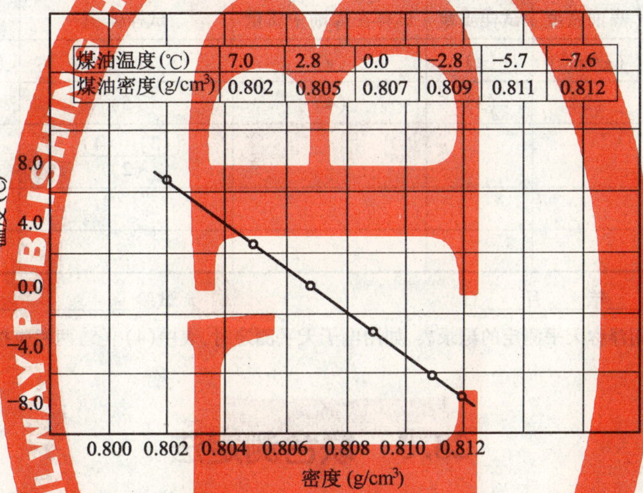

图 28.2.2 煤油密度与温度关系曲线

5 取出试样,削去表层有煤油的部分,并按本规程第 27.2.2 条的规定测定冻土总含水率。

28.2.3 试验结果应按下列公式计算:

1 冻土密度:

$$\rho_f = \frac{m}{V} \tag{28.2.3—1}$$

2 冻土试样体积:

采用浮称天平

$$V = \frac{m - m_1}{\rho_{mT}} \tag{28.2.3—2}$$

采用电子天平

$$V = \frac{m_2}{\rho_{mT}} \tag{28.2.3—3}$$

式中 ρ_f——冻土密度(g/cm^3),计算至 0.01 g/cm^3;

V——冻土试样体积(cm^3);

m——冻土试样质量(g);

m_1——用浮称天平测得的试样在煤油中的质量(g);

m_2——用电子天平测得的试样排开液体的质量(g);

ρ_{mT}——试验温度下煤油的密度(g/cm^3),可由图 28.2.2 实测煤油密度与温度关系曲线查得;或由附录 A.0.4 计算。

28.2.4 试验允许差应符合下列规定:

冻土密度试验应进行平行测定。整体状冰构造冻土的平行测定差值不应大于 3%,取平均值;层(网)状冰构造冻土,宜提供两次测定值,不取平均值。

28.2.5 记录格式应符合表 28.2.5 的要求。

表 28.2.5 液体称量法冻土密度试验记录

工程名称　　　　　　　　　　　　　试坑、钻孔编号

试样编号	简单描述	煤油温度	煤油密度	试样质量	试样在煤油中质量	试样体积	密度	平均密度 (g/cm^3)
		(℃)	(g/cm^3)	(g)	(g)	(cm^3)	(g/cm^3)	
		(1)	(2)	(3)	(4)	(5)	(6)	
						$\frac{(3)-(4)}{(2)}$	$\frac{(3)}{(5)}$	

复核________　______年____月____日　　　　　　　　试验________　______年____月____日

注:此记录格式是用浮称天平测定的记录表,如用电子天平测定时,表中(4)、(5)两栏应按式(28.2.3—3)数据填写。

28.3 联合测定法

28.3.1 本试验应按本规程第 27.3 节联合测定法的规定进行。

28.4 充 砂 法

28.4.1 本试验应采用下列仪器设备:

1 金属容器:容积 1 000 ~2 000 mL。

2 漏斗:上口直径为 150 mm,下口直径为 15 mm,高度为 100 mm。

3 天平:称量 5 000 g,分度值 0.1 g。

4 量砂:粒径为 0.25 ~0.50 mm 干燥洁净砂。

5 其他:瓷盘、切土刀、钢丝锯、直尺等。

28.4.2 试验操作应按下列步骤进行:

1 测定量砂密度:

1)将漏斗置于已知质量和容积的金属容器上方,使漏斗下口与金属容器上口保持约 100 mm 的距离,然后将接近试样温度的量砂,经漏斗灌入容器中。当漏斗中砂面下降时,要不断进行补充,使砂面始终保持与漏斗上缘齐平,应控制量砂下落速度不变。灌砂不得敲击或振动容器。当容器充满砂后,移开漏斗,用直尺

刮平砂面，使与容器上缘齐平。称容器和量砂的总质量，准确至 0.1 g。

2）量砂密度按下式计算：

$$\rho_n = \frac{m_2 - m_1}{V_c} \tag{28.4.2}$$

式中　ρ_n——量砂密度（g/cm^3）；

m_1——金属容器质量（g）；

m_2——容器和砂的总质量（g）；

V_c——金属容器的容积（cm^3）。

3）按上述方法重复进行 3～4 次，当量砂密度差值小于 0.02 g/cm^3 时，取算术平均值为量砂密度。

2　切取冻土试样，使其直径或边长比金属容器的直径约小 40～60 mm，并将一面削平，称冻土试样质量，准确至 0.1 g。然后将试样削平的一面朝下放入容器内，使试样面与容器底面密贴。

3　将装有试样的金属容器置于清洁的瓷盘内，按本条第 1 款步骤将量砂充填于试样周围（量砂的温度应接近冻土试样温度）。容器充满量砂后，刮平砂面，称容器、试样和量砂的总质量，准确至 0.1 g。

28.4.3　试验结果应按下式计算：

$$\rho_f = \frac{m}{V} \tag{28.4.3—1}$$

$$V = V_c - \frac{m_3 - m_1 - m}{\rho_n} \tag{28.4.3—2}$$

式中　m_3——容器、试样和量砂的总质量（g）。

28.4.4　记录格式应符合表 28.4.4 的要求。

表 28.4.4　充砂法冻土密度试验记录

工程名称________　　　　试坑号________

试样编号	金属容器质量	试样质量	容器、试样和量砂的总质量	量砂质量	量砂密度	容器容积	试样体积	冻土密度	平均密度	量砂密度		
										量砂质量	容器容积	量砂密度
	(g)	(g)	(g)	(g)	(g/cm^3)	(cm^3)	(cm^3)	(g/cm^3)	(g/cm^3)	(g)	(cm^3)	(g/cm^3)
(1)	(2)	(3)	(4)	(5)	(6)	(7)	(8)	(9)	(10)	(A)	(B)	(C)
				(4) − (2) − (3)			$(7) - \frac{(5)}{(6)}$	$\frac{(3)}{(8)}$				$\frac{(A)}{(B)}$

复核________　____年____月____日　　　　试验________　____年____月____日

28.5 环　刀　法

28.5.1 本试验应采用下列仪器设备:

1 天平:称量 1 000 g,分度值 0.1 g。

2 环刀:容积应大于或等于 500 cm^3。

3 其他:切土器、钢丝锯等。

28.5.2 本试验应在负温环境中进行。其试验步骤、结果计算、记录格式等应按本规程第 5.2 节进行。

29 改良土试验

29.1 一般规定

29.1.1 改良土是在土中掺入适量的水泥、石灰、粉煤灰等掺合料或其他固化剂，按最优含水率加水拌和，经压实及养生后，抗压强度满足工程要求的混合料。

29.1.2 本试验适用于土粒径小于 40 mm 的水泥改良土、石灰改良土、水泥石灰改良土，水泥粉煤灰改良土、石灰粉煤灰改良土、水泥石灰粉煤灰改良土等各种混合料的击实、无测限抗压强度和水泥石灰的剂量试验。

29.1.3 本试验取样，可用下列方法：

1 四分法：将样品放在清洁、平整、坚硬的平面上，加清水使样品潮湿，用铲翻动使成圆锥体的料堆，再用铲翻动成一个新料堆，如此重复三次。形成新料堆时，每铲翻料都要放在锥顶，应使滑动边部的样品尽可能均匀，并保持锥体中心不移动。自最后形成的一料堆顶部用平头铲反复交错垂直插入使锥体顶部变平，每次插入提起铲时不要带有样品，最后将料堆等分成四份，将对角的两分铲到一边，剩余两份重复上述拌和方法缩分到达要求的样品数量为止。

2 分料器法：如果样品中含有小于 5 mm 颗粒的细料，材料应是表面干燥的。将材料充分拌和后通过分料器，保留一部分，另一部分再通过分料器，如此重复进行，直至达到要求的样品数量为止。

29.1.4 本试验含水率测定，应根据试样颗粒大小分别称取：细粒土约 50 g，准确至 0.01 g，粗粒土约 500 g，准确至 0.2 g，碎石类土约 2 000 g，准确至 1 g。再按本规程第 4 章第 4.2 节进行测定。现场快速测定可按本规程第 4 章第 4.4 节进行测定。

29.1.5 按预定干密度制成的各种改良土作无侧限抗压强度的试件，采用高径比为 1 的圆柱体。

29.2 重型击实试验

29.2.1 本试验应采用下列仪器设备：

1 击实仪：尺寸规格应符合本规程表 20.0.3 的规定。

2 天平、台称、标准筛等应符合本规程第 20.0.5 条的规定。

3 量筒：50 mL、100 mL、500 mL。

4 其他：脱模器、刮平尺、拌和土用工具、切土刀、瓷盘、称量盒、烘箱。

29.2.2 试料准备应符合下列规定：

1 改良土的试料按本章第 29.1.3 条取风干试样，如有结块、土团应用木锤捣碎（以不破坏土的单个颗粒为准），然后过筛。在现场将此过筛的试料用四分法缩分至最后取出细粒土不少于 30 kg，粗粒土不少于 35 kg，碎石类土不少于 40 kg。

2 试料全部通过 5 mm 筛的细粒土，可选用重 1 法击实；当试样中有大于 5 mm 的颗粒时，应过 20 mm 筛，若全部通过，可选用重 2 法击实；当试样中有大于 20 mm 的颗粒时，应过40 mm 筛，选用重 3 法击实。每次筛分后应记录筛上颗粒粒径及占总量百分率。

3 在击实试验的前一天，应按烘干法分别测定土、石灰、粉煤灰等试样的风干含水率，水泥含水率应为零。

4 改良土混合料应根据设计文件要求的配合比和实测各种风干试样的含水率进行配制。

29.2.3 试验操作应按下列步骤进行：

1 将准备好的风干试样分成 5～6 份。每份试样的干质量按颗粒大小称取：细粒土约 4.5 kg，粗粒土约 5.5 kg，碎石类土约 5.5 kg。

2 每份试样按预定的不同含水率，依次使相差约 1%～2%，其中至少有两份小于和两份大于最优含水率。最优含水率可参照土的塑限按如下进行估计：

1）各份试样含水率控制：对砂砾土在最优含水率附近取相差 1%，其余 2%；对细粒土取相差 2%，但对黏土取 3%。

2）最优含水率的估计，对于细粒土一般最优含水率较土的塑限约小 3%～10%（砂性土接近 3%，黏性土约 6%～10%）。对于天然砂砾土，级配集料等的最优含水率与集料中细粒土含量和塑性指数有关，细土少的，I_p 为零的未筛分碎石的最优含水率接近 5%；细土偏多，I_p 较大的砂砾土一般在 10% 左右。水泥改良土的最优含水率与土接近，石灰改良土的最优含水率较土约大 1%～3%。

3 将每份风干改良土试样分别平铺于金属盘内，按式（29.2.3）计算各份试样预定含水率应加的水量。将应加的水量均匀喷洒在试样上，用拌和工具充分拌和使达到均匀状态。当试料是石灰改良土和水泥、石灰综合改良土，可先将石灰和试样一起拌匀，水泥应在临击实试验前拌和，但水泥应加的水量在计算时应予计入。然后装入密封器或塑料袋中浸润备用。

$$m_w=\left(\frac{m_0}{1+0.01w_0}+\frac{m_c}{1+0.01w_c}\right)\times 0.01w'-\left(\frac{m_0\times 0.01w_0}{1+0.01w_0}+\frac{m_c\times 0.01w_c}{1+0.01w_c}\right) \tag{29.2.3}$$

式中　m_w——混合料中应加的水量（g）；

m_0——混合料中风干土或集料的质量（g）；

m_c——混合料中风干石灰（或水泥）的质量（g）；

w_0——混合料中土或集料的风干含水率（%）；

w_c——混合料中石灰（或水泥）风干含水率（%）；

w'——混合料要求达到的含水率（%）。

4 浸润时间为生石灰不少于 24 h；黏性土 12～24 h；粉性土 6～8 h；砂性土、砂砾土、红土砂砾、级配砂砾等约 4 h；含土很少的未筛分碎石、砂砾和砂约 2 h。

5 按配比所需水泥用量加入浸润后的试料中，用小铲或其他拌和工具充分拌和均匀后，在 1 h 内完成击实试验全过程，超过 1 h 的试样应予作废（石灰和石灰粉煤灰改良土除外）。

6 将击实仪平稳放置于刚性基础上，使击实筒与底座联接好，装好护筒，在击实筒内壁均匀涂上薄层润滑油，取制备好的试样（重1、重2分五层击实，每层细粒土约0.9 kg，粗粒土约1.1 kg；重1、重2、重3分三层击实，每层约1.8 kg）倒入击实筒内（其量应分别略高于筒高的1/5和1/3），平整表面，稍加压实后，按所需击数（见本规程表20.0.3的规定）进行第1层击实（击锤4.5 kg，落距457 mm，锤迹应均匀分布于试样面）。第1层击实后应检查该层高度是否合适，以便调整下一层试样用量。用刮刀将击实面拉毛，然后重复第1层的做法，进行其余各层试样的击实。最后一层试样击实后，试样超出试筒顶的高度应小于6 mm（超出高度过大的试件应作废）。

7 卸下护筒，用直刮刀修平试筒顶部的试样，拆除底板，再修平试样底部，擦净试筒外壁，称筒和试样的总质量，准确至5 g。

8 用推土器将试样从试筒内推出，从上到下取2个代表性试样，按本章第29.1.4条的规定测定含水率。

本试验凡已用过的试样，均不得重复使用。

29.2.4 试验结果应按下列公式计算和绘图：

1 改良土密度和干密度：

$$\rho_g = \frac{m_2 - m_1}{V} \tag{29.2.4—1}$$

$$\rho_{dg} = \frac{\rho}{1 + 0.01 w_g} \tag{29.2.4—2}$$

式中 ρ_g——改良土的密度（g/cm^3），计算至0.01 g/cm^3；

ρ_{dg}——改良土的干密度（g/cm^3），计算至0.01 g/cm^3；

m_1——击实筒的质量（g）；

m_2——击实筒与试样总质量（g）；

V——击实筒的容积（cm^2）；

w_g——改良土试样的含水率（%）。

2 以干密度为纵坐标，含水率为横坐标，在直角坐标纸上绘制干密度与含水率的关系曲线，曲线上峰值点的纵横坐标分别表示该改良土的最大干密度（$\rho_{g,dmax}$）和最优含水率（$w_{g,opt}$）。$\rho_{g,dmax}$准确至0.01 g/cm^3。$w_{g,opt}$大于12%时，准确至1%；在6%～12%时，准确至0.5%；小于6%时准确至0.2%。

当曲线不能给出正确的峰值点时，应进行补点。

3 超尺寸颗粒的校正：

试样中大于规定最大粒径的超尺寸颗粒的含量为5%～30%时，应按下列公式校正。超尺寸颗粒含量小于5%的可不进行校正。

$$\rho'_{g,d\max} = \rho_{g,d\max}(1 - 0.01P) + 0.9 \times 0.01 P \rho_a \tag{29.2.4—3}$$

$$w'_{g,opt} = w_{g,opt}(1 - 0.01P) + 0.01 P w_x \tag{29.2.4—4}$$

式中 $\rho'_{g,d\max}$——校正后最大干密度 g/cm^3，计算至0.01 g/cm^3；

$w'_{g,opt}$——校正后的最优含水率（%），计算精度同本条第2款；

$\rho_{g,dmax}$——试验所得最大干密度（g/cm^3）；

$w_{g,opt}$——试验所得最优含水率（%）；

P——试样中超尺寸颗粒的百分率（%）；

ρ_a——超尺寸颗粒的毛体积密度（g/cm^3）；

w_x——超尺寸颗粒的吸着含水率(%)。

ρ_a、w_x 按本规程第 6.3.3 条或第 6.4.3 条的第 2、3 款计算。

29.2.5 本试验应进行平行试验,允许平行差值应符合表 29.2.5 的规定,取算术平均值。

表 29.2.5 平行试验允许差值

土 类	最大干密度允许平行差值	最优含水率允许平行差值
改良细粒土	不应超过 0.05 g/cm³	$w_{g,opt<10\%}$ 不应超过 0.5%
改良粗粒土	不应超过 0.08 g/cm³	$w_{g,opt>10\%}$ 不应超过 1.0%
改良碎石类土		

29.2.6 记录格式应符合表 29.2.6 的要求。

表 29.2.6 改良土击实试验记录

试验编号:					试验方法:		
混合料名称:					混合料含水率:		
水泥、石灰剂量:							
	试 验 序 号	1	2	3	4	5	6
干密度	应加水量(g)						
	试筒和湿试样的总质量(g)						
	试筒的质量(g)						
	湿试样质量(g)						
	湿密度(g/cm³)						
	干密度(g/cm³)						
含水率	盒号						
	盒和湿试样的总质量(g)						
	盒和干试样的总质量(g)						
	盒的质量(g)						
	水的质量(g)						
	干试样质量(g)						
	含水率(%)						
	平均含水率(%)						
最大干密度(g/cm³)				最优含水率(%)			
超尺寸颗粒的校正	$\rho'_{g,d\,max}$ =	g/cm³		$w'_{g,opt}$ =	%		

复核____________年____月____日　　　　试验____________年____月____日

29.3 无侧限抗压强度试验

29.3.1 本试验应采用下列仪器设备:

1 圆孔筛:孔径为 10 mm、20 mm、40 mm。

2 试模的尺寸(直径×高):细粒土 50 mm×50 mm、粗粒土 100 mm×100 mm、碎石类土 150 mm×150 mm。

3 脱模器。

4 液压千斤顶:0.2~1.0 MN。

5　反力框架:400 kN 以上。

6　击锤和导筒:同本规程第 20.0.3 条表 20.0.3 中 Z2 和 20.0.5 条的规定。

7　恒温恒湿箱或混凝土标准养护室。

8　水槽:深度应比试件高 50 mm。

9　材料试验机:大于 200 kN。

10　天平:称量 200 g,分度值 0.01 g;台称称量 10 kg,分度值 5 g。

11　其他设备:量筒、拌和工具、漏斗、烘箱、称量盒。

29.3.2　试料准备应按下列步骤进行:

1　按本章第 29.1.3 条规定取具有代表性的风干试料,必要时,可在 50 ℃烘箱内烘干,用木锤或木碾捣碎(不破坏原颗粒粒径),将试料过筛(细粒土应除去大于 10 mm 颗粒;粗粒土应除去大于20 mm颗粒;碎石类土应除去大于 40 mm 颗粒)备用,备用试料数量:细粒土 1.1 ~ 1.3 kg,粗粒土 16 ~ 17 kg,碎石类土 74 ~ 78 kg。在预定试验的前一天,按本规程第 29.1.4 条测定风干含水率。

2　混合料的最优含水率和最大干密度应预先按本规程第 29.2 节击实试验确定。

29.3.3　试件应符合下列规定:

1　同一改良土应制备相同状态的试件数量:细粒土不少于 6 个;粗粒土不少于 9 个;碎石类土不少于 13 个。细粒土可以一次称取 6 个试件的试料,粗料土可以一次称取 3 个试件的试料,碎石类土一次只称取一个试件的试料。

2　根据试模尺寸,每个试件所需干试料质量:小试件 ϕ50 mm × 50 mm 约需 180 ~ 210 g;中试件 ϕ100 mm × 100 mm 约需 1 700 ~ 1 900 g;大试件 ϕ150 mm × 150 mm 约需 5 700 ~ 6 000 g。所需风干试料的质量由下式计算。

$$m_g = m_{dg}(1 + 0.01w_g) \tag{29.3.3}$$

式中　m_g——风干改良土试料质量(g);

w_g——改良土试料的风干含水率(%);

m_{dg}——改良土干试料的质量(g)。

3　将称取的风干试料放入方盘(约 40 cm × 60 mm × 70 mm)内,按式(29.2.3)计算应向试料中加的水量(细粒土使其含水率较最优含水率小 3%,粗粒土、碎石类土按最优含水率计算)。将试料与水拌和均匀后放入密封容器内浸润备用,石灰改良土和水泥、石灰改良土,可将石灰和土一起拌匀浸润。浸润时间为生石灰不少于 24 h;黏性土 12 ~ 24 h;粉性土 6 ~ 8 h;砂性土、砂砾土、红土砂砾,级配砂砾等约 4 h;含土很少的未筛分碎石、砂砾或砂约 2 h。

4　将浸润过的试料,加入预定数量的水泥并拌和均匀,在拌和过程中将预留的 3% 水(细粒土)加入试料中,使混合料的含水率达到最优含水率(拌和均匀的加有水泥的混合料应在 1 h 内按下述方法制成试件,超过 1 h 的混合料应作废,其他混合料可不受此限,但也应尽快制成试件)。

注:水泥或石灰的剂量按干土质量的百分率计。

29.3.4　试件制备可采用静力压实法或锤击法按下列步骤进行:

1　静力压实法:利用反力框架和液压千斤顶将混合试料压入试模中。加入混合试料的数量,按预定的干密度和试模容积计算。

$$m_{sg} = \rho_{dg}V(1 + 0.01w_{sg}) \tag{29.3.4}$$

式中　m_{sg}——应取浸润混合料数量(g)；

w_{sg}——浸润混合料的含水率(%)；

ρ_{dg}——改良土试件的干密度(g/cm^3)；

V——试模的容积(cm^3)。

先将试模内壁和上下压柱底部涂上一薄层润滑油，再将试模的下压柱放入试模的下部，约外露2 cm。将称取预定数量的浸润混合料分2~3次用漏斗灌入试模中，每次灌入后都用夯棒轻轻均匀插实。然后将上压柱放入试模内，也约外露2 cm。再将整个试模连同上下压柱，放到反力框架内的千斤顶上，千斤顶下应放一扁球座，施加压力直至上下压柱都压入试模为止。维持1 min后，解除压力，取出试模，拿去上压柱，放到脱模器上利用千斤顶和下压柱将试件推出脱模，称取试件质量，准确至小试件1 g；中试件2 g；大试件5 g；最后用游标卡尺量试件高度，准确至0.1 mm。

1)小试件可以将试料一次倒入试模中，上下压柱露出试模外约2 cm部分应该相等。

2)用水泥稳定具有黏结性的材料制成的试件可以立即脱模；用水泥稳定无黏结性材料制成试件最好过数小时后再脱模。

2　锤击法：步骤同静力压实法，不同的是以击实试验用的击锤代替反力框架和千斤顶将上下压柱击入已放有试料的试模内，压柱顶面应垫一块牛皮或胶皮，以保护锤面和压柱顶面不受损伤。

29.3.5　试件养生应符合下列规定：

1　试件脱模称量后应立即放入密封的恒温恒湿箱内进行养生，养生时中、大试件应先用塑料薄膜包复。

2　养生时间视需要而定，通常取养生7 d。养生期间的温度应保持(20±3)℃。

3　养生期的最后一天，将试件再次称量。如果试件需要浸水时，应将试件放入水中浸泡24 h，水面应高出试件顶部2.5 cm。取出试件用柔软的抹布吸去试件表面的余水，称取试件的质量。在养生期间试件质量的损失：小试件不得超过1 g；中试件不得超过4 g；大试件不得超过10 g。试件质量损失超过此规定的，应作废。质量损失是指水分损失，试件掉粒或掉块，不作为水分损失。

29.3.6　试验操作应按下列步骤进行：

1　取养生后(或已浸泡24 h)的试件用游标卡尺量取试件高度，准确至0.1 mm。

2　将试件安装在材料试验机的升降台上进行抗压试验。在试验过程中，应使试件的变形等速增加，并保持速率约为1 mm/min，记录试件被破坏时的最大压力。

3　从破碎试件中取代表性试样，按本规程第29.1.4条规定测定其含水率。

29.3.7　试验结果应按下式计算：

$$R_c = P/A \tag{29.3.7}$$

式中　R_c——无侧限抗压强度(MPa)，小于2.0 MPa计算至0.01 MPa；大于2.0 MPa计算至0.1 MPa；

P——试件破坏时最大荷载(N)；

A——试件面积(mm^2)。

29.3.8　本试验允许相对标准偏差应符合下列规定：

1　无测限抗压强度相对标准偏差：

$$C_{V}=(S/\overline{R}_{c})\times 100 \tag{29.3.8}$$

$$\overline{R}_{c}=\frac{1}{n}\sum_{i=1}^{n}R_{c}$$

$$S=\sqrt{\frac{1}{n}\sum_{i=1}^{n}(R_{c}-\overline{R}_{c})^{2}}$$

式中　C_V——相对标准偏差(%)；

$\overline{R}_c$——无侧限抗压强度均值(MPa)；

S——无侧限抗压强度标准偏差(MPa)；

n——无侧限抗压强度试验试件个数。

2　允许相对标准偏差 C_V%：

小试件　　C_V 不大于 10%

中试件　　C_V 不大于 15%

大试件　　C_V 不大于 20%

29.3.9　记录格式应符合表 29.3.9 的要求。

表 29.3.9　无侧限抗压强度试验记录

试验编号:________　　　　最优含水率:________

混合料名称:________　　　　最大干密度:________

固化剂剂量:________　　　　试件压实度:________

水泥种类和标号:________　　　　试件尺寸:________

石灰等级:________　　　　养生龄期:________

材料的颗粒组成:________　　　　试件压制方法:________

项目	单位													
试件号														
制试件日期														
试验日期														
养生前试件质量(m_1)	(g)													
浸水前试件质量(m_2)	(g)													
浸水后试件质量(m_3)	(g)													
养生期间质量损失(m_1-m_2)	(g)													
吸水量(m_3-m_2)	(g)													
养生前试件高度(h)	(cm)													
浸水后试件高度(h)	(cm)													
试件破坏时最大荷载(P)	(N)													
无侧限抗压强度(R_c)	(MPa)													
试件破坏后含水率(w)	(%)													

复核________　____年____月____日　　　　试验________　____年____月____日

29.4　水泥或石灰的剂量测定(EDTA 滴定法)

29.4.1　本试验应采用下列仪器设备：

1　标准筛：孔径 2 mm，2.5 mm。

2　搪瓷杯：容积约 1.2 L(10 个)。

3　搅拌棍：不锈钢或粗玻棒(10 根)。

4　量筒：容量 100 mL、50 mL、5 mL。

5　天平：称量 200 g，分度值 1 mg；称量 500 g，分度值 0.5 g；称量 100 g，分度值 0.1 g。

6　容量瓶：1 000 mL(1 个)。

7　烧杯：约 2 L(或 1 L)；300 mL(10 个)。

8　锥形瓶：容量约 250 mL(10 个)。

9　移液管：容量 10 mL(10 支)。

10　滴定管：酸式 50 mL，分度值 0.1 mL。

11　滴定台及滴定管夹。

12　其他设备：秒表、表面皿、玛瑙研钵、pH 试纸(pH 值 12～14)、洗瓶、吸水球、乳胶管、毛刷、去污粉、特种铅笔、厘米纸、角(或塑料)勺、塑料桶、试剂瓶。

29.4.2　试剂配制应符合下列规定：

1　0.1 mol/L，*c*(EDTA)标准溶液：准确称取乙二胺四乙酸二钠($C_{10}H_{14}N_2O_8Na_22H_2O$)37.226 g 于 1 L 容量瓶中，用微热的无 CO_2 纯水溶解，待冷至室温后，继续稀释至刻度。

2　10% NH_4Cl 溶液：将 500 g，分析纯 NH_4Cl 放入 10 L 洁净的聚乙烯桶中，加水 4 500 mL，充分振荡使完全溶解。此溶液应当天配制，当天用完。

3　1.8% NaOH(含三乙醇胺)溶液：用 100 g 天平称取 NaOH，18 g，放入洁净干燥的 1 000 mL 烧杯中，加水 1 000 mL，待完全溶解并冷至室温后，加入 2 mL 三乙醇胺，搅拌均匀后贮于聚乙烯瓶中。

4　钙指示剂：称取钙指示剂($C_{21}H_{13}O_7N_2SNa$)0.2 g 与预先在 105 ℃烘干 1 h 的(K_2SO_4)20 g，一起放入玛瑙研钵中混合均匀研成粉末，贮于棕色瓶中以防止吸潮。

29.4.3　标准曲线绘制应按下列步骤进行：

1　从现场采取具代表性的石灰、土或集料。风干后，分别过孔径 2 mm 或 2.5 mm 筛，然后分别测定其风干含水率，水泥的含水率为零。

2　当混合料的质量为 300 g 时，由以下公式计算混合料的组成，单位为 g。

干混合试料的质量 = 300 g/$(1+0.01w_{g,opt})$

干土的质量 = 干混合料质量/$(1+0.01C)$

干石灰(或水泥)质量 = 干混合料质量 − 干土质量

风干土质量 = 干土质量 × $(1+0.01w_0)$

风干石灰的质量 = 干石灰质量 × $(1+0.01w_c)$

应加水的质量 = 300 g − 风干土质量 − 风干石灰质量

式中　$w_{g,opt}$——混合料最优含水率(%)；

C——石灰或水泥剂量(%)；

w_0——风干土含水率(%)；

w_c——风干石灰含水率(%)。

3　按上述计算混合料组成的方法，配制 5 种水泥或石灰改良土混合料试样，其中水泥或石灰的剂量分别为 0%、2%、4%、6%、8%，每种试样均取两份作平行测定，每份混合料为 300 g。

1)试样1,准备水泥或石灰剂量为0%的混合料试样两份,每份300 g,分别放入2个搪瓷杯中,然后根据混合料的含水率应等于现场预期达到的最优含水率的要求,按上述计算应加水的质量,土中所加的水应与现场所用的水相同。

2)试样2,准备水泥或石灰剂量为2%的混合料试样两份,每份300 g,分别放在两个搪瓷杯中,然后根据混合料的含水率应等于现场预期达到的最优含水率的要求,按上述计算应加水的质量,所加的水应与现场所用的水相同。

3)试样3、4、5,各准备水泥或石灰剂量分别为4%、6%、8%的混合料试样各两份,每份300 g分别放入6个搪瓷杯中,其他条件均与试样2相同。

4 取一个盛有水泥土或石灰土混合料的搪瓷杯,从中加入10% NH_4Cl溶液600 mL,用搅拌棒以110~120次/min的速度,搅拌3 min。放置4 min,若不澄清应继续放置,直至出现澄清悬液为止,记录所需时间。以后所有该种水泥土或石灰土混合料的试验均应控制同一时间。然后将上部清液移至300 mL烧杯中,盖上表面皿待测。

以上操作当混合料是细粒土时,计算每份风干混合料的质量,可由300 g减为100 g,加入10% NH_4Cl的溶液,由600 mL减为200 mL。另外绘制水泥或石灰剂量为0%~8%标准曲线,现场实际所需水泥或石灰剂量应处于标准曲线范围内,否则应重新绘制适合现场的标准曲线。

5 用移液管吸取上部清液10 mL,放入约250 mL锥形瓶中,加1.8% NaON(含三乙醇胺)溶液50 mL,此时溶液可用pH试纸检验,pH值为12.5~13.0然后加入钙指示剂少许,摇匀,用EDTA标准溶液滴定至由玫瑰红色转变为天蓝色为终点,记下EDTA标准溶液用量,准确至0.1 mL。

6 其他各搪瓷杯中的试样均按本条第4~5款用同样方法进行试验,并记录各自的EDTA标准溶液的用量。

7 以同一水泥剂量或石灰剂量混合料消耗EDTA标准溶液的平均值为纵坐标,水泥剂量或石灰剂量(%)为横坐标,绘制标准曲线,见图29.4.3。

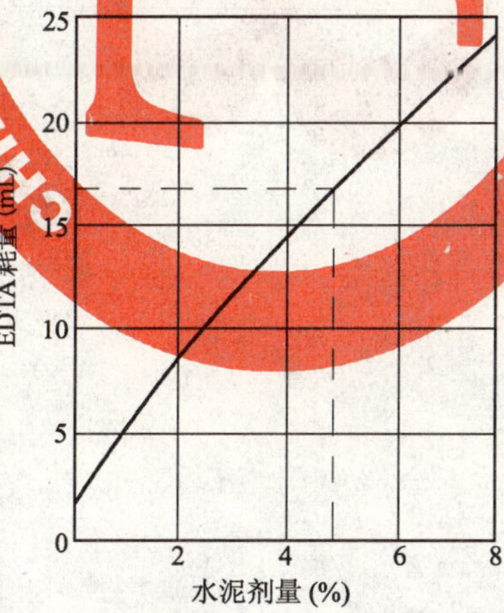

图29.4.3 标准曲线

29.4.4 试验操作应按下列步骤进行

1 称取水泥或石灰混合料300 g,放于搪瓷杯中,用搅拌棒将结块搅散后,加入10% NH_4Cl溶液600 mL,以下步骤按本试验第29.4.3条第4、5款操作,以测得EDTA标准溶液用量。

2 利用图 29.4.3 标准曲线,由测得 EDTA 标准溶液用量(mL),可以确定其相对应的混合料中水泥或石灰剂量(%)。

29.4.5 记录格式应符合表 29.4.5 的要求。

表 29.4.5 EDTA 法水泥或石灰剂量测定记录

试验编号	混合料名称	稳定剂种类	EDTA 用量(mL)				试验结果	备注
			由	至	耗	平均	稳定剂剂量(%)	

复核______ ______年____月____日　　　　试验______ ______年____月____日

30　酸碱度(pH 值)试验

30.0.1　pH 值是溶液中氢离子浓度的负对数。是测量土浸出液酸碱度的指标。

30.0.2　本试验采用酸度计法,适用于各类土。

30.0.3　本试验应采用下列仪器设备:

1　酸度计(或 pH 计):测量范围 1 ~ 12 pH,分度值 0.01 pH。附玻璃电极、甘汞电极或复合电极和磁力搅拌器等。

2　天平:称量 100 g,分度值 0.01 g。

3　温度计:刻度 0 ~ 60 ℃,分度值 0.5 ℃。

4　其他设备:烘箱、烧杯、1 L 容量瓶、试剂瓶、玻璃棒等。

30.0.4　试剂配制应符合下列规定:

1　pH = 4.01 标准缓冲溶液:称取在 105 ℃ ~ 110 ℃烘干 2 h 的分析纯邻苯二甲酸氢钾($KHC_8H_4O_4$)10.21 g,通过漏斗用水冲洗入 1 L 容量瓶中,待溶解后,继续加水至刻度。

2　pH = 6.87 标准缓冲溶液:称取在 105 ℃ ~ 110 ℃烘干 2 h 的分析纯磷酸氢二钠(Na_2HPO_4)3.53 g 和磷酸二氢钾(KH_2PO_4)3.39 g,通过漏斗用水冲洗入 1 L 容量瓶中,待溶解后,继续加水至刻度。

3　pH = 9.18 标准缓冲溶液:称取分析纯硼砂($Na_2B_4O_7 \cdot 10H_2O$)3.80 g,通过漏斗用新煮沸放冷的纯水冲洗入 1 L 容量瓶中,待溶解后,继续加新煮沸放冷的纯水至刻度。贮于干燥密闭的塑料瓶中。

以上标准缓冲溶液的 pH 值,是指 25 ℃时的 pH 值。

4　饱和氯化钾溶液:向适量水中加入氯化钾(KCl),边加边搅拌,直至不再溶解为止。

30.0.5　试验操作应按下列步骤进行:

1　酸度计校正:在测定土悬液 pH 值之前,应按酸度计使用说明书,用标准缓冲溶液进行校正。

2　按第 3.4.1 条制备试样,称取试样 10 g,放入烧杯中,加水 50 mL(土水比 1:5),投入搅拌棍,放在磁力搅拌器下搅拌 3 min,静置 30 min,即得土悬液。

3　小心地将玻璃电极和甘汞电极(或复合电极)放入土悬液中,直至玻璃电极球部被悬液浸没为止,并使电极与杯底保持适量距离,然后将电极固定在电极架上,并使电极与酸度计连接。

4　再开动磁力搅拌器搅拌 1 min(使悬液与电极充分接触),测记悬液温度,然后按酸度计使用说明书测定土悬液的 pH 值,准确至 0.01pH。

5　测定完毕,关闭电源,取出电极用水冲洗,并用滤纸吸干,或将电极浸泡于水中。

30.0.6　本试验应进行平行测定,平行测定允许差值应不大于 0.02 pH。

30.0.7　记录格式应符合表 30.0.7 的要求。

表 30.0.7　pH 值测定记录

试样编号	土水比	悬液温度(℃)	pH 值 测 定			平均值
			1	2	3	

复核________　____年___月___日　　　　　　　　试验________　____年___月___日

31 易溶盐试验

31.1 一般规定

31.1.1 易溶盐是指土中易溶于水的盐类。包括全部氯化物和钠钾硫酸盐,钠钾碳酸盐。

31.1.2 本试验适用于各类土中小于2 mm颗粒的土,当土中含有大于2 mm颗粒的土时,应先进行筛分求出大于2 mm颗粒土总土质量的百分数。

本试验硫酸根含量的测定:EDTA络合滴定法适用于硫酸根含量大于0.025%或大于50 mg/L的土;比浊法适用于硫酸根含量小于0.025%的土。

31.1.3 易溶盐含量大于0.5%的称为盐渍土,盐渍土分类应按铁道部现行的《铁路工程岩土分类标准》(TB 10077)和《铁路工程特殊土勘察规范》(TB 10038)的规定进行。

31.1.4 本试验应采用平行测定,平行测定允许差应符合下列规定:

1 质量法:蒸发残渣量取浸出液的体积,以蒸干所得残渣不少于0.020 g为宜,当蒸干称量所得残渣在0.020~0.500 g之间时,平行测定偏差应不大于0.003 g;当蒸干称量所得残渣大于0.500 g时,平行测定偏差应小于0.005 g。

2 容量法:量取浸出液的体积,以滴定消耗标准溶液不少于1 mL为宜,平行滴定偏差应小于或等于0.1 mL。

31.1.5 本试验用土浸出液的制备:称取按本规程第3.4.1条制备的试样约50~100 g(视土中含盐量和测定项目而定),准确至0.01 g,放入广口瓶中,按土水比1:5加水(当土中含盐量高达几十克时,可加大土水比例,但最大不宜超过1:20),搅拌约5 min,放置12 h(或用振荡器振荡3 min)后过滤,所得溶液即为土浸出液。浸出液应是无色透明溶液,如果混浊应采用离心分离或用砂离棒抽滤;如果有色可用双氧水或活性碳脱色,浸出液贮于细口瓶中备用。同时另取一份试样按第4.2节测定风干含水率。

31.1.6 本试验记录格式应符合表31.1.6的要求。

表31.1.6 易溶盐试验综合记录

<table>
<tr><td>试样编号</td><td colspan="6"></td><td>土水比
($m_s:V_w$)</td><td></td><td>pH值</td><td></td></tr>
<tr><td rowspan="3">试验项目
B</td><td rowspan="2">标准溶液浓度
c_T</td><td rowspan="2">取样
V_s</td><td colspan="3">滴定(V)</td><td rowspan="2">平均
V</td><td colspan="4">计 算 结 果</td></tr>
<tr><td>由</td><td>至</td><td>耗</td><td rowspan="2">$b_B=\frac{c_T\cdot V_w(1+0.01w_0)\times 1\,000}{V_s\cdot m_0}$
$w_B=b_B\times 10^{-3}M_B\times 100$
$\rho_B=b_B\cdot M_B$</td><td>b_B</td><td>w_B</td><td>ρ_B</td></tr>
<tr><td>(mol/L)</td><td colspan="5">(mL)</td><td>(mmol/kg)</td><td>(%)</td><td>(mg/kg)</td></tr>
<tr><td>CO_3^{2-}</td><td></td><td></td><td></td><td></td><td></td><td></td><td></td><td></td><td></td><td></td></tr>
<tr><td>HCO_3^-</td><td></td><td></td><td></td><td></td><td></td><td></td><td></td><td></td><td></td><td></td></tr>
</table>

续上表

试样编号				土水比 ($m_s:V_w$)			pH 值	
Cl^-								
SO_4^{2-}								
Ca^{2+}								
$Tb(1/zP^{z+})$								
Mg^{2+}	$b(Ca^{2+}+Mg^{2+})-b(Ca^{2+})$							
Na^++K^+								
DT	皿号	皿质量 m_1(g)	试样 (mL)	皿+盐 m_2(g)	盐质量 $m_{盐}$(g)	$m_{盐}\cdot V_w(1+0.01w_0)\times 100/(V_s\cdot m_0)$	结果 (%)	平均 (%)
风干含水率 w_0								

复核＿＿＿＿　＿＿年＿＿月＿＿日　　　　　　试验＿＿＿＿＿＿年＿＿月＿＿日

31.2　蒸干法易溶盐总量测定

31.2.1　本试验应采用下列仪器设备：

1　天平：称量 200 g，分度值 0.000 1 g。

2　移液管：100 mL 或 50 mL、25 mL。

3　其他设备：蒸发皿、水浴锅、电炉、烘箱、干燥器。

31.2.2　试剂配制应符合下列规定：

1　15% 双氧水溶液：取 30% H_2O_2 50 mL 用水稀释至 100 mL。

2　2% Na_2CO_3 溶液：称取 2 g Na_2CO_3 溶解于 100 mL 水中。

31.2.3　试验操作应按下列步骤进行：

1　用移液管吸取土浸出液 50～100 mL（视含盐量而定）于已知质量的蒸发皿中，盖上表面皿，放于水浴锅上蒸干。当蒸干残渣呈黄褐色时，应加入 15% H_2O_2 1～2 mL，继续在水浴锅上蒸干，反复处理，直至黄褐色消失。

2　将蒸发皿放入烘箱中，控制在（105～110）℃温度烘干4 h，取出放入干燥器中，待冷却至室温称量，再放入烘箱中烘干 2 h，取出放入干燥器中冷却至室温称量，反复进行直至最后相邻两次质量差不大于 0.000 1 g。

3　当土浸出液蒸干残渣含有大量结晶水时，将使测得易溶盐偏高，此时，可取蒸发皿两个，一个加土浸出液 50 mL，一个加纯水 50 mL，然后各加等量的 2% Na_2CO_3 溶液，搅拌均匀后，一起按本条第 1、2 款的步骤操作，烘干温度改用 180 ℃。

31.2.4　试验结果应按下列公式计算：

1　未经 2% Na_2CO_3 溶液处理的易溶盐总量：

$$DT=(m_2-m_1)V_w(1+0.01w_0)\times 100/(V_s\times m_0) \qquad (31.2.4—1)$$

式中 DT——易溶盐总量(%),计算至0.01%;

V_w——土浸出液用水的总体积(mL);

V_s——吸取土浸出液体积(mL);

m_1——蒸发皿质量(g);

m_2——蒸发皿加残渣质量(g);

m_0——风干试样质量(g);

w_0——风干试样含水率(%)。

2 经2% Na_2CO_3 处理后易溶盐总量的计算:

$$DT=\frac{(m-m_2)V_w(1+0.01w_0)\times 100}{V_s\cdot m_0} \quad (31.2.4—2)$$

$$m_2=m_3-m_1$$

$$m=m_4-m_1$$

式中 m_3——蒸发皿加碳酸钠蒸干后质量(g);

m_4——蒸发皿加碳酸钠加试样蒸干后的质量(g);

m_2——蒸干后碳酸钠质量(g);

m——蒸干后试样加碳酸钠质量(g)。

31.2.5 试验允许差应符合下列规定:

1 平行测定允许差值应符合第31.1.4条的要求。

2 易溶盐与阴阳离子总和的相对偏差应符合表31.2.5的要求。

表31.2.5 易溶盐总量与阴阳离子和的允许偏差

易溶盐 DT(%)	相对偏差 D(%)	易溶盐 DT(%)	相对偏差 D(%)
$DT\leqslant 0.05$	−25 ~ +20	$0.5<DT\leqslant 2.00$	−10 ~ +5
$0.05<DT\leqslant 0.20$	−20 ~ +15	$2.00<DT\leqslant 5.00$	−5 ~ +3
$0.20<DT\leqslant 0.5$	−15 ~ +10	$DT>5.00$	−3 ~ +2

3 相对偏差按下式计算:

$$D=[\sum w(P^+N^-)-DT]\times 100/DT \quad (31.2.5)$$

$$\sum w(P^+N^-)=w(CO_3^{2-})+w(HCO_3^-)/2+w(Cl^-)+w(SO_4^{2-})+w(Ca^{2+})+w(Mg^{2+})+w(Na^++K^+)+\cdots\cdots$$

式中 D——相对偏差(%);

$\sum w(P^+N^+)$——阴阳离子质量分数之和,以%表示。

31.2.6 记录格式应符合本规程31.1.6的要求。

31.3 离子交换法易溶盐总量测定

31.3.1 本试验应采用下列仪器设备:

1 离子交换柱装置见图31.3.1。

2 分析天平:最大称量,200 g,分度值0.000 1 g。

3 滴定管:容量25 mL,分度值0.1 mL。

4 其他设备:烘箱、干燥器、称量瓶、容量瓶、移液管、锥形瓶、洗瓶、坩埚钳、滴定台、烧杯等。

31.3.2　试剂配制应符合下列规定：

1　甲基橙指示剂：溶解 0.1 g 甲基橙于 100 mL 水中。

2　氢氧化钠标准溶液：溶解 4 g NaOH 于 100 mL 水中，待溶解后，取 20 mL 于 1 L 容量瓶中，用水稀释至刻度，贮于聚乙烯瓶中，然后按以下方法标定：

用分析天平称取预先在 105 ℃ ~110 ℃烘干 2 h 的邻苯二甲酸氢钾（$KHC_8H_4O_4$）0.100 0 g，共称三份，分别置于锥形瓶中，加无 CO_2 的水 100 mL，使完全溶解，加酚酞指示剂 5 ~6 滴，用以上 NaOH 溶液滴定至呈现稳定玫瑰红色为终点，记下用量，按下式计算准确浓度：

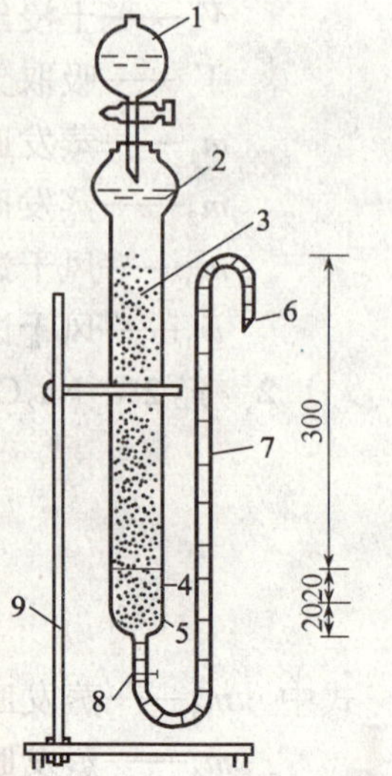

图 31.3.1　离子交换柱
（单位：mm）

1—分液漏斗；2—离子交换柱；3—阳离子交换树脂；4—玻璃棉；5—玻璃球；6—玻璃滴管；7—橡皮管；8—螺旋夹；9—固定支架

$$c(\mathrm{NaOH})=\frac{m(\mathrm{KHC_8H_4O_4})\times 1\ 000}{V(\mathrm{NaOH})\cdot M(\mathrm{KHC_8H_4O_4})}\tag{31.3.2}$$

式中　$c(\mathrm{NaOH})$——氢氧化钠标准溶液浓度（mol/L）；

$V(\mathrm{NaOH})$——氢氧化钠标准溶液用量（mL）；

$m(\mathrm{KHC_8H_4O_4})$——称取苯二甲酸氢钾的质量（g）；

$M(\mathrm{KHC_8H_4O_4})$——苯二甲酸氢钾的摩尔质量（g/mol）。

计算至 0.000 1 mol/L，三个平行测定，平行绝对偏差不大于 0.05 mL，取算术平均值。

3　酚酞指示剂：称取 0.5 g 酚酞溶解于 100 mL 乙醇中。

4　阳离子交换树脂的活化与再生：按图 31.3.1 所示，先在交换柱下部放入一层厚约 20 mm 玻璃球，再于玻璃球上铺一层厚约 20 mm 玻璃棉，然后自上而下装入强酸性阳离子交换树脂至高约 310 mm 处，将柱垂直固定于支架上，用水通过皮管自下而上冲洗树脂层（使树脂中的粉末、夹杂物溢出并排除干净）。按如下进行树脂活化：先用吸水球通过皮管吸干树脂中滞水，再用（1 +4）HCl 溶液自下而上反冲树脂层至柱中气泡排尽并使酸液浸没树脂层，用螺旋夹夹紧柱下皮管，然后装上预先放在（1 +4）HCl 溶液的分液漏斗于柱顶部，调节螺旋夹和漏斗活塞，使酸液自上而下控制流速约 3 mL/min 作动态活化 30 min，此后关闭活塞和螺旋夹放置约 2 ~3 h 后，排干柱中滞酸改用水自下而上，再自上而下如此反复洗涤柱中树脂层，直至洗出液呈甲基橙中性反应为止，即告活化完毕，可供使用。当树脂经使用后老化时，可重复上述活化步骤进行再生活化。

31.3.3　试验操作应按下列步骤进行：

1　按图 31.3.1 所示，用移液管吸取土浸出液 5 ~10 mL（视含盐浓度而定）于交换柱顶部的分液漏斗中，在柱下流出处放一锥形瓶承接流出液。

2　调节分液漏斗活塞和柱下螺旋夹使以 2 ~3 mL/min 流速流入锥形瓶中，待漏斗中土浸出液流尽为止，关闭活塞。

3　加适量水洗涤漏斗后，再打开活塞调节以 3 ~5 mL/min 的流速进行洗柱，洗液合并于同一锥形瓶中，如此反复洗柱直至流出液呈甲基橙中性为止。

4　取下锥形瓶，加入甲基橙指示剂 2 ~3 滴，然后用氢氧化钠标准溶液滴定至呈现橙黄色为终点，记下 $c(\mathrm{NaOH})$ 标准溶液用量，估读至 0.05 mL。

31.3.4　试验结果应按下列公式计算：

1　土浸出液中阳离子总量的计算：

$$Tb(1/zP^{z+}) = \frac{V \times c(NaOH)V_w(1+0.01w_0)\times 1\,000}{V_s \times m_0} + \sum b(1/2CO_3^{2-} + HCO_3^-) \qquad (31.3.4—1)$$

式中　$Tb(1/zP^{z+})$——土浸出液中阳离子总量(mmol/kg)，计算至 0.01 mmol/kg；

V——$c(NaOH)$标准溶液用量（mL）；

$\sum b(1/2CO_3^{2-} + HCO_3^-)$——土浸出液中 $b(1/2CO_3^{2-})$与 $b(HCO_3^-)$之和(mmol/kg)。

2　易溶盐总量的计算：当阳离子总量 $Tb(1/zP^{z+})$与实测阴离子和$\sum b(1/zN^{z-})$之间的相对偏差满足表 31.3.5 的规定时，易溶盐总量按如下计算：

$$DT = \sum w(P^+N^-) \qquad (31.3.4—2)$$

$$\sum w(P^+N^-) = w(CO_3{}^{2-}) + w(HCO_3^-)/2 + w(Cl^-) + w(SO_4^{2-}) + w(Ca^{2+}) + w(Mg^{2+}) + w(Na^+) + w(K^+) + \cdots\cdots$$

式中　DT——易溶盐总量(%)，计算至 0.001%；

$\sum w(P^+N^-)$——实测阴阳离子质量分数之和(%)，准确至 0.001%。

31.3.5　试验允许差应符合下列规定：

1　平行滴定允许差值应符合本规程第 31.1.4 条要求。

2　阳离子总量与阴离子和的允许差值应符合表 31.3.5 要求。

表 31.3.5　$Tb(1/zP^{z+})$与$\sum b(1/zN^{z-})$之间允许差

$Tb(1/zP^{z+})$(mmol/kg)	相对偏差(%)	$Tb(1/zP^{z+})$(mmol/kg)	相对偏差(%)
$Tb(1/zP^{z+}) \leqslant 10.00$	−25 ~ +20	$100.00 < Tb(1/zP^{z+}) \leqslant 350.00$	−10 ~ +5
$10.00 < Tb(1/ZP^{z+}) \leqslant 50.00$	−20 ~ +15	$350.00 < Tb(1/zP^{z+}) \leqslant 900.00$	−5 ~ +3
$50.00 < Tb(1/zP^{z+}) \leqslant 100.00$	−15 ~ +10	$Tb(1/zP^{z+}) > 900.00$	−3 ~ +2

3　相对偏差

$$D = [\sum b(1/zN^{N-}) - Tb(1/zP^{z+})] \times 100/Tb(1/zP^{z+})$$

31.3.6　记录格式应符合本规程表 31.1.6 的要求。

31.4　碳酸根、重碳酸根的测定

31.4.1　本试验采用的仪器设备应符合本规程第 31.3.1 条第2 ~4 款的要求。

31.4.2　试剂配制应符合下列规定：

1　甲基橙指示剂、酚酞指示剂按本规程第 31.3.2 条配制。

2　0.050 0 mol/L $c(HCl)$标准溶液：取浓盐酸 4.2 mL，于1 L 容量瓶中用纯水稀释至刻度，然后按如下方法标定：

用分析天平称取预先在 180 ℃烘干 2 h 的(Na_2CO_3)0.100 0 g 共取三份，放入锥形瓶中，加水约 25 mL，摇匀完全溶解后，再加甲基橙指示剂 3 ~4 滴，然后用配制好的盐酸标准溶液滴定至呈现橙红色为终点，记录用量，按下式计算盐酸标准溶液浓度：

$$c(HCl) = \frac{m(Na_2CO_3)\times 1\,000}{V(HCl)\cdot M(1/2Na_2CO_3)} \qquad (31.4.2)$$

式中 $c(HCl)$——盐酸标准溶液浓度(mol/L);

$V(HCl)$——盐酸标准溶液用量(mL);

$m(Na_2CO_3)$——碳酸钠的用量(g);

$M(1/2Na_2CO_3)$——碳酸钠摩尔质量(g/mol)。

计算至0.000 1 mol/L,三个平行测定,平行绝对偏差不大于0.05 mL,取算术平均值。

盐酸标准溶液也可用氢氧化钠标准溶液标定。也允许用硫酸标准溶液代替,标定方法同盐酸标准溶液。

31.4.3 试验操作应按下列步骤进行:

1 用移液管吸取土浸出液25~100 mL(视其含量而定)于锥形瓶中,加酚酞指示剂2~3滴,摇匀(溶液不显红色,表示无碳酸根存在),溶液呈红色,即用盐酸标准溶液滴定至红色刚褪去为止,记下盐酸标准溶液用量,估读至0.05 mL。

2 继续加甲基橙指示剂1~2滴,仍用盐酸标准溶液滴定至土浸出液由黄色变为橙色为终点,记下盐酸标准溶液用量,估读至0.05 mL。

31.4.4 试验结果应按下列公式计算:

1 碳酸根含量:

$$b(CO_3^{2}) = \frac{2V_1 \times c(HCl)V_w(1+0.01w_0) \times 1\,000}{V_s \times m_0} \times 0.5 \tag{31.4.4—1}$$

$$w(CO_3^{2-}) = b(CO_3^{2-}) \times 10^{-6} \times 60 \times 100 \tag{31.4.4—2}$$

$$w'(CO_3^{2-}) = b(CO_3^{2}) \times 60 \tag{31.4.4—3}$$

式中 $b(CO_3^{2-})$——碳酸根质量摩尔浓度(mmol/kg),计算至0.01 mmol/kg;

$w(CO_3^{2-})$——碳酸根的含量(%),计算至0.001%;

$w'(CO_3^{2-})$——碳酸根含量(mg/kg),计算至1 mg/kg;

V_1——酚酞为指示剂滴定盐酸标准溶液的用量(mL);

60——碳酸根的摩尔质量(g/mol);

10^{-6}——换算因数。

2 重碳酸根含量:

$$b(HCO_3^-) = \frac{(V_2 - V_1)c(HCl)V_w(1+0.01w_0) \times 1\,000}{V_s \cdot m_0} \tag{31.4.4—4}$$

$$w(HCO_3^-) = b(HCO_3^-) \times 10^{-6} \times 61 \times 100 \tag{31.4.4—5}$$

$$w'(HCO_3^-) = b(HCO_3^-) \times 61 \tag{31.4.4—6}$$

式中 $b(HCO_3^-)$——重碳酸根的质量摩尔浓度(mmol/kg),计算至0.01 mmol/kg;

$w(HCO_3^-)$——重碳酸根的含量(%),计算至0.001%;

$w'(HCO_3^-)$——重碳酸根的含量(mg/kg)计算至1mg/kg;

V_2——甲基橙为指示剂滴定盐酸标准溶液的用量(mL);

61——重碳酸根的摩尔质量(g/mol);

10^{-6}——换算因数。

31.4.5 本试验应采用平行测定,允许差值应符合本规程第31.1.4条的规定,取算术平均值。

31.4.6 记录格式应符合本规程表 31.1.6 的要求。

31.5 氯根的测定

31.5.1 本试验应采用下列仪器设备：

1 棕色滴定管：容量 25 mL，分度值 0.1 mL。

2 其余仪器设备应符合本规程第 31.3.1 条第 2、4 款的要求。

31.5.2 试剂配制应符合下列规定：

1 铬酸钾指示剂：称取 5 g 铬酸钾（K_2CrO_4）于烧杯中，加水适量使溶解，然后逐滴加入硝酸银标准溶液至出现砖红色沉淀为止，放置 24 h 后过滤，滤液用水稀释至 100 mL，贮于滴瓶中。

2 硝酸银标准溶液：称取预先在 105 ℃ ~110 ℃烘干 0.5 h，冷却后的硝酸银（$AgNO_3$）8.500 0 g，通过漏斗用水冲洗入 1 L 容量瓶中，待溶解后，继续用水稀释至刻度，贮于棕色瓶中，则硝酸银的浓度为

$$c(AgNO_3)=\frac{m(AgNO_3)}{V\cdot M(AgNO_3)}=8.500\,0/(1\times169.868)$$

$$=0.050\,0\ \text{mol/L}$$

此硝酸根标准溶液也可用氯化钠基准溶液标定，浓度可根据氯根含量进行调整。

31.5.3 试验操作应按下列步骤进行：

1 用移液管吸取土浸出液 25 ~100 mL（视其含量而定）于锥形瓶中，土浸出液的 pH 值应控制在 6.3 ~9.0 之间，超此范围应先用酸或碱溶液中和，加入铬酸钾指示剂 10 滴。

2 用 $AgNO_3$ 标准溶液滴定至刚出现红褐色沉淀在摇动中不消失为终点，记下 $AgNO_3$ 标准溶液用量，估读至 0.05 mL。

3 用移液管吸取与土浸出液同体积的纯水于另一锥形瓶中，同本条第 1、2 款操作，作为空白试验。

31.5.4 试验结果应按下列公式计算：

$$b(Cl^-)=\frac{(V_1-V_2)c(AgNO_3)V_w(1+0.01w_0)\times1\,000}{V_s\cdot m_0} \tag{31.5.4—1}$$

$$w(Cl^-)=b(Cl^-)\times10^{-6}\times35.5\times100 \tag{31.5.4—2}$$

$$w'(Cl^-)=b(Cl^-)\times35.5 \tag{31.5.4—3}$$

式中 $b(Cl^-)$——氯根的质量摩尔浓度（mmol/kg）计算至 0.01 mmol/kg；

$w(Cl^-)$——氯根含量（%），计算至 0.001%；

$w'(Cl^-)$——氯根含量（mg/kg），计算至 1 mg/kg；

V_1——土浸出液滴定硝酸银标准溶液的用量（mL）；

V_2——空白滴定硝酸银标准溶液的用量（mL）；

$AgNO_3$——硝酸银标准溶液浓度（mol/L）；

35.5——氯根的摩尔质量（g/mol）。

31.5.5 本试验应采用平行滴定，平行允许差值应符合本规程第 31.1.4 条的规定，取算

术平均值。

31.5.6　记录格式应符合本规程表 31.1.6 的要求。

31.6　络合滴定法硫酸根的测定

31.6.1　本试验应采用下列仪器设备：

1　玛瑙研钵及杵、角勺、量杯、量筒、试管。

2　其他仪器设备应符合本规程第 31.3.1 条第 2 ~4 款的要求。

31.6.2　试剂配制应符合下列规定：

1　(1+1)盐酸溶液：用一份盐酸溶液与一份水混合均匀。

2　刚果红试纸：溶解刚果红 0.5 g 于 1 L 水中，加乙酸 5 滴，使溶液温热后浸入试纸，待浸透后，取出晾干。

3　铬黑 T 指示剂：取铬黑 T($C_{20}H_{12}O_7N_3SNa$) 1 g 与氯化钠(NaCl) 100 g 于玛瑙研钵中研磨均匀，贮于棕色磨口瓶中。

4　氨镁缓冲溶液：取氯化铵(NH_4Cl) 17.5 g 于 500 mL 量筒中加水约 25 mL，使溶解后再加浓氨水 450 mL，继续用水稀释至刻度，为 a 液；另用分析天平称取氯化镁($MgCl_2 \cdot 6H_2O$) 10.000 g 于 800 mL 烧杯中，加适量水溶解后，再加入 EDTA($C_{10}H_{14}N_2O_8Na_2 2H_2O$) 18.317 g(此时不溶解)，为 b 液。在搅拌下将 a 液缓慢地加入 b 液中(此时沉淀逐渐溶解)，然后将此溶液移入 1 L 容量瓶中，再用水稀释至刻度。

5　锌基准溶液：称取预先在 105 ℃ ~110 ℃烘干 1 h 的锌粉(或锌粒)，1.634 5 g 于烧杯中，慢慢地加入(1+1) HCl 溶液约 30 mL，置于水浴上加热至锌完全溶解(切勿溅失)，然后移入1 L 容量瓶中，用水稀释至刻度，按下式计算锌基准溶液的浓度：

$$c(Zn^{2+}) = \frac{m(Zn^{2+})}{V \cdot M(Zn^{2+})} = \frac{1.634\ 5}{1 \times 65.38} = 0.025\ 0\ \text{mol/L}$$

6　氨缓冲溶液：称取氯化铵(NH_4Cl) 67.5 g 于 1 L 量筒中加水 200 mL 溶解，再加浓氨水 570 mL，继续用水稀释至 1 L。

7　EDTA 标准溶液：称取乙二胺四乙酸二钠(简称 EDTA) $C_{10}H_{14}N_2O_8Na_2 2H_2O$ 9 g 溶解于适量热水中，待冷却后，移入 1 L 容量瓶中，再用水稀释至刻度，然后用锌基准溶液标定。

用移液管吸取锌基准溶液 25 mL 于锥形瓶中，共取三份，分别用适量水稀释后，加氨缓冲溶液 10 mL，铬黑 T 指示剂少许，再加 95% 乙醇 5 mL，然后用 EDTA 标准溶液滴定至呈现天蓝色为终点，记下 EDTA 标准溶液用量，按下式计算 EDTA 标准溶液浓度：

$$c(\text{EDTA}) = \frac{V(Zn^{2+}) \cdot c(Zn^{2+})}{V(\text{EDTA})}$$

式中　$c(\text{EDTA})$——EDTA 标准溶液浓度(mol/L)，计算至 0.000 1 mol/L；

$V(\text{EDTA})$——EDTA 标准溶液用量(mL)；

$c(Zn^{2+})$——锌基准溶液浓度(mol/L)；

$V(Zn^{2+})$——锌基准溶液的用量(mL)。

三份平行测定，平行绝对偏差不大于 0.05 mL，取算术平均值。

8 氯化钡标准溶液：称取氯化钡($BaCl_2 \cdot 2H_2O$)12.5 g通过漏斗用水冲洗入1 L容量瓶中，待溶解后，继续用水稀释至刻度，然后用EDTA标准溶液标定：

用移液管吸取氯化钡标准溶液5.0 mL于锥形瓶中，用适量水稀释后，再准确加入氨镁缓冲溶液5.0 mL，摇匀，加入铬黑T指示剂少许，然后用EDTA标准溶液滴定至呈现天蓝色为终点，记下用量，即得：

$$5.0\ \text{mL}(BaCl_2) \approx V_{BE}\text{mL}(\text{EDTA})$$

31.6.3 试验操作应按下列步骤进行：

1 取土浸出液5 mL于试管中，加(1+1)HCl溶液2滴，再加5% $BaCl_2$溶液5滴，摇匀并观察，按表31.6.3估计SO_4^{2-}含量，以确定试验方法和取样数量。当估计SO_4^{2-}含量小于50 mg/L时，应采用比浊法按本规程第31.7节进行操作。

表31.6.3 SO_4^{2-}含量估计与取样数量的确定

呈现浑浊程度	估计SO_4^{2-}含量(mg/L)	采用测定方法	取土浸出液数量(mL)
立即生成大量沉淀	>200	络合滴定法	5~10
立即生成沉淀	100~200	络合滴定法	25~50
立即生成浑浊	50~100	络合滴定法	50~100
浑浊或微浑浊	<50	比浊法	—

2 根据观察呈现浑浊程度，按表31.6.3确定吸取一定量土浸出液于锥形瓶中，用水适当稀释后，投入刚果红试纸一片，滴加(1+1)盐酸溶液至试纸呈蓝色，再过量2~3滴。

3 准确加入$BaCl_2$标准溶液5.0 mL($BaCl_2$加入量应过量50%)，放置30 min后，准确加入氨镁缓冲溶液5.0 mL和铬黑T指示剂少许，摇匀。

4 用EDTA标准溶液滴定至呈现天蓝色为终点，记下EDTA标准溶液用量，估读至0.05 mL。

5 另用移液管吸取土浸出液25 mL于锥形瓶中，按本规程第31.9节测定$b(Ca^{2+}+Mg^{2+})$浓度。如果土浸出液中$b(Ca^{2+}+Mg^{2+})$已确定，本款操作可略。

31.6.4 试验结果应按下列公式计算：

$$b(SO_4^{2-}) = b(Ca^{2+}+Mg^{2+}) + \frac{(V_{BE}-V_E)c(\text{EDTA})(1+0.01w_0)V_w \times 1\,000}{V_s \cdot m_0} \tag{31.6.4—1}$$

$$w(SO_4^{2-}) = b(SO_4^{2-}) \times 10^{-6} \times 96 \times 100 \tag{31.6.4—2}$$

$$w'(SO_4^{2-}) = b(SO_4^{2-}) \times 96 \tag{31.6.4—3}$$

式中 $b(SO_4^{2-})$——硫酸根的质量摩尔浓度(mmol/kg)，计算至0.01 mmol/kg；

$w(SO_4^{2-})$——硫酸根含量(%)，计算至0.001%；

$w'(SO_4^{2-})$——硫酸根含量(mg/kg)，计算至1 mg/kg；

V_{BE}——5.0 mL $BaCl_2$相当于EDTA标准溶液的体积(mL)；

V_E——加$BaCl_2$后土浸出液滴定EDTA标准溶液的用量(mL)；

$b(Ca^{2+}+Mg^{2+})$——土浸出液中钙镁的质量摩尔浓度(mmol/kg)；

$c(\text{EDTA})$——EDTA标准溶液浓度(mol/L)；

96——硫酸根的摩尔质量(g/mol)。

31.6.5 本试验应进行平行测定，平行滴定允许差值应符合本规程第31.1.4条的规定，取其算术平均值。

31.6.6 记录格式应符合本规程表31.1.6的要求。

31.7 比浊法硫酸根的测定

31.7.1 本试验应采用下列仪器设备：

1 光电比色计或分光光度计。

2 磁力搅拌器。

3 量勺：容量0.2～0.3 cm^3。

4 筛子：孔径0.6～0.85 mm。

5 容量瓶：容量100 mL，5个。

其他设备应符合本规程第31.3.1条第2、4款的要求。

31.7.2 试剂配制应符合下列规定：

1 悬浊液稳定剂：于300 mL纯水中加入浓盐酸30 mL、95%乙醇100 mL、氯化钠25 g溶解混匀再加甘油50 mL，混合均匀。

2 结晶氯化钡：使结晶氯化钡先通过孔径0.85 mm筛，再通过0.6 mm筛，取0.85 mm与0.6 mm之间的晶粒。

3 硫酸根标准溶液：称取预先在105 ℃～110 ℃温度下烘干2 h的无水硫酸钠0.147 9 g，通过漏斗用水冲洗入1 L容量瓶中，溶解后继续用水稀释至刻度。(SO_4^{2-} = 0.1 mg/mL)。

31.7.3 试验操作应按下列步骤进行：

1 标准曲线的绘制：用刻度移液管分别吸取硫酸根标准溶液5、10、20、30、40 mL于100 mL容量瓶中，然后均用水稀释至刻度，制成硫酸根含量分别为0.5、1.0、2.0、3.0、4.0 mg/100 mL的标准系列。将标准系列分别依次倒入烧杯中，各加悬浊液稳定剂5.0 mL、氯化钡结晶1量勺，依次置于磁力搅拌器上搅拌1 min，以水为参比，在光电比色计上用紫色滤光片(或用分光光度计于波长200～400 nm)进行比浊，在3 min内，每隔30 s测读一次悬液吸光值，取稳定后的吸光值，然后以SO_4^{2-}含量为纵坐标，相应的吸光值为横坐标，在坐标纸上绘制关系曲线(或用统计法进行直线回归)。

2 SO_4^{2-}含量的测定：用移液管吸取土浸出液100 mL(或少取再用水稀释至100 mL)倒入烧杯中，加悬浊液稳定剂50 mL，氯化钡结晶一量勺，置于磁力搅拌器上搅拌1 min，以水为参比，在光电比色计上用紫色滤光片(或用分光光度计于波长200～400 mm)进行比浊，在3 min内，每隔30 s测读一次悬液吸光值。然后用测得吸光值由标准曲线上查得相对应的(或由回归方程计算)SO_4^{2-}含量。

31.7.4 试验结果应按下列公式计算：

$$w(SO_4^{2-}) = \frac{m(SO_4^{2-})V_w(1+0.01w_0)\times 100}{m_0 \cdot V_s \times 10^3} \qquad (31.7.4—1)$$

$$w'(SO_4^{2-}) = w(SO_4^{2-})0.01\times 10^6 \qquad (31.7.4—2)$$

$$b(SO_4^{2-}) = [w(SO_4^{2-})0.01/0.096]\times 1\,000 \qquad (31.7.4—3)$$

式中 $m(SO_4^{2-})$——由标准曲线查得或用回归方程计算而得 SO_4^{2-} 含量(mg);

$w(SO_4^{2-})$——硫酸根含量(%)。

31.7.5 本试验的精密度和准确度应符合下列要求:

1 标准曲线的线性相关系数 r 应满足于

$$1>r>0.999$$

2 带标准物对照回收值应满足在 0.90~1.10 之间。

31.7.6 记录格式应符合表 31.7.6 的要求。

表 31.7.6 比浊法 SO_4^{2-} 试验记录

试样编号	风干试样质量 m_0 (g)	风干试样含水率 w_0 (%)	浸出液用纯水体积 V_w (mL)	吸取浸出液体积 V_s (mL)	测得吸光值	相应 SO_4^{2-} 含量 $m(SO_4^{2-})$ (mg)	计算	试验结果		
							$w(SO_4^{2-})=\frac{m(SO_4^{2-})V_w(1+0.01w_0)\times100}{V_s\cdot m_0\times10^3}$ $b(SO_4^{2-})=[w(SO_4^{2-})\times0.01/0.096]\times1000$ $w'(SO_4^{2-})=b(SO_4^{2-})\times96$	$b(SO_4^{2-})$ (mmol/kg)	$w(SO_4^{2-})$ (%)	$w'(SO_4^{2-})$ (mg/kg)

复核______ ______年____月____日 试验______ ______年____月____日

31.8 钙离子测定

31.8.1 本试验仪器设备应符合本规程第 31.6.1 条的要求。

31.8.2 试剂配制应符合下列规定:

1 2 mol/L c(NaOH)溶液:称取 8 g NaOH 于烧杯中,用适量水溶解,待冷却后,继续用水稀释至 100 mL,贮于聚乙烯瓶中。

2 钙指示剂或紫脲酸铵指示剂:称取 0.5 g 钙指示剂或0.2 g 紫脲酸铵与 100 g 预先烘焙的氯化钠互相混合,并置于玛瑙研钵中研细均匀,贮于棕色广口瓶中。

3 EDTA 标准溶液:按本规程第 31.6.2 条配制与标定。

4 (1+1)盐酸溶液和刚果红试纸按本规程第 31.6.2 条制备。

5 95% 乙醇溶液。

31.8.3 试验操作应按下列步骤进行:

1 用移液管吸取土浸出液 25~100 mL(视钙子含量而定)于锥形瓶中,投刚果红试纸一片,滴加(1+1)HCl 溶液至试纸变为兰色为止。煮沸除去 CO_2(当土浸出液中 CO_3^{2-}、HCO_3^- 含量很少时,可省略此步骤)。

2　冷却后，加 2 mol/L $c(NaOH)$ 溶液 2 mL（此时溶液 pH≈12），摇匀，放置 1 ~ 2 min

3　加钙指示剂或紫脲酸铵少许，95% 乙醇 5 mL，用 EDTA 标准溶液滴定至钙指示剂由红色转变为蓝色或紫脲酸铵是由红色转变为紫色为终点，记下 EDTA 标准溶液用量。估读至 0.05 mL。

31.8.4　试验结果应按下列公式计算：

$$b(Ca^{2+}) = \frac{V \cdot c(EDTA) V_w (1 + 0.01w_0) \times 1\,000}{V_s \cdot m_0} \tag{31.8.4—1}$$

$$w(Ca^{2+}) = b(Ca^{2+}) \times 10^{-6} \times 40 \times 100 \tag{31.8.4—2}$$

$$w'(Ca^{2+}) = b(Ca^{2+}) \times 40 \tag{31.8.4—3}$$

式中　$b(Ca^{2+})$——钙离子质量摩尔浓度（mmol/kg），计算至 0.01 mmol/kg；

$w(Ca^{2+})$——钙离子含量（%），计算至 0.001%；

$w'(Ca^{2+})$——钙离子含量（mg/kg），计算至 1mg/kg；

$c(EDTA)$——EDTA 标准溶液浓度（mol/L）；

V——EDTA 标准溶液用量（mL）；

40——钙离子的摩尔质量（g/moL）。

31.8.5　本试验应进行平行滴定，平行滴定允许差值应符合本规程第 31.1.4 条的规定，取算术平均值。

31.8.6　记录格式应符合本规程表 31.1.6 的要求。

31.9　钙镁离子总量的测定与镁离子的计算

31.9.1　本试验仪器设备应符合本规程第 31.6.1 条的要求。

31.9.2　试剂配制应按本规程第 31.6.2 条进行。

31.9.3　试验操作应按如下步骤进行：

1　用移液管吸取土浸出液 25 ~ 100 mL（视钙镁总含量而定）于锥形瓶中，加入氨缓冲溶液 2.5 mL，摇匀后，加入铬黑 T 少许，95% 乙醇 5 mL，充分摇匀，用 EDTA 标准溶液滴定至由红色转变为天蓝色为终点，记下 EDTA 标准溶液用量，估读至 0.05 mL。

2　另取土浸出液一份，按本规程第 31.8 节测定钙离子的质量摩尔浓度（如果试验已测定钙离子的含量，可利用其计算结果，此操作可省略）。

31.9.4　试验结果应按下列公式计算：

$$b(Ca^{2+} + Mg^{2+}) = \frac{V \cdot c(EDTA) V_w (1 + 0.01w_0) \times 1\,000}{V_s \cdot m_0} \tag{31.9.4—1}$$

$$b(Mg^{2+}) = b(Ca^{2+} + Mg^{2+}) - b(Ca^{2+}) \tag{31.9.4—2}$$

$$w(Mg^{2+}) = b(Mg^{2+}) \times 10^{-6} \times 24 \times 100 \tag{31.9.4—3}$$

$$w'(Mg^{2+}) = b(Mg^{2+}) \times 24 \tag{31.9.4—4}$$

式中　$b(Ca^{2+} + Mg^{2+})$——钙镁的质量摩尔浓度（mmol/kg），计算至 0.01 mmol/kg；

$b(Mg^{2+})$——镁离子质量摩尔浓度 mmol/kg，计算至 0.01 mmol/kg；

$w(Mg^{2+})$——镁离子含量（%），计算至 0.001%；

$w'(Mg^{2+})$——镁离子含量（mg/kg），计算至 1 mg/kg；

24——镁离子摩尔质量（g/mol）。

31.9.5 本试验应进行平行测定，平行滴定允许差值应符合本规程第31.1.4条的规定，取算术平均值。

31.9.6 记录格式应符合本规程表31.1.6的要求。

31.10 差减法计算钠钾离子总量

31.10.1 差减法计算土中钠钾总量，可采用阳离子交换树脂法测得阳离子总量 $Tb(1/zP^{z+})$ 或用实测得到的阴离子之和 $\sum b(1/zN^{z-})$ 进行计算。

1 钠钾质量摩尔浓度：

1)阳离子交换树脂法

$$b(Na^{+}+K^{+})=Tb(1/zP^{z+})-2b(Ca^{2+}+Mg^{2+}) \qquad (31.10.1—1)$$

2)实测阴离子之和

$$b(Na^{+}+K^{+})=\sum b(1/zN^{z-})-2b(Ca^{2+}+Mg^{2+}) \qquad (31.10.1—2)$$

$$\sum b(1/zN^{z-})=2b(CO_3^{2-})+b(HCO_3^{-})+b(Cl^{-})+b(SO_4^{2-})+\cdots\cdots$$

2 钠钾离子总量：

$$w(Na^{+}+K^{+})=b(Na^{+}+K^{+})\times10^{-6}\times25\times100 \qquad (31.10.1—3)$$

$$w'(Na^{+}+K^{+})=b(Na^{+}+K^{+})\times25 \qquad (31.10.1—4)$$

式中 $b(Na^{+}+K^{+})$——钠钾离子质量摩尔浓度(mmol/kg)，计算至0.01 mmol/kg；

$w(Na^{+}+K^{+})$——钠钾离子总量(%)，计算至0.001%；

$w'(Na^{+}+K^{+})$——钠钾离子总量(mg/kg)，计算至1 mg/kg；

25——钠钾离子摩尔质量(g/mol)。

31.10.2 记录格式应符合本规程表3.1.6的要求。

31.11 原子吸收分光光度法钠离子与钾离子的测定

31.11.1 本试验应采用下列仪器设备：

1 原子吸收分光光度计：附钠、钾的空心阴极灯。

2 乙炔钢瓶及乙炔：附减压阀、流量计。

3 空气压缩机：附流量计。

4 分析天平：称量200 g，分度值0.000 1 g。

5 其他设备：刻度移液管、10 mL比色管、比色管架、烧杯、量筒、容量瓶、高温炉、蒸发皿、坩埚钳、干燥器、玻璃漏斗、洗瓶等。

31.11.2 试剂配制应符合下列规定：

1 (1+1)HNO_3溶液：取一份浓硝酸与一份水互相混合，贮于滴瓶中。

2 5% $SrCl_2$溶液：溶解5 g氯化锶于100 mL水中。

3 钠标准溶液：称取预先在500 ℃~600 ℃灼烧1 h后的氯化钠(NaCl) 2.521 g，经漏斗用水冲洗入1 L容量瓶中，待完全溶解后，继续用水稀释至刻度(此溶液含Na^{+}为1 g/L)。用移液管取此液1.0 mL于100 mL容量瓶中，用水稀释至刻度，此溶液含Na^{+}为10 μg/mL或10 mg/L。

4　钾标准溶液：称取预先在 500 ℃～600 ℃灼烧 1 h 后的氯化钾（KC1）1.906 8 g，经漏斗用水冲洗入 1 L 容量瓶中，待完全溶解后，继续用水稀释至刻度（此溶液含 K^+ 为 1 g/L）。用移液管吸取此溶液 2.0 mL 于 100 mL 容量瓶中，并用水稀释至刻度，此溶液 K^+ 为 20 μg/mL 或 20 mg/L。

31.11.3　试验操作应按下列步骤进行：

1　工作条件按表 31.11.3 选择。

表 31.11.3　原子吸收工作条件

	钠离子 Na^+	钾离子 K^+
光源灯	钠空心阴极灯	钾空心阴极灯
灯电流	10 mA	
波　长	589.0 nm	766.5 nm
燃烧器火焰高度	选用 7.5 cm 处的氧化焰	
火焰燃气	乙炔—空气，其中乙炔流量为 2.3 L/min（相当于 29.4 kPa 大气压）空气流量为 9.4 L/min（相当于 156.9 kPa 大气压）	

2　标准曲线绘制：取 10 mL 比色管 5 支，置于比色管架上，于管中分别加入 10 μg/mL的标准溶液和 20 μg/mL 钾标准溶液 0、1、2、3、4 mL，然后均用水稀释至刻度，再各加 5% $SrCl_2$ 1 mL 和（1+1）HNO_3 溶液 4 滴，即得钠钾混合标准系列，其中含有 0、1、2、3、4 μg/mL 的 Na^+ 和 0、2、4、6、8 μg/mL 的 K^+。然后按照选择的工作条件和所使用仪器型号的使用说明书进行操作，分别记下不同浓度的吸光值，绘制 Na^+、K^+ 浓度与对应的吸光值关系曲线，或用最小二乘法建立直线回归方程。

3　钠、钾含量测定：吸取一定量土浸出液于容量瓶中，用水稀释至钠钾含量均在标准系列的浓度范围内。取此稀释后的土浸出液 10 mL 于 10 mL 比色管中，加 $SrCl_2$ 溶液 1 mL和（1+1）HNO_3 溶液 4 滴，然后按照标准曲线绘制的工作条件进行操作，记录土浸出液的吸光值，查标准曲线或用回归方程计算钠、钾含量。

31.11.4　试验结果应按下列公式计算：

$$w(Na^+)=\frac{\rho(Na^+)V_c\times V_w(1+0.01w_0)\times 100}{V_s\times m_0\times 10^6} \tag{31.11.4—1}$$

$$w(K^+)=\frac{\rho(K^+)V_c\times V_w(1+0.01w_0)\times 100}{V_s\times m_0\times 10^6} \tag{31.11.4—2}$$

$$b(Na^+)=[w(Na^+)0.01/(23\times 10^{-3})]\times 1\,000 \tag{31.11.4—3}$$

$$b(K^+)=[w(K^+)0.01/(39\times 10^{-3})]\times 1\,000 \tag{31.11.4—4}$$

$$w'(Na^+)=b(Na^+)\times 23 \tag{31.11.4—5}$$

$$w'(K^+)=b(K^+)\times 39 \tag{31.11.4—6}$$

式中　$w(Na^+)$，$w(K^+)$——钠、钾含量（%），计算至 0.001%；

$b(K^+)$，$b(Na^+)$——钾、钠质量摩尔浓度（mmol/kg），计算 0.01 mmol/kg；

$w'(Na^+)$，$w'(K^+)$——钠、钾含量（mg/kg），计算至 1 mg/kg；

$\rho(Na^+)$，$\rho(K^+)$——钠、钾质量浓度（μg/mL）；

V_c——标准系列定容体积（mL）；

23，39——钠、钾摩尔质量（g/mol）。

31.11.5 本试验的精密度和准确度应符合下列要求：

1 标准曲线的线性相关系数 r 应满足

$$1 > r > 0.999$$

2 带标准作对照回收试验，回收值应满足在 0.95 ~ 1.05 之间。

31.11.6 记录表格应符合按表 31.11.6 的要求。

表 31.11.6 原子吸收光度法钠离子钾离子测定记录

试样编号	风干试样质量 m_0 (g)	风干试样含水率 w_0 (%)	土浸出液体积 V_w (mL)	取土浸出液体积 V_s (mL)	测得吸光值		相应的质量浓度 ρ_B		计算	试验结果					
							ρ (Na^+)	ρ (K^+)	$w_0=\frac{\rho_B V_c \cdot V_w(1+0.01w_0)\times 100}{V_s \cdot m_0 \times 10^6}$ $b_B=(0.01w_B/M_B)\times 1000$ $w_B'=b_B \cdot M_B$	b (Na^+) (mmol/kg)	w (Na^+) (%)	w' (Na^+) (mg/kg)	b (K^+) (mmol/kg)	w (K^+) (%)	w' (K^+) (mg/kg)
					Na^+	K^+	μg/mL								

复核__________ ________年______月______日　　　　试验__________ ________年______月______日

32 中溶盐试验

32.1 一般规定

32.1.1 土的中溶盐是指土中石膏而言。测定结果以干土中含 $CaSO_4 \cdot 2H_2O$ 的质量百分数表示。

32.1.2 本试验采用硫酸钡质量法,适用于各类土;采用 EDTA 容量法,适用于现场和杂质较少的土。

32.2 硫酸钡质量法

32.2.1 本试验应采用下列仪器设备:

1 分析天平:称量 200 g,分度值 0.000 1 g。

2 加热设备:高温炉、电炉、烘箱、水浴、干燥器。

3 其他设备:烧杯、洗瓶、量筒、容量瓶、坩埚、坩埚钳、漏斗架、玻璃棒、定量滤纸等。

32.2.2 试剂配制应符合下列规定:

1 0.25 mol/L c(HCl)溶液:量取浓盐酸 20.8 mL 溶于适量水中,然后继续用水稀释至 1 L。

2 10% NH_4OH 溶液:于 1 L 量筒中加适量水,再加浓 NH_4OH 400 mL,然后用水稀释至 1 L。

3 10% $BaCl_2$ 溶液:称取($BaCl_2$)10 g,溶于 100 mL 水中。

4 酸化硝酸银溶液:称取($AgNO_3$)1 g,溶于 100 mL 水中,加(1+1)HNO_3 溶液数滴酸化,贮于棕色滴瓶中。

5 (1+1)HCl 溶液:取一份浓 HCl 与一份水互相混合。

6 甲基橙指示剂:按第 30.2.2 条配制。

32.2.3 试验操作应按下列步骤进行:

1 试样制备应按本规程第 3.4.2 条进行。称取试样 1.000 0 ~ 5.000 0 g(视其含量而定)于 200 mL 烧杯中,徐徐加入 0.25 mL/L c(HCl)溶液 50 mL 边加边搅拌,如果土中含有较高的碳酸盐,应继续加至无气泡产生为止,放置 12 h。另取此试样 5.00 g 测定其风干含水率。

2 将放置 12 h 后的酸浸出液过滤于另一烧杯中,并用0.25 moL/L c(HCl)溶液淋洗残渣至滤液无 SO_4^{2-} 为止(可承取最后滤液数滴于试管中,加 10% $BaCl_2$ 数滴应无白色浑浊生成)。

3 向滤液中加甲基橙指示剂 2 滴,用 10% NH_4OH 溶液中和至呈现黄色,然后改用(1+1)HCl 溶液滴加至滤液刚转变为红色为止,继续多加 10 滴过量的酸。

4 置于电炉上加热至沸，在搅拌下缓缓滴加热的 10% $BaCl_2$ 溶液，直至滤液中 SO_4^{2-} 完全沉淀后，再加数滴使稍过量为止（是否完全沉淀，可稍等滤液澄清后，沿杯壁滴加氯化钡溶液，观察溶液接触处，如无白色浑浊生成，表示已沉淀完全）。

5 将沉淀溶液移置于水浴内，使在 60 ℃下保温 2 h（或在室温放置 12 h）。

6 用无灰定量滤纸过滤，并用热水洗涤沉淀物，直至滤液无 Cl^- 为止（可承接滤液少许，用酸化 $AgNO_3$ 溶液检验至无白色浑浊表示已洗净）。

7 将已洗净的沉淀物连同滤纸包裹好，放入预先在 600 ℃灼烧已知质量的坩埚中，再将坩埚放在电炉上用文火加热使滤纸充分灰化（但不得出现明火），然后移入高温炉中，控制在600 ℃灼烧 1 h，取出放在石棉板上稍冷，再移入干燥器中继续冷却至室温，迅速称量，准确至 0.000 1 g。再将其放入高温炉中，控制在 600 ℃灼烧 30 min。取出冷却、称量如此反复操作，直至最后两次称量差值不大于 0.000 5 g 为恒量。

8 另取试样一份按照本规程第 31.1.5 条制备土浸出液，并按第 31.6 节或第 31.7 节测定易溶盐中 SO_4^{2-} 含量。

32.2.4 试验结果应按下列公式计算：

$$w(SO_4^{2-})_b = \frac{(m_2 - m_1) \times 0.411\,4(1 + 0.01w_0) \times 100}{m_0} \qquad (32.2.4\text{—}1)$$

$$w(CaSO_4 \cdot 2H_2O) = [w(SO_4^{2-})_b - w(SO_4^{2-})_w] \times 1.792\,2 \qquad (32.2.4\text{—}2)$$

式中 $w(CaSO_4 \cdot 2H_2O)$——中溶盐（石膏）含量（%），计算至 0.01%；

$w(SO_4^{2-})_b$，$w(SO_4^{2-})_w$——酸浸出液和水浸出液中硫酸根的含量（%），计算至 0.01%；

m_1——坩埚的质量（g）；

m_2——坩埚加沉淀物的质量（g）；

m_0——风干试样质量（g）；

w_0——风干试样含水率（%）；

0.411 4——（$SO_4^{2-}/BaSO_4$）换算因数；

1.792 2——（$CaSO_4 \cdot 2H_2O/SO_4^{2-}$）换算因数。

32.2.5 本试验采用平行测定，平行测定允许差值应符合表 32.2.5 的规定，取算术平均值。

表 32.2.5 平行测定允许差

$w(CaSO_4 \cdot 2H_2O)$（%）	平行测定允许差值（%）
<1	<0.1
1～5	<0.2
5～10	<0.3
>10	<0.5

32.2.6 记录格式应符合表 32.2.6 的要求。

表 32.2.6 中溶盐(石膏)试验记录(质量法)

试样编号	风干土质量 m_0 (g)	风干含水率 w_0 (%)	酸浸出液($BaSO_4$)质量(g) 坩埚号	空坩埚 m_1 (g)	坩埚加沉淀物 m_2 (g)	沉淀物 m (g)	易溶盐中 SO_4^{2-} 含量 $w(SO_4^{2-})_w$ (%)	计算 $w(SO_4^{2-})_b=\frac{m\times0.4114\times(1+0.01w_0)\times100}{m_0}$ $CaSO_4\cdot2H_2O=[w(SO_4^{2-})_b-w(SO_4^{2-})_w]\times1.7922$	试验结果 中溶盐 $w(CaSO_4\cdot2H_2O)$ (%)	平均 (%)

复核________ ______年____月____日　　　　试验________ ______年____月____日

32.3 EDTA 容量法

32.3.1 本试验应采用下列仪器设备:

1 分析天平:称量 200 g,分度值 0.000 1 g。

2 其他设备:滴定管、移液管、锥形瓶、烧杯、容量瓶、玻璃棒、漏斗及架,滤纸等。

32.3.2 试剂配制应符合下列规定:

1 混合碱试剂:称取 Na_2CO_3 13.5 g,NaOH 10 g 分别溶于适量水中,然后将两液混合,并用水稀释至 500 mL。

2 0.25 mol/Lc(HCl)溶液、10% NH_4OH 溶液等按第 32.2.2 条配制。

3 刚果红试纸、铬黑 T 指示剂,氨镁缓冲溶液,EDTA 标准溶液,$BaCl_2$ 标准溶液等按本规程第 31.6.3 条配制。

4 三乙醇胺。

32.3.3 试验操作应按下列步骤进行:

1 同第 32.2.3 条第 1、2 款操作。

2 于滤液中加刚果红一片,用 10% NH_4OH 溶液中和至试纸恰转变为红色。

3 将中和后的滤液加入混合碱试剂约 15 mL(视 Ca^{2+} · Mg^{2+} 及其他重金属离子含量而定),摇匀,置于电热板上煮沸 10 min,取下冷却后,过滤于 250 mL 容量瓶中,用水洗滤数次,合并滤液,继续用水稀释至刻度。

4 用移液管吸取此滤液各 5.0 mL 于两个锥形瓶中,各加刚果红试纸一片,用 0.25 mol/L c(HCl)溶液滴加至试纸由红变蓝为止。取其中一瓶多加 0.25 mol/Lc(HCl)溶液 5 滴,准确加入 $BaCl_2$ 标准溶液 5.0 mL,摇匀,静置 0.5 h,再准确加入氨镁缓冲溶液 5.0 mL,铬黑 T 指示剂少许,然后用 EDTA 标准溶液滴定至天蓝色为终点,记下用量 V_E。

取另一瓶，直接加氨缓冲溶液 2.5 mL 和铬黑 T 指示剂少许，用 EDTA 标准溶液滴定于天蓝色为终点，记下用量 V_H。

5 另取试样一份，按本规程第 31.1.5 条制备土浸出液，并按本规程第 31.6 节测定易溶盐中 SO_4^{2-} 含量。

32.3.4 试验结果应按下式计算：

$$w(CaSO_4 \cdot 2H_2O)=\left[\frac{(V_H+V_{BE}-V_E)\cdot c(EDTA)V\cdot(1+0.01w_0)\times 9.6}{m_0\cdot V_s}-w(SO_4^{2-})_w\right]\times 1.7922 \qquad (32.3.4)$$

式中 $w(CaSO_4 \cdot 2H_2O)$——中溶盐（石膏）含量（%），计算至 0.01%；

V_H——钙镁消耗 EDTA 标准溶液的体积（mL）；

V_{BE}——5.0 mL $BaCl_2$ 溶液消耗 EDTA 标准溶液的体积（mL）；

V_E——滴定过量 $BaCl_2$ 消耗 EDTA 标准溶液的体积（mL）；

V——酸浸出液总体积（mL）；

V_s——测定时取酸浸出液体积（mL）；

$c(EDTA)$——EDTA 标准溶液浓度（mol/L）；

32.3.5 本试验采用平行测定，平行滴定允许差值应符合本规程第 31.1.4 条规定，取算术平均值。

32.3.6 记录格式应符合表 32.3.6 的要求。

表 32.3.6 中溶盐试验记录（容量法）

试样编号	风干土质量 m_0 (g)	风干含水率 w_0 (%)	酸浸出液总体积 V (mL)	易溶盐中 SO_4^{2-} 含量 $w(SO_4^{2-})_w$ (%)	标准溶液浓度 $c(EDTA)$ (mol/L)	5 mL $BaCl_2$ 相当于 EDTA 溶液体积 V_{BE} (mL)	体积 V_s 酸浸出液中 $Ca^{2+}\cdot Mg^{2+}$ 对 EDTA 的用量 V_H(mL)				体积 V_s 酸浸出液中过量 $BaCl_2$ 对 EDTA 的用量 V_E(mL)				计算	试验结果 中溶盐 $w(CaSO_4\cdot 2H_2O)$ (%)
							由	至	耗	平均	由	至	耗	平均	$w(CaSO_4 2H_2O)=[(V_H+V_{BE}-V_E)c(EDTA)V(1+0.01w_0)\times 9.6/(m_0\times V_s)-w(SO_4^{2-})_w]\times 1.7922$	

复核＿＿＿＿ ＿＿＿＿年＿＿月＿＿日　　　　试验＿＿＿＿ ＿＿＿＿年＿＿月＿＿日

33　难溶盐试验

33.1 一般规定

33.1.1　土中难溶盐是指土中钙镁的碳酸盐类。测定结果以干土中含 $CaCO_3$ 的质量百分数表示。

33.1.2　本试验应采用气量法和中和法。气量法适用于难溶盐含量在 20% 以下的土；中和法适用于难溶盐含量较高、杂质较少的土。

33.2 气量法

33.2.1　本试验应采用下列仪器设备：

1　CO_2 约测计装置，见图 33.2.1。

2　分析天平：称量 200 g，分度值 0.001 g。

3　其他设备：气压计、温度计、瓷坩埚、长柄夹、烘箱、干燥器等。

33.2.2　试剂配制应符合下列规定：

1　甲基橙指示剂：按本规程第 31.3.2 条配制。

2　(1+3)盐酸溶液：取一份浓盐酸溶液与三份水互相混合。

33.2.3　试验操作应按下列步骤进行：

1　按图 33.2.1 所示，安装好 CO_2 约测计固定于支架上。

2　通过移动管上漏斗活塞，将漏斗中加有少量盐酸和几滴甲基橙溶液的水注入 CO_2 测量管中。

3　取适量已按本规程第 3.4.2 条制备好的风干试样置于 105 ℃～110 ℃烘干，冷却后，用天平称取 1～5 g(视其含量而定)，准确至 0.001 g，放入广口瓶中，另取适量(1+3)盐酸溶液于瓷坩埚中，用长柄夹小心地将坩埚夹入广口瓶中放稳，塞紧广口瓶塞，然后打开活塞，升降橡皮管使三管水面齐平。

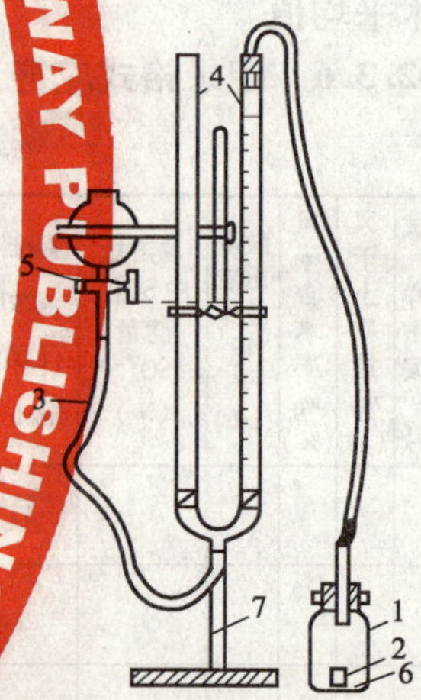

图 33.2.1　CO_2 约测计

1—广口瓶；2—瓷坩埚；3—升降橡皮管；4—CO_2 测量管；5—升降瓶活塞；6—土样；7—固定支架

4　为了检查约测计各接头是否漏气，可关闭活塞，将升降橡皮管下移，观察测量管左右两管水位是否保持平衡，若水面随之下降，表示漏气，此时应检查各接头，直至不漏气为止。打开活塞，再使两测量管水面保持同一水平，再关闭活塞，记录测量管右管的水位(起始读数)。

5　用手按住广口瓶颈部，轻轻摇动瓶子，使瓶中坩埚内的盐酸溶液倾出与试样充分混合，此时产生 CO_2 逸出使测量右管受压水位下降，应立即开启活塞，使两测量管水面保持在同一水平上。

6 放置10 min至测量管水面稳定后，再移动升降橡皮管，使三管水面齐平，关闭活塞，记录测量管右管的最终水面读数。

7 同时记录水温和大气压力。

33.2.4 试验结果应按下列公式计算：

1 当大气压力大于98.925 kPa时

$$w(CaCO_3)=\frac{V(CO_2)\cdot\rho(CO_2)\times 2.272}{m_d\times 10^6}\times 100 \tag{33.2.4—1}$$

式中 $w(CaCO_3)$——难溶盐（碳酸钙）含量（%），计算至0.01%；

$V(CO_2)$——二氧化碳体积（mL）；

$\rho(CO_2)$——在试验时的水温和大气压力的二氧化碳密度（μg/mL），由表33.2.4查得；

2.272——$CaCO_3/CO_2$ 换算因数；

10^6——由微克数换算成克数；

m_d——干试样质量（g）。

表33.2.4 不同温度及大气压力下二氧化碳密度 $\rho(CO_2)$（μg/mL）

温度（℃）	大气压力〔kPa（mmHg）〕														
	98.925（742）	99.258（744.5）	99.591（747）	99.858（749）	100.125（751）	100.458（753.5）	100.791（756）	101.059（758）	101.325（760）	101.658（762）	101.991（765）	102.258（767）	102.525（769）	102.791（771）	103.191（774）
28	1 778	1 784	1 791	1 797	1 804	1 810	1 817	1 823	1 828	1 833	1 837	1 842	1 847	1 852	1 856
27	1 784	1 790	1 707	1 803	1 810	1 816	1 823	1 829	1 834	1 839	1 843	1 848	1 853	1 858	1 863
26	1 791	1 797	1 803	1 809	1 816	1 822	1 829	1 835	1 840	1 845	1 849	1 854	1 859	1 864	1 869
25	1 797	1 803	1 810	1 816	1 823	1 829	1 836	1 842	1 847	1 852	1 856	1 861	1 866	1 871	1 876
24	1 803	1 809	1 816	1 822	1 829	1 835	1 842	1 848	1 853	1 858	1 862	1 867	1 872	1 877	1 882
23	1 809	1 815	1 822	1 825	1 835	1 842	1 848	1 854	1 859	1 864	1 868	1 873	1 878	1 883	1 888
22	1 815	1 821	1 828	1 834	1 841	1 847	1 854	1 860	1 865	1 870	1 875	1 880	1 885	1 890	1 895
21	1 822	1 828	1 835	1 841	1 848	1 854	1 861	1 867	1 872	1 877	1 882	1 887	1 892	1 897	1 902
20	1 828	1 834	1 841	1 847	1 854	1 860	1 867	1 873	1 878	1 883	1 888	1 893	1 898	1 903	1 908
19	1 834	1 840	1 847	1 853	1 860	1 866	1 873	1 879	1 884	1 889	1 894	1 899	1 904	1 909	1 914
18	1 840	1 846	1 853	1 859	1 866	1 872	1 879	1 885	1 890	1 895	1 900	1 905	1 910	1 915	1 920
17	1 846	1 853	1 860	1 866	1 873	1 879	1 885	1 892	1 897	1 902	1 907	1 912	1 917	1 922	1 927
16	1 853	1 860	1 866	1 872	1 879	1 885	1 892	1 898	1 903	1 908	1 913	1 918	1 923	1 928	1 933
15	1 859	1 866	1 872	1 879	1 885	1 892	1 899	1 905	1 910	1 915	1 920	1 925	1 930	1 935	1 940
14	1 865	1 872	1 878	1 885	1 892	1 899	1 906	1 912	1 917	1 922	1 927	1 932	1 937	1 942	1 947
13	1 872	1 878	1 885	1 892	1 899	1 906	1 913	1 919	1 924	1 929	1 934	1 939	1 944	1 949	1 954
12	1 878	1 885	1 892	1 899	1 906	1 913	1 919	1 925	1 930	1 935	1 940	1 945	1 950	1 955	1 960
11	1 885	1 892	1 899	1 906	1 913	1 919	1 926	1 932	1 937	1 942	1 947	1 952	1 957	1962	1 967
10	1 892	1 899	1 906	1 913	1 919	1 926	1 933	1 939	1 944	1 949	1 954	1 959	1 964	1 969	1 974

2 当大气压力小于98.925 kPa时

$$w(CaCO_3)=\frac{M(CaCO_3)n(CO_2)\times 100}{m_d} \tag{33.2.4—2}$$

$$n(CO_2)=P\cdot V(CO_2)/(R\cdot T)$$

式中 $M(CaCO_3)$——碳酸钙摩尔质量（g/mol）；

$n(CO_2)$——二氧化碳物质的量（mol）；

P——试验时大气压力（kPa）；

T——试验时水的热力学温度(K)；

R——摩尔气体常数〔 =8 314 kPa · mL/ (mol · K)〕。

33.2.5 本试验采用平行测定,平行测定允许差值应符合表 33.2.5 的规定,取算术平均值。

表 33.2.5 平行测定允许差

难溶盐 $w(CaCO_3)$(%)	平行测定允许差值(%)
>10	<1.0
1~10	<0.5
<1	<0.2

33.2.6 记录格式应符合表 33.2.6 的要求。

表 33.2.6 气量法难溶盐记录表

试样编号	烘干试样质量 m_d	试验时水温度	大气压力 P	CO_2 密度 $\rho(CO_2)$	CO_2 体积 V			计算	难溶盐含量	
					初读数	终读数	实测值	$w(CaCO_3)=\frac{V(CO_2)\rho(CO_2)\times 2.272}{w_d\times 10^6}\times 100$	$w(CaCO_3)$	平均
	(g)	(℃)	(kPa)	(μg/mL)	(mL)			(%)	(%)	

复核________ ____年____月____日 试验________ ____年____月____日

33.3 中 和 法

33.3.1 本试验应采用下列仪器设备:

1 分解装置见图 33.3.1。

2 水浴锅或电热板。

3 移液管、滴定管、锥形瓶、瓶塞打孔器。

4 烘箱、干燥器。

5 分析天平:称量 200 g,分度值0.001 g。

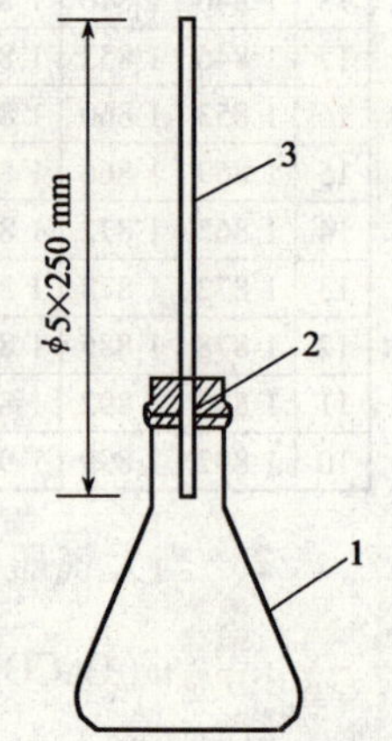

图 33.3.1 分解装置
1—锥形瓶;
2—单孔橡皮塞;
3—玻璃管

33.3.2 试剂配制应符合下列规定:

1 硫酸标准溶液:用刻度移液管量取浓硫酸 5.6 mL,溶于适量水,待冷却后,继续用水稀释至 1 L。然后称取预先在 180 ℃烘干 2 h 的碳酸钠 0.100 0 g,放入锥形瓶中,用适量水溶解,加甲基橙指示剂 3 ~4 滴,再用配制好的硫酸标准溶液滴定至橙红色为终点,记下用量,按下式计算硫酸标准溶液的准确浓度。

$$c(1/2H_2SO_4)=\frac{m(Na_2CO_3)\times 1\,000}{V_H\cdot M(1/2Na_2CO_3)} \qquad (33.3.2)$$

式中 $c(1/2H_2SO_4)$——硫酸标准溶液浓度(mol/L);

V_H——硫酸标准溶液滴定用量(mL);

$m(Na_2CO_3)$——称取 Na_2CO_3 的质量(g);

$M(1/2Na_2CO_3)$——碳酸钠摩尔质量(=52.994 g/mol)。

2 氢氧化钠标准溶液:称取 NaOH 8 g,溶于适量水,待冷却后,继续用水稀释至 1 L。然后用邻苯二甲酸氢钾按本规程第 31.3.2 条改酚酞指示剂为甲基红指示剂,滴定终点由红色转变为黄色进行标定。

3 甲基红指示剂:称取甲基红指示剂 0.1 g 溶解于 100 mL 水中。

33.3.3 试验操作应按下列步骤进行:

1 取适量已按本规程第 3.4.2 条制备好的风干试样,置于 105 ℃~110 ℃烘干 2 h,待冷却至室温,称取 0.1~0.5 g(视其含量而定)准确至 0.001 g,放入锥形瓶中,用少量水润湿。

2 向锥形瓶中用移液管加入硫酸标准溶液 25.0 mL(视碳酸盐含量而定,应过量 50%),然后用插有玻璃管的单孔橡皮塞塞紧,如图 33.3.1 所示。

3 摇匀,使锥形瓶中硫酸标准溶液与试样充分混合,再放入沸水浴(或电热板上)加热至无气泡产生,取下冷却。

4 打开橡皮塞,用水冲洗玻璃管,橡皮塞和瓶壁,然后加甲基红指示剂 4 滴,立即用氢氧化钠标准溶液滴定至溶液由红色转变为黄色为终点,记下用量。

33.3.4 试验结果应按下式计算:

$$w(CaCO_3)=\left\{\left[V_H\cdot c(1/2H_2SO_4)-V_{OH}\cdot c(NaOH)\right]\times 0.022\times 100/m_d\right\}\times 2.274 \tag{33.3.4}$$

式中 $c(NaOH)$——氢氧化钠标准溶液浓度(mol/L);

V_{OH}——氢氧化钠标准溶液用量(mL);

0.022——CO_2 摩尔质量(kg/mol);

2.274——$CaCO_3/CO_2$ 换算因数。

33.3.5 本试验应采用平行测定,平行测定允许差值应符合表 33.3.5 规定,取算术平均值。

表 33.3.5 平行测定允许差值

$w(CaCO_3)$(%)	平行测定允许差值(%)
<10	0.2
10~20	0.3
>20	0.6

33.3.6 记录格式应符合表 33.3.6 的要求。

表 33.3.6 中和法难溶盐试验记录

<table>
<tr><td rowspan="2">试样编号</td><td rowspan="2">烘干试样质量 m_d</td><td rowspan="2">$c(1/2H_2SO_4)$</td><td rowspan="2">V_H</td><td rowspan="2">$c(NaOH)$</td><td colspan="3">V_{OH}</td><td>计 算</td><td colspan="2">难溶盐含量</td></tr>
<tr><td>由</td><td>至</td><td>耗</td><td>$w(CaCO_3)=\{[V_H\cdot c(1/2H_2SO_4)-V_{OH}\cdot c(NaOH)]\times 0.022\times 100/m_d\}\times 2.724$</td><td>$w(CaCO_3)$</td><td>平均</td></tr>
<tr><td></td><td>(g)</td><td>(mol/L)</td><td>mL</td><td>(mol/L)</td><td colspan="3">(mL)</td><td>%</td><td colspan="2">%</td></tr>
<tr><td></td><td></td><td></td><td></td><td></td><td></td><td></td><td></td><td></td><td></td><td></td></tr>
<tr><td></td><td></td><td></td><td></td><td></td><td></td><td></td><td></td><td></td><td></td><td></td></tr>
</table>

续上表

试样编号	烘干试样质量 m_d	$c(1/2H_2SO_4)$	V_H	$c(NaOH)$	V_{OH}			计算	难溶盐含量	
					由	至	耗	$w(CaCO_3)=\{[V_H\cdot c(1/2H_2SO_4)-V_{OH}\cdot c(NaOH)]\times 0.022\times 100/m_d\}\times 2.724$	$w(CaCO_3)$	平均
	(g)	(mol/L)	mL	(mol/L)	(mL)			%	%	

复核________　______年____月____日　　　　试验______________年____月____日

附录 A　量瓶校正与煤油密度的测定

A. 0. 1　量瓶称量校正法应符合下列规定：

1　量瓶称量校正应采用下列仪器设备：

1）量瓶：容积 50 mL 或 100 mL；

2）天平：称量 200 g，分度值 0.001 g；

3）恒温水槽：准确至 ±0.5 ℃；

4）温度计：刻度范围 0～50 ℃，分度值 0.5 ℃；

5）其他：滴管、干燥器、烘箱等。

2　量瓶称量校正应按下列步骤进行：

1）将量瓶洗净，烘干，称量 2 次，准确至 0.001 g。取其算术平均值，2 次称量差值不得大于 0.002 g。

2）将事先煮沸并冷却或真空抽气的纯水注入量瓶。对长颈量瓶达到刻度处为止；对短颈量瓶，注满水，塞紧瓶塞，多余水自瓶塞毛细管中溢出。将量瓶放入恒温水槽内直至瓶内水温稳定。取出量瓶，擦干外壁，称量瓶和水的总质量，准确至 0.001 g。重复上述步骤进行第 2 次测定，取其算术平均值，其平行差值不得大于 0.002 g。

3）将恒温水槽内的水温以 5 ℃级差调节，逐级测定不同温度下的量瓶和水的总质量。

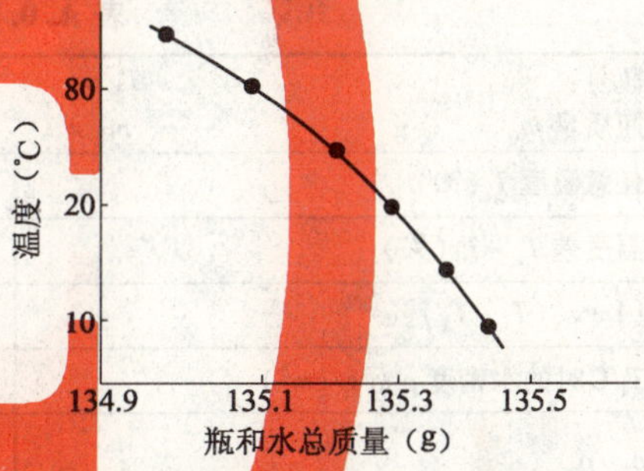

图 A. 0. 1　温度与量瓶和水的总质量关系曲线

3　在直角坐标纸上，以温度为纵坐标，量瓶和水的总质量为横坐标，绘制温度与量瓶和水的总质量关系曲线，如图 A. 0. 1 所示。

4　量瓶称量校正记录应符合表 A. 0. 1 的要求。

表 A. 0. 1　量瓶称量校正法记录

瓶号	量瓶质量	(g)
温　　度（℃）	量瓶与纯水（或煤油）总质量（g）	平 均 值（g）

复核________　_____年____月____日　　　　　　　　　　校正________　_____年____月____日

A. 0. 2　量瓶计算校正法应符合下列规定：

1 量瓶计算校正法采用的仪器设备除不需要恒温水槽外，其他应符合本附录 A. 0. 1 条第 1 款的要求。

2 量瓶计算校正法应按下列步骤进行：

按本附录量瓶称量校正法称取量瓶质量及室温为 T_1 时的量瓶和水的总质量。

3 不同温度时的量瓶和水的总质量应按下式计算：

$$m_i = m_0 + (m_1 - m_0)\frac{\rho_{wi}}{\rho_{w1}} + [1 + \varepsilon_v(T_i - T_1)] \tag{A.0.2}$$

式中 m_i——T_i℃时量瓶和水的总质量(g)；

m_1——T_1℃时量瓶和水的总质量(g)；

m_0——量瓶的质量(g)；

ρ_{w1}——T_1℃时纯水的密度(g/cm^3)，查本规程表 7. 3. 4—3；

ρ_{wi}——T_i℃时纯水的密度(g/cm^3)，查本规程表 7. 3. 4—3；

ε_v——玻璃膨胀系数平均值($2.4 \times 10^{-5}℃^{-1}$)。

4 温度与量瓶和水的总质量关系曲线按本附录 A. 0. 1 条第 3 款规定进行绘制。

5 量瓶计算校正法的记录格式应符合表 A. 0. 2 的要求。

表 A. 0. 2 量瓶计算校正法记录表

瓶号： 瓶质量 m_0 = g	T_1 = m_1 =	℃ g	ρ_{w1} =	g/cm³					
任意温度 T_i(℃)	(1)		5	10	15	20	25	30	35
温度差 $T_i - T_1$(℃)	(2)	(1) − T_1							
$[1 + \varepsilon_v(T_i - T_1)]$	(3)	$1 + \varepsilon_v \times (2)$							
T_i℃时的水密度 ρ_{wi}(g/cm^3)	(4)								
ρ_{wi}/ρ_{w1}	(5)	$\frac{(4)}{\rho_{w1}}$							
$(m_1 - m_0) \times \rho_{wi}/\rho_{w1} \times [1 + \varepsilon_v(T_i - T_1)]$(g)	(6)	$(m_1 - m_0) \times (3) \times (5)$							
m_i(g)	(7)	(6) + m_0							

复核________ _____年____月____日　　　　校正________ _____年____月____日

A. 0. 3 量瓶和煤油总质量的校正，应将纯水换为经过真空抽气的煤油，其具体方法步骤应与 A. 0. 1 条相同。也可采用本附录 A. 0. 2 条计算法，但必须将式(A. 0. 2)中水的密度改为煤油密度。

A. 0. 4 煤油密度测定应符合下列规定：

1 将已称量的量瓶，装满经真空抽气的煤油，放入恒温水槽内，待瓶内温度保持稳定后取出(使多余煤油从瓶塞的毛细孔中溢出)。将瓶外壁擦干，称量瓶和煤油的总质量，准确至 0. 001 g，并记录煤油温度(T℃)。

2 用同一量瓶装满经真空抽气的纯水，控制同一温度(T℃)，重复本条第 1 款步骤操作，称量瓶和纯水的总质量，准确至 0. 001 g。

3 煤油密度应按下式计算：

$$\rho_m = \frac{m_{pv} - m_p}{m_{pw} - m_p} \cdot \rho_{wT} \tag{A.0.4—1}$$

式中　ρ_{m}——T ℃时煤油密度(g/cm³),计算至 0.001 g/cm³;

m_{pv}——T ℃时量瓶和煤油的总质量(g);

m_{pw}——T ℃时量瓶和纯水的总质量(g);

m_{p}——量瓶的质量(g);

ρ_{wT}——T ℃时纯水的密度,查本规程表 7.3.4—3。

4　煤油密度必须进行平行测定,平行测定的差值不得大于 0.002 g/cm³,取算术平均值。

5　由实测得 T ℃时煤油密度 ρ_{m},用下式计算任意温度时的煤油密度:

$$\rho_{mi}=\rho_{m}[1+\beta(T-T_{i})] \tag{A.0.4—2}$$

式中　ρ_{mi}——T_i℃时的煤油密度(g/cm³),计算至 0.001 g/cm³;

β——煤油密度的平均温度补正系数(℃⁻¹),由表 A.0.4 查得;

T——实测煤油密度时的温度(℃);

T_i——任意温度(℃)。

表 A.0.4　煤油密度的平均温度补正系数

T ℃时 ρ_m(g/cm³)	β(℃$^{-1}$)	T℃时 ρ_m(g/cm³)	β(℃$^{-1}$)
0.770 0～0.779 9	8.05×10^{-4}	0.810 0～0.819 9	7.52×10^{-4}
0.780 0～0.789 9	7.92×10^{-4}	0.820 0～0.829 9	7.38×10^{-4}
0.790 0～0.799 9	7.78×10^{-4}	0.830 0～0.839 9	7.25×10^{-4}
0.800 0～0.809 9	7.65×10^{-4}		

附录 B　密度计校正

B. 0. 1　密度计校正应包括下列内容：

1　土粒沉降距离校正：密度计读数不仅表示悬液密度，同时也由悬液面至密度计浮泡体积中心的距离来表示土粒的沉降深度。试验时，当密度计放入悬液后，液面随之升高，致使土粒沉降距离较实际为大，故在试验前应对密度计进行土粒沉降距离校正。

2　刻度及弯液面校正：密度计制造时，刻度不易准确，使用前必须进行校正。另外，密度计的刻度一般以弯液面的下缘为准，而试验时密度计读数是以弯液面的上缘为准，故应进行弯液面校正。刻度及弯液面校正可合并进行。

3　分散剂校正：密度计刻度是以纯水为标准的，当悬液中加入分散剂后，使悬液密度增大，故必须校正。

B. 0. 2　土粒沉降距离校正应符合下列规定：

1　仪器设备：

1）密度计：甲种（刻度为 -5 ~ 50，最小分度值为 1.0 或 0.5）；乙种（20 ℃/20 ℃刻度为 0.995 ~ 1.20，最小分度值为 0.001 或 0.000 2）。

2）量筒：容量 1 L（直径约 60 mm，刻度精确至 10 mL）；容积 250 mL，最小分度值 1 mL。

3）直尺：长约（200 ± 1）mm。

4）恒温水槽：精确为 ±1 ℃。

5）其他设备：密度计固定架，温度计。

2　校正步骤：

1）测定密度计浮泡体积：在 250 mL 量筒内加入约130 mL 纯水，并保持水温为 20 ℃，测定量筒内水面读数（以液面下缘为准）后划一标记，将密度计放入量筒中，使水面达密度计最低刻度处（以液面下缘为准），同时测记水面在量筒上的读数（以液面下缘为准）后再划一标记，两者之差即为密度计浮泡体积（V_b）读数准确至1 mL。

2）测定密度计浮泡体积中心：在测定浮泡体积 V_b 之后，将密度计向上缓缓垂直提起使水面恰落至两标记的正中间，此时水面与浮泡相切处（以液面下缘为准），即为浮泡体积中心。将密度计固定在支架上，用直尺准确量出水面至密度计最低刻度的垂直距离（L_0）。

3）测定 1L 量筒内径，准确至 1 mm，并算出量筒面积。

4）量出自密度计最低刻度至玻璃杆上各刻度处的距离（L_1），每隔五格或十格测量一次，估读至0. 1 mm。

3　土粒有效沉降距离按下式计算（见图 B. 0. 2）：

$$L = L_1 + \left(L_0 - \frac{V_b}{2A}\right) \qquad \text{(B. 0. 2)}$$

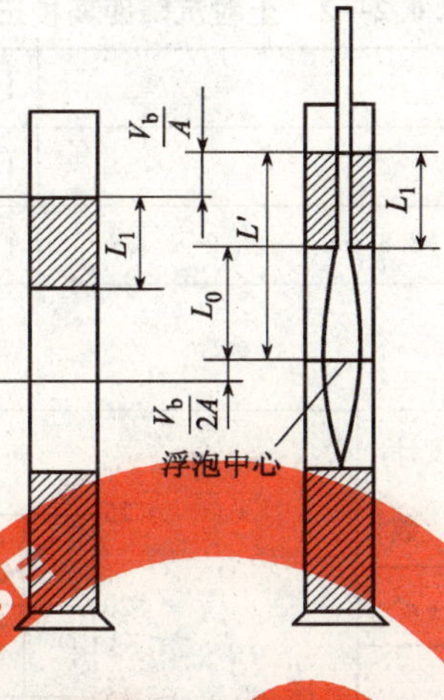

图 B.0.2　土粒沉降距离校正

式中　L——土粒有效沉降距离(cm)；

L_1——自最低刻度至玻璃杆上各刻度的距离(cm)；

L_0——密度计浮泡中心至最低刻度的距离(cm)；

V_b——密度计浮泡体积(cm^3)；

A——1 L 量筒的面积(cm^2)。

4　土粒沉降距离校正计算表，应符合表 B.0.2—1 或表 B.0.2—2 的要求。

表 B.0.2—1　土粒沉降距离校正计算表

密度计编号　甲 1				1 L 量筒编号　1 号
密度计浮泡体积(V_b)　86.0 cm^3				1 L 量筒内径(D)　6.79 cm
密度计浮泡中心至最低分度距离(L_0)　8.6 cm				1 L 量筒面积(A)　36.19 cm^2
$L=L_1+\left(L_0-\frac{V_b}{2A}\right)=L_1+7.41$				弯液面校正值(n)　−1.2
密度计刻度	由最低分度至各分度距离	土粒有效沉降距离	密度计读数	
R	L_1 (cm)	L (cm)	$R+n$	
0	10.58	17.99	−1.2	
10	8.41	15.82	8.8	
20	6.35	13.76	18.8	
30	4.22	11.63	28.8	
40	2.02	9.43	38.8	
50	0	7.41	48.8	

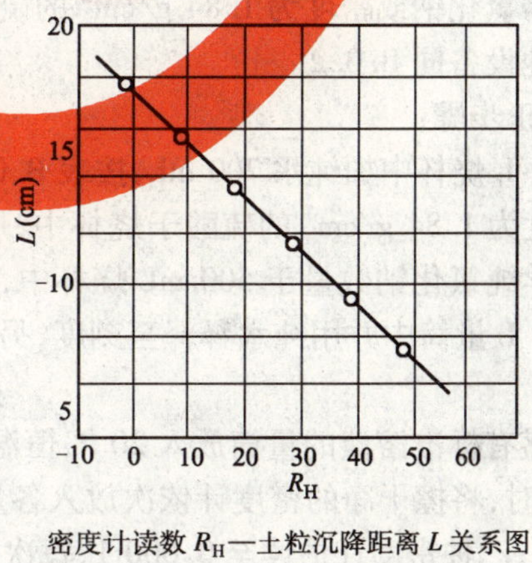

密度计读数 R_H—土粒沉降距离 L 关系图

校正　　　　　计算　　　　　复核　　　　　　　校正日期

表 B. 0. 2—2　土粒沉降距离校正计算表

密度计编号　Z1	1 L 量筒编号　9 号
密度计浮泡体积(V_b')　60.0 cm^3	1 L 量筒直径(D)　6.63 cm
密度计浮泡中心至最低分度距离(L_0')　8.8 cm	1 L 量筒面积(A)　34.52 cm^2
$L'=L_1'+\left(L_0'-\frac{V_b'}{2A}\right)=L_1'+7.931$	弯液面校正值(n')　−0.000 4

密度计刻度	由最低分度至各分度距离	土粒有效沉降距离	密度计读数
R'	L_1'	L'	$R'+n'$
	(cm)	(cm)	
0.955	14.180	22.411	0.994 6
1.000	11.651	19.582	0.999 6
1.005	8.759	16.690	1.004 6
1.010	5.863	13.794	1.009 6
1.015	2.910	10.841	1.014 6
1.020	0	7.931	1.019 6

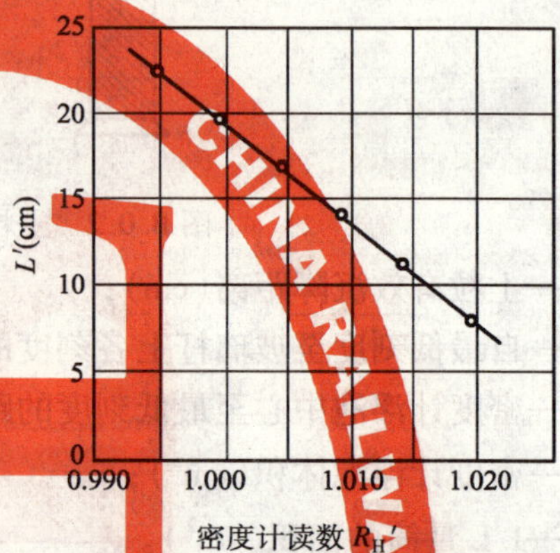

密度计读数 R_H'—土粒沉降距离 L'关系图

校正　　计算　　复核　　校正日期

B. 0. 3　刻度及弯液面校正应符合下列规定:

1　仪器设备:

1)量瓶:容积 100 mL。

2)烧杯:容量 1 000 mL。

3)电动拌搅器。

4)分析天平:称量 100 g,分度值 0.1 mg。

5)无水氯化钠或密度为 1.84 g/cm^3 的硫酸。

6)其他设备同 B. 0. 2。

2　校正步骤:

1)于 1 L 烧杯中加纯水 700 mL,按表 B. 0. 3 中第(3)项规定的硫酸数量,用滴定管依次加入密度为 1.84 g/cm^3 的硫酸于烧杯中,用玻棒搅拌均匀;或按表 B. 0. 3 中第 3 项规定称取化学纯氯化钠数量于 500 mL 烧杯中,加纯水约 200 mL,用玻棒搅拌至完全溶解。然后倒入 1 L 量筒中并用纯水释释至刻度,另取一盛纯水的量筒以供清洗、存放密度计之用。

2)将盛有标准溶液的量筒放入 20 ℃恒温水槽中,用搅拌器搅拌筒内溶液,待筒内温度达 20 ℃时,将擦干净的密度计依次放入各量筒中,以弯液面上缘为准读数,甲种密度计估读至 0.1;乙种密度计估读至 0.000 1,每次读数后,取出密度计放入盛纯水的量筒中清洗。至少测记读数两次,取其平均值记入表 B. 0. 3 第(6)栏中。

表 B.0.3　刻度及弯液面校正计算表

20 ℃时密度计刻度		20 ℃时标准溶液浓度	每升标准溶液中所需的		试验时温度	由实测溶液密度所计算的密度计准确读数		校正时由密度计测定的平均读数		刻度及弯液面校正值	
甲 1	乙 1		NaCl	H_2SO_4		甲 1	乙 1	甲 1	乙 1	甲 1	乙 1
(g/L)	1	(g/mL)	(g)	(mL)	(℃)	(g/L)	1	(g/L)	1	(g/L)	1
(1)		(2)	(3)		(4)	(5)		(6)		(7)	
0	1.000	0.998 232	0	0	20	0.0	1.000 0	−1.8	0.999 6	1.8	0.000 4
5	1.003 1	1.001 349	4.56	2.5	20	5.1	1.003 4	3.0	1.003 0	2.1	0.000 4
10	1.006 2	1.004 465	8.94	4.9	20	9.7	1.006 4	8.6	1.005 9	1.1	0.000 5
15	1.009 4	1.007 582	13.30	7.4	20	15.1	1.009 6	12.9	1.008 8	2.2	0.000 8
20	1.012 5	1.010 698	17.79	9.8	20	20.0	1.012 8	19.0	1.012 0	1.0	0.000 8
25	1.025 6	1.013 815	22.30	12.6	20	25.1	1.015 8	23.2	1.015 2	1.9	0.000 6
30	1.018 7	1.016 931	26.73	15.5	20	30.1	1.018 8	28.3	1.018 0	1.8	0.000 8
35	1.021 9	1.020 048	31.11	18.3	20	34.6	1.022 0	33.5	1.021 0	1.1	0.001 0
40		1.023 165	35.61	20.8	20	40.0		38.0		2.0	
45		1.025 282	40.32	23.4	20	45.1		42.6		2.5	
50		1.029 398	44.88	26.0	20	49.9		47.1		2.8	

3）从量筒内取出一部分溶液，分别装满两个 100 mL（或 50 mL）的量瓶，放入恒温为 20 ℃的水槽内，待恒温后，塞好瓶塞，擦干量瓶，称量，精确至 0.000 1 g。

4）倾去量瓶内溶液，洗净后装满纯水放入恒温 20 ℃水槽内，待恒温后，盖好瓶塞，擦干后称量，精确至 0.000 1 g。

3　标准溶液的密度按下式计算：

$$\rho = \left(\frac{m_v}{m_w}\right)\rho_w \qquad (B.0.3—1)$$

式中　ρ——实测标准溶液的密度（g/cm^3）；

m_v——量瓶内标准溶液在 20 ℃时的质量（g）；

m_w——量瓶内纯水在 20 ℃时的质量（g）；

ρ_w——4 ℃时水的密度（g/cm^3）。

两个平行测定，偏差应不大于 0.000 2，取其算术平均值。如超差，应从量筒内再取溶液重新测定。

4　甲种密度计准确读数 $R_甲$ 按下式计算：

$$R_甲 = \frac{(\rho/\rho_w - 1)\times 1\,000}{0.624\,413} = \left(\frac{\rho}{\rho_w} - 1\right)\times 1\,601.504\,1 \qquad (B.0.3—2)$$

乙种密度计准确读数等于标准溶液的密度（以 20 ℃为准）。

5　以表 B.0.3 第（5）栏由实测标准溶液密度所计算的密度计准确读数减校正时由密度计测的平均读数，即得刻度及弯液面的校正值。如减得的数为正，则校正值为正；如为负，则校正值为负。

6　以实测的密度计读数为横坐标，刻度及弯液面校正值为纵坐标，绘制刻度及弯液面校正曲线，见图 B.0.3—1 及图 B.0.3—2。

7　当密度计刻度准确度能满足甲种为 0.5，乙种为 0.000 2 时，可不作刻度校正，仅作弯液面校正。即将密度计放于 20 ℃纯水的量筒中，求出弯液面上、下缘读数之差，此值即为弯液面校正值，见图 B.0.3—3。

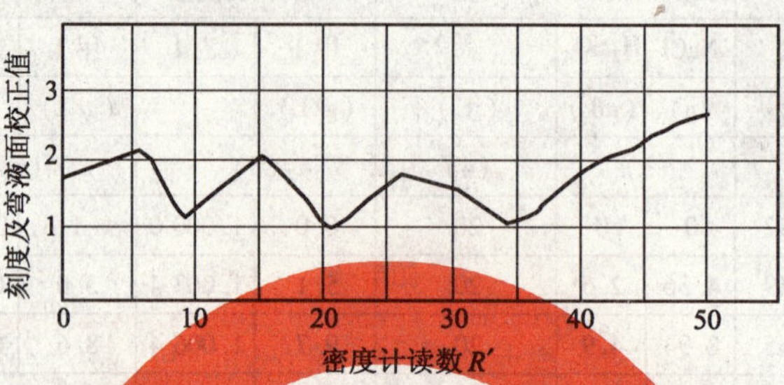

图 B.0.3—1　甲种密度计刻度及弯液面校正曲线

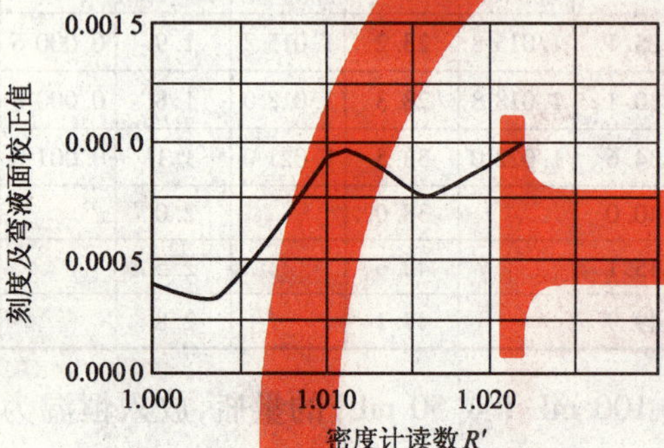

图 B.0.3—2　乙种密度计刻度及弯液面校正曲线

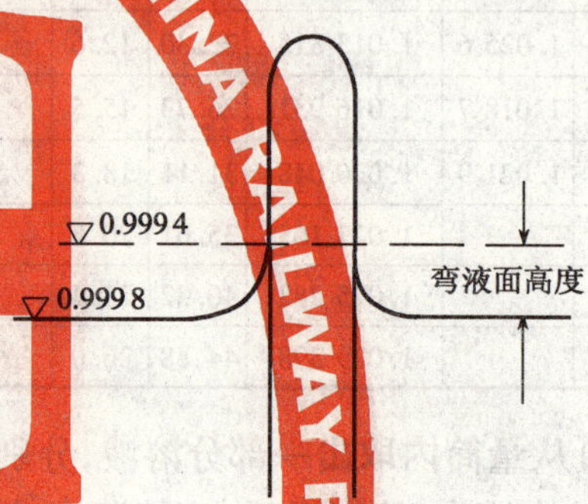

图 B.0.3—3　弯液面校正

B.0.4　分散剂校正应符合下列规定：

1　仪器设备

1）搅拌器：搅拌杆应高出量筒。

2）分散剂：4% 六偏磷酸钠。其他设备同 B.0.2。

2　校正步骤

1）注适量纯水于 1 L 量筒中，再加入用量与试验时相同的 4% 六偏磷酸钠$(NaPO_3)_6$溶液，然后用纯水稀释至刻度。

2）放搅拌器于量筒内上、下搅拌均匀；另取一个 1 L 量筒注纯水至刻度，两者同时放入恒温水槽中使至 20 ℃恒温。

3）先将密度计放入纯水量筒中，测记密度计读数；取出密度计再放入加分散剂的量筒中，测记密度计读数，两者读数之差即为分散剂校正值。

3　分散剂校正值计算：

$$C_D = R_{D20} - R_{H20}$$

式中　C_D——分散剂校正值；

R_{D20}——加分散剂溶液密度计读数；

R_{H20}——纯水中密度计读数。

附录C　直剪仪校正及测力计率定

C.0.1　直剪仪校正应符合下列规定：

1　直剪仪应安置稳固，不得摇动或倾斜。

2　称垂直加压盘、加压框架、加压盖板、钢珠和透水石等总质量。

3　校正加压框架的竖杆，使两根竖杆在横梁间的长度相等。

4　上盒的传力凸嘴与测力计的着力点应保持良好的接触，不得扭斜或倾斜到边上。

5　所有滑动部分必须经常擦油，以保持灵活。

6　所用砝码应定期校正质量，准确至0.1%。

C.0.2　测力计率定应符合下列规定：

1　测力计（量力环）从直剪仪上取下安装在校验加荷架上，将百分表调整为零。校验时所施加的负荷应沿测力计的轴线。加负荷时应平稳、无冲击。

2　将测力计施加标称负荷反复预压三次，调整好百分表，按校验点逐级进行加荷。

3　校验应从标称负荷的10%左右开始。校验点不少于8点，加、卸负荷不少于3次。百分表的读数必须在指针静止时测读。

4　每次卸负荷后，百分表的回零差不得大于0.3分度。每次加荷前应将百分表调回到零位。

5　取各次校验中的加（卸）负荷时所得读数的算术平均值作为相应负荷的示值。

6　在直角坐标纸上，以荷重为纵坐标，百分表读数为横坐标，将各实测点联成通过坐标原点的直线，如图C.0.2所示。

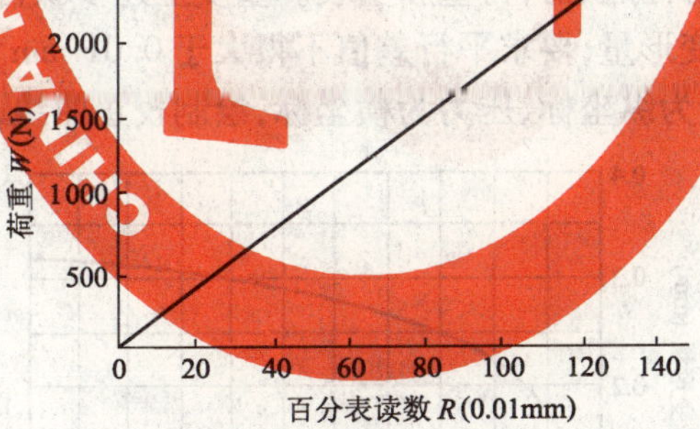

图C.0.2　荷重与百分表读数关系曲线

7　测力计率定系数应按下式计算：

$$C=\frac{W}{R} \tag{C.0.2}$$

式中　C——率定系数（N/0.01 mm）；

W——垂直荷重（N）；

R——百分表读数（0.01 mm）。

附录 D 固结仪的变形量校正

D.0.1 固结仪在负荷作用下,由于各部件的变形及各部件之间间隙的压紧等产生仪器变形,特别是对压缩系数较小的试样。仪器的压缩变形占土试样变形时的比例较大,会对压缩性指标带来较大的误差,故应进行固结仪的变形校正。

D.0.2 固结仪在使用过程中每年应校正一次。如在这段时间内,仪器零件和传压板、加压框架、透水板等的更换,或因搬迁、震动等影响,应随时予以校正。

D.0.3 固结仪加压设备的检查和调整应符合下列规定:

1 杠件加压座必须稳固,受压台面必须水平,加压框架的竖杆必须垂直,并不得与受压台面上的小孔接触,否则应进行修整。

2 用水平尺检查框架的横梁是否水平,如有倾斜现象,用横梁上的螺丝进行调整至水平位置,并使横梁凸头与受压台面间的距离恰好等于装好试样后的固结仪高度。也就是使传压活塞的凹部能与横梁的凸头密合。

D.0.4 固结仪变形量校正应符合下列规定:

1 以与试样等高、等直径的金属块代替土试样,并按本规程第15.2.2条第2款的规定安装容器及百分表。

2 按规定的加压等级每10 min加荷一次,依次为25、50、100、200、400、800 kPa……。测记各级压力下的百分表读数。

3 将最大一级压力下的百分表读数记录后,再按与加压等级相反的次序,每10 min卸荷一次,并测记相应百分表读数,直至压力完全卸除。

4 按固结试验步骤拆除仪器,再重新安装。重复上述步骤再进行测定。取其平均值作为各级压力下仪器的变形量,要求平行差值不得大于0.01 mm。

5 以固结仪变形量为纵坐标,压力为横坐标,绘制校正曲线,如图D.0.4。

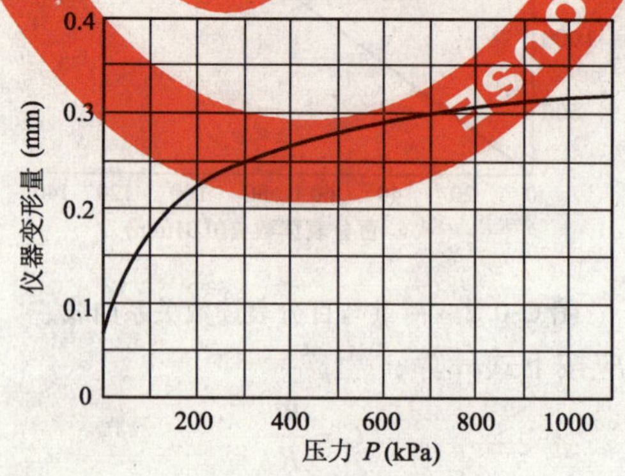

图 D.0.4 仪器变形量与压力关系曲线

附录E　K_{30}平板载荷试验仪校验方法

E.0.1　K_{30}平板载荷试验仪在使用中应定期进行校验，以消除由于仪器自身系统液压阻力变化所引起的测量误差。通过校验测定出实际加载值或实际荷载板正应力值与系统压力表读数值之间的相关关系，建立其回归方程，并经整理绘制成图表，以作为K_{30}平板载荷试验的计算基础。

E.0.2　K_{30}平板载荷试验仪校验的技术条件，应符合下列规定：

1　试验仪配置的压力表、百分表（或电子数显表）应定期送检进行计量标定。

2　试验仪液压系统应不渗漏油。

3　用于校验的压力支架或压力机的承载能力应大于50 kN。

4　用于校验的压力机的计量误差应小于10 N，压力传感器计量误差应小于5 N。

E.0.3　K_{30}平板载荷试验仪的校验应采用以下两种方法：

1　测定实际加载值F与压力表读数值$P_{压}$之间的相关关系

1）校验时，如图E.0.3—1所示，将K_{30}试验仪安放于压力支架或压力机上，其上端安置业已送检过的测力仪。通过手动油泵对试验仪进行逐级增量加压直至加到预计的最大测量载荷为止，按表E.0.3—1记录每次增量加压后的测力仪和压力表的读数，反复进行三次，以求出每次增量平均值。

2）整理校验数据后得出其回归方程为

$$F = BP_{压} + A \tag{E.0.3—1}$$

式中　F——实际加载值（kN）；

$P_{压}$——压力表读数（MPa）；

B——斜率；

A——截距。

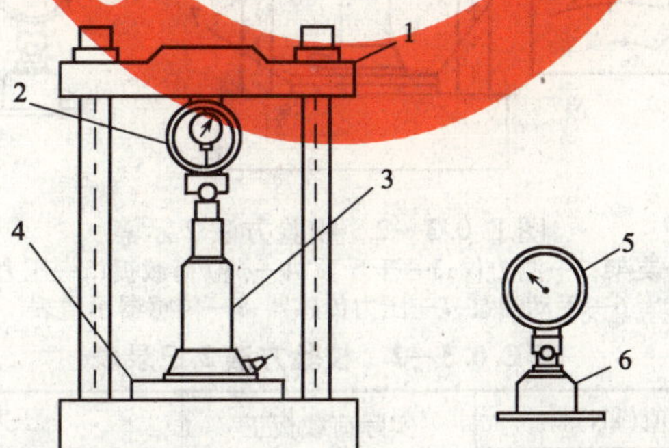

图E.0.3—1　校验方法1示意

1—支架；2—测力仪；3—千斤顶；4—ϕ30荷载板；5—压力表；6—手动油泵

表 E.0.3—1　校验方法 1 记录表

加载级数	测力仪示值(kN)				实际加载值 F(kN)	压力表读数值 $P_{压}$(MPa)			
	1	2	3	平均		1	2	3	平均
1	0	0	0	0	0	0.000	0.000	0.000	0.000
2									
3									
4									
6									
7									
8									

校验员________　核验员________　校验日期________年____月____日

3)在进行测试时,可根据式(E.0.3—1)由 $P_{压}$ 得出相对应的 F 值并按式(E.0.3—2)计算出荷载板正应力 σ 值。

$$\sigma=(F+W)/A \tag{E.0.3—2}$$

式中　σ——荷载板正应力(MPa);

W——试验仪的基本重量(kN);

A——ϕ30 cm 荷载板面积,为 706.86 cm^2。

注:试验仪的基本重量 W 包括千斤顶、荷载板及组装在板上的仪表支架等重量,至于测试过程中在千斤顶上端增加的接杆重量,由于已被相应增加的系统阻力所抵消,故不予以考虑。

2　测定荷载板正应力 σ 与压力表读数值 $P_{压}$ 之间的相关关系

1)校验时,如图 E.0.3—2 所示,将 K_{30} 试验仪安放于压力支架或压力机上,其下端安置业已送检过的压力传感器。通过手动油泵对试验仪进行逐级增量加压直至加到预计的最大测量载荷为止,按表 E.0.3—2 记录每次增量加压后的压力传感器和压力表的读数,反复进行三次,以求出每次增量平均值。

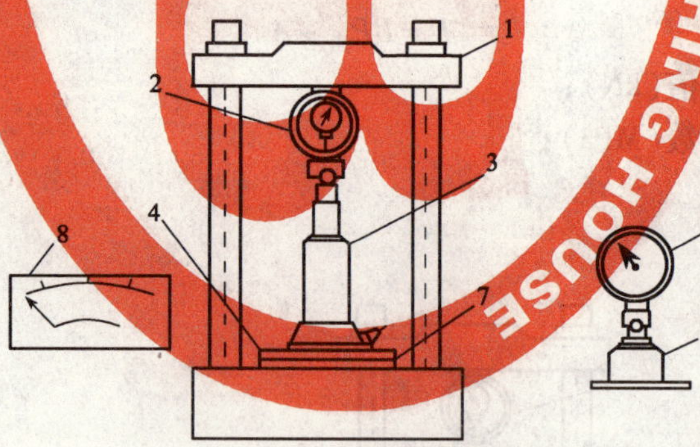

图 E.0.3—2　校验方法 2 示意

1—支架;2—测力仪;3—千斤顶;4—ϕ30 荷载板;5—压力表;6—手动油泵;7—压力传感器;8—传感器示值表

表 E.0.3—2　校验方法 2 记录表

加载级数	压力传感器示值(kN)				实际荷载板正应力值(MPa)	压力表读数值 $P_{压}$(MPa)			
	1	2	3	平均		1	2	3	平均
1	0	0	0	0	0	0.000	0.000	0.000	0.000
2					0.04				

续上表

加载级数	压力传感器示值(kN)				实际荷载板正应力值(MPa)	压力表读数值 $P_{压}$(MPa)			
	1	2	3	平均		1	2	3	平均
3					0.08				
4					0.12				
5					0.16				
6					0.20				
7					0.24				
8					0.28				

校验员________　　核验员________　　校验日期________年____月____日

2)整理校验数据后得出其回归方程为

$$\sigma = bP_{压} + a \tag{E.0.3—3}$$

3)在进行测试时,可根据式(E.0.3—3)由 $P_{压}$ 得出相对应的 σ 值。

E.0.4　K_{30}平板载荷试验仪校验周期:在新仪器使用的前三个月内,应每月校验标定一次,以作出相应的误差修正,当三次标定的误差小于±5,即认为仪器已进入稳定期,但仪器每次投入新工点使用前或每年必须予以校验一次。

本规程用词说明

执行本规程条文时，对于要求严格程度的用词说明如下，以便在执行中区别对待。

(1) 表示很严格，非这样做不可的用词：

正面词采用“必须”；

反面词采用“严禁”。

(2) 表示严格，在正常情况下均应这样做的用词：

正面词采用“应”；

反面词采用“不应”或“不得”。

(3) 表示允许稍有选择，在条件许可时首先应这样做的用词：

正面词采用“宜”；

反面词采用“不宜”。

表示有选择，在一定条件下可以这样做的用词，采用“可”。

《铁路工程土工试验规程》条文说明

本条文说明系对重点条文的编制依据、存在的问题以及在执行中应注意的事项等予以说明。为了减少篇幅,只列条文号,未抄录原条文。

1.0.2 本条中"各类地基土和填料的基本性质试验",主要应满足《铁路工程地质勘察规范》(TB 10012)所要求的"土的物理力学性质试验项目"和《铁路路基设计规范》(TB 10001)"填料分类"所要求的试验项目。

2.1.7 动态变形模量 $E_{vd}=1.5\times r\times\sigma/S$,单位 MPa。其中 1.5 为荷载板形状影响系数;r 为圆形钢性荷载板的半径 150 mm;σ 为荷载板下的最大冲击动应力 0.1 MPa,它是通过在钢性基础上,由最大冲击力 $F_s=7.07$ kN 且冲击时间 $t_s=18$ ms 时标定得到的;S 为实测荷载板下沉幅值(mm)。

3.2.2 本条第 3 款是对碾散后的土样进行过筛的规定。筛孔径的大小取决于试验所用仪器容器的大小。例如:用于直接剪切试验中的试样颗粒最大粒径,不应大于剪切盒内径的 1/20 (以剪切盒内径为 6.18 cm 计),故土样过 2 mm 筛是符合条件的。对压缩试验的试样最大颗粒粒径为容器高度的 1/6~1/8。目前所用的固结仪,其容器高度 2 cm,用过 2 mm筛的土样是可以满足要求的。另外,粒径 2 mm 又恰为砂粒的上限。因此,制备力学性试验的土样统一过 2 mm 筛,物理性试验的土样过 0.5 mm 筛,击实试验的土样过 5 mm 筛,重型击实试验过 20 mm 筛。第 8 款是砾石表面黏有黏粒时要求试样浸泡后在水中过筛。根据试验资料,同样的砾类土,干过筛与湿过筛的结果,测得的黏粒结果有很大区别。例如:有一组角砾土,干过筛黏粒含量为 22%,而湿过筛测得的黏粒含量达到 38%。因此,砾类土表面附有黏粒时,必须用湿过筛,否则会影响筛分结果。

本条第 10 款是对所制备试样的密度和含水率的允许差的要求。为了控制制备试样的均匀性,减少试验数据的离散性,扰动土试样制备不仅规定了各试样之间的允许差,还规定了试样与所要求的密度、含水率的允许差。国家标准《土工试验方法标准》(GB/T 50123—1999)规定:"扰动土样同一组试样的密度与要求的密度之差不得大于 ±0.01 g/cm^3,一组试样的含水率与要求的含水率之差不得大于 ±1%。"水利部行业标准《土工试验规程》(SL 237—1999)规定:"制备试样密度、含水率与制备标准之差值应分别在 ±0.02 g/cm^3 与 ±1% 范围以内。"本规程 1996 年局部修订版规定:一组试样的密度、含水率与制备标准之差值不大于 0.03 g/cm^3 和 1%,本次修订将密度之差值修改为 0.02 g/cm^3,经过实际验证是可行的,含水率的差值不大于 ±1% 与国标和水利部行业标准相一致。

3.3.1 由于原状土的均匀性是反映天然土体的状态,非人工所能控制,因此,同一组试样的密度和含水率的差值比扰动土试样的稍大一些。

3.4.1　pH、易溶盐分析试样制备，规定试样要通过 2 mm 筛，目的是求得砾和砂、黏粒各占总土质量的百分数，然后用小于2 mm 试样测定易溶盐和 pH 值，并用测得易溶盐换算成在总土质量中所占百分含量。当土样中均是小于 2 mm 颗粒的均质土时，可以免去过 2 mm筛这一步骤，直接将土样粉碎使全部通过 1 mm 筛（如果有大于 1 mm 不易粉碎的砂粒也不能弃去，应将筛上、下颗粒混合均匀）作为试样。粉碎过 1 mm 筛的目的主要是增加土粒接触面，促进盐类的溶解。本规程 1996 年局部修订版规定过 0.5 mm 筛，但根据“土壤理化分析”的实验资料证实，过2 mm 筛的 pH 值为 4.7，经粉碎至 0.16 mm 时，测得 pH 值约增加 1.0 ~ 1.3 单位，因此，这次修订采纳了用过 1 mm 筛的建议。

3.4.2　中溶盐、难溶盐和有机质的分析试验规定过 0.15 mm 筛，主要是因试验取样量少，目的是提高试样的代表性使颗粒越细越均匀，同时也有利于试样的分解以提高试验的准确性。

3.5.2　毛细管饱和法：原规程中采用重叠式或框架式饱和器，本次修改为框架式饱和器。因为毛细管饱和，水面不宜将试样淹没，用重叠式饱和器不能满足该要求。

4.1.2　本条第 3 款中所列的核子射线法是对原《填土密度湿度核子仪测试规程》（TB/T 10217—96）进行修订并纳入本规程的。这次修订，对该方法测定粗粒土的含水率和密度的适用条件进行专题研究。课题组通过对粒径 2 ~ 50 mm 的颗粒含量在 30% ~ 60% 的三种砾砂、砾石类填料的 232 个测点进行核子射线法与灌砂法的比对试验，取得了 1 400 多个试验数据，由统计结果表明：当填料含水率大于 5.0% 时，两种试验方法测得的含水率的平均差值为 0.6%，回归方程为 $Y = 0.839X + 0.446$（Y—灌砂法试验用烘法测得的含水率；X—核子射线法测得的含水率），相关系数为 0.94；当填料的含水率小于 5.0% 时，两种试验方法测得的含水率的平均差值为 0.5%，回归方程为：$Y = 0.729X + 1.232$，相关系数为 0.74。两种试验方法测得的干密度的平均差值为 0.043 g/cm^3，回归方程为 $Y = 0.928X + 0.028$（Y—灌砂法测得的干密度值；X——核子射线法测得的干密度值），相关系数为 0.75。以上结果可供实际生产应用中的参考。今后核子射线法用于粗粒土检测时仍需与灌砂法进行对比试验（对比的测点不少于 30 个），求出两种试验方法测定结果的平均差值作为偏移量或进行相关分析，建立回归方程（相关系数宜达到 0.90），对核子射线法检测得出的含水率和干密度进行修正。

4.4.1　碳化钙（俗称电石），应具有足够纯度，制成粉末后应贮于干燥、密封容器中，以防吸水失效。更不可遇水，要注意存放、使用安全。

4.4.2　本试验是用过量碳化钙与土样中游离水混合接触产生化学反应生成乙炔气体，根据乙炔气体逸出失去的质量，通过换算求得土中含水率，故称为碳化钙减量法。

根据铁道建筑研究设计院的研究成果，碳化钙的用量，应按取样量和估计含水率来确定，该成果认为表 4.4.2 是确定碳化钙最佳用量。用量少了反应不完全，多了又浪费。该院还通过试验研究，建立数学模型，已将此试验方法，以多用电子天平的自动称量、记录、储存、并按既定程序进行数据处理合为一体，可直接给出含水率试验结果。

采用此试验方法，化学反应的产物是乙炔，其性质是窒息、易燃气体，主要是易燃。因此，试验场所要注意通风远离火源。试验后的混合物不得随意乱倒。

4.4.3　本试验的成果计算是按照化学反应过程：

$$CaC_2 + 2H_2O = C_2H_2 + Ca(OH)_2$$

进行计算的，即定量的水（36 g）与定量的 CaC_2（64 g）作用可生成定量的乙炔（26 g）。

本试验根据铁道建筑研究设计院提供的用烘干法进行对比试验，其结果见说明表4.4.3。由表中绝对偏差说明均在烘干法的允许差范围内。

说明表 4.4.3 碳化钙减量法与烘干法的对比试验

土质	土号	烘干法（%）	CaC_2 减量法（%）	绝对偏差（%）	土质	土号	烘干法（%）	CaC_2 减量法（%）	绝对偏差（%）
黏土	1	3.00	2.88	0.12	黑色粉土	1	15.02	15.12	0.10
	2	3.01	2.92	0.09		2	15.07	15.41	0.34
	3	3.05	2.86	0.19		3	15.17	15.46	0.29
	4	3.04	2.86	0.18		4	15.14	14.68	0.54
	5	3.01	2.87	0.14		5	15.35	15.07	0.28
黄色黏土	1	14.92	15.51	0.59	黏土	1	22.41	22.67	0.26
	2	14.97	15.59	0.62		2	22.46	23.17	0.71
	3	14.99	15.59	0.60		3	22.62	22.82	0.20
	4	14.94	15.50	0.56		4	22.50	22.58	0.08
	5	14.83	15.09	0.26		5	22.51	22.68	0.17

5.1.2 本条第3款中所列的气囊法是铁道建筑研究设计院于2001年研究成功的现场密度试验新方法。该方法与灌砂法、灌水法在室内用模拟试坑标准罐做了30组对比试验，在现场对砂类土、砾石土、碎石土各做了40组对比试验。室内外试验结果证明，气囊法的测试精度与灌砂法接近、比灌水法高，测试时间较灌砂法、灌水法少。

5.3.2 本条第2款是对试样进行蜡封的规定，如果蜡的温度过高，会对试样的含水率和结构造成一定影响，而温度过低会使蜡溶解不均匀，不易封好蜡皮，故要求蜡的温度控制到刚过熔点。在操作时，应缓缓浸入蜡中，全部浸没后应立即提出，这样可避免气泡封闭在土与蜡中间。第3和5款是蜡封试样在水中称量的方法，其目的是求取试样排开液体的质量并计算试样的体积。按第3款使用吊盘天平（规程正文中图5.3.2所示）称量时，试样排开液体的质量则等于空气中称得的质量减去水中称得的质量；而第5款使用电子天平（或电子秤）时，在称盘上放置好盛有纯水的容器，并将试样吊在固定支架上浸入水中称量，该称量值就是试样排开液体的质量，不需要再以空气中称得的质量相减。

5.4.1 本条第1款是有关密度测定器的组成及尺寸问题。原规程中该仪器是按照美国ASTM标准仿造的，灌砂漏斗的尺寸为：直径17.3 cm，高度13.5 cm；容砂瓶的直径为15.4 cm，高度为23 cm。国标GB/T 50123—1999的密度测定器，其灌砂漏斗直径为165 mm，容砂瓶的高度为210 mm，与本规程不同。本次修订将测定器各部分的尺寸与国标统一，有利于仪器的定型生产。但原有密度测定器可继续使用，因为试验中必须进行标准砂的测定，仪器的尺寸对灌砂法测定的密度不会产生影响。

5.6.1 气囊式容器测定仪依据物理学波义尔定律，即在一定温度条件下，密闭容器内气体压强与气体体积乘积为一常数的原理，用气体（空气）作压力传递介质，较国外用水作压力传递介质的水囊式容积测定仪在技术上有较大改进。总体质量减少约5 kg，操作更加便捷。

5.6.2 测试场地坡度对测试结果无影响，试验时，有坡场地不必整成水平。

水溶液水柱上升速度不应超过100 mm/s。仪器测试精度受温度变化影响，数显初始读数（L_1）和终了读数（L_2）应在相同环境条件下读取。

5.6.3 容积仪常数 A_g 为缸筒每毫米高的容积，由仪器制造厂家标定给出。

6.1.1 “比重”这个量的名称，在法定计量单位中已被废除，故原规程中的“颗粒比重”改为“颗粒密度”。

6.2.1 量瓶容积有 100 mL 和 50 mL 两种，经比较试验证明，量瓶容积大小对密度结果影响不大，但容积 100 mL 的量瓶可以多取些试样，以提高试样的代表性和试验准确度。

6.2.2 本条第 1 款中未列出土中有机质含量和易溶盐含量达到某一界限时应用中性液体代替纯水测定的方法。可参考《土工试验方法标准》(GB/T 50123—1999)，当有机质含量大于 5% 或含盐量大于 0.5% 时，采用中性液体测定。

本条第 3 款试样规定用烘干土，可减少计算中的累计误差，也适合于含有机质、可溶盐、亲水性胶体等的土用中性液体测定。如遇有某些土用烘干土测定会影响试验结果时，也可采用风干土或天然土用纯水测定，试验结束后再测定试样的烘干质量。但对含可溶盐的土不能用纯水测定。

本条第 5 款主要列入了短颈量瓶的试验方法。也可用长颈量瓶，在调整瓶内液面时应至刻度处(以下缘为准)，并将刻度以上瓶颈内壁附着的水分用洁净脱脂棉或滤纸擦干。

6.3.3 本条给出四个计算公式，其中式(6.3.3—1)为土工试验应测颗粒密度的公式。式(6.3.3—2～4)是击实试验超颗粒校正必须提供的指标，如果不做击实试验，可不作此计算。

7.2.5 当土中含有小于 2 mm 的土粒，应进行细筛与粗筛联合分析时，其土中某孔径占试样总质量的百分数的计算实例见说明表 7.2.5。

说明表 7.2.5 粗筛与细筛联合分析计算实例

粗筛分析用的风干试样质量=2 400 g			小于0.075 mm的试样质量占总试样质量的百分数=6.7%		
细筛分析用小于2 mm试样质量=300 g			小于2 mm的试样质量占总试样质量百分数=80%		
	孔径(mm)	累积留筛试样质量(g)	小于该孔径试样的质量(g)	小于该孔径试样质量百分数(%)	小于该孔径试样质量占总试样质量百分数(%)
粗筛	40	228	2 172	90.5	90.5
	20	240	2 160	90.0	90.0
	10	264	2 136	89.0	89.0
	5	336	2 064	86.0	86.0
	2	480	1 920	80.0	80.0
细筛	1	52.5	247.5	82.5	82.5×0.80=66.0
	0.5	153.6	146.4	48.8	48.8×0.80=39.0
	0.25	232.5	67.5	22.5	22.5×0.80=18.0
	0.075	274.8	25.2	8.4	8.4×0.80=6.7
	底盘总计	298.0	2.0		

7.3.3 本规程规定当试样中易溶盐含量大于 0.5% 时，应经过洗盐后再进行密度计法颗

粒分析。因为试样中易溶盐的存在会影响试验结果,说明表 7.3.3 是试样经过洗盐和未经洗盐用密度计法颗粒分析的结果。

说明表 7.3.3 试样经洗盐和未经洗盐的比较

省市	试样号	易溶盐含量(%)	粉粒含量(%) 0.050~0.005 mm		黏粒含量(%) <0.005 mm	
			未经洗盐	经洗盐	未经洗盐	经洗盐
新疆	146	5.26	22.33	6.00	9.08	18.61
	147	14.66	17.23	13.10	40.04	41.17
甘肃	133	2.10	62.20	47.50	1.50	14.00
	142	2.19	54.50	43.50	0.50	14.00
	143	1.11	24.99	22.47	17.99	21.34
	149	5.13	20.79	7.21	5.25	16.52
	156	0.88	41.50	34.70	9.50	18.00

由表比较结果说明:试样经过洗盐者,则黏粒含量高、粉粒含量低;未经洗盐者,则黏粒含量低,粉粒含量高。这与盐的存在影响土粒的分散有关。因此,试验易溶盐大于 0.5% 时应进行洗盐。

洗盐检验,本规程采用电导率法与目测法以供选用,宜优先选用电导率法估测盐的含量($\sigma_{20}>2\ 000\ \mu S/cm$)以确定高含盐量对试验计算的影响,目测法虽然简捷,但不能确定土中盐的实际含量。

土粒的分散问题:黏性土的颗粒可分成原级颗粒和团粒两种。对于颗粒的分散标准,有的主张用全分散法,理由是颗粒分析本身应该反映土的各种真实原级颗粒的组成;有的主张用半分散法或微集成法(即不加任何分散剂使其在水中自然分散,以符合实际土末被完全分散的情况),本试验采用半分散法。

国际上对分散剂的品种有采用强分散剂,而不考虑对不同土采用不同分散剂的趋势,以期统一标准和方法。如美国的 ASTM—82 已用六偏磷酸钠加搅拌的方法;英国的 BS 1377—75 用六偏磷酸钠加硅酸钠振荡 4 h 的方法;德国的 DIN 18123—71 用 5% 焦磷酸钠 25 mL 后搅拌 10 min 的方法;日本的 JIS A 1204—90 用偏磷酸钠饱和溶液 10 mL,搅拌1 min。

国内多数行业标准选用六偏磷酸钠做分散剂但并不完全一致,例如《公路土工试验规程》(JTJ 051—93)是根据土悬液的 pH 值大小选用不同的分散剂,即:pH<6.5,加 0.5 mol/L $c(NaOH)$20 mL;pH=6.5~7.5,加 0.25 mol/L $c(Na_2C_2O_4)$18 mL;pH>7.5,加 0.083 mol/L $c[(Na_2PO_3)_6]$15 mL;pH>8.0,加 0.083 mol/L $c[(Na_2PO_3)_6]$15 mL。如效果不好,应另加 0.125 mol/L $c(Na_4P_2O_7\cdot 10H_2O)$14 mL。

以上加分散剂后均稍加振荡,煮沸 40 min。当加焦磷酸钠仍不分散时,可用阳离子交换树脂先交换再加 0.083 mol/L $c[(Na_2PO_3)_6]$15 mL。

综上所述,分散剂的选择,既应考虑不同类土的矿物组成,结晶性质及浓度,又要考虑到试验资料的可比性及国内外交流的需要。根据国家标准和以往对分散剂使用的现状及我国土类分布的多样性,本试验规定采用与国标一致的用 4% 偏磷酸钠为分散剂。如果遇上用此分散剂不易分散的特殊土类,应按工程实际需要及土类特征选择合适的分散剂。

7.3.4 土粒粒径的计算公式:

CGS 制为
$$d=\sqrt{\frac{1\ 800\mu\cdot L}{(G_s-G_{wT})\rho_{w0}\cdot t}} \quad (说明 7.3.4—1)$$

法定单位制为 $$d=\sqrt{\frac{18\times10^{4}\times\eta\cdot L}{\left(\frac{\rho_{s}-\rho_{wT}}{\rho_{w0}}\right)\gamma_{w0}\cdot t}}$$ （说明 7.3.4—2）

其中动力黏度 μ 与 η 之间存在以下关系：

$$\mu\cdot L/\rho_{w0}\cdot t=\eta\cdot L/\gamma_{w0}\cdot t$$ （说明 7.3.4—3）

则 CGS 制与法定单位制间仅存在 10^{-5} 与 $10^{-6}/9.81$ 的关系，因数相差 10^{2}。

本条表 7.3.4—1 颗粒密度校正值和表 7.3.4—3 水的动力黏度值，也可用以下公式计算而得：

1 颗粒密度校正：

甲种比重计 $$C_{s}=\frac{\rho_{s}}{\rho_{s}-\rho_{w20}}\cdot\frac{2.65-\rho_{w20}}{2.65}$$ （说明 7.3.4—4）

乙种比重计 $$C_{s}'=\frac{\rho_{s}}{\rho_{s}-\rho_{w20}}$$ （说明 7.3.4—5）

2 水的动力黏度：

$$\eta=\left(\frac{1.814\times10^{-5}}{1+3.37\times10^{-2}t+2.2\times10^{-4}t^{2}}\right)\frac{\mathrm{g\cdot s}}{10^{-4}\mathrm{m}^{2}}\times9.81\times10^{-6}$$

$$=\left(\frac{1.814\times10^{-5}}{1+3.37\times10^{-2}t+2.2\times10^{-4}t^{2}}\right)\times9.81\times10^{-2}(\mathrm{kPa\cdot s})$$ （说明 7.3.4—6）

7.3.5 当土中含有小于 2 mm 和小于 0.075 mm 颗粒，必须进行筛析法和密度计法联合分析时，小于某孔径颗粒占总土质量百分数的计算实例，参见说明表 7.3.5。

说明表 7.3.5 筛析法与密度计法联合分析计算实例

小于 2 mm 颗粒占总土质量百分数 = 97%											密度计号：甲 1
取小于 2 mm 颗粒的干试样质量 = 30 g											
土粒密度 ρ_s = 2.78 g/cm³				颗粒密度校正值 C_s = 0.973							弯液面校正值 n = 1.20
密度计法	t (min)	T (℃)	密度计读数 R_H					L (cm)	d (cm)	小于某粒径的土质量百分数 (%)	小于某粒径的颗粒质量占总土质量百分数 (%)
			R	m_T	G_D	$R_M=R+m_T+n-C_D$	$R_h=R_MC_s$				
	1	16.5	29.5	−0.9	1.3	28.5	27.73	12.25	0.05	92.4	89.6
	5	16.5	28.2	−0.9	1.3	27.2	26.47	12.75	0.022	88.2	85.6
	30	16.8	23.5	−0.8	1.3	22.6	21.99	13.25	0.009 1	73.3	71.1
	120	17.7	16.5	−0.7	1.3	15.7	15.28	14.75	0.004 8	50.9	49.4
	1 440	17.1	4.1	−0.8	1.3	3.2	3.11	17.00	0.001 5	10.4	10.1

筛析法	孔径 (mm)	累积留筛试样质量 (g)	小于该孔径的试样质量 (g)	小于该孔径的试样质量百分数 (%)	小于该孔径的试样质量占总土质量百分数 (%)
	2	—	—	100	97.0
	1	0.5	29.5	98.3	95.4
	0.5	1.1	28.9	96.3	93.4
	0.25	1.5	28.5	95.0	92.2
	0.075	2.0	28.0	93.3	90.5
	底盘				
	总计				

7.4.2 移液管法颗粒分析适用粒径小颗粒密度大的土。此法虽然不及密度计法简单快速，但可免去密度计的一系列校正，而且测得黏粒含量也比较准确。公路部门曾用移液管法与密度计法在不同温度（40 ℃ ~60 ℃）下进行比较试验，结果表明黏粒含量接近，偏差不大，并建议采用 50 ℃，一般情况下可采用 40 ℃，这样可以缩短试验时间。

本条表 7.4.2 土粒沉降时间也可用下式计算而得：

$$t = K^2 \cdot L/d^2 \tag{说明 7.4.2}$$

式中 t——沉降时间（s）；

K——颗粒计算系数，由表 7.3.4—4 查得；

L——沉降距离（cm）；

d——土粒粒径（mm）。

8.1.2 测定黏性土的液限试验方法，原规程列有：圆锥仪法、联合测定法和碟式仪法三种。实际上前两种都是采用 76 g 质量的圆锥仪，其区别只是一个用手工放锥，一个是控制仪器的电磁开关自动放锥。目前，联合测定仪已有定型产品，使用上也已普及，故本次修订时取消了用手工放锥的方法。

国内大多数单位采用圆锥仪测定液限极少用碟式仪。但美国、日本及欧洲国家均采用碟式仪测定液限。为了便于国际交流，供必要时使用，故将碟式仪仍列入本规程。

液、塑限联合测定法可替代搓条法测塑限，但考虑与碟式仪法配套，仍保留搓条法测塑限。同时，当用联合测定测得的塑限如有异常时，可用搓条法进行校正。

8.1.3 本次修订取消了"有机质含量不超过 5%"的限制，因为在含水率试验中已规定：有机质含量超过 5% 的土，应在温度 65 ℃ ~70 ℃下烘干。

10.0.1 土的最大分子吸水率，原规程列有三种方法，即：吸水介质法；高柱法和离心含水当量测定法。本次修订取消了前两种方法。其理由是：这两种方法最早是在水利电力部的《土工试验规程》中列入的方法，在 1960 年版规程的说明中曾指出：有一些苏联学者认为，最大分子吸水量的试验方法没有充分根据，因而测定指标不能认为具有一定的物理意义。水电部在 1979 年版规程中取消了这两种方法；在路内应用上述两种方法的单位也极少，本次修订取消这两种方法。

土的离心含水当量试验是应用离心技术测定土的最大分子吸水率。本方法参照美国 ASTM《岩土工程试验标准》编制。

10.0.4 离心机的性能必须满足：在整个试验过程中，离心机内室的温度能保持（20 ±1）℃，在试样的重心处经 1 000 倍重力的离心力达 1 h。以往试验中，发现有的离心机旋转 1 h，内室发热，不能保持恒温。因此，选择符合条件的离心机是至关重要的。

11.1.3 相对密度是测定砂、砾、碎石类土密实程度的重要指标，砂的相对密度试验一般只适用于透水性良好的纯砂、纯砾和混合砂砾。当砂类土中粒径 2 ~5 mm 的颗粒较多时，由于受漏斗管径的限制，这些粗颗粒易受到阻塞，影响最小干密度的测定结果，因此，本次修订时对粒径 2 ~5 mm 的颗粒含量加以限制，规定其质量不得大于总质量的 15%；当试样中含有的小于0.075 mm 的粒径较多时，由于粗细颗粒的分选和细颗粒的喷出，影响最大干密度的测定。美国 ASTM 规定：细粒（ <0.075 mm）含量不超过 12%，且能自由排水的试料，宜用相对密度做试验。因此，根据实践经验和参照国内外一些标准的规定，对于小于 0.075 mm 颗粒含量加以限制，规定其质量不得大于试样总质量的 12% 。对于

小于0.075 mm颗粒含量超过试样总质量12%的土，如要求必须测定此项指标时，可同时进行击实试验和最大干密度试验，取两种方法中的最大测定值。

11.2.1 原规程最小干密度只有漏斗法，本次修订增加了量筒法，该法是在量筒中装入试样后，以慢速倒转的方法求最大体积的一种方法。慢速倒转时，细颗粒下落慢，粗颗粒下落快，粗细颗粒稍有分离现象，但仍达到较松散状态。将漏斗法和量筒法结合起来，并选用两种结果的较大体积值，这样求得最大孔隙比即最小干密度更符合实际情况。

13.1.1 土中毛细管现象是由于土粒与水分子之间的相互吸引力的表面张力而产生的。根据毛细管水上升高度及其毛细管作用的强度，可分为毛细管水最大上升高度和毛细管水强烈上升高度。

毛细管水最大上升高度是指在毛细管的作用下，地下水所能上升的最大高度。

毛细管水强烈上升高度是指对路基工程易发生危害的那部分毛细管水上升高度。

毛细管水上升高度试验，可以求出土内毛细管水的上升高度及其上升速度，用以估测地下水位升高时，某些地区是否会变成沼泽地或盐碱化，建筑物有无被浸湿的可能性等问题，并用来推算降低地下水位的必要深度。铁道第一勘察设计院在新疆和青海等盐渍土地区对毛细管水上升高度规律的研究证实，在确定路基最小高度时，只需考虑对路基有害的那一部分毛细管水活动范围，即毛细管水强烈上升高度，就能满足路基不受次生盐渍化和冻胀的要求。

13.1.3 目前测定毛细管水上升高度的方法可以综合为两类：正水头作用和负水头作用。试验原理都是根据毛细管水的弯液面所能支持的水柱重力而计算出毛细管水的上升高度。

直接观测法为正水头作用的试验法，该法是使土中毛细管水弯液面支持上升的水柱；土样管法为负水头作用的方法，该法是使土中毛细管水弯液面支持下降的水柱。

毛细管水强烈上升高度对路基工程的影响较大，以塑限作为毛细管水强烈上升高度的界限是因为含水率小于塑限时，对路基不发生危害。

14.1.3 本条是对两种试验方法适用范围的原则规定。日本的JIS规定：常水头渗透试验适用于渗透系数较大的材料，即 $k=10^{-2}\sim10^{-3}$ cm/s；变水头渗透试验适用于渗透系数较小的材料，通常指 $k=10^{-3}\sim10^{-6}$ cm/s。这就是说，上述两种方法仅适用于 $k=10^{-2}\sim10^{-6}$ cm/s。对此范围以外的极高和极低的渗水性的土，应采用其他特殊方法或通过间接的推算求得渗透系数。

14.1.4 试验用水应预先经过脱气处理，因为水中溶有空气，试验期间，空气从水中游离出来，在试样中形成气泡，堵塞土空隙，致使渗透系数降低。另外，若水温低于试样温度时，水进入试样中因温度升高而分解出气体，这样，也会影响渗透系数的测定结果。因此，试验不仅要用脱气水，还要求水温比室温高出3 ℃~4 ℃。

14.2.3 土的渗透系数大小与水的动力黏度（η）密切相关，而水的动力黏度随温度的升高而减小。因此，在任意温度条件下测定的渗透系数应校正为标准温度下的渗透系数。关于标准温度，目前国外也不统一，美国采用20 ℃，德国采用20 ℃或10 ℃，日本采用15 ℃，前苏联用10 ℃。以20 ℃作为标准的理由，可由标准温度的定义来解释，以10 ℃或15 ℃为标准的理由是因为地下水的温度在10 ℃~15 ℃左右。在TBJ 102—87版中，采用了以10 ℃为标准。本次修订，经与国标及国内其他行业标准协调，修改为20 ℃作为标准温度。

14.2.4 对一个试样多次测定的取值问题：原规程规定“在测得的结果中取2个以上允许误差范围以内的数值，求取平均值，作为试样在该空隙比 e 时的渗透系数。允许误差范围：当 $k=A\times10^{-n}$ 时，A 值最大与最小差值不大于2。本次修订参考了水利部六个单位的467组试验结果（当 $k=A\times10^{-n}$ 时，n 值不变，A 的差值小于1.0的占66.3%，小于2.0的占82.6%，大于2.0的占17.4%），将本条修订为：在连续测定六次以后，取同次方的 A 值最大与最小的差值不大于2.0的3～4个结果取平均值，该规定也和《土工试验方法标准》(GB/T 50123—1999)相一致。

15.1.3 在修建铁路工程时，需采集大量土样做高压固结试验以测定地基土先期固结压力和压缩指数。如按标准固结试验方法，试验时间长，不能满足实际工作需要。因此，进行了“12 h快速固结法确定地基土先期固结压力试验方法”专题研究。通过对天津地区45组一般饱和黏土、粉质黏土、粉土三种土样进行12 h快速固结试验与24 h加荷一级的标准固结试验的对比试验，并对12 h快速固结试验结果进行次固结增量法修正或 K 值修正，所得结果与标准固结试验结果基本一致，可以满足铁路工程应用的精度要求。

15.2.3 本条第8款绘制 e—$\lg p$ 关系曲线时，应注意选择合适的纵横坐标的比例，一般在纵轴上取 $\Delta e=0.1$ 时的长度与横轴上取一个对数周期长度之比值宜为0.4～1.0。当土样极软或极硬时，根据土的具体情况，可选择小于或大于上述范围的纵横坐标比例。

本条第9款 e—$\lg p$ 曲线最小曲率半径的确定可参照下列方法：在说明图15.2.3所示的曲线弯曲段范围内，用分规分割成若干均等小段如图1中 ab、bc……，过 a、b、c……各点分别做切线，同时过上列诸点做各切线的垂线，从中选出两条相邻的最短垂线段，联结它们对应的两条切线的两个切点成一线段。该线段的中垂线与最短垂线段交点0，即为所求最小曲率半径 R_{min} 点0，从点0到中垂线的垂足线长即为 R_{min} 的长度。

本条第10款关于固结系数 C_v 的确定方法。常用的有时间平方根法、时间对数法和时间对数坡度法。实践证明：用时间对数法确定理论零点误差较大，如果按时间对数坡度法确定 t_{68}，所求得的 C_v 值误差就更大。因此，本规程列入了时间平方根法和时间对数法两种。在应用时，宜先用第一种方法求 C_v，如不能准确定出起始直线段，可再改用第二种方法。

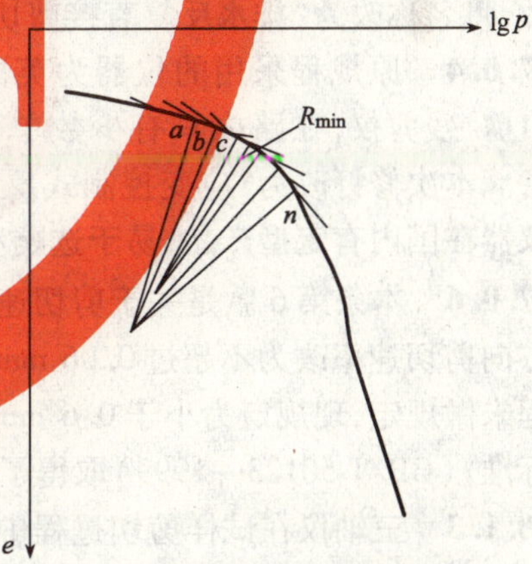

说明图15.2.3 求 R_{min} 示意

15.3.4 研究结果表明黏性土主固结完成时间一般在2～4 h，某些饱和软黏土主固结时间大于4 h。在各级压力下，黏性土次固结系数 C_a 与相应压力下的压缩指数 C_c 之间存在着线性关系：$C_a/C_c=a$（常数），通常情况下 a 值在0.02～0.10范围内。根据这种关系及应力－应变与时间压缩特性的理论，导出了次固结修正公式。

插值计算中由于个别节点的误差会影响到 C_{ci} 值的求取，故在编写三次样条曲线插值计算程序时，应适当加入对 e—$\lg p$ 曲线计算的人工干预手段。

15.3.5 12 h快速固结试验结果由于修正计算中 C_{ci12} 的人工计算难度较大，在计算条件有限，无法采用电算等自动化手段处理需人工计算制图时，可采用 K 值修正法进行修正，其误差也能够满足铁路建设精度要求。

16.1.3　关于直接剪切试验的适用条件。原规程规定："在选用试验方法时，应使试验方法反映土的特性和模拟现场土体剪切条件，并与分析计算方法相适应。对饱和软黏土只适用于慢剪法试验。"这一规定比较原则和笼统，现修改为："本试验适用于测定黏性土和粉土的抗剪度参数 c 和 ϕ 及土颗粒粒径小于 2 mm 砂类土的抗剪强度参数 ϕ"。并限制"快剪"适用于渗透系数小于 10^{-6} cm/s 的细粒土。考虑到部分黏性土、粉土及大部分黄土呈坚硬或硬塑状态时，在快剪试验过程中不会或较少造成孔隙水流失，对试验结果影响不大，这类土仍可采用直接快剪试验。不属于此情况时，应采用三轴仪试验。

16.2.2　本条第 5 款是对剪切速率的规定。剪切速率是从两个方面影响土的强度：一方面是剪切的快慢影响试样的排水固结强度；另一方面是对黏滞阻力的影响，剪切速率越快黏滞阻力越大，强度也越高；反之亦然。原规程"以 0.8～2 mm/min，的均匀速度对试样进行剪切"，变化范围很宽，特别是 2 mm/min 的剪速太快，现将剪切速率修改为：0.8～1.2 mm/min，基本与国内其他土工试验标准（规程）一致。

17.0.1　在黏性土中，坚硬的超固结黏土的剪应力与剪应变曲线常呈现较大峰值，超固结比 *OCR* 愈大，其峰值强度与残余强度的差值愈大；正常固结黏性土或软黏土，则不出现峰值，如说明图 17.0.1 所示。

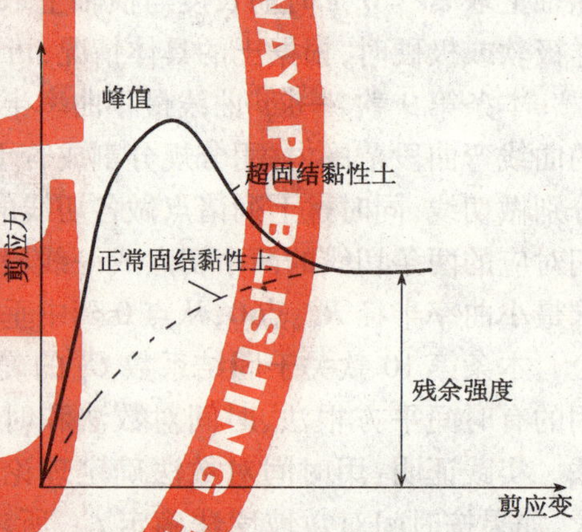

说明图　17.0.1 峰值强度与残余强度

17.0.2　目前室内测定残余强度的仪器和方法主要有：三轴压缩仪做三轴切面剪、用环剪仪做环形剪切试验、用直剪仪做排水反复直接剪切试验三种方法，本规程只列入最后一种方法。原规程此项试验的名称为"残余强度试验"，本次修订，为了与国内各土工试验方法标准、规程协调一致，将名称改为"排水反复直接剪切试验"。

17.0.4　原规程采用的仪器为英国 ELE 生产的直剪/残剪仪，在路内只有少数单位配有这种设备。本次修订改为"应变控制式反复直剪仪"，该仪器在国内有定型产品，易于选购和使用。

17.0.6　本条第 6 款是关于剪切速率问题。本次修订对粉土、粉质黏土、低塑性黏土的正方向剪切速率改为不超过 0.06 mm/min（原规程为 0.065 mm/min）；反方向剪切速率原规程未做规定，现规定为小于 0.6 mm/min。修改后的剪切速率与国家标准《土工试验方法标准》（GB/T 50123—1999）取得了一致。

18.1.3　三轴仪在试样剪切过程中能严格控制排水条件，所以试验方法有不固结不排水剪（UU）、固结不排水剪（CU 和 $\overline{CU}$）、固结排水剪（CD）三种。根据土的性质，不同工程要求和所采用的稳定性分析方法等选用其中的试验方法。例如：当建筑物施工速度快、土的渗透系数较低、排水条件又差时，可采用 UU 试验；为了求取总抗剪强度或有效抗剪强度参数，可采用 CU 或 $\overline{CU}$ 试验；为了求取排水有效抗剪强度指标，所得成果作为确定变形模量、剪切模量等变形指标时，可采用 CD 试验。

18.2.2　本条第 2 款关于孔隙压力量测系统，除了不能残留气泡外，应有一定的灵敏度，量测时不允许孔隙水流动。试样内孔隙水的流动会导致:一是不能准确的测定孔隙压力值,尤其在低压缩的土中显得特别重要;其次是在透水性小的土中会发生时间滞后现象,使得读数难以稳定。本规程规定孔压测量系统的体积系数不能大于 1.5×10^{-5} cm^3/kPa(即当零位指示器的毛管直径为 0.1 cm 时,孔隙压力测量系统在 500 kPa 压力下,毛管水银面上升不超过9 mm)。这一数值与英国帝国学院、挪威土工研究所、美国垦务局等使用仪器的体积系数基本一致。

对于孔隙压力系统采用的传感器,要求体积系数小,线性误差和重复性误差小,时漂要满足试验要求。传感器体积系数的测定,可采用精密的双套体变管的方法,将传感器接在体变管的量测系统中(体变管内管更换成毛细管),排除气泡,用调压筒加压,记下压力值与体积变化值,作出压力与体积的关系曲线,即可求出传感器的体积系数。

18.5.1 需测孔隙压力的固结不排水剪为了加快试样的固结速度,并在剪切时使试样内孔隙压力能够得到均匀传递,规定在试样周围贴湿滤纸条。一般用上下均与透水板相连的滤纸条。如需对试样施加反压力,滤纸条的上下端应与透水板断开,以防止反压力与孔隙压力测量直接连通。

18.5.2 在绘制应力圆时,关于试样剪切破坏点的确定,一般以主应力差与轴向应变关系曲线的峰值或稳定值作为破坏点,如无峰值或稳定值时,则以应变15%的主应力差为破坏点。或以有效主应力比(σ_1'/σ_3')为曲线的峰值作为破坏点。

如以上两种方法不能确定破坏点时,可考虑采用有效应力路径曲线选定破坏点;可以选曲线上密集点或转折点作为破坏点;也可以应力路径包线的切点连成直线确定。

18.7.1 对该方法"适用的土类"问题进行研究,得出以下结论:

(1) 通过三轴常规方法与"一个试样多级加荷试验"两种方法对一般黏性土和粉土(土样取自上海地区、兰州地区和兰武线各工点,共47组)进行UU对比试验,其结果:一个试样多级加荷试验的强度指标黏聚力略小,内摩擦角略大。通过对两种方法试验结果的方差和均值进行数理统计分析(F检验和T检验),说明两种试验方法测得的 c、ϕ 值无显著差异。

(2) 同样用两种方法分别对21组黏土和粉土(土样取自天津地区和兰州地区)进行CU对比试验,其结果:一个试样多级加荷试验的总应力强度指标黏聚力略小、内摩擦角略大,两种试验方法的有效黏聚力和有效内摩擦角十分接近。经过F检验和T检验,说明两种方法测得 c、ϕ 和 c'、ϕ' 值均无显著差异。

(3) 通过对比试验认为:一个试样多级加荷试验在一般黏性土和粉土中进行UU、CU试验是适用的。但一个试样的代表性低于多个试样的代表性,因此,一个试样多级加荷试验只限于无法切取3~4个试样的情况下采用,并不建议替代作为常规方法采用。

18.7.2 一个试样多级加荷试验的破坏点确定应与多个试样的破坏相一致。但是对于软黏土或塑性大的黏土,有时因破坏点不明显,如根据峰值或稳定值的近似点作为施加下一级周围压力标准也是较困难的。因此建议按预先设定的轴向应变,施加各级周围压力:第一级轴向应变至16%;第二级轴向应变至18%;第三级轴向应变至20%。如果轴向应变达到15%~20%时,还未出现峰值或稳定值时,说明此试样不适合用一个试样进行多级加荷试验。

18.7.3 固结不排水剪中因第一级周围压力下所求得土的强度中已包含了原状土的固化

黏聚力、原始黏聚力和摩擦分量，而在以后各级周围压力下固化黏聚力已失去，所得的强度仅仅是反映出了后两种之和。故第一级周围压力下所求得的摩尔圆要大一些，而且会与后面两级的摩尔圆的切线相割。

19.0.1 无侧限抗压强度是试样在侧面不受任何限制的条件下所承受的最大垂直压力。对本试验适用的土类应具备两个试验条件：(1)在不排水的条件下进行试验，要求有一定的应变速率，必须在8～20 min时间内完成试验。(2)要求在自重条件下能竖立起来不发生变形。这样就对中、低塑性的黏性土进行本试验时加以一定的限制。

19.0.3 无侧限压缩仪有应力控制式和应变控制式两种。前种仪器的使用比较复杂，常常会出现试样受到急剧破坏的情况。除了用于蠕变试验等特殊情况以外，一般不采用这种试验仪器。

20.0.2 轻型击实单位击实功600 kJ/m^3和重型单位击实功2 700 kJ/m^3均为大约数，与实际计算值相差为7.8（Q1法）、2.7（Q2法）、38.2（Z1法）和15.1（Z2法）kJ/m^3。百位数取整便于记忆，利于书面和口头表述。

20.0.3 根据国内外经验，轻型击实和重型击实分别增加一种和两种方法，使两种击实适用范围有所拓宽，重型击实用Z1法时，可大幅度减少试样用量和试验人员工作量。击实仪基本参数改为与国家标准相一致，便于技术管理。最大粒径原为19.1 mm，按标准筛孔径改为20 mm。

20.0.4 击实结果校正计算时，大于最大粒径的颗粒含量，国内标准均为上限30%，但对下限有的定为3%，有的未做规定。本标准参照美国标准1998年版ASTM D 4718下限定为5%。

20.0.6 试样制备方法不同，所得击实试验结果也不同。通过对高含水率的黏性土进行“干法”与“湿法”制样做击实试验的比较，其结果：最大干密度前者大，后者小；最优含水率前者小，后者大。因此，对高含水率的土宜选用“湿法”制样；对于非高含水率的土则选用“干法”制样。试样制备过5 mm、20 mm或40 mm筛，不受击实类型限制。

20.0.7 “周围锤击一遍后，中间再加一击”的规定是因为用ϕ102 mm击实筒周围锤击一遍时中心点始终处于边缘界面上，用ϕ152 mm击实筒时中央区ϕ50 mm属空白，因此，中间有必要加一击。

20.0.8 式(20.0.8—3)中ρ_a注释为“毛体积密度”。原标准中相应符号(G_{s2})注释为“饱和面干比重”。据美国标准ASTMC127—88给出的定义，毛体积密度和饱和面干密度分别为颗粒的干密度和湿密度。美国和我国击实试验现行标准(包括国际在内)，校正计算公式均采用美国学者Holts等人早年提出并列入ASTM D 4718中的同一干密度校正计算公式。该公式中相应符号(G_M)注释为“bulk specific gravity”，此词中文确切译义应为“毛体积密度(比重)”。

试样中粒径大于5 mm或20 mm的颗粒含量超过30%时，击实方法Q1、Z1和Z2分别改用击实方法Q2、Z2或Z3，并做相应校正计算。

100%饱和曲线位于击实曲线右侧，且于右侧曲线大致平行，理论上，击实曲线不能与饱和曲线相交，否则，应检查颗粒密度、称量、计算、试验方法或绘图是否有误。

21.1.1 本试验的编制主要是参照日本JIS A 1215—1995年修订版《公路的平板荷载试验方法》和德国DIN18134《平板荷载试验》—1993年修订板，并吸收近几年的科技发展成果和施工实践经验，同时针对在实际应用上存在问题予以修正，以便其能适合今后施工的需要。

K_{30}平板荷载试验是使用直径为30 cm的荷载板通过试验求出地基反力系数，以标准值K_{30}表示。我国自1985年引用以地基反力系数K_{30}值作为路基填料质量的检测控制指标以来，在铁路系统均以"地基系数"为基本用语。因此，为了统一起见，此次编制中仍沿用"地基系数"作为基本用语。并明确用语定义，即"地基系数"系指以某一下沉量除与其相对应的荷载强度所得出的值，以标准值K_{30}作为标记。

所谓下沉量是指荷载板在路基、基床层面上受荷载引起的中心垂直变形尺寸。其中包含弹性变形和塑性变形两部分。

21.1.2 动态平板载荷试验是通过落锤试验和沉陷测定来直接获取土体动态特性的承载力指标"动态变形模量"值的，以E_{vd}表示，其计量单位为MPa。本试验主要是参照德国1997年颁布的《道路施工岩土试验技术规程——采用轻型落锤仪进行动态平板载荷试验》(TP BF – StB Teil B8.3)和德国1997年的补充修订版《轻型落锤仪在铁路施工中的使用准则》(DR – A2015)，并结合铁道部1999年科技研究开发计划项目(99G13)"秦沈客运专线路基关键技术研究——施工质量监控测试仪器的研制"的科技成果而编制的。通过对秦沈客运专线及京沪高速铁路试验段的细粒土、粗粒土、碎石土和级配碎石等四种土共800多组的动态变形模量E_{vd}与地基系数K_{30}的现场对比试验，其结果表明，E_{vd}与K_{30}之间具有一定的相关性，动态平板载荷试验也可作为一种快速试验方法。

21.1.3 K_{30}平板载荷试验和E_{vd}动态平板载荷试验仪适用的土体颗粒最大粒径尺寸是由荷载板直径决定的。本规程规定"可用于不大于荷载板直径1/4的各类土和土石混合填料"。落锤对土层的影响深度是仪器的一项重要指标，它是决定被检测路基每层填土压实检测厚度的主要因素。动态变形模量测试仪测试影响深度范围的确定，是通过在土体中各种深度处理设压力盒的试验方法，根据能量沿土层深度方向消耗衰减的程度来确定的，其试验数据见说明表21.1.3。由表测试数据可以说明，锤击能量的大部分(约70%)消耗在400 mm厚的土层内。因此，可以得出落锤的影响深度为400 ~ 500 mm的结论，它与K_{30}平板载荷试验仪以及德国1997年的补充修订版《轻型落锤仪在铁路施工中的使用准则》(DR – A2015)一致。

说明表21.1.3 测试作用深度影响范围试验数据

土压力盒编号	埋入深度(mm)	示波器记录的幅值(mm)
9077	0	230
9001	100	150
9077	150	200
9001	200	105
9001	300	75
9077	400	66
9001	500	48
9077	600	33

21.1.4 K_{30}试验的场地和环境条件是此次编制中需重点解决的问题。从广深准高速铁路，秦沈客运专线施工现场对K_{30}值的测试情况，普遍反映存在的问题是：同一测试地点不同时间测出的K_{30}值离散性很大，重复性差，缺乏可比性。从而给质量检测评定工作造成

很大困难。因此，根据铁建技字(99)第12号“K_{30}测试精度影响因素研究课题报告”中的初步结论，做以下规定：

(1)被测土体表面状态是影响K_{30}测试精度的主要因素之一。为此，本条第1款是依据德国DIN18134（1993年）规定，对于水分挥发快的均粒砂，表面结硬壳，软化，或其他原因表层扰动的土。必须下挖后试验，下挖深度限定在荷载板直径D的范围内。本条第3款规定了对被测面的要求及为了保证荷载板与测试面的良好密贴接触可采用的处理方法。

(2)被测土体含水率对测试结果也起主要影响作用。根据室内模拟试验，说明K_{30}值与含水率之间存在着类似于压实度与含水率之间的关系。K_{30}最大值时的含水率要低于压实度的最佳含水率，而且随着含水率的增加K_{30}值将急剧下降。因此，本条第2款规定平板荷载试验，宜在填料层压实后2～4 h内进行试验，主要是为了防止填层碾压完成后，表层含水率的变化，而影响测试结果。对于级配砾石(碎石)填料，特别是砾石级配料施工现场为了易于压实，而将其含水率调高，而且在碾压过程中，由于表层始终是松散状态，因此规定需待凉干后进行测试。但需要凉干到什么程度才能测出该层的真实值，还需要通过测定其含水率加以确定，还有待研究。根据国外资料介绍，土体的含水率对其强度测定有极大的影响，因此，测定时土体的含水率变化范围应是在其使用期间所能保持的范围。

(3)此次对K_{30}平板载荷试验的有效深度未明确规定，但根据国内外资料表明，试验载荷所涉及深度约为荷载板直径的1.5～2倍，因此，在实际试验过程中应加以注意。

21.2.1　鉴于目前尚未制定K_{30}平板荷载试验设备标准的情况下，为了规范施工现场使用的平板荷载仪，参照国外41－T121和1－T121/A平板荷载试验仪(参见说明图21.2.1—1、说明图21.2.1—2所示)，结合国内现有标准，提出有关仪器设备的要求。其中基本要点是：

(1)为了不影响检测精度，本条第2款第1)项规定千斤顶与手动油泵应为分体式，采用高压细管连接，千斤顶顶端应设置球铰，并配有不同长度的加长杆件，以便与各种不同高度的反力装置相对应。

(2)强调了对荷载板下沉量的测量，应使用3只测表在距荷载板中心点相等距离的三点上测定荷载板平面法线方向的位移。以便于求出其中心点的沉降值。这是因为早期引进的日本平板荷载试验装置上只配置两只百分表，而实际上却忽略了其使用说明，按照条文说明中“4.4(3)：用于测定下沉量的位移计，应沿荷载板的周边等分设置2～4个，如果使用2个位移计，则应以荷载板下沉不出现偏歪为前提。”

(3)本条第2款第5)项规定了可用测力计直接测定加载荷载，早期日本使用的平板荷载试验装置，是将测力计(压力环)设置在千斤顶顶端，位于球铰座与油缸活塞杆之间，用以直接测定加载载荷，其目的是可以减少由于测定油压受油缸内摩擦阻力影响所产生的系统误差。最近国内研制的数据采集系统，亦将测力计(压力传感器)设置于荷载板的千斤顶底座上，用于直接测定荷载板承受的荷载。

(4)为了保证测桥有足够的刚度，规定在4 m时，其截面系数不得小于8 cm^3。

21.2.3　对于试验终止的确定，日本规定试验下沉量应该达到15 mm为止，德国规定当使用直径762 mm荷载板试验，下沉量应达到13 mm或荷载强度达到0.2 MPa为止。我国亦规定试验下沉量应达到15 mm为止。但实际上，地基系数是直接按不同领域规定的下沉量基准值(1. 25 mm)进行计算。而且,正常情况试验的下沉量也不可能出现所规定的值,因此,此次规定"试验可以进行至下沉量超出其领域内规定的基准值为止"。这在实用上不会有任何问题。

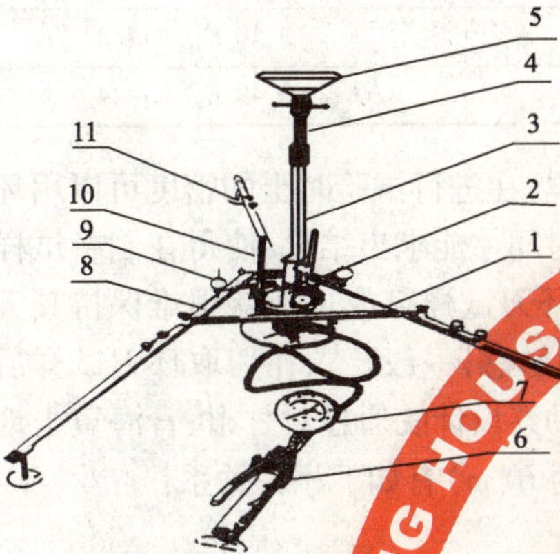

说明图 21. 2. 1—1 平板荷载仪组成示意

1—荷载板;2—千斤顶;3—加长杆;4—调节丝杆;5—球铰座;6—手动液压泵;7—油压表;8—测桥;9—百分数;10—仪表支架;11—测桥支撑座

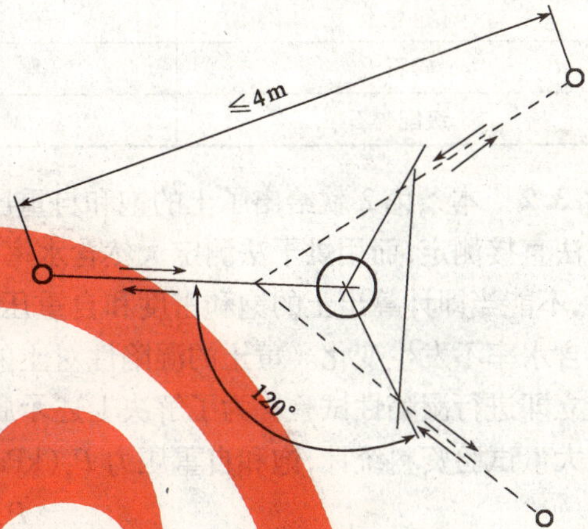

说明图 21. 2. 1—2 测桥布置

为了便于从仪表上读取读数,按照德国规定预加荷载强度为 0. 01 MPa 和每级荷载强度增量为 0. 04 MPa。

21. 2. 4 ~ 21. 2. 5 试验结果计算和记录,其中表 21. 2. 5 中荷载强度 σ 与油压表 $P_{压}$ 的关系应根据本规程第 21. 2. 2 条仪器校验标定得出,即 $\sigma = bP_{压} + a$。地基系数计算所使用下沉量基准值为 1.25×10^{-3} m。

21. 2. 6 随机误差的校正,主要是针对由于土体表面状态的影响所出现的偶然误差进行修正,并列举两种修正方法,其中作图法修正,需要有一定的实践经验才能分析判断。因此,为了便于施工现场使用,最好是通过使用 K_{30} ADJUST 修正程序进行修正。

21. 3. 3 仪器要求导向杆与荷载板保持垂直,要求测试面与荷载板底面完全密贴,在实测中,可以用少量中细砂来补平。为了防止荷载板振动时将铺垫的细砂喷出,也可以用潮湿的细砂。

本试验中"进行三次预冲击"是依据德国 1997 年的补充修订版《轻型落锤仪在铁路施工中的使用准则》(DR - A2015)中规定。试验前首先进行三次预冲击,目的是消除可能产生的塑性变形的影响,并可使荷载板下产生平整面。

21. 3. 4 根据某种条件下同类性质土的 E_{vd} 与 K_{30} 的相关关系,可以推算出测试点相应的 K_{30} 值。相关关系见说明表 21. 3. 4。

说明表 21. 3. 4 中的相关关系是通过采用"DBM 型动态变型模量测试仪"和"K_{30} 平板载荷试验仪"对秦沈客运专线路基的 800 多组对比试验数据统计得出的,其中细粒土、粗粒土、碎石土和级配碎石等四类土各 180 组。对于某一具体工程,在有条件的情况下,应该通过 E_{vd} 与 K_{30} 的对比试验,来确定 E_{vd} 值与 K_{30} 值相关关系,并在应用中进一步积累试验数据,不断修改和完善。

说明表 21.3.4 E_{vd}与K_{30}的相关性参考表

土的种类	相关系数	相关关系
细粒土	0.926	$K_{30}=3.45\ E_{vd}+0.1$
粗粒土	0.913	$K_{30}=3.33\ E_{vd}+6.1$
碎石土	0.915	$K_{30}=3.10\ E_{vd}+14.3$
级配碎石	0.915	$K_{30}=3.49\ E_{vd}+14.4$

22.3.2　本条第2款给出了土的饱和自重压力计算公式。在进行试验时土的密度可以用环刀法直接测定，而用烘干法测定天然含水率则需要很长时间才能求出结果，使得在制备试样时，不能当即计算出土的饱和密度和自重压力。所切的环刀试样存放过久就很难保持其天然含水率不发生变化。黄土的湿陷性对土的含水率极为敏感，一般要求在切取环刀试样后应立即进行湿陷性试验。为了解决上述矛盾，铁道第一勘察设计院通过对甘肃、青海黄土地区大量试验资料统计，饱和自重压力P_z(kPa)与取土深度H(m)有如下相关关系：

$$P_z=18H$$

用此关系式可缩短计算饱和自重压力的时间。

根据张苏民勘察大师的研究成果"黄土的饱和自重和饱和密度"(见《岩土工程技术》1999年第3期)，如果将黄土的颗粒密度取值2.71 g/cm³，则本规程中式(22.3.2—2)可简化为

$$\rho_{sri}=0.686\frac{\rho_{0i}}{1+0.01w_{0i}}+0.85\rho_{w4} \qquad (说明22.3.2—2)$$

在实际工作中也可将不同的天然密度和天然含水率按上式计算出饱和密度并列成表。试验时可估计土的天然含水率(估计误差限值要求不大于1.8%～3.0%)，如估计天然含水率无把握，可用本规程中"酒精燃烧法"和"碳化钙减量法"测定。然后，按上式或列表很快求得饱和密度，可立即计算出饱和自重压力。

22.4.2　关于湿陷起始压力的测试方法，原规程采用"三点单线法"，即切取3个环刀试样，一个测湿陷系数，一个测自重湿陷系数，再一个样选择合适的压力(一般在50～100 kPa之间)按测自重湿陷系数的方法进行试验，根据这三个试样测得的湿陷系数确定起始压力。该方法存在的主要缺点：一是三个试样的试验方法不统一，其中一个样按正常加荷法试验，另两个按快速加荷法进行试验；二是插入点选择的"合适"压力不一定符合实际；三是按三个点绘制的湿陷系数与压力关系曲线因点数少而不太规律。故本次修订取消"三点单线法"而改用"单线法"或"双线法"，与国家标准《湿陷性黄土地区建筑规范》的试验方法相一致。

23.0.3　量筒的体积如果不够准确应进行校正，否则会影响计算结果。

23.0.4　本试验操作不统一，将导致不同的试验结果。因此，对粒径的要求、试样的加入时与量土杯的距离、悬液搅拌的次数以及加凝聚剂的浓度、数量等都必须严格执行本试验的规定和操作。膨胀稳定标准各行业有所不同，国标《土工试验方法标准》、地矿部《土工试验规程》规定读数时间为每隔2 h读数一次，两次读数差值不大于0.2 mL；冶金部、交通部的《土工试验规程》规定每隔5 h读数一次，两次读数差值不大于0.2 mL，两者读数差值一致，但读数间隔时间不同。本试验保持原来采用每隔2 h读数一次，两次读数差不大于0.2 mL的规定。

23.0.5 自由膨胀率的符号,各行业表示不尽相同,国家标准用 δ_{ef},地矿、冶金标准用 δ_{ef},交通标准用 S_F 表示,本规程与本行业《铁路工程地质勘察规范》统一,仍用 F_s 表示。

26.0.1、26.0.2 收缩试验与缩限试验两者区别主要是目的不同。收缩试验是为了测定原状土试样和击实土试样在自然风干条件下的线缩率、体缩率、缩限及收缩系数等指标;而缩限试验是为了确定土的界限含水率—缩限,适用于含水率等于或略大于液限的扰动土试样。因而,试验方法也不同。

26.0.4 本条第3款是试样收缩过程中测读变形及质量的时间及次数的有关规定。原规程规定:试验初期,每隔1~4 h测读变形和称量一次,2 d后,每隔8~12 h测读一次,当两次量表读数不超过0.02 mm时再继续测读两次以上,直至基本不变为止。本次修订,采取与国标《土工试验方法标准》(GB/T 50123—1999)相一致的读数时间及次数。即试验初期每隔1~4 h测记百分表读数一次,2 d后,每隔6~24 h测记百分表读数,直至两次读数不变为止。每次测读百分表读数后应称试样质量。还规定在收缩曲线的Ⅰ阶段内读数不能少于4个。与国标规定一致,有利于收缩试验数据的对比分析。

26.0.5 本条第5款是按作图法求缩限。由于原状土和用扰动土按要求密度制备的试样不一定是饱和的,为符合缩限定义,该指标借绘图法(如条文中图26.0.5)求得。同时,按定义:在收缩过程中,缩限是体积不再变化时所对应的含水率。但在实际试验中,很难确定这一点。因此,通常用Ⅰ、Ⅲ阶段直线延长线的交点 E 所对应的含水率代替。

27.2.2 原规程列有"厚层(网)状冰构造冻土试样"的含水率测定。考虑到这种类型的冻土,不需要测含水率,用肉眼鉴定就可以判定它属于饱冰冻土,就可确定其工程性质。故本次修订予以删除。

27.2.4 关于冻土总含水率的平行试验差值。由于冻土中冰、水成分分布极不均匀,其平均差值往往比融土的大。对于整体状冰构造的冻土,含水率的平行差值大多数在3%以内,只有个别试样超过3%。因此表27.2.4规定的平行差值,是参照一般土含水率平行差值的要求确定。

对于层(网)状冰构造的冻土,如采取一般取样方法进行含水率试验,当含水率小于液限时,其平行试验的差值一般在5%~10%。当含水率大于液限时,平行试验的差值超过10%,有的竟达20%以上。因此,对这种类型的冻土,必须采用平均试样法,其平行差值可控制在1%以内。

27.3 联合测定法是采用一个试样,同时测定冻土密度和冻土总含水率两个指标。其原理是通过量测已知质量的试样所排开水的体积来求得冻土试样密度,并利用土的颗粒密度来计算出冻土的总含水率。计算时,水的密度可忽略温度的影响,近似取1 g/cm³;土的颗粒密度,有条件时应进行实测,当没有实测值时,可近似的取同类土的平均值或根据各地区的经验和统计资料确定。例如:砂取2.66 g/cm³,粉土取2.70 g/cm³,粉质黏土取2.72 g/cm³ 黏土取2.74 g/cm³。或西北地区按建立的塑性指数与颗粒密度的关系(参见说明表27.3.4)确定颗粒密度。

说明表 27.3.4 塑性指数与土颗粒密度关系

塑性指数	3.6~5.8	5.9~7.9	8.0~9.0	10.0~11.8	11.9~13.7	13.8~15.8	15.9~18.3	18.4~21.4	21.5~27.0	>27.1
颗粒密度(g/cm³)	2.68	2.69	2.70	2.71	2.72	2.73	2.74	2.75	2.76	2.77

28.2.2 本条第1款测定试样体积使用的煤油，因品种不同其密度不同，同一品种的煤油，密度也随温度而变化。因此，在正式测定密度之前，对所使用的煤油应控制在不同的负温达到稳定后测其对应的密度，并绘制煤油密度与温度的关系曲线。在进行冻土密度试验时，只需测量煤油的温度（应与冻土试样温度接近），就可直接从曲线上查得该温度下的煤油密度。测定煤油密度宜选用刻度范围 0.760 ~ 0.840 g/cm^3、分度值为 0.001 g/cm^{3}的液体密度计。

29.1.1 本试验是根据《秦沈客运专线铁路路基施工技术细则》（试行）的要求，参照《公路工程无机结合料稳定材料试验规程》（JTJ 057—94）编制的。在术语上公路称为无机结合料稳定土，铁路路基施工技术细则称为改良土，为统一行业称谓，本试验也称为改良土。

29.1.2 原材料的质量要求，根据《秦沈客运专线铁路路基施工技术细则》（试行）第5.4.2条的规定，石灰应选用不低于Ⅲ级钙质生石灰，使用前过筛；粉煤灰中 $SiO_2 + Al_2O_3 + Fe_2O_3$ 总量应大于70%，灼失量不大于20%；固化剂初凝时间大于4 h，终凝时间小于12 h；掺入固化剂时，土中硫酸盐应小于0.8%；用石灰改良时，土中有机质应小于10%。按照第5.4.12条第7、8款的规定，石灰应在使用前7～10 d充分消解（每吨石灰消解需用水量约500～800 kg），消石灰宜过孔径10 mm筛，并尽快使用。但按照《公路工程无机结合料稳定材料试验规程》（JTJ 051—94）第4.0.5条说明，实际使用的石灰有两种：一种是用块灰自行消解的消石灰粉（过孔径2 mm筛），另一种是用袋装生石灰粉。采用生石灰粉时，必须与土拌和后一起进行浸润不小于3 h。因此在进行本试验时，必须明确设计文件提供的各项技术条件。

29.1.3 取样的目的是使所采取的样品应能代表原材料总体的平均状况，即材料的特性、颗粒组成等均能代表施工现场所用的材料。因此，取样应从料堆的不同部位、深度分别随机采取部分样品，然后混合成一个样品，采用四分法或分料器法缩分成所需数量的样品。

29.1.4 水泥与水拌和即发生水化作用，这种水化作用在升温过程中发生的更快，而且与水泥发生水化作用的水又不能用烘干法除去，从而使测得含水率偏小。为此，最好先将烘箱温度升至105 ℃～110 ℃控温范围，再放入水泥混合料试样，使一开始就在控温条件下烘干，这样可能会有所改善。

29.2.3 水泥遇水即产生水化作用，从加水拌和到进行击实试验间隔时间愈长，因水化作用产生结硬程度就愈大，从而影响水泥混合料所能达到的密实度也愈大。例如：公路在编制JTJ 057标准时，曾用一种水泥砂砾混合料做加水拌和间隔时间的击实试验结果列于说明表29.2.3。

说明表 29.2.3 加水拌和间隔时间击实试验

击实间隔时间	测得干密度（g/cm^3）	相当于立即击实试验的密实度
立即进行击实试验	2.37	1.00
间隔1 h进行击实试验	2.30	0.97
间隔4 h进行击实试验	2.18	0.92
间隔8 h进行击实试验	2.10	0.89

由说明表29.2.3可知，有水泥的混合料在加水拌和后应在1 h内完成试验。

击实仪应采用符合本试验要求的仪器，因击实仪规定锤底直径51 mm，试筒内径152 mm，因此，击实时，应沿筒内壁捶击一圈后，应在筒中心捶一击，如此反复进行，直至达到要求的总击数。

对于粗粒土、碎石土击后难以刮平，在整平过程中，可以允许某些大颗粒露出表面，但同时要取出某些颗粒，使表面有些空洞，尽可能使空洞的体积与突出的体积相等。

29.2.4 超尺寸颗粒含量小于5%时，对ρ_{dmax}的影响位于平行允许差范围之内，故不用校正。

29.3.4 静力压实法制备试样，用400 kN反力框架和千斤顶，仅适用于制备ϕ50 mm×50 mm和直径100 mm×100 mm的试件，如要制备压实度高的ϕ150 mm×150 mm的试件，此压力则显不够，应选用能达到1 MN的反力框架和千斤顶。

制作试件时，要特别注意两端的压柱是否均匀进入。如果发现压柱的一侧已进入试模筒内并已与试模筒顶齐平，而另一侧则未完全进入筒内，应解除压力，旋转试模筒，然后再加压，直到压柱完全进入试模筒内。如果加压过程不注意，压力过大会将试模筒压坏（中间鼓出）。

29.3.5 试件养生，按《秦沈客运专线铁路路基施工技术细则》（试行）第5.4.1条规定，在保湿条件下养生7 d，进行无侧限抗压强度试验，试验结果应满足设计要求。

试件的质量损失是指水分的减小，不包括由于各种条件从试件上掉下的混合料。

29.4.3 EDTA滴定法的指示终点，一般可用钙指示剂、紫尿酸氨。前者滴定的终点是由红色转变为蓝色，较好辨认；后者是由红色转变为紫色，不易辨认。故本试验采用钙指示剂。

在待测液中加1.8% NaOH与三乙醇胺混合溶液的目的，是为了调节溶液的pH值在11～12.5之间，以满足钙的络合条件。同时三乙醇胺与Fe、Al等生成稳定络合物可起到掩蔽作用，消除对滴定终点的干扰。

30.0.2 比色法不如酸度计法方便、准确，因此本规程采用酸度计法。

30.0.3 酸度计是由玻璃电极（指示电极）、甘汞电极（参比电极）和电位计组成。作为电极产品一般玻璃电极与甘汞电极是分开出售的，但也有复合电极，它是把玻璃电极与甘汞电极合并成一支电极出售的，它们只是在制造形式的不同，而测定原理是相同的。

30.0.4 标准缓冲溶液：如果能买到市售的pH缓冲试剂，可按说明书配制代替本条pH标准缓冲溶液的配制。标准缓冲溶液的pH值，随温度不同而稍有差异。其变化关系，见说明表30.0.4。

说明表30.0.4 不同温度时标准缓冲溶液的pH值

溶液 / 温度(℃)	$KHC_8H_4O_4$ 0.05 mol/L	$KH_2PO_4+Na_2HPO_4$ 0.025 mol/L	$Na_2B_4O_7$ 0.01 mol/L
	标准缓冲溶液的pH值		
10	4.00	6.92	9.33
15	4.00	6.90	9.28
20	4.00	6.88	9.22
25	4.01	6.87	9.18
30	4.01	6.85	9.14
35	4.02	6.84	9.10

31.1

本次修订，电导法测定土中易溶盐未编入，由于此方法的准确度受溶液中含盐性质的影响，仅适用于某区域已知盐性的易溶盐含量的测定。

31.1.4 本试验的所有测定项目，除比浊法、光度法采用标准对照回收外，其他均规定以平行测定进行质量控制。因采用测定方法本身的精密度和使用计量器具的限制，平行测定偏差的大小与含盐浓度、取样体积有关，因此，本试验对质量法和容量法的平行测定偏差、取样与滴定消耗量、称量数量等均做出不同规定。

31.1.5 土浸出液的制备，采用不同的土水比例和浸出时间会影响测定结果。土水比例大、浸泡时间长，会加大中、难溶盐的溶解；土水比例小了，会使易溶盐因饱和而溶解不完全。浸泡时间过长还会因为空气中 CO_2 溶入而引起浸出液酸碱度的变化，也会使土水间发生离子交换作用。时间太短也会使易溶盐溶解不完全。但土水比例应多少，浸泡时间应多长合适，至今也没有一致意见，如有选择土水比 1∶1、1∶2、1∶5、1∶10 等，无论如何，目的是力求易溶盐完全溶解，中、难溶盐少溶解，空气中 CO_2 少溶入。本试验采用国内普遍采用的土水比例为 1∶5，浸泡时间为震荡 3 min 或密封静置 12 h。对含盐量高达几十克乃至百克以上的土，本规程允许可按易溶盐的溶解度适当加大土水比例，以利于易溶盐完全溶解。

土浸出液应是澄清过滤液，当土中含盐很少并富含胶粒时，滤液可能出现胶体浑浊而影响盐的测定。如何去除滤液胶体浑浊，目前较有效方法是采用多层滤纸抽滤，砂滤棒抽滤，或用离心机分离，当土浸出液呈现颜色时，可能是有色无机离子或大量有机质的存在，颜色的存在也影响各种盐的测定，一般常用过氧化氢脱色。

31.1.7 本规程易溶盐及其各种盐类的测定采用综合记录格式，具有记录与汇总的作用，便于自检试验质量，减少汇总手续，也节约纸张。

31.2.3 用蒸干法测定土中易溶盐含量，由于此法不需特殊仪器设备，故在室内试验中应用广泛。本规程将蒸干法列为第一法。实际上用蒸干法测得蒸发残渣并不等于土中易溶盐总量，因为在蒸干与烘干过程中 HCO_3^- 将分解生成 CO_2 与水逸出使测定结果偏低；蒸发残渣主要是易溶盐，但不排除里面含有黏土胶粒和盐类结晶水、有机质等的存在而使测定结果偏高，这些非盐物质如果存在很少，本试验可以予以忽略不计，如果是大量存在以致影响测定误差时，则应予以处理排除。

加 2% 碳酸钠的目的，是使浸出液中含有大量结晶水的 Ca^{2+}、Mg^{2+} 硫酸盐、氯盐均转化为难溶性钙镁碳酸盐，从而除去结晶水。此蒸发残渣必须在 180 ℃烘干才能得到较稳定的试验结果。

31.2.5 易溶盐总量与实测阴阳离子质量之和的闭合差，是铁道第一勘察设计院多年来用以评定试验质量的依据，此标准与国内有关部门所规定的标准相一致。

31.3

阳离子交换法具有快速、仪器设备轻便适合流动现场，测试结果又不存在因热分解和存在结晶水、有机质的影响等特点。主要是要掌握好交换柱的始漏和及时再生。本方法测定结果是土中易溶盐阳离子质量摩尔浓度，如果基本单元指的是化合物，那么测定结果便是易溶盐的质量摩尔浓度。计算单位为 mmol/kg。

本方法不能直接测出易溶盐总质量，它必须与土中各离子测定结果相结合。即当土中阳离子总量与实测阴离子之和的质量摩尔浓度相等（不超过规定允许差）时，便可用阴阳离子之和的质量分数表示易溶盐含量。由于此法具有上述特点，故本规程保留作为第二方法。

31.3.5 阳离子总量与阴离子和之间的允许差,基本上与蒸干法控制的允许差是一致的。而且,远比蒸干法容易闭合,因此用本法间接算出的易溶盐总量也基本是合理的。

31.4.3 碳酸根和重碳酸根的测定应在土浸出液过滤后立即进行,否则将因空气中 CO_2 的溶入或浸出液的 pH 值的变化而影响测定结果。

本条文使用双指示剂,以酚酞指示剂滴定碳酸根,滴定终点 8.3 pH;甲基橙指示剂滴定重碳酸根,滴定终点 4.4 pH。有些行业采用混合指示剂代替甲基橙,目的是提高滴定终点的分辨率,但混合指示剂的配制并不统一,因此,本条文仍采用甲基橙为指示剂。

31.4.4 计量单位采用质量摩尔浓度(mmol/kg)和质量分数(分别以% 和 mg/kg 表示)是根据《铁路工程岩土分类标准》(TB 10077)中盐渍土的分类和《岩土工程勘察规范》(GB 50021)中对混凝土的腐蚀性判定的要求而提供这两个物理量和单位。

原《铁路工程土工试验规程》(TBJ 102—96)质量摩尔浓度的单位符号 mmol/100 $g_{\pm}$,实际上是个量值。按照国家标准《量和单位》的规定:单位标记不得附加任何标记或符号。因此本条文将 mmol/100 $g_{\pm}$ 改为 mmol/kg 符合国家标准,也不影响盐渍土分类。

31.5

氯根的测定,本节规定采用硝酸银容量法,此外还可采用硝酸汞容量法、硫氰酸汞光度法、电位滴定法、离子色谱法等。这些方法有的适用于低浓度的测定,有的适用于有色溶液的测定,但操作都不如硝酸银容量法简捷,也不需要专门仪器设备,因此,本节选用硝酸银容量法。

31.6

本测定方法与有关行业不同之处是采用氨镁缓冲溶液代替氨缓冲溶液;以钡标准溶液代替钡镁溶液。即先以足够量的 Mg^{2+},于氨缓冲溶液中预先与 EDTA 准确络合,使其在滴定过程中不再消耗 EDTA 标准溶液。采用这样的滴定方法,其对照回收率可达90% 以上,并具有下列优点:(1)可以减少 EDTA 标准溶液消耗;(2)可按照土中 SO_4^{2-} 高低以确定钡标准溶液的浓度和加入量,而不受 Mg^{2+} 存在的影响;(3)由于 Mg^{2+} 在滴定前已预先络合,不会因生成 $MgSO_4$ 而被 $BaSO_4$ 沉淀包裹的可能性,从而可获得稳定的络合滴定终点。

31.7

SO_4^{2-} 低含量的测定方法很多,如比浊法、光度法、原子吸收光度法、离子色谱法等。在这些方法中以比浊法最为简便,仪器设备一般试验室均可满足。其精确度虽然较差,但基本上可以满足这一指标的实际要求,因此,本节对低含量 SO_4^{2-} 测定选用比浊法。

31.8

钙的测定方法很多,但钙的常量测定目前广泛采用 EDTA 络合滴定,最为简便,故本规程也选用此方法。采用此方法,当土浸出液中含有大量 Mg 时,在加入 NaOH 溶液后会产生大量 $Mg(OH)_2$ 沉淀而影响滴定终点的判别。遇此情况,最好先加适量(不要过量)EDTA 标准溶液使预先络合(要记下用量),再加 NaOH 溶液,按常规步骤操作,这样可能会使滴定终点的判别得到改善。

31.9

镁离子的测定方法很多，但常量镁离子大都是采用 EDTA 络合滴定差减法以求得镁离子含量。此方法不用专门仪器，操作简便，故本节采用此方法。本方法原理是以控制土浸出液的 pH 值，即使钙镁离子在 pH 值约 9～10、钙离子在 pH 大于 12 时，分别与 EDTA 络合，然后由测定结果之差求得镁离子含量。

在有关行业的标准中，是规定以等体积的试样分别测定钙镁离子和钙离子对相同浓度的 EDTA 的消耗体积，然后由两者消耗 EDTA 体积之差计算镁离子含量。本节不规定用等体积的试样。而是分别计算钙镁离子总量和钙离子含量，然后由两者之差求得镁离子含量。这样可以根据试样中钙、镁离子浓度大小，分别决定取样的体积。

31.10.1 根据工程的实际情况，当不要求分别提供钠离子和钾离子的含量时，可以按本条文用差减法提供钠钾离子总量。此差减法是综合指标，可能有较大误差，但一般能满足工程的需要。

31.11.1 当工程需要分别提供钠离子和钾离子的含量时，可采用光度计法分别测定钠离子和钾离子。光度计法最常用的有火焰光度计法和原子吸收分光光度计法。两者都具有操作简便、灵敏、准确的优点，但由于考虑到本行业仪器设备的现状，一般都配备有原子吸收分光光度计，此仪器可以承担远比火焰光度计更多的项目，本着一机多用，故本条文推荐采用原子吸收分光光度法。

32.1.2 在国家标准和国内有关行业中，对于中溶盐的测定只列硫酸钡质量法，主要认为 EDTA 络合滴定法，因试样中共存有大量碳酸钙或镁对测定产生很大影响，不易取得满意试验结果。其实不然，只要对试样酸浸出液中的钙、镁做预先处理，便可取得稳定的试验结果。质量法虽然准确，但毕竟操作烦琐，设备笨重，远不及 EDTA 络合滴定法简便，且设备轻便，因此，本规程推荐 EDTA 络合滴定法为第二法。

32.2.3 中溶盐试验要求试样通过 0.15 mm 筛，目的是增加接触表面积，以加快溶解。

中溶盐虽属可溶盐，但它在水中的溶解度仅约 0.2%，很难完全为水溶解，因此，只能选用酸浸出法。

质量法测定结果是否准确，取决于下列因素：(1)要注意调控沉淀 $BaSO_4$ 的 pH 环境和检查沉淀是否完全，过滤分离应彻底，操作过程不得有任何撒失。(2)灰化过程不能出现明火燃烧以防飞溅损失。(3)为防止残留炭素还原 $BaSO_4$ 生成 BaS，灼烧温度以 600 ℃为宜。

32.2.5 本条试验偏差，原参照国家地质总局制定的，只分大于 1% 和小于 1% 两档，有些粗略。故本次修订参考了交通部《公路土工试验规程》和中科院《土壤理化分析》的一些规定，结合本行业的实际情况作了较详细的修改。为了简便，本试验本次修订只用绝对允许偏差进行质量控制，不用相对偏差。

32.3.3 在酸浸出液中的大量 Ca^{2+}、Mg^{2+}，将消耗大量的 EDTA 溶液；某些重金属离子的存在将干扰络合滴定的终点判别，从而影响测定。为解决此问题，本条在测试前先加混合碱试剂以沉淀分离 Ca^{2+}、Mg^{2+} 和某些重金属离子，以排除对测定的影响，即

$$Ca^{2+} + CO_3^{2-} = CaCO_3$$

$$Mg^{2+} + 2OH^- = Mg(OH)_2$$

$$Fe^{3+} + 3OH^- = Fe(OH)_3$$

按照本条操作，通过验证，结果略比质量法偏高，基本可满足要求，试验结果列于说明表 32.3.3。

说明表 32.3.3 比 较 试 验

序 号	$BaSO_4$ 沉淀法			EDTA 络合滴定法			树脂交换后 EDTA 络合滴定法		
	回收率 P(%)	标准偏差 σ	$\sigma/\bar{\sigma}$	回收率 P(%)	标准偏差 σ	$\sigma/\bar{\sigma}$	回收率 P(%)	标准偏差 σ	$\sigma/\bar{\sigma}$
1	98.52	0.40	0.3	110.3	4.0	0.8		7.0	1.2
2	99.11	0.99	0.8	124.4	9.3	1.8		9.1	1.5
3	96.01	2.10	1.7	116.1	1.0	0.2		2.1	0.3
4	100.52	2.40	7.9	109.6	8.5	1.1			
5	97.71	0.41	0.3						
6	96.83	1.24	1.0						
$\sum$	588.72	7.56		460.4	20.6		317.07	18.2	
$\bar{p}$(%)	98.12			115.1			105.69		
$\bar{\sigma}$		1.26			5.15			6.07	

由说明表 32.3.3 中标准偏差 σ 与 $\bar{\sigma}$ 之比,可看出均未超出 2.5 的允许差范围。EDTA 法回收率略显偏高,若将经沉淀分离后的浸出液调成中性,再用阳离子交换树脂处理,测得回收率就会降低。但是大量的 Ca^{2+}、Mg^{2+} 和重金属离子的排除仅能用碱试剂,不宜用离子交换法除去。

操作中氨镁缓冲溶液的用量应准确,以便消除 EDTA 或 Mg^{2+} 的过剩或不足带来误差。混合碱试剂加入不管过量与否,都要测定中和后浸出液的空白值(Ca^{2+}、Mg^{2+} 等对 EDTA 标准溶液的用量 V_H)。

本试验的标准化及质量控制可参见《铁道工程学报》1995 年第二期。

33.1.2 原《铁路工程土工试验方法》(TBJ 102—96)对难溶盐测定选用气量法、中和法和碱吸收法,考虑到碱吸收法虽然精确,但操作烦琐,极少为工程需要所采用,多数有关行业都把气量法选定作为惟一的测定方法。本次修订删去碱吸收法。

33.2.1 CO_2 约测计中的管 4,即量气管宜用溶积 50 mL 刻度管制成,最小分度值为 0.5 mL。容积太小不利于量度 CO_2 体积,溶积太大必将降低量读 CO_2 的精度。

33.2.5 试验允许差,原《铁路工程土工试验方法》(TBJ 102—96)是参照国家地质总局制定的,此允许差与《公路土工试验规程》(JTJ 051—93)规定的允许差比较相差较大,见说明表 33.2.5。

说明表 33.2.5 试验允许差比较表

铁路工程土工试验方法 (TBJ 102—96)		公路土工试验规程 (JTJ 051—93)		
$CaCO_3$(%)	绝对偏差(%)	$CaCO_3$(%)	绝对偏差(%)	相对偏差(%)
≤5	0.7	<1	0.2	17~25
5~10	1.1	1~5	0.6	11~17
10~20	1.9	5~10	0.8	7~11
20~30	2.7	10~20	<1	5~7

同时,我们又查阅了《土壤理化分析》对气量法绝对偏差的规定,是综合规定 0.5%。此绝对偏差的规定,我们认为是气量法正常含量的测定($CaCO_3$ 约 1.5% ~10%)。综上

分析，本次对此条文进行了修订。

33. 3

本试验也是一种较粗略的测定方法。它具有设备简单、操作便捷的优点，但对准确度的影响因素较多，例如，除难溶盐外的其他能消耗酸的可溶盐和某些矿物质的存在都能使测定结果偏高；同时也不能排除因大量 CO_2 的生成，使部分 CO_2 溶解于过量酸中，与酸一起消耗标准溶液使测定结果偏低。所以本试验是粗略的，较适合于难溶盐含量较纯较高的，又难于用气量法测定的试样。本试验选用硫酸标准溶液，目的是利用同离子效应以减少试样中中溶盐对测定结果的影响。

中华人民共和国行业标准

铁建设〔2005〕66号

铁路路基设计规范

Code for design on subgrade of railway

TB 10001—2005
J447—2005

2005—04—25 发布　　　　2005—04—25 实施

中华人民共和国铁道部　发布

前　言

本规范是根据铁道部《关于印发〈2003 年铁路工程建设规范、定额、标准设计编制计划〉的通知》（铁建设函〔2003〕41 号）的要求，在《铁路路基设计规范》（TB 10001—99）的基础上修订而成的。

本规范修订过程中认真总结了我国铁路路基建设的经验和教训，借鉴了国内外有关标准的规定，在广泛征求意见的基础上，经反复审查定稿。

工程技术人员必须按照"以人为本、服务运输、强本简末、系统优化、着眼发展"的铁路建设理念，结合工程具体情况，因地制宜，充分发挥主观能动性，积极采用安全、可靠、先进、成熟、经济、适用的新技术，不能生搬硬套标准。勘察设计单位执行（或采用）单项或局部标准，并不免除设计单位及设计人员对整体工程和系统功能质量问题应承担的法律责任。

本规范共分 11 章，主要内容包括：总则、术语、路肩高程、路基面形状和宽度、填料、基床、路堤、路堑、路基排水、路基支挡及防护、改建与增建第二线路基等，另有 3 个附录。

本次修订的主要内容有：

1. 适用的铁路等级调整为Ⅰ、Ⅱ两级；
2. 增加了填料一章；
3. 增加了过渡段、路基工后沉降控制的标准；
4. 增加了边坡高度大于 15 m 的路基面加宽和基床以下填料的压实标准；
5. 增加了防护栅栏的设置规定；
6. 修订了路基面形状及路肩宽度标准；
7. 修订了直线地段标准路基面宽度、曲线地段路基面加宽值和附录 A"列车和轨道荷载换算土柱高度及分布宽度"表；
8. 修订了路基压实标准，强调了应采用双指标控制；
9. 修订了路基基床结构；
10. 修订了天然地基表层的控制标准；
11. 修订了侧沟的设计要求；
12. 修订了取土场、弃土场、附录 B 及改建与增建第二线的部分规定。

本规范以黑体字标志的条文为强制性条文，必须严格执行。

在执行本规范过程中，希望各单位结合工程实践，认真总结经验，积累资料。如发现需要修改和补充之处，请及时将意见及有关资料寄交铁道第一勘察设计院（甘肃省兰州市和政路 75 号，邮政编码：730000），并抄送铁道部经济规划研究院（北京市海淀区羊坊店路甲 8 号，邮政编码：100038），供今后修订时参考。

本规范由铁道部建设管理司负责解释。

本规范主编单位：铁道第一勘察设计院。

本规范主要起草人：包黎明、王应铭、龙锦永、胡焕明、赵厚生。

目　次

1 总 则

1.0.1 为统一铁路路基设计技术标准,使路基设计符合安全适用、技术先进、经济合理的要求,制定本规范。

1.0.2 本规范适用于铁路网中客货列车共线运行、旅客列车设计行车速度等于或小于160 km/h、货物列车设计行车速度等于或小于120 km/h 的Ⅰ、Ⅱ级标准轨距铁路路基的设计。

1.0.3 铁路列车竖向活载必须采用中华人民共和国铁路标准活载。轨道和列车荷载应采用换算土柱代替,换算土柱高度及分布宽度应符合本规范附录 A 的规定。

1.0.4 路基工程应通过地质调绘和足够的勘探、试验工作,查明基底、路堑边坡、支挡结构等基础的岩土结构及其物理力学性质,查明不良地质情况,查明填料性质和分布,在取得可靠的地质资料基础上开展设计。

1.0.5 路基工程应按土工结构物进行设计,其地基处理、路堤填筑、边坡支挡防护以及排水设施等必须具有足够的强度、稳定性和耐久性,使之能抵抗各种自然因素作用的影响。

1.0.6 路基工程设计应避免高填、深挖和长路堑,并尽量绕避不良地质条件的地段。在进行路基与桥、隧工程比选工作中,应从技术条件、施工条件、可能造成的环境和社会影响、建设投资与运营养护费用等方面综合分析,确定工程类型。Ⅰ、Ⅱ级铁路通过耕地和林地时,路堤高度不宜超过 8 m。

1.0.7 Ⅰ级铁路桥梁较密集地段,两台尾之间路基长度小于150 m且能满足设桥的技术条件时,应以桥代路通过。

1.0.8 路基工程的地基应满足承载力和路基工后沉降的要求。其地基处理措施必须根据铁路等级、地质资料、路堤高度、填料、建设工期等通过检算确定。

1.0.9 路基填料应作为工程材料进行勘察设计。路基土石方调配应确保路基各部位填料符合填料标准要求,并符合节约用地的原则。设计时应合理规划,对移挖作填、集中取(弃)土、填料改良等方案进行经济、技术比较。

1.0.10 路基支挡结构应根据岩土工程地质条件、本规范附录 A 等进行设计,并应考虑支挡结构受到的列车动力影响以及大气降水、地下水等自然因素对支挡结构长期稳定性的影响。

1.0.11 路基工程设计应重视环境保护、水土保持、文物保护。路基边坡应积极采用绿色防护,尽量减少对天然植被和山体的破坏,防止诱发地质灾害。

1.0.12 路基工程应有完整、系统、通畅的排水设施,并与桥、涵、站场排水和农田水利灌溉系统衔接。侧沟、天沟、排水沟宜采用混凝土构件予以加固。

1.0.13 路基工程设计应积极推广采用新技术、新结构、新材料和新工艺,提高路基工程质量。

1.0.14 既有路基病害防治应遵循以防为主,防治结合,彻底整治,不留后患的原则,采取合理的防治方案和有效的工程措施。

1.0.15　Ⅰ级铁路及采用大型养路机械养护的Ⅱ级铁路不应设养路机械作业平台；对不采用大型养路机械养护的Ⅱ级铁路，区间路基每隔 500 m 左右宜设置养路机械作业平台一处，单线铁路可在一侧或两侧交错设置，双线铁路两侧均应设置。

1.0.16　旅客列车设计行车速度大于或等于 120 km/h 的区间路基两侧应设置贯通的防护栅栏。防护栅栏的位置应设在路堤坡脚外或路堑堑顶外的用地界内，防护栅栏的高度不宜小于 1.8 m。

1.0.17　铁路通信、信号、电力等各种光、电缆沟槽应从路堤坡脚外或路堑侧沟平台上通过，必须从路肩或路堤边坡上通过时，应进行结构设计，并采取有效措施，保证路基的完整和稳定。在路基上设置其他杆架、管线等设备时，应进行结构设计，并采取有效措施，保证路基的完整和稳定。

1.0.18　路基工程使用的混凝土、石料及其砌筑用水泥砂浆的强度等级及适用范围，应符合本规范附录 B 的规定。

1.0.19　区间路基用地设计应按本规范附录 C 的有关规定执行。

1.0.20　铁路路基设计除应符合本规范外，尚应符合国家现行的有关强制性标准的规定。

2 术 语

2.0.1 路基 subgrade

经开挖或填筑而形成的直接支承轨道结构的土工结构物。

2.0.2 路堤 embankment

在原地面上,用土、石填筑的路基。

2.0.3 路堑 cutting

自原地面向下开挖的路基。

2.0.4 基床 subgrade bed

路基上部承受轨道、列车动力作用,并受水文、气候变化影响而具有一定厚度的土工结构。基床分表层与底层。

2.0.5 路肩高程 formation level

路肩外缘的高程。

2.0.6 压实系数 coMPacting factor

填料压实后的干密度与击实试验得出的最大干密度的比值。

2.0.7 地基系数(K_{30}) subgrade reaction coefficient

通过试验测得的直径 30 cm 荷载板下沉 1.25 mm 时对应的荷载强度 p(MPa)与其下沉量 1.25 mm 的比值。

2.0.8 相对密度 relative density

填料最大孔隙比与填筑压实后实测孔隙比之差和最大孔隙比与最小孔隙比之差的比值。

2.0.9 孔隙率 porosity

土的孔隙体积与总体积的比值,以百分率表示。

2.0.10 土工合成材料 geosynthetics

岩土工程应用的合成材料产品的总称。

2.0.11 最优含水率 optimum moisture content

击实试验所得的干密度与含水率关系曲线上峰值点对应的含水率。

2.0.12 边坡稳定系数 stability factor of slope

边坡稳定性分析中,土体沿某一滑动面的抗滑力(矩)和滑动力(矩)之比值。

2.0.13 路基工后沉降 settlement of subgrade after acceptance

路基竣工铺轨开始后产生的沉降量。

2.0.14 改良土 improved soil

通过在土中掺入砂、砾石、碎石或石灰、水泥、粉煤灰等物理或化学材料以改善其工程特性的混合料。

2.0.15 比贯入阻力(P_s) specific penetration resistance

静力触探圆锥探头贯入土层时所受的总贯入阻力与探头平面投影面积的比值。

2.0.16 过渡段 transition

路堤与桥台、路堤与路堑、路堤与横向结构物衔接时,需作特殊处理的地段。

3　路肩高程

3.0.1　当路肩高程受洪水位或潮水位控制时，应计算其设计水位，设计洪水频率或重现期应符合下列规定：

1　设计洪水频率标准应采用1/100。当观测洪水（含调查洪水）频率小于设计洪水频率时，应按观测洪水频率设计；当观测洪水频率小于1/300时，应按1/300频率设计。

2　在淤积严重或有特殊要求的水库地段，应在可行性研究阶段确定洪水频率标准。

3　改建既有线与增建第二线的洪水频率，应根据多年运营和水害情况在可行性研究阶段确定。

4　滨海路堤的设计潮水位，应采用重现期为100年一遇的高潮位。当滨海路堤兼做水运码头时，还应按水运码头设计要求确定设计最低潮位。

3.0.2　滨河、河滩路堤的路肩高程应高出设计水位加壅水高（包括河道卡口或建筑物造成的壅水、河湾水面超高）加波浪侵袭高或斜水流局部冲高，加河床淤积影响高度，再加0.5 m。其中波浪侵袭高与斜水流局部冲高应取二者中之大值。

3.0.3　水库路基的路肩高程，应高出设计水位加波浪侵袭高加壅水高（包括水库回水及边岸壅水），再加0.5 m。当按规定洪水频率计算的设计水位低于水库正常高水位时，应采用水库正常高水位作为设计水位。

3.0.4　滨海路堤，当顶部未设防浪胸墙时，其路肩高程应高出设计高潮水位加波浪侵袭高（波浪爬高）加不小于0.5 m的安全高度；当设有防浪胸墙时，路肩高程应高出设计高潮水位以上不小于0.5 m。

3.0.5　地下水水位或地面积水水位较高地段的路基，其路肩高程应高出最高地下水水位或最高地面积水水位加毛细水强烈上升高度，再加0.5 m。

3.0.6　季节冻土地区路基的路肩高程应高出冻前地下水水位或冻前地面积水水位，加毛细水强烈上升高度加有害冻胀深度，再加0.5 m。

3.0.7　盐渍土路基的路肩高程应高出最高地下水水位或最高地面积水水位，加毛细水强烈上升高度加蒸发强烈影响深度，再加0.5 m。当盐渍土路基存在季节性冻害时，应按本规范第3.0.6条和本条的规定分别计算路肩高程，取二者中之大值。

3.0.8　当路基采取降低水位、设置毛细水隔断层等措施时，路肩高程可不受本规范第3.0.5条、第3.0.6条和第3.0.7条规定的限制。

4 路基面形状和宽度

4.1 路基面形状

4.1.1 路基面形状应设计为三角形路拱，由路基中心线向两侧设4%的人字排水坡。曲线加宽时，路基面仍应保持三角形。

4.1.2 在单线铁路（或双线铁路并行等高地段）中，硬质岩石路堑及基床表层为级配碎石或级配砂砾石的路基，其路肩高程应高于土质路堤的路肩高程，高出尺寸 Δh 按式（4.1.2）计算。

$$\Delta h=(h-h')+\frac{B-B'}{2}\times 0.04 \tag{4.1.2}$$

式中 h——土质路堤直线地段的标准道床厚度（m）；

B——土质路堤直线地段的标准路基面宽度（表4.2.3中的值，m）；

h'——硬质岩石路堑、级配碎石或级配砂砾石路基直线地段的标准道床厚度（m）；

B'——硬质岩石路堑、级配碎石或级配砂砾石路基直线地段的标准路基面宽度（m）。

4.1.3 在双线铁路中，并行不等高或局部单线地段的路肩高程应高于双线铁路并行等高地段土质路堤的路肩高程，高出尺寸 Δh 按式（4.1.3）计算。

$$\Delta h=h_{sh}-h_d+\left(\frac{B_{sh}-D-B_d}{2}+1.435+\frac{g}{1\,000}\right)\times 0.04 \tag{4.1.3}$$

式中 h_{sh}——并行等高直线地段土质路堤的标准道床厚度（m）；

B_{sh}——并行等高直线地段土质路堤的标准路基面宽度（表4.2.3中的值，m）；

D——并行等高直线地段土质路堤的线间距（m）；

h_d——并行不等高或局部单线直线地段的标准道床厚度（m）；

B_d——并行不等高或局部单线直线地段的标准路基面宽度（m）；

1.435——标准轨距（m）；

g——钢轨的头部宽度（mm）：75 kg/m 轨为75 mm，60 kg/m 轨为73 mm，50 kg/m 轨为70 mm。

4.1.4 不同填料的基床表层衔接时，应设长度不小于10 m 的渐变段。渐变段应在路肩设计高程较高的段落内逐渐顺坡至路肩设计高程较低处，渐变段的基床表层应采用相邻填料中较好的填料填筑。

双线铁路中并行等高段与局部单线地段连接时，应在局部单线地段内逐渐顺坡至并行等高段地段，其顺坡长度不应小于10 m。

4.2 路基面宽度

4.2.1 区间路基面宽度应根据旅客列车设计行车速度、远期采用的轨道类型、正线数目、线间距、曲线加宽、路基面两侧沉降加宽、路肩宽度、养路形式、接触网立柱的设置位置等，通过计算确定，必要时还应考虑光、电缆槽及声屏障基础的设置。

4.2.2　路堤的路肩宽度不应小于 0.8 m，路堑的路肩宽度不应小于 0.6 m。

4.2.3　直线地段标准路基面宽度，应按表 4.2.3 采用。

4.2.4　区间单、双线曲线地段的路基面宽度，应在曲线外侧按表 4.2.4 的数值加宽，加宽值应在缓和曲线范围内线性递减。

表 4.2.3 直线地段标准路基面宽度

项目				单位	Ⅰ级铁路						Ⅱ级铁路		
					特重型		重型			次重型	次重型	中型	轻型
旅客列车设计行车速度 v				km/h	160	$120 \leqslant v < 160$	160	$120 < v < 160$	120	120	$80 \leqslant v \leqslant 120$	$80 \leqslant v \leqslant 100$	80
双线线间距				m	4.2	4.0	4.2	4.0	4.0	4.0	4.0	4.0	4.0
道床顶面宽度				m	3.5	3.5	3.4	3.4	3.4	3.3	3.3	3.0	2.9
基床表层类型	土质	道床厚度		m	0.5	0.5	0.5	0.5	0.5	0.45	0.45	0.40	0.35
		单线	路堤	m	7.9	7.9	7.8	7.8	7.8	7.5	7.5	7.0	6.3
			路堑	m	7.5	7.5	7.4	7.4	7.4	7.1	7.1	6.6	5.9
		双线	路堤	m	12.3	12.1	12.2	12	12	11.7	11.7	11.2	10.5
			路堑	m	11.9	11.7	11.8	11.6	11.6	11.3	11.3	10.8	10.1
	硬质岩石	道床厚度		m	0.35	0.35	0.35	0.35	0.35	0.3	0.3	0.3	0.25
		单线路堑		m	6.9	6.9	6.8	6.8	6.8	6.5	6.5	6.2	5.7
		双线路堑		m	11.3	11.1	11.2	11	11	10.7	10.7	10.4	9.9
	级配碎石或级配砂砾石	道床厚度		m	0.3	0.3	0.3	0.3	—	—	—	—	—
		单线	路堤	m	7.1	7.1	7	7	—	—	—	—	—
			路堑	m	6.7	6.7	6.6	6.6	—	—	—	—	—
		双线	路堤	m	11.5	11.3	11.4	11.2	—	—	—	—	—
			路堑	m	11.1	10.9	11.0	10.8	—	—	—	—	—

注：1 特重型、重型轨道的路基面宽度为无缝线路轨道、Ⅲ型混凝土枕的标准值。对 $v=120$ km/h 的重型轨道：当采用无缝线路轨道和Ⅱ型混凝土枕时，路基面宽度应减小 0.1 m；当采用有缝线路轨道和Ⅱ型或Ⅲ型混凝土枕时，路基面宽度应减小 0.3 m；

2 次重型轨道的路基面宽度为无缝线路轨道、Ⅱ型混凝土枕的标准值。当采用有缝线路轨道时，路基面宽度应减小0.2 m；

3 中型、轻型轨道的路基面宽度为有缝线路轨道、Ⅱ型混凝土枕的标准值；

4 采用大型养路机械的电气化铁路，当接触网的立柱设在路肩上时，直线地段路基面宽度应满足以下标准：单线铁路不小于7.7 m；双线铁路 160 km/h 地段不小于11.9 m（其他不小于11.7 m）；表 4.2.3 中宽度小于该标准时应采用该标准。

表 4.2.4　曲线地段路基面加宽值

铁路等级	旅客列车设计行车速度	曲线半径 R(m)	路基面外侧加宽值(m)
Ⅰ级铁路	160 km/h	$1\,600 \leqslant R \leqslant 2\,000$	0.4
		$2\,000 < R < 3\,000$	0.3
		$3\,000 \leqslant R < 10\,000$	0.2
		$R \geqslant 10\,000$	0.1
	140 km/h	$1\,200 \leqslant R \leqslant 1\,400$	0.4
		$1\,400 < R < 2\,000$	0.3
		$2\,000 \leqslant R \leqslant 6\,000$	0.2
		$R > 6\,000$	0.1
Ⅰ、Ⅱ级铁路	120 km/h	$800 \leqslant R < 1\,200$	0.4
		$1\,200 \leqslant R < 1\,600$	0.3
		$1\,600 \leqslant R < 5\,000$	0.2
		$R \geqslant 5\,000$	0.1
Ⅱ级铁路	100 km/h	$600 \leqslant R < 800$	0.4
		$800 \leqslant R \leqslant 1\,200$	0.3
		$1\,200 < R < 4\,000$	0.2
		$R \geqslant 4\,000$	0.1
	80 km/h	$500 \leqslant R \leqslant 600$	0.3
		$600 < R \leqslant 1\,800$	0.2
		$R > 1\,800$	0.1

注:无缝线路 $R<800$ m、有缝线路 $R<600$ m 的曲线外侧路基面应在表 4.2.4 加宽基础上增加 0.1 m。

5 填 料

5.1 一般规定

5.1.1 路基填料应通过地质调绘和足够的勘探、试验工作，查明其性质和分布，并开展填料设计工作。

5.1.2 填料设计的内容应包括：填料的来源选择、分布、运距、土石特性、名称、分组、改良措施、施工工艺、无侧限抗压强度、压实标准及检测要求等，取料场的生态恢复。

5.2 填 料

5.2.1 普通填料按颗粒粒径大小可分为三大类别：巨粒土、粗粒土和细粒土。

5.2.2 巨粒土、粗粒土填料应根据颗粒组成、颗粒形状、细粒含量、颗粒级配、抗风化能力等，按表5.2.2分为A、B、C、D组。

5.2.3 细粒土填料应按表5.2.3分为粉土、黏性土和有机土。粉土、黏性土应采用液限含水率w_L进行填料分组：当$w_L < 40\%$时，为C组；当$w_L \geq 40\%$时，为D组。有机土为E组。

5.2.4 填料根据土质类型和渗水性可分为渗水土、非渗水土。A、B组填料中，细粒土含量小于10%、渗透系数大于10^{-3} cm/s的巨粒土、粗粒土（细砂除外）为渗水土，其余为非渗水土。

表 5.2.2　巨粒土、粗粒土填料分组

一级定名						二级定名			填料分组
类别			名称		说明	细粒含量	颗粒级配	名称	
巨粒土	碎石类土	块石类	块石土	硬块石土	粒径大于 200 mm 颗粒的质量超过总质量的 50%（不易分化，尖棱状为主）	/	/	硬块石	A
				软块石土	粒径大于 200 mm 颗粒的质量超过总质量的 50%（易风化，尖棱状为主）	/	/	$R_c>15$ MPa 的不易风化软块石	A
								$R_c\leq15$ MPa 的不易风化软块石	B
								易风化的软块石	C
								风化的软块石	D
			漂石土		粒径大于 200 mm 颗粒的质量超过总质量的 50%（浑圆或圆棱状为主）	<5%	良好	级配好的漂石	A
							不良	级配不好的漂石	B
						5% ~15%	良好	级配好的含土漂石	A
							不良	级配不好的含土漂石	B
						15% ~30%	/	土质漂石	B
						>30%	/	土质漂石	C
		碎石类	卵石土		粒径大于 60 mm 颗粒的质量超过总质量的 50%（浑圆或圆棱状为主）	<5%	良好	级配好的卵石	A
							不良	级配不好的卵石	B
						5% ~15%	良好	级配好的含土卵石	A
							不良	级配不好的含土卵石	B
						15% ~30%	/	土质卵石	B
						>30%	/	土质卵石	C

续上表

一级定名			二级定名			填料分组
类别	名称	说明	细粒含量	颗粒级配	名称	
巨粒土 碎石类	碎石土	粒径大于60 mm颗粒的质量超过总质量的50%（尖棱状为主）	<5%	良好	级配好的碎石	A
				不良	级配不好的碎石	B
			5%～15%	良好	级配好的含土碎石	A
				不良	级配不好的含土碎石	B
			15%～30%	/	土质碎石	B
			>30%	/	土质碎石	C
粗粒土 碎石类土 砾石类 粗砾土	粗圆砾土	粒径大于20 mm颗粒的质量超过总质量的50%（浑圆或圆棱状为主）	<5%	良好	级配好的粗圆砾	A
				不良	级配不好的粗圆砾	B
			5%～15%	良好	级配好的含土粗圆砾	A
				不良	级配不好的含土粗圆砾	B
			15%～30%	/	土质粗圆砾	B
			>30%	/	土质粗圆砾	C
	粗角砾土	粒径大于20 mm颗粒的质量超过总质量的50%（尖棱状为主）	<5%	良好	级配好的粗角砾	A
				不良	级配不好的粗角砾	B
			5%～15%	良好	级配好的含土粗角砾	A
				不良	级配不好的含土粗角砾	B
			15%～30%	/	土质粗角砾	B
			>30%	/	土质粗角砾	C

续上表

一级定名			二级定名			填料分组
类别	名称	说明	细粒含量	颗粒级配	名称	
粗粒土 碎石类土 砾石类 细砾土	细圆砾土	粒径大于2 mm颗粒的质量超过总质量的50%（浑圆或圆棱状为主）	<5%	良好	级配好的细圆砾	A
				不良	级配不好的细圆砾	B
			5% ~15%	良好	级配好的含土细圆砾	A
				不良	级配不好的含土细圆砾	B
			15% ~30%	/	土质细圆砾	B
			>30%	/	土质细圆砾	C
	细角砾土	粒径大于2 mm颗粒的质量超过总质量的50%（尖棱状为主）	<5%	良好	级配好的细角砾	A
				不良	级配不好的细角砾	B
			5% ~15%	良好	级配好的含土细角砾	A
				不良	级配不好的含土细角砾	B
			15% ~30%	/	土质细角砾	B
			>30%	/	土质细角砾	C
砂类土	砾砂	粒径大于2 mm颗粒的质量占总质量的25% ~50%	<5%	良好	级配好的砾砂	A
				不良	级配不好的砾砂	B
			5% ~15%	良好	级配好的含土砾砂	A
				不良	级配不好的含土砾砂	B
			>15%	/	土质砾砂	B
	粗砂	粒径大于0.5 mm颗粒的质量超过总质量的50%	<5%	良好	级配好的粗砂	A
				不良	级配不好的粗砂	B
			5% ~15%	良好	级配好的含土粗砂	A
				不良	级配不好的含土粗砂	B
			>15%	/	土质粗砂	B

续上表

一级定名				二级定名			填料分组
类别		名称	说明	细粒含量	颗粒级配	名称	
粗粒土	砂类土	中砂	粒径大于 0.25 mm 颗粒的质量超过总质量的 50%	<5%	良好	级配好的中砂	A
					不良	级配不好的中砂	B
				5%~15%	良好	级配好的含土中砂	A
					不良	级配不好的含土中砂	B
				>15%	/	土质中砂	B
		细砂	粒径大于 0.075 mm 颗粒的质量超过总质量的 85%	<5%	良好	级配好的细砂	B
					不良	级配不好的细砂	C
				5%~15%	/	含土的细砂	C
		粉砂	粒径大于 0.075 mm 颗粒的质量超过总质量的 50%	/	/	粉砂	C

注:1 颗粒级配分为良好($C_u \geq 5$,并且 $C_c = 1 \sim 3$)和不良($C_u < 5$,或 $C_c \neq 1 \sim 3$),其中不均匀系数 $C_u = \frac{d_{60}}{d_{10}}$,曲率系数 $C_c = \frac{d_{30}^2}{d_{10} \times d_{60}}$,$d_{10}$、$d_{30}$、$d_{60}$ 分别为颗粒级配曲线上相应于 10%、30%、60% 含量的粒径;

2 硬块石的单轴饱和抗压强度 $R_c > 30$ MPa,软块石的单轴抗压强度 $R_c \leq 30$ MPa;

3 细粒含量指细粒($d \leq 0.075$ mm)的质量占总质量的百分数。

表 5.2.3 细粒土填料分组

一级定名			二级定名			填料分组
			液限含水率	名称	塑性图	
细粒土	粉土	$I_p \leq 10$，且粒径大于0.075 mm颗粒的质量不超过全部质量50%的土	$w_L < 40\%$	低液限粉土	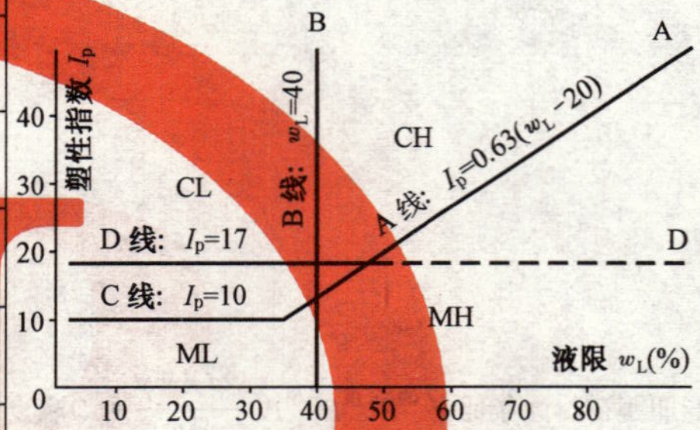	C
细粒土	粉土		$w_L \geq 40\%$	高液限粉土		D
细粒土	黏性土 粉质黏土	$10 < I_p \leq 17$	$w_L < 40\%$	低液限粉质黏土		C
细粒土	黏性土 粉质黏土		$w_L \geq 40\%$	高液限粉质黏土		D
细粒土	黏性土 黏土	$I_p > 17$	$w_L < 40\%$	低液限黏土		C
细粒土	黏性土 黏土		$w_L \geq 40\%$	高液限黏土		D
有机土			有机质含量大于5%			E

注：1 液限含水率试验采用圆锥仪法，圆锥仪总质量为76 g，入土深度10 mm；

2 A线方程中的 w_L 按去掉%符号后的数值进行计算。

5.3 级配碎石、级配砂砾石

5.3.1 级配碎石或级配砂砾石填料的粒径级配应分别符合表5.3.1—1、表5.3.1—2的规定，且0.5 mm筛以下的细集料中通过0.075 mm筛的颗粒含量应小于等于66%。

表5.3.1—1 级配碎石的粒径级配范围

方孔筛边长(mm)	0.075	0.1	0.5	1.7	7.1	16	25	45
过筛质量百分率(%)	0~7	0~11	7~32	13~46	41~75	67~91	82~100	100

表5.3.1—2 级配砂砾石的粒径级配范围

级配编号	通过筛孔(mm)质量百分率(%)								
	50	40	30	20	10	5	2	0.5	0.075
1	100	90~100	—	65~85	45~70	30~55	15~35	10~20	4~10
2	—	100	90~100	75~95	50~70	30~55	15~35	10~20	4~10
3	—	—	100	85~100	60~80	30~50	15~30	10~20	2~8

注：用圆孔筛时，采用1~3号级配；用方孔筛时，采用2~3号级配。

5.3.2 级配碎石或级配砂砾石的质量应符合铁路碎石道床底砟的有关规定。

5.3.3 级配碎石或级配砂砾石与上部道床碎石及下部填土之间的颗粒级配应满足以下要求：

$$D_{15} < 4d_{85}$$

式中 D_{15}——较粗一层土的颗粒粒径(mm)，小于该粒径的质量占总质量的15%；

d_{85}——较细一层土的颗粒粒径(mm)，小于该粒径的质量占总质量的85%。

当与下部填土不能满足以上要求时，基床表层应采用颗粒级配不同的双层结构，或在基床底层表面铺设土工合成材料反滤层；当下部填土为改良土时，可不受此项规定限制。

5.4 改 良 土

5.4.1 物理改良的掺合料可采用砂、砾石、碎石等；化学改良的掺合料可采用水泥、石灰、粉煤灰等。

5.4.2 填料改良应通过试验提出最佳掺合料、最佳配比及改良后的强度等指标。

6 基　床

6.1 基床结构

6.1.1　路基基床应分为表层及底层，表层厚度为 0.6 m，底层厚度为 1.9 m，总厚度为 2.5 m。

6.1.2　基床底层的顶部和基床以下填料部位的顶部应设4%的人字排水坡。

6.1.3　陡坡地段的半填半挖路基，路基面以下 1 m 范围内应予以挖除换填，填料应满足第 6.2.1 条、第 6.2.2 条的要求。挖方顶面应设4%的向外排水坡。

6.2 路堤基床

6.2.1　基床表层填料的选用应符合下列要求：

1　Ⅰ级铁路应选用 A 组填料（砂类土除外），当缺乏 A 组填料时，经经济比选后可采用级配碎石或级配砂砾石。

2　Ⅱ级铁路应优先选用 A 组填料，其次为 B 组填料。对不符合要求的填料，应采取土质改良或加固措施。

3　填料的颗粒粒径不得大于 150 mm。

4　基床表层的压实标准：对改良土应采用压实系数和地基系数作为控制指标；对砂类土（粉砂除外）应采用相对密度和地基系数作为控制指标；对砾石类、碎石类、级配碎石或级配砂砾石应采用地基系数和孔隙率作为控制指标。并应符合表 6.2.1—1 和表 6.2.1—2 的规定。

表 6.2.1—1　基床表层的压实标准

层位	填料类别 / 铁路等级 / 压实指标	改良土		砂类土（粉砂除外）		砾石类		碎石类		块石类	
		Ⅰ级	Ⅱ级	Ⅰ级	Ⅱ级	Ⅰ级	Ⅱ级	Ⅰ级	Ⅱ级	Ⅰ级	Ⅱ级
基床表层	压实系数 K	—	0.93	—	—	—	—	—	—	—	—
	地基系数 K_{30}（MPa/m）	—	100	—	110	150	140	150	140	—	—
	相对密度 D_r	—	—	—	0.8	—	—	—	—	—	—
	孔隙率 n（%）	—	—	—	—	28	29	28	29	—	—

6.2.2　基床底层填料的选用应符合下列要求：

1　Ⅰ级铁路应选用 A、B 组填料，否则应采取土质改良或加固措施。

表 6.2.1—2 级配碎石或级配砂砾石的基床表层厚度及压实标准

填　　料	厚度(m)	地基系数 K_{30} (MPa/m)	孔隙率(%)	适 用 范 围
级配碎石或级配砂砾石	0.6	≥150	<28	路堤
级配碎石或级配砂砾石	0.5	≥150	<28	软质岩、强风化硬质岩及土质路堑
中粗砂	0.1	≥130	<18	

2 Ⅱ级铁路可选用 A、B、C 组填料。当采用 C 组填料时，在年平均降水量大于 500 mm 地区，其塑性指数不得大于 12，液限不得大于 32%，否则应采取土质改良或加固措施。

3 填料的最大粒径不应大于 200 mm，或摊铺厚度的 2/3。

4 基床底层的压实标准：对细粒土、粉砂、改良土应采用压实系数和地基系数作为控制指标；对砂类土(粉砂除外)应采用相对密度和地基系数作为控制指标；对砾石类、碎石类、级配碎石或级配砂砾石应采用地基系数和孔隙率作为控制指标；对块石类应采用地基系数作为控制指标。并应符合表 6.2.2 的规定。

6.2.3 高度小于 2.5 m 的低路堤，基床表层厚度范围内天然地基的土质及其天然密实度应符合本规范第 6.2.1 条、第 6.2.2 条的有关规定。基床底层厚度范围内天然地基的静力触探比贯入阻力 P_s 值：Ⅰ级铁路不得小于 1.5 MPa，Ⅱ级铁路不得小于 1.2 MPa；或天然地基基本承载力 σ_0：Ⅰ级铁路不小于 0.18 MPa，Ⅱ级铁路不小于 0.15 MPa。否则应进行换填、改良或加固处理。

表 6.2.2 基床底层的压实标准

层位	填料类别 / 铁路等级 / 压实指标	细粒土、粉砂、改良土		砂类土(粉砂除外)		砾石类		碎石类		块石类	
		Ⅰ级	Ⅱ级	Ⅰ级	Ⅱ级	Ⅰ级	Ⅱ级	Ⅰ级	Ⅱ级	Ⅰ级	Ⅱ级
基床底层	压实系数 K	(0.93)	0.91	—	—	—	—	—	—	—	—
	地基系数 K_{30} (MPa/m)	(100)	90	100	100	120	120	130	130	150	150
	相对密度 D_r	—	—	0.75	0.75	—	—	—	—	—	—
	孔隙率 n(%)	—	—	—	—	31	31	31	31	—	—

注：细粒土、粉砂、改良土一栏中，有括号的仅为改良土的压实标准，无括号的为细粒土、粉砂、改良土的压实标准。

6.3 路 堑 基 床

6.3.1 Ⅰ级铁路基床表层土质不满足第 6.2.1 条要求时，应进行换填处理；Ⅱ级铁路基床表层土质不满足第 6.2.1 条要求时，应采取换填或土质改良等措施。

6.3.2 基床表层土的天然密实度不应小于本规范表 6.2.1—1 压实标准的规定值，否则应采取压实措施。

6.3.3 基床底层厚度范围内天然地基的静力触探比贯入阻力 P_s 值：Ⅰ级铁路不得小于 1.2 MPa，Ⅱ级铁路不得小于 1.0 MPa，或天然地基基本承载力 σ_0：Ⅰ级铁路不小于 0.15 MPa，Ⅱ级铁路不小于 0.12 MPa。否则应进行加固处理。

6.3.4 不易风化的硬质岩石基床，路基面应设 4% 人字排水坡，凹凸不平处应以混凝土或级配砂砾石、级配碎石填平。

6.4　基床加固措施

6.4.1　基床加固措施应根据土质及其密实度、降水量、地下水类型及其埋藏深度、加固材料来源等确定，经比选可采用就地碾压、换土或土质改良、复合地基、加强防排水、设置土工合成材料等措施。

6.4.2　在水文地质条件复杂及易产生冻害地段，应对基床部分采取防水或防冻害措施。

7 路 堤

7.1 地 基 处 理

7.1.1 稳定斜坡上地基表层的处理,应符合下列要求:

1 地面坡率缓于1:10时,路堤可直接填筑在天然地面上。路堤高度小于基床厚度的地段,应清除地表草皮。

2 地面坡率为1:10~1:5时,应清除草皮。

3 地面坡率为1:5~1:2.5时,原地面应挖台阶,台阶宽度不应小于2 m。当基岩面上的覆盖层较薄时,宜先清除覆盖层再挖台阶。当覆盖层较厚且稳定时,可予保留,在原地面挖台阶后填筑路堤。

7.1.2 地面横坡陡于1:2.5地段的陡坡路堤,必须检算路堤整体沿基底及基底下软弱层滑动的稳定性,抗滑稳定安全系数不得小于1.25。当符合要求时,应在原地面设计台阶;否则应采取改善基底条件或设置支挡结构等抗滑措施。陡坡路堤靠山侧应设排水设施,并采取防渗加固措施。

7.1.3 基底有地下水影响路堤稳定时,应采取拦截引排至基底范围以外或在路堤底部填筑渗水填料等措施。

7.1.4 地基表层为松散土层,其天然密实度小于本规范表7.3.1的压实标准规定值时,当松土厚度不大于0.3 m,应将原地表碾压密实;当松土厚度大于0.3 m,应将松土翻挖,分层回填压实或采取其他加固措施,碾压后的压实质量应满足本规范表7.3.1压实标准的规定值。

7.1.5 地基表层为软弱土层,当其静力触探比贯入阻力 P_s 值:Ⅰ级铁路小于1.2 MPa,Ⅱ级铁路小于1.0 MPa时;或天然地基基本承载力 σ_0:Ⅰ级铁路小于0.15 MPa,Ⅱ级铁路小于0.12 MPa时,应根据软弱土层的性质、厚度、含水率、地表积水深度等,采取排水疏干、挖除换填或填砂砾石等地基加固措施。

7.1.6 软土及其他类型厚层松软地基上的路基须进行路基稳定性、沉降检算,当稳定安全系数、工后沉降不满足第7.6.2条规定时,应进行地基处理。地基处理设计应符合《铁路特殊路基设计规范》(TB 10035)的有关规定。

7.2 填 料 要 求

7.2.1 路堤基床以下部位填料,宜选用A、B、C组填料。当选用D组填料时,应采取加固或土质改良措施;严禁使用E组填料。

7.2.2 Ⅰ级铁路的路堤与桥台、路堤与涵洞、路堤与硬质岩石路堑连接处的过渡段填料及Ⅱ级铁路的路堤与桥台、路堤与涵洞连接处的过渡段填料应满足第7.5.3条的规定。

铺设非无缝线路的Ⅰ、Ⅱ级铁路的桥头路堤及Ⅰ、Ⅱ级铁路的涵洞两侧路堤填料应采用渗水土填料填筑。

7.2.3 路堤浸水部位的填料，应采用渗水土填料。

7.2.4 使用不同填料填筑路堤时，应分层填筑，每一水平层全宽应以同一种填料填筑。当渗水土填在非渗水土上时，非渗水土层顶面应向两侧设4%的人字排水坡；当上下两层填料的颗粒大小相差悬殊时，应在分界面上铺设厚度不小于30 cm的垫层。

7.2.5 填料的最大粒径不宜大于300 mm或摊铺厚度的2/3。

7.3 压实标准

7.3.1 路堤基床以下部位填料的压实标准：对细粒土、粉砂、改良土应采用压实系数和地基系数作为控制指标；对砂类土（粉砂除外）应采用相对密度和地基系数作为控制指标；对砾石类、碎石类应采用地基系数和孔隙率作为控制指标；对块石类应采用地基系数作为控制指标。并应符合表7.3.1的规定。

表7.3.1 路堤基床以下部位填料的压实标准

填筑部位	填料类别 / 铁路等级 / 压实指标	细粒土、粉砂、改良土		砂类土（粉砂除外）		砾石类		碎石类		块石类	
		Ⅰ级	Ⅱ级	Ⅰ级	Ⅱ级	Ⅰ级	Ⅱ级	Ⅰ级	Ⅱ级	Ⅰ级	Ⅱ级
不浸水部分	压实系数 K	0.90	0.90	—	—	—	—	—	—	—	—
	地基系数 K_{30}（MPa/m）	80	80	80	80	110	110	120	120	130	130
	相对密度 D_r	—	—	0.7	0.7	—	—	—	—	—	—
	孔隙率 n（%）	—	—	—	—	32	32	32	32	—	—
浸水部分及桥涵两端	压实系数 K	—	—	—	—	—	—	—	—	—	—
	地基系数 K_{30}（MPa/m）	—	—	(80)	(80)	(110)	(110)	(120)	(120)	(130)	(130)
	相对密度 D_r	—	—	(0.7)	(0.7)	—	—	—	—	—	—
	孔隙率 n（%）	—	—	—	—	(32)	(32)	(32)	(32)	—	—

注：1 括号内为砂类土（粉砂除外）、砾石类、碎石类、块石类中渗水土填料的压实标准；

2 路堤与桥台、路堤与涵洞、路堤与硬质岩石路堑连接处过渡段填料的压实标准应满足第7.5.3条的规定。

7.3.2 施工控制含水率的范围，应根据填料性质、压实标准和机械压实能力综合确定。细粒土和可击实的粗粒土填筑时的含水率应接近最优含水率，当含水率过高或过低时，可采取疏干晾晒或加水湿润等措施。

7.3.3 路堤边坡高度大于15 m时，应满足以下要求：

1 根据填料、边坡高度等加宽路基面，其每侧加宽值 Δb 应按式（7.3.3）计算。

$$\Delta b = C \cdot H \cdot m \tag{7.3.3}$$

式中 C——沉降比，细粒土约为0.01～0.02，漂石土、卵石土、碎石土、粗粒土约为0.005～0.015，硬块石土约为0.005～0.01，软块石土约为0.015～0.025；

H——路堤边坡高度（m）；

m——道床边坡坡率，$m=1.75$。

2 基床以下填料的压实标准应采用基床底层的压实标准。

7.4 边坡形式和坡率

7.4.1 路堤边坡形式和坡率应根据填料的物理力学性质、边坡高度、轨道和列车荷载及地基工程地质条件等确定。

当地基条件良好,边坡高度不大于表 7.4.1 范围时,其边坡形式和坡率应按表 7.4.1 采用。

表 7.4.1 路堤边坡形式和坡率

填料名称	边坡高度(m)			边坡坡率			边坡形式
	全部高度	上部高度	下部高度	全部坡率	上部坡率	下部坡率	
细粒土、易风化的软块石土	20	8	12	—	1:1.5	1:1.75	折线型
粗粒土(细砂、粉砂除外)、漂石土、卵石土、碎石土、不易风化的软块石土	20	12	8	—	1:1.5	1:1.75	折线型
硬块石土	8	—	—	1:1.3	—	—	直线型
	20	—	—	1:1.5	—	—	直线型

注:1 当有可靠资料和经验时,可不受本表限制;
2 Ⅰ级铁路的路堤边坡高度不宜大于 15 m;
3 填料为粉砂、细砂、膨胀土等时,其边坡形式和坡率应按《铁路特殊路基设计规范》的有关规定设计。

7.4.2 路堤边坡高度大于表 7.4.1 的数值时,其超出的下部边坡形式和坡率,应根据填料的性质由稳定分析计算确定,最小稳定安全系数应为 1.15 ~ 1.25,边坡形式宜用阶梯型。

7.4.3 路堤坡脚外应设置不小于 2 m 宽的天然护道。在经济作物区地段,当能保证路堤稳定时,可设宽度不小于 1 m 的人工护道或设坡脚墙。

7.5 过 渡 段

7.5.1 Ⅰ、Ⅱ级铁路,路堤与桥台、路堤与涵洞连接处应设置过渡段。路堤与桥台过渡段应按图 7.5.1 进行设计。

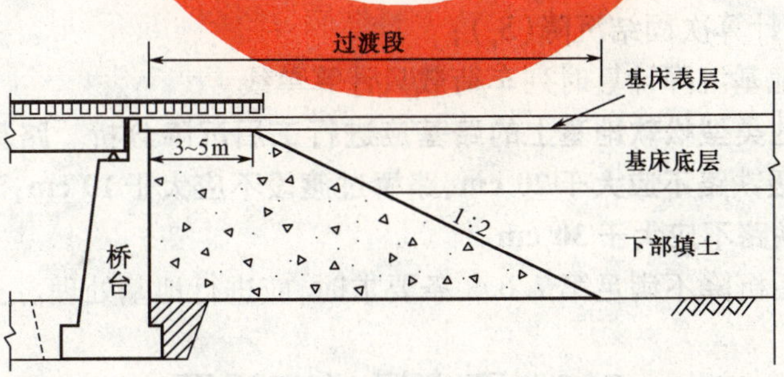

图 7.5.1 路桥过渡段设计图

7.5.2 一次铺设无缝线路的Ⅰ级铁路,路堤与路堑连接处应设置过渡段:

1　当路堤与路堑连接处为硬质岩石路堑时，在路堑一侧沿原地面纵向设计台阶，台阶高度为 0.6 m 左右，并应在路堤一侧设置过渡段，见图 7.5.2—1。

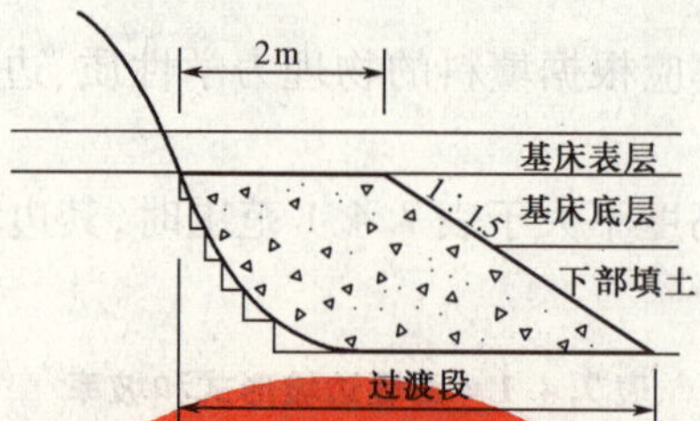

图 7.5.2—1　路堤与硬质岩石路堑过渡段设计图

2　当路堤与路堑连接处为软质岩石或土质路堑时，应先沿原地面纵向挖成 1∶1.5 的坡面后，再在 1∶1.5 的坡面上设置台阶，台阶高度为 0.6 m 左右，见图 7.5.2—2。开挖回填部分的填料及压实标准与路堤相同。

7.5.3　路堤与桥台、路堤与涵洞、路堤与硬质岩石路堑连接处过渡段的基床表层填料与压实标准应与相邻基床表面相同，基床表层以下应选用 A 组填料，压实标准应符合表 6.2.2 基床底层的要求。当过渡段浸水时，浸水部分的填料还应满足渗水土的要求。

图 7.5.2—2　路堤与软质岩石、土质路堑过渡段设计图

7.6　沉降控制

7.6.1　软土地基沉降计算应符合下列规定：

1　地基沉降量计算其压缩层厚度按附加应力等于 0.1 倍自重应力确定；

2　地基的总沉降量（S）计算应包括瞬时沉降（S_d）、主固结沉降（S_c），对于富含有机质土和泥炭土尚应计算次固结沉降（S_s）；

3　双线路基地基沉降计算时列车荷载只计算单线。

7.6.2　软土及其他类型松软地基上的路基应进行工后沉降分析。路基的工后沉降量应满足以下要求：Ⅰ级铁路不应大于 20 cm，路桥过渡段不应大于 10 cm，沉降速率均不应大于 5 cm/年；Ⅱ级铁路不应大于 30 cm。

7.6.3　路基的工后沉降不满足第 7.6.2 条要求时，应进行地基处理。

7.7　取土场（坑）设置

7.7.1　取土场（坑）的设置，应根据各地段取土性质、数量，并结合路基排水、地形、土质、施工方法、节约用地、环保等要求，作出统一规划。

7.7.2 取土场(坑)设置应符合下列规定:

1 取土场(坑)的土质应符合路基填料要求。

2 地形平坦地段,宜设在路堤一侧。当地面横坡陡于1∶10时,宜设在路堤上侧。

3 桥头河滩路堤的取土坑必须设在下游侧。

4 兼作排水的取土坑,应确保水流通畅排出。其深度不宜超过该地区地下水水位并应与桥涵进口高程相衔接;其纵坡不应小于2‰,平坦地段亦不应小于1‰。

5 当取土坑较深时,边坡坡脚至取土坑距离应保证路堤边坡稳定,取土坑内侧坑壁应采取防护措施。

7.7.3 当路堤填方数量大而集中时可远运或集中取土。

7.7.4 集中取土场应采取必要的挡护措施,以保证边坡的稳定,减少水土流失。

8　路　堑

8.1　一般规定

8.1.1　路堑边坡高度不宜超过30 m,对严重风化、岩体破碎的石质路堑、特殊岩土和土质路堑的边坡高度更应严格控制,并采取可靠的支挡防护措施。

8.1.2　路堑设计应减少对天然植被和山体的破坏,防止诱发地质灾害。

8.2　土质路堑

8.2.1　土质路堑边坡形式及坡率应根据工程地质和水文地质条件、土的性质、边坡高度、防排水措施、施工方法,并结合自然稳定山坡和人工边坡的调查及力学分析综合确定。

8.2.2　当土质路堑边坡高度小于20 m时,边坡坡率可按表8.2.2设计。

表8.2.2　土质路堑边坡坡率

土的类别		边坡坡率
黏土、粉质黏土、塑性指数大于3的粉土		1:1～1:1.5
中密以上的中砂、粗砂、砾砂		1:1.5～1:1.75
漂石土、块石土、卵石土、碎石土、圆砾土、角砾土	胶结和密实	1:0.5～1:1.25
	中　密	1:1.25～1:1.5

注:1　细砂、粉砂、黄土、膨胀土等路堑边坡形式及坡率应按《铁路特殊路基设计规范》(TB 10035)有关规定执行;

2　有可靠的资料和经验时,可不受本表限制。

8.2.3　土质路堑边坡高度大于20 m时,其边坡坡率应按本规范第8.2.2条规定并结合边坡稳定性分析计算确定,最小稳定安全系数应为1.15～1.25。

8.2.4　土质路堑应在侧沟外侧设置平台,其宽度应视边坡高度和土的性质决定,不宜小于1 m。

8.2.5　较深土质路堑宜在边坡中部或不同地层分界处设置平台,并在平台上设置截水沟或挡水墙,平台宽度不宜小于2 m。在年平均降水量小于400 mm地区,边坡平台上可不设截水沟,但应设置向坡脚方向不小于4%的排水横坡。

8.3　岩石路堑

8.3.1　岩石路堑边坡形式及坡率应根据工程地质和水文地质条件、岩性、边坡高度、施工方法,并结合岩体结构、结构面产状、风化程度和地貌形态以及自然稳定边坡和人工边坡的调查等因素综合考虑确定。必要时可采用稳定分析方法予以检算。

8.3.2　岩石路堑边坡高度小于20 m时,边坡坡率可按表8.3.2的规定设计。

表 8.3.2 岩石路堑边坡坡率

岩石类别	风化程度	边坡坡率
硬质岩	未风化、微风化	1∶0.1~1∶0.3
	弱风化、强风化	1∶0.3~1∶0.75
	全风化	1∶0.75~1∶1
软质岩	未风化、微风化	1∶0.3~1∶0.75
	弱风化、强风化	1∶0.5~1∶1
	全风化	1∶0.75~1∶1.5

注:1 膨胀岩等特殊岩质路堑边坡形式及坡率应按《铁路特殊路基设计规范》(TB 10035)有关规定执行;
2 有可靠的试验资料和经验时,可不受本表限制。

8.3.3 软质岩、强风化或全风化的岩石路堑,可按本规范第 8.2.4 条和第 8.2.5 条规定设置平台和排水设施。

8.3.4 硬质岩路堑应根据岩体结构、结构面产状、岩性等,并结合施工影响范围内既有建筑物的安全性要求等,采用光面、预裂爆破等控制爆破技术。

8.3.5 边坡高度大于 20 m 的软弱松散岩质路堑,当岩层风化破碎、节理发育时,应根据边坡工程地质条件,结合机械化施工的工艺特点,宜采用分层开挖、分层稳定和坡脚预加固技术。

8.4 弃土场(堆)设置

8.4.1 弃土场(堆)设置不应影响山体或边坡稳定,弃土场(堆)内侧坡脚至堑顶的距离应根据路堑土质条件和边坡高度确定,不宜小于 5 m。

8.4.2 陡坡路基和深路堑地段的弃土场(堆)应置于山坡下侧,并间断堆填,以保证弃土堆内侧地面水能顺利排出。

8.4.3 桥头弃土不得挤压桥墩台,阻塞桥孔。

8.4.4 对弃土场应采取必要的挡护措施,确保边坡稳定和符合环保要求。

9 路基排水

9.1 一般规定

9.1.1 路基设计应有完整、通畅的排水系统。排水设施应布置合理，与桥涵、隧道、站场等排水设施衔接配合，并具有足够的过水能力。

9.1.2 排水设施应根据各段落的汇水面积、表面形状、周边地形、地质情况、地下水状况和气候等条件进行设计。

9.1.3 路基排水设施设计时，应与水土保持及农田水利的综合利用相结合。

9.1.4 城市地区的路基排水应与地方排灌和排污系统密切配合。

9.2 地面水

9.2.1 对路基有危害的地面水，应采取措施拦截引排至路基范围以外。排水设施布置应符合下列规定：

1 在路堤天然护道外，可设置单侧或双侧排水沟，也可利用取土坑排水。农田高产区两侧排水困难时，可在路堤坡脚设矮脚墙。

2 路堑应于路肩两侧设置侧沟。

3 堑顶外可设置单侧或双侧天沟。

4 路堑边坡平台截水沟的设置应符合本规范第 8.2.5 条要求。

5 天沟、侧沟、排水沟、边坡平台截水沟等各类排水设施的设置，应符合将水引排至路基以外的要求。

9.2.2 地面横坡明显地段的排水沟、天沟可在横坡上方一侧设置。当地面横坡不明显时，宜在路基两侧设置。

9.2.3 路堑顶部无弃土堆时，天沟内边缘至堑顶距离不宜小于5 m。当沟内采取加固防渗措施时，距离不应小于 2 m。

9.2.4 地面排水设施的纵坡，不应小于 2‰。平坦地面或反坡排水地段，在困难情况下，可减小至 1‰。

9.2.5 侧沟、天沟、排水沟的横断面，应有足够的过水能力。

1 当不需按流量计算时，可采用以下措施：

1）路堑地段的侧沟底宽 0.4 m、深度 0.6 m，干旱少雨地区或硬质岩石地段的侧沟可减少至 0.4 m；对土质等路堑，当基床表层换填 A、B 组填料时，其侧沟深度不应小于0.8 m（含困难地段）。

侧沟靠线路一侧沟壁的边坡坡率可采用 1∶1。当侧沟外侧与加固防护工程相连时，侧沟外侧沟壁的边坡与加固防护工程的胸坡相同；当有侧沟平台时，外侧沟壁的边坡坡率采用 1∶1。在砂类土中的两侧沟壁的边坡坡率采用 1∶1 ~1∶1.5。

2)天沟、排水沟的尺寸为底宽0.4 m、深度0.6 m。干旱少雨地区或硬质岩石路堑地段,深度可减少至0.4 m。天沟、排水沟沟壁的边坡坡率一般采用1∶1,细粒土和砂类土地段宜采用1∶1～1∶1.5。

3)边坡平台截水沟的尺寸可采用底宽0.4 m,深度0.2～0.4 m。

4)位于反坡排水地段或小于2‰坡道的路堑侧沟、天沟、排水沟,其分水点的沟深可减少至0.2 m。

2 需按流量设计的侧沟、天沟、排水沟,其横断面应按1/50 洪水频率的流量进行计算,沟顶应高出设计水位0.2 m。

9.2.6 天沟不应向路堑侧沟排水。当受地形限制需修建急流槽向侧沟排水时,应在急流槽的进口处进行加固,出口处设置消能设施及防止水流冲刷道床的挡水墙。急流槽下游的侧沟应加大断面,按1/50 洪水频率流量确定。

9.2.7 土质、软质岩、强风化或全风化的硬质岩石地段的侧沟、天沟和排水沟,应采取防止冲刷或渗漏的加固措施,必要时可设垫层。

9.2.8 在深长路堑和反坡排水困难的地段,宜增设桥涵建筑物,将侧沟水引排至路基外。

9.2.9 路堑侧沟的水不得流经隧道排出。当排水困难且隧道长度小于300 m,洞外路堑排水沟的水量较小、含泥量少时,经研究比较确定。

9.3 地 下 水

9.3.1 对路基有危害的地下水应根据地下水类型、含水层埋藏深度、地层的渗透性等条件及对环境的影响,选用适宜的排除地下水设施。

1 当地下水埋藏浅或无固定含水层时,可采用明沟、排水槽、渗水暗沟、边坡渗沟、支撑渗沟等。

2 当地下水埋藏较深或为固定含水层时,可采用渗水隧洞、渗井、渗管或仰斜式钻孔等。

9.3.2 渗水暗沟和渗水隧洞的纵坡不宜小于5‰,条件困难时亦不应小于2‰。渗水暗沟、渗水隧洞的横断面及结构尺寸,应根据埋置深度、施工和维修条件通过计算确定。

9.3.3 在水文地质条件复杂易产生冻害地段,渗水暗沟的排水孔应设在冻结深度以下不小于0.25 m处。截水的渗水暗沟的基底宜埋入隔水层内不小于0.5 m。边坡渗沟、支撑渗沟的基底宜设置在含水层以下较坚实的土层上。在严寒地区的渗水暗沟、渗水隧洞的出口,应采取防冻措施。

9.3.4 渗水暗沟、渗井和渗水隧洞,其渗水部分可采用砂砾石、无砂混凝土、土工织物作反滤层。反滤层的层数、厚度和颗粒级配等应根据坑壁土质和反滤层材料经计算确定,并应符合下列要求:

1 砂砾石应筛选清洗,其中颗粒小于0.15 mm的含量不得大于5%。

2 无砂混凝土块板反滤层的厚度可采用10～20 cm。当坑壁土质为黏性土、粉土或粉细砂时,在无砂混凝土块板外侧,应加设厚10～15 cm的中粗砂或土工织物反滤层。

3 土工织物反滤层可采用无纺土工织物。当坑壁土质为黏性土、粉土或粉细砂时,可在土工织物与坑壁土之间增铺一层10～15 cm厚的中砂。

9.3.5 渗水暗沟内应采用筛选洗净的卵石、碎石、砾石、粗砂或片石充填；仰斜式排水孔内应设置相应直径的渗水管，渗水管可选用带孔的 PVC、PP/PE 塑料管、钢管、软式透水管、无砂钢筋混凝土管或混凝土管等。

9.3.6 渗水暗沟每隔 30 m、渗水隧洞每隔 120 m 和平面转折、纵坡变坡点等处，宜设置检查井。兼起渗井作用的检查井的井壁应设置反滤层。检查井内应设检查梯，井口应设井盖及护栏等安全设施。

10　路基支挡及防护

10.1　一 般 规 定

10.1.1　路基支挡、防护结构工程设计时,必须查明山体和地基的工程地质、水文地质条件,取得必要的岩土物理力学参数。

10.1.2　路基支挡结构设计应符合《铁路路基支挡结构设计规范》(TB 10025)的规定。

10.1.3　对支挡结构基底下持力层范围内的软弱层,应检算其整体稳定性。整体稳定系数不得小于1.25。

10.1.4　增建第二线,在并行不等高的两线间设置支挡结构时,应根据路基情况、地基基础、施工对行车干扰等因素全面考虑确定设计方案。

10.1.5　城市及风景区的路基支挡、防护结构工程宜考虑与其他相邻建筑物的协调。

10.1.6　以粉土、粉细砂填筑的路堤,宜在两侧边坡2~3 m范围内分层水平铺设土工格栅,其竖向间距为0.5~0.6 m。

10.1.7　路堤边坡应设置防护工程,当填料及气候条件适宜时,应优先采用植物防护,并设置骨架。铁路路基边坡绿色防护工程应作为路基工程的组成部分,与其同步设计。

10.1.8　铁路路基边坡绿色防护工程设计应遵循因地制宜、安全可靠、经济合理和植物防护或植物防护与工程防护措施综合应用的原则。

10.1.9　铁路路基边坡绿色防护工程应结合工程实际情况,选段开展试验工作,完善设计,指导施工。

10.2　坡 面 防 护

10.2.1　对受自然因素作用易产生破坏的边坡坡面,应根据边坡的土质、岩性、水文地质条件、边坡坡率与高度、环境保护、水土保持要求等,选用适宜的防护措施。

10.2.2　路基边坡坡面防护工程类型及其适用条件宜按表10.2.2的规定选用。

表10.2.2　坡面防护工程常用类型及适用条件

防护类型	结构形式	适用条件	注意事项
植物防护	种草或液压喷播植草	土质边坡。坡率缓于1:1.25	当边坡较高时,可用土工网、土工网垫与种草结合防护
	铺草皮	土质和强风化、全风化的岩石边坡。坡率不陡于1:1	草皮可为天然草皮,亦可为人工培植的土工网草皮

续上表

防护类型	结构形式	适用条件	注意事项
植物防护	种植灌木	土质、软质岩和全风化的硬质岩石边坡。坡率不陡于1:1.5	树种应为根系发达、枝叶茂盛、适合当地迅速生长之低矮灌木
	喷混植生	漂石土、块石土、卵石土、碎石土、粗粒土和强风化、弱风化的岩石路堑边坡。坡率不陡于1:0.75	种植基材应通过配合比试验或小范围工程试验确定,边坡高度不宜大于10 m
	客土植生	漂石土、块石土、卵石土、碎石土、粗粒土和强风化的软质岩及强风化、全风化的硬质岩石路堑边坡,或由其弃渣填筑的路堤边坡,坡率不陡于1:1	边坡高度不宜大于8 m
喷　护	喷掺砂水泥土,厚度为6~10 cm,材料为砂、水泥、黏性土	易受冲刷的土质堑坡。坡率不陡于1:0.75	选好材料配合比和水灰比,一般应通过试喷
	喷浆,厚度≥5 cm,材料为砂、水泥、石灰	易风化但未遭强风化、全风化的岩石堑坡。坡率不陡于1:0.5	
	喷混凝土,厚度≥8 cm,材料为砂、水泥、砾石	易风化但未遭强风化、全风化的岩石堑坡。坡率不陡于1:0.5	选好材料配合比和水灰比,一般应通过试喷
挂网喷护	锚杆铁丝网(或土工格栅)喷混凝土或喷浆。锚固深度为1.0~2.0 m,网距为20~25 cm,其他同喷护	喷混凝土或喷浆防护的岩石边坡。当坡面岩体破碎时,为加强防护的稳定性而采用	锚孔深度应比锚固深度深20 cm,其他同喷护
干砌片石护坡	一般厚度为30 cm,其下设≥10 cm厚砂砾石垫层	土质路堤边坡;有少量地下水渗出的局部堑坡;局部土质堑坡嵌补。坡率不陡于1:1.25	基础应选用较大的石块,应自下而上地进行栽砌,接缝要错开,缝隙要填满塞紧
浆砌片石护坡	厚度为30~40 cm,水泥砂浆砌筑	易风化的岩石边坡和土质边坡。坡率不陡于1:1	—
浆砌片石或混凝土骨架护坡	骨架宜用带排水槽的拱型骨架,也可采用人字型、方格型。骨架内铺草皮、液压喷播植草或干砌片石等	土质和全风化的岩石边坡,当坡面受雨水冲刷严重或潮湿时。坡率不陡于1:1	护坡四周需用浆砌片石或混凝土镶边,混凝土骨架视情况在节点处加锚杆,多雨地区采用带排水槽的拱型骨架,骨架埋深不小于0.4 m
浆砌片石护墙	等截面厚度为50 cm;变截面顶宽为40 cm,底宽视墙高而定	土质和易风化剥落的岩石边坡。坡率不陡于1:0.5	等截面护墙高不宜超过6 m,当坡度较缓时,不宜超过10 m。变截面护墙,单级不宜超过12 m,超过时宜设平台、分级砌筑

10.2.3　在采用植物或喷护、挂网喷护等路堑坡面防护和在年平均降水量大于400 mm地区较高的土质路堑边坡地段,宜在坡脚处设高1~2 m浆砌片石护坡或护墙。

10.2.4　软硬岩层相间的路堑边坡应根据岩层情况采用全部防护或局部防护措施。

10.2.5　当浆砌片石护墙高度大于12 m、浆砌片石护坡和骨架护坡高度大于15 m时,宜在适当高度处设平台,平台宽度不宜小于2 m。

10.2.6　浆砌片石护墙、护坡的基础应埋置在路肩线以下不小于 1 m,并不应高于侧沟砌体底面;当地基为冻胀土时,应埋置在冻结深度以下不小于 0.25 m。

10.2.7　封闭式的坡面应在防护砌体上设泄水孔和伸缩缝。当坡面有地下水出露时,应采取措施将水引排。

10.2.8　土质和易风化岩石的深路堑边坡,宜在坡脚处设置挡土墙,以降低边坡高度。当挡土墙墙顶上方坡面设有浆砌片石护墙、护坡时,墙顶应设置边坡平台,平台宽度不宜小于 2 m。

10.2.9　用砂类土、细粒土等填料填筑的路堤,应根据具体情况采取防护措施。

10.3　冲刷防护

10.3.1　沿河地段路基应根据河流特性、水流性质、河道地貌、地质等因素,结合路基位置,选用适宜的坡面防护、导流或改河工程。

10.3.2　路堤边坡与河岸岸坡的冲刷防护工程类型及适用条件宜按表 10.3.2 的规定选用。

在流速为 2 ~ 5 m/s 的河段,经技术经济比选,亦可采用土工织物沉枕、土工模袋等冲刷防护类型。

10.3.3　冲刷防护工程顶面高程,应为设计水位加波浪侵袭高加壅水高加 0.5 m;桥头的河滩路堤,当水流纵坡较大、河滩较宽阔时,还应计入桥前水面横坡所形成的附加高度。防护工程基底应埋设在冲刷深度以下不小于 1 m 或嵌入基岩内。冲刷深度应根据公式计算、河床地层冲淤分析和类似工程的实践资料综合分析确定。当冲刷深度较深、水下施工困难时,可采用桩基、沉井基础或适宜的平面防护或与设桥方案进行比较。

10.3.4　冲刷防护工程应与上下游岸坡平顺连接、端部嵌入岸壁足够深度,以防止恶化上下游的水文条件。

表 10.3.2　冲刷防护工程常用类型及适用条件

防护类型	结构形式	适用条件	
		容许流速(m/s)	水流方向、河道地貌等
植物防护	铺草皮	1.2 ~ 1.8	水流方向与线路近乎平行;不受各种洪水主流冲刷的浅滩地段路堤边坡防护
	种植防护林、挂柳		有浅滩地段的河岸冲刷防护
干砌片石护坡	单层厚 0.25 ~ 0.35 m;双层厚:上层 0.25 ~ 0.35 m,下层 0.25 m	2 ~ 3	水流方向较平顺的河岸滩地边缘;不受主流冲刷的路堤边坡;无漂浮物和滚石的河段
浆砌片石护坡	厚 0.3 ~ 0.6 m	4 ~ 8	主流冲刷及波浪作用强烈处的路堤边坡
混凝土护坡	厚 0.08 ~ 0.2 m		
抛　石	石块尺寸根据流速、波浪大小计算,不宜小于 0.3 m	3	水流方向较平顺,无严重局部冲刷的河段;已浸水的路堤边坡与河岸
石　笼	镀锌铁丝制成箱形或圆形,笼内装石块	4 ~ 5	受洪水冲刷但无滚石河段和大石料缺少地区
大型砌块	2 m×2 m×2 m 3 m×3 m×2 m	5 ~ 8	受主流冲刷严重的河段
浸水挡土墙	—	5 ~ 8	峡谷急流和水流冲刷严重的河段

10.3.5 设置导流建筑物时,应根据河道的地形、地质、水流性质、河道演变规律和防护要求等规划导治线,并应避免冲刷农田、村庄、道路和下游路基。在山区河谷地段,不宜设置挑水导流建筑物。

10.3.6 高水位坝的坝顶高程应为设计水位加波浪侵袭高加壅水高再加 0.5 m。

挑水坝坝长不宜大于河床宽的 1/4,坝的间距宜为坝长的1~2.5 倍。当水流较平顺时,间距可增至 3~5 倍。

顺坝和挑坝的坝头、坝根及基础部分应加强防护。坝根应嵌入河岸足够深度,与坝根相连的河岸应有适当长度的防护。

10.3.7 遇有水流直冲威胁路基安全时,应及时做好防冲刷工程。必须改移河道时,应根据河流特性及其演变规律,因势利导,慎重对待,并与设桥方案进行经济技术比较。改河的起点和终点应与原河床顺接。在改河入口处加陡纵坡并设置拦河坝或顺坝。新河槽断面应按设计洪水频率的流量计算。

11 改建与增建第二线路基

11.1 改建既有线路基

11.1.1 改建既有线路基应在充分勘察、调查、试验资料的基础上开展设计工作。

11.1.2 改建既有线单双绕地段路基应按新建标准设计，改建地段除符合本标准外，还应执行铁道部关于既有线改建的有关规定。

改建地段应采取措施以减少运营干扰，保证行车安全，并注意新建绕行地段与利用地段的衔接和过渡。

11.1.3 改建既有线路肩高程应符合本规范第3章的有关规定。

11.1.4 路基面形状应符合下列要求：

1 既有路基面高度不变，仅帮宽路基时，应自既有线道床坡脚处向外做成4%的横向排水坡。

2 抬高或下挖既有路基面时，应由线路中心向两侧设4%的横向排水横坡。

11.1.5 路基面宽度应符合下列要求：

1 既有路基面高度不变时，路肩宽度应符合本规范第4.2.2条的规定，困难地段Ⅰ级铁路路堤不得小于0.6 m，Ⅰ级铁路路堑与Ⅱ级铁路不得小于0.4 m。

2 抬高或下挖路基面时，路基面宽度同新建铁路。

11.1.6 设计速度为160 km/h以下的改建地段，既有线基床表层的基本承载力不应小于0.15 MPa，否则应进行换填或加固处理。

设计速度为160 km/h的改建地段，既有线基床表层应满足既有线提速160 km/h路基技术条件的有关规定。

11.1.7 对改建地段的路基既有病害，应根据病害类型、特征、形成原因及危害程度，结合当地的气象、工程地质、水文地质等因素，采取彻底整治、不留后患的措施。

11.1.8 改建既有路堤应符合下列要求：

1 抬高路基面及帮宽路堤的填料，应符合新建铁路的标准。

2 帮宽既有路堤时，帮填土顶部宽度不应小于0.5 m，底部不应小于顶部帮宽值。

3 帮填路堤时，应沿既有路堤坡面挖成宽度不小于1 m的台阶，分层加筋、分层碾压。

4 帮填路堤边坡形式和坡率应符合本规范第7.4节规定。

5 采用道砟抬道后，对既有道床过厚地段，可在标准道床厚度以下的超厚部分采用渗水土垫肩。

11.1.9 改建既有线路堑边坡坡率可按本规范第8章有关规定或根据既有路堑稳定边坡坡率确定，并应尽量减少剥皮刷方，必要时可增设挡护工程。

11.1.10 既有路堑边坡病害经多年整治已趋稳定的地段，改建时应尽量减少拆除工程，不宜触动原边坡。

11.1.11 在不宜刷方扩宽路堑地段，可采用改变侧沟形式、削减侧沟平台、设置侧沟盖板等措施加宽路基。削减后的侧沟平台宽度不宜小于 1 m。

11.1.12 抬道、落道后，当路堑侧沟受排水高程控制时，可采取加高侧沟沟壁或减少侧沟深度的措施。对易产生基床病害的既有路堑还应采取防止积水沿路基面下渗的措施。

11.1.13 施工与运营相互干扰地段的路基设计，应采取保证行车及施工安全的措施。对控制工期的地段，按采取维持临时行车的过渡措施进行设计。岩石路堑刷方地段，应采用光面、预裂爆破等控制爆破技术。

11.2 增建第二线路基

11.2.1 增建第二线路基应考虑与既有线路基间的相互影响，统筹兼顾，必要时可采取维持临时通车的过渡措施。当既有线路基病害危及第二线路基稳定时，应一并进行整治。

11.2.2 增建第二线一侧的路肩高程、路基面宽度、边坡坡率等应符合本规范的有关规定。

11.2.3 增建并行的第二线路基面，当第二线路肩高于既有路肩时，第二线路基面应设计为三角形路拱，并应自既有线路肩或以下向外做 4% 的排水横坡，横坡以上部分应采用 A 组填料；当第二线路肩低于既有路肩时，应通过第二线路肩设置 4% 的排水横坡。

11.2.4 增建并行的第二线路基的填料及压实标准应符合本规范有关要求。

11.2.5 并行不等高地段的路基，两线间边坡坡率的设计必须考虑上线列车荷载的影响。有条件时应增大线间距，或采取支挡措施。

11.2.6 增建并行第二线及换侧地段，帮填路堤应按本规范第 11.1.8 条的要求设计台阶。

11.2.7 增建第二线时，不得恶化既有路基的排水条件，应保证两线路基面及线间排水通畅。不等高地段路基，两线间应设置排水设施。

11.2.8 扩宽岩石路堑时，应按本规范第 11.1.11 条的要求进行设计。

11.3 既有建筑物的改建、加固和利用

11.3.1 防护工程较复杂地段，当既有挡护设备使用良好，且能保证新线路基的稳定和行车安全时宜保留。

11.3.2 加固利用的既有建筑物，新、旧混凝土或砌体应紧密连接，形成整体。

11.3.3 采用干砌片石垛加宽或加高路肩时，其高度不应超过1 m。

11.3.4 路堑有挡护工程的地段，落道下挖路基面后，当基础已暴露或埋置深度不够时，应对基础进行加固。

11.3.5 改建与增建第二线路基，应保证原有排水系统通畅和排水设施的完整。

附录 A　列车和轨道荷载换算土柱高度及分布宽度

表 A

项目		单位	Ⅰ级铁路					Ⅱ级铁路		
			特重型		重型		次重型	次重型	中型	轻型
路段旅客列车设计行车速度 v		km/h	$120 \leqslant v \leqslant 160$		$120 < v \leqslant 160$	120	120	$80 \leqslant v \leqslant 120$	$80 \leqslant v \leqslant 100$	80
轨道条件	钢轨	kg/m	75	60	60	60	50	50	50	50
轨道条件	混凝土轨枕型号		Ⅲ	Ⅲ	Ⅲ	Ⅲ	Ⅱ	Ⅱ	Ⅱ	Ⅱ
轨道条件	铺轨根数	根/km	1 667	1 667	1 667	1 667	1 760	1 760	1 760	1 760
轨道条件	混凝土轨枕长度	m	2.6	2.6	2.6	2.6	2.5	2.5	2.5	2.5
轨道条件	道床顶面宽度	m	3.5	3.5	3.4	3.4	3.3	3.3	3.0	2.9
轨道条件	道床边坡坡率		1.75	1.75	1.75	1.75	1.75	1.75	1.75	1.5
基床表层类型 土质	道床厚度	m	0.5	0.5	0.5	0.5	0.45	0.45	0.40	0.35
基床表层类型 土质 换算土柱	换算土柱宽度	m	3.7	3.7	3.7	3.7	3.5	3.5	3.4	3.3
基床表层类型 土质 换算土柱	荷载强度	kPa	60.2	60.2	59.7	59.7	60.1	60.1	59.1	58.5
基床表层类型 土质 换算土柱 重度	18 kN/m³ 换算土柱高度	m	3.4	3.4	3.4	3.4	3.4	3.4	3.3	3.3
基床表层类型 土质 换算土柱 重度	19 kN/m³ 换算土柱高度	m	3.2	3.2	3.2	3.2	3.2	3.2	3.2	3.1
基床表层类型 土质 换算土柱 重度	20 kN/m³ 换算土柱高度	m	3.1	3.1	3.0	3.0	3.0	3.0	3.0	3.0
基床表层类型 土质 换算土柱 重度	21 kN/m³ 换算土柱高度	m	2.9	2.9	2.9	2.9	2.9	2.9	2.9	2.8

续上表

基床表层类型	项目		单位	Ⅰ级铁路 特重型	Ⅰ级铁路 特重型	Ⅰ级铁路 重型	Ⅰ级铁路 重型	Ⅰ级铁路 次重型	Ⅱ级铁路 次重型	Ⅱ级铁路 中型	Ⅱ级铁路 轻型
硬质岩石	道床厚度		m	0.35	0.35	0.35	0.35	0.3	0.3	0.3	0.25
硬质岩石	换算土柱宽度		m	3.4	3.4	3.4	3.4	3.2	3.2	3.2	3.1
硬质岩石	荷载强度		kPa	60.5	60.4	60.1	60.1	60.8	60.8	59.8	59.6
硬质岩石	换算土柱重度 19 kN/m³	换算土柱高度	m	3.2	3.2	3.2	3.2	3.2	3.2	3.2	3.2
硬质岩石	换算土柱重度 20 kN/m³	换算土柱高度	m	3.1	3.1	3.1	3.1	3.1	3.1	3.0	3.0
硬质岩石	换算土柱重度 21 kN/m³	换算土柱高度	m	2.9	2.9	2.9	2.9	2.9	2.9	2.9	2.9
硬质岩石	换算土柱重度 22 kN/m³	换算土柱高度	m	2.8	2.8	2.8	2.8	2.8	2.8	2.8	2.8
级配碎石或级配砂砾石	道床厚度		m	0.3	0.3	0.3	—	—	—	—	—
级配碎石或级配砂砾石	换算土柱宽度		m	3.3	3.3	3.3	—	—	—	—	—
级配碎石或级配砂砾石	荷载强度		kPa	60.8	60.7	60.3	—	—	—	—	—
级配碎石或级配砂砾石	换算土柱重度 19 kN/m³	换算土柱高度	m	3.2	3.2	3.2	—	—	—	—	—
级配碎石或级配砂砾石	换算土柱重度 20 kN/m³	换算土柱高度	m	3.1	3.1	3.1	—	—	—	—	—
级配碎石或级配砂砾石	换算土柱重度 21 kN/m³	换算土柱高度	m	2.9	2.9	2.9	—	—	—	—	—
级配碎石或级配砂砾石	换算土柱重度 22 kN/m³	换算土柱高度	m	2.8	2.8	2.8	—	—	—	—	—

注：1 表中换算土柱高度按特重型、重型、次重型轨道为无缝线路，中型、轻型为有缝线路轨道的计算值；当重型、次重型轨道铺设有缝线路时，其换算土柱高度应减小 0.1 m；

2 重度与本表不符时，需另计算换算土柱高度；

3 列车竖向荷载采用“中—活载”，即轴重 220 kN，间距 1.5 m；

4 列车和轨道荷载分布于路基面上的宽度，自轨枕底两端向下按 45°扩散角计算；

5 Ⅱ型轨枕的换算土柱高度考虑了轨枕加强地段每千米铺设根数 1 840 的影响。

附录 B　路基工程混凝土与砌体强度等级及适用范围

表 B

混凝土与砌体种类	材料最低强度等级			适用范围
	水泥砂浆	石料	混凝土	
片石砌体	M7.5	MU20	—	侧沟、天沟、排水沟
		MU30	—	坡面防护、边坡渗沟、护墙、渗水暗沟、急流槽、冲刷防护，严寒地区的侧沟、天沟、排水沟
	M10	MU30	—	渗水隧洞边墙
混凝土或片石混凝土	—	—	C15	检查井、渗水隧洞、冲刷防护、支挡结构物、基础垫层
	—	—	C20	严寒地区支挡结构物
混凝土块砌体	M7.5	—	C15	侧沟、天沟、排水沟、坡面防护
	M10	—	C15	渗水隧洞
钢筋混凝土	—	—	C20～C40	检查井、冲刷防护、支挡结构物

注：1　最冷月的平均温度在 -5～-15 ℃的地区为寒冷地区；-15 ℃以下的地区为严寒地区；

2　钢筋混凝土结构的混凝土强度等级按下列要求选择：

1）当采用 HRB335 级钢筋时，混凝土强度等级不宜低于 C20；

2）当采用 HRB400 或 RRB400 级钢筋以及承受重复荷载的构件，混凝土强度等级不得低于 C20；

3）预应力混凝土结构的混凝土强度等级不应低于 C30；当采用钢绞线、钢丝、热处理钢筋作预应力钢筋时，混凝土强度等级不宜低于 C40；

4）严寒及寒冷地区的潮湿环境中，结构混凝土应满足抗冻要求，混凝土抗冻等级应符合有关标准的要求。

附录 C　铁路建设用地

C.1　一般规定

C.1.1　铁路建设用地设计应贯彻“十分珍惜、合理利用土地和切实保护耕地”的基本国策，坚持依法用地、科学用地、合理用地和节约用地的原则。

C.1.2　铁路建设用地的征用和使用应按《中华人民共和国土地管理法》等国家有关法律、法规和规章办理。

C.1.3　铁路建设用地应适应铁路建设、发展的需要，满足运输生产、日常养护维修和安全防护等要求。

C.1.4　铁路建设用地分为征收土地和临时用地。

C.1.5　铁路建设征收土地地界线上和地界拐点处应埋设地界桩。地界桩制作及埋设按铁道部《铁路建设项目竣工建设用地验收交接实施办法》规定执行。

C.2　征收土地

C.2.1　区间线路用地：

1　路堤用地宽度：排水沟、护道或坡脚矮挡墙边缘外不小于 3 m；路基两侧兼作排水的取土坑、弃土场（堆）时，其边缘外不小于 2 m。

2　路堑用地宽度：天沟外不小于 2 m；无天沟时，距路堑堑顶边缘外不小于 5 m。

3　雪害及风沙地段，铁路建设用地界应在防护工程最外边缘不小于 10 m。封沙育草带地段，铁路建设用地界为封沙育草带外边缘。

4　特殊地段应根据路基稳定与防护工程需要，合理确定用地范围。

5　通过林区的铁路，其铁路建设用地宽度应根据线路具体情况，并结合林区护林防火的规定确定。

6　区间桥梁、导流建筑物、桥涵改沟、大桥桥头看守房、维修场地和改移道路、平立交道的用地范围，应分别按各专业的规定划定。

7　隧道用地应按其专业的要求确定。浅埋隧道及隧道洞口上方，应结合隧道结构和排水设计确定用地范围。

C.2.2　车站用地应按照《铁路旅客车站建筑设计规范》（GB 50226）确定。站场、铁路运输生产单位以及铁路给排水、专用通信、供电和其他运输保障设施等的用地，应按各专业设计规范要求确定范围。

C.2.3　当具备设置绿色通道条件时，宜在区间线路用地界内建设绿色通道，有条件时可加宽至路堤排水沟、护道或坡脚挡墙外缘 5 m。

C.3　临时用地

C.3.1　铁路建设有下列情形的，可作为临时用地：

1　路基两侧不兼作排水的取土场（坑）、弃土场（堆）用地；

2 远离线路的集中取土场(坑)、弃土场(堆)用地;

3 管网工程在施工期间占用的土地;

4 施工器材堆放及施工机具停放场地;

5 施工便道用地;

6 施工工棚用地;

7 施工其他临时用地。

C.3.2 临时用地占用的耕地应依法复垦。

C.3.3 临时用地期满,应及时将临时用地清理后交还原土地所有者或使用者。

本规范用词说明

执行本规范条文时，对于要求严格程度的用词说明如下，以便在执行中区别对待。

(1)表示很严格，非这样做不可的用词：

正面词采用“必须”；

反面词采用“严禁”。

(2)表示严格，在正常情况下均应这样做的用词：

正面词采用“应”；

反面词采用“不应”或“不得”。

(3)表示允许稍有选择，在条件许可时首先应这样做的用词：

正面词采用“宜”；

反面词采用“不宜”。

表示有选择，在一定条件下可以这样做的，采用“可”。

《铁路路基设计规范》
条 文 说 明

本条文说明系对重点条文的编制依据、存在的问题以及在执行中应注意的事项等予以说明。为了减少篇幅,只列条文号,未抄录原条文。

1.0.3 目前,我国铁路工程设计统一采用中—22 级活载作为标准活载,简称"中—活载"。所以路基工程设计的计算列车活载均以"中—活载"为标准,不另加系数。

当行车速度较小时,列车在运行中产生的冲击力、离心力、制动力和摇摆力对路基的影响不大,在路基设计中一般不计其应力影响。但由于设计行车速度的提高,列车通过频率也相应增大,在路基基床中产生的动应力作用已不可忽视。因此在基床设计中,尚应考虑列车动应力及其实际影响范围进行设计。除此之外,路基设计一般都采用静力法进行荷载换算,即将路基面上的轨道和列车荷载的合力,换算成与路基重度相同的土柱来代替作用在路基面上的荷载。

1.0.5 本条规定了对路基设计的基本要求。

(1)作为承托线路轨道的基础,路基必须保证轨道经常保持平顺,使列车通过时能在容许的弹性变形范围内平稳,安全地运行。因此,路基必须填筑密实,使其具有足够的强度,在轨道和列车荷载的作用下,不致使路基和轨道产生过大的不容许的沉降变形。同时,这也是满足列车规定的行车速度、减小列车动应力对路基的不良影响,防止产生路基病害特别是基床病害的基本要求之一。

路基要承受轨道和列车荷载以及各种自然因素的作用,还必须具有足够的稳定性,使其不致在路基本体或其地基产生破坏和位移,以保证行车的安全畅通。

(2)由于路基是在各种复杂条件下工作的土工建筑物,有各种自然因素影响着它的强度和稳定性,如风、雨、雪、大气温度变化、地震、水流等常会对路基造成破坏作用。因此,要采取适当措施,使路基具有在这些自然因素长期作用下的耐久性。

综上所述,必须充分考虑路基的强度、变形特性及其耐久性,制定相应的标准,将路基作为土工结构物进行设计。

此外,为了列车的安全运行,路基两侧山坡上危石要予以处理。

1.0.9 铁路建设中,路基土石方工程所占比重较大,所需劳力和机具较多,取、弃土占用的土地也较多。为合理地节约投资和劳力,少占农田,对土石方进行合理调配和取弃土的合理设置是十分必要的。

本次修订对路基各部位的填料做了较大的变动,尤其对基床表层填料提出了非常严格的要求,土石方调配要保证所取的土质满足其填筑部位的填料标准。为确保填料标准,设计时对就近取土、远运土和土质改良应进行认真分析、比选。

1.0.12 路基的排水设计是一项重要工作。根据各铁路局的工务经验,由于排水不畅造成的路基病害状况十分严重，尤其在年降水量较大地区，水对路基的影响在许多方面占据着主导地位，是病害产生的首要因素。因此，为防止产生病害，必须做好路基的排水设计，以保证路基的安全稳固。

1.0.15　随着铁路运营养护技术的发展，今后Ⅰ级铁路均采用大型养路机械，不再需要设养路机械作业平台。故本次修订仅规定未采用大型养路机械的Ⅱ级铁路需设养路机械作业平台，平台设计为：在区间路基上每隔500 m左右设置一处平台，供存放发电机及其他养路机具之用。由于平台间距按500 m设置，养路机械作业所携带的电缆需要有250 m以上的长度才能在平台的两边线路开展工作。如平台间距再放大，则携带的电缆长度需相应增加，工作点拉开距离亦较远，不便于养路维修。在选择平台位置时，不一定要按照500 m间距硬性设置，可因地制宜地在500 m附近，找平台土方量较小的地方、填挖交界处或平交道边侧来设置，这样可减少工程量。

由于当前养路机械尚未定型化，各铁路局所用机具还不一致，因此平台的具体尺寸待统一后再作补充。目前可由设计单位与有关铁路局商定。

1.0.17　根据近年来多条电气化铁路干线的施工情况来看，线路两侧设置的杆架、沟槽、管线等设施和路基的干扰较大，经常在已填筑密实的路基上又重新开挖施工这些工程，其中电缆沟槽的施工和路基本体之间的干扰尤为严重，对路基的完整性和稳定性造成了不良影响。因此制定本条，对以上各类工程在路基本体范围内的设置尤其是电缆沟槽的设置做了原则性的规定。

1.0.18　本规范将混凝土与砌体的强度等级及其表示方法同国标进行统一。

附录B对路基工程中使用的混凝土、石料及其砌筑用的水泥砂浆等材料的最低强度等级作了统一规定，但由于路基工程中各种结构类型繁多，表中难以全部罗列，设计时可以参照附录B中相类似的结构物选用。

表中混凝土或片石混凝土的最低强度等级为C15，而不采用C10，这是由于C10混凝土配合比中水泥含量少，和易性、粘结性差，不宜用于主体工程。

3.0.1　本条文所提设计洪水位频率和潮位重现期，为计算设计水位而确定路肩高程所必需。

(1)当观测洪水频率小于规定的设计洪水频率时，为安全计，采用观测洪水频率，但观测洪水频率值越小则其重现机率越小，若采用值过小势必增大工程投资。因此限制不能小于1/300。

考虑到小桥涵附近的路基同样容易受到洪水危害，因此其观测洪水频率与滨河路基等采用同一标准。

由于大型水库水坝的安全性比铁路的影响更大，因此大型水库的水库路基设计洪水频率不采用水库的设计洪水频率标准，仍采用与滨河路基等相同的设计洪水频率标准。

(2)当水库淤积严重，对路基工程造成不利影响时，可预估淤积量，酌量提高路基设计洪水频率标准，并在可研阶段中报部审批。

(3)改建既有线和增建第二线时，宜尽量利用既有设备。因此往往不采用新线洪水频率标准，而是结合既有线运营期间的水害情况在可研阶段时确定设计洪水频率标准。当既有线运营期间水害确实严重时，也可采用新线设计洪水频率标准。

(4)滨海铁路路堤暴露于外海，直接受到潮位控制且路基面不允许越浪，要求在一定稀遇频率的高潮位及波浪发生时能抵抗高潮位及波浪的侵袭，保证路堤稳定及运输安全，其设计水位应和陆域铁路一样具有同等级的标准。因此滨海路堤的设计水位，Ⅰ、Ⅱ级铁路采用重现期为100年一遇的高潮位。

3.0.2 当同时具有斜水流局部冲高与波浪侵袭高度时，由于两者相互干扰，不予叠加，可取二者中较大值控制设计。

3.0.3 当铁路设计洪水频率低于水库设计洪水频率标准时，为避免路基长期被库水淹没，应采用水库正常高水位作为设计水位。

3.0.4 为确保滨海路基的安全，路肩的设计高程除必须满足设计水位（设计标准高潮位）所需高度外，同时应考虑为抗御波浪对路堤的侵袭所需的高度。因此路肩高程应不低于设计高潮水位加波浪侵袭高度（波浪爬高）并加不小于0.5 m的安全高度。对设防浪胸墙的路堤，因防浪胸墙已计及波浪侵袭的影响，路肩高程可不计波浪侵袭高。

3.0.5 地下水位高或常年有地面积水的地区，路堤过低容易引起翻浆冒泥等病害。因此本条规定路肩高程高出最高地下水水位或最高地面积水水位一定高度。

3.0.6 在季节冻土地区的有害冻胀范围内，当路基土体的含水率达到一定值时，往往会产生有害冻胀，春融时又容易产生翻浆冒泥等病害，影响运输安全，加大养护维修工作量。因此本条规定路肩高程高出冻前地下水位一定高度，使地下水沿毛细管上升时不至在有害冻胀深度范围内聚集，避免产生有害冻胀及其他病害。

《铁路技术管理规程》第38条规定：正线、到发线两股钢轨水平的容许偏差不得大于4 mm。据此，将路基产生不均匀冻胀且其值大于4 mm者，定为有害冻胀。产生有害冻胀的冻结深度为有害冻胀深度。另据有关科研成果证实，一般地区有害冻胀深度为最大冻结深度的60%；东北地区因温度低且持续时间长，有害冻胀深度可达最大冻结深度的95%。

确定毛细水强烈上升高度的方法有直接观测法、曝晒法及公式计算法等。直接观测法是开挖试坑1～2 d后，直接观测坑壁干湿变化情况，干湿变化明显处即为毛细水强烈上升带与破裂带的分界点，此点至地下水位的距离为毛细水强烈上升高度。曝晒法是分别在开挖试坑的当时和曝晒1～2 d后，测定坑壁的含水率并绘制含水率曲线，两曲线的交点到地下水位的距离即为毛细水强烈上升高度，如说明图3.0.6所示。

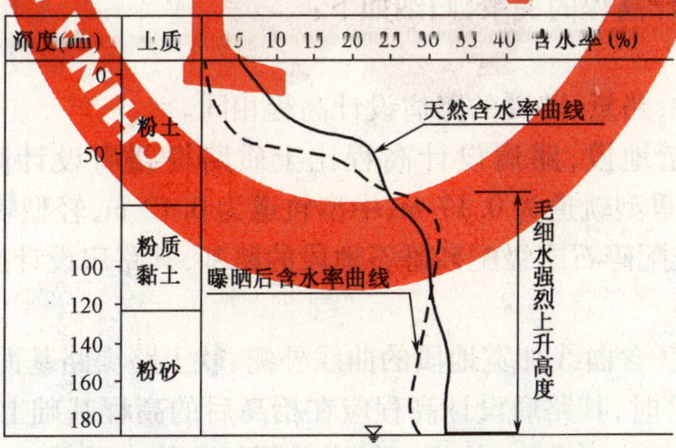

说明图3.0.6 毛细水强烈上升高度示意

公式计算法见《铁路特殊路基设计规范》(TB 10035)盐渍土路基部分。

3.0.7 盐渍土地区，地下水或地面积水矿化度高，水中的盐分被毛细水带到路基土体中，水分蒸发后，盐分积聚下来，容易使路堤土体次生盐渍化，进而产生盐胀等病害，因此盐渍土路肩的高程应高出最高地下水水位或最高地面积水水位一定高度。

3.0.8　当路基采取降低地下水位，设置毛细水隔断层等措施时，由于地下水水位被降低或毛细水被隔断，毛细水上升不到相应高度，不再对路基产生危害，因此，路肩高程不再受本规范第3.0.5、第3.0.6和第3.0.7条的限制。

4.1.1　路基面设路拱能够使聚积在路基面上的水较快地排出，有利于保持基床的强度和稳定性。

本次修订将原三角形路拱按中心高度（单线0.15 m、双线0.2 m）控制修订为设4%的坡度，两者基本上是相同的，4%的横坡更直观。

4.1.2、4.1.3　对新建铁路，全线的线路纵断面均按土质路堤标准进行设计，线路纵断面上的高程为路肩设计高程。然而，绝大多数铁路中不仅有土质路堤（路肩宽度为0.8 m），而且有路堑（路肩宽度为0.6 m）、级配碎石或级配砂砾石路基，曲线地段还要对曲线外侧进行加宽，软土路堤和高路堤还要对路基面两侧进行加宽；双线铁路中还有局部单线路基。

为使不同类型路基地段的轨面高程保持一致，并保证道砟厚度和路肩宽度满足要求，路基设计时须对线路纵断面的路肩设计高程进行抬高或降低（曲线加宽地段的曲线外侧、路基面两侧需加宽的软土路堤和高路堤）。不同类型路基的路肩设计高程的抬高情况介绍如下：

从说明图4.1.2—1、说明图4.1.2—2中得出，在单线铁路（或双线铁路并行等高地段）中，路堑及基床表层为级配碎石或级配砂砾石的路基，其路肩设计高程应高于土质路堤的路肩设计高程，高出尺寸Δh按式（4.1.2）计算。

从说明图4.1.3得出，在双线铁路中，局部单线地段的路肩设计高程应高于双线铁路并行等高地段土质路堤的路肩设计高程，高出尺寸Δh按式（4.1.3）计算。

由式（4.1.2）、式（4.1.3）计算确定的各种情况标准路基面路肩设计高程的抬高值见说明表4.1.2。

从说明表4.1.2中看出，在单线铁路或双线铁路并行等高地段，由于路堑的路肩宽度为0.6 m，而路堤的路肩宽度为0.8 m，造成土质地段路堑比路堤的路肩高程要抬高0.008 m，但其差值较小设计时可以不予考虑。表4.2.3中各种标准路基面的路肩设计高程与土质路堤路肩设计高程的关系，归纳如下：

（1）单线铁路

① 在土质地段中，路堑、路堤的路肩设计高程相同。

② 硬质岩石路堑地段，路肩设计高程比土质路堤路肩设计高程抬高：Ⅰ级铁路0.17 m；Ⅱ级铁路：次重型轨道为0.17 m，中型轨道为0.12 m，轻型轨道为0.11 m。

③ 基床表层为级配碎石或级配砂砾石地段的路基，其路肩设计高程比土质路堤路肩设计高程抬高0.22 m。

④ 当路基面加宽（含曲线加宽地段的曲线外侧、软土路堤路基面加宽地段的两侧、高路堤路基面加宽侧等）时，其路肩设计高程应在抬高后的高程基础上降低，其降低值为单侧路基面宽度加宽值（m）与0.04的积。但当单侧加宽值小于等于0.5 m（含曲线加宽）时，其对路肩高程的影响仅为0.02 m，可以忽略不计，路肩设计高程可近似采用标准路基面宽度的路肩设计高程（抬高后的高程）。

（2）双线铁路

① 并行等高地段的路肩设计高程与单线铁路的完全相同。

② 双线铁路中的局部单线地段的路肩设计高程：

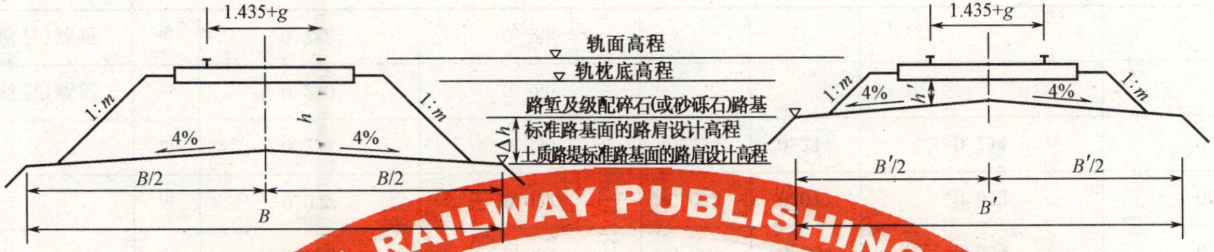

说明图 4.1.2—1　单线铁路直线地段标准路基面的路肩设计高程

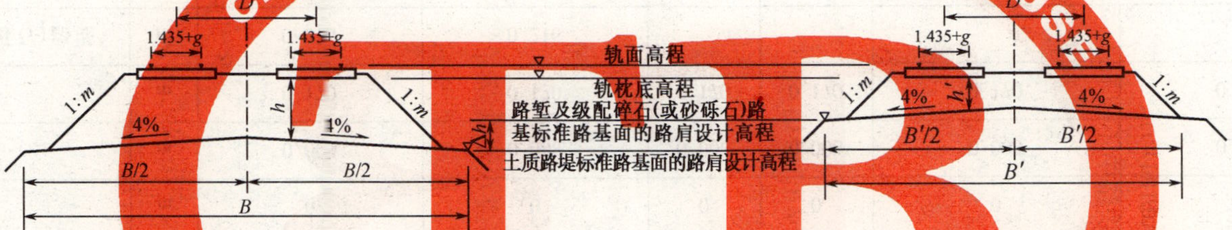

说明图 4.1.2—2　双线铁路并行等高直线地段标准路基面的路肩设计高程

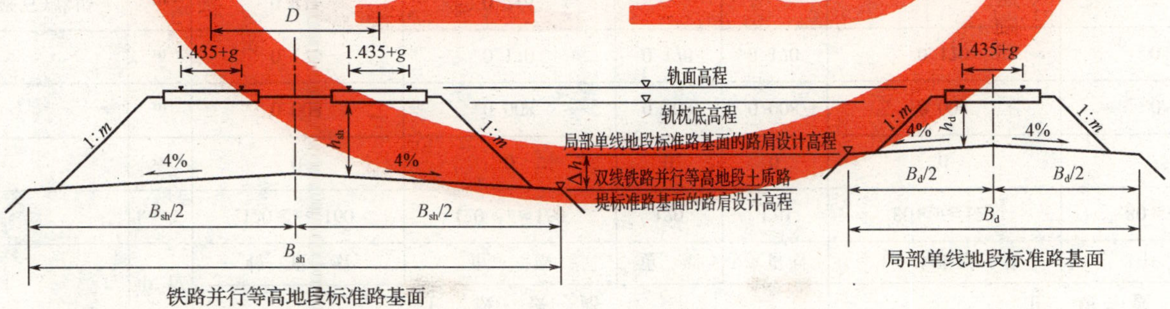

说明图 4.1.3　双线铁路局部单线直线地段标准路基面的路肩设计高程

说明表 4.1.2　标准路基面的路肩设计高程抬高值

项目			单位	Ⅰ级铁路				Ⅱ级铁路		
				特重型	重型	重型	次重型	次重型	中型	轻型
旅客列车设计行车速度 v			km/h	$120 \leqslant v \leqslant 160$	$120 < v \leqslant 160$	120	120	$80 \leqslant v \leqslant 120$	$80 \leqslant v \leqslant 100$	80
单线铁路		土质路堤	m	0	0	0	0	0	0	0
单线铁路		土质路堑	m	0.008	0.008	0.008	0.008	0.008	0.008	0.008
单线铁路		硬质岩石路堑	m	0.170	0.170	0.170	0.170	0.170	0.116	0.112
单线铁路		级配碎石（或砂砾石）路堤	m	0.216	0.216					
单线铁路		级配碎石（或砂砾石）路堑	m	0.224	0.224					
双线铁路	并行等高地段	土质路堤	m	0	0	0	0	0	0	0
双线铁路	并行等高地段	土质路堑	m	0.008	0.008	0.008	0.008	0.008	0.008	0.008
双线铁路	并行等高地段	硬质岩石路堑	m	0.170	0.170	0.170	0.170	0.170	0.116	0.112
双线铁路	并行等高地段	级配碎石（或砂砾石）路堤	m	0.216	0.216					
双线铁路	并行等高地段	级配碎石（或砂砾石）路堑	m	0.224	0.224					
双线铁路	并行不等高或局部单线地段	土质路堤	m	0.064	0.064	0.064	0.064	0.064	0.064	0.064
双线铁路	并行不等高或局部单线地段	土质路堑	m	0.072	0.072	0.072	0.072	0.072	0.072	0.072
双线铁路	并行不等高或局部单线地段	硬质岩石路堑	m	0.234	0.234	0.234	0.234	0.234	0.180	0.176
双线铁路	并行不等高或局部单线地段	级配碎石（或砂砾石）路堤	m	0.280	0.280					
双线铁路	并行不等高或局部单线地段	级配碎石（或砂砾石）路堑	m	0.288	0.288					

a. 单线土质路基地段,其路肩设计高程比双线并行等高地段的土质标准路基面宽度的路肩设计高程抬高 0.07 m(含Ⅰ、Ⅱ级铁路)。

b. 单线硬质岩石路堑地段,其路肩设计高程比双线并行等高地段的土质标准路基面宽度的路肩设计高程抬高:Ⅰ级铁路 0.23 m;Ⅱ级铁路:次重型轨道为 0.23 m,中型、轻型轨道为 0.18 m。

c. 单线基床表层为级配碎石或级配砂砾石地段的路基,其路肩设计高程比双线并行等高地段的土质标准路基面宽度的路肩设计高程抬高:路堤 0.28 m,路堑 0.29 m。

d. 当单线路基面加宽(含曲线加宽地段的曲线外侧、软土路堤路基面加宽地段的两侧、高路堤路基面加宽侧等)时,其路肩设计高程应在抬高后的基础上降低,其降低值为单侧路基面宽度加宽值(m)与 0.04 的积。但当单侧加宽值小于等于 0.5 m(含曲线加宽)时,其对路肩高程的影响仅为 0.02 m,可以忽略不计,路肩设计高程可近似采用标准路基面宽度的路肩设计高程(抬高后的高程)。

4.1.4 硬质岩石路堑、级配碎石或级配砂砾石路基、土质路基的道床厚度各不相同,其相互衔接时,应设长度不小于 10 m 的渐变段。渐变段应设在硬质岩石路堑、级配碎石或级配砂砾石地段,基床表层用相邻两种路基中较好的填料填筑。

双线铁路中并行等高段与局部单线地段连接时,应在局部单线地段内逐渐顺坡至并行等高段地段,其顺坡长度不小于 10 m,如说明图 4.1.4。

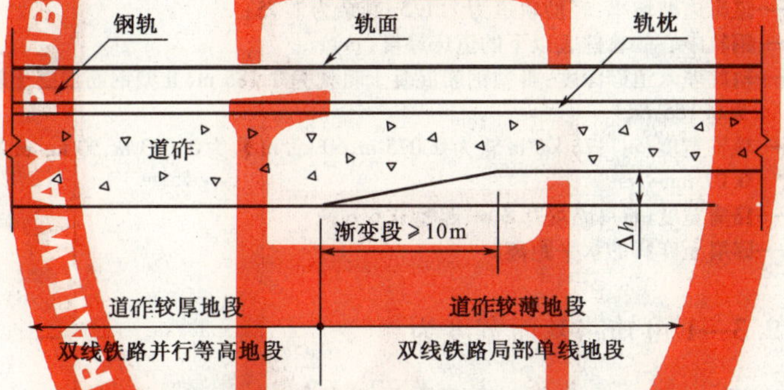

说明图 4.1.4　不同路基衔接图

4.2.2 本条规定Ⅰ、Ⅱ级铁路路堤的路肩宽度不应小于 0.8 m,路堑的路肩宽度不应小于 0.6 m,是综合考虑以下因素制定的:

(1)部分国外铁路路肩宽度列于说明表 4.2.2。

说明表 4.2.2　部分国外铁路路肩宽度(m)

国别	前苏联		日本		法国	英国	澳大利亚	德国	比利时	瑞士
	重型混凝土枕	特重型混凝土枕	路堤	路堑						
路肩宽度	0.55	0.64	1.2	1.0	≥0.7	0.64 ~ 0.86	0.7	0.74	0.8	0.45 ~ 0.5

由此可见,除前苏联和瑞士铁路路肩宽度较小外,其他国家所规定的路肩宽度均接近或大于 0.7 m,宽度范围在 0.64 ~ 1.2 m 之间。本条规定的路肩宽度接近大多数国家的规定值。

(2)我国大秦重载铁路规定,路肩宽度路堤不得小于 0.8 m,或一侧不小于 1.0 m,另一侧不小于0.6 m,路堑不得小于0.6 m;广深准高速铁路路肩宽度路堤为0.8 m,路堑为0.6 m,均接近或等于本条所规定的路肩宽度。

(3)铁道部工务部门颁发的《快速铁路线路维修规则》规定:路堤的路肩宽度不得小于0.8 m,路堑的路肩宽度不得小于0.6 m。

(4)根据运营和既有线提速实践总结的经验证明:路肩宽度是影响安全避车、路基的维修养护和路基本体尤其是边坡稳定性的重要因素。

4.2.3　表4.2.3直线地段标准路基面宽度是按以下方法计算确定的:

(1)单线标准路基面宽度

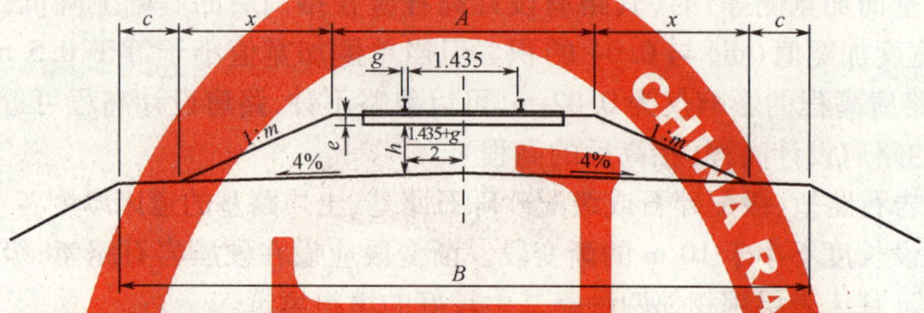

说明图4.2.3—1　单线铁路直线地段标准路基面宽度

B——路基面宽度(m);
A——单线地段道床顶面宽度(m);
m——道床边坡坡率:轻型轨道为1:1.5,其余为1.75;
h——钢轨中心的轨枕底以下的道床厚度(m);
e——轨枕埋入道砟深度:Ⅲ型钢筋混凝土轨枕为0.185 m,Ⅱ型钢筋混凝土轨枕为0.165 m;
g——轨头宽度(m):75 kg/m轨为0.075 m,60 kg/m轨为0.073 m,50 kg/m轨为0.07 mm;
c——路肩宽度(m):路堤0.8 m,路堑0.6 m;
x——砟肩至砟脚的水平距离。

从说明图4.2.3—1可知路基面宽度为

$$B = A + 2x + 2c$$

$$x = \frac{h + \left(\frac{A}{2} - \frac{1.435 + g}{2}\right) \times 0.04 + e}{\frac{1}{m} - 0.04}$$

(2)双线标准路基面宽度

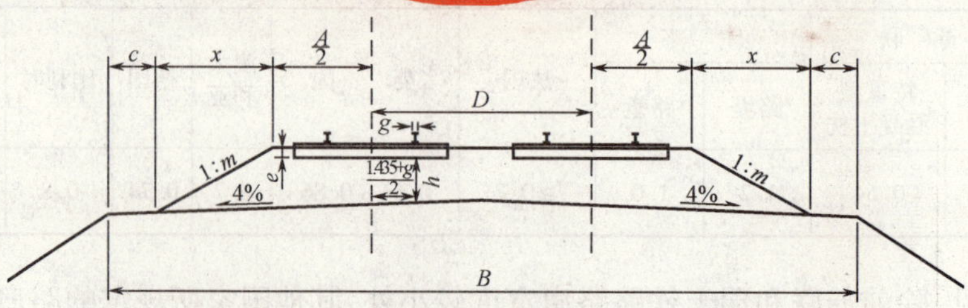

说明图4.2.3—2　双线铁路直线地段标准路基面宽度

从说明图4.2.3—2可知路基面宽度为

$$B=2\left(c+x+\frac{A}{2}\right)+D$$

$$x=\frac{h+\left(\dfrac{A}{2}+\dfrac{1.435+g}{2}\right)\times 0.04+e}{\dfrac{1}{m}-0.04}$$

式中 D——双线的线间距，旅客列车设计行车速度 160 km/h 时为 4.2 m，旅客列车设计行车速度小于 160 km/h 时为 4.0 m；

h——靠近路基面中心侧的钢轨中心处轨枕底以下的道床厚度；

其余符号与说明图 4.2.3—1 相同。

表 4.2.3 注 4 对采用大型养路机械的电气化铁路，其路基面宽度需满足以下要求：电气化线路接触网立柱内侧距线路中心线不少于 3.1 m，接触网立柱直径 0.5 m，接触网立柱外侧距路肩边缘的距离不小于 0.25 m。根据以上要求计算确定的路基面最小宽度为：单线铁路不小于 7.7 m；双线铁路 160 km/h 不小于 11.9 m（其他不小于 11.7 m）。采用大型养路机械的电气化铁路，当接触网的立柱须设在路肩上时，直线地段路基面宽度参见说明表 4.2.3。

4.2.4 区间曲线地段路基面加宽值计算

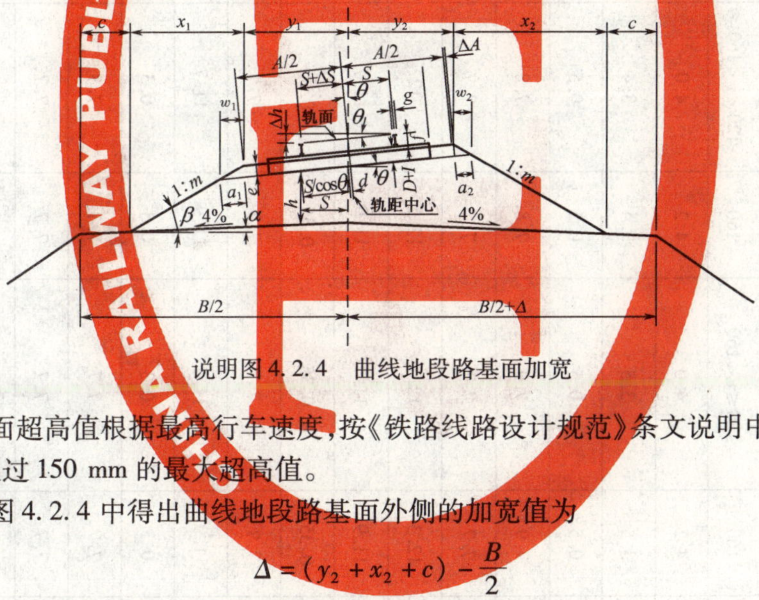

说明图 4.2.4 曲线地段路基面加宽

计算轨面超高值根据最高行车速度，按《铁路线路设计规范》条文说明中超高上界值选用，均不超过 150 mm 的最大超高值。

从说明图 4.2.4 中得出曲线地段路基面外侧的加宽值为

$$\Delta=(y_2+x_2+c)-\frac{B}{2}$$

$$d=(f+D+I)\tan\theta$$

道砟顶面上轨枕中垂线至铁路中心线的距离为

$$\Delta d=\frac{d(f+D+I-e)}{f+D+I}$$

$$a_2=\frac{e}{\tan(\beta+\theta)}$$

$$w_2=\sqrt{a_2^2+e^2}\times\cos\beta$$

$$y_2=\left(\frac{1}{2}\times A+\Delta A+\Delta d\right)\cos\theta$$

说明表 4.2.3 大型养路机械的电气化铁路直线地段标准路基面宽度

项目				单位	Ⅰ级铁路						Ⅱ级铁路		
					特重型		重型			次重型	次重型	中型	轻型
旅客列车设计行车速度 v				km/h	160	$120\leqslant v<160$	160	$120<v<160$	120	120	$80\leqslant v\leqslant 120$	$80\leqslant v\leqslant 100$	80
双线线间距				m	4.2	4.0	4.2	4.0	4.0	4.0	4.0	4.0	4.0
道床顶面宽度				m	3.5	3.5	3.4	3.4	3.4	3.3	3.3	3.0	2.9
基床表层类型	土质	道砟厚度		m	0.5	0.5	0.5	0.5	0.5	0.45	0.45	0.40	0.35
		单线	路堤	m	7.9	7.9	7.8	7.8	7.8	7.7	7.7	7.7	7.7
			路堑	m	7.7	7.7	7.7	7.7	7.7	7.7	7.7	7.7	7.7
		双线	路堤	m	12.3	12.1	12.2	12	12	11.7	11.7	11.7	11.7
			路堑	m	11.9	11.7	11.9	11.7	11.7	11.7	11.7	11.7	11.7
	硬质岩石	道砟厚度		m	0.35	0.35	0.35	0.35	0.35	0.3	0.3	0.3	0.25
		单线路堑		m	7.7	7.7	7.7	7.7	7.7	7.7	7.7	7.7	7.7
		双线路堑		m	11.9	11.7	11.9	11.7	11.7	11.7	11.7	11.7	11.7
	级配碎石或级配砂砾石	道砟厚度		m	0.3	0.3	0.3	0.3	—	—	—	—	—
		单线	路堤	m	7.7	7.7	7.7	7.7	—	—	—	—	—
			路堑	m	7.7	7.7	7.7	7.7	—	—	—	—	—
		双线	路堤	m	11.9	11.7	11.9	11.7	—	—	—	—	—
			路堑	m	11.9	11.7	11.9	11.7	—	—	—	—	—

由式 $h+S(\tan\theta-\tan\alpha)=(x_2-w_2)(\tan\beta-\tan\alpha)-\left(d+\frac{1}{2}\times A+\Delta A+a_2\right)\cos\theta(\tan\theta+\tan\alpha)$ 得

$$x_2=\frac{h+S(\tan\theta-\tan\alpha)+\left(d+\frac{1}{2}\times A+\Delta A+a_2\right)\cos\theta(\tan\theta+\tan\alpha)}{\tan\beta-\tan\alpha}+w_2$$

式中 g——钢轨头部宽度(m)；

S——轨面上外轨轨头中心至轨枕中垂线与铁路中心线相交处的距离(m)，$S=0.5\times(1.435+g)$；

ΔS——曲线内侧轨距加宽值(m)；

h——曲线内侧距铁路中心线的水平距离为 S 处的轨枕底以下的道床厚度(m)；

Δh——计算轨面超高值(m)；

A——直线段的道床顶面宽度(m)；

ΔA——道床顶面加宽值：无缝线路 $R<800$ m、非无缝线路 $R<600$ m 时，$\Delta A=0.1$ m，否则 $\Delta A=0$ m；

B——直线段路基面宽度(m)；

c——路肩宽度(m)：路堤 0.8 m，路堑 0.6 m；

Δ——曲线外侧加宽值(m)；

α——路拱与水平面的夹角，$\alpha=a\tan(4/100)$；

β——道砟边坡与水平面的夹角，$\beta=a\tan(1/m)$；

θ——轨面与水平面的夹角，$\theta=\arcsin\frac{\Delta h}{2S+\Delta S}$；

f——钢轨的高度(m)：75 kg/m 轨为 0.192 m，60 kg/m 轨为 0.176 m，50 kg/m 轨为 0.152 m；

D——钢轨底部的垫板厚度，$D=0.01$ m；

I——钢轨下部的轨枕高度(m)：Ⅲ型混凝土枕为 0.235 m，Ⅱ型混凝土枕为 0.205 m；

e——轨枕埋入道砟中的深度(m)：Ⅲ型混凝土枕为 0.185 m，Ⅱ型混凝土枕为 0.165 m；

x_2——曲线外侧砟肩至砟脚的水平距离(m)；

y_2——曲线外侧铁路中心线至砟肩的水平距离(m)；

d——轨枕底面上铁路中心线与轨枕底面的交点至轨枕中心的距离(m)。

5

第 5 章为本次修订新增的内容。

5.2

本节的填料分类是在中国铁道科学研究院铁道建筑研究所的科研成果《铁路路基填料分类及压实标准的研究》和《铁路工程岩土分类标准》2004 年局部修订的基础上，经分析、整理后，将其纳入本规范。

5.2.3 根据多年来铁路路基建设经验及科研成果，本次修订对细粒土填料的分组进行了修改。将细粒土(有机土除外)填料由原 B、C、D 组调整为 C、D 两组。修改后的细粒土一级定名与《铁路工程岩土分类标准》(TB 10077)保持了一致,二级定名与《土的分类标准》(GBJ 145—90)靠拢,为促进技术交流提供了有利条件,同时方便了设计者对地质勘察资料的直接使用。

细粒土按塑性图(由塑性指数和液限所组成的分类图)进行分类,是国内外岩土分类的发展方向,本次修订根据有限的资料和科研成果进行了分组,在今后的铁路建设中要不断积累经验、进行科学试验,为今后完善细粒土的分组提供可靠的依据。

5.3.2　级配碎石或级配砂砾石是用不同粒径的碎石或砾石材料与一定比例的砂及部分细颗粒黏土的混合料。在列车动荷载的长期作用下,须具有较高的力学强度、很好的水稳性和较小的渗透性。

《铁路碎石道床底砟》(TB/T 2897—1998)对底砟材料的要求为:

(1)粒径大于1.7 mm的集料的洛杉矶磨耗率不大于50%;

(2)粒径大于1.7 mm的集料的硫酸钠溶液浸泡损失率不大于12%;

(3)粒径小于0.5 mm的细集料的液限不大于25%(级配砂砾石不大于28%),塑性指数不大于6;

(4)黏土团及其他杂质含量的百分率小于等于0.5%(级配砂砾石小于等于2%)。

6.1.1　基床是指路基上部受列车动力作用和水文气候变化影响较大的土层。其状态直接影响列车运行的平稳和速度的提高,设计规范应对基床厚度、填料及其压实标准、排水等作出规定。

(1)我国一些单位实测动应力在路基面以下衰减形态列于说明表6.1.1—1。

说明表6.1.1—1　路基面以下动应力衰减比

路基面以下深度(m)	0.0	0.3	0.5	0.6	1.0	1.2	1.5	2.0	2.5	3.0
动应力衰减比	1.00	0.75	0.65	0.57	0.39	0.36	0.29	0.17	0.15	0.12

所谓动应力衰减比,系指路基面以下某深度处动应力衰减值与路基面处动应力之比。由此可见,动应力影响深度约为3 m,其中0~0.7 m范围内最为显著,0.6 m处约为0.6,1.5 m处约为0.3,2 m处约为0.2,2.5 m处约为0.15。

(2)我国有关的铁路基床厚度见说明表6.1.1—2。

说明表6.1.1—2　我国有关的铁路基床厚度(m)

铁路类别		京沪 高速铁路	广深 准高速铁路	大秦 重载铁路	TB 10001—99	
					Ⅰ级铁路	Ⅱ级铁路
基床厚度	表层	0.7	0.7	0.6	0.6	0.5
	底层	2.3	1.8	1.9	1.9	1.5

(3)国外部分铁路基床厚度见说明表6.1.1—3。

说明表6.1.1—3　国外部分铁路基床厚度(m)

国别		日本	美国	德国	前苏联	法国
基床厚度	表层	0.5、0.8	设计确定	0.5	0.3~0.5	0.6
	底层	2.5、2.2	1.22	1.3	1.0	—

由此可见,本条所规定的基床厚度除小于日本外,均高于其他国家。

6.2.1 产生基床病害的诸因素中,基床土的性质为内因,水与动载属于外因。要预防基床变形的产生,除从排水条件和路基土的压实密度方面改善提高外,主要应从基床表层土的性质上去解决。水稳性强和级配良好的粗粒土是基床表层的理想材料;水稳性差的细粒土易产生基床病害,这是由于粒径小,遇水抗剪强度降低,承载力减小,稳定性差等特性引起的。所以基床表层应选用符合要求的填料。

为使基床表层受力均匀,避免轨枕受力不均而产生折断,故规定表层不得采用粒径大于150 mm的填料。

6.3.2 本条主要说明对路堑基床表层土密实度的要求。特别是浅路堑,地表土往往较松散,达不到基床密实度的要求。为了减少这些浅路堑基床病害的发生,对不符合基床表层密实度要求的地段,应采取压实措施。

6.3.3 近几年来,在一些新线路堑开挖中,基床底层遇有软弱土层,其强度低、压缩量大,须作处理。本条对软弱土层的判定提出了具体指标。

6.4.1 基床加固可采用以下方法进行处理:

(1)就地碾压——路堑基床表层和低路堤基床表层范围内天然地基土符合填料要求,当其天然密实度不满足本规范表6.2.3的规定时,可采用重型碾压机械进行碾压。

(2)换土或土质改良——当基床土不能满足本规范第6.2.1条、第6.2.2条、第6.2.4条和第6.3.3条的规定时,Ⅰ级铁路的基床表层采取换填处理,Ⅰ级铁路的基床底层和Ⅱ级铁路的基床可采用换土或在土中加入石灰、水泥、砂、粉煤灰等掺和料的土质改良或地基处理措施。

(3)加强排水——当基床土受水影响时,应增设地面或地下排水设备,拦截、引排或降低、疏干基床范围内的水。

(4)设置土工合成材料——当降水量大,同时基床土为亲水性强的填料时,可全断面铺设隔水、防渗土工合成材料。

(5)综合措施——当并存的诸因素均可诱发基床病害时,可采用上述措施的组合。

7.1.1 当地面横坡为1∶5~1∶2.5时,将原地面挖成台阶,台阶宽本次修订为2 m。其目的是减少路堤沿基底面滑动和克服路堤产生纵向裂缝。但使用这条规定时,有其局限性,应加注意。对一般常遇到的细粒土斜坡来说,挖台阶的规定是完全适合的。但当斜坡为砂类土时,可以不挖台阶,只要将表层土翻松,就可达到目的。如基岩面向下倾斜,基岩面上覆盖层不厚且有滑动可能时,可以将覆盖层清除,再挖台阶;若倾斜的基岩为不易风化岩层,如要求将斜坡用爆破法挖成台阶,也是不现实的,可将表层用爆破爆成不拘形式的粗糙面后,再在地基码砌成2 m宽的台阶,然后在其上进行填筑。所以像上面所举的例子可作为特殊情况,不一定按本条规定办理。

7.1.2 陡于1∶2.5的陡坡上的路堤应考虑个别设计,检算路堤沿基底滑动的稳定性;如基底下有软弱层,还得检算沿该软弱层滑动的可能性。当抗滑稳定安全系数小于1.25时,一般先清除草皮,挖台阶,还应采取稳固措施,如在路堤的下方设置挡土墙或副堤、干砌片石垛、加筑大台阶等。

陡坡地段填方易产生坍滑。产生这种现象主要是由于水渗入填方基底面,降低了基底摩擦力,增大了填土下滑力所致。为保持填方土体及基底的干燥,增强路堤稳定,通过这些地段的侧沟、排水沟应作防渗加固措施。

7.1.3 当路堤基底存在地下水影响路堤稳固时,应采取处理措施。

一般处理路堤基底地下水的措施，是在路堤的上侧拦截地下水的来路，将水引到别处去；或在路堤地基作疏导工程，把地下水引排出来。拦截或引排地下水应注意对周围环境的影响。如以上的处理措施都无条件时，则应在路堤底部用渗水土或不易风化的岩块填筑，以保证路堤的稳固。

7.1.4　为了减小路堤的沉降和增强地基的稳定，当地基表层为松散土层时，如厚度不大于0.3 m，应将原地表碾压密实；如厚度大于0.3 m，应将松土翻挖，分层回填压实。

7.1.5　本次修订对Ⅰ、Ⅱ级铁路提出了不同的静力触探比贯入阻力值和天然地基容许承载力。如软弱土层较厚，按一般原则处理不能保证路基稳定时，应按软土地基处理方法加固地基。在水田地段填筑路堤时，往往表层土为软塑状。一般在填筑前，应先挖好路堤两侧排水沟，疏干水田积水，挖除表层淤泥、腐殖土等。在池塘、洼地等积水地段，还应抛填片石或砂砾石等渗水土，其高度应高出积水水位。

7.2.1　路堤基床以下部位，宜选用A、B、C组填料，限制使用D组填料。限制使用D组土作填料，主要是由于这些土遇水易于崩解软化、强度剧烈降低，如膨胀土还具有吸水膨胀、失水收缩和反复变形的特性。如当地无A、B、C组填料时，除应做好排水工程防止地表水和地下水侵入堤身外，还应根据D组填料的特性采取不同措施：土中加入石灰、水泥等掺和料、渗水土与黏土分层填筑等。

7.2.4　路堤宜用同一种填料填筑，以免产生不均匀沉降。不同性质填料混杂填筑，会使其接触面形成滑动面，或在路堤内形成水囊。如条件困难，不得不采用性质不同的填料填筑时，亦应使各种不同的填料分开逐层填筑。当采用两种性质不同的填料填筑时，参见如下断面形式：

(1)渗水土填在非渗水土上时(说明图7.2.4—1)

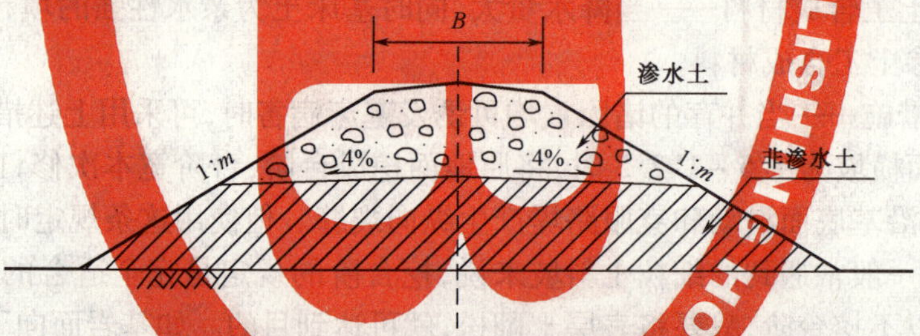

说明图7.2.4—1　用不同类土填筑的路堤断面形式之一

(2)非渗水土填在渗水土上时

① 当上下层填料的粒径相差在规定范围内时，如说明图7.2.4—2。

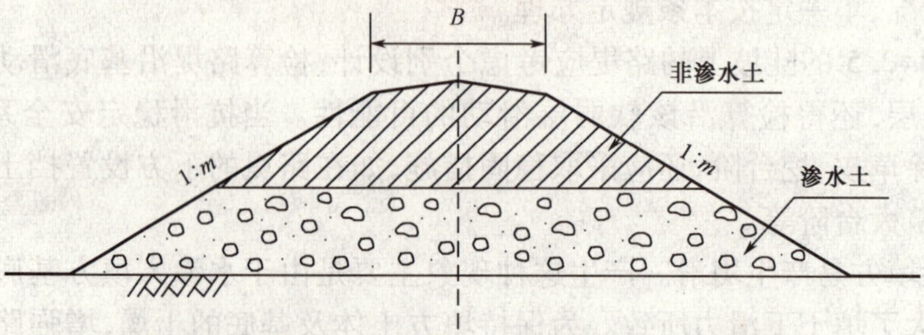

说明图7.2.4—2　用不同类土填筑的路堤断面形式之二

② 当上下层填料的颗粒大小相差悬殊时，如说明图 7.2.4—3。

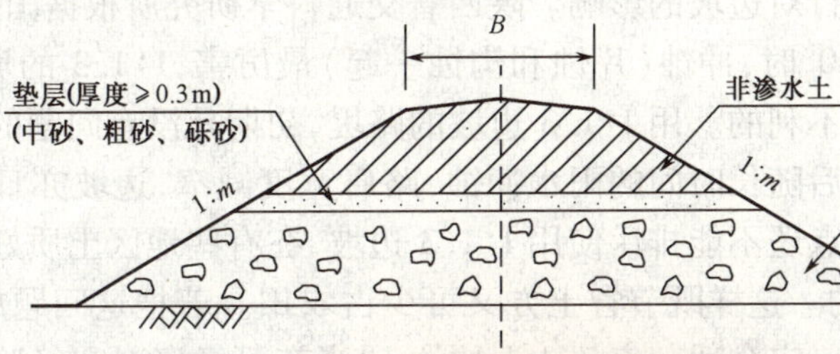

说明图 7.2.4—3　用不同类土填筑的路堤断面形式之三

7.3.1　本条需说明的问题：

(1)由平板荷载试验所测得的地基系数是将土体的强度和变形合为一体的综合性指标。近年来，国内外广泛利用地基系数来检查公路、铁路、机场跑道等填土建筑物的压实密度。日本 20 世纪 70 年代已将 K_{30} 纳入规范，我国大秦线首次引用 K_{30}，继后又在其他铁路线上进行了应用。

(2)本次修订对砾石类、碎石类土新增了孔隙率 n 控制指标。

(3)地基系数 K_{30} 分别与压实系数 K、相对密度 D_r、孔隙率 n 一起分别使用，对细粒土、改良土和粗粒土中的砂类、砾石类、碎石类的压实标准进行双指标控制，以互相验证，确保工程质量。

(4)压实系数采用重型击实试验标准，实现与国内外相关规范一致，以扩大适用范围。

7.3.2　细粒土和可击实的粗粒土的含水率是影响压实度的主要因素：在一定的压实条件下，密实度最初是随含水率的增加而上升的，但达到最优含水率后，含水率再增加反而引起密实度下降。所以要使填料达到一定的密实度，其含水率应保持在某一个固定范围内才能实现，这个范围的上下限叫临界含水率。当含水率超过上限时，可采取排水疏干、松土晒干、中间夹砂或重型碾压等措施；当含水率小于下限时，可采取加水润湿或采取重型机械碾压等措施。

7.3.3　路堤沉降的原因，除与地基条件有关外，还与路堤高度、填料种类、压实标准等有密切关系。为保证高路堤在施工后的路肩宽度和沉降量满足设计要求，特提本条的规定。

由于影响路堤沉降的因素复杂，沉降量目前还没有合理的理论计算方法。规范中路基面加宽值的计算方法，是根据现阶段有限的实测资料、一些学术研究成果和有关规范所作的规定，经汇总分析后，提出根据不同填料类别所对应的沉降比。所谓沉降比，是指路堤总沉降量与路堤填土高度之比。

为减少高路堤的工后沉降量，设计时应选择压缩性小的填料，并提高填料的压实标准。

7.4.1　表 7.4.1 中路堤边坡坡率等问题确定的依据如下：

(1)关于低矮土质路堤边坡坡率 1∶1.3 的问题

关于这方面的意见是最有分歧的。有的认为土质较好的低边坡，如 0～3 m 内用 1∶1.5是保守的，可以改陡用 1∶1.3；另一种意见则相反，认为 1∶1.5 坡是最陡的了，不宜再改陡。这是由于我国幅员辽阔，各地区的土质和气候条件各不相同，所得经验亦各不同，这是很自然的现象。

一个边坡的稳定与否，力学检算只是一方面，另外还应考虑边坡受外界因素的作用情况，如雨水冲刷，人畜的走行对边坡的影响。陕西省交通科学研究所根据国外水土保持的资料认为，斜坡与水平成40°时，冲蚀（片蚀和沟蚀一起）最厉害，1∶1.3 的坡度接近 39°，从雨水冲刷方面来说是很不利的。用 1∶1.3 边坡的路堤，初期是没有问题的，也不会沿圆弧裂面产生滑动。但运营后随长时间的雨水冲蚀，路肩宽度减窄，边坡亦日趋平缓，对养护是不利的。但单凭这一点还不能排斥使用 1∶1.3 边坡，在有些地区土质好，或坡面防护有条件时，还是可以使用的。这样既节省土方又可少占农田。若把这问题放在规范中作统一规定，普遍使用，就不一定合适。表 7.4.1 的注 1"当有可靠资料和经验时，可不受本表限制"，对这个问题亦是适用的。

（2）关于土质路堤边坡采用 1∶1.5 一个坡，在边坡中部设平台的形式的问题

建议用这种形式边坡的理由，是想在运营期中如需帮坡时，可从中部的平台开始，减少一些帮坡土方；另一种原因是雨水沿着边坡流下，到了平台可以得到缓冲，减小了流速，对下部的边坡有利。所以采用这种形式有其优点。

为此，我们曾拟定了几种设平台的形式，进行了检算，与变坡的形式作对比：

① 0 ~ 6 m，1∶1.5，平台 1.5 m 宽，6 ~ 18 m，1∶1.5 与 0 ~ 6 m，1∶1.5，6 ~ 18 m，1∶1.75 相对比。

② 0 ~ 10 m，1∶1.5，平台 1.5 m 宽，10 ~ 18 m，1∶1.5 和 0 ~ 10 m，1∶1.5，平台 1.0 m 宽，10 ~ 20 m，1∶1.5 两种与 0 ~ 10 m，1∶1.5，10 ~ 20 m，1∶1.75 相对比。

从① 与② 的对比来看，设平台 1.5 m 宽时，安全系数都普遍地比变坡的形式有所提高；设平台 1.0 m 宽时，安全系数则降低。

从① 来看，用平台的形式，当路堤边坡高低于 12 m 时占地较多，到 12 m 以后占地才逐渐比变坡形式减少；而土方量始终比变坡形式大。从② 来看，若平台用 1 m 宽，当路堤边坡高低于 14 m 时，土方和占地都比变坡形式大；若平台用 1.5 m 宽，土方量始终比变坡形式大，16 m 高以后占地才逐渐减少。对比结果使人感到，设平台的形式有相形见绌之处。此外，把平台设在某一固定高度比较困难，例如把 20 m 高的路堤边坡平台设在 8 m 处是比较合适的，但对 10 m 高的路堤仍设在 8 m 处意义就不大了。若不予固定，视路堤高度而变动，则又会增加设计与施工的复杂性。

通过以上对比分析，认为采用变坡的形式较为优越，所以未采用设平台的形式。

（3）本次修订，根据软块石的性质和以往实践经验将软块石填筑路堤时，其边坡坡率具体化：用易风化的软块石填筑的路堤边坡，按细粒土边坡设计；用不易风化的软块石填筑的路堤边坡，按粗粒土边坡设计。

7.4.3 为避免排水沟或取土坑水流冲刷沟壁和由于水的浸润作用而影响路堤的稳定性，或为防止在未设置排水沟、取土坑的地段开垦农田而影响路堤的稳定性，规定在路堤坡脚外应设有不小于 2 m 宽的天然护道。

在经济作物区高产田地段，应考虑以农业为基础的方针，尽可能少占田地，可在路堤坡脚设置必要的防护措施，如做护坡、坡脚墙或设宽度不小于 1 m 的人工护道，以保持路堤的稳定。

8.2.2 由于我国幅员辽阔，气候、地质及其他自然因素变化较大，因此表中边坡坡率只列出上、下界限值。具体设计时还应根据现场调查分析的结果，结合边坡高度，在表中的上、下限界范围内选用。低边坡可选用较陡的数值，高边坡选用较缓的数值。

8.2.4 碎石类土、砂类土、易风化岩石及其他土质的路堑边坡，如果不设防护措施，易于风化剥落，且土中的细颗粒成分也易被地表水流冲至坡脚，堵塞侧沟。因此这种地段的土质路堑一般都应设置侧沟平台。

8.2.5 在现场调查中，常见到土和风化岩石两种地层组成的较深路堑，由于坡面水流的冲刷和侵蚀，在土石交界处及坡脚部位被冲刷淘空，形成边坡坍塌；另外在养护维修中因边坡较高，无平台可资利用，作业极为不便。因此，有设置边坡平台的必要。

关于本条中较深路堑的深度，本规范中未规定一个具体数值。可由设计人员根据具体情况灵活运用，一般是指 15～20 m 及以上。土和风化岩石两种地层组成的路堑，如土只是很薄的一层覆盖层，平台则不一定设在土石分界处，以设在边坡中部为宜。

平台上截水沟尺寸以满足排水流量为原则。其断面尺寸可小于侧沟的断面尺寸，亦可做成三角形的，但一定要铺砌加固，以免渗漏。如有渗漏，则对下部的边坡反而不利。如平台位于不易风化岩层上，无渗漏问题，开挖截水沟又困难时，则可改做挡水墙。

8.3.1 岩石路堑边坡的稳定性分析和设计比较复杂，除受其岩性、边坡高度及施工方法等因素影响外，还在很大程度上取决于其岩体结构、结构面产状及风化程度。如何正确地判断和权衡诸因素对边坡稳定性的影响程度，进行较为准确可靠的定量化分析和边坡稳定性评价，目前还是一个有待深入研究的课题，尚没有统一、完善的方法。

因此，本条按照传统设计方法对岩石边坡的设计原则和应考虑的影响因素进行了规定。

近年来由于计算机技术的发展，极限平衡法以及有限元、离散元等数值分析方法在岩石边坡稳定性分析和设计中得到了一定程度的应用，积累了一些成功的经验。故规定在特殊情况下确有必要时，可采用稳定分析方法进行检算。

8.3.2 根据岩石强度和风化程度这两个主要因素制定了表 8.3.2，以供一般情况下高度小于 20 m 的岩石边坡设计使用。由于表中边坡坡率只列出了上、下界限值，具体设计时还得根据现场调查分析的结果，结合边坡高度，在表中的上、下限界范围内选用。低边坡、设置防护边坡或岩体结构有利于稳定的边坡可选用较陡的数值，否则选用较缓的数值。

8.3.4 岩石路堑的设计有时受施工工艺、施工方法的影响较大。例如在较高的硬质岩石路堑中，常规的爆破开挖方法由于冲击和震动作用，使路堑边坡岩体破碎、松动，常造成运营期间的掉块、落石等病害。对附近一些安全性要求较高的建筑物，常规爆破方法也很难保证其安全性。因此在设计中要考虑这种情况，采用适当的防护措施加以预防。

采用光面、预裂爆破技术能够很好地解决上述问题，而且在大多数情况下，边坡不需设置防护加固措施，就能很好地保持其稳定性。进行光面爆破的工程证明，对于石质路堑，采用光面、预裂爆破可提高路堑边坡工程质量，最大限度地减少开挖时对边坡的破坏，施工后形成的路堑边坡岩体稳定、平整美观，值得大力推广应用。

光面、预裂爆破技术的采用不仅仅是一个施工方法问题，还影响设计过程中工程措施的选用和设计方案的论证。因此，本条从设计角度出发，对其应用做了原则性的规定。

8.3.5 较深的软质岩路堑高边坡，当岩体松散破碎、软弱结构面发育时，往往在开挖施工期间就出现边坡开裂、坍滑等病害，不仅影响施工的安全和进度，而且增加了大量的工程整治费用，给设计、施工以至运营各阶段的工作都带来了很大的问题。究其产生的原因，主要有以下几个方面：

(1)路堑边坡软质岩层节理发育，岩体松散、破碎，自稳性差，开挖后难以保持其自身的稳定性。

(2)由于目前机械化施工的推行,支挡防护工程的跳槽开挖方法很难实现,机械大拉槽施工后,后续支挡防护工程的砌筑周期长,边坡岩层长期暴露,使路堑边坡处于非稳定状态。一旦增加某些外部不利因素,如地面水下渗、拉槽内积水等,造成坡脚强度下降、边坡变形而引起坍滑。

所谓软弱松散岩质路堑,即指具有上述工程特性的软质岩石路堑。在南昆线路基工程的设计和施工中,遇到了大量的这种类型的高边坡。

根据南昆线试验工程和推广应用经验,分层开挖、分层稳定及坡脚预加固技术主要有以下形式:

(1)分级稳定及坡脚预加固技术

从上到下分级开挖,分级加固防护,下部坡脚采用锚固桩进行预加固,再开挖施工(说明图 8.3.5—1)。

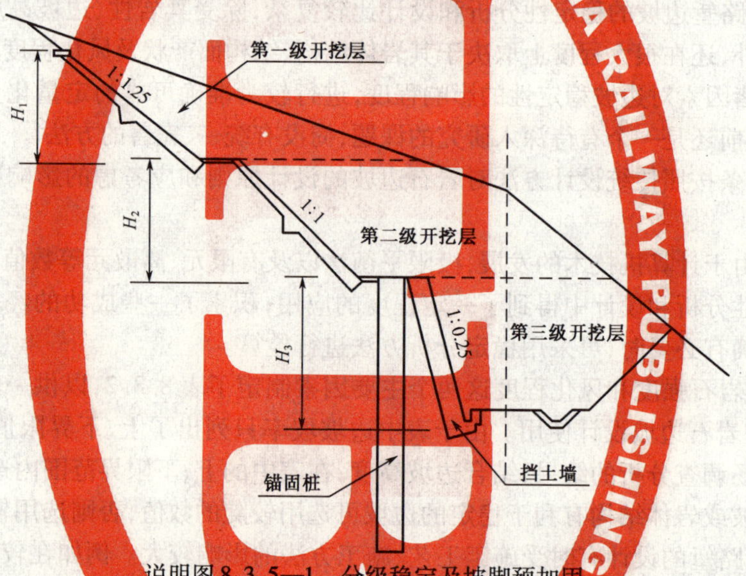

说明图 8.3.5—1　分级稳定及坡脚预加固

(2)分层稳定及坡脚预加固技术

根据防护加固结构类型的不同,分为下列几种形式:

① 土钉墙分层开挖、分层加固技术

从上到下分层开挖、分层施工土钉墙,及时加固开挖后的边坡,其关键是墙身中部和坡脚的稳定(说明图 8.3.5—2)。

② 挂网喷护及预应力锚索桩加固技术

上部设分层开挖、分层加固的挂网喷护,下部设先加固再分层开挖、分层加固的预应力锚索桩及桩间挂网喷护复合结构(说明图 8.3.5—3)。

8.4.1～8.4.3　弃土场(堆)内侧坡脚至堑顶距离应根据边坡高度及地质情况进行选择,以不影响山体及边坡的稳定性为原则,一般为 5 m。

弃土一般应首先考虑堆在山坡下侧,这样可减少运土的爬高距离,对路基稳定性的影响也较轻。为了防止弃土场(堆)沿地面滑动,地面横坡不宜陡于 1∶2.5。

弃土时不得压缩桥孔、挤压桥梁墩台、改变水流方向等,以避免造成河岸冲刷加剧,危及桥梁安全。

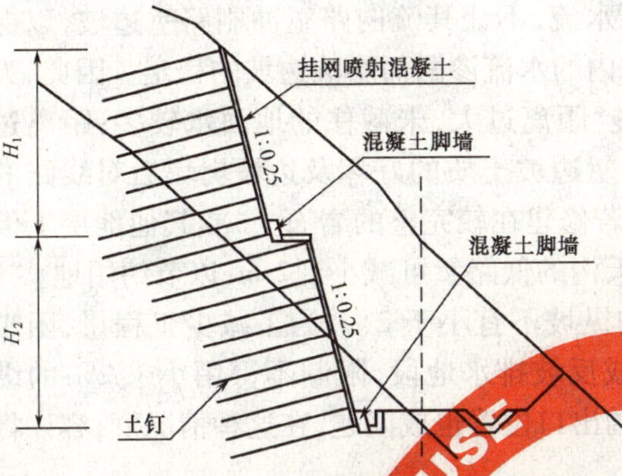

说明图 8.3.5—2 分层稳定及坡脚预加固形式之一

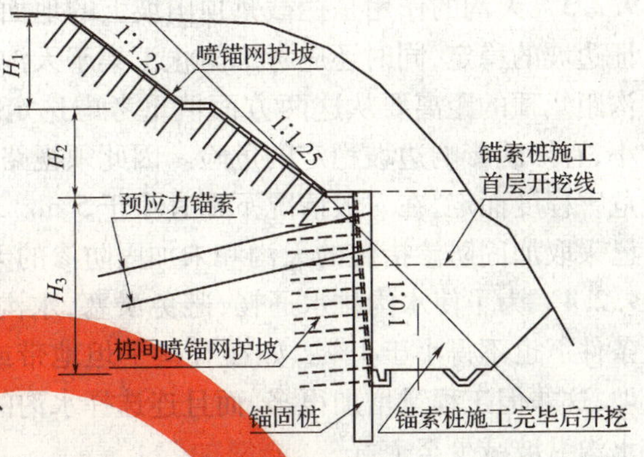

说明图 8.3.5—3 分层稳定及坡脚预加固形式之二

9.1.1 排水系统设置不合理或排水设施过水断面不足时，会引发严重的路基病害，设计人员应重视路基排水设计。

路基工程的地基、基床和边坡等由岩土所组成的部位易受水的软化，冲蚀作用而产生病害，应通过排水系统将聚集在路基范围内的水或流向路基本体的水及时排除。因为这些部位的土或水稳性不良的岩石经水冲蚀、浸泡后，其物理力学指标会大大降低，以致造成基床病害、边坡溜坍、路堤溃爬滑走等。根据铁道部工务部门的统计，由于排水不良造成的路基病害占各类病害总和的37.3%，与水的危害有着直接或间接关系的基床病害占各类病害总和的22.5%，“水是路基的大敌”的观点已成为共识。所以，路基工程应具有良好、完善的排水系统，要首先从排水着手做好地面排水工程，有地下水时需做好地下排水工程。

以往由于对这一点认识不足，看到路堤地基或路堑边坡上有泉水外渗，不加处理而酿成大祸，这类教训是很多的。如某线一个8 m高的土质路堤，地基地下水发育，未作处理，施工后路堤边坡上出现弧形裂缝，设计人员只提出在下侧加设反压护道，没有从排水方面去解决，结果反压护道经地下水浸泡，照样发生溃爬，带走了半个路堤，最后在路堤下侧堤身中做三条横向支挡渗沟，上侧做渗水暗沟截住地下水的来路，才止住了溃爬变形。

在排水系统的具体设计工作中，排水设施的合理布置和其过水断面的设计是非常重要的两个环节。路基排水设施应与桥涵、隧道、车站、农田水利等排水建筑物相顺接，以求水流通路畅通，互不影响，避免那种各行其是、互相矛盾、互相脱节的不良现象；当有集中水流引入的水沟及水沟上方拦截的地表水流量较大时，排水设施的过水断面尺寸需根据汇入的流量经水力计算确定，以保证具有足够的过水能力。在一般情况下，由于流量较小，根据多年实践经验，可直接按本规范所规定的标准断面尺寸使用，不做水力计算。

9.2.2 “若地面横坡不明显，宜在路基两侧设置”指的是：在地面横坡不明显的平坦地带，当路堤高度小于2.5 m时，由于地面积水和局部地表径流，可能使路基基床受水浸泡或受毛细管水的作用而影响路基稳定性，宜在路堤两侧均设置排水沟；当路堤高度大于2.5 m时，由于路堤较高，短期内的浸泡还不致影响基床部分，也可只在路堤上方单侧设置排水沟；如路堤高度虽小于2.5 m，但经调查确认下侧不会有积水和形成地表径流可能时，可只在上方单侧设置排水沟。同样，为了防止地面水流入路堑内，地面横坡不明显地段，在堑顶外两侧设天沟；当地面横坡明显时，仅在上方设置。

9.2.3 天沟的作用是拦截堑顶山坡上的地面水流，不让其流向路堑冲刷路堑边坡，以保证边坡的稳定，同时还应考虑防止汇集于天沟内的水流渗漏而影响边坡的稳定。因此，天沟距堑顶的距离要从这两方面慎重考虑选定。距离过大，未截住的地面水较多；距离过小，有渗漏影响边坡稳定的危险。因此须视路堑边坡土质的好坏及边坡坍塌后对线路的危害程度而定，在一般情况下不宜小于5 m。若修建在较完整的岩石上，或其他地层上但已采取加固防渗措施的天沟和未加固防渗的天沟的低路堑可减小到2 m，以节约用地。

9.2.4 为了使水沟排水通畅，避免淤塞，水沟纵坡不宜小于2‰，为了减少工程量，困难条件下也不得小于1‰。如在有些平坦地带或反坡排水地段，限制不得用小于2‰的纵坡，这非但工程量增加很多，而且连选择水沟的出口位置也成问题，在这种情况下，容许将水沟纵坡减少至1‰。

9.2.5 侧沟、天沟、排水沟的断面尺寸，须保证排泄全部设计流量而不致溢出沟外。由水力计算得知，若采用底宽0.4 m、深度0.4 m、边坡坡率为1∶1的梯形断面，在2‰的纵坡上，满槽时可排泄约0.2 m^3/s的流量，这在一般地区几乎是经常碰到的。所以对一般土质的水沟断面，再加安全高度0.2 m，就得出一般情况下水沟断面标准尺寸采用0.4m × 0.6 m的规定。在干旱少雨地区，由于流量较小，可将水沟深度减至0.4 m。岩石路堑的水沟深度亦可减至0.4 m，因为岩石路堑水流即使稍有漫溢现象，对边坡和路基面的危害也不大。土质、软质岩石、强风化或全风化硬质岩石地段路堑，其基床表层采用换填地段，应考虑渗水的排除问题，侧沟沟底应低于基床表层底面高程，以利排水，所以规定其沟深为0.8 m。

9.2.6 天沟一般不应向侧沟排水，如受地形限制，很难找到出口位置，除了利用急流槽（吊沟）向侧沟引水外，别无其他措施可代替时，方考虑用急流槽将天沟的水引向侧沟。在计算急流槽下游的侧沟断面时，流量采用侧沟和由急流槽引入的二者流量之和，洪水频率采用1/50，以防因流量增大后可能漫溢，直接威胁路基的安全。

9.2.7 为了防止地表水渗入地下土层后影响路基的整体稳定或产生基床病害，对土质、软质岩和强风化或全风化硬质岩石地段的侧沟、天沟、排水沟需进行加固防渗。

9.2.8 深长路堑的侧沟，在下游地段由于汇集的流量增大，一般的标准横断面尺寸已不能满足流量的要求，可能造成水溢道床。如在下游地段加大横断面尺寸，则将增加土石方数量，并非良策，尤其是在反坡排水地段的侧沟，到下游要求加深更多，困难亦更大。在这种情况下，宜视地形条件设法增建桥涵建筑物，将水引排至路基之外。

9.2.9 隧道进出口的路堑侧沟水流，一般不宜引入隧道内，这是为了保证隧道正常运营和安全而规定的。所以当路堑纵坡向隧道为下坡时，宜将侧沟改为反坡。当路堑长、纵坡大时，反坡排水不仅工程量大，而且出水口位置及高程有时也难以选定。若硬性设计为反坡排水，显然欠合理。《铁路隧道设计规范》（TB 10003）中规定，隧道长度小于300 m，水量较小、含泥量少时，路堑侧沟水可经隧道排出。

9.3.1 仰斜式钻孔一般用于含水层较明显的地层中。由于渗水隧洞的工程较大，施工困难，在国外多采用仰斜式钻孔代替渗水隧洞。在我国也有了一些实践经验，取得了良好效果，故提出来推广使用。

9.3.2 渗水暗沟和渗水隧洞的纵坡，应根据地下水埋藏深度及纵坡、地层情况、出水口位置的高程等综合考虑决定。为了迅速排出地下水和防止淤积，渗水暗沟底部纵坡不宜太小,但考虑到地下水经地层土的自然过滤作用,使得地下水的含泥量一般小于地面水的含泥量。若渗水暗沟的反滤层能保证起到应有的作用,不携带沟壁的土粒进入排水孔,则淤积的程度是不会严重的。可见,对渗水暗沟的防淤措施,不仅是纵坡问题,尚应从加强反滤层这一重要环节相配合,方能取得实效。所以规定渗水暗沟纵坡不宜小于5‰,在困难条件下可减少至2‰。当采用2‰时,必须加强其他防淤措施,主要指加强反滤层,加大渗水暗沟的排水孔尺寸,缩短检查井的间距等。

渗水暗沟、渗水隧洞的横断面宽度,往往不取决于排水流量的要求,而是受施工需要的控制。人力施工时,考虑在沟壁支撑加固后尚能保留一人在底部转身工作的最小宽度,对于一般常见的深度为 2 ~ 10 m 的渗水暗沟或较短的渗水隧洞而言,宽度不宜小于1.2 m;对于个别埋藏很深的渗水暗沟或较长的渗水隧道,尚应考虑施工通风的问题,应再酌情加宽。

9.3.3 “在严寒地区的渗水暗沟、渗水隧洞的出口,应采取防冻措施”,指的是综合选用下列措施:出水口尽可能向阳、背风布置,用保温材料做成保温的圆包头出口,加陡出口段纵坡,设防寒水沟,出水口位置应选在陡坎峭壁处等。

9.3.4 渗水暗沟、渗井和渗水隧洞等地下排水设施皆为隐蔽工程,能否长期起到良好的排水作用,反滤层的设计和施工是关键问题。设计中应正确选择反滤层的层数、颗粒大小及其级配;施工中应保证按设计的要求,洗净砂石料,按颗粒大小的不同分层填筑。

预制无砂混凝土块板作为反滤层,用在卵砾石、粗中砂含水层中效果良好。它具有透水性能和过滤性能好,施工简便等优点,值得推广。如用于细颗粒土地层,应在无砂混凝土块板外侧再加一层厚为 10 ~ 15 cm 的中粗砂或土工织物反滤层,用以防止细颗粒土堵塞无砂混凝土块的孔隙。

土工织物作反滤层已广泛采用,在国内农业、水利、铁路和公路的应用中有了一定的实践经验,取得了良好的效果。应推广应用。

9.3.5 PVC、PP/PE 塑料管由于具有重量轻、安装方便、耐腐蚀等优点,近年来被广泛应用于农业、水利及道路方面。铁三院将 PVC 管用于纵向渗水暗沟试验工程取得成功,为 PVC、PP/PE 塑料管在地下排水工程的应用提供了新经验,故在本条中提出以便推广应用。

9.3.6 深度大于 20 m 的检查井,养护人员下井时较为困难,除应设置检查梯外,尚应考虑在检查梯的中段增设为养护人员爬梯时有中途歇息的平台,平台周围设护栏。这种措施在宝成线整治滑坡工程中使用过,取得了良好效果。

10.1.7 植物防护不仅费用低廉,效果较好,而且能起到保护和美化环境的作用。故凡是适宜生长植物且坡率不陡于1∶1的土质边坡,应优先采用植物防护。植物防护的类型较多,有种草籽、液压喷播植草、铺草皮(满铺草皮、浆砌片石骨架内铺草皮等)及植树等,亦可将几种植物混合种植,还可用土工网、土工网垫与种草籽或液压喷播植草相结合。甚至还可以采取喷混植生、客土植生,即当边坡表层不适宜植物生长时,在边坡坡面上铺设或置换一定厚度适宜植物生长的土壤(或混合料),以利植物生长。总之,具体可视当地土壤、边坡的高度和坡率及气候条件而定。草籽应选用根系发达、茎干低矮、枝叶茂盛、生长能力强的多年生草种。常用草种有鼠尾草、白茅草、毛鸭嘴、画眉草、两耳草、结缕草、圆果、小冠花、雀稗草等。植树以灌木为宜,并应选择根系发达、枝叶稠密并能迅速生长的灌木树种。常用灌木树种有紫穗槐、夹竹桃、黄荆、野蔷薇、山楂等。乔木对边坡增加重力过大、吸水性强、风吹树摇使边坡发生裂缝，不利于边坡的稳定，而且被风吹倒后会影响行车安全，不宜在边坡上种植。植物防护的设计应参照《铁路路基边坡绿色防护技术暂行规定》进行。

10.2.1 坡面防护是保护环境，防止水土流失的一种工程措施。有些严重的路基病害和水土流失往往是由于路基边坡风化剥落，逐渐发展而造成的。如易风化的岩质路堑边坡任其风化剥落，可能引起大量的坍塌；易于冲蚀的土质堑坡若任其发展，可能引起边坡的溜坍，同时剥落或冲蚀的碎屑物往往堵塞侧沟，使排水不畅，造成路基翻浆冒泥；土质路堤边坡受雨水冲蚀，产生大量冲沟，可能引起边坡溜坍失稳和路肩宽度不足。

10.2.2 表10.2.2提出的坡面防护工程类型是当前常用而且效果较好的几种。在选用防护类型时，除应考虑表中所列举的条件外，还应考虑投资的经济性。

喷浆及喷射混凝土、锚杆铁丝网（或土工格栅）喷浆及喷射混凝土护坡，近年来已经取得了一些实践经验，喷掺砂水泥土护坡在宝中线工程实践和试验研究中获得成功，被认为是一种效果较好，造价低廉、有发展前途的防护措施，故将其列入表10.2.2中。

10.2.3 根据现场调查，采用植物防护、喷护、挂网喷护等防护措施的路堑边坡，以及较高的土质路堑边坡的坡脚，常因列车震动和雨水冲蚀作用而先破坏，从而导致整个防护工程的破坏或出现边坡坍塌。凡在坡脚增设高1～2 m护坡、护墙或挡墙的地段，对边坡的稳定性及耐久性都有明显的提高，故本条作此规定。

10.2.4 软硬岩层相间的路堑边坡，往往由于软质岩石风化剥落速度快，使上部硬质岩层失去支撑力，出现掉块，影响行车安全。

根据现场调查，对上部为硬质岩层、下部为软质岩层的路堑边坡，下部软质岩层边坡用浆砌片石护坡或护墙防护。

10.2.7 封闭式坡面防护是指喷护、挂网喷护及浆砌片石护坡和护墙等，应根据坡面的潮湿程度，设置泄水孔或边坡渗沟等渲泄地下水措施。实践证明，如果坡面中的水不能顺利排出，将严重影响封闭式坡面防护的稳定和使用年限，甚至失败；如果坡面有地下水，则应根据水量大小及分布情况，设置泄水孔或边坡渗沟等渲泄地下水措施。

为避免地基的不均匀沉降而引起墙身开裂，减少坡面防护材料硬化后收缩和温度变化等作用而产生裂缝，应视地基条件、防护类型设置伸缩缝或沉降缝。其中喷护和挂网喷护，因材料硬化后收缩和强度变化作用影响强烈，伸缩缝的密度应适当加大。

10.2.8 天然山坡在开挖边坡前，是在长期地质、自然和应力历史等作用下形成的，具有一定外貌形态并处于自然平衡状态的斜坡。开挖边坡引起了山坡岩体或土体的卸荷和应力重分布，破坏了其原有的平衡状态，造成了开挖后边坡的稳定性问题。另外对于岩石边坡，由于施工爆破的影响，使一定范围内的岩体松动、破碎、力学强度降低。显而易见，开挖的边坡愈高，所受的这种影响就愈大。设计中虽然力图采用“稳定”的边坡坡率和必要的防护措施，以减小或消除其不良影响，但由于对自然认识程度的局限性，边坡愈高，把握性也就愈小。大量的工程实践也说明，土质和易风化岩石路堑高边坡施工困难，往往在施工中就出现边坡变形，甚至坍塌，建成后养护维修也困难，出现病害难以处理。从环境保护角度出发，高边坡也是不利的，因开挖边坡愈高，破坏天然植被也就愈严重。所以应尽量控制和降低挖方边坡高度。

挡土墙墙顶坡面接浆砌片石护墙、护坡时，一方面由于护墙、护坡容重比自然岩土的重度大，为消除其带给下部挡土墙的主动土压力，宜在墙顶设平台；另一方面，开挖边坡多采用爆破和机械化施工方法，从实践经验出发，为保证护墙、护坡具有牢固的基础，也宜在挡土墙墙顶设置具有一定宽度的边坡平台。

10.2.9 用砂类土、细粒土等填料填筑的路堤，其路肩和边坡在雨水冲刷作用下，常发生水土流失，甚至引起边坡坍塌，路肩宽度不足，危及行车安全。故应根据填料性质、边坡高度和当地降水量，选用适宜的防护措施。其中砂类土（主要指粗砂、中砂、细砂、粉砂和花岗岩风化残积物等）填筑的路堤边坡，因植物不易生长和成活，宜选用干砌片石护坡、浆砌片石护坡或干砌片石勾缝护坡加以防护。

10.3.1 水流冲刷是影响沿河地段路基稳定的主要因素。应慎重地选用适宜的坡面防护、导流、改河等防冲刷措施。

坡面防护是对河岸或路堤坡面予以直接加固，以抵抗水流的冲刷和淘蚀。

导流是借助于沿河布置丁坝来迫使水流流向偏离线路，减轻路基部分的冲刷，一般用于河床较宽，冲刷和淤积大致平衡，水流性质易改变的河段。

当路堤侵占河床较多或水流直冲威胁路基安全，在地形地质条件有可能时，方可采用局部改移河道的措施。但狭谷、泥石流、非稳定性的河段，不应轻易改移河道。

10.3.2 表10.3.2中容许流速值上、下限差值较大的防护类型有浆砌片石护坡、大型砌块、浸水挡土墙等，应视建筑物的厚度、砂浆强度等级、砌块大小等进行选择。容许流速值小的类型适用于薄的、强度等级低的、砌块小的工程；容许流速值大的类型适用于厚的、强度等级高的、砌块大的工程。

砌石护坡的设计厚度，决定于当地开采片石尺寸的大小。如单从防冲刷而言，护坡的厚度用0.25 m已够；当采石场的片石面宽为0.35 m时，则砌石护坡的设计厚度宜为0.35 m。

土工织物沉枕、土工模袋等冲刷防护技术已在国外广泛应用，在国内也取得了一些实践经验，并已纳入《铁路路基土工合成材料应用技术规范》，故可视具体条件采用。但由于在铁路路基工程中的应用尚缺乏经验，所以本条要求进行技术经济比选后采用。

10.3.3 冲刷防护工程的基础处理得当与否，是关系到该工程成败的关键。历年的实践经验证明，冲刷防护工程的失败大多是由于地基被淘空而引起的。故基础应埋置在冲刷深度线以下不小于1 m或嵌入基岩内。

目前在设计中使用的冲刷深度公式分为一般冲刷和局部冲刷两类。当防护地段河床纵坡变大或防护建筑物较多地压缩了水流断面，致使水流流速增大，而水流流向并不直冲建筑物时，可按一般冲刷考虑。当防护建筑物没有或很少压缩水流断面，但水流方向与建筑物迎面切线交角较大时，可按局部冲刷考虑。

一般冲刷深度采用包尔达柯夫公式计算：

$$h_p = \frac{A_1}{A_2} \times h$$

式中 h_p——压缩断面上冲刷停止时的垂线水深(m)；

h——压缩断面上冲刷前的垂线水深(m)；

A_1——以主槽天然平均流速通过设计流量时需要的断面积(m^2)；

A_2——压缩断面在冲刷前能供给的断面积(m^2)。

局部冲刷深度采用雅罗斯拉夫采夫公式计算：

$$h_{pj}=\frac{23v^2\tan\frac{\alpha}{2}}{g\sqrt{1+m^2}}-30d$$

式中　h_{pj}——建筑物前局部冲刷坑深度(m)；

v——建筑物附近水流的局部流速(m/s)；

g——自由落体加速度,9.81 m/s^2；

α——水流方向与建筑物迎面切线的交角；

m——建筑物的边坡坡率,等于建筑物边坡角的余切；

d——冲刷过程中裸露出来的铺在冲刷坑底的土颗粒粒径,用土中占有15%以上重量的最大粒径的直径(m)。

v、α、d 的大小直接影响 h_{pj} 值,应考虑不同水位时相应的 v、α,看其对 h_{pj} 的影响,从中找出最大值及其代表地段;确定 d 值,取土时应注意土层的代表性,以减少人为因素的误差。

冲刷深度如何确定是尚未解决的难题,目前还难以建立符合实际的计算公式。因此,用公式所求得的冲刷深度,只能供参考,还应通过实际冲刷调查,对附近既有冲刷防护基础埋设深度和使用情况的了解,从防护地段河床地层的钻孔资料中对冲淤交替的分析判断等途径,综合考虑决定之。

防止地基淘刷的措施,按其性质分为立面防淘与平面防淘两类。立面防淘是将建筑物的基础设在冲刷深度以下,使基底不受冲刷。但这种措施在冲刷深度较深的地方,明挖施工抽水困难不易办到,可考虑沉井、桩基。而平面防淘措施是用柔性建筑物平铺在河床或用散体的材料堆放在主体工程的前面,当河床受到冲刷后,这种建筑物就随之下沉起保护基底作用。抛石、石床、潜坝、混凝土块板和石笼等都是属于这类性质的防淘建筑物。平面防淘措施只适用于不重要的线路上使用或作为立面防淘的辅助措施。

10.3.5　导治线是借助导流建筑物将主流挑离路基一侧,规划形成一条新的河岸线,它是布置调节建筑物的主要依据。在布置调节建筑物的平面位置以前,要合理地规划导治线。

导治线的平面形状应与所防护的一段河岸外形相称。经导治的河床宽度、深度及流速等须与稳定河道的发展规律相符,并要使水流在导治的地段可以较平顺的流过而不致对农田、村庄和上下游线路起破坏作用。导治线的起点应根据河道的地质和水文条件加以选择,尽可能把起点设在地质条件良好,能保证水流由此转向,改按导治方向流动的河段。

在狭窄的河谷地段,因河床狭窄、水流湍急,若在这种地段企图用导流建筑物改变河流水性,往往失败多、收效少,故不宜使用。

10.3.7　本条所提的改河,是指当路堤侵占河床较多或水流直冲威胁路基安全时,将河道局部改移,使路堤避开水流的冲刷。

一条天然河道的形成是河槽地层和水、泥砂长期相互作用的结果,有其自然的客观发展规律。要想改变这种自然规律状态,首先要掌握河流的性质及其演变规律,才能据以改造自然,做好改河设计。一般在短期勘测阶段中,要掌握这些资料是有一定困难的。所以在改移天然河道时,要慎重对待,要注意技术上的可行性和设计的可靠性,务使新河道顺应河势,大体上符合该段天然河流的特性,严防硬性改动,强迫水流拐死弯而招致失败。

一般改移的新河道位置离路基较近,如果不按规定的洪水频率标准设计过水断面及防护高度,势必在设计洪水频率到来时要冲毁河床断面,漫过拦河坝,危害路基的安全,达不到改河的目的。所以规定新河道的设计流量仍按路基采用的洪水频率标准计算。

11.1.2 改建路基的标准原则上应采用新建铁路的标准,但由于既有线改建是在既有现状的基础上进行的,其技术标准一般不能脱离既有线的历史和现状。对布有长大型防护建筑物、高填和深挖、隧道进出口、不良地质等地段,因改建困难,为避免引起大工程,不宜强求与新建标准完全一致,在不影响运营安全和路基稳定的前提下,经上级主管部门批准后,可允许适当降低局部标准,例如路肩、侧沟平台宽度及侧沟标准等,或维持既有线标准。

11.1.4 有关路基面形状需说明的内容如下:

(1)当不改动既有路基面高度,仅帮宽既有路基时,为使道床下积水能迅速排出,故既有路肩形状做成4%横坡,以利排水。

(2)当抬道量较大时,一般以抬高路基面来增高轨面。抬高后的路基面应设路拱。

(3)在落道量较小时,如落道后既有道床厚度能满足设计标准,一般不再下挖路基面,仍保持原路基面形状(有基床病害者除外)。

当落道量较大,减薄道床不能满足设计要求时,则应下挖既有路基面,其下挖深度以满足新建标准道床厚度为限,下挖后的路基面应设路拱。

11.1.5 当抬道量较小时,一般保持既有路基面高度不变,采用加厚道床的办法抬高轨面,路肩宽度按新建标准设计。

11.1.7 路基病害会危及行车安全并影响通过能力,每年为整治路基病害需耗费巨大的人力、物力和财力。据1998年铁道部对全路路基病害情况统计,全路标准轨距铁路共有路基病害73 406处,总延长达11 830.3 km。其中排水不良地段长4 421.4 km,占各类病害总和的37.3%;基床病害(翻浆冒泥、路基下沉和冻害)地段共长2 661.9 km,占病害总和22.5%。排水不良诱发和加剧了基床病害的发生和发展,随着运量不断增长和行车速度的提高,为保证列车正常运行,就必须使路基始终处于坚固、稳定的状态。所以整治路基病害,特别是基床病害,在改建既有线与增建第二线工程中占有很重要的地位。整治路基病害应结合当地气象、工程地质和水文地质条件进行。对基床病害应采取综合整治措施,如设置排水渗沟、换填渗水土、压注水泥砂浆、铺设砂垫层或设封闭层等。冻害地段,亦可采取抬高路堤、降低地下水位和铺设保温层等措施。

11.1.8 本条规定了既有线改建路堤设计应遵照的原则。

(1)为了不造成新的路基病害,以利排水,故路基面抬高或边坡帮填以及增建第二线路基时,应采用新建铁路标准的填料填筑,但要注意填料的渗透性不能比既有线填料的渗透性差。

(2)由于路堤帮宽值太小时,帮填土不易粘贴在既有路基上,因此规定帮宽部分的顶宽不应小于0.5 m;同时为了避免出现新帮填部分成为顶部宽底部窄,或倒三角形式样,对边坡稳定不利,所以要求底宽不应小于顶部加宽值。

(3)帮宽和增建第二线路堤时,为使帮填部分与既有路基本体新老土体衔接紧密,因此要求在帮填时沿既有路堤坡面挖底宽不小于1 m的台阶。

(4)既有路堤边坡坡度历经多年,其既有坡度值陡缓不一,为确保路基边坡稳定,故帮填边坡坡度一律采用新建路基坡度标准。

(5)采用道砟抬道引起既有道床增厚,超厚地段造成养护、巡道人员上下作业不便,所以在标准道床厚度以下的超厚部分，采用渗水土垫肩。

11.1.9 在既有路堑边坡不高且稳定，扩宽后高度增加不大时，一般可参照既有稳定边坡坡度或按新建路基标准刷方扩建。但对较高路堑边坡，如发生薄层开挖，特别是岩石地段因施工不易，影响坡面稳固时，宜采用挡护工程收坡，以减少剥皮刷方。

11.1.10 对有重大病害（如崩塌、滑坡或其他等），经多年整治已稳定的既有路堑或有挡护设施的地段，为避免病害重新复发或引发新的病害而引起更大工程，在设计时应慎重对待，尽量保留，不宜轻易对原有边坡进行改动。

11.1.11 对不宜刷方扩宽路堑地段，如采用改变侧沟形式、消减侧沟平台等办法来加宽路基时，由于抬、落道后路基面水平总宽度发生了变化，设计时还需注意线路中心沿轨枕底面水平至路堑边坡的距离，应满足抽换枕木的要求。

另外，利用设置侧沟盖板来增宽路面，一般只限于岩石路堑地段，在坡面流水不大、长度较短时采用，因剥落土易堵塞侧沟，不宜用于土质路堑地段。同时，道床坡脚还不得伸入盖板，以免影响侧沟的养护维修。

11.1.12 抬高路基面时，宜选用与既有路基同一种填料填筑。当采用与既有线路基性质不同的填料时，应注意做好不同填料接触面间的排水措施。尤其在非渗水土路堑地段，如抬高路基填料采用渗水土时，应注意将下渗到接触面间的水横向引入侧沟内，使路基处于干燥状态，以免在路基内形成水囊，而产生基床病害。

11.1.13 改建既有线与增建第二线并行路基设计中，对于需跨线取、弃土而严重干扰施工及影响行车的地段，应作出方便施工、保证行车安全和不影响或少影响通过能力的过渡措施的设计，如设置施工便线、施工运输尽量利用立交桥涵进行等，以减少跨越轨道。

岩石路堑刷方时，如施工方法选择不当，容易致使既有堑坡产生裂缝，破坏堑坡的整体性，而影响其边坡稳定，甚至造成永久的病害，危及行车安全。因此，岩石路堑刷方时，应注意避免使用大爆破，而应采用光面、预裂爆破等控制爆破技术。此外，施工刷下的石块易砸坏行车设备（如钢轨、轨枕）和砸伤行人等，故应按规定对钢轨采取覆盖防护和封闭施工的措施，以确保既有设备和行车安全。

11.2.1 增建第二线路基时，应首先对既有路基现状（含路基病害及既有设施等）进行调查分析。设计时，不仅应考虑第二线路基本身的坚固和稳定，还应考虑既有路基受第二线路基影响可能产生的问题。如既有路基原来状况良好，增建二线后，有可能使既有路基的环境恶化，甚至产生新的病害；或既有路基原来就处于病害状态，增建第二线后，也有可能促使病害扩大和发展，而导致第二线同受其害。所以在设计时，应统筹考虑，对危及稳定的病害采取措施，一并整治。

11.2.3 第二线与既有线并行非渗水土路基地段，当增建第二线的路基面高出既有线路基面时，第二线路基面设计为三角形路拱，同时为尽快排除既有线路基面积水，故自既有线路肩或路肩以下向外设置4%的排水横坡，排水横坡至三角形路拱之间填A组填料（说明图11.2.3—1）；当增建第二线的路基面低于既有线路基面时，第二线路基面设计为向外4%的排水横坡（说明图11.2.3—2）。

11.2.5 在两线并行不等高地段，两线间的路基边坡，对下线而言是路堑边坡，采用路堑坡度值就可稳定。而对上线来说，则为路堤边坡，考虑承受活载的因素，就需适当放缓边坡坡率才能稳定，因此，设计两线间的边坡坡率值设计时，必须考虑上线列车荷载的影响。对边坡坡率值的确定，应依据列车荷载大小、工程地质情况、两线相差高度等酌情而定。

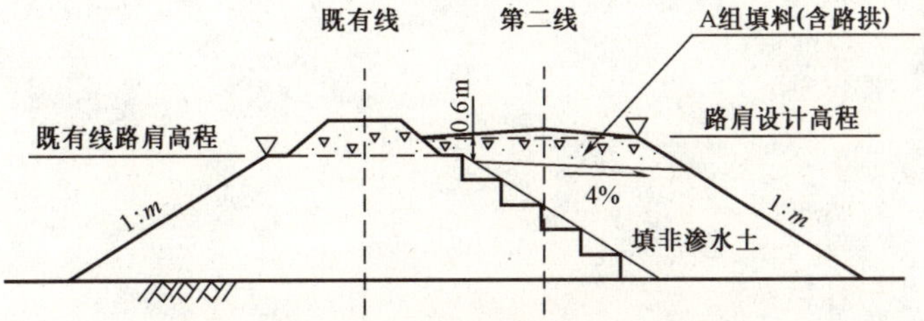

说明图 11.2.3—1　第二线路基面排水横坡设置

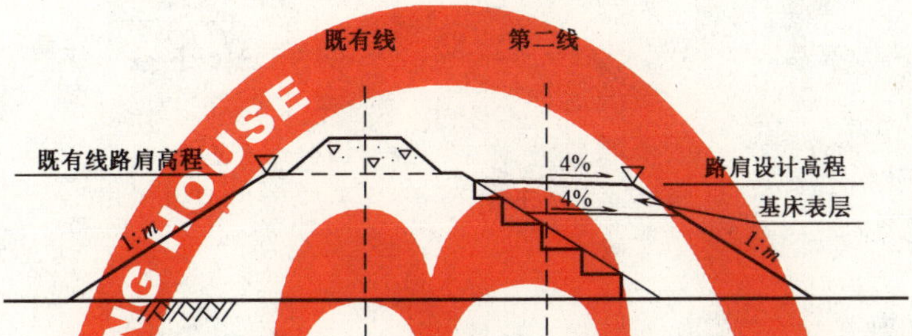

说明图 11.2.3—2　第二线路基面排水横坡设置

如边坡放缓后，致使线间距增大，将引起较大工程或线路改动困难时，则应与两线间设置支挡建筑物进行比选。

11.2.7　增建第二线并行等高(或两线高差不大、线间距较窄)地段，设计时应注意设置自既有路肩(或道砟陷槽底部饱和土层下)向外倾斜的排水横坡，以使既有路基积水经二线路基，从横向迅速排出。

在并行不等高或两线线间距较大地段，为防止产生路基病害，应于两线间设置纵向排水沟，以疏排两线间积水。

11.3.1　在改建既有线(含抬落道、改移中线、病害处理等)和增建第二线时，不可避免地会大量遇到对既有建筑物的处理问题。其处理尺度把握的恰当与否，对改建工程量的大小及投资影响极大。因此设计时，在确保行车安全和路基稳固的前提下，既有防护设备使用状况良好时，为节省投资，应首先考虑尽量保留。

11.3.2　对既有建筑物采用加大截面、接高或加深基础等措施时，首先应在既有建筑物本身坚固的前提下进行。既有建筑物截面与新增大的截面作为设计截面的共同组成部分，必须成为一个整体，才能起到共同承受土压力或其他外力的作用。因此在设计时，可采用在既有建筑物中锚入弯钩筋等办法，使新旧混凝土与砌体紧密结合，形成整体。

11.3.3　用干砌片石垛加宽或加高路肩时，应注意将高度控制在 1 m 以下。主要因为随片石垛的高度增高，其各部尺寸也相应增大，对基底承载力的要求也相应提高，而填土坡面上的承载力不一定能满足其要求；同时，当片石垛基底宽度增加后，在既有线上施工开挖的影响范围也增大，使既有路基稳定受到一定影响，对行车造成严重干扰，甚至威胁行车安全。且太高对施工、养护上下作业也不便。目前在既有线上实际使用的干砌片石垛高度，一般情况下也均未超过 1 m，因此，要求干砌片石垛高度不应超过 1 m。

11.3.4　挡护工程基础埋置深度不够或暴露，易遭受自然和人为因素的坡坏，而影响既有建筑物的强度和稳定性，甚至酿成更大的危害，所以要求基础埋置深度不够时，应对其进行处理并满足有关规范的要求。

铁路工程施工技术指南

经规标准〔2005〕110 号

客运专线铁路路基工程施工技术指南

Terminology for rail permanent way machinery

TZ 212—2005

2005—09—22 发布　　　　2005—09—22 实施

铁道部经济规划研究院　发布

前　言

本技术指南是根据铁道部《关于印发〈2005年铁路工程建设标准编制计划〉的通知》（铁建设函〔2005〕84号）的要求进行编制的。

本技术指南在编制过程中，认真总结我国铁路建设的经验和教训，学习和借鉴国际先进标准，以施工质量验收标准为依据，重点对施工过程中的工艺、方法、措施和质量控制目标作出了规定，反映了工程施工的新技术、新材料、新工艺、新方法，突出了客运专线铁路的技术特点。本技术指南是客运专线铁路工程施工的指导性技术文件。

根据铁道部《铁路工程建设标准管理办法》（铁建设〔2004〕143号）关于铁路工程建设标准体系调整的要求，为鼓励技术创新，促进技术进步，指导施工企业根据自身技术、装备、管理水平和市场定位需要制订技术要求更高、针对性更强、内容更为具体的企业标准，编制了本技术指南，今后铁道行业将不再发布新的施工规范。本技术指南严格按照标准编制程序组织编制，分别对编制大纲、征求意见稿、送审稿、报批稿组织路内外专家进行了审查。

本技术指南共分11章，主要内容包括：总则、术语和符号、施工准备、地基处理、路堤、路堑、过渡段、支挡结构、路基防护及排水、路基相关工程及附属设施、环境保护等，另有2个附录。

在执行本技术指南过程中，希望各单位结合工程实践，认真总结经验，积累资料。如发现需要修改和补充之处，请及时将意见及有关资料寄交中铁四局集团有限公司（安徽省合肥市望江东路96号，邮政编码：230023），并抄送铁道部经济规划研究院（北京市海淀区羊坊店路甲8号，邮政编码：100038），供今后修订时参考。

本技术指南主编单位：中铁四局集团有限公司。

本技术指南参编单位：中铁一局集团有限公司、中铁二局集团有限公司、中铁十二局集团有限公司、中铁十四局集团有限公司、铁道第三勘察设计院、铁道第四勘察设计院、铁道科学研究院、西南交通大学。

本技术指南主要起草人：袁广龙、何贤军、赵伊平、章国辉、孙四平、万为胜、覃国俊、刘凯年、王崇新、袁秀英、赵勤俭、林原、吴波、辛维克、黄直久、石斌、祝景寰、尤昌龙、李学乾、王兴荣、张在保、叶阳升、史存林、邵丕彦、罗强。

目　次

1 总　则

1.0.1 为统一客运专线铁路路基工程施工技术要求，加强施工管理，保证工程质量，制定本技术指南。

1.0.2 本技术指南适用于旅客列车设计行车速度200～350 km/h的标准轨距客运专线铁路路基工程施工。无砟轨道客运专线铁路路基工程施工，尚应符合无砟轨道客运专线铁路工程施工的有关规定。

1.0.3 路基工程施工应根据设计要求，并与相关工程密切配合，正确选用施工方法，认真编制施工组织设计。

1.0.4 路基工程施工必须按照批准的设计文件施工。如需变更，应符合客运专线铁路变更设计管理办法的规定。

1.0.5 路基工程作为土工结构物，将地基处理、路基填筑、基床表层、边坡防护、支挡结构、路基排水及沉降观测等作为系统工程施工，严格按照工程质量标准进行管理，加强施工过程控制及质量检测工作，确保路基工程质量。

1.0.6 电缆槽、接触网支柱基础、声屏障基础、预埋管线沟槽、综合接地等工程应与路基工程同步施工。

1.0.7 路基工程施工应实行机械化施工，推广采用新技术、新工艺、新机具、新测试方法。

1.0.8 路基工程施工中采用的大型机械设备、测试设备、爆破器材以及各种原材料必须符合国家和铁道部有关标准及规定。

1.0.9 路基工后沉降未达到设计要求时，严禁进入轨道工程施工工序。

1.0.10 路基工程填料作为结构物材料宜优先采用集中供应。

1.0.11 路基工程施工应遵守国家有关安全生产、环境保护和文物保护等法规。

1.0.12 路基工程施工除应符合本技术指南的要求外，尚应符合国家现行有关强制性标准的规定。

2 术语和符号

2.1 术　语

2.1.1　工后沉降　settled behind filled later

路基竣工铺轨工程开始时沉降量与最终形成的沉降量之差。

2.1.2　过渡段　transition

路堤与桥台、路堤与横向构筑物、路堤与路堑、路堑与隧道等衔接处的过渡区域。

2.1.3　改良土　improved soil

通过在土中掺入石灰、水泥等掺合料改变土的化学成分或掺入中、粗砂，卵、碎石及砾石等材料改变土的颗粒级配，提高了工程性能指标的土体。

2.2 符　号

D_{15}——相邻填层中，颗粒较粗层填料的颗粒级配曲线上，相应于总质量15%颗粒质量的粒径

d_{85}——相邻填层中，颗粒较细层填料的颗粒级配曲线上，相应于总质量85%土粒质量的粒径

K——压实系数

K_{30}——地基系数

n——孔隙率

O_{95}——土工合成材料等效孔径

P_s——静力触探比贯入阻力

σ_0——地基基本承载力

$N_{63.5}$——标准贯入试验

w——含水率

w_{opt}——最优含水率

ρ_d——干密度

ρ_{dmax}——最大干密度

H——路堤高度

3 施工准备

3.0.1 施工单位应在全面熟悉设计文件的基础上，充分了解工程的设计标准、技术条件和要求，对设计文件进行核查，并做好核查记录。

3.0.2 路基工程施工调查，应根据工程特点着重调查收集下列资料，并写出调查报告。

1 施工范围内的地质、水文、气象等情况。

2 核对土石类别及分布，调查施工环境条件及取、弃土困难地段的填料来源、弃土位置和运土条件等。

3 调查核对级配填料，收集级配填料的拌和场地等有关资料。

4 土石方爆破地段的地形、地貌、地质和附近居民、建筑物、交通与通信设施等情况。

5 办理用地手续、拆迁补偿所需的资料。

6 当地可利用的资源和设施。

7 修建各项临时工程和施工防排水设施的资料。

8 收集与工程有关的既有线运营情况、路基情况，以及采取安全合理、施工方便的工程措施所需的资料。

9 采用新技术、新工艺、新机具、新材料、新型结构所需的资料。

3.0.3 开工前应对全线路基工程的地质情况进行核查。

3.0.4 交接桩及施工复测

1 交接桩应在现场进行，并按有关规定办理书面交接手续。

2 中线、高程必须与相邻地段贯通闭合，两端为桥梁或隧道时，应以桥梁或隧道中线、高程为准。在两个施工单位的分界处，应由双方共同复测签认，线路中线和高程必须与管界外的控制桩和水准点闭合。

3 线路控制桩和路基中线、高程测量误差应符合现行客运专线铁路工程测量的有关规定，测量工作必须贯彻"双检制"。对主要的中线控制桩应测设护桩并作出记录。边桩应根据贯通后的中线、高程测设，在地形、地质变化处应加测横断面的地面线。

3.0.5 施工前，根据设计文件提供的资料，按照现行《铁路工程土工试验规程》(TB 10102)对路基填料进行复查和试验，确认填料类别，按规定填写土工试验报告，经审查签证后方可使用。对需改良的特殊岩土，除进行常规试验外，尚需进行专门的鉴别试验，以确认其种类和处理方法。

3.0.6 土工合成材料、固化剂、级配碎石、沥青等原材料运抵现场后，必须进行质量检验，经评定合格后，方可使用，不得以供货商提供的质量检验报告或商检报告代替现场检验。

3.0.7 在施工调查的基础上，根据工程特点、实际工程数量、工期要求编写工程施工组织设计，并落实施工方案。施工组织设计必须按审批制度报批后执行。

3.0.8 施工便道的修筑标准应按施工运量和施工机械的最大荷载确定，并满足施工需要。当有设计要求时，应按设计标准修筑。利用原有道路作为施工便道的，应进行实地检查；当不能满足施工运输要求时，应进行加固改造。

3. 0. 9　路基工程施工应按试验及检测要求设置工地试验室。试验室必须经认证合格，检测仪器设备应满足质量检测项目的要求。

3. 0. 10　路基工程施工全面开工前，应选择一定长度的试验区段进行试验。确定机械设备组合、施工工艺、摊铺厚度、压实遍数、改良土配合比、级配料配合比等施工参数及试验、检测的方法。

3. 0. 11　路基工程开工前，必须办理开工报告。

3. 0. 12　路基工程施工前应做好人员的技术培训。

4 地基处理

4.1 一般规定

4.1.1 施工前应熟悉有关施工图、工程地质报告、土工试验报告,收集地下管线、构造物等资料,并结合工程情况,了解本地区地基处理经验和类似工程的施工情况。

4.1.2 所有运至工地的材料必须分类堆放,妥善保管。

4.1.3 地基处理施工前,应设置永久性平面和高程控制基点,测定边界范围,开挖两侧排水沟,疏通排干地表积水,清除场内杂物、杂草,按设计要求做好抽水、清淤、回填工作。

4.1.4 施工前应组织施工人员学习和掌握所承担工程地基处理的目的、原理、施工工艺、技术要求、质量标准及检测方法等。

4.1.5 施工前应核查地质资料,并进行地基处理的各项工艺性试验。当核查或施工中发现地质情况与设计不符时,应及时反馈给有关单位。

4.2 原地面处理

4.2.1 路堤填筑前应清除基底表层植被,挖除树根,做好临时排水设施。

4.2.2 原地面坡度陡于1:5时,应自下而上挖台阶,台阶宽度、高度应符合设计要求。

4.2.3 原地面松软表土及腐植土应清除干净,翻挖回填压实质量应符合设计要求,基底应平整、密实。

4.2.4 路堤基底处理应符合设计要求。

4.3 换填

4.3.1 挖除需换填的土层,并将底部整平。当底部起伏较大,可设置台阶或缓坡,并按先深后浅的顺序进行换填施工。底部的开挖宽度不得小于路堤宽度加放坡宽度。

4.3.2 根据换填部分所处的路基部位,采用符合设计要求的填料并分层填筑碾压达到相应的压实标准。

4.3.3 施工控制

1 换填范围及深度应符合设计要求,施工中应对需换填土层范围及深度进行核实。

2 当采用机械挖除需换填土时,应预留厚度30~50 cm的土层由人工清理。

3 所用填料及压实标准应符合本技术指南第5.2~5.5节的有关规定,对填料应定期进行抽样检验。

4.4 砂(碎石)垫层

4.4.1 砂(碎石)垫层施工前应将基底清理、整平,并按设计要求做好基底碾压及土拱。

4.4.2 砂垫层应采用中、粗、砾砂,不含草根、垃圾等杂质,其含泥量不得大于5%;当用作排水固结时,其含泥量不得大于3%。

4.4.3 碎石垫层应采用级配良好且未风化的砾石或碎石,其最大粒径不得大于50 mm,含泥量不得大于5%,且不含草根、垃圾等杂质。

4.4.4 砂(碎石)垫层施工的分层厚度、压实遍数应通过现场试验确定。

4.4.5 砂(碎石)垫层的压实质量应符合设计要求。

4.4.6 砂(碎石)垫层填筑完后必须及时完成两侧干砌片石护坡,并同时做好反滤层。

4.4.7 砂(碎石)垫层及反滤层设置应符合设计要求。施工允许偏差应按表4.4.7的要求控制。

表4.4.7 砂、(碎石)垫层(反滤层)施工允许偏差

序号	项目	允许偏差
1	铺设范围	不小于设计值
2	厚度	不小于设计值
3	顶面高程	$^{+50}_{-20}$ mm
4	横坡	±0.5%

4.5 袋装砂井

4.5.1 施工准备

1 砂袋的技术指标应符合设计要求。砂料应采用风干的中、粗砂,不应含草根、垃圾等杂质,含泥量不得大于3%。

2 清理场地,排除积水,并将路基范围内原地面上淤泥、树根、草皮、腐植土等全部挖除。

3 在路基范围内应按设计要求填筑土拱,碾压密实。其上按设计铺设砂垫层。

4.5.2 袋装砂井施工

1 机具按设计桩位就位。

2 施工时应经常检查桩尖与套管口封闭情况。

3 用振动法或静压法将套管压入至设计深度。

4 下砂袋时,应将整根砂袋吊起,将端部放入套管口,徐徐下放至设计深度。

5 拔管时应启动激振器,连续缓慢提升套管,直至拔离地面。

6 检查袋装砂井袋口,若砂袋不满,应及时向袋内补砂。露出地面的砂袋应埋入砂垫层中,埋入长度应大于0.3 m或符合设计要求。

7 袋装砂井施工流程如图4.5.2所示。

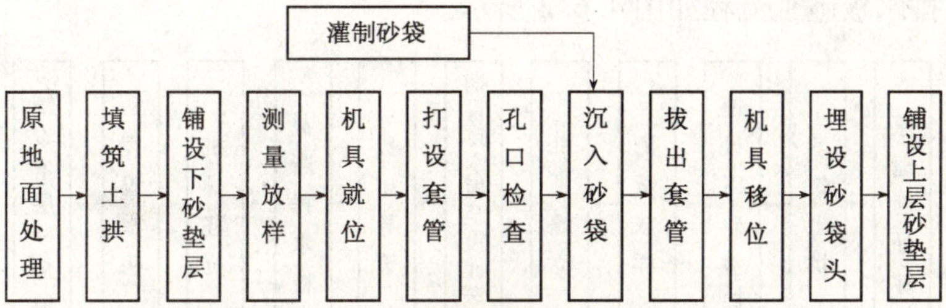

图 4.5.2　袋装砂井施工流程图

4.5.3　施工控制

1　应按规定做好砂的质量检测，抽查砂袋的物理力学性质和缝制尺寸。

2　袋装砂井孔口带出的泥土及时清除，并用砂回填密实。

3　施工所用钢套管的内径宜略大于砂井直径，以减少施工过程中对地基土的扰动。

4　套管上应划出控制标高的刻划线，以保证砂井打入长度符合设计要求；当拔套管将砂袋带出长度大于0.5 m时，必须重新补打。

5　砂袋应防止扭结、缩颈、断裂和磨损；砂袋灌制要饱满密实。

6　砂袋进场后应妥善存放，禁止长时间在阳光下暴晒。

7　袋装砂井施工允许偏差应按表 4.5.3 的要求控制。

表 4.5.3　袋装砂井施工允许偏差

序　　号	项　　目	允 许 偏 差
1	井位（纵横向）	50 mm
2	井　深	符合设计要求
3	井身垂直度	1.5%
4	砂袋直径	±5 mm
5	砂袋埋入砂垫层长度	$^{+100}_{0}$ mm

4.6　塑料排水板

4.6.1　施工准备

1　塑料排水板技术指标应符合设计要求，滤膜应紧裹芯板不松皱。

2　清理场地，排除积水，并将路基范围内原地面上淤泥、树根、草皮、腐植土等全部挖除。

3　在路基范围内按设计要求填筑土拱，碾压密实。其上按设计铺设砂垫层。

4.6.2　塑料排水板施工

1　机具应按设计桩位就位。

2　塑料排水板经导管内穿出底部，应与桩尖连接、拉紧，与管靴口贴紧，并对准桩位。

3　沉入导管至设计深度。

4　拔出导管，切断塑料排水板。

5　顶部露出地面的塑料排水板应埋入砂垫层中。埋入长度应大于0.3 m或符合设计要求。

6　塑料排水板施工流程如图 4. 6. 2 所示。

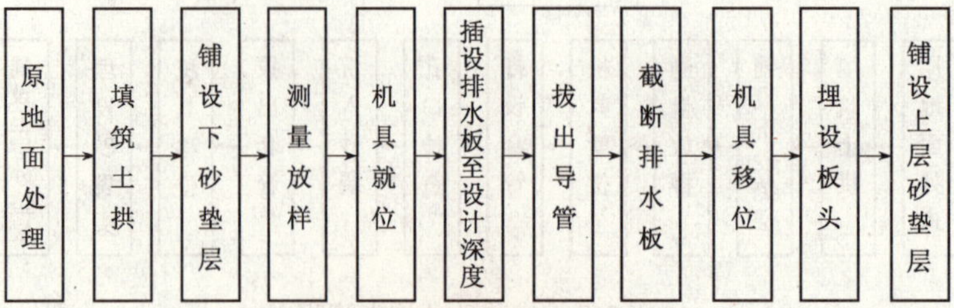

图 4. 6. 2　塑料排水板施工流程图

4. 6. 3　施工控制

1　排水板与桩尖连接应牢固，桩尖平端与导管靴配合要适当，避免错缝。

2　打设后外露的排水板不得遭污染，应及时清除排水板周围带出的泥土并用砂子回填密实。

3　安装及打设过程中塑料排水板不得被扭曲，透水膜不得被撕破和污染，并防止泥土等杂物进入排水板滤膜内。

4　塑料排水盘带进场后应妥善存放，禁止长时间在阳光下暴晒。

5　塑料排水板不得接长使用。

6　塑料排水板打入深度应符合设计要求，当拔导管将塑料排水板带出长度大于 0. 5 m时，必须重新补打。

7　塑料排水板施工允许偏差应按表 4. 6. 3 的要求控制。

表 4. 6. 3　塑料排水板施工允许偏差

序　号	项　目	允许偏差
1	板　位	50 mm
2	板　长	不小于设计规定
3	垂直度	1. 5%
4	伸入砂垫层的长度	$^{+100}_{0}$ mm

4. 7　堆载预压

4. 7. 1　堆载预压应按设计要求进行，预压材料应符合设计要求，不得使用淤泥土或含垃圾杂物的填料。

4. 7. 2　预压荷载不应小于设计荷载。

4. 7. 3　预压土的堆载宽度和坡度应符合设计要求。

4. 7. 4　堆载要严格控制加载速率，分层（级）荷载应符合设计要求，保证在各级荷载下地基的稳定性。堆载时应边堆土边摊平，顶面应平整。

4. 7. 5　堆载预压过程中应进行沉降观测并保护好沉降观测设施，当有损坏应及时恢复。

4. 7. 6　填筑过程应按设计要求或采取有效措施防止预压土污染填筑好的路基。

4. 7. 7　当堆载预压时间达到设计要求后，应根据观测资料和工后沉降推算结果，由建设单位组织设计、监理、施工单位共同研究确定卸载时间。

4.8 真 空 预 压

4.8.1 施工准备

1 核查地基处理范围内地质条件,检查是否有透气层,保证真空预压效果。

2 观测点和观测断面应按设计要求设置。

4.8.2 真空预压施工

1 铺设水平排水体和打设竖向排水体。

2 密封系统应采用符合设计要求的密封层,膜与膜之间应采用热粘法粘接;密封沟开挖深度符合设计要求,密封膜顺密封沟铺设,且四周用黏土压实密封。

3 连接各系统进行抽真空试验,检查密封性。

4 在加固范围内应按设计要求设置沉降观测点。

5 经检查各项指标符合设计要求后,可进行路基填筑作业。

6 在抽真空过程中应观测泵、真空管、膜内等真空度及地表总沉降、侧向位移等。

7 当真空预压达到设计规定的技术要求后停止抽真空,按设计要求现场测试预压效果。

8 真空预压施工流程如图 4.8.2 所示。

4.8.3 施工控制

1 密封膜、排水滤管的种类、规格及性能应符合设计要求。

2 密封膜应粘接牢固,热合加工的搭接长度不得小于 15 mm;铺设时密封膜要适当放松,表面不得损坏。

3 抽真空作业前应按设计要求检查真空预压装置的布设及密封程度。

4 做好真空度、地面沉降、侧向位移等观测和施工记录。

5 施工过程检测应符合设计要求。

6 当真空预压时间和沉降量达到设计要求时,应根据观测资料和工后沉降推算结果,由建设单位组织设计、监理、施工单位共同研究确定卸载时间。

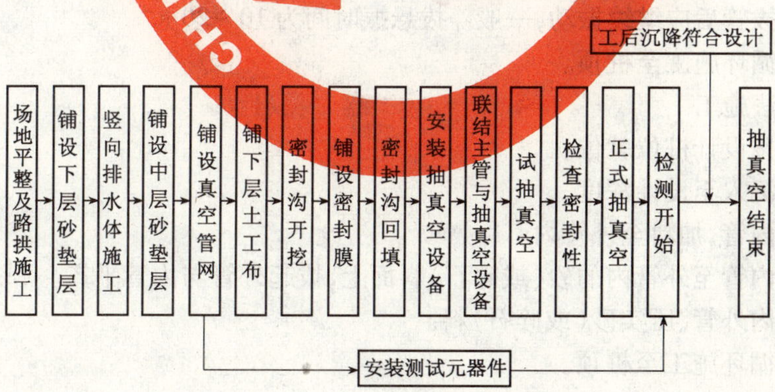

图 4.8.2 真空预压施工流程图

4.9　砂桩、碎石桩

4.9.1　施工准备

1　测量放样，平整地表，清除障碍物。

2　施工前应进行成桩试验，确定施工工艺和参数，试桩数量应符合设计要求且不得少于2根。

3　砂桩桩体用砂应选用一定级配的中、粗、砾砂，含泥量不得大于5%；碎石桩桩体应选用一定级配且不易风化的碎石或砾石，粒径宜为20～50 mm，含泥量不得大于5%。

4.9.2　成桩施工宜采用振动成桩法或锤击成桩法。振动成桩法宜采用重复压拔管法，锤击成桩法宜采用双管法。砂桩、碎石桩施工工艺流程如图4.9.2所示。

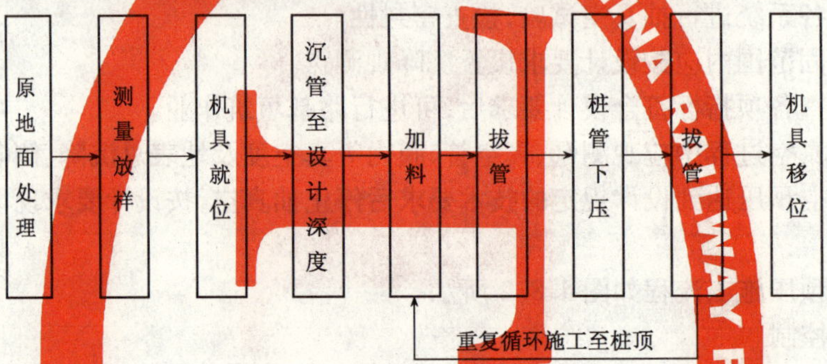

图4.9.2　砂桩、碎石桩施工流程图

4.9.3　重复压拔管法施工

1　机械按设计桩位就位。

2　桩管沉入至设计深度。

3　向桩管内加料。

4　边振动边拔管，拔至试验确定高度。

5　边振动边下压沉管至试验确定高度。

6　停止拔管后应继续振动，一般停拔悬振时间为10～20 s。

7　重复循环施工至桩顶。

4.9.4　双管法施工

1　机械按设计桩位就位。

2　桩管沉入至设计深度。

3　拔起内管，加料至外管内。

4　放下内管至外管内的砂(或碎石)料面上，拔起外管与内管平齐。

5　锤击内外管、压实砂(或碎石)料。

6　重复循环施工至桩顶。

4.9.5　施工控制

1　振动法施工应严格控制拔管高度、拔管速度、压管次数和时间、填砂量、电机工作电流，保证桩体连续、均匀、密实。

2　锤击法施工应根据冲击锤的能量，控制拔管高度、分段填砂量、贯入度，保证桩体质量。

3 施工中应选用适宜的桩尖结构。当选用活瓣桩靴时，砂性土地基宜采用尖锥型，黏性土地基宜采用平底型。

4 当实际灌砂(或碎石)量没有达到设计要求时，应在原位将桩打入，补充灌砂(或碎石)后复打一次，或在旁边补桩。

5 砂(或碎石)桩施工时，砂性土地基应从外围或两侧向中间进行，以挤密为主的桩宜隔排施工。软弱黏性土地基宜从中间向外围或隔排施工。

6 质量检测应在施工结束后间隔一定时间进行。饱和黏性土宜为2周，其它土为3~5 d。

7 砂(或碎石)桩处理软弱土地基应检验成桩及复合地基质量，其复合地基的承载力应符合设计要求。砂(或碎石)桩处理后的可液化土地基，桩间土的加固效果应符合设计要求。

8 砂桩2 m深度以下桩身密实度必须大于中密状态($N_{63.5}\geqslant 10$)，碎石桩桩身密实度应符合设计要求。

9 砂(或碎石)桩施工允许偏差应按表4.9.5的要求控制。

表4.9.5 砂桩、碎石桩施工允许偏差

序号	项目		允许偏差
1	桩位(纵横向)		50 mm
2	桩身垂直度		1.5%
3	桩长		不小于设计规定
4	桩径	振动法	−20 mm
		锤击法	+100 mm −50 mm

4.10 粉体喷射搅拌桩

4.10.1 施工准备

1 测量放样、平整地表、清除障碍物。

2 在施工现场取样按设计要求进行室内配比试验，确定试桩配合比。

3 固化剂的种类和规格应符合设计要求，并有产品质量合格证。严禁使用受潮、结块和变质的固化剂。

4 施工前应进行成桩工艺试验，确定各项技术参数，检验成桩效果。试桩数量不得少于2根。

5 粉体喷射搅拌机械应配置灰量自动记录仪。

4.10.2 粉体喷射搅拌桩施工

1 钻机按设计桩位就位。

2 启动钻机，钻头正转，待搅拌钻头接近地面，启动自动记录仪，空压机送气，下沉钻进至设计深度，关闭送气阀门，打开送料阀门，喷送加固粉料至钻头。

3 继续喷粉、钻头反转搅拌提升至桩顶或停灰面，停止喷粉。

4 重复搅拌下沉至设计复搅深度。

5　反钻提升搅拌，直至桩顶。

6　粉体喷射搅拌桩施工流程如图4.10.2所示。

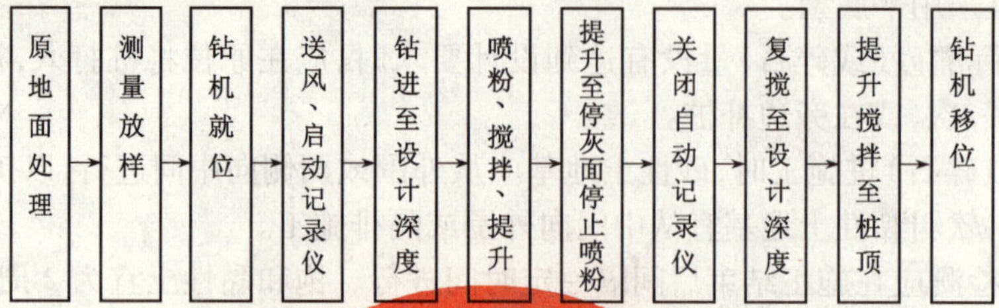

图4.10.2　粉体喷射搅拌桩施工流程图

4.10.3　施工控制

1　严禁在没有喷粉的情况下进行提升钻头作业，严格控制钻进速度、提升速度、喷粉量及空气压力，确保成桩质量。

2　控制下钻深度、喷粉高程及停灰面位置。桩头应原位搅拌约2 min。

3　当成桩过程中因故停工时，第二次喷粉必须重叠接桩，接桩长度不得小于1 m。

4　随时检查加固料用量、桩长、复搅长度，评定成桩质量。如有不合格桩或异常情况，应及时采取补桩或其它处理措施。

5　搅拌钻头直径磨耗量不得大于10 mm。

6　粉体喷射搅拌桩桩体无侧限抗压强度、桩长及桩身均匀性应符合设计要求。

7　粉体喷射搅拌桩桩顶标高应符合设计要求。

8　粉体喷射搅拌桩处理后的复合地基承载力应符合设计要求。

9　钻机成孔和喷粉过程中，应将废弃物回收处理，防止污染环境。

10　粉体喷射搅拌桩施工允许偏差应按表4.10.3的要求控制。

表4.10.3　粉体喷射搅拌桩施工允许偏差

序号	项目	允许偏差
1	桩位(纵横方向)	50 mm
2	桩体垂直度	1%
3	桩长	不小于设计值
4	桩体有效直径	不小于设计值
5	单桩喷粉量	不小于设计规定
6	桩体无侧限抗压强度	不小于设计值

4.11　浆体喷射搅拌桩

4.11.1　施工准备

1　测量放样、平整地表、清除障碍物。

2　在施工现场取样按设计要求进行室内配比试验，确定浆液最佳配比。

3 固化剂、外掺剂的选用应符合设计要求,并有产品质量合格证。严禁使用受潮、结块和变质的固化剂、外掺剂。

4 施工前应进行成桩工艺试验,确定各项技术参数,检验成桩效果。试桩数量不少于2根。

5 浆体喷射搅拌机械应配置浆量自动记录仪。

4.11.2 浆体喷射搅拌桩施工

1 钻机按设计桩位就位。

2 预搅钻进至设计深度。

3 搅拌头自桩底反转喷浆搅拌提升至桩顶或停浆面。

4 重复搅拌至设计复搅深度。

5 重复搅拌提升至桩顶。

6 浆体喷射搅拌桩施工流程如图4.11.2所示。

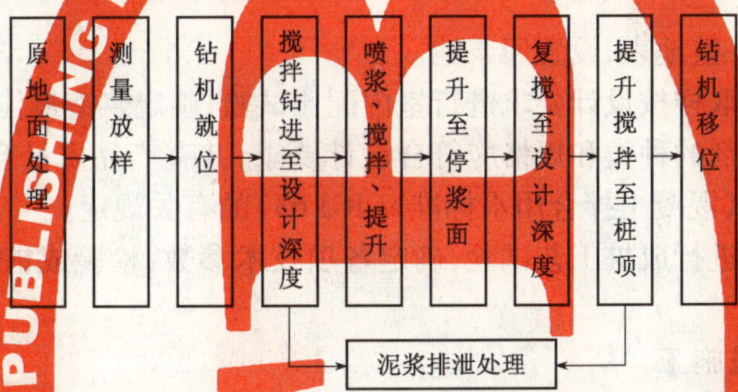

图4.11.2 浆体喷射搅拌桩施工流程图

4.11.3 施工控制

1 严格控制搅拌机钻进和提升速度、供浆与停浆时间,确保成桩质量。

2 控制下钻深度、喷浆高程及停浆面。桩端必须原位喷浆搅拌一定时间。

3 成桩过程中,以一次喷浆二次搅拌或二次喷浆四次搅拌为宜。复搅时应避免浆液上冒。

4 成桩过程中,当因故停浆继续施工时必须重叠接桩,接桩长度不得小于0.5 m。若停机超过3 h,应在原桩位旁边进行补桩处理。

5 当钻进搅拌中遇有阻力较大,钻进太慢,应增加搅拌机自重,然后启动加压装置加压,或边输入浆液边搅拌钻进。

6 配制好的浆液不得离析,供浆应连续,固化剂与外掺剂的用量、泵送浆液时间必须有专人记录。

7 随时检查施工记录,评定成桩质量,如有不合格桩或异常情况,应及时采取补桩或其它处理措施。

8 浆体喷射搅拌桩桩顶标高应符合设计要求。

9 浆体喷射搅拌桩桩体无侧限抗压强度、桩长及桩身均匀性应符合设计要求。

10 浆体喷射搅拌桩处理后的复合地基承载力应符合设计要求。

11 钻机成孔和喷浆过程中,应将废弃的加固料及冒浆回收处理,防止污染环境。

12 浆体喷射搅拌桩施工允许偏差应按表4.11.3的要求控制。

表 4.11.3　浆体喷射搅拌施工允许偏差

序　　号	项　　目	允 许 偏 差
1	桩位(纵横向)	50 mm
2	桩体垂直度	1%
3	桩　　长	不小于设计值
4	桩体有效直径	不小于设计值
5	单桩喷浆量	不小于设计规定
6	桩体无侧限抗压强度	不小于设计值

4.12　高压旋喷桩

4.12.1　施工准备

1　测量放样,平整地表,设置回浆池。

2　在施工现场取样按设计要求进行室内配比试验,确定浆液最佳配比。

3　水泥和外掺剂的种类和规格应符合设计要求,并有产品质量合格证,搅拌水泥浆用的水,应符合现行《混凝土拌合用水标准》(JGJ 63)的有关规定。

4　施工前必须进行成桩工艺试验,确定各项技术参数,检验成桩效果。试桩数量不少于2根。

4.12.2　高压旋喷桩施工

1　钻机按设计桩位就位。

2　成孔钻进至设计深度。

3　沉入注浆管至孔底。

4　高压喷射注浆,注浆管应在前锋水泥浆流出喷头后,方可开始提升注浆管,自下而上喷射注浆。

5　成桩,拔管。

6　机械清洗。

7　高压旋喷桩施工流程如图 4.12.2 所示。

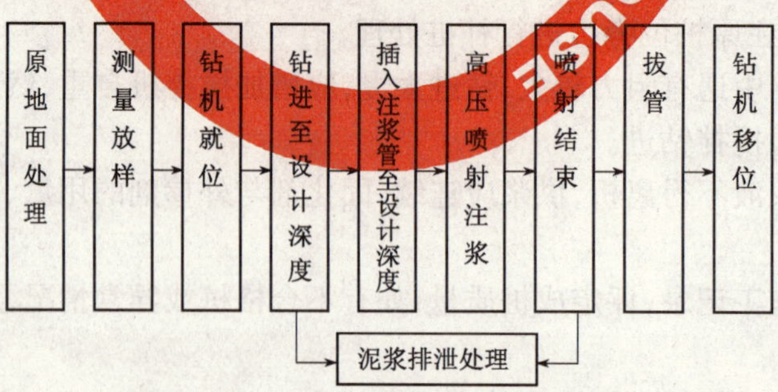

图 4.12.2　高压旋喷桩施工流程图

4.12.3　施工控制

1　钻机就位应平稳,立轴、转盘与孔位对正,高压设备与管路系统应符合设计及安全要求,防止管路堵塞,密封良好。

2 喷射注浆应注意设备开动顺序。二重管、三重管的水、气、浆供应应有序进行，衔接紧密。

3 对深层长桩应根据地质条件，分层选择适宜的喷射参数，保证成桩均匀一致。

4 在高压喷射注浆过程中，当出现压力突增或突降、大量冒浆或完全不冒浆时，应查明原因，采取相应措施。

5 注浆完毕应迅速拔出注浆管，桩顶凹坑应及时以水灰比为0.6的水泥浆补灌。

6 高压旋喷桩桩体无侧限抗压强度、桩长及成桩均匀性应符合设计要求。

7 高压旋喷桩处理后的复合地基承载力应符合设计要求。

8 钻机成孔和喷浆过程中，应将废弃的加固料及冒浆回收处理，防止环境污染。

9 高压旋喷桩施工允许偏差应按表4.12.3的要求控制。

表4.12.3 高压旋喷桩施工允许偏差

序号	项目	允许偏差
1	桩位(纵横向)	50 mm
2	桩身垂直度	1%
3	桩长	不小于设计值
4	桩体有效直径	不小于设计值
5	桩体无侧限抗压强度	不小于设计规定

4.13 灰土挤密桩

4.13.1 施工准备

1 复核地基土的含水率、饱和度，当地基土的含水率小于12%或大于24%、饱和度大于65%时，应及时通知设计单位予以确认。

2 测量放样，平整场地，清除障碍物。

3 桩体使用的石灰应符合设计要求，并按相关规定进行检验。

4 桩体使用的土应符合设计要求，且有机质含量不应大于5%。

5 进行配合比试验，选定符合设计要求的配合比。

6 按设计要求，结合现场土质、周围环境及覆盖土层厚度等选择合适的施工机具和施工方法。

7 施工前进行成桩试验，确定施工工艺和施工参数，试桩数量应符合设计要求且不得少于2根。

4.13.2 灰土挤密桩施工

1 处理区段地基土的含水率宜接近最佳含水率，当土的含水率低于12%时，宜对处理范围内的土层进行增湿。增湿处理应在地基处理前4~6 d完成，需增湿的水通过一定数量和一定深度的渗水孔均匀地渗入处理范围的土层中。

2 机械按设计桩位就位。

3 成孔至设计深度。

4 孔底夯实，向孔内分层填筑拌合均匀的灰土，夯实至设计要求。

5 成孔和孔内回填的施工顺序，当整片处理时，宜从中间向外间隔1~2孔进行；当局部处理时,宜由外向内间隔 1 ~2 孔进行。

6 成桩成片后应及时填筑灰土,并碾压至设计要求。

4.13.3 施工控制

1 灰土挤密桩的数量、布置形式及间距应符合设计要求。

2 桩长、桩顶标高及直径符合设计要求。

3 桩体无侧限抗压强度和压缩模量应符合设计要求。

4 灰土挤密桩处理后桩间土的干密度和压缩模量应符合设计要求。

5 雨季或低温季节施工,应采取防雨或防冻措施,防止灰土和土料受雨水淋湿或冻结。

6 灰土挤密桩施工允许偏差应按表 4.13.3 的要求控制。

表 4.13.3 灰土挤密桩施工允许偏差

序号	项目	允许偏差
1	桩位(纵横向)	50 mm
2	桩身垂直度	1.5%
3	桩体有效直径	不小于设计值

4.14 水泥粉煤灰碎石桩(CFG)

4.14.1 施工准备

1 核查地质资料,结合设计参数,选择合适的施工机械和施工方法。

2 测量放样,平整场地,清除障碍物。

3 选用的水泥、粉煤灰、碎石及外加剂等原材料应符合设计要求,并按相关规定进行检验。

4 按设计要求进行室内配合比试验,选定合适的配合比。

5 施工前进行成桩工艺试验,确定施工工艺和参数,试桩数量应符合设计要求且不得少于 2 根。

4.14.2 CFG 桩可采用振动沉管灌注或长螺旋钻管内泵压混合料灌注施工。

4.14.3 振动沉管灌注施工

1 机械按设计桩位就位。

2 振动沉管至设计深度。沉管过程中每沉 1 m 应记录电流表电流一次,并对土层变化处予以说明。

3 用搅拌机拌合水泥、粉煤灰、碎石混合料,检查其坍落度。坍落度、拌合时间应按工艺性试验确定的参数进行控制,且拌合时间不得少于 1 min。向管内一次投放混合料,投放数量按试桩时确定的数量进行,投料后留振 5 ~10 s。

4 拔管速率应按试桩确定参数进行控制,拔管过程中不允许反插,如上料不足,须在拔管过程时空中加料,不允许停拔再投料,拔管至桩顶。施工桩顶标高宜高于设计标高 50 cm,浮浆厚度不超过 20 cm。

5 桩顶采用湿黏土封顶。

6 机械移位。

7　施工流程如图 4.14.3 所示。

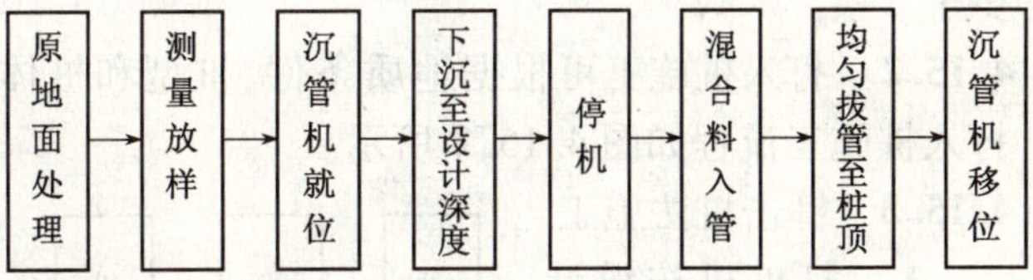

图 4.14.3　CFG 桩振动沉管灌注施工流程图

4.14.4　长螺旋钻管内泵压混合料灌注施工

1　机械按设计桩位就位。

2　钻至设计深度，停钻。

3　搅拌水泥、粉煤灰、碎石混合料，检查其坍落度。向管内泵送混合料，混合料的泵送量按试桩确定的数量进行，泵送时不得停泵待料。

4　拔管速率应按试桩确定参数进行控制，拔管速度均匀，拔管至桩顶。施工桩顶标高宜高于设计标高 50 cm。

5　机械移位。

6　施工流程如图 4.14.4 所示。

4.14.5　开挖表土，截桩。不得造成桩顶设计标高以下的桩体断裂和扰动桩间土。

4.14.6　褥垫层宜采用静压法施工。

4.14.7　施工控制

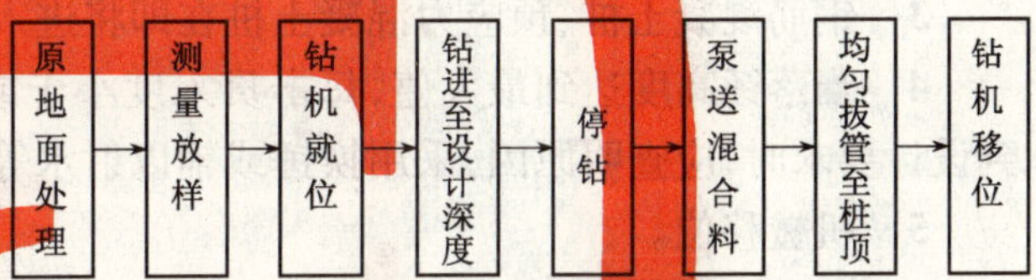

图 4.14.4　CFG 桩长螺旋钻管内泵压混合料灌注施工流程图

1　CFG 桩的数量、布置形式及间距符合设计要求。

2　桩长、桩顶标高及直径应符合设计要求。

3　褥垫层厚度和密实度应符合设计要求。

4　CFG 桩施工中，每台班均须制作检查试件，进行 28 d 强度检验。成桩 28 d 后应及时进行单桩承载力或复合地基承载力试验，其承载力、变形模量应符合设计要求。

5　CFG 桩施工允许偏差应按表 4.14.7 的要求控制。

表 4.14.7　CFG 桩施工允许偏差

序　　号	项　　目	允 许 偏 差
1	桩位(纵横向)	50 mm
2	桩身垂直度	1.0%
3	桩体有效直径	不小于设计值

4.15　打　入　桩

4.15.1　施工准备

1　测量放样，平整场地，清除障碍物。

2　按设计要求检验预制桩的质量。桩头损坏部分应截去，桩顶不平时应修切或修垫(钢筋混凝土桩)平整。

3　试桩按照现行《客运专线铁路桥涵工程施工技术指南》的有关规定进行，且不得少于2根。

4.15.2　打入桩施工可根据地质条件、桩型和桩体承载能力等采用锤击桩法或振动法。打入桩施工流程如图4.15.2所示。

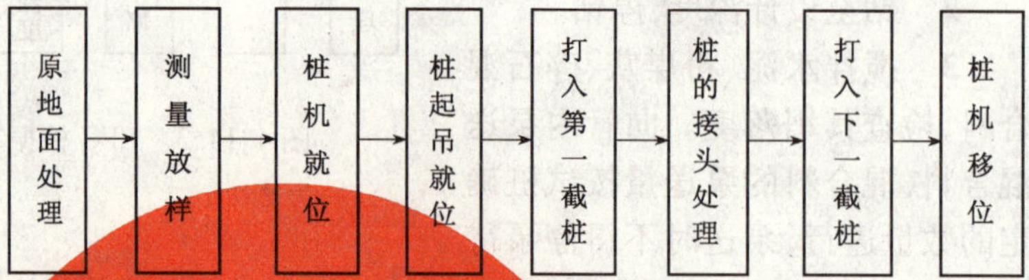

图4.15.2　打入桩施工流程图

4.15.3　锤击桩法施工

1　打桩机按设计桩位就位。锤击沉桩应采用与桩和锤相适应的弹性衬垫，用送桩沉桩时，送桩紧接桩顶部分，应有保护桩顶的装置。桩与送桩的轴线应保持同一条直线。

2　打桩开始时应用较低落距，并在两个方向观察其垂直度；当入土达到一定深度，确认方向无误后，再按规定的落距锤击。锤击宜采用重锤低击，坠锤落距不宜大于2 m，单打汽锤落距不宜大于1 m；柴油锤应使锤芯冲程正常。

3　钢筋混凝土桩、预应力混凝土桩在即将进入软层前应改用较低落距锤击。

4　当落锤高度达到最大值，每击贯入度小于或等于2 mm时，应停锤。但深度未达到设计要求时，应查明原因，采用换锤或辅以射水等措施，成桩至设计深度。

5　机械移位。

4.15.4　振动沉桩施工

1　打桩机按设计桩位就位。

2　插桩后宜先靠桩和锤的自重使桩沉入土中，待桩身入土达到一定深度并确认稳定后再振动下沉。成桩至设计深度。

3　机械移位。

4.15.5　质量控制

1　打入桩的数量、布置形式及间距应符合设计要求。

2　桩长、桩顶标高及最终贯入度应符合设计要求。

3　打桩前、后的桩身质量应符合设计要求。振动沉桩在选锤或换锤时，应检算振动上拔力对桩身结构的影响。

4　打桩后，应及时进行桩的承载力试验，并符合设计要求。

5　打入桩施工的允许偏差应按表4.15.5的要求控制。

表4.15.5　打入桩施工允许偏差

序　　号	项　　目		允　许　偏　差
1	桩位(纵横向)	中 间 桩	$d/2$ 且不大于250 mm
		外 缘 桩	$d/4$
2	桩身垂直度		1%
3	斜桩倾斜度		15% $\tan\theta$

注：d——桩身直径；θ——桩身倾斜角。

4.16 混凝土灌注桩

4.16.1 施工准备

1 测量放样,平整场地,清除障碍物。

2 按设计要求准备施工所需的水泥、砂、石、钢筋等原材料。

3 进行室内混凝土配合比设计。

4 试桩按照现行《客运专线铁路桥涵工程施工技术指南》的有关规定进行,且不得少于2根。

4.16.2 混凝土灌注桩的成孔施工可根据地质条件、桩长和桩径等采用钻机成孔或人工挖孔。

4.16.3 钻机成孔法施工

1 埋设坚实不漏水的护筒。

2 钻机按设计桩位就位。钻机可根据地质条件选择冲击钻、旋转钻或套管钻机。

3 钻进至设计深度。钻孔应一次成孔,不得中途停顿。

4 钻孔至设计高程经检查后,应立即进行清孔。清孔可采用抽砟法、吸泥法或换浆法。

5 钢筋笼吊装入孔,并牢固定位。

6 浇筑水下混凝土。水下混凝土应连续浇筑,不得中途停顿;水下混凝土浇筑宜高出桩顶设计高程1.0 m。

4.16.4 人工挖孔法施工

1 人工挖孔适用于无地下水或有少量地下水的土层和风化软岩层。

2 挖孔顺序可视地层性质、桩位布置及间距而定,多孔同时开挖时,宜间隔开挖。

3 挖孔时必须采取分节孔壁支护,支护应高出地面0.3~0.5 m。

4 挖孔至设计高程后,孔底不应积水,并应进行孔底处理,做到平整,无松砟、泥污等软层。当地质情况与设计不符时应及时反馈变更。

5 将钢筋笼吊装入孔内,浇筑桩身混凝土。当自由倾落高度超过2 m时,混凝土必须通过溜槽或串筒,并宜采用插入式振捣器振实。

4.16.5 施工控制

1 原材料进场应按要求进行检验,并符合设计要求。

2 配合比设计及桩身强度应符合设计要求。

3 混凝土灌注桩的数量、布置形式及间距应符合设计要求。

4 桩长、桩顶标高应符合设计要求。

5 应及时进行桩的承载力试验,并符合设计要求。

6 施工允许偏差应按表4.16.5的要求控制。

表4.16.5 混凝土灌注桩施工允许偏差

序号	项目	允许偏差	
		钻孔	挖孔
1	桩位(纵横向)	100 mm	50 mm
2	桩身垂直度	1.0%	0.5%

4.17 桩帽板

4.17.1 施工准备

1 对已施工的桩体进行检验。

2 按设计要求准备桩帽施工所需的模板、水泥、砂、石、钢筋等原材料。

3 进行室内配合比设计。

4.17.2 桩帽施工

1 采用小型机械或人工方式开挖基坑，并将基底压密至设计要求。

2 立侧模板及绑扎钢筋。

3 混凝土拌合、运输、浇筑及养护。并留足混凝土检查试件。

4 桩帽达到拆模条件后，拆除模板。桩帽四周按设计要求回填密实。

4.17.3 施工控制

1 原材料按进场批次、炉号等要求进行检验。

2 配合比设计及桩帽实体的强度应符合设计要求。

3 桩帽的允许偏差应按表 4.17.3 的要求控制。

表 4.17.3 桩帽施工允许偏差

序号	项目	允许偏差
1	桩顶标高	±20 mm
2	平面尺寸	±30 mm
3	厚度	$^{+30}_{-20}$ mm
4	中心位置	15 mm

4.18 强夯

4.18.1 施工准备

1 依据设计高程及预先估计强夯后可能产生的平均地面变形量，确定夯前地面高程。

2 夯锤的重量应按欲加固的土层的深度、土的性质及夯锤落距选定，夯锤底面宜采用圆形，面积应符合设计要求。

3 施工前，按设计初步确定的强夯参数，在有代表性的场地上进行试夯。通过强夯前后测试数据的对比，检验强夯效果，确定各项技术参数。

4 在整平后的场地上标出第一遍夯击点的位置，并测量场地高程。

4.18.2 强夯施工

1 强夯设备就位，使夯锤对准夯点位置。

2 将夯锤起吊到预定高度，夯锤脱钩自由下落，完成一次夯击。若发现因坑底倾斜而造成夯锤歪斜时，应及时将坑底整平。

3 按试夯确定的夯击次数及控制标准，完成一个夯点的夯击。

4 完成第一遍全部夯点的夯击后，应平整夯坑，并测量场地高程。

5 在规定的间隔时间后，按上述步骤逐次完成全部夯击遍数，最后用低能量满夯将表层松土夯实或碾压达到设计要求。

4.18.3 施工控制

1 在满夯时搭接面积不小于四分之一。

2 开夯前应检查夯锤重和落距，以确保单击夯击能量符合设计要求。

3 在每遍夯击前，应对夯点放线进行复核，夯完后检查夯坑位置，发现偏差或漏夯应及时纠正。

4 强夯加固地基的承载力以及强夯处理的实际有效深度应符合设计要求。

5 强夯处理范围和夯击点布置应符合设计要求。强夯夯坑中心偏移允许偏差不应大于0.1D(D为夯锤直径)。强夯地基处理范围及横坡的允许偏差应按表4.18.3的要求控制。

表4.18.3 强夯地基处理范围及横坡允许偏差

序号	项目	允许偏差
1	处理范围	不小于设计值
2	横坡	±0.5%

6 强夯施工产生的噪声应符合《建筑施工场界噪声界限》(GB 12532)的有关规定。

4.19 土工合成材料垫层

4.19.1 施工准备

1 土工合成材料规格及性能应符合设计要求,运至工地后应分批整齐堆放在料棚(库)内,防止日晒雨淋,并保持料棚通风干燥。

2 土工合成材料进场时,应逐批检查出厂检验单、产品合格证及材料性能报告单。其主要物理力学性能指标应抽样检验。

4.19.2 土工合成材料的铺设

1 铺设土工合成材料的下承层表面应整平、压实,并清除表面坚硬凸出物。

2 铺设土工合成材料时,应将强度高的方向置于路堤主要受力方向,当设计有特殊要求时按设计铺设。

3 土工合成材料的连接应牢固,受力方向连接强度不低于设计抗拉强度。

4 土工合成材料铺设时,必须拉紧展平插钉固定,并应与路基面密贴不得有褶皱扭曲。

5 铺设多层土工合成材料时,其上、下层接缝应交替错开,错开距离不宜小于0.5 m。

4.19.3 土工合成材料不得直接铺设在碎石等坚硬的下承层上。应在土工合成材料和碎石之间铺设5 cm厚的中、粗砂保护层。

4.19.4 土工合成材料铺好后应按设计要求铺回折段,并及时用砂覆盖。

4.19.5 严禁碾压及运输等设备直接在土工合成材料上碾压或行走作业。

4.19.6 施工控制

1 土工合成材料的铺设范围、层数及位置应符合设计要求。

2 铺设的土工合成材料属于隐蔽工程,应按隐蔽工程做好检查记录。

3 土工合成材料的铺设允许偏差应按表4.19.6的要求控制。

表4.19.6 土工合成材料铺设允许偏差

序号	项目	允许偏差
1	铺设范围	不小于设计值
2	搭接宽度	$^{+50}_{0}$ mm
3	上下层搭接缝错开距离	±50 mm
4	层间距	±30 mm
5	回折长度	±50 mm

4.20 洞穴处理

4.20.1 施工准备

1 施工前应根据设计勘探资料，对施工地段进行地质核查。洞穴处理后，应由勘察设计、监理单位对处理范围、效果予以确认。

2 路基施工前应先疏排地表水，防止地表水下渗；当设计有特殊要求时，按设计要求办理。

3 洞穴处理所用材料应符合设计要求，进场时应进行现场验收。

4.20.2 洞穴处理一般方法

1 清除浅溶洞中淤泥及其他松软沉积物。先铲除溶洞表面溶蚀部分，将洞壁倾斜部分做成台阶。

2 填片石及水泥土组成的混合物，回填密实。

3 压浆加固处理，应符合下列要求：

1）按设计要求或由现场试验确定的配合比配置水泥砂浆。

2）加固地基前，通过试验确定注浆孔深度、孔距及注浆压力等有关技术参数。

3）按设计要求布置钻孔，宜为梅花型布置，地质钻成孔。

4）应按设计要求预留一定数量的检查孔，并按设计要求进行质量控制和检测。

5）利用注浆孔进一步探明地质情况，当岩溶的范围和深度与设计不符时，应及时反馈给有关单位。

4 应按设计要求做好排水沟，严禁堵塞泉水出逸点，防止地下水沿路基出逸，浸湿路基。

4.20.3 路基面上的溶洞，应采用片石混凝土或钢筋混凝土封闭，封闭厚度不小于0.5 m，顶部与路基面齐平，搭盖洞口0.1 m以上。

4.20.4 边坡及坡顶上的溶洞，应清除其充填物，按设计要求封闭；对于泉水发育部位，应预留泄水孔。

4.20.5 墓穴、地窖、枯井等人工洞穴，应按设计要求进行处理，并符合下列要求：

1 揭露其表盖层，清除洞内沉积物。

2 采用水泥土或石灰土回填夯实；对于石质洞穴，采用片石混凝土回填。并视具体情况可采取压浆处理等措施。

4.20.6 黄土陷穴施工

1 按设计做好防排水措施，避免地表水流入。

2 采取灰土回填施工，应将洞穴开挖，分层回填、夯实至设计要求。

3 采取灌（压）浆施工，应符合本技术指南第4.20.2条的有关要求。

5 路 堤

5.1 一般规定

5.1.1 填料分组应符合本技术指南附录 A 的要求。

5.1.2 路堤各部分及护道均应分层填筑，并碾压至规定的压实标准。不同填料的压实厚度与碾压工艺应通过试验段工艺试验确定。路堤填筑土工试验及测试记录格式应符合本技术指南附录 B 的要求。

5.1.3 施工允许含水率控制范围应根据填料的性质、要求的压实标准和机械的压实能力综合确定。压实含水率应由重型击实试验的最佳含水率和碾压工艺试验段施工允许含水率范围综合确定。当含水率过高时，应采取疏干、松土、晾晒或其它措施；当含水率过低时，应加水润湿，加水量 m_w(kg)可按下式估算：

$$m_w = \frac{m_s}{1 + w} \times (w_{opt} - w) \tag{5.1.3}$$

式中 m_s——所取填料的湿重(kg)；

w, w_{opt}——填料的天然含水率、最佳含水率。

5.1.4 路堤施工应及时做好防排水：

1 施工前应结合永久排水设施做好地表排水设施，排水沟应随挖随砌，铺砌必须及时完成。

2 基底、坡脚、填层面应及时做好排水处理，不得积水。

3 傍山修筑路堤时，应防止水渗入路堤结构各部。

4 在多雨地区或雨季施工时，应防止地表水流入取土场内；并应将取土场内局部积水随时排除。

5.1.5 填筑路堤应符合下列条件：

1 施工前，应对地基进行复查、核对，发现地基范围内有局部松软、坑穴、泉眼等，应慎重处理，不得随意填塞。

2 使用不同填料填筑时，各种填料不得混杂填筑，每水平层的全宽应采用同一种填料。渗水土填在非渗水土上时，非渗水土上层面应设向两侧 4% 的横向排水坡。

3 相邻填层使用不同种类或颗粒条件的填料时，其粒径应符合 $D_{15}/d_{85} \leqslant 4$(两层渗水土间)或 $D_{15} \leqslant 0.5$ mm(非渗水土与渗水土间)的要求。否则，两层之间应铺设隔离作用的土工合成材料。

5.1.6 改良土施工拌和方法应根据设计要求确定，并严格控制填料含水率和掺合料的配合比。场拌时，土料和各种掺合料应分堆存放；路拌时，应先摊铺土料、再均匀撒布掺合料，充分拌合均匀后，方可进行碾压。改良土施工设备和工艺应体现先进的原则，满足拌和施工质量要求和环境保护要求。

5.1.7 路堤填筑应进行工后沉降观测。路堤工后沉降量及不均匀沉降应符合设计要求。

5.1.8 软土、松软土地基上的路堤施工

1 软土、松软土路基施工组织设计,应充分考虑必需的预压期。

2 施工现场应按有关规定要求,做好取土、弃土、堆料及运土道路的平面布置,安排好作业程序及机械运行路线,施工中不得随意更改。

3 反压护道应与路基同步填筑,其填料、填筑压实方法、压实标准应符合一般地基路堤相应部位的规定。护道顶面应平顺并有向路基两侧的排水坡,边坡应顺直无凹陷。

4 软土、松软土地基上填筑路堤应符合本技术指南第5.10节规定进行沉降及位移观测,严格控制填筑速率。对观测设备应采取有效的保护措施。

5.1.9 膨胀土地基上的路堤施工

1 基底换填应与开挖紧密衔接。如有困难应预留厚度不小于50 cm的保护层。

2 换填厚度应根据开挖后地基检测结果确定,且应符合设计要求。

5.1.10 盐渍土地基上的路堤施工

1 地基和护道范围内应铲除表层盐土,并做成自路基中线向两侧2%的横向坡面、碾压密实。

2 路堤底部应按设计要求铺设毛细水隔断层及其垫层或反滤层,施工应符合本技术指南第4.4节和第4.19节的有关规定并符合设计要求。

5.1.11 黄土地基上的路堤施工

1 对强湿陷性、高压缩性、承载力不足和有陷穴的地基,应按设计要求处理后才可填筑路堤。

2 填筑路堤前应将松散的地基表层洒水压实至规定密度,路堤两侧排水沟以内的坑洼和松散地面均应整平碾压密实,不得积水。

3 施工中路基范围黄土地基上不得浸水。

5.1.12 液化土地基上的路堤施工

1 地基处理前应结合设计文件对液化土地基及处理范围进行核查。

2 液化土路基施工前应按设计要求进行试验段工艺试验。

3 地基处理的施工方法按设计要求进行,并应符合本技术指南第4章的有关规定。

5.1.13 浸水路堤施工

1 浸水路堤应选择在枯水季节施工,地基处理及护道施工应在汛期前完成。

2 水下地基处理应符合设计要求。

3 浸水路堤的填料种类及使用条件应符合设计要求。

4 浸水路堤填筑应降低水位,有条件时宜采用围堰疏干。

5 基底回填及水位下路堤施工应分层填筑碾压,每层松铺厚度不应大于30 cm,填料的含水率严格控制在最优含水率的上限范围内。水下路堤(含护道)超出设计水位线0.5 m后按一般路基施工。

6 浸水路堤填筑的压实质量应符合设计要求,基床以下路基浸水与不浸水部分分界高程的施工允许偏差为$^{+100}_{0}$mm。

5.2 填 料

5.2.1 基床以下路堤填料

1 基床以下路堤应选用 A、B 组填料和 C 组碎石类、砾石类填料。

2 当选用 C 组细粒土填料时，应根据填料性质进行改良。

3 当选用硬质岩石及不易风化的软质岩的碎石时，应级配较好，块石类填料的粒径不得大于 15 cm。

5.2.2 基床底层填料

1 基床底层应选用 A、B 组填料或改良土。

2 块石类作为基床底层填料时，应级配良好，其粒径不应大于 10 cm。

5.2.3 基床表层填料

1 基床表层填料应采用级配碎石、级配砂砾石和沥青混凝土。

2 采用级配碎石时，碎石粒径、级配及材料性能应符合铁道部现行《客运专线基床表层级配碎石暂行技术条件》的有关规定。

3 采用级配砂砾石时，应符合下列要求：

1）颗粒的粒径、级配应符合表 5.2.3 规定。

2）级配曲线应接近圆顺，某种尺寸的颗粒不应过多或过少。

3）颗粒中细长及扁平颗粒含量不应大于 20%；黏土团及有机物含量不应超过 2%。

4）粒径小于 0.5 mm 细集料的液限应小于 25%，其塑性指数应小于 6。

表 5.2.3 砂砾石级配范围

级配编号	通过筛孔(mm)重量百分率(%)									
	60	50	40	30	20	10	5	2	0.5	0.075
1	97~100	95~100	90~99	84~90	76~94	65~85	54~77	40~67	23~51	3~23
2	—	100	90~100	80~93	65~85	45~70	30~55	15~35	10~20	4~10
3	—	—	100	90~100	75~95	50~70	30~55	15~30	10~20	4~10
4	—	—	—	100	85~100	60~80	30~50	15~30	10~20	4~10

4 基床表层填料材质、级配必须经室内及现场填筑试验，压实标准满足设计要求后，方可正式填筑。

5.2.4 基床表层沥青混凝土混合料

1 沥青混凝土用矿料质量、级配、粉尘含量、软弱颗粒含量等应符合设计要求。

2 沥青混凝土用沥青质量符合设计要求。

3 沥青混凝土的沥青含量、马歇尔稳定度、级配等应符合设计要求。

4 沥青混凝土及原材料的试验方法应符合客运专线铁路的有关规定。

5.2.5 过渡段填料

1 基床表层填料应符合本章第 5.2.3 条的规定。

2 基床表层以下级配碎石级配应符合表 5.2.5 的要求，其颗粒中针状、片状碎石含量不应大于 20%，质软、易破碎的碎石含量不应超过 10%，黏土团及有机物含量不应超过 2%。

3 过渡段内与级配碎石连接段采用 A、B 组填料。

表 5.2.5　碎石级配范围

级配编号	通过筛孔质量百分率(%)									
	50	40	30	25	20	10	5	2.5	0.5	0.075
1	100	95 ~ 100	—	—	60 ~ 90	—	30 ~ 65	20 ~ 50	10 ~ 30	2 ~ 10
2	—	100	95 ~ 100	—	60 ~ 90	—	30 ~ 65	20 ~ 50	10 ~ 30	2 ~ 10
3	—	—	100	95 ~ 100	—	50 ~ 80	30 ~ 65	20 ~ 50	10 ~ 30	2 ~ 10

5.2.6　施工控制

1　施工前应对设计取土场的填料进行核对确认。

2　施工中应核对进场填料，当实际使用填料不符合规定和要求时，应及时予以纠正。

3　采用改良土时，应按设计文件，控制填料含水率和掺合料的配合比，通过试验段填筑，检查配合比是否能符合填筑要求。

4　沥青混凝土配合比应符合设计要求。

5.3　基床以下路堤

5.3.1　路堤填筑前准备

1　施工前，应做好土石方的调配方案。取土场应根据设计要求和施工地段总的土石方调配计划，并结合路基排水和当地土地利用、环保规划进行布置，不得任意挖取。

2　施工前应进行现场填筑压实工艺试验，确定不同压实机械、不同填料施工含水率的控制范围、适宜的松铺厚度和相应的碾压遍数、最佳的机械配套和施工组织。压实机械宜选用重型振动压路机。

3　试验段位置应选择在地质条件、断面形式均具有代表性的地段，长度不宜小于 100 m。

5.3.2　路堤填筑

1　基床以下路堤填筑应按“三阶段、四区段、八流程”的施工工艺组织施工，每个区段的长度应根据使用机械的能力、数量确定，一般宜在 200 m 以上或以构造物为界。各区段或流程内严禁几种作业交叉进行。

2　路堤应沿横断面全宽、纵向分层填筑。当原地面高低不平时，应先从最低处分层填筑，两边向中部填筑。路基边坡两侧超填宽度不宜小于 50 cm，竣工时应刷坡整平。

3　分层填筑厚度应根据压实机械压实能力、填料种类和要求的压实密度，通过现场工艺试验确定。采用碎石类土填筑时，分层的最大压实厚度不应大于 40 cm；采用砂类土和改良细粒土填筑时，分层的最大压实厚度不应大于 30 cm。分层填筑的最小分层厚度不宜小于 10 cm。

4　不同性质的填料应分别填筑，不得混填。每一水平层的全宽应用同一种填料填筑，每种填料层累计总厚不宜小于 50 cm。当上下相邻填层使用不同种类及颗粒条件的填料时，其粒径应符合本章第 5.1.5 条的规定。

5　填料摊铺应使用推土机进行初平，再用平地机进行平整，填层面应无显著的局部凹凸，并应做成向两侧横向排水坡。

6 用改良细粒土或含细粒成分较多的粗粒土填料填筑路堤时，必须严格控制其填料的含水率在工艺试验确定的施工允许含水率范围内。填料含水率较低时，应及时采用洒水措施，加水量可按本技术指南中式5.1.3计算，洒水可采用取土场内提前洒水闷湿和路堤内搅拌的方法。填料含水率过大时，宜采用场内开挖沟槽降低水位和用推土机松土器翻松晾晒相结合的方法，或将填料运至路堤摊铺晾晒。

7 压实顺序应按先两侧后中间，先静压后弱振、再强振的操作程序进行碾压。各种压路机的最大碾压行驶速度不宜超过4 km/h。各区段交接处，应互相重叠压实，纵向搭接长度不应小于2 m，沿线路纵向行与行之间压实重叠不应小于40 cm，上下两层填筑接头应错开不小于3.0 m。

5.3.3 路堤填筑施工控制

1 施工中应检查核对填料的试验和实际使用情况，当实际使用填料发生变化时，应另取样做土工试验进行鉴定。

2 在每一层的填筑过程中，应确认填料质量、含水率、铺土厚度、填料表面平整度符合设计及本章第5.3.2条规定后，再进行碾压。

3 填筑高度小于基床厚度的路堤基底处理应符合本技术指南第4.2节的有关规定，处理后的质量检验应根据所处路堤部位的要求进行。

4 基床以下路堤填筑压实质量按表5.3.3—1的要求控制。其中改良细粒土采用K_{30}和K两项指标，砂类土、细砾土、碎石类及粗砾土采用K_{30}和n两项指标。

表5.3.3—1 基床以下路堤填筑压实质量标准

填料	压实标准	改良细粒土	砂类土及细砾土	碎石类及粗砾土
A、B组及C组(不含细粒土、粉砂及易风化软质岩)填料及改良土	地基系数K_{30}(MPa/m)	≥90	≥110	≥130
	压实系数K	≥0.90	—	—
	孔隙率n	—	<31%	<31%

注：当改良土采用物理改良方法时，其压实标准应符合本表规定；当采用化学改良方法时，其压实标准除符合本表规定外，还应符合设计提出的技术要求。

5 基床以下路堤顶面外形尺寸允许偏差按表5.3.3—2的要求控制。

表5.3.3—2 基床以下路堤顶面外形尺寸允许偏差

序号	项目	允许偏差	序号	项目	允许偏差
1	中线至边缘距离	±50 mm	3	横坡	±0.5%
2	宽度	不小于设计值	4	平整度	不大于15 mm

5.4 基床底层

5.4.1 基床底层填筑前应根据所选的机械及计划使用的填料种类进行现场填筑压实工艺试验。试验段的长度不宜小于100 m。

5.4.2 基床底层填筑应符合本章第5.3.2条规定及下列要求：

1 采用碎石类和砾石类填筑时，分层的最大压实厚度不应大于35 cm。

2 采用砂类土和改良细粒土填筑时，分层的最大压实厚度不应大于30 cm。

3 分层填筑的最小压实厚度不宜小于10 cm。

5.4.3 基床底层填筑施工控制

1 检查核对填料的试验和实际使用情况，当实际使用填料发生变化时，应另取样进行土工试验鉴定。

2 在每一层的填筑过程中，应确认填料质量、含水率、铺土厚度、填料表面平整度符合设计及本章第5.4.2条要求后，再进行碾压。

3 已填筑好的底层应控制车辆通行。

4 基床底层压实质量按表5.4.3—1的要求，采用地基系数 K_{30}、动态变形模量 E_{vd}、压实系数 K（或孔隙率 n）三项指标控制。

表5.4.3—1 基床底层压实质量标准

填料	压实标准	改良细粒土	砂类土及细砾土	碎石类及粗砾土
A、B组填料及改良土	地基系数 K_{30}(MPa/m)	≥110	≥130	≥150
	动态变形模量 E_{vd}(MPa)	≥40	≥40	≥40
	压实系数 K	≥0.95	—	—
	孔隙率 n	—	<28%	<28%

注：当改良土采用物理改良方法时，其压实标准应符合本表规定；当采用化学改良方法时，其压实标准除符合本表规定外，还应符合设计提出的技术要求。

5 基床底层外形尺寸允许偏差按表5.4.3—2的要求控制。

表5.4.3—2 基床底层外形尺寸允许偏差

序号	项目	允许偏差	序号	项目	允许偏差
1	中线至边缘距离	$^{+50}_{0}$ mm	4	平整度	不大于15 mm
2	宽度	不小于设计值	5	厚度	±30 mm
3	横坡	±0.5%			

5.5 基床表层级配碎石或级配砂砾石

5.5.1 基床表层级配碎石或级配砂砾石填筑前准备

1 施工前应做好级配碎石或级配砂砾石的备料工作。

2 拌合场内不同粒径的碎石、卵石或砂砾等集料应分别堆放。

3 级配碎石或级配砂砾石必须采用场拌。

4 在大面积填筑前，应根据初选的摊铺、碾压机械及试生产出的填料，进行现场填筑压实工艺试验，确定填料级配、施工含水率、松铺厚度和碾压遍数、机械配套方案、施工组织。试验段长度不宜小于100 m。

5 基床表层填筑前应检查基床底层几何尺寸，核对压实标准，不符合标准的基床底层应进行修整，达到基床底层验收标准。

5.5.2 基床表层级配碎石或级配砂砾石填筑施工

1 基床表层的填筑宜按验收基床底层、搅拌运输、摊铺碾压、检测修整“四区段”和拌合、运输、摊铺、碾压、检测试验、修整养护“六流程”的施工工艺组织施工。摊铺碾压区段的长度应根据使用机械的能力、数量确定。区段的长度一般宜在 100 m 以上。各区段或流程只能进行该区段和流程的作业，严禁几种作业交叉进行。

2 基床表层级配碎石或级配砂砾石应分层填筑，每层的最大填筑压实厚度不得大于 30 cm，最小填筑压实厚度不得小 15 cm。

3 级配碎石或级配砂砾石的摊铺可采用摊铺机或平地机进行，顶层应用摊铺机摊铺。每层的摊铺厚度应按工艺试验确定的参数严格控制。用平地机摊铺时，必须在路基上采用方格网控制填料量，方格网纵向桩距不宜大于 10 m，横向应分别在路基两侧及路基中心设方格网桩。用摊铺机摊铺时，应根据摊铺机的摊铺能力配置运输车，减少停机待料时间。

4 在摊铺机或平地机摊铺后应由人工及时消除粗细集料离析现象。

5 整形后，当表面尚处湿润状态时应立即进行碾压。如表面水分蒸发较多，明显干燥失水，应在其表面喷洒适量水分，再进行碾压。用平地机摊铺的地段，应用轮胎压路机快速碾压一遍，暴露的潜在不平整再用平地机整平和整形。

6 碾压时，应采用先静压、后弱振、再强振的方式，最后静压收光。直线地段，应由两侧路肩开始向路中心碾压；曲线地段，应由内侧路肩向外侧路肩进行碾压。沿线路纵向行与行之间重叠压实不应小于 40 cm，各区段交接处，纵向搭接压实长度不应小于 2 m，上下两层填筑接头应错开不小于 3.0 m。

7 横向接缝处填料应翻挖并与新铺的填料混合均匀后再进行碾压，并注意调整其含水率，纵向应避免工作缝。

8 碾压后的基床表层质量应符合设计要求，局部表面不平整应补平并补压。

9 已完成的基床表层应采取措施控制车辆通行，并做好基床表面的保护工作，防止表层扰动破坏。严禁在已完成的或正在碾压的路段上调头或急刹车。

5.5.3 基床表层级配碎石或级配砂砾石填筑施工控制

1 级配碎石或级配砂砾石混合料的质量应符合本技术指南第 5.2.3 条的要求。

2 填料复查试验应在级配碎石厂和摊铺现场取具有代表性的样品进行试验。

3 基床表层填筑压实标准按表 5.5.3—1 的要求，采用地基系数 K_{30}、动态变形模量 E_{vd} 和孔隙率 n 三项指标控制。

表 5.5.3—1 基床表层填筑压实标准

填 料	压 实 标 准		
	地基系数 K_{30}(MPa/m)	动态变形模量 E_{vd}(MPa)	孔隙率 n
级配砂砾石或级配碎石	≥190	≥55	<18%

4 基床表层外形尺寸允许偏差按表 5.5.3—2 的要求控制。

表 5.5.3—2 基床表层外形尺寸允许偏差

序号	项 目	允许偏差	序号	项 目	允许偏差
1	中线高程	±10 mm	5	横 坡	±0.5%
2	路肩高程	±10 mm	6	平 整 度	不大于 10 mm
3	中线至路肩边缘	$^{+20}_{0}$ mm	7	厚 度	−20 mm
4	宽 度	不小于设计值			

5.6 基床表层沥青混凝土

5.6.1 基床表层沥青混凝土摊铺施工准备

1 施工前应做好沥青混凝土用原材料的备料工作，原材料各项指标应符合规范和设计的要求。

2 拌合场内不同规格的矿物料应分别堆放，细集料堆放应有防止雨淋措施。

3 沥青混凝土必须采用厂内集中搅拌。

4 在大面积填筑前，应根据初选的摊铺、碾压机械及试生产出的沥青混凝土，进行现场摊铺压实工艺试验，确定生产配合比、松铺厚度、碾压工艺、机械配套方案、施工组织。试验段长度不宜小于 100 m。

5 基床表层沥青混凝土摊铺前应检查基床表层级配碎石或级配砂砾石层几何尺寸，核对压实标准，不符合标准的应进行修整，达到验收标准。

6 基床表层沥青混凝土施工必须有施工组织设计，保证合理的施工工期。不得在气温低于 10 ℃、雨天、路面潮湿的情况下施工。

7 热拌沥青混凝土的施工温度宜按试验确定，无条件的应按沥青标号、气候条件参照表 5.6.1 确定。

表 5.6.1 热拌沥青混凝土的施工温度(℃)

施工工序		石油沥青的标号			
		50 号	70 号	90 号	110 号
沥青加热温度		160 ~ 170	155 ~ 165	150 ~ 160	145 ~ 155
矿料加热温度	间歇式拌合机	集料加热温度比沥青温度高 10 ~ 30			
	连续式拌合机	矿料加热温度比沥青温度高 5 ~ 10			
沥青混凝土出料温度		150 ~ 170	145 ~ 165	140 ~ 160	135 ~ 155
沥青混凝土储料仓储存温度		储料过程中温度降低不超过 10			
沥青混凝土废弃温度		200	195	190	185
运到现场的温度不低于		150	145	140	135
沥青混凝土摊铺温度不低于	正常施工	140	135	130	125
	低温施工	160	150	140	135
开始碾压的沥青混凝土内部温度不低于	正常施工	135	130	125	120
	低温施工	150	145	135	130
碾压终了的表面温度不低于	钢筒式压路机	80	70	65	60
	轮胎式压路机	85	80	75	70
	振动式压路机	75	70	60	55
可通车的表面温度不高于		50	50	50	45

5.6.2 基床表层沥青混凝土配合比设计

1 沥青混凝土的矿料级配应符合设计要求。

2 本技术指南采用马歇尔试验配合比设计方法。沥青混凝土的马歇尔稳定度、流值、孔隙率、沥青饱和度等指标应符合设计要求，并具有良好的高温稳定性、水稳定性、低温抗裂性能、防渗水性能等,其技术指标应符合设计要求。

3 沥青混凝土配合比设计通过目标配合比设计、生产配合比设计及生产配合比验证三个阶段,确定矿料级配、最佳沥青用量。

5.6.3 基床表层沥青混凝土拌制

1 沥青混凝土必须在拌合厂采用拌合机械拌制。

1)拌合厂的设置必须符合国家有关环境保护、消防、安全等规定。

2)考虑交通堵塞等因素,尽可能缩短拌合厂与工地的运输距离,确保混合料温度下降不超过要求,且不致因颠簸造成混合料离析,特别是温度离析。

3)各种集料必须分隔储存,细集料场地应设防雨顶棚,料场和场区道路应硬化,严禁泥土等污染集料。拌合厂应做好完整的排水设施。

2 沥青混凝土可采用间歇式或连续式拌合机,且必须配置计算机控制系统。连续式拌合机使用的集料必须稳定不变,从多处进料、料源或质量不稳定时,不得采用连续式拌合机。拌合机的拌合能力应满足施工进度要求。拌合设备的各种传感器必须先鉴定合格后方可使用,鉴定周期不得超过一年。

3 沥青混凝土的生产温度宜符合表5.6.1中的有关规定。烘干集料的残余含水量不得大于1%,每天开始几盘集料应提高加热温度,并干拌几锅集料废弃,再正式加沥青拌合混合料。

4 沥青混凝土出厂时应逐车检验其重量和温度,记录出厂时间,签发运料单。

5.6.4 基床表层沥青混凝土运输

1 沥青混凝土宜采用较大吨位的运输车辆运输,不得在级配碎石或级配砂砾石路面上急刹车、急掉头,应匀速行驶,避免对级配碎石或级配砂砾石层造成损伤。

2 运输车辆每次使用前后必须清扫干净,车厢板上涂一薄层防止沥青粘结的隔离剂或防粘结剂,但不得有余液积聚在车厢底部。从拌合机向运料车上装料时,应多次挪动汽车位置,平衡装料,减少混合料离析。运料车运输混合料应覆盖保温、防雨、防污染。

3 在运输过程中如发现有沥青结合料沿车厢板滴落时,应采取措施予以避免。

4 运料车每次卸料必须倒尽。

5.6.5 基床表层沥青混凝土摊铺

1 沥青混凝土宜采用沥青摊铺机摊铺,摊铺机的受料斗应涂刷薄层隔离剂或防粘结剂。

2 基床表层沥青混凝土层分两幅摊铺,采用热搭接方法,两幅之间应有30~60 mm左右宽度的搭接。

3 摊铺机开工作业前应提前30~60 min预热熨平板至不低于100 ℃。铺筑过程中应选择熨平板的振捣或夯锤压实装置具有适宜的振动频率和振幅,以提高路面的初始压实度。熨平板加宽连接应仔细调节至摊铺的混合料没有明显的离析痕迹。

4 摊铺机必须缓慢、均匀、连续不间断地摊铺,不得随意变速或中途停顿和频繁收起挡料板,以提高平整度,减少混合料的离析。摊铺速度宜控制在2~6 m/min。当发现混合料出现明显的离析、波浪、裂缝、拖痕时,应分析原因,予以消除。

5 摊铺机应采用自动找平方式,可采用钢丝绳引导、平衡梁或雪橇式等摊铺厚度控制方式。

6 沥青混凝土的松铺系数应按工艺试验确定。

7 在局部机械作业不能到位部分可采用人工摊铺。人工摊铺混合料应符合下列要求：

1）沥青混凝土宜卸在铁板上，摊铺时应扣锹布料，不得扬锹抛甩。铁锹等工具宜涂防粘剂或加热使用。

2）边摊铺边用刮板整平，刮平时应轻重一致，控制次数，严防集料离析。

3）摊铺不得中间停顿，并加快碾压。如不能及时碾压时，应停止摊铺，并对卸下的沥青混凝土覆盖保温。

4）低温施工时，每次卸下的混合料应及时覆盖保温。

5.6.6 基床表层沥青混凝土碾压

1 沥青混凝土的压实层最大厚度不宜大于10 cm，当采用大功率的压路机且经验证能达到压实度时允许适当增大。

2 应配备足够数量的压路机，选择合理的压路机组合方式及初压、复压、终压的碾压步骤，以达到最佳的碾压效果。低温、风大、薄层碾压时压路机数量应适当增加。

3 压路机应以慢而均匀的速度碾压，压路机碾压速度应符合表5.6.6中的要求，压路机的碾压线路、方向不应突然改变，导致混合料推移。

4 压路机的碾压温度应符合表5.6.1中的有关要求。在不产生严重推移和裂缝的前提下，碾压在尽可能高的温度下进行，不得在低温状况下作反复碾压。

5 压路机不得在未碾压成型的路段转向、掉头、加水或停留。初压应紧跟摊铺机进行，并保持较短的间隔区段。复压紧跟初压后进行，不得随意停顿，碾压长度宜控制在60～80 m内。终压紧跟复压后进行，且不少于2遍，至无明显轮迹为止。

6 在当天成型的沥青混凝土路面上不得停放各种机械设备或车辆，不得散落矿料、油料等杂物。

表5.6.6 沥青混凝土碾压速度（km/h）

压路机类型	初压		复压		终压	
	适宜	最大	适宜	最大	适宜	最大
钢筒式压路机	2～3	4	3～5	6	3～6	6
轮胎式压路机	2～3	4	3～5	6	4～6	8
振动式压路机	2～3 静压或振动	4 静压或振动	3～5 振动	5 振动	3～6 静压	6 静压

5.6.7 基床表层沥青混凝土接缝

1 沥青混凝土接缝必须紧密、平顺，不得产生明显的接缝离析。上下层纵缝应错开15 cm（热接缝）或30～40 cm（冷接缝）。相邻两幅及上下层的横向接缝应错开1 m以上。

2 横向接缝可采用斜接缝、阶梯形接缝或平接缝形式。

5.6.8 基床表层沥青混凝土厚度不应小于设计值。

5.7 改良土填筑

5.7.1 改良土施工的一般要求

1 填筑前应按设计提供的配比进行室内试验，确定施工配合比。物理改良土的施工配合比应保证混合料的压实质量达到设计要求，化学改良土的配合比应保证混合料的无侧限抗压强度能达到设计要求。

2 原材料应符合设计要求，设计未明确时应符合以下要求：

1）石灰应选用钙质生石灰或消解石灰，其指标应达到合格标准。

2）掺入水泥时，其初凝时间应大于3 h，终凝时间宜大于6 h。

3）用石灰改良时，土中硫酸盐含量应小于0.8%，有机质含量应小于10%；用水泥改良时，土中硫酸盐含量应小于0.25%。

4）当掺加其它化学类固化剂改良时应符合设计要求。

3 堆放材料的场地应整平、压实，改良剂应采取防风、防潮、防雨措施分类堆放。

4 在设计规定范围内取土，取土时应清除树木、草皮以及表面腐殖土。当土源发生变化时必须按要求重做配比试验。

5 施工用水质应符合工程用水标准。

6 化学改良土应保持良好的养生，养生时间不少于7 d。当改良土分层施工时，下层碾压合格后，可以立即填筑另一层改良土，不需专门的养生期。

7 改良土施工应做好场地的临时排水和防雨措施，严禁雨天作业，避免低温施工、人为停工。确需停工时，必须做好养生，防止水分流失。

8 改良土正式施工前，应进行试验段填筑，确定施工技术参数。分层填筑压实厚度不应大于30 cm。

9 改良土拌合应符合有关环保要求。

5.7.2 改良土场拌法施工

1 施工区段应按填筑阶段的不同进行划分，一般宜划分为底层准备区段、拌和摊铺区段、碾压整型区段、检测报验区段。

2 场拌应采用具有自动计量的专用场拌混合料搅拌机械拌和。混合料中不应含有大于10 mm的土块和未消解石灰颗粒；拌合前，应使混合料的组成和含水率达到规定的要求。

3 在设计规定范围内取土，取土时应清除树木、草皮以及表面腐殖土。当土源发生变化时必须按要求重做配比试验。

4 拌合好的混合料应尽快运送到铺筑现场。混合料在运送过程中应覆盖，减少水分损失。

5 底层应平整、密实，具有规定的路拱，表面无松散材料和软弱地段。

6 根据松铺厚度计算每车混合料的摊铺面积，确定堆放密度。混合料应先初平，后精平，设专人及时铲除离析混合料，补以新混合料。当下层为细粒土时，应先拉毛，再摊铺混合料。

7 混合料应全断面均匀摊铺，不得出现纵向接缝，不宜中断。当因故中断超过2 h时，应设置横向施工缝，横向接缝应采用搭接施工。

8 混合料摊铺完后，先用平地机初平和整形，再用压路机快速碾压1~2遍。对于出现的坑洼应进行平整。

9 整型应按规定的坡度和路拱进行，并特别注意接缝处的整平。在整型过程中，严禁车辆通行。初步整型后，检查混合料的松铺厚度，必要时应进行补料或减料。

10 当混合料接近最佳含水率时，应用重型压路机在路基全宽内碾压至要求的压实密度，且表面无明显的轮迹。碾压时纵向应重叠 40 cm。

11 碾压过程中，表面应始终保持湿润，严禁有“弹簧”、松散、起皮等现象产生。碾压结束之前，应用平地机终平一次，使其纵向顺适，符合设计要求。

12 两作业区段之间的衔接处应搭接拌和。

5.7.3 改良土路拌法施工

1 施工区段应根据施工段所处填筑阶段的不同进行划分，一般宜划分为底层准备区段、上料拌和区段、碾压整型区段、检测报验区段。

2 路拌法施工应选用专用的撒布、拌和设备。

3 改良土路拌采用层铺法施工，按填筑宽度及松铺厚度，计算所需被改良填料和改良剂的数量、堆放位置。

4 按计算被改良填料的数量，在已检验合格的底层上首先摊铺被改良填料，初平静压一遍后，检查其填筑层的厚度，测定其含水率及松散干容重。

5 按配合比计算改良剂的单位面积摊铺数量，将改良剂均匀摊铺在已经初平初压的被改良填料表面上。

6 在路拌机拌和一遍后，应检查混合料的含水率。含水率过大时应晾晒；含水率过小时，应用喷管式洒水车洒水。撒水车不应在正在进行拌和的以及当天计划拌和的路段上调头和停留。在洒水拌和过程中，应及时检查混合料的含水率，其值宜大于最佳含水率1% 左右。

7 拌和深度应深入下层承的表面 1 cm 左右。应设专人跟随拌和机，随时检查拌和深度，并配合拌和机操作员调整拌和深度，严禁在拌和层底部留有夹层。

8 拌和完成的混合料应均匀。

9 拌和整形后的碾压施工应符合本章第 5.7.2 条的有关规定。

5.7.4 施工控制

1 改良土用的原材料进场前应按有关规定进行相应试验。

2 对初步确定使用的混合料，应进行重型击实试验，计算最佳含水率和最大干密度，并进行 7 d 无侧限抗压强度的试验，无侧限抗压强度必须符合设计要求。

3 化学改良土应色泽均匀，无灰条、灰团。改良剂剂量允许偏差为试验配合比的 $^{+1.0}_{-0.5}$%。

4 无侧限抗压强度在摊铺后碾压前取样，不拌和不加水，直接按现场密度制样，按现行《铁路工程土工试验规程》(TB 10102) 有关规定进行无侧限抗压强度试验。

5 改良土路基压实质量应根据部位分别按本章表 5.3.3—1 或表 5.4.3—1 的要求控制。

6 改良土路基外形尺寸应根据部位分别按本章表 5.3.3—2 或表 5.4.3—2 的要求控制。

5.8 加筋土路堤

5.8.1 加筋土路堤施工准备

1 用于加筋的土工合成材料应符合设计要求，按规定的批次进行检验。

2 土工合成材料运至工地后,应分批整齐堆放在料棚(库)内,防止日晒雨淋,并保持料棚通风干燥。

5.8.2 加筋土路堤施工

1 土工合成材料的铺设应符合本技术指南第4.19.2条的规定。

2 加筋土路堤填筑应分层摊铺、分层碾压,除符合本章第5.3~5.5节有关规定外,并应符合下列要求:

1)土工合成材料铺设后应及时填筑填料,其受阳光直接暴晒时间不得过长。

2)一般路基上填料的摊铺及填筑从路堤中线开始,对称地向两侧填土;软土地基上填料的摊铺及填筑应从两侧开始,平行于路堤中线向中心对称进行,地基面上首层填料宜用轻型压实机具压实,只有当土工合成材料上的填料厚度大于0.6 m后,才能采用重型压实机械。

3)严禁施工机械直接在土工合成材料上行走作业。

4)加筋土路堤与两端路堤应同步施工。

5)加筋土路堤的边坡防护宜与路堤填筑同步施工。

5.8.3 施工控制

1 土工合成材料铺设检验应符合本技术指南第4.19.6条的有关规定。

2 路堤填料应按5.2节的有关要求控制,路基压实质量应按表5.3.3—1、表5.4.3—1的要求控制。

5.9 路堤边坡

5.9.1 路堤边坡应采用加宽超填或专用边坡压实机械施工。当采用加宽超填方法时,超填宽度不宜小于50 cm。

5.9.2 路基施工时,填筑面应平整,并根据现场情况做必要的截水沟和急流槽等截、排水设施。

5.9.3 路基刷坡宜用刷坡机械进行刷坡。机械刷坡时应根据路肩线用坡度尺控制坡度。人工刷坡时应采取挂方格网控制边坡平整度和坡度,方格网桩距不宜大于10 m。

5.9.4 路堤边坡应密实、稳固、平顺。

5.9.5 路堤边坡外形尺寸允许偏差按表5.9.5的要求控制。

表5.9.5 路堤边坡坡率、平台外形尺寸允许偏差

序号	项 目	允许偏差	序号	项 目	允许偏差
1	边坡坡率(偏陡量)	不大于3%设计值	3	平台位置	±100 mm
2	变坡点位置	±200 mm	4	平台宽度	±50 mm

注:变坡点、平台位置以位于路肩下的高度计。

5.10 路基沉降观测

5.10.1 路基工程施工应按设计要求进行地基沉降、侧向位移的动态观测。观测基桩必须置于不受施工影响的稳定地基内,并定期进行复核校正。观测装置的埋设位置应符合设计要求，且埋设稳定。施工中应保护好观测基桩及观测装置。

5.10.2　沉降观测应采用二等几何水准测量。

5.10.3　边桩及沉降在施工期间每天应进行一次观测，在沉降量突变的情况下，每天应观测2～3次。当两次填筑间隔时间较长时，每3 d至少观测一次。路堤经过分层填筑达到预压高程后，在预压期的前2～3个月内，每5 d观测一次；三个月后7～15 d观测一次；半年后一个月观测一次，一直观测到预压期末。预压期后每三个月观测一次直至移交，当沉降速率变化大时，增加观测频率。

5.10.4　在填土过程中，应根据观测结果整理绘制"填土高时间—沉降量"关系曲线图，分析土体的侧向位移值及其发展趋势，判断地基的稳定性。

5.10.5　当路堤中心线地面沉降速率每昼夜大于10 mm，或坡脚水平位移速率每昼夜大于5 mm时，应立即停止填筑，待观测值恢复到限值以内再进行填筑。

5.10.6　路基填筑至设计高程后，应按设计在路肩设观测桩，与边桩和沉降同步进行观测，通过测量路肩观测桩的高程变化，确定路基面的沉降量。

5.10.7　沉降观测资料应及时整理、汇总分析，并提供给相关单位作为工后沉降评估的依据。

5.10.8　竣工验交时，沉降观测设施和观测资料应与工程同时移交给工程接收单位。

5.11　雨季施工

5.11.1　雨季施工前应做好施工准备工作，区分路段，进行适合于雨季施工项目的安排。

5.11.2　雨季施工路段，应在雨季前做好涵洞，并做好防水、防洪、排水工作。必要时采取覆盖措施。

5.11.3　严禁雨天进行非渗水土的填筑施工。

5.11.4　雨季路堤填筑的每一压实层面均须做成2%～4%的横向排水坡，路堤边坡应随时保持平整，每次作业收工前必须将铺填的松土层压实完毕。

5.11.5　雨季施工应根据机械设备的性能和数量，合理安排工作面进行轮流作业，快速施工，不宜全面铺开。

5.11.6　雨后的路基面必须晾晒、刮除表面浮土和复压处理，并经抽检合格后才能继续施工。

5.12　低温施工

5.12.1　昼夜平均气温在0 ℃以下且连续15 d时，应按低温施工办理。

5.12.2　路堤严禁使用冻土或掺有冻土的填料填筑。宜选用级配良好的渗水土作填料，当不得不使用非渗水土时，其含水率宜低于塑限，并采取加强压实的措施。

5.12.3　低温施工路堤，其地基处理应在冻结前完成，处理方法除应符合本技术指南第4章的有关规定外，并应清除冰雪、疏干积水，坑洼处用与地基同类未冻土填平压实。处理后应随即掩盖以防冻结。

5.12.4　低温施工应采取以下措施：

1　施工地段的积雪应在临开工前清除。

2 应随挖、随运、随填、随压实。已铺土层未压实前，不得中断施工，应保证开挖、运填周转时间小于土的冻结时间。

3 对取土场、路堑和路堤的外露土层用松土或草袋覆盖。

4 路堤填筑应按横断面全宽分层填筑，铺土厚度应减薄20% ~25% 。

5 停工后继续施工前，应将表面冰雪及冻结的土层清除。

5.12.5 路基面及边坡修整工作必须在解冻后进行。

6 路 堑

6.1 一般规定

6.1.1 路堑开挖、基床处理、排水系统和弃土等,应根据地形、地质、气象、水文实际情况合理安排施工。

6.1.2 路堑开挖施工前应核对地质资料,开挖后如发现与地质资料不符时应及时反馈设计和监理单位。

6.1.3 路堑开挖应根据地形情况、岩层产状、断面形状、路堑长度、施工季节和环境保护要求,并结合土石方调配选用下列方式开挖:

1 全断面开挖适用于平缓地面上短而浅的路堑,用挖装、车运机具施工。

2 横向台阶开挖适用于平缓横坡上的一般路堑,用挖装、车运机具施工;较深路堑宜分层开挖。

3 逐层顺坡开挖适用于土质路堑,用铲运、推土机械施工。

4 纵向台阶开挖适用于傍山路堑,边坡较高时宜分级开挖;路堑较长时,可适当开设马口。对边坡较高的软弱、松散岩质路堑,宜采用分级开挖、分级支挡、分级防护的坡脚预加固措施。

6.1.4 路堑排水系统施工

1 路堑施工应先做好堑顶截、排水,堑顶为土质或有软弱夹层的岩石时,天沟应及时铺砌或采取其它防渗措施。

2 开挖区应保持排水系统通畅,临时排水设施宜与永久性排水设施相结合,并与原有排水系统相适应。

3 排出的水不得损害路基及附近建筑物地基、道路和农田,并不得引起淤积和冲刷。

4 影响边坡稳定的地面水和地下水应及时引排,在路堑的表面设排水坡,以利排水。

6.1.5 路堑开挖施工

1 开挖前应先检查坡顶、坡面,并对危石、裂缝或其它不稳定情况妥善处理。

2 开挖应从上而下进行,严禁掏底开挖。

3 对岩石的走向、倾斜不利于边坡稳定及施工安全的地段,应按设计要求开挖,并采取减弱施工振动的措施;在设有支挡结构的地段,应采取短开挖或马口开挖、并设临时支护等措施。

4 开挖及爆破应按岩性、产状、边坡高度选择适当方法,严格控制药量。爆破后应达到边坡和堑顶山体稳定,基床和边坡平顺、不破碎、不松动;凹凸不平处应用混凝土或浆砌片石补齐。

6.1.6 膨胀土路堑施工

1 膨胀土路堑不宜在雨季施工。设有支挡和防护结构的边坡应及时砌筑,随挖随砌,当不能紧跟开挖砌筑时,边坡应暂留厚度不小于0.5 m的保护层。

2　膨胀土路堑基床换填要紧随开挖完成，当有困难时，应暂留厚度不小于0.5 m的保护层。路堑基床表层应按设计设置封闭层。

6.1.7　黄土路堑施工

1　黄土路堑宜在旱季施工，当在雨季施工时，应集中力量快速施工，工作面应随时保持大于4%的坡度。路堑边坡不得受水浸泡、冲刷。

2　黄土路堑施工应按设计坡度自上而下进行开挖，并保持坡面平顺。

6.1.8　路堑开挖后边坡要及时按设计处理，防护施工应符合本技术指南第9章的有关规定。

6.1.9　路堑开挖到设计标高时，应进行检测，当基床范围内有 $P_s<1.5$ MPa 或 $\sigma_0<0.18$ MPa 的土层时，应进行改良、换填或加固处理。

6.2　基　床

6.2.1　不易风化硬质岩石基床，应将表面做成向两侧的4%排水坡，做到表面平顺，肩棱整齐，对凹凸不平处宜用不小于C25混凝土补齐。

6.2.2　强风化硬质岩石、软质岩石及土质路堑基床表层应换填级配碎石，并符合下列规定：

1　压实质量按表6.2.2的要求控制，施工工艺应符合本技术指南第5.5节的有关规定。

表6.2.2　级配碎石基床表层压实标准

填　料	压　实　标　准		
	地基系数 K_{30}（MPa/m）	动态变形模量 E_{vd}（MPa）	孔隙率 n
级配碎石	≥190	≥55	<18%

2　基床底层表面应做成向两侧4%的排水坡，施工时，其上宜保留0.1～0.2 m厚土层待基床表层施工之前开挖，并应避免对基床底层原地层产生扰动。

3　当基床范围内有 $P_s<1.5$ MPa 或 $\sigma_0<0.18$ MPa 的土层时，应进行土质改良或加固处理。

4　土质路堑地基土质不符合填料条件时，应按设计要求进行换填。

6.3　半填半挖路基

6.3.1　开挖应符合本章第6.2节的有关规定。

6.3.2　填筑应符合本技术指南第5.3～5.5节的有关规定。

6.3.3　路基轨道下横跨挖方与填方两部分时，应按设计要求进行换填，并设置4%的向外排水坡。

6.3.4　当采用土工合成材料连接时，其铺设应符合设计要求及本技术指南第4.19.2条的要求。

6.3.5　填筑部分应挖台阶处理，台阶尺寸应符合设计要求。

6.4 地下水路堑

6.4.1 地下水发育地段的路堑开挖时，应核查地下水的出露位置、发育情况及相关的水文地质资料，施工中要随时将渗透出的地下水排出施工场地，同时做好地面排水，施工场地内，不得存积地表水。

6.4.2 渗水暗沟沟槽开挖时，硬质岩石应采用予裂爆破或光面爆破。软质岩石或土质宜采用机械挖槽，使得沟槽两壁平顺。

6.4.3 渗水暗沟基础施工时，混凝土基础表面应平整，不应出现反坡或凹凸不平现象，检查井应与浇筑混凝土基础同时完工。

6.4.4 铺设土工合成材料时，其下端应按设计要求的尺寸平铺于混凝土基础顶面，再将上端沿沟壁抻平。

6.4.5 铺设渗水管时，固定管位后，沟槽内按设计回填碎石滤层，管周及管顶以上 30 cm 范围内松填，30 cm 以上应分层轻震夯实，碎石应填充密实均匀。

6.4.6 侧沟采用预制件铺设时应用水泥砂浆勾缝。

6.5 爆　破

6.5.1 路基爆破的一般要求

1 爆破工程施工必须严格按国家爆破安全规程要求进行。

2 路基爆破的效果应符合下列要求：

1）准爆，达到预期的爆破形状和方量。

2）确保基床、边坡和堑顶山体稳定，不受破坏。爆出的坡面平顺、底板平整、无根坎。

3）爆堆的位置、高度符合爆破任务的要求；爆后需移运的石块块度适于铲挖、装运。

3 在城市、厂矿区居民聚居地、交通干道、风景名胜区、重要工程设施、高压线、地下洞库、水油气管道、化工管道等附近进行爆破施工时，必须采取相应的技术安全和环境保护措施。

4 进行拆除（控制）等特殊爆破时，应符合国家现行特种爆破的有关规定。

5 路堑开挖严禁使用峒室药包爆破。

6.5.2 常规爆破施工

1 炮孔爆破直径宜为 38 ~ 150 mm，炮孔深度不宜大于 15 m。

2 爆破孔网参数及装药参数的确定：

1）对浅孔或深孔爆破，均宜采用有一定倾角的倾斜炮孔。

2）台阶法开挖的台阶高度应根据钻孔机械、工程规模、开挖深度、装载设备能力、边坡稳定和技术经济效益等因素综合考虑，一般为 7 ~ 10 m，路堑深度大于10 m 时，梯段应分层。

3）炮孔的实际抵抗线 W 值应结合装药直径（或药卷直径）、炮孔孔距、炸药爆力和装药密度等因素通过计算或试验确定。

3 台阶爆破主炮孔应有一定的超深,超深值宜为0.1~0.3 W。

4 在深孔爆破中,炮孔装药宜实行底部和柱部分部装药,柱部的装药密度宜为底部的50%。

5 炮孔的堵塞长度不得小于1 W或20倍炮孔直径。

6 多个或多排炮孔起爆宜采用微差爆破。

6.5.3 光面爆破和预裂爆破施工

1 在路堑开挖施工中应采用光面爆破、预裂爆破与深孔爆破相结合的施工方法,使爆破后形成平整的坡面。

2 光面爆破和预裂爆破应选用低威力、低爆速、低密度、传爆性能好的炸药。

3 光面爆破和预裂爆破主要参数的确定:

1)炮孔间距应根据工程特点、岩石特征、炮孔直径等决定。预裂爆破的炮孔间距可选用炮孔直径的8~12倍;光面爆破的炮孔间距a可选用炮孔直径的10~16倍,并满足$a=W/m$(m为炮孔密集系数,$m>1$)。

2)光面爆破或预裂爆破的装药结构应采用不耦合连续装药或空隙间隔装药。装药不耦合系数(炮孔直径与药卷直径的比值)深孔可采用2~4,浅孔可采用1.5~2.0,间隔装药的间隙不宜大于20 cm,药卷宜固定在炮孔中央或靠近开挖一侧,孔口应堵塞严实,堵塞长度可采用12倍炮孔直径。

3)靠近预裂孔的主炮孔距预裂面应不小于1.5~2.0倍预裂孔间距,并应较其它主炮孔适当减少装药量。

4)光面爆破和预裂爆破,均应适当增加炮孔底部装药量并减少上部装药量。

5)预裂缝的超深和超长,应分别大于主炮孔的垂直破坏半径和水平破坏半径。

4 预裂炮孔和光面炮孔的倾斜度应与设计边坡坡度一致,每层炮孔底应设在同一平面上。

5 预裂炮孔和主炮孔在同一网路中起爆时,预裂炮孔超前主炮孔起爆时间应不小于:坚硬岩石50~80 ms;中等坚硬岩石80~120 ms;松软岩石150~200 ms。

6 光面爆破可采用预留光爆层的办法实施。光面炮孔与主炮孔在同一网路中起爆时,主炮孔应在光面炮孔之先起爆,且各光面炮孔均宜使用同一段的雷管起爆。

6.5.4 光面爆破和预裂爆破的质量要求:

1 坡面上应均匀留下50%以上的炮孔痕迹率。

2 预裂缝宽不宜小于5~20 mm,缝深不得小于孔深。

3 边坡坡面平整,凹凸差小于150 mm。

4 坡面上不应有明显的爆震裂纹。

6.6 施 工 控 制

6.6.1 石质路堑边坡开挖应采用光面爆破、预裂爆破,确保坡面平顺无明显局部高低差;边坡上出现坑穴、凹槽应灌注混凝土,不得长期暴露,造成坡面坍塌。边坡变坡点位置及平台位置、宽度施工允许偏差应按表6.6.1的要求控制。

6.6.2 路堑开挖应按设计断面测量放样,边开挖边整形;路堑的路基面应平顺,肩棱整齐;爆破时局部缺损的路肩以混凝土修补平整。

表 6.6.1　边坡变坡点位置及平台位置、宽度施工允许偏差

序号	项　目	允许偏差	序号	项　目	允许偏差
1	变坡点位置	±100 mm	3	平台宽度	±50 mm
2	平台位置	±100 mm			

注:变坡点按路肩以上高度计,平台位置以平台顶面标高计。

6.6.3　天沟、侧沟及其他引、截排水设施,应绘出详图,放线施工。沟水排泄不得对路基产生危害。

6.6.4　路基面施工的允许偏差应按表 6.6.4 的要求控制。

表 6.6.4　路基面施工允许偏差

序号	项　目	允许限差	序号	项　目	允许限差
1	路肩高程	±10 mm	4	横　坡	±0.5%
2	中线至路肩边缘距离	$^{+20}_{0}$ mm	5	平 整 度	不大于 10 mm
3	宽　度	不小于设计值			

6.6.5　路堑基床表层厚度、边坡允许偏差应按表 6.6.5 的要求控制。

表 6.6.5　路堑基床表层厚度、边坡允许偏差

序　号	项　目	允　许　偏　差
1	基床表层级配碎石厚度	−20 mm
2	基床表层底部砂垫层厚度	不小于设计值
3	边坡坡率	不陡于设计值

6.6.6　路堑侧沟施工允许偏差应按表 6.6.6 的要求控制。

表 6.6.6　路堑侧沟施工允许偏差

序 号	项　目	允 许 偏 差	
		石　质　沟	预制或现浇混凝土沟
1	沟底中心位置	$^{+50}_{0}$ mm	$^{+50}_{0}$ mm
2	沟底高程	±20 mm	±10 mm
3	净空尺寸(上下宽深度)	±20 mm	±20 mm
4	边坡坡率(偏陡量)	5% 设计值	5% 设计值
5	铺砌厚度	−10 mm	−10 mm
6	沟底坡度	±5% 设计值	±5% 设计值
7	沟底平整度	20 mm	10 mm
8	平台宽度	±50 mm	±50 mm
9	沟顶高程		$^{0}_{-20}$ mm

7 过 渡 段

7.1 一 般 规 定

7.1.1 在路堤与桥台、路堤与横向结构物、路堤与路堑以及路堑与隧道等的连接路段,应按设计要求施工过渡段。

7.1.2 过渡段施工一般要求

1 应优先安排软土地基地段过渡段路堤的填筑施工。

2 过渡段的桥台、涵洞等建筑物的基坑应以混凝土回填或以碎石分层填筑,并用小型振动设备碾压。回填工作必须在隐蔽工程验收合格后才能进行。

3 过渡段范围的路堤基底处理应按本技术指南第4.2节的有关规定办理。

4 过渡段级配碎石施工应符合本技术指南第5.5节的有关规定,分层填筑压实,每层的压实厚度不应大于30 cm,最小压实厚度不宜小于15 cm,具体的摊铺厚度及碾压遍数应按工艺试验确定的工艺参数进行控制。每压实层路拱坡面应符合设计要求,无积水现象。

5 过渡段A、B组填料按本技术指南第5.4.2条要求施工。

6 过渡段级配碎石和与其连接段的A、B组填料填层应与相邻的路堤及锥体同时施工,并将过渡段与连接路堤的碾压面按大致相同的水平分层高度同步填筑并均匀压实。在填筑压实过程中,应保证桥台、横向结构物稳定、无损伤。

7 路桥过渡段地基采用打入桩、挤密桩等加固时,宜先进行打入桩和挤密桩等施工,再进行桥涵的桩基施工。

7.1.3 过渡段排水要求

1 过渡段施工前,应根据场地情况,采取相应的防排水措施。

2 过渡段桥台背回填料表面应按设计要求采取措施防止地表水渗入。

3 过渡段桥台背与回填料之间应按设计要求设置防排水层。

4 过渡段级配碎石填料与相邻路堤填料之间的反滤层应按设计要求进行施工。

5 过渡段坡脚两侧、路堤底部的纵横向排水措施应符合设计要求。

7.1.4 过渡段路堤两侧防护砌体的施工应在地基和路堤变形稳定后进行。宜与相邻路堤的防护砌体施工相互协调。

7.2 路堤与桥台过渡段

7.2.1 路堤与桥台过渡段填料和结构形式应满足设计要求。基床表层以下级配碎石及台后20 m范围内基床表层的级配碎石中应按设计掺适量水泥。倒梯形的结构形式和填料应符合设计要求。

7.2.2 路堤与桥台过渡段填筑

1　过渡段路堤应与桥台锥体和相邻路堤同步填筑。

2　台后 2.0 m 范围外大型压路机能碾压到的部位，其填筑施工应符合本技术指南第 5 章的有关规定。

3　大型压路机碾压不到的部位及在台后 2.0 m 范围内，用小型振动压实设备进行碾压，填料的松铺厚度不宜大于 20 cm，碾压遍数应通过工艺试验确定。

7.2.3　沉降观测

1　过渡段的沉降观测应按设计要求进行，宜在过渡段范围内的路肩上布置 3 ~4 个沉降观测断面（含桥台和过渡段尾端）。

2　软土地基地段的过渡段还应按设计要求进行软土地基表面沉降观测。测点布置宜与相邻路堤软土地基表面的沉降观测位置相协调。

3　沉降观测装置埋设、沉降观测精度及频度应符合本技术指南第 5.10 节的有关规定。

7.3　路堤与横向结构物过渡段

7.3.1　路堤与横向结构物过渡段填料和结构形式应满足设计要求。当横向结构物顶至轨底高度小于 1.5 m 时，横向结构物顶面以上路堤填筑级配碎石。横向结构物顶面及其两端 20 m 范围内路堤级配碎石应按设计掺适量水泥。

7.3.2　路堤与横向结构物过渡段填筑

1　横向结构物两端的过渡段填筑必须对称进行，并应与相邻路堤同步施工。

2　涵洞顶部两端大型压路机能碾压到的部位，其填筑施工应符合本技术指南第 5 章的有关规定；靠近横向结构物的部位，应平行于横向结构物进行横向碾压。大型压路机碾压时，不得影响结构物的稳定。

3　横向结构物的顶部填土厚度小于 1 m 时，不得采用大型振动压路机进行碾压。

4　大型压路机碾压不到的部位应用小型振动压实设备分层进行碾压，填料的松铺厚度不宜大于 20 cm，碾压遍数应通过试验确定。

7.3.3　沉降观测应按设计要求进行，并应符合本技术指南第 5.10 节的有关规定。

7.4　路堤与路堑过渡段

7.4.1　路堤与路堑过渡段设置

1　当路堤与路堑连接处为坚硬岩石时，在路堑一侧应顺原地面纵向开挖台阶，台阶高度为 0.6 m 左右，并应在路堤一侧设置过渡段。其填料和结构形式应满足设计要求。

2　当路堤与路堑连接处为软质岩石或土质路堑时，应顺原地面纵向挖成 1∶2 的坡面，坡面上开挖台阶，台阶高度为 0.6 m 左右。其开挖部分应采用相邻路堤同样填料填筑。

7.4.2　路堤与路堑过渡段填筑

1　过渡段填筑前，应平整地基表面，碾压密实；并应挖除堤堑交界坡面的表层松土，按设计要求做成台阶状。

2　过渡段的填筑施工应与相邻路堤同步进行。

3 大型压路机能碾压到的部位,其施工方法应符合本技术指南第5章的有关规定;靠近堤堑结合处,应沿堑坡边缘进行横向碾压。

4 大型压路机碾压不到的部位,应采用小型振动压实设备分层进行碾压,填料的松铺厚度不宜大于20 cm,碾压遍数应通过试验确定。

7.4.3 沉降观测应按设计要求进行,并应符合本技术指南第5.10节的有关规定。

7.5 路堑与隧道过渡段

7.5.1 土质、软质岩及强风化硬质岩路堑与隧道连接地段,应按设计要求设置过渡段。

7.5.2 过渡段应采用渐变厚度的混凝土或掺入适量水泥的级配碎石填筑。

7.6 施 工 控 制

7.6.1 过渡段填筑高度 H 小于基床厚度时,基底压实质量应符合设计要求;填筑高度 H 大于基床厚度时,基底压实质量应达到地基系数 $K_{30} \geqslant 60$ MPa/m 的要求。

7.6.2 过渡段采用的填料应符合设计要求,并符合本技术指南第5.2.5条的规定。

7.6.3 过渡段路堤的填筑工艺应通过现场碾压试验确定。

7.6.4 过渡段路基的基床表层压实质量应按本技术指南表5.5.3—1的要求控制。基床表层以下过渡段压实质量应采用地基系数 K_{30}、动态变形模量 E_{vd}、压实系数 K(或空隙率 n)三项指标控制。级配碎石应满足 $K_{30} \geqslant 150$ MPa/m、$E_{vd} \geqslant 50$ MPa 和孔隙率 $n < 28\%$ 的要求。A、B组填料应满足表5.4.3—1的要求。

7.6.5 加入水泥的级配碎石混合料宜在2 h内使用完毕。

7.6.6 过渡段基床表层以下路堤外形尺寸的允许偏差应符合本技术指南表5.4.3—2的要求;基床表层外形尺寸允许偏差应符合本技术指南表5.5.3—2的要求;路堤边坡允许偏差应符合本技术指南表5.9.5的要求。

7.6.7 过渡段路堤坡面防护施工应符合本技术指南第9.2节的有关要求。

8　支挡结构

8.0.1　岩体破碎或土质松软、有水地段，修建支挡结构应按结构要求适当分段，及时施工，不应长段拉开挖基。

8.0.2　支挡结构基坑开挖前，应做好排水设施。基坑开挖后应及时进行基础及墙身施工，并做好墙后排水设施，及时回填或填筑路堤。

8.0.3　支挡结构基础基坑开挖后，应认真核对地质资料，经验收合格后，方可进行基础施筑，当与设计不符时应及时反馈。

8.0.4　支挡结构背后填料及其填筑、压实应符合设计要求。

8.0.5　支挡结构端部伸入路堤或嵌入地层部分应与墙体结合一起施工。路堑支挡结构顶面应抹平与边坡相接，其间孔隙应填实并封闭。

8.0.6　支挡结构与桥台、隧道洞门连接时，应协调配合施工；必要时应加临时支撑，保证相接填方或地基土层的稳定。

8.0.7　支挡结构的各部尺寸应符合设计要求。

8.0.8　泄水孔、反滤层、排水层、隔水层、沉降逢和伸缩缝设置应符合设计要求。

8.0.9　支挡结构施工应符合现行《铁路路基施工规范》(TB 10202)的有关规定，其中混凝土支挡结构还应满足现行《铁路混凝土工程施工技术指南》的有关规定。施工允许偏差应按表 8.0.9 的要求控制。

表 8.0.9　支挡结构施工允许偏差

部　　位	项　　目			允许偏差(mm)
基　　础	前边缘距路基中线			+20 0
	宽度(前缘至后缘)			+20 0
	顶面高程(水平基线)			±20
墙　　身	前边缘距路基中线			+20 0
	厚度(前缘至后缘)			+20 0
	顶面高程			±20
	垂直度	$h \leq 5$ m		10
		$h > 5$ m		15
预制钢筋混凝土构件(板、柱、块体)	长　　度	柱		+10 −5
		板、块体		+10 −5
	板对角线差			10
	横截面尺寸	柱、块体		±5
		板	宽	+3 −5
			高	+5 −3
			厚	+4 −2
	侧向弯曲	柱		L/750
		板、块体		L/1000
	上表面平整			5

9 路基防护及排水

9.1 一般规定

9.1.1 路堤防护应安排在适宜时间施工,堑坡防护应随施工完成。软土、松软土地基地段的路基防护工程应在沉降稳定后进行施工。

9.1.2 各种防护设施应在稳定的基脚和坡体上施工。在设有支挡结构物及排除地下水设施地段,应先作好支挡结构物、排水设施,再施作防护工程。防护的坡体表面应进行检查处理,防护设施应与坡面密贴结合。

9.1.3 路基工程施工前,对影响路基稳定的地下水,应予以截断、疏干、降低水位,并引排到路基范围以外,防止漫流、聚积和下渗。

9.1.4 路基施工中应核对全线排水系统,全线的沟渠、管道、桥涵应构成完整的排水体系。

9.1.5 路基施工中,具备条件的地段应按设计做好排水工程以及施工场地附近的临时排水设施,然后再做主体工程。不具备条件的地段应先做好临时排水设施,正式排水工程可与路基同步施工,并随路基施工逐步成型。

9.1.6 在路基施工期,不得任意破坏地表植被或堵塞水的通路;各类排水设施应及时维修和清理,保持排水畅通、有效。

9.1.7 防护及排水工程所用的砂浆、混凝土应采用机械拌和。

9.1.8 采用土工合成材料作为路基防护的工程,施工应符合现行《铁路路基土工合成材料应用技术规范》(TB 10118)的有关规定。

9.1.9 各种水泥砂浆的强度等级和石料的强度均应符合设计要求,并应符合现行《铁路混凝土与砌体工程施工规范》(TB 10210)的有关规定。各种混凝土的强度等级均应符合设计要求,并应符合现行《铁路混凝土工程施工技术指南》的有关规定。

9.1.10 泄水孔的位置、布置形式、孔径尺寸及泄水孔背反滤层的材料、设置应符合设计要求,且排水畅通。砌体及反滤层(或垫层)的材料、设置应符合设计要求。

9.2 坡面防护

9.2.1 边坡植物防护施工

1 植物防护施工应符合设计要求,并符合《铁路路基边坡绿色防护技术暂行规定》的有关规定。

2 植物防护工程施工应根据植物的特性,适时种植,避免在暴雨季节、大风和高温条件下施工。

3 植物播种前应进行种子发芽率试验,或植株移植试验,根据试验结果确定种植密度和种植时间,确保在雨季来临之前形成一定防护能力。在防护未形成一定能力时,宜采取排水和覆盖等临时保护措施。

4　铺草皮防护宜选用带状或块状草皮，草皮厚度不宜小于 10 cm。铺设时，应由坡脚自下而上施工，并用尖木（或竹）桩将其固定于边坡上。

5　种草防护草籽应均匀撒布在已清理好的坡面上，同时做好保护措施。对不利于草类生长的土质，应在坡面先铺一层 10 ~ 15 cm 厚的种植土。

6　喷播植草应先将生长液与草籽按设计要求混合并搅拌均匀，采用喷播设备将其喷洒在已清理好的坡面上，喷洒应自下而上进行，草籽喷洒均匀，不得流淌。对不利于草类生长的土质，应按设计要求在坡面上先铺一层种植土，然后再进行草籽喷洒。草籽喷洒完毕后，应及时做好养护直至植物覆盖坡面。

7　植物防护覆盖率、成活率应符合表 9.2.1 的要求。

表 9.2.1　植物防护覆盖率、成活率

序号	项　　目			覆盖率（%）	成活率（%）
1	一般地区	植草防护	土质路基边坡	85	—
2			石质路基边坡	70	—
3		种植藤本植物、灌木、乔木防护	土质路基边坡	—	80
4			石质路基边坡	—	70
5	干旱地区	植草防护	土质路基边坡	65	—
6		种植藤本植物、灌木、乔木防护		—	70
7	寒冷地区	植草防护	土质路基边坡	80	—
8			石质路基边坡	70	—
9		种植藤本植物、灌木、乔木防护	土质路基边坡	—	75
10			石质路基边坡	—	70

9.2.2　边坡固土网垫植草防护施工

1　边坡固土网垫植草防护施工宜在植物生长的季节铺设。铺设前应整平坡面并适量洒水湿润边坡，再夯拍 5 ~ 8 cm 耕植土并整平与洒水。铺设时，土工网垫应与土面密贴，上下边按 L 型埋入土中，埋入深度不应小于 0.4 m，回转长度不应小于0.3 m。

2　土工网垫搭接宽度不应小于 5 cm，土工网搭接宽度不应小于 10 cm。并采用长度不小于 15 cm 的固定钉与坡面连接，固定钉间距应小于 1.5 m，铺设范围应包括路肩、平台及堑顶以外 1 m。

3　草籽应均匀撒播于土工网内，并用松散种植土填满网穴，在坡面再进行二次撒播草籽并施肥后夯拍密实、洒水养护，直至植物成长覆盖坡面。

4　边坡固土网垫铺设允许偏差应符合表 9.2.2 的要求。

表 9.2.2　固土网垫铺设允许偏差

序号	项　目	允许偏差	序号	项　目	允许偏差
1	搭接宽度	$^{+30}_{0}$ mm	4	固定钉长度	不小于设计值
2	上、下边埋入土深度	不小于设计值	5	固定钉间距	+50 mm
3	回转长度	不小于设计值			

9.2.3 喷浆、喷射混凝土(或带锚杆铁丝网)防护施工

1 施工前,坡面如有较大裂缝或凹坑时应先嵌补牢实,使坡面平顺整齐;岩体表面应冲洗干净,土体表面应平整、密实、湿润。

2 锚杆孔应冲洗干净,插入锚杆应用水泥砂浆固定,铁丝网应与锚杆连接牢固,并与坡面保持设计要求的间隙。

3 喷层厚度应均匀,厚度均不得小于设计值;喷后一般应养护7~10 d。

4 铁丝网及锚杆头均不得外露。

5 喷层周边与未防护坡面的衔接处应作好封闭处理,防止水从缝隙浸入。

6 喷射纤维混凝土时,应进行现场试验确定配合比、风压、喷射距离和角度。喷射材料应分两次拌合,钢纤维增黏剂在第二次拌合时掺入。

7 喷浆、喷射混凝土的拌合料应在规定的时间内喷射完毕,喷射2 h后即应开始养生。

8 在喷射混凝土过程中,应采用有效措施保证泄水孔不被堵塞。

9 喷射混凝土施工允许偏差应符合表9.2.3的要求。

表9.2.3 喷射混凝土施工允许偏差方法

序号	项目	允许偏差	序号	项目	允许偏差
1	锚杆孔深	−50 mm	5	底面高程	±50 mm
2	锚杆间距	+50 mm	6	坡顶高程	$^{0}_{-20}$mm
3	锚杆长	−30 mm	7	坡度	0.5%
4	平面位置	±50 mm			

9.2.4 浆(干)砌片石防护、浆砌片石骨架防护施工

1 浆(干)砌片石应分层、分段砌筑。分层水平砌缝应大致水平,各砌块的砌缝应相互错开。

2 基础埋置深度除符合设计要求外,当其边侧存在取土坑或其它不利于基础稳定的因素时应采取必要的措施保护基脚。

3 浆砌片石应采用挤浆法砌筑,养生良好。

4 护坡厚度均匀。砌层片石纵、横向搭接压缝,间隙塞满,外露面整齐。

5 设有垫层的护坡,应随垫随砌。

6 干砌护坡勾缝应在路堤沉降已趋稳定后进行;勾缝前,应先将松动和变形处修整完好。

7 浆砌片石骨架应嵌入坡面一定深度,骨架表面应与草皮衔接。

9.2.5 砌筑预制块防护施工

1 砌筑时反滤层、垫层应随垫随砌。

2 基础埋置深度应符合设计要求,还应按现场情况采取必要措施保护基脚。

3 砌筑预制块间砂浆应饱满,砌筑后外面整齐,各方向缝顺直。

4 勾缝应于路堤已趋稳定后进行。

5 预制块预制应符合设计要求并符合现行《铁路混凝土工程施工技术指南》的有关规定。

9.2.6 勾缝、灌浆、嵌补、支顶等施工

1 勾缝及灌浆填缝，应先清除草根、泥土，并冲洗缝隙。

2 勾缝砂浆应嵌入缝中，并与岩石牢固结合。灌注较大的裂缝可用 M5 水泥砂浆或 C15 混凝土，应插捣密实，满至缝口抹平。

3 嵌补坡面空洞及凹槽，应先清除松动岩石并将基座凿平一定宽度后再行砌筑；应做到嵌体稳固、表面平顺、周边封严。

4 支顶危岩落石，其圬工基座应置于完整、稳定的岩体上并整平或凿成台阶。

9.2.7 路堑边坡护坡护墙防护施工

1 施工前松动岩石应予清除；局部超挖或凹陷处应挖成台阶后用与墙身相同的材料砌平。

2 基础应埋置在侧沟底的可靠岩层上；当地基软弱时，应采用加强或加深措施。

3 墙面及两端面砌筑平顺，墙背与坡面密贴结合，墙顶与边坡间缝隙封严。

4 坡面有地下水出露时，应作好引水设施；每隔 10 ~ 15 m 应设一道伸缩缝。

5 砌体片石应以挤浆法砌筑，严禁通缝、叠砌、贴砌和浮塞。砌体勾缝应牢固、美观。

9.2.8 边坡渗沟施工

1 沟底铺砌应置于稳定地层上；台阶连接处应砌筑密贴。

2 填充石块应采用硬块石，沟底部应选用较大石块。顶部应采取防地表水渗入的措施。

3 渗沟出口与纵向排水设施或挡土构筑物的衔接应密贴牢固，做到渗沟排水通畅。

9.2.9 砌体施工允许偏差应符合表 9.2.9 的要求。

表 9.2.9 砌体施工允许偏差

序号	项目		允许偏差			
			浆砌片石	干砌片石	带截水沟浆砌片石	混凝土预制块
1	平面位置		±50 mm	±50 mm	±50 mm	±50 mm
2	基底高程		±50 mm	±50 mm	±50 mm	±50 mm
3	坡顶高程		$^{\ 0}_{-20}$ mm	$^{\ 0}_{-20}$ mm	$^{\ 0}_{-20}$ mm	$^{\ 0}_{-20}$ mm
4	坡度		±0.5%	±0.5%		±0.5%
5	护肩，镶边及基础厚度、宽度		不小于设计值	不小于设计值	不小于设计值	不小于设计值
6	砌石厚度		不小于设计值	不小于设计值		
7	垫层厚度		不小于设计值	不小于设计值		不小于设计值
8	坡面平整度		30 mm	30 mm	30 mm	10 mm
9	骨架	净距			±50 mm	
10	骨架	宽度及边槽高度			不小于设计值	
11	骨架	骨架厚度及嵌置深度			不小于设计值	
12	踏步宽度、厚度				不小于设计值	
13	混凝土板	边长				$^{+6}_{-3}$ mm
14	混凝土板	对角线长				$^{+6}_{-3}$ mm
15	混凝土板	厚度				$^{+4}_{-2}$ mm

9.3　冲刷防护

9.3.1　路基冲刷防护应加强基础处理，保证混凝土质量，防止水流冲刷和淘空。

9.3.2　坡岸防护施工

1　坡岸防护应按设计要求施工。

2　基坑开挖中应核对地质情况、基础高程和嵌入基岩深度。明挖基坑应随时排干坑内积水，挖至设计标高后应立即检查基底承载力；水下和深基础采用沉井、桩基础施工时，应符合《客运专线铁路桥涵工程施工技术指南》的有关规定。基础及其护基设施均宜在枯水期内完成。

3　坡面铺砌应在填料和填筑压实符合设计要求及坡体沉降已趋稳定后进行。铺砌前应整平夯实坡面。

4　护坡上下游两端及顶部与边坡或岸坡的衔接应牢固、平顺、密贴。

5　所用的砂浆或混凝土必须按配合比进行强度等级试验，石料强度应符合设计要求。

9.3.3　导流构造物施工

1　导流构造物施工时，应调查核对坝址情况，当地质、河道、水文条件在核查时或在施工中发现与设计不符时，应及时反馈给有关单位。

2　导流构造物施工，应按设计要求并符合水工构筑物有关规定。应特别注意坝基处理、坝根与相连地层或其它防护设施的嵌接。

9.3.4　改河工程施工

1　改河工程应在枯水期施工。旱季不能完成时，应妥善采取防洪措施。

2　河道开挖应先挖中段，再挖末段。必须经检查确认新河床已符合要求后，方可挖通其上游河段。

3　利用开挖新河道的土石填平旧河道时，在新河道未通流前，不得堵断旧河道。

4　通流时，改河上游进口河段的河床纵坡应稍大于设计坡度。

5　河床加固设施及导流构造物的施工进度应合理，及时配套完成。

9.4　路基排水

9.4.1　路基排水设施施工

1　各类排水设施的位置、断面、尺寸、坡度、高程及使用材料应符合设计要求。

2　沟渠边坡必须平整、稳定。

3　排水设施应纵坡顺适、沟底平整、排水畅通、无冲刷和阻水现象。

4　排水沟、天沟要求线型美观，直线线型顺直，曲线线型圆顺。

5　各类防渗加固设施要求坚实稳定，表面平整美观。浆砌片石工程砂浆配合比应通过试验确定，砌体咬扣紧密，嵌缝饱满、密实，勾缝平顺无脱落，缝宽大体一致。干砌片石工程要求咬扣紧密、错缝，禁止叠砌、贴砌。

9.4.2　地面排水设施施工

1　侧沟、路堤横向排水沟采用混凝土预制构件砌筑，砌缝砂浆应饱满，沟身不漏水。

预制混凝土构件强度、尺寸应符合设计要求，有破损、裂缝的构件严禁使用。

2 路堤横向排水沟沟底纵坡由中心向两侧为4%；横向排水沟与路堤边坡排水沟应相接将水排出路基。路堤横向排水沟和路堤边坡上的排水沟均应在路堤处于稳定后方可施工。

3 采用浆砌片石加固水沟时，砌缝砂浆应饱满，沟身不漏水。

4 截水沟应防止水流下渗和冲刷。地质不良地段和土质松软、透水性较大或裂隙较多的岩石路段，对沟底纵坡较大的土质截水沟及截水沟的出水口，均应采用加固措施，防止渗漏和冲刷沟底及沟壁。

5 急流槽、平台截水沟应随路基防护圬工同步砌筑，排水坡度、沟槽断面不得小于设计要求。

6 当路堤基本成型或跨雨季填筑时，路堤边坡较高地段宜每隔30 m左右于路堤边坡上设置临时排水沟，路堤面边缘设置土埂，以免冲毁路基。

9.4.3 地下排水设施施工

1 当地下水位较高、潜水层埋藏不深时，可采用排水沟或暗沟截流地下水及降低地下水位，沟底宜埋入不透水层内。沟壁最下一排渗水孔的底部宜高出沟底不小于0.2 m。

2 排水沟或暗沟采用混凝土浇筑或浆砌片石砌筑时，应在沟壁与含水地层接触面的高度处，设置一排或多排向沟中倾斜的渗水孔。沟壁外侧应填以粗粒透水材料或土工合成材料作为反滤层。沿沟槽每隔10～15 m或当沟槽通过软硬岩层分界处时应设置伸缩缝或沉降缝。

3 排除地下水的渗沟均应设置排水层、反滤层和封闭层。渗沟沟内用作排水和渗水的填充料在使用前须须经过筛选和清洗。

4 渗沟的出水口宜设置端墙，端墙下部留出与渗沟排水通道大小一致的排水沟，端墙排水孔底面距排水沟沟底的高度不宜小于0.2 m；端墙出口的排水沟应进行加固，防止冲刷。

5 当管式渗沟长度为100～300 m，其末端宜设横向泄水管分段排除地下水。

6 渗沟的开挖宜自下游向上游进行，应随挖随即支撑并迅速回填，不可暴露太久，以免造成坍塌。支撑渗沟应间隔开挖。

7 用于排水隔离层的土工合成材料的种类性能指标和其上铺筑的材料应符合设计要求。

8 施工过程中遇有与设计不符时，应报监理和设计单位。

9.4.4 检查井施工

1 检查井应按设计位置和尺寸进行施工。

2 检查井基础应与渗水暗沟混凝土基础同时施工。

3 井身混凝土强度及井盖形状、强度、拉手安设应符合设计要求，井身混凝土表面平顺光洁，井盖安装平稳、密贴，拉手牢固。

4 检查井基坑回填应按路基相同部位的材料和压实要求采用人工分层回填，夯击密实。施工时应避免机械损伤检查井井壁。

5 检查井施工允许偏差应符合表9.4.4的规定。

表 9.4.4　检查井施工允许偏差

序　　号	项　　目		允许偏差
1	中心位置	纵　　向	±50 mm
		横　　向	$^{+50}_{-20}$mm
2	井底高程		±30 mm
3	净空尺寸(内径、深度)		±30 mm
4	井盖直径		±10 mm
5	井盖厚度		不小于设计值
6	井盖与相邻路基面高差		$^{+10}_{0}$mm

10 路基相关工程及附属设施

10.1 相关工程

10.1.1 修筑于路基上的电缆槽、接触网支柱基础、声屏障基础、预埋管线、综合接地等应与路基同步施工，不得因其施工而损坏、危及路基的稳固与安全。

10.1.2 电缆槽、接触网支柱基础、声屏障基础开挖应采用专用机械设备。

10.1.3 通信、信号电缆槽施工

1 电缆槽应按设计要求位置、形状、尺寸与路基同步施工。

2 电缆槽施工不应破坏侧沟和侧沟平台、堑坡坡脚及路肩。

3 电缆槽开挖后要按设计要求做好防水。

4 电缆槽预制和安装应符合设计要求。

5 电缆槽施工允许偏差应符合表10.1.3的要求。

表10.1.3 电缆槽施工允许偏差

序号	项 目	允许偏差
1	距线路中心线位置	$^{+20}_{0}$ mm
2	顶面标高	±10 mm

10.1.4 电力牵引接触网支柱基础施工

1 接触网支柱基础施工应符合设计要求。基坑施工时不得破坏路基及防护工程结构。

2 接触网支柱基础基坑必须全部用混凝土浇筑；有渗水暗沟地段，应在接触网支柱基础浇筑并达到一定强度后再挖渗水暗沟。接触网支柱基础和渗水暗沟施工后，要保证基床表层底面4%的排水坡。

3 接触网拉线基础与下锚支柱基础平面位置应符合设计要求，下锚拉线的下锚环方向应在支柱基础中心与拉线基础中心连线上。

4 接触网支柱基础施工允许偏差应按表10.1.4的要求控制。

表10.1.4 接触网支柱基础施工允许偏差

序号	项 目	允许偏差	序号	项 目	允许偏差
1	距线路中心线位置	$^{+20}_{0}$ mm	3	埋置深度	不小于设计值
2	形状尺寸（截面尺寸）	±20 mm			

10.1.5 预埋管线、综合接地等应按设计要求与路基同步施工。

10.1.6 声屏障基础施工

1 声屏障基础应设置于电缆槽外侧。

2 基础应按设计要求位置、形状尺寸、深度施工。基坑必须全部用混凝土浇筑。

3 声屏障基础所用材料应符合设计要求。

4 声屏障基础施工允许偏差应按表10.1.6的要求控制。

表 10.1.6　声屏障基础施工允许偏差

序号	项　目	允许偏差	序号	项　目	允许偏差
1	距线路中心线位置	$^{+20}_{0}$ mm	3	埋置深度	不小于设计值
2	形状尺寸(截面尺寸)	±30 mm	4	声屏障基础顶面高程	±50 mm

10.2　附属设施

10.2.1　检查台阶、检查梯、栏杆等设备施工

1　检查设备应按设计设置,连接应牢固,外观应顺直整齐。

2　检查梯等检查设备杆件的涂料品种、涂刷遍数应符合设计要求,并不得漏涂、露底、脱皮。涂刷应均匀,色泽一致。

3　栏杆及检查设施施工允许偏差应按表 10.2.1 的要求控制。

表 10.2.1　栏杆及检查设施施工允许偏差

序号	项　目	允许偏差	序号	项　目	允许偏差
1	构件断面尺寸	±5% 设计尺寸	3	柱垂直度	0.5% 柱高
2	安装尺寸	±20 mm	4	检查梯、台尺寸	±30 mm

10.2.2　防护栅栏施工

1　防护栅栏支柱、栅栏材料应符合设计要求。

2　应按设计要求埋设防护栅栏支柱,支柱埋设应稳固。

3　栅栏应按设计要求安装牢固,不松动。

4　防护栅栏在区间线路贯通封闭,应按设计位置、形状尺寸设“严禁入内”的标志。

10.3　取、弃土场

10.3.1　取土时应注意环境保护,取土后的裸露面应按设计采取土地整治或防护措施。风景区或有特殊要求的施工地段,应按设计要求及时配套完成环保工程。

10.3.2　取土场的位置、深度、边坡应符合设计要求,并结合当地土地利用、环保规划进行布置,不得随意取土及在水下取土。

10.3.3　弃土场应符合设计要求并及时完成防护工程。

10.3.4　弃土场的位置与高度应保证路堑边坡、山体和自身的稳定,并不得影响附近建筑物、农田、水利、河道、交通和环境等。否则,应加设挡护或采取其他措施。

10.3.5　弃土堆不宜设置在堑顶上方。

10.3.6　弃土应符合下列要求:

1　严禁在岩溶漏斗、暗河口、泥石流沟上游及贴近桥墩、台弃土、弃渣。

2　沿河岸或傍山路堑的弃土,不得弃入河道、挤压桥孔或涵管口、改变水流方向和加剧对河岸的冲刷,必要时应设置挡护设施。

3　严禁向江、河、湖泊、水库、沟渠弃土、弃渣。

11　环 境 保 护

11.1　一 般 规 定

11.1.1　铁路路基工程施工要认真贯彻“预防为主,防治结合,综合治理”的原则,做到统一规划,合理布局,综合利用,严格控制污染源,保护生态环境。

11.1.2　路基施工组织设计应按环境保护设计的各项要求,并结合工程实际,对在施工中可能造成环境的破坏和不利影响提出具体防治措施和方案,并付诸实施。

11.1.3　施工便道、施工场地等临时工程的规划和修建应符合当地环境保护要求。

11.1.4　铁路路基两侧绿化应符合设计要求。

11.2　水 土 保 持

11.2.1　路基土石方调配应尽可能考虑移挖作填,对取土、弃土、弃砟场址应按设计要求,结合当地土地利用规划统筹考虑,对其裸露面必须进行整治或防护。平原地区的路堤要采取集中取土,以保护沿线的原有地形地貌。

11.2.2　路基土石方施工应做到随挖、随填、随碾压,并应合理安排好施工场地的临时排水。路堑坡面防护工程应及时施工,以减少水土流失对环境影响。

11.2.3　在地基钻孔注浆加固施工中,钻孔内溢出的浆液应回收集中处理,不得任意排放。

11.2.4　使用工业废渣填筑路基时,应按有关规范进行试验,当废渣中含有害物质易造成土质和水质污染时应提出报告,采取相应措施,批准后方可使用。

11.2.5　清洗施工机械和设备的废水、废油以及生活污水、废弃材料、垃圾等均应集中处理,严禁随意排放、丢弃,防止污染环境。

11.2.6　工程完工后,必须进行施工场地清理。

11.3　空气污染、噪声控制

11.3.1　施工和各项临时设施、施工机械运输组装场地、材料加工厂和混凝土厂等,均宜设在远离居民区常年主风向的下风区。当无法满足时,应采取适当的防尘、防噪声等环境保护措施。

11.3.2　在城镇居民地区施工时,由机械设备和工艺操作所产生的噪声不得超过表11.3.2规定限值,并符合当地政府的有关规定,否则应采取消声措施。

表 11.3.2 施工场所噪声限值表

施工阶段	主要噪声源	噪声限值 [dB(A)]	
		昼间	夜间
土石方	推土机、挖掘机、装载机等	75	55
打桩	各种打桩机等	85	禁止施工
结构	混凝土搅拌机、振捣棒、电锯等	70	55
装修	吊车、升降机等	65	55

注:1 表中所列噪声值是指与敏感区域相应的施工场地边界线处的限值;
2 如有几个施工阶段同时进行,以高噪声阶段的限值为准。

11.3.3 各种机械设备及运输车辆的废气排放量应符合现行《铁路工程环境保护设计规范》(TB 10501)和地方政府的有关规定。

11.3.4 各种运输车辆,不得超量装载运输,防止土石散落污染路面,施工便道要采用洒水压尘措施。

11.3.5 工程用的粉末材料,应采用密封或袋装运输,不得散装散卸。在露天堆存时,应采取防止尘埃飞扬和因雨水流失的措施。

11.3.6 改良土施工时应采取有效措施防止粉尘污染。

附录 A　路基填料分组

A.0.1　一般土作为路基填料时,可按土颗粒的粒径大小分为巨粒土、粗粒土和细粒土。

A.0.2　巨粒土、粗粒土填料应根据颗粒组成、颗粒形状、细粒含量、颗粒级配、抗风化能力等,按表 A.0.2 进行分组。

表 A.0.2　巨粒土、粗粒土填料分组

一级定名				二级定名			填料分组
类别	名称		说明	细粒含量	颗粒级配	名称	
巨粒土 碎石类土 块石类	块石土	硬块石土	粒径大于 200 mm 颗粒的质量超过总质量的 50%(不易风化,尖棱状为主)	—	—	硬块石	A
		软块石土	粒径大于 200 mm 颗粒的质量超过总质量的 50%(易风化,尖棱状为主)	—	—	R_c > 15 MPa 的不易风化软块石	A
						R_c ≤ 15 MPa 的不易风化的软块石	B
						易风化的软块石	C
						风化的软块石	D
	漂石土		粒径大于 200 mm 颗粒的质量超过总质量的 50%(浑圆或圆棱状为主)	<5%	良好	级配好的漂石	A
					不良	级配不好的漂石	B
				5% ~15%	良好	级配好的含土漂石	A
					不良	级配不好的含土漂石	B
				15% ~30%	—	土质漂石	B
				>30%	—	土质漂石	C
碎石类	卵石土		粒径大于 60 mm 颗粒的质量超过总质量的 50%(浑圆或圆棱状为主)	<5%	良好	级配好的卵石	A
					不良	级配不好的卵石	B
				5% ~15%	良好	级配好的含土卵石	A
					不良	级配不好的含土卵石	B
				15% ~30%	—	土质卵石	B
				>30%	—	土质卵石	C
	碎石土		粒径大于 60 mm 颗粒的质量超过总质量的 50%(尖棱状为主)	<5%	良好	级配好的碎石	A
					不良	级配不好的碎石	B
				5% ~15%	良好	级配好的含土碎石	A
					不良	级配不好的含土碎石	B
				15% ~30%	—	土质碎石	B
				>30%	—	土质碎石	C

续上表

一级定名						二级定名			填料分组
类别			名称		说明	细粒含量	颗粒级配	名称	
粗粒土	碎石类土	砾石类	粗砾土	粗圆砾土	粒径大于20 mm颗粒的质量超过总质量的50%（浑圆或圆棱状为主）	<5%	良好	级配好的粗圆砾	A
							不良	级配不好的粗圆砾	B
						5% ~15%	良好	级配好的含土粗圆砾	A
							不良	级配不好的含土粗圆砾	B
						15% ~30%	—	土质粗圆砾	B
						>30%	—	土质粗圆砾	C
				粗角砾土	粒径大于20 mm颗粒的质量超过总质量的50%（尖棱状为主）	<5%	良好	级配好的粗角砾	A
							不良	级配不好的粗角砾	B
						5% ~15%	良好	级配好的含土粗角砾	A
							不良	级配不好的含土粗角砾	B
						15% ~30%	—	土质粗角砾	B
						>30%	—	土质粗角砾	C
			细砾土	细圆砾土	粒径大于2 mm颗粒的质量超过总质量的50%（浑圆或圆棱状为主）	<5%	良好	级配好的细圆砾	A
							不良	级配不好的细圆砾	B
						5% ~15%	良好	级配好的含土细圆砾	A
							不良	级配不好的含土细圆砾	B
						15% ~30%	—	土质细圆砾	B
						>30%	—	土质细圆砾	C
				细角砾土	粒径大于2 mm颗粒的质量超过总质量的50%（尖棱状为主）	<5%	良好	级配好的细角砾	A
							不良	级配不好的细角砾	B
						5% ~15%	良好	级配好的含土细角砾	A
							不良	级配不好的含土细角砾	B
						15% ~30%	—	土质细角砾	B
						>30%	—	土质细角砾	C
	砂类土		砾砂		粒径大于2 mm颗粒的质量超过总质量的25% ~50%	<5%	良好	级配好的砾砂	A
							不良	级配不好的砾砂	B
						5% ~15%	良好	级配好的含土砾砂	A
							不良	级配不好的含土砾砂	B
						>15%	—	土质砾砂	B
			粗砂		粒径大于0.5 mm颗粒的质量超过总质量的50%	<5%	良好	级配好的粗砂	A
							不良	级配不好的粗砂	B
						5% ~15%	良好	级配好的含土粗砂	A
							不良	级配不好的含土粗砂	B
						>15%	—	土质粗砂	B

续上表

一级定名				二级定名			填料分组
类别		名称	说明	细粒含量	颗粒级配	名称	
粗粒土	砂类土	中砂	粒径大于0.25 mm颗粒的质量超过总质量的50%	<5%	良好	级配好的中砂	A
					不良	级配不好的中砂	B
				5%～15%	良好	级配好的含土中砂	A
					不良	级配不好的含土中砂	B
				>15%	—	土质中砂	B
		细砂	粒径大于0.075 mm颗粒的质量超过总质量的85%	<5%	良好	级配好的细砂	B
					不良	级配不好的细砂	C
				5%～15%	—	含土细砂	C
		粉砂	粒径大于0.075 mm颗粒的质量超过总质量的50%	—	—	粉砂	C

注：1　颗粒级配分为良好($C_u \geq 5$，且 $C_c = 1 \sim 3$)和不良($C_u < 5$，且 $C_c \neq 1 \sim 3$)。

式中：不均匀系数 $C_u = d_{60}/d_{10}$；曲率系数 $C_c = d_{30}^2/(d_{10} \times d_{60})$

d_{10}、d_{30}、d_{60} 分别为颗粒级配曲线上相应于总质量10%、30%、60%含量颗粒的粒径。

2　硬块石为单轴饱和抗压强度 $R_c > 30$ MPa的块石；软块石为单轴饱和抗压强度 $R_c \leq 30$ MPa的块石。

3　细粒含量指黏粒($d \leq 0.075$ mm)的质量占总质量的百分数。

A.0.3　细粒土填料应根据土的塑性指数 I_p 和液限含水率 W_L，按表A.0.3进行分组。

表A.0.3　细粒土填料分组

一级定名			二级定名			填料分组
土名			液限含水率 w_L	土名	塑性图	
细粒土	粉土	$I_p \leq 10$，且粒径大于0.075 mm颗粒的质量不超过全部质量50%的土	$w_L < 40\%$	低液限粉土	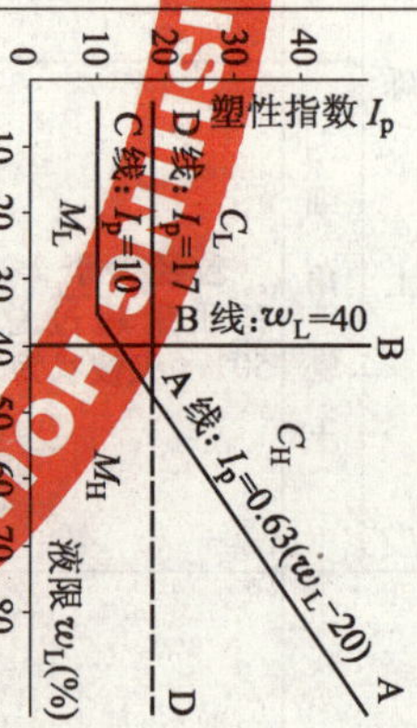	C
			$w_L \geq 40\%$	高液限粉土		D
	黏性土 粉质黏土	$10 < I_p \leq 17$	$w_L < 40\%$	低液限粉质黏土		C
			$w_L \geq 40\%$	高液限粉质黏土		D
	黏性土 黏土	$I_p > 17$	$w_L < 40\%$	低液限黏土		C
			$w_L \geq 40\%$	高液限黏土		D
有机土			有机质含量大于5%			E

注：1　液限含水率试验采用圆锥仪法，圆锥仪总质量为76 g，入土深度10 mm；

2　A线方程中的 w_L 按去掉百分号后的数值进行计算。

附录 B　路基填筑土工试验及测试记录报表格式

B. 0. 1　地基系数 K_{30} 试验（记录）报告

地基系数 K_{30} 试验（记录）报告

施　工　单　位：＿＿＿＿＿＿　填　土　层　次：＿＿＿＿＿＿　报告编号：＿＿＿＿＿＿
工　程　名　称：＿＿＿＿＿＿　测点位置及标高：＿＿＿＿＿＿　试验日期：＿＿＿＿＿＿
施工里程及部位：＿＿＿＿＿＿　试　验　编　号：＿＿＿＿＿＿　报告日期：＿＿＿＿＿＿

仪器设备	压力表或测力计		百分表编号			填料名称
	编　号	示值范围	1	2	3	

加载顺序	压力表或测力计读数（MPa）	承载板荷载强度（MPa）	百分表读数（0.01 mm）				累计沉降量 S(0.01 mm)
			1	2	3	平均值	
预压		0.01					
复位		0.00					
1		0.04					
2		0.08					
3		0.12					
4		0.16					
5		0.20					
6		0.24					
7		0.28					
8		0.32					
9		0.36					

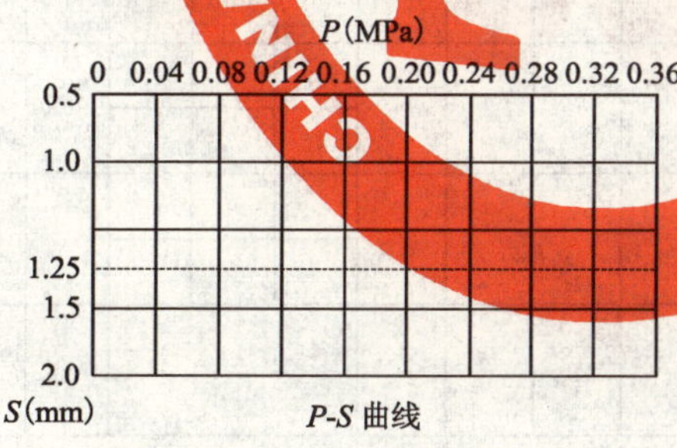

P-S 曲线

沉降 1.25 mm 对应荷载（MPa）	
地基系数 K_{30} 值（MPa/m）	
规定值	实测值

检测环境描述：

检测评定依据：	试验意见：

试验：＿＿＿＿＿＿　复核：＿＿＿＿＿＿　技术负责人：＿＿＿＿＿＿

B. 0. 2　灌砂法记录

路基填土压实试验记录（灌砂法）

施　工　单　位：________________　　试验编号：________________

工　程　名　称：________________　　委托编号：________________

施工里程及部位：________________　　试验日期：________________

仪器设备	名　称	型　号	编　号	示值范围	分辨率
采用标准					

试验条件	填料名称	压实方式	颗粒密度 ρ_s (g/cm³)	最大干密度 ρ_{dmax} (g/cm³)	最优含水率 ω_{opt} (%)	试验砂密度 (g/cm³)

里程	位置	标高 (m)	层次	填土厚度 (cm)	碾压遍数	试验砂质量 (g)	试验余砂质量 (g)	试坑内砂质量 (g)	试坑体积 (cm³)	试坑土质量 (g)	湿密度 (g/cm³)	含水率				干密度 (g/cm³)	压实系数孔隙率(%)	
												湿土质量 (g)	干土质量 (g)	含水率 (%)	平均含水率 (%)		规定值	实测值
附注：																		

试验：________________　　复核：________________　　技术负责人：________________

B. 0. 3　灌水法记录

路基填土压实试验记录(灌水法)

施工单位:________________　　试验编号:________________
工程名称:________________　　委托编号:________________
施工里程:________________　　试验日期:________________

仪器设备	名称	型号	编号	示值范围	分辨率
采用标准					

试验条件	填料名称	压实方式	颗粒密度 ρ_s (g/cm³)	最大干密度 ρ_{dmax} (g/cm³)	最优含水率 ω_{opt} (%)

里程	位置	标高 (m)	层次	填土厚度 (cm)	碾压遍数	试坑土质量 (g)	试坑体积 (cm³)	湿密度 (g/cm³)	含水率				干密度 (g/cm³)	压实系数 孔隙率(%)	
									湿土质量 (g)	干土质量 (g)	含水率 (%)	平均含水率 (%)		规定值	实测值
附注:															

试验:________________　　复核:________________　　技术负责人:________________

B. 0. 4　气囊法记录

路基填土压实试验记录(气囊法)

施　工　单　位:________________　　试验编号:________________

工　程　名　称:________________　　委托编号:________________

施工里程及部位:________________　　试验日期:________________

仪器设备	名　称	型　号	编　号	示值范围	分辨率
采用标准					
试验条件	填料名称	压实方式	最大干密度 ρ_{dmax} (g/cm^3)	最优含水率 ω_{opt} (%)	

里程	位置	标高(m)	层次	填土厚度(cm)	碾压遍数	数显测尺读数(mm)			试坑体积(cm^3)	试样质量(g)	湿密度(g/cm^3)	含水率(%)				干密度(g/cm^3)	平均干密度(g/cm^3)	压实系数孔隙率(%)	
						初始	终了	读数差				湿土质量(g)	干土质量(g)	含水率(%)	平均含水率(%)			规定值	实测值
附注:																			

试验:________________　　复核:________________　　技术负责人:________________

B.0.5 核子射线法记录

路基填土压实试验记录(核子射线法)

施工单位:________ 试验编号:________

工程名称:________ 委托编号:________

施工里程:________ 试验日期:________

仪器设备	名 称	型 号	编 号	示值范围	分 辨 率
采用标准					
试验条件	填料名称	压实方式	最大干密度 ρ_{dmax}(g/cm³)	最优含水率 ω_{opt}(%)	密 度 ρ_h(g/cm³)

里程	位置	填土层次	标高(m)	填土厚度(cm)	碾压遍数	湿密度(g/cm³)	含水率(%)	干密度(g/cm³) 单个值	压实系数、孔隙率(%) 实测值	平均值	规定值

附注:

试验:________ 复核:________ 技术负责人:________

B.0.6　填土压实试验报告

路基填土压实试验报告

施工单位:____________　　报告编号:____________
工程名称:____________　　委托编号:____________
施工里程:____________　　试验编号:____________
压实方式:____________　　报告日期:____________

试验条件		填料名称		试验方法		最大干密度（g/cm^3）		最优含水率（%）		密　度（g/cm^3）		
里程	标高（m）	层次	填土厚度（cm）	碾压遍数	试验位置	湿密度（g/cm^3）	含水率（%）	干密度（g/cm^3）	规定值		实测值	
									压实系数	孔隙率(%)	压实系数	孔隙率(%)
检测评定依据：								试验意见：				

试验:__________　　复核:__________　　技术负责人:__________

B.0.7　E_{vd}路基动态变形模量检测试验报告

E_{vd}检测试验报告

施工单位:________　　报告编号:________

工程名称:________　　委托编号:________

施工里程:________　　试验编号:________

压实方式:________　　报告日期:________

试验条件	填料名称			试验方法			测试部位				
里程	检测日期	标高(m)	层次	填土厚度(cm)	碾压遍数	试验位置	试验次数	沉陷值(mm)	E_{vd}值(MPa)	E_{vd}平均值(MPa)	E_{vd}规定值(MPa)
							1				
							2				
							3				
							1				
							2				
							3				
							1				
							2				
							3				
							1				
							2				
							3				
							1				
							2				
							3				
							1				
							2				
							3				
检测评定依据:				试验意见:							

试验:________　复核:________　技术负责人:________

B. 0. 8　路堤填筑质量统计表

路堤填筑质量统计表

工程名称:______________　填筑部位:______________　填报单位:______________

施工时间:______________　填报日期:______________

施工单位	里程	填土数量(m^3)	应检查组数	实测组数	地基系数 K_{30} ≥ MPa/m		压实系数 K≥		动态变形模量 E_{vd}≥ MPa		孔隙率 n≤ %	
					合格点数	不合格点数	合格点数	不合格点数	合格点数	不合格点数	合格点数	不合格点数

制表:　　　试验室主任:　　　技术主管:　　　单位(章):

本技术指南用词说明

使用本技术指南条文时，对于要求严格程度的用词说明如下，以便在执行中区别对待。

(1)表示很严格，非这样做不可的用词：

正面词采用“必须”；

反面词采用“严禁”。

(2)表示严格，在正常情况下均应这样做的用词：

正面词采用“应”；

反面词采用“不应”或“不得”。

(3)表示允许稍有选择，在条件许可时首先应这样做的用词：

正面词采用“宜”；

反面词采用“不宜”；

表示有选择，在一定条件下可以这样做的，采用“可”。

《客运专线铁路路基工程施工技术指南》条 文 说 明

本条文说明系对重点条文的编制依据,存在的问题以及在执行中应注意的事项等予以说明。为了减少篇幅,只列条文号,未抄录原条文。

1.0.1　本技术指南是针对客运专线铁路路基施工编制的。未涉及到的内容应符合相应规范的要求。

1.0.2　当无砟轨道对路基标准有更高要求时,应执行高的标准。

1.0.3　对沉降控制困难的软土地段路基,应合理做好施工组织,提前安排施工,保证必要的预压期。

1.0.6　强调相关工程与路基同步施工,是为了保证成型路基的完整性和整体质量。

3.0.1　施工单位在施工前应首先熟悉设计图纸,以便深入了解设计意图和设计要求,只有做到这一步,才能更好地安排施工,解决好关键技术问题,确保工程质量。

3.0.2　本条是指导性的,执行中可根据具体情况,规定调查项目。

3.0.4　在两个施工单位的分界处,各施工单位管界外的线路控制点与水准点,应由双方共同复测并做出记录,以确保中线高程的正确并衔接一致。

3.0.5　对特殊岩土,除进行一般规定的试验外,还应结合对各种特殊土定名的需要,辅以相应的鉴别试验。

3.0.8　施工便道是施工运输的大动脉,应保证畅通无阻,所以便道应按标准修建。当无设计标准时,施工单位应根据计划的运量和荷载确定修建标准。

3.0.11　开工报告需报送的资料各工程不相同。现将秦沈客运专线路基单位工程开工报告报送资料列出,供参考。

1　施工组织设计(施工方案)报审表。

2　施工测量放线报验单。

3　工程试验有关资料(含仪器设备标定情况)。

4　主要人员、材料、设备进场情况。

5　施工现场道路、水、电、通信等情况,满足施工需要。

4.1.5　强调地质核查,确保能真正反映现场实际地质。

4.2.4　填筑高度 H 小于等于基床厚度的路堤,基床范围内的地基满足静力触探比贯入阻力 $P_S \geq 1.5$ MPa 或地基基本承载力 $\sigma_0 \geq 0.18$ MPa 时,其基底按设计要求进行换填处理;不满足时,应提出变更进行地基加固处理。当设计对基底处理无要求时可参考说明表 4.2.4 进行处理。

4.3.2　换填所用的填料要按换填部位而定,即基床表层采用级配砂砾石或级配碎石;基床底层采用 A、B 组填料;基床以下采用 A、B 组和 C 组(不含细粒土、粉砂及易风化软质岩)填料。同时,其填筑压实应达到设计规定的压实标准。

说明表 4.2.4 路堤基底处理技术要求

地基类型		H≤基床表层厚度	基床表层厚度<H≤基床厚度	H>基床厚度
黏性土	水位距地表>0.5 m		挖除表层不小于0.5 m,并回填整平压实至K≥0.95	按设计要求进行处理
	水位距地表≤0.5 m		换填不小于0.5 m渗水性填料,并整平压实至K_{30}≥130 MPa/m	
砂类土		翻挖回填不小于0.5 m,K_{30}≥130 MPa/m	整平压实至K_{30}≥130 MPa/m	
砾卵石、碎石类土		翻挖回填不小于0.5 m,K_{30}≥150 MPa/m	整平压实至K_{30}≥150 MPa/m	
岩石		坚硬岩石表面应清除凹凸不平面或采用C25以上混凝土填平后,直接在其上填筑;强风化硬质岩应清除风化层,整平岩石面后填筑A、B组填料,基床底层换填厚度不小于1.0 m		

4.4.2 参照《地基处理手册》等资料规定对于用作排水固结地基砂垫层的砂,其含泥量不大于3%。

4.4.5 秦沈线施工中砂碎石垫层压实质量达到中密及以上。

4.5.1 袋装材料普遍采用聚丙烯编织,材料特点是具有足够的抗拉强度、耐腐蚀、便于制作、对人体无害、价格低廉,但抗老化性能差。其技术指标在无设计要求时,可参考以下指标:

质量不小于95 g/m^2,条带抗拉强度大于750 N/5 cm,条带延伸率不大于25%,渗透系数大于5×10^{-3} cm/s,等效孔径O_{95}采用0.05~0.2 mm。砂子应保持干燥,不宜采用潮湿填料,以免袋内填料干燥后,体积减少,造成缩井。(摘自《秦沈客运专线铁路路基施工技术细则(试行)》,O_{95}值按2001年10月《铁道学报》增刊P142第2.1.3条调整)

4.5.2 当袋装砂井长度超过桩架高度,下砂袋时无法将整个砂袋吊起,可以人工装入,套管口装设滚轮。

4.6.1 塑料排水板的选用应着重于芯板材料、滤膜质量、排水的结构等因素综合考虑,其技术指标在设计无要求时,可参考说明表4.6.1中指标(摘自《秦沈客运专线铁路路基施工技术细则(试行)》。

说明表 4.6.1 塑料排水板技术指标

	芯板材料	高压聚乙烯		滤膜材料	涤纶、丙纶无纺织物
芯板	断面型式	槽型、铆钫型	滤膜	单位面积重	>85 g/m^2
	单位长度重量	100~130 g/m		抗拉强度	≥150 N/5 cm(干) ≥80 N/5 cm(湿)
	厚度	4.5~6.0 mm			
	宽度	100 mm		渗透系数	>5×10^{-3} cm/s
	抗拉强度	≥1.3 kN/10 cm			
	延伸率	<10%		等效孔径	O_{95}<0.08 mm
	纵向通水率	≥30 cm^3/s			

4.6.2 塑料排水板滤膜在转盘和打设过程中应避免损坏,防止淤泥进入芯板堵塞输入孔,影响排水效果;排水板与桩尖连接要牢固,避免提管时脱开,将排水板拔出。

4.7.5 在堆载预压中,车辆运行容易损坏沉降观测设备,如有损坏应及时修复,否则会影响沉降观测或观测数据的准确性。

4.8.2　抽真空装置由电动机、单极单吸离心泵、清水高压射流泵、蓄水池、进水管、回水管、出水管组成。密封系统由排水管、密封膜、吸水管组成。排水系统由袋装砂井、塑料排水板、砂垫层、滤水管、吸水管组成。量测系统由真空表、孔隙水压力测试仪、沉降测头、水准仪等组成。

抽真空设备及密封系统的技术指标在设计无要求时，可参考下列指标：单机空载真空度不小于99 kPa；单机加载真空度不小于96 kPa；现场膜下真空度不宜小于80 kPa。排水管：主管采用ϕ89 mm镀锌钢管；支管采用ϕ50 mm镀锌钢管，间距4～5 m，管上设ϕ8 mm滤水孔，孔距30 mm或按设计要求；密封膜采用两布一膜防渗土工布；吸水管采用橡胶软管。

4.8.3　为保证真空预压的效果，真空预压所用的滤水层及密封膜材料在无设计要求时，可参考说明表4.8.3—1和说明表4.8.3—2的规定。

说明表4.8.3—1　滤水层技术指标

渗透系数(cm/s)	抗拉强度(MPa)		隔土层(mm)
	干　态	湿　态	
$0.4\times10^{-3}\sim2\times10^{-3}$	20～44	15～30	<0.075

说明表4.8.3—2　密封膜技术指标

抗拉强度(MPa)		伸长率(%)		直角断强度(kN)	厚度(mm)	微孔(个)
纵　向	横　向	断　裂	低　温			
≥18.5	≥16.5	≥220	20～45	≥4.0	0.12±0.02	≤10

4.9.1　由于施工机具及施工工艺的多样化及地基土的不同，常遇到设计与具体情况不符或处理效果达不到设计要求。因此，施工前必须进行现场成桩试验，以检验设计要求，确定施工工艺及施工技术参数，包括提升高度、挤压时间、分段填砂量等。设计强调挤密效果时试桩数量宜为7～9根，正三角形布置时为7根(即中间1根周围6根)，正方形布置时为9根(3排3列)。当达不到设计要求时，应及时会同设计人员调整设计或改进施工工艺。

4.9.5　砂桩施工时，饱和土地基在桩周围一定范围内土的孔隙水压力上升，如果此压力尚未消散，检测结果偏低，将不能代表实际处理效果。因此，原则上应待孔隙水压力消散后进行检测。黏性土地基孔隙水压力的消散需时间较长，砂土则很快。根据经验黏性土为1～2周，砂土为3～5 d。砂桩密实程度采用标准贯入试验确定，碎石桩密实程度采用动力触探试验确定。

4.10.1　地下、地表障碍物必须清除，地下障碍物如大石块、树根、地下管线等会影响粉喷机下钻，甚至损坏钻头。施工前应有7d龄期的配比试验资料，以验证设计要求。成桩试验是为了提供符合设计喷粉量的各种施工参数，例如管道压力、灰罐压力、钻机提升速度、旋转速度；验证加固料的搅拌均匀程度及成桩直径；了解下钻及提升的阻力情况，并采取相应的措施。

4.10.3　加固料从料罐到喷灰口有一定的时间延迟，应在加固料到达喷灰口后方可提升钻头作业。钻头提升至地面以下50 cm时应立即停止喷粉，以避免环境污染。

4.11.1　在设计无要求时，外掺剂可选用木质素磺酸钙、天然石膏、三乙醇胺、氯化钙、硫酸钠。结合工业废料处理,可掺入适当比例的粉煤灰。

4.11.2 施工时可在钻进时喷浆,也可在提升时喷浆以及下钻和提升时两次喷浆。具体如何操作须根据地基土的软硬情况和设计要求及搅拌头的工艺而定。

4.12.1 喷射注浆的主要材料为水泥,一般采用普通硅酸盐水泥。在水泥浆中分别加入适量的外加剂和掺合料,以改善水泥浆液的性能。常用的速凝早强剂有水玻璃、氯化钙、三乙醇胺等;悬浮剂有膨润土、膨润土加碱等;防冻剂有沸石粉、三乙醇胺和亚硝酸钠等;掺合料多用粉煤灰。所有外掺剂均应通过室内配合比试验或现场试验确定。

4.12.2 高压旋喷桩有单管、二重管、三重管等喷射注浆法,施工顺序大体一致。

4.12.3 高压喷射注浆的压力愈大,处理地基的效果愈好,因此单管法、二重管法及三重管法的高压水泥浆液流或高压水射流的压力宜大于20 MPa,气流的压力以空气压缩机的最大压力为限,通常在0.7 MPa左右,提升速度为0.1~0.25 m/min,旋转速度可取10~20 r/min。

当高压喷射注浆完毕后,或在喷射注浆过程中因故中断,短时间(小于或等于浆液初凝时间)内不能继续喷浆时,均应立即拔出注浆管清洗备用,以防浆液凝固后拔不出注浆管。为防浆液凝固收缩,产生空穴现象,应立即回灌浆液捣实。

4.13.1 当设计无要求时,石灰中活性CaO、MgO含量不应低于50%(按干重计),粒径应小于5 mm,夹石量不大于5%。

4.18.1 通过试夯和有关测试,与夯前测试数据进行对比,检验强夯效果,确定有效影响深度、单位面积平均夯击能、夯击次数、夯击遍数、间歇时间和夯点布置等各项参数。

4.19.1

1 土工合成材料一般是以纤维或高分子聚合物等为原料制成的,如受日晒雨淋,易老化,使用寿命缩短,并降低材料强度,从而影响正常使用。所以应妥善存放于料棚(库)中。分批堆放便于分批使用,同时分清不同批次材料的有效使用期。

2 本款规定了土工合成材料质量检查验收内容。由于一项工程分数次购入材料,材料、厂家都有变化,故规定每批都要做试验。当数量较大时,按每10 000 m^2抽验一次,确保材料质量。当数量太少时,不宜分批购入,以免影响材料质量稳定性。对分批进场的材料,要根据厂家提供的产品合格证、检验单、检验报告等逐件检查验收。

4.19.2

1 铺设土工合成材料下承层的表面如有坚硬凸出物将会刺破或损坏土工合成材料,所以在铺设前要剔除坚硬凸出物,并整平压实。

2 目前一般的土工合成材料纵横两个方面的强度相差较大,纵向强度较高,因此要求将强度高的方向置于路堤主要受力方向铺设,利于充分发挥材料性能。设计有特殊要求时按设计办理。

3 一般情况土工格栅及土工网采用绑扎方法连接,而土工格室采用专用插件连接。

参照《铁路路基土工合成材料应用技术规范》(TB 10118—99)第6.2.2条条文说明,采用绑扎法时,一般每隔10~15 cm应有一个绑扎点,以使搭接处的强度满足要求,搭接宽度不小于10 cm,在受力方向至少应有两个绑扎点。另一方向只要密贴排放或搭接即可。

4 铺设的土工合成材料如不展平而有褶皱、扭曲,将不利于材料强度的发挥,达不到设计效果。在工程中为保证土工合成材料的铺设质量,常采用插钉固定。

4.19.6 表4.19.6中允许偏差参照《秦沈客运专线铁路路基施工技术细则(试行)》和《铁路路基土工合成材料应用技术规范》(TB 10118—99)制定。

5.1.3 最大干密度是在最佳含水率时进行试验压实的密度,当含水率小于或大于最佳值时,即使其他压实条件相同,其干密度将小于最大值,甚至达不到要求值,故施工时填层的含水率应接近其填料的最佳含水率,一般在最佳值的$^{+2}_{-3}\%$之间。式(5.1.3)引自《铁路路基填土压实技术规则》。

5.1.6 改良土是为改善和提高填料的稳定性、防水性或排水性、压实性及强度而采取的措施,其所含成分的均匀性是改良土质能否达到预期效果的关键。采用物理法改良的混合料,应对拌合后的混合料进行筛分,判定其是否达到设计要求;采用化学法改良的混合料,应对其均匀性和掺合料的比例、有效成分进行判定,均匀性一般以观察其色泽为主,掺合料的比例、有效成分应按相应的试验方法进行检测。

5.2.1 本条按《客运专线铁路设计规范》编写。当使用碎石类、砾石类作为填料时,其料源调查时级配以产地取样的筛分为判定依据,施工控制时级配以碾压后取样的筛分为判定依据。

5.3.1

1 随着国家对环境保护要求更加严格,在总的土方调配计划下取土的工作就更加重要,取土失控易造成施工局面混乱和浪费。

2 客运专线铁路与过去的铁路相比,压实标准更高,为保证施工质量和进度,提出选用重型振动压路机。为确保路基施工顺利进行,避免因盲目施工给工程带来重大损失,需在路基正式填筑前选取具有代表性的路段,通过现场压实工艺试验,确定合理的施工方法和有关技术参数,以指导大面积路堤填筑施工。

5.3.2

1 路堤填筑按照“三阶段、四区段、八流程”的施工工艺组织施工,这是已成熟的施工经验。

3 不同压实机具对不同土质的适宜厚度应根据试验段的工艺试验结果确定。由于客运专线铁路路基压实标准要求较高,而且要求有很好的均匀性,为保证压实质量,所以分别规定了不同土质的最大压实厚度。如填土厚度太薄,则易起皮剥离,故规定了最小分层厚度。

4 使用不同填料填筑路堤时,不合理的填筑工艺会引起土质路基出现不均匀沉降、水囊现象和不稳的滑动面,故对不同性质填料填筑作了规定。

6 改良细粒土和含细粒土较多的粗粒土填料的碾压施工控制含水率应根据填料性质、压路机压实能力及要求的压实质量综合确定,即应通过现场填筑碾压试验确定。

7 采用振动压路机碾压时,第一遍不振动预压使填土表面平整度较好,并使填土经过预压,振动压实效果比未预压的效果好。压路机行驶速度过慢则影响压实工作的劳动生产率,行驶过快,压实效果较差。一般压路机均有一个最佳适宜的速度,振动压路机为3~6 km/h,故按平均值采用4 km/h,此值是上限。对压实密度要求高的土、铺层厚的土和难于压实的土压实时压路机行驶速度应再降低。

根据土基上的荷载应力分布图,荷载轮廓外缘下面分布的应力比荷载中心的应力小,为了保证横向接缝和纵向接缝之间的压实密度都符合要求,增强路基整体性,故条文规定应重叠压实。

5.4.2 由于基床底层填筑的压实标准比基床以下部位要求高，所以每层最大压实厚度的规定值也相应的减少。

5.5.1 细粒成分含量相对较多的混合料，其级配虽然在规定范围内，但填筑碾压往往达不到孔隙率要求，所以“集料配合比应经过现场填筑碾压试验确定”。通过现场压实工艺验证，确定合理的施工方法和有关技术参数，以指导大面积的填筑施工，同时验证配合比的合理性。避免把级配符合规定，而碾压时达不到密度指标要求的混合料用于填筑，造成不必要的返工浪费。

5.5.2

4 平地机整形易将粗集料刮到表面，造成离析和粗细集料“窝”或“带”，而且平地机来回刮平的次数愈多，离析现象可能愈严重。所以应设一个 2 ~3 人小组负责消除平地机整形后的粗细集料“窝”或“带”的现象。

8 薄层贴补容易脱落和被推移，也容易压碎和产生漏浆现象，导致其表层易破坏。因此，不得在表面光滑的低洼处填补新料。

5.5.3 填料复查试验时，颗粒密度试验应在级配碎石拌合站取样，提前测得其试验值，以作为填筑质量检测的控制指标，而颗粒级配的复查检测应在摊铺现场的不同部分采集，这样才具有代表性。

对于级配砂砾石和用河床内砂卵石破碎筛分级配碎石混合料，施工时为了易于压实，而将含水率调高，而且在碾压过程中，由于表层始终是松散状态，一般需待 2 ~3 d 晾干固结后进行地基系数测试。但至于需要晾干到什么程度才能测出该层的真实值，还需通过测定含水率加以确定，还有待研究。

5.6

本节参照《公路沥青路面施工技术规范》编写。关于客运专线铁路基床表层铺设沥青混凝土的项目正在做研究，当研究项目完成后，本技术指南将按研究成果进行修订。

5.7

本节参照《秦沈客运专线铁路路基施工技术细则(试行)》和《公路路面基层施工技术规范》(JTJ 034)制定。

5.8.1 土工合成材料受阳光照射易老化，所以强调铺设土工合成材料后应及时填筑覆盖，以延长材料使用寿命。

5.8.2 参照《铁路路基土工合成材料应用技术规范》(TB 10118)制定。为了避免土工合成材料受损伤，禁止施工机械直接在土工合成材料上行走作业。

5.10.1 沉降和稳定等观测点宜在同一横断面上，有利于测点看护，便于集中观测，统一观测频次，更重要的是便于对观测项目数据的综合分析。

沉降仪布点从满足需要与施工便利性考虑，一般路段沉降仪设置在路堤中心，路桥过渡段增设路肩及坡脚(可用边桩兼测)测点。

5.10.2 观测仪器可采用 S_1、S_3 水准仪。S_1 水准仪作为二等水准测量用，主要用于工作基桩和校核基桩高程检测；S_3 水准仪作三等水准测量用，主要在填筑过程观测沉降用。

5.10.3 观测频次应与位移速率相适应，位移越小，观测频次也可减慢；反之位移越大，观测频次越要加快。一般路堤在极限高度以下,位移较小,观测次数可少些。极限高度以上填筑时,路堤极易失稳,因此,要求每填一层均要观测,间歇期要增加测次;当位移曲线骤然变大时,更要跟踪观测,分析原因。并考虑是否需要采取措施。

5.11.1 雨季施工路段应经过详细选择,在保证工程质量的前提下提前安排。

5.11.3 在雨天施工无法保证非渗水土填料及填层的含水率符合要求,故严禁填筑。

5.11.6 雨后在路堤继续填筑施工之前,应将表面晾干,并进行清理、整平、碾压。因雨水对已填筑顶层的密实度有不利影响,所以应抽查顶层填料的密实度。

5.12.2 使用冻土或掺有冻土的填料填筑路堤,一是不易压实,二是路堤本身冻土融化后将产生较大的沉降。故作此规定,以保证路堤质量。对路堤填料及其含水率、压实功能的要求,同样是为避免产生较大的沉降。

5.12.3 本条规定,一是为了保证质量,二是为了避免冻结后进行地基或基底处理投入过大。

5.12.5 如在冻结后整修路基面及修建边坡,解冻后易产生变形。

6.1.1 地形、地质及水文地质环境是路堑施工布置最重要的依据,而这些条件时常会发生变化或不符;故特强调按施工时的实际情况布置施工。

6.1.3 所列要求和适用条件是指导性的,施工时按具体情况应用。

6.1.4 天沟铺砌防渗是为了保持边坡稳定而设,故应及时铺砌。

6.1.5 本条规定是根据以往施工引起边坡滑坍或落石、发生事故的经验教训,针对其主要起因提出。第3款中不利于边坡稳定及施工安全的岩层走向、倾角,可通过实地勘察、查对设计资料及有关经验数据,作出定性判断。

6.4.1 地下水路堑开挖时,应做好降排水、以防地下水渗入作业区。

6.4.2 渗水沟开挖须保护沟槽两壁平顺,以确保渗水畅通。

6.5.1 本节计算和使用的炸药药量,均以2号岩石硝铵炸药为准。2号岩石销铵炸药的爆力、猛度参数值以产品标准所列数据为准。

2 本款所提原则性要求是评价爆破工作质量、效果的主要依据。

3 强调工程爆破施工必须保证当地的安全和对环境、卫生的保护,并征得地方政府的有效配合。

6.5.2

1 以往炮孔法分为浅孔和深孔爆破,这种分类在技术上和设计上并无明显差别,对炮孔的孔网和装药参数无合理而严格的规定,而是凭经验进行,因而效率不高,爆破效果离散性大。近几十年来,国际上对炮孔法已有很大发展,形成了一套较成熟和完整的设计理论、计算方法及施工工艺,经实践证明,在很大程度上提高了爆破效率。

2 台阶法炮孔的优点:起爆后的破裂角较大;产生一部分向上分力,抵抗线前面的分力较小,从而可增加爆破量。钻孔偏差对爆破效果有重大影响,在施工中应考虑钻孔偏差因素。

3 从试验得知采用斜炮孔的超钻深度可取 $0.3W$,对垂直孔则取 $0.35W \sim 0.4W$。

4 炮孔底部受夹制作用最大,愈向上愈小,故底部、柱部装药量不同。在采用同类炸药时,柱部炮孔装药集中度为底部一段药集中度的40% ~50%。一般底部用大药卷,柱部装小药卷或底部装高密度、高威力炸药,柱部装低密度、低威力炸药。在工程实际应用中取得充分破碎岩石,又不致产生大量飞石的效果。

6.5.3

3 光面、预裂爆破炮孔间距应尽可能地密一些以达更好的爆破效果。

6 预留光面层实施光面爆破，即预留光爆孔与最后一排主炮孔之间的爆破体，待主炮孔爆破后单独进行爆破，其爆破效果会更好。

6.5.4 通常用这些条件做为衡量光面、预裂爆破的效果的标准。

7.1.1 路堤与桥台、路堤与横向结构物、路堤与路堑以及路堑与隧道的连接路段，都是易产生不均匀沉降的部位。施工时，应根据设计的要求，在需设置过渡段的部位，从施工控制到工艺技术，工期安排到质量检测等方面采取综合措施，最大限度地减少轨下基础的不均匀沉降，保证轨道的平顺性满足高速行车的要求。

7.1.2

1 过渡段路堤的施工应有利于减小工后沉降。过渡段路堤的施工组织与工艺应在符合设计规定的要求下，针对不同情况，采取适宜的措施，确保工后沉降符合设计要求。

6 过渡段在填筑过程中，除基坑回填、地表处理等应按设计要求施工外，还应注意桥台(涵)圬工强度是否达到了规定标准，否则将引起结构物的开裂、变形、错位、垮塌等破坏。要求过渡段路堤与相邻路堤和锥体同时进行碾压，是保证过渡段路堤各部分的压实比较均匀，减小不均匀沉降的施工措施之一。

7.1.3 重视水对过渡段的不利影响，采取有效的防排水措施是对过渡段施工排水的基本要求。具体应做好表层拦截、台背及底部疏排的技术措施，尽量将水排出路堤体外，减小水对路堤及地基的浸湿软化。

7.1.4 应掌握好过渡段路堤进行防护砌体的施工时间，最好在地基基础(特别是软土地基)和路堤变形基本稳定后安排施工，否则易引起砌体开裂、坡面出现凹陷错动等现象，影响防护功能和视觉效果。

7.2.2 由于小型振动压路机的夯实能量有限，填料的松铺厚度应减薄一半(不宜超过20 cm)，并增加碾压次数，压实密度才可能得到保证。

7.2.3 过渡段的沉降观测是检测处理措施是否符合设计要求的基本手段。当设计无要求时，对软土、松软土地段可以台背为起点(含桥台)，在3 m、8 m、13 m、18 m、25 m的位置设路肩沉降观测点，在3 m、13 m的位置设软土地基地表沉降观测点，对于一般地基上的过渡段只进行路肩沉降观测。

秦沈客运专线的施工经验表明，用于软土地基地表沉降观测的沉降板具有工艺简单，观测方便，成本低廉等优点，非常有利于基层单位的推广应用。但对施工干扰大，极易受破坏，完好率较低是其存在的最大的问题。在有条件时，可采用对施工干扰小的剖面沉降仪进行测试。

7.3.2

1 横向结构物承受的主要荷载在垂直方向，横向的抗倾覆、抗滑移、抗剪切能力一般都较低。过渡段路堤施工时，若两边不按大致相同的高度进行填筑，可能造成横向结构物承受较大的横向力，引起结构的开裂、错动、倾斜、滑动等破坏。

2 由于横向结构物没有两端的耳墙阻碍，在靠近横向结构物的部位，压路机可平行于横向结构物的进行横向碾压。

3 横向结构物的顶部填土厚度较小时，若使用大型压路机直接进行振动碾压，横向结构物的顶板将承受过大的冲击力，可能会引起结构产生裂缝、掉块、断裂、移动等损伤。

7.6.3　现场碾压试验是将设计标准和室内试验数据转化为施工控制参数的必要环节。在大规模施工之前，或材料来源发生变化后，都应按规定进行现场碾压试验，以确定填筑工艺，保证碾压质量。

8.0.1～8.0.9　参照现行《铁路路基施工规范》编写。

9.1

本节的编写主要参照《铁路路基施工规范》及《秦沈客运专线铁路路基施工技术细则》。为保证施工质量，本节明确规定路基防护及排水工程砂浆、混凝土应采用机械拌合。

9.2

本节主要参照《铁路路基施工规范》，并结合《秦沈客运专线铁路路基施工技术细则》、《公路路基施工技术规范》、《铁路路基边坡绿色防护技术暂行规定》及近几年工程实践编写。根据边坡植被防护技术的发展及应用，本节第9.2.1条中增加了喷播植草防护。根据秦沈客运专线路基防护设计及施工情况，本章增加了混凝土预制块及固土网垫植草防护，淘汰了已落后的抹面、捶面防护。

9.2.2　参考《铁路路基土工合成材料应用技术规范》(TB 10118)编写。根据工程施工经验将土工网垫的搭接宽度由2 cm调整为5 cm。土工网垫的固定钉在搭接处应适当加密。

9.4.4　为使工序紧密衔接及保证检查井与渗水暗沟基础连接处质量，在此规定检查井基础应与渗水暗沟混凝土基础同时完工。根据秦沈客运专线铁路路基施工经验，为保证路基质量，有必要规定检查井基坑回填的压实质量要求。

10.1.1　为保证客运专线铁路路基修筑质量，避免传统施工方法带来的站后工程对路基的破坏，所有需在路基上开挖埋设、设置施工应与路基施工统筹安排，同步修建，并保证回填质量。

10.2.2　防护栅栏采用全线贯通封闭设置是客运专线铁路安全、畅通的保障措施，所以防护栅栏本身的可靠程度尤为重要，故做此规定。

10.3.4　本条系弃土的原则要求，设计对弃土有要求时，按设计要求执行。

10.3.6　为防止多余的弃土随水浸流，造成污染和淤积。条文中对弃土的要求，是根据《铁路工程环境保护设计规范》(TB 10501)编写。

11.1.1～11.1.2　增强施工人员的环境保护意识，加强文明施工；施工组织设计应含环境保护措施，并在施工中付诸实施。

11.1.4　铁路路基两侧绿化是指坡脚以外的植物种植，应按设计要求组织施工。

11.2.4　利用工业废碴作为填料或改良掺合剂时，在使用前应进行有害物质的含量测试，避免有害物质超标，污染环境。

11.3.1～11.3.6　主要是防止粉尘、废气和由于机械设备工艺操作所产生的噪声污染环境，保护居民和施工人员身体健康。表11.3.2中限值摘自《建筑施工场界噪声限值》(GB 12523)。

中华人民共和国行业标准

铁建设〔2005〕160号

客运专线铁路路基工程施工质量验收暂行标准

2005—09—17　发布　　　　2005—09—17　实施

中华人民共和国铁道部　发布

前　言

本暂行标准是根据铁道部《关于印发〈2005年铁路工程建设标准编制计划〉的通知》(铁建设函[2005]84号)的要求,为满足客运专线铁路建设需要、实现质量一流的目标而进行编制的。

本暂行标准在编制过程中,总结了我国铁路建设的成功经验,学习和借鉴了国际先进标准,充分体现了客运专线铁路的技术特点和质量要求,坚持了"调整地位、验评分离、充实内容、严格程序、强化检测、明确职责"的编制原则。本暂行标准具有以下特点:

1. 突出了单位工程综合质量评定、实体工程质量及主要功能核查要求;

2. 强调了工程施工质量必须达到设计要求的结构安全、使用功能和耐久性能,主体结构质量实现零缺陷,满足设计使用年限内正常运营的需要;

3. 明确了建设各方在工程施工质量控制过程中的具体质量职责;

4. 规定了工程施工应采用先进的技术、设备和工艺,保证质量,保障安全;

5. 规定了质量检测应采用先进、成熟、科学的方法和手段,质量数据做到全面、真实、可靠;

6. 统一了工程施工质量验收记录等资料管理与保存的要求;

7. 提出了对参加客运专线铁路工程施工及验收的各方人员进行上岗培训的要求。

本暂行标准应与《铁路混凝土工程施工质量验收补充标准》等客运专线技术标准配合使用。验收过程中,当涉及结构安全、系统功能部分的设计文件或设计规范的要求与本暂行标准有差异时,应以标准高者为依据。

本暂行标准共分15章,内容包括:总则,术语,基本规定,地基处理,基床以下路堤,过渡段,路堑,基床,路基排水,路基边坡防护,路基支挡结构,路基相关工程,路基附属设施,沉降观测,路基单位工程综合质量评定等。

在执行本暂行标准过程中,希望各单位结合工程实践,认真总结经验,积累资料。如发现需要修改和补充之处,请及时将意见和有关资料寄交中铁十二局集团有限公司科技部(太原市西矿街130号,邮政编码:030024),并抄送铁道部经济规划研究院(北京市海淀区羊坊店路甲8号,邮政编码:100038),供今后修订时参考。

本暂行标准由铁道部建设管理司负责解释。

本暂行标准主编单位:中铁十二局集团有限公司。

本暂行标准参编单位:中铁二局集团有限公司、中铁四局集团有限公司、中铁五局集团有限公司、中铁十四局集团有限公司、铁道科学研究院、铁道第三勘察设计院、铁道第四勘察设计院。

本暂行标准主要起草人:吴波、辛维克、黄直久、石　斌、胡　建、袁广龙、何贤军、赵伊平、章国辉、孙四平、万为胜、覃国俊、朱浩波、祝景寰、李学乾、尤昌龙、叶阳升、史存林、邵丕彦、王兴荣、张在保。

目　次

1 总　则

1.0.1　为加强客运专线铁路工程施工质量管理,统一客运专线铁路路基工程施工质量的验收标准,保证工程质量,实现建设一流客运专线铁路的目标,制定本暂行标准。

1.0.2　本暂行标准适用于旅客列车设计行车速度 200 ~ 350 km/h 的标准轨距客运专线铁路路基工程施工质量的验收。无砟轨道铁路的路基工程尚应执行客运专线铁路无砟轨道工程施工质量验收的有关规定。

对于本暂行标准未涉及的新技术、新工艺、新设备、新材料,其施工质量的验收应符合相关标准的规定。

1.0.3 客运专线铁路工程施工质量必须达到设计要求的结构安全和使用功能,主体结构质量实现零缺陷,满足设计寿命期限内正常运营的需要。

1.0.4　施工单位作为工程施工质量控制的主体,应建立健全质量保证体系,对工程施工质量进行全过程控制;建设单位、监理单位、勘察设计单位等各方应按有关规定分工负责。

1.0.5　客运专线铁路路基工程施工应贯彻国民经济可持续发展战略,合理利用资源,做好环境保护、水土保持等工作。弃土场应按设计要求合理选择,弃土不得堵塞沟槽,挤压河道、桥梁墩台及其他建筑物。弃土堆的边坡应作防护,防止水土流失。

1.0.6　客运专线铁路路基工程施工应积极采用先进的设备和工艺,保证工程质量。

1.0.7　客运专线铁路路基工程施工应制定相应的安全技术措施,严格遵守安全技术规程,确保施工安全。

1.0.8　客运专线铁路工程应采用先进、成熟、科学的检验检测手段,质量数据必须真实可靠,全面反映工程质量状况,所用方法和仪器设备应符合相关标准的规定,质量检测人员必须具有规定的资格。

1.0.9　客运专线铁路路基工程的各类质量检测报告、检查验收记录和其他工程技术管理资料,必须按规定及时填写,并且严格履行责任人签字确认制度。施工质量验收资料的归档整理应符合有关规定。其中,检验批、分项工程质量验收记录,建设单位、施工单位、监理单位均应长期保存;分部工程、单位工程质量验收记录,建设单位应永久保存,施工单位应长期保存;其他资料应按相关规定保存。

1.0.10　客运专线铁路路基工程施工中所采用的承包合同文件和工程技术文件等对施工质量的要求不得低于本暂行标准的规定。当设计要求的质量指标高于本暂行标准的规定时,应按设计要求办理。

1.0.11　客运专线铁路路基的工后沉降达不到设计要求时,严禁进入轨道工程施工工序。

1.0.12　路基填料有条件时应作为结构物建筑材料采用集中供应方式。

1.0.13　参加客运专线铁路路基工程施工及验收的各方技术、质量、监理人员和管理人员等,应经过施工质量验收标准的专门培训,合格后方可上岗。

1.0.14　客运专线铁路路基工程施工质量的验收除应符合本暂行标准外,尚应符合国家现行有关标准的规定。

2 术 语

2.0.1 工程施工质量 constructional quality of engineering

反映工程施工过程或实体满足相关标准规定或合同约定的要求,包括其在安全、使用功能及其耐久性能、环境保护等方面所有明显和隐含能力的特性总和。

2.0.2 验收 acceptance

工程施工质量在施工单位自行检查评定的基础上,参与建设活动的有关单位共同对检验批、分项、分部、单位工程的质量按有关规定进行检验,根据相关标准以书面形式对工程质量达到合格与否做出确认。

2.0.3 设计寿命(设计使用年限) design life(design working life)

结构或构件在预定使用环境和正常维修条件下,满足预定使用功能并具有足够安全度或保证率的目标使用年限。

2.0.4 进场验收 site acceptance

对进入施工现场的材料、构配件、设备等按相关标准规定要求进行检验,对其达到合格与否做出确认。

2.0.5 检验批 inspection lot

按同一生产条件或按规定的方式汇总起来供检验用的,由一定数量样本组成的检验体。

2.0.6 检验 inspection

对检验项目中的性能进行量测、检查、试验等,并将结果与标准规定要求进行比较,以确定每项性能是否合格所进行的活动。

2.0.7 见证 witness

监理单位或建设单位现场监督施工单位某过程完成情况的活动。如见证检验、见证检测、见证试验等。

2.0.8 见证取样检测 evidential testing

在监理单位或建设单位监督下,由施工单位有关人员现场取样,并送至具备相应资质的检测单位所进行的检测。

2.0.9 平行检验 parallel acceptance testing

监理机构利用一定的检查或检测手段,在施工单位自检的基础上,按照一定的比例独立进行的检查或检测活动。

2.0.10 旁站 stand-by

在工程的关键部位或关键工序施工过程中,由监理人员在现场进行的监督活动。

2.0.11 工序 constructional procedure

施工过程中具有相对独立特点的作业活动,或由必要的技术间隙及停顿分割的作业活动,是组成施工过程的基本单元。

2.0.12 交接检验 handing over inspection

由施工的承接方与完成方经双方检查并对可否继续施工做出确认的活动。

2.0.13 主控项目 dominant item

工程中对安全、卫生、环境保护和公众利益起决定性作用的检验项目。

2.0.14 一般项目 general item

除主控项目以外的检验项目。

2.0.15 抽样检验 sampling inspection

按照规定的抽样方案，随机地从进场的材料、构配件、设备或工程检验项目中，按检验批抽取一定数量的样本所进行的检验。

2.0.16 抽样方案 sampling scheme

根据检验项目的特性所确定的抽样数量方法。

2.0.17 计数检验 counting inspection

在抽样的样本中，记录每一个体有某种属性或计算每一个体中的缺陷数目的检查方法。

2.0.18 计量检验 quantitative inspection

在抽样检验的样本中，对每一个体测量其某个定量特性的检查方法。

2.0.19 观感质量 quality of appearance

通过观察和必要的量测所反映的工程外在的质量。

2.0.20 综合质量评定 overall quatiy assessment

在检验批、分项、分部工程质量验收的基础上，对单位工程的质量控制资料、实体质量和主要功能以及观感质量进行的核查及评定。

2.0.21 返工 rework

对不合格的工程部位采取的重新制作、重新施工等措施。

2.0.22 返修 rehabilitation

对工程不符合标准规定的部位采取整修等措施。

2.0.23 工后沉降 settled behind filled later

有砟轨道铺轨工程（包括铺砟）开始时沉降量与最终形成的沉降量之差。

3　基本规定

3.1　一般规定

3.1.1　客运专线铁路路基工程施工现场质量管理应有相应的技术标准、健全的质量管理体系和施工质量检验制度。

施工现场质量管理检查记录应由施工单位按表 3.1.1 的规定填写，总监理工程师进行检查并做出检查结论。

表 3.1.1　施工现场质量管理检查记录

单位工程名称		开工日期			
建设单位		项目负责人			
设计单位		项目负责人			
监理单位		总监理工程师			
施工单位		项目经理		项目技术负责人	
序号	项目			内容	
1	开工报告				
2	现场质量管理制度				
3	质量责任制				
4	工程质量检验制度				
5	关键技术工种上岗证书				
6	施工技术标准				
7	施工图现场核对情况				
8	地质勘察资料				
9	交接桩、施工复测及测量控制网资料				
10	施工组织设计、施工技术方案、环境保护方案				
11	施工设备及计量器具设置				
12	工程材料、设备管理制度				
检查结论： 总监理工程师　　　年　月　日					

3.1.2　路基工程应按下列规定进行施工质量控制：

1　路基工程采用的主要材料、半成品、配件、设备，施工单位应对其外观、规格、型号和质量证明文件等进行现场验收，并经监理工程师检查认可。凡涉及结构安全和使用功能的，施工单位应进行检验，监理单位应按规定进行平行检验或见证取样检测。

2　各工序应按施工技术标准进行质量控制，每道工序完成后，施工单位应进行检查，并形成记录。

3 工序之间应进行交接检验，上道工序应满足下道工序的施工条件和技术要求。相关专业工序之间的交接检验应经监理工程师检查认可，未经检查或经检查不合格的不得进行下道工序施工。

3.1.3 路基工程施工质量应按下列规定进行验收：

1 工程施工质量应符合本暂行标准和铁道部现行有关标准的规定；

2 工程施工质量应符合工程勘察、设计文件的要求；

3 参加工程施工质量验收的各方人员应具备规定的资格，各种检查记录表签证人员应报建设单位确认、备案；

4 工程施工质量的验收均应在施工单位自行检查评定合格的基础上进行；

5 涉及结构安全的试块、试件和现场检验项目，监理单位应按规定进行平行检验、见证取样检测或见证检验；

6 检验批的质量应按主控项目和一般项目进行验收；

7 对涉及结构安全和使用功能的分部工程应进行抽样检测；

8 承担见证取样检测及有关结构安全检测的单位应具有相应的资质；

9 单位工程的综合质量应由验收人员通过检查共同确认。

3.2 工程质量验收单元的划分

3.2.1 路基工程施工质量验收单元划分为单位工程、分部工程、分项工程和检验批。

3.2.2 单位工程应按一个完整工程或一个相当规模的施工范围划分，并按下列原则确定：

1 长度小于 10 km 的一段区间路基或一个车站的正线路基为一个单位工程；

2 一个施工单位担负的路基施工长度为一个单位工程；

3 特别大型的支挡结构可作为一个单位工程。

3.2.3 分部工程应按一个完整部位或主要结构及施工阶段划分。

3.2.4 分项工程应按工种、工序、材料、施工工艺等划分。

3.2.5 检验批可依据施工及质量控制和验收需要按施工段或部位等划分。

3.2.6 路基工程的分部工程、分项工程划分和检验批检验项目应符合表 3.2.6 的规定。

表 3.2.6 路基工程分部工程、分项工程划分和检验批、检验项目

分部工程	分项工程	检验批	检验批检验项目条文号	
			主控项目	一般项目
地基处理	原地面处理	沿线路纵向连续路基长度每 200 m 或≤200 m的单个工点	4.1.4～4.1.5	4.1.6
	换填	沿线路纵向连续路基长度每 200 m 或≤200 m的单个工点	4.2.3～4.2.6	4.2.7～4.2.8
	砂、碎石垫层（含反滤层）	沿线路纵向连续路基长度每 200 m 或≤200 m的单个工点	4.3.3～4.3.7	4.3.8
	袋装砂井	沿线路纵向连续路基长度每 200 m 或≤200 m的单个工点	4.4.4～4.1.8	4.4.9
	塑料排水板	沿线路纵向连续路基长度每 200 m 或≤200 m的单个工点	4.5.5～4.5.7	4.5.8

续上表

分部工程	分项工程	检验批	检验批检验项目条文号	
			主控项目	一般项目
地基处理	堆载预压	沿线路纵向连续路基长度每 200 m 或≤200 m的单个工点	4.6.5～4.6.6	
	真空预压	沿线路纵向连续路基长度每 100 m 或≤100 m的单个工点	4.7.5～4.7.11	
	砂　桩	沿线路纵向连续路基长度每 100 m 或≤100 m的单个工点	4.8.6～4.8.12	4.8.13
	碎石桩	沿线路纵向连续路基长度每 100 m 或≤100 m的单个工点	4.9.6～4.9.12	4.9.13
	粉体喷射搅拌桩	沿线路纵向连续路基长度每 100 m 或≤100 m的单个工点	4.10.4～4.10.9	4.10.10
	浆体喷射搅拌桩	沿线路纵向连续路基长度每 100 m 或≤100 m的单个工点	4.11.4～4.11.10	4.11.11
	高压旋喷桩	沿线路纵向连续路基长度每 100 m 或≤100 m的单个工点	4.12.4～4.12.9	4.12.10
	灰土挤密桩	沿线路纵向连续路基长度每 100 m 或≤100 m的单个工点	4.13.4～4.13.11	4.13.12
	水泥粉煤灰碎石桩（CFG 桩）	沿线路纵向连续路基长度每 100 m 或≤100 m的单个工点	4.14.5～4.14.12	4.14.13
	打入桩	沿线路纵向连续路基长度每 100 m 或≤100 m的单个工点	4.15.9～4.15.15	4.15.16
	混凝土灌注桩	沿线路纵向连续路基长度每 100 m 或≤100 m的单个工点	4.16.4～4.16.13	4.16.14～4.16.16
	桩板帽	沿线路纵向连续路基长度每 100 m 或≤100 m的单个工点	4.17.4～4.17.7	4.17.8～4.17.11
	强夯	沿线路纵向连续路基长度每 100 m 或≤100 m的单个工点	4.18.4～4.18.6	4.18.7～4.18.8
	土工合成材料加筋垫层	沿线路纵向连续路基长度每 200 m 或≤200 m的单个工点	4.19.4～4.19.7	4.19.8～4.19.9
	洞穴处理	沿线路纵向连续路基长度每 50 m 或≤50 m 范围内的单个工点	4.20.8～4.20.14	
基床以下路堤	普通填料填筑	同一压实工作班的单个压实区段的每一检测层	5.2.1～5.2.6	5.2.7～5.2.12
	改良土填筑	同一压实工作班的单个压实区段的每一检测层	5.3.1～5.3.6	5.3.7～5.3.9
	加筋土填筑	同一压实工作班的单个压实区段的每一检测层	5.4.1～5.4.4	5.4.5～5.4.6
	路堤边坡	连续路堤长度每 200 m 或≤200 m 的单个工点	5.5.4	5.5.5
过渡段	过渡段基底处理	每个过渡段	6.1.4～6.1.5	
	基坑回填	每个过渡段	6.2.2～6.2.3	6.2.4
	基床表层以下过渡段级配碎石填层	每个过渡段的每一检测层	6.3.4～6.3.7	6.3.8～6.3.11
	基床表层以下过渡段两侧及锥体填土	每个过渡段	6.4.2～6.4.4	6.4.5～6.4.7
	基床表层以下过渡段填料填层	每个过渡段的每一检测层	6.5.4～6.5.5	6.5.6～6.5.8
	路堤与路堑过渡段基床表层以下填土层	每个过渡段的每一检测层	6.6.4～6.6.6	6.6.7～6.6.11

续上表

分部工程	分项工程	检验批	检验批检验项目条文号	
			主控项目	一般项目
路堑	路堑	沿线路纵向连续路堑长度每 200 m 或≤200 m的单个工点	7.0.7~7.0.10	7.0.11
基床	基床底层	同一压实工作班的单个压实区段的每一检测层	8.1.5~8.1.8	8.1.9~8.1.12
	基床表层级配碎石(级配砂砾石)	同一压实工作班的单个压实区段的每一检测层	8.2.7~8.2.10	8.2.11~8.2.14
	基床表层沥青混凝土	同一压实工作班的单个压实区段的每一检测层	8.3.5~8.3.7	8.3.8
	路基面	沿线路纵向连续路堑长度每 200 m 或≤200 m的单个工点	8.4.2	8.4.3~8.4.5
路基排水	地表排水	地表排水设施连续长度每 100 m 或≤100 m	9.1.9~9.1.18	9.1.19~9.1.21
	路堤横向排水沟	沿线路连续路基长度每 100 m 或≤100 m范围内的横向排水沟	9.2.6~9.2.13	9.2.14
	地下排水	地下排水设施连续长度每 100 m 或≤100 m	9.3.6~9.3.14	9.3.15
	过渡段排水	每 1 个过渡段	9.4.2~9.4.3	
路基边坡防护	浆砌片石防护	单侧连续护坡长度每100 m或≤100 m的单个工点	10.1.5~10.1.11	10.1.12
	干砌片石防护	单侧连续护坡长度每100 m或≤100 m的单个工点	10.2.5~10.2.8	10.2.9
	骨架护坡防护	单侧连续护坡长度每100 m或≤100 m的单个工点	10.3.6~10.3.9	10.3.10
	混凝土预制块防护	单侧连续护坡长度每100 m或≤100 m的单个工点	10.4.6~10.4.10	10.4.11
	边坡固土网垫防护	单侧连续护坡长度每100 m或≤100 m的单个工点	10.5.5~10.5.6	10.5.7
	喷射混凝土防护	单侧连续护坡长度每50 m或≤50 m的单个工点	10.6.3~10.6.9	10.6.10~10.6.11
路基边坡防护	植物防护	单侧连续护坡长度每200 m或≤200 m的单个工点	10.7.2~10.7.3	10.7.4
路基支挡结构	按《铁路路基工程施工质量验收标准》(TB 10414—2003)进行分部、分项、检验批划分		执行《铁路路基工程施工质量验收标准》(TB 10414—2003),其中有耐久性设计要求的混凝土执行《铁路混凝土工程施工质量验收补充标准》(铁建设〔2005〕160 号)	
路基相关工程	电缆槽	沿线路连续长度每 1 000 m 或≤1 000 m范围内的电缆槽	12.1.3~12.1.9	12.1.10~12.1.11
	接触网支柱基础	沿线路连续长度每 1 000 m 或≤1 000 m范围内的接触网支柱基础	12.2.3~12.2.4	12.2.5
	声屏障基础	沿线路连续长度每 1 000 m 或≤1 000 m范围内的声屏障基础	12.3.3~12.3.4	12.3.5
	预埋管线、综合接地	沿线路连续长度每 1 000 m 或≤1 000 m范围内的预埋管线、综合接地	12.4.2~12.4.3	
路基附属设施	检查设备	沿线路连续长度每 1 000 m 或≤1 000 m范围内的检查设备	13.1.3~13.1.5	13.1.6~13.1.7
	防护栅栏	沿线路连续长度每 1 000 m 或≤1 000 m范围内的防护栅栏	13.2.4~13.2.6	
	取、弃土场	每个取、弃土场	13.3.3~13.3.5	
沉降观测	沉降观测	连续同一类型路基的沉降观测	14.0.9~14.0.10	14.0.11

3.3 工程施工质量验收

3.3.1 检验批的质量验收应包括如下内容:

1 实物检查,按下列方式进行:

1)对原材料、构配件和设备等的检验,应按进场的批次和产品的抽样检验方案执行;

2)对混凝土性能指标的检验,应按国家现行有关标准和本暂行标准规定的抽样检验方案执行;

3)对地基处理效果、路基填筑压实质量,应按本暂行标准规定的抽样检验方案执行。

2 资料检查,包括原材料、构配件等的质量证明文件(质最合格证、规格、型号及性能检测报告等)和抽样检验报告、施工过程中重要工序的自检和交接检验记录、平行检验报告、见证取样检测报告等。

3.3.2 检验批合格质量验收应符合下列规定:

1 主控项目的质量经抽样检验全部合格;

2 一般项目的质量经抽样检验全部合格;其中,有允许偏差的抽查点,除有专门要求外,80% 及以上的抽查点应控制在规定允许偏差内,最大偏差不得大于规定允许偏差的1.5 倍;

3 具有完整的施工操作依据、质量检查记录。

3.3.3 分项工程质量验收合格应符合下列规定:

1 分项工程所含的检验批均应符合合格质量的规定;

2 分项工程所含检验批的质量验收记录应完整。

3.3.4 分部工程质量验收合格应符合下列规定:

1 分部工程所含分项工程的质量均应验收合格;

2 质量控制资料应完整;

3 地基处理、基床以下路堤、基床、路堑边坡等涉及结构安全和使用功能的项目检验和抽样检测结果应符合有关规定。

3.3.5 单位工程质量验收合格应符合下列规定:

1 单位工程所含分部工程的质量均应验收合格;

2 质量控制资料完整;

3 实体质量和主要功能应符合相关标准、规范的规定和设计要求;

4 观感质量验收应符合要求。

3.3.6 当检验批质量不符合要求时,应按以下规定进行处理:

1 经返工重做的或更换构配件、设备的检验批,应重新进行验收;

2 当对试块试件的试验结果有怀疑时,或因试块试件丢失损坏、试验资料丢失等无法判断实体质量时,应由有资质的法定检测单位对实体质量进行检测鉴定,凡达到设计要求的检验批可予以验收。

3.3.7 通过返修或加固处理仍不能满足安全和使用功能要求的分部工程、单位工程,严禁验收。

3.4 工程施工质量验收的程序和组织

3.4.1 检验批应由施工单位自检合格后报监理单位，由监理工程师组织施工单位专职质量检查员等进行验收。监理单位应对全部主控项目进行检查，对一般项目的检查内容和数量可根据具体情况确定。检验批质量验收记录应按表3.4.1填写记录。

3.4.2 分项工程应由监理工程师组织施工单位分项工程技术负责人等进行验收，分项工程质量验收记录应按表3.4.2填写。

3.4.3 分部工程应由监理工程师组织施工单位项目负责人和技术、质量负责人等进行验收。地基处理、沉降观测、路堑开挖及支挡结构基坑开挖等重要分部工程验收时，勘察设计单位项目负责人应参加，分部工程质量验收记录应按表3.4.3填写。

3.4.4 单位工程完工后，施工单位应自行组织有关人员进行检查评定，并向建设单位提交工程验收报告。

3.4.5 建设单位收到验收报告后，应由建设单位项目负责人组织施工、设计、监理单位进行单位工程验收，并按表3.4.5填写各项记录。单位工程验收包含综合质量验收的内容，综合质量验收应符合本暂行标准第15章的有关规定。

表3.4.1 ________检验批质量验收记录

单位工程名称				
分部工程名称				
分部工程名称			验收部位	
施工单位			项目负责人	
施工质量验收标准名称及编号				
施工质量验收标准的规定			施工单位检查评定记录	监理单位验收记录
主控项目	1			
	2			
	3			
	4			
	5			
	6			
	7			
	8			
	9			
一般项目	1			
	2			
	3			
	4			
施工单位检查评定结果	专职质量检查员 年 月 日 分项工程技术负责人 年 月 日 分项工程负责人 年 月 日			
监理单位验收结论	监理工程师 年 月 日			

表 3.4.2 ________分项工程质量验收记录

<table>
<tr><td colspan="2">单位工程名称</td><td colspan="3"></td></tr>
<tr><td colspan="2">分部工程名称</td><td></td><td>检验批数</td><td></td></tr>
<tr><td colspan="2">施工单位</td><td></td><td>项目负责人</td><td></td></tr>
<tr><td>序 号</td><td>检验批部位</td><td>施工单位检查评定结果</td><td colspan="2">监理单位验收结论</td></tr>
<tr><td>1</td><td></td><td></td><td colspan="2"></td></tr>
<tr><td>2</td><td></td><td></td><td colspan="2"></td></tr>
<tr><td>3</td><td></td><td></td><td colspan="2"></td></tr>
<tr><td>4</td><td></td><td></td><td colspan="2"></td></tr>
<tr><td>5</td><td></td><td></td><td colspan="2"></td></tr>
<tr><td>6</td><td></td><td></td><td colspan="2"></td></tr>
<tr><td>7</td><td></td><td></td><td colspan="2"></td></tr>
<tr><td>8</td><td></td><td></td><td colspan="2"></td></tr>
<tr><td>9</td><td></td><td></td><td colspan="2"></td></tr>
<tr><td>10</td><td></td><td></td><td colspan="2"></td></tr>
<tr><td>施工单位
检查评定
结　　果</td><td colspan="4">分项工程技术负责人　　　　年　月　日</td></tr>
<tr><td>监理单位
验收结论</td><td colspan="4">监理工程师　　　　年　月　日</td></tr>
</table>

表 3.4.3 ________分部工程质量验收记录

<table>
<tr><td colspan="2">单位工程名称</td><td colspan="5"></td></tr>
<tr><td colspan="2">施工单位</td><td colspan="5"></td></tr>
<tr><td colspan="2">项目负责人</td><td></td><td>项目技术负责人</td><td></td><td>项目质量负责人</td><td></td></tr>
<tr><td>序 号</td><td>分项工程名称</td><td>检验批数</td><td colspan="2">施工单位检查评定结果</td><td colspan="2">监理单位验收结论</td></tr>
<tr><td>1</td><td></td><td></td><td colspan="2"></td><td colspan="2"></td></tr>
<tr><td>2</td><td></td><td></td><td colspan="2"></td><td colspan="2"></td></tr>
<tr><td>3</td><td></td><td></td><td colspan="2"></td><td colspan="2"></td></tr>
<tr><td>4</td><td></td><td></td><td colspan="2"></td><td colspan="2"></td></tr>
<tr><td>5</td><td></td><td></td><td colspan="2"></td><td colspan="2"></td></tr>
<tr><td>6</td><td></td><td></td><td colspan="2"></td><td colspan="2"></td></tr>
<tr><td>7</td><td></td><td></td><td colspan="2"></td><td colspan="2"></td></tr>
<tr><td>8</td><td></td><td></td><td colspan="2"></td><td colspan="2"></td></tr>
<tr><td>9</td><td></td><td></td><td colspan="2"></td><td colspan="2"></td></tr>
<tr><td>10</td><td></td><td></td><td colspan="2"></td><td colspan="2"></td></tr>
<tr><td colspan="3">质量控制资料</td><td colspan="2"></td><td colspan="2"></td></tr>
<tr><td colspan="3">实体质量和主要功能检验(检测)报告</td><td colspan="2"></td><td colspan="2"></td></tr>
<tr><td rowspan="3">验收单位</td><td>施工单位</td><td colspan="5">项目负责人 年 月 日</td></tr>
<tr><td>勘察设计单位</td><td colspan="5">项目负责人 年 月 日</td></tr>
<tr><td>监理单位</td><td colspan="5">监理工程师 年 月 日</td></tr>
</table>

注:1 勘察设计单位应参加含有地基处理、沉降观测、路堑开挖及支挡结构基坑开挖等分部工程的验收;

2 质量控制资料核查、实体质量和主要功能抽查项目应按表 15.1.2 和表 15.2.1 确定。

表 3.4.5　单位工程质量验收记录

<table>
<tr><td colspan="3">单位工程名称</td><td colspan="3"></td></tr>
<tr><td colspan="3">开工日期</td><td></td><td>竣工日期</td><td></td></tr>
<tr><td colspan="3">施工单位</td><td colspan="3"></td></tr>
<tr><td colspan="3">项目负责人</td><td>项目技术负责人</td><td>项目质量负责人</td><td></td></tr>
<tr><td>序号</td><td colspan="2">项目</td><td colspan="2">验收记录</td><td>验收结论</td></tr>
<tr><td>1</td><td colspan="2">分部工程</td><td colspan="2">共　　分部
经查,符合标准规定及设计要求　　分部</td><td></td></tr>
<tr><td rowspan="3">2</td><td rowspan="9">综合质量评定</td><td rowspan="3">质量控制资料核查</td><td colspan="2">共　　项</td><td rowspan="3"></td></tr>
<tr><td colspan="2">经查,符合要求　　项</td></tr>
<tr><td colspan="2">不符合要求　　项</td></tr>
<tr><td rowspan="3">3</td><td rowspan="3">实体质量和主要功能核查</td><td colspan="2">共核查　　项</td><td rowspan="3"></td></tr>
<tr><td colspan="2">符合要求　　项</td></tr>
<tr><td colspan="2">不符合要求　　项</td></tr>
<tr><td rowspan="3">4</td><td rowspan="3">观感质量验收</td><td colspan="2">共核查　　项</td><td rowspan="3"></td></tr>
<tr><td colspan="2">评定为合格的　　项</td></tr>
<tr><td colspan="2">评定为差的　　项</td></tr>
<tr><td>5</td><td colspan="2">综合验收结论</td><td colspan="3"></td></tr>
<tr><td rowspan="2">验收单位</td><td colspan="2">施工单位</td><td>监理单位</td><td>勘察设计单位</td><td>建设单位</td></tr>
<tr><td colspan="2">（公章）
单位负责人
年　月　日</td><td>（公章）
总监理工程师
年　月　日</td><td>（公章）
项目负责人
年　月　日</td><td>（公章）
项目负责人
年　月　日</td></tr>
</table>

4 地基处理

4.1 原地面处理

一般规定

4.1.1 施工前应清除路基范围原地面表层植被，挖除树根，做好临时排水设施。

4.1.2 原地面松、软表土及腐植土应清除干净，翻挖回填压实质量应符合设计要求，基底应密实、平整。

4.1.3 路堤地基条件符合设计文件的原地面处理应满足所处路堤部位的填筑要求。

主控项目

4.1.4 原地面处理前，应对地基地质资料进行核查，路堤地基条件应符合设计文件。当不符合时，应及时反馈。

检验数量：施工单位沿线路纵向每100 m检验2点，监理单位100%见证检验，勘察设计单位现场确认。

检验方法：静力触探试验等。

4.1.5 原地面处理后的外观应符合下列要求：

1 基底无草皮、树根等杂物，且无积水；

2 原地面基底密实、平整，坑穴处理彻底，无质量隐患；

3 横坡应符合设计要求。

检验数量：施工单位、监理单位全部检验。

检验方法：观察基底处理外观，用坡度尺测量横坡坡度。

一般项目

4.1.6 原地面坡度陡于1:5时，应自上而下挖台阶，并整平碾压，沿线路横向挖台阶的宽度、高度应符合设计要求，沿线路纵向挖台阶的宽度不应小于2 m。

检验数量：施工单位每个台阶检验3点。

检验方法：尺量。

4.2 换　填

一般规定

4.2.1 施工前应对换填的范围和深度进行核实。

4.2.2 当采用机械挖除换填土时，应预留30~50 cm的保护层由人工清理。

主 控 项 目

4.2.3 换填所用的填料应符合设计要求。换填中粗砂或碎石的检验应符合本暂行标准第4.3.3条和第4.3.4条的规定。换填普通填料及物理改良土的检验应符合本暂行标准第5.2.1条和第5.3.2条的规定。换填化学改良土的检验应符合本暂行标准第5.2.1条和第5.3.3条的规定。

4.2.4 换填深度应满足设计要求。

检验数量：施工单位、监理单位全部检验。

检验方法：尺量、水准测量。

4.2.5 换填深度范围内的土层应挖除干净，坑底应按设计要求整平。

检验数量：施工单位、监理单位全部检验。

检验方法：观察。

4.2.6 分层压实质量应符合设计要求。换填中粗砂或碎石的检验应符合本暂行标准第4.3.7条的规定。基床以下路基换填普通填料及物理改良土的检验应符合本暂行标准第5.2.2条的规定，换填化学改良土的检验应符合本暂行标准第5.3.6条的规定，基床底层换填的检验应符合本暂行标准第8.1.6条的规定。

一 般 项 目

4.2.7 换填基坑坡脚线位置的允许偏差为 −50 mm。

检验数量：施工单位每换填基坑沿线路纵向及横向各抽样检验4处。

检验方法：经纬仪测量。

4.2.8 换填顶面高程、横坡的允许偏差、检验数量及检验方法应符合表4.2.8的规定。

表4.2.8　换填顶面高程、横坡的允许偏差、检验数量及检验方法

序号	检验项目	允许偏差	施工单位检验数量	检验方法
1	顶面高程	±50 mm	沿线路纵向每100 m抽样检验5处	水准仪测
2	横　　坡	±0.5%	沿线路纵向每100 m抽样检验5个断面	坡度尺量

4.3 砂、碎石垫层（含反滤层）

一 般 规 定

4.3.1 施工前应进行压实工艺试验，确定施工参数，并报监理单位确认。

4.3.2 砂、碎石垫层填筑或填筑完后必须及时完成两侧干砌片石护坡，并同时做好反滤层。

主 控 项 目

4.3.3 砂垫层应采用天然级配的中、粗、砾砂，不含草根、垃圾等杂质，其含泥量不得大于5%，用作排水固结地基的砂垫层其含泥量不得大于3%。

检验数量：同一产地、品种、规格且连续进场的砂料，每3 000 m^3为一批，当不足3 000 m^3时也按一批计。施工单位每批抽样检验1组。监理单位按施工单位抽检次数的

10% 分别进行平行检验和见证检验,均不少于一次。

检验方法:现场抽样检验砂子含泥量,并进行筛分试验,在施工过程中观察检查有无草根、垃圾等杂质。

4.3.4 碎石垫层应采用未风化的干净砾石或碎石,其最大粒径不得大于 50 mm,含泥量不得超过 5%,且不含草根、垃圾等杂质。

检验数量:同一产地、品种、规格且连续进场的碎石,每 3 000 m^3 为一批,当不足 3 000 m^3时也按一批计。施工单位每批抽样检验 1 组。监理单位按施工单位抽检次数的 10% 分别进行平行检验和见证检验,均不少于一次。

检验方法:在现场抽样检验碎石最大粒径、含泥量,并在施工过程中观察检查有无草根、垃圾等杂质及岩性变化情况。

4.3.5 反滤层材料含泥量、颗粒级配应符合设计要求。

检验数量:同一产地、品种、规格且连续进场的材料,每 3 000 m^3 为一批,当不足 3 000 m^3时也按一批计。施工单位每批抽样检验 1 组。监理单位按施工单位抽检次数的 10% 分别进行平行检验和见证检验,均不少于一次。

检验方法:现场抽样检验含泥量,筛分试验检验其颗粒级配,并在施工过程中观察有无草根、垃圾等杂质。

4.3.6 砂、碎石垫层、反滤层铺设位置应符合设计要求。

检验数量:沿线路纵向每 100 m 施工单位抽样检验 3 处,监理单位平行检验 1 处。

检验方法:观察、测量。

4.3.7 砂、碎石垫层的压实质量应符合设计要求。

检验数量:施工单位沿线路纵向每一压实层每 100 m 抽样检验 3 个点,其中:路基中间 1 点,两侧距路基边缘 2 m 处各 1 点。监理单位按施工单位抽检次数的 10% 分别进行平行检验和见证检验,均不少于一次。

检验方法:按《铁路工程土工试验规程》(TB 10102)规定的试验方法检验。砂垫层宜采用环刀法检测干密度和相对密度。

一般项目

4.3.8 砂、碎石垫层(反滤层)施工的允许偏差、检验数量及检验方法应符合表 4.3.8 的规定。

表 4.3.8 砂、碎石垫层(反滤层)施工的允许偏差、检验数量及检验方法

序号	检验项目	允许偏差	施工单位检验数量	检验方法
1	铺设范围	不小于设计值	沿线路纵向每 100 m 抽样检验 5 处	尺量
2	厚度	不小于设计值	沿线路纵向每 100 m 抽样检验 5 处	尺量
3	顶面高程	$^{+50}_{-20}$ mm	沿线路纵向每 100 m 抽样检验 5 处	水准测量
4	横坡	±0.5%	沿线路纵向每 100 m 抽样检验 5 个断面	坡度尺量

4.4 袋装砂井

一般规定

4.4.1 砂袋进场后应妥善存放,严禁砂袋长时间在阳光下曝晒。

4.4.2 袋装砂井施工应有防止砂袋扭结、缩颈、断裂和带起的措施。拔管时应防止带起砂袋，当带出砂袋长度大于0.5 m时，必须在旁边重新补打。

4.4.3 袋装砂井孔口带出的泥土应及时清除，并用砂回填密实。砂袋顶部埋入砂垫层长度应大于0.5 m或符合设计要求。

主 控 项 目

4.4.4 砂袋各项技术指标应符合设计要求，进场后应进行现场验收。

检验数量：同一厂家、同一批号且连续进场的砂袋，每100 000 m为一批，当不足100 000 m时也按一批计。施工单位每批抽样检验1组。监理单位按施工单位抽检次数的10%分别进行平行检验和见证检验，均不少于一次。

检验方法：查验每批产品出厂合格证、性能报告单，抽样检验砂袋原材料的规格、质量、条带拉伸强度、渗透系数、等效孔径。

4.4.5 灌入砂袋的砂必须采用天然级配的风干中、粗砂，其含泥量不得大于3%。

检验数量：同一产地、品种、规格且连续进场的砂料，每3 000 m^3为一批，当不足3 000 m^3时也按一批计。施工单位每批抽样检验1组。监理单位按施工单位抽检次数的10%分别进行平行检验和见证检验，均不少于一次。

检验方法：在料场抽样检验砂子含泥量，进行筛分试验，并在装袋过程中观察鉴别砂的风干程度。

4.4.6 袋装砂井的数量、布设形式应符合设计要求。

检验数量：施工单位、监理单位全部检验。

检验方法：观察、现场清点。

4.4.7 袋装砂井的打入深度应满足设计要求。

检验数量：施工单位抽样检验袋装砂井总数的5%。监理单位按施工单位抽样数量的10%进行平行检验。

检验方法：测量套管上划出的深度控制线，并在施工过程中观察是否达到此控制标志。

4.4.8 砂袋灌砂应饱满、密实。已打设的袋装砂井，当砂袋不满时，应及时向袋内补砂。

检验数量：施工单位抽样检验砂井总数的10%。监理单位按施工单位抽样数量的10%进行平行检验。

检验方法：观察人土袋装砂井袋头充盈状态。

一 般 项 目

4.4.9 袋装砂井施工的允许偏差、检验数量及检验方法应符合表4.4.9规定。

表4.4.9 袋装砂井施工的允许偏差、检验数量及检验方法

序 号	检验项目	允许偏差	施工单位检验数量	检查方法
1	井位(纵、横向)	50 mm	按砂井总数的5%抽样检验	尺 量
2	井 径	$^{+10}_{-0}$ mm	按砂井总数的5%抽样检验	尺 量
3	砂袋直径	±0.5 mm	按砂井总数的5%抽样检验	尺 量
4	砂袋埋入砂垫层长度	$^{+100}_{-0}$ mm	按砂井总数的5%抽样检验	尺 量

4.5 塑料排水板

一般规定

4.5.1 塑料排水板盘带进场后应妥善存放,严禁长时间在阳光下曝晒。并保持通风、干燥和远离高温源。

4.5.2 塑料排水板施工应有保证排水板不扭曲和防止泥土、杂物进入导管的措施,透水滤膜不得被扯破和污染。拔管时应防止带出排水板,当带出长度大于0.5 m时,必须在旁边重新补打。

4.5.3 塑料排水板不得接长使用。

4.5.4 打设后应及时清除排水板周围带出的泥土并用砂子回填密实,不得污染外露的排水板。塑料排水板的顶部伸入砂垫层长度应大于0.5 m或符合设计要求,外露排水板应妥善保护,且不得曝晒过久。

主控项目

4.5.5 塑料排水板的品种、规格、质量应符合设计要求,进场时应进行现场验收。

检验数量:同一厂家、同一批号的塑料排水板,每100 000 m为一批,当不足100 000 m时也按一批计。施工单位每批抽样检验1组。监理单位按施工单位抽检次数的10%分别进行平行检验和见证检验,均不少于一次。

检验方法:查验每批产品出厂合格证、性能报告单,抽样检验芯板材料单位长度重量、厚度、宽度、抗拉强度、伸长率、纵向通水率和滤膜材料单位面积重、抗拉强度、渗透系数、等效孔径。

4.5.6 塑料排水板的插设数量、布设形式应符合设计要求。

检验数量:施工单位、监理单位全部检验。

检验方法:观察、现场清点、尺量。

4.5.7 塑料排水板插设深度应满足设计要求。

检验数量:施工单位抽样检验排水板总数的5%。监理单位按施工单位抽样数量的10%进行平行检验。

检验方法:测量导管上划出的深度控制线,并检查施工中是否达到此控制标志。

一般项目

4.5.8 塑料排水板施工的允许偏差、检验数量及检验方法应符合表4.5.8的规定。

表4.5.8 塑料排水板施工的允许偏差、检验数量及检验方法

序 号	检验项目	允许偏差	施工单位检验数量	检验方法
1	板 位	50 mm	按排水板总数5%抽样检验	尺 量
2	伸入砂垫层长度	$^{+100}_{0}$ mm	按排水板总数5%抽样检验	尺 量

4.6 堆载预压

一般规定

4.6.1 堆载预压不得使用淤泥土或含垃圾杂物的填料，填筑过程应按设计要求或采取有效措施防止预压土污染填筑好的路基。

4.6.2 堆载预压土应边堆土边推平，顶面应平整。

4.6.3 堆载预压施工时应保护好沉降观测设施。

4.6.4 堆载预压卸载时间应根据观测资料和工后沉降推算结果，由建设单位组织设计、监理、施工单位共同研究确定卸载时间。

主控项目

4.6.5 堆载预压填筑过程中应同步进行地基沉降与土的侧向位移观测。堆载预压土的填筑速率应符合设计要求，保证路堤安全、稳定。

检验数量：施工单位全工点检验。监理单位按施工单位抽样数量的 20% 见证检验。

检验方法：观察、测量。

4.6.6 堆载预压的加压量和加压时间应满足设计要求。

检验数量：施工单位按设计要求进行检验。监理单位全部见证检验。

检验方法：水平仪、经纬仪测量，尺量，实测预压土的密度并计算各抽检段的预压荷载。

4.7 真空预压

一般规定

4.7.1 真空预压设备进场后，施工单位应及时进行检查验收，进行现场工艺试验并会同监理单位进行验收，确保施工工艺参数满足设计要求。

4.7.2 施工前应按设计要求设置观测点、观测断面，每一断面上的观测点布置数量、观测频次和观测精度应符合设计要求。观测基桩必须置于不受施工影响的稳定地基内，并定期复核校正。

4.7.3 密封沟的截面尺寸应符合设计要求，并满足密封膜铺设要求。正式抽真空前应先进行试抽，检查密封沟和密封膜的密封性。

4.7.4 真空预压卸载时间应根据观测资料和工后沉降推算结果，由建设单位组织设计、监理、施工单位共同研究确定卸载时间。

主控项目

4.7.5 密封膜、排水滤管的种类、规格及质量应符合设计要求，进场时应进行现场验收。

检验数量：同一厂家、品种、批号的材料，密封膜每 10 000 m^2 为一批，不足 10 000 m^2 也按一批计，排水滤管每 10 000 m 为一批，不足 10 000 m 也按一批计。施工单位每批抽样检验 1 组。监理单位按施工单位抽检次数的 10% 分别进行平行检验和见证检验，均不少于一次。

检验方法：查验每批产品出厂合格证、性能报告单，抽样检验密封膜的厚度、透气性能、拉伸强度和排水滤管的管径、壁厚、透水、渗滤、纵向排水性能及抗拉、抗压强度和环形刚度。

4.7.6 排水滤管的布设位置、形式、数量和管上滤水孔、滤水材料包裹形式及滤水管之间连接应符合设计要求。

检验数量：施工单位全部检验，监理单位平行检验2个断面。

检验方法：观察、尺量。

4.7.7 密封膜应粘接牢固，热合加工的搭接长度不得小于15 mm；铺设时密封膜要适当放松，表面不得损坏。

检验数量：施工单位全部检验，监理单位按施工单位检验数量的20%平行检验。

检验方法：观察、尺量。

4.7.8 密封膜的铺设范围应符合设计要求。

检验数量：施工单位、监理单位全部检验。

检验方法：观察、尺量。

4.7.9 密封膜的铺设层数应符合设计要求。

检验数量：施工单位、监理单位全部检验。

检验方法：观察、现场清点。

4.7.10 抽气阶段膜下真空度应符合设计要求。

检验数量：施工单位、监理单位按设计要求时间间隔全部检查。

检验方法：由真空度表读取数据。

4.7.11 真空预压施工时应同步进行地基沉降与土的侧向位移观测。

检验数量：施工单位按设计要求进行检测和记录。监理单位按施工单位检测数量的20%见证检验。

检验方法：观察、测量。

4.8 砂 桩

一 般 规 定

4.8.1 施工前应进行成桩工艺性试验（不少于2根），确定各项工艺参数并报监理单位确认后，方可进行施工。

4.8.2 砂桩施工开始后应及时进行复合地基承载力试验，以确认设计参数。

4.8.3 振动法施工应严格控制拔管高度、拔管速度、压管次数和时间、填砂量、电机工作电流，保证桩体连续、均匀、密实。

4.8.4 锤击法施工应根据冲击锤的能量控制拔管高度、分段填砂量、贯入度，保证桩体质量。

4.8.5 砂桩的施工顺序应符合设计规定。

主 控 项 目

4.8.6 砂桩应采用一定级配的中、粗、砾砂，其含泥量不得大于5%，用作排水的砂桩其砂的含泥量不得大于3%。

检验数量：同一产地、品种、规格且连续进场的砂料，每3 000 m^3 为一批，当不足

3 000 m^3时也按一批计。施工单位每批抽样检验1组。监理单位按施工单位抽检次数的10%分别进行平行检验和见证检验，均不少于一次。

检验方法：在料场抽样检验砂子含泥量、筛分试验检验其颗粒级配。

4.8.7　砂桩的数量、布桩形式应符合设计要求。

检验数量：施工单位、监理单位全部检验。

检验方法：观察、现场清点。

4.8.8　砂桩长度应满足设计要求。

检验数量：施工单位每根桩检验。监理单位按施工单位检验数量的20%进行平行检验。

检验方法：测量桩管上深度控制线，并检查施工中是否达到此控制标高。

4.8.9　砂桩实际灌砂量应满足设计要求。

检验数量：施工单位每根桩检验。监理单位按施工单位检验数量的20%进行平行检验。

检验方法：用砂料计量斗计量实际灌砂量并与设计灌砂量比较。

4.8.10　砂桩2 m深度以下桩身密度必须大于中密状态($N_{63.5} \geq 10$)或符合设计要求。

检验数量：施工单位按砂桩数量的2%抽样检验，且每检验批不少于2根。监理单位按施工单位抽样数量的20%进行见证检验。

检验方法：在砂桩施工结束达到规定静置时间后，进行标准贯入或动力触探试验，自桩顶2 m以下开始计数。

4.8.11　砂桩处理后的可液化土地基，桩间土的加固效果应满足设计要求。

检验数量：施工单位沿线路纵向每100 m抽样检验5处。监理单位按施工单位抽样数量的20%见证检验；勘察设计单位现场确认。

检验方法：在砂桩施工结束达到规定静置时间后，进行标准贯入、静力触探或动力触探试验，自探头达到地面1m以下开始计数。

4.8.12　砂桩处理后的地基，其复合地基的承载力应满足设计要求。

检验数量：总桩数的2‰，且每检验批不少于3根。监理单位见证检验，勘察设计单位现场确认。

检验方法：平板载荷试验。

一般项目

4.8.13　砂桩的桩位、桩径、桩身垂直度的允许偏差、检验数量及检验方法应符合表4.8.13的规定。

表4.8.13　砂桩桩位、桩径、桩身垂直度的允许偏差、检验数量及检验方法

<table>
<tr><th>序号</th><th colspan="2">检验项目</th><th>允许偏差</th><th>施工单位检验数量</th><th>检验方法</th></tr>
<tr><td>1</td><td colspan="2">桩位(纵、横)</td><td>50 mm</td><td rowspan="3">抽样检验成桩总数的5%，且每检验批不少于5根</td><td>经纬仪或钢尺丈量</td></tr>
<tr><td rowspan="2">2</td><td rowspan="2">桩径</td><td>振动法</td><td>-20 mm</td><td rowspan="2">钢尺丈量</td></tr>
<tr><td>锤击法</td><td>$^{+100}_{-50}$ mm</td></tr>
<tr><td>3</td><td colspan="2">桩身垂直度</td><td>1.5%</td><td>抽样检验成桩总数的2%，且每检验批不少于3根</td><td>经纬仪或吊线测桩架倾斜度</td></tr>
</table>

4.9 碎石桩

一般规定

4.9.1 施工前应进行成桩工艺性试验(不少于2根),确定各项工艺参数并报监理单位确认后,方可进行施工。

4.9.2 碎石桩施工开始后应及时进行复合地基承载力试验,以确认设计参数。

4.9.3 振动法施工,应严格控制拔管高度、拔管速度、压管次数和时间、填碎石量、电机工作电流,保证桩体连续、均匀、密实。

4.9.4 锤击法施工,应根据冲击锤的能量控制拔管高度、分段填入量、贯入度,保证桩体质量。

4.9.5 碎石桩的施工顺序应符合设计规定。

主控项目

4.9.6 碎石桩必须采用未风化的干净碎石或砾石,粒径应满足设计要求,最大粒径不宜大于50 mm,含泥量不得大于5%,其检验应符合本暂行标准第4.8.6条的规定。

4.9.7 碎石桩的数量、布桩形式应符合设计,其检验应符合本暂行标准第4.8.7条的规定。

4.9.8 碎石桩成桩长度应满足设计要求,其检验应符合本暂行标准第4.8.8条的规定。

4.9.9 碎石桩实际灌碎石量应满足设计要求,其检验应符合本暂行标准第4.8.9条的规定。

4.9.10 碎石桩桩身密实度应符合设计要求,其检验应符合本暂行标准第4.8.10条的规定。

4.9.11 碎石桩处理的可液化土地基,桩间土的加固效果应满足设计要求,其检验应符合本暂行标准第4.8.11条的规定。

4.9.12 碎石桩处理后的地基,其复合地基的承载力应满足设计要求,其检验应符合本暂行标准第4.8.12条的规定。

一般项目

4.9.13 碎石桩的桩位、桩径、桩身垂直度的允许偏差、检验数量及检验方法应符合本暂行标准表4.8.13的规定。

4.10 粉体喷射搅拌桩

一般规定

4.10.1 施工前应进行成桩工艺性试验(不少于2根),确定各项工艺参数并报监理单位确认后,方可进行施工。

4.10.2 粉体喷射搅拌桩施工开始后应及时进行复合地基承载力试验,以确认设计参数。

4.10.3 粉喷桩施工应符合以下规定:

1 施工机具设备性能及工艺应满足喷粉均匀性、桩的连续完整性及加固深度的要求。

2　粉喷机械应配置灰量自动记录仪，且处于检定有效期内。

3　严格控制钻进速度、提升速度、喷粉量及空气压力，控制下钻深度、喷粉高程及停灰面，桩端应原位搅拌约 2 min，确保成桩质量。

4　单桩喷粉量应符合设计要求，喷粉应均匀。施工中随时检查加固料用量、桩长、复搅长度，评定成桩质量。如有不合格桩或异常情况，应及时采取补桩或其他处理措施。

5　钻机成孔和喷粉过程中，应将废弃的加固料适当处理，不得任意排放、污染环境。

主 控 项 目

4.10.4　粉体喷射搅拌桩加固用的水泥种类、规格及质量应符合设计要求。严禁使用受潮、结块、变质的加固料。

检验数量：同一产地、品种、规格且连续进场的水泥，袋装水泥 200 t 为一批、散装水泥 500 t 为一批，当袋装水泥不足 200 t 或散装水泥不足 500 t 时也按一批计。施工单位每批抽样检验 1 组材料的强度、安定性、凝结时间等。监理单位按施工单位抽检次数的 10% 进行见证检验，但至少一次。

检验方法：检查产品质量证明文件及抽样检验。

4.10.5　粉体喷射搅拌桩的数量、布桩形式应符合设计要求，其检验应符合本暂行标准第 4.8.7 条的规定。

4.10.6　粉体喷射搅拌桩单桩喷粉量应满足设计要求。

检验数量：施工单位、监理单位每根桩检验。

检验方法：检查灰量自动记录仪打印记录。

4.10.7　粉体喷射搅拌桩成桩长度及复搅长度应满足设计要求。喷粉中断时，第二次喷粉接桩的喷粉重叠长度不得小于 1 m。

检验数量：施工单位全部检验。监理单位按施工单位检验数量的 20% 见证检验。

检验方法：测量钻杆长度，并在施工中检查是否达到设计深度标志。检查施工纪录。

4.10.8　粉体喷射搅拌桩桩身完整性、均匀性、无侧限抗压强度应满足设计要求。

检验数量：施工单位抽样检验粉喷桩总数的 2‰，且不少于 3 根。监理单位按施工单位抽样数量的 20% 见证检验。

检验方法：粉喷桩完工后 28 d，在每根检测桩桩径方向 1/4 处、桩长范围内垂直钻孔取芯，观察其完整性、均匀性，拍摄取出芯样的照片，取不同深度的 3 个试样作无侧限抗压强度试验。钻芯后的孔洞采用水泥砂浆灌注封闭。

4.10.9　粉体喷射搅拌桩处理后的单桩或复合地基承载力应满足设计要求，其检验应符合本标准第 4.8.12 条的规定。

一 般 项 目

4.10.10　粉体喷射搅拌桩施工的允许偏差、检验数量及检验方法应符合表 4.10.10 的规定。

表 4.10.10 粉体喷射搅拌桩施工的允许偏差、检验数量及检验方法

序号	检验项目	允许偏差	施工单位检验数量	检验方法
1	桩位(纵横向)	50 mm	抽样检验粉喷桩总数的10%,且每检验批不少于5根	经纬仪或钢尺丈量
2	桩身垂直度	1%		经纬仪或吊线测钻杆倾斜度
3	桩体有效直径	不小于设计值		开挖50~100 cm后,钢尺丈量

4.11 浆体喷射搅拌桩

一般规定

4.11.1 施工前应进行成桩工艺性试验(不少于2根),确定各项工艺参数并报监理单位确认后,方可进行施工。

4.11.2 浆体喷射搅拌桩施工开始后应及时进行复合地基承载力试验,以确认设计参数。

4.11.3 浆体喷射搅拌桩施工应符合下列规定:

1 施工机具设备性能及工艺应满足喷浆均匀性、桩的连续完整性及加固深度的要求。

2 严格控制搅拌机钻头下沉和提升速度、供浆与停浆时间,控制下钻深度、喷浆高程及停浆面。单桩喷浆量应符合设计要求。桩端必须原位喷浆搅拌一定时间,确保成桩质量。

3 复搅时应避免浆液上冒。

4 成桩过程中,如因故停浆,继续施工时必须重叠接桩,接桩长度不得小于0.5 m。若停机超过3 h,应拆卸输浆管路,清洗干净,在原桩位旁边补桩。

5 搅拌机械应配置自动记录仪,且处于检定有效期内。

6 配制好的浆液不得离析,供浆必须连续,固化剂与外掺剂的用量、泵送浆液时间必须有专人记录。

7 随时检查施工记录,如有不合格桩或异常情况,应及时采取补桩或其他处理措施。

8 施工中溢出的浆液应回收处理,防止污染环境。

主控项目

4.11.4 浆体喷射搅拌桩所用的固化料和外加剂品种、规格及质量应符合设计。

检验数量:同一产地、品种、规格、批号的固化剂和外加剂,每200 t为一批,当不足200 t时也按一批计。施工单位每批抽样检验1组。监理单位按施工单位抽样数量的20%见证检验。

检验方法:检查产品质量证明文件及抽样检验。

4.11.5 浆液应严格按设计配方和试验确定的配合比拌制,制备好的浆液应均匀,不得离析。

检验数量:施工单位每根桩施工过程中抽样检验2次。监理单位每工班平行检验2次。

检验方法:观察并用浆液比重计检测浆液密度。

4.11.6　浆体喷射搅拌桩的数量、布桩形式应符合设计，其检验应符合本暂行标准第4.8.7条的规定。

4.11.7　浆体喷射搅拌桩单桩喷浆量应符合设计要求。

检验数量：施工单位、监理单位每根桩检验。

检验方法：检查自动记录仪打印记录。

4.11.8　浆体喷射搅拌桩成桩长度及复搅长度应符合设计要求。因故停浆时，恢复供浆后的喷浆重叠长度不得小于0.5 m。

检验数量：施工单位每根桩检验。监理单位按施工单位检验数量的20%平行检验。

检验方法：测量钻杆长度，并在施工中检查是否达到设计深度标志。检查施工记录。

4.11.9　浆体喷射搅拌桩完整性、均匀性、桩身无侧限抗压强度应满足设计要求，其检验应符合本暂行标准第4.10.8条的规定。

4.11.10　浆体喷射搅拌桩处理后的单桩或复合地基承载力应满足设计要求，其检验应符合本标准第4.8.12条的规定。

一 般 项 目

4.11.11　浆体喷射搅拌桩施工的允许偏差、检验数量及检验方法应符合表4.11.11的规定。

表4.11.11　粉体喷射搅拌桩施工的允许偏差、检验数量及检验方法

序号	检验项目	允许偏差	施工单位检验数量	检验方法
1	桩位(纵横向)	50 mm	按成桩总数的10%抽样检验，且每检验批不少于5根	经纬仪或钢尺丈量
2	桩身垂直度	1%		经纬仪或吊线测钻杆倾斜度
3	桩体有效直径	不小于设计值		开挖50～100 cm后，钢尺丈量

4.12　高压旋喷桩

一 般 规 定

4.12.1　施工前应进行成桩工艺性试验(不少于2根)，确定各项工艺参数并报监理单位确认后，方可进行施工。

4.12.2　高压旋喷桩施工开始后应及时进行复合地基承载力试验，以确认设计参数。

4.12.3　施工前，应作好场地准备，设置回浆池，浆液应回收处理，防止污染环境。

主 控 项 目

4.12.4　高压喷射注浆所用的水泥和外加剂品种、规格及质量应符合设计要求。

检验数量：同一产地、品种、规格、批号的水泥和外加剂，袋装水泥每200 t为一批、散装水泥500 t为一批，当袋装水泥及外加剂不足200 t或散装水泥不足500 t时也按一批计。施工单位每批抽样检验1组。监理单位按施工单位抽样数量的20%

见证检验。

检验方法:检查产品质量证明文件及抽样检验。

4.12.5 浆液的拌制质量的检验应符合本暂行标准第4.11.5条的规定。

4.12.6 高压旋喷桩的数量、布桩形式应符合设计,其检验应符合本暂行标准第4.8.7条的规定。

4.12.7 高压旋喷桩的长度应符合设计。

检验数量:施工单位每根桩检验。监理单位按施工单位检验数量的20%平行检验。

检验方法:测量钻杆长度,并在施工中检查是否达到设计深度标志。检查施工纪录。

4.12.8 高压旋喷桩的完整性、均匀性、无侧限抗压强度应满足设计要求,其检验应符合本暂行标准第4.10.8条的规定。

4.12.9 高压旋喷桩处理后的单桩或复合地基承载力应满足设计要求,其检验应符合本标准第4.8.12条的规定。

一般项目

4.12.10 高压旋喷桩施工的允许偏差、检验数量及检验方法应符合表4.12.10的规定。

表4.12.10 高压旋喷桩施工的允许偏差、检验数量及检验方法

序号	检验项目	允许偏差	施工单位检验数量	检验方法
1	桩位(纵横向)	50 mm	按成桩总数的10%抽样检验,且每检验批不少于5根	经纬仪或钢尺丈量
2	桩体垂直度	1%		经纬仪或吊线测钻杆倾斜度
3	桩体有效直径	不小于设计值		开挖50~100 cm深后,钢尺丈量

4.13 灰土挤密桩

一般规定

4.13.1 灰土挤密桩包括石灰土挤密桩、水泥土挤密桩和柱锤冲击桩。

4.13.2 施工前应进行地下水位、地基土的含水量、饱和度复核,当处理深度范围有地下水或地基土的含水量小于12%或大于24%、饱和度大于65%时,应由设计单位确定是否变更设计。

4.13.3 成孔应按设计要求、成孔设备、现场土质和周围环境等情况,选用沉管、冲击或取土等方法,成孔采用机械成孔。

4.13.4 施工前应在工程现场进行工艺试验,确定施工工艺参数,报监理单位确认后,方可进行施工。

4.13.5 大面积施工前,应及时进行复合地基或单桩承载力试验,以确认设计参数。

4.13.6 灰土挤密桩成孔和孔内回填夯实应符合下列要求:

1 成孔宜在地基土接近最优(或塑限)含水量时进行。当土的含水量低于10%,特别是在整个处理深度范围内的含水量普遍很低时,宜对拟处理范围内的土层进行增湿。增湿处理应于地基处理前4~6 d,将需增湿的水通过一定数量和一定深度的渗水孔,均匀地浸入拟处理范围内的土层中。

2　成孔挤密应间隔分批进行，成孔后应及时夯填。

3　在向孔内填料前必须夯实孔底。填料应采用机械拌合且随拌随用，夯填施工应连续进行。

4　铺设灰土垫层前，应按设计要求将桩顶标高以上的预留松动土层挖除或夯（压）密实。

5　施工过程中，应做好成孔及回填夯实施工记录。如发现地基土质与勘察资料不符，应立即停止施工，待查明情况或采取有效措施处理后，方可继续施工。

6　雨季或低温季节施工，应采取防雨或防冻措施，防止灰土和土料受雨水淋湿或冻结。

7　成桩成片后，应及时填筑灰土并碾压至设计要求。

主控项目

4.13.7　灰土挤密桩所用的水泥品种、规格及质量应符合设计要求。

检验数量：同一厂家、品种、强度等级且连续进场的水泥，第200 t为一批，不足200 t时也按一批计。施工单位每批抽样1组检验水泥的强度、安定性、凝结时间。监理单位按施工单位抽样数量的20%见证取样检测或10%平行检验。

检验方法：全部检查质量证明文件，按国家现行有关标准进行抽样试验。

4.13.8　灰土挤密桩所用石灰的品种、规格及质量应符合设计要求。

检验数量：同一厂家、品种且连续进场的石灰，每200 t为一批，不足200 t也按一批计。施工单位每批抽样1次检验石灰的活性CaO、MgO含量。监理单位按施工单位抽检次数的10%分别进行平行检验和见证检验，均不少于一次。

检验方法：全部检查质量证明文件，按《建筑石灰试验方法》（JC/T 478）规定的试验方法进行抽样检验。

4.13.9　灰土挤密桩所用土的质量应符合设计要求，且有机质含量不应大于2%。

检验数量：同一取土地点、相同土性的土，每1 000 m^3为一批，不足1 000 m^3也按一批计。施工单位每批抽样检验1次。监理单位按施工单位抽检次数的10%分别进行平行检验和见证检验，均不少于一次。

检验方法：按《铁路工程土工试验规程》（TB 10102）规定的试验方法进行检验。

4.13.10　填料的配合比、最优含水率应符合设计要求，含水率允许偏差不得大于2%。

检验数量：施工单位每工班至少检查一次，监理单位见证检验。

检验方法：检查配料计量，轻型标准击实试验。

4.13.11　灰土应拌合均匀，色泽一致、无灰团、灰条和花面现象。

检验数量：施工单位、监理单位全部检验。

检验方法：观察检查。

4.13.12　灰土挤密桩的数量、布桩形式应符合设计要求。

检验数量：施工单位、监理单位全部检验。

检验方法：观察、现场清点。

4.13.13　灰土挤密桩桩孔的直径和深度应符合设计要求。

检验数量：施工单位每根桩检验。监理单位按总桩数的10%平行检验。

检验方法：孔底夯实后尺量。

4.13.14　孔内填料应分层回填夯实，其压实系数不应小于0.97（轻型击实）。

检验数量：施工单位抽样检验总桩数的3%，且每台班不少于1根。监理单位按施工单位抽检次数的10%分别进行平行检验和见证检验，均不少于一次。

检验方法：在全部孔深内，每1 m取土样测定干密度，检测点的位置应在孔心附近，轻型击实试验应符合《铁路工程土工试验规程》(TB 10102)的规定。

4.13.15 灰土挤密桩桩间土处理效果应符合设计要求。

检验数量：沿线路纵向连续每50 m施工单位抽样检验6点。

监理单位按施工单位检验数量的20%见证检验或10%平行检验，勘察设计单位现场确认。

检验方法：在孔之间形心点附近、成孔挤密深度内，每1 m取土样测定干密度、进行湿陷性试验和压缩试验(湿陷性黄土地区增湿陷性试验)，计算干密度与其最大干密度的比值(最小挤密系数)、压缩模量(湿陷性黄土地区增加湿陷系数)。

4.13.16 灰土挤密桩处理后的单桩或复合地基承载力应满足设计要求，其检验应符合本暂行标准第4.8.12条的规定。

一般项目

4.13.17 灰土挤密桩施工的允许偏差、检验数量及检验方法应符合表4.13.17的规定。

表4.13.17 灰土挤密桩施工的允许偏差、检验数量及检验方法

序号	检验项目	允许偏差	施工单位检验数量	检验方法
1	桩位(纵横向)	50 mm	按成桩总数的10%抽样检验，且每检验批不少于5根	经纬仪或钢尺丈量
2	桩垂直度	1.5%		成孔夯实孔底后吊垂球测量垂直度
3	桩体有效直径	不小于设计值		开挖50～100 cm深后，钢尺丈量

4.14 水泥粉煤灰碎石桩(CFG桩)

一般规定

4.14.1 施工前应进行成桩工艺性试验(不少于2根)，以复核地质资料以及设备、工艺、施打顺序是否适宜，确定混合料配合比、坍落度、搅拌时间、拔管速度等各项工艺参数，报监理单位确认后，方可进行施工。

4.14.2 CFG桩施工开始后应及时进行复合地基或单桩承载力试验，以确认设计参数。

4.14.3 采用振动沉管桩机成桩时，设备型号选择应根据地质条件及桩径、设计加固深度要求确定，其施工应符合下列要求：

1 振动沉管桩机沉管表面应有明显的进尺标记，并根据设计桩长、沉管入土深度确定机架高度和沉管长度；

2 沉管过程中每沉1 m应记录电流表电流一次，并对土层变化处予以说明；

3 混合料应按设计配合比经搅拌机拌和，坍落度、拌和时间应按工艺性试验确定的参数进行控制，且拌和时间不得少于1 min；

4 拔管速率应按工艺性试验确定并经监理工程师批准的参数进行控制，拔管中严禁反插；

5 每根桩的投料量不得少于设计灌注量；

6 成桩后桩顶控制标高应考虑凿除浮浆后的桩长满足设计要求。

4.14.4 采用长螺旋钻管内泵压混合料灌注成桩时，设备型号选择应根据桩径、设计加固深度要求确定，其施工应符合下列要求：

1 施工组织、施工工艺、施工作业指导书应有防止堵管、窜孔的措施。

2 钻进应先慢后快。在成孔过程中，如发现钻杆摇晃或难钻时，应放慢进尺。

3 混合料应按设计配合比经搅拌机拌和，坍落度、拌和时间应按工艺性试验确定的参数进行控制，且不得少于 1 min；搅拌的混合料必须保证混合料圆柱体能顺利通过刚性管、高强柔性管、弯管和变径管而到达钻杆芯管内。

4 CFG 桩成孔到设计标高后，停止钻进，开始泵送混合料，当钻杆芯管充满混合料后开始拔管，严禁先提管后泵料。

5 钻杆应采用静止提拔，施工中应严格按工艺性试验确定并经监理工程师批准的参数控制钻杆提拔速度和混凝土泵的泵送量，并保证连续提拔，施工中严禁出现超速提拔。

6 施工中应保证排气阀正常工作，施工中要求每工班经常检查排气阀，防止排气阀被水泥浆堵塞。

7 桩机移机至下一桩位施工时，应根据轴线或周围桩的位置对需施工的桩位进行复核，保证桩位准确。

主 控 项 目

4.14.5 所用的水泥、粉煤灰和粗细骨料品种、规格及质量应符合设计要求。

检验数量：同一产地、品种、规格且连续进场的水泥、粉煤灰，袋装 200 t 为一批、散装 500 t 为一批，当袋装不足 200 t 或散装不足 500 t 时按一批计。同一产地、品种、规格且连续进场的粗、细骨料，分别每 400 m^3 为一批，当不足 400 m^3 时按一批计。各种原材料施工单位每批抽样检验 1 组。监理单位按施工单位抽检次数的 10% 分别进行平行检验和见证检验，均不少于一次。

检验方法：检查产品质量证明文件。在水泥库抽样检验水泥强度、安定性、凝结时间，在粉煤灰库抽样检验粉煤灰细度，在料场抽样检验粗细骨料含泥量、筛分试验检验其颗粒级配。

4.14.6 CFG 桩混合料坍落度应按工艺性试验确定并经监理工程师批准的参数进行控制。

检验数量：施工单位每台班抽样检验 3 次。监理单位按施工单位抽样数量的 20% 见证检验或 10% 平行检验。

检验方法：现场坍落度试验。

4.14.7 CFG 桩混合料强度应符合设计要求。

检验数量：施工单位每台班做一组（3 块）试块。监理单位按施工单位抽检次数的 10% 进行见证检验，但至少一次。

检验方法：每台班制作混合料试块，进行 28 d 标准养护试件抗压强度检验。

4.14.8 CFG 桩的数量、布桩形式应符合设计，其检验应符合本暂行标准第 4.8.7 条的规定。

4.14.9 每根桩的投料量不得少于设计灌注量；

检验数量：施工单位每根桩检验。监理单位按施工单位检验数量的20%平行检验。

检验方法：料斗现场计量或混凝土泵自动记录。

4.14.10 CFG桩顶端浮浆应清除干净，直至露出新鲜混凝土面。清除浮浆后桩的有效长度应满足设计要求。

检验数量：施工单位每根桩检验。监理单位按施工单位检验数量的20%平行检验。

检验方法：施工前测量钻杆或沉管长度，施工中检查是否达到设计深度标志，施工后检查并清理浮浆，计算出桩的有效长度。

4.14.11 CFG桩的桩身质量、完整性应满足设计要求。

检验数量：检验总桩数的10%。监理单位按检验桩数的20%见证检验。

检验方法：低应变检测。

4.14.12 CFG桩按复合地基设计时，处理后的复合地基承载力、变形模量应满足设计要求；按柱桩设计时，处理后的单桩承载力应满足设计要求。

检验数量：总桩数的2‰，且每检验批不少于3根。监理单位见证检验，勘察设计单位现场确认。

检验方法：平板载荷试验。

一 般 项 目

4.14.13 CFG桩施工的允许偏差、检验数量及检验方法应符合表4.14.13的规定。

表4.14.13 CFG桩施工的允许偏差、检验数量及检验方法

序号	检验项目	允许偏差	施工单位检验数量	检验方法
1	桩位(纵横向)	50 mm	按成桩总数的10%抽样检验，且每检验批不少于5根	经纬仪或钢尺丈量
2	桩体垂直度	1%		经纬仪或吊线测钻杆倾斜度
3	桩体有效直径	不小于设计值		开挖50～100 cm深后，钢尺丈量

4.15 打 入 桩

一 般 规 定

4.15.1 施工前应查明施工区(高空、地面、地下)有无妨碍打桩的障碍物，并应及时处理。

4.15.2 施工前应按照设计要求和《铁路桥涵施工规范》(TB 10203)进行试桩(不少于2根)，确定各项施工工艺参数和检验桩的承载力，取得完整的试桩资料并报监理单位确认后，方可进行施工。

4.15.3 预制桩模板及支架、钢筋、混凝土和预应力的施工应符合铁道部现行《铁路混凝土工程施工质量验收补充标准》的有关规定，并符合下列规定：

1 混凝土应连续浇筑，不得中断；

2 桩的混凝土应达到吊运要求的强度，且不得低于设计强度的70%后，方可吊运，达到设计强度方可使用；

3　钢筋混凝土桩及预应力混凝土桩桩节间的连接部件，应符合设计强度和耐久性要求。接桩铁件应做防腐处理。

4.15.4　混凝土桩（管桩）的堆放、起吊和运输必须符合下列规定：

1　桩应根据种类和使用顺序堆放；堆放场地必须平整、坚实，堆放层数不宜超过四层；堆放桩的支承垫木位置，当两点支承时，应设在距两端0.21倍桩长处；当三点支承时，应设在距两端0.15倍桩长及中点处。每层垫木必须保持在同一平面上。各层间垫木应在同一垂直线上。

2　起吊时桩的吊点位置和混凝土强度应符合设计要求。应平稳提升，使各吊点同时受力。一个吊点吊桩时，吊点应设在距桩上端0.3倍桩长处，在起吊中，应用钢丝绳捆绑并控制桩的下端。

3　桩在起吊、搬运和堆码时，应防止冲撞和发生附加弯矩。

4.15.5　打桩前必须对桩的质量进行验收，其质量和规格必须符合设计要求。吊插桩前应重复检查桩架、桩位、桩身，质量合格后始可插桩。

4.15.6　锤击打桩宜重锤低击。打桩前应从两个方向检查确认桩锤、桩帽与桩身保持在同一轴线上，直桩的垂直度或斜桩的倾角应符合设计要求。

4.15.7　打桩过程中应防止偏移。遇下列情况应停止打桩，经分析研究并采取措施后，方可继续施工：

1　贯入度发生急剧变化或振动打桩机的振幅异常；

2　桩身突然倾斜移位或锤击时有严重回弹；

3　桩头破碎或桩身开裂；

4　附近地面有严重隆起现象；

5　打桩架发生偏斜或晃动。

当土质与设计不符，致使桩的入土深度相差很大时，应提交设计单位采取措施。

4.15.8　对发生"假极限"、"吸入"、上浮、下沉现象和射水沉桩必须进行复打。

主 控 项 目

4.15.9　桩的质量应符合设计要求和相关标准的规定。

检验数量：施工单位、监理单位全部检验。

检验方法：检查合格证或检验报告等质量证明文件。

4.15.10　桩的混凝土表面质量应符合下列规定：

1　桩的棱角破损深度应在10 mm以内，其总长度不大于40 cm；

2　预应力混凝土桩不得有裂缝（表面收缩裂缝除外）；

3　普通混凝土桩表面裂缝深度不应大于7 mm，裂缝宽度不应大于0.15 mm；横向裂缝长度：方桩不应大于边长1/3，管桩及多角形桩不应大于直径或对角线1/3；纵向裂缝长度：方桩不应大于边长的1.5倍，管桩及多角形桩不应大于直径或对角线的1.5倍。

检验数量：施工单位、监理单位全部检验。

检验方法：观察、尺量或用刻度放大镜检查。

4.15.11　打入桩的数量、布桩形式应符合设计，其检验应符合本暂行标准第4.8.7条的规定。

4.15.12　接桩应符合设计要求，当混凝土桩用法兰盘拼接时，应连接牢固，防锈处理符合设计要求。

检验数量:施工单位、监理单位全部检验。

检验方法:观察。

4.15.13 桩的入土深度和最终贯入度应符合设计要求。

检验数量:施工单位、监理单位全部检验。

检验方法:施工单位观察、测量并填写沉桩记录;监理单位对最终沉桩进行旁站并检查沉桩记录。

4.15.14 桩顶高程和桩头处理应符合设计要求。

检验数量:施工单位、监理单位全部检验。

检验方法:测量、观察。

4.15.15 打入桩地基处理后,按设计要求检验桩的承载力应满足设计要求。

检验数量:施工单位、监理单位按设计要求数量检验;勘察设计单位现场确认。

检验方法:施工单位进行静载试验,监理单位见证试验。

一 般 项 目

4.15.16 桩位、倾斜度的允许偏差、检验数量及检验方法应符合表 4.15.16 的规定。

表 4.15.16 桩位、倾斜度的允许偏差、检验数量及检验方法

序号	项 目	允许偏差	施工单位检验数量	检验方法
1	桩位	$d/4$	按桩总数的 5% 抽样检验,且每检验批不少于 10 根	测量或尺量
2	直桩垂直度	1%		吊线和尺量
3	斜桩倾斜度	15% $\tan\theta$		

注:1 d 为桩径或短边,单位为 mm;

2 θ 为斜桩轴线与竖直线间的夹角。

4.16 混凝土灌注桩

一 般 规 定

4.16.1 施工前应进行成桩工艺性试验(不少于 2 根),确定各项工艺参数并报监理单位确认后,方可进行施工。

4.16.2 钻孔灌注桩施工应符合下列规定:

1 钻机安装及钻孔

1)安装钻机时,底架应垫平,保持稳定,不得产生位移和沉陷。钻机顶端应用揽风绳对称拉紧。

2)钻进时,起、落钻头速度宜均匀,不得过猛或骤然变速。孔内出土,不得堆积在钻孔周围。

因故停钻时,孔口应加护盖。有钻杆的钻机,应将钻头提离孔底 5 m 以上,其他钻机钻头提出孔外。

3)钻孔应一次成孔,不得中途停顿。钻孔达到设计深度后,应对孔位、孔径、孔深和孔形等进行检查,并填写钻孔记录表,孔位偏差不应大于 10 cm。

2 冲击钻机钻孔时

1) 吊钻的钢丝绳必须软性、优质、无死弯和无断丝，安全系数不应小于12。钢丝绳与钻头的连接必须牢固。主绳与钻头的钢丝绳搭接时，两根绳径应相同。捻扭方向必须一致。

2) 钻进过程中，必须勤松绳、少量松绳，不得打空锤；勤抽渣，使钻头经常冲击新鲜地层。每次松绳量，应根据地质情况、钻头形式、钻头质量决定。

3) 钻进时，应经常检查钻头转向装置。

4) 钻孔时，应经常用检孔器检孔；更换新钻头前必须检查到孔底，始可放入新钻头。

5) 钻进时应有备用钻头，轮替使用；钻头直径磨耗超过 1.5 cm 时，应及时更换、修补。

3 循环钻机钻孔时，钻机的起重滑轮和固定钻杆的卡机，应在同一垂直线上，保持钻孔垂直。

4 套管钻机在开孔下压套管时，钻进速度宜慢，并应反复上提下压校正套管，如有偏斜及时校正。

5 不得用加深孔底深度的方法代替清孔。

4.16.3 挖孔灌注桩施工应符合以下规定：

1 挖孔过程中，必须有可靠的安全措施。

2 挖孔时必须采取孔壁支护。支护应高出地面。支护结构应经过检算。

3 护壁混凝土强度等级不应低于 C15，当作为桩身混凝土的一部分时，不应低于桩身混凝土强度等级。

4 遇有局部或厚度不大于 1.5 m 的流动性淤泥和可能出现涌砂时，应加强护壁或降水措施，必要时采用钢护筒防护。

5 孔内爆破应采用浅眼爆破。炮眼深度，硬岩层不得超过 0.4 m，软岩层不得超过 0.8 m；装药量不得超过炮眼深度的 1/3。孔内爆破应采用电引或导爆管起爆。

6 爆破前，对炮眼附近的支撑应采取防护措施。护壁混凝土强度尚未达到 2.5 MPa 时，不宜爆破作业。

7 放炮后，施工人员下井前，应事先测定孔底有无毒气，如有毒气，应迅速排除。

8 挖孔至设计高程后，孔底不应积水，并应进行孔底处理，做到平整、无松渣、淤泥等软层，当地质情况与设计不符时，应会同有关单位妥善处理。

9 浇筑桩身混凝土，当自由倾落高度超过 2m 时，混凝土必须通过溜槽或串筒，并宜采用插入式振捣器振实。

10 当孔内渗水量过大影响混凝土浇筑质量时，应采取有效措施保证混凝土的浇筑质量。

主 控 项 目

4.16.4 钢筋原材料、加工、连接和安装的检验必须符合铁道部现行《铁路混凝土工程施工质量验收补充标准》第 5.2.1 条 ~ 第 5.2.3 条、第 5.3.1 条、第 5.3.2 条、第 5.4.1 条、第 5.4.2 条、第 5.5.1 条、第 5.5.2 条的规定。

4.16.5 混凝土原材料、配合比设计、施工的检验必须符合铁道部现行《铁路混凝土工程施工质量验收补充标准》第6.2.1条～第6.2.6条、第6.3.1条～第6.3.4条和第6.4.1条～第6.4.6条的规定。

4.16.6 钻、挖孔桩工艺和防护措施必须符合设计和施工技术方案的要求。

检验数量:施工单位、监理单位全部检验。

检验方法:观察。

4.16.7 钻孔或挖孔达到设计深度后,必须核实地质情况,地质情况应与勘察设计文件相符。

检验数量:施工单位、监理单位全部检验;勘察设计单位现场确认。

检验方法:检查施工记录、观察。

4.16.8 孔底应平整,无松渣、淤泥、沉淀或扰动过的软层。孔径、孔深和孔型必须符合设计要求。

检验数量:施工单位、监理单位全部检验。

检验方法:观察和测量

4.16.9 混凝土浇筑必须符合施工工艺设计要求。

检验数量:施工单位、监理单位全部检验。

检验方法:观察和测量

监理单位旁站监理。

4.16.10 桩的混凝土强度等级必须符合设计要求。用混凝土标准条件养护试件评定的强度等级应达到设计强度的1.15倍。

检验数量:施工单位每根桩应在混凝土的浇筑地点随机抽样制作混凝土试件不得少于2组。监理单位按施工单位抽检次数的10%进行见证检验,但至少一次。

检验方法:施工单位进行混凝土强度试验;监理单位检查混凝土强度试验报告和见证取样检测或平行检验。

4.16.11 桩身顶端浮浆应清理,直至露出新鲜混凝土面。桩顶高程应符合设计要求。

检验数量:施工单位、监理单位全部检验。

检验方法:观察和测量。

4.16.12 桩身混凝土应均质、完整。其检验必须符合下列规定:

1 对钻孔桩桩身混凝土应全部进行无损检测。

2 对桩身混凝土质量有疑问和设计有要求的桩,应采用钻芯取样进行检测。

检验数量:专业检测单位检测。监理单位全部见证检验。

检验方法:按《铁路工程基桩无损检测规程》(TB 10218)的规定和《铁路工程结构混凝土强度检测规程》(TB 10426)的规定检验。

4.16.13 单桩承载力试验必须符合设计要求。

检验数量:按设计要求数量检验。

检验方法:静载试验、监理单位见证试验、勘察设计单位现场确认。

一般项目

4.16.14 钢筋原材料、加工和连接的检验应符合铁道部现行《铁路混凝土工程施工质量验收补充标准》第5.2.4条、第5.3.2条和第5.4.3条的规定。

4.16.15 灌注孔桩钢筋骨架的允许偏差、检验数量和检验方法应符合表4.16.15的规定。

表 4.16.15　灌注孔桩钢筋骨架的允许偏差、检验数量和检验方法

序号	项　目	允许偏差	施工单位检验数量	检验方法
1	钢筋骨架在承台底以下长度	±100 mm	全部检验	尺量
2	钢筋骨架直径	±20 mm		
3	主钢筋间距	±0.5d		尺量检查不少于5处
4	加强筋间距	±20 mm		
5	箍筋间距或螺旋筋间距	±20 mm		
6	钢筋保护层厚度	不小于设计值		吊线尺量
7	钢筋骨架垂直度	1%		

注：d 为钢筋直径，单位为 mm。

4.16.16　桩孔的允许偏差、检验数量和检验方法应符合表 4.16.16 的规定。

表 4.16.16　桩孔的允许偏差、检验数量和检验方法

序　号	项　目		允许偏差	施工单位检验数量	检验方法
1	孔位中心	钻孔桩	100 mm	全部检验	测量
		挖孔桩	50 mm		
2	倾斜度	钻孔桩	1%		
		挖孔桩	0.5%		

4.17　桩　帽　板

一 般 规 定

4.17.1　桩帽板施工应在桩检验合格后进行。

4.17.2　桩帽板施工前必须将桩顶锤击面破损部分去除，全部凿除至新鲜混凝土面，桩体埋入桩帽板长度及桩顶主筋锚入桩帽板的长度应符合设计要求。

4.17.3　绑扎桩帽板钢筋前应核实每根桩体埋入桩帽板长度，并将基底压密至设计要求。

主 控 项 目

4.17.4　模板及支架安装和拆除的检验必须符合铁道部现行《铁路混凝土工程施工质量验收补充标准》第 4.2.1 条、第 4.2.2 条和第 4.3.1 条的规定。

4.17.5　钢筋原材料、加工、连接和安装的检验必须符合铁道部现行《铁路混凝土工程施工质量验收补充标准》第 5.2.1 条、第 5.2.3 条、第 5.3.1 条、第 5.4.1 条、第 5.4.2 条、第 5.5.1 条和第 5.5.2 条的规定。

4.17.6　混凝土原材料、配合比设计和施工的检验必须符合铁道部现行《铁路混凝土工程施工质量验收补充标准》第 6.2.1 条～第 6.2.7 条、第 6.3.1 条～第 6.3.4 条、第 6.4.1 条～第 6.4.16 条的规定。

4.17.7 桩头与桩帽板连接必须符合设计要求。当设计对桩帽板边缘与桩外缘净距无要求时,应符合下列规定:

1 桩径≤1 m时,桩帽板边缘与桩外缘净距不小于0.5倍桩径,且不小于250 mm;

2 桩径>1 m时,桩帽板边缘与桩外缘净距不小于0.3倍桩径,且不小于500 mm。

检验数量:施工单位、监理单位全部检查。

检验方法:观察和尺量检查。

一般项目

4.17.8 模板及支架安装和拆除的检验必须符合铁道部现行《铁路混凝土工程施工质量验收补充标准》第4.2.3条和第4.3.2条的规定。

4.17.9 钢筋原材料、加工、连接和安装的检验必须符合铁道部现行《铁路混凝土工程施工质量验收补充标准》第5.2.4条、第5.3.2条、第5.4.3条和第5.5.5条的规定。

4.17.10 混凝土施工和表面质量的检验应符合铁道部现行《铁路混凝土工程施工质量验收补充标准》第6.4.16条~第6.4.18条的规定。

4.17.11 桩帽板的允许偏差、检验数量及检验方法应符合表4.17.11的规定。

表4.17.11 桩帽板的允许偏差、检验数量及检验方法

序号	项目	允许偏差	施工单位检验数量	检验方法
1	桩帽板平面尺寸	±30 mm	按桩帽板数量5%抽样检验	每块长、宽各尺量2点
2	桩帽板厚度	$^{+30}_{-20}$ mm		每块尺量4点
3	中心位置	15 mm		测量纵横各2点

4.18 强夯

一般规定

4.18.1 施工前,应按设计初步确定的强夯参数,在有代表性的场地上进行工艺性试夯试验。通过强夯前后测试数据的对比,检验强夯效果,确定有关工艺参数,并报监理单位确认。

4.18.2 强夯施工应符合以下规定:

1 夯锤重和落距应确保单击夯击能量满足设计要求。

2 在每遍夯击前,应对夯点放线进行复核,夯完后检查夯坑位置,发现偏差或漏夯应及时纠正。

3 强夯过程中若发现因坑底倾斜而造成夯锤歪斜时,应及时将坑底整平。

4 强夯施工中,每个夯点的夯击次数、每击的夯沉量、夯击间隔时间及施工步骤应符合设计要求。

5 施工过程中应对各项参数及情况进行详细记录。

4.18.3 强夯施工产生的噪声不应大于《建筑施工场界噪声界限》(GB 12523)的规定,强夯场地与建筑物间应按设计要求采取隔振或防振措施。

主控项目

4.18.4 强夯处理夯击点布置应满足设计要求。

检验数量：施工单位、监理单位全部检验。

检验方法：观察、尺量。

4.18.5 低能量满夯的搭接不得小于1/4夯锤直径。

检验数量：施工单位全部检验，监理单位按施工单位检验数量的10%平行检验。

检验方法：观察、尺量。

4.18.6 强夯加固地基的承载力和有效加固深度应满足设计要求。

检验数量：施工单位每一工点每3 000 m^2抽样检验12点，其中：标准贯入试验6点，静力触探试验3点，载荷试验3点。监理单位按施工单位抽样数量的50%见证检验；勘察设计单位现场确认。

检验方法：按设计规定的检验时间进行标准贯入试验、静力触探试验，和平板载荷试验。

一 般 项 目

4.18.7 强夯夯坑中心偏移的允许偏差应不大于0.1倍夯锤直径。

检验数量：施工单位检验总夯击点的10%。

检验方法：测量检查。

4.18.8 强夯地基处理范围、横坡的允许偏差、检验数量及检验方法应符合表4.18.8的规定。

表4.18.8 强夯地基处理范围、横坡的允许偏差、检验数量及检验方法

序号	检验项目	允许偏差	施工单位检验数量	检验方法
1	范围	不小于设计值	沿线路纵向每100 m抽样检验5处	尺　量
2	横坡	±0.5%	沿线路纵向每100 m抽样检验5个断面	坡度尺量

4.19 土工合成材料加筋垫层

一 般 规 定

4.19.1 土工合成材料进场后应整齐堆放在料棚（库）内，避免阳光照射，并保持通风、干燥和远离高温源。铺好后应及时按设计要求覆盖，不得长时间受阳光直接曝晒。

4.19.2 土工合成材料上不允许直接进行碾压，需待上覆填土后方可采用碾压机械压实。严禁碾压及运输等设备直接在土工合成材料上行走作业。

4.19.3 当土工合成材料的垫层为碎石时，应在土工合成材料和碎石之间设置5 cm的中粗砂保护层。

主 控 项 目

4.19.4 土工合成材料的品种、规格及质量应满足设计要求，进场时应进行现场验收。

检验数量：同一厂家、品种、批号的土工合成材料，每10 000m^2为一批，不足10 000 m^2也按一批计。施工单位每批抽样检验1组。监理单位按施工单位抽样数量的20%见证取样检测。

检验方法:查验每批产品出厂合格证、性能报告单。抽样检验土工织物的拉伸强度、延伸率、渗透系数或土工格栅的抗拉强度、延伸率。

4.19.5 砂、碎石垫层材料的检验应符合本暂行标准第4.3.3条和第4.3.4条的规定。

4.19.6 土工合成材料的铺设层数、铺设方向和连接方法应满足设计要求。

检验数量:施工单位沿线路纵向每100 m抽样检验5处。监理单位按施工单位抽样数量的10%平行检验。

检验方法:观察、尺量。

4.19.7 砂、碎石垫层的填筑压实质量应符合本暂行标准第4.3.7条的规定。

一 般 项 目

4.19.8 土工合成材料铺设的允许偏差、检验数量及检验方法应符合4.19.8的规定。

4.19.9 砂、碎石垫层施工的允许偏差、检验数量及检验方法应符合表4.3.8的规定。

表4.19.8 土工合成材料铺设的允许偏差、检验数量及检验方法

序号	检验项目	允许偏差	施工单位检验数量	检验方法
1	铺设范围	不小于设计值	沿线路纵向每100 m抽样检验3处,且每检验批不少于3处	尺量,查施工记录
2	搭接宽度	$^{+50}_{0}$ mm		
3	竖向间距	±30 mm		
4	上下层接缝错开距离	±50 mm		
5	回折长度			

4.20 洞 穴 处 理

一 般 规 定

4.20.1 岩溶洞穴地区,路堤填筑前及路堑开挖至设计标高后,应结合勘探设计资料对施工地段进行地质核查。洞穴处理后,应由设计单位对处理范围、效果予以确认。

4.20.2 开工前应根据勘探设计资料和洞穴的具体地质情况,确定施工方案和施工工艺,制订质量保证措施,报监理单位审核批准后组织施工。

4.20.3 洞穴处理前、后应分别测量、记录处理范围和高程。

4.20.4 施工单位应严格按设计规定的施工方法和要求进行洞穴处理。若施工前或施工过程中出现下列情况,应及时反馈设计单位,必须通过设计单位进行处理。

1 施工前地质核查或施工过程中发现地质情况与设计不符;

2 在路堑路基面、边坡上出现较大或有水的、有较厚松软充填物的溶洞;

3 施工中发现路堤地基的溶洞或查知有位于堑底下不深但未出露的溶洞;

4 注浆孔揭示的岩溶范围、深度与设计不符。

4.20.5 黄土陷穴地区路基,对洞穴采取开挖回填夯实、灌(压)土浆、灌砂等处理措施时,应在处理范围做好排水设施,不使地表水流入。

4.20.6 注浆施工时应有符合环保要求的废浆隔离与回收设施,注浆过程中应防止浆液渗漏，如有“跑浆”现象，应及时查明原因并处理。

4.20.7　岩溶、洞穴地段路基施工前应做好引排地面水设施，处理范围内的地面、地下防排水、防渗措施应满足设计要求，并符合环保有关规定。

主控项目

4.20.8　洞穴处理所用材料应符合设计要求，进场时应进行现场验收。

检验数量：施工单位按相关材料要求的检验数量抽样检验。监理单位按施工单位抽检次数的10%分别进行平行检验和见证检验，均不少于1次。

检验方法：查验每批产品出厂合格证、性能报告单及抽样检验。

4.20.9　洞内充填物的清除深度应符合设计要求。

检验数量：施工单位对面积小于20 m^2 的洞穴，每个洞穴抽样检验10处；面积大于20 m^2 的洞穴，每个洞穴抽样检验20处。监理单位每个洞穴平行检验3处。

检验方法：观察、尺量。

4.20.10　采用钻孔灌浆或灌砂处理洞穴时，其钻孔的布设形式、灌充数量和范围应符合设计要求。

检验数量：施工单位、监理单位全部检验。

检验方法：观察钻孔的布设形式、数量，并采用物探、水压试验法检验处理效果（黄土地区不可采用水压试验法）。

4.20.11　采取回填法处理洞穴时，其回填范围及其端部处理应符合设计要求，回填应分层夯填密实。用岩块回填不得有架空现象、压实质量应符合设计要求。

检验数量：施工单位、监理单位检查每个洞穴回填范围及端部处理情况。施工单位每回填层检验压实质量3点，监理单位按施工单位检验数量的20%见证检验压实质量。

检验方法：观察，按《铁路工程土工试验规程》（TB 10102）规定的试验方法检验。

4.20.12　采用砌体封闭洞穴时，砂浆强度等级应符合设计要求，砌筑应与洞壁密贴，外露面应与路基面或基底、边坡面平齐。

检验数量：施工单位每个洞穴做1组砂浆强度试件，监理单位按施工单位抽检次数的10%进行见证检验，但至少一次。

检验方法：观察，抽样检验砂浆抗压强度试验。

4.20.13　洞穴内修筑的支顶构筑物应符合设计要求，砌筑应密实。

检验数量：施工单位每个洞穴做1组砂浆强度试件，监理单位按施工单位抽检次数的10%进行见证检验，但至少一次。

检验方法：观察，抽样检验砂浆抗压强度试验。

4.20.14　堑内干小溶洞的处理，应符合设计要求。

检验数量：施工单位、监理单位对每个干小溶洞检验。

检验方法：观察，尺量。

5 基床以下路堤

5.1 一般规定

5.1.1 路堤必须在严格按设计文件进行地基处理后，并经检验满足设计要求后开始填筑。

5.1.2 在进行大面积填筑前，不同填料应选取有代表性的地段作为试验段，进行摊铺压实工艺试验，确定施工工艺参数，并报监理单位确认。

5.1.3 路堤填筑前应作好路基两侧排水，填筑施工不得污染农田和环境。

5.1.4 路堤填筑材料的使用、运输、存放应符合下列要求：

1 填料中碎石最大粒径不得大于 15 cm。

2 路堤浸水部分应采用水稳性高的渗水性材料填筑，严禁填筑易风化的软岩石。

3 振动液化土地基上路堤的填料应具有较好的抗震稳定性。路堤基底垫层材料应采用碎石(卵石)或粗砂夹碎(卵)石，不得采用细砂或中砂。浸水部分填料应选用抗震稳定性较好的渗水性材料。

4 石灰、水泥等化学改良土外掺料的运输、使用应有保护环境的措施，外掺料应分类堆放、与原地面架空隔离，并有防风、雨设施，防止材料受潮、变质。

5 土工合成材料运至工地后，应分批整齐堆放在料棚(库)内，防止阳光曝晒，并保持料棚(库)通风干燥。

5.1.5 路堤填筑时应符合下列规定：

1 路堤填筑应按"三阶段、四区段、八流程"的施工工艺组织施工，每个区段的长度应根据使用机械的能力、数量确定，一般宜在 200 m 以上或以构筑物为界。各区段或流程内严禁几种作业交叉进行。

2 不同性质的填料应分别填筑，不得混填。每一摊铺层填料中的粗细料应摊铺均匀，不应有粗集料或细集料窝。较大粒径石块不应集中，应均匀的分布于填筑层中，石块间的空隙应用较小碎石、石屑等材料填充密实，并使层厚均匀层面平整。

3 填筑时应横断面全宽、纵向分层填筑压实，不得出现纵向接缝。当原地面高低不平时，应先从最低处分层填筑，并由两边向中心填筑。

4 具有可击实性的土的碾压含水量应控制在由试验段确定的施工允许含水量范围内。

5 当路基各段不同步填筑时，纵向接头处应在已填筑压实基础上挖出硬质台阶，台阶宽度不宜小于 2 m，高度同填筑层厚。

6 雨季路堤施工，每次作业收工前应将铺填的松土层摊铺压实完毕，且填筑的每一压实层面均做成向路基两侧 2% ~4% 的横向排水坡。严禁雨天进行非渗水土的填筑。

5.1.6 改良土施工除应符合第 5.1.5 条的规定外，还应符合下列规定：

1 改良土施工设备和工艺应体现先进的原则，满足拌和施工质量要求和环境保护要求。条件具备时应优先选择厂(场)拌。

2 物理改良土的配合比应保证混合料的压实质量能达到设计要求,化学改良土的配合比应保证混合料的无侧限抗压强度能达到设计要求。

3 外掺料与改良土填料应拌和均匀,色泽一致,无灰团、灰条和花面现象。

5.1.7 加筋土施工除应符合第5.1.5条的规定外,还应符合下列规定:

1 铺设土工合成材料前应整平、压实下承层,其平整度、横坡及压实质量应符合设计要求,表面不得有坚硬凸出物。土工合成材料铺设时,必须拉紧、展平与下承层面密贴,不得褶皱、扭曲和损坏。铺好后应及时填筑填料,不得长时间受阳光直接曝晒。

2 加筋土填筑过程中严禁施工机械直接在土工合成材料上行走作业。

5.1.8 软土、松软土地基上的路堤及预压土填筑,除应符合第5.1.5条~第5.1.7条的规定外,还应符合以下规定(真空预压地基处理地段不受下述第2、3款限制):

1 软土和松软土地段路基施工组织设计应注意不同地基处理措施可能产生的差异沉降,并应保证必要的预压期。

2 路基填筑过程中,必须控制填筑速率,当路堤中心线地面沉降速率大于每昼夜10 mm、坡脚水平位移速率大于每昼夜5 mm时,应立即停止填筑,待观测值恢复到限值以内再进行填筑。

3 反压护道应与路基同步填筑,其填料、填筑压实方法、压实标准应符合路堤相应部位的规定。护道顶面应平顺并有向路基两侧的排水坡,边坡应顺直无凹陷。

5.1.9 膨胀土地基上的路堤填筑,根据其填料种类除应符合第5.1.5条~第5.1.7条的规定外,还应符合以下规定:

1 施工前应结合永久排水设施做好地表排水设施,排水沟应随挖随砌,铺砌必须及时完成;

2 膨胀土路基不应在雨季施工;

3 换填厚度应根据开挖后地基检测结果确定,且不得小于设计;

4 基底换填应与开挖紧密衔接。如有困难,应预留厚度不小于50 cm的保护层。

5.1.10 黄土地区的路堤填筑,根据其填料种类除应符合第5.1.5条~第5.1.7条的规定外,施工前应结合永久排水设施做好地表排水设施,排水沟应随挖随砌,铺砌必须及时完成。施工中路基范围黄土地基上不得浸水。

5.1.11 盐渍土地基上的路堤填筑,根据其填料种类除应符合第5.1.5条~第5.1.7条的规定外,当盐渍土地基的含盐量大于规定时,应铲除表层盐渍土,挖除厚度应根据开挖后地基检测结果确定,且不得小于设计要求,铲除宽度应包括护道,并应有自路基中线向两侧不小于2%的横向排水坡。

5.1.12 浸水路堤应尽量选择在枯水季节进行。路堤浸水部分及护道施工应在汛期前完成。

5.1.13 路堤填筑过程中的沉降观测应符合下列要求:

1 按设计要求埋设沉降观测设备。路基填筑过程中,应注意保护沉降观测设备,不得损坏。

2 应根据沉降观测情况进行综合分析,及时调整填筑施工工艺、施工组织措施或地基处理工程措施。

3 沉降观测资料应及时整理、汇总、分析,并进行评估,指导路基填筑施工和铺轨施工。沉降观测资料、施工过程记录应作为控制工后沉降量的依据进行验交。

4　地基沉降、侧向水平位移的观测断面及每一断面观测点布设数量、观测频次和精度、观测基桩的埋设、复核校正应符合设计及本暂行标准第14章的规定。

5.2　普通填料填筑

主 控 项 目

5.2.1　路堤填料种类、质量应符合设计要求。填筑前应对取土场填料进行取样检验；填筑时应对运至现场的填料进行抽样检验。当填料土质发生变化或更换取土场时应重新进行检验。

检验数量：施工单位对填料的检验项目、检验数量应符合表5.2.1的规定。监理单位应检查试验结果，在每填筑50 000 m^3时平行检验一组。

检验方法：按《铁路工程土工试验规程》(TB 10102)规定的试验方法检验。

表5.2.1　基床以下路堤填料复查项目及频次

填料类别	试验项目、频次			
	颗粒级配	液塑限	击实试验	颗粒密度
细粒土	—	5 000 m^3(或土性明显变化)	5 000 m^3(或土性明显变化)	—
粗粒土、碎石土	10 000 m^3(或土性明显变化)	—	—	10 000 m^3(或土性明显变化)

注：表列数字为进行一次试验的填料体积。

5.2.2　非浸水路堤基床以下路堤的压实标准应根据填料类别按表5.2.2采用双指标控制。浸水路堤填筑压实质量(K_{30}、n或K)的检验应符合本暂行标准第8.1.6条的规定。

表5.2.2　基床以下路堤压实标准

项　　目	压　实　标　准		
	改良细粒土	砂类土及细砾土	碎石类及粗砾土
地基系数K_{30}(MPa/m)	≥90	≥110	≥130
孔隙率n(%)	—	<31	<31
压实系数K	≥0.90	—	—

检验数量：施工单位沿线路纵向每100 m每压实层抽样检验压实系数K(改良细粒土)或孔隙率n(砂类土和碎石类土)6点，其中：左、右距路肩边线1 m处各2点，路基中部2点，有反压护道地段每100 m增加1个检测点；每100 m每填高约90 cm抽样检验地基系数K_{30}4点，其中：距路基边线2 m处左、右各1点，路基中部2点。监理单位按施工单位抽样数量的10%平行检验压实系数K或孔隙率n；见证全部地基系数K_{30}检测。

检验方法：按《铁路工程土工试验规程》(TB 10102)规定的试验方法检验。

5.2.3　软土、松软土地基上路堤填筑速率、堆载预压的荷载与时间等应符合设计要求。

检验数量：施工单位按设计要求进行检测。监理单位按施工单位检验数量的30%见证检验。

检验方法：水平仪、经纬仪测量，尺量，实测预压土的密度并计算各抽样检验段的预压荷载。

5.2.4 膨胀土地基上隔水层材料、设置位置和方法应符合设计要求。

检验数量：施工单位按设计要求或隔水层材料有关标准规定的数量检验隔水层材料，监理单位按施工单位检验数量的20%见证取样检测。施工单位、监理单位全工点检验隔水层设置位置和方法。

检验方法：按设计或隔水层材料有关标准规定的检验方法检验材料质量，观察隔水层设置位置和方法。

5.2.5 盐渍土地基上路堤底部应按设计要求铺设毛细水隔断层及反滤层，中粗砂垫层、反滤层材料的质量检验应符合本暂行标准第4.3.3条和第4.3.5条的规定。

5.2.6 浸水路堤应按设计要求铺设反滤层，反滤层材料质量应符合设计要求，其检验应符合本暂行标准第4.3.5条的规定。

一般项目

5.2.7 基床以下路堤填筑应符合下列规定：

1 每一水平层的全宽应用同一种填料填筑，每种填料压实累计总厚不宜小于50 cm。

2 碎石类土和砾石类土每层填筑压实厚度不宜超过40 cm，砂类土每层填筑压实厚度不宜超过30 cm，每层最小填筑压实厚度均不应小于10 cm，具体摊铺厚度及碾压遍数应按试验段工艺试验确定并经监理工程师批准的参数进行控制。

3 当上下相接的填筑层使用不同种类及颗粒条件的填料时，其粒径应符合 $D_{15} < 4d_{85}$ 的要求。

4 碎石类土和粗砾土填料的最大粒径不宜大于15 cm。

5 碾压时，各区段交接处应互相重叠压实，纵向搭接长度不得小于2.0 m，纵向行与行之间的轮迹重叠不小于40 cm，上下两层填筑接头应错开不小于3.0 m。

检验数量：施工单位每层沿线路纵向每100 m检查6处（左、中、右各2处）。

检验方法：观察、尺量检验，并检查该层和下承层土工试验报告的筛分结果，比较其粒径是否符合 $D_{15} < 4d_{85}$ 的要求。

5.2.8 地基范围及两侧的地面排水、防渗和地下水的拦截、引排应符合设计要求。地下水的出露位置和处理前、后的出水情况应有记录。防排水及出水口处理效果应良好。

检验数量：施工单位全部检查。

检验方法：观察，记录。

5.2.9 浸水路堤的反滤层施工应符合设计要求，其检验应符合本暂行标准第4.3.8条的规定。

5.2.10 路基浸水与不浸水分界高程的允许偏差、检验数量及检验方法应符合表5.2.10的规定。

表5.2.10　路基浸水与不浸水分界高程的允许偏差、检验数量及检验方法

检验项目	允许偏差	施工单位检验数量	检验方法
分界高程	$^{+100}_{0}$ mm	沿线路纵向每100 m抽样检验3点	水准仪测或尺量

5.2.11 反压护道顶面高程、宽度、边坡坡率的允许偏差、检验数量及检验方法应符合表5.2.11的规定。

表 5.2.11　反压护道顶面高程、宽度、边坡坡率的允许偏差、检验数量及检验方法

序　号	检验项目	允许偏差	施工单位检验数量	检验方法
1	顶面高程	$^{+100}_{-50}$ mm	沿线路纵向每 100 m 护道每侧抽样检验 3 点	水准仪测
2	顶面宽度	不小于设计值		尺　量
3	边坡坡率	±5% 设计坡度		坡度尺量

5.2.12　基床以下路堤中线至边缘距离、宽度、横坡、平整度的允许偏差、检验数量及检验方法应符合表 5.2.12 的规定。

表 5.2.12　基床以下路堤中线至边缘距离、宽度、横坡、平整度的允许偏差、检验数量及检验方法

序　号	检验项目	允许偏差	施工单位检验数量	检验方法
1	中线至边缘距离	±50 mm	沿线路纵向每 100 m 抽样检验 5 处	尺　量
2	宽　度	不小于设计值	沿线路纵向每 100 m 抽样检验 5 处	尺　量
3	横　坡	±0.5%	沿线路纵向每 100 m 抽样检验 5 个断面	坡度尺量
4	平 整 度	不大于 15 mm	沿线路纵向每 100 m 抽样检验 10 处	2.5 m 长直尺量测

5.3　改良土填筑

主 控 项 目

5.3.1　对需改良的土料种类应进行核实，其检验应符合本暂行标准第 5.2.1 条的规定。

5.3.2　物理改良土外掺料应符合设计要求，外掺中粗砂的检验应符合本暂行标准第 4.3.3 条的规定，外掺砂类土、碎石土的检验应符合本暂行标准第 5.2.1 条的规定。

5.3.3　化学改良土外掺料的种类及技术条件应符合设计要求。

检验数量：同一厂家、品种、批号的外掺料，每 200 t 为一批，不足 200 t 时也按一批计。施工单位每批抽样检验 1 次。监理单位见证取样检测。

检验方法：检查每批产品的生产检验报告和产品合格证，并在料场的 5 个不同部位等量取样，总计取样不少于 12 kg，按有关规定的试验方法进行检验。

5.3.4　物理改良土应充分拌和均匀，混合料配合比应符合设计要求。

检验数量：每工班每 5 000 m^3 为一批，当不足 5 000 m^3 时也按一批计。施工单位每批抽样检验 1 组。监理单位按施工单位抽检次数的 10% 分别进行平行检验和见证检验均不少于一次。

检验方法：现场抽样筛分试验。

5.3.5　物理改良土填筑压实质量的检验应符合本暂行标准第 5.2.2 条的规定。

5.3.6　化学改良土填筑压实质量应符合表 5.2.2 的规定，无侧限抗压强度应符合设计要求。

检验数量：施工单位按每检验批每压实层抽样检验 3 处无侧限抗压强度（左、中、右各 1 处）；监理单位按施工单位抽检次数的 10% 分别进行平行检验和见证检验，均不少于一次。压实质量的检验数量应符合本暂行标准第 5.2.2 条的规定。

检验方法：按《铁路工程土工试验规程》（TB 10102）规定的试验方法检验。从已摊铺

好填料的地段现场抽样，在室内按要求的压实密度成型，进行无侧限抗压强度试验；压实系数检验宜用环刀法。

一 般 项 目

5.3.7　改良土混合料摊铺、拌和、整形及碾压应符合下列规定：

1　改良土填料应分层填筑压实，每层填筑压实厚度不宜超过 30 cm，具体的摊铺厚度及碾压遍数应按试验段确定并经监理确认的参数进行控制。

2　两工作段的纵向搭接长度不应小于 2 m。

3　混合料中不应含有大于 10 mm 的土块、未消解石灰颗粒和素土层。

4　碾压时，各区段交接处应互相重叠压实，纵向搭接长度不得小于 2.0 m，纵向行与行之间的轮迹重叠不小于 40 cm，上下两层填筑接头应错开不小于 3.0 m。

检验数量：施工单位沿线路纵向每 100 m 每层抽样检验 6 处（左、中、右各 2 处）。

检验方法：观察、尺量。

5.3.8　化学改良土填层掺料剂量允许偏差为试验配合比 −0.5% ~ +1.0%。

检验数量：施工单位沿线路纵向每 100 m 每层抽样检验 3 处（左、中、右各 1 处）。

检验方法：滴定法或仪器法检测。

5.3.9　改良土填筑基床以下路基中线至边缘距离、宽度、横坡、平整度的允许偏差应符合本暂行标准第 5.2.12 条的规定。

5.4　加筋土填筑

主 控 项 目

5.4.1　加筋材料的种类、规格及质量应符合设计要求。

检验数量：同一厂家、品种、批号的加筋材料，每 10 000 m^2 为一批，不足 10 000 m^2 也按一批计。施工单位每批抽样检验 1 组。监理单位按施工单位抽检次数的 10% 分别进行平行检验和见证检验，均不少于 1 次。

检验方法：检查每批产品的质量证明文件和性能报告单，并抽样检验抗拉强度。

5.4.2　加筋材料的铺设位置、层数、方向及连接方法应符合设计要求和《铁路路基土工合成材料应用技术规范》（TB 10118）的规定。

检验数量：施工单位沿线路纵向每 100 m 抽样检验 5 处。监理单位按施工单位抽样数量的 10% 进行平行检验。

检验方法：观察，尺量。

5.4.3　路堤填料的检验应符合本暂行标准第 5.2.1 条的规定。

5.4.4　路堤填筑压实质量的检验应符合本暂行标准第 5.2.2 条的规定。

一 般 项 目

5.4.5　加筋材料铺设的允许偏差、检验数量及检验方法应符合表 5.4.5 的规定。

5.4.6　基床以下加筋土路基中线至边缘距离、宽度、横坡、平整度的允许偏差，检验数量及检验方法应符合本暂行标准第 5.2.12 条的规定。

表 5.4.5 加筋材料铺设的允许偏差、检验数量及检验方法

序 号	检 验 项 目	允 许 偏 差	施工单位检验数量	检 验 方 法
1	铺设范围	不小于设计值	沿线路纵向每 100 m 抽样检验 3 处	尺量
2	搭接宽度	$^{+50}_{0}$ mm		
3	层间距	±30 mm		水准测量
4	搭接缝错开距离	±50 mm		尺量
5	回折长度	±50 mm		

5.5 路堤边坡

一般规定

5.5.1 路堤边坡宜采用加宽超填或专用边坡压实机械施工。当采用加宽超填方法时，超填宽度不宜小于 50 cm。

5.5.2 路基刷坡宜采用刷坡机械。机械刷坡时应根据路肩线用坡度尺控制坡度。人工刷坡时应采取挂方格网控制边坡平整度和坡度，方格网桩距不宜大于 10 m。

5.5.3 路堤边坡应平顺、密实、稳固。

主控项目

5.5.4 路堤边坡坡率应符合设计要求，偏陡量不得大于设计值的 3%。

检验数量：施工单位沿线路纵向每 100 m 每侧边坡施工单位抽样检验 3 处。监理单位平行检验 1 处。

检验方法：竿尺或坡度尺量。

一般项目

5.5.5 路堤变坡点位置、平台的允许偏差、检验数量及检验方法应符合表 5.5.5 的规定。

表 5.5.5 路堤变坡点位置、平台的允许偏差、检验数量及检验方法

序 号	项 目	允许偏差	施工单位检验数量	检验方法
1	变坡点位置	+200 mm	沿线路纵向每 100 m 每侧抽样检验 3 点	水准仪测或尺量
2	平台位置	+100 mm		水准仪测或尺量
3	平台宽度	±50 mm		尺 量

注：变坡点、平台位置以位于路肩下的高度计。

6 过 渡 段

6.1 过渡段基底处理

一 般 规 定

6.1.1 过渡段基底处理过程中及处理后应严格按照设计要求作好地面排水，特别是软土、松软土、膨胀土和黄土地基地段，应确保降水及地表径流对施工质量无不利影响。

6.1.2 过渡段基底范围及其两侧的排水、防渗和地下水的拦截、引排应符合设计要求。地下水的出露位置和处理前、后的出水情况应有记录。

6.1.3 过渡段采用打入桩、挤密桩地基处理措施时，应先施工过渡段打入桩、挤密桩，后施工桥台基础桩基。

主 控 项 目

6.1.4 过渡段基底处理应按设计要求与桥台、横向结构物、相邻路堤、相邻隧道的基底处理同时进行，路堤高度 $H<3.0$ m 的路堤，原地面处理后的质量应符合本暂行标准第8.1.6条的规定。$H>3.0$ m 时，过渡段基底原地面平整后，用振动碾压机碾压密实，地基系数 $K_{30}\geqslant 60$ MPa/m。

检验数量：施工单位每个过渡段抽样检验压实系数 K（或孔隙率 n）3 点，其中：距路基边线 1 m 处左、右各 1 点，路基中部 1 点；或抽样检验地基系数 K_{30} 2 点，其中：距路基边线 2 m 处 1 点，路基中间 1 点。监理单位平行检验压实系数 K（或孔隙率 n）1 点，见证检验全部地基系数 K_{30}。监理单位按施工单位抽检次数的 20% 进行平行检验，但至少一次。

检验方法：按《铁路工程土工试验规程》（TB 10102）规定的试验方法检测。

6.1.5 路堤与路堑过渡段按设计顺原地面纵向开挖，开挖坡面的纵向坡度及台阶开挖高度应符合设计要求。

检验数量：每个过渡段施工单位抽样检验 3 点，监理单位平行检验 1 点。

检验方法：观察、尺量。

6.2 基 坑 回 填

一 般 规 定

6.2.1 桥台后基坑及横向结构物基坑应严格按照设计选用回填材料及时回填并分层压实，避免积水。

主 控 项 目

6.2.2 基坑采用混凝土回填时，回填材料和混凝土强度等级应符合设计要求。

检验数量：每个基坑施工单位抽样检验 2 组。监理单位按施工单位检验数量的 20%

见证检验。

检验方法:在浇筑地点抽样成型混凝土试件进行标准养护,并进行 28 d 抗压强度试验。

6.2.3 基坑采用碎石回填时,应分层回填,并采用小型振动机械压实,其压实质量应符合设计要求。

检验数量:每个基坑施工单位抽样检验 2 点,监理单位见证检验 1 点。

检验方法:动力触探试验。

一 般 项 目

6.2.4 基坑回填顶面高程的允许偏差为 ±50 mm。

检验数量:施工单位每个基坑抽样检验 2 点。

检验方法:水准仪测量。

6.3 基床表层以下过渡段级配碎石填层

一 般 规 定

6.3.1 施工单位应选择有代表性的过渡段作为试验段,进行基床表层以下过渡段级配碎石摊铺压实工艺试验,确定施工工艺参数,报监理单位确认。

6.3.2 过渡段应与相邻的路堤及锥体按一整体同时施工,并将过渡段与连接路堤的碾压面按大致相同的水平分层高度同步填筑并均匀压实。

6.3.3 基床表层以下过渡段级配碎石填筑除应符合本暂行标准 8.2 节的一般规定外,还应符合下列规定:

1 桥台后 2.0 m 范围外大型压路机能碾压到的部位应采用大型压路机械碾压,大型压路机碾压不到的部位及在台后 2.0 m 范围内应采用小型振动压实设备进行压实。

2 横向结构物两侧的过渡段填筑必须对称进行,并与相邻路堤同步施工。

3 涵背两端大型压路机能碾压到的部位宜采用大型压路机械碾压。大型压路机碾压不到的部位应采用小型振动压实设备进行压实。靠近横向结构物的部位,应平行于横向结构物背壁面进行横向碾压。

4 横向结构物的顶部填土厚度小于 1 m 时,不得采用大型振动压路机进行碾压。

5 加入水泥的级配碎石混合料宜在 2 h 内使用完毕。

主 控 项 目

6.3.4 过渡段级配碎石填料粒径、级配及质量应符合设计要求。碎石颗粒中针状、片状碎石含量应不大于 20%;质软、易破碎的碎石含量不得超过 10%;黏土团及有机物含量不得超过 2%,过渡段用碎石的级配范围应符合表 6.3.4 的规定。

检验数量:施工单位每 2 000 m^3 抽样检验 1 次颗粒级配、颗粒密度、针状、片状颗粒含量、黏土团及有机物含量。监理单位按施工单位抽检次数的 10% 进行平行检验和见证检验,均不少于一次。

检验方法:在料场抽样进行室内试验,并在每层的填筑过程中目测检查级配有无明显变化。

表 6.3.4 过渡段用碎石级配范围

级配编号	通过筛孔(mm)质量百分率(%)									
	50	40	30	25	20	10	5	2.5	0.5	0.075
1	100	95~100	—	—	60~90	—	30~65	20~50	10~30	2~10
2	—	100	95~100	—	60~90	—	30~65	20~50	10~30	2~10
3	—	—	100	95~100	—	50~80	30~65	20~50	10~30	2~10

6.3.5 级配碎石中掺入水泥的品种、规格及质量应符合设计要求。

检验数量:同一产地、品种、规格、批号的水泥,每200 t为一批,当不足200 t时也按一批计。施工单位每批抽样检验1组。监理单位按施工单位抽检次数的10%进行见证检验,但至少一次。

检验方法:施工单位检查产品合格证、出厂检验报告并进行有关项目的试验。监理单位检查产品合格证、出厂检验报告、试验报告,并进行抽样检验。

6.3.6 基床表层以下过渡段级配碎石填层的压实质量应按表6.3.6采用地基系数 K_{30}、动态变形模量 E_{vd} 和孔隙率 n 三项指标控制。

表 6.3.6 基床表层以下过渡段级配碎石填层压实标准

项 目	地基系数 K_{30}(MPa/m)	动态变形模量 E_{vd}(MPa)	孔隙率 n(%)
压实标准	≥150	≥50	<28

检验数量:施工单位每压实层抽样检验孔隙率 n 3点,其中距路基两侧填筑级配碎石边线1 m处左、右各1点,路基中部1点;每填高约30 cm检验动态变形模量 E_{vd} 3点,其中1点必须靠近桥台或横向结构物边缘处;每填高约60 cm抽样检验地基系数 K_{30} 2点,其中距路基两侧填筑级配碎石边线2 m处1点,路基中部1点。监理单位按施工单位抽检次数的20%进行平行检验,但至少一次。

检验方法:按《铁路工程土工试验规程》(TB 10102)及有关试验方法的规定检测。

6.3.7 在填筑压实过程中,应保证桥台、横向结构物稳定、无损伤。

检验数量:施工单位、监理单位全部检验。

检验方法:观察。

一般项目

6.3.8 填料应分层压实。采用大型压路机械碾压时,每层的最大压实厚度不宜超过30 cm,最小压实厚度不宜小于15 cm;采用小型振动压实设备碾压时,填料的虚铺厚度不应大于20 cm,具体的摊铺厚度及碾压遍数应按工艺试验确定并经监理单位确认的工艺参数进行控制。每压实层应平整无积水现象。

检验数量:施工单位抽样检验6处(左、中、右各2处)。

检验方法:观察,尺量。

6.3.9 级配碎石中水泥掺加剂量允许偏差为试验配合比0~+1.0%。

检验数量:施工单位每过渡段每填高约90 cm抽样检验3处(左、中、右各1处)。

检验方法:滴定法检测。

6.3.10 基床表层以下级配碎石填层的允许偏差、检验数量及检验方法应符合表6.3.10

的规定。

表 6.3.10 基床表层以下级配碎石填层的允许偏差、检验数量及检验方法

序 号	检验项目	允许偏差	施工单位检验数量	检验方法
1	纵向填筑长度	不小于设计值	每层抽样检验3点,左、中、右各1点	尺 量
2	纵向填筑坡度	不大于设计值	每层抽样检验3点,左、中、右各1点	尺量计算

6.3.11 过渡段填筑的允许偏差、检验数量及检验方法应符合表 6.3.11 的规定。

表 6.3.11 过渡段填筑的允许偏差、检验数量及检验方法

序号	检验项目	允许偏差	施工单位检验数量	检验方法
1	中线至边缘距离	$^{+50}_{0}$ mm	每过渡段抽样检验3点	尺 量
2	宽 度	不小于设计值	每过渡段每检测层抽样检验2点	尺 量
3	横 坡	±0.5%	每过渡段抽样检验2个断面	坡度尺量
4	平整度	不大于15 mm	每过渡段抽样检验5点	2.5 m长直尺量测
5	边坡坡率(偏陡量)	3%设计值	每过渡段每侧抽样检验6点	坡度尺量

6.4 基床表层以下过渡段两侧及锥体填土

一般规定

6.4.1 基床表层以下过渡段两侧及锥体填土应与相邻的路堤按水平分层同步填筑并均匀压实。

主控项目

6.4.2 基床表层以下过渡段两侧及锥体填料应符合设计要求,其检验应符合本暂行标准第5.2.1条的规定。

6.4.3 基床以下过渡段两侧及锥体填筑压实质量应符合表5.2.2的规定。基床底层过渡段两侧及锥体填筑压实质量应符合表8.1.6的规定。

检验数量:施工单位基床以下每压实层抽样检验压实系数 K(或孔隙率 n)和动态变形模量 E_{vd} 各3点;基床底层每压实层抽样检验压实系数 K(或孔隙率 n)3点。监理单位按施工单位抽检次数的20%进行平行检验,但至少一次。

检验方法:按《铁路工程土工试验规程》(TB 10102)规定的试验方法检验。

6.4.4 在填筑压实过程中,应保证桥台、横向结构物稳定、无损伤。

检验数量:施工单位、监理单位全部检验。

检验方法:观察。

一般项目

6.4.5 基床表层以下过渡段两侧、相邻路基及锥体填土与过渡段级配碎石间应符合 $D_{15} < 4d_{85}$ 的要求。

检验数量:施工单位每个过渡段检验1组。

检验方法：筛分试验。

6.4.6 浸水路堤防护高程的允许偏差、检验数量及检验方法应符合表 6.4.6 的规定。

表 6.4.6 浸水路堤防护高程的允许偏差、检验数量及检验方法

检验项目	允许偏差	施工单位检验数量	检验方法
防护高程	$^{+100}_{0}$ mm	每个过渡段抽样检验 2 点	水准仪测或尺量

6.4.7 过渡段两侧填土横坡、平整度的允许偏差应符合本暂行标准第 6.3.11 条的规定。

6.5 基床表层以下填料过渡段填层

一般规定

6.5.1 施工单位应选择有代表性的过渡段作为试验段，进行基床表层以下 A、B 组填料填筑过渡段摊铺压实工艺试验，确定施工工艺参数，报监理单位确认。

6.5.2 填料填筑过渡段应与级配碎石过渡段及相邻的路堤按一整体同时施工，并将各段的碾压面按大致相同的水平分层高度同步填筑并均匀压实。

6.5.3 填料填筑过渡段 A、B 组填料中碎石最大粒径不得大于 10 cm。

主控项目

6.5.4 填料填筑过渡段 A、B 组填料的检验应符合本暂行标准第 5.2.1 条的规定。

6.5.5 填料填筑过渡段 A、B 组填料压实质量应符合本暂行标准第 8.1.6 条的规定。

一般项目

6.5.6 填料应分层压实。采用大型压路机械碾压时，每层的最大压实厚度不宜超过 35 cm，最小压实厚度不宜小于 10 cm，具体的摊铺厚度及碾压遍数应按工艺试验确定并经监理单位确认的工艺参数进行控制。每压实层应平整无积水现象。

检验数量：施工单位抽样检验 6 处（左、中、右各 2 处）。

检验方法：观察，尺量。

6.5.7 填料填筑过渡段填层的允许偏差、检验数量及检验方法应符合本暂行标准第 6.3.10 条的规定。

6.5.8 填料填筑过渡段填筑的允许偏差、检验数量及检验方法应符合本暂行标准第 6.3.11 条的规定。

6.6 路堤与路堑过渡段基床表层以下填土层

一般规定

6.6.1 当路堤与路堑连接处为软质岩石或土质路堑时，应按设计要求开挖纵向台阶。

6.6.2 路堤与软质岩石或土质路堑过渡段基底以下路堤填筑应符合本暂行标准 5.1 节的一般规定。

6.6.3 路堤与软质岩石或土质路堑过渡段基床底层填筑应符合本暂行标准 8.1 节的一

般规定。

主 控 项 目

6.6.4 路堤与软质岩石或土质路堑过渡段路堤填料的种类、质量应符合设计要求，普通填料的检验应符合本暂行标准第5.2.1条的规定，物理改良土填料的检验应符合本暂行标准第5.2.1条和第5.3.2条的规定，化学改良土填料的检验应符合本暂行标准第5.2.1条和第5.3.3条的规定。

6.6.5 路堤与软质岩石或土质路堑过渡段基底以下路堤填筑压实质量的检验应符合本暂行标准第5.2.2条的规定。

6.6.6 路堤与软质岩石或土质路堑过渡段基床底层路堤填筑压实质量的检验应符合本暂行标准第8.1.6条的规定。

一 般 项 目

6.6.7 路堤与软质岩石或土质路堑过渡段基床以下路堤填筑的检验应根据填料种类分别符合本暂行标准第5.2.7条、第5.3.7条和第5.4.5条的规定。

6.6.8 路堤与软质岩石或土质路堑过渡段基床底层路堤填筑的检验应根据填料种类分别符合本暂行标准第8.1.9条、第5.3.7条和第5.4.5条的规定。

6.6.9 路堤与软质岩石或土质路堑过渡段化学改良土掺料剂量的检验应符合本暂行标准第5.3.8条的规定。

6.6.10 路堤与软质岩石或土质路堑过渡段基床以下路堤顶面中线至边缘距离、宽度、横坡、平整度的允许偏差应符合本暂行标准第5.2.12的规定。

6.6.11 路堤与软质岩石或土质路堑过渡段基床底层顶面中线至边缘距离、宽度、横坡、平整度、厚度的允许偏差应符合本暂行标准第8.1.12条的规定。

7 路 堑

一般规定

7.0.1 路堑施工前应及时完善排水系统,作好堑顶截、排水。临时排水设施应与原有排水系统及永久性排水设施相结合。堑顶为土质或含有软弱夹层的岩层时,天沟应及时铺砌或采取其他防渗措施。

7.0.2 开挖前应检查坡顶、坡面的危石、裂缝和其他不稳定情况并妥善处理。

7.0.3 路堑开挖应符合下列要求:

1 路堑开挖应保持排水系统畅通。

2 路堑开挖应自上而下纵向、水平分层开挖,纵向坡度不得小于4%。严禁掏底开挖。

3 膨胀土、黄土路堑不应在雨季施工,基床换填、边坡防护封闭应与开挖紧密衔接。当不能紧跟开挖防护时,应预留厚度不小于50 cm 的保护层。

4 设有支挡结构的路堑边坡应分段开挖、分段施工。设计要求分层开挖、分层防护的路堑边坡,应自上至下分层开挖、分层施工,支挡工程施工应与开挖紧密衔接。如果防护不能紧跟完成的,应预留厚度不小于50 cm 的保护层。

7.0.4 路基爆破施工应符合国家爆破安全规程及环保的有关规定,并应符合以下规定:

1 石质路堑开挖宜采用松动爆破,严禁采用峒室爆破。石质边坡面应采用光面或预裂爆破开挖。

2 爆破不得导致路堑各部和相邻建筑物的损伤和隐患。

3 爆破设计方案必须报有关部门审核批准后方可实施,监理单位应参与审核每次爆破设计且与现场核对。

7.0.5 路堑开挖过程中,应对照设计文件核对水文地质和工程地质资料。

7.0.6 半挖半填路基轨道下横跨挖方与填方两部分时,应按设计要求开挖换填。填筑区域基底表面应平整,片石码砌边坡与填筑同时成型,嵌缝密贴,坡面稳固。

主控项目

7.0.7 采用机械开挖或光面、预裂爆破应保证开挖面完整平顺、无危石和坑穴。边坡坡面应平整且稳定无隐患,局部凹凸差不大于15 cm。边坡防护封闭无变形、开裂。

检验数量:沿线路纵向每100 m 施工单位抽样检验5处,监理单位平行检验2处。

检验方法:观察、尺量。

7.0.8 石质路堑采用爆破法开挖应严格控制用药量,爆破不得造成路堑边坡隐患和对邻近建筑物的损伤或隐患。

检验数量:施工单位、监理单位全部检验。

检验方法:对照爆破设计文件核对各项爆破参数装药量。

7.0.9 路堑开挖边坡坡率不得偏陡。

检验数量:沿线路纵向每50 m单侧边坡施工单位抽样检验8点(上、下部各4点),监理单位平行检验4点(上、下部各2点)。

检验方法:吊线尺量计算或坡度尺量。

7.0.10 路堑开挖至设计标高后,应核对路基面和边坡的水文地质和工程地质情况,当与设计不符时,应提出变更设计。

检验数量:施工单位、监理单位全部检验;当与设计不符时,勘察设计单位现场确认。

检验方法:对照设计文件核对并详细记录。

一般项目

7.0.11 路堑边坡变坡点位置、边坡及侧沟平台施工的允许偏差、检验数量及检验方法应符合表7.0.11的规定。

表7.0.11 路堑边坡变坡点位置、边坡及侧沟平台施工的允许偏差、检验数量及检验方法

序号	检验项目	允许偏差	施工单位检验数量	检验方法
1	变坡点位置	±100 mm	沿线路纵向每100 m单侧边坡各抽样检验6点	水准仪测或尺量
2	平台位置	±100 mm		水准仪测或尺量
3	平台宽度	±50 mm		尺量

注:变坡点按路肩以上高度计,平台位置以平台顶面标高计。

8 基 床

8.1 基床底层

一般规定

8.1.1 在进行大面积填筑前,应选取有代表性的地段作为试验段,进行摊铺压实工艺试验,确定施工工艺参数,并报监理单位确认。

8.1.2 基床底层填筑材料的使用、运输、存放应符合本暂行标准第 5.1.4 条第 2 ~5 款的要求,填料中碎石最大粒径不得大于 10 cm。

8.1.3 基床底层填筑施工应根据填料分别符合本暂行标准第 5.1.5 条 ~第 5.1.7 条的规定,在软土、松软土地基上填筑基床底层时应根据填料分别符合本暂行标准第 5.1.5 条 ~第 5.1.8 条的规定。

8.1.4 路堑开挖至基床换填底面标高时,开挖表面应平顺整齐,并按设计做成向两侧的横向排水坡,换填底面以下不得扰动和泥化。

主控项目

8.1.5 基床底层填料的种类、质量应符合设计要求,普通填料的检验应符合本暂行标准第 5.2.1 条的规定,物理改良土填料的检验应符合本暂行标准第 5.2.1 条和第 5.3.2 条的规定,化学改良土填料的检验应符合本暂行标准第 5.2.1 条和第 5.3.3 条的规定。

8.1.6 基床底层普通填料、物理改良土压实标准应根据填料类别按表 8.1.6 采用地基系数 K_{30}、动态变形模量 E_{vd} 和孔隙率 n(或压实系数 K)三项指标控制。化学改良土压实质量应符合表 8.1.6 中改良细粒土的规定,无侧限抗压强度应符合设计要求。

表 8.1.6 基床底层压实标准

项 目	压实标准		
	改良细粒土	砂类土及细砾土	碎石类及粗砾土
地基系数 K_{30}(MPa/m)	≥110	≥130	≥150
动态变形模量 E_{vd}(MPa)	≥40	≥40	≥40
孔隙率 n(%)	—	<28	<28
压实系数 K	≥0.95	—	—

检验数量:施工单位沿线路纵向每 100 m 每压实层抽样检验压实系数 K(改良细粒土)或孔隙率 n(砂类土和碎石类土)6 点,其中:左、右距路肩边线 1 m 处各 2 点,路基中部 2 点;每 100 m 每填高约 90 cm 抽样检验地基系数 K_{30}、动态变形模量 E_{vd} 各 4 点,其中:距路基边线 2 m 处左、右各 1 点,路基中部 2 点。监理单位按施工单位抽检次数的 10% 分别进行平行检验和见证检验,均不少于一次。化学改良土无侧限抗压强度的检验数量应符合本暂行标准第 5.3.6 条的规定。

检验方法:按《铁路工程土工试验规程》(TB 10102)及有关试验方法的规定检验。

8.1.7　路堑基床底层为软质岩、强风化的硬质岩及土层时,其范围内的地基土比贯入阻力 P_S 值不应小于1.5 MPa或基本承载力 σ_0 不应小于0.18 MPa。不能满足时应按设计要求采取土质改良或加固措施。

检验数量:施工单位、监理单位全部检验。

检验方法:静力触探试验。

8.1.8　路堑基床底层按设计换填时,换填深度及宽度应符合设计要求。

检验数量:沿线路纵向每100 m施工单位抽样检验5个断面,监理单位平行检验1个断面。

检验方法:尺量、水准测量。

一般项目

8.1.9　基床底层普通填料分层填筑应符合下列规定:

1　每一水平层的全宽应用同一种填料填筑,每种填料压实累计总厚不宜小于50 cm。

2　碎石类土和砾石类土最大填筑压实厚度应不大于35 cm,砂类土和改良细粒土每层最大填筑压实厚度应不大于30 cm,每层最小填筑压实厚度均不宜小于10 cm,其具体摊铺厚度及碾压遍数应按工艺试验确定并经监理工程师确认的参数控制。

3　改良细粒土和具有可击实性的粗粒土的碾压含水量应控制在由工艺试验确定的施工允许含水量范围内。

4　当上下相接的压实层使用不同种类及颗粒条件的填料时,其粒径应符合 $D_{15} < 4d_{85}$ 的要求。

5　碎石类土和粗粒土填料的最大粒径应不大于10 cm,级配良好。

检验数量:施工单位沿线路纵向每100 m每层抽样检验6处(左、中、右各2处)。

检验方法:观察,尺量,筛分试验。

8.1.10　改良土混合料摊铺、拌和、整形、碾压的检验应符合本暂行标准第5.3.7条的规定。

8.1.11　化学改良土掺料剂量的检验应符合本暂行标准第5.3.8条的规定。

8.1.12　基床底层顶面中线至边缘距离、宽度、横坡、平整度、厚度的允许偏差、检验数量及检验方法应符合表8.1.12的规定。

表8.1.12　基床底层顶面中线至边缘距离、宽度、横坡、平整度、厚度允许偏差、检验数量及检验方法

序号	检验项目	允许偏差	施工单位检验数量	检验方法
1	中线至边缘距离	$^{+50}_{0}$ mm	沿线路纵向每100 m抽样检验5点	尺量
2	宽度	不小于设计值	沿线路纵向每100 m抽样检验3点	尺量
3	横坡	±0.5%	沿线路纵向每100 m抽样检验2个断面	坡度尺量
4	平整度	不大于15 mm	沿线路纵向每100 m抽样检验10点	2.5 m长直尺量测
5	厚度	±30 mm	沿线路纵向每100 m抽样检验3点	水准仪测

8.2 基床表层级配碎石(或级配砂砾石)

一般规定

8.2.1 在进行大面积填筑前,应根据初选的摊铺和碾压机械及试生产的填料,在现场选取长度不小于100 m的地段进行摊铺压实工艺试验,确定工艺参数,并报监理单位确认。

8.2.2 基床表层填筑前应验收基床底层,检验几何尺寸,核对压实标准。不符合标准的基床底层应进行修整,使其达到基床底层验收标准后方可进行基床表层填筑。

8.2.3 级配碎石或级配砂砾石必须场拌生产,拌和设备应计量准确,混合料的颗粒级配应符合标准规定。

8.2.4 基床表层级配碎石或级配砂砾石施工应符合下列要求:

1 基床表层的填筑应按“四区段、六流程”施工工艺组织施工,每个区段的长度应根据使用机械的能力、数量确定,一般宜在100 m以上。各区段或流程内严禁几种作业交叉进行。

2 基床表层下层的级配碎石或级配砂砾石可采用摊铺机或平地机摊铺,但面层应采用摊铺机进行摊铺。

3 级配碎石或级配砂砾石混合料碾压时的含水量应控制在由工艺试验确定的施工允许含水量范围内。

4 碾压应遵循先轻后重、先慢后快的原则。各区段交接处应相互重叠压实,纵向搭接长度不小于2.0 m,纵向行与行之间的轮迹重叠不小于40 cm,上下两层填筑接头应错开不小于3.0 m。

8.2.5 如设计只换填路堑基床表层,当开挖至基床表层底面标高时,开挖表面应平顺整齐,并按设计做成向两侧的横向排水坡,基床表层以下不得扰动。

8.2.6 软土、松软土地基段基床表层的填筑宜在地基沉降基本稳定后进行,避免地基沉降对基床表层整体性产生影响。

主控项目

8.2.7 基床表层级配碎石应符合设计及下列要求:

1 采用碎石的粒径、级配及材料性能应符合铁道部现行《客运专线基床表层级配碎石暂行技术条件》的规定。

2 基床表层级配碎石与上部道床及下部填土之间应满足 $D_{15} < 4d_{85}$ 的要求。当与下部填土之间不能满足此项要求时,基床表层应采用颗粒级配不同的双层结构,或在基床底层表面铺设土工合成材料(当下部填土为化学改良土时,可不受此项规定限制)。

3 每一压实层全宽应采用同一种类的填料。

检验数量:施工单位每2 000 m^3 抽样检验1次颗粒级配、颗粒密度、黏土及其他杂质含量、大于22.4 mm的粗颗粒中带有破碎面的颗粒含量;其他项目每一料场抽样检验2次。监理单位按施工单位抽检次数的10%分别进行平行检验和见证检验,均不少于一次。

检验方法:在料场抽样进行室内试验,并在每层的填筑过程中目测检查级配有无明显变化。

8.2.8 基床表层级配砂砾石应符合设计及下列要求：

1 采用级配砂砾石的级配曲线应接近圆滑，某种尺寸的粒径不应过多或过少，级配范围应符合表8.2.8的规定。颗粒中细长及扁平颗粒含量不应超过20%，黏土团及有机物含量不超过2%；粒径小于0.5 mm的细集料的液限应小于25%，塑性指数应小于6。

表8.2.8 基床表层砂砾石级配范围

级配编号	通过筛孔质量百分率(%)									
	60	50	40	30	20	10	5	2	0.5	0.075
1	97~100	95~100	90~99	84~90	76~94	65~85	54~77	40~67	23~51	3~23
2	—	100	90~100	80~93	65~85	45~70	30~55	15~35	10~20	4~10
3	—	—	100	90~100	75~95	50~70	30~55	15~30	10~20	4~10
4	—	—	—	100	85~100	60~80	30~50	15~30	10~20	4~10

2 与上部道床及下部填土之间应满足$D_{15}<4d_{85}$的要求。当与下部填土之间不能满足此项要求时，基床表层应采用颗粒级配不同的双层结构，或在基床底层表面铺设土工合成材料（当下部填土为化学改良土时，可不受此项规定限制）。

3 每一压实层全宽应采用同一种类的填料。

检验数量：施工单位每2 000 m^3抽样检验1次颗粒级配、颗粒密度、黏土团及其他杂质含量、细长扁平颗粒含量；其他项目每一料场抽样检验2次。监理单位按施工单位抽检次数的10%分别进行平行检验和见证检验，均不少于一次。

检验方法：在料场抽样进行室内试验，并在每层的填筑过程中目测检查级配有无明显变化。

8.2.9 基床表层级配碎石（或级配砂砾石）的压实标准应按表8.2.9采用地基系数K_{30}、动态变形模量E_{vd}和孔隙率n三项指标控制。

检验数量：施工单位沿线路纵向每100 m每压实层抽样检验动态变形模量E_{vd}和孔隙率n各6点，其中：左、右距路肩边线1.5 m处各2点，路基中部2点；抽样检验地基系数K_{30}4点，其中：左、右距路肩边线1.5 m处各1点，路基中部2点。监理单位按施工单位抽检次数的10%分别进行平行检验和见证检验，均不少于一次。

检验方法：按《铁路工程土工试验规程》（TB 10102）及有关试验方法的规定检测。

表8.2.9 基床表层压实标准

填 料	压 实 标 准		
	地基系数K_{30}(MPa/m)	动态变形模量E_{vd}(MPa)	孔隙率n(%)
级配碎石或级配砂砾石	≥190	≥55	<18

8.2.10 路堑基床表层换填深度及宽度应符合设计要求。

检验数量：施工单位沿线路纵向每100 m抽样检验5个断面。监理单位沿线路纵向每100 m平行检验1个断面。

检验方法：尺量。

一 般 项 目

8.2.11 填料应分层填筑，每层的压实厚度不宜超过30 cm，最小压实厚度不宜小于

15 cm，具体的摊铺厚度及碾压遍数应按工艺试验确定并经监理工程师批准的参数进行控制。每压实层路拱坡面应符合设计要求，无积水现象。

检验数量：施工单位沿线路纵向每100 m每压实层抽样检验6处（左、中、右各2处）。

检验方法：观察，尺量。

8.2.12 过渡段基床表层级配碎石中水泥掺加剂量允许偏差为试验配合比0～+1.0%

检验数量：施工单位每过渡段每层抽样检验3处（左、中、右各1处）。

检验方法：滴定法检测。

8.2.13 基床表层填筑厚度的允许偏差、检验数量及检验方法应符合表8.2.13的规定。

表8.2.13 基床表层填筑厚度的允许偏差、检验数量及检验方法

检验项目	允许偏差	施工单位检验数量	检验方法
级配碎石或级配砂砾石厚度	−20 mm	沿线路纵向每100 m抽样检验3点	水准仪测量
砂垫层厚度	不小于设计值	沿线路纵向每100 m抽样检验3点	水准仪测量

8.2.14 基床表层级配碎石或级配砂砾石表面中线高程、路肩高程、中线至路肩边缘距离、宽度、横坡、平整度的允许偏差应符合表8.2.14的规定。

表8.2.14 基床表层级配碎石或级配砂砾石表面中线高程、路肩高程、中线至路肩边缘距离、宽度、横坡、平整度允许偏差、检验数量及检验方法

序号	检验项目	允许偏差	施工单位检验数量	检验方法
1	中线高程	±10 mm	沿线路纵向每100 m抽样检验5点	水准仪测
2	路肩高程	±10 mm	沿线路纵向每100 m抽样检验5点	水准仪测
3	中线至路肩边缘距离	$^{+20}_{0}$ mm	沿线路纵向每100 m抽样检验5处	尺量
4	宽度	不小于设计值	沿线路纵向每100 m抽样检验5处	尺量
5	横坡	±0.5%	沿线路纵向每100 m抽样检验5个断面	坡度尺量
6	平整度	不大于10 mm	沿线路纵向每100 m抽样检验10点	2.5 m长直尺量

8.3 基床表层沥青混凝土

一般规定

8.3.1 在进行大面积填筑前，应根据初选的摊铺和碾压机械及试生产的填料，在现场选取长度不小于100 m的地段进行摊铺压实工艺试验，确定工艺参数，并报监理单位确认。

8.3.2 基床表层沥青混凝土填筑前应验收基床表层级配碎石或级配砂砾石，检验几何尺寸，核对压实标准。不符合标准的应进行修整，使其达到验收标准后方可进行基床表层沥青混凝土施工。

8.3.3 沥青混凝土生产、施工设备应计量准确，混合料的颗粒级配应符合设计规定。

8.3.4 基床表层沥青混凝土施工应符合下列要求：

1 沥青混合料的矿料质量及矿料级配应符合设计要求；

2 沥青材料及混合料的各项指标应符合设计要求；

3 严格控制各种矿料和沥青用量及各种材料和沥青混合料的加热温度；

4 拌和后的沥青混合料应均匀一致,无花白,无粗细料分离和结团成块现象;

5 摊铺时应严格掌握摊铺厚度和平整度,避免矿料离析,必须严格控制摊铺和碾压温度。

主 控 项 目

8.3.5 基床表层沥青混凝土各种原材料品种、各项技术质量指标应符合设计要求。

检验数量:施工单位矿料按同一生产地点每200 m^3 抽样检验1次,不足200 m^3 时也按一批计。沥青按同一产地、品种、规格每100 t抽样检验1组,不足100 t时也按一批计。监理单位按施工单位抽检次数的10%分别进行平行检验和见证检验,均不少于一次。

检验方法:拌和厂取样,按客运专线铁路有关沥青混凝土技术条件的要求进行检验。

8.3.6 基床表层沥青混凝土混合料的沥青含量、矿料级配和马歇尔技术指标应符合设计要求。

检验数量:施工单位每台拌和机抽样检验1次/日。监理单位按施工单位抽检次数的10%分别进行平行检验和见证检验,均不少于一次。

检验方法:拌和厂取样,按客运专线铁路有关沥青混凝土技术条件的要求进行检验。

8.3.7 基床表层沥青混凝土的压实质量应符合设计要求。

检验数量:施工单位沿线路纵向每100 m用核子密度仪法检验6点,其中:左、右距路肩边线1.5 m处各2点,路基中部2点;每200 m用钻心法检验2点,其中:距路肩边线1.5 m处1点,路基中部1点。监理单位按施工单位抽检次数的10%分别进行平行检验和见证检验,均不少于一次。

检验方法:按客运专线铁路有关沥青混凝土技术条件的要求进行检验。

一 般 项 目

8.3.8 基床表层沥青混凝土厚度允许偏差、检验数量及检验方法应符合表8.3.8的规定。

表8.3.8 基床表层沥青混凝土厚度允许偏差、检验数量及检验方法

检验项目	允许偏差	施工单位检验数量	检验方法
沥青混凝土厚度	不小于设计值	沿线路纵向每100 m抽样检验3点	水准仪测量

8.4 路 基 面

一 般 规 定

8.4.1 路基中线、高程及路基横断面各部尺寸应符合设计要求,其测量精度及误差应符合《客运专线铁路测量暂行规定》。

主 控 项 目

8.4.2 路基面中线高程、路肩高程、中线至路肩边缘距离、宽度、横坡、平整度的允许限差、检验数量及检验方法应符合表8.4.2的规定。

表 8.4.2 路基面中线高程、路肩高程、中线至路肩边缘距离、宽度、横坡、平整度允许偏差、检验数量及检验方法

序号	检验项目	允许偏差	沿线路纵向每 100 m 检验数量		检验方法
			施工单位	监理单位	
1	中线高程	±10 mm	抽样检验 5 点	平行检验 2 点	水准仪测
2	路肩高程	±10 mm	抽样检验 5 点	平行检验 2 点	水准仪测
3	中线至路肩边缘距离	$^{+20}_{0}$ mm	抽样检验 5 处	平行检验 2 处	尺 量
4	宽 度	不小于设计值	抽样检验 5 处	平行检验 2 处	尺 量
5	横 坡	±0.5%	抽样检验 5 个断面	平行检验 2 个断面	坡度尺量
6	平 整 度	不大于 10 mm	抽样检验 10 点	平行检验 3 点	2.5 m 长直尺量

注:软土、松软土地基中线及路肩高程指铺轨时的高程。

一 般 项 目

8.4.3 路拱坡面应平顺,有路拱与无路拱路基面的连接,应在无路拱地段按设计要求长度削铲顺坡。

检验数量:施工单位全部检验。

检验方法:观察、尺量。

8.4.4 路基面应平顺无缺损,肩棱整齐,路拱符合设计要求。不易风化的硬质岩石路堑路基面超挖坑凹应以不低于 C25 的混凝土填平,凸起部分人工凿平。

检验数量:施工单位全部检验。

检验方法:观察。

8.4.5 接触网支柱基础、渗水暗沟、电缆沟槽等施工不应破坏路基面。如有破坏,应用混凝土补齐。

检验数量:施工单位全部检验。

检验方法:观察。

9 路基排水

9.1 地表排水

一般规定

9.1.1 路基边沟、侧沟、天沟等地表排水设施应与天然沟渠和相邻的桥涵、隧道、车站等排水设施及路基面排水、坡面排水、电缆沟槽两侧排水衔接,组成完整的排水系统。路基施工前应核对全线排水系统的设计是否完备和妥善。

9.1.2 路基工程施工前,对影响路基稳定的地下水,应予以截断、疏干、降低水位,并引排到路基范围以外。在路基施工期,不得任意破坏地表植被和堵塞水路;各类排水设施应及时维修和清理,保持排水畅通、有效。

9.1.3 路基排水工程应及时实施,防止在施工期间因地表水及地下水的侵入而造成路基松软和坡面坍塌。

9.1.4 混凝土施工应符合以下规定:

1 使用的粗、细骨料、水泥、水等原材料应符合国家现行有关标准的规定;

2 混凝土应采用机械拌和,其配合比应通过试验确定;

3 混凝土运输、浇筑及间歇的时间不应超过混凝土的初凝时间;

4 混凝土浇筑完毕后,应及时采取有效的养护措施。

5 当设计有耐久性要求时,尚应符合《铁路混凝土工程施工质量验收补充标准》的有关规定和设计要求。

9.1.5 砌筑砂浆施工应符合以下规定:

1 拌制砂浆的水泥、水、砂应符合国家现行有关标准的规定;

2 砂浆应采用机械拌和,其配合比应通过试验确定;自投料完算起,搅拌时间不得少于2 min;

3 砂浆应随拌随用,搅拌好的砂浆应在3 h内使用完毕,当施工期间最高气温超过30 ℃时,应在拌成后2 h内使用完毕。

9.1.6 浆砌工程应采用挤浆法分层、分段砌筑,坐浆饱满,勾缝平顺,几何尺寸和垫层厚度符合设计要求。砌筑完成后应及时采取有效的养护措施。

9.1.7 导流构造物施工应符合下列规定:

1 导流构造物施工时,应调查核对坝址情况,当地质、河道、水文条件在核查时或在施工中发生新的变化,应及时变更设计。

2 导流构造物应按设计要求施工,并符合水工构造物有关规定。应特别注意坝基处理和坝根与相连地层或其他防护设施的嵌接。

9.1.8 改河(沟)工程施工应符合下列规定:

1 改河(沟)工程应在枯水期施工。旱季不能完成时,应妥善做好渡洪措施。

2 河道(沟)开挖应先挖中段,再挖末段。必须经检查确认新河(沟)床已符合要求后，方可挖通其上游河段。

3　利用开挖新河道（沟）的土石填平旧河道（沟）时，在新河道（沟）未通流前，不得堵断旧河道（沟）。

4　通流时，改河（沟）上游进口河（沟）段的河（沟）床纵坡应稍大于设计坡度。

主控项目

9.1.9　工程所用的砂、石、水泥、钢筋等的品种、规格、质量应符合设计要求，进场时应进行验收。

检验数量：施工单位砂石按同一生产地点每400 m^3 抽样检验1组，水泥按同一产地、品种、规格每200 t抽样检验1组，钢筋等按同一牌号、批号抽样检验1组。砂、石料监理单位按施工单位抽检次数的10%分别进行平行检验和见证检验，均不少于一次；水泥、钢筋监理单位按施工单位抽检次数的10%进行见证检验，但至少一次。

检验方法：查验钢筋、水泥的产品质量证明文件和材料性能报告单，现场抽样对水泥的安定性、凝结时间和强度、钢筋的屈服强度、极限强度、伸长率和冷弯性能、砂石含泥量进行检验。

9.1.10　路基排水设施基底处理应符合设计要求，基底应密实、平整，且无草皮、树根等杂物，无积水。

检验数量：施工单位、监理单位全部检验。

检验方法：观察。

9.1.11　排水设施、垫层、滤层的结构形式应符合设计要求，并保证排水通畅。

检验数量：每条沟每50 m施工单位抽样检验3个断面，监理单位平行检验1个断面。

检验方法：观察、尺量。

9.1.12　预制或现浇水沟及盖板混凝土强度等级应符合设计要求。

检验数量：同一配合比的混凝土≤100盘且不大于100 m^3 为一批。施工单位每批制作2组混凝土抗压强度检查试件。监理单位按施工单位抽检次数的10%进行见证检验，但至少一次。

检验方法：抗压强度试验。

9.1.13　预制水沟的基础与基坑边坡应密实、平整。预制件应拼装平顺，水泥砂浆粘贴密实，接缝咬合完好，与基础和边坡间应用水泥砂浆填塞缝隙。水沟盖板尺寸及盖板间空隙应符合设计要求，铺设应平稳。

检验数量：每条沟每50 m施工单位抽样检验3处，监理单位平行检验1个断面。

检验方法：观察。

9.1.14　浆砌水沟的砌体砂浆强度等级应符合设计要求。

检验数量：每100 m^3 水沟砌体施工单位做1组砂浆强度等级抽样检验试件。监理单位按施工单位抽检次数的10%进行见证检验，但至少一次。

检验方法：抗压强度试验。

9.1.15　浆砌水沟铺砌应密实、平顺、整齐、无渗漏水，沟内不积水，无淤塞。

检验数量：施工单位、监理单位全部检验。

检验方法：观察。

9.1.16　路堑侧沟泄水孔设置位置、布置形式、尺寸、数量应符合设计要求，且排水通畅。

检验数量：施工单位全部检验，监理单位按施工单位检验数量的10%平行检验。

检验方法：观察、尺量。

9.1.17 伸缩缝的设置、缝宽与缝的塞封应符合设计要求。

检验数量：施工单位全部检验。监理单位按施工单位检验数量的10%平行检验。

检验方法：观察、尺量。

9.1.18 垫层、滤层的厚度应不小于设计要求。

检验数量：每条沟每50 m，施工单位抽样检验3处，监理单位抽样检验1处。

检验方法：尺量。

一 般 项 目

9.1.19 路堤排水沟各部允许偏差、检验数量及检验方法应符合表9.1.19规定。

9.1.20 路堑侧沟各部允许偏差、检验数量及检验方法应符合表9.1.20规定。

9.1.21 预制水沟及盖板各部允许偏差、检验数量及检验方法应符合表9.1.21规定。

表9.1.19 排水沟各部允许偏差、检验数量及检验方法

序号	检验项目	允许偏差	施工单位检验数量	检验方法
1	沟底中心位置	±100 mm	每100 m抽样检验各5处	尺 量
2	沟底高程	±20 mm		水准测量
3	净空尺寸	±20 mm		尺 量
4	沟底坡度	±5%设计坡度		坡度尺量
5	浆砌水沟铺砌厚度	−10 mm		尺 量
6	沟底平整度	20 mm		2.5 m长直尺与钢尺量
7	沟顶高程	$^{0}_{-20}$ mm		水准测量

表9.1.20 侧沟各部允许偏差、检验数量及检验方法

序号	检验项目	允许偏差		施工单位检验数量	检验方法
		石 质 沟	现浇或预制沟		
1	沟底中心位置	$^{+50}_{0}$ mm	$^{+50}_{0}$ mm	每100 m抽样检验各5处	尺 量
2	沟底高程	±20 mm	±10 mm		水准测量
3	净空尺寸	±20 mm	±20 mm		尺 量
4	边坡坡度（偏陡量）	5%设计坡度	5%设计坡度		坡度尺量
5	铺砌厚度	−10 mm	−10 mm		尺 量
6	沟底坡度	±5%设计坡度	±5%设计坡度		坡度尺量
7	沟底平整度	20 mm	20 mm		2.5 m长直尺与钢尺量
8	平台宽度	$^{+50}_{0}$ mm	$^{+50}_{0}$ mm		尺 量
9	沟顶高程		$^{0}_{-20}$ mm		水准测量

表 9.1.21 预制水沟及盖板各部允许偏差、检验数量及检验方法

序号	检验项目		允许偏差	施工单位检验数量	检验方法
1	预制水沟厚度		−10 mm	抽样检验 2%	尺　量
2	盖板	边长	$^{+3}_{-2}$ mm		
3	盖板	对角线长	$^{+4}_{-2}$ mm		
4		厚　度	$^{+4}_{-2}$ mm		

9.2 路堤横向排水沟

一 般 规 定

9.2.1 路堤横向排水沟应与路基两侧排水沟相接，组成完整的排水系统，水路畅通无隐患。

9.2.2 水沟基底处理应符合设计要求，基底应密实、平整，且无草皮、树根等杂物，无积水。

9.2.3 混凝土、砂浆施工应符合本暂行标准第 9.1.4 条～第 9.1.6 条的规定。

9.2.4 预制横向排水沟的基础与基坑边坡应密实、平整。预制件拼装应平顺、稳定，接缝咬合完好，并与基础和边坡密贴无空洞。

9.2.5 横向排水沟盖板安装应平稳。

主 控 项 目

9.2.6 工程所用的砂、石、水泥、钢筋等的品种、规格、质量应符合设计要求，进场时应进行验收，其检验应符合本暂行标准第 9.1.9 条的规定。

9.2.7 路堤横向排水沟结构形式应符合设计要求。

检验数量：每 50 m 施工单位抽样检验 3 个断面，监理单位平行检验 1 个断面。

检验方法：观察、尺量。

9.2.8 沟底垫层、滤层结构形式、设置位置应符合设计要求。

检验数量：每 50 m 施工单位抽样检验 3 个断面，监理单位平行检验 1 个断面。

检验方法：观察、尺量。

9.2.9 横向排水沟沟底坡度应符合设计要求，并与路基两侧排水沟相接，且沟底相接处不产生积水。

检验数量：每 50 m 施工单位抽样检验 3 点，监理单位平行检验 2 点。

检验方法：观察、坡度尺量。

9.2.10 预制或现浇横向排水沟及盖板混凝土强度等级应符合设计要求，其检验应符合本暂行标准第 9.1.12 条的规定。

9.2.11 施工用砂浆强度等级应符合设计要求，其检验应符合本暂行标准第 9.1.14 条的规定。

9.2.12 伸缩缝的设置、缝宽与缝的塞封应符合设计要求。

检验数量：施工单位全部检验。监理单位按施工单位抽样数量的 10% 平行检验。

检验方法：观察、尺量。

9.2.13 沟底垫层、滤层厚度的检验应符合本暂行标准第9.1.18条的规定。

一般项目

9.2.14 路堤横向排水沟各部尺寸的允许偏差应符合本暂行标准第9.1.20条和第9.1.21条的相关规定。

9.3 地下排水

一般规定

9.3.1 地下排水设施应与地表排水系统相配套,保证水路畅通无隐患。渗沟的出水口应设置端墙,端墙下部留出与渗沟排水通道大小一致的排水沟,端墙排水孔底面距排水沟沟底的高度不宜小于20 cm;端墙出口的排水沟应进行加固,防止冲刷。

9.3.2 排水沟或暗沟采用混凝土浇筑或浆砌片石砌筑时,应在沟壁与含水地层接触面的高度处,设置一排或多排向沟中倾斜的渗水孔,沟壁最下一排渗水孔的底部应高出沟底不小于20 cm。

9.3.3 混凝土、砂浆施工应符合本暂行标准第9.1.4条~第9.1.6条的规定。

9.3.4 浆砌工程应采用挤浆法分层、分段砌筑,嵌缝饱满、密实,勾缝平顺无脱落,缝宽大体一致。

9.3.5 地下排水设施施工应符合下列要求:

1 渗沟的开挖宜自下游向上游进行,应随挖随即支撑并迅速回填,不可暴露太久,以免造成坍塌。支撑渗沟应间隔开挖。

2 沟槽开挖必须保证沟槽两壁平顺,基础表面应平整,严禁出现反坡或凸凹不平现象。

3 渗水管铺设位置、固定和连接方法应符合设计要求。

4 严禁使用再生、褶皱、老化、污染的土工织物。铺设时应绷紧、抻平,并与沟壁土体密贴,不得褶皱和损坏。

5 渗沟沟内用作排水和渗水的填充料在使用前必须筛选和清洗,回填时应防止土工织物和渗水管受到损伤。

6 沿沟槽每隔10~15 m或当沟槽通过软硬岩层分界处时应设置伸缩缝或沉降缝。

主控项目

9.3.6 工程所用的砂、石、水泥应在进场时进行检验,其检验应符合本暂行标准第9.1.9条的规定。

9.3.7 工程所用的土工合成材料应在进场时进行检验,其检验应符合本暂行标准第4.19.4条的规定。

9.3.8 渗水暗沟填充碎石技术指标应符合表9.3.8的要求。

表9.3.8 渗水暗沟填充碎石技术指标

项　目	检验指标
母岩强度	不小于30 MPa
碎石粒径	3~8 cm
含泥量(按重量计)	<2%

检验数量:施工单位按同一生产地点每400 m^3 抽样检验1组。监理单位按施工单位抽检次数的10%分别进行平行检验和见证检验,均不少于一次。

检验方法：检查母岩强度检测报告，在料场抽样检验碎石粒径、含泥量。

9.3.9 渗沟内渗水材料填充位置、厚度应符合设计要求。

检验数量：每条沟每 50 m 施工单位抽样检验 3 个断面，监理单位平行检验 2 个断面。

检验方法：观察、尺量。

9.3.10 地下排水设施的位置、开挖断面、排水坡度、出水口地点应符合设计要求，且排水通畅，无阻塞现象。

检验数量：每条沟每 50 m 施工单位抽样检验 3 个断面，监理单位平行检验 2 个断面。

检验方法：尺量、水准测量检验。

9.3.11 地下排水设施混凝土强度等级应符合设计要求，其检验应符合本暂行标准第 9.1.12 条的规定。

9.3.12 地下排水设施砌体砂浆强度等级应符合设计要求，其检验应符合本暂行标准第 9.1.14 条的规定。

9.3.13 伸缩缝的设置、缝宽与缝的塞封应符合设计要求。

检验数量：施工单位、监理单位全部检验。

检验方法：观察、尺量。

9.3.14 土工合成材料搭接宽度的允许偏差为 $^{+50}_{0}$ mm。

检验数量：施工单位、监理单位全部检验。

检验方法：尺量。

一般项目

9.3.15 地下排水设施各部的允许偏差、检验数量及检验方法应符合表 9.3.15 规定。

表 9.3.15 地下排水设施各部的允许偏差、检验数量及检验方法

检验项目	允许偏差	施工单位检验数量	检验方法
沟中心位置	±50 mm	沿线路每 100 m 抽样检验 3 个检查井	经纬仪测量
沟底高程	±20 mm	沿线路每 100 m 抽样检验 4 个检查井，8 点	水准仪测量
渗沟断面尺寸	$^{+50}_{-20}$ mm	沿线路每 100 m 抽样检验 2 处	尺 量

9.4 过渡段排水

一般规定

9.4.1 过渡段桥台背渗水板、横向排水沟（管）等排水设施应按设计要求及时完成，其连接方式应符合设计要求，铺设应平顺、整齐、牢固，排水畅通。

主控项目

9.4.2 过渡段桥台背渗水板、横向排水沟（管）等排水设施的材料品种、规格、质量应符合设计要求，进场时应进行现场验收。

检验数量：施工单位对同一品种、规格、批号进场产品抽样检验不少于 1 组。监理单位见证取样检测 1 组。

检验方法：查验产品质量证明文件和性能报告单，按相关材料检验方法抽检。

9.4.3 过渡段桥台背渗水板、横向排水沟等排水设施的结构形式、尺寸、设置范围、位置、坡度应符合设计要求，并保证排水通畅。

检验数量：施工单位、监理单位检验每个过渡段。

检验方法：尺量、水准测量。

10 路基边坡防护

10.1 浆砌片石防护

一般规定

10.1.1 路基防护应及时完成,保护路基和防止水土流失。软土、松软土地基地段的防护工程应在路堤基本稳定后进行。

10.1.2 护坡施工前,护坡基底应稳定,坡面应平整密实。

10.1.3 砌体所用的砂浆施工应符合本暂行标准第9.1.5条和第9.1.6条的规定。

10.1.4 砌体各砌块的砌缝应相互错开,不得有通缝和空缝,表面平顺整齐,与边坡嵌接牢固密贴。砌筑完成后应及时采取有效的养护措施。

主控项目

10.1.5 片石规格、强度应符合设计要求。

检验数量:施工单位每一料场抽样检验2组片石抗压强度试件,每100 m坡面抽样检验6处片石规格。监理单位每一料场平行检验1组片石抗压强度,每一坡面平行检验2处片石规格。

检验方法:在料场抽样进行抗压强度试验,并在砌筑过程中观察、尺量片石规格。

10.1.6 砌体反滤层材料的设置应符合设计要求。

检验数量:每50 m坡面施工单位抽样检验3处。监理单位平行检验1处。

检验方法:观察、尺量。

10.1.7 砂浆强度等级应符合设计要求,其检验应符合本暂行标准第9.1.14条的规定。

10.1.8 砌筑的浆砌片石边坡防护应与边坡密贴,无空洞。

检验数量:施工单位每100 m坡面抽样检验3处,监理单位见证检验3处。

检验方法:挖开观察。

10.1.9 泄水孔的位置、布置形式、孔径尺寸及泄水孔背反滤层设置规格应符合设计要求,且排水畅通。严禁倒坡。

检验数量:施工单位全部检验。监理单位按施工单位抽样数量的20%平行检验。

检验方法:观察、尺量。

10.1.10 沉降缝、伸缩缝的设置、缝宽与缝的塞封应符合设计要求。

检验数量:施工单位全部检验。监理单位按施工单位抽样数量的20%平行检验。

检验方法:观察、尺量。

10.1.11 垫层材料应符合设计要求,铺设应平整、均匀、密实。

检验数量:施工单位、监理单位全部检验。

检验方法:观察。

一 般 项 目

10.1.12 浆砌片石防护各部允许偏差、检验数量及检验方法应符合表 10.1.12 的规定。

表 10.1.12 浆砌片石防护各部允许偏差及检验数量、检验方法

序号	检验项目	允许偏差	施工单位检验数量	检验方法
1	平面位置	±50 mm	每段护坡每 50 m 长抽样检验 4 点	经纬仪测
2	底面高程	±50 mm	每段护坡每 50 m 长抽样检验 3 点	水准仪测
3	坡顶高程	$^{-20}_{0}$ mm	每段护坡每 50 m 长抽样检验 3 点	水准仪测
4	坡　率	±0.5% 设计值	每段护坡每 50 m 长抽样检验 3 点	吊垂线
5	护肩、镶边及基础厚度、宽度	≥设计值	每段护坡每 50 m 长抽样检验 3 组	尺量，查施工记录
6	厚度 砌石层	≥设计值	每段护坡每 50 m 长抽样检验 6 处（上、中、下部各 2 处）	尺　量
	厚度 垫层及反滤层	≥设计值		
7	表面平整度	≤30 mm	每段护坡每 50 m 长抽样检验 3 处	2.5 m 长直尺量测

注：每段护坡长不足 50 m 按 50 m 计。

10.2 干砌片石防护

一 般 规 定

10.2.1 路基防护应及时完成，保护路基和防止水土流失。

10.2.2 护坡施工前，护坡基底应稳定，坡面应平整密实。

10.2.3 砌筑应紧密，各砌块的砌缝应相互错开、嵌接牢固，防坡面平顺。

10.2.4 干砌护坡勾缝应于路堤沉降基本稳定后进行。勾缝前应先将松动和变形处修整平齐完好。

主 控 项 目

10.2.5 片石规格、强度应符合设计要求，其检验应符合本暂行标准第 10.1.5 条的规定。

10.2.6 砌筑的干砌片石边坡防护应与边坡密贴，无空洞。

检验数量：施工单位每 100 m 坡面抽样检验 3 处，监理单位见证检验 3 处。

检验方法：挖开观察。

10.2.7 沉降缝、伸缩缝的设置、缝宽与缝的塞封应符合设计要求，其检验应符合本暂行标准第 10.1.10 条的规定。

10.2.8 垫层材料应符合设计要求，铺设应平整、均匀、密实。

检验数量：施工单位、监理单位每段防护坡面全检。

检验方法：观察。

一 般 项 目

10.2.9　干砌片石的护坡各部允许偏差、检验数量及检验方法应符合表10.2.9的规定。

表10.2.9　干砌片石护坡各部允许偏差及检验数量、检验方法

序号	检验项目		允许偏差	施工单位检验数量	检验方法
1	平面位置		±50 mm	每段护坡每50 m长抽样检验4点	经纬仪
2	底面高程		±50 mm	每段护坡每50 m长抽样检验3点	水准仪测
3	坡顶高程		$^{0}_{-20}$ mm	每段护坡每50 m长抽样检验3点	水准仪测
4	坡　　率		±0.5%设计值	每段护坡每50 m长抽样检验3点	吊垂线
5	护肩、镶边及基础厚度、宽度		≥设计值	每段护坡每50 m长抽样检验3组	尺　量
6	厚度	砌石层	≥设计值	每段护坡每50 m长抽样检验6处(上、中、下部各2处)	尺　量
		垫　层	≥设计值		
7	表面平整度		≤30 mm	每段护坡每50 m长抽样检验3点	2.5 m长直尺量测

注:每段护坡长不足50 m按50 m计。

10.3　骨架护坡防护

一 般 规 定

10.3.1　护坡应及时安排施工,保护路基和防止水土流失。

10.3.2　护坡施工前,基底应稳定,坡面应平整密实。

10.3.3　砌体所用的砂浆施工应符合本暂行标准第9.1.5条和第9.1.6条的规定。

10.3.4　砌体各砌块的砌缝应相互错开,表面平顺整齐,与边坡嵌接牢固密贴。砌筑完成后应及时采取有效的养护措施。

10.3.5　浆砌片石骨架应嵌入坡面一定深度,骨架表面应与骨架间植物防护衔接。

主 控 项 目

10.3.6　片石规格、强度应符合设计要求及《铁路混凝土与砌体工程施工质量验收标准》(TB 10424)有关规定,其检验应符合本暂行标准第10.1.5条的规定。

10.3.7　砂浆强度等级应符合设计要求,其检验应符合本暂行标准第9.1.14条的规定。

10.3.8　砌筑的浆砌片石骨架护坡应与边坡密贴,无空洞。

检验数量:施工单位每100 m防护坡面抽样检验3处,监理单位见证检验3处。

检验方法:挖开观察。

10.3.9　沉降缝、伸缩缝的设置、缝宽与缝的塞封应符合设计要求,其检验应符合本暂行标准第10.1.10条的规定。

一 般 项 目

10.3.10　骨架护坡各部允许偏差、检验数量及检验方法应符合表 10.3.10 的规定。

表 10.3.10　骨架护坡各部允许偏差、检验数量及检验方法

序号	检验项目	允许偏差	施工单位检验数量	检验方法
1	平面位置	±50 mm	每段护坡抽样检验 4 点	测　量
2	基底高程	±50 mm	每段护坡每 50 m 长抽样检验 3 点	水准仪测
3	坡顶高程	$^{-20}_{0}$ mm	每段护坡每 50 m 长抽样检验 3 点	水准仪测
4	骨架净距	±50 mm	每段护坡每 50 m 长抽样检验 6 处(上、中、下部各 2 处)	尺　量
5	骨架宽度及边槽高度	≥设计值		尺　量
6	骨架厚度及嵌置深度	≥设计值		尺　量
7	护肩、镶边及基础厚度、宽度	≥设计值	每段护坡每 50 m 长抽样检验 3 组	尺　量
8	踏步宽度、厚度	≥设计值	每踏步抽样检验 1 处	尺　量
9	坡面平整度	≤30 mm	每段护坡每 50 m 长抽样检验 3 处	2.5 m 长直尺量测

注:每段护坡长不足 50 m 按 50 m 计。

10.4　混凝土预制块防护

一 般 规 定

10.4.1　护坡应及时安排施工,保护路基和防止水土流失。

10.4.2　护坡施工前,其基底应稳定,坡面应平整密实。

10.4.3　砌体所用的砂浆施工应符合本暂行标准第 9.1.5 条和第 9.1.6 条的规定。

10.4.4　混凝土预制块拼装排列应整齐、平顺、紧密、美观,并与坡面及相邻砌体衔接密贴、稳固。

10.4.5　预制块防护勾缝应于路堤已趋稳定后进行。

主 控 项 目

10.4.6　预制块混凝土强度等级应符合设计要求,其检验应符合本暂行标准第 9.1.12 条的规定。

10.4.7　施工用砂浆强度等级应符合设计要求,其检验应符合本暂行标准第 9.1.14 条的规定。

10.4.8　砌筑的混凝土预制块护坡应与边坡密贴,无空洞。

检验数量:施工单位每 100 m 坡面抽样检验 3 处,监理单位见证检验 3 处。

检验方法:挖开观察。

10.4.9　泄水孔施工及检验应符合本暂行标准第 10.1.9 条的规定。

10.4.10　沉降缝、伸缩缝施工及检验应符合本暂行标准第 10.1.10 条的规定。

一 般 项 目

10.4.11　混凝土预制块防护各部允许偏差、检验数量及检验方法应符合表 10.4.11 的规定。

表 10.4.11　混凝土预制块防护各部允许偏差、检验数量及检验方法

序号	检验项目		允许偏差	施工单位检验数量	检验方法
1	平面位置		±50 mm	每段护坡抽样检验 4 点	经纬仪
2	基底高程		±50 mm	每段护坡每 50 m 抽样检验 3 点	水准仪测
3	坡顶高程		$^{-20}_{0}$ mm	每段护坡每 50 m 抽样检验 3 点	水准仪测
4	坡　　率		±0.5%	每段护坡每 50 m 抽样检验 3 点	吊垂线
5	护肩、镶边及基础厚度、宽度		≥设计值	每段护坡每 50 m 抽样检验 3 组	尺　量
6	反滤层、垫层厚度		≥设计值	每段护坡每 50 m 抽样检验 3 处	尺　量
7	坡面平整度		10 mm	每段护坡每 50 m 抽样检验 3 处	2.5 m 长直尺量测
8	混凝土板外形尺寸	边长	$^{+6}_{-3}$ mm	按混凝土预制块数量的 2% 抽样检验	尺　量
		对角线长	$^{+6}_{-3}$ mm		
		厚度	$^{+4}_{-2}$ mm		

注：每段护坡长不足 50 m 按 50 m 计。

10.5　边坡固土网垫植草防护

一 般 规 定

10.5.1　护坡应及时安排施工，保护路基、防止水土流失和利于植物生长。

10.5.2　护坡施工前，其基底应稳定，坡面应平整密实。

10.5.3　铺设固土网垫时，应先适量洒水湿润边坡，固土网垫应与坡面紧贴，不得出现空隙。

10.5.4　铺网垫后及时喷播植草或撒播草籽，植草种类及数量应符合设计要求。

主 控 项 目

10.5.5　固土网垫的规格及性能应符合设计要求，进场时应进行现场验收。

检验数量：同一厂家、品种、批号进场的土工网垫，每 10 000 m^2 为一批，不足 10 000 m^2 也按一批计。施工单位每批抽样检验 1 组。监理单位按施工单位抽样数量的 20% 见证取样检测。

检验方法：检查每批产品的质量证明文件和性能报告单，并抽样检验。

10.5.6　固土网垫的铺设范围、连接方式和固定方式应符合设计要求。

检验数量:施工单位、监理单位全部检验。

检验方法:随铺设层观察。

一 般 项 目

10.5.7 固土网垫铺设的允许偏差、检验数量及检验方法应符合表 10.5.7 的规定。

表 10.5.7 固土网垫铺设的允许偏差、检验数量及检验方法

序号	检验项目	允许偏差	施工单位检验数量	检验方法
1	搭接宽度	$^{+30}_{0}$ mm	沿线路纵向每 100 m 各抽样检验 5 处	尺 量
2	上、下边埋入土深度	不小于设计值		
3	回转长度	不小于设计值		
4	固定钉长度	不小于设计值		
5	固定钉间距	+50 mm		

10.6 喷射混凝土防护

一 般 规 定

10.6.1 护坡应安排在适宜时间施工,保护路基和防止水土流失。

10.6.2 喷层应与其基面牢固结合,不得漏喷、脱层。周边与基面之间应无空隙,锚杆锚固材料应无外露现象,周边应封严。

主 控 项 目

10.6.3 喷射混凝土所用材料规格、品种、技术条件应符合设计要求,并按本暂行标准第 9.1.9 条规定的检验数量和检验方法进行检验。

10.6.4 喷射混凝土强度等级应符合设计要求。

检验数量:每工班拌制的同一配合比的混凝土≤100 盘且不大于 100 m^3 为一批。施工单位每批制作 2 组混凝土抗压强度检查试件。监理单位按施工单位抽检次数的 10% 进行见证检验,但至少一次。

检验方法:在混凝土喷射地点随机抽样成型试件进行标准养护,并进行 28 d 抗压强度试验。

10.6.5 喷射混凝土中钢纤维掺量应符合设计要求。

检验数量:施工单位检查拌和料总量的 5% 。监理单位按施工单位检查数量的 20% 见证检验。

检验方法:查拌和料中钢纤维掺量计量值。

10.6.6 喷射混凝土层厚度应满足设计要求。

检验数量:施工单位沿坡面每 10 m 长抽样检验 1 个断面,监理单位沿坡面每 50 m 长平行检验 1 个断面(每工点至少平行检验 1 个断面)。每个断面检查 3 个点。

检验方法:由预埋标志尺量喷层厚度,有疑问的凿孔尺量。

10.6.7 网孔孔径、锚杆设置深度应符合设计要求。

检验数量:按护坡面积施工单位抽样检验 10% ,监理单位平行检验 1% 。

检验方法：观察、尺量。

10.6.8　泄水孔施工及检验应符合本暂行标准第 10.1.9 条的规定。

10.6.9　沉降缝、伸缩缝施工及检验应符合本暂行标准第 10.1.10 条的规定。

一 般 项 目

10.6.10　喷射混凝土锚杆的允许偏差、检验数量及检验方法应符合表 10.6.10 的规定。

表 10.6.10　喷射混凝土锚杆的允许偏差、检验数量及检验方法

序号	检验项目	允许偏差	施工单位检验数量	检验方法
1	锚杆孔深	−50 mm	按锚杆数量每坡面抽样检验 10%	尺　量
2	锚杆间距	+50 mm	按锚杆数量每坡面抽样检验 10%	尺　量
3	锚 杆 长	−30 mm	按锚杆数量每坡面抽样检验 10%	尺　量

10.6.11　喷射混凝土防护各部的允许偏差、检验数量及检验方法应符合表 10.6.11 的规定。

表 10.6.11　喷射混凝土防护各部的允许偏差、检验数量及检验方法

序号	检验项目	允许偏差	施工单位检验数量	检验方法
1	平面位置	±50 mm	每段护坡抽样检验 4 点	经纬仪测
2	底面高程	±50 mm	每段护坡每 50 m 长抽样检验 3 点	水准仪测
3	坡顶高程	$^{-20}_{0}$ mm	每段护坡每 50 m 长抽样检验 3 点	水准仪测
4	坡　度	0.5%	每段护坡每 50 m 长抽样检验 3 点	吊 垂 线

注：每段护坡长不足 50 m 按 50 m 计。

10.7　植 物 防 护

一 般 规 定

10.7.1　边坡植物防护施工质量应符合下列要求，并按《铁路路基边坡绿色防护技术暂行规定》进行验收。

1　坡面应平整、密实、湿润。铺、种植物后，应加强养护管理，直至植物成长覆盖坡面；

2　移植的草皮应与基面钉合牢固，表面平整；有砌石骨架地段，砌石应嵌入坡面与草皮平齐相接；

3　种草防护的草籽应均匀、全部落入坡面，应及时覆盖表土并适当拍压，做好保护措施；

4　喷播植草应按设计要求施工，喷播材料与草（灌木）种子应按配比充分搅拌均匀，清理好的坡面应提前湿润，喷洒应自下而上进行，草籽喷洒应均匀，不得流淌；

5　对不利于草类生长的土质，应按设计要求在坡面先铺一层种植土，然后再进行草籽喷洒，及时做好养护直至覆盖坡面。

主 控 项 目

10.7.2　边坡植物防护的种类及数量应符合设计要求。

检验数量：施工单位全工点检验。监理单位平行检验20%。

检验方法：观察。

10.7.3 边坡植物防护的防护范围应符合设计要求，并应沿坡面连续覆盖。

检验数量：施工单位全工点检验。监理单位平行检验20%。

检验方法：观察、尺量。

一 般 项 目

10.7.4 边坡植物防护覆盖率、成活率及检验标准应符合表10.7.4的规定。

表10.7.4 植物防护覆盖率、成活率及检验标准

<table>
<tr><th>序号</th><th colspan="3">项 目</th><th>覆盖率(%)</th><th>成活率(%)</th><th>施工单位检验数量</th><th>检验方法</th></tr>
<tr><td>1</td><td rowspan="4">一般地区</td><td rowspan="2">植草防护</td><td>土质路基边坡</td><td>85</td><td>—</td><td rowspan="10">每段护坡每100 m长抽样检验3条带</td><td>尺量、计面积</td></tr>
<tr><td>2</td><td>石质路基边坡</td><td>70</td><td>—</td><td>尺量、计面积</td></tr>
<tr><td>3</td><td rowspan="2">种植藤本植物、灌木、乔木防护</td><td>土质路基边坡</td><td>—</td><td>80</td><td>点数、统计计算</td></tr>
<tr><td>4</td><td>石质路基边坡</td><td>—</td><td>70</td><td>点数、统计计算</td></tr>
<tr><td>5</td><td rowspan="2">干旱地区</td><td>植草防护</td><td rowspan="2">土质路基边坡</td><td>65</td><td>—</td><td>尺量、计面积</td></tr>
<tr><td>6</td><td>种植藤本植物、灌木、乔木防护</td><td>—</td><td>70</td><td>点数、统计计算</td></tr>
<tr><td>7</td><td rowspan="4">寒冷地区</td><td rowspan="2">植草防护</td><td>石质路基边坡</td><td>80</td><td>—</td><td>尺量、计面积</td></tr>
<tr><td>8</td><td>土质路基边坡</td><td>70</td><td>—</td><td>尺量、计面积</td></tr>
<tr><td>9</td><td rowspan="2">种植藤本植物、灌木、乔木防护</td><td>土质路基边坡</td><td>—</td><td>75</td><td>点数、统计计算</td></tr>
<tr><td>10</td><td>石质路基边坡</td><td>—</td><td>70</td><td>点数、统计计算</td></tr>
</table>

注：一条带指边坡上从顶至底带宽为3 m的护坡。

11　路基支挡结构

11.0.1　路基支挡结构工程应按《铁路路基工程施工质量验收标准》(TB 10414—2003)进行分部、分项、检验批划分。

11.0.2　路基支挡结构工程的检验项目、检验数量应执行《铁路路基工程施工质量验收标准》(TB 10414—2003),其中有耐久性设计要求的混凝土应执行《铁路混凝土工程施工质量验收补充标准》(铁建设〔2005〕160号)。

12 路基相关工程

12.1 电缆槽(沟)

一般规定

12.1.1 修筑于路基上的电缆槽(沟)应与路基同步修建,不得因其施工而损坏、危及路基的稳固与安全。

12.1.2 电缆槽(沟)应按设计要求与路基施工同步完成,与路基接触面处理措施应符合设计要求,不应破坏侧沟和侧沟平台、堑坡坡脚及路肩边坡。

主控项目

12.1.3 电缆槽下的砾石、碎石垫层的检验应符合本暂行标准第4.3.4条和第4.3.5条的规定,水泥砂浆找平层的检验应符合本暂行标准第9.1.14条规定。

12.1.4 预制或现浇电缆槽(井)及盖板混凝土的强度应满足设计要求。

1 施工单位预制或现浇电缆槽及盖板应符合本暂行标准的第9.1.12条的规定。

2 工厂预制的电缆槽(井)及盖板强度检验:

检验数量:同一强度要求的预制构件按1 000件为一批。施工单位每批钻取芯样制作2组混凝土抗压强度检查试件。监理单位全部见证检验。

检验方法:抗压强度试验。

12.1.5 预制电缆槽安装的检验应符合本暂行标准第9.1.13条的规定。

12.1.6 电缆槽槽节间、电缆槽与级配碎石间、电缆槽与接触网立柱及声屏障立柱间、电缆槽与侧沟间等缝隙的填充材料和填充质量应符合设计要求,填充材料的检验应符合本暂行标准第9.1.12条和第9.1.14条的规定。

检验数量:施工单位、监理单位对填充质量全部检验,填充材料按本暂行标准第9.1.12条和第9.1.14条规定的检验数量进行检验。

检验方法:观察填充质量,按本暂行标准第9.1.12条和第9.1.14条的规定观察填充质量。

12.1.7 电缆槽(沟)排水孔应排水畅通。

检验数量:施工单位、监理单位全部检验。

检验方法:观察。

12.1.8 过渡段电缆槽(沟)应平顺连接,弯曲角度应符合设计要求。

检验数量:施工单位、监理单位对填充质量全部检验。

检验方法:观察。

12.1.9 电缆槽综合接地孔的堵塞应符合设计要求。

检验数量:施工单位、监理单位全部检验。

检验方法:观察。

一般项目

12.1.10　预制电缆槽及盖板各部尺寸的允许偏差、检验数量及检验方法应符合表12.1.10的规定。

表12.1.10　预制电缆槽及盖板各部尺寸的允许偏差、检验数量及检验方法

序号	检验方法		尺寸允许偏差	施工单位检验数量	检验方法
1	电缆槽	长度、宽度	±5 mm	抽样检验2%	尺量
2		高度	±4 mm		
3		厚度	±2 mm		
4	盖板	边长	±3 mm	抽样检验2%	尺量
5		厚度	$^{+2}_{0}$ mm		
6		对角线长	±3 mm		

12.1.11　电缆槽施工的允许偏差、检验数量及检验方法应符合表12.1.11的规定。

表12.1.11　电缆槽施工的允许偏差、检验数量及检验方法

序号	检验项目	尺寸允许偏差	施工单位检验数量	检验方法
1	距线路中心线距离	$^{+20}_{0}$ mm	沿线路纵向每100 m每侧各抽检5处	尺量
2	顶面高程(盖好盖板后)	±10 mm		水准仪测
3	相邻槽节顶面高差	±5 mm		尺量
4	相邻盖板顶面高差	±2 mm		尺量
5	相邻槽节侧面对齐度	±10 mm		尺量

12.1.12　电缆槽预埋件及预留孔的留置允许偏差、检验数量及检验方法应符合表12.1.12的规定。

表12.1.12　电缆槽预埋件及预留孔的留置允许偏差、检验数量及检验方法

序号	检验项目		尺寸允许偏差	施工单位检验数量	检验方法
1	预埋件中心位置		±3 mm	抽样检验2%	尺量
2	预留孔	中心位置	±5 mm		
3		尺寸	$^{+10}_{0}$ mm		

12.2　接触网支柱基础

一般规定

12.2.1　修筑于路基上的接触网支柱基础应与路基同步修建，不得因其施工而损坏、危及路基的稳固与安全。

12.2.2　电力牵引接触网支柱基础施工应符合下列要求：

1　接触网支柱基础工程应按《客运专线铁路电力牵引供电施工技术指南》及设计文件施工，宜在基床表层施工前完成。

2　接触网支柱基础应按设计要求施工，基坑施工时不得破坏路基及防护工程结构。

3 接触网支柱基础基坑必须全部用混凝土浇筑；有渗水暗沟地段，应在接触网支柱基础浇筑并达到一定强度后再挖渗水暗沟。

4 接触网拉线基础与下锚支柱基础平面位置应符合设计要求，下锚拉线的下锚环方向应在支柱基础中心与拉线基础中心连线上。

5 同组硬横跨基础底面标高应相等，控制线路两侧同里程两基础中心连线垂直于线路正线。

主 控 项 目

12.2.3 接触网支柱基础的基坑必须全部用混凝土灌注密实，表面应与路基表面衔接平顺。

检验数量：施工单位、监理单位全部检验。

检验方法：观察。

12.2.4 接触网支柱基础混凝土强度的检验应符合本暂行标准第 9.1.12 条的规定。

一 般 项 目

12.2.5 接触网支柱距线路中心线位置、沿线路纵向位置、截面尺寸、埋置深度的允许偏差、检验数量及检验方法应符合表 12.2.5 的规定。

表 12.2.5 接触网支柱距线路中心线位置、沿线路纵向位置、截面尺寸、埋置深度的允许偏差、检验数量及检验方法

序号	检验项目	允许偏差	施工单位检验数量	检验方法
1	距线路中心线位置	$^{+20}_{0}$ mm	按接触网支柱数量抽样检验 10%	尺　量
2	沿线路纵向位置	±10 mm		水准仪测
3	形状尺寸（截面尺寸）	±20 mm		尺　量
4	埋置深度	不小于设计值		水准仪测

12.3 声屏障基础

一 般 规 定

12.3.1 修筑于路基上的声屏障基础应与路基同步修建，不得因其施工而损坏、危及路基的稳固与安全。

12.3.2 声屏障基础应按设计要求位置、形状尺寸、深度施工，基础开挖不得破坏基床表面。

主 控 项 目

12.3.3 声屏障基础挖孔桩或钻孔桩基础的基坑必须全部用混凝土灌注密实，表面应与路基表面衔接平顺。

检验数量：施工单位、监理单位全部检验。

检验方法：观察。

12.3.4 声屏障基础混凝土强度的检验应符合本暂行标准第 9.1.12 条的规定。

一 般 项 目

12.3.5 声屏障基础距线路中心线位置、截面尺寸、埋置深度的允许偏差、检验数量及检验方法应符合表 12.3.5 的规定。

表 12.3.5 声屏障基础距线路中心线位置、截面尺寸、埋置深度的允许偏差、检验数量及检验方法

序号	检验项目	允许偏差	施工单位检验数量	检验方法
1	距线路中心线位置	$^{+20}_{0}$ mm	按声屏障基础数量抽样检验 10%	尺　量
2	截面尺寸	±20 mm		尺　量
3	埋置深度	不小于设计值		水准仪测

12.4 预埋管线、综合接地

一 般 规 定

12.4.1 修筑于路基上的预埋管线、综合接地等各种设施应与路基同步修建，不得因其施工而损坏、危及路基的稳固与安全。

主 控 项 目

12.4.2 预埋管线、综合接地设置位置、方式应符合设计要求。

检验数量：施工单位全部检验。监理单位按施工单位检验数量的 10% 平行检验或 20% 见证检验。

检验方法：观察，测量。

12.4.3 预埋管线、综合接地与路基接触面处理措施应符合设计要求。

检验数量：施工单位、监理单位全部检验。

检验方法：观察，测量。

13 路基附属设施

13.1 检查设备

一般规定

13.1.1 检查井施工应符合下列要求：

1 检查井基础应与渗水暗沟混凝土基础同时施工。

2 井身混凝土强度等级及井盖形状、强度、拉手安设应符合设计要求，井身混凝土表面平顺光洁，井盖安装平稳、密贴、拉手牢固。

3 检查井基坑回填应按路基相同部位的材料和压实要求采用人工分层回填，夯击密实。施工时应避免机械损伤检查井井壁。

13.1.2 检查台阶、检查梯、栏杆等检查设备施工应符合下列要求：

1 应按设计位置、范围、构造设置检查设备，连接应牢固，外观应顺直整齐。

2 检查梯等检查设备杆件的涂料品种、涂刷遍数应符合设计要求，并无漏除、露底、脱皮。涂刷应均匀，色泽一致。

主控项目

13.1.3 检查井位置、断面尺寸应符合设计要求。

检验数量：施工单位检验每个检查井。监理单位按施工单位检验数量的20%平行检验。

检验方法：尺量。

13.1.4 检查井井身、井盖混凝土强度等级、拉手安设应符合设计要求，并按本暂行标准第9.1.12条规定的检验数量和检验方法进行检验。

13.1.5 栏杆、检查设备或台阶的位置、范围、构造应符合设计要求，并连接牢固，顺直整齐。

检验数量：施工单位检验每处检查设备。监理单位按不少于施工单位检验数量的20%平行检验。

检验方法：尺量。

一般项目

13.1.6 检查井各部的允许偏差、检验数量及检验方法应符合表13.1.6的要求。

表13.1.6 检查井各部的允许偏差、检验数量及检验方法

序号	检验项目		允许偏差	施工单位检验数量	检验方法
1	检查井位置	纵 向	±50 mm	每个检查井	经纬仪测量
		横 向	+50mm		

续上表

序号	检验项目	允许偏差	施工单位检验数量	检验方法
2	井底高程	±30 mm	每个检查井	水准仪测量
3	净空尺寸(内径、深度)	±30 mm	每个检查井	尺　量
4	井盖直径	±10 mm	每个井盖	尺　量
5	井盖厚度	不小于设计值	每个井盖	尺　量
6	井盖与相邻路基面高差	$^{+10}_{0}$ mm	每个检查井	水准仪、水平尺测量

13.1.7　栏杆、检查设施的允许偏差、检验数量及检验方法应符合表 13.1.7 规定。

表 13.1.7　栏杆、检查设施的允许偏差、检验数量及检验方法

序号	检验项目	允许偏差	施工单位检验数量	检验方法
1	构件断面尺寸	±5% 设计尺寸	按构件数量抽样检验 10%，每构件检查 1 组	尺　量
2	安装尺寸	±20 mm		
3	柱垂直度	0.5% 柱高	按柱的数量抽样检验 10%，每柱横纵向各检查 1 点	尺　量
4	检查梯、台阶尺寸	±30 mm	每梯抽样检验 5 级	尺　量

13.2　防护栅栏

一般规定

13.2.1　应按设计要求位置、深度埋设防护栅栏支柱，支柱埋设应稳固。

13.2.2　防护栅栏应按设计要求安装牢固，不松动。

13.2.3　防护栅栏在区间线路应贯通封闭，并按设计位置、形状尺寸设“严禁入内”的标志。

主控项目

13.2.4　防护栅栏支柱、栅栏材料的品种、规格、质量应符合设计要求。

检验数量：有疑问时施工单位每批产品抽样检验不少于 1 组，监理单位见证取样检测 1 组。

检验方法：查验每批产品质量证明文件和性能报告单，并抽样检验。

13.2.5　防护栅栏的设置位置应符合设计要求。

检验数量：施工单位、监理单位全部检查。

检验方法：观察、尺量。

13.2.6　“严禁入内”标志应按设计位置、形状尺寸设置。

检验数量：施工单位、监理单位全部检查。

检验方法：观察、尺量。

13.3 取、弃土场

一般规定

13.3.1 取土时应保护环境，取土后的裸露面应按设计采取土地整治或防护措施。风景区或有特殊要求的施工地段，应按设计要求及时配套完成环保工程。

13.3.2 弃土应符合以下规定：

1 沿河岩或傍山路堑的弃土不得弃入河道、挤压桥孔或涵洞口、改变水流方向和加剧对河岸的冲刷。

2 严禁贴近桥墩台或在其他构筑物附近弃土。

3 严禁在岩溶漏斗处和暗河口弃土。

4 弃土不得造成水土流失污染环境。

主控项目

13.3.3 取土场的位置、深度、边坡应符合设计要求，并结合当地土地利用、环保规划进行布置，不得随意取土及在水下取土。

检验数量：每个取土场施工单位抽样检验4处（其中深度和边坡各2处），监理单位平行检验2处（深度和边坡各1处）。

检验方法：测量、观察。

13.3.4 弃土场设置应保证山体和自身的稳定，不影响附近建筑物、农田、水利、河道、交通和环境。在有滑动危险或受水冲刷可能造成泥石流的地段，不得堆土。

检验数量：施工单位、监理单位每个弃土场检验。

检验方法：观察。

13.3.5 取、弃土场的裸露面及坡脚应按设计要求作坡面防护和坡脚拦挡设施，其设置位置、构造应符合设计要求。

检验数量：施工单位、监理单位全部检验。

检验方法：观察，尺量。

14　沉降观测

一般规定

14.0.1　路基施工应按设计要求进行地基沉降、侧向位移的动态观测。观测基桩必须置于不受施工影响的稳定地基内，并进行定期的复核校正。观测装置的埋设位置应符合设计要求，且埋设稳定。观测期间应对观测点采取有效的保护措施。

14.0.2　沉降观测应采用二等水准测量，观测精度不低于 ±1 mm。

14.0.3　在填土过程中，应根据观测结果整理绘制“填土高—时间—沉降量”关系曲线图，分析土体的侧向位移值及其发展趋势，判断地基的稳定性。

14.0.4　边桩及沉降在施工期间一般每一填筑层应进行一次观测，在沉降量突变的情况下，每天应观测 2 ~ 3 次。如果两次填筑间隔时间较长，每 3 d 至少观测一次。路堤经过分层填筑达到预压高程后，在预压期的前 2 ~ 3 个月内，每 5 d 观测一次，三个月后 7 ~ 15 d观测一次；半年后一个月观测一次，一直观测到设计要求的时间。

14.0.5　路基填筑至设计标高，应在路肩设观测桩，应与边桩和沉降同步进行观测，通过测量路肩观测桩的高程变化，确定路基面的沉降量。

14.0.6　观测资料应齐全、详实、规范，符合设计要求，并应及时整理、汇总分析，并提供给相关单位。

14.0.7　铺轨前应由建设、设计、施工和监理单位参加的路基验评小组对路基工后沉降进行评定。

14.0.8　竣工验交时，沉降观测设备和观测资料应与工程同时移交给工程接收单位。

主控项目

14.0.9　沉降观测装置和位移边桩的构造、结构尺寸和制作材料的规格、材质等应符合设计要求，且无影响观测精度的缺陷。

检验数量：施工单位全部检验。监理单位按施工单位检验数量的 20% 平行检验。

检验方法：观察，尺量。

14.0.10　观测断面数量及每一断面观测点布设数量、观测频次和精度应符合设计要求。

检验数量：施工单位、监理单位全部检验。

检验方法：观察，尺量，清点数量。

一般项目

14.0.11　观测断面及每一观测断面上观测点埋设位置的允许偏差应不大于 20 cm。

检验数量：施工单位全部检验。

检验方法：观察、尺量。

15 路基单位工程综合质量评定

15.1 单位工程质量控制资料核查

15.1.1 单位工程质量控制资料应齐全完整，全面反映工程施工质量状况。

15.1.2 单位工程质量控制资料核查应由监理单位组织施工单位进行，并按表 15.1.2 填写记录。

表 15.1.2 单位工程质量控制资料核查记录

<table>
<tr><td colspan="2">单位工程名称</td><td colspan="4"></td></tr>
<tr><td colspan="2">施 工 单 位</td><td colspan="4"></td></tr>
<tr><td>序号</td><td>资 料 名 称</td><td>份数</td><td>核查意见</td><td>核查人</td><td></td></tr>
<tr><td>1</td><td>图纸会审、设计变更、洽商记录</td><td></td><td></td><td></td><td></td></tr>
<tr><td>2</td><td>原材料出厂合格证及进场检(试)验报告</td><td></td><td></td><td></td><td></td></tr>
<tr><td>3</td><td>成品及半成品出厂合格证或试验报告</td><td></td><td></td><td></td><td></td></tr>
<tr><td>4</td><td>施工控制测量记录</td><td></td><td></td><td></td><td></td></tr>
<tr><td>5</td><td>复合地基承载力检测记录</td><td></td><td></td><td></td><td></td></tr>
<tr><td>6</td><td>桩基无损检测记录</td><td></td><td></td><td></td><td></td></tr>
<tr><td>7</td><td>施工记录</td><td></td><td></td><td></td><td></td></tr>
<tr><td>8</td><td>路基检测、试验报告</td><td></td><td></td><td></td><td></td></tr>
<tr><td>9</td><td>沉降观测资料</td><td></td><td></td><td></td><td></td></tr>
<tr><td>10</td><td>工程质量事故及事故调查处理资料</td><td></td><td></td><td></td><td></td></tr>
<tr><td>11</td><td>施工现场质量管理检查记录</td><td></td><td></td><td></td><td></td></tr>
<tr><td>12</td><td>分项、分部工程质量验收记录</td><td></td><td></td><td></td><td></td></tr>
<tr><td>13</td><td>新材料、新工艺施工记录</td><td></td><td></td><td></td><td></td></tr>
<tr><td>14</td><td></td><td></td><td></td><td></td><td></td></tr>
<tr><td colspan="6">结论：

施工单位项目负责人　　　　　　　　总监理工程师
年　月　日　　　　　　　　　　　年　月　日</td></tr>
</table>

注：核查人为监理单位人员。

15.2 单位工程实体质量和主要功能核查

15.2.1 单位工程完成后，应由建设单位组织勘察设计、监理、施工单位对单位工程实体质量和主要功能进行核查，并按表 15.2.1 填写记录。

表 15.2.21　单位工程实体质量和主要功能核查记录

单位工程名称				
施　工　单　位				
序号	项　　目	份数	核查意见	核查人
1	沉降观测			
2	路基竣工高程、中线、宽度实测			
3	边坡坡率实测			
4	排水沟槽实测			
5	支挡结构混凝土裂缝宽度检查			
6	支挡结构钢筋的保护层厚度检查			
7	支挡结构无损检测墙体厚度实测			
8	支挡结构无损检测墙后回填密实度实测			
9				
10				
结论： 施工单位项目负责人　　总监理工程师　　建设单位项目负责人 年　月　日　　年　月　日　　年　月　日				

注：核查项目由验收组协商确定。

15.2.2　单位工程实体质量和主要功能核查方法和数量：

1　沉降观测，全部检测；

2　路基竣工高程、中线、宽度实测，全部检测；

3　边坡坡率实测，每 100 m 检测一次；

4　排水沟槽位置、高程、尺寸实测，每 100 m 检查一次；

5　支挡结构混凝土裂缝宽度，采用观察或刻度放大镜检查，全部检查；

6　支挡结构钢筋的保护层厚度，采用满足精度要求的钢筋保护层厚度检测仪现场测定，每支挡结构不少于三处，每处不少于 10 个点；

7　支挡结构无损检测墙体厚度实测，每 100 m 检查一次；

8　支挡结构无损检测墙后回填密实度实测，每 100 m 检查一次。

15.2.3　结构实体质量和主要使用功能达不到设计要求的单位工程严禁验收。

15.3　单位工程观感质量评定

15.3.1　观感质量评定由建设单位组织设计、监理、施工单位共同进行现场评定，并按表 15.3.1 填写记录。

表 15.3.1 路基单位工程观感质量检查记录

单位工程名称				
施 工 单 位				
序号	项 目 名 称	质量状况	质量评定	
			合 格	差
1	路基面			
2	路堤边坡			
3	路堑边坡			
4	挡土墙砌筑(安装)			
5	浆砌(干砌)护坡			
6	植物防护			
7	排水沟槽			
8	防护栅栏			
9	电缆沟槽、声屏障、接触网支柱基础、线路标志等路基相关工程			
10				
检查结论: 施工单位项目负责人 年 月 日	总监理工程师 年 月 日	建设单位项目负责人 年 月 日		

15.3.2 观感质量检查项目评定达不到合格标准,应进行返修。

15.3.3 路基面观感质量合格标准:

路肩线条平直、肩棱整齐、路拱线条清晰,路拱面平整,路拱横坡及路拱形式清晰无明显凹凸;穿越路基面的管线部位回填规范无明显的凹凸,路基外观整洁。

15.3.4 路堤边坡观感质量合格标准:坡脚、路肩线条清晰、顺直,边坡坡面平顺无较大凹凸,各种检查设备(检查梯、栏杆等)与路堤边坡协调。

15.3.5 路堑边坡观感质量合格标准:

路堑边坡坡脚线条清晰、坡面平整、圆顺,坡面无悬凸、浮石,光面(预裂)炮孔痕迹清晰,高边坡平台清晰、平顺。各种检查设备(检查梯、栏杆等)线型基本顺直,与边坡协调。

15.3.6 挡土墙砌筑(安装)观感质量合格标准:

砌体(混凝土)轮廓清晰、大面平整、色泽基本一致,无蜂窝、麻面现象,砌体嵌缝紧密、片石(砌体)间咬接良好;安装构件间接缝紧密、大面平整、无明显错台。伸缩缝缝宽一致、整齐顺直,泄水孔外观整齐。

15.3.7 浆砌(干砌)护坡观感质量合格标准:

护坡砌体大面平整、轮廓清晰、砌体嵌缝紧密、片石(砌块)间咬接良好;护坡大面无明显凹陷。

15.3.8 植物防护观感质量合格标准:

边坡植株均匀、长势较好,无局部漏植;边坡草皮表面平整、植株均匀、长势较好、基本无露土现象。

15.3.9 排水沟槽观感质量合格标准:

排水沟、天沟、侧沟等沟沿、沟顶线条基本清晰、顺直，流水面平顺、无淤积现象，砌体嵌缝紧密、大面平整、片石（砌块）间咬接良好。沟槽盖板基本无破损、安装牢固、无明显安装错台。

15.3.10　防护栅栏观感质量合格标准：

防护栅栏安装牢固、立面竖直、圆顺，与地形及路基排水系统协调，整个隔离栅栏系统色泽一致。

15.3.11　电缆沟、接触网支柱基础、声屏障、线路标志等路基相关工程观感质量合格标准：

电缆槽、接触网支柱基础、声屏障、线路标志等线条基本清晰、顺直，沟槽盖板基本无破损、安装牢固、无明显安装错台。

本暂行标准用词说明

执行本暂行标准条文时，对于要求严格程度的用词说明如下，以便在执行中区别对待。

(1)表示很严格，非这样做不可的用词：

正面词采用“必须”；

反面词采用“严禁”。

(2)表示严格，在正常情况下均应这样做的用词：

正面词采用“应”；

反面词采用“不应”或“不得”。

(3)表示允许稍有选择，在条件许可时首先应这样做的用词：

正面词采用“宜”；

反面词采用“不宜”；

表示有选择，在一定条件下可以这样做的，采用“可”。

《客运专线铁路路基工程施工质量验收暂行标准》条文说明

本条文说明系对重点条文的编制依据、存在的问题以及在执行中应注意的事项等予以说明。为了减少篇幅，只列条文号，未抄录原条文。

1.0.1　本暂行标准的编制目的在于为政府部门和专门质量机构、建设和施工及监理单位对工程质量的监督、管理、控制、验收提供统一的质量标准和检验、验收方法，作为规范工程建设各方主体质量行为的主要依据，以确保客运专线铁路路基工程的施工质量。设计及运营过程中的质量问题不属于本暂行标准的范畴。

1.0.2　本暂行标准适用于旅客列车设计行车速度 200～350 km/h 的标准轨距客运专线铁路有砟轨道路基工程。路基支挡工程及其他与 160 km/h 铁路标准相同的项目的检验标准，其施工质量的检验与验收应符合《铁路路基工程施工质量验收标准》(TB 10414)的规定。采用新技术、新工艺、新设备、新材料的路基工程，其质量的检验与验收应另行制定补充标准。

1.0.8　随着工程检测技术的发展，已有相当多成熟先进的方法、仪器设备应用于工程检测。施工中可采取对比、验证的方法对先进的检测方法、仪器进行试验，在试验检验证明其先进、可靠并经客运专线铁路质量管理部门组织有关专家论证的基础上，可作为新的检验方法与既有检验方法共同组成客运专线铁路路基工程施工质量检验的方法。

1.0.9　工程施工及验收的有关资料，反映了工程施工全过程的质量状况，是评价和追溯工程施工质量的主要依据，应当充分重视和做好其规范整理和归档保存工作。国家标准《建设工程文件归档整理规范》(GB/T 50328—2001)对检验批、分项工程、分部工程、单位工程质量验收记录的保存单位和保管期限做出了明确的规定。其中，保管期限分为永久、长期、短期三种。"永久"是指需要永久保存；"长期"是指保存期限等于该工程的使用寿命；"短期"是指保存 20 年以下。其他文件、规章的规定也需遵照执行。鉴于施工过程文件资料数量繁多，应采用先进的信息化手段，以提高工作效率和保存质量。

1.0.10　本暂行标准中的质量标准是对客运专线铁路路基工程施工质量的合格要求，应严格遵守。各种技术文件如设计文件、施工技术方案和承包合同中对工程质量的要求不得低于本暂行标准的质量要求。

1.0.11　路基填筑过程中，应进行沉降观测，并根据填筑速率和观测情况及时进行沉降分析。当填筑至基床表层时，应预测路基放置期间沉降量及工后沉降；如在路基放置期间沉降不能稳定，应采取处理措施，使铺轨时的估算工后沉降满足设计要求。

1.0.13　客运专线铁路的建设标准和技术要求比一般铁路要高得多，特别是要实现建设国际一流客运专线铁路的目标，更需要建设各方充分做好技术和管理方面的准备。施工质量验收标准是保证工程施工质量的强制性标准，作业人员应全面理解和掌握，并准确执行,要加强培训和考核,持证上岗。

3.1.2 对主要材料、半成品、配件、设备应在其进场时或施工前进行检验,其质量必须符合该产品技术条件所规定的合格标准,不合格的不得进场、不得用于工程。此项检验内容属于分项工程中的主控项目,应在进场时或施工安装前进行,其检验内容包括出厂证明、技术质量说明和必要的结构性能试验检验报告、外观质量检验等。

3.2.1~3.2.6 检验批、分项、分部和单位工程的划分目的,是为了便于对工程施工质量进行控制、检验和验收。检验批概念的提出是为了及时检验、发现工程施工中的质量控制问题,避免因检验不及时而引发大范围的质量问题,按便于过程控制来划分。

单位工程的划分因具体情况各异,不宜采取一个划分方法。本暂行标准第3.2.2条给出了3款划分原则,应视具体情况采用。

3.3.6 凡检查的项目不符合相应检验标准的规定时,不得参加检验评定。

返工重做的,经处理加固、返修后,并经有资质的检测单位检测鉴定,能够达到设计要求的主要是指施工过程中试验报告项目缺少时,经具有相应资质的检测单位进行检测,检测结果证明该工程质量能够达到原设计要求。

4.1.4 本条是对地基地质资料进行核查的要求,当核查的地质条件与设计资料不符,应提交设计单位重新评价地基条件、确定地基处理措施。

4.3.3 参照《地基处理手册》等资料规定,对于用作排水固结地基的砂垫层,其含泥量不大于3%,指粒径小于0.075 mm的细颗粒含量不大于3%。

4.3.5 反滤层材质对反滤效果起决定作用,因此把反滤层的有关质量要求纳入主控项目。

4.3.7 环刀法检测砂的干密度时,在取样过程中应避免对压实后的密实结构造成扰动。环刀取样应在每层的2/3厚度处开始切取。取样时,将环刀放在已挖至取样深度并整平的表面,小心地将环刀向下边压边削,至环刀中心的砂土超过环刀高度后,将高出环刀多余的砂土刮平,用一玻璃板放在环刀顶部,然后再用一宽铲插入环刀底部以下约1 cm处,将环刀和砂样一起迅速倒置,再将环刀高出地面的砂土刮平。取好样后,应在现场称取环刀和砂土的质量,并测定其含水量,计算求得砂土的干密度和相对密度。

4.4.4 在设计对砂袋所用材料技术指标未提出具体要求时,可参考下列指标检验。

(1)质量≥95 g/m^2;

(2)条带拉伸强度≥750 N/5 cm;

(3)渗透系数>5×10^{-3} cm/s;

(4)等效孔径0.05~0.20 mm。

4.4.5 "中粗砂"可按《铁路工程岩土分类标准》(TB 10077)的有关规定鉴别。关于袋装砂井用砂质量,根据秦沈客运专线施工经验,砂的三个指标(含泥量、有效直径、不均匀系数)中,只要控制含泥量即可。

由于袋装砂井在砂垫层上灌制砂袋,灌入砂袋的砂与砂垫层为同一批砂,故砂井所用中粗砂采用与砂垫层用砂一致的每3 000 m^3 为一批检验。

4.5.5 在设计对塑料排水板的技术指标未提出具体要求时,可参考说明表4.5.5进行检验。

说明表 4.5.5　塑料排水板技术指标

芯板		滤膜	
芯板材料	高压聚乙烯	滤膜材料	涤纶、丙纶无纺织物
断面形式	槽型、铆钫型	单位面积重	85 g/m^2
单位长度重量	100～130 g/m	抗拉强度	≥2.5 kN/m(干) ≥2.0 kN/m(湿)
厚　度	4.5～6.0 mm		
宽　度	100 mm	渗透系数	$>5\times10^{-3}$ cm/s
抗拉强度	≥1.3 kN/10 cm		
伸 长 率	<10%	等效孔径	$O_{95}<0.08$ mm
纵向通水率	≥30 cm^3/s		

4.6.4、4.7.5　预压卸载前，建设单位应会同设计、监理、施工单位共同研究路基沉降是否已稳定、能否满足工后沉降要求等，比较已完沉降量与计算沉降量，确定是否卸载。

4.7.3　根据京沪高速铁路昆山试验段经验，密封沟的截面尺寸应以保证密封膜内保持真空度为原则、根据现场实际开挖的地质情况确定。

4.7.5　为保证真空预压的效果，设计未提出具体要求时，真空预压所用的滤水层材料及密封膜应满足说明表 4.7.5—1 和说明表 4.7.5—2 的规定。

说明表 4.7.5—1　滤水层技术指标

渗透系数 ($cm\cdot s^{-1}$)	抗拉强度(MPa)		隔土层 (mm)
	干态	湿态	
$0.4\times10^{-3}\sim2\times10^{-3}$	20～44	15～30	<0.075

说明表 4.7.5—2　密封膜技术指标

抗拉强度(MPa)		伸长率(%)		直角断强度 (kN)	厚度 (mm)	微孔 (个)
纵向	横向	断裂	低温			
≥18.5	≥16.5	≥220	20～45	≥4.0	0.12±0.02	≤10

4.7.7　根据京沪高速铁路昆山试验段经验，密封膜应比预压区宽 7～10 m，且密封膜铺设时需适当放松，防止抽真空时膜间未清理干净的砂、石子等颗粒将膜穿破。

4.8.2、4.9.2、4.10.2、4.11.2、4.12.2、4.13.3、4.14.2　复合地基承载力是检验地基加固处理措施是否能满足路基工后沉降的重要指标，为确保客运专线铁路路基工后沉降满足设计暂规的要求，客运专线铁路地基处理应进行动态设计，此处规定检验复合地基承载力就是为了给设计的沉降计算提供参考依据，使沉降计算更合理、准确。

4.8.12、4.9.12、4.10.10、4.11.10、4.12.9、4.13.13、4.14.12　复合地基承载力必须满足设计要求，其检验一般由建设单位指定有检测资质的第三方进行。故在此处仅提出复合地基承载力检验要求和检验数量，未规定检验单位。

4.8.12、4.9.12、4.10.9、4.11.10、4.12.9、4.13.11、4.14.12　复合地基承载力的检测在未铺设垫层时进行。

4.10.3、4.11.3、4.12.3　施工设备的废水、废油如果任意排放，会污染水质、土质，应引至适当地点，采取净化措施后，才能排放。废弃材料及垃圾，同样需要集中处理，以防污染环境。

4.10.8、4.11.9、4.12.8　每根桩的无侧限抗压强度试验应制取 3 个试件，试件尺寸要求和试验方法可参照《铁路工程岩石试验规程》(TB 10115)中关于单轴抗压强度试验的规定，但压力机宜采用 5～7.5 kN 的无侧限强度试验机。

采用该法进行粉喷桩、浆体搅拌桩、高压旋喷桩工后质量检验，其钻芯取样的工艺是关键，必须保证取芯质量。否则，往往因岩芯破碎而造成假象。因此，如有检测结果达不到设计要求时,应另行选桩加倍抽检。如仍有检测结果达不到设计要求,应进行单桩及复合地基载荷试验,并以此试验结果作为质量评定的最终依据。

4.11.5 严格按设计配方和试验确定的配合比拌制的浆液,以浆液密度符合试验室选定配合比对应的浆液密度进行检验。

4.14.3、4.14.4 如粉煤灰用量较多,搅拌时间应适当放长。

4.14.4 采用长螺旋钻管内泵压混合料灌注成桩时,钻进应先慢后快,既能减少钻杆摇晃又容易检查钻孔的偏差,以便及时纠正。在成孔过程中,如发现钻杆摇晃或难钻时,应放慢进尺,否则较易导致桩孔偏斜、移位,甚至是钻杆、钻具损坏。

长螺旋钻管内泵压混合料灌注成桩时,成桩提拔速度宜控制在 2 ~ 3 m/min。

当钻至设计标高后,一般要求采用静止提拔,但对易卡钻的区域,在圆砾层内允许采用边转边提,离开圆砾层后采用静止提拔。

4.14.5 当设计对粉煤灰质量无要求时,参照中国建筑科学研究院有关资料,振动沉管法施工时,对粉煤灰质量无要求,即电厂收集的粗灰,长螺施方法施工时,要求粉煤灰的细度(0.045 mm 方孔筛筛余百分比)不大于45%,即选用Ⅲ级或Ⅲ级以上等级的粉煤灰。

4.15.8 "假极限"是桩在饱和的细、中、粗砂中连续锤击下沉时,使流动的砂紧密夹实于桩的周围,妨碍土中水分沿桩上升,在桩尖下形成很大的"水垫",使桩产生暂时的极大贯入阻力。

"吸入"是桩在黏性土中连续锤击时,由于土的渗透系数小,桩周围水不能渗透扩散,而沿桩身向上挤出,形成桩周围的润滑套,使桩周围的摩擦力大为减少。

桩的上浮、下沉均会影响土对桩的阻力。射水沉桩由于射水的冲刷,减少桩周围的摩擦力。

因为以上情况,在休止一定时间后均须进行复打,以确定桩的实际承载力。

4.16.2 检孔器采用圆钢筋制成,高度为直径的 4 ~6 倍,外径与钻头直径相同。

4.18.3 根据《铁路工程环境保护设计规范》第 2.0.3 条规定:铁路工程施工组织设计应提示环境保护指导性原则;第 4.0.1 条规定:铁路噪声、振动污染防治设计,应遵循《中华人民共和国环境噪声污染防治法》、《建筑施工场界噪声限值》等要求。

4.18.6 经强夯处理的地基,其强度是随着时间增长而逐步恢复和提高的。因此,在强夯施工结束后,应间隔一定时间再对地基质量进行检验。

4.19.1 土工合成材料系合成化工原料制成,受阳光照射容易老化,故强调土工合成材料铺设后应及时覆盖,以免影响材料的使用寿命,一般应在铺好后 48 h 内填土覆盖。

4.19.2 土工合成材料易受施工机械损伤而降低力学性能。为保证其不受损伤和就位固定后位置不受扰动,其上的砂垫层不宜直接压实。

4.19.4 每批土工合成材料生产时的原料配制、生产工艺可能会存在差异,根据土工合成材料有关检验规定,结合高速铁路土工合成材料使用范围和数量,按每批产品每 10 000 m^3进行抽检。

4.19.6 一般土工合成材料两个方向的强度并不一致,纵向强度较高。强调铺设方向符合设计,使其强度高的方向与受力方向一致,更有利于充分发挥材料性能,节省工程造价。

5.1.5 路基填筑按照"三阶段、四区段、八流程"的施工工艺组织施工,这是经实践总结的施工经验。"三阶段"指把路堤填筑施工分成准备、施工、整形验收等三个阶段。"四区段"指填筑施工划分为填筑、平整、碾压和检测等四个区段。"八流程"指施工准备、基底处理、分层填筑、摊铺平整、洒水或晾晒、机械碾压、检验签证、路基整形等八个流程。

填料含水量应控制在由试验段确定的施工允许含水量范围内，主要是指具有可击实性的细粒土和含细粒成分较多的粗粒土，对不具有可击实性的粗粒土或碎石类土可不受此规定限制。

5.1.7 铺设土工合成材料的下承层如有坚硬突出物，则易穿破或损伤土工合成材料。因此在铺设之前应将下承层整平压实。土工合成材料如有褶皱，没有展平，将不利于材料强度的发挥。土工合成材料一般是以纤维或高分子聚合物等原料制成的，受日晒易老化、缩短使用寿命，降低材料强度，故而强调铺设土工合成材料后应及时覆盖。

土工合成材料易受施工机具损伤而降低力学性能，软土地基如直接用重型机具碾压，易破坏土体结构强度，使土工合成材料变形，为防止不良后果出现，特作此规定。

5.2.1、5.2.2 在秦沈客运专线路基填筑施工中，由于路基填筑压实要求比普通铁路高，因此，有些填料虽符合铁路路基规范中的填料分类标准，但由于填料的级配或压实后强度方面的原因，难以达到所规定的标准。通过秦沈客运专线施工中对这些土进行的填筑试验，并作了详细深入地分析研究，对粗粒土中的粉、细、中砂和C组细粒土中的粉黏土得出了一些具体结果，考虑到这些结果可能存在一些地区局限性，所以仅在条文说明中列出。

在填筑基床以下路堤时，对粗粒土填料，粉、细砂一般不宜直接填筑。中砂以上砂、砾应级配良好，其不均匀系数 $C_u>12$。在填筑基床底层时，对粗粒土填料，细砂一般不宜直接填筑。中砂以上砂、砾应级配良好，其不均匀系数 $C_u>20$。

对不符合上述要求的填料，可采取改良措施，并应与远运土进行技术经济比较。粗粒土宜用物理改良方法，以改善其粒径级配。改良后的粗粒土其级配曲线应接近圆顺，在填筑基床以下路堤时，不均匀系数 $C_u>12$；在填筑基床底层时，不均匀系数 $C_u>20$。细粒土可采用物理改良方法或化学改良方法，当采用化学改良方法时，应根据不同性质填料，选择适宜的掺合料，并进行不同配合比的室内物理、力学试验，优化配合比，提出改良后的主要技术参数（如无侧限抗压强度 q_u 等）。

5.2.7 根据秦沈客运专线路基工程质量控制实践，本暂行标准明确规定了基床以下路堤每层最大、最小填筑压实厚度。

5.3.1、5.3.3 如设计未对需化学改良土及外掺料试验项目提出具体要求，可参照说明表5.3.3进行试验。

说明表5.3.3 化学改良土原材料的试验项目和频次

材料名称	试验项目	目的	频次	试验方法
土	含水率	确定原始含水率	每个土源点使用前测两个样品	按现行铁道部颁《铁路工程土工试验方法》执行
	液限、塑限	求塑性指数，审定是否符合规定		
	有机质和硫酸盐含量	确定是否适宜于用石灰或固化剂改良		
石灰	有效钙、氧化镁	确定石灰质量	每批同一料源材料应做两个样品	
粉煤灰	烧失量	确定粉煤灰是否适用		
固化剂	凝结时间	确定固化剂是否符合要求		
	强度	确定固化剂是否符合要求		

5.4.1 每批土工合成材料生产时原料的配制及生产工艺都会存在差异，因此必须查验每

批产品质量证明文件、性能报告单,并进行抽样试验。

5.4.2 土工合成材料纵横两个方向的强度相差较大,一般纵向强度较高。

6.3.2 为保证路桥间线路的平顺、稳定,在桥台结构完成后,应安排过渡段路堤与相邻的一般填土路堤同时施工,并使用同等压实能量的压实机械,将过渡段与一般路堤的碾压面按大致相同的高度进行填筑碾压。

6.3.6 动态变形模量 E_{vd} 由平板压力公式 $E_{vd}=1.5\times r\times\sigma/S$ 计算得出。其中 E_{vd} 为动态变形模量(MPa);r 为圆形刚性荷载板的半径(mm);σ 为荷载板下的最大冲击动应力,它是通过在刚性基础上,由最大冲击力 $F_s=7.07$ kN 且冲击时间 $t_s=18$ ms 时标定得到的,即 $\sigma=0.1$ MPa;S 为实测荷载板下沉幅值,即荷载板的沉陷值(mm);1.5 为荷载板形状影响系数。实测结果采用公式 $E_{vd}=22.5/S$ 计算。

6.3.10 在桥台或横向结构物附近、大型机械不能到位的部位,用小型振动冲击夯等压实机械充分压实,但其填料虚铺厚度不应超过 20 cm。

6.5

客运专线设计暂规规定,在正梯形级配碎石过渡段后的路基上设置倒梯形填料填筑过渡段,用A、B组填料填筑,其压实标准与过渡段级配碎石相同,在此作为一个单独的分项工程。

7.0.4 峒室药包爆破很难避免对路堑各部造成损伤和隐患,故严禁采用。

7.0.6 为保证路基横向刚度的均匀性,避免填、挖部分的沉降不均,提出本条规定。

8.1.9 根据秦沈客运专线路基工程质量控制实践,本暂行标准明确规定了基床底层路基每层最大、最小填筑压实厚度。

8.2.4 基床表层填筑按照"四区段、六流程"的施工工艺组织施工,是根据秦沈客运专线的施工实践总结的经验。"四区段"指基床表层填筑施工划分为验收基床底层、搅拌运输、摊铺碾压、检测修整等四个区段。"六流程"指填筑作业分为拌和、运输、摊铺、碾压、检测试验和修整养护等六个流程。

8.2.7、8.2.8 级配砂砾石和级配碎石中细集料含量过高,将使塑性指数增大,降低集料的强度和刚度,水稳性也差。故必须严格控制 0.5 mm 以下细集料的含量及其液限和塑性指数。

为保证轨下基础稳定,防止道砟嵌入及防止基床底层颗粒进入基床表层,不同材料之间的级配需满足太沙基反滤准则,即 $D_{15}<4d_{85}$(D_{15} 为粗粒土颗粒级配曲线上相应于15%含量的粒径,d_{85} 为细粒土颗粒级配曲线上相应于85%含量的粒径)。当基床表层填料与下部填土之间不满足 $D_{15}\leqslant 4d_{85}$ 的要求时,需在基床底层表面铺设无纺土工布。尽管其使用目的和所用材料有别于地基加固处理中的土工合成材料,但施工质量要求是基本一致的。

8.3

基床表层沥青混凝土技术条件正在试验中,本暂行标准参考公路沥青混凝土质量管理项目和方法进行编写,客运专线路基基床防排水层沥青混凝土技术条件及检验方法发布后,除执行本暂行标准的要求外,还应执行客运专线铁路有关沥青混凝土技术条件的要求。

8.4.2　由于软土、松软土地基沉降较一般地基大，为保证路基的平顺性，铺轨时路肩标高必须满足高程允许偏差的要求。

9.1.4　混凝土所用材料应分别符合《普通混凝土用砂质量标准及检验方法》(JGJ 52)、《普通混凝土用碎石或卵石质量标准及检验方法》(JGJ 53)、《混凝土拌和用水标准》(JGJ 63)的质量要求，其检验项目、检验批量和检验方法应遵照标准的规定执行。

混凝土的初凝时间与水泥品种、凝结条件、掺用外加剂的品种和数量等因素有关，应由试验确定。当施工环境气温较高时，还应考虑气温对混凝土初凝时间的影响。

养护条件对于混凝土强度的增长有重要影响。在施工过程中，应根据原材料、配合比、浇筑部位和季节等具体情况，制定合理的施工技术方案，采取有效的养护措施，保证混凝土强度的正常增长。

9.1.5　为了克服人工拌制砂浆不易搅拦均匀的缺点，规定砂浆应采用机械搅拌。同时，为使物料充分拌和，保证砂浆拌和质量，规定了砂浆的搅拌时间。在一般气温情况下，水泥砂浆在 3 h 内使用完，砂浆强度降低一般不超过 20%，符合砌体强度指标的确定原则。

9.1.14　浆砌水沟砌体砂浆强度等级检验应在砂浆浆砌地点随机取样制作砂浆试块进行标准养护，再进行 28 d 抗压强度试验。试块抗压强度的平均值应大于或等于设计强度等级所对应的立方体抗压强度。

9.1.12、9.1.21　预制排水沟为拼装式。预制件形状、尺寸、强度及基础与基坑的密实、平整程度，直接影响预制侧沟的拼装质量、排水效果和使用寿命，故对其做出规定。

预制或现浇水沟及盖板混凝土强度等级检验应在混凝土浇筑地点随机抽样成型试件进行标准养护，再进行 28 d 抗压强度试验。

9.3

本暂行标准地下排水设施指渗水暗沟、渗水管、盲沟等所有路基地下排水设施。

9.3.5　地下排水设施沟槽两壁需铺设土工织物，只有保持沟槽两壁平顺，方可按设计要求铺设土工织物，保证其铺设质量。

9.4

根据客运专线铁路设计暂行规定，过渡段设置专门的排水设施，对排水要求更高，故本暂行标准对过渡段排水设施作为分项工程列出。但由于还无成型设计，此处暂这样规定，待实践中再完善。

10.1.9、10.1.10　泄水孔排水是否畅通、沉降缝设置位置直接影响结构物安全稳定，故作为主控项目规定。

10.5.3　铺网前洒水浸润边坡应注意洒水适量，以浸润深度 30 cm 为宜，既有利于草籽生长成活，又不影响边坡稳定。

10.7

参照《铁路路基边坡绿色防护技术暂行规定》编写。

10.7.4　成活率指成活的植物数量与原种植数量的百分比。

覆盖率指地面上全部植物茎叶的垂直投影面积与样方面积的百分比。

藤本植物指株体不能自立，依靠吸盘、卷须钩刺或本身的缠绕性，缠绕或攀附于其他物体而向上生长，或者匍地生长的木本植物。藤本植物有常绿和落叶之分。

灌木指体型较矮小，主干低矮或者茎干自地面呈多数生出而无明显主干的多年生木本植物。按高度可分为大灌木（2～3 m）、中灌木（1～2 m）、小灌木（约1 m）。

乔木指体型高大，分枝和叶组成庞大的树冠，主干和分枝有明显区别的多年生木本植物。按高度可分为伟乔木（31 m 以上）、大乔木（21～30 m）、中乔木（11～20 m）和小乔木（6～10 m）。

一般地区指年平均降水量大于600 mm，最冷月月平均气温高于或等于－5 ℃的温暖、湿润地区。

干旱地区指年平均降水量小于600 mm 的地区。

寒冷地区指最冷月月平均气温低于－5 ℃的地区。

12

为保证客运专线铁路路基修筑质量，避免传统施工方法带来的站后工程对路基的破坏，所有需在路基上开挖埋设、设置构筑物的施工应与路基施工统筹安排，同步修建，并保证回填质量。

13.2

防护栅栏采用全线贯通封闭设置，是高速铁路安全、畅通的保障措施，所以防护栅栏本身的可靠程度尤为重要，故在此作为分项工程规定其质量要求。

15.1.2 表15.1.2规定了单位工程质量控制资料核查内容，对表中未列的较重要的质量控制资料，应根据工程建设质量主管部门的要求进行核查。其中，第8项“路基检测、试验报告”主要是指地基、路基的施工质量检测、试验报告。

中华人民共和国行业标准

铁建设〔2005〕188号

变形模量 E_{v2} 检测规程（试行）

Code for strain modulus test of E_{v2}

2005—10—29　发布　　　　2005—10—29　实施

中华人民共和国铁道部　发布

前　言

本规程是根据铁道部建设管理司的安排进行编制的。

本规程共分 7 章,主要内容包括:总则、术语和符号、基本规定、仪器设备、试验要点、资料整理与计算、变形模量 E_{v2} 检测示例等。

本规程系首次编制。在执行本规程过程中,希望各单位结合工程实践,认真总结经验,积累资料。如发现需要修改和补充之处,请及时将意见及有关资料寄交铁道第五勘察设计院(北京市大兴区康庄路 9 号,邮政编码:102600),并抄送铁道部经济规划研究院(北京市海淀区羊坊店路甲 8 号,邮政编码:100038),供今后修订时参考。

本规程由铁道部建设管理司负责解释。

本规程主编单位:铁道第五勘察设计院。

本规程主要起草人:李庆民、肖金凤、李树峰、王慨慷、刘长勇、李绍文、刘祥志、郝小亮、东爱明。

目　　次

1 总　则

1.0.1　为统一变形模量 E_{v2} 检测方法及技术要求，为路基工程设计和施工提供可靠的指标和参数，制定本规程。

1.0.2　本规程适用于铁路路基工程变形模量 E_{v2} 检测。

1.0.3　变形模量 E_{v2} 检测除应符合本规程外，尚应符合国家现行的有关强制性标准的规定。

2 术语和符号

2.1 术　语

2.1.1 变形模量 E_{v2} 试验　strain modulus test of E_{v2}

通过圆形承载板和加载装置对地面进行第一次加载和卸载后,再进行第二次加载,用测得的承载板下应力 σ 和与之相对应的承载板中心沉降量 S,来计算变形模量 E_{v2} 及 E_{v2}/E_{v1} 值的试验方法。

2.1.2 一次变形模量　the first strain modulus

用第一次加载测得的承载板下应力 σ 和与之相对应的承载板中心沉降量 S 计算的变形模量。

2.1.3 二次变形模量　the second strain modulus

用第二次加载测得的承载板下应力 σ 和与之相对应的承载板中心沉降量 S 计算的变形模量。

2.2 符　号

E_v——变形模量

E_{v1}——一次变形模量

E_{v2}——二次变形模量

σ——承载板下应力

S_M——沉降量测表读数

S——承载板中心沉降量

3 基本规定

3.0.1 变形模量 E_{v2}试验适用于粒径不大于承载板直径1/4的各类土和土石混合填料。

3.0.2 变形模量 E_{v2}试验应采用直径300 mm承载板。变形模量 E_{v2}的计量单位为MPa。

3.0.3 试验场地及环境条件应符合下列要求：

1 对于水分挥发快的中粗砂，表面结硬壳、软化或因其他原因表层扰动的土，变形模量 E_{v2}试验应置于其影响以下进行，下挖深度应不大于承载板直径。

2 对于粗、细粒均质土，宜在压实后2～4 h内开始检测。

3 测试面应水平无坑洞。对于粗粒土或混合料填层造成的表面凹凸不平，承载板下应铺一层厚约2～3 mm的干燥中砂或石膏腻子。

4 试验时测试点应远离震源。

5 雨天或风力大于6级的天气不得进行试验。

3.0.4 变形模量 E_{v2}测试仪测量应采用自动采集、数字显示仪器。

3.0.5 承载板的沉降量应采用中心单点测量。

4 仪器设备

4.0.1 变形模量 E_{v2} 测试仪器应包括承载板、反力装置、加载装置、荷载量测装置及沉降量测装置。

1 承载板应符合下列要求:

1)承载板直径应为 300 mm ± 0.2 mm,厚度应为 25 mm ± 0.2 mm,材质应为 Q345 钢。承载板上应带有水准泡。

2)承载板加工表面粗糙度 R_a 不应大于 6.3 μm。

2 反力装置的承载能力应大于最大试验荷载 10 kN 以上。

3 加载装置应符合下列要求:

1)千斤顶应通过高压油软管与手动液压泵连接。千斤顶顶端应设置球铰,并配有可调节丝杆和加长杆件。

2)高压油软管长度不应小于 1.8 m,两端应装有自动开闭阀门的快速接头。

3)手动液压泵上应装有可调节减压阀,可准确地对承载板进行分级加、卸载。

4)千斤顶两边应固定,并确保不倾斜。千斤顶活塞的行程不应小于 150 mm。在试验过程中,千斤顶高度不应超过 600 mm。

4 荷载量测装置的量测表量程应达到最大试验荷载的 1.25 倍,最大误差应不大于 1%,显示值应能保证承载板上的荷载有效位至少达到 0.001 MPa。

5 沉降量测装置应符合下列要求:

1)沉降量测装置应由测桥和测表组成。

2)测桥的测量臂可采用杠杆式(见图 4.0.1—1)或垂直抽拉式(见图 4.0.1—2)。测量臂应有足够的刚度。

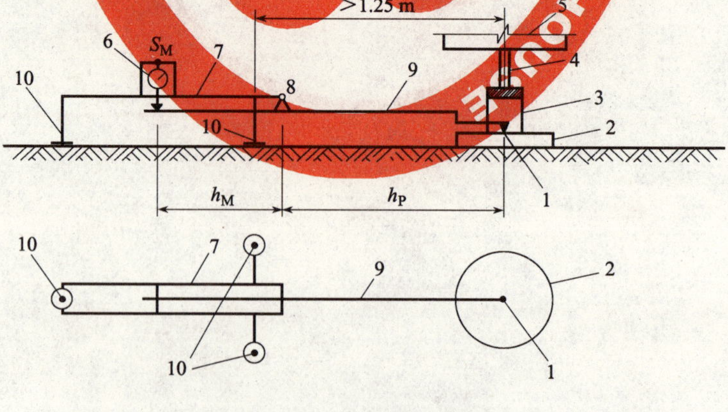

图 4.0.1—1　杠杆式测量臂

1—触点;2—承载板;3—千斤顶;4—加长杆件;5—反力装置;6—沉降量测表;7—支撑架;8—杠杆支点;9—测量臂;10—支撑座

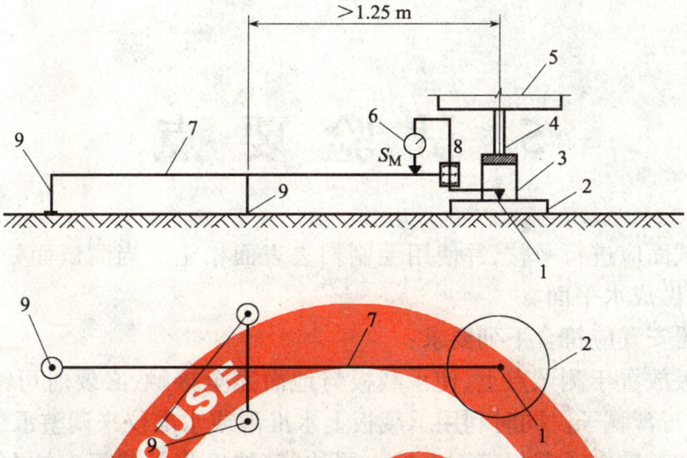

图 4.0.1—2 垂直抽拉式测量臂
1—触点；2—承载板；3—千斤顶；4—加长杆件；5—反力装置；
6—沉降量测表；7—支撑架；8—垂直支架；9—支撑座

3）承载板中心至测桥支撑座的距离应大于 1.25 m。杠杆式测量臂杠杆比 $h_P:h_M$ 可在1∶1至2∶1范围内选择，选定后不得改变。

4）沉降量测表最大误差不应大于 0.04 mm，分辨率应达到 0.01 mm，量程不应小于 10 mm。

4.0.2 辅助工具应包括铁锹、钢板尺（长 400 mm）、毛刷、刮铲、水准仪、铅锤、褶尺、干燥中砂、石膏粉、油、遮阳挡风设施等。

4.0.3 测试仪器标定应符合下列规定：

1 传感器、测表应按国家有关规定标定；

2 变形模量 E_{v2} 测试仪必须每年标定一次。

5　试 验 要 点

5.0.1　场地测试面应进行平整，并使用毛刷扫去表面松土。当测试面处于斜坡上时，应将承载板支撑面做成水平面。

5.0.2　测试仪器安置应符合下列要求：

1　将承载板放置于测试点上，使承载板与地面完全接触，必要时可铺设一薄层干燥砂（2～3 mm）或石膏腻子。同时利用承载板上水准泡或水准仪来调整承载板水平。当用石膏腻子做垫层时，应在承载板底面上抹一层油膜，然后将承载板安放在石膏层上，左右转动承载板并轻轻击打顶面，使其与地面完全接触，被挤出的石膏应在凝固前清除，直至石膏凝固以后方可进行测试。

2　将反力装置承载部位安置于承载板上方，并加以制动。承载板外侧边缘与反力装置支撑点之间的距离不得小于 0.75 m。

3　将千斤顶放在承载板的中心位置，使千斤顶保持垂直。用加长杆和调节丝杆使千斤顶顶端球铰座与反力装置承载部位紧贴。

4　安置测桥时应将沉降量测装置的触点自由地放入承载板上测量孔的中心位置，沉降量测表必须与测试面垂直。测桥支撑座与反力装置支撑点的距离不得小于 1.25 m。

5　试验过程中测桥和反力装置不得晃动。

6　沉降量测装置应有遮阳挡风设施。

5.0.3　预加载时，应预先加 0.01 MPa 荷载约 30 s，待稳定后卸除荷载，将沉降量测表读数调零。

5.0.4　加载与卸载应符合下列要求：

1　变形模量 E_{v2} 试验第一次加载应至少分 6 级，并以大致相等的荷载增量（0.08 MPa）逐级加载，达到最大荷载为 0.5 MPa 或沉降量达到 5 mm 时所对应的应力后，再进行卸载。

2　承载板卸载应按最大荷载的 50%、25% 和 0 三级进行。

3　卸载后，按照第一次加载的操作步骤，并保持与第一次加载时各级相同的荷载进行第二次加载，直至第一次所加最大荷载的倒数第二级。

4　每级加载或卸载过程必须在 1 min 内完成。

5　加载或卸载时，每级荷载的保持时间为 2 min，在该过程中荷载应保持恒定。

6　试验中若施加了比预定荷载大的荷载时，应保持该荷载，并将其记录在试验记录表中，加以注明。

5.0.5　当试验过程中出现承载板严重倾斜，以至承载板上水准器上的气泡不能与圆圈标志重合或承载板过度下沉及量测数据出现异常等情况时，应查明原因，另选点进行试验，并在试验记录表中注明。

6　资料整理与计算

6.0.1　每一级荷载的应力 σ 和所对应的沉降量测表读数 S_M 应按表 6.0.1 填写。承载板中心沉降量 S 应按下式计算：

$$S = S_M\left(\frac{h_P}{h_M}\right) \tag{6.0.1}$$

式中　S——承载板中心沉降量(mm)；

S_M——沉降量测表读数(mm)；

h_P/h_M——杠杆比。

表 6.0.1　变形模量 E_{v2} 试验记录

工程名称：	填料类型：		试验编号：	仪器名称：
工程地点：	填层厚度：		杠杆比 h_P/h_M：	仪器型号：
施工单位：	试验里程：		试验标高：	天　　气：
加卸载顺序序号	荷载 F(kN)	应力 σ(MPa)	沉降量测表读数 S_M(mm)	承载板中心沉降量 S(mm)
预　压				
复　位				

复核________ ____年____月____日　　　　　　　　　试验________ ____年____月____日

6.0.2　根据试验结果绘制应力—沉降量曲线(见图 6.0.2)，应力—沉降量曲线上应用箭头标明受力方向。

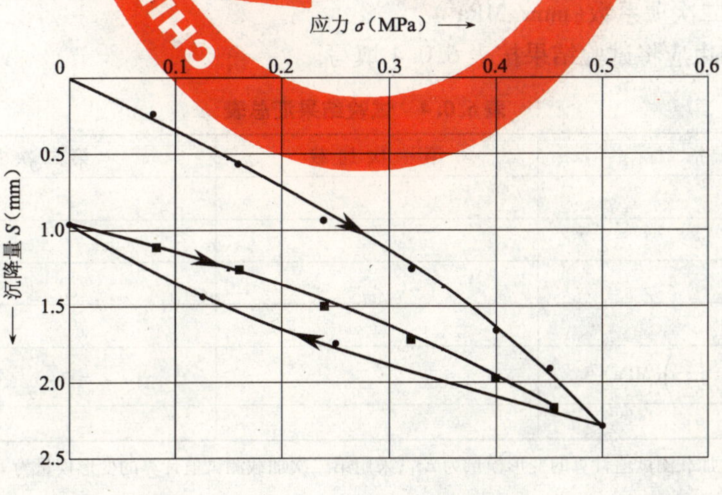

图 6.0.2　应力—沉降量曲线

6.0.3　变形模量E_v计算应符合下列规定：

1　第一次加载和第二次加载所得到的应力—沉降量曲线，可用式(6.0.3—1)表达：

$$S = a_0 + a_1 \cdot \sigma + a_2 \cdot \sigma^2 \quad (6.0.3—1)$$

式中　σ——承载板下应力(MPa)；

S——承载板中心沉降量(mm)；

a_0——常数项(mm)；

a_1——一次项系数(mm/MPa)；

a_2——二次项系数(mm/MPa^2)。

2　应力—沉降量曲线方程的系数是将测试值按最小二乘法计算得到的。用于计算系数的方程式为

$$a_0 \cdot n + a_1 \sum_{i=1}^{n} \sigma_i + a_2 \sum_{i=1}^{n} \sigma_i^2 = \sum_{i=1}^{n} S_i \quad (6.0.3—2)$$

$$a_0 \sum_{i=1}^{n} \sigma_i + a_1 \sum_{i=1}^{n} \sigma_i^2 + a_2 \sum_{i=1}^{n} \sigma_i^3 = \sum_{i=1}^{n} S_i \cdot \sigma_i \quad (6.0.3—3)$$

$$a_0 \sum_{i=1}^{n} \sigma_i^2 + a_1 \sum_{i=1}^{n} \sigma_i^3 + a_2 \sum_{i=1}^{n} \sigma_i^4 = \sum_{i=1}^{n} S_i \cdot \sigma_i^2 \quad (6.0.3—4)$$

式中$\sigma_1, S_1; \sigma_2, S_2; \cdots; \sigma_n, S_n$分别为每级荷载的应力和相应的承载板中心沉降量测试值。

3　变形模量E_v是通过应力—沉降量曲线在$0.3\sigma_{1max}$和$0.7\sigma_{1max}$之间割线的斜率确定的，变形模量应按式(6.0.3—5)计算：

$$E_{vi} = 1.5r\left(\frac{1}{a_1 + a_2\sigma_{1max}}\right) \quad (6.0.3—5)$$

式中　E_{vi}——变形模量(MPa)；

r——承载板半径(mm)；

σ_{1max}——第一次加载最大应力(MPa)；

a_1——一次项系数(mm/ MPa)；

a_2——二次项系数(mm/ MPa^2)。

6.0.4　试验结束应将试验结果按表6.0.4填写。

表6.0.4　试验结果汇总表

汇总指标	第一次加载	第二次加载
σ_{max}(MPa)		
a_0(mm)		
a_1(mm/MPa)		
a_2(mm/MPa^2)		
$E_{vi}=1.5r\left(\frac{1}{a_1+a_2\sigma_{1max}}\right)$(MPa)		
E_{v2}/E_{v1}		

注：采用第一次加载测试值计算的变形模量为E_{v1}；采用第二次加载测试值计算的变形模量为E_{v2}。

7　变形模量 E_{v2} 检测示例

7.0.1　本检测示例中 E_{v2} 测试仪测桥的测量臂为杠杆式，杠杆比 $h_P:h_M=2.0$。测试仪应按本规程图 4.0.1—1 安装。

7.0.2　变形模量 E_{v1} 和 E_{v2} 的值是通过表 7.0.2 中的试验数据计算得出。

表 7.0.2　变形模量 E_{v2} 试验记录

工程名称：×××	填料类型：×××	试验编号：×××	仪器名称：
工程地点：×××	填层厚度：×××	杠杆比 h_P/h_M：2.0	仪器型号：
施工单位：×××	试验里程：×××	试验标高：×××	天　　气：××

加卸载顺序序号	荷载 F(kN)	应力 σ(MPa)	沉降量测表读数 S_M(mm)	承载板中心沉降量 S(mm)
预压	0.71	0.010	0.03	0.06
复位	0.00	0.000	0.00	0.00
1	5.65	0.080	0.16	0.32
2	11.31	0.160	0.28	0.56
3	17.04	0.241	0.41	0.82
4	22.69	0.321	0.52	1.04
5	28.27	0.400	0.62	1.24
6	31.81	0.450	0.70	1.40
7	35.34	0.500	0.79	1.58
卸载				
8	17.76	0.251	0.64	1.28
9	8.55	0.121	0.51	1.02
10	0.00	0.000	0.39	0.78
第二次加载				
11	0.00	0.000	0.39	0.78
12	5.73	0.081	0.46	0.92
13	11.38	0.161	0.53	1.06
14	17.04	0.241	0.60	1.20
15	22.62	0.320	0.66	1.32
16	28.35	0.401	0.70	1.40
17	31.81	0.450	0.75	1.50

复核________ ____年____月____日　　　　　　　　试验________ ____年____月____日

7.0.3　根据试验结果绘制应力—沉降量曲线如图 7.0.3。

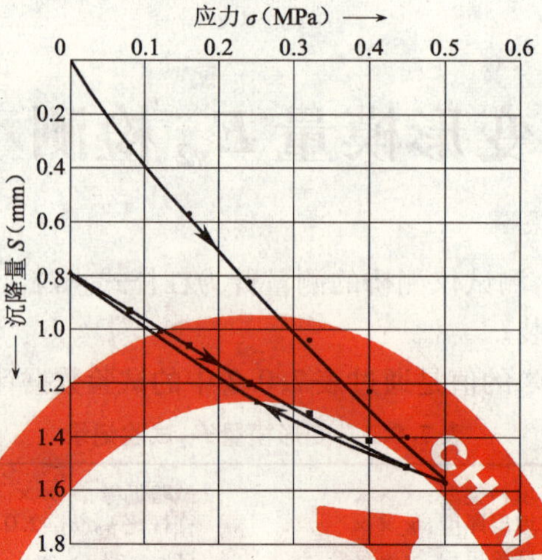

图 7.0.3　应力—沉降量曲线

7.0.4　将试验结果填入试验结果汇总表 7.0.4。

表 7.0.4　试验结果汇总表

汇　总　指　标	第 一 次 加 载	第 二 次 加 载
σ_{max}(MPa)	0.500	0.450
a_0(mm)	0.091	0.777
a_1(mm/MPa)	2.939	1.887
a_2(mm/MPa^2)	−0.004	−0.685
$E_{vi}=1.5r\left(\dfrac{1}{a_1+a_2\sigma_{1max}}\right)$(MPa)	76.62	145.69
E_{v2}/E_{v1}	1.90	

本规程用词说明

执行本规程条文时，对于要求严格程度的用词说明如下，以便在执行中区别对待。

(1)表示很严格，非这样做不可的用词：

正面词采用“必须”；

反面词采用“严禁”。

(2)表示严格，在正常情况下均应这样做的用词：

正面词采用“应”；

反面词采用“不应”或“不得”。

(3)表示允许稍有选择，在条件许可时首先应这样做的用词：

正面词采用“宜”；

反面词采用“不宜”。

表示有选择，在一定条件下可以这样做的，采用“可”。

《变形模量 E_{v2} 检测规程》(试行)
条文说明

本条文说明系对重点条文的编制依据、存在的问题以及在执行中应注意的事项等予以说明。为了减少篇幅,只列条文号,未抄录原条文。

1.0.1 本规程主要是在参照《铁路工程土工试验规程》(TB 10102—2004)和德国 DIN 18134《平板载荷试验标准》(2001 年修订版)的基础上,结合现场试验情况编制而成。

3.0.2 德国 DIN 18134《平板载荷试验标准》(2001 年修订版)中承载板的直径有 300 mm、600 mm 和 762 mm 三种,考虑到铁路路基施工质量检测中使用的是 300 mm 承载板,本条规定"变形模量 E_{v2} 试验应采用直径 300 mm 承载板"。

3.0.3 对下挖深度的规定主要是考虑铁路路基工程每层填筑厚度。

土体的含水率对其强度测定有较大的影响,因此,试验时土体的含水率变化范围应是在其使用期间所能保持的范围。本条对开始试验时间的规定是依据《铁路工程土工试验规程》(TB 10102—2004)中 K_{30} 平板载荷试验规定的"对于粗、细粒均质土,宜在压实后 2 ~4 h内开始试验"。

4.0.1 德国 DIN 18134《平板载荷试验标准》(2001 年修订版)规定承载板应采用 S355J0 钢制成,S355J0 钢对应国内钢材型号为 Q345。

对试验过程中千斤顶高度的规定是为确保千斤顶不倾倒,其值参考了德国 DIN 18134《平板载荷试验标准》(2001 年修订版)中的规定。

德国 DIN 18134《平板载荷试验标准》(2001 年修订版)中规定承载板中心至测桥支撑座的距离必须为 1 500 mm ±5 mm。考虑到本规程规定了承载板的直径为 300 mm,本规程规定"承载板中心至测桥支撑座的距离应大于 1.25 m"。

6.0.1 变形模量 E_{v2} 测试仪测桥测量臂为垂直抽拉式时,所测得的承载板中心沉降量与沉降量测表的读数是相等的,为了统一,可认为垂直抽拉式测量臂杠杆比为 1∶1。

7

由于本规程在铁路行业首次颁布,为便于检测人员操作,本规程增加了检测示例部分,供检测人员参考。

中华人民共和国行业标准

铁建设〔2006〕118 号

铁路路基支挡结构设计规范

Code for design on retaining structures of railway subgrade

TB 10025—2006

J 127—2006

2006—06—25 发布　　　　2006—06—25 实施

中华人民共和国铁道部　发布

前　言

本规范是根据铁道部《关于印发〈2004 年铁路工程建设规范、定额、标准设计编制计划〉的通知》(铁建设函〔2004〕42 号)的要求,在《铁路路基支挡结构设计规范》(TB 10025—2001)基础上修订而成的。

本规范在修订过程中,认真总结了我国铁路路基支挡结构设计、施工及运营中的经验和教训,借鉴了国内外有关标准的规定。

工程技术人员必须按照"以人为本、服务运输、强本简末、系统优化、着眼发展"的铁路建设理念,结合工程具体情况,因地制宜,充分发挥主观能动性,积极采取安全、可靠、先进、成熟、经济、适用的新技术,不能生搬硬套标准。勘察设计单位执行(或采用)单项或局部标准,并不免除设计单位及设计人员对整体工程和系统功能质量问题应承担的法律责任。

本规范共分 12 章,内容包括:总则、术语、重力式挡土墙、短卸荷板式挡土墙、悬臂式和扶壁式挡土墙、锚杆挡土墙、锚定板挡土墙、加筋土挡土墙、土钉墙、抗滑桩、桩板式挡土墙和预应力锚索等,另有 3 个附录。

本次修订的主要内容有:

1. 适用范围修改为旅客列车设计行车速度等于或小于200 km/h、货物列车设计行车速度等于或小于 120 km/h。

2. 增加了路基支挡结构混凝土结构耐久性设计的有关要求。

3. 增加了路基支挡结构设计应考虑列车动载的影响,架桥机等运架设备应作为临时荷载进行验算的规定。

4 删除了使用浆砌片石的内容,修订了重力式挡土墙等支挡结构的材料要求。

5. 增加了悬臂式挡土墙和扶壁式挡土墙的结构设计可参照《混凝土结构设计规范》(GB 50010)按极限状态法设计的规定。

6. 增加了悬臂式挡土墙、扶壁式挡土墙和桩板墙对轨道及列车荷载产生的土压力可按弹性理论计算的规定。

7. 修订了加筋土挡土墙的适用范围,增加了路堤式加筋土挡墙的有关内容。

8. 增加了膨胀土地段不得使用土钉墙的规定。

9. 增加了预应力锚索的锚索板、锚索地梁、格子梁、预应力锚索桩等设计内容,删除了临时性工程的有关内容。

本规范以黑体字标志的条文为强制性条文,必须严格执行。

在执行本规范过程中,希望各单位结合工程实践,认真总结经验,积累资料。如发现需要修改和补充之处,请及时将意见及有关资料寄交铁道第二勘察设计院(四川省成都市通锦路 3 号,邮政编码:610031),并抄送铁道部经济规划研究院(北京市海淀区羊坊店路甲 8 号,邮政编码:100038),供今后修订时参考。

本规范由铁道部建设管理司负责解释。

本规范主编单位：铁道第二勘察设计院。

本规范参编单位：铁道第一勘察设计院、铁道第三勘察设计院、铁道第四勘察设计院。

本规范主要起草人：李海光、高志伟、李安洪、赖紫辉、罗一农、彭泽仁、曾长贤。

目　次

1 总 则

1.0.1 为统一铁路路基支挡结构设计技术标准，使路基支挡结构设计符合安全适用、技术先进、经济合理的要求，制定本规范。

1.0.2 本规范适用于铁路网中客货列车共线运行、旅客列车设计行车速度等于或小于200 km/h、货物列车设计行车速度等于或小于120 km/h 标准轨距铁路路基支挡结构的设计。

1.0.3 路基支挡结构设计应贯彻国家技术、经济政策，按照全面规划、远期近期结合、统筹兼顾的原则，广泛收集资料，认真进行调查研究和选定方案。

1.0.4 路基支挡结构设计应积极采用新技术、新结构、新材料、新工艺。

1.0.5 路基工程在下列情况下应修筑支挡结构：

1 为减少路堑边坡薄层开挖、路堤边坡薄层填方地段或为加强路堤本体稳定地段的陡坡路基；

2 为避免大量挖方、降低边坡高度或加强边坡稳定性的路堑地段；

3 不良地质条件下的加固地基、边坡、山体、危岩或拦挡落石地段；

4 受水流冲刷影响路堤稳定的沿河、滨海路堤地段；

5 为节约用地、少占农田或为保护重要的既有建筑物地段；

6 为保护生态环境地段；

7 其他特殊条件需要的地段。

1.0.6 路基支挡结构设计应符合下列要求：

1 在各种设计荷载组合下，支挡结构应满足稳定性、坚固性和耐久性的要求，结构类型及设置位置应安全可靠、经济合理、便于施工养护，使用的材料应保证耐久、耐腐蚀；

2 支挡结构设计时，必须查明山体和地基的工程地质、水文地质条件，合理选择岩土的物理力学参数；

3 支挡结构的抗震设计应符合《铁路工程抗震设计规范》(GB 50111)的有关规定；

4 路堤或路肩挡土墙的墙后填料及其压实度应符合铁道部现行相关规范的规定；

5 支挡结构与桥台、隧道洞门、既有支挡结构连接时，应衔接平顺；

6 城市及风景区的支挡结构形式及墙面，宜与其他相邻建筑物相协调；

7 站场路肩挡土墙顶面设施，应兼顾调车作业的安全性及方便性；

8 电气化铁路区段及埋设电缆区段的路肩挡土墙应预留电杆及电缆的坑、槽、沟、洞位置，并统筹考虑各专业工程的衔接与配合；

9 支挡结构地段的防排水设计，应与路基排水设施协调，形成完善的排水系统。

10 钢筋混凝土结构中的普通受力钢筋，可采用 HRB400 钢和 HRB335 钢。

11 按极限状态法设计的结构，设计参数的选取、结构计算和构造要求等执行现行《混凝土结构设计规范》(GB 50010)有关规定；按容许应力法设计的结构，设计参数的选取、结构计算和构造要求等执行现行《铁路桥涵钢筋混凝土和预应力混凝土结构设计规范》(TB 10002.3)有关规定。

1.0.7　混凝土结构耐久性设计应符合铁路混凝土耐久性设计的有关要求。钢筋混凝土结构设计使用年限为 60 年。

1.0.8　作用于路基上的列车荷载应采用中华人民共和国铁路标准活载,活载分布于路基面上的宽度,自轨枕两端向下按 45°扩散角计算。轨道和列车荷载按换算土柱法计算,其换算土柱的高度和分布宽度应符合本规范附录 A 的规定。设计中应考虑列车动载的影响。架桥机等运架设备应作为临时荷载进行验算。

1.0.9　路肩挡土墙的平面位置,在直线地段应按路基宽度确定,曲线地段宜按折线形布置,并应符合曲线路基加宽的规定。在转折处应设沉降缝断开。

1.0.10　增建第二线,在并行不等高的两线间设置支挡结构时,应根据路基情况、地基基础状态、施工对行车干扰等因素确定方案。

1.0.11　对挡土墙基底下持力层范围内的软弱层或挡土墙位于斜坡上时,应检算其整体稳定性。挡土墙整体稳定系数不得小于 1.25,沉降变形应满足有关的控制要求。

1.0.12　防护栏杆立柱及扶手的水平推力应按0.75 kN/m 作用在立柱顶上计算,并应按 1 kN 集中荷载检算。路肩挡土墙设置防护栏杆地段应符合下列规定:

1　墙顶高出地面2 m 且连续长度大于 10 m 时;

2　墙趾下为悬崖陡坎或地面横坡陡于1∶1、连续长度大于20 m的山坡时;

3　车站有调车作业地段。

1.0.13　本规范第1.0.12条第1、2款地段两端各延长 5 m 的范围内,应在靠山侧铺设单侧护轨。

1.0.14　当挡土墙较高时,应根据需要设置台阶或检查梯。

1.0.15　路基支挡结构设计除应符合本规范外,尚应符合国家现行的有关强制性标准的规定。

2 术 语

2.0.1 一般地区 general area

除浸水地区、高烈度地震区、不良地质地区和特殊岩土地区以外的地区。

2.0.2 重力式挡土墙 gravity retaining wall

依靠墙体自重抵抗土压力、防止土体坍滑的支挡结构。

2.0.3 衡重式挡土墙 balance weight retaining wall

以填土重力和墙体自重共同抵抗土压力的支挡结构。

2.0.4 卸荷板 relieving slab

用以减小衡重式挡土墙下墙土压力、增加全墙抗倾覆稳定的构件。

2.0.5 悬臂式挡土墙 cantilever retaining wall

由立臂式面板、墙趾板、墙踵板三部分组成采用钢筋混凝土材料建造的支挡结构。

2.0.6 扶壁式挡土墙 counterfort retaining wall

在悬臂式挡土墙沿墙长度方向每隔一定距离增设一道扶壁,将立臂式面板与墙踵板连接支固的支挡结构。

2.0.7 锚杆挡土墙 anchored wall

由肋柱、面板、锚杆组成,靠锚杆拉力维持土体稳定的支挡结构。

2.0.8 锚定板挡土墙 anchor slab wall

由墙面系、钢拉杆、锚定板和填土共同组成的支挡结构。

2.0.9 锚定板抗拔力 pull out resistance of anchor slab

锚定板前方土体受压缩时所提供的抗力。

2.0.10 加筋土挡土墙 reinforced soil wall

由墙面系、拉筋和填土共同组成的支挡结构。

2.0.11 抗滑桩 slide resistant pile

由锚固段侧向地基抗力抵抗悬臂段的土压力或滑坡下滑力的横向受力桩。

2.0.12 桩板式挡土墙 pile sheet retaining wall

在桩间设挡土板等结构来稳定土体的支挡结构。

2.0.13 土钉墙 soil nailing retaining wall

在土质或破碎软弱岩质路堑边坡中设置钢筋土钉,靠土钉拉力维持边坡稳定的支挡结构。

2.0.14 预应力锚索 prestressed anchored cables

通过对锚索施加张拉力使岩土体达到稳定状态或改善结构内部应力状况的支挡结构。

2.0.15 地震动峰值加速度 seismic peak ground acceleration

与地震动加速度反应谱最大值相应的水平加速度。

3 重力式挡土墙

3.1 一般规定

3.1.1 一般地区、浸水地区、地震地区和特殊岩土地区的路肩、路堤和路堑等部位，可采用重力式(或衡重式)挡土墙。路肩、路堤和土质路堑挡土墙高度不宜大于10 m，石质路堑挡土墙不宜大于12 m。

3.1.2 重力式挡土墙墙身材料应采用混凝土或片石混凝土，其强度等级及适用范围应按表3.1.2采用。

表3.1.2 重力式挡土墙材料强度等级与适用范围

材料种类	重度(kN/m³)	混凝土强度等级	适用范围
混凝土或片石混凝土	23	C15	$t\geqslant -15$ ℃地区
		C20	浸水及$t<-15$ ℃地区

注：表中t系最冷月平均气温。

3.1.3 重力式挡土墙可按容许应力法计算。混凝土、片石混凝土的容许应力值应按表3.1.3采用。

表3.1.3 混凝土、片石混凝土的容许应力(MPa)值

应力种类	符号	混凝土强度等级			
		C30	C25	C20	C15
中心受压	$[\sigma_c]$	8.0	6.8	5.4	4.0
弯曲受压及偏心受压	$[\sigma_b]$	10.0	8.5	6.8	5.0
弯曲拉应力	$[\sigma_{bl}]$	0.55	0.50	0.43	0.35
纯剪应力	$[\tau_c]$	1.10	1.00	0.85	0.70
局部承压应力	$[\sigma_{cl}]$	$8.0\times\sqrt{\frac{A}{A_c}}$	$6.8\times\sqrt{\frac{A}{A_c}}$	$5.4\times\sqrt{\frac{A}{A_c}}$	$4.0\times\sqrt{\frac{A}{A_c}}$

注：1 片石混凝土的容许压应力同混凝土，片石掺用量不大于总体积的20%；

2 A为计算底面积，A_c为局部承压面积。

3.2 设计荷载

3.2.1 作用在挡土墙上的力应按表3.2.1所列荷载进行组合。

表 3.2.1 挡土墙荷载

荷载分类	荷载名称
主力	墙背岩土主动土压力 墙身重力及位于挡土墙顶面上的恒载 轨道及列车荷载产生的土压力、离心力、摇摆力 基底的法向反力及摩擦力 常水位时静水压力和浮力
附加力	设计水位的静水压力和浮力 水位退落时的动水压力 波浪压力 冻胀力和冰压力
特殊力	地震力 施工及临时荷载 其他特殊力

注:1 常水位系指每年大部分时间保持的水位;
2 冻胀力和冰压力不与波浪压力同时计算;
3 洪水和地震不同时考虑。

3.2.2 浸水挡土墙应从设计水位及以下选择最不利水位作为计算水位。

3.2.3 浸水挡土墙墙背填料为渗水土时,可不计墙身两侧静水压力和墙背动水压力。

3.2.4 墙身所受浮力,应根据地基地层的浸水情况按下列原则确定:

1 碎石类土、砂类土(细砂、粉砂除外)和节理很发育的岩石地基,按计算水位的100%计算;

2 节理不发育的岩石地基按计算水位的50%计算。

3.2.5 当主力与附加力、特殊力组合时,应将材料的容许应力(纯剪应力除外)乘以不同的提高系数。当主力与附加力组合时乘以1.30,当主力与特殊力组合时乘以1.40;当主力与地震力组合时,应符合现行《铁路工程抗震设计规范》(GB 50111)的规定。

当主力与附加力组合时,地基容许承载力可乘以1.20。当挡土墙按有荷载、无荷载计算,其基底合力蹬偏心距为负值时,墙踵基底压应力可超过地基容许承载力,一般地区最大不得超过30%,浸水地区不得超过50%,但平均压应力不得超过地基容许承载力。当主力加地震力时,应符合现行《铁路工程抗震设计规范》(GB 50111)的规定。

3.2.6 单线铁路挡土墙应按有列车荷载与无列车荷载进行检算;双线铁路及站场内的挡土墙,除按有列车荷载进行检算外,尚应按邻近挡土墙的一线、二线有列车荷载与无列车荷载等组合进行检算。

3.2.7 作用在墙背上的主动土压力,可按库仑理论计算。

3.2.8 墙背俯斜度较大、土体中出现第二破裂面时,应按第二破裂面法计算土压力。

3.2.9 墙背为折线形时,可简化为两直线段计算土压力,其下墙段的土压力可用力多边形法计算。

3.2.10 挡土墙前的被动土压力可不计算。当基础埋置较深且地层稳定、不受水流冲刷和扰动破坏时,根据墙身的位移条件,可采用1/3被动土压力值。

3.2.11 墙背填料的物理力学指标应根据试验资料确定。有经验时,也可按表3.2.11采用。路堑挡土墙墙背地层的物理力学指标,可根据边坡设计的数据综合确定。

表 3.2.11 填料的物理力学指标

填料种类		综合内摩擦角 ϕ_0	内摩擦角 ϕ	重度(kN/m^3)
细粒土(有机土除外)	墙高 $H \leqslant 6$ m	35°	—	18、19
	6 m < 墙高 $H \leqslant 12$ m	30° ~35°		
砂类土		—	35°	19、20
碎石类、砾石类土		—	40°	20、21
不易风化的块石类土		—	45°	21、22

注:1 计算水位以下的填料重度采用浮重度;

2 填料的重度可根据填料性质和压实等情况作适当修正;

3 全风化岩石、特殊土的 ϕ、c 值宜根据试验资料确定。

3.2.12 土与墙背间的摩擦角应根据墙背的粗糙程度、土质和排水条件确定。有经验时,也可按表 3.2.12 所列数值采用。

表 3.2.12 土与墙背间的摩擦角 δ

墙背 / 墙身材料	巨粒土及粗粒土	细粒土(有机土除外)
混凝土或片石混凝土	$\phi/2$	$\phi_0/2$
第二破裂面或假想墙背土体	ϕ	ϕ_0

注:1 ϕ 为土的内摩擦角,ϕ_0 为土的综合内摩擦角;

2 当按表计算的 $\delta > 30°$ 时,采用 $\delta = 30°$。

3.3 计 算

3.3.1 挡土墙沿基底的抗滑动稳定系数 K_c 应分别按下列公式计算:

非浸水

$$K_c = \frac{[\sum N + (\sum E_x - E_x') \cdot \tan\alpha_0] \cdot f + E_x'}{\sum E_x - \sum N \cdot \tan\alpha_0} \quad (3.3\text{—}1)$$

浸 水

$$K_c = \frac{(\sum N - \sum N_w + \sum E_x \cdot \tan\alpha_0) \cdot f}{\sum E_x - (\sum N - \sum N_w) \cdot \tan\alpha_0} \quad (3.3\text{—}2)$$

式中 $\sum N$——作用于基底上的总垂直力(kN);

$\sum E_x$——墙后主动土压力的总水平分力(kN);

E_x'——墙前土压力的水平分力(kN);

$\sum N_w$——墙身的总浮力(kN);

α_0——基底倾斜角(°);

f——基底与地层间的摩擦系数。

当为倾斜基底时,应检算沿地基水平方向的滑动稳定性。基底下有软弱土层时,应检算该土层的滑动稳定性。

3.3.2 基底与地层间的摩擦系数,宜根据试验资料确定。在有经验时,也可采用表 3.3.2 所列值。

表 3.3.2　基底与地基间的摩擦系数 f

地 基 类 别	f	地 基 类 别	f
硬塑黏土	0.25～0.30	碎石类土	0.40～0.50
粉质黏土、粉土、半干硬的黏土	0.30～0.40	软质岩	0.40～0.60
砂类土	0.30～0.40	硬质岩	0.60～0.70

3.3.3　挡土墙抗倾覆稳定系数 K_0 应按下式计算：

$$K_0=\frac{\sum M_y}{\sum M_0} \tag{3.3.3}$$

式中　$\sum M_y$——稳定力系对墙趾的总力矩（kN·m）；

$\sum M_0$——倾覆力系对墙趾的总力矩（kN·m）。

3.3.4　挡土墙抗滑动稳定系数 K_c 不应小于1.3，抗倾覆稳定系数 K_0 不应小于1.6。计入附加力时，K_c 不应小于1.2，K_0 不应小于1.4。架桥机等运架设备临时荷载作用下，K_c 不应小于1.05，K_0 不应小于1.1。

3.3.5　挡土墙基底合力的偏心距应按下式计算：

$$e=\frac{B}{2}-c=\frac{B}{2}-\frac{\sum M_y-\sum M_0}{\sum N} \tag{3.3.5}$$

式中　e——基底合力的偏心距（m）；当为倾斜基底时，为倾斜基底合力的偏心距；土质地基不应大于 $B/6$，岩石地基不应大于 $B/4$；

B——基底宽度（m），倾斜基底为其斜宽；

c——作用于基底上的垂直分力对墙趾的力臂（m）；

$\sum N$——作用于基底上的总垂直力（kN）。

当为倾斜基底时，作用于其上的总垂直力为

$$\sum N'=\sum N\cdot\cos\alpha_0+\sum E_x\cdot\sin\alpha_0$$

3.3.6　基底压应力 σ 应按下列公式计算：

$$\text{当}|e|\leqslant\frac{B}{6}\text{时}，\sigma_{1,2}=\frac{\sum N}{B}\left(1\pm\frac{6e}{B}\right) \tag{3.3.6—1}$$

$$\text{当}e>\frac{B}{6}\text{时}，\sigma_1=\frac{2\sum N}{3c}，\sigma_2=0 \tag{3.3.6—2}$$

$$\text{当}e<-\frac{B}{6}\text{时}，\sigma_1=0，\sigma_2=\frac{2\sum N}{3(B-c)} \tag{3.3.6—3}$$

式中　σ_1——挡土墙趾部的压应力（kPa）；

σ_2——挡土墙踵部的压应力（kPa）。

基底平均压应力不应大于基底的容许承载力[σ]。

3.3.7　墙身截面强度检算应符合下列要求：

1　检算截面的合力偏心距 e'：

当按主力计算时　　$|e|\leqslant 0.3B'$

当按主力加附加力计算时　　$|e|\leqslant 0.35B'$

式中　B'——墙身截面宽度（m）。

2　检算截面的法向压应力，不应大于所用材料的容许压应力。当计算的最小应力为负值时，应小于所用材料的容许抗弯曲拉应力，并应检算不计材料承受拉力时受压区应力重新分布的最大压应力，其值不得大于容许压应力。

3 必要时墙身截面应作剪应力检算。

3.4 地基与基础

3.4.1 挡土墙基底宜采用明挖基础。当基坑开挖较深且边坡稳定性较差时，应采取临时支护措施；当基底下为松软土层时，可采用加宽基础、换填土或地基处理等措施。水下基坑开挖困难时，也可采用桩基础或沉井基础。

3.4.2 基础埋置深度的确定应符合下列要求：

1 埋置深度一般情况不应小于1.0 m。

2 当冻结深度小于或等于1.0 m时，在冻结深度线以下不应小于0.25 m，且不应小于1.0 m。当冻结深度大于1.0 m时，不应小于1.25 m，还应将基底至冻结线下0.25 m深度范围内的地基土换填为非冻胀土。

3 受水流冲刷时，在冲刷线下不应小于1.0 m。

4 路堑挡土墙基底在路肩以下不应小于1.0 m，并低于侧沟砌体底面不小于0.2 m。

5 在软质岩层地基上不应小于1.0 m。

6 膨胀土地段基础埋置深度不宜小于1.5 m。

3.4.3 基础在稳定斜坡地面时，其趾部埋入深度和距地面的水平距离应符合表3.4.3的规定。

表3.4.3 斜坡地面墙趾埋入深度和距地面的水平距离

地层类别	埋入深度（m）	距地面的水平距离（m）
硬质岩层	0.60	1.50
软质岩层	1.00	2.00
土　　层	≥1.00	2.50

3.4.4 基础位于较完整的硬质岩层构成的稳定陡坡上时，可采用台阶式基础，其最下一级台阶底宽不宜小于1.0 m。

3.4.5 挡土墙位于纵向斜坡上，当基底纵坡大于5%时，应将基底设计为台阶形式。

3.4.6 挡土墙受滑动稳定控制时，可采用倾斜基底。一般地区挡土墙可设不大于0.2:1的斜坡。浸水地区挡土墙不宜设倾斜基底。

3.4.7 挡土墙受倾覆稳定、基底偏心或基底承载力控制时，可设置墙趾台阶，混凝土台阶的连线与竖直线间的夹角不应大于45°。

3.4.8 明挖基础的基坑应及时回填夯实，顶面应设计为不小于4%的排水横坡。对黏土地基，墙底宜设置碎石土或灰土等垫层；对湿陷性黄土、膨胀土等特殊土地基，应采取消除湿陷或防止水流下渗的措施。

3.5 构造要求

3.5.1 支挡结构与路堤、路堑连接时，应符合下列规定：

1 支挡结构与路堤连接可采用锥体填土连接。挡土墙端部伸入路堤内不应小于

0.75 m。路堤锥体顺线路方向的坡度，当锥体边坡高度在8 m以内时不应陡于1∶1.25，在20 m以内时不应陡于1∶1.5。

2　路堤、路肩挡土墙端部嵌入原地层的深度，土质不应小于1.5 m，弱风化岩层不应小于1 m，微风化岩层不应小于0.5 m。

3　路堑挡土墙应向两端顺延逐渐降低高度，并与路堑坡面平顺相接。

4　其他挡土墙按上述规定直接与路堤、路堑连接有困难时，可在其端部采用重力式挡土墙过渡或用其他端墙形式过渡。

3.5.2　混凝土或片石混凝土墙顶宽度不应小于0.4 m。

3.5.3　路肩挡土墙顶部应设置帽石。帽石应采用混凝土制作，其厚度不得小于0.4 m，宽度不得小于0.6 m，飞檐宽度应为0.1 m。

3.5.4　沿墙长每隔10～20 m或与其他建筑物相接处应设置伸缩缝，在基底的地层变化处应设置沉降缝。伸缩缝和沉降缝可合并设置。缝宽采用2～3 cm。缝内沿墙的内、外、顶三边填塞沥青麻筋或沥青木板，塞入深度不得小于0.2 m。

3.5.5　当墙背为石质路堑或填石路堤时，可设置空缝。路肩、路堤挡土墙两端应设置锥体护坡。

3.5.6　挡土墙上应设置向墙外坡度不应小于4%的泄水孔，按上下左右每隔2～3 m交错布置，折线墙背的易积水处必须设置泄水孔。

3.5.7　泄水孔应采用管型材料，其进水侧应设置反滤层，反滤层应优先采用土工合成材料、无砂混凝土块或其他新型材料。无砂混凝土块或砂夹卵石反滤层的厚度不得小于0.3 m，墙背为膨胀土的反滤层厚度不应小于0.5 m。在靠近路肩或地面的最低一排泄水孔的进水口下部应设置隔水层。

4　短卸荷板式挡土墙

4.1　一般规定

4.1.1　地基承载力较高，墙高大于 6 m、小于等于 12 m 的一般地区路肩墙可采用短卸荷板式挡土墙。

4.1.2　短卸荷板式挡土墙由上、下墙和卸荷板组成，上、下墙高度比例宜为 4∶6。墙身可采用片石混凝土或混凝土，一般情况下，混凝土强度等级应为 C20。短卸荷板采用钢筋混凝土，其受力钢筋直径不应小于 12 mm，设计使用年限为 60 年。

4.1.3　短卸荷板式挡土墙可按容许应力法设计，其容许应力值应按本规范表 3.1.3 采用。

4.2　设计荷载及计算

4.2.1　作用在短卸荷板式挡土墙上的荷载力系，应按本规范第 3.2.1 条、第 3.2.5 条和第 3.2.6 条的规定办理。

4.2.2　作用在墙背上的主动土压力可按库仑理论计算，其中上墙可按第二破裂面法计算，两破裂面交点在短卸荷板悬臂端；下墙可按力多边形法计算，土压力强度可简化为矩形分布，作用点为下墙墙高的 1/2 处（图 4.2.2）。

图 4.2.2　下墙土压力强度及作用点位置

α—上墙第二破裂角（°）；β—上墙第一破裂角（°）；

θ—下墙破裂角（°）；H_1—上墙高度（m）；H_2—下墙高度（m）

4.2.3　计算作用于短卸荷板上的竖向压力时，可先计算第二破裂面上的竖向分力，短卸荷板承受其长度相应部分投影的应力，再计算第二破裂面以下的土体重量，两者叠加为短卸荷板的竖向压力，在板上均匀分布，见图 4.2.3。

4.2.4　土与墙背间的摩擦角 δ，可按本规范表 3.2.12 所列数值采用。

4.2.5　墙背填料的物理力学指标应根据试验资料确定。当填料为黏性土时,可采用抗剪强度相等的原则,换算综合内摩擦角代替其内摩擦角和黏聚力,稳定系数可采用 $K_c=1.3$ 和 $K_0=1.6$。

4.2.6　当墙背填料的物理力学指标缺少试验数据时,可按表 3.2.11 选用内摩擦角或综合内摩擦角,稳定系数应根据填料黏聚力和墙高按表 4.2.6 取值。

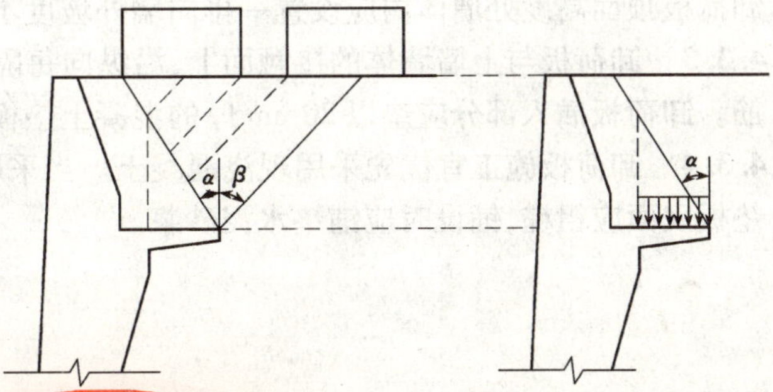

图 4.2.3　短卸荷板上的竖向压力及分布

α—上墙第二破裂角(°);β—上墙第一破裂角(°)

表 4.2.6　稳定系数取值

墙高(m)／稳定系数／黏聚力(kPa)	6 < H ≤ 10		10 < H ≤ 12	
	K_c	K_0	K_c	K_0
c ≤ 5.0	1.30 ~ 1.40	1.60 ~ 1.70	1.40 ~ 1.45	1.60 ~ 1.75
5.0 < c ≤ 10.0	1.30 ~ 1.50	1.60 ~ 1.80	1.50 ~ 1.60	1.80 ~ 1.90
10.0 < c ≤ 15.0	1.30 ~ 1.60	1.60 ~ 1.90	1.60 ~ 1.75	1.90 ~ 1.95

注:1　相同填料,稳定系数应随墙高增大而增大;

2　当无黏聚力实测值时,可根据填料的分类取值,即 A 组填料取小值、B 组填料取中值、C 组填料取大值。

4.2.7　短卸荷板式挡土墙的稳定性计算方法应符合本规范第3.3节的规定。

4.2.8　设计短卸荷板式挡土墙时,应对上、下墙之间和台阶上部处墙身截面进行强度检算。上、下墙之间截面强度检算的位置,可按图 4.2.8 选取。

在墙身截面强度检算中,上墙墙背的水平土压力可按实际墙背用库仑公式的计算值乘以 1.4 的系数计算;竖向土压力可不乘系数。

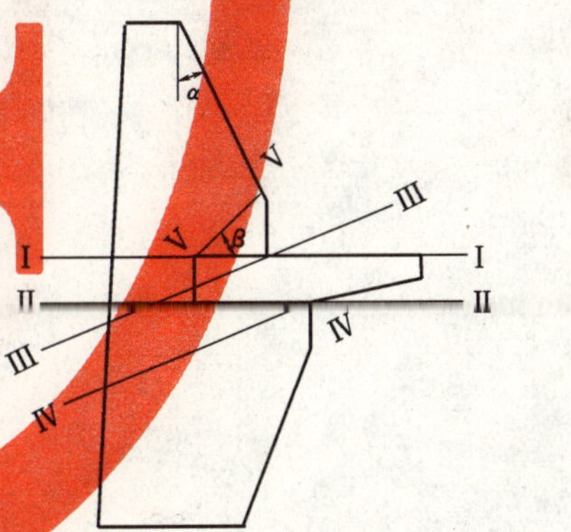

图 4.2.8　上、下墙之间截面强度检算位置

Ⅰ—Ⅰ、Ⅱ—Ⅱ为截面的法向拉应力和水平剪应力,Ⅲ—Ⅲ、Ⅳ—Ⅳ、Ⅴ—Ⅴ为斜截面的剪应力

4.2.9　短卸荷板长度和截面尺寸应通过计算确定,基底应力应按均匀分布考虑,同时满足本规范第 4.2.8 条规定的强度检算要求。其插入端长度宜控制在上墙底宽的1/2 ~ 2/3,配筋设计可按悬臂梁结构计算。

4.3　构造要求

4.3.1　短卸荷板式挡土墙基底及基础埋置应符合本规范第3.4节的规定。

4.3.2　短卸荷板式挡土墙的构造要求应符合本规范第 3.5.1 条 ~ 第 3.5.4 条的规定。

卸荷板顶面高度处墙体内应设置一排向墙外坡度不小于4%的泄水孔。

4.3.3　卸荷板与上墙墙体的接触面上，沿纵向每隔30～40 cm插入长度为35 cm的短钢筋。卸荷板插入部分应垫以20 cm厚的混凝土垫板，垫板应设构造钢筋。

4.3.4　卸荷板施工宜优先采用现浇混凝土。当采用预制混凝土板吊装施工时，卸荷板及垫板表面应粗糙，铺设时应铺垫水泥砂浆。

5 悬臂式和扶壁式挡土墙

5.1 一般规定

5.1.1 悬臂式挡土墙和扶壁式挡土墙应采用钢筋混凝土结构,设计使用年限为60年。扶壁式挡土墙不宜在不良地质地段或设计地震动峰值加速度0.2g及以上的地区采用。悬臂式挡土墙和扶壁式挡土墙的结构形式,见图5.1.1—1及图5.1.1—2。

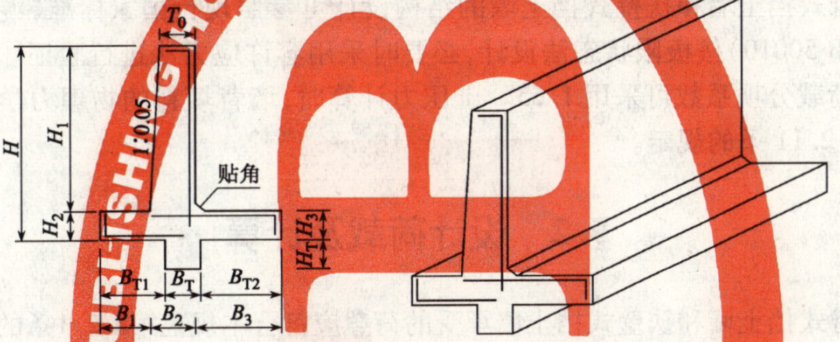

图5.1.1—1 悬臂式挡土墙结构形式

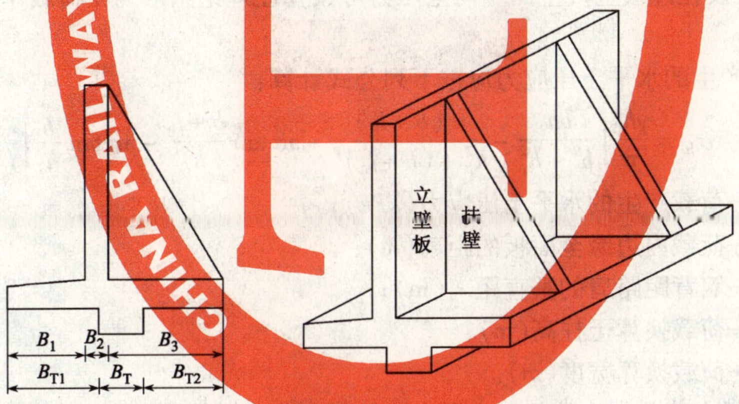

图5.1.1—2 扶壁式挡土墙结构形式

图5.1.1—1和图5.1.1—2中:

H——墙高;

H_1——悬臂高度或立壁板高度;

H_2——趾板高度;

H_3——踵板高度;

T_0——悬臂板或立壁板顶宽;

B_1——趾板宽;

B_2——悬臂板底宽;

B_3——踵板宽；

B_{T1}——凸榫外缘距墙趾的距离；

B_T——凸榫宽度；

H_T——凸榫高度；

B_{T2}——凸榫内缘距墙踵的距离。

5.1.2 墙的最大高度应符合下列规定：

1 悬臂式挡土墙高度不宜大于6 m，墙顶宽度不应小于0.2 m。当墙高大于4 m时，宜在墙面板前加贴角。

2 扶臂式挡土墙高度不宜大于10 m，墙顶宽度不宜小于0.3 m。

5.1.3 悬臂式挡土墙和扶壁式挡土墙的基础埋置深度应符合本规范第3.4节的有关要求。

5.1.4 悬臂式挡土墙和扶壁式挡土墙的结构设计可参照现行国家标准《混凝土结构设计规范》(GB 50010)按极限状态法设计，必要时采用容许应力法进行验证。按极限状态法设计时，荷载分项系数可采用1.65。土压力计算时，墙背填料的物理力学指标应符合本规范第3.2.11条的规定。

5.2 设计荷载及计算

5.2.1 悬臂式挡土墙和扶壁式挡土墙承受的荷载应符合本规范第3.2.1条的规定。

5.2.2 对于路肩式墙(墙顶以上填土小于1.0 m)，轨道及列车荷载在悬臂或扶壁上产生的侧向土压力及在踵板上产生的竖向土压力可按弹性理论条形匀布荷载作用下的土压应力公式计算。

1 荷载产生的水平土压应力应按下列公式计算：

$$\sigma_{h_i}=\frac{\gamma h_0}{\pi}\left[\frac{bh_i}{b^2+h_i^2}-\frac{h_i(b+l_0)}{h_i^2+(b+l_0)^2}+\arctan\frac{b+l_0}{h_i}-\arctan\frac{b}{h_i}\right] \tag{5.2.2—1}$$

式中 σ_{h_i}——荷载产生的水平土压应力(kPa)；

b——荷载内边缘至面板的距离(m)；

h_i——墙背距路肩的垂直距离(m)；

h_0——荷载换算土柱高(m)；

l_0——荷载换算宽度(m)。

2 在踵板上荷载产生的竖向土压力应按下列公式计算：

$$\sigma_V=\frac{\gamma h_0}{\pi}\left(\arctan X_1-\arctan X_2+\frac{X_1}{1+X_1^2}-\frac{X_2}{1+X_2^2}\right) \tag{5.2.2—2}$$

$$X_1=\frac{2x+l_0}{2(H_1+H_s)},X_2=\frac{2x-l_0}{2(H_1+H_s)}$$

式中 σ_V——荷载在踵板上产生的垂直压应力(kPa)；

x——计算点至荷载中线的距离(m)；

H_1——悬臂板的高度(m)；

H_s——墙顶以上填土高度(m)。

5.2.3 悬臂式挡土墙和扶壁式挡土墙的土压力按库仑理论计算时，可按第二破裂面法计算。当第二破裂面不能形成时,可用墙踵下缘与墙顶内缘的连线作为假想墙背进行计算。

5.2.4　计算挡土墙实际墙背和墙踵板的土压力时,可不计填料与板的摩擦力。

5.2.5　计算挡土墙整体稳定和墙面板的内力时,可不计墙前土的作用;计算墙趾板内力时,应计算底板以上的填土重力。

5.2.6　悬臂式和扶壁式挡土墙的稳定性和基底应力计算,应符合本规范第3.3.1条~第3.3.6条的规定。

5.2.7　悬臂式挡土墙各部分均应按悬臂梁计算。

5.2.8　扶壁式挡土墙各部分可按下列方法简化计算:

1　作用于墙面板的荷载,可按墙高呈梯形分布,墙面板竖向弯矩沿墙高和沿线路方向的分布如图5.2.8—1所示。

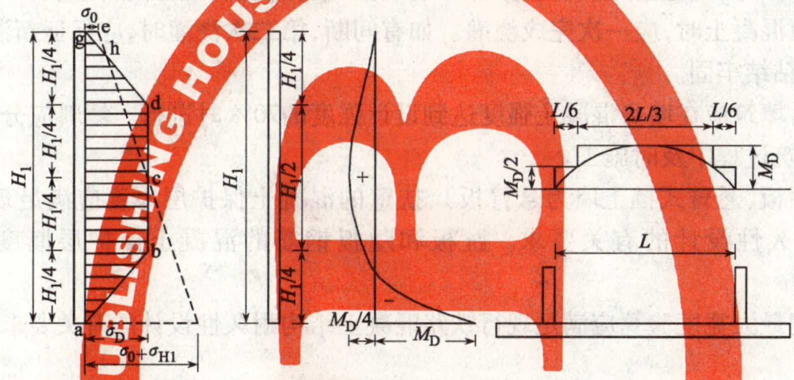

图5.2.8—1　土压力竖直弯矩沿墙高及沿线路方向的分布

M_D—板跨中弯矩;H_1—墙面板的高度;

σ_0—由路基面以上荷载引起的法向土压应力;

σ_D—悬臂板中部土压应力,其值为$\sigma_0+0.5\sigma_{H1}$;

σ_H—墙面板底端由填料引起的法向土压应力;L—扶壁之间的净距

2　墙趾板应按悬臂板计算。

3　墙踵板纵向可视为扶壁支承的连续梁,不计墙面板对底板的约束;作用在墙踵板的荷载除计算板上的土压力及基底反力外,尚应计算由于墙趾板弯矩作用在墙踵板上产生的等代荷载;墙踵板横向荷载可不检算。

4　扶壁应按悬臂的T形梁计算,将墙面板视为梁的翼缘,扶壁视为梁的腹板,如图5.2.8—2所示。

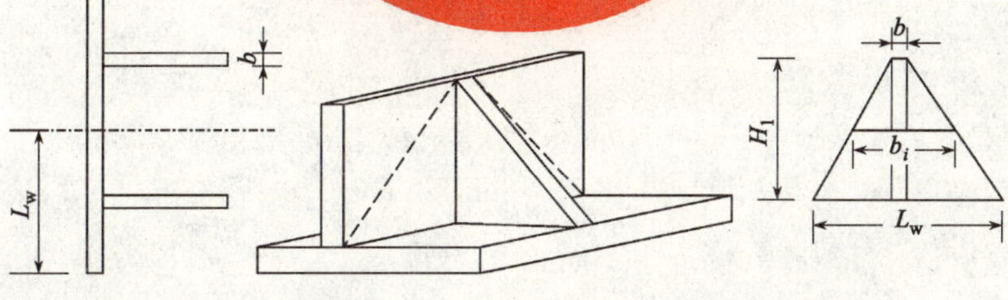

图5.2.8—2　扶壁计算简化图式

L_w—扶壁计算单元长度;b——扶壁厚度;

H_1—立壁板高度;b_i—扶壁按悬臂的T形梁计算时的翼缘板长度

5　当挡土墙受滑动稳定控制时，应在墙的底面下设置防滑键（凸榫），其高度应保证键前土体不被挤出，厚度应满足键的直剪强度，但不应小于0.3 m。

5.3　构造要求

5.3.1　伸缩缝的间距不应大于20 m。沉降缝、泄水孔的设置应符合本规范第3.5.3条和第3.5.4条的规定。

5.3.2　墙身混凝土强度等级不宜低于C30。主筋宜采用HRB400钢，直径不应小于12 mm。箍筋宜采用HRB335钢，直径不应小于8 mm。

5.3.3　凸榫尺寸及位置不应改变，其榫槽混凝土应与底板混凝土同时灌筑。

5.3.4　浇灌混凝土时，应一次完成浇灌。如有间断，第二次浇灌时，应保证新混凝土与已浇灌混凝土粘结牢固。

5.3.5　墙后填筑应在墙身混凝土强度达到设计强度的70%时进行。填料应分层夯实，反滤层应在填筑过程中及时施工。

5.3.6　墙面板（悬臂式挡土墙为悬臂板）、扶壁的混凝土保护层厚度应满足现行铁路混凝土结构耐久性设计的有关要求。趾板和踵板钢筋的混凝土保护层厚度不宜小于70 mm。

5.3.7　裂缝最大宽度验算应满足现行铁路混凝土结构耐久性设计的有关要求。

6 锚杆挡土墙

6.1 一般规定

6.1.1 锚杆挡土墙适用于一般地区岩质路堑地段，设计使用年限为60年。

6.1.2 设计锚杆挡土墙时，应根据地质及工程具体情况，可选用肋柱式、板肋式、无肋柱式或格构式等结构形式。

6.1.3 设计肋柱式锚杆挡土墙时，根据地形可采用单级或多级。在多级墙上、下两级墙之间应设置平台，平台宽度不宜小于2.0 m。每级墙高度不宜大于8 m，可根据地质和施工条件确定，总高度不宜大于18 m。

6.1.4 肋柱式锚杆挡土墙肋柱间距宜为2～3 m，板肋式锚杆挡土墙肋柱的间距宜为3～6 m，格构式锚杆挡土墙的肋柱间距宜为3～5 m。肋柱可采用预制单根整柱，亦可采用分段拼装或就地灌筑。

6.1.5 每级肋柱上的锚杆可设计为双层或多层。锚杆可按弯矩相等或支点反力相等的原则布置，向下倾斜，每层锚杆与水平面的夹角不应大于45°，宜为15°～25°，间距不应小于2.0 m。

6.2 设计荷载及计算

6.2.1 作用于锚杆挡土墙墙背上的荷载组合，应符合本规范第3.2节的有关规定。

6.2.2 墙背主动土压力可按库仑理论计算其水平分力。墙背摩擦角应符合本规范第3.2.12条的规定。锚杆挡土墙为多级时，应分别计算其墙背土压力。

6.2.3 当采用逆作法施工柔性结构的多层锚杆挡土墙时，土压力分布可按图6.2.3确定，其中的e_{hk}可按下式计算：

$$e_{hk}=\frac{E_{hk}}{0.9H} \tag{6.2.3}$$

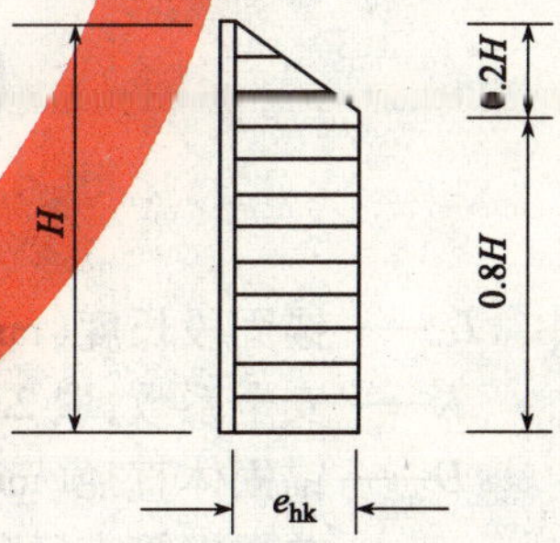

图6.2.3 岩质边坡土压力分布

式中 e_{hk}——侧向岩土压力水平分力的应力分布标准值(kPa)；

E_{hk}——根据库仑理论计算的侧向岩土压力合力的水平分力(kN)；

H——挡土墙高度(m)。

6.2.4 肋柱设计应符合下列规定：

1 作用于肋柱的荷载应按两肋柱中心之间的距离计算。

2 肋柱截面可采用矩形或T形，截面宽度或腹板宽度不得小于30 cm。

3 设计装配式肋柱时，应考虑肋柱在搬运、吊装及施工过程中受力不均匀等情况，在肋柱的内外两侧配置通长的受力钢筋。

4　肋柱的锚杆拉力、肋柱的弯矩和剪力，应根据锚杆层数、柱底与基础的连接形式，按简支梁或连续梁计算。肋柱结构设计应符合现行国家标准《混凝土结构设计规范》(GB 50010)的规定，荷载分项系数可采用1.6。

6.2.5　装配式墙面板设计应符合下列规定：

1　墙面板可采用钢筋混凝土槽形板、空心板和矩形板。

2　墙面板可按以肋柱为支点的简支板计算，其计算跨度为净跨度加板的两端搭接长度，搭接长度不得小于10 cm。

3　墙面板的规格不宜过多。每种墙面板的计算荷载应为：沿板的宽度采用与其相应土压应力图示中的最大值，按均布荷载计算。板结构设计应符合现行国家标准《混凝土结构设计规范》(GB 50010)的规定，板结构的荷载分项系数可采用1.35。

6.2.6　现场灌筑的无肋柱式锚杆挡土墙，其墙面板的内力可分别沿竖直方向和水平方向取单位宽度按连续梁计算。计算荷载在竖直方向应取墙面板的土压应力，在水平方向应取墙面板所在位置土压应力的平均值。

6.2.7　锚杆的截面及长度应符合下列规定：

1　锚杆应按轴心受拉构件设计，其钢筋截面面积应按下式计算：

$$A_s = K \times N_t / f_y \tag{6.2.7—1}$$

式中　A_s——钢筋的截面面积(mm^2)；

N_t——锚杆轴向承载力设计值(N)；

K——荷载安全系数，可采用2.0～2.2；

f_y——钢筋的抗拉设计强度(N/mm^2)。

2　锚杆长度应包括非锚固长度和有效锚固长度。非锚固长度应根据肋柱与主动破裂面或滑动面的实际距离确定。有效锚固长度应根据锚杆的拉力按式(6.2.7—2)计算，并应按式(6.2.7—3)验算锚杆与砂浆之间的容许粘结力。岩层中的有效锚固长度不宜小于4.0 m，且不宜大于10 m。

$$L_a = \frac{KN_t}{\pi D f_{rb}} \tag{6.2.7—2}$$

$$L_a = \frac{KN_t}{n\pi d\xi f_b} \tag{6.2.7—3}$$

式中　L_a——锚固段长度(mm)；

K——安全系数，取2.0～2.5；

D——锚固体直径(mm)；

d——单根钢筋直径(mm)；

n——钢筋根数；

f_{rb}——水泥砂浆与岩石孔壁间的粘结强度设计值，按附录C中表C.0.1采用；

f_b——水泥砂浆与钢筋间的粘结强度设计值，按附录C中表C.0.2采用；

ξ——采用两根或两根以上钢筋时，介面粘结强度降低系数，取0.60～0.85。

6.3　构 造 要 求

6.3.1　肋柱和墙面板的混凝土强度等级宜为C30。肋柱和墙面板钢筋的混凝土保护层厚度应满足《铁路混凝土结构耐久性设计暂行规定》的要求。受力钢筋可采用 HRB400 钢或 HRB335 钢。

6.3.2 裂缝最大宽度的验算应满足铁路混凝土结构耐久性设计的有关要求。

6.3.3 肋柱的基础应采用 C20 混凝土。各分级挡土墙之间的平台顶面,宜用 C20 混凝土封闭,其厚度宜为 15 cm,并设 2% 横向向外排水坡。

6.3.4 锚杆钢筋宜选用 HRB400 带肋钢筋或高强精轧螺纹钢筋,其直径为 18 ~ 32 mm,不宜采用镀锌钢材。钢筋每孔不宜多于 3 根。锚杆未锚入地层部分,必须做好防锈处理。腐蚀环境下可采用钢筋表面环氧涂层等措施。

6.3.5 锚孔应严格执行灌浆施工工艺要求。当采用水冲洗影响锚杆的抗拔强度时,应采用高压风吹净。

6.3.6 锚孔直径应根据锚杆的布置、灌浆管尺寸及钢筋支架位置确定。

6.3.7 锚孔注浆材料应采用水泥砂浆,其强度等级不应低于 M30。注浆采用孔底注浆法。安装肋柱或墙面板应待锚孔砂浆达到设计强度的 70% 以上方可进行。

7　锚定板挡土墙

7.1　一 般 规 定

7.1.1　一般地区路肩地段或路堤地段，锚定板挡土墙墙高不应大于10 m，设计使用年限为60年。

7.1.2　锚定板挡土墙可采用肋柱式或无肋柱式结构。

7.1.3　设计锚定板挡土墙时，可根据地形采用单级或双级墙。单级墙的高度不宜大于6 m，双级墙的总高度不宜大于10 m。双级墙上、下两级之间宜设置平台，平台宽度不宜小于2.0 m。肋柱式锚定板挡土墙其上、下级墙的肋柱应沿线路方向相互错开。

7.1.4　肋柱式锚定板挡土墙的肋柱间距宜为2.0～2.5 m。每级肋柱上拉杆可设计为双层或多层，必要时也可设计为单层。肋柱可为整柱，也可分段拼接，拼接时肋柱接头宜为榫接。

7.2　设计荷载及计算

7.2.1　墙面板所受的土压力应按重力式挡土墙有关规定计算。其中填料产生的土压应力可按图7.2.1设计，并按式(7.2.1)计算土压应力。轨道及列车荷载产生的土压力可不乘增大系数。

$$\sigma_{H}=\frac{1.33E_{x}}{H}\cdot\beta \qquad (7.2.1)$$

式中　σ_H——水平主动土压应力(kPa)；

E_x——主动土压力的水平分力(kN)；

H——墙高(m)(当为分级墙时，为上、下级墙之和)；

β——土压力增大系数，一般采用1.2～1.4。

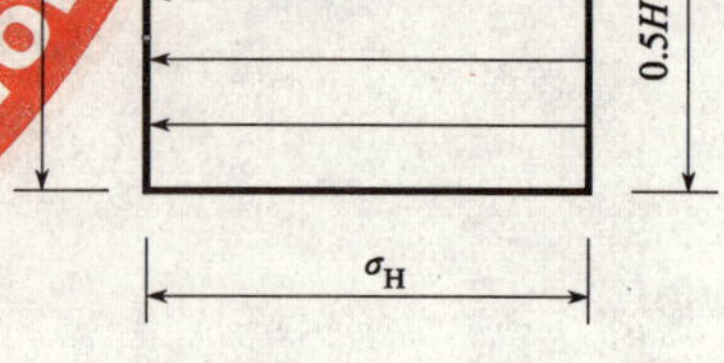

图7.2.1　填料产生的土压应力分布

7.2.2　锚定板挡土墙的整体稳定性，可采用折线裂面方法或整体土墙方法计算。稳定系数不应小于1.8。

1　计算锚定板挡土墙整体稳定性应包括墙顶有荷载与无荷载两种情况。对双线铁路尚应考虑Ⅰ线有荷载、Ⅱ线无荷载和Ⅰ线无荷载、Ⅱ线有荷载等多种组合，取其不利者控制。

2　折线裂面法应对上述各种荷载下墙面板所受土压力，按乘与不乘土压力增大系数分别计算，取其不利者控制。

7.2.3　肋柱设计应符合下列规定：

1　肋柱设计荷载的计算跨度应为两相邻肋柱中心之间的距离；

2　肋柱应按受弯构件计算，承受由墙面板传来的土压力，肋柱与拉杆及肋柱与基础连接处为反力支点；

3　肋柱的弯矩、剪力及拉杆拉力的计算，应根据拉杆层数、柱底与基础的连接形式确定；

4　肋柱设计还应考虑肋柱支点的变形，以及在搬运、吊装和施工过程中由于拉杆受力不均匀等非正常荷载情况，在肋柱的内、外侧配置受力钢筋。

7.2.4　拉杆设计应符合下列规定：

1　最上排拉杆至填土顶面的距离不得小于1.0 m。

2　拉杆长度应满足墙体的整体稳定性要求，且最下一排拉杆的长度应置于主动土压力破裂面以外不小于3.5倍锚定板高度。路肩墙最上一排拉杆长度，应大于另一侧轨枕端头。

3　拉杆直径应根据拉杆设计拉力及所选用钢材的容许应力，按式(7.2.4)计算，且不宜小于22 mm。

$$d = 2 \times \sqrt{\frac{R \times 10^4}{\pi[\sigma_s]}} + 0.2 \tag{7.2.4}$$

式中　d——拉杆直径(cm)；

R——拉杆的设计拉力(kN)；

$[\sigma_s]$——拉杆钢材的容许拉应力(kPa)；

0.2——考虑钢材锈蚀增加的安全储备量(cm)。

4　螺丝端杆(包括螺纹、螺母、垫板及焊接)均应按拉杆等强度设计。螺丝端杆长度应为肋柱、钢垫板及螺母厚度之和加10 cm。当螺丝端杆与拉杆的连接采用帮焊时，端杆还应增加一段焊接的长度。

5　拉杆、拉杆与肋柱及拉杆与锚定板连接处应进行防锈处理。

7.2.5　锚定板设计应符合下列规定：

1　锚定板面积应根据拉杆设计拉力及锚定板容许抗拔力，按式(7.2.5)确定。

$$F_A = \frac{R}{[P]} \tag{7.2.5}$$

式中　F_A——锚定板面积(m^2)；

R——拉杆设计拉力(kN)；

$[P]$——锚定板单位面积容许抗拔力(kPa)，应根据现场拉拔试验确定；当无条件进行现场拉拔试验时，可根据工点具体条件，参照经验数据确定。

2　锚定板可采用钢筋混凝土板，肋柱式锚定板面积不应小于0.5 m^2，无肋柱式锚定板面积不应小于0.2 m^2。

3　锚定板内力可按中心有支点单向受弯构件计算，锚定板应双向布筋。此外，尚应检算锚定板与钢垫板连接处混凝土局部承压与冲切强度。

7.2.6　墙面板设计应符合下列规定：

1　肋柱式锚定板挡土墙，其墙面板可采用钢筋混凝土槽形板、矩形板、空心板，也可采用拱形板，但选用的形式不宜过多。

墙面板可按两端简支的受弯构件计算，其计算跨度为净跨加板与肋柱的搭接长度，搭接长度不得小于10 cm。

墙面板的计算荷载应为与墙面板位置相应的压力图中的最大值，按均布荷载计算。

2 无肋柱式锚定板挡土墙的墙面板,可采用钢筋混凝土矩形板、十字形板、六边形板。当一块墙面板上连接一根拉杆时,其内力与配筋可按单支点双悬臂计算。

7.2.7 无肋柱式锚定板墙可采用混凝土条形基础;肋柱式墙的基础可采用混凝土条形基础、杯座式基础等。基础检算应按重力式挡土墙的基础检算办法办理。基础厚度不宜小于50 cm,襟边不宜小于15 cm。基础埋置深度应符合本规范第3.4节的有关规定。

7.3 构造要求

7.3.1 锚定板挡土墙墙后填料应采用砂类土(粉砂、黏砂除外)、砾石类土、碎石类土,也可采用符合规定的细粒土;不得采用膨胀土、盐渍土,严禁采用有腐蚀作用的酸性土和有机质土。

7.3.2 锚定板挡土墙墙后填料应分层填筑压实,并应符合《铁路路基设计规范》(TB 10001)的有关规定。

7.3.3 锚定板挡土墙墙后填料为细粒土时,路基顶面应采取防、排水措施,设置柔性封闭层。

7.3.4 锚定板挡土墙应在墙背底部至墙顶以下0.5 m范围内,填筑不小于0.3 m厚的渗水性材料或用无砂混凝土板、土工织物作为反滤层,并应采取排水措施。

7.3.5 锚定板挡土墙的墙面板、肋柱及锚定板等钢筋混凝土构件的强度等级不应小于C30。拉杆、螺丝端杆宜选用可焊性和延伸性良好的钢材,也可采用45SiMnV精轧螺纹钢材作为拉杆。

7.3.6 锚定板墙基础应采用C20混凝土。分级墙之间的平台顶面宜用C15混凝土封闭,其厚度宜为15 cm,并设2%向外横向排水的坡度。

7.3.7 锚定板挡土墙埋于土中部分的拉杆,应进行防锈处理。

7.3.8 肋柱与锚定板均应预留拉杆孔洞。锚定板、肋柱与螺丝端杆连接处,在填土前宜用沥青砂浆充填,并用沥青麻筋塞缝,外露的端杆和部件应在填土下沉基本稳定后,再用水泥砂浆封填。

7.3.9 肋柱不得前倾,应适当向填土一侧倾斜,其仰斜度宜为20:1。肋柱吊装时,应在肋柱基础的杯座槽内铺垫沥青砂浆。

7.3.10 拉杆及锚定板埋设时,应在填土夯填至拉杆高度以上20 cm后再挖槽就位。锚定板前方超挖部分应用混凝土或灰土回填夯实。挖槽时,宜使锚定板比设计位置抬高3~5 cm,不得直接碾压拉杆或锚定板。

8　加筋土挡土墙

8.1　一般规定

8.1.1　加筋土挡土墙适用于Ⅰ、Ⅱ级铁路一般地区、地震地区的路肩地段和路堤地段。

8.1.2　加筋土挡土墙的单级高度不宜大于10 m，当墙高大于10 m时应作特殊设计。

8.1.3　加筋土路肩墙墙顶宜设在基床表层底面高程处，路堤墙墙顶应设平台，平台宽度不宜小于1.0 m。

8.1.4　加筋土挡土墙墙面宜采用钢筋混凝土板。面板形状可采用矩形、十字形、六角形或整体式面板等。

8.1.5　加筋土挡土墙的拉筋材料宜采用土工格栅、复合土工带或钢筋混凝土板条等，拉筋材料应具有下列性能：

1　抗拉强度高、延伸率小和蠕变变形小；

2　筋土界面之间具有足够的摩擦力；

3　有较好的耐腐蚀性和抗老化性；

4　当采用土工合成材料拉筋时，尚应符合《铁路路基土工合成材料应用设计规范》（TB 10118）的有关规定。

8.1.6　加筋土挡土墙的填料应采用砂类土（粉砂、黏砂除外）、砾石类土、碎石类土，也可选用C组细粒土填料，不得采用块石类土。

8.1.7　填料的物理力学指标应根据试验确定。当缺少试验数据时，可按本规范第3.2节的规定采用。

8.1.8　加筋土挡土墙地基处理应满足设计要求。

8.1.9　路基面上需设置杆架、沟槽、管线的地段应采取保证加筋土挡土墙完整和稳定的措施。

8.2　设计荷载及计算

8.2.1　作用于加筋土挡土墙整体假想墙背上的荷载及土压力计算，应符合本规范第3.2节的规定。

8.2.2　加筋土挡土墙应进行外部稳定性分析检算和内部稳定性计算。

外部稳定性分析检算应包括抗（水平）滑动稳定、抗倾覆稳定、基底合力偏心距、地基承载力检算，初步确定加筋体宽度（筋带长度），软弱地基尚应进行整体滑动稳定性及地基沉降计算；内部稳定性计算应包括拉筋强度检算、抗拔稳定检算、面板结构设计等。

8.2.3　加筋土挡土墙抗滑动稳定、抗倾覆稳定、基底合力偏心距检算时，可将其视为实体墙，检算的要求应符合本规范第3.3节的规定。

8.2.4　加筋土挡土墙基底压应力应满足地基承载力要求，可按下式计算：

$$\sigma = \frac{\sum N}{B - 2e} \tag{8.2.4}$$

式中　$\sum N$——作用于基底上的总垂直力(kN)；

B——加筋体基底宽度(m)；

e——基底合力的偏心距(m)，$e \leqslant B/6$，$e<0$ 时取 $e=0$。

8.2.5　软弱地基上加筋土挡土墙的整体滑动稳定或沉降检算应按《铁路特殊路基设计规范》(TB 10035)软土地基路堤的有关要求进行。软弱地基的地基承载力、整体滑动稳定性或工后沉降不满足要求时，可采取加长拉筋或地基处理措施。

8.2.6　内部稳定性计算时应将路堤墙加筋体上填土换算成等代均布填土荷载[图 8.2.7(b)]，荷载土柱高 h_z 应按下式计算：

$$h_z = \frac{1}{m}\left(\frac{H}{2} - a\right) \tag{8.2.6}$$

式中　h_z——路堤墙上填土换算荷载土柱高(m)，$h_z > H_s$ 时取 $h_z = H_s$；

m——填土边坡坡率；

H——加筋土挡墙墙高(m)；

a——墙顶以上堤坡脚至加筋面板的水平距离(m)。

当进行外部稳定检算时，加筋挡土墙墙顶以上填土荷载应按填土几何尺寸计算。

8.2.7　内部稳定性分析时，拉筋锚固区和非锚固区的分界可采用 $0.3H$ 分界线(图 8.2.7)。路肩墙加筋体上填土厚度应计入墙高内。

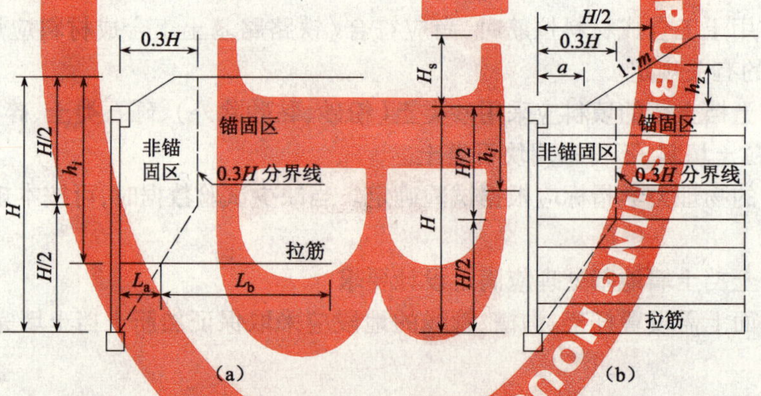

图 8.2.7　拉筋锚固区与非锚固区分界线

8.2.8　作用于路肩挡土墙墙面板上的土压应力应按下列公式计算：

1　面板后填料产生的水平土压应力应按下式计算：

$$\sigma_{h1i} = \lambda_i \gamma h_i \tag{8.2.8—1}$$

当 $h_i \leqslant 6$ m 时，$\lambda_i = \lambda_0(1 - h_i/6) + \lambda_a(h_i/6)$；

当 $h_i > 6$ m 时，$\lambda_i = \lambda_a$。

$$\lambda_0 = 1 - \sin\phi_0$$

$$\lambda_a = \tan^2(45° - \phi_0/2)$$

式中　σ_{h1i}——填料产生的水平土压应力(kPa)；

γ——加筋体的填料重度(kN/m³)；

h_i——墙顶(路肩挡土墙包括墙顶以上填土高度)距第 i 层墙面板中心的高度

(m);

λ_i——加筋土挡墙内 h_i 深度处的土压力系数;

λ_0——静止土压力系数;

λ_a——主动土压力系数;

ϕ_0——填料综合内摩擦角。

2 荷载产生的水平土压应力应按弹性理论条形荷载考虑,采用下式计算:

$$\sigma_{h2i}=\frac{\gamma h_0}{\pi}\left[\frac{bh_i}{b^2+h_i^2}-\frac{h_i(b+l_0)}{h_i^2+(b+l_0)^2}+\arctan\frac{b+l_0}{h_i}-\arctan\frac{b}{h_i}\right] \tag{8.2.8—2}$$

式中 σ_{h2i}——荷载产生的水平土压应力(kPa);

b——荷载内边缘至面板的距离(m);

h_0——荷载换算土柱高(m);

l_0——荷载换算宽度(m)。

3 作用于墙面板的水平土压应力为填料和荷载产生的水平土压应力之和,应按下式计算:

$$\sigma_{hi}=\sigma_{h1i}+\sigma_{h2i} \tag{8.2.8—3}$$

式中 σ_{hi}——墙面板上的水平土压应力(kPa)。

8.2.9 拉筋所在位置的垂直压力为填料自重压力与荷载产生的压力之和,应按下式计算:

$$\sigma_{vi}=\gamma h_i+\frac{\gamma h_0}{\pi}\left(\arctan X_1-\arctan X_2+\frac{X_1}{1+X_1^2}-\frac{X_2}{1+X_2^2}\right) \tag{8.2.9}$$

$$X_1=\frac{2x+l_0}{2h_i},X_2=\frac{2x-l_0}{2h_i}$$

式中 σ_{vi}——第 i 层面板所对应拉筋上的垂直压应力(kPa);

x——计算点至荷载中线的距离(m)。

8.2.10 拉筋拉力应按下式计算:

$$T_i=K\sigma_{hi}S_xS_y \tag{8.2.10}$$

式中 T_i——第 i 层拉筋的计算拉力(kN);

K——拉筋拉力峰值附加系数,取 1.5~2.0;

S_x,S_y——拉筋之间水平及垂直间距(m),采用土工格栅拉筋时只有垂直间距 S_y。

8.2.11 拉筋拉力不应大于拉筋的容许抗拉强度 T_a。

当采用土工合成材料时 $T_a=T/F_i$

当采用钢筋混凝土板条时 $T_a=[\sigma]A'_j$

式中 T——由加筋材料拉伸试验测得的极限抗拉强度(kN);

F_i——拉筋考虑铺设时机械损伤、材料蠕变、化学及生物破坏等因素时的影响系数,应按实际经验确定,无经验时可采用 2.5~5.0;当施工条件差、材料蠕变性大时,取大值;

$[\sigma]$——拉筋容许拉应力(kPa);

A'_j——扣除预留锈蚀量后拉筋截面面积(m^2)。

8.2.12 拉筋抗拔力应根据拉筋上、下两面所产生的摩擦力按下式计算:

$$S_{fi}=2\sigma_{vi}aL_bf \tag{8.2.12}$$

式中　S_{fi}——拉筋抗拔力(kN);

a——拉筋宽度(m);

L_b——拉筋的有效锚固长度(m);

f——拉筋与填料间的摩擦系数,应根据抗拔试验确定;当无试验数据时,可采用0.3～0.4。

8.2.13　检算拉筋抗拔稳定性时,应包括有荷载和无荷载两种情况,并按下列规定,分别检算全墙抗拔稳定和单板抗拔稳定。

1　全墙抗拔稳定系数不应小于2.0,可按下式计算:

$$K_s=\sum S_{fi}/\sum E_{xi} \tag{8.2.13}$$

式中　$\sum S_{fi}$——各层拉筋摩擦力的总和(kN);

$\sum E_{xi}$——各层拉筋承受水平土压力的总和(kN)。

2　单板抗拔稳定系数 S_{fi}/E_{xi} 不宜小于2.0,条件困难时可适当减小,但不得小于1.5。

8.2.14　土工格栅包裹式加筋土挡土墙筋材回折包裹长度应按下式计算:

$$l_0=\frac{D\sigma_{hi}}{2(c+\gamma h_i\tan\delta)} \tag{8.2.14}$$

式中　L_0——计算拉筋层的水平回折包裹长度,为水平投影长度(m);

D——拉筋的上、下层间距(m);

c——拉筋与填料之间的黏聚力(kPa);

δ——拉筋与填料之间的摩擦角(°),填料为砂类土时取(0.5～0.8)ϕ。

8.2.15　墙面板设计应符合下列规定:

1　作用于单板上的水平土压力应按均匀分布考虑;

2　单板可沿垂直向和水平向分别计算内力;

3　墙面板与拉筋连接部分应加强配筋;

4　墙面板采用的钢筋混凝土预制构件,应根据现行《铁路桥涵钢筋混凝土和预应力混凝土结构设计规范》(TB 10002.3)按双向悬臂梁进行单面配筋设计;

5　包裹式加筋土挡土墙钢筋混凝土墙面板可按构造要求配筋。

8.3　构造要求

8.3.1　拉筋竖向间距不宜大于1.0 m。采用复合土工带或钢筋混凝土板条作拉筋时,其水平向间距亦不宜大于1.0 m。拉筋长度在满足稳定条件下尚应按下列原则确定:

1　土工格栅的拉筋长度不应小于0.6倍墙高,且不应小于4.0 m。

2　钢筋混凝土板条拉筋长度不应小于0.8倍墙高,且不应小于5.0 m。

3　当墙高小于3.0 m时,拉筋长度不应小于4.0 m,且应采用等长拉筋。当采用不等长的拉筋时,同长度拉筋的墙段高度不应小于3.0 m,且同长度拉筋的截面也应相同。相邻不等长拉筋的长度差不宜小于1.0 m。

4　当采用钢筋混凝土板条拉筋时,每段钢筋混凝土板条长度不宜大于2 m。

8.3.2　筋材之间连接或筋材与墙面板连接时,连接强度不得低于设计强度。墙面板与土工格栅及复合土工带拉筋之间应采用连接棒或其他连接方式等强度连接;墙面板与钢筋混凝土板条拉筋之间以及钢筋混凝土板条拉筋段之间应采用电焊等强度连接。

8.3.3 墙面板应设楔口或连接件与周边墙面板间相互密贴。包裹式挡土墙墙面板宜采用在加筋体中预埋钢筋与墙面板进行连接，钢筋埋入加筋体中的锚固长度不宜小于3.0 m，钢筋直径一般为16～22 mm。

8.3.4 包裹式加筋土挡土墙拉筋应采用统一的水平回折包裹长度，其长度应大于计算值，且不宜小于2.0 m。加筋土体最上部1、2层拉筋的回折长度应适当加长。

8.3.5 填料应分层填筑压实，填料压实标准应符合现行《铁路路基设计规范》(TB 10001)的规定。填料与筋带直接接触部分不应含有尖锐棱角的块体，填料中最大粒径不应大于10 cm，且不宜大于单层填料压实厚度的1/3。

8.3.6 墙面板下应设置厚度不小于0.4 m的C15混凝土条形基础。对土质地基和风化层较厚难以全部清除的岩石地基，基础的埋置深度不应小于0.6 m。墙前应设4%的横向排水坡，在无法横向排水地段应设纵向排水沟，基础底面应设置于外侧排水沟底以下。

8.3.7 帽石应采用C15混凝土现场灌筑，分段长度可取2～4块墙面板宽度，且不应大于4.0 m，厚度不应小于0.5 m。当设栏杆时，应在帽石内预埋U形螺栓。

8.3.8 墙面板上的金属连接件及金属拉筋应进行防锈处理，受力钢构件应预留2 mm的防锈蚀厚度。采用钢筋混凝土板条拉筋时，截面内应设置必要的防裂钢筋，其所有连接部分应采用沥青砂浆封闭。

8.3.9 沿墙每隔20～30 m或基底地层变化处应设置2 cm宽的沉降缝，并在面板内侧沿整个墙高设置宽20 cm的反滤层。

8.3.10 加筋区内填砂黏土、砂粉土时，路基顶面应设置柔性封闭层，墙面板内侧应设30 cm厚的砂卵石反滤层。

8.3.11 拉筋应平直铺设于密实填土上，底部应与填土密贴。拉筋顶面填土时，严禁沿拉筋方向推土和施工车辆直接碾压拉筋，碾压前拉筋顶面的填土厚度不应小于0.2 m。

8.3.12 直立墙墙面板安装施工时，面板应适当后仰，倾斜度宜为20:1。

9 土钉墙

9.1 一般规定

9.1.1 土钉墙适用于一般地区土质及破碎软弱岩质路堑地段。在腐蚀性地层、膨胀土地段及地下水较发育或边坡土质松散时，不宜采用土钉墙。土钉墙结构形式见图9.1.1。

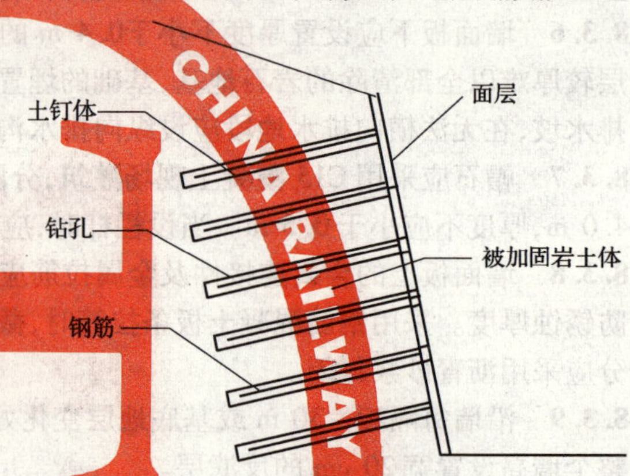

图9.1.1 土钉墙结构形式

9.1.2 土质边坡土钉墙总高度不应大于10 m，岩质边坡土钉墙总高度不应大于18 m，单级土钉墙高度宜控制在10 m以内。土钉墙墙面胸坡宜为1:0.1～1:0.4。根据地形地质条件，边坡较高时宜设多级。多级墙上、下两级之间应设置平台，平台宽度不宜小于2 m，每级墙高不宜大于10 m。

9.1.3 土钉的长度应为墙高的0.5～1.0倍，间距宜为0.75～2 m，与水平面夹角宜为5°～20°。土钉墙分层开挖高度，土层宜为0.5～2 m，岩层宜为1.0～4.0 m。

9.2 设计荷载及计算

9.2.1 作用于土钉墙墙面板上的荷载组合，应按重力式挡土墙有关规定计算。

9.2.2 作用于土钉墙墙面板土压应力呈梯形分布（图9.2.2），应分别按式（9.2.2—1～2）计算。

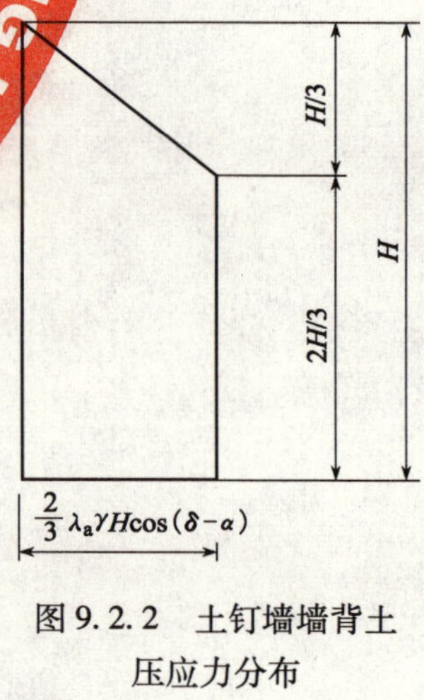

图9.2.2 土钉墙墙背土压应力分布

当 $h_i \leqslant \frac{1}{3}H$ 时

$$\sigma_i = 2\lambda_a\gamma h_i\cos(\delta-\alpha) \qquad (9.2.2\text{—}1)$$

当 $h_i > \frac{1}{3}H$ 时

$$\sigma_i = \frac{2}{3}\lambda_a\gamma H\cos(\delta-\alpha) \qquad (9.2.2\text{—}2)$$

式中 σ_i——水平土压应力（kPa）；

γ——边坡岩土体重度（kN/m^3）；

λ_a——库仑主动土压力系数；

H——土钉墙墙高（m）；

h_i——墙顶距第 i 层土钉的高度（m）；

α——墙背与竖直面间的夹角（°）；

δ——墙背摩擦角（°）。

9.2.3 土钉的拉力应按式(9.2.3)计算。

$$E_i = \sigma_i S_x S_y / \cos\beta \tag{9.2.3}$$

式中 E_i——第 i 层土钉的计算拉力(kN);

S_x, S_y——土钉之间水平和垂直间距(m);

β——土钉与水平面的夹角(°)。

9.2.4 土钉锚固区与非锚固区分界面(潜在破裂面)见图9.2.4。潜在破裂面距墙面的距离应按式(9.2.4—1~2)计算。

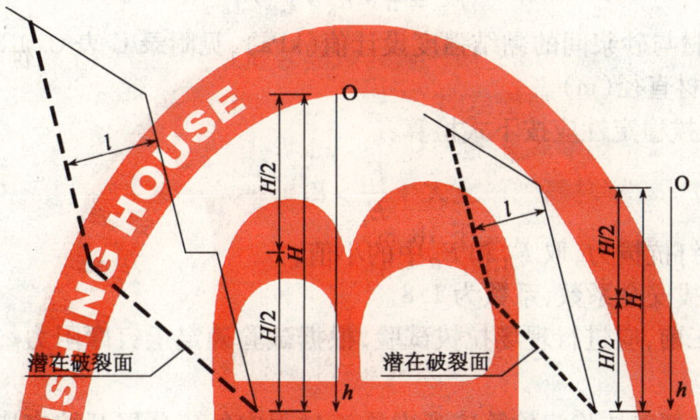

图9.2.4 土钉锚固区与非锚固区分界面

当 $h_i \leqslant \frac{1}{2}H$ 时

$$l = (0.3 \sim 0.35)H \tag{9.2.4—1}$$

当 $h_i > \frac{1}{2}H$ 时

$$l = (0.6 \sim 0.7)(H - h_i) \tag{9.2.4—2}$$

式中 l——潜在破裂面距墙面的距离(m),当坡体渗水较严重或岩体风化破碎严重、节理发育时取大值。

9.2.5 土钉长度应包括非锚固长度和有效锚固长度。非锚固长度应根据墙面与土钉潜在破裂面的实际距离确定;有效锚固长度应通过土钉墙内部稳定性检算确定。

9.2.6 土钉墙内部稳定性检算应符合下列规定:

1 土钉抗拉断检算应符合下列要求:

1)土钉钉材抗拉力应按下式计算:

$$T_i = \frac{1}{4}\pi \cdot d_b^2 \cdot f_y \tag{9.2.6—1}$$

式中 T_i——钉材抗拉力(kN);

d_b——钉材直径(m);

f_y——钉材抗拉强度设计值(kPa)。

2)土钉抗拉断应按下式检算:

$$\frac{T_i}{E_i} \geqslant K_1 \tag{9.2.6—2}$$

式中 K_1——土钉抗拉断安全系数,系数为1.8。

2 土钉抗拔稳定性检算应符合下列要求：

1）有效锚固力 F_{i1} 应根据土钉与孔壁界面岩土抗剪强度 τ 计算：

$$F_{i1} = \pi \cdot d_h \cdot l_{ei} \cdot \tau \qquad (9.2.6\text{—}3)$$

式中 d_h——钻孔直径（m）；

l_{ei}——第 i 根土钉有效锚固长度（m）；

τ——锚孔壁与注浆体之间黏结强度设计值（kPa），见附录表 C.0.1。

2）有效锚固力 F_{i2} 应根据钉材与砂浆界面的黏结强度 τ_g 计算：

$$F_{i2} = \pi \cdot d_b \cdot l_{ei} \cdot \tau_g \qquad (9.2.6\text{—}4)$$

式中 τ_g——钉材与砂浆间的黏结强度设计值（kPa），见附录 C 表 C.0.2；

d_b——钉材直径（m）。

3）土钉抗拔稳定性应按下式检算：

$$\frac{F_i}{E_i} > K_2 \qquad (9.2.6\text{—}5)$$

式中 F_i——土钉抗拔力，取 F_{i1} 和 F_{i2} 中的小值；

K_2——抗拔安全系数，系数为 1.8。

3 土钉施工前，应进行现场拉拔试验，根据试验确定土钉摩阻力 τ，验证设计选取参数是否合理。

9.2.7 土钉墙内部整体稳定检算应考虑施工过程中每一分层开挖完毕未设置土钉时施工阶段及施工完毕使用阶段两种情况，根据潜在破裂面应按下式进行分条分块计算稳定系数：

$$K = \frac{\sum c_i l_i S_x + \sum W_i \cos\alpha_i \tan\phi_i S_x + \sum_{i=1}^{n} P_i \cdot \cos\beta_i + \sum_{i=1}^{n} P_i \cdot \sin\beta_i \cdot \tan\phi_i}{\sum W_i \sin\alpha_i S_x} \qquad (9.2.7)$$

式中 c_i——岩土的黏聚力（kPa）；

ϕ_i——岩土的内摩擦角（°）；

l_i——分条（块）的潜在破裂面长度（m）；

W_i——分条（块）重量（kN/m）；

α_i——破裂面与水平面夹角（°）；

β_i——土钉轴线与破裂面的夹角（°）；

P_i——土钉的抗拔能力，取 F_i 和 T_i 中的小值（kN）；

n——实设土钉排数；

S_x——土钉水平间距（m）；

K——施工阶段及使用阶段整体稳定系数，施工阶段 $K \geqslant 1.3$，使用阶段 $K \geqslant 1.5$。

9.2.8 土钉墙外部稳定性检算时，可将土钉及其加固体视为重力式挡土墙，按本规范第 3.3.1 条～第 3.3.6 条的稳定性检算方法，进行抗倾覆、抗滑动及基底承载力检算。

对于土质边坡、碎石土状软岩边坡，还应按式（9.2.7）进行圆弧稳定性检算。最危险圆弧应通过土钉墙墙底，在多数土钉以外。稳定系数不应小于 1.3。

9.3 构造要求

9.3.1 土钉墙面层为喷射混凝土中间夹钢筋网时应与面层有效连接，土钉外端与钢垫板或加强钢筋应通过螺丝端杆锚具或焊接进行连接。

9.3.2 土钉墙设计与施工均应遵循“保住中部、稳定坡脚”的原则。边坡中部的土钉宜适当加密、加长，坡脚用混凝土脚墙加固，并使之与土钉墙连成一个整体。

9.3.3 土钉钉材可采用 HRB400 钢或 HRB335 钢，土钉直径为 16 ~ 32 mm，钻孔直径为 70 ~ 130 mm。土钉应设定位支架。腐蚀环境下可采用钢筋表面环氧涂层等措施。

9.3.4 喷射混凝土面层厚度宜为120 ~ 200 mm，不应小于80 mm。喷射混凝土强度等级不宜低于 C20。

9.3.5 喷射混凝土面层应配置钢筋网，钢筋直径宜为 6 ~ 10 mm，间距宜为 150 ~ 300 mm，钢筋网搭接宜采用焊接。

9.3.6 钉孔注浆材料宜采用水泥浆或水泥砂浆，其强度宜为 M30，不应低于 20 MPa。边坡渗水较严重时，宜添加膨胀剂。注浆应采用孔底注浆法，注浆压力宜为 0.2 MPa。

9.3.7 面层应设泄水孔，泄水孔后应设土工合成材料、无砂混凝土板反滤层。边坡渗水严重时应设置仰斜 5° ~ 10°的排水孔，排水孔长度较土钉略长，孔内应设置透水管或凿孔的聚乙烯管，并充填粗砂。

10 抗 滑 桩

10.1 一 般 规 定

10.1.1 抗滑桩适用于稳定滑坡、加固山体及加固其他特殊路基，其设计使用年限为60年。

10.1.2 抗滑桩的设置应满足下列要求：

1 滑坡体的稳定系数应达到规定的安全值；

2 保证滑坡体不越过桩顶或从桩间滑动；

3 不产生新的深层滑动。

10.1.3 抗滑桩的桩位应设在滑坡体较薄、锚固段地基强度较高的地段，其平面布置、桩间距、桩长和截面尺寸等应综合考虑确定。桩间距宜为6～10 m。

10.1.4 抗滑桩的截面形状宜为矩形。桩的截面尺寸应根据滑坡推力的大小、桩间距以及锚固段地基的横向容许承载力等因素确定。桩最小边宽度不宜小于1.25 m。

10.2 设计荷载及计算

10.2.1 作用于抗滑桩的外力，应计算滑坡推力（包括地震地区的地震力）、桩前滑体抗力（滑动面以上桩前滑体对桩的反力）和锚固段地层的抗力。桩侧摩阻力和黏聚力以及桩身重力和桩底反力可不计算。

10.2.2 作用于每根桩上的滑坡推力应按设计的桩间距计算。滑坡推力应根据其边界条件（滑动面与周界）和滑带土的强度指标通过计算确定。

滑动面（带）的强度指标，可采用试验资料或用反算值以及经验数据等综合分析确定。

10.2.3 抗滑桩上滑坡推力的分布图形可为矩形、梯形或三角形（图10.2.3），应根据滑体的性质和厚度等因素确定。

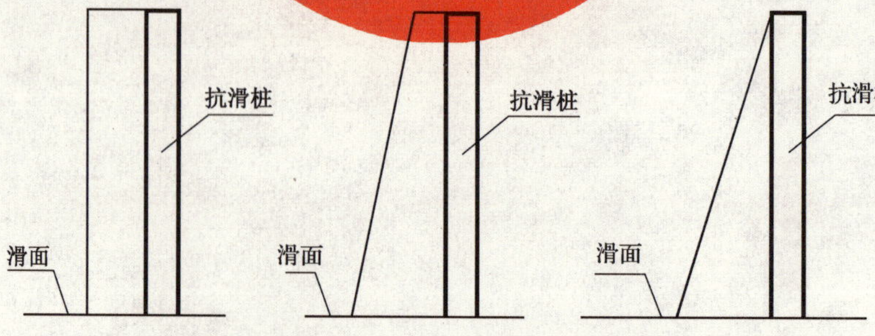

图10.2.3 滑坡推力在桩上的分布

10.2.4 滑坡推力可采用传递系数法按下式计算：

$$T_i = KW_i\sin\alpha_i + \Psi T_{i-1} - W_i\cos\alpha_i\tan\phi_i - c_i l_i \tag{10.2.4—1}$$

$$\Psi = \cos(\alpha_{i-1} - \alpha_i) - \sin(\alpha_{i-1} - \alpha_i)\tan\phi_i \tag{10.2.4—2}$$

式中 T_i——第 i 个条块末端的滑坡推力(kN/m)；

K——安全系数(视工程的重要性、外界条件对滑坡的影响、滑坡的性质和规模、滑动的后果及整治的难易等因素综合考虑)，可采用1.05~1.25；

W_i——第 i 个条块滑体的重力(kN/m)；

T_{i-1}——第 $i-1$ 个条块末端的滑坡推力(kN/m)；

α_i——第 i 个条块所在滑动面的倾角(°)；

α_{i-1}——第 $i-1$ 个条块所在滑动面的倾角(°)；

ϕ_i——第 i 个条块所在滑动面上的内摩擦角(°)；

c_i——第 i 个条块所在滑动面上的单位黏聚力(kPa)；

l_i——第 i 个条块所在滑动面上的长度(m)。

10.2.5 滑动面以上桩前的滑体抗力，可通过极限平衡时滑坡推力曲线(图10.2.6)或桩前被动土压力确定，设计时选用其中小值。当桩前滑坡体可能滑动时，不应计及其抗力。

10.2.6 作用于桩上的滑坡推力，可由设计抗滑桩处的滑坡推力曲线(图10.2.6)确定。

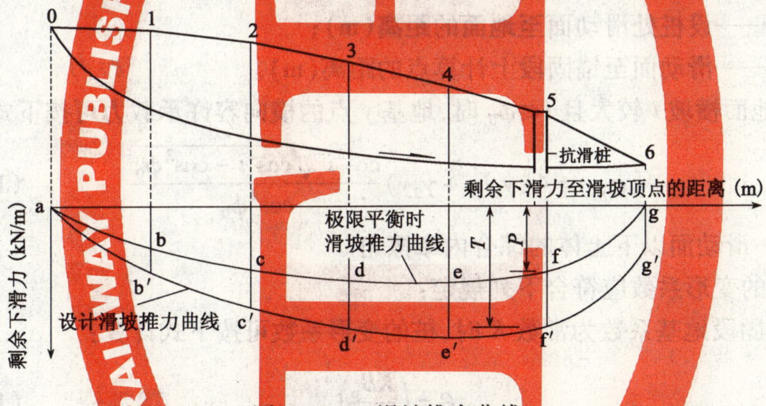

图10.2.6 滑坡推力曲线

T 桩上滑坡推力，P 桩前滑体抗力

10.2.7 滑动面以上的桩身内力，应根据滑坡推力和桩前滑体抗力计算。滑动面以下的桩身变位和内力，应根据滑动面处的弯矩、剪力和地基的弹性抗力进行计算。

10.2.8 滑动面以下的地基系数应根据地层的性质和深度按下列条件确定：

1 较完整岩层和硬黏土的地基系数应为常数 K；

2 硬塑~半干硬砂黏土及碎石类土、风化破碎的岩块，当桩前滑动面以上无滑坡体和超载时，地基系数应为三角形分布；当桩前滑动面以上有滑坡体和超载时，地基系数应为梯形分布。

10.2.9 抗滑桩桩底支承可采用自由端或铰支端。

10.2.10 抗滑桩锚固深度的计算，应根据地基的横向容许承载力确定。当桩的位移需要控制时，应考虑最大位移不超过容许值。

1 地层为岩层时，桩的最大横向压应力 $\sigma_{\max}$ 应小于或等于地基的横向容许承载力。地基的横向容许承载力与岩石单轴抗压极限强度的对应关系可按本规范附录表B.0.1采用。当桩为矩形截面时，地基的横向容许承载力可按下式计算：

$$[\sigma_H] = K_H \eta R \tag{10.2.10—1}$$

式中　K_H——在水平方向的换算系数，根据岩石的完整程度、层理或片理产状、层间的胶结物与胶结程度、节理裂隙的密度和充填物，可采用 0.5～1.0；

η——折减系数，根据岩层的裂隙、风化及软化程度，可采用 0.3～0.45；

R——岩石单轴抗压极限强度(kPa)。

2　当地层为土层或风化成土、砂砾状岩层时，滑动面以下深度为 $h_2/3$ 和 h_2（滑动面以下桩长）处的横向压应力应小于或等于地基的横向容许承载力，其计算应符合以下规定：

1）当地面无横坡或横坡较小时，地基 y 点的横向容许承载力可按下式计算：

$$[\sigma_H] = \frac{4}{\cos\phi}[(\gamma_1 h_1 + \gamma_2 y)\tan\phi + c] \qquad (10.2.10—2)$$

式中　$[\sigma_H]$——地基的横向容许承载力(kPa)；

γ_1——滑动面以上土体的重度(kN/m³)；

γ_2——滑动面以下土体的重度(kN/m³)；

ϕ——滑动面以下土体的内摩擦角(°)；

c——滑动面以下土体的黏聚力(kPa)；

h_1——设桩处滑动面至地面的距离(m)；

y——滑动面至锚固段上计算点的距离(m)。

2）当地面横坡 i 较大且 $i \leqslant \phi_0$ 时，地基 y 点的横向容许承载力可按下式计算：

$$[\sigma_H] = 4(\gamma_1 h_1 + \gamma_2 y)\frac{\cos^2 i\sqrt{\cos^2 i - \cos^2\phi_0}}{\cos^2\phi_0} \qquad (10.2.10—3)$$

式中　ϕ_0——滑动面以下土体的综合内摩擦角。

10.2.11　桩的变形系数应符合下列规定：

1　当锚固段地基系数为常数 K 时，桩的变形系数可按下式计算：

$$\beta = \left(\frac{KB_p}{4EI}\right)^{\frac{1}{4}} \qquad (10.2.11—1)$$

式中　β——桩的变形系数(m^{-1})；

K——地基系数(kPa/m)，按本规范附录 B 表 B.0.2 采用；

E——桩的钢筋混凝土弹性模量(kPa)，$E = 0.8E_c$；

E_c——混凝土弹性模量(kPa)；

I——桩的截面惯性矩(m^4)；

B_p——桩的计算宽度(m)，对矩形桩 $B_p = b + 1$（b 为矩形桩的设计宽度）。

2　当锚固段地基系数为三角形分布时，桩的变形系数可按下式计算：

$$\alpha = \left(\frac{mB_p}{EI}\right)^{\frac{1}{5}} \qquad (10.2.11—2)$$

式中　α——桩的变形系数(m^{-1})；

m——随深度增加的土质地基系数(kPa/m²)，按本规范附录 B 表 B.0.3 采用。

3　锚固段地基系数为梯形分布时，可将桩分成若干小段，每小段内采用常数分布近似计算。

10.2.12　抗滑桩结构可按现行国家标准《混凝土结构设计规范》(GB 50010)进行设计，

其荷载分项系数的取值应符合《建筑结构荷载规范》(GB 50009)、《建筑地基基础设计规范》(GB 50007)及《建筑抗震设计规范》(GB 50011)的规定。一般情况下,永久荷载分项系数可采用1.35。

10.2.13 抗滑桩桩身按受弯构件设计。当无特殊要求时,可不做变形、抗裂、挠度等项验算。

10.3 构造要求

10.3.1 桩身混凝土的强度等级宜为C30。当地下水有侵蚀性时,水泥应按有关规定选用,耐久性设计应满足《铁路混凝土耐久性设计暂行规定》的要求。桩身中的主筋宜采用HRB400钢,箍筋可采用HRB335钢或HRB400钢。

10.3.2 抗滑桩井口应设置锁口,桩井位于土层和风化破碎的岩层时宜设置护壁,一般地区锁口和护壁混凝土强度等级宜为C15,严寒和软弱地基地段宜为C20。

10.3.3 抗滑桩纵向受力钢筋直径不应小于16 mm。净距不宜小于120 mm,困难情况下可适当减小,但不得小于80 mm。当用束筋时,每束不宜多于3根。当配置单排钢筋有困难时,可设置2排或3排。受力钢筋混凝土保护层不应小于70 mm。

10.3.4 纵向受力钢筋的截断点应按现行国家标准《混凝土结构设计规范》(GB 50010)的规定计算。

10.3.5 抗滑桩内不宜设置斜筋,可采用调整箍筋的直径、间距和桩身截面尺寸等措施,满足斜截面的抗剪强度。

10.3.6 箍筋宜采用封闭式,肢数不宜多于4肢,其直径不宜小于14 mm,间距不应大于400 mm。

10.3.7 抗滑桩的两侧和受压边,应适当配置纵向构造钢筋,其间距不应大于300 mm,直径不宜小于12 mm。桩的受压边两侧,应配置架立钢筋,其直径不宜小于16 mm。当桩身较长时,纵向构造钢筋和架立钢筋的直径应增大。

11　桩板式挡土墙

11.1　一 般 规 定

11.1.1　桩板式挡土墙适用于一般地区、浸水地区和地震区的路堑和路堤，也可用于滑坡等特殊路基的支挡结构设计，其设计使用年限为60年。

11.1.2　桩板式挡土墙的桩间距、桩长和截面尺寸应综合考虑确定。桩的自由悬臂长度不宜大于15 m，桩的截面尺寸不宜小于1.25 m，截面形式可采用矩形或T形。桩间距宜为5～8 m。桩板墙顶位移应小于桩悬臂端长度的1/100，且不宜大于10 cm。

11.1.3　锚固桩的设置应满足下列要求：

1　桩应锚固在稳定的地层中；

2　确保桩后土体不越过桩顶或从桩间滑走；

3　不应产生新的深层滑动。

11.1.4　加锚索（杆）的锚固桩应保证桩与锚索（杆）的变形协调。

11.1.5　锚固桩之间应设置挡土板或其他措施维持岩（土）体稳定。

11.2　设计荷载及计算

11.2.1　桩板式挡土墙的计算荷载应包括活载和岩（土）体所产生的土压力或滑坡推力、水的浮力、地下水的渗透压力、地震力以及施工产生的临时荷载等。

滑坡路基上的桩板式挡土墙应按滑坡推力和土压力的最不利者作为计算荷载。桩的重力可不计算。当桩的设计荷载为土压力时，附加安全系数为1.1～1.2。当桩上设有锚索时，应按本规范第12.2.3条的规定进行设计。

11.2.2　作用于墙背上岩土产生的土压力 σ_H 可按库仑理论计算，轨道及列车荷载引起的土压力 δ_H 可按弹性理论计算，见图11.2.2。

11.2.3　作用在桩上的荷载宽度可按其左右两相邻桩之间距离的一半计算，作用在挡土板上的荷载宽度可按板的计算跨度计算。桩间挡土板上的压力可根据桩间岩（土）体的稳定情况和挡土板的设置方式按全部岩（土）体压力或按部分岩（土）体压力计算。

11.2.4　锚固点以下的桩身变位和内力，应根据锚固点处的弯矩、剪力和地基的弹性抗力进行计算，计算时可不计桩侧摩阻力。桩的宽度可按下式计算：

$$B_p = b + 1 \tag{11.2.4}$$

式中　B_p——桩的宽度（m）；

b——矩形桩的设计宽度（m）。

11.2.5　锚固桩桩底支承应结合地层情况和桩底嵌固深度采用自由端或铰支端。

11.2.6　地面处桩的水平位移不宜大于10 mm，且侧壁应力不应大于地层的横向容许承载力。否则，地层上部应采取适当的加固措施，或增加桩的埋深和加大桩的截面积。

11.2.7　路堤(肩)中的锚索(杆)桩板式挡土墙,应避免填料下沉所产生的锚索(杆)次应力。

11.2.8　锚索(杆)可按容许应力法计算,桩和挡土板的混凝土结构应按现行国家标准《混凝土结构设计规范》(GB 50010)计算。钢筋混凝土桩的荷载分项系数 a_p 为 1.35 ~ 1.50,桩荷载的变异性大时应取大值,变异性小时应取小值;挡土板的荷载分项系数 a_p 为 1.35。

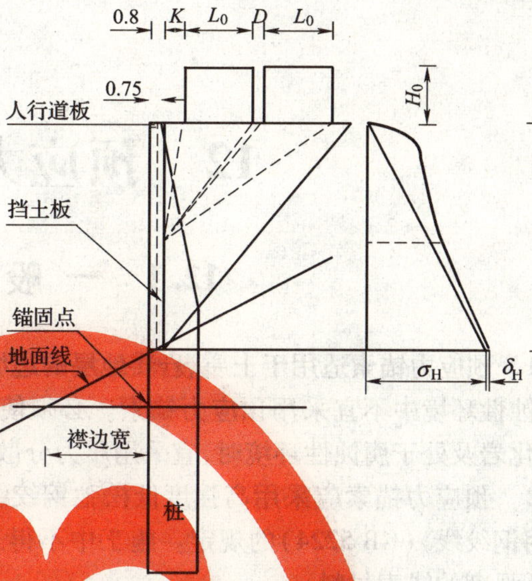

图 11.2.2　土压力分布

11.2.9　计算锚固桩桩身截面强度,当无特殊要求时,可不作最大裂缝宽度验算。在腐蚀性环境作用下,应进行最大裂缝宽度验算,最大裂缝宽度值可适当放宽,并采用适当的防腐附加措施。有牛腿的桩,除检算强度以外,尚应作牛腿的裂缝宽度验算。挡土板应作最大裂缝宽度验算。

11.3　构造要求

11.3.1　锚固桩和挡土板的混凝土强度等级不宜低于 C30,桩身中主筋宜采用 HRB400,箍筋和挡土板中的主筋可采用 HRB335 钢或 HRB400 钢。灌注锚索(杆)孔的水泥(砂)浆强度等级不宜低于 M30。

11.3.2　锚固桩配筋的要求应按本规范第10.3节的有关规定办理。

11.3.3　设牛腿的锚固桩,牛腿的高度不宜小于 40 cm,宽度不宜小于 30 cm。

11.3.4　当采用拱型挡土板时,不宜采用素混凝土,应沿径向和环向配置一定数量的构造钢筋,构造钢筋间距不宜大于 250 mm,直径不宜小于 10 mm。

11.3.5　桩上设置钢筋锚杆时,一根锚杆不宜多于 3 根钢筋,钢筋直径不宜大于 32 mm。

12　预应力锚索

12.1　一 般 规 定

12.1.1　预应力锚索适用于土质、岩质地层的边坡及地基加固，其锚固段宜置于稳定岩层内，腐蚀性环境中不宜采用预应力锚索。必须使用时，应采取严格的防腐措施。对极软岩、风化岩及处于腐蚀性环境时，宜采用压力分散型锚索。

12.1.2　预应力锚索应采用高强度低松弛钢绞线制作，采用的钢绞线应符合《预应力混凝土用钢绞线》(GB 5224)的规定。施工中不得采用有机械损伤、严重锈蚀、电烧伤等造成降低强度的锚索材料。

12.1.3　预应力锚索所用锚具应符合国家现行《预应力筋专用锚具、夹具和连接器应用技术规程》(JGJ 85)的规定。

12.1.4　预应力锚索永久性防护涂层材料应满足以下要求：

1　对钢绞线具有防腐蚀作用；

2　对钢绞线有牢固的粘结性，且无有害反应；

3　能与钢绞线同步变形，在高应力状态下不脱壳、不裂；

4　具有较好的化学稳定性，在强碱条件下不降低其耐久性；

5　便于施工操作。

12.1.5　预应力锚索注浆水泥应采用硅酸盐水泥或普通硅酸盐水泥。

12.2　设计荷载及计算

12.2.1　作用在锚索结构物上的荷载包括土压、水压、上覆荷载、滑坡荷载、地震荷载及其他荷载等。预应力锚索设计时，一般情况可只计算主力，在浸水和地震等特殊情况下，尚应计算附加力和特殊力。

12.2.2　预应力锚索用于整治滑坡时，其设计荷载及滑坡推力应按本规范第10.2节的有关规定计算。

12.2.3　预应力锚索作为承受侧向土压力的支挡工程或用于边坡加固时，其设计荷载应按重力式挡墙有关规定计算，结构物承受的侧向土压力应按主动土压力的1.2～1.4倍计算。

12.2.4　锚固力设计计算应符合下列规定：

1　滑坡加固时，预应力锚索宜采用锚索预应力(抗滑力)的方法计算，并通过对边坡稳定性分析、计算滑坡的下滑力确定锚固力。设计锚固力可按下式计算：

$$P_t = F/[\lambda \sin(\alpha+\beta)\tan\phi + \cos(\alpha+\beta)] \qquad (12.2.4\text{—}1)$$

式中　P_t——设计锚固力(kN)；

F——滑坡下滑力(kN)；

ϕ——滑动面内摩擦角(°);

α——锚索与滑动面相交处滑动面倾角(°);

β——锚索与水平面的夹角,以下倾为宜,不应大于45°,宜为15°~30°;

λ——折减系数,对土质边坡及松散破碎的岩质边坡,应进行折减。

2　设计锚固力 P_t 应小于容许锚固力 P_a,锚固钢材容许荷载应满足表12.2.4的要求。

表12.2.4　锚固钢材容许荷载

设计荷载作用时	$P_a \leqslant 0.6P_u$ 或 $0.75P_y$
张拉预应力时	$P_{at} \leqslant 0.7P_u$ 或 $0.85P_y$
预应力锁定中	$P_{ai} \leqslant 0.8P_u$ 或 $0.9P_y$

注:P_u 为极限张拉荷载(kN),P_y 为屈服荷载(kN)。

根据每孔锚索设计锚固力 P_t 和所选用的钢绞线强度,可按式(12.2.4—2)计算每孔锚索钢绞线的根数 n。

$$n=\frac{F_{s1}\cdot P_t}{P_u} \tag{12.2.4—2}$$

式中　F_{s1}——安全系数,取1.7~2.2,腐蚀性地层中取大值;

P_u——锚固钢材极限张拉荷载。

3　对于永久性锚固结构,设计中应考虑预应力钢材的松弛损失及被锚固岩(土)体蠕变的影响,决定锚索的补充张拉力。

4　锚索间距应以所设计的锚固力能对地基提供最大的张拉力为标准。锚索间距宜采用3~6 m,最小不应小于1.5 m。

12.2.5　锚固体设计应符合下列规定:

1　锚固体应确定锚索锚固段长度、孔径、锚固类型。锚固体的承载能力应通过锚固体与锚孔壁的抗剪强度、钢绞线束与水泥砂浆的粘结强度以及钢绞线强度三部分控制,设计应取其小值。

2　锚固体抗拉拔安全系数 F_{s2} 不应小于2.5。

3　锚索或单元锚索的锚固段长度按下列公式计算,采用 l_{sa}、l_a 中的大值,宜为4~10 m。

1)根据水泥砂浆与锚索张拉钢材粘结强度确定的锚固段长度 l_{sa} 可按下式计算:

$$l_{sa}=\frac{F_{s2}\cdot P_t}{\pi\cdot d_s\cdot\tau_u} \tag{12.2.5—1}$$

当锚索锚固段为枣核状时

$$l_{sa}=\frac{F_{s2}\cdot P_t}{n\cdot\pi\cdot d\cdot\tau_u}$$

2)根据锚固体与孔壁的抗剪强度确定的锚固段长度 l_a 可按下式计算:

$$l_a=\frac{F_{s2}\cdot P_t}{\pi\cdot d_h\cdot\tau} \tag{12.2.5—2}$$

式中　d_s——张拉钢材外表直径(m),见附录C表C.0.3;

d——单根张拉钢材直径(m);

d_h——锚固体(即钻孔)直径(m);

n——每孔锚索钢绞线根数;

τ_u——锚索张拉钢材与水泥砂浆的粘结强度设计值(MPa),见附录C表C.0.2;

τ——锚孔壁与注浆体之间粘结强度设计值(MPa),见附录C表C.0.1。

4　锚固体的直径应根据设计锚固力、地基性状、锚固类型、张拉材料根数、造孔能力等因素确定,宜采用 ϕ100 ~ 150 mm。

12.2.6 锚索总长度由锚固段长度、自由段长度及张拉段长度组成。锚索自由段长度受稳定地层界面控制,在设计中应考虑自由段伸入滑动面或潜在滑动面的长度不应小于 1 m,自由段长度不应小于 3 ~ 5 m。张拉段长度应根据张拉机具决定,锚索外露部分长度宜为 1.5 m 左右。

12.2.7 锚索的紧固头应固定在外锚结构上。外锚宜采用钢筋混凝土结构,形式可根据被加固边坡岩土情况确定,常用的有垫墩(垫块、垫板)、地梁、格子梁、柱、桩、墙等。外锚结构设计应符合下列规定:

1 锚索垫墩应双向布筋,可按中心有支点单向受弯构件计算内力,并检算垫墩与钢垫板连接处混凝土局部承压与冲切强度。垫墩面积应根据被加固边坡地基承载力确定。

2 地梁、格子梁可将锚拉点锚索预应力简化为集中荷载,按弹性地基梁进行计算。地梁、格子梁可简化为单元梁,按简支梁、连续梁进行内力计算。

3 锚索桩可简化为受横向变形约束的弹性地基梁,根据变形协调原理,锚拉点桩的位移应与锚索伸长相等进行桩的内力计算。

12.3 构 造 要 求

12.3.1 预应力锚索应由锚固段、自由段和紧固头三部分构成,紧固头应由垫墩、钢垫板和锚具组成。

12.3.2 锚索垫墩、地梁、格子梁、桩的混凝土强度等级不宜低于 C30。

12.3.3 锚索的钢材可采用 ϕ12.7 mm 或 ϕ15.2 mm 的钢绞线。每孔锚索可由单束或多束钢绞线组成。

12.3.4 拉力型锚索锚固段制作宜采用一系列的紧箍环和扩张环(隔离架)使之成为波纹状,注浆后形成枣核(糖葫芦)状;压力型锚索应由不与灌浆体相互粘结的保护套管的杆体和位于锚固段注浆体底端的承载体组成。

12.3.5 锚索应进行防锈、防腐处理。锚固段锚索应清污除锈,自由段锚索还应涂防腐剂、外套 ϕ22 mm 聚乙烯塑料套管隔离防护,张拉段锚索也应涂防腐剂。当地层具有腐蚀性或地下水具有侵蚀性时,注浆材料应采用抗侵蚀性水泥,锚索应采用全长波纹管防护。锚索的防腐应符合《岩土锚杆(索)技术规程》(CECS 22:2005)的规定。

12.3.6 钻孔可采用水钻或干钻。当水钻可能影响边坡稳定时,应采用干钻。锚孔应严格执行灌浆施工工艺要求,当用水冲洗影响锚索的抗拔能力时,应采用高压风吹净。

12.3.7 锚索孔注浆材料宜采用 M35 水泥砂浆。注浆采用孔底注浆法,注浆压力不应小于 0.6 ~ 0.8 MPa,砂浆灌注应饱满密实,第一次注浆完毕,水泥砂浆凝固收缩后,孔口应进行补浆。

12.3.8 锚索张拉应分两次逐级张拉,第一次张拉值应为总张拉力的 70%,两次张拉间隔时间不宜少于 3 ~ 5 d。总张拉力应包括超张拉力值。自由段为土层时,超张拉力值宜为 15% ~ 25%;自由段为岩层时,超张拉力值宜为 10% ~ 15%。张拉应待孔内砂浆达到设计强度的 70% 后方可进行,张拉中应对锚索伸长及受力情况作好记录,核实伸长与受力值的相符性。

12.3.9 锚具底座顶面应与钻孔轴线垂直,确保锚索张拉时千斤顶张拉力与锚索在同一轴线上。

12.3.10 预应力锚索张拉锁定后，锚头部分应涂防腐剂，再用 C30 混凝土封闭，保护层厚度不宜小于 5cm。

12.3.11 在锚固工程施工初期，应进行预应力锚索锚固试验。锚固试验的数量可按工作锚索的 3% 控制，有特殊要求时可适当增加。锚固试验的平均拉拔力，不应小于预应力锚索的超张拉力。当平均拉拔力低于此值时，应再按 3% 的比例补充锚固试验的数量。

附录 A　列车和轨道荷载换算土柱高度及分布宽度

A. 0. 1　列车和轨道荷载换算土柱高度及分布宽度应符合表 A. 0. 1 的规定。

表 A. 0. 1　列车和轨道荷载换算土柱高度及分布宽度

项　目	单位	Ⅰ级铁路					Ⅱ级铁路		
		特重型		重　型		次重型	次重型	中　型	轻型
路段旅客列车设计行车速度 v	km/h	$120 \leqslant v \leqslant 160$		$120 < v \leqslant 160$	120	120	$80 \leqslant v \leqslant 120$	$80 \leqslant v \leqslant 100$	80
轨道条件 钢　轨	kg/m	75	60	60	60	50	50	50	50
轨道条件 混凝土枕型号		Ⅲ	Ⅲ	Ⅲ	Ⅲ	Ⅱ	Ⅱ	Ⅱ	Ⅱ
轨道条件 铺轨根数	根/km	1 667	1 667	1 667	1 667	1 760	1 760	1 760	1 760
轨道条件 混凝土轨枕长度	m	2. 6	2. 6	2. 6	2. 6	2. 5	2. 5	2. 5	2. 5
轨道条件 道床顶面宽度	m	3. 5	3. 5	3. 4	3. 4	3. 3	3. 3	3. 0	2. 9
轨道条件 道床边坡坡率		1. 75	1. 75	1. 75	1. 75	1. 75	1. 75	1. 75	1. 5
基床表层类型 土质 道床厚度	m	0. 5	0. 5	0. 5	0. 5	0. 45	0. 45	0. 40	0. 35
基床表层类型 土质 换算土柱 换算土柱宽度	m	3. 7	3. 7	3. 7	3. 7	3. 5	3. 5	3. 4	3. 3
基床表层类型 土质 换算土柱 荷载强度	kPa	60. 2	60. 2	59. 7	59. 7	60. 1	60. 1	59. 1	58. 5
基床表层类型 土质 换算土柱 重度 18 kN/m³ 换算土柱高度	m	3. 4	3. 4	3. 4	3. 4	3. 4	3. 4	3. 3	3. 3
基床表层类型 土质 换算土柱 重度 19 kN/m³ 换算土柱高度	m	3. 2	3. 2	3. 2	3. 2	3. 2	3. 2	3. 2	3. 1
基床表层类型 土质 换算土柱 重度 20 kN/m³ 换算土柱高度	m	3. 1	3. 1	3. 0	3. 0	3. 0	3. 0	3. 0	3. 0
基床表层类型 土质 换算土柱 重度 21 kN/m³ 换算土柱高度	m	2. 9	2. 9	2. 9	2. 9	2. 9	2. 9	2. 9	2. 8
基床表层类型 硬质岩石 道床厚度	m	0. 35	0. 35	0. 35	0. 35	0. 3	0. 3	0. 3	0. 25
基床表层类型 硬质岩石 换算土柱 换算土柱宽度	m	3. 4	3. 4	3. 4	3. 4	3. 2	3. 2	3. 2	3. 1
基床表层类型 硬质岩石 换算土柱 荷载强度	kPa	60. 5	60. 4	60. 1	60. 1	60. 8	60. 8	59. 8	59. 6
基床表层类型 硬质岩石 换算土柱 重度 19 kN/m³ 换算土柱高度	m	3. 2	3. 2	3. 2	3. 2	3. 2	3. 2	3. 2	3. 2
基床表层类型 硬质岩石 换算土柱 重度 20 kN/m³ 换算土柱高度	m	3. 1	3. 1	3. 1	3. 1	3. 1	3. 1	3. 0	3. 0
基床表层类型 硬质岩石 换算土柱 重度 21 kN/m³ 换算土柱高度	m	2. 9	2. 9	2. 9	2. 9	2. 9	2. 9	2. 9	2. 9
基床表层类型 硬质岩石 换算土柱 重度 22 kN/m³ 换算土柱高度	m	2. 8	2. 8	2. 8	2. 8	2. 8	2. 8	2. 8	2. 8
基床表层类型 级配碎石或级配砂砾石 道床厚度	m	0. 3	0. 3	0. 3	—	—	—	—	—
基床表层类型 级配碎石或级配砂砾石 换算土柱 换算土柱宽度	m	3. 3	3. 3	3. 3	—	—	—	—	—
基床表层类型 级配碎石或级配砂砾石 换算土柱 荷载强度	kPa	60. 8	60. 7	60. 3	—	—	—	—	—
基床表层类型 级配碎石或级配砂砾石 换算土柱 重度 19 kN/m³ 换算土柱高度	m	3. 2	3. 2	3. 2	—	—	—	—	—
基床表层类型 级配碎石或级配砂砾石 换算土柱 重度 20 kN/m³ 换算土柱高度	m	3. 1	3. 1	3. 1	—	—	—	—	—
基床表层类型 级配碎石或级配砂砾石 换算土柱 重度 21 kN/m³ 换算土柱高度	m	2. 9	2. 9	2. 9	—	—	—	—	—
基床表层类型 级配碎石或级配砂砾石 换算土柱 重度 22 kN/m³ 换算土柱高度	m	2. 8	2. 8	2. 8	—	—	—	—	—

注：1　表中换算土柱高度按特重型、重型、次重型轨道为无缝线路，中型、轻型为有缝线路轨道的计算值；当重型、次重型轨道铺设有缝线路时，其换算土柱高度应减小 0. 1 m；

2　重度与本表不符时，需另计算换算土柱高度；

3　列车竖向荷载采用“中—活载”，即轴重 220 kN、间距 1. 5 m；

4　列车和轨道荷载分布于路基面上的宽度，自轨枕底两端向下按 45°扩散角计算；

5　Ⅱ型轨枕的换算土柱高度考虑了轨枕加强地段每千米铺设根数 1 840 的影响。

附录 B 抗滑桩设计参考值

B. 0. 1 较完整岩层的单轴极限抗压强度、侧向容许应力和地基系数对应值应符合表 B. 0. 1 的规定。

表 B. 0. 1 较完整岩层的单轴极限抗压强度、侧向容许应力和地基系数对应值

顺号	抗压强度(kPa)		地基系数(kN/m^3)	
	单轴极限值	侧向容许值[σ]	竖直方向 K_0	水平方向 K
1	10 000	1 500 ~ 2 000	100 000 ~ 200 000	60 000 ~ 160 000
2	15 000	2 000 ~ 3 000	250 000	150 000 ~ 200 000
3	20 000	3 000 ~ 4 000	300 000	180 000 ~ 240 000
4	30 000	4 000 ~ 6 000	400 000	240 000 ~ 320 000
5	40 000	6 000 ~ 8 000	600 000	360 000 ~ 480 000
6	50 000	7 500 ~ 10 000	800 000	480 000 ~ 640 000
7	60 000	9 000 ~ 12 000	1 200 000	720 000 ~ 960 000
8	80 000	12 000 ~ 16 000	150 000 ~ 2 500 000	90 000 ~ 2 000 000

注:$K = (0.6 \sim 0.8)K_0$。

B. 0. 2 抗滑桩地基系数及地层物理力学指标应符合表 B. 0. 2 的规定。

表 B. 0. 2 抗滑桩地基系数及地层物理力学指标

地层种类	内摩擦角	弹性模量 E_0 (kPa)	泊松比 μ	地基系数 K (kPa/m)	剪切应力 (kPa)
细粒花岗岩、正长岩	80°以上	5 430 ~ 6 900	0.25 ~ 0.30	$2.0\times10^6 \sim 2.5\times10^6$	1 500 以上
辉绿岩、玢岩		6 700 ~ 7 870	0.28	2.5×10^6	
中粒花岗岩		5 430 ~ 6 500	0.25	$1.8\times10^6 \sim 2.0\times10^6$	
粗粒正长岩、坚硬白云岩		6 560 ~ 7 000			
坚硬石灰岩	80°	4 400 ~ 10 000	0.25 ~ 0.30	$1.2\times10^6 \sim 2.0\times10^6$	1 500
坚硬砂岩、大理岩		4 660 ~ 5 430			
粗粒花岗岩、花岗片麻岩		5 430 ~ 6 000			
较坚硬石灰岩	75° ~ 80°	4 400 ~ 9 000	0.25 ~ 0.30	$0.8\times10^6 \sim 1.2\times10^6$	1 200 ~ 1 400
较坚硬砂岩		4 460 ~ 5 000			
不坚硬花岗岩		5 430 ~ 6 000			
坚硬页岩	70° ~ 75°	2 000 ~ 5 500	0.15 ~ 0.30	$0.4\times10^6 \sim 0.8\times10^6$	700 ~ 1 200
普通石灰岩		4 400 ~ 8 000	0.25 ~ 0.30		
普通砂岩		4 600 ~ 5 000	0.25 ~ 0.30		

续上表

地 层 种 类	内摩擦角	弹性模量 E_0 (kPa)	泊松比 μ	地基系数 K (kPa/m)	剪切应力 (kPa)
坚硬泥灰岩	70°	800 ~ 1 200	0.29 ~ 0.38	$0.3\times10^6 \sim 0.4\times10^6$	500 ~ 700
较坚硬页岩		1 980 ~ 3 600	0.25 ~ 0.30		
不坚硬石灰岩		4 400 ~ 6 000	0.25 ~ 0.30		
不坚硬砂岩		1 000 ~ 2 780	0.25 ~ 0.30		
较坚硬泥灰岩	65°	700 ~ 900	0.29 ~ 0.38	$0.2\times10^6 \sim 0.3\times10^6$	300 ~ 500
普通页岩		1 900 ~ 3 000	0.15 ~ 0.20		
软石灰岩		4 400 ~ 5 000	0.25		
不坚硬泥灰岩	45°	30 ~ 500	0.29 ~ 0.38	$0.06\times10^6 \sim 0.12\times10^6$	150 ~ 300
硬化黏土		10 ~ 300	0.30 ~ 0.37		
软片岩		500 ~ 700	0.15 ~ 0.18		
硬　煤		50 ~ 300	0.30 ~ 0.40		
密实黏土	30° ~ 45°	10 ~ 300	0.30 ~ 0.37	$0.03\times10^6 \sim 0.06\times10^6$	100 ~ 150
普通煤		50 ~ 300	0.30 ~ 0.40		
胶结卵石		50 ~ 100	—		
掺石土		50 ~ 100	—		

B.0.3　抗滑桩随深度增加的土质地基系数应符合表 B.0.3 的规定。

表 B.0.3　抗滑桩随深度增加的土质地基系数

序　号	土 的 名 称	竖直方向 m_0 (kPa/m²)	水平方向 m (kPa/m²)
1	$0.75 < I_L < 1.0$ 的软塑黏土及粉质黏土;淤泥	1 000 ~ 2 000	500 ~ 1 400
2	$0.5 < I_L < 0.75$ 的软塑粉质黏土及黏土	2 000 ~ 4 000	1 000 ~ 2 800
3	硬塑粉质黏土及黏土;细砂和中砂	4 000 ~ 6 000	2 000 ~ 4 200
4	坚硬的粉质黏土及黏土;粗砂	6 000 ~ 10 000	3 000 ~ 7 000
5	砾砂;碎石土、卵石土	10 000 ~ 20 000	5 000 ~ 14 000
6	密实的大漂石	80 000 ~ 120 000	40 000 ~ 84 000

注:1　I_L 为土的液性指数,其土质地基系数 m_0 和 m 值,相应于桩顶位移 0.6 ~ 1.0 cm;

2　有可靠资料和经验时,可不受本表限制。

附录C　锚杆、锚索设计参考值

C.0.1　锚孔壁与注浆体之间粘结强度设计值应符合表C.0.1的规定。

表C.0.1　锚孔壁与注浆体之间粘结强度设计值

岩土种类	岩土状态	孔壁摩擦阻力 （MPa）	岩石单轴饱和抗压强度 （MPa）
岩　石	硬岩及较硬岩	1.0～2.5	>15～30
	较软岩	0.6～1.0	15～30
	软　岩	0.3～0.6	5～15
	极软岩及风化岩	0.15～0.3	<5
黏性土	软　塑	0.03～0.04	
	硬　塑	0.05～0.06	
	坚　硬	0.06～0.07	
粉　土	中　密	0.1～0.15	
砂　土	松　散	0.09～0.14	
	稍　密	0.16～0.20	
	中　密	0.22～0.25	
	密　实	0.27～0.40	

注：1　锚孔壁与水泥砂浆之间的粘结强度设计值应通过现场拉拔试验确定。当无试验资料时，可参照此表选用，但施工时应进行拉拔验证。

2　有可靠的资料和经验时，可不受本表限制。

C.0.2　钢筋、钢绞线与水泥砂浆之间的粘结强度设计值应符合表C.0.2的规定。

表C.0.2　钢筋、钢绞线与水泥砂浆之间的粘结强度（MPa）设计值

锚　杆　类　型	水泥浆或水泥砂浆强度等级	
	M30	M35
水泥砂浆与螺纹钢筋或带肋钢筋间	2.40	2.70
水泥砂浆与钢绞线、高强钢丝间	2.95	3.40

注：1　当采用两根钢筋点焊成束时，粘结强度应乘折减系数0.85；

2　当采用三根钢筋点焊成束时，粘结强度应乘折减系数0.65。

C.0.3　锚索束表面尺寸应符合表C.0.3的规定。

表 C.0.3　锚索束表面尺寸

束数	外表直径 d_s(cm)	ϕ12.7 mm 型		ϕ15.2 mm 型	
		直　径 d_s (cm)	周　长 v (cm)	直　径 d_s (cm)	周　长 v (cm)
3	$(d\pi+3d)/\pi$	2.48	7.79	3.00	9.42
4	$(d\pi+4d)/\pi$	2.89	9.08	3.46	10.86
5	$(d\pi+5d)/\pi$	3.29	10.34	3.94	12.38
6	$(d\pi+6d)/\pi$	3.70	11.62	4.42	13.89
7	$(d\pi+7d)/\pi$	3.70	11.62	4.42	13.89
9	$(d\pi+8d)/\pi$	4.50	14.14	5.39	16.93
12	$(d\pi+9d)/\pi$	4.91	15.43	5.87	18.44

C.0.4　预应力钢绞线规格应符合表 C.0.4 的规定。

本规范用词说明

执行本规范条文时，对于要求严格程度的用词说明如下，以便在执行中区别对待。

(1)表示很严格，非这样做不可的用词：

正面词采用“必须”；

反面词采用“严禁”。

(2)表示严格，在正常情况下均应这样做的用词；

正面词采用“应”；

反面词采用“不应”或“不得”。

(3)表示允许稍有选择，在条件许可时首先应这样做的用词：

正面词采用“宜”；

反面词采用“不宜”。

表示有选择，在一定条件下可以这样做的，采用“可”。

《铁路路基支挡结构设计规范》
条 文 说 明

本条文说明系对重点条文的编制依据、存在的问题以及在执行中应注意的事项等予以说明。为了减少篇幅，只列条文号，未抄录原条文。

1.0.2　经检算分析，行车速度从160 km/h提高到200 km/h时，列车荷载对支挡结构的稳定性计算影响甚小，同时本次修订时将挡土墙抗倾覆稳定系数提高到1.6，增加了支挡结构的安全度。因此，本规范可适用于旅客列车设计行车速度等于或小于200 km/h标准轨距铁路路基支挡结构的设计。

1.0.3　全面规划、远期近期结合，是针对分期修建的双线铁路或站场的支挡工程，在近期工程设计时，应提出近期与远期相结合的合理方案，尽量做到远期工程能充分利用近期建筑物。在条件许可的情况下配合路基工程，力争一次设计成双线支挡，避免拆除重建。

认真进行方案比选，是针对过去在山区傍山线的路基支挡工程设计中，一般多与路基土石方工程比较，而不与桥隧方案比选，因此本条强调认真进行方案比选，含有与桥隧比较之意。此外支挡工程本身又有不同结构形式，亦应进行选型比较。

1.0.4　20多年来，我国铁路支挡技术发展很快，“支挡”一词已不是过去单纯靠支撑来平衡路基土压力或山体滑动的浆砌片石挡土墙，而是采用支撑、土筋复合结构以及锚固等多种支挡新技术，如锚杆、锚定板、加筋土、预应力锚索等新结构挡土墙及抗滑桩。这些新型支挡结构与重力式挡土墙相比，具有结构轻、施工快、便于预制和机械化施工、节省材料与劳动力、造价低等优点，因此本条强调应积极采用。有些新结构，虽已取得一定经验，但尚不具备纳规条件，今后还需开展必要的试验，积累经验，逐步推广。

1.0.6　本条是根据多年支挡设计的经验、教训以及国内外资料，提出对支挡设计的基本要求。

1　支挡结构在各种荷载组合作用下，应符合强度、稳定性和耐久性的要求。

支挡类型除了选择重力式挡土墙外，可根据现场的地形、地质、水文等具体情况结合工程技术条件，从各种支挡类型中选择最合适的形式。不论选择哪种类型，应符合经济合理、便于施工和养护的要求。

支挡结构建筑材料的选用可视类型而定，重力式挡土墙一般应考虑采用混凝土或片石混凝土灌筑。其他支挡结构除了采用钢筋混凝土外，由于结构类型不同需用其他材料，如加筋土挡土墙的拉筋采用土工格栅、钢筋混凝土拉带或其他材料的拉带，锚杆挡土墙、锚定板挡土墙的拉杆则宜选用可焊性和延伸性良好的钢材。由于上述材料埋在填料中，因此本条强调应保证有耐久、耐腐的要求。

2　针对过去支挡结构设计中，由于地基勘探不明致使施工开挖后不得不变更设计的情况，因而本条强调必须探明山体和地基的工程地质条件、水文地质情况，使设计符合实际。对地基土的物理、力学性质的确认,主要是避免将同一基础置于物理、力学性质和压缩性差异悬殊的地基上,防止基础不均匀下沉。

4 路堤填料的选用及其压实要求在《铁路路基设计规范》条文说明中已详细阐述。路基填料一般就是支挡结构墙后填料,但有些支挡结构对填料的选用又有各自的要求,因此本条强调支挡结构墙后填料应符合《铁路路基设计规范》(TB 10001)的规定。

9 雨水下渗会降低墙背填土的力学指标或软化地基,大大降低支挡结构的稳定性,切实做好排水、隔水措施,对保证支挡结构的稳定十分重要。另外,路肩墙也应采取措施,避免雨水在墙面漫流。因此本条强调了设置支挡结构地段,应与路基排水设施协调,形成完善的排水系统。

10 HRB 钢具有强度高延性好的特点,本次将 HRB400 钢作为一种钢种纳入本规范。路基支挡结构的钢筋选用应经强度计算,裂纹宽度验算并经济比选后确定,强度控制时宜采用 HRB400 钢。

1.0.7 混凝土的耐久性不足,不仅会增加使用过程中的维护费用,影响工程的正常使用,而且会过早结束结构的使用年限,造成严重的资源浪费。为使混凝土结构设计能够适应铁路工程建设的需要,并有利于可持续发展的战略,明确铁路混凝土结构耐久性设计的具体内容和方法,《铁路混凝土结构耐久性设计暂行规定》已于 2005 年 10 月颁布施行,路基支挡结构设计亦应按该暂行规定中的有关要求进行设计。

1.0.8 根据《铁路路基设计规范》(TB 10001)及《新建时速 200 公里客货共线铁路设计暂行规定》(铁建设函[2005]285 号)的规定,列车竖向静荷载采用中华人民共和国铁路标准活载,即"中—活载"。

列车荷载通过轨枕在道床内的扩散角按 45°计算,主要是根据铁道部科学研究院在既有线上测试的结果。当道床厚度为0.5 m时,动荷载分布在路基面上的宽度约为3.5 m,从而得出动荷载在道床内的扩散角约为45°,故本条规定采用45°。

在支挡结构设计中一般采用静力法,是将路基面上的轨道和列车荷载的合力,换算为与路基填料重度相同的土柱来代替作用在路基面上的荷载。考虑到列车运行速度的提高以及架桥机等施工运架设备的不断更新,设计中应考虑冲击力、离心力、制动力和摇摆力等的影响,必要时可适当增大安全系数。架桥机等运架设备应作为临时荷载进行检算,检算时安全系数可适当降低。

列车动荷载的考虑:根据查询资料和科研研究显示,动荷载所产生的土压力为其等幅值静荷载所产生的土压力 1.2 倍左右。动荷载试验实测值和弹性理论计算值的墙背土压力分布图形较为接近,均呈中上部偏大、底部较小的曲线分布形式,但实测值的衰减速率明显高于理论计算值。在距路基面 2.0 m 深度以下,其侧压力很小。考虑动荷载对路肩墙的影响时应注意:

(1)如果以库仑理论计算土压力,当挡土墙高 2~4 m 时,应适当提高安全系数。安全系数的取值应通过研究确定,也可采用满铺荷载计算。

(2)将动荷载和静荷载分开考虑;通过试验进一步了解动荷载在墙背的分布情况,确定可行的计算公式。

随着荷载作用距离的增加,动荷载土压力逐渐减小。动荷载土压力与荷载作用距离之间基本符合线性关系,且横向在距离荷载外边缘 2.5 m 以外影响较小。按照客运专线铁路目前的标准,如果挡土墙设置在路肩以外,可减小动荷载的影响。因此,客运专线铁路路肩墙设计可以从路肩放坡 1 ~ 2 m,采取非埋入式路堤墙的形式比较安全。

1.0.11 挡土墙基底下遇有软弱土层时,可能导致挡土墙及墙后填料沿着软弱层面产生剪切破坏,此种情况应进行滑动稳定检算。其滑动稳定系数根据多年工程实践规定,重力式挡土墙不得小于 1.15,其他挡土墙不得小于 1.25。挡土墙位于斜坡上时,挡墙墙趾以下边坡的稳定问题以往容易被忽视,因此本条强调除了挡墙本身的稳定检算外,应保证斜坡的整体稳定。

3.1.1 一般地区重力式挡土墙系指非浸水地区、非地震区以及非滑坡等不良地质地区的重力式挡土墙。

重力式挡土墙基础底面宽、体积大,如高度过大,与桩锚体系挡土结构相比,其稳定性、安全度等方面均显不足,既不利于土地的开发利用,也往往是不经济的。经多个工程测算,当土质边坡高度大于 6 ~ 8 m、石质边坡高度大于 8 ~ 10 m 时,上述状况已明显存在,且重力式路堑挡土墙施工难以采用逆作法,开挖面形成后边坡稳定性降低,若挡墙施工不及时,很容易引起坡面剥落、溜坍甚至引发浅层滑坡。为减少长期运营中的维护工作量,“高填、深挖”在方案研究阶段就力求避免。参考《建筑边坡工程技术规范》(GB 50330—2002)有关规定,本条对挡墙高度作了限制。

3.1.2 对于Ⅰ、Ⅱ级铁路挡土墙,其强度安全更应受到重视。以往由于挡土墙需要大量的浆砌片石,其砂浆质量及墙的整体砌筑质量不易保证,出于保证砌体质量的目的,《新建客货共线铁路工程施工补充规定(暂行)》(铁建设〔2004〕8 号)明确规定:“重力式挡土墙施工不得使用浆砌片石”,这就意味着重力式挡土墙材质必须采用混凝土或片石混凝土。因此,本条规定Ⅰ、Ⅱ级铁路为了保证挡土墙的强度,其材质应用混凝土或片石混凝土。

3.1.3 混凝土的中心和偏心受压容许应力参照现行《铁路桥涵混凝土和砌体结构设计规范》(TB 10002.4—2005)表 3.0.5 相应数值确定,片石混凝土可参照采用。

3.2.1 作用在挡土墙上的各种荷载按其性质和发生几率分为主力、附加力和特殊力。主力是经常作用的;附加力是偶然发生的或者其最大值发生几率很小;特殊力是暂时的或属灾害性的,发生几率也很小。

由于挡土墙计算时分为有荷(指轨道及列车荷载)、无荷等多种组合,故表 3.2.1 中仍把墙背主动土压力和轨道及列车荷载产生的土压力分列。地震动峰值加速度是依据现行《中国地震动参数区划图》(GB 18306—2001)取代原地震基本烈度。

3.2.2 本条中设计水位含义见《铁路路基设计规范》(TB 10001—2005)第 3.0.1 条。最不利水位是指设计水位或其下某一水位,当用此水位检算挡土墙时,得出的抗倾覆稳定系数或抗滑动稳定系数最小,或得出的基底应力最大。

3.2.5 本条有关墙体材料容许应力部分根据现行《铁路桥涵混凝土和砌体结构设计规范》(TB 10002.4—2005)定出。

关于地基容许承载力,因主力是经常发生的,而附加力是暂时的,其几率较小,且地基容许承载力一般都具有一定储备量,即使基础某一侧边缘应力超过容许值,也只是局部的、暂时的,不致影响其安全使用,因此地基容许承载力在主力加附加力的情况下可予以提高,但为了防止压应力出现过大的不均匀分布,本条规定主力加附加力时,地基容许承载力可提高 20% 。

挡土墙有时会出现基底合力的偏心距为负值的情况,即墙有向后倾的趋势,此时出现

"墙压土",产生被动土压力作用于墙背,这样就调整了墙基底的受力状态,此时一般地区墙踵的基底压应力可使之超过地基容许承载力 30%,浸水挡土墙由于已考虑了水的浮力等附加力的作用,可使踵部容许承载力超过更多一些,一般用 50% 控制。据实践经验,这样的规定不会影响墙身及基底的稳定。

3.2.10 有些文献资料认为,按库仑公式计算的被动土压力值偏大。另外,挡土墙处于被动状态时产生的位移远较主动状态时大,由于挡土墙前后土体既互相作用又互为一体,因此墙后土体处于主动状态时所产生的位移难以促使墙前土体进入被动状态,显然墙前土体的抗力较被动土压力小,故本条规定墙前土体对挡土墙的抗力只取部分被动土压力值。为安全起见,一般情况下可取 1/3 被动土压力值。

3.2.11 当挡土墙墙背填料为细粒土时,以往多用综合内摩擦角计算土压力,但至今没有较准确的换算内摩擦角的方法,通常采用 35°的数值,用此值计算的土压力在某些情况下与实测值有一定偏差。因此,只有在有经验时,才可使用表 3.2.11 中的数据。

路堑挡土墙墙后地层的物理、力学指标应根据地质资料和边坡设计数据,参照说明表 3.2.11 综合确定。

说明表 3.2.11 路堑地层的物理力学指标

路堑边坡	综合内摩擦角 ϕ_0	重度(kN/m^3)
1:0.5	65°~70°	25
1:0.75	55°~60°	25
1:1.0	50°	24~25
1:1.25	45°	22~24
1:1.5	35°~40°	18~22

3.2.12 墙背摩擦角对土压力影响较大,由于我国目前尚缺少较确切的试验数据,条文中表 3.2.12 所列的是参照国内外的经验和一些研究试验而定出的,因此,只有在有经验时,才可使用。其中墙背土体产生第二破裂面时,其墙背摩擦角为 ϕ 或 ϕ_0。

3.3.1 挡土墙基底一般可采用平底,当抗滑稳定受控制时,可采用斜底。

墙前土压力的水平分力 E'_x,主要是指墙前的部分被动土压力(一般可取计算被动土压力 E_p 的三分之一,即 $E'_x=E_p/3$)。浸水挡土墙墙前土体易被水流冲刷破坏,不能长期保存,为安全起见,可不计算墙前土压力。

3.3.2 依据《铁路工程岩土分类标准》(TB 10077—2001)的有关规定,对原地层类别及基底与地基间的摩擦系数表 3.3.2 进行了适当调整,只有在有经验时,才可选用。

3.3.4 对重力式挡土墙的稳定性验算,许多设计者反映,设计结果主要由抗滑稳定性控制,这与以往重力式挡土墙标准图设计图表中结论是一致的,而现实工程中挡土墙倾覆破坏的可能性往往大于滑动破坏。这是因为设计中采用的摩擦系数设计值有一定的安全储备,且墙前被动土压力一般没有考虑,同时也说明过去规范中抗倾覆稳定性的安全储备较低。考虑我国铁路运输日趋提速的现实,结合 160 km/h 列车动应力对挡墙倾覆稳定性影响的加大,并参考《建筑边坡工程技术规范》(GB 50330—2002)的相关标准,这次对挡土墙倾覆稳定性安全系数稍作调整,由原来的 1.5 调整为 1.6。计算附加力时,K_c 不应小于 1.2,K_0 不应小于 1.4。架桥机等运架设备临时荷载作用下,K_c 不应小于 1.05,K_0 不应小于 1.1。

由于附加力是偶然发生的或者其最大值发生几率很小的荷载,从挡土墙设计应力求技术可行、经济合理的角度考虑,对计算附加力时挡墙的抗倾覆、抗滑动稳定系数适当降低,多年的运用实践证明是合理的。

根据铁二院完成的"影响支挡结构安全的因素"科研项目结果,对架梁机临时荷载进行检算时,进一步降低支挡结构抗倾覆及抗滑稳定系数是可行的。大量的铺架实践也证明,按现行规范所设计的重力式路肩墙和路堤墙,单纯由于架桥机荷载导致支挡结构的破坏现象是比较罕见的。架桥机等临时荷载需根据检算工况,限制其行走路线。对重力式路肩墙,架梁车建议应沿路基面中心线或偏向远离挡墙一侧行走;而对衡重式路肩墙,架梁车建议尽量沿路基面中心线行走。上述方案仍不能解决时,建议通过调整改良架梁车走运结合的方法解决。

3.3.6　当计算基底压应力过程中出现 $e>B/6$ 时,基底墙踵将出现拉应力,对于一般地基与基底间是不能承受的,这时按无拉应力的平衡条件重新分配压应力。

重新分配的压应力合力作用在距墙趾为 c 的三角形应力图的形心上,该应力图一边长为 $3c$,则有 $\sum N=\frac{1}{2}\sigma_1 3c$。本条中式(3.3.6—2)为 $\sigma_1=2\sum N/3c,\sigma_1=0$。

3.3.7　检算墙身截面上可能产生正、负偏心值,故用绝对值 $|e'|$ 表示。

由于墙体材料能承受一定的拉力,因此其偏心值较基底的偏心值大。条文规定考虑主力时,$|e|\leqslant 0.3B'$ 是为避免出现较大的拉应力。

3.4.2　本条第4款规定的基础埋置深度,由于路堑的路基面是稳固的,因而可将路基面视为地面,基底埋设在路肩下 1 m 即可。但若路堑侧沟较深,有可能出现侧沟砌体底面深度大于 1 m 的情况,此时侧沟砌体底面低于挡土墙基底,如侧沟渗水,将影响挡土墙的地基,故本条规定挡土墙基底应低于侧沟砌体底面不小于 0.2 m。

3.4.3　在斜坡地面上的挡土墙,其基础的埋入深度除按表 3.4.3 中规定的最小埋入深度外,还受墙趾距斜坡地面的水平距离控制。表中规定的数值是根据多年的经验总结得出的。

3.4.4　当墙基位于较完整的硬质岩石构成的斜坡上时,由于岩石节理不发育,抗压强度大于 30 MPa,基础部分不产生侧压力。为了节省基础开挖工程和墙体数量,可将墙基开挖成台阶式,修成台阶式基础。其最下一层台阶的宽度规定不宜小于 1 m,是为了保证挡土墙基础的稳定。

3.4.6　当挡土墙受抗滑稳定控制时,采用倾斜基底的措施,其中一般地区设不大于0.2∶1的斜坡,是根据以往实践经验定出的。

浸水地区因受水浸泡岩土易软化,不易软化的地基 f 值一般较高,不受抗滑控制,故规定浸水地区不宜设置倾斜基底。

3.4.7　当挡土墙受抗倾覆稳定、基底偏心或基底承载力控制时,加设墙趾台阶可调整墙身及基底的受力状态,达到节省墙体材料、降低工程造价的目的。检算墙趾台阶时,通常考虑墙趾台阶为悬臂,墙趾台阶承受基底竖向反力,以此检算墙趾台阶的弯曲应力和剪应力。若基础台阶连线与台阶竖直线间之夹角(即刚性角)混凝土基础不大于45°,可不进行墙趾台阶的弯曲应力和剪应力检算。

3.4.8　明挖基础为防止基坑积水软化墙基,导致地基承载力降低,施工后应及时回填夯实,顶面必要时应加设黏土防渗层或铺砌一层浆砌片石。

对湿陷性黄土等特殊地基,可采用重夯夯实地基或用黏土作防水层及设置 3∶7 灰土垫层等措施,以防地表水下渗软化墙基。

3.5.1 支挡结构两端与路堤的连接方式，关系到前后工程的衔接及挡土墙的长度和稳定，其连接方式如同桥台耳墙与路堤连接，因此在接头处采用锥体边坡过渡以便与路堤边坡坡面平顺相接。

为了加强挡土墙与路基的连接，故规定挡土墙端部伸入路堤内的长度不应小于0.75 m。

挡土墙锥体顺线路方向边坡坡度，因不受列车荷载的影响，比照路堤边坡坡度变陡一级，为了统一，故规定锥体边坡高度在8 m以内，顺线路方向的锥体边坡坡度为1∶1.25，8～20 m为1∶1.5；垂直线路方向的边坡坡度与路堤边坡相同。

为了保证重力式挡土墙端部不受水流的冲刷或雨水的冲蚀，其端部需嵌入原地层一定长度。其嵌入长度，土质地层不应小于1.5 m，弱风化的岩石地层不应小于1 m。

3.5.6 墙身设置泄水孔是为了疏导墙后积水，增加墙身的稳定性。排水条件的好坏直接影响挡土墙土压力大小，所以要求泄水孔布置得当、排水通畅，最低排泄水孔应布置在排水沟(或侧沟)的设计最高水位线以上部位。

为了发挥泄水孔的排水效能，要求泄水孔进口处设置反滤层，以保证泄水孔不被堵塞，墙后土的细颗粒也不会被带走。由于挡土墙后填料中含水量一般较小，动水压力可不计，因此对反滤层的要求不高，无须通过计算决定其颗粒级配和层数等。土工合成材料施工方便，质量容易控制，施工效率高，故规范中推荐优先采用。根据实践经验，只要在泄水孔进口处设边长为0.3 m的正立方体砂夹卵石或砾石反滤层，即可满足要求。

对于墙后排水不良或填料有冻胀或膨胀性，应在墙后最低排泄水孔至墙顶下0.5 m之间全部设置土工合成材料或厚度不小于0.5 m的砂夹卵石反滤层，既可减轻冻胀或膨胀力对墙的影响，又可防止墙后产生静水压力，同时起反滤作用。

4.1.1 所谓短卸荷板式挡土墙是卸荷板末端在下墙破裂棱体内，以填土重量和墙身自重共同抵抗土体侧压力的挡土墙。短卸荷板式挡土墙的卸荷板长度可以任意调整，使其基底偏心矩接近零，基底应力分布比较均匀，墙身截面积较小，较衡重式挡土墙截面减少30%左右。经侯月线工程实践和经济比较，短卸荷板式挡墙可节省工程费10%～20%；墙高大于6.0 m时，短卸荷板式挡土墙与衡重式挡土墙相比开始显示经济效益，墙越高经济效益越大。故条文提出适合6 m以上的挡土墙。又因实践经验尚少，故要求墙高一般不宜超过12 m，以保证安全。

4.1.2 短卸荷板式挡土墙是由上墙、下墙和卸荷板组成的支挡结构物，与衡重式挡土墙类似。由于短卸荷板式挡土墙墙体较薄，截面较小，为提高其抗剪强度，墙体推荐采用混凝土或片石混凝土，材料强度等级提高一级，即用C20。当墙身截面强度控制时，提高材料强度等级要比增加墙身体积经济。

4.2.2 上墙的受力机理与衡重式挡土墙完全相同，因此上墙的土压力可按第二破裂面的方法计算，两破裂面交点在卸荷板悬臂端。

根据“路肩短卸荷板式挡土墙的研究”科研成果，得出结论：下墙墙背土压力的计算采用力多边形法是较为合适的。由于力多边形法考虑了上墙对下墙土压力的影响，理论上较为严谨，而延长墙背法和校正墙背法误差较大，未考虑上墙对下墙土压力的影响，而且墙踵和卸荷板末端连线与下墙实际墙背间的一块土体无法考虑。土压力分布的规律为上下两头小、中间大，作用点位置约为下墙高度的0.52倍左右，考虑到力作用点对挡土墙的倾覆稳定、偏心矩和基底应力均有较大影响，因此建议短卸荷板式挡土墙下墙土压力强度按矩形分布,作用点位置为下墙墙高的二分之一处,这样既接近实际情况,又简化计算过程。

4.2.3 为卸荷板配筋和检算卸荷板上方斜截面的剪应力,需要知道卸荷板上的土压力及土压力对卸荷板固定端的弯矩。"路肩短卸荷板式挡土墙的研究"中进行了离心模型试验,实测试验值与下述"经验算法"(参照悬臂式挡土墙底板土压力的计算方法)计算值吻合,说明此"经验算法"是可取的,故推荐此法,即:先计算第二破裂面上的竖直分力,短卸荷板承受其长度相应部分垂直投影的竖直分力,再计算第二裂面以下卸荷板之上的土体重量,两者叠加则为短卸荷板的竖直压力,为计算方便,在板上按均匀分布。

4.2.5 在短卸荷板挡土墙设计中,由于按第二破裂面法和力多边形法导出黏性土土压力的计算公式非常复杂,而且计算出的土压力偏小,因此,为计算方便和安全起见,仍采用由综合内摩擦角计算上下墙土压力来进行挡土墙稳定性及截面强度的检算。但采用一个定值的综合内摩擦角 ϕ_0 代替黏性土指标 c、ϕ 时,黏聚力 c 越大,则土压力的计算值"失真"越严重;挡土墙越高,则危险性越大。若有条件时,墙背填料应通过试验测定其力学指标 c、ϕ,然后通过抗剪强度相等原则换算综合内摩擦角。换算方法可参考以下公式:

$$\phi_0 = \arctan\left[\tan\phi + \frac{c}{\gamma H}\right]$$

此时,稳定系数可采用 $K_c = 1.3$,$K_0 = 1.6$。

4.2.6 在工程设计中,由于种种原因,填料往往缺乏试验数据,为适应此实际情况,根据"路肩短卸荷板式挡土墙"的研究成果,认为:当填料无试验数据时,可根据填料种类按表3.2.11 选用综合内摩擦角。此时,应根据填料的分类和墙高按表 4.2.6 选择稳定系数进行设计。

4.2.8 短卸荷板式挡土墙上、下墙之间,即卸荷板处墙身截面变化较大,是这种墙型的薄弱截面。卸荷板固定端上方的一段产生的应力水平很高,是上墙各点应力水平最高的一段;而卸荷板下方靠墙背处,不仅应力水平很高,且等值线非常密集,变化快。因此在设计时,应进行墙身截面强度检算。同时检算台阶上部处墙身截面的法向拉应力和水平剪应力。

在进行以上墙身截面强度检算中,需获得上墙墙背土压力值。

由于卸荷板挡土墙达到主动极限状态时,上墙产生第二破裂面,该破裂面与上墙墙背间的一块土体位移很少,始终不可能达到主动极限状态,因此上墙墙背承受的土压力是大于主动土压力的。

根据"路肩短卸荷板式挡土墙"的研究结果,认为:上墙承受的土压力是介于主动土压力与静止土压力之间的某一数值,考虑到这个值很难计算,但均为主动土压力的1.31~1.43和1.27~1.41倍,为简化计算,建议上墙墙背的水平土压力按实际墙背用库仑公式的计算值乘以 1.4 的增大系数来求算。考虑到此时墙背摩擦力不能充分发挥和偏于安全起见,竖直土压力不乘增大系数。

Ⅰ—Ⅰ和Ⅱ—Ⅱ水平截面的检算方法可按《铁路工程设计技术手册·路基》中的有关公式进行。如果Ⅰ—Ⅰ截面不能通过,则放缓上墙墙背坡度;如果Ⅱ—Ⅱ截面不能通过,则放缓下墙墙背坡度。应注意Ⅰ—Ⅰ截面承受的土压力是上墙实际墙背承受的土压力,而Ⅱ—Ⅱ截面承受的土压力则是第二破裂面上的土压力,但如果这个土压力小于实际墙背上的土压力,为安全起见,则仍用实际墙背上的土压力。

Ⅲ—Ⅲ和Ⅳ—Ⅳ斜截面剪应力的检算，按《铁路工程设计技术手册·路基》介绍的方法进行，先求最危险截面与水平面的夹角β，然后求出该斜截面上的剪应力τ_{max}，应小于或等于墙身材料的容许剪应力$[\tau]$，如不满足强度要求，则采取改善措施，这两个斜截面上承受的外力分别为检算Ⅰ—Ⅰ和Ⅱ—Ⅱ截面时的土压力。

Ⅲ—Ⅲ截面穿过钢筋混凝土卸荷板侵入墙体，考虑到板的厚度较小，该斜截面又是控制截面，为安全起见，不考虑钢筋混凝土的容许剪应力，全部截面按墙体材料的容许剪应力检算。

卸荷板悬臂端作用着较大的竖直压力，上墙经卸荷板固定端部为起点的斜截面Ⅴ—Ⅴ应进行剪应力检算，该截面与水平面成β角。β可由下式确定：

$$\tan\beta = \tan\alpha \pm \sqrt{\tan^2\alpha + 1}$$

式中 α——上墙墙背倾角。

4.2.9 卸荷板长度是控制下墙土压力大小的关键。在挡土墙检算过程中，不仅要调整基底宽度，而且要调整卸荷板长度来满足检算的要求，这样才能使短卸荷板挡土墙的截面最小，因为基底宽度与卸荷板长度又互相有影响，所以检算过程实际上也是优化过程。要达到墙身截面和卸荷板长度的优化，采用手算的办法是很困难的，因此，短卸荷板挡土墙的设计计算宜通过编制设计计算的优化程序来进行。

4.3.3 短卸荷板式挡土墙墙体较薄，尤其是卸荷板与上墙底部及下墙顶部的接触面处的墙身更为薄弱，同时其应力又集中，所以除了满足强度检算要求外，根据侯月线实践经验，在构造上应采取如下加强措施：

(1)卸荷板与上墙墙体接触面，沿纵向每隔30~40 cm插入长度35 cm的短钢筋，以增强接触面的抗剪强度；

(2)上、下应垫以20 cm厚的钢筋混凝土垫板，长度可为卸荷板伸入墙体2/3，采用构造钢筋纵向布置。

4.3.4 侯月线工程实例的经验认为：在条件容许时，其卸荷板的施工方法应优先采用现浇，其优点是卸荷板与上、下墙体连接良好，并避免卸荷板吊装的困难，但如工期紧，施工场地也有大型吊装机械进场和吊装条件时，也可采用预制的施工方法，但要注意预制时，在板的上、下面不可放置油毛毡，避免卸荷板与上、下墙接触不良，在卸荷板中安放吊装环，不可超出板面等，卸荷板及垫板表面应有一定粗糙度，铺设时，应铺垫砂浆，使其与墙体连接稳固。

5.1.1 钢筋混凝土悬壁式挡土墙在国外使用很普遍。日本国铁规范规定：墙高3 m以下采用重力式挡土墙，3~6 m采用悬臂式挡土墙，6 m以上采用扶壁式挡土墙。悬壁式挡土墙其结构稳定性依靠墙身自重和上方填土来保证，墙趾板可显著增大抗倾覆稳定性，减小基底应力，凸榫可增大结构的抗滑性能。该墙型的主要特点是构造简单、施工方便，墙身截面较小，自身质量轻，可以较好地发挥材料的强度性能，以消耗一定数量的钢材和水泥来换取石料，宜在石料缺乏、地基承载力较低的填方中采用，其轻型美观的造型也适用于城市。由于踵板受施工条件的限制，一般用于较平坦的填方地段。根据《铁路工程可靠度设计统一标准》(GB 50216—94)第1.0.4条的规定，铁路工程结构设计基准期宜为50年或100年。结合铁路混凝土结构耐久性设计的有关规定，本规范中的钢筋混凝土悬壁式、扶壁式挡土墙的设计使用年限，一般情况下宜为60年。

5.1.2 当墙高较大时，钢材用量增大。本规范参考国外规范及国内工程实践规定：悬臂式挡土墙高度不宜大于 6 m,扶壁式挡土墙高度不宜大于 10 m。

5.1.4　根据《铁路路基支挡结构设计规范》局部修订编制大纲审查会的审查意见,悬臂式挡土墙的结构设计采用极限状态法。荷载分项系数根据经验校准法反算确定。为了与按容许应力法设计的安全度大致相当,在主力的作用下,荷载分项系数为1.61~1.67,可按1.65考虑。在地震地区,还应符合《铁路工程抗震设计规范》(GB 50111)、《建筑抗震设计规范》(GB 50011—2001)的规定。结构设计应包括正截面设计、斜截面设计、裂缝开展宽度验算等。结构设计应满足《混凝土结构设计规范》(GB 50010—2002)的规定,必要时采用容许应力法进行验证。

5.2.2　根据模型试验和以往的实测资料,列车荷载在墙背上产生的土压力的分布形式与弹性理论计算出的分布图形相似,故路肩式或接近于路肩式的直墙背挡土墙可按弹性理论条形匀布荷载作用下的土中应力公式计算列车荷载产生的土压力。

5.2.3　条文规定土压力按第二破裂面法计算,第二破裂面不能形成时按墙踵与墙面板顶连线作为假想墙背计算。模型试验和现场测试资料证明,按库仑理论用第二破裂面法比较符合实际。但第二破裂面法计算比较麻烦,边界条件复杂,且上、下墙要分开计算。不过通常悬臂式墙和扶壁式墙的底板踵部的厚度仅为墙高的 1/10~1/12,因此全墙土压力可一次计算,即第二破裂面从墙底算起,误差不超过2%。

5.2.4　不考虑墙面板的墙背与填料的摩擦,一是由于在墙型及构造上墙面板与底板连为一体,当墙体变形时,实际墙背与填料不易产生摩擦,且目前尚无可靠的实测资料,因此墙背摩擦角不好确定;二是不计墙背摩擦角偏于安全。

5.2.5　不考虑墙前土压力是由于悬臂式墙和扶壁式墙基础埋深较小、基坑扰动较大、回填土又往往难保夯实密度,因此可忽略墙前土压力,但在计算墙趾板的内力时则应考虑趾板以上的填土重。

5.2.6　挡墙受滑动稳定控制时,设凸榫以免踵板过长。设凸榫前 K_c 应等于 1.1,设凸榫后 K_c 应大于或等于 1.3。地基的容许承载力应满足设计要求。在施工前应将基底夯实整平,浇灌一层5~10 cm的低等级混凝土,作为钢筋绑扎作业面。

5.2.8　整体扶壁式挡土墙是一个比较复杂的空间受力系统,在计算时将其简化为平面问题。墙面板纵向按多跨连续梁计算,竖向按下端固定的悬臂梁计算,踵板亦按扶壁支承的连续梁计算,且不考虑墙面板对底板的约束。这种算法偏于安全。此外,应当注意的是,在计算踵板时除了荷载以外,尚应考虑由于趾板的弯矩作用在踵板上产生一个附加的等代荷载。根据经验,等代荷载的分布呈抛物线形。

扶壁计算时简化成以底板为支点,变截面的 T 形悬臂梁。翼缘为墙面板、扶壁为 T 梁的腹板。计算荷载为作用在墙背上的土压力,不考虑实际墙背与第二破裂面之间土柱的土压力,即将这部分的土柱作为墙身的一部分。目前衡重式挡土墙也采用这种算法,实际证明并无大的问题。

防滑键嵌固在地基中主要承受在滑动过程中的剪力作用,因此只需检算剪应力。键的前面承受被动土压力,键的高度应确保键前面的土体不被挤出,计算键的被动土压力时应考虑底板竖向压力的影响。

5.3.1　沿墙长每隔10~20 m以及与其他建筑物连接处,应设置伸缩缝。在基底地层变化处,应设沉降缝,两者可合并设置,缝宽 0.02~0.03 m。缝内沿墙内、外、顶三边填塞沥青木板,塞入深度不小于 0.2 m。

沿墙高和墙长应设置泄水孔，按上下左右间隔 2 ~ 3 m 交错布置。泄水孔的设置不应使其旁钢筋外露。泄水孔的进水侧应设反滤层，墙背反滤层宜采用土工合成材料、无砂混凝土板或其他新型材料。为使墙后积水不渗入基础，在最底排泄水孔下设置隔水层。

5.3.2 参照《混凝土结构设计规范》(GB 50010—2002)第 3.4 节结构的"耐久性规定"，结合铁路混凝土结构耐久性设计的有关要求，设计使用年限为 60 年，混凝土的强度等级可按 C30 考虑，主筋可采用 HRB 400，箍筋可采用 HRB 335。

5.3.6 趾板和踵板作为悬臂式、扶壁式挡土墙的基础，容易受到侵蚀性介质的作用，对其保护层厚度有较高的要求。

5.3.7 当混凝土保护层厚度较大时，虽然裂缝宽度计算值也较大，但较大的保护层厚度对防止钢筋的锈蚀是有利的(较大的保护层厚度对裂缝宽度计算有利的一面在裂缝最大宽度计算公式中没有反映出来)。因此，对于混凝土保护层较大的构件，在计算最大裂缝开展宽度时，可根据保护层的性质对公式中保护层的取值进行限制；当在外观上的要求允许时，也可根据实践经验对裂缝宽度允许值作适当的放大。

6.1.1 锚杆挡土墙是由钢筋混凝土肋柱、墙面板和锚杆组成的支挡结构，它依靠锚固在稳定岩土层内锚杆的抗拔力平衡墙面处的土压力。根据《铁路工程可靠度设计统一标准》(GB 50216—94)第 1.0.4 条的规定，铁路工程结构设计基准期宜为 50 年或 100 年。本规范中的锚杆挡土墙设置在路堑边坡上，结合《铁路混凝土结构耐久性设计暂行规定》，其设计使用年限可按 60 年考虑。

我国从 1966 年开始于成昆线上应用锚杆挡土墙，继而在川黔、鹰厦、太焦、沙通、枝柳等铁路线上的岩石地段修建多处，使用至今情况良好，而且锚杆在岩层中灌浆锚固已取得了较多的经验。1996 年编制的《铁路岩质路堑立柱式钢筋混凝土锚杆挡土墙》(铁二院编制)，给锚杆挡土墙的推广应用打下了一定的基础。土层锚杆的设计和应用也在不断发展。土层锚杆由于土层的抗剪强度低，需要对锚固段采取必要的措施：端部扩大锚固、连续球体锚固、增大灌浆压力、采用第二次灌浆等，以提高锚杆的极限抗拔力。由于土层锚杆还没有广泛地应用于铁路工程，故条文规定仅适用于岩质路堑地段。岩质是指硬质岩层(花岗岩、闪长岩、片麻岩、石灰岩、石英砂岩、砂质砾岩等)及软质岩层(页岩、泥灰岩、云母片岩、千枚岩等)，其中包括节理发育、风化程度微弱的硬质岩石，岩体的内摩擦角等于或大于 45°。

6.1.2 锚杆挡土墙的形式可根据地质及工程情况选择不同的形式。

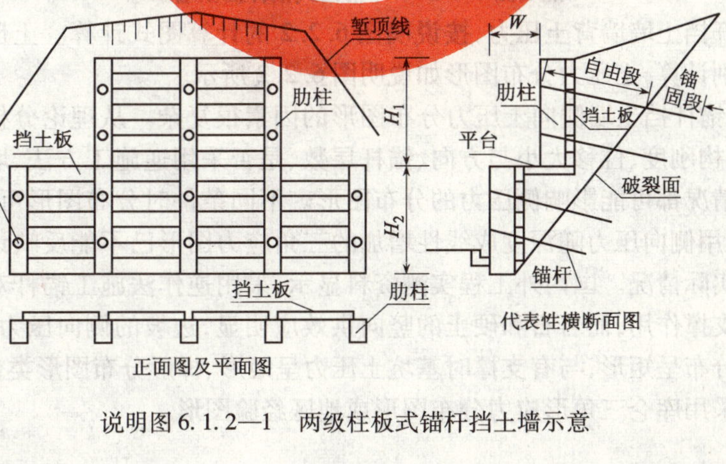

说明图 6.1.2—1 两级柱板式锚杆挡土墙示意

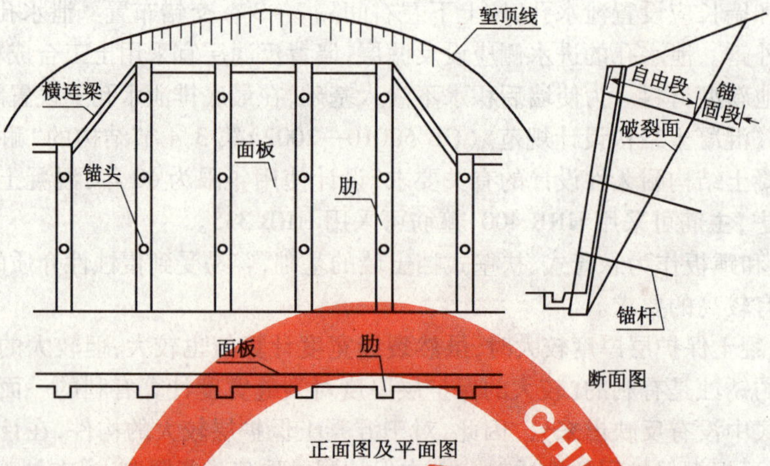

说明图 6.1.2—2　板肋式锚杆挡土墙示意

6.1.4　锚杆层数为两层时，锚杆可按照两个支点的弯矩和跨中弯矩相等的原则布置；如果锚杆层数大于两层，可按照各支点处弯矩相近的原则布置。由此而确定的立柱截面最经济。如果按各点反力相等的原则布置锚杆，则各锚杆的截面积相等，有效长度亦相等。这样锚杆的用料最经济。每层锚杆与水平面的夹角在15°～25°之间时，便于灌浆。锚杆间距不小于2.0 m是为了防止出现"群锚"现象。

6.2.2　岩层土压力计算是一个比较复杂的问题，为简化计算，目前多采用库仑主动土压力公式计算，有条件时亦可用岩石力学分析法进行核算。

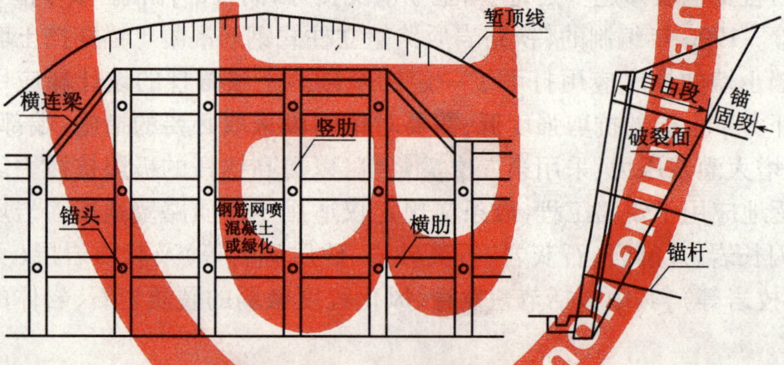

说明图 6.1.2—3　格构式锚杆挡土墙示意

分级锚杆挡土墙墙背土压力，按说明图 6.2.2 的计算图式计算。土压力根据上、中、下墙位置分别计算，土压力分布图形如说明图 6.2.2 所示。

6.2.3　影响锚杆挡土墙侧向土压力分布图形的因素很复杂。从理论分析和实测结果来看，挡土墙结构刚度、位移大小与方向、锚杆层数、是否采用逆施工方法、墙后岩土类别和软硬程度等情况都可能影响侧压力的分布图形。不同条件时分布图形可能是三角形、梯形或矩形，仅用侧向压力随深度成线性增加的三角应力图形已不能反映许多锚杆挡土墙侧向压力的实际情况。国内外工程实测资料显示，采用逆作法施工锚杆对边坡变形产生约束作用和支撑作用，而岩石和硬土的竖向拱效应明显，边坡的侧向压力向锚固点传递，应力图形的分布呈矩形，与有支撑时基坑土压力呈矩形、梯形分布图形类似。上述条件之外的边坡宜采用库仑三角形应力分布图形或地区经验图形。

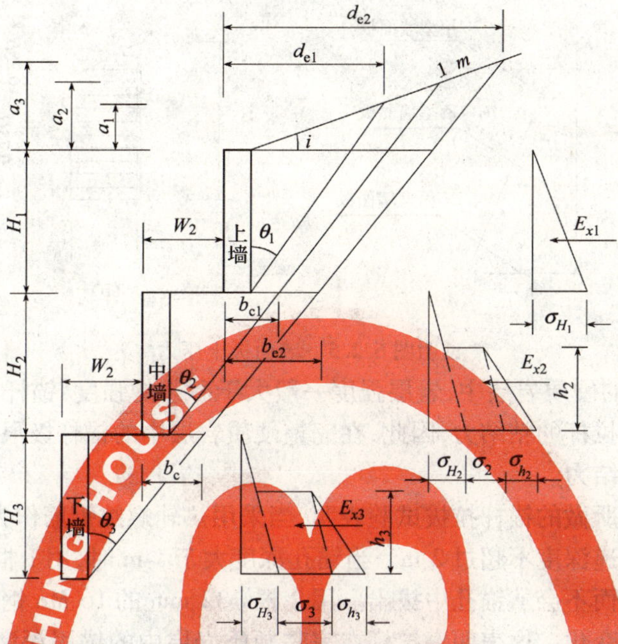

说明图 6.2.2 分级锚杆挡土墙土压力

6.2.4 锚杆挡土墙肋柱截面宽度，除应按计算确定外，尚须考虑墙面板在肋柱最小搭接长度不小于 10 cm 及肋柱预留锚杆尺寸的要求，因此条文规定肋柱宽度不得小于 30 cm。

装配式肋柱应考虑肋柱在搬动、吊装过程以及施工中可能出现受力不均等不利因素，故规定在肋柱内外两侧不切断钢筋，应配置通长的受力钢筋。

安全系数及荷载分项系数的确定：由于锚杆挡土墙的应用还不十分广泛，1996 年编制的《铁路岩质路堑立柱式钢筋混凝土锚杆挡土墙》是对原铁二院参考图《铁路岩质路堑立柱式钢筋混凝土锚杆挡土墙》的修改版，为保证安全，在设计中立柱的安全系数仍相应于原图的 $K=1.8$ 采用，则对应于新规范安全系数为 1.6。立柱在锚杆挡土墙中是一个重要的构件，因此，本规范规定在立柱的结构设计时，荷载分项系数采用 1.6，以保证所设计的构件与以前既有工程的安全度一致。

6.2.5 本条第3款系指装配式锚杆挡土墙面板的计算。由于墙面板所受土压力沿墙高可按梯形或三角形分布，因此在说明图 6.2.5(a)的情况下可沿墙高将土压力图分成 2～3 段，然后按每段的最大土压力计算；在说明图 6.2.5(b)的情况下可按一种板型设计。由上可知，板的设计偏于安全。本规范规定，结构设计时，板的荷载分项系数采用 1.35，与《建筑结构荷载规范》(GB 50009—2001)中永久荷载分项系数一致。

6.2.7 设计锚杆长度时，应根据岩石类别、强度、节理、风化程度等多种因素考虑决定。

(1)在软质岩或风化岩层中，锚孔壁对砂浆的抗剪强度一般低于砂浆对钢拉杆的粘结力。因此，软质岩及风化岩层中的锚杆极限抗拔力受孔壁抗剪强度所控制。已有的拉拔试验资料表明，软质岩和风化岩层的极限抗拔力数值相差很大，主要是抗拔强度受到许多条件和地质因素(如岩层的性质、埋藏深度、地下水、不同灌浆方法等)的影响。因此风化岩层作为锚固层时，要求在施工前应进行现场拉拔试验。若无试验资料，在初步设计时可参照附录 C 表 C.0.1 和表 C.0.2 采用。但施工设计时，应根据现场拉拔试验值进行修正。

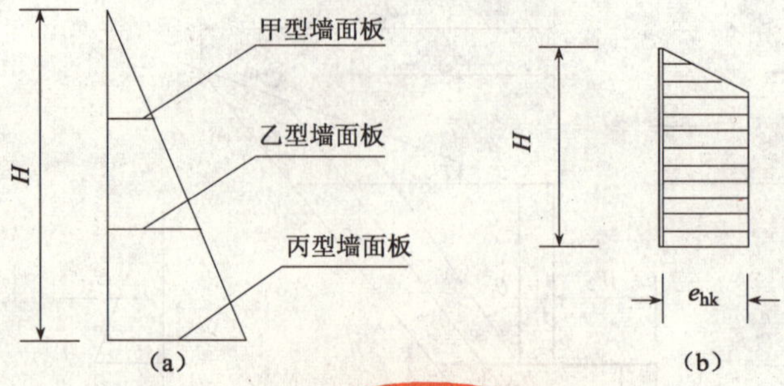

说明图 6.2.5　墙面板土压力

(2)在较完整的硬质岩层中,岩层强度一般大于砂浆的强度,锚杆对砂浆的抗剪强度一般大于砂浆对钢拉杆的粘结力,因此,在完整硬质岩层中的锚杆极限抗拔力主要取决于砂浆对钢拉杆的粘结力。

我国铁路部门所做的锚杆拉拔试验表明,当采用热轧螺纹钢筋作为拉杆时,在完整硬质岩中锚孔应力传递深度不超过 2 m。当锚孔深度大于 1 m 时,用 1 根 ϕ25 mm 的 16 Mn 钢筋锚固多被拉断而不会从锚孔中拔出。用 2 根 ϕ32 mm 的 16 Mn 钢筋被拉到屈服点均未发现岩层有明显变化。这表明钢拉杆在完整硬质岩层中的锚固深度,只要超过 2 m 就足够了。但为了保证岩层锚杆的可靠性,根据多年工程实践的经验,规定锚杆的有效锚固长度在岩层中不宜小于 4 m。

6.3.1　锚杆墙的设计使用年限为60年。参照《混凝土结构设计规范》(GB 50010—2002)第 3.4 节的规定,设计使用年限为 60 年的混凝土的强度等级为 C30。综合考虑过去锚杆挡土墙的使用情况和现在混凝土结构为满足耐久性要求,强度等级向高等级发展,本条规定:一般情况下,混凝土的强度等级宜为 C30。肋柱和墙面板的耐久性方面的说明参见第 5.3.7 条的条文说明。

6.3.4　对于非预应力全粘结型锚杆,当锚杆承载力设计值低于 400 kN 时,采用 HRB 400 级和 HRB 335 级钢筋能满足设计要求,其构造简单,施工方便。承载力较大时可采用锚索。高强精轧螺纹钢筋则适用于中级承载能力的预应力锚杆,有钢绞线和普通粗钢筋的类似优点,其防腐的耐久性和可靠性较高,处于水下、腐蚀性较强地层中的预应力锚杆宜优先采用。精轧螺纹粗钢筋的接长必须采用专用连接器,不得采用任何形式的焊接。钢筋下料应采用砂轮锯切割,严禁采用电焊切割,其有关技术要求详见《公路桥涵设计手册》中"预应力高强精轧螺纹粗钢筋设计施工暂行规定"。

镀锌钢材在酸性土质中易产生化学腐蚀,发生"氢脆"现象,故不宜采用。

锚杆未锚入地层部分,必须做好防锈处理。锚杆钢筋防止锈蚀的方法,目前国内采用以防锈油漆(或船底漆)为底漆,再包扎两层沥青玻璃丝布的方法。当土壤或地下水具有腐蚀性和侵蚀性时,注浆材料应采用抗侵蚀性水泥,钢筋可采用环氧涂层等措施。

7.1.2　锚定板挡土墙由墙面板、拉杆、锚定板及填土共同组成。墙面的结构形式可采用肋柱式墙面板和无肋柱墙面板,肋柱式由肋柱和挡土板拼装而成。

肋柱式和无肋柱式锚定板的结构形式见说明图 7.1.2。

7.1.3　为便于施工及养护维修,在双级锚定板挡土墙的上、下两级墙之间应设置不少于 2.0 m 宽的平台。对肋柱式锚定板挡土墙,根据工程实践经验,为避免因上墙肋柱基础下沉而使下墙拉杆产生过大的次应力,条文规定:上、下两级墙的肋柱沿线路方向应相互错

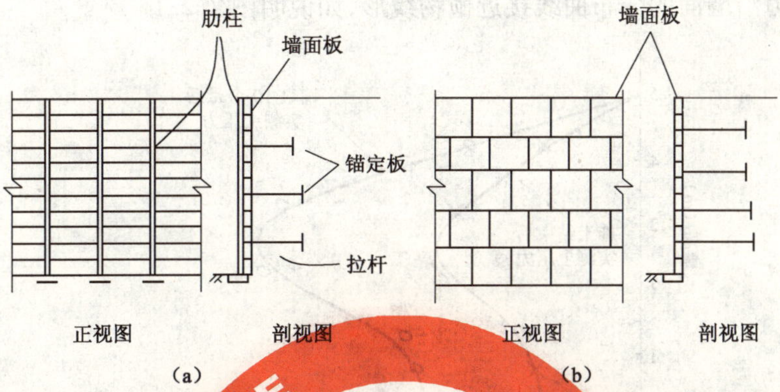

说明图 7.1.2 锚定板挡土墙结构形式

(a)肋柱式锚定板挡土墙;(b)无肋柱式锚定板挡土墙。

开,见说明图 7.1.3。

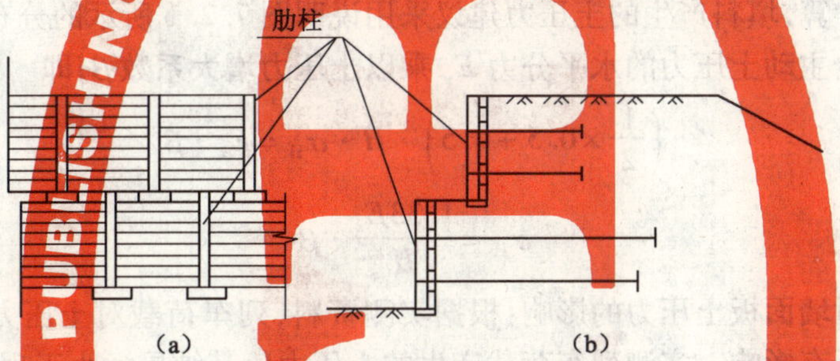

说明图 7.1.3 分级墙肋柱布置

(a)正视图;(b)剖视图。

7.2.1 墙面板所受的土压力由墙背填料产生的土压力与填料表面轨道及列车荷载产生的土压力两部分叠加而成。

由于墙面板、拉杆、锚定板及填土的相互作用,土压力比较复杂,它与填料性质、压实程度、拉杆位置及其长度、锚定板大小等许多因素有关。为此,曾进行过大量的室内外实测与试验。实测与试验结果表明,锚定板挡土墙墙面板实际所受填料产生的土压力大于按库仑理论计算的主动土压力。说明表 7.2.1 为部分工点实测土压力与计算值的比较。

说明表 7.2.1 无列车荷载情况下实测土压力值与库仑土压力计算比较

项目 地点	填高(m)	库仑主动土压力计算值(kN/m)	实测土压力值(kN/m)	实测值与计算值之比	备注
南平	10.0	172	221.24	1.29	实测值为施工结束后测得
鲅鱼圈	5.25	94.6	116.4	1.23	实测值为铺轨道 10 个月后测得
三家店	5.0	42.5	65.8	1.55	实测值为竣工 1 年后
西南交大等模型试验	—	66.6	80.5	1.21	

因此,根据实测结果,对墙面板所受填料产生的土压力规定,按库仑主动土压力乘以 1.2~1.4 的增大系数 β。对结构位移要求较严时,土压力增大系数取大值。

实测的土压力分布图形与通常采用的三角形分布也不相同。例如鲅鱼圈锚定板挡土墙实测土压力沿墙面的分布曲线接近抛物线形,如说明图 7.2.1。

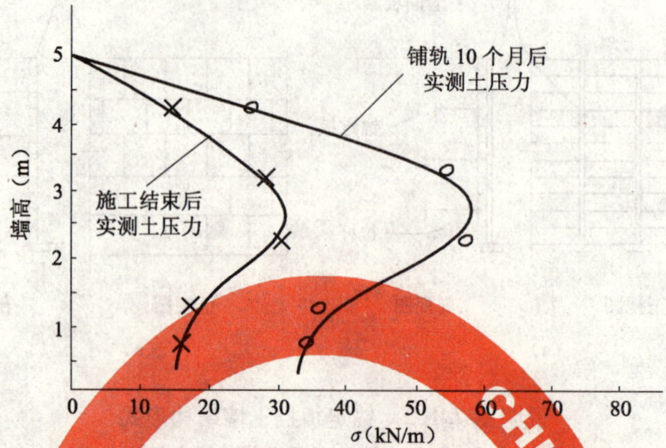

说明图 7.2.1 鲅鱼圈锚定板挡土墙实测土压力分布

为了简化计算,填料产生的土压力建议采用说明图 7.2.1 所示的分布图形,该图形的面积应等于库仑主动土压力的水平分力 E_x 乘以土压力增大系数 β,即

$$\left(\frac{1}{2}\times 0.5+0.5\right)\cdot H\cdot \sigma_{\mathrm{H}}=E_x\cdot \beta$$

$$\sigma_{\mathrm{H}}=\frac{1.33E_x}{H}\cdot \beta \qquad \text{(说明 7.2.1)}$$

列车荷载对墙面板土压力的影响:根据实测资料,列车荷载对土压力的影响不大,而且只对上层拉杆有影响。实测列车荷载产生的土压力值其结果远小于现行路基支挡规范规定计算列车荷载产生的土压力。因此,列车荷载产生的土压力,仍按重力式挡土墙有关规定计算,不再乘增大系数。

7.2.2 锚定板挡土墙的整体稳定检算是保证挡土墙安全使用的关键,也是决定拉杆长度的依据,因此必须慎重对待。

整体稳定检算可采用折线裂面法(即 Kranz 法)或整体土墙方法计算,可根据锚定板设置的具体条件选择其中一种方法。如缺乏经验,应同时以两种方法进行分析比较,采用偏于安全的计算结果。

整体稳定检算时,假想墙背上的主动土压力值不乘增大系数。锚定板挡土墙一般不需进行抗倾覆检算。

7.2.3 肋柱的内力计算可根据肋柱上设置的拉杆层数、肋柱与肋柱及肋柱与基础的连接状况,按简支梁或连续梁计算。

考虑到肋柱的支点为其后端与锚定板连接的埋在填土中的拉杆,实为弹性支承,各支承点变形是由填土和拉杆的变形组成,一般情况下各支点变形量是不相同的,因而应按弹性支承连续梁计算肋柱内力。由于填土的不均匀且土体变形十分复杂,因而各支点柔度系数变化较大,很难准确计算。同时,考虑到肋柱在搬运吊装及施工过程中拉杆受力不均匀等情况,以及上述可能出现的各种不利因素,故在肋柱计算中,应同时按刚性支承连续梁和弹性支承连续梁计算,并按两种情况计算所得的最不利弯矩、剪力进行肋柱截面设计和配筋,保证肋柱有足够的安全度并防止出现裂缝。

7.2.5 锚定板单位面积容许抗拔力应根据现场拉拔试验确定。如无现场试验资料,可根据经验按下列三种方法选用。如缺乏经验，可同时考虑这三种方法，采用偏于安全的计算结果。

(1)铁科院建议的容许抗拔力

铁道部科学研究院与武汉局、铁三院、沈阳局、上海轻工业设计院等单位在武昌、太岚线、常州、四平、南平等地做了大量锚定板现场拉拔试验。根据试验资料统计分析，并通过有限单元方法计算，进行验证后，建议锚定板单位面积容许抗拔力[P]采用以下数值：

当锚定板埋置深度为5~10 m时，[P]=130~150 kPa；

当锚定板埋置深度为3~5 m时，[P]=100~120 kPa；

当锚定板埋置深度小于3 m时，锚定板的稳定不是由抗拔力控制，而是由锚定板前被动抗力阻止板前土体破坏来控制，这时锚定板的"抗拔力"应按下式计算：

$$[P]=\frac{1}{2K}\gamma h_i^2(\lambda_p-\lambda_a)\cdot B \qquad (说明 7.2.5—1)$$

式中[P]不是单位面积容许抗拔力。为了和深埋锚定板的容许抗拔力保持一致，将[P]视作单块锚定板的容许抗拔力。

(2)铁三院建议的经验计算式

铁三院以室内模型试验(填料采用龙口石英砂)资料为依据，并用部分现场资料校核归纳，建议锚定板容许抗拔力按下式计算：

$$[P]=\frac{P_f}{K} \qquad (说明 7.2.5—2)$$

$$P_f=e^x\cdot\beta^{-1} \qquad (说明 7.2.5—3)$$

$$x=\left[5.7\left(\frac{H}{h}\right)^{-0.41}\cdot\ln\left(\frac{H}{h}\right)\right] \qquad (说明 7.2.5—4)$$

式中 [P]——锚定板容许抗拔力(kN)；

K——安全系数，可采用2~3；

P_f——锚定板极限抗拔力(kN)；

H——锚定板的埋深，即填土顶面至锚定板底面距离(cm)；

h——锚定板高度(cm)。

当$\frac{H}{h}>\left(\frac{H}{h}\right)_{cr}$时，以$\left(\frac{H}{h}\right)_{cr}$值代入经验式中。

这里锚定板临界埋深比$\left(\frac{H}{h}\right)_{cr}=20.2h^{-0.307}$，锚定板尺寸系数$\beta=100\left(\frac{h'}{h}\right)^{2.66}$，$h'$=10 cm。

各种锚定板尺寸的临界埋深比与锚定板尺寸系数值如说明表7.2.5。

说明表7.2.5 锚定板的临界埋深与锚定板尺寸系数值

锚定板尺寸(cm)	60×60	70×70	80×80	90×90	100×100	110×110
$(H/h)_{cr}$	5.75	5.48	5.26	5.07	4.91	4.77
β	0.851	0.565	0.396	0.290	0.219	0.170

(3)铁四院根据室内模型试验推荐的经验计算式

$$[P']=0.01\beta\cdot K_b\cdot K_h\cdot E_s \qquad (说明 7.2.5—5)$$

$$K_h = \left(\frac{H_2}{h}\right)^{\frac{1}{2}} \qquad \text{(说明 7.2.5—6)}$$

式中　$[P']$——锚定板单位面积容许抗拔力(kPa);

K_b——无量钢系数,其数值按 $K_b=\sqrt{b}$ 确定(b 为用 m 表示矩形锚定板的短边长度);

K_h——与锚定板埋深比有关的系数;

H_2——拉杆至柱底的距离(m);

h——锚定板高度(m);

E_s——填土试验压缩模量(kPa);无试验资料时,对一般黏性土填料,根据拉杆至柱底的距离 H_2,参照下列数值采用:

$H_2 \leqslant 3$ m 时,$E_s \approx 4\,000 \sim 6\,000$ kPa;

$H_2 > 3$ m 时,$E_s \approx 6\,000 \sim 8\,000$ kPa;

β——与锚定板埋设位置有关的折减系数:当 $l > H_1 \times \cot\alpha + (a+b)$ 时,$\beta = 1.0$,否则可按下式计算:

$$\beta = \frac{l}{H_1 \times \cot\alpha + (a+b)}$$

l——拉杆长度(m);

H_1——拉杆至填土表面的距离(m);

α——矩形锚定板的长度(m),

$$\cot\alpha = \frac{1}{H_1 - \frac{h}{2}}$$

7.3.9　由于锚定板挡土墙为拼装结构,为避免产生过大的位移,故规定肋柱安装时不得前倾,应适当后仰,其后仰倾斜度宜为 20∶1。

8.1.1　加筋土挡土墙是由拉筋材料、填料、墙面板(或包裹式结构)及基础组成的柔性整体结构。在填料中放置筋材,构成土—筋复合体,当筋材与其周围土之间发生相对位移时,填料与拉筋之间形成摩擦阻力,从而平衡填料作用于墙面(或包裹式结构)上的水平土压力。

加筋土挡土墙中加筋的土体及结构均为柔性,在外力作用下有较好的整体变形协调能力,不仅可适应较大的地基变形,而且与其他类型的挡土结构相比,具有良好的抗震性能。国外的实践研究证明了土壤加筋结构的良好抗震性。1995 年日本神户地震造成市内建筑大范围的破坏,但对加筋土结构,除发现结构有一些小的变形外,未见格栅加筋结构断裂的现象。我国是一个多地震国家,也是世界上地震灾害严重的国家,因此有必要将加筋土挡土墙的适用范围推广到地震地区。铁一院在青藏铁路和兰(州)武(威)铁路复线以及铁二院在云南广(通)大(理)线的地震区中均采用了加筋土挡土墙的结构形式。

铁四院在株(洲)六(盘水)复线铁路上应用加筋土路堤墙的结构形式,墙高 6.5 m,取得了良好的效果。本次修订将路堤墙纳入规范,但由于应用工程较少,设计理论有待进一步研究,计算方法可参照公路及国外相关方法及经验进行。

在滑坡和崩坍等工程地质不良地段由于地质条件复杂,土压力变化较大,可能导致墙面板受力不均产生相互错位，而且这种地段修筑加筋土挡土墙挖方量也比较大，故应慎重采用。

8.1.2 加筋土挡土墙按墙高分类没有定量规定。根据全国不完全统计，在已修建的铁路加筋土挡土墙中除用砂砾和黄土填料外，墙高大于10 m者较少，因此本规范以10 m作为高、矮墙的分界线。对于大于10 m的高墙，应作特殊设计，且宜选择粗粒土、黄土等作填料。高墙设错台有利于调整墙面水平位移，减少墙面板对地基的压力，并便于施工操作，因此当挡土墙较高时，一般采用多级的形式。

随着近年来对加筋材料、面板形式的应用研究，加筋技术获得了长足发展，加筋土挡土墙结构的应用范围也得到扩充，在干线铁路上不仅应用单级加筋土路肩式直墙的结构形式，也采用了路堤式墙、斜面墙、多级墙及单级高墙等结构形式，并做了大量的试验研究工作。铁四院先后在梅(州)坎(市)铁路中应用了双级加筋土挡土墙，上、下级墙高分别为7.0 m、7.6 m，在赣(州)龙(岩)铁路中应用了斜面式加筋土挡土墙，单级墙高达12.2 m，其中梅坎、赣龙铁路中的加筋土挡土墙均受季节性浸水影响。实践证明，各种加筋土挡土墙结构形式现状良好。由于影响加筋结构稳定的因素很多，对多级挡墙、斜面墙结构的设计理论有待进一步完善，故本规范暂未将其列入。

8.1.4 墙面板承受侧压力，防止土颗粒外泄，对土工合成材料还应具有防止紫外线辐射功能，因此要求有一定的刚度和强度，还应满足美观、运输方便、易于安装等要求。国内外目前普遍采用钢筋混凝土面板，其平面形状多为十字形、矩形、六角形等，对包裹式加筋土墙可采用钢筋混凝土整板式墙面进行防护。

8.1.5 拉筋的材料性能在加筋土挡土墙中具有重要的作用，拉筋的长期强度和变形性能关系到挡土墙的稳定，耐久性关系到挡土墙的使用年限，因此选材是拉筋设计的主要环节。

为使拉筋在承受填土和压实施工中避免产生脆性断裂，因此拉筋必须具备一定的韧性和柔性。拉筋的抗拔力是依靠拉筋与填料的摩擦力，因此摩擦系数要求大。此外，拉筋不能有过大的蠕变，蠕变易使拉筋产生应力松弛，导致应力转移，促使墙面变形甚至破坏。因此，条文中对拉筋材料仅提出原则性要求，具体指标可参照有关应用技术规范或技术手册。

土工格栅是一种抗老化、抗蠕变、抗拉强度高、抗拉刚度大、施工简单、与填土共同作用效果好的拉筋材料，目前普遍采用的土工格栅主要为高密度聚乙烯土工格栅和双向经编高强度涤纶土工格栅。复合土工带是我国近年来开发的另一种拉筋材料，为合成塑料内嵌高强度钢丝的拉筋材料。

8.1.6 加筋土挡土墙的填料不仅影响土压力的大小，而且直接影响拉筋的摩擦力，因此宜用粗粒土填筑。块石不得用作填料的原因主要是填筑时易砸坏拉筋，而且由于块石与拉筋受力不均匀，影响拉筋应力，危及挡土墙的稳定性。另外，采用土工格栅拉筋时，为避免填料损伤拉筋，不得采用碎石土、角砾土。

目前国内在浸水地区应用加筋土工程的实例不多，因此本规范不建议在浸水地区应用加筋土挡土墙。需要在季节性浸水地区修建时，应遵循《铁路路基设计规范》(TB 10001)的规定，采用渗水性土作填料，其目的是为保证水位变化时水流在加筋体中便于排出，以达到忽略对加筋体动水压力的影响。

8.1.8 加筋土挡土墙与其他刚性挡土墙相比，更能适应软弱地基的变形。铁四院在广州枢纽软土地基上设计了高 6.5 m 的路肩式加筋土挡土墙，地基采用粉喷桩处理，在桩顶地面处铺设一层厚0.5 m的中粗砂垫层，目前效果良好。但是在软弱地基上修建加筋土挡土墙必须考虑软基沉降对加筋体中内部应力的影响，墙面板下基础与拉筋处地基的不均匀沉降将会使下层筋材拉力及墙面连接处连接件的应力显著增大。

8.1.9 杆架基础、沟槽、管线等结构物应尽量避免埋设在加筋体内。当必须设置时，局部拉筋被断开，这时必须采取有效措施，保证加筋土挡土墙及各种埋设物、杆架基础的稳定和安全。一般可在拉筋断开处设连接框架、加强拉筋或采用整体式基础等结构形式。

8.2.4 基底压应力的分布和基础与地基之间的相对刚度、荷载的大小与分布、地基土的种类与性质、基础的埋置深度及基底面积大小等因素都有直接的关系。加筋土挡土墙作为一种柔性整体结构，在外力作用下具有较好的变形协调能力，地基承载力验算中，基底压应力如按刚性挡土墙的梯形或三角形的分布形式进行计算，显然过于保守。如不考虑地基变形的影响，加筋体自重产生的基底应力分布与加筋体的形状相同，在墙后土压力、墙顶荷载外力作用下，在基底将产生一偏心作用，按 Meyerhoff 理论，可近似假定基底应力在偏心范围内($B-2e$)均匀分布(见说明图 8.2.4)，这与株六复线、梅坎线等加筋土挡土墙的试验测试分析成果及英国、德国等国外的一些相关规范一致。

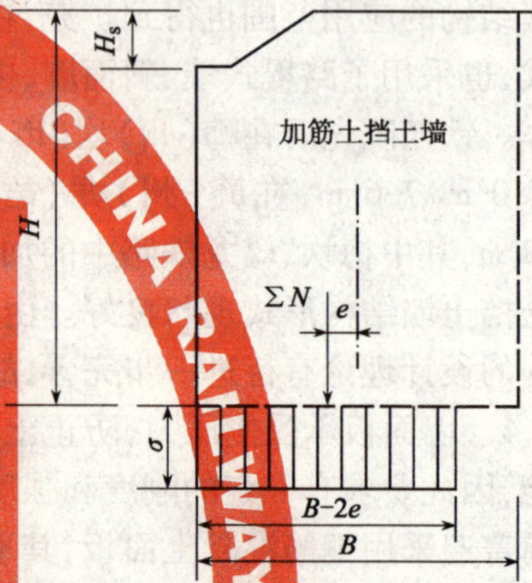

说明图 8.2.4　基底应力分布

采用主动土压力计算挡墙所受的土压力时，有时出现基底合力偏心距为负值的情况(特别是对斜面式挡墙)。实际工程中，当出现墙压土时，墙与填土之间应力调整，墙背所受土压力应比主动土压力大，这时可假定基底压应力均布在整个基底上，取$e=0$，即近似按 $\sigma=\sum N/B$ 计算基底压应力。

在土质地基上，采用铁路上传统的地基容许承载力法控制加筋土挡土墙基底压应力时，设计墙高不大(一般不大于 8 m)。在工程试验中，测试基底垂直应力往往比设计容许承载力大，而状态稳定，未出现破坏迹象。国外一般采用极限承载力除以适当系数(1.35 ~2.0)来控制基底压应力，因此对加筋土挡土墙的承载力检算，有经验时可适当提高地基的控制承载力。

8.2.6 条文中式(8.2.6)是根据日本《加筋土挡土墙设计施工指南》(土木研究所编)的规定建立的，意为该等代均布土层厚度等于距面板背面 0.5 倍加筋体高度的水平距离的点上的加筋体上填土高度 H_z(说明图 8.2.6)。

条文所以采用等代荷载，是为了适应本规范采用的计算筋带拉力的正应力均匀分布法(该法只允许均布荷载)。

应该注意的是，此项等代荷载只适用于内部稳定性分析，即拉筋断面与长度的计算。在外部稳定性验算时，加筋土上填土重力应按加筋体上填土断面计算。

8.2.7 确定拉筋有效长度与无效长度，实际是确定非锚固区和锚固区的分界线。条文称此线为 0.3H 分界线。此分界线实际上是将实测资料各层拉筋所受拉力的最大值(峰值)圆顺地连接起来而得到的所谓“潜在破裂面”，其形状与法国有关加筋土设计规范所说的

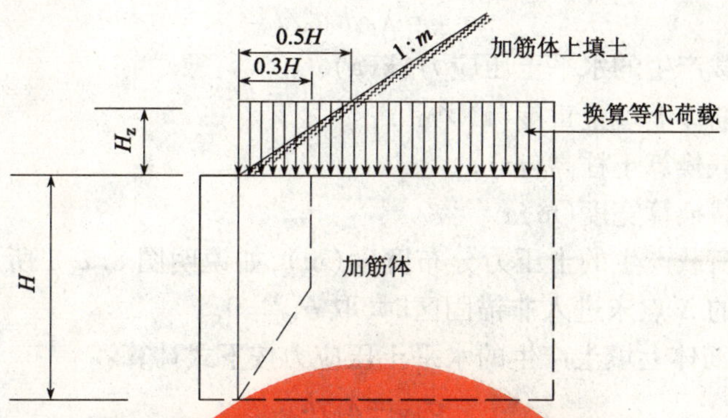

说明图 8.2.6　加筋土上等代荷载计算图式

0.3H 分界线接近。

8.2.8　作用于墙面板上的土压应力是作为拉筋强度、拉筋间距设计的主要依据，它包括面板后加筋体内填料产生的水平土压应力 σ_{h1i}、路基面上荷载产生的水平土压应力 σ_{h2i}，对路堤墙尚有加筋体以上填料产生的水平土压应力 σ_{h3i}。

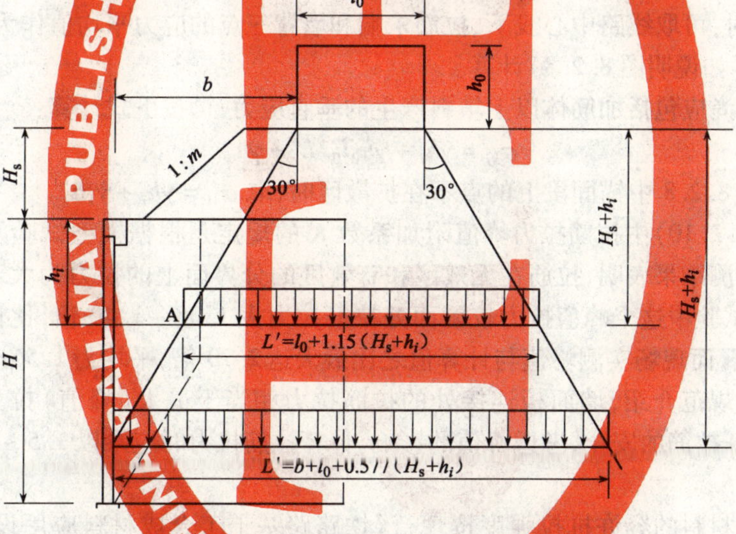

说明图 8.2.8　荷载产生的土压力分布

（1）由填料产生的水平土压力的计算方法是参照公路规范和国外规范并根据现场原型实测资料确定的。土压力系数以墙顶填土以下 6.0 m 深度处为分界线，6.0 m 以内采用变量，其变化范围自静止土压力系数 λ_0 渐变至主动土压力系数 λ_a，6.0 m 以下采用主动土压力系数 λ_a。土压力系数 λ_i 为深度 h_i 的连续函数。按此计算方法求得的土压力，沿墙高上部 6.0 m 内呈曲线分布，在该墙高段内的总土压力约为主动土压力的 1.25 倍，而 6.0 m 以下呈直线分布，即主动土压力。土压力的此种分布规律与现场试验实测结果是吻合的：挡土墙上部接近静止土压力，下部接近主动土压力。对路堤墙由填料产生的水平土压应力，可按式（说明 8.2.8—1）进行计算。

（2）由荷载产生的水平土压力，对加筋土路肩墙按布辛涅斯克假定用条形荷载作用下土中应力公式计算，其值接近现场实测结果。

加筋土路堤墙中，由荷载产生的水平土压应力 σ_{h2i} 可按应力扩散法采用下式计算：

$$\sigma_{h2i}=\lambda_i\gamma h_0 l_0/L' \quad \text{（说明 8. 2. 8—1）}$$

式中　σ_{h2i}——荷载产生的水平土压应力（kPa）；

γ——加筋体上填土重度（kN/m^3）；

h_0——荷载换算土柱高（m）；

l_0——荷载换算宽度（m）；

L'——由荷载产生的土压力分布宽度（m），如说明图 8. 2. 8 所示，当图中扩散线上的 A 点未进入非锚固区时，取 $\sigma_{h2i}=0$。

（3）路堤墙加筋体上填土产生的水平土压应力按下式计算：

$$\sigma_{h3i}=\lambda_i\gamma h_z \quad \text{（说明 8. 2. 8—2）}$$

式中　σ_{h3i}——加筋体以上填土产生的水平土压应力（kPa）。

作用于墙面板的水平土压应力按下式计算：

$$\sigma_{hi}=\sigma_{h1i}+\sigma_{h2i}+\sigma_{h3i} \quad \text{（说明 8. 2. 8—3）}$$

式中 σ_{h1i} 按式（8. 2. 8—1）计算。

8. 2. 9　对于路肩墙无荷载作用时，计算拉筋所在位置的垂直压力为 γh_i。有荷载作用时，计算拉筋所在位置的垂直压力按式（8. 2. 9）计算。垂直压力 σ_{vi} 沿拉筋长度的分布是不同的，在实用时，可取线路中心线下、拉筋末端和墙背三点的应力平均值作为计算值，也可按 30°扩散角（如说明图 8. 2. 8）计算。

对路堤墙尚应包括加筋体以上填料产生的垂直应力，可按下式计算：

$$\sigma_{vi}=\gamma h_i+\gamma h_0 l_0/L'+\gamma h_z \quad \text{（说明 8. 2. 9）}$$

当说明图 8. 2. 8 中锚固段上的点不在扩散区时，取 $\sigma_{vi}=\gamma h_i+\gamma_1 h_z$。

8. 2. 10　式（8. 2. 10）中拉筋拉力峰值附加系数 K 的规定是根据模型试验及现场实测资料确定的。实测结果表明，拉筋在无效区和有效区的分界面上的拉力为大于理论计算值的峰值，模型试验中这个峰值拉力较墙面处拉筋拉力大 1. 05 ~ 1. 40 倍，比该处计算值大 1. 36 ~ 1. 87 倍，而现场实测峰值与计算值之比最大达 2. 70 倍，平均为 1. 56 倍。据法国有关加筋土设计规范介绍，墙面板连接处的拉筋拉力相当于最大（峰值）拉力的 0. 75 倍。因此，为了保证拉筋的安全，考虑峰值的影响，计算拉筋拉力时应乘以 1. 5 ~ 2. 0 的峰值附加系数。

土工合成材料的容许抗拉强度按现行《铁路路基土工合成材料应用设计规范》（TB 10118）的有关规定采用。有经验时，影响系数也可按各种影响条件分别采用。

如拉筋及连接件为金属构件，计算拉筋强度时应预留防锈蚀量，一般总厚度为 2 mm。

8. 2. 12　计算拉筋摩擦力不考虑拉筋侧面的摩擦力，偏于安全。摩擦系数 f 值不仅与拉筋表面的粗糙度和填料性质及颗粒大小有关，而且与填土压实度及填筑高度有关。根据模型试验和现场实测结果，f 值都大于 0. 4，为安全起见，本条文采用 0. 3 ~ 0. 4。

8. 2. 13　规定拉筋的抗拔稳定系数是稳定安全系数，条文规定全墙取 2. 0，单板不宜小于 2. 0，条件困难时不宜小于 1. 5。所谓条件困难是指下述情况等：如顶部拉筋由于上覆土压力较小，如果稳定系数亦取 2. 0，拉筋则长。

此外，拉筋的抗拔稳定性检算尚须检算无荷载情况。由于荷载对顶部拉筋的影响大，有荷载时，侧压力大，竖向压力亦大，不一定是最不利的。无荷载时侧压力小，竖向力也相对小，即摩擦力小，此时可能是最不利的，因此要检算无荷载情况。

9.1.1 土钉墙是从隧道新奥法基础上发展起来的一门边坡支挡新技术，通过钢筋等高强度长条材料对原位岩土体进行加固，从而提高原位岩土体的"视凝聚力"及其强度，使被加固土体形成了性质与原来大为不同的复合材料"视重力式挡土墙"。目前土钉广泛应用于深基坑支护及边坡工程中，在侯月铁路膨胀岩(土)路堑边坡及南昆铁路软弱破碎岩质路堑高边坡中成功地进行了研究与应用。

不宜设置永久土钉墙的地段是指：

(1)标贯击数 $N<9$、相对密度 $D_r<0.3$ 的松散砂土；

(2)液性指数大于 0.5 的软塑、流塑黏性土；

(3)含有大量有机物或工业废料的低强度回填土、新填土及中强腐蚀性土；

(4)塑性指数大于 20 和液限大于 50% 且无侧限抗压强度小于 50 kPa 的黏性土。

在顺层及存在不利结构面的岩质边坡中不宜设置土钉墙，如设置土钉墙，必须沿层面或不利结构面进行整体抗滑、抗剪稳定性检算。

9.1.2 土钉墙在深基坑支护中应用高度一般小于12 m，但也有做到 15 m 高的。法国巴黎至布雷斯特铁路单级土钉墙高达21.6 m，南昆铁路 DK339 土钉墙试验工点为两级 21 m 高。因单级土钉墙比多级土钉墙承受的土压力大且土钉更长，故墙较高时，从经济及稳定方面考虑，一般采用两级或多级。

9.1.3 本条是从国内外一系列土钉墙应用情况总结得出的。土钉墙分层开挖的最大高度取决于岩(土)体的自稳能力。

9.2.2 土钉墙由于面板、土钉与边坡岩土相互作用，土压力的问题比较复杂，它与边坡岩土性质、注浆压力等许多因素有关。山西太原煤矿设计研究院通过土钉墙原位测试认为，土钉墙所承受的土压力无论分布情况还是值的大小与库仑土压力均有较大差别。王步云将其简化为说明图 9.2.2—1 中曲线 3 所示的形式。

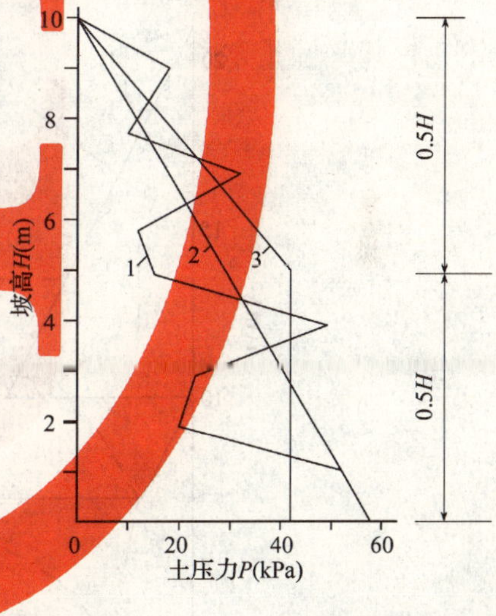

说明图 9.2.2—1 土钉面层土压力分布

1—实测土压力；2—主动土压力；3—简化土压力

铁二院在南昆铁路软弱破碎岩质深路堑高边坡工程试验中对土钉墙进行了专题研究。说明图 9.2.2—2 为南昆铁路 DK339 土钉墙试验段代表性断面图。试验工点地层为全风化(W_4)～强风化(W_3)的泥岩夹砂岩，岩层节理发育，风化破碎严重。设计土钉长 8 m，平台中部加长至 10 m，土钉间距 1 m。土钉墙实测土压力如说明图 9.2.2—3 所示，其分布呈中部大、上下小的趋势，但总的土压力与库仑土压力相接近。

喷层后土压力分布形态与最大轴力确定的土压力分布形态相近，但总的土压力仅为库仑主动土压力的 30% ~40% 。

为简化设计，将土钉墙面板作为假想墙背，简化后的墙背土压力按式(9.2.2—1)及式(9.2.2—2)计算。此处作用于土钉墙面板上的设计土压力与土钉喷层后实际土压力是不同的。

9.2.4 土钉的有效锚固长度与无效长度是由加固岩土体潜在破裂面确定，根据实测资料

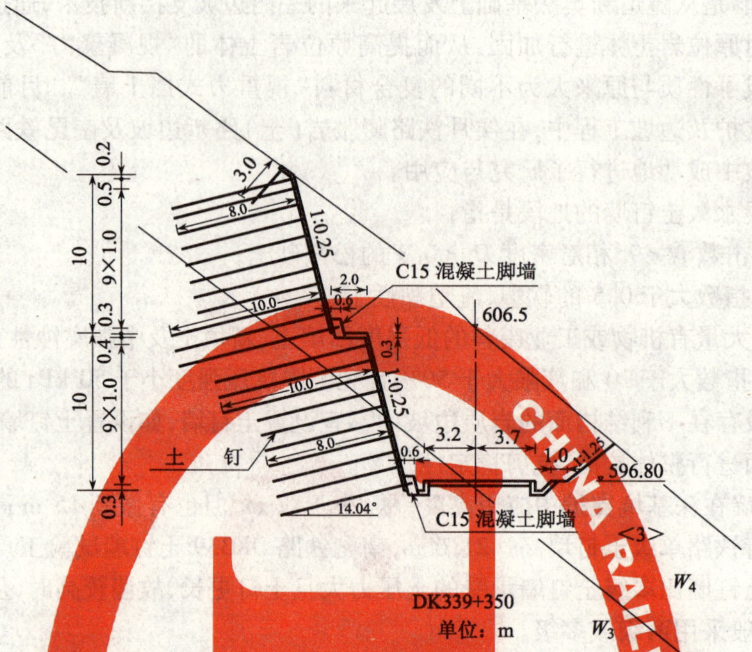

说明图 9.2.2—2　南昆铁路试验段土钉墙代表性断面

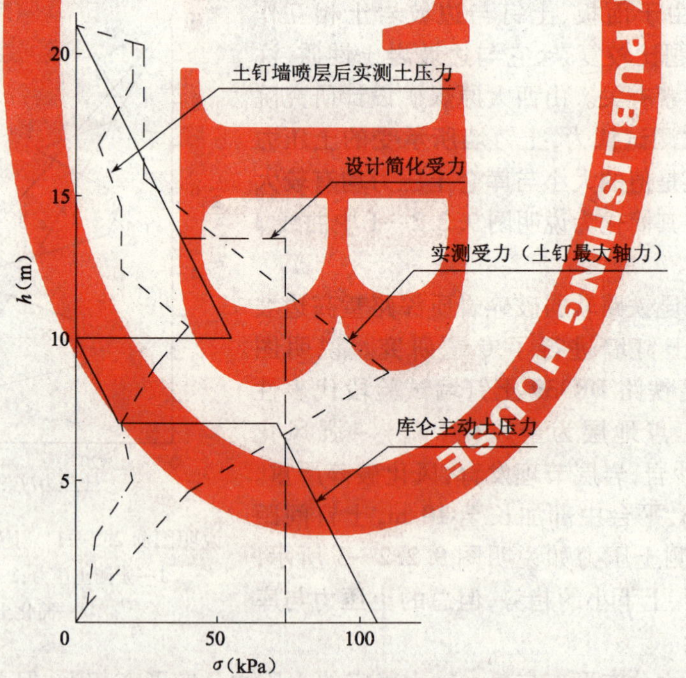

说明图 9.2.2—3　土钉墙沿墙高受力分布

将每层土钉最大轴力连线简化后所得，与 0.3H 法接近。

9.2.6　土钉的内部稳定检算包括钉材拉断检算及土钉拉拔检算，与本规范第 6.2.7 条锚杆挡墙的检算基本一致。

9.2.7　由于边坡土体开挖未设土钉时属危险阶段，因此土钉墙除考虑使用阶段的整体稳定检算外，还必须考虑施工阶段的稳定检算，但稳定系数取值略小一些。

9.2.8 土钉墙外部稳定性检算，是将土钉及其加固体视为重力式挡土墙，按重力式挡土墙的稳定性检算方法，进行抗倾覆稳定、抗滑稳定及基底承载力检算。土钉墙简化成挡土墙，其厚度一般按照土钉水平长度的 2/3 ~ 11/12 选取，如说明图 9.2.8—1 所示。

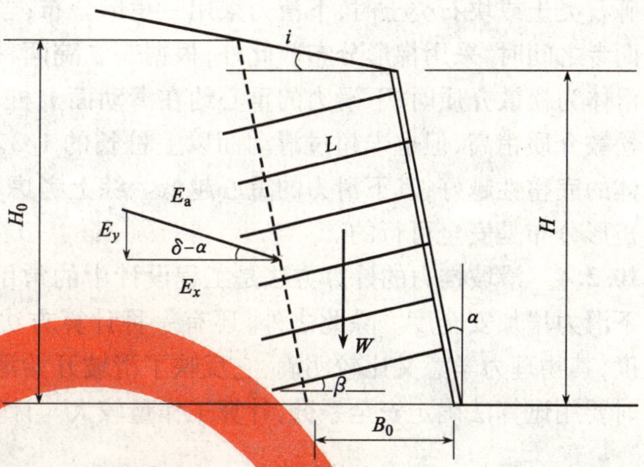

说明图 9.2.8—1 土钉墙简化为重力式挡土墙计算图示

对于土质边坡、碎石土状软岩边坡，还应进行圆弧稳定性检算。最危险滑弧面应通过土钉墙墙底，除下部少数土钉穿过圆弧外，大多数土钉均在圆弧以内。最危险圆弧面确定后，可用简单条分法进行稳定性计算（说明图 9.2.8—2），计算公式同式(9.2.7)。计算时，应计入穿过最危险圆弧面一定长度的土钉作用力。达不到要求时，宜加长土钉或适当设置锚索，以满足外部整体稳定要求。

说明图 9.2.8—2 按圆弧面进行外部稳定计算图示

9.3.2 土钉墙实测受力为中部大、上下小，且中部呈现腹肚子特征。数值分析结果表明，土钉墙坡脚存在应力集中问题，故提出“保住中部、稳定坡脚”的设计施工原则，并强调边坡中部土钉宜适当加强。

10.1

本节适用于具有明显滑动面且滑动面以下为稳定地层的单排钢筋混凝土大截面埋式抗滑桩。当滑坡推力很大，设置单排抗滑桩不足以抵抗滑坡推力而必须设置第二排抗滑桩，或者有多层滑动面需分级设置抗滑桩时，可根据具体情况先确定每排抗滑桩所承受的滑坡推力，然后参照本规范有关规定进行设计。对于悬臂抗滑桩的设计，当地基系数为常数时（岩质地基），由于锚固段地基侧向抗力不受悬臂段岩体或土体的影响，故可按照本规范设计。抗滑桩这种结构除了稳定滑坡以外，还可以在高边坡开挖前作为预加固桩，两桩之间设桩间挡土墙或土钉墙；在顺层地段抵抗顺层下滑力，在软土地区作为侧向约束桩；也可以与其他构件配合使用，如桩板墙、桩基托梁等。两桩之间在能形成土拱的条件下，土拱的支撑力和桩侧摩擦力之和应大于一根桩所能承受的滑坡推力。根据《铁路工程可靠度设计统一标准》（GB 50216—94）中第 1.0.4 条的规定，铁路工程结构设计基准期宜为 50 年或 100 年，结合铁路混凝土结构耐久性设计的有关规定，本规范中抗滑桩的设计使用年限为 60 年。

10.2.3 滑坡推力的分布对抗滑桩的设计影响很大，由于影响因素很多，很难给出各类滑坡推力的分布图形。在计算滑坡推力时，通常假定滑坡体沿滑动面均匀下滑。当滑体为砾石类土或块石类土时，下滑力采用三角形分布；当滑体为黏性土时，采用矩形分布；介于两者之间时，采用梯形分布。此外，根据铁二院两种模拟滑体的抗滑桩模型试验结果，当滑体为松散介质时，下滑力的重心约在滑动面上桩长 1/4 处；当滑体为黏性土时，虽然比松散介质稍高，但也未超过滑动面以上桩长的 1/3。另外，从多次实验的结果可看出，滑体的完整性越好，其下滑力的重心越低。综上考虑，规定滑坡推力可采用三角形、梯形或矩形分布是安全可行的。

10.2.4　滑坡推力的计算方法是工程设计中的常用方法，其原理是通过加大自重产生的下滑力增加安全度。除此之外，还有一种计算方法，通过折减滑面的抗剪强度增大安全度，其物理力学意义比较明确，它反映了滑坡开始滑动时 c、ϕ 值降低的程度，但稳定分析时要用试算法确定安全系数，计算工作量较大。计算公式如下：

$$T_i = W_i \sin\alpha_i + \Psi' T_{i-1} - W_i \cos\alpha_i \frac{\tan\phi_i}{K} - \frac{c_i}{K} l_i \qquad \text{（说明 10.2.4—1）}$$

传递系数：

$$\Psi' = \cos(\alpha_{i-1} - \alpha_i) - \sin(\alpha_{i-1} - \alpha_1)\frac{\tan\phi_i}{K} \qquad \text{（说明 10.2.4—2）}$$

当 $K>1$ 时，比式(10.2.4—1)的计算结果小。当 $K=1$ 时，两种方法的计算结果一样。不管是用第一种方法还是用第二种方法计算都应注意，当滑面为折线时，相邻两滑段的 $\alpha_i - 1$ 和 α_1 相差较大时，应在两坡段之间增加连接线段增加分块密度，才能得到比较准确的计算结果。

10.2.5　当抗滑桩受到滑坡推力的作用产生变形时，一部分滑坡推力通过桩体传给锚固段地层，另一部分传给桩前滑体。但是，桩前滑体本身的抗力与滑坡的性质和桩前滑体的大小等因素有关。试验表明，桩前滑体的体积愈大，抗剪强度愈高，滑动面愈平缓、愈粗糙，桩前滑体抗力愈大，反之愈小。另外，还与是否存在多层滑面有关。对某一定的滑坡，当抗滑桩受到滑坡推力的作用产生变形时，滑动面以上桩前滑体抗力大于桩体所能提供的极限抗力时，桩前滑体将产生隆起破坏，（如狮子山 2 号抗滑桩破坏试验），或沿桩前滑体中某一薄弱面产生剪切破坏（如大海哨抗滑桩破坏试验）。

10.2.6　作用在抗滑桩上的滑坡推力和桩前滑体抗力，由设计滑坡推力曲线确定。若抗滑桩设在图 10.2.6 中滑坡的第四分块末端，该处设计滑坡推力曲线的竖直高度 T，即为作用于桩上的滑坡推力。极限平衡时滑坡推力曲线的竖直高度 P，即为作桩前滑体抗力。

抗滑桩破坏试验和模型试验表明，虽然各次试验所得的桩前滑体抗力的分布图形不完全相同，但基本呈抛物线分布，抗力的最大值出现在滑体的中部，靠近滑动面处的抗力较小。当滑体为黏性土时，由于黏聚力的影响，顶部抗力较滑体为松散介质时大，合力重心也较高。

说明表 10.2.6—1 为数根抗滑桩破坏试验和室内模型试验滑体抗力的统计资料。从表中不难看出，桩前滑体的重心一般比滑坡推力的重心高 15% ~20% 。

本条文未规定桩前滑体抗力的分布图形，设计时可根据实际情况，采用与滑坡推力相同的分布图形或抛物线分布图形。

当桩前滑体抗力采用抛物线分布时，可将抗力图形简化为一个三角形和一个倒梯形，如说明图 10.2.6。

说明表 10.2.6—1　下滑力和桩前重心高度汇总

项目 \ 名称		狮子山2号试验	大海哨试验	滑体为石英砂模型试验（铁二院）	滑体为砂黏土模型试验（铁二院）	连续抗滑墙模型试验（西南交大）	单排抗滑桩模型试验（西南交大）
下滑力重心高度		$0.5h_1$ *	$0.5h_1$ *	$(0.255\sim0.268)h_1$	$(0.261\sim0.262)h_1$	$0.5h_1$ *	$(0.410\sim0.490)h_1$
桩前滑体抗力重心高度	实测	$(0.614\sim0.664)h_1$	——	$(0.420\sim0.446)h_1$	$(0.603\sim0.900)h_1$	$(0.530\sim0.550)h_1$	$(0.410\sim0.600)h_1$
	计算	$(0.577\sim0.590)h_1$	$(0.542\sim0.590)h_1$	——	——	——	——

注：表中有＊号者表示以千斤顶和杠杆施加的外荷载。

图中 h_s 为最大应力处距桩顶的高度，它随滑体黏聚力的增大而减小。根据试验，h_s 一般等于滑动面以上桩长的1/4～1/3。该值对计算影响不大，计算时可采用说明表10.2.6—2给出的数值。P_1 和 P_2 根据简化后滑动面处弯矩和剪力相等的原理确定，即

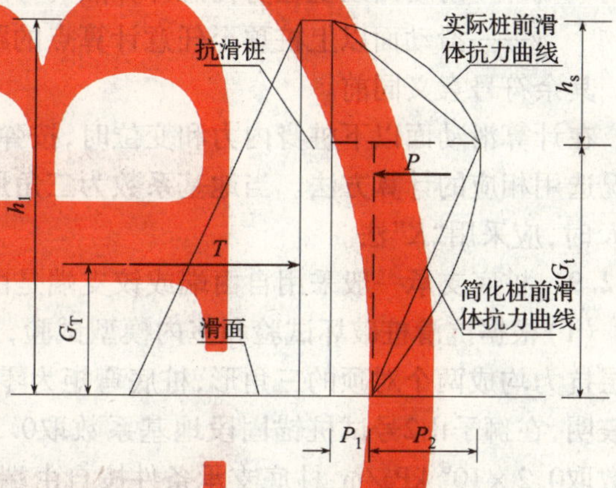

说明图 10.2.6　滑体抗力分布图形

$$P_1=\frac{2P(2-h_s/h_1-3\eta_p)}{h_1-h_s} \quad (说明 10.2.6—1)$$

$$P_2=\frac{2P[3h_s/h_1-(h_s/h_1)^2-3+3\eta_p(2-h_s/h_1)]}{h_1-h_s} \quad (说明 10.2.6—2)$$

式中　P——桩前滑体抗力（kN/m）；

η_p——桩前滑体抗力的合力重心至滑动面距离与滑动面以上桩长之比，该值可较滑坡推力的重心高10%～15%；

h_1——滑动面以上的桩长（m）。

说明表 10.2.6—2　最大应力处距桩顶高度 h_s 参考值

滑坡推力图形	G_T/h_1	h_s
三角形分布	1/3	$h_1/2$
梯形分布	1/3～1/2	$h_1/2\sim h_1/5$
矩形分布	1/2	$h_1/5$

10.2.7　在计算滑动面以上的桩身内力时，对桩前滑体抗力的分布图形未作具体规定，可采用与下滑力相同的分布图形，也可采用如说明图10.2.6中的抛物线分布图形。当采用与下滑力相同的分布图形时，桩身内力可根据一般结构力学公式直接计算；当采用抛物线的分布图形时，应当首先确定桩前滑体抗力合力的重心高度，按式（说明10.2.6—1）及式（说明10.2.6—2）计算 P_1 和 P_2，然后按下式计算桩身内力：

当 $y \leqslant h_s$ 时

$$Q_y = T_1 y + 0.5T_2 y^2/h_1 - 0.5(P_1 + P_2)y^2/h_s \qquad \text{(说明 10.2.7—1)}$$

$$M_y = 0.5T_1 y^2 + T_2 y^3/6h_1 - (P_1 + P_2)y^3/6h_s \qquad \text{(说明 10.2.7—2)}$$

当 $y > h_s$ 时

$$Q_y = T_1 y + 0.5T_2 y^2/h_1 - 0.5(P_1 + P_2)h_s - P_1(y - h_s) - P_2(y - h_s) + 0.5P_2(y - h_s)^2/(h_1 - h_s) \qquad \text{(说明 10.2.7—3)}$$

$$M_y = 0.5T_1 y^2 + T_2 y^3/6h_1 - 0.5(P_1 + P_2)h_s(y - 2h_s/3) - 0.5P_1(y - h_s)^2 - 0.5P_2(y - h_s)^2 + P_2(y - h_s)^3/6(h_1 - h_s) \qquad \text{(说明 10.2.7—4)}$$

式中 Q_y——滑动面以上桩身任意计算点的剪力(kN);

M_y——滑动面以上桩身任意计算点的弯矩(kN · m);

y——滑动面以上桩顶至任意计算点的距离(m);

其余符号意义同前。

在计算滑动面以下桩身内力和变位时,按弹性地基梁计算,并应根据地基系数的分布情况选用相应的计算方法。当地基系数为三角形分布时,应采用"m"法;当地基系数为常数 K 时,应采用"K"法。

10.2.9 桩底支承一般采用自由端或铰支端是由于:

(1)根据抗滑桩破坏试验和室内模型试验,当锚固段为松散介质或较完整的基岩时,地层抗力均成两个对顶的三角形,桩底弯矩为零,桩底支承条件符合自由端。进一步的试算表明,在狮子山2号试桩锚固段地基系数取0.3×10^6 kPa/m,在大海哨试桩锚固段地基系数取0.2×10^6 kPa/m,桩底支承条件按自由端考虑时,桩身变位和弯矩的计算值与实测值基本吻合,证明桩底支承条件按自由端考虑是符合实际的。

(2)当锚固段上部为土层,桩底嵌入一定深度的较完整基岩时,此情况与桩下部嵌入一定深度的完整基岩时相类似。但考虑到目前这种边介条件的实测资料较少和过去的计算习惯,保留了桩底为铰支端的支承条件,可按两种桩底支承条件中的任何一种情况计算。当采用自由端时,各层的地基系数必须根据具体情况选用;当采用铰支端计算时,应把计算"铰支点"选在嵌入段基岩的顶面,并根据嵌入段的地层反力计算嵌入段的深度。

10.2.10 对于较完整的岩质岩层及半岩质岩层的地基,桩身作用于围岩的侧向压应力,一般不应大于容许强度。桩周围岩的侧向允许抗压强度,必要时可直接在现场试验取得,一般按岩石的完整程度、层理或片理产状、层间的胶结物与胶结程度、节理裂隙的密度和充填物、各种构造裂面的性质和产状及其贯通程度等情况,分别采用垂直允许抗压强度的0.5~1.0倍。当围岩为密实土或砂层时,其值为0.5倍,较完整的半岩质岩层为0.60~0.75倍,块状或厚层少裂隙的岩层为0.75~1.0倍。对于一般土层或风化成土、砂砾状的岩层地基,抗滑桩在侧向荷载作用下发生转动变位时,桩前的土体产生被动土压力,而在桩后的土体产生主动土压力。桩身对地基土体的侧向压应力一般不应大于被动土压力与主动土压力之差。在工程设计中,要使锚固段完全满足要求,有时会很困难,所以根据多年的工程经验,满足滑动面以下深度 $h_2/3$ 和 h_2(滑动面以下桩长)处的横向压应力应小于或等于被动土压力与主动土压力之差即可。此时滑动面以下 $h_2/3$ 深度范围内进入塑性区。

10.2.12 抗滑桩属于地下结构，它的受力情况不同于桥涵结构，桥涵有频繁的反复动荷载影响，而抗滑桩不仅不承受动荷载，有的甚至远离路基，因此其结构计算按极限状态法较切合实际，从而达到节约钢材的目的。一般地区抗滑桩结构设计的荷载分项系数采用《建筑地基基础设计规范》(GB 50007—2002)的综合荷载系数1.35，即《建筑结构荷载规范》(GB 50009—2001)中按永久荷载效应控制时的情况。

10.2.13 抗滑桩一般允许有较大的变形。桩身裂缝超过允许值后，由于其保护层较厚，虽然裂缝宽度的计算值较大，但较大的混凝土保护层厚度对防止钢筋锈蚀是有利的，这一点在目前的计算公式中没有反映出来，且钢筋局部锈蚀对桩的强度不会有很大影响，因此本条允许一般情况下不作桩的抗裂和挠度等检算。但处于比较严重的腐蚀性环境中时，如果对裂缝开展宽度不控制，将无法满足耐久性的要求。如果严格按照其他结构的要求来控制最大裂缝宽度，钢筋增加数量太大。根据以往设置抗滑桩的实践经验，对裂缝宽度的允许值可作适当的放大，并辅以适当的防腐附加措施。腐蚀环境下的防腐附加措施的解释详见第5.3.8条的条文说明。

10.3.1 根据《混凝土结构设计规范》(GB 50010—2002)第3.4节的规定，在二类环境中的情况b和三类环境中，设计使用年限为50年的最低混凝土强度等级为C30。综合考虑过去抗滑桩的使用情况和现在混凝土结构为满足耐久性要求，其强度等级向高等级发展，本条规定混凝土的强度等级不宜低于C30。

10.3.3～10.3.7 抗滑桩为大截面的地下钢筋混凝土构件，不论是采用的建筑材料还是施工方法，均与一般钢筋混凝土构件有所不同。因此，在多年生产实践的基础上，参照《混凝土结构设计规范》(GB 50010—2002)和《铁路桥涵地基与基础设计规范》(TB 10002.3—99)，在构造细节上作了一些具体的规定，如：

(1)参照《铁路桥涵地基和基础设计规范》对钻(挖)孔桩的要求，规定抗滑桩纵向受力钢筋的直径不小于16 mm，净距不宜小于12 cm，困难情况下不得小于8 cm。

(2)《混凝土结构设计规范》(GB 50010—2002)中规定，结构的基础部分，钢筋的净保护层厚度不应小于7 cm。当柱子各边纵向受力钢筋多于3根时，应放置附加钢筋；考虑到抗滑桩为地下结构，桩身一般在十几米以上，工人必须在坑内上下作业，不宜设置过多的箍筋肢数，因此，规定不宜采用多于4肢的封闭箍筋，并允许箍筋在一行上所箍的受拉筋不受限制。箍筋的间距不应大于40 cm。

(3)为使钢筋骨架有足够的刚度和便于人工作业，对箍筋、架立筋和纵向分布钢筋的最小直径作了一定限制。

(4)为使桩截面的四周形成钢筋网，以提高混凝土抗剪能力，本条文对箍筋和纵向分布钢筋的最大间距作了一定的限制。

11.1.1 在抗滑桩出现以后不久，桩板式挡土墙也就跟着出现了。20世纪70年代初在枝柳线上首先将桩板式挡墙应用在路堑中，接着在南昆等线上应用到路堤中，由于经验的不断积累，这项技术已日臻成熟，因此在1992年和1993年已经分别出现了路堑式、路肩式桩板挡土墙的通用图。多年来的实践证明，桩板式挡土墙是一种较好的支挡形式。根据《铁路工程可靠度设计统一标准》(GB 50216—94)中第1.0.4条的规定，铁路工程结构设计基准期宜为50年或100年，结合铁路混凝土结构耐久性设计的有关规定，本规范中的桩板式挡土墙的设计使用年限为60年。

11.1.2 前几年曾修建了一些较高的桩板式挡墙，桩的自由悬臂长度达到或超过15 m，但有的在施工过程中发生桩的位移过大甚至桩折断事故，如京九线赣龙段某路堑桩板式挡土墙，最大的悬臂长达到 18 m，当路基开挖到路基面以后不久即发生桩断墙倒的事故。事故原因故然很多，但与悬臂太长、岩体压力增长过大有很大关系，从安全的角度出发，适当控制悬臂的长度以及桩顶位移是很有必要的。

11.1.4　锚固桩的刚度与锚索（杆）刚度相差很大，在锚索（杆）桩的设计中，锚索（杆）的变形量对桩的内力影响很显著，所以一定要控制锚索（杆）伸缩量，使之与桩的变形协调，不然会使桩实际承受的内力与设计值相差过大，而且有可能出现相反的值，即计算出现负弯矩的部位发生正弯矩，或者反过来，计算正弯矩的截面实际上却是负弯矩。

11.2.2　南昆线某桩板墙工点实测表明，轨道及列车荷载引起的土压力影响范围主要集中分布在路基面以下一定深度，并随深度衰减较快，与采用弹性理论计算的应力分布基本上是一致的。

11.2.3　桩板式挡土墙的桩间净距 L_n 一般为 2～4 m，而墙高 h（自路基面算起）通常不会低于 5 m，高的可以达到 15 m，桩间墙的长高比 $L_n/h<0.8$。前苏联学者克列因早年根据模型试验的结果提出当 $L_n/h<0.8$ 时，土压力可以乘 0.7～0.8 的折减系数，铁二院通过模型试验也有类似的结论，故在桩板墙的设计中，多采用0.7～0.8 的折减系数。实践证明这样做是可行的，没有因此而出现任何不稳定迹象。

11.2.6　地基系数 K 和 m 是根据地面处桩位移值为 6～10 mm 时得出来的。试验资料证明，桩的变形和地基抗力不成线性关系，而是非线性的，变形愈大，地基系数愈小，所以当地面处桩的水平位移超过 10 mm 时，常规地基系数便不能采用，必须进行折减，折减以后地基系数变小，得出桩的变形更大，形成恶性循环，故通常采用增加桩截面或加大埋深来防止地面处桩水平位移过大。

11.2.7　设置于路堤（肩）的锚索（杆）桩防止由于填料下沉而使锚索（杆）产生次应力是十分重要的。从理论上说，只要很小一个荷载竖向压在锚索（杆）上，在其上产生的拉力就是无穷大，因此要力求避免填料压在锚索（杆）上。

11.2.8　桩板墙以前按《混凝土结构设计规范》（GBJ 10—89）进行结构设计，本规范采用《混凝土结构设计规范》（GB 50010—2002），在没有更多的研究成果的条件下，采用钢筋截面面积不变的原则，反算相应的荷载分项系数 a_p。以往按《钢筋混凝土结构设计规范》（TJ 10—74）的规定计算时，桩受弯基本安全系数为 1.4。反算时针对不同的荷载分布（矩形分布和三角形分布）、不同的桩长和截面以及不同的钢筋设计强度的取值标准，按《混凝土结构设计规范》（GB 50010—2002）进行了 246 根桩的检算，荷载效应分项系数在 1.30～1.35 之间，与抗滑桩的荷载分项系数接近。考虑到桩板墙为悬臂桩，悬臂一般较长，设计时未考虑悬臂段自重，且离线路近，经过综合分析，对于桩的荷载效应分项系数取 1.35～1.50，挡土板荷载效应分项系数取 1.35。

12.1.1　预应力锚索广泛应用于岩锚和土锚，土锚地层主要为砂土层。为确保锚索工程安全可靠，本规范限制了预应力锚索的使用范围，即锚索锚固段置于岩层内（说明图 12.1.1）。锚固段若置于土层中，则必须进行拉拔试验并进行个别设计。

对于预应力锚索，其寿命主要受腐蚀控制。因此，在腐蚀性地层中不宜设置永久性锚索。从地层腐蚀性角度出发，国际预应力协会（FIP1990）规定，在下列地层中不宜设置永久性锚索：

（1）地下水 pH 值小于 6.5 的地层；

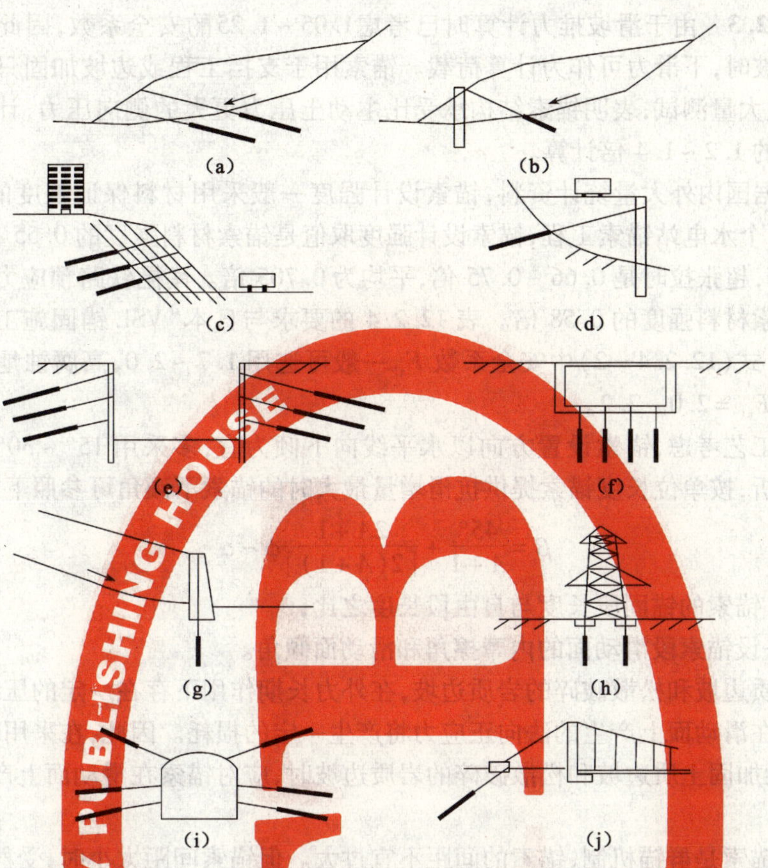

说明图 12.1.1　预应力锚索应用示意

(2)地下水 CaO 的含量大于 30 mg/L 的地层；

(3)CO_2 含量大于 15 mg/L 的地层；

(4)NH_4^+ 含量大于 15 mg/L 的地层；

(5)Mg^{2+} 含量大于 100 mg/L 的地层；

(6)SO_4^{2-} 含量大于 200 mg/L 的地层。

当受条件限制不能避开弱中腐蚀性地层时，应对锚固段采取特别防腐措施。由于压力分散型锚索可形成双层防腐，同时灌浆体受压不易开裂，具有较好的耐久性，因而具有较强的抗腐蚀性能力。

预应力锚索加固技术几乎涉及土木建筑工程的各个领域，广泛应用于边坡、基坑、地下工程、坝基、码头、海岸、船坞等的加固、支挡、抗浮抗倾。

12.1.3　预应力锚索采用高强度、低松弛钢绞线，是提高单孔承载能力的主要手段，故本章只引用了预应力钢绞线的国家标准，未包括其他钢种或未编入国家标准的预应力钢绞线。附录 C 表 C.0.3 只给出了强度级别为 1 860 MPa 的预应力钢绞线规格，其他级别钢绞线可参照国标《预应力混凝土用钢绞线》(GB 5224—2003)执行，设计时应说明所采用钢绞线的强度级别。

12.1.4　本条规定与国外对防腐蚀涂料的物理力学要求基本一致。

12.2.1　进行锚固设计时，应根据建筑物特点、周围环境、地质条件等，选取主要的荷载作为设计荷载。

12.2.2～12.2.3　由于滑坡推力计算时已考虑1.05～1.25的安全系数，因此预应力锚索用于整治滑坡时，下滑力可作为计算荷载。锚索用于支挡工程或边坡加固只承受侧向土压力时，通过大量测试，表明锚索结构承受比主动土压力更大的侧向压力，计算荷载可按主动土压力的1.2～1.4倍计算。

12.2.4　根据国内外大量统计资料，锚索设计强度一般采用材料保证强度的60%左右。如漫湾等13个水电站锚索工程，锚索设计强度取值是锚索材料强度的0.55～0.65倍，平均为0.62倍，超张拉时是0.66～0.75倍，平均为0.705倍。南昆铁路预应力锚索设计强度取值是锚索材料强度的0.58倍。表12.2.4的要求与日本"VSL锚固施工法设计施工规范"一致。式(12.2.4—2)中安全系数F_{s1}一般可选用1.7～2.0，高腐蚀地层的永久性锚索可选用$F_{s1}=2.0～2.2$。

从施工工艺考虑，锚索设置方向以水平线向下倾为宜，多采用15°～30°。通过技术经济综合分析，按单位长度锚索提供抗滑增量最大时的锚索下倾角可参照下式计算：

$$\beta=\frac{45°}{A+1}+\frac{2A+1}{[2(A+1)]}\phi-\alpha$$

式中　A——锚索的锚固段长度与自由段长度之比；

ϕ,α——设锚索段滑动面的内摩擦角和滑动面倾角。

对于土质边坡和松散破碎的岩质边坡，在外力长期作用下存在一定的压缩变形，坡面锚索预应力在滑动面上产生的法向正应力将产生一定的损耗。因此，在采用锚索墩、锚索地梁、格子梁加固土质边坡和松散破碎的岩质边坡时，应对锚索在滑动面上产生的法向力进行折减。

预应力锚索是群锚机制，锚索的间距不宜过大。但锚索间距太小时，受群锚效应的影响，单根锚索承载力降低，故间距又不能太小。根据通常设计和张拉试验观察，间距小于1.2 m时，应考虑锚孔孔周岩土松弛区的影响，因此规定锚索间距宜大于1.5 m或5倍孔径。根据经验，一般采用3～6 m。

12.2.5　锚索的锚固段长度通常在4～10 m间选取，且要求锚固段必须位于良好的地基之中，这是通过大量的数值分析及试验研究后所确定的。锚索锚固段破坏通常是从靠近自由段处开始，灌浆材料与地基间的粘结力逐渐被剪切破坏，即使增加锚固段长度，也不可能提高锚固效果，并非锚固段越长越好。但锚固段太短时，由于实际施工期间锚固地基的局部强度降低，使锚固危险性增大。因此，在设计中一般按4～10 m选取。当锚固段计算长度超过10 m时，通常采用加大孔径或减小锚索间距或增加锚索孔数等来调整。

12.2.6　自由段的长度包括对张拉锚索施加预应力而产生的伸长部分，通常将锚索自由段伸入滑动面(或潜在破裂面)以下不小于1 m。自由段短的锚索，相同的锚固荷载下的伸长也短，随着锚固段的地基蠕变变形，其锚固力减少的比例也大，应力松弛更加明显。一般规定，自由段长度不小于3～5 m。

12.3.1　预应力锚索结构如说明图12.3.1—1和说明图12.3.1—2所示。

12.3.8　采用分次逐级张拉，可使锚索逐步受力，均匀受荷，同时可减少地层徐变引起的预应力损失。当单孔锚索束数较少时，锚索张拉可采用整体张拉，但必须分次逐级进行；当单孔锚索束数较多时，可采用分次单根—对称—分级循环张拉，其循环次数不宜少于4次。预应力锚索应设置一定数量的测力计，以掌握锚索应力变化情况。测力计设置数量一般不少于该工点锚索孔数的5%，每工点不少于2孔。

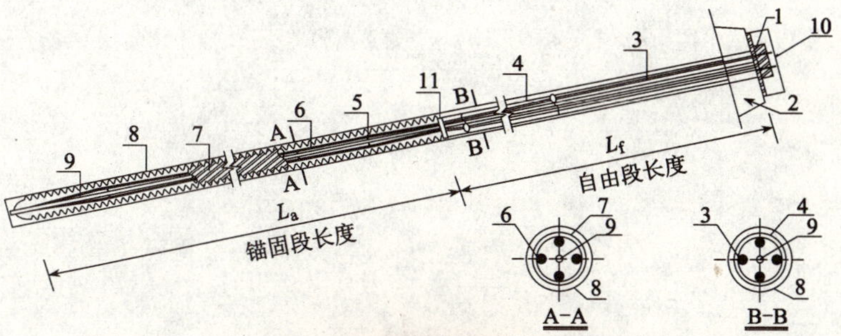

说明图 12.3.1—1　永久性拉力型锚索

1—锚具;2—垫座;3—涂塑钢绞线;4—光滑套管;5—隔离架;
6—无包裹绞线;7—波形套管;8—钻孔;10—保护罩;
11—光滑套管与波形套管搭接处(长度不小于 200 mm)

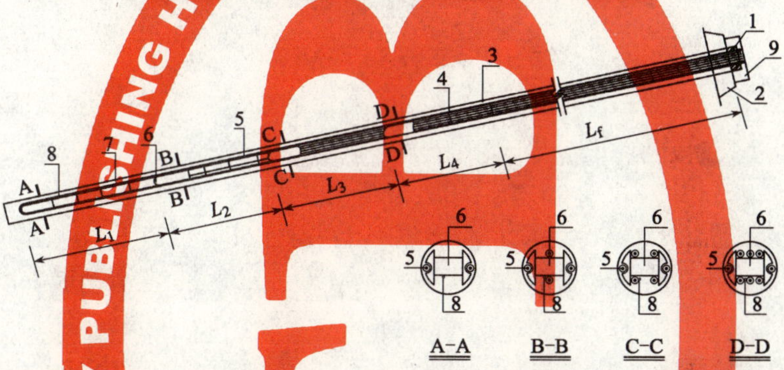

说明图 12.3.1—2　永久性压力分散型锚索

1—锚具;2—垫座;3—钻孔;4—隔离环;5—无粘结构钢绞线;6—承载体;
7—水泥浆体;8—注浆管;9—保护罩 L_1、L_2、L_3、L_4—1、2、3、4 单元锚索的
锚固段长度;L_f—单元锚索的自由段长度

12.3.11　预应力锚索锚固试验可分为破坏性试验(拉拔试验)和非破坏性试验(张拉试验)。破坏性试验可选择与加固工程地质条件相似的现场进行,不得在实际锚固工程部位进行,其主要目的是确定锚索可能承受的最大张力、锚固工程的安全及所采用参数是否正确。非破坏性试验一般都在有代表性的工作锚索中进行,其目的是验证设计的合理性和安全性,同时检查和控制施工质量的技术要求是否合适。

中华人民共和国行业标准

铁建设〔2006〕116 号

铁路特殊路基设计规范

Code for design on special subgrade of railway

TB 10035—2006
J 158—2006

2006—06—25 发布　　2006—06—25 实施

中华人民共和国铁道部　发布

前　言

本规范是根据铁道部《关于印发〈2004 年铁路工程建设规范、定额、标准设计编制计划〉的通知》(铁建设函〔2004〕42 号)的要求,在《铁路特殊路基设计规范》(TB10035—2002)基础上修订而成的。

本规范在修订过程中,认真总结了我国铁路特殊路基设计、施工及运营中的经验和教训,借鉴了国内外有关标准的规定,在广泛征求意见的基础上经反复审查定稿。

工程技术人员必须按照"以人为本、服务运输、强本简末、系统优化、着眼发展"的铁路建设理念,结合工程具体情况,因地制宜,充分发挥主观能动性,积极采用安全、可靠、先进、成熟、经济、适用的新技术,不能生搬硬套标准。勘察设计单位执行(或采用)单项或局部标准,并不免除设计单位及设计人员对整体工程和系统功能质量问题应承担的法律责任。

本规范共分 14 章,内容包括:总则、术语和符号、软土地段路基、膨胀土(岩)路基、黄土路基、盐渍土路基、冻土地区路基、风沙地区路基、雪害地区路基、滑坡地段路基、危岩落石崩塌与岩堆地段路基、岩溶与人为坑洞地段路基、浸水路基及水库地段路基等,另有 2 个附录。

本次修订的主要内容有:

1. 适用范围修改为旅客列车设计行车速度等于或小于200 km/h、货物列车设计行车速度等于或小于 120 km/h;

2. 增加了特殊土作填料的设计规定及边坡加筋措施;

3. 软土地段路基中增加了复合地基处理措施及软土路堑、松软地基的加固设计要求;

4. 膨胀土(岩)路基中增加了路基排水措施;

5. 黄土路基中增加了湿陷性黄土地基处理措施;

6. 将盐渍土指标由 0.5% 修改为 0.3%;

7. 冻土地区路基中增加了高原多年冻土地温分区规定及有关防护措施;

8. 滑坡地段路基中增加了有关工程滑坡的类型及预防要求;

9. 修订了边坡稳定分析和防护加固设计规定,强调了边坡高度的控制要求;

10. 修订了特殊土(岩)基床处理的设计要求;

11. 修订了岩溶地基处理的设计要求;

12. 修订了浸水地区路基的填料要求;

13. 删除了"振动液化土路基"一章。

本规范以黑体字标志的条文为强制性条文,必须严格执行。

在执行本规范过程中,希望各单位结合工程实践,认真总结经验,积累资料。如发现需要修改和补充之处,请及时将意见及有关资料寄交铁道第四勘察设计院(湖北省武汉市武昌杨园街和平大道 745 号,邮政编码:430063),并抄送铁道部经济规划研究院(北京市海淀区羊坊店路甲 8 号,邮政编码:100038),供今后修订时参考。

本规范由铁道部建设管理司负责解释。

本规范主编单位:铁道第四勘察设计院。

本规范参编单位:铁道第一勘察设计院、铁道第二勘察设计院、铁道第三勘察设计院。

本规范主要起草人:周宏元、王应铭、李肖伦、龙锦永、魏永幸、秦小林、彭泽仁、吴连海、宋绪国、崔维孝、曾长贤、潘家明。

目 次

1 总 则

1.0.1 为统一铁路特殊路基设计的技术标准,使特殊路基设计符合安全适用、技术先进、经济合理的要求,制定本规范。

1.0.2 本规范适用于铁路网中客货列车共线运行、旅客列车设计行车速度等于或小于200 km/h、货物列车设计行车速度等于或小于120 km/h的Ⅰ、Ⅱ级标准轨距铁路特殊路基的设计。

1.0.3 **特殊路基工程应加强地质勘察工作,采用综合勘探和综合分析的方法,查明不良地质、特殊土(岩)的成因、规模及工程性质,取得可靠的工程地质、水文地质和环境条件资料。**

1.0.4 **特殊路基工程应绕避规模大、性质复杂、处理困难的不良地质和特殊土(岩)地段以及河流水文地质条件复杂、冲刷严重地段,并避免高填、深挖和长路堑。**

1.0.5 **路基受洪水、强降雨影响地段,应采取使用水稳性好的填料,放缓边坡,设置边坡平台,加强边坡防护等措施,提高路基抵抗连续强降雨及洪水冲刷的能力。**

1.0.6 特殊路基工程设计应因地制宜,采取有效的加固处理措施,提高防御自然灾害的能力。设计所需要的物理力学参数,应利用原位测试、室内试验资料,结合大气降水、地下水等自然因素的不利影响,综合分析确定。

1.0.7 **特殊路基工程填料设计时,应对移挖作填、集中取(弃)土、填料改良等方案进行经济、技术比较。采用特殊土(岩)作填料进行改良时,应通过室内外试验,提出相关的技术参数和施工工艺。**

1.0.8 特殊路基工程设计应重视环境保护、水土保持和文物保护,减少对天然植被和山体的破坏,防止诱发地质灾害。特殊路基工程宜少开挖,边坡少暴露,并加强边坡工程防护,有条件时宜采用绿色防护。

1.0.9 特殊路基工程设计应考虑地质和环境等因素对路基的长期影响,按土工结构物进行设计。对可能造成的路基病害,应遵循预防为主、防治结合的原则。存在多种特殊土(岩)或特殊条件的路基工程设计,应综合分析,综合处理,不留病害隐患。对已经造成的路基病害,应一次根治。

1.0.10 特殊路基工程设计应加强截排水及隔水措施,排水设施应完整、系统、通畅,并与桥涵、站场排水和农田水利灌溉系统衔接。

1.0.11 特殊路基工程设计应积极推广采用新技术、新结构、新材料、新工艺,提高路基工程质量。

1.0.12 特殊路基工程设计除应符合本规范外,尚应符合国家现行的有关强制性标准的规定。

2 术语和符号

2.1 术　语

2.1.1 特殊路基　subgrade of special area

特殊土(岩)路基和特殊条件路基的统称。

2.1.2 特殊土(岩)路基　subgrade of special rock and soil area

位于软土、膨胀土(岩)、黄土、盐渍土等特殊土(岩)地段的路基。

2.1.3 特殊条件路基　subgrade of special condition

位于不良地质地段的路基,以及受水、气候等自然因素影响强烈的路基。

2.1.4 路基工后沉降　residual settlement of embankment

有砟轨道路基竣工铺轨工程(包括铺砟)开始时的沉降量与最终形成的总沉降量之差。

2.1.5 固结沉降　consolidation settlement

由土体排水固结所产生的沉降。

2.1.6 复合地基　composite subgrade

部分土体被加固、挤密、置换等处理形成增强体,由增强体和周围地基土共同承担荷载的人工地基。

2.1.7 自由膨胀率　free swell

人工制备的松散干土浸水膨胀后所增加的体积与原体积之比,以百分比表示。

2.1.8 改良土　improved soil

通过在土中掺入砂、砾石、碎石或石灰、水泥、粉煤灰等物理或化学材料以改善其工程特性的混合料。

2.1.9 黄土的湿陷性　collapsibility of loess

黄土在自重或一定压力下受水浸湿,土体结构迅速破坏,并产生显著下沉的性质。

2.1.10 湿陷量的计算值　computed collapse

采用室内压缩试验资料,根据不同深度湿陷性黄土试样的湿陷系数,考虑现场条件计算的湿陷量累计值。

2.1.11 剩余湿陷量　remnant collapse

湿陷性黄土地基湿陷量的计算值与基底下拟处理土层湿陷量之差。

2.1.12 湿陷起始压力　initial collapse pressure

非自重湿陷性黄土浸水饱和,开始出现湿陷时的压力。

2.1.13 毛细水强烈上升高度　maximum height of capillary rise

受地下水直接补给的毛细水上升的最大高度。

2.1.14 冻土天然上限　natural permafrost table

天然条件下,多年冻土层顶板的埋藏深度。

2.1.15 年平均地温 mean annual ground temperature

某一深度处地温,其在一年中最高与最低温度的差值为零(一般按一年中最热月与最冷月的月平均温度计算),该深度称为地温年变化深度。

2.1.16 冻胀丘 frost heaving mound

由土的差异冻胀作用所形成的丘状地形。

2.1.17 主滑段 main slide section

在滑坡轴向断面上沿滑动面(带)产生下滑力的滑体段。

2.1.18 抗滑段 slied-resisting section

在滑坡轴向断面上沿滑动面(带)产生抗滑力的滑体段。

2.1.19 水库坍岸 sloughing bank of reservoir

由于库水作用而引起的库岸边坡变形失稳。

2.2 符 号

$a_{0.1\sim0.2}$——压缩系数

e——天然孔隙比

I_L——液性指数

I_p——塑性指数

w——天然含水率

w_L——液限含水率,简称液限

w_p——塑限含水率,简称塑限

ϕ_u——不排水剪切内摩擦角

ϕ_{cu}——固结不排水剪切内摩擦角

H_c——毛细水强烈上升高度

P_s——静力触探比贯入阻力

S_r——饱和度

3 软土地段路基

3.1 一般规定

3.1.1 软土是指在静水或缓慢的流水环境中沉积，具有含水率大（$w \geqslant w_L$）、孔隙比大（$e \geqslant 1.0$）、压缩性高（$a_{0.1\sim0.2} \geqslant 0.5\ \mathrm{MPa}^{-1}$）、强度低（$P_s < 0.8\ \mathrm{MPa}$）等特点的黏性土。

松软土是指虽达不到软土的指标，但含水量较大、承载力较低，或压缩性较高，一般工程需对其进行工程处理的土，包括饱和粉细砂及粉土、软黏土、饱和黄土等。松软土地基上的路基宜按软土地段路基进行设计，并应采取防止饱和粉土及粉细砂地基产生振动液化的措施。

3.1.2 在软土地基上，路基宜为路堤形式，其高度不宜小于基床厚度。在深厚层软土地区，应根据软土类型及厚度、地基加固工程难易程度及路基工后沉降控制等因素，合理确定路桥分界高度，严格控制路堤高度。

3.1.3 软土地基上路基位置选择应符合下列要求：

1 宜选在软土范围窄、厚度薄的地段；

2 在低缓丘陵地区宜避开封闭或半封闭洼地；

3 在山间谷地宜避免设在软土底面横坡较陡地段；

4 在河流中下游地带宜设在高阶地上；

5 在沉积平原地区宜远离河流、湖塘和人工渠道。

3.1.4 软土地基上的路基，应通过滑动稳定检算、沉降计算或地基承载力验算分析，进行相应的地基加固设计。

3.1.5 软土地基上路堤的稳定安全系数应符合表3.1.5的要求。

表 3.1.5 路堤的稳定安全系数

铁路等级	旅客列车设计行车速度（km/h）	安 全 系 数	
		不考虑轨道及列车荷载	考虑轨道及列车荷载
Ⅰ级铁路	200	≥1.25	≥1.20
	120～160	≥1.20	≥1.15
Ⅱ级铁路	≤120	≥1.20	≥1.10

有运架梁作业的路堤，应检算在运架梁作业条件下的路堤稳定性，其稳定安全系数不得小于1.05。

3.1.6 路基的工后沉降量及沉降速率应符合表3.1.6的要求。

表 3.1.6　路基工后沉降控制标准

铁路等级	旅客列车设计行车速度(km/h)	工后沉降量(cm)		沉降速率(cm/年)
		一般地段	路桥过渡段	
Ⅰ级铁路	200	≤15	≤8	≤4
	120～160	≤20	≤10	≤5
Ⅱ级铁路	≤120	≤30	—	—

注：路桥过渡段是指路堤与桥台衔接时，需作特殊处理的地段，范围可取桥台尾后 2 倍台后路堤高度加 3～5 m。

3.1.7　软土地基上路堤坡脚两侧地面不应取土、挖沟。当必须取土时，其安全距离应通过稳定性检算确定。

3.1.8　在软土地区增建第二线时，宜远离既有线；当第二线靠近或与既有线并行时，应考虑新线路基对既有线路基的影响。

采用排水固结措施加固的新建路堤，当预留第二线时，宜一次建成双线路堤。

3.1.9　路基每侧加宽值应根据路基工后沉降量与道床边坡坡率计算确定。

3.1.10　软土地基上的路堤在施工过程中应进行稳定和沉降观测。

3.2　稳定性检算与沉降计算

3.2.1　软土地基上路堤的滑动稳定性，可采用圆弧法分析检算，其稳定安全系数 F 应根据软土地基的特征和加固措施类型按下列不同情况计算：

1　软土层较厚，其抗剪强度随深度变化有明显规律时：

$$F=\frac{\sum(S_0+\lambda h_i)l_i}{\sum T_i} \tag{3.2.1—1}$$

式中　S_0——地基抗剪强度增长线在地面上的截距(kPa)；

λ——抗剪强度随深度的递增率(kPa/m)；

h_i——地基分条深度(m)；

l_i——分条的弧长(m)；

T_i——荷载与地基分条重力在圆弧上的切向分力(kN/m)。

2　当软土层次较多，其抗剪强度随深度变化无明显规律时，安全系数根据分层抗剪强度平均值计算：

$$F=\frac{\sum S_{ui}l_i}{\sum T_i} \tag{3.2.1—2}$$

式中　S_{ui}——第 i 层的平均抗剪强度(kPa)。

当其中有较厚层，其抗剪强度随深度变化又有明显规律时，可按式(3.2.1—1)和式(3.2.1—2)综合计算。

3　当考虑地基固结时：

$$F=\frac{\sum(S_0+\lambda h_i)l_i+\sum \overline{U}N_{\mathrm{II}i}\tan\phi_{cui}}{\sum T_i} \tag{3.2.1—3}$$

或

$$F = \frac{\sum S_{ui}l_i + \sum \overline{U}N_{\mathrm{II}i}\tan\phi_{cui}}{\sum T_i} \tag{3.2.1—4}$$

式中 $\overline{U}$——地基平均固结度；

$N_{\mathrm{II}i}$——填土重力和上部荷载在圆弧上的法向分力(kN/m)；

ϕ_{cui}——第 i 层地基土固结不排水剪切的内摩擦角(°)。

4 地基表层铺设土工合成材料加筋时，其承受的拉力应纳入抗滑力部分。

5 复合地基稳定性应根据滑弧切割地层及范围分别采用加固土（复合）或天然地基土抗剪强度指标进行检算。

6 软土层较薄或软土底部存在斜坡时，应检算路堤沿软土底部滑动的稳定性。

3.2.2 软土天然抗剪强度宜采用三轴不排水剪切试验、无侧限抗压强度、直剪快剪试验或十字板剪切试验确定。

3.2.3 路堤填筑临界高度宜根据稳定检算确定，也可用经验公式计算确定。

3.2.4 软土地基沉降量计算时，其压缩层厚度应按附加应力等于 0.1 倍自重应力确定。软土地基的总沉降量(S)可按瞬时沉降(S_d)与主固结沉降(S_c)之和计算。对泥炭土、富含有机质黏土或高塑性黏土地层，可根据情况考虑次固结沉降(S_s)。

1 主固结沉降(S_c)采用分层总和法计算时，应符合下列要求：

(1)采用 e—p 曲线时应按下式计算：

$$S_c = \sum_{i=1}^{n} \frac{e_{0i} - e_{1i}}{1 + e_{0i}} \Delta h_i \tag{3.2.4—1}$$

式中 n——地基分层层数；

e_{0i}——第 i 层土中点自重应力所对应的孔隙比；

e_{1i}——第 i 层土中点自重应力与附加应力之和对应的孔隙比；

Δh_i——第 i 层土的厚度(m)。

(2)采用 e—$\lg p$ 曲线时应按下列公式计算：

正常固结、欠固结条件下

$$S_c = \sum_{i=1}^{n} \frac{\Delta h_i}{1 + e_{0i}} C_{ci} \lg\left(\frac{P_{0i} + \Delta P_i}{P_{ci}}\right) \tag{3.2.4—2}$$

式中 C_{ci}——土层的压缩指数；

P_{0i}——第 i 层土中点的自重应力(kPa)；

e_{0i}——第 i 层土中点的初始孔隙比（对应于 P_{ci} 时）；

P_{ci}——第 i 层土中点的前期固结压力，正常固结时 $P_{ci} = P_{0i}$；

ΔP_i——路堤荷载对第 i 层土中点的附加应力(kPa)。

超固结条件下

$$S_c = S'_c + S''_c \tag{3.2.4—3}$$

利用原始压缩曲线和原始再压缩曲线分别确定土的压缩指数(C_c)和回弹指数(C_s)，对有效附加应力 $\Delta P > P_c - P_0$ 的土层，其沉降量 S'_c 按下式计算：

$$S'_c = \sum_{i=1}^{n} \frac{\Delta h_i}{1 + e_{0i}}\left[C_{si}\lg\left(\frac{P_{ci}}{P_{0i}}\right) + C_{ci}\lg\left(\frac{P_{0i} + \Delta P_i}{P_{ci}}\right)\right] \tag{3.2.4—4}$$

对于 $\Delta P \leqslant P_c - P_0$ 的土层，其沉降量 S''_c 按下式计算：

$$S''_c = \sum_{i=1}^{n} \frac{\Delta h_i}{1 + e_{0i}} \left[C_{si} \lg \left(\frac{P_{0i} + \Delta P_i}{P_{0i}} \right) \right] \quad (3.2.4\text{—}5)$$

式中　C_{si}——土层的回弹指数。

2　对较均质土或复合地基，主固结沉降 S_c 也可按地基压缩模量进行计算，即

$$S_c = \sum_{i=1}^{n} \frac{\Delta P_i}{E_{si}} \Delta h_i \quad (3.2.4\text{—}6)$$

式中　E_{si}——第 i 层土或复合地基的压缩模量（kPa）。

3　地基总沉降量（S）中的瞬时沉降可不单独计算。将主固结沉降乘以修正系数（m_s）来考虑瞬时沉降及其他因素的影响，即

$$S = m_s S_c \quad (3.2.4\text{—}7)$$

式中　m_s——修正系数，与地基条件、荷载强度、加荷速率等有关：对饱和软黏性土，采用堆载预压排水固结法处理时，其值宜取 1.2～1.4；采用真空预压排水固结法或复合地基处理时，其值可取 1.0～1.2。

4　双线路基地基沉降计算时，列车荷载可按单线有荷计算。

5　复合地基沉降量应包括复合地基加固区的压缩量和下卧土层的压缩量。

6　地基工后沉降量，应根据加荷形式、加荷速率及地基加固措施等因素的影响进行计算分析，并根据观测资料进行调整。

3.3　地基加固

3.3.1　软土或松软土地基加固处理应满足路堤稳定和工后沉降要求；路堑及高度小于基床厚度的低路堤，地基加固措施应满足基床承载力要求；饱和粉土及粉细砂地基，加固深度及密度应满足防止振动液化的要求。

3.3.2　软土地基加固措施应根据软土厚度及特性、埋深、成层情况、软土底面横坡、路堤高度、施工工期、机具设备、填料及环境条件等因素进行经济、技术比较确定。

3.3.3　当软土层厚度小于3 m，且表层无硬壳时，宜采用换填措施处理。

3.3.4　当软土层厚度小于6 m 时，可按下列原则选择适宜的处理措施：

1　表层硬壳厚度小于2 m 时，宜采用排水砂垫层处理，砂垫层厚度不宜小于 0.5 m，砂垫层内可采用土工合成材料加筋补强，加筋的层数应根据稳定检算确定，且不宜超过 3 层；

2　采用反压护道加固时，反压护道宜用单级，其高度宜为路堤高度的 1/3～1/2，且应小于填筑临界高度；宽度应根据稳定性检算确定；

3　当上述单一的措施不能满足稳定要求时，可采取在排水砂垫层内用土工合成材料加筋补强与反压护道综合处理的措施；

4　采用强夯置换墩加固时，应在施工前选择代表性试验段进行试夯，确定其可行性和施工工艺，指导施工。

3.3.5　当软土层较厚时，可采用预压排水固结法处理措施，并应符合下列要求：

1　排水固结措施宜采用袋装砂井、塑料排水带等竖向排水井，地基表层设排水砂垫层。竖向排水井的直径、间距和深度，应根据地基情况、施工工期、固结要求等，按渗透固结理论计算确定。

2　预压措施包括堆载预压和真空预压，一般应采用路堤填土堆载预压法。工期较紧、路堤较矮或预压时间较短时，可采用真空预压法。当以路堤填土荷载或真空预压排水固结法处理的路基工后沉降量仍不能满足要求时，可采取增加堆载预压荷载或真空联合堆载预压措施，加快沉降速率，加大预压期的沉降量。

3　当以预压排水固结法仍不能满足稳定要求时，可采取在砂垫层内用土工合成材料加筋补强或增设反压护道措施。

4　采用堆载预压时，施工组织设计应预留足够的预压期，对路基面以上的预压荷载应确定合理可行的方案。

3.3.6　下列情况或地段，应根据软土性质、加固措施的适宜性和地区经验等条件，选择采用水泥土搅拌桩、石灰桩、水泥粉煤灰碎石（CFG）桩、高压旋喷桩等复合地基或混凝土桩基础等措施加固：

1　软土层较厚，采用预压排水固结法处理不能满足稳定、工后沉降、工期要求或预压荷载困难时；

2　软土层较厚的路堑及高度小于基床厚度的低路堤地段；

3　软土层较厚的支挡建筑物基础或路堑边坡；

4　软土层底面横坡较陡的路堤可能沿该层面滑动时；

5　与既有线并行增建的第二线软土地基。

3.3.7　松软土地基应根据土质、厚度及加固要求等条件，采用以下处理措施：

1　松软土层厚度小于3 m时，宜采用换填措施；

2　路堑及高度小于基床厚度的低路堤地段，松软土层为饱和粉土、粉细砂，当厚度小于6 m时，可采取强夯法处理；当厚度大于6 m时，宜采取挤密砂桩、碎石桩等复合地基措施加固；

3　当松软土层为软黏性土，厚度大于3 m时，宜采用碎石桩、水泥土搅拌桩、CFG桩、高压旋喷桩等复合地基加固处理措施。

3.3.8　复合地基或桩基础应在桩顶与路堤基底之间设置厚度不小于0.4 m的砂砾石或碎石垫层，垫层内宜夹铺土工格栅，强度不应小于50 kN/m。

3.3.9　对呈流塑状态、极不稳定的泥沼地段，厚度小时可采用挖除换填、碾压片石处理措施。厚度大时应做技术经济比较，宜以桥通过。

3.4　施工要求及观测

3.4.1　软土地基上填筑路堤时，应在边坡坡脚外设置边桩，在路堤中心线地面上设置沉降观测设备，进行水平位移和沉降观测，控制填土速率，测定地基沉降值，同时作为验交时控制工后沉降量的依据。

3.4.2　路堤填土速率应满足下列要求：

1　天然地基及采用排水固结法处理的地基，填筑时间不应小于地基抗剪强度增长需要的固结时间；

2　路堤中心沉降每昼夜不得大于10 mm，边桩水平位移每昼夜不得大于5 mm。

3.4.3　采用排水固结法加固地基的地段，应提前安排施工。施工完毕后应放置一段时间，必要时可增大荷载进行预压。

3.4.4　采用复合地基加固的地段,施工前应根据设计进行工艺性试桩,确认设计与施工有关参数技术上可行后,方可正式施工。复合地基加固质量检测合格后方可填筑路堤。

3.4.5　有运架梁作业的路堤,在运架梁期间应加强路基的位移和沉降观测。

3.4.6　软土地段路堤宜结合工程实际,选择代表性地段提前填筑试验路堤。

4 膨胀土(岩)路基

4.1 一般规定

4.1.1 膨胀土指土中黏土矿物主要由亲水矿物组成,具有吸水膨胀、软化、崩解和失水急剧收缩开裂,并能产生往复变形的黏性土。

含有大量亲水矿物,含水率变化时产生较大体积变化具有膨胀土特征的岩石,应判定为膨胀岩。

膨胀土(岩)的分类应符合《铁路工程特殊岩土勘察规程》(TB 10038)的有关规定。

4.1.2 红黏土具有膨胀性时,应按膨胀土设计。

4.1.3 膨胀土(岩)路基应考虑下列特性的影响:

1 膨胀土(岩)具有干缩湿胀特性,吸水膨胀时将对路基支挡建筑物产生膨胀力;

2 膨胀土(岩)具有强度随干湿循环产生剧烈衰减的特性,其残余强度远低于峰值强度;受干湿循环影响强度剧烈衰减的层位为气候影响层;

3 膨胀土(岩)裂隙发育,裂隙面往往充填灰白、灰绿色高塑性黏土,有地下水时,结构面强度大大降低,导致路堑边坡失稳。

4.1.4 膨胀土(岩)地区路基应严格控制边坡高度,避免高路堤及深长路堑。路堤边坡高度不宜超过 10 m,路堑边坡高度不宜超过15 m,并应加强稳定边坡措施。

4.1.5 膨胀岩体存在不利的结构面或软弱夹层时,线路宜垂直或大角度与其相交通过,路基边坡应采取防止顺层滑动的措施。

4.1.6 膨胀土(岩)土质改良时,掺和料宜采用石灰或水泥等,掺入量应根据试验确定。

4.2 路 堑

4.2.1 膨胀土(岩)路堑边坡坡率应根据岩土的性质、软弱层和裂隙的组合关系、气候特点、水文地质条件以及自然山坡、人工边坡的稳定坡度等综合确定。

4.2.2 膨胀土(岩)边坡设计应遵循缓坡率、宽平台、加固坡脚和适宜的坡面防护相结合的原则。边坡高度不超过 10 m 时,边坡坡率及平台宽度可根据边坡的高度和土质按表 4.2.2 设计;边坡高度大于 10 m 时,边坡坡率及形式应结合稳定性分析计算进行设计。稳定性检算宜采用圆弧法,安全系数不应小于 1.25。

表 4.2.2 膨胀土(岩)路堑边坡坡率和平台宽度

膨胀性 边坡高度(m)	边坡坡率			边坡平台宽度(m)			侧沟平台宽度(m)		
	弱	中	强	弱	中	强	弱	中	强
<6	1:1.5	1:1.5~1:1.75	1:1.75~1:2.0	可不设			1.0	1.0~2.0	2.0
6~10	1:1.75	1:1.75~1:2.0	1:2.0~1:2.5	1.5~2.0	2.0	≥2.0	1.5~2.0	2.0	≥2.0

4.2.3　路堑坡脚不应位于两种不同分类等级膨胀土(岩)层交界面处。交界面下部为强膨胀土(岩)时,应采取加强排水和边坡支撑加固的措施。

4.2.4　路堑堑顶距建筑物应有一定的安全距离,并采取可靠的边坡稳定措施。路堑弃土应远离堑顶或弃于低侧山坡。

4.3　路　　堤

4.3.1　基床以下路堤填料应符合下列规定:

1　采用中、强膨胀土(岩)作路堤填料时必须改良;

2　采用弱膨胀土(岩)作路堤填料时,时速200 km铁路必须改良,其他Ⅰ、Ⅱ级铁路可采取改良或加固及防排水措施。

4.3.2　路堤边坡高度不大于6 m时,坡率可按1∶1.5～1∶1.75设计。当边坡高度大于6 m时,边坡坡率及形式应根据填料重塑或改良后性质、气候条件、加固措施等因素进行路堤边坡稳定性分析,并结合既有路堤的成熟经验综合确定。稳定检算宜采用圆弧法,安全系数不应小于1.25。

4.3.3　膨胀土(岩)路堤应根据路堤高度及填料改良条件等预留沉降加宽量。

4.4　基　　床

4.4.1　膨胀土(岩)路堑基床处理应符合下列规定:

1　基床表层应全部换填符合相应铁路等级标准要求的材料。

2　基床底层应采取换填或土质改良措施。对弱、中膨胀土(岩)处理厚度,时速200 km铁路不应小于1.0 m,其他Ⅰ、Ⅱ级铁路不应小于0.5 m;强膨胀土(岩)处理厚度应大于气候剧烈影响层,且不宜小于基床底层深度。

4.4.2　路堤基床表层不得采用膨胀土(岩)或其改良土填筑;基床底层采用膨胀土(岩)作填料时,应采取土质改良措施。

4.5　边坡防护加固

4.5.1　路堤边坡防护加固应符合下列规定:

1　可能发生浅层破坏时,宜采取半封闭的相对保湿防渗措施;

2　可能发生深层破坏时,应结合浅层破坏,通过边坡稳定分析确定加固处理措施;

3　用于稳定和力学分析的膨胀土(岩)强度指标应采用低于峰值强度值,可采用试验、反算、经验指标或综合分析确定;

4　支挡结构基础埋深应大于气候影响层深度,反滤层厚度不应小于0.5 m。

4.5.2　路堑边坡防护和加固可依据工程地质条件、环境因素和边坡高度按表4.5.2—1及表4.5.2—2进行设计。骨架净间距不宜大于3 m,宽度不宜小于0.5 m,深度不应小于0.6 m。

表 4.5.2—1 膨胀土(岩)路堑边坡防护加固措施

边坡高度(m) \ 膨胀性	弱	中	强
≤4	植被网植物护坡	空心砖植物护坡	支撑渗沟加空心砖植物护坡
>4	拱形截水骨架植物护坡,拱形截水骨架加空心砖植物护坡,浆砌片石护坡、护墙	拱形截水骨架加空心砖植物护坡,浆砌片石护坡、护墙,支撑渗沟加拱形截水骨架植物护坡	护墙,支撑渗沟加拱形截水骨架植物护坡,锚杆框架加空心砖植物护坡

表 4.5.2—2 膨胀土(岩)路堑边坡支挡加固措施

边坡高度(m) \ 膨胀性	弱	中	强
≤6	可不设	坡脚墙	抗滑挡土墙
>6	坡脚墙、抗滑挡土墙	抗滑挡土墙、抗滑桩	桩基承台抗滑挡土墙、抗滑桩(桩板墙)

4.5.3 路堤边坡防护和加固可根据填土的工程地质条件及高度按表4.5.3进行设计。骨架净间距不宜大于3 m,宽度不宜小于0.5 m,深度不应小于0.6 m。

表 4.5.3 膨胀土(岩)路堤边坡防护加固措施

边坡高度(m) \ 填土条件	改良土	弱膨胀土
<4	植被网植物护坡	空心砖植物护坡
4~8	空心砖植物护坡,拱形截水骨架植物护坡,边坡加筋加植被网植物护坡	拱形截水骨架植物护坡,边坡加筋加空心砖植物护坡,坡脚墙
>8	拱形截水骨架植物护坡,边坡加筋加空心砖植物护坡,坡脚墙	边坡加筋加空心砖植物护坡,支撑渗沟加拱形截水骨架植物护坡,坡脚墙

4.6 路基排水

4.6.1 堑顶及边坡应根据地形及边坡高度,设置单侧或双侧天沟及边坡平台截水沟。天沟内边缘至堑顶距离不宜小于5 m,且不宜设吊沟排水。较高的路堤及中、强膨胀土(岩)路堑边坡,宜设置边坡渗沟,加强引排地表水及坡面积水。

4.6.2 基床底层顶面或换填底面应加强封闭、隔水处理。路堤及地下水发育的路堑基床,不宜采用土质填料封闭层处理。采用土工合成材料封闭、隔水时,应全断面铺设。地下水发育的路堑基床应采取降低或加深侧沟,设必要的纵横向排水渗沟、渗管等防排地下水措施。

4.6.3 地下水发育路堑边坡,宜采取仰斜排水孔、支撑渗沟和纵向盲沟等地下排水措施。

4.6.4 路堤坡脚应采取排水沟、抬高式护道或坡脚墙等措施,防止受水浸泡。

4.6.5 低路堤、低洼地段基底,应采用渗水土填料填筑,必要时,可增设纵横向排水渗沟、渗管等措施,防止和排除地表积水。

4.6.6 天沟、截水沟、侧沟、排水沟均应采取防冲、防渗加固措施,路堑侧沟应加强防止积水反渗的处理措施。

5 黄土路基

5.1 一般规定

5.1.1 黄土是指第四纪以来在干旱、半干旱气候条件下陆相沉积的一种特殊土，土颗粒成分以粉粒为主，富含钙质，呈棕黄、灰黄或黄褐色。新近堆积黄土是指沉积年代近，具高压缩性、承载力低、在 50 ~ 150 kPa 压力下变形较大的全新世(Q_4^2)黄土。

5.1.2 黄土的时代及其工程性质特点应按表5.1.2划分。黄土地区路堤边坡高度，Ⅰ级铁路不宜大于 10 m，Ⅱ级铁路不宜大于 15 m；新黄土路堑边坡高度不宜大于 20 m，老黄土路堑边坡高度不宜大于25 m。

表 5.1.2 黄土的时代及其工程性质

<table>
<tr><th colspan="2" rowspan="2">时代</th><th colspan="3" rowspan="2">地层名称</th><th colspan="5">工程性质</th></tr>
<tr><th>湿陷性</th><th>抗水性</th><th>透水性</th><th>压缩性</th><th>直立性</th></tr>
<tr><td rowspan="2">全新世(Q_4)黄土</td><td>近期(Q_4^2)</td><td rowspan="3">新黄土</td><td colspan="2" rowspan="2">黄土状土</td><td rowspan="3">一般具有湿陷性</td><td rowspan="2">易冲蚀、潜蚀、崩解</td><td rowspan="2">中</td><td rowspan="2">高至中</td><td rowspan="2">直立性较差，不能维持陡边坡</td></tr>
<tr><td>早期(Q_4^1)</td></tr>
<tr><td colspan="2">晚更新世(Q_3)黄土</td><td colspan="2">马兰黄土</td><td>易冲蚀、潜蚀、崩解</td><td>中</td><td>中</td><td>直立性一般，不能维持陡边坡</td></tr>
<tr><td colspan="2" rowspan="2">中更新世(Q_2)黄土</td><td rowspan="3">老黄土</td><td rowspan="2">离石黄土</td><td>离石黄土上部(Q_2^2)</td><td rowspan="2">上部部分土层具有湿陷性</td><td rowspan="2">冲蚀、潜蚀、崩解较慢</td><td rowspan="2">弱</td><td rowspan="2">中至低</td><td rowspan="2">直立性强，能维持高、陡边坡</td></tr>
<tr><td>离石黄土下部(Q_2^1)</td></tr>
<tr><td colspan="2">早更新世(Q_1)黄土</td><td colspan="2">午城黄土</td><td>不具有湿陷性</td><td>冲蚀、潜蚀、崩解慢</td><td>弱</td><td>低</td><td>直立性强，能维持高、陡边坡，但易剥落</td></tr>
</table>

5.1.3 黄土塬梁地区，路基应避开有滑坡、崩塌、陷穴群、冲沟发育、地下水出露的塬梁边缘和斜坡地段。当必须通过时，应有充分依据和切实可行的工程措施。

5.1.4 黄土河谷地带，当路基位于阶地陡坎或岸坡陡壁附近时，应考虑土体自身的稳定性和水流冲刷对路基稳定性的影响。

5.1.5 黄土冲积、洪积平原地区应加强排水，妥善处理农田水利设施与路基的相互干扰。

5.1.6 位于冲沟沟脑和陷穴附近的路基，应考虑冲沟和陷穴对路基稳定性的影响。

5.1.7 位于湿陷性黄土地段的路基，宜设在湿陷性轻微、湿陷土层较薄、排水条件较好的地段。

5.1.8 黄土作为填料进行土质改良时，掺和料宜采用水泥、石灰等，其掺入量应根据试验确定。

5.1.9 湿陷性黄土地基应根据路基的工后沉降要求，采取减少或消除地基湿陷性的处理措施;饱和黄土地基,应按本规范第 3 章的有关要求进行地基处理。

5.2 路　　堑

5.2.1 路堑边坡形式应根据黄土类别、均匀性及边坡高度按表 5.2.1 确定,并应符合下列规定:

1 边坡小平台,在年平均降水量小于 300 mm 地区应每高12 m设一级;年平均降水量 300 ~ 500 mm 地区应每高 10 m 设一级;年平均降水量 500 ~ 700 mm 地区应每高 8 m 设一级。

2 边坡大平台宜设在边坡的中部。

3 非均质土层平台或变坡点的位置,应结合不同土层分界面和钙质结核层的位置综合确定。

4 边坡平台宽度应根据稳定性计算确定,小平台宽度宜为 2.0 ~ 2.5 m,大平台宽度宜为 4 ~ 6 m。

5 边坡平台应设截水沟,其底宽及深度均应为 0.4 m。

6 侧沟平台宽度可为1.0 ~ 1.5 m。

表 5.2.1　路堑边坡形式及适用条件

边坡形式	适用条件
直线形(一坡到顶)	(1)均质土层,Q_4、Q_3 黄土边坡高度 $H \leq 12$ m;Q_2、Q_1 黄土边坡高度 $H \leq 15$ m; (2)非均质土层,边坡高度 $H \leq 10$ m
折线形(上缓下陡)	非均质土层,边坡高度 $H \leq 15$ m
阶梯形(小平台)	(1)均质土层,Q_4、Q_3 黄土边坡高度 12 m < $H \leq 25$ m;Q_2、Q_1 黄土边坡高度 15 m < $H \leq 25$ m; (2)非均质土层,边坡高度 15 m < $H \leq 25$ m
阶梯形(大平台)	边坡高度 $H > 25$ m

5.2.2 路堑边坡坡率,当边坡高度不大于 20 m 时,可按表 5.2.2 的规定设计;边坡高度大于 20 m 或工程地质、水文地质条件复杂时,应采用工程地质类比法结合边坡稳定性检算确定。设有大平台的深路堑,除应对全高边坡作稳定性检算外,还应对大平台毗邻的上下分段边坡作局部稳定性检算。

表 5.2.2　路堑边坡坡率

黄土名称	适用地区	边坡坡率	
		$H \leq 10$ m	10 m < $H \leq 20$ m
全新世坡积黄土(Q_4^{dl})	①	1:0.75 ~ 1:1	
	②	1:0.5 ~ 1:0.75	1:1 ~ 1:1.25
全新世冲积、洪积黄土($Q_4^{al,pl}$)	①	1:0.5 ~ 1:0.75	
	②	1:0.5	1:0.75 ~ 1:1
晚更新世坡积黄土(Q_3^{dl})	①	1:0.5 ~ 1:0.75	
	②	1:0.5 ~ 1:0.75	1:1 ~ 1:1.25

续上表

黄土名称	适用地区	边坡坡率	
		$H \leqslant 10$ m	10 m $< H \leqslant 20$ m
晚更新世风积黄土(Q_3^{eol})	①	—	
	②	1:0.5	1:0.5～1:0.75
晚更新世冲积、洪积黄土($Q_3^{al,pl}$)	①	1:0.3～1:0.5	
	②	1:0.5	1:0.5～1:0.75
中更新世黄土(Q_2)	①	1:0.5～1:1	
	②	1:0.5	1:0.5～1:0.75
早更新世黄土(Q_1)	①	—	
	②	1:0.5	1:0.5～1:0.75

注:1 适用地区栏内①是指华北、东北平原及内蒙古高原东部地区;②是指黄土高原、豫西等地区。

2 表列边坡坡率是指单一土层的综合边坡坡率,若为多种土层,可根据不同时代、成因土层性质的差异性及其在边坡中所占比例,综合考虑确定。

3 阶梯形边坡的分级坡率,对均质土层可取同一坡率值,对非均质土层可选用不同坡率值。

4 当堑顶地面横坡小于20°时,不计其对边坡坡率的影响。当为20°～35°时,Q_4 黄土边坡高度大于12 m、$Q_3^{al,pl}$黄土边坡高度大于15 m,边坡坡率可放缓一级(按0.25计);当大于35°时,应通过稳定检算确定。

5 对 Q_2、Q_1 黄土尚应考虑构造裂隙对边坡稳定性的影响。

5.2.3 路堑边坡稳定性检算,宜用圆弧法,安全系数不得小于1.25。

5.3 路 堤

5.3.1 当路堤边坡高度不大于15 m时,边坡形式及边坡坡率可按表5.3.1确定。当边坡高度大于15 m时,宜采用工程类比法结合稳定性检算确定路堤的边坡形式及边坡坡率。

表5.3.1 路堤边坡形式及边坡坡率

边坡形式	路基面以下边坡分段坡率	
	$0 < H \leqslant 8$ m	$8 < H \leqslant 15$ m
折线形	1:1.5	1:1.75
阶梯形	1:1.5	1:1.75

注:阶梯形断面适用于年平均降水量大于500 mm的地区,在边坡高8 m处设宽为2 m的边坡平台,边坡平台宜设截水沟。

5.3.2 路堤边坡稳定性检算宜采用圆弧法,安全系数不得小于1.25。填土的抗剪强度指标值应按设计填筑压实标准的要求,采用夯后快剪试验测定。

5.4 基 床

5.4.1 黄土路堤基床应满足以下规定:

1 Ⅰ级铁路的基床表层不得采用黄土或黄土改良土作填料;Ⅱ级铁路的基床表层可

采用黄土改良土作填料。

2 Ⅰ级铁路的基床底层可采用黄土改良土作填料；Ⅱ级铁路的基床底层可采用黄土作填料，但在年平均降水量大于500 mm地区，其塑性指数大于12、液限大于32%时，应采取土质改良或加固措施。

5.4.2 黄土路堑基床应进行以下处理：

1 Ⅰ级铁路的基床表层应进行换填处理，填料应符合有关规定，基床表层以下应采取换填或土质改良措施，时速200 km铁路处理厚度不应小于1.0 m，其他Ⅰ级铁路处理厚度不应小于0.5 m；

2 Ⅱ级铁路的基床表层应采取换填或土质改良等措施；

3 基床表层底部应采用复合土工膜进行封闭、隔水处理。

5.5 边坡防护加固

5.5.1 根据土质、降水量、边坡高度、坡率及防护材料等条件，边坡防护措施应符合现行《铁路路基设计规范》(TB 10001)的有关要求。

5.5.2 路堑边坡宜采用空心砖植物、骨架植物、浆砌片石或混凝土块护坡、护墙、坡脚墙或综合措施加强防冲、防渗及坡脚加固处理。

5.5.3 黄土路堤宜在两侧边坡内分层水平铺设土工格栅，其竖向间距不应大于0.6 m。路堤坡面可采取立体植被网、空心砖植物、骨架植物护坡等措施防护。

5.6 路基排水

5.6.1 堑顶地表水应及时排出，天沟内边缘至堑顶距离不宜小于5 m，天沟内、外侧的积水洼地应回填夯实整平，夯实后土的干重度不得小于15 kN/m^3。

5.6.2 路堤坡脚受水浸泡、冲刷时，应采取防冲、防渗的防护加固措施。

5.6.3 低洼地段路堤基底，应采用渗水土填料填筑；湿陷性黄土地段，路堤应设坡脚排水沟，坡脚至水沟间应进行封闭防渗加固；黄土地段的水沟应进行防冲防渗加固，加固措施宜采用混凝土块板。

5.6.4 路基附近的冲沟危及路基安全时，应采取排水或防护措施。

5.7 湿陷性黄土地基处理

5.7.1 湿陷性黄土应包括非自重湿陷性黄土和自重湿陷性黄土。

5.7.2 湿陷性黄土地基，应经分析检算，提出防止、减少或消除地基湿陷性的处理措施。

5.7.3 湿陷性黄土地基的自重湿陷量(Δ_{zs})应按下式计算：

$$\Delta_{zs} = \beta_0 \sum_{i=1}^{n} \delta_{zsi} h_i \tag{5.7.3}$$

式中 δ_{zsi}——第 i 层土的自重湿陷系数；

h_i——第 i 层土的厚度(mm)；

β_0——因地区土质而异的修正系数：缺乏实测资料时，陇西地区取 $\beta_0=1.50$；陇东—

陕北—晋西地区取$\beta_0=1.20$;关中地区取$\beta_0=0.90$;其他地区取$\beta_0=0.50$。

Δ_{zs}应从天然地面(挖方地段应自路肩)算至其下非湿陷性黄土层顶面止,其中δ_{zs}值小于0.015的土层不累计。

5.7.4 湿陷性黄土地基受水浸湿饱和时,其湿陷量(Δ_s)应符合下列规定:

1 湿陷量(Δ_s)应按下式计算:

$$\Delta_s=\sum_{i=1}^{n}\beta\delta_{si}h_i \tag{5.7.4}$$

式中 δ_{si}——第i层土的湿陷系数;

h_i——第i层土的厚度(mm);

β——考虑基底下地基土的受水浸湿可能性和侧向挤出等因素的修正系数:缺乏实测资料时,基底下0~5 m深度内取$\beta=1.50$;基底下5~10 m深度内取$\beta=1.00$;基底下10 m以下至非湿陷性黄土层顶面,在自重湿陷性黄土场地,可取工程所在地区的β_0值。

2 湿陷量Δ_s的计算深度 ,应从天然地面(挖方地段应自路肩)计算,在非自重湿陷性黄土场地,累计至基底下10 m(或地基压缩层)深度止;在自重湿陷性黄土场地,累计至非湿陷性黄土层的顶面止。其中湿陷系数(δ_s)(10 m以下为δ_{zs})小于0.015的土层不累计。

5.7.5 符合下列任一条件的地基均应采取减少或消除湿陷性的处理措施:

1 在自重湿陷性黄土场地,地基湿陷量的计算值大于或等于路基工后沉降量容许值;

2 在非自重湿陷性黄土场地,地基内各土层的湿陷起始压力值,小于其附加压力与上覆土的饱和自重压力之和,且地基湿陷量的计算值大于或等于路基工后沉降量容许值。

5.7.6 湿陷性黄土地基的处理宽度,应符合下列规定:

1 挡土墙地段在非自重湿陷性黄土场地,应至基础底面外侧不小于1 m;在自重湿陷性黄土场地,应至基础底面外侧不小于2 m;

2 路堤地段应至坡脚排水沟外侧不小于1 m,路堑地段为路基的整个开挖面。

5.7.7 湿陷性黄土地基的处理深度应通过检算确定。

5.7.8 黄土地基湿陷性处理,应根据地基特性、处理深度、施工设备、材料来源和对周围环境的影响等因素进行分析,可选择表5.7.8中的一种或多种相结合的措施。当需要采用注浆或桩基础等特殊处理措施时,应通过试验确定其可行性、设计参数和施工工艺。

表5.7.8 湿陷性黄土地基常用的处理措施

处理措施	适用范围	可处理的湿陷性黄土层厚度(m)
换填垫层法	地下水位以上	1~3
强夯法	地下水位以上,$S_r\leq60\%$的湿陷性黄土	3~7
挤密法	地下水位以上,$S_r\leq65\%$的湿陷性黄土	5~15

5.8 陷穴处理

5.8.1 陷穴的处理范围应符合下列规定:

1　对外露的陷穴,在路堤坡脚或路堑坡顶线外上方侧 50 m 以内,下方侧 10～20 m 内,应全部处理,处理深度自地面至陷穴底;

2　对横穿路基隐蔽的暗穴,自路堤坡脚或路堑坡脚向外侧按($45° + \phi/2$)向下扩展至需要处理的暗穴底。

5.8.2　陷穴处理方法可按表5.8.2选用。

表 5.8.2　陷穴的处理方法及适用条件

处理方法	适用条件
回填夯实	明陷穴
明挖回填夯实	暗穴埋藏浅
支撑回填夯实	暗穴埋藏较深
灌　砂	暗穴小而直
灌泥浆	暗穴大而深

5.8.3　流向陷穴的地面水,应采取拦截引排措施;堑顶的裂缝和积水洼地,应填平夯实;路堤应做好靠山侧的排水工程,并填平夯实积水洼地。

6 盐渍土路基

6.1 一般规定

6.1.1 盐渍土指易溶盐含量大于0.3%的土。地表以下1.0 m深度内易溶盐的平均含量大于0.3%时,应判定为盐渍土地区或场地。盐渍土具有较强的吸湿、松胀、溶蚀及腐蚀等特性。

6.1.2 盐渍土应根据含盐成分按表6.1.2分类。

表6.1.2 盐渍土按含盐成分分类

盐渍土类型	$D_1=\frac{b(Cl^-)}{2b(SO_4^{2-})}$	$D_2=\frac{2b(CO_3^{2-})+b(HCO_3^-)}{b(Cl^-)+2b(SO_4^{2-})}$
氯盐渍土	$D_1>2$	—
亚氯盐渍土	$2\geqslant D_1>1$	—
亚硫酸盐渍土	$1\geqslant D_1>0.3$	—
硫酸盐渍土	$D_1<0.3$	—
碱性盐渍土	—	$D_2>0.3$

注:$b(Cl^-)$、$b(HCO_3^-)$、$2b(SO_4^{2-})$、$2b(CO_3^{2-})$是指1 kg土中所含括号内物质的质量摩尔浓度(单位为mmol/kg)。

6.1.3 路基位置应选在地势较高、地下水位较低、排水条件好、土中含盐量低、地下水矿化度低、盐渍土分布范围小的地段,并应以路堤通过。

6.2 路堤

6.2.1 路堤最小高度(H_{min})应满足不发生次生盐渍化的要求,按式(6.2.1)计算。

$$H_{min}=H_c+\Delta h+h_s\pm h_w \tag{6.2.1}$$

式中 H_c——毛细水强烈上升高度(m);

Δh——安全高度,一般取0.5 m;

h_s——蒸发强烈影响深度(m),指自地面或路面以下天然含水率曲线有明显变化的深度;

h_w——最高地下水水位埋藏深度或最高地面积水深度,其中前者取负值(m)。

当盐渍土路基同时为季节性冻土路基时,应按本规范第7.7.1条的规定计算路堤最小高度,两者取其大值。

一般情况下,路堤最小高度不宜小于2.5 m。

6.2.2 毛细水强烈上升高度(H_c)应在现场测试取得。困难时,可根据土的类别、均质性及其有关物理指标,按下列公式计算:

1 均质土的毛细水强烈上升高度(H_c)

1）砂类土

$$H_c = 0.290 + 0.0567w_m + 1.5457d_{10}^{-0.246} + 1.409d_{50}^{-0.198} \tag{6.2.2—1}$$

式中　w_m——最大分子吸水率（%）；

d_{10}——有效粒径（μm）；

d_{50}——平均粒径（μm）。

2）细粒土

$$H_c = 0.590 + 0.0485I_p + 1.6963d_{10}^{-0.323} + 2.293d_{50}^{-0.229} \tag{6.2.2—2}$$

式中　I_p——土的塑性指数。

2　非均质土的毛细水强烈上升高度（H_c）

$$H_c = \sum_{i=1}^{n} h_i - H_{cn}\left(\sum_{i=1}^{n} \frac{h_i}{H_{ci}} - 1\right) \tag{6.2.2—3}$$

式中　h_i——第 i 层土的厚度（m）；

H_{ci}——第 i 层土视为均质时的毛细水强烈上升高度（m）；

n——自地下水位算起的毛细水强烈上升高度顶点所在土层层数，$\sum_{i=1}^{n} \frac{h_i}{H_{ci}} \geqslant 1$ 时的土层数 n；

H_{cn}——第 n 层土视为均质时的毛细水强烈上升高度（m）。

6.2.3　路堤基床不得采用盐渍土、石膏土作填料；基床以下不应采用石膏土作填料。采用盐渍土作填料时，其容许含盐量（$\overline{DT}$）不应大于表 6.2.3 的规定。

表 6.2.3　路基工程对土层容许易溶盐含量的要求

盐渍土类型	地基或填料的容许含盐量（$\overline{DT}$）
氯盐渍土	$5\% \leqslant \overline{DT} \leqslant 8\%$（一般为 5%，如加大夯实密度，可提高其含盐量，但不得大于 8%，其中硫酸钠含量不得大于 2%）
亚氯盐渍土	$\overline{DT} < 5\%$（其中硫酸钠含量不得大于 2%）
亚硫酸盐渍土	$\overline{DT} < 5\%$（其中硫酸钠含量不得大于 2%）
硫酸盐渍土	$\overline{DT} < 2.5\%$（其中硫酸钠含量不得大于 2%）
碱性盐渍土	$\overline{DT} < 2\%$（其中易溶的碳酸盐含量不得大于 0.5%）

注：在干燥度大于 50、年平均降水量小于 60 mm、相对湿度小于 40% 的西北内陆盆地地区，当无地表水浸泡时，路堤填料和地基土可不受氯盐含量的限制。

6.2.4　当路堤高度小于式（6.2.1）计算的最小高度时，路堤底部应设置毛细水隔断层，其底面高程应高于当地最高地面积水高程。

6.2.5　毛细水隔断层可采用渗水土、复合土工膜，并应符合下列规定：

1　渗水土隔断层的厚度不宜小于50 cm，隔断层顶面应设厚 15 cm 的反滤层，底面应设厚 10 cm 的砂垫层；

2　复合土工膜隔断层的技术指标、性能及铺设要求应符合现行《铁路路基土工合成材料应用设计规范》（TB 10118）的规定。

6.3　地 基 处 理

6.3.1　地基和天然护道的表土含盐量大于本规范表6.2.3规定的容许值时应予铲除，设隔断层时可不铲除。

6.3.2 地基表层土松散时应予碾压密实或翻挖分层回填压实。松散土层较厚时，可采取换填、强夯等加固措施。

6.3.3 地基土为软弱土层时，应根据软弱土层的性质、厚度、含水率、地表积水深度等，按本规范第3章的规定处理。

6.4 边坡防护加固

6.4.1 盐渍土路堤表土的松胀、溶失、风蚀等可采用下列处理措施：

1 路基面每侧加宽0.4 m，与路堤本体同时施工；

2 骨架植物或空心砖植物护坡；

3 M10水泥砂浆块板护坡；

4 干砌片石护坡；

5 浆砌片石护坡。

6.4.2 地下水水位较高、毛细水进入路堤本体时，应自毛细水强烈上升高度顶面以下两侧边坡上加设护道，宽度不应小于1.5 m。

7 冻土地区路基

7.1 一般规定

7.1.1 冻土是指温度为0 ℃或低于0 ℃并含有冰晶的土(岩)。根据冻结状态持续时间(T),冻土可分为多年冻土(T≥2 年)和季节性冻土(T<1 年)。

7.1.2 多年冻土应按表7.1.2分类。

表7.1.2 多年冻土分类及融沉性分级表

多年冻土类型	土的名称	总含水率w_A(%)	平均融沉系数δ_0(%)	融沉等级	融沉类别
少冰冻土	碎石类土、砾砂、粗砂、中砂(粉黏粒质量不大于15%)	$w_A<10$	≤1	Ⅰ	不融沉
	碎石类土、砾砂、粗砂、中砂(粉黏粒质量大于15%)	$w_A<12$			
	细砂、粉砂	$w_A<14$			
	粉 土	$w_A<17$			
	黏性土	$w_A<w_p$			
多冰冻土	碎石类土、砾砂、粗砂、中砂(粉黏粒质量不大于15%)	$10\leqslant w_A<15$	$1<\delta_0\leqslant3$	Ⅱ	弱融沉
	碎石类土、砾砂、粗砂、中砂(粉黏粒质量大于15%)	$12\leqslant w_A<15$			
	细砂、粉砂	$14\leqslant w_A<18$			
	粉 土	$17\leqslant w_A<21$			
	黏性土	$w_p\leqslant w_A<w_p+4$			
富冰冻土	碎石类土、砾砂、粗砂、中砂(粉黏粒质量不大于15%)	$25\leqslant w_A<25$	$3<\delta_0\leqslant10$	Ⅲ	融 沉
	碎石类土、砾砂、粗砂、中砂(粉黏粒质量大于15%)				
	细砂、粉砂	$18\leqslant w_A<28$			
	粉 土	$21\leqslant w_A<32$			
	黏性土	$w_p+4\leqslant w_A<w_p+15$			
饱冰冻土	碎石类土、砾砂、粗砂、中砂(粉黏粒质量不大于15%)	$25\leqslant w_A<44$	$10<\delta_0\leqslant25$	Ⅳ	强融沉
	碎石类土、砾砂、粗砂、中砂(粉黏粒质量大于15%)				
	细砂、粉砂	$28\leqslant w_A<44$			
	粉 土	$32\leqslant w_A<44$			
	黏性土	$w_p+15\leqslant w_A<w_p+35$			
含土冰层	碎石类土、砂类土、粉土	$w_A\geqslant44$	$\delta_0>25$	Ⅴ	融 陷
	黏性土	$w_A\geqslant w_p+35$			

注:1 总含水率包括冰和未冻水;

2 盐渍化冻土、泥炭化冻土、腐殖土、高塑性黏土不在表列;

3 平均融沉系数$\delta_0=\dfrac{h_1-h_2}{h_1}=\dfrac{e_1-e_2}{1+e_1}\times100\%$

h_1,e_1——冻土试样融化前的高度(mm)和孔隙比;

h_2,e_2——冻土试样融化后的高度(mm)和孔隙比。

7.1.3　高原多年冻土的地温分区，可根据多年冻土年平均地温 T_{cp} 分为以下四类：

1　多年冻土的年平均地温 $T_{cp} \geq -0.5$ ℃时，属高温极不稳定冻土区；

2　多年冻土的年平均地温 -1.0 ℃ $\leq T_{cp} < -0.5$ ℃时，属高温不稳定冻土区；

3　多年冻土的年平均地温 -2.0 ℃ $\leq T_{cp} < -1.0$ ℃时，属低温基本稳定冻土区；

4　多年冻土的年平均地温 $T_{cp} < -2.0$ ℃时，属低温稳定冻土区。

7.1.4　多年冻土地区线路宜绕避不良冻土现象发育和地下水丰富地段，当绕避困难时，应选择在病害轻、范围窄的地段通过，并采取合理的工程措施。线路位于下列不良冻土区时，宜以桥梁通过。

1　大型的冻胀丘、冰椎发育地段；

2　发展性热融湖（塘）、范围宽广的大片沼泽或横向坡度较陡的沼泽地段；

3　高温极不稳定区或不易保温的岛状冻土区。

7.1.5　多年冻土地区路基宜采用路堤形式。在高含冰量（富冰冻土、饱冰冻土、含土冰层）冻土地段的路堤，当采用保护冻土的设计原则时，路堤最小高度应根据不同地区、填料种类、不同地温分区综合确定。

7.1.6　山坡上的路基应选在坡度较缓、地表干燥、向阳的地段通过。

7.1.7　位于冻胀丘、冰椎地段的路基宜在其下方影响距离之外以路堤通过，并应有足够高度；位于其上方时应考虑地下水活动变化对路堤稳定性的影响。多年冻土沼泽、厚层地下冰和冻结层上水发育的地段应避免设路堑。

7.1.8　热融滑坍体地段路基宜从其下方以路堤通过。

7.1.9　大片多年冻土带和地温较低、保温条件好的岛状多年冻土带的路基应按保护多年冻土的原则设计。在人为活动频繁、地温极高、地面保温条件差的岛状多年冻土带应按破坏多年冻土的原则设计。

7.1.10　少冰冻土、多冰冻土地段路基，可按一般地区设计处理，但路堤基底不宜清除地表草皮，向阳侧应按高含冰量冻土地段路基设置护道；富冰冻土、饱冰冻土、含土冰层地段以及有冻胀丘、冰椎、冻土沼泽、热融滑坍、热融湖（塘）等不良冻土现象地段的路基，应采取特殊处理措施。

7.1.11　路堤设计时应计算地基的融化沉降量和压缩沉降量，并按工后沉降量确定路基面每侧预留加宽值。地基沉降量应按附录 A 计算。

7.1.12　填筑在地面横坡陡于1:2.5或天然上限以上土质松软的斜坡上的路堤应按路堤沿山坡表面及冻融交界带滑动的稳定性分析，采取相应的支挡加固措施。

7.1.13　多年冻土区的防护建筑物不得采用浆砌片石结构。挡土墙宜采用预制拼装化的轻型、柔性结构，基础宜采用混凝土拼装基础或桩基础，埋深不应小于该处多年冻土天然上限的1.3倍。

7.1.14　多年冻土区支挡结构设计荷载除计算土压力外，还应考虑作用在基础上的冻胀力和墙背上的水平冻胀力。土压力、水平冻胀力应按暖季和寒季分别计算，土压力和水平冻胀力不应叠加。

7.1.15　路堤基床的厚度、填料及压实度除应符合一般地区的有关规定外，填料的选用还应考虑冻结层上水的发育程度及填料的冻胀敏感性。

7.1.16　高含冰量冻土区的路基应结合地温分区优先采取主动防护措施；对高温、高含冰量冻土区的路基，应采取综合防护措施。

7.1.17　下列地段应按要求设长度不小于20 m的路基过渡段：

1　高含冰量冻土不同地温间，在低地温段按相对高地温段要求设计路基过渡段；

2　高含冰量冻土与少冰、多冰冻土间，在少冰、多冰冻土区按高含冰量冻土区要求设计路基过渡段；

3　融区与多年冻土间，在融区按多年冻土要求设计路基过渡段。

7.1.18　路基设计应根据路基工程场地的多年冻土条件和路基工程类别，确定适宜的施工季节。

7.1.19　季节性冻土的冻胀分级应根据土的类别、天然含水率、地下水位、平均冻胀率按表7.1.19划分。

表 7.1.19　季节性冻土的冻胀分级

土的类别	冻前天然含水率 w(%)	冻结期间地下水位距冻结面的最小距离 h_w(m)	平均冻胀率 η(%)	冻胀等级及类别
粉黏粒质量不大于15%的粗颗粒土(包括碎石类土、砾、粗、中砂，以下同)，粉黏粒质量不大于10%的细砂	不考虑	不考虑	$\eta \leq 1$	Ⅰ级 不冻胀
粉黏粒质量大于15%的粗颗粒土，粉黏粒质量大于10%的细砂	$w \leq 12$	>1.0		
粉　砂	$12 < w \leq 14$	>1.0		
粉　土	$w \leq 19$	>1.5		
黏性土	$w \leq w_p + 2$	>2.0		
粉黏粒质量大于15%的粗颗粒土，粉黏粒质量大于10%的细砂	$w \leq 12$	≤ 1.0	$1 < \eta \leq 3.5$	Ⅱ级 弱冻胀
	$12 < w \leq 18$	>1.0		
粉　砂	$w \leq 14$	≤ 1.0		
	$14 < w \leq 19$	>1.0		
粉　土	$w \leq 19$	≤ 1.5		
	$12 < w \leq 22$	>1.5		
黏性土	$w \leq w_p + 2$	≤ 2.0		
	$w_p + 2 < w \leq w_p + 5$	>2.0		
粉黏粒质量大于15%的粗颗粒土，粉黏粒质量大于10%的细砂	$12 < w \leq 18$	≤ 1.0	$3.5 < \eta \leq 6$	Ⅲ级 冻胀
	$w > 18$	>0.5		
粉　砂	$14 < w \leq 19$	≤ 1.0		
	$19 < w \leq 23$	>1.0		
粉　土	$19 < w \leq 22$	≤ 1.5		
	$22 < w \leq 26$	>1.5		
黏性土	$w_p + 2 < w \leq w_p + 5$	≤ 2.0		
	$w_p + 5 < w \leq w_p + 9$	>2.0		
粉黏粒质量大于15%的粗颗粒土，粉黏粒质量大于10%的细砂	$w > 18$	≤ 0.5	$6 < \eta \leq 12$	Ⅳ级 强冻胀
粉　砂	$19 < w \leq 23$	≤ 1.0		
粉　土	$22 < w \leq 26$	≤ 1.5		
	$26 < w \leq 30$	>1.5		
黏性土	$w_p + 5 < w \leq w_p + 9$	≤ 2.0		
	$w_p + 9 < w \leq w_p + 15$	>2.0		

续上表

土的类别	冻前天然含水率 w(%)	冻结期间地下水位距冻结面的最小距离 h_w(m)	平均冻胀率 η(%)	冻胀等级及类别
粉砂	$w>23$	不考虑	$\eta>12$	V级特强冻胀
粉土	$26<w\leqslant30$	$\leqslant1.5$		
	$w>30$	不考虑		
黏性土	$w_p+9<w\leqslant w_p+15$	$\leqslant2.0$		
	$w\geqslant w_p+15$	不考虑		

注:1 平均冻胀率为地表冻胀量与冻层厚度减地表冻胀量之比;
2 w_p 为塑限含水率;
3 盐渍化冻土不在表列;
4 塑性指数大于22时,冻胀性降低一级;
5 碎石类土当充填物大于全部质量的40%时,其冻胀性按填充物土的类别判定。

7.1.20 当土体具有始冻负温和更低的持续负温,且具备下列条件之一时,可按产生季节性冻胀的情况进行路基设计:

1 符合表7.1.19所列的冻胀土或强冻胀土;

2 黏性土,尤其是天然含水率 w 明显大于塑限含水率 w_p 的粉质黏土及饱和度 $S_r>0.8$ 的粗粒土。

7.2 高含冰量冻土地段路基

7.2.1 多年冻土地段路堤按保护多年冻土的原则设计时,应采取加强地面排水、设置工业保温材料保温层、路堤下部埋设通风管、热棒降温、遮阳板护坡、保温护道及两侧坡脚外20 m范围地表植被不得破坏等措施。

高原地区还可采用块石或片石路基,路基边坡设置碎石或块石护坡措施。

7.2.2 路堤两侧应设置保温护道,护道材料可采用黏性土或黏性土内埋设聚苯乙烯泡沫隔温板等。根据路基边坡的朝向不同,护道尺寸应符合表7.2.2的规定,并满足下列要求:

1 位于人为活动频繁或地面排水困难的地段,宜设土护道,其尺寸取大值;

2 位于岛状多年冻土带或地温较高地面保温条件差的地段,护道尺寸宜取大值;

3 朝向差别明显地段,向阳侧的护道尺寸宜取大值或仅在向阳侧设置护道;

4 高原地区还可采用块片石保温护道,块、片石宜采用粒径0.1~0.3 m,无级配的不易风化的坚硬石块;保温护道尺寸可取表7.2.2中细粒土的小值。

表7.2.2 保温护道尺寸

填筑材料	护道尺寸(m)		边坡坡率
	高度	宽度	
细粒土	1.5~2.0	2.5~3.0	1:1.75
聚苯乙烯泡沫隔温板或聚氨酯板	0.5	1.5~3.0	1:1.75

注:1 护道材料为聚苯乙烯泡沫隔温板(即EPS板)时,根据地层含冰情况选用双层或单层(EPS板一般厚30 mm或50 mm)。板下铺设0.2 m厚的中砂(或炉渣)作垫层,板上铺0.2 m细粒土厚防火层。聚氨酯板一般厚60~80 mm。
2 护道顶面设4%排水横坡。

7.2.3 富冰冻土、饱冰冻土和含土冰层上的路堑,应根据多年冻土的情况,对路堑边坡采取部分或全部挖除换填的措施,挖除换填的厚度应能满足计算保温层厚度的要求。边坡坡率应比一般地区路堑边坡放缓一级,堑顶采用包角的形式,并做好边坡加固及排水工程。

7.2.4 低填浅挖、零断面路基及路堑基床,根据地基季节融化层和多年冻土性质,可采取全部或部分挖除换填渗水土,换填的厚度应满足保温层厚度的要求。当基床范围全部采用碎石类、砾石类等粗粒土时,应在地面上设复合土工膜防渗层,防渗层表面设4%的横向排水坡,路基边坡应做好保温层、加固及排水设备等。保温层厚度应根据当地经验确定。当无经验时,可按附录B计算确定。

7.2.5 路基采用工业保温材料(聚胺酯板、聚苯乙烯板或挤塑聚苯乙烯板等)保温时,保温层设置应根据路堤高度、地表地温、地层含水情况经热工计算确定,保温板应避免在高温季节进行铺设施工。

7.2.6 在路基下侧埋设通风管时,通风管可采用预制钢筋混凝土管、钢管或PVC管、EP双壁波纹管。埋设位置、有效孔径及间距应通过热工计算确定。

7.2.7 采用热棒降温时,热棒直径和间距应根据热棒类型、所采用的工质和地—气温差等因素通过计算确定。

7.2.8 路基的两侧或向阳一侧边坡可设遮阳板防护。

7.2.9 路堤基底、路堑路基面以下2倍天然上限范围内夹有累计小于0.15 m厚的含土冰层或0.4 m厚的饱冰冻土或0.6 m厚的富冰冻土地段的路基可按少冰、多冰冻土地段路基设计,但应加宽路基面预留沉降量。

7.3　多年冻土沼泽地段路基

7.3.1 多年冻土沼泽地段的路基宜采取保护多年冻土的原则,并应采取加强排水、预留沉降、防止冻害的综合措施。

7.3.2 多年冻土沼泽地段的路堤底部可采用块片石填筑,其厚度应为路堤沉降后至少高出冻前积水水位0.5 m。路堤边坡两侧应设置保温护道。

7.3.3 多年冻土沼泽地段路堤,基底为富冰冻土、饱冰冻土或含土冰层时,应根据基底冻土类型按本规范第7.2节的规定进行设计。

7.3.4 线路通过缓山坡沼泽时,应进行基底处理或边坡支挡加固,并应根据沼泽水源补给来源,在路堤一侧或两侧设置挡水埝。

7.4　冻胀丘、冰椎和热融湖(塘)地段路基

7.4.1 冻胀丘、冰椎地段的路堤,其高度不得低于冻胀丘、冰椎的最大高度,并应采取防治冻胀措施。

7.4.2 冻胀丘地段的路堤,宜在路堤上方侧坡脚20 m外,根据水文地质情况采取截堵地下水措施。

7.4.3 冰椎地段的路堤应根据地下水的出口位置、泉水类型以及水量水温、积冰高度等,采用积冰坑、冻结沟、挡冰堤、渗水暗沟、集水井等措施。

7.4.4 路堤通过热融湖(塘)时,应根据地基融化和发展情况、湖(塘)内积水深度,选用填料和确定防护加固措施。浸水部分宜用片块石或渗水土填筑,其顶面应在路堤沉降后高出冻前积水水位不得小于0.5 m。

7.4.5 热融湖(塘)地段路基,当基底为松软地层时,应考虑基底土层压实沉降的影响,采取必要的地基处理措施。

7.5 路基排水

7.5.1 多年冻土区的路基,应采取排除地表水的措施,并应具有足够的过水能力。在排水困难地段应增设桥涵。

7.5.2 有天然积水或修筑路基后有可能造成积水、排水困难的地段,应在路堤坡脚设防水护道或填土压实整平低凹处,并设4%的向外排水坡。

7.5.3 排水沟、天沟、侧沟设计应符合下列规定:

1 排水沟边缘至路堤坡脚或保温护道坡脚的距离,在富冰冻土和饱冰冻土地段不得小于5 m,在含土冰层地段不得小于10 m;天沟边缘至堑顶的距离不宜小于5 m。

2 排水沟、天沟、侧沟应采用宽浅型,深度不宜超过0.4 m,边坡坡率1:1.0~1:1.5,排水沟、天沟的边坡必要时可选用草皮、黏性土等加固。

3 在厚层地下冰和冻土沼泽地段可采用挡土埝或挡水埝与排水沟结合使用,排水沟的边缘至挡水埝的坡脚间的距离不应小于1.0 m;路堑侧沟可采用混凝土板、混凝土槽或干砌片石加固,并以灰土或三合土作垫层。

4 高原多年冻土区的排水设施应优先选用挡水埝或带有隔水板的挡水埝。

7.5.4 挡水埝设计应符合下列规定:

1 当按保护多年冻土的原则设计,地面横坡明显时,应在路基上方设挡水埝;当地面横坡不明显时,应在两侧设挡水埝。

2 挡水埝的横断面应为梯形,挡水埝应有足够的挡水高度,顶宽不应小于1.0 m,边坡坡率应为1:1.5~1:1.75。

3 天沟、排水沟靠线路一侧的边缘距挡水捻坡脚的距离不应小于1.0 m。

4 挡水埝距堑顶或路堤坡脚的距离不宜小于5 m。

7.5.5 对路基有危害的地下水,应根据地下水类型、水量、积水和地层情况,选用冻结沟、积冰坑或渗沟等措施,并应符合下列规定:

1 当采用渗沟排除地下水时,渗沟及检查井均应采取保温措施;出水口的位置应选在地势开阔、高差较大、纵坡较陡、向阳、避风等处,并采用掩埋式锥体或其他形式的保温措施。

2 当路堑边坡有地下水出露时,应将水引排,并应在边坡上采取保温措施。

7.6 取土坑和弃土堆

7.6.1 取土坑的设置应远离线路,分段集中取土,并应符合环境保护的要求。

7.6.2 多年冻土区的路基,不宜在路基两侧取土;高含冰量冻土及不良冻土现象发育地段的路基,不得在路基两侧取土。

7.6.3　取土场应选择在植被稀疏的少冰多年冻土的山坡或融区、河滩等地。路堑挖方、隧道弃砟及路基换填地段挖出的高含冰量冻土不得作为路基及保温护道的填料，并应弃于远离路堑的下方侧，并应考虑对地下多年冻土的影响，不得影响地表水顺利排泄。

7.6.4　取(弃)土场至路基间应设计固定的行车路线，不得随意行车，行车道路宜按填方路堤形式设计。

7.7　季节性冻土防治措施

7.7.1　防止路基冻害设计应符合以下规定：

1　基床顶面至地面的最小距离($H_{\min}$)应按下式计算：

$$H_{\min} = H_c + \Delta h + h_f \pm h_w \tag{7.7.1}$$

式中　H_c——毛细水强烈上升高度(m)，可根据土的类别按式(6.2.2—1～3)计算；

Δh——安全高度，一般取0.5 m；

H_f——有害冻胀深度(m)，可取最大冻结深度的60%～95%；

h_w——冻胀期地下水埋深或地面积水深度，当为地下水时取负号。

2　路堤高度不应小于按式(7.7.1)计算的路堤最小高度。不能满足时，可采用下列措施：

1)引排地面积水或降低地下水水位；

2)基底设毛细水隔断层；

3)在有害冻胀深度范围内，采用弱冻胀土作填料；

4)采用聚苯乙烯泡沫塑料板隔温层。

7.7.2　改建既有线和整治路基冻害时，应符合下列规定：

1　就地取土方便并有修筑施工便线条件时，宜将路堤抬高至满足式(7.7.1)所要求的路堤最小高度；

2　当有炉渣可利用时，宜结合线路抬坡，在有害冻胀深度内加设炉渣保温层或工业保温材料保温层；

3　当既有路堤高度偏低且线路难以抬坡时，宜在有害冻胀深度内换填弱冻胀土或采用横向渗沟等排除地下水的措施。

8　风沙地区路基

8.1　一般规定

8.1.1　风沙地区路基设计，应按近期与远期防护相结合、铁路建设与防治同时进行的原则，采取工程与植物防沙相结合的综合治理措施。

8.1.2　风沙地区路基宜以路堤通过，Ⅰ级铁路路堤高度不宜小于2.5 m，Ⅱ级铁路路堤高度不宜小于1.0 m，并应根据风沙范围、对路基危害程度、风沙活动特征、水文地质条件等因素，确定有效的防护措施。地基为松软土时，应按本规范第3章的规定进行地基处理。

8.1.3　风沙地区路基基床应符合下列要求：

1　路堤：砂类土不得作为Ⅰ级铁路基床表层填料；Ⅱ级铁路基床表层采用粉、细砂作填料时，应采取土质改良措施；Ⅰ级铁路基床底层采用粉、细砂作填料时，应采取土质改良或加固措施。

2　路堑：Ⅰ级铁路基床表层应采取换填措施，填料应符合有关规定；Ⅰ级铁路基床底层、Ⅱ级铁路基床表层土质为粉、细砂时，应采取换填、土质改良或其他加固措施。

8.1.4　当横向取、弃土时，取土坑和弃土堆应设在背风侧。取土坑内边缘距路堤坡脚不应小于5 m，弃土堆内边缘距堑顶不应小于10 m，并应采取防风沙措施。

8.1.5　路基工程应避免在大风季节施工。施工时应保护原有地表硬壳及植被，对车辆和施工机械应划定行驶路线。线路两侧各500 m范围内的天然植被和地表硬壳均不得破坏。

8.2　路　　堑

8.2.1　粉、细砂路堑边坡形式应采用直线型。边坡高度 $h \leqslant 6$ m 时，边坡坡率应采用1∶1.75；6 m $< h \leqslant 12$ m 时，采用1∶2。戈壁风沙流地区的浅路堑，宜采用展开式，其边坡坡率宜缓于1∶4。

8.2.2　粉、细砂地层应设置侧沟并铺砌加固。干旱与极干旱荒漠带，一次降雨能全部渗入沙层不产生径流时，可不设侧沟。

8.2.3　路堑地段应根据沙源、风向及一次最大积沙量情况，在侧沟外设置宽度不小于2 m的积沙平台；不设侧沟时，积沙平台宽度不应小于3 m。积沙平台应采用卵石土、碎石土、粗砾土、黏性土或水泥砂浆块板等覆盖。

8.3　路　　堤

8.3.1　粉、细砂路堤边坡形式应采用直线型。边坡高度 $h \leqslant 6$ m 时，边坡坡率应采用

1∶1.75；边坡高度为6 m＜h≤12 m时，应采用1∶2。

8.3.2　当大风地区采用碎石类土作填料时，路基每侧应加宽0.3～0.5 m。

8.4　路基边坡防护

8.4.1　路基本体为粉砂、细砂及易被吹蚀的粉土时，应对路肩、坡面以及路堤坡脚或堑顶外2～5 m范围的地表进行防护。当基床采用其他填料时，宜根据情况对路肩和坡面采取防风蚀措施。

8.4.2　路基边坡防护形式及结构尺寸，应根据路基土质、风沙活动规律，材料来源和施工条件等确定。有条件时，应优先采用植物防护措施，也可采用碎石类土、黏性土或土工网(垫)植草、坡面栽砌卵石方格、铺砌水泥砂浆块板等防护。

8.4.3　防护材料应根据当地情况选用卵石土、碎石土、粗砾土、黏性土、矿渣、片石、水泥砂浆块板、土工合成材料或其他不易被风吹蚀的材料。施工期间的临时防护可选用草席、树枝、土工合成材料等。

8.5　路基两侧防护

8.5.1　路基两侧应结合当地的治沙经验，采取固沙、阻沙、输沙和封沙育草、保护天然植被等多种防护措施，构成严密的、整体性的防沙结构体系。

8.5.2　两侧防沙体系应自路堤坡脚(或堑顶)外依序设置防火带、防护带、植被保护带等。防护带内工程防护和植物防护措施应相互协调配合，发挥整体效能。

8.5.3　**防沙林和采用草类等易燃材料的防护带，应在路基坡脚或堑顶外选用卵石土、碎石土、粗砾土等铺设防火带。防火带宽度应符合《铁路工程设计防火规范》(TB 10063)的规定。**

8.5.4　路基两侧应根据沙源、风况、沙丘活动情况和天然植被状况等因素，分别按严重、中等和轻微风沙地段设置防护带和植被保护带，其宽度应符合下列规定：

1　严重风沙地段，迎主导风向侧防护带宽度宜为250～300 m，植被保护带宽度不宜小于400 m；背主导风向侧防护带宽度宜为100～200 m，植被保护带宽度不宜小于150 m。

2　中等风沙地段，迎主导风向侧防护带宽度宜为150～200 m，植被保护带宽度不宜小于300 m；背主导风向侧防护带宽度宜为100 m左右，植被保护带宽度不宜小于100 m。

3　轻微风沙地段，迎主导风向侧防护带宽度宜为100 m左右，植被保护带宽度不宜小于200 m；背主导风向侧防护带宽度宜为50 m左右，植被保护带宽度不宜小于50 m。

4　Ⅰ级铁路的防护带和植被保护带宽度应取大值。

8.5.5　路基两侧的植被保护带范围内应在植被保护区边缘处，设置严禁采樵、放牧和开垦等护林标志或带刺铁丝网、护林沟堤等设施。

8.5.6　大风地区路基两侧，除应设置各种防沙的设施外，在风力集中的风口地段，迎主导风向侧应采取降低风速或挡风措施。

8.5.7　防沙工程长度应沿线路两端适当延长，并宜形成封闭的防护形式。

8.6 工程防沙措施

8.6.1 工程防沙措施适用于无植物防沙条件或为植物固沙创造条件的风沙地区路基。防护措施应在查明风沙源头和径路的基础上前移远离线路。

8.6.2 防护类型应依据风沙活动特征、输沙量、地形和防护材料性质等综合确定，一般可采用下列防护措施：

1 平铺卵石土、碎石土、粗砾土、矿渣、炉渣等粗颗粒土；

2 设置草方格、苇把、树枝栅栏、黏性土埂等沙障；

3 设置挡沙沟堤、土坯墙、干砌片石墙及高立式沙障、挡风墙等。

8.6.3 高立式沙障和挡沙沟堤距路基坡脚或堑顶迎主导风向侧不应小于200 m，背主导风向侧不应小于 100 m。在沙源丰富地段，可向外适当增加沙障排数，其排间距离不宜小于障高的 20 倍。

8.6.4 单一挡沙沟堤宜在沙源较少地段使用。当沙源较多时，可在其外侧设置防沙栅栏，距挡沙沟堤的距离不宜小于 20 m。

8.6.5 防沙工程跨越沟谷或漫流区时，应采取防止被水流冲毁的措施，增加防护设施。

8.7 植物防沙措施

8.7.1 有水源可利用或年平均降水量大于250 mm 地区，应采用植物固沙；在年平均降水量为 100 ~ 250 mm 且湿沙层含水率大于 3% 的地区，宜采用植物固沙。

8.7.2 防护林带应根据当地造林经验和水源条件，采用乔木、灌木、草本植物相结合，以灌木为主的混交林或纯林，每条林带宽度宜为 20 ~ 40 m。每两条林带间应设林间空地，其宽度可采用 30 ~ 40 m。防护林带数量应按下列原则布置：

1 严重风沙地段，迎主导风向侧设 4 ~ 5 条，背主导风向侧2 ~ 3条；

2 中等风沙地段，迎主导风向侧设 3 ~ 4 条，背主导风向侧 2 条；

3 轻微风沙地段，迎主导风向侧设 2 条，背主导风向侧 1 条。

8.7.3 树(草)种应选择生长良好、固沙能力强的当地沙漠植物。引种外地树(草)种时，应经过栽培试验，成功后推广应用。先锋植物与后期植物应互相配合。

8.7.4 植物应配置合理、密度适宜，宜采用稀疏结构林带。

8.7.5 植物的灌溉应优先采用喷灌和滴(渗)灌。

8.7.6 植树造林初期应采取工程防沙过渡措施，同时应在距林带 20 m 以外设置阻沙设施。

9 雪害地区路基

9.1 一般规定

9.1.1 线路不宜靠近严重积雪的山坡坡脚，绕避困难时应采取有效的防护措施，线路走向宜与风雪流的主导风向平行或交角不宜大于30°。

9.1.2 路基应避免低填浅挖，路堤高度宜大于平均积雪深度的3倍，且不得小于1.5 m，路堑深度不得小于2.0 m。当不可避免时，应采取适宜的防护措施。

9.1.3 路基横断面形式应有利于防止积雪。与主导风向垂直的迎风侧路堤边坡宜放缓。路堑的断面形式，当路堑深度小于2.0 m时，宜采用展开式路堑；当路堑深度为2.0～6.0 m时，宜在两侧坡脚留积雪平台；当路堑深度大于6.0 m时，可按一般地区路基设计。

9.1.4 路堤迎风侧的边坡宜放缓，沿主导风向的边坡坡率不宜陡于1:4。

9.2 防护措施

9.2.1 雪害地区应根据地形、地貌、植被、气候、风向、积雪厚度，并结合线路位置、路基高度等因素在路基一侧或两侧设计防护林带。

9.2.2 防护林带宜采用乔、灌混合林型。林带树种应根据当地土壤和气候条件，选用适合当地生长、易于成活、生长快的树种。防护林带的宽度不宜小于20 m，林带内侧距路堑顶或路堤坡脚不应小于20 m。林区的防火距离应符合《铁路工程设计防火规范》(TB 10063)的有关规定。

9.2.3 在不宜种植防护林和防护林未能起作用前，可在迎风一侧设置固定式或活动式防雪栅栏、防雪堤、防雪沟或导风板等，并与主导风向垂直。固定式防雪栅栏高度不应小于3.0 m，活动式的高度宜为1～2 m，其位置可距路堑堑顶或路堤坡脚外30～50 m。当地形开阔积雪严重时，可采用防雪堤、防雪栅栏、灌木林带相结合的综合防护体系。

9.2.4 对经常发生掩埋线路的严重雪害或有雪崩情况的地段，可采用明洞或棚洞等防护措施。

10　滑坡地段路基

10.1　一 般 规 定

10.1.1　线路应绕避巨型、大型和性质复杂的滑坡地段或滑坡群。当绕避中、小型滑坡困难时，应选择在有利于滑坡稳定和线路安全的位置通过，并采取可靠的工程处理措施。

10.1.2　滑坡地段路基应根据滑坡的类型、规模、滑坡体岩土性质、水文地质条件、滑坡形成与发展条件，分析其对工程的危害程度，及时采取有效整治措施，保证路基稳定及施工、运营安全。

10.1.3　滑坡整治应遵循一次根治、不留后患的原则，采取截排水与减载或反压、支挡等相结合的工程措施综合治理。

10.1.4　滑坡体宜进行地表变形监测，必要时应进行深孔位移监测。

10.1.5　厚层松散堆积体、断裂构造破碎带、风化破碎带、岩体顺层、岩层软硬不均、斜坡软弱地基及特殊岩土等地段，应加强工程地质选线，采取可靠的预防措施，防止产生工程滑坡。

10.2　滑坡稳定性分析及下滑力计算

10.2.1　滑坡稳定性分析除应考虑滑体重力、建筑荷载、滑面阻力、设计水位的浮力作为永久荷载外，尚应考虑作用在滑体上的施工临时荷载、地震水平作用力及其他临时荷载的影响。

10.2.2　滑坡稳定性可根据工程地质类比法和力学平衡计算综合分析。滑坡稳定系数应根据滑面形状（圆弧、直线及折线滑面）、滑带土性质、滑体饱水情况选择综合 c 法、综合 ϕ 法、或兼有 c 和 ϕ 法进行计算。

10.2.3　滑坡剩余下滑力可采用传递系数法计算。条块作用力系如图 10.2.3 所示，计算公式如下：

$$T_i = F_i W_i \sin\alpha_i + \psi_i T_{i-1} - W_i \cos\alpha_i \tan\phi_i - c_i l_i \qquad (10.2.3\text{—}1)$$

$$\psi_i = \cos(\alpha_{i-1} - \alpha_i) - \sin(\alpha_{i-1} - \alpha_i)\tan\phi_i \qquad (10.2.3\text{—}2)$$

式中　T_i, T_{i-1}——第 i 和第 $i-1$ 滑块剩余下滑力(kN/m)；

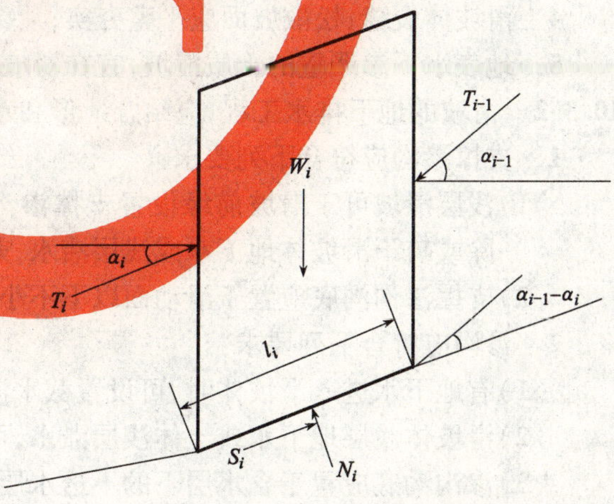

图 10.2.3　滑坡剩余下滑力计算示意图

S_i—抗滑反力；N_i—法向反力

F_i——安全系数，应根据滑坡的发展阶段、滑面岩土抗剪强度的可靠性、工程的重要性等综合确定：一般情况可采用 1.1 ~ 1.25；当考虑临时荷载时，可适当降低，但不应小于 1.05；

W_i——第 i 滑块的自重力(kN/m)；

α_i,α_{i-1}——第 i 和第 $i-1$ 滑块对应滑面的倾角(°)；

ϕ_i——第 i 滑块滑面内摩擦角(°)；

c_i——第 i 滑块滑面岩土黏聚力(kPa)；

l_i——第 i 滑块滑面长度(m)；

ψ_i——传递系数。

当滑坡体最后一个条块的剩余下滑力小于或等于零时，滑坡稳定；当大于零时，滑坡不稳定。

10.2.4　滑面岩土抗剪强度取值，可依据滑面岩土室内试验资料、极限平衡反算值、工程类比经验数据，并结合滑坡可能出现的最不利情况等分析确定，必要时可根据现场试验资料确定。一般情况下，应根据滑坡发展阶段、滑面不同段落，在峰值强度与残余强度之间取值。

10.3　防护工程

10.3.1　滑坡的地表排水工程应符合下列要求：

1　在滑坡后缘以外的稳定地层应设环状截水沟，其排水纵坡不应小于 2%，断面尺寸可按小流域 1/50 频率流量设计；

2　滑坡范围较大时，可结合地形条件在滑坡体范围内设置树枝状排水沟，并采取防渗、防裂措施；对滑坡有影响的自然沟应进行疏通与防渗处理；

3　滑坡体上的封闭洼地或泉水露头，应设排水沟将水引出；

4　滑坡体裂缝、松散坡面应平整夯实；

5　地表水下渗严重的土质滑坡，宜在滑坡体上植树、种草。

10.3.2　滑坡的地下排水工程，应结合地形和水文地质条件，采取合理有效的措施。

1　支撑渗沟应符合下列要求：

1）浅层滑坡可于滑坡前缘设置支撑渗沟，必要时与抗滑支挡建筑物结合设置，排除或疏干滑坡体地下水或浅层滞水，兼起支撑滑坡体的作用；

2）支撑渗沟沟底应置于滑动面以下不小于 0.5 m。

2　渗沟应符合下列要求：

1）有地下水进入滑坡体时，可设置截水渗沟，截水渗沟宜垂直于地下水流方向；

2）滑坡体浅层地下水或土体浅层滞水，可设置渗沟引出滑体外；

3）渗沟沟底应置于含水层下的不透水层或基岩内，其排水纵坡不应小于 2%。

3　仰斜排水孔应符合下列要求：

1）滑坡深层地下水，宜设置仰斜排水孔排水，长度应穿过滑动面；

2）仰斜排水坡度不应小于 5%，内置软式透水管或塑料渗水管，必要时可向管内充填中粗砂或砂砾石。

4　泄水洞应符合下列要求：

1）泄水洞宜埋入稳定地层内，洞底排水纵坡不应小于1%；

2）泄水洞断面净空高应为2～2.5 m，宽应为1.0～1.5 m，其集水段的衬砌可采用花边墙；

3）在泄水洞顶部可设置竖向或放射状集水孔。

10.3.3 采取减载和反压措施时，应符合下列要求：

1 滑坡主滑段滑床较陡时，可在滑体中后部减载，但应确保清方后滑坡后部和两侧山体的稳定性，防止后缘产生新的滑动。

2 有条件时可采取在滑坡前缘填土反压的措施。填土反压应防止堵塞滑坡前缘地下水渗出通道，并且要考虑基底的稳定性，必要时应做地基处理。

10.3.4 采取抗滑支挡建筑物措施时，应符合下列要求：

1 抗滑桩（锚索抗滑桩）

1）抗滑桩宜布置在滑坡的抗滑段，桩长应防止滑体从桩顶滑出和从桩底产生新的深层滑动；

2）根据滑坡剩余下滑力大小，结合路基工程边坡支挡型式等，可布置为单排或多排，也可与预应力锚索组成锚索桩；

3）在土层或破碎岩层中开挖桩井应设置护壁；当存在有害气体或桩井深度大于10 m时，应考虑井下通风。

2 预应力锚索：

1）预应力锚索锚固段应置于滑面以下的稳定地层中；

2）预应力锚索外锚体根据滑坡体岩土承载力可采用格子梁、锚墩或承压板等，其坡面应采取防止表土被雨水冲蚀、防止局部溜坍的措施。

3 抗滑挡土墙

1）抗滑挡土墙宜设置在滑坡前缘；

2）抗滑挡土墙应根据滑坡剩余下滑力和库仑土压力两者之中的大值设计，其高度和基础埋深应防止滑体从墙顶滑出或从基底以下土层滑移的可能；

3）挡土墙基坑较深、土体稳定性较差时，应采取挡板支撑、临时锚杆等临时防护措施，其施工应分段跳槽进行，保证滑坡在施工期间的稳定和施工安全。

10.3.5 土质、中小型滑坡可采取高压旋喷桩、微型桩等措施，提高滑动带岩土抗剪强度，增强滑坡稳定性。

10.3.6 滑坡前沿受河水冲刷时，应采取防冲刷措施。

10.4 工程滑坡预防

10.4.1 厚层松散堆积体、断裂构造或风化破碎带、岩体顺层带，易产生工程滑坡，工程地质选线应符合下列要求。

1 线路不应与大断裂平行，应绕避地下水发育地段的厚层构造破碎带及岩体顺层带；

2 不宜切割厚层松散堆积体、风化破碎带的坡脚或在其上部填方。

10.4.2 厚层松散堆积体或破碎带、岩体顺层带、特殊岩土或存在软硬不均岩层的路堑，应降低边坡高度；斜坡软弱地基上的路堤，应控制填方高度。设计时应通过对路堑开挖、

路堤加载后路基及边坡的稳定性分析，采取相应的工程措施，预防产生工程滑坡。

10.4.3 厚层松散堆积体或破碎带、软硬不均岩层地段的路堑高边坡，宜采取坡脚预加固措施或加强边坡中下部锚固处理。特殊岩土边坡、岩体顺层边坡，宜采取放缓边坡或顺结构面刷坡及防护的处理措施；地形陡峻时，可于坡脚设锚固桩或采取分层开挖、坡面分级锚固等措施，保证施工安全及边坡稳定。

10.4.4 斜坡软弱地基上路堤，应采取加强边坡支护和软弱地基处理措施，防止路堤加载引起边坡或地基失稳变形。

10.4.5 在地表水汇集或地下水发育地段，应加强截排水工程措施，防止表水强烈冲蚀、下渗或浸泡边坡，地下水软化边坡及地基岩土体，确保路基工程的长期稳定。

11 危岩、落石和崩塌与岩堆地段路基

11.1 一般规定

11.1.1 线路应绕避可能发生大范围的危岩、落石或大规模崩塌地段。对中小型危岩、落石和崩塌地段,绕避困难时,应根据病害类型及危害程度等,合理地选择线路位置及防治措施。

11.1.2 在危岩、落石和崩塌地段,路基应选择在其影响范围小、边坡较矮缓、易于防治处理的位置,并采取遮蔽、拦截、清除、加固或综合处理等安全可靠的工程措施。

11.1.3 在岩堆地段,应根据岩堆的规模和物质组成、下伏岩土的性质和坡度、地下水、地表水的活动情况等地形地质条件,分析评价岩堆的发展阶段、稳定性及其对工程的影响,合理选择线路位置和工程措施。

11.1.4 对岩堆面积较大、堆积层松散、堆积床坡度较陡、补给来源丰富、地下水和地表水对其稳定性影响较大、可能产生滑动的大型岩堆,线路应绕避。对中小型岩堆,绕避困难时,路基宜以低填浅挖通过,并采取稳定加固措施。

11.2 危岩、落石和崩塌地段的防治措施

11.2.1 线路距中型危岩、落石或崩塌地段较近时,应采用明洞、棚洞等遮挡建筑物处理。遮挡建筑物应有足够的长度,防止危岩、落石和崩塌岩块落入路基。

11.2.2 危岩、落石范围和崩塌体规模较小或虽较大但距线路较远时,可采用清坡、支挡、挂网锚喷的处理措施或设落石平台、落石槽、拦石堤、拦石墙、柔性防护系统等拦截建筑物防护。

11.2.3 对路基有危害的山坡危石或危岩,应清除或采用支撑、锚固等措施加固;局部凹槽部分应进行嵌补,危岩与母岩间的裂隙可进行灌浆或注浆处理。

11.2.4 对路基范围内可能发生坍塌的破碎岩体,应根据岩性、破碎程度等采取适宜的刷坡、防护或支挡加固措施,并进行坡顶的截排水处理。有地下水出露时,应采取疏导、引排措施。在构造节理发育、岩性十分破碎的高陡山坡上,不宜刷坡,可采取支挡加固与拦截建筑物相结合的措施或采取遮挡建筑物处理。

11.2.5 危岩落石拦截建筑物的类型、结构尺寸、设置排数及位置应根据落石的大小、数量、分布位置、冲击力和与线路的距离确定。

11.2.6 落石的弹跳高度和速度可根据落石质量、山体边坡坡率、坡面堆积物类型及植被等因素进行计算。

11.2.7 拦挡建筑物的位置和高度应根据地形和落石的弹跳轨迹确定。根据最大的冲击动能确定拦挡建筑物的类型和大小,以及防护层的厚度。

11.2.8 危岩、落石和崩塌地段的防治工程施工时,不得采用大爆破方法开挖。

11.3　岩堆地段路基设计

11.3.1　岩堆地段路基设计时，应根据路基类型及位置进行路基稳定检算。检算方法可采用折线法，其安全系数可采用1.10～1.25。以路堤通过时，应检算加载后路堤的稳定性；以路堑通过时，应检算开挖卸载边坡的稳定性。当堆积床体具有向下倾斜岩面或岩堆体内存在薄弱夹层时，尚应分别检算其稳定性。

11.3.2　岩堆地段路基应根据岩堆的水文地质条件，采用截、排地表水和地下水措施。沟谷中的岩堆应加强防排水措施。临河的岩堆应做好冲刷防护。

11.3.3　不稳定岩堆地段路基应采取相应的抗滑支挡等综合措施，保证路基的稳定。

11.3.4　稳定岩堆地段的路堑边坡宜采用与岩堆天然安息角相适应的边坡坡度。在边坡中间出现松散夹层时，应对夹层进行砌石防护。当边坡较高时，宜采用阶梯形边坡。当岩堆的厚度较薄、挖方边坡切割岩堆可能破坏岩堆的平衡条件时，宜在上侧或下侧修建支挡工程。

11.3.5　松散堆积层地段应根据坡体岩性、密实程度等，采取刷坡、边坡防护或基底防滑加固等措施。边坡应控制高度，宜采取全坡面防护，并进行坡顶的截排水处理，防止边坡产生病害。有地下水出露时，应采取疏导、引排措施。

11.3.6　活跃的岩堆补给区应根据其面积、岩体类型和规模，采取拦截或加固工程措施。

11.3.7　较复杂的路基加固工程应设置变形观测系统，根据观测数据，调整施工方法和完善设计措施，确保施工和运营安全。

11.3.8　路堑基床及路堤基底岩堆体土质或密实度不满足要求时，应采取原地碾压、翻挖夯实、换填或灌浆加固等处理措施。

12 岩溶与人为坑洞地段路基

12.1 一 般 规 定

12.1.1 线路应绕避岩溶发育地区。绕避困难时,路基工程宜选择在岩溶发育最窄、易于处理的位置通过。必要时,应与桥梁等工程进行技术经济综合比较。

12.1.2 岩溶地段路基应加强工程地质勘察,采用综合勘探方法,查明岩溶地表形态、地表径流和地下水活动特征、覆盖土层厚度、岩溶发育程度、土洞状况及抽排地下水等人为活动情况,分析地面致塌因素,综合评价地基稳定性。岩溶地段路堑,当施工开挖至路基面后,应进行必要的补充勘察和评价。

12.1.3 岩溶地段路基设计应根据工程地质勘察资料,对路基稳定性及环境影响进行综合分析,合理采取回填、跨越、加固等处理措施。

12.1.4 线路应绕避大型采空区及难以查明的小型采空区和人为洞穴。对小型采空区和人为洞穴,绕避困难时,路基工程应采取可靠的处理措施。

12.1.5 采用注浆加固的地基,应采用物探、压力试验配合钻孔取芯等综合方法进行注浆效果检测及评价。

12.2 岩溶地段路基设计

12.2.1 溶洞距路基的安全距离 L,可按坍塌时的扩散角计算:

$$L = H \times \cot\beta \quad (12.2.1—1)$$

$$\beta = \frac{1}{F}\left(45^\circ + \frac{\phi}{2}\right) \quad (12.2.1—2)$$

式中 H——溶洞顶板厚度(m);

β——坍塌扩散角(°);

F——安全系数,取 1.10 ~ 1.25;

ϕ——岩石的内摩擦角(°)。

溶洞顶板以上有覆盖土层时,岩土界面处用土体稳定坡率(综合内摩擦角)向上延长坍塌扩散线与地面线相交,路基边坡坡脚应在距交点不小于 5 m 以外范围。不能满足时,应采取收坡或稳定坡脚的处理措施。

12.2.2 对路基稳定有影响的岩溶水应采取疏导、引排的措施。路基上方的岩溶泉或冒水洞应采用截水沟将水引排至路基外;基底的岩溶泉或冒水洞宜采取涵洞将水排除。

12.2.3 路基位于溶蚀洼地时,应做好地面排水设施;积水不能排除时,基底宜采取注浆等封闭隔水措施,防止地表水下渗导致地面塌陷,并采用岩块或粗粒土填筑路堤至高出积水位不小于 0.5 m。

12.2.4 危及路基稳定的溶洞、溶蚀裂隙发育带及覆盖层土洞处理,应符合下列要求:

1　裸露和埋藏较浅的溶洞可根据其大小、深度、所处位置及施工条件选择回填封闭、盖板跨越、支顶加固等措施处理。覆盖层厚度小于 5 m 的溶洞和溶蚀裂隙发育带，采用注浆加固时，注浆深度应根据溶蚀裂隙发育情况或溶洞大小、顶板厚度、溶洞的厚跨比等综合确定。路基基底以下处理深度不宜小于 10 m。

2　埋藏较深的溶洞和溶蚀裂隙发育带宜采用注浆封闭土、石界面，形成隔水帷幕，厚度为 5 ~8 m，其中进入基岩内的深度不宜小于 3 m；岩溶很发育，溶洞呈串珠状或空洞较大时，进入基岩内的深度应适当增加。

3　覆盖层土洞埋藏较浅时，宜回填夯实并作好地表水的引排封闭处理；土洞埋藏较深时，宜采用充填、注浆或全覆盖层注浆加固等措施处理。

4　对易产生土洞的覆盖层，宜针对诱发因素采取注浆加固或封堵等措施。

5　注浆加固分段应综合考虑加固后地下水条件变化等因素的影响，消除隐患。

12.2.5　注浆孔距应根据溶蚀发育程度、溶隙、溶缝的连通性等地质条件和注浆压力、浆液浓度等确定，并通过现场注浆试验验证。注浆段的单位注浆量宜通过现场试验确定。

12.2.6　注浆材料主要为水泥浆，水泥浆的水灰比为 1∶1 ~0.6∶1。空隙较大时，可适量掺入黏性土、细砂、粉煤灰或碎石等充填物。当遇特殊情况时，可采用加入适量水玻璃等混合浆液，加快凝结速率，控制进浆范围和浆量。

12.3　人为坑洞地段路基设计

12.3.1　危及路基稳定的采空区，应根据其位置、顶板厚度、坚固程度、坑道的走向、形状、大小和坑道的充填物及其密实程度等确定加固方法。

1　埋藏较浅的采空区宜采用明挖回填处理；

2　埋藏较深、坑道通畅的采空区宜采用片石回填、支顶、注浆等措施处理；

3　埋藏较深、多层重叠交错、无法进入的采空区宜采用注浆、灌砂处理。

12.3.2　墓穴、地窖、枯井、掏砂坑、坎儿井（地下渠）等人为洞穴，应根据情况采取开挖回填、夯实、注浆加固等防止坍塌的措施。

12.3.3　采空区的路基应根据矿区规划和调查资料，采取防止坍陷、预留足够的沉降量及加宽路基等措施。

12.3.4　在采空区或人为洞穴地段修建铁路时，不宜采用抽排地下水的措施。

13 浸水路基

13.1 一般规定

13.1.1 浸水路基是指设计水位以下受水浸泡的河滩、滨河及滨海路基。穿越积水洼地、池塘的路基,可根据具体情况按照本章有关规定办理。

13.1.2 河滩、滨河路基应避免过多挤压河床和压缩桥长,不得侵入山区河流的河槽。在洪水经常泛滥区域内不应设置路基。河滩路堤的平面布设应使河滩水流顺畅,不宜在河滩范围内设计成折向下游的路堤。

13.1.3 滨海路基应选择在海面最短、水深不大、波浪较小、海滩地势较为平坦、地质条件好的地段通过。

13.1.4 路堤两侧有较大水头差时,应设置过水建筑。当堤身或地基可能发生管涌潜蚀时,应在低水位一侧边坡下采取设置排水设备、放缓边坡、设护道、在路堤中心设置防渗墙等防止渗透的加固措施。

13.1.5 路堤浸水部分应采用渗水土填筑。在严寒地区,应在浸水侧坡脚外采取挡水埝等措施,防止路基浸水产生冻胀病害。

13.1.6 取土坑应远离坡脚或护底石。河滩路堤取土坑应设在下游一侧。

13.1.7 浸水路堤应根据浸水深度、水流状况、波浪、基底地层、河道(海岸)地貌等条件选择断面形式和边坡防护加固类型。

13.1.8 浸水路堤地基为松软土层、受水浸泡及地下水壅升后将形成的松软土层、湿陷性黄土的地基、列车振动荷载作用下可能产生液化的饱和粉土、粉细砂地基,必须进行地基加固处理。

13.2 河滩及滨河路基

13.2.1 边坡浸水防护高程,应大于设计水位加波浪侵袭高或斜水流局部冲高加壅水高(包括河道卡口或建筑物造成的壅水、河湾水面超高、桥前水面拱坡附加高)加河道淤积影响高度加不小于0.5 m的安全高度。

13.2.2 浸水路基断面设计应符合下列规定:

1 防护高程以上路基边坡坡率应与非浸水路基相同,防护高程以下相应放缓一级。条件复杂或浸水较深时应通过稳定性检算确定。进行稳定性检算时,应考虑浸水部分重力密度变化及渗透压力的作用。

2 防护高程处应根据浸水深度及时间、基底地层情况等因素设置边坡平台,宽度不宜小于2.0 m。

3 路堤采用不同填料时,填料分界处不应低于防护高程,且应设宽度不小于0.5 m的平台。当两种材料粒径相差较大时,平台顶面应设隔离垫层,其厚度为0.3 ~0.5 m,并可根据填料粒径采用土工合成材料等。

13.2.3　路基坡面受水流冲刷时，可根据路堤高度、填料性质、流向、流速、水深、地基等，按照《铁路路基设计规范》(TB 10001)的有关规定进行坡面防护加固，亦可采用当地行之有效的边坡防护加固措施。

13.3　滨海路基

13.3.1　滨海路基的路肩高程应大于设计高潮水位加波浪侵袭高(波浪爬高)加不小于0.5 m的安全高度。当路堤顶设防浪墙时，路肩设计高程不应小于设计高潮位加不小于0.5 m安全高度。

13.3.2　设计潮水位应采用重现期为100年一遇的高潮位。当滨海路堤兼作水运码头时，还应按照设计要求确定设计最低潮位。

13.3.3　防浪墙和坡面防护工程的强度和稳定性计算时，设计波高的波列累积频率应按表13.3.3采用。当推算的波高大于浅水极限波高时，均应按极限波高采用。

表13.3.3　波列累积频率

滨海路堤形式	部　　位	计 算 内 容	波列累积频率 F(%)
斜坡式	胸墙，堤顶方块	强度和稳定性	1
	护坡块石，护坡块体	稳定性	13*
	护底块石	稳定性	13
直墙式	上部结构，墙身桩基	强度和稳定性	1
	基床护底块石	稳定性	5

注：* 当平均波高与水深的比值 $\overline{H}/d<0.3$ 时，F宜采用5%。

13.3.4　滨海路基与港区路基所采用的设计高程不同时，应设置路肩高程渐变段，使之与港区路基平顺衔接，并应采取防止路基面越浪的措施。

13.3.5　路基断面结构形式应根据水深、波高、地基条件、填料性质、施工条件及使用要求等因素综合分析确定。一般可采用斜坡式，也可采用直墙式。

13.3.6　路堤边坡坡率应根据路堤填料情况、路堤高度、防护形式及海洋水文条件确定。当外海侧缓于内海侧、块石护面缓于混凝土块护面、堤头部缓于堤身时，边坡坡率可按表13.3.6选用。

表13.3.6　不同坡面防护类型的边坡坡率

坡面防护类型	边 坡 坡 率
抛填或安放块石	1:1.5～1:3
干砌或浆砌块石	1:1.5～1:2
干插条石	1:1.5～1:2
安放人工块体	1:1.5～1:2
抛填方块	1:1.0～1:1.5

13.3.7　坡面防护应根据水深、波浪高度、波浪压力及施工条件等，采用混凝土人工块体(扭工字块体、四脚锥体、四角空心方块等)、干砌块石、干砌条石、浆砌块石、混凝土板、栅栏板及模袋混凝土等。各种防护工程应能满足抗海水冲蚀、生物的侵蚀和抗冻等要求。

13.3.8　护坡垫层石块质量可取护石块体质量的1/10～1/20。困难时，其质量不得小于1/40。当采用四脚空心块和栅栏板护面时，其垫层石块不应小于护石结构的空隙尺度，垫层厚度不宜小于400 mm。

13.3.9 外海侧护坡底部应设抛块石或混凝土块体，块体顶面高程宜在设计低水位以下约1.0倍设计波浪高并高于施工水位，顶面宽度不宜小于2.0 m，厚度不宜小于1.0 m。

13.3.10 冲刷地基上外海侧坡脚应抛填护底石，内海侧可根据具体情况确定。护底石可采用1~2层，厚度不宜小于1.0 m，宽度可根据堤前水深和流速大小采用5~10 m。对砂质海底，在护底块石层下宜设置厚度不小于0.3 m的碎石层，护底石宽度应根据冲刷情况确定。

13.3.11 坡面防护设计中护面块体重量和护面厚度的计算、护底块石的重量计算、栅栏板平面尺寸和厚度及强度的计算、防浪墙的强度及稳定性计算以及所采用材料（块石、混凝土等）的强度要求等，可根据《防波堤设计与施工规范》（JTJ 298）的有关规定办理。

14 水库地段路基

14.1 一 般 规 定

14.1.1 水库路基是指线路沿水库边缘行进或跨越水库支沟、支流修筑的受库水作用影响的路基。

14.1.2 水库路基设计时应根据水库的特点和要求及水库对路基的影响，考虑岸坡岩(土)体的物理力学性质、库水浸泡、水理性、水位变化、波浪侵袭、水流冲刷、坍岸、淤积和地下水壅升的变化以及大孔性土的湿陷等因素，进行路基和库岸稳定性分析，确定相应的防护加固措施。

14.1.3 水库路基的防护加固设计应包括路基的防护加固和水库坍岸的防护加固。

14.2 路基和库岸稳定性分析

14.2.1 库岸的稳定性应根据工程地质条件、水文气象特征及库水运行规律、库岸形态、水库坍岸、水库淤积、地下水壅升等因素，并考虑波浪、荷载、地震等作用力的影响，进行分析和评价。库岸的坍岸线应通过对水库坍岸的预测和计算确定。路基距预测坍岸线应有一定的安全距离。

14.2.2 路基稳定性分析应符合下列要求：

1 考虑上下游水头差在堤内产生的稳定渗流及水位骤然下降在堤内产生的不稳定渗流对路堤边坡产生的渗透压力和冲蚀作用，路堤应按路堤内渗流的最不利情况进行检算，必要时应进行流网计算。用不易风化的石块填筑的路堤，可不考虑水的渗流影响。

2 淤积后增加的抗滑力可不考虑。

3 库水对路基边坡的破坏以波浪作用为主。在封冰和流冰地区，还应考虑冰荷载作用。在水库的上游地段，当流速较大时，还应考虑水流的冲刷作用。

4 路基边坡稳定安全系数不应小于1.25。

14.2.3 库岸浪高超过1.0 m时，水库路基的支挡结构应考虑浪压和波浪的抽吸作用。

14.3 路基防护加固

14.3.1 路基浸水或由于水库坍岸而危及水库路基的安全与稳定时，应进行水库路基防护加固。水库路基防护加固应包括对本体内渗流的处理，路基边坡防护及路基基底的处理。

14.3.2 路基浸水部分应采用渗水土填筑。

14.3.3 路基本体内渗流的处理可采取下列措施：

1 当路基经常受水浸泡，两侧有较大的水头差时，路堤受库水位浸泡的部位宜用不易风化的石块填筑或在低水位一侧放缓边坡、加宽护道；

2　当渗透速度和渗透压力较大可能发生冲蚀时，除放缓边坡外，宜在低水位一侧设置排水设备。

14.3.4　路基边坡的防护应符合下列要求：

1　路基边坡浸水防护顶面高程应为线路设计水位（当线路设计水位低于水库正常高水位时，采用水库正常高水位为设计水位）加波浪侵袭高加安全高度0.5 m，底面高程应为水库设计低水位减波浪影响深度（可采用2~2.5倍低水位时的波浪高）。当蓄水初期由于浸水或水流的作用影响边坡稳定时，防护底面至路堤坡脚之间的坡面应进行适当防护。淤积较快的地段，可采用临时防护措施。

2　防护顶面高程以下边坡坡率可比非浸水路基的边坡坡率放缓一级。当浸水较深或条件复杂时，应经稳定性检算确定。

3　水库路堤应在防护顶面处设置宽度不小于2 m的平台。

4　路堤采用不同填料时，填料分界处不应小于防护高程，且应设宽度不小于0.5 m的平台。当两种材料粒径相差较大时，平台顶面应设隔离垫层，其厚度为0.3~0.5 m，并可根据填料粒径采用土工合成材料等。

5　路基边坡防护类型应根据水库类型、波浪力大小、路基所处位置等因素考虑，可采用干砌片石、混凝土板护坡，并应做好反滤层。有冲刷时，可采用抛石、浆砌片石护坡、石笼、片石垛、土工织物沉枕、土工模袋、混凝土连锁块等防护措施。

14.3.5　路基基底的处理应符合下列要求：

1　水库地区浸水路堤地基为松软土层、受库水浸泡及地下水壅升后将形成的松软土层、湿陷性黄土的地基、列车振动荷载作用下可能产生液化的饱和粉土、粉细砂地基，应进行地基加固；

2　由于浸水、冲刷等原因而影响路基稳定时，可采用挡土墙、防淘建筑物、副堤等加固措施；

3　基底存在渗流而影响路基稳定时，应采取坡脚护底铺盖层、地基防渗墙或防渗帷幕等适宜的措施进行加固处理。

14.4　水库坍岸的防护

14.4.1　水库坍岸危及路基的稳定时，应根据线路的位置、库岸岩性、库岸高度和坡率、浸水深度、水库淤积等情况，对库岸采取相应的防护措施。

14.4.2　水库坍岸的防护顶面高程应为水库正常高水位加波浪侵袭高加0.5 m的安全高度，底面高程应为水库设计低水位减波浪影响深度。

14.4.3　水库坍岸的防护类型可根据波浪、水冻结膨胀压力的破坏作用和地质、地形等情况合理选用。

14.4.4　水库坍岸防护长度应根据路基所在库岸边坡受波浪作用影响的范围而定，防护工程两端应有适当的安全距离，基础应嵌入库岸或路基边坡内。

14.4.5　位于坍岸范围内的支挡结构基础应置于坍岸线以下，其埋入深度和距坍岸线的水平距离应符合《铁路路基支挡结构设计规范》(TB 10025)的规定。

附录A 多年冻土地基沉降量计算

A.0.1 多年冻土地基总沉降量(S)等于路堤地基融化沉降量与压缩沉降量之和,可按下式计算:

$$S=\sum_{i=1}^{n}(\delta_0+m_{vi}P_i)h_i \tag{A.0.1—1}$$

$$P_i=\sigma_i+\omega_i \tag{A.0.1—2}$$

式中 δ_0——第 i 层季节融化层土的融沉系数(%);

m_{vi}——第 i 层季节融化层土的压缩系数(MPa^{-1});

h_i——第 i 层季节融化层土厚度(cm);

P_i——沿路堤中线第 i 层季节融化层土的附加应力与自重应力之和(MPa);

σ_i——沿路堤中线第 i 层季节融化层土的附加应力(MPa),基底处为 δ_c,在最大融深处为 $\delta_i=k\delta_c$,计算中可近似采用可 $k=1$;

ω_i——沿路堤堤中线第 i 层季节融化层土的自重应力(kPa)。

施工中基底的沉降断面形式可按平行地面与基地等宽的矩形计算。

融化下沉系数 δ_0 和压缩系数 m_v 指标,应通过试验确定。对均质的冻结细粒土,可在实验室条件下用专门的试验装置确定。

1 当冻土融化下沉系数 δ_0 无试验资料时,可依据冻结地基土的土质、物理力学性质,按以下公式计算:

1)按含水率(w_A)确定

对于按本规范表7.1.2中地基土含水率判别的Ⅰ、Ⅱ、Ⅲ、Ⅳ类土有

$$\delta_0=\alpha_1(w_A-w_0)(\%) \tag{A.0.1—3}$$

式中 w_A——冻土融沉含水率;

α_1——系数,按表A.0.1—1确定;

w_0——起始融沉含水率,可按表A.0.1—1确定;对于黏性土,可根据其塑限含水量(w_p),按下式进行计算:

$$w_0=5+0.8w_p(\%) \tag{A.0.1—4}$$

表A.0.1—1 α_1、w_0 值

土 质	砾石、碎石土①	砂类土	粉土、粉质黏土	黏 土
α_1	0.5	0.6	0.7	0.8
w_0(%)	11.0	14.0	18.0	23.0

注:①对于粉黏粒(<0.074 mm的粒径)含量<15%者 α_1 取0.4;
②黏性土 w_0 按式(A.0.1—4)计算值与表A.0.1—1所列值不同时,取最小值。

对于Ⅱ类土有

$$\delta_0=\sqrt[3]{w_A+w_0}+\delta_0' \tag{A.0.1—5}$$

式中　$w_0=w_p+35$,对于粗颗粒土可用 w_0 代替 w_p,无试验资料时,可按表 A.0.1—2 取值;

δ_0'——对应于 $w_A=w_0$ 时的 δ_0 值可按式(A.0.1—3)计算,无试验资料时可按表 A.0.1—2 取值。

表 A.0.1—2　w_0、δ_0' 值

土　质	砾石、碎石土①	砂类土	粉土、粉质黏土	黏　土
w_0(%)	46	49	52	58
δ_0'(%)	18	20	25	20

注:①对于粉黏粒(<0.074 mm 的粒径)含量<15% 者,w_0 取 44%,δ_0' 可取 14%。

2)按冻土干密度 ρ_d 确定

对于含水率判别为Ⅰ、Ⅱ、Ⅲ、Ⅳ类土有

$$\delta_0=\alpha_2(\rho_{d0}-\rho_d)/\rho_d \tag{A.0.1—6}$$

式中　α_2——系数,按表 A.0.1—3 确定;

ρ_{d0}——起始融沉干密度,大致相当于或略大于最佳干密度,无试验资料时可按表 A.0.1—3 取值。

表 A.0.1—3　α_2、ρ_{d0} 值

土　质	砾石、碎石土①	砂类土	粉土、粉质黏土	黏　土
α_2	25	30	40	30
ρ_{d0}(t/m^3)	1.96	1.80	1.70	1.65

注:①对于粉黏粒(<0.074 mm 的粒径)含量<15% 者,α_2 取 20,ρ_{d0} 取 2.0。

对于Ⅱ类土有

$$\delta_0=60(\rho_{dc}-\rho_p)+\delta_0' \tag{A.0.1—7}$$

式中　ρ_{dc}——对应于 $w=w_c$ 之冻土干密度,无试验资料时按表 A.0.1—4 取值。

表 A.0.1—4　ρ_{dc} 值

土　质	砾石、碎石土①	砂类土	粉土、粉质黏土	黏　土
ρ_{dc}(t/m^3)	1.16	1.10	1.05	1.00

注:①对于粉黏粒(<0.074 mm 的粒径)含量<15% 者,ρ_{dc} 取 1.2(t/m^3)。

2　现场测定冻土含水率(w)及干密度(ρ_{d0})时,应分别计算融化下沉系数(δ_0)值,取大值作为设计值。

冻土融化后的体积压缩系数 m_v 可按表 A.0.1—5 确定。

表 A.0.1—5　各类冻土融化后体积压缩系数 m_v(MPa^{-1})值

m_v(MPa^{-1}) \ 土质及压力(kPa) \ 冻土 ρ_d(t/m^3)	砾石、碎石土 $P_0=10\sim210$	砂类土 $P_0=10\sim210$	黏性土 $P_0=10\sim210$	草　皮 $P_0=10\sim210$
2.10	0.00	—	—	—
2.00	0.10	—	—	—

续上表

m_v (MPa^{-1}) 土质及压力(kPa) / 冻土 ρ_d (t/m^3)	砾石、碎石土 $P_0=10\sim210$	砂类土 $P_0=10\sim210$	黏性土 $P_0=10\sim210$	草　皮 $P_0=10\sim210$
1.90	0.20	0.00	0.00	—
1.80	0.30	0.12	0.15	—
1.70	0.30	0.24	0.30	—
1.60	0.40	0.36	0.45	—
1.50	0.40	0.48	0.75	—
1.40	0.40	0.48	0.75	—
1.30	—	0.48	0.75	0.40
1.20	—	0.48	0.75	0.45
1.10	—	—	0.75	0.60
1.00	—	—	—	0.75
0.90	—	—	—	0.90
0.80	—	—	—	1.05
0.70	—	—	—	1.20
0.60	—	—	—	1.30
0.50	—	—	—	1.50
0.40	—	—	—	1.65

A.0.2 竣工后多年冻土地基沉降量可按下式计算：

$$S_{af}=S\times n_2 \tag{A.0.2}$$

式中 S_{af}——竣工后多年冻土地基沉降量(cm)；

S——路堤地基总沉降量(cm)；

n_2——竣工后的路堤地基沉降系数：路堤高度 $H=1\sim2$ m时，$n_2=0.3$；$H=2\sim3$ m时，$n_2=0.2\sim0.3$；$H=3\sim5$ m时，$n_2=0\sim0.2$；$H>5$ 时，$n_2=0$。

附录 B　多年冻土保温层厚度的计算

B. 0. 1　保温层厚度可按以下公式计算：

1　边坡保温层厚度

1）东北地区

$$h = K_F \times Z \quad \text{(B. 0. 1—1)}$$

式中　h——设计的保温护坡厚度（m）；

Z——天然上限（m）；

K_F——安全系数，可采用 1.2 ~ 1.5，视坡面的朝向而定：向阳坡取大值，背阴坡取小值，朝向不明显时取中值；东北地区的天然上限列于表 B. 0. 1—1。

表 B. 0. 1—1　东北多年冻土地区各种土的代表性上限深度（m）表

保温情况 \ 土名	泥炭	黏性土	碎石夹土	砂砾	卵石夹砂及圆砂
差	0.85	1.9	2.6	2.3	3.7
一般	0.65	1.5	2.1	1.8	3.1
良好	0.45	1.1	1.6	1.3	2.5

注：阴坡、植被茂密、厚层苔藓及塔头草孔隙为苔藓所充填者为保温良好，阳坡、植被稀少、附近人为活动频繁者属保温差，在上述二者之间者属保温一般。

2）青藏高原地区

$$h = K_G \times H_{\gamma Bmax} \quad \text{(B. 0. 1—2)}$$

式中　$H_{\gamma Bmax}$——计算点（边坡中部）季节最大融化深度（人为上限）（m）；

K_G——安全系数，一般取 1.05 ~ 1.10。

$$H_{\gamma Bmax} = K \times K' \times K'' \times H_t \quad \text{(B. 0. 1—3)}$$

式中　H_t——路堑所在地段代表性地层季节最大融化深度（天然上限）（m）；

K——填料修正系数，反映边坡换填材料与代表性天然上限材料性质的差异，

$$K = \sqrt{\frac{\lambda_1}{(w_1 - w_{u1})\gamma_{d1}} \Big/ \frac{\lambda_0}{(w_0 - w_{u0})\gamma_{d0}}} \quad \text{(B. 0. 1—4)}$$

其中　λ_1, λ_0——填料与天然地层的导热系数〔W/(m · ℃)〕；

w_1, w_0——填料与天然地层的总含水量（%）；

w_{u1}, w_{u0}——填料与天然地层的未冻水含量（%）；

γ_{d1}, γ_{d0}——填料与天然地层的干容重（g/cm^3）；

（以上参数均采用按深度的加权平均值）

K'——朝向修正系数，可按表 B. 0. 1—2 取值；

K''——表面状态修正系数，按表 B.0.1—3 取值。

表 B.0.1—2　朝向修正系数表

朝　向	空旷平地	阳　坡	阴　坡
坡　率	0	1:1.5～1:1.75	1:1.5～1:1.75
K'	1.00	1.15	0.95

注：主要考虑阳坡修正。

表 B.0.1—3　表面状态修正系数表

表面状态	草　皮	黏性土边坡	砂砾石边坡
K''	1.00	1.06	1.03

2　基底保温层厚度

1）东北地区

$$h = Z/0.6 \approx 1.67Z \quad (B.0.1—5)$$

当保温层上有回填土时，

$$h = 1.67Z - (Z/Z_1)h_1 \quad (B.0.1—6)$$

式中　h——保温层厚度（m）；

Z——泥炭的代表性冻土天然上限深度（m），见表 B.0.1—1；

Z_1——与回填土相当的代表性冻土天然上限深度（m）；

h_1——回填土厚度（m）。

2）青藏高原地区

$$h = K_G \times H_{\gamma Dmax} \quad (B.0.1—7)$$

$$H_{\gamma Dmax} = K \times K'' \times K_D \times H_t \quad (B.0.1—8)$$

式中　$H_{\gamma Dmax}$——路堑基底的季节最大融化深度（人为上上限）（m）；

K_D——结构修正系数，反映路堑断面形式对基底融深的影响，$K_D = 1.10$；

其余符号意义同式（B.0.1—3～4）。

3　保温层设计时还应注意的问题

1）代表性地层应选择路堑所在的地段草皮覆盖的空旷平地，最好选草皮覆盖良好、上限以上土质较均一的场地；

2）当堑顶不设挡水埝时，按以上公式确定保温（换填）层厚度后，应在边坡中部以上增厚 ΔZ：

$$\Delta Z = (0.06 \sim 0.10)Z \quad (B.0.1—9)$$

3）设计时应考虑气温波动对天然上限的影响，即以 H_{tmax} 代替 H_t：

$$H_{tmax} = K_T \cdot H_t \quad (B.0.1—10)$$

$$K_T = 1 + A(K_P - K_H) \quad (B.0.1—11)$$

式中　K_T——气温波动修正系数；

K_P——设计频率的年平均气温（℃），按 2% 的保证率取值；

K_H——勘察年（即设计选用年）的年平均气温（℃）；

A——由气温、地层、植被等条件决定的气温波动上限变化率（%/℃），应由年平均气温—融沉变化规律确定；当无资料时，可取以下统计值：

一般黏性土地层、无植被覆盖　$A = 20\% \sim 25\% /℃$

一般黏性土地层、植被覆盖良好　$A = 7\% \sim 10\% /℃$

根据青藏铁路多年冻土地区50年以上气温趋势预测，可按$K_P - K_H = 1$ ℃计算。

4）天然地层季节最大融化深度（天然上限）H_t 可通过勘探、钎探、挖探、测温、近似计算、海拔高程相关的经验公式计算等方式取得。

B.0.2　保温层厚度换算法

保温层厚度（h）可按下式计算：

$$h = F \times h_j \times \sqrt{\frac{\lambda \cdot C_{jv}}{\lambda_j C_v}} = F \times h_j \times \sqrt{\frac{\lambda \cdot C_{jw} \cdot \rho_j}{\lambda_j \cdot C_w \cdot \rho}} \quad (B.0.2—1)$$

当采取部分开挖，在其底部铺设保温层，再于其上回填土层的厚度为 h_1 时，则可按下式计算：

$$h = F \times (h_j - h_1) \times \sqrt{\frac{\lambda \cdot C_{jw} \cdot \rho_j}{\lambda_j C_w \rho}} \quad (B.0.2—2)$$

式中　F——安全系数，可采用1.2；

h_j——土层的最大融化深度（m）；

h_1——回填土厚度（m）；

λ——保温层的导热系数〔W/（m·℃）〕；

C_v——保温层的容积热容量〔kJ/（m^3·℃）〕；

C_w——保温层的比热〔kJ/（kg·℃）〕；

ρ——保温层的密度（t/m^3）；

λ_j——土层的导热系数〔W/（m·℃）〕；

C_{jv}——土的容积热容量〔kJ/（m^3·℃）〕；

C_{jw}——土的比热〔kJ/（kg·℃）〕；

ρ_j——土的密度（t/m^3）。

本规范用词说明

执行本规范条文时，对于要求严格程度的用词说明如下，以便在执行中区别对待。

（1）表示很严格，非这样做不可的用词：

正面词采用“必须”；

反面词采用“严禁”。

（2）表示严格，在正常情况均应这样做的用词：

正面词采用“应”；

反面词采用“不应”或“不得”。

（3）表示允许稍有选择，在条件许可时首先应这样做的用词：

正面词采用“宜”；

反面词采用“不宜”。

表示有选择，在一定条件下可以这样做的用词，采用“可”。

《铁路特殊路基设计规范》
条 文 说 明

本条文说明系对重点条文的编制依据、存在的问题以及在执行中应注意的事项等予以说明。为了减少篇幅,只列条文号,未抄录原条文。

1.0.2 本次修订,加强了对特殊路基的基床处理措施,软土地基上路堤边坡稳定系数由原1.15提高到1.20,提高了不同时速铁路的工后沉降控制标准。因此,本规范适用于旅客列车设计行车速度等于或小于200 km/h标准轨距铁路特殊路基的设计。

3.1.1 所谓松软土,是对路基工程而言,一般包括软塑状黏性土、松散饱和状粉土、粉砂、细砂等,目前尚无成熟统一的判别标准。当基底以下25 m范围内有软塑状黏性土层时,往往不能保证路基结构的稳定或不能满足路基工后沉降的控制标准,其中沉降变形往往控制地基加固设计;路堑及高度小于基床厚度的低路堤,地基为松散饱和状粉土、粉砂、细砂时,承载力不能满足基床要求,且在列车动荷载作用下,较易产生振动液化,从而导致路基失稳、变形破坏。因此,天然含水量较大、承载力较低或沉降较大的一般黏性土、饱和黄土及粉土、松散饱和的粉砂、细砂等松软土地基,当不能保证路基结构的稳定或不能满足路基工后沉降的控制标准时,应采取相应的地基加固措施,其中松散饱和的粉土、粉砂、细砂地基尚应考虑防止振动液化的地基处理。

3.1.2 软土地区通常地下水较高且土质软弱,铁路若以路堑通过,则堑坡的稳定、基床的处理等工程费用会很大,且施工、运营养护亦困难,故宜以路堤通过。

软土地区的路堤过低时,在列车荷载冲击震动的影响下,将导致软土强度降低,而在动荷载直接作用下的反复变形又影响地基的稳定,软土地基基床处理困难,加固工程巨大。因此规定路堤高度不宜小于基床厚度。

对于深厚层软土地基,根据沉降观测分析,一般实测沉降量比理论计算大5% ~20%,特别是后期发生的长期沉降量偏差更大,使路基工后沉降量难以控制。因此对于深厚层软土,应控制填土高度。当加固工艺、质量或预压期难以得到控制和保证时,应与设桥方案作全面的技术经济比较,确定合理的路桥分界高度,即使设桥造价略贵,也是必要的。

3.1.3 软土地区路基位置的选择原则,是指从工程地质角度对线路方案比选所应考虑的一般规律,在条件许可时应尽可能地满足。

3.1.4 软土具有天然强度低、压缩性高和排水固结缓慢的特点,所以在其上修筑路堤时必须进行稳定检算和沉降量计算;而地基加固设计是指通过各种具体措施条件下的反复计算分析,结合试验与已建工程的成果,使路堤的稳定和沉降符合要求。

对软土路堑及高度小于基床厚度的路堤,要求基床表层厚度范围内天然地基的土质及密实度,基床底层厚度范围内天然地基的静力触探比贯入阻力 P_s 值或基本承载力〔σ〕应符合相应等级铁路的有关规定,否则应进行换填、改良或加固处理,使基床范围内的地基符合规定要求。

3.1.5　软土地基上填土的稳定性随时间变化有如下的规律,见说明图3.1.5。

从说明图3.1.5可以看出,在填筑至设计高度的瞬间,其稳定性是最低的。随着软土在填土荷载作用下的固结压密,稳定性又逐渐增高。为提高较高路堤施工期的稳定性和安全度,路堤的稳定安全系数不考虑列车荷载作用时,最低值由原1.15提高至1.20。

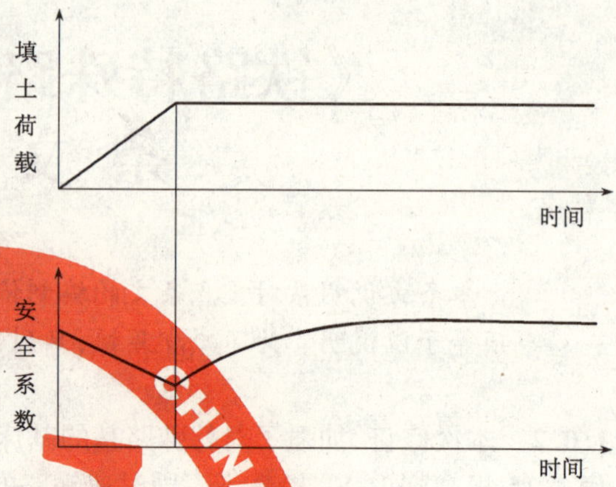

说明图3.1.5　填土稳定性随时间变化曲线

列车荷载(包括上部建筑)对软土路基的稳定性是有影响的,对路基本体的应力水平影响比较大,有荷载以后路基的应力水平影响明显提高,对地基也有一定的影响。总之,上部荷载会降低路基的稳定性。因此,考虑列车荷载将稳定安全系数的最低值可降至1.10。

研究与实践经验表明,路堤稳定安全系数取值标准,直接影响路基工后沉降量和地基加固费用。稳定安全系数越低,地基土的性状也越接近于塑性状态,这时沉降总量增加,而地基加固措施则较轻;反之,沉降总量减少,而地基加固措施则较重,这对工期或工后沉降控制要求不高的路基,又是较奢侈的。因此,为合理的控制地基加固的投资规模,又能较好地控制路基工后沉降量,规定路堤的稳定安全系数按铁路等级分别取值。

3.1.6　地基不仅应有足够的强度来保证路基的稳定,同时还应有一定的刚度,以保证路基竣工后不致产生过量下沉,影响线路轨道的稳定平顺。

路基建成后发生的变形、沉降主要有路堤(主要是基床)在列车荷载作用下发生的变形、路堤本体在自重作用下的压密沉降、支承路基的地基压密沉降。在路堤填料的材质与施工质量有保证的前提下,前两部分的数值是有限的,因此控制路堤沉降主要是指控制地基的工后沉降。由于软土具有压缩性大、渗透系数小、固结时间长等特性,路堤建成后,不仅沉降量大而且需延续较长时间才能完成。

路基工后沉降量的规定和取值,将直接影响到工程造价和线路的使用性能。不同铁路等级、不同的列车运行速度对线路轨道的平顺度和运营养护维修对路基工后沉降量控制都有相应的技术标准和要求,见说明表3.1.6。

说明表3.1.6　不同类型铁路容许工后沉降量

速　　度(km/h)	120及以下	120～160	200
一般地段允许工后沉降(cm)	30	20	15
路桥过渡段允许工后沉降(cm)	—	10	8
沉降速率(cm/年)	—	5	4

由于桥台与台后路基的工后沉降不同会造成轨道不平顺,这对列车的平稳运行非常不利,同时使该处的轨道结构不易保持稳定,维修工作量大增。速度越高,其不利影响越明显。因此对桥台台尾一定范围内的路基,容许工后沉降值比一般地段要小。

3.1.7　在软土路堤坡脚取土、挖沟,可能造成路基失稳。连云港地区曾经出现过因为在坡脚挖沟造成水沟内侧挤出、路基沉降增加的例子。国外也有类似的实例。在加拿大魁北克有一公路路堤，高 9 m，在离坡脚 23 m 处挖沟时，导致路基坍滑。因此应当避免在坡脚取土、挖沟。实在无法避免时，应当根据路堤高度、软土厚度、硬壳厚度等因素，在距路堤坡脚 2 倍路堤高度以外取土，而且应做路基稳定检算。

3.1.8 增建第二线的填土荷载，除第二线本身地基沉降外，还可引起既有线沉降。两线沉降不均，往往造成既有线路肩开裂，严重的甚至会影响既有路基的稳定，因此宜远离既有线，并应考虑新线路基对既有路基的影响。

3.1.9 软土路堤建成后，在运营期间基底会产生下沉，降低原有轨顶高程。为了保持原有轨顶面高程，就必须在运营期间加厚道床来抬高轨面。为使道床抬高后仍能维持规定的路肩宽度，故设计软土路堤的路基面宽度时，每侧必须留加宽量。

路基面每侧加宽值 Δb，根据路基工后沉降量与道床边坡坡率由下式计算确定：

$$\Delta b = K_b m(S - \Delta S) \quad \text{（说明 3.1.9）}$$

式中 S——软土地基总沉降量（m）；

ΔS——地基在施工期间的沉降量（m）；

m——道床边坡坡率，$m = 1.75$；

K_b——折减系数，一般取 0.5～0.6。

3.1.10 稳定观测主要是指在施工过程中对路堤坡脚进行水平及竖向位移观测，位移的观测点一般设在坡脚外 2～10 m 的地方；沉降观测是指在路堤建成验交前的施工过程中对路堤的垂直变形进行观测，沉降观测点一般设在路堤中心。根据沉降观测数据推算路基工后沉降量，作为路堤验交时控制工后沉降量的依据。稳定观测和沉降观测是软基工程中最基本最重要的观测项目，必不可少。

3.2.1 软土的稳定分析公式较多。对路堤设计，多年以来一直沿用圆弧法检算，实践证明这种方法基本符合实际。

λ 值为抗剪强度随深度的递增率，见说明图 3.2.1 所示。

多层软土的固结度计算，通常采用各土层的固结系数的平均值（可采用加权平均值，各地层的厚度相差不大时也可采用算术平均值）来计算地基的平均固结度。

采用散体材料桩或加固土桩对软土地基进行加固处理后，形成复合地基的稳定性计算较为复杂。目前一般仍采用圆弧滑动面法，并考虑桩与桩间土共同发挥作用，根据复合土层的抗剪特性引入桩土复合抗剪强度参数，进行稳定性分析。

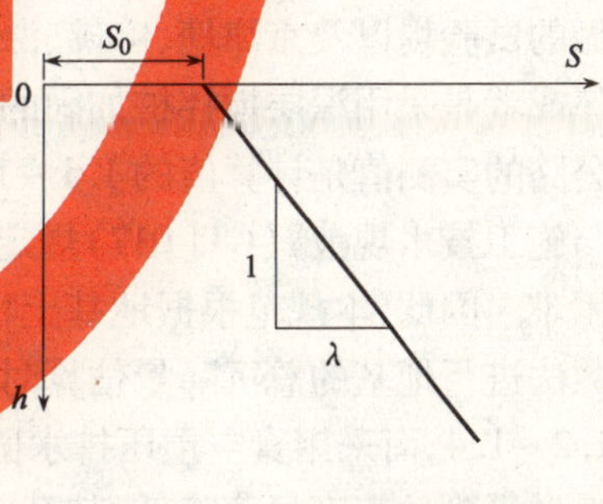

说明图 3.2.1 λ 值的递增率

3.2.2 软土的天然抗剪强度指标，是路基稳定性分析和承载力计算中常用到的重要指标，试验时应根据地基土的应力状态、应力变化速率、排水条件和应变条件等选用相应的方法。

3.2.3 填筑临界高度是指在天然的软土地基上快速填筑所能填筑的最大高度。临界高度的大小取决于软土的性质、地层的成层情况、硬壳的厚度和性质以及填料的性质等，通常用圆弧法检算确定，若能做现场填筑试验则更能切合实际。

填筑临界高度只从地基的强度、稳定出发，是线路选线、路基设计、填筑速率控制重要依据，不能以此作为控制沉降的划分高度。

3.2.4　列车活载属瞬时通过荷载，而地基沉降是在长期压密过程中逐步完成的。对双线路基而言，地基沉降计算一般按单线活载考虑，是经济的，也是合理可行的。但对低路堤或软土路堑，列车活载对地基浅层影响相对较大，为减少运营后的早期维护，仍建议按双线活载计算地基沉降。

次固结沉降是在土骨架上的有效应力基本上保持不变的条件下，地基随时间的增长而发生的沉降，可按从主固结完成后开始，由时间—压缩曲线的斜率近似地求得次固结沉降（S_0）。次固结沉降 S_s 可采用次固结系数参考下式计算：

$$S_s = \sum_{i=1}^{n} \frac{C_{ai}}{1+e_{1i}} \lg\left(\frac{t_2}{t_1}\right) h_i \qquad \text{（说明 3.2.4—1）}$$

式中　C_{ai}——第 i 层的次固结系数，为 e—lg$p$ 曲线在主固结完成后直线段的斜率；C_{ai}无试验资料时，可参考说明表 3.2.4 经验值，或按式（说明 3.2.4—2）估算；

t_1——相当于主固结完成 100% 的时间；

t_2——需要计算次固结沉降的时间（可计至主固结完成后 20 年）。

$$C_a = 0.018w \qquad \text{（说明 3.2.4—2）}$$

式中　w——土的天然含水量（按小数点取值）。

说明表 3.2.4　次固结系数

软土类型	泥　炭	富含有机质黏土	高塑性黏土	超固结黏土
特征	纤维结构手感如海绵	有机质含量大于 30%	塑性指数大于 25	OCR > 2
C_a	0.1 ~ 0.3	0.005 ~ 0.03	> 0.03	< 0.001

对于欠固结和轻微超固结的土，用考虑地基土应力历史的 e—lg$p$ 曲线来计算沉降更接近实际，计算时应尽可能采用 e—lg$p$ 曲线进行。

影响地基沉降的因素比较多，如填土高度、软土及硬壳的性质、地基加固的方法、软土路堤的稳定性安全系数，以至加荷速率等都会影响沉降量的值。根据多年来铁四院等单位所做的试验堤以及京津塘、广佛、深汕、沪宁、杭甬等高速公路的实测数据，除了个别硬壳比较厚或者是采用深层搅拌桩加固的工点以外，绝大部分软土地基路堤的计算沉降量偏小，上述公路的实测值是计算值的 1.1 ~ 1.7 倍，有的甚至更大一些，故现行《公路软土地基路堤设计与施工技术规范》（GTJ 017）规定软土地基沉降修正系数为1.1 ~ 1.7，范围比较大，应用比较困难。因此，本规范根据地基土特征、加固方法对侧向变形的影响，结合实践经验，按修正系数法进行地基的总沉降量估算时，采用堆载预压排水固结法处理时，沉降修正系数建议采用 1.2 ~ 1.4，而采用真空预压排水固结法或复合地基处理时，由于地基强度已明显提高，侧向变形受到约束而显著降低，甚至向内，故建议降低至 1.0 ~ 1.2。

复合地基加固区压缩量可取经验值，或根据桩土复合模量进行估算。采用桩土复合模量进行估算时，将加固区中土体和桩体视为一复合体，采用复合压缩模量来评价复合土体的压缩性。复合地基加固区下卧土层压缩量采用分层总和法计算，作用于下卧层土体上的附加应力可参照有关规范采用应力扩散法或等效实体法计算。

3.3.1 ~ 3.3.2　软土或松软土地基加固的目的主要是对以下内容及指标实施控制：（1）满足稳定要求；（2）满足沉降要求；（3）满足路堑及低矮路堤基床承载力要求，并防止饱和粉土、粉细砂地基产生振动液化；（4）进行路堤填筑速度或施工期的设计，为满足环保要求，对施工条件、机具、材料的控制与选择等；（5）设计方案经济上合理、技术上可行。

3.3.3 换填系指挖除软土换填强度较高的土，一般采用砂、石等渗水土。考虑到碾压片石质量受施工因素影响很大，其施工处理的深度和均匀性很难达到设计要求，故本次修订时，取消了碾压片石处理措施。

3.3.4 砂垫层是在路堤基底增加的一个排水面，适用于软土层较薄，也适用于软土层稍厚，但中间或底部有透水层的地基。砂垫层施工简易，不需特殊的施工机具，但需放慢填筑速度，使地基有充分的时间进行排水固结。

土工合成材料（如土工格栅、有纺土工织物等）加筋补强加固地基，相当于柔性筏基，可提高地基稳定性，且具有施工简单、少占农田（与反压护道比较）等优点。根据铁四院在广珠线软土路堤试验的成果，当路堤稳定性由整体滑动破坏控制时，增加土工合成材料层数对提高路堤稳定性作用已不十分明显，故规定土工合成材料的铺设层数不宜超过3层。

反压护道施工简易，需要控制填土速率，且占地面积多，土方数量大，仅适用于非耕作区和取土不困难的地区。

强夯置换墩在国内建筑、公路等部门已有不少成功经验，也有失败的教训，在铁路上应用实践较少，故强调施工前进行工艺性试验。强夯置换墩应穿透软土层至硬底，加固深度不宜超过6 m。强夯置换墩体材料应采用级配良好的块石、碎石、矿碴等坚硬粗颗粒材料，但粒径大于300 mm 颗粒含量不宜超过全重的30%。强夯置换墩体计算直径可取夯锤直径的1.1~1.2倍，间距宜为夯锤直径的2~3倍。强夯置换墩加固地基设计计算可考虑置换、排水固结和应力集中作用。稳定和沉降计算可采用碎石桩复合地基方法。

3.3.5 经验证明，利用预压加速地基排水固结是用于路堤堤坝软基加固既经济又有效的措施，但要考虑充分的预压期。

预压期根据路基的稳定性和工后沉降的要求来定，若沉降与稳定均为控制因素，则选用两者中较长的预压期。

实践证明，真空预压处理地基时，真空度在砂井内的传递与井料的颗粒组成和渗透性有关。为了减少真空度沿深度的损失，当深度超过10 m时，对砂井材料要求应提高。一般来说，真空预压处理深度不宜大于15 m。

3.3.6 设置水泥土搅拌桩、旋喷桩、石灰桩、CFG桩后，桩与桩间土形成复合地基，应考虑桩对地基土的置换作用，应力集中效应、进而减少总沉降，但不考虑桩体加快地基的排水固结速度和对地基的挤密作用。

水泥土搅拌桩分干（粉）喷和湿（浆）喷，应根据土质及厚度选择采用合适的方法。干（粉）喷适用于处理深度不大于15 m、含水量一般在30%~60%的淤泥、淤泥质土、软黏性土及粉土等；湿（浆）喷处理深度不宜大于20 m。当处理泥炭土、塑性指数$I_p>25$的黏土或地下水具有腐蚀性时，须通过试验确定其适用性。

高压旋喷桩适用于一般软弱地基，当土中含有较多的大粒径块石、大量植物根茎或有过多的有机质时，应根据现场试验结果确定其适用程度及施工方法。

混凝土桩主要用于深厚层（大于20 m）淤泥、淤泥质土、软黏性土地基。

CFG桩适用于处理软黏性土，对淤泥质土应按地区经验或通过现场试验确定其适用性，处理深度不宜大于25 m。

石灰桩适用于一般软土地基，对缺少经验地区，施工前应进行桩身材料配合比、成桩工艺等试验。

增建二线与既有线并行地段，软土地基如采用排水固结法处理，在施工过程中，将产生较快、较大的地基固结变形，两线的差异沉降大，严重影响既有路基的稳定，因此，规范建议优先采用复合地基加固，否则，应于既有线坡脚设适当的隔离桩。

复合地基的加固设计、施工可按照《建筑地基处理技术规范》（JGJ 79—2002）的有关规定执行。

3.3.7　当松软地基厚度不大，如水田、池塘、洼地等地段，地表土为软塑状，可直接采取疏干、挖除换填等措施进行处理。水田地段一般在填筑前，先挖好路堤两侧排水沟，疏干水田积水，挖除表层淤泥、腐植土等。在池塘、洼地等积水地段，则可采取填片石或砂砾石等渗水土，其高度应高出积水水位。

强夯、碎石桩、挤密砂桩加固粉土、砂土地基，考虑它们对地基的压实或挤密作用，是防止松软土地基液化的合理有效的主要处理措施。设置碎石桩后，桩与桩间土形成复合地基，对黏性土而言，主要考虑桩对地基土的置换作用、竖向排水体作用及应力集中作用，但一般要求黏性土的不排水剪强度 C_u 不小于20 kPa。

3.3.9　极不稳定的泥沼是指泥沼很烂，呈流塑状态，钻探机具在自重作用下能下沉的地层。

3.4.1　软土地基在施工过程中的观测主要为侧向位移观测和沉降观测。侧向位移是分析在荷载作用下地基的稳定性以及由于侧向位移所引起的沉降大小的重要依据，一般通过设置边桩进行量测，必要时可通过在坡脚附近埋设深层位移测斜仪，量测地基在不同深度处的侧向位移值，以判定某深度处软基挤出变形发展规律；沉降观测主要为路堤中心地基面总沉降量的观测，必要时进行地基分层沉降、路堤外地表沉降或隆起的观测。

利用边桩和路堤地基面沉降观测设备量测的数据，控制填土速率，保证路堤在填筑过程中的稳定。此外，根据沉降观测数据进行最终沉降量推算，使路基的工后沉降量在设计范围之内。当地基沉降与设计有出入时，可以根据实测数据采取相应的措施完善设计，使地基处理达到预定的目标。

目前利用沉降观测资料开展动态设计主要是根据绘制的“沉降量—时间”曲线，或计算地基的平均固结度，反算地基的平均固线系数和推算地基最终沉降量，与原设计采用参数比较确定设计方案和施工方案的可行性，并及时修正。利用实测数据推算最终沉降量方法很多，常用的有双曲线法、三点法、沉降速率法、星野法、修正双曲线法及修正指数函数法等，这些经验公式各有其适用条件，应根据工点的具体情况，视拟合程序的优劣，选择与实际情况较吻合或较接近的方法来推算最终沉降量、工后沉降量及沉降速率。根据沉降发展趋势及工期要求，采取相应措施，使地基处理达到预定的要求，并为铺轨前对路基进行评估提供依据。

3.4.2　天然地基及以排水固结法处理的软土地基上，路堤施工中必须严格控制填土速率，过快的填土速率会破坏地基土的结构，加大沉降总量。以往铁路路基施工中对填土速率的控制主要是从路基的稳定着眼的，以减少沉降为目的的控制施工速率的做法是从高速公路的建设开始的，它们采用的控制标准是中心沉降小于等于10 mm/d，边桩的水平位移小于或等于 5 mm/d，现行《公路软土地基路堤设计与施工技术规范》（GTJ 017）中将这一标准应用到所有高速公路和一、二级公路的设计施工中。秦沈客运专线铁路采用了相同的控制标准。实践证明，对于沉降总量比较大的软土地基，应采用这个标准。

3.4.3　地基采用排水固结措施，可缩短固结时间，减少后期沉降，但软土地基中超静水压力的消散需经过一定的时间才能完成，所以应提前施工让其有足够时间固结。

3.4.4 复合地基加固属地下隐蔽工程,施工质量受人为因素的影响较大,对其事后检测和补救亦较困难。因此,施工质量控制及检测应贯穿于施工全过程的每道工序及各个操作环节。

复合地基加固竣工后质量检测及验收是上部路基施工前必须的控制工序。质量检测及验收方法应根据加固目的、要求及上部结构类型确定。

(1)以往大量的路基工程实践证明,水泥土桩(搅拌桩、旋喷桩等)复合地基的检测按铁道部现行《粉体喷搅法加固软弱土层技术规范》(TB 10113—96)执行,以检测桩身强度为主,是合理、有效、经济的检测方法,以地基承载力控制设计的基床加固、支挡工程基础加固应以单桩及复合地基载荷试验为主要检测方法。

(2)散体材料桩(砂桩、碎石桩)及 CFG 桩复合地基的检测应按《建筑地基处理技术规范》(JGJ 79—2002)的有关规定执行。

3.4.6 软土路堤填筑试验是一项十分重要的工作,而且必须提前在工程全面开工前取得试验成果,以利指导软土地基处理设计与施工。

4.1.1 膨胀土(岩)吸水会产生膨胀,而膨胀量的大小受黏土矿物的种类和含量等因素的影响。膨胀土中膨胀性黏土矿物以蒙脱石或伊利石为主。其中蒙脱石是强亲水性的,吸水膨胀,失水却会明显地收缩开裂。

膨胀土的基本特性除了具有较强的胀缩性外,大多数具有超固结性和裂隙性。少数土层虽然含有较多的强亲水性矿物,但是并不具备这些超固结性和裂隙性,有的 Q_4 坡积、残积层虽然含有较多的亲水性矿物,但不是超固结土。此外部分残积层,土中母岩碎屑的风化程度及含量大小也会影响土的膨胀性。深埋的膨胀土虽然具有膨胀潜能,但因含水量较稳定,又受上覆层压力的约束,胀缩能量难以发挥,同时也因深埋,不受气候变化影响,使裂隙不发育。

膨胀岩的基本特性除了具有较强的胀缩性外,还具有碎裂性和低强度性。膨胀岩由于岩体破碎和含水量大而导致的低强度性是突出特点。

4.1.3 从理论上讲,膨胀土(岩)吸水要产生膨胀变形,膨胀变形受到约束,土体就会对约束体产生膨胀压力。铁二院部控课题"南昆线膨胀土路基工程试验"对南昆线膨胀土挡土墙土压力膨胀力测试的结果表明,膨胀土(岩)地区的挡墙不仅要承受土压力,还要承受侧向膨胀力。

膨胀力的定量计算目前是一个尚未解决的问题,设计时一般可采用降低综合内摩擦角 ϕ 的方法来考虑膨胀力的影响。

根据铁道第二勘察设计院部控课题"南昆线膨胀土路基工程试验"以及中铁西北院部控课题"西南地区膨胀土(岩)的湿化性及处理措施"的研究成果,西南地区膨胀土的气候影响层厚度最大为 2.5 m,见说明表 4.1.3。

说明表 4.1.3 西南地区典型膨胀土(岩)气候影响层深度

膨胀土名称	膨胀性分级	含水率变化层厚度	含水率显著变化层厚度	气候影响层厚度
成都狮子山黏土	中	4.0 m	2.5 m	2.5 m
广西那桐红黏土	弱	4.0 m	2.5 m	2.5 m
云南蒙自膨胀土	弱	3.6 m	2.4 m	2.4 m
广西田东膨胀岩	强	3.5 m	2.5 m	2.5 m

根据对膨胀土(岩)地区裂隙统计分析与南昆线多处膨胀岩路堑边坡变形破坏实例分析的结果,如南昆线林逢膨胀试验工点的裂隙多数充填一层很薄的灰白色的次生黏土矿物,取样分析表明,这层黏土矿物中蒙脱石含量高达40%,路堑边坡破坏大多数是沿这组裂隙滑动造成的。

4.1.4 膨胀土(岩)工程地质性质极差,膨胀土(岩)地区既有线路基完好率仅为25%左右,用膨胀土(岩)填筑的高路堤浅层溜坍和深层滑动的概率更大,路堑亦是如此。铁二院在南昆线膨胀土问题最严重的那百段采取了"抬坡减少挖方、高填方改桥(填方不低于8 m)"的优化方案,运营通车多年证明,凡是优化的地段,路基病害极少,效果显著。但当路堤高度大于6 m、路堑高度大于10 m时,路基病害发生的概率仍然很大。铁四院在长荆线、新长线、西宁线等对较高路基通过采取填料改良、加强边坡加固防护和排水处理,大部分状况良好。因此,综合考虑,本条规定路堤边坡高度不宜超过10 m,路堑边坡高度不宜超过15 m。

4.1.5 线路走向垂直于主要裂隙构造面或软弱夹层,可避免路堑边坡产生顺层滑坡或顺层坍滑。

4.1.6 据宁西线南京至合肥段膨胀土路基试验研究成果,对弱、中膨胀土掺入5% ~8%的石灰改良处理,膨胀特性明显改善,力学强度提高,水稳性大大增强。石灰改良土的现场7 d无侧限抗压强度可达0.6 MPa以上。

4.2.2 表4.2.2中的边坡高度、边坡坡率与平台宽度等项所列的值,经过现场大量调查统计核对,证实表列数值从总体上说是符合实际的。

膨胀土(岩)路堑边坡的破坏形式是多样的,但从破坏的深度上来分,可大体归纳为浅层破坏与深层破坏两种类型。浅层破坏是指发生在气候影响层内的边坡变形,超过这层厚度的边坡变形便是深层破坏。在考虑边坡的稳定时,应该针对这两种破坏类型分别对待。

由于浅层破坏是受气候变化、风化程度、裂隙发育程度等因素的影响,其抗剪强度明显低于深部的强度。因此,对于整体边坡(包括浅层及深部)的稳定,如果不考虑边坡防护加固,则需按浅层土质特征考虑边坡。对较高的边坡,考虑边坡防护加固,则浅层的工程地质问题已基本得到解决,只需按深部的地层强度进行边坡稳定性分析决定边坡坡率,可以用较陡的边坡坡率。因此,本规范强调及时地采取防护加固和排水措施,防止浅层破坏。

4.2.3 考虑到两类土层的结合面是薄弱面,往往又是地下水富集带,路堑开挖后路基面位于地下水频繁活动带会加速坡脚附近土层抗剪强度的衰减,是路堑病害的隐患。

4.2.4 弃土堆的坡脚至堑顶的距离大于一般黏性土路堑,不宜小于10 m。考虑到膨胀土的堑坡破坏程度比一般黏性土边坡严重,既有线膨胀土堑坡破坏时,不少的弃土堆已经接近堑顶,故增大弃土堆至堑顶的距离是必要的。

4.3.1 根据铁四院在长荆线、新长线、西宁线等的试验及实践经验,对于弱膨胀土(岩),通过采取控制路堤高度及边坡加筋补强或填料改良等措施,效果显著,路基状况良好,因此规范建议,根据路堤高度,可采取填料改良或加固措施;对中、膨胀土(岩),考虑到边坡加固措施往往很难使路基强度及边坡稳定达到设计要求,因此,从确保中、膨胀土(岩)路基的安全稳定考虑,本规范强调用中、强膨胀土(岩)作填料时必须改良。

4.3.3 考虑到既有线膨胀土(岩)路堤普遍沉降这一实际情况,以及膨胀土(岩)的胀缩特性(这些特性主要表现在胀缩残余变形、侧向挤出变形以及施工中压密过程的变形等),将会使填土产生后期沉降。因此,对于膨胀土(岩)路堤,应预先适当加大路基面宽度,以便在路堤沉降后抬高道床时能保持有足够的路肩宽度。加宽值可根据施工碾压条件、填料实际含水量、土质分类等级、改良特性、路堤高度等综合考虑决定。

4.4.1~4.4.2 膨胀土(岩)路基基床处理主要考虑到以下情况:

(1)在既有线路基出现的各种病害中,基床病害所占的比例远大于其他部位的病害。

(2)膨胀土(岩)在胀限状态下的无侧限抗压强度一般为15~30 kPa,远小于列车换算荷载50~60 kPa。如果用膨胀土(岩)作为基床材料,显然路基面的承载力是不足的。

(3)膨胀土(岩)的液限大于32%、塑性指数大于12,不能满足《铁路路基设计规范》(TBJ 10001—2005)对基床材料要求的规定。

将强膨胀土(岩)路堑基床处理厚度加深,是根据铁路路基基床厚度和膨胀土的气候影响层厚度,为减少基床病害确定的。

考虑到膨胀土(岩)地区往往缺乏其他适于作基床的材料,不得不用膨胀土(岩)时,就必须采取改良措施以防止基床病害的发生。

4.5.1 膨胀土(岩)路基边坡的破坏形式,基本上与一般黏性土相同,有浅层破坏与深层破坏两种。浅层破坏包括冲蚀与溜坍,是整体边坡稳定情况下所产生的局部破坏;深层破坏包括坍滑与滑坡,影响整体边坡的稳定性。因此,在防护与加固方面,应区别对待。

膨胀土(岩)路堤边坡表层由于受气候变化的影响明显,反复的干缩湿胀会降低边坡土的抗剪强度。本条强调了"保湿防渗"措施,目的是强调边坡不仅要求有防护坡面的措施,而且加固防护措施应及时修建。这样,可使边坡土体既能保持一定的湿度(一般保持在硬塑在中间含水状态),又能保持坡面排水畅通,即不致使边坡出现坑洼积水。

关于挡土墙压力计算的力学指标低于峰值强度,这是因为膨胀土(岩)的抗剪强度随变形的增加而衰减。对膨胀土(岩)地区的路堑边坡或水渠边坡发生滑坡后进行反算表明:滑面抗剪强度的下限值相当于残剪试验的残余抗剪强度;上限值略低于峰值强度,介于峰、残之间的抗剪强度。所以规定不管采用什么测试手段取得的土层抗剪强度,在具体取值时不宜偏高,即应低于峰值强度。

4.5.2~4.5.3 条文所列各项防护加固措施,是多年来既有线整治路基病害中效果好的成熟经验,经整理归纳而成,并突出了效果较好的边坡加筋及综合措施的应用,这些防护加固措施可供设计选用。边坡加筋一般不与拱形骨架结合使用,主要原因是骨架施工对筋材的破坏较大,可采用较轻型的空心砖满铺措施。

4.6.2 地下水发育的膨胀土(岩)路堑,为减小地下水对基床及坡脚的影响,降低基床处理难度,可参考采用"路堤式路堑"形式(如说明图4.6.2所示)。

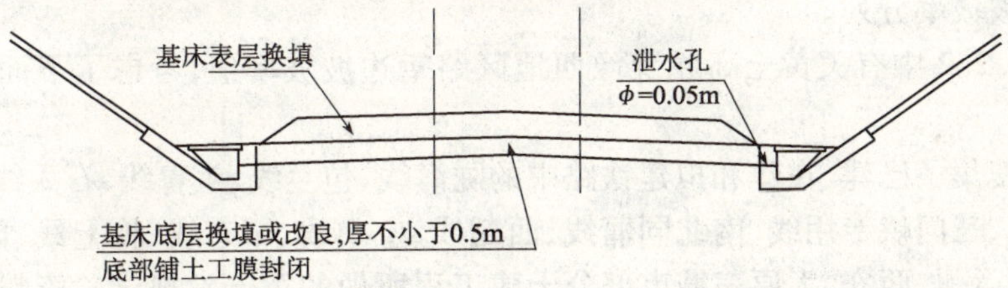

说明图4.6.2 路堤式路堑结构横断面图

5.1.2 黄土路基设计是根据黄土沉积的时代和成因，选用相适应的设计原则及设计参数。按时代和成因的分类，主要考虑以下因素：

(1)按时代成因的分类，是50年来在黄土地区铁路建设中对黄土不断认识和深化基础上所形成的分类方法。

(2)影响黄土工程性质及其物理力学指标的因素固然很多，而时代成因为主要因素。大量试验资料证实，不同时代成因黄土的工程性质及其物理力学指标具有明显的差别，这些差别在不同程度上影响了工程设计的准确性及措施的实用性。

(3)黄土路基的设计，也是按时代成因的不同来确定与之相适应的设计原则及处理措施的。如黄土路堑边坡坡率拟定，是按时代成因的不同而分别考虑的：Q_1 黄土、古土壤、坡积黄土的路堑坡面均应加强坡面防护工程；在多雨地区，Q_2、Q_1 黄土和古土壤易产生基床变形，应予处理；黄土地段的水沟，应作防冲防渗的加固处理等。

(4)本次修订对表5.1.2中的内容进行了适当调整，调整后与新颁布的《湿陷性黄土地区建筑规范》(GB 50025—2004)和《铁路工程岩土分类标准》(TB 10077—2004)靠拢。

(5)表5.1.2中所列的工程性质，仅指出与路基工程有关的工程性质，它对路基工程的强度、稳定、耐久性有直接影响，设计时应予考虑。

5.2.1 根据调查，从既有线路堑坡面的冲刷与边坡高度二者关系来看，一般当边坡高度 $H \geqslant 12$ m 时，坡面下部受雨水冲刷易形成冲沟；当 $H > 15$ m 时，冲刷严重，冲沟加深。据此，黄土路堑边坡一般在坡脚设高1.5 m 的护脚，并且以 $H > 12$ m 作为选用阶梯形边坡的依据。

边坡设置小平台，不仅对坡面径流起缓冲、分流作用，还可拦截上方坡面少量剥落土块，便于养护维修。

小平台间距，主要是从节省土方数量、降水量的大小、坡度的陡缓综合考虑拟定的。根据计算，平台间距大则减少的土方数量多。根据调查统计资料，降水量大、坡度缓时，冲刷临界高度小，平台间距宜用小值；反之冲刷临界高度大，平台间距可取大值。

当边坡高度 $H > 25$ m 时，为了减轻坡脚压力，宜在边坡的中部设置大平台。宝鸡峡引水干渠和西北农大水利系对陕西某工程的黄土高边坡所作的力学检算资料均说明，在平均坡度相同的情况下，在坡高的二分之一稍高处设置大平台，既能减少土方数量，又可提高边坡稳定安全系数。

5.2.2 影响黄土路堑边坡坡率的因素有沉积时代和成因、地貌单元、地下水分布、构造斜节理、边坡高度等，在制定说明表5.2.2时，考虑了时代成因这一主要因素。

(1)我国黄土分布范围广，各地区黄土性质的差异性较大。为了使所拟定的坡率值覆盖面广、便于使用，特将黄土高原及豫西等地区与华北、东北平原及内蒙古高原东部的黄土路堑边坡坡率分列。

(2)表5.2.2中有关黄土高原及豫西地区路堑边坡坡率值，考虑了下面一些主要问题：

①广泛搜集了已建、在建和拟建铁路中的陇海线、包兰线、兰青线、石太线、侯月线、西侯线、神朔线、三门峡专用线、南北同蒲线、西延线、宝中线、罕东线、梅七线、阳涉线、孝柳线共15条和兰州、西安、太原三城市部分土建工程所做的黄土常规试验资料，总共3 700多组，再根据数值统计方法，按时代成因，分别求出天然重度和抗剪强度指标的平均值，并作适当调整后，汇总列于说明表5.2.2—1。

说明表 5.2.2—1 路堑边坡力学检算所采用的指标值

年代及成因		指标	天然重度 γ(kN/m³)	黏聚力 c(kPa)	内摩擦角 φ(°)
Q_4		坡积	17.0	20	23
		冲、洪积	17.0	25	25
Q_3		坡积	16.5	20	26
		冲、洪积	16.5	35	25
		风积	15.0	35	26
Q_2	Q_2^2	—	18.0	60	28
	Q_2^1	—	18.5	90	30
Q_1		—	19.0	90	33

这样求得的指标不仅具有代表性，且能反映不同时代成因黄土的差异性，用以作为力学检算采用的指标值是合理的、可行的。

②根据说明表 5.2.2—1 所列的指标值，用圆弧法检算，其结果汇总列于说明表 5.2.2—2。

说明表 5.2.2—2 边坡稳定性检算汇总

年代及成因		边坡高度 / 检算项目	H≤5 m m—F 计算值	H≤5 m 推荐坡率	5 m<H≤10 m m—F 计算值	5 m<H≤10 m 推荐坡率
Q_4		坡积	0.30—1.59 0.50—1.76	1:0.5	0.50—1.15 0.75—1.72	1:0.75
		冲、洪积	0.30—1.98	1:0.3	0.30—1.23 0.50—1.36	1:0.5
Q_3		坡积	0.30—1.68	1:0.3	0.50—1.19 0.75—1.37	1:0.75
		冲、洪积	0.30—2.56	1:0.3	0.30—1.52 0.50—1.73	1:0.3
		风积	0.30—2.83	1:0.3	0.30—1.71 0.50—1.90	1:0.3
Q_2	Q_2^2	—	2.30—3.19	1:0.3	0.30—2.18	1:0.3
	Q_2^1	—	0.30—4.62	1:0.3	0.30—3.06	1:0.3
Q_1		—	0.30—4.22	1:0.3	0.30—3.06	1:0.3

年代及成因		边坡高度 / 检算项目	10 m<H≤15 m m—F 计算值	10 m<H≤15 m 推荐坡率	15 m<H≤20 m m—F 计算值	15 m<H≤20 m 推荐坡率
Q_4		坡积	1.00—1.19 1.25—1.71	1:1.25	1.25—1.17 1.50—1.27	1:1.5
		冲、洪积	0.50—1.12 0.75—1.26	1:0.75	1.00—1.21 1.25—1.35	1:1
Q_3		坡积	0.75—1.12 1.00—1.25	1:1	1.25—1.24 1.50—1.35	1:1.25
		冲、洪积	0.30—1.17 0.50—1.33	1:0.5	0.50—1.12 0.75—1.31	1:0.75
		风积	0.30—1.25 0.50—1.43	1:0.5	0.50—1.22 0.75—1.36	1:0.75
Q_2	Q_2^2	—	0.30—1.78 0.50—2.02	1:0.3	0.30—1.36 0.50—1.51	1:0.5
	Q_2^1	—	0.30—2.28	1:0.3	0.30—1.82 0.50—2.02	1:0.5
Q_1		—	0.30—2.24	1:0.3	0.30—1.82 0.50—2.11	1:0.5

续上表

年代及成因	检算项目		20 m < H ≤ 25 m		25 m < H ≤ 30 m	
			m—F 计算值	推荐坡率	m—F 计算值	推荐坡率
Q_4	坡　积		—	—	—	—
	冲、洪积		1.00—1.12 1.25—1.25	1:1.125	1.25—1.14 1.50—1.31	1:1.5
Q_3	坡　积		—	—	—	—
	冲、洪积		0.75—1.12 1.00—1.28	1:1	1.00—1.17 1.25—1.33	1:1.25
	风　积		0.75—1.21 1.00—1.36	1:1	1.00—1.25 1.25—1.39	1:1
Q_2	Q_2^2	—	0.50—1.33 0.75—1.50	1:0.75	0.75—1.14 1.00—1.57	1:0.75
	Q_2^1	—	0.30—1.62 0.50—1.79	1:0.5	0.50—1.59 0.75—1.79	1:0.75
Q_1	—		—	—	—	—

注：1　表中坡率是指平均坡率；
　　2　m—F 计算值是指坡率—安全系数计算值。

说明表 5.2.2—2 中所求得的稳定安全系数具有不均匀性。一般低边坡的稳定安全系数大于高边坡；Q_2、Q_1 黄土的稳定安全系数大于 Q_4、Q_3 黄土。表中坡率值是设计中常用的经验数值，用力学分析法来求其稳定安全系数，这样既沿用了多年所积累的经验坡率值，也满足了稳定安全系数所要求的界限值，取得两者的统一。如若采用同一稳定安全系数反求坡率值，会造成 Q_2、Q_1 黄土和低边坡的坡率过陡，而 Q_4、Q_3 黄土和高边坡的坡率过缓。

③结合铁一院多年来西北黄土地区修建路基的工程实践，对上表所求坡率值作了局部调整，最后制定出表 5.2.2 所列的坡率值范围。

④黄土路堑，一般性质单一、问题不复杂，只要坡率值拟定合理，并做好排水工程是能确保边坡整体稳定的。

工程地质类比法，是选择附近自然条件接近的、地层类似的自然或人工稳定边坡，对比两者在工程地质、水文地质、边坡高度及坡率等方面的相似性，借以拟定设计地段的路堑边坡坡率，这种以客观实际为依据所拟定的坡率值，比较符合实际，已为常用的主要方法。用该法所拟定的边坡是稳定的，但稳定的程度尚需通过力学检算判定，借以进一步修改初拟的坡率值，使设计更趋合理。而力学检算的精度，常受土体抗剪强度指标的取值所制约，取少数土样往往难以反映不同土层的真实强度，缺乏代表性，加之地形、地貌、水文地质条件等皆非少数土样所能代表的，所以提出以工程地质比拟法为主并辅以稳定检算，两者综合确定。

5.2.3　用于黄土路堑边坡稳定性检算的方法，目前主要有圆弧法和裂隙法。本规范之所以采用圆弧法，主要依据为：

(1)通过对一些处于极限平衡状态的边坡所作的稳定性检算，说明用圆弧法所求得的稳定安全系数 F 值能反映黄土边坡的实际稳定状态。

①选择 19 个处于极限平衡状态的天然黄土斜坡和人工路堑边坡，实测其物理力学性能指标(γ、c、ϕ)值，用圆弧法和裂隙法分别进行检算。其结果是：19 个计算点用圆弧法所

求的 F 值基本接近于 1.0，而裂隙法竟有 11 处所求的 F 值小于 1.0，约占 58%。一般裂隙法比圆弧法所求的 F 值小 5%～15%。

②选择 5 处坍滑体，坍滑体背后所形成的滑面可理解为处于极限平衡状态，对其滑面进行检算。其结果为：这 5 个计算点用圆弧法所求的 F 值基本接近于 1.0，而裂隙法竟有 4 处小于 1.0，裂隙法也比圆弧法所得的安全系数小 5%～15%。

上述检算结果说明：所选择的断面是处于极限平衡状态的，野外判断和力学检算两者的结论是一致的；用极限平衡状态的边坡来衡量不同计算方法的实用性是可行的；用圆弧法所求的稳定安全系数是能够反映黄土边坡实际稳定状态的。

尚需指出的是：对高边坡，两者所求的 F 值比较接近，相对误差小；对黏聚力大或边坡低的堑坡，裂隙法所求的 F 值小，选用时尤应慎重。裂隙法求的 F 值之所以偏小，原因在于该法略去了竖直缝隙范围内的抗力作用。

(2)圆弧法计算简便，适用于各种非均质土层和复杂坡型的计算，并可得到符合实际的稳定安全系数。

5.3.1 本条所提的两种路堤断面形式及坡率值，是根据 440 组夯后土试验资料所求得的平均黏聚力 c 为 23 kPa、内摩擦角 ϕ 为 22°，用圆弧法对多年来常用的路堤断面形式进行检算，按稳定安全系数 F 不小于 1.25 的要求拟定的。

5.4.1 对 Q_2、Q_1 黄土和古土壤作为Ⅱ级铁路基床底层填料，提出了需作处理的依据。

Q_2、Q_1 黄土和古土壤的液限 w_L 和塑性指数 I_p，统计汇总列于说明表 5.4.1。

说明表 5.4.1 Q_2、Q_1 黄土和古土壤的 w_L 和 I_p 的统计值

土的名称	液限 w_L(%)				塑性指数 I_p			
	土样数目	平均值	$w_L>32$ 的数目	所占百分数	土样数目	平均值	$w_L>32$ 的数目	所占百分数
Q_3 古土壤	8	32.6	6	75	8	13.5	6	75
Q_2^2 黄土	399	30.4	105	26	476	11.9	207	43
Q_2^1 黄土	57	30.1	14	25	61	12	31	51
Q_2 古土壤	13	32.0	10	77	13	13.5	10	77
Q_1 黄土	40	30.4	11	28	40	12.7	20	50

可见，Q_2、Q_1 黄土和古土壤的 w_L。和 I_p 偏大，Q_2、Q_1 黄土 $w_L>32$ 约占 26%，$I_p>12$ 约占 48%；古土壤 $w_L>32$、$I_p>12$ 的约占 76%。根据《铁路路基设计规范》(TB 10001—2005)的规定，对 $w_L>32$、$I_p>12$ 的 Q_2、Q_1 黄土和古土壤的基床底层填料，在多雨地区应予处理。

5.5.2 坡面雨水，顺坡面愈向下其流量增加、流速加大、冲刷力强，使坡脚附近的坡面形成冲沟或掏空，进而可造成边坡坍塌。

根据统计资料，Q_1 黄土中黏粒含量约占 30%，古土壤约占 35%，因黏粒含量高，坡面土易剥落，需加强边坡及坡脚的加固防护。

近代堆积的 Q_4、Q_3 新黄土，由于土体松散、孔隙大、均匀性差，坡面受水冲刷后易形成冲沟、流泥，因此应加强边坡防冲防渗处理。

5.6.3 基于黄土的抗水性能差，同时还具有湿陷性，因此黄土地段的水沟应采取防冲防渗的加固措施。

黄土水沟的加固类型,现场曾做过多种方案。从使用年限来看,一般轻型加固使用寿命短,目前多用浆砌片石加固。故本条推荐宜用浆砌片石或混凝土块板。

5.7.1　湿陷性黄土是一种特殊的岩土,以往在黄土地区修建铁路时,由于受投资限制和设计理念的影响,未制订地基处理措施的标准,仅凭经验考虑地面排水,在运营过程中出现了不少问题,这些问题都很难进行处理。

目前随着新建铁路设计标准的不断提高,对湿陷性黄土地区的地基制订具体的处理标准,是急需的。

修订时,参考新颁布的《湿陷性黄土地区建筑规范》(GB 50025—2004),结合铁路路基的特点,增加了本节内容,以指导湿陷性黄土地基处理的设计。

5.7.8　湿陷性黄土地基处理方法说明如下:

(1) 换填垫层法

该方法在《湿陷性黄土地区建筑规范》(GB 50025—2004)中为"垫层法",在铁路路基中如还采用该名称,设计时容易理解为在路堤底部设一层垫层,就会与其初衷相违背,因此,本规范中称为"换填垫层法"。

换填垫层法有土垫层和灰土垫层。仅消除1~3 m湿陷性黄土的湿陷量时,宜采用土垫层进行处理;当同时要求提高垫层的承载力及增强水稳性时,宜采用灰土垫层进行处理。

换填垫层法施工时,先将基底下要处理的湿陷性黄土挖出,并利用挖出的黄土或灰土分层回填、分层碾压至设计高程。

(2) 强夯法

夯击遍数一般为2~3遍,最末一遍夯击后,再以低能量(落距4~6 m)对表层松土满夯2~3击,也可将表层松土压实或清除,在强夯土表面宜设置300~500 mm厚的灰土垫层。

单位夯击能与处理有效深度的关系见说明表5.7.8。单位夯击能大,消除湿陷性黄土层的深度也相应大,但增加设备的起吊能力往往不容易解决。在工程实践中常用的单位夯击能为1 000~4 000 kN·m,消除湿陷性黄土层的有效厚度一般为3~8 m,夯锤底面宜为圆形,锤底的静压力宜为25~60 kPa。

说明表5.7.8　采用强夯法消除湿陷性黄土层的有效深度(m)预估值

土的名称 单击夯击能	全新世(Q_4)黄土、晚更新世(Q_3)黄土	中更新世(Q_2)黄土
1 000~2 000 kN·m	3~5	—
2 000~3 000 kN·m	5~6	—
3 000~4 000 kN·m	6~7	—
4 000~5 000 kN·m	7~8	—
5 000~6 000 kN·m	8~9	7~8
7 000~8 500 kN·m	9~12	8~10

注:1　在同一栏中,单击夯击能小的取小值,单击夯击能大的取大值;
　　2　消除湿陷性黄土层的有效深度,从起夯面算起。

在城区或居民区,考虑振动的影响,建议不宜使用该方法。

(3)挤密法

挤密孔的孔位宜按正三角形布置,孔心距可按下式计算:

$$S=0.95\sqrt{\frac{\overline{\eta}_{c}\rho_{d\max}D^{2}-\rho_{d0}d^{2}}{\overline{\eta}_{c}\rho_{d\max}-\rho_{d0}}}\qquad(说明 5.7.8)$$

式中 S——孔心距(m);

D——挤密填料孔直径(m);

d——预钻孔直径(m),无预钻孔的挤密法中 $d=0$;

ρ_{d0}——地基挤密前压缩层范围内各层土的平均干密度(g/cm³);

$\rho_{d\max}$——击实试验确定的最大干密度(g/cm³);

$\overline{\eta}_{c}$——挤密填孔(达到 D)后,3 个孔之间土的平均挤密系数,不宜小于 0.9。

当挤密处理深度不超过 12 m 时,不宜采用预钻孔,其挤密孔直径宜为0.35～0.45 m;当挤密处理深度超过 12 m 时,可采用预钻孔,其直径 d 宜为 0.25～0.30 m,其挤密填料孔直径 D 宜为0.50～0.60 m。

成孔挤密应间隔分批进行,孔成后应及时夯填。如为局部处理时,应由外向里施工。

挤密地基在基底宜设置 0.50 m 厚的灰土(或土)垫层。

当地基土的含水量 $w\geqslant 24\%$、饱和度 $S_r>65\%$ 时,一般不宜直接选用挤密法。

6.1.1 将盐渍土判定指标由0.5% 改为 0.3%,主要是为与国家相关标准协调一致。

6.1.3 盐渍土地区地势多低洼,地下水埋藏较浅,水质矿化度高,易形成盐渍土路基病害,选择以路堤通过可避免或减轻病害的产生。

6.2.1 根据有关资料,细粒土中毛细水达到最大上升高度或强烈上升高度的时间较长,例如达到最大上升高度的时间由几十天到上百天,因此式(6.2.1)中所涉及的最高地下水位或最高地面积水水位有一定的延续时间,而对于临时性的高水位可根据其高程和延续时间酌情考虑。

路堤最小高度见说明图 6.2.1。

6.2.2 多年来,铁一院曾在南疆线、青藏线、南疆公路及新疆和静、焉耆等地区对均质土的毛细水强烈上升高度进行了研究,并根据现场实测毛细水的强烈上升高度及对其有影响的主要物理指标值,用回归分析法,求出有关公式见说明表6.2.2。

说明表 6.2.2 中序号为 4 和 8 的计算公式,具有物理概念清楚、能反映诸因素的影响、精度较高、参数易取得等特点,本条采用了这两个公式。

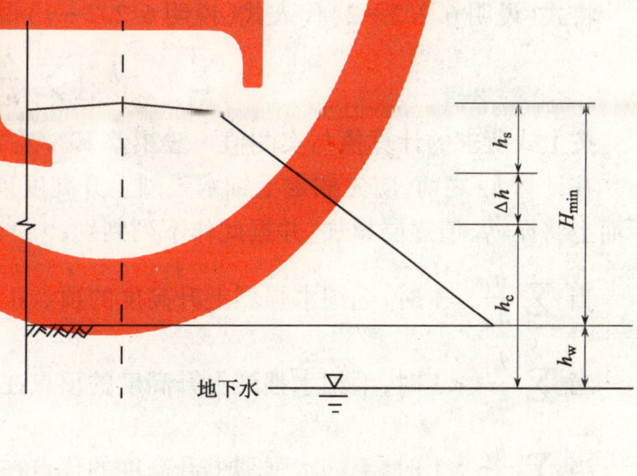

说明图 6.2.1 路堤最小高度

在盐渍土地区常遇到粉质黏土、粉土与砂类土互层的非均质土。非均质土的每一层可视为均质土,如说明图 6.2.1 所示。因此,非均质土层毛细水强烈上升高度计算公式可由均质土推出。设地下水位以上各均质土分层的厚度分别为 $h_1,h_2,h_3,\cdots,h_n$,其毛细水强烈上升高度相应为 $h_{1c},h_{2c},h_{3c}\cdots,h_{nc}$，并假定毛细水强烈上升高度的顶点距离第 n 层顶面的距离为 Δh，则非均质土层毛细水强烈上升高度 h_c 为

说明表 6.2.2　均质土层毛细水强烈上升高度计算公式

土的类别	序号	公式	子样数目 n	剩余标准差 S	单元回归相关性检验			多元回归显著性检验		
					γ	$\gamma_{n-2}^{a=0.01}$	$\gamma_{n-1}^{a=0.05}$	F	$F_{k,n-k-1}^{a=0.01}$	$F_{k,n-k-1}^{a=0.05}$
砂类土	1	$h_c=0.850+0.1702w_m$	32	0.135	0.913	0.449	0.349	—	—	—
	2	$h_c=4.637d_{10}^{-0.246}$	32	0.121	0.931	0.449	0.349	—	—	—
	3	$h_c=4.227d_{50}^{-0.198}$	32	0.132	0.916	0.449	0.349	—	—	—
	4	$h_c=0.290+0.0567w_m+1.5457d_{10}^{-0.246}+1.4090d_{50}^{-0.198}$	32	0.101	—	—	—	6.20	4.57	2.95
细粒土	5	$h_c=1.767+0.1456I_p$	22	0.161	0.904	0.537	0.423	—	—	—
	6	$h_c=5.089d_{10}^{-0.323}$	22	0.156	0.910	0.537	0.423	—	—	—
	7	$h_c=6.879d_{50}^{-0.229}$	22	0.134	0.935	0.537	0.423	—	—	—
	8	$h_c=0.590+0.0485I_p+1.6963d_{10}^{-0.323}+2.2930d_{50}^{-0.229}$	22	0.145	—	—	—	6.35	5.09	3.16

$$h_c=h_1+h_2+h_3+\cdots+h_n-\Delta h=\sum_{i=1}^{n}h_i-\Delta h \quad \text{（说明 6.2.2—1）}$$

假定：

$$\frac{h_1}{h_{1c}}+\frac{h_2}{h_{2c}}+\frac{h_3}{h_{3c}}+\cdots+\frac{h_n-\Delta h}{h_{nc}}=1$$

则

$$\Delta h=h_{nc}\left[\sum_{i=1}^{n}\frac{h_i}{h_{ic}}-1\right] \quad \text{（说明 6.2.2—2）}$$

将式（说明 6.2.2—2）代入式（说明 6.2.2—1）得

$$h_c=\sum_{i=1}^{n}h_i-h_{nc}\left[\sum_{i=1}^{n}\frac{h_i}{h_{ic}}-1\right]$$

按上式所求的计算值与实测值一般相差 10% 左右，个别达 15%。

在计算 h_c 之前，应先假定毛细水强烈上升高度顶点所在的层位，由地下水位算起，自下而上将 h_i/h_{ic} 值逐层累加，并据此作下列判别：

当 $\sum_{i=1}^{n}\frac{h_i}{h_{ic}}=1$ 时，毛细水强烈上升高度的顶点正好在第 n 层的顶面上；

当 $\sum_{i=1}^{n}\frac{h_i}{h_{ic}}<1$ 时，毛细水强烈上升高度的顶点在第 n 层以上；

当 $\sum_{i=1}^{n}\frac{h_i}{h_{ic}}>1$ 时，毛细水强烈上升高度的顶点在第 n 层之内。

6.2.3　盐渍土地区地表土层多为细粒土，属 C、D 组填料。盐渍土地区往往面积很大，线路以路堤通过，异地取土填筑运距较远，为充分利用当地资源而又符合路堤各部位填料标准，作出本条规定。

关于含盐量容许值规定说明如下：

氯盐渍土具有无膨胀等特性，它在大气降水或地下水位升高的影响下，土层中盐分可

能溶失，使土质变软、强度降低，说明氯盐渍土的工程性质受大气降水、空气湿度等的影响。若能控制土中的水所溶解的氯盐含量，避免填土中含有盐晶，同时保证土体的压实密度，则部分溶于土层孔隙水中的盐分，即使降雨使之溶失，也不致使土体密度、强度等工程性质受到大的影响。因此本条对填土中的氯盐含量作了规定。试验证明，在最佳含水量的条件下，压实系数为0.89时，氯盐容许含盐量可为5%～6%；若适当加大含水量和将压实系数提高为0.91时，可提高容许含盐量至8%。

硫酸盐渍土中硫酸盐的主要成分为硫酸钠。硫酸钠在温度为32.4 ℃时，溶解度达到峰值，高于或低于此温度值，溶解度都将降低。当温度低于32.4 ℃时，溶解于水中的硫酸钠或呈粉末状存在的硫酸钠，都将吸收10个水分子变成芒硝晶体，此时体积增大，比重从2.68下降至1.48；当温度高于32.4 ℃时，晶体硫酸钠又很快溶解于水或变为粉末状态，体积相对变小，硫酸钠体积随温度的反复胀缩，破坏着土的密度和结构。这一过程在路基上的反映就是路基先膨胀变形，引起轨面抬高，而后则下沉，并使路基土体疏松、强度降低。铁一院和新疆交通科学研究所通过大量调查、观测、试验证明，当土中硫酸钠含量超过2%时，即有明显的膨胀现象，因此，规定填料中硫酸钠含量不得超过2%。

碳酸盐中有大量的吸附性阳离子，具较强的亲水性，遇水后很快与胶体颗粒相互作用，在胶体颗粒与黏土颗粒周围形成稳固的结合水薄膜，从而减少了颗粒间的凝聚力，使之相互分离，引起土体膨胀。实践证明，当土中 Na_2CO_3 含量超过0.5%时，其膨胀量即显著增大，故规定填料中碳酸盐含量不得超过0.5%。

关于硫酸钠和易溶碳酸盐含量的容许值，随着行车速度的提高是否需提出更高的要求，是值得研究和探索的，但因缺乏科学试验数据和实践经验，故还没法提出更好的定量指标，有待今后通过科学试验和生产实践积累经验。

6.2.4 路堤可以采取多种措施防止土体次生盐渍化，其中降低地下水位是一种有效措施。在新疆等地区多采用开挖长大排水沟的方法，但许多情况下，由于地势低洼、排水通路不畅，而无法采取降低地下水的措施。因而建议采用毛细水隔断层措施，切断毛细水上升和补给通路，防止地下水中盐分被带入路堤土体产生次生盐渍化。

隔断层设在路堤底部，一般可保证路堤整体不产生次生盐渍化病害。隔断层设在路堤上部和中部可以节省隔断层工程量，但不能保证隔断层以下部分路堤不产生病害。因此，一般新建路堤隔断层多设在路堤底部，只有在困难条件下（例如改建铁路时）才设在路堤上部。

6.2.5 复合土工膜隔断层，其运输施工方便，造价并不高，且国内生产厂家多，品种规格也多，适宜于缺乏渗水材料的地段采用。

沥青胶砂和沥青砂板隔断层虽然效果较好，但施工工艺复杂，劳动强度大，对环境有污染，因此不再推荐采用。

用渗水土做隔断层，通过工程实践的回访、挖探证实效果最佳，为防止污染渗水土，故应铺设反滤层和垫层。

6.3.1 铲除含盐量大于表6.2.3所规定容许值的地基表土，可降低毛细水的含盐量，减缓填土的次生盐渍化。

6.4.1 用盐渍土填筑的路堤，尤其是用硫酸盐渍土填筑的路堤，由于松胀作用，造成路肩和边坡表层一定深度的土体有明显的松胀现象，易被风蚀和雨水冲蚀，为此，将路基每侧加宽0.4 m。

M10粉细砂水泥砂浆块板护坡是1980年由铁一院和某部队共同研制的，曾在新（乡）菏（泽）铁路使用过，效果良好，适用于粉细砂来源丰富的地区。

6.4.2　为避免或减轻路堤中、下部在毛细水强烈上升高度范围内的松胀，防止其次生盐渍化而设护道。

7.1.3　多年冻土年平均地温是多年冻土稳定性评价的一个重要指标。青藏线根据在青藏高原多年冻土地区的科研成果，将青藏高原多年冻土按年平均地温分为四个区。

7.1.4　不良冻土现象是指厚层地下冰（包括厚度大于0.5 m的含土冰层和厚度大于0.3 m的纯冰层）、冻土沼泽、冻胀丘、冰椎、热融湖（塘）、融冻泥流等地段。这些地段一般都需要采取特殊的处理措施，因施工困难，造价昂贵，养护也不方便，应绕避。如必须通过时，也应选择在不良程度轻、长度短的位置通过。当处于大型的冻胀丘、冰椎或热融湖（塘）地段时，尤其是在跨越较宽沟谷沼泽地段时，由于防治工程量大，且不易根除病害，宜设桥通过。

7.1.5　在多年冻土地区，采用路堤通过时，不但不会破坏地基冻层，而且路堤土体也能起保温作用，有利于保护地基多年冻土的冻结状态。当采用路堑通过时，地层开挖后，改变了多年冻土的原来状态，往往会削弱路基的稳定性，增加处理的难度和费用，并且不容易彻底根治。路堤再施工和运营中的修筑和养护比路堑容易，冬季积雪、积冰的威胁较路堑为小，春季冰雪融化排水条件亦较路堑好，所以多年冻土地区线路宜以路堤通过。

当采用保护冻土设计时，东北地区对于大片多年冻土的路堤最小高度一般考虑不小于1.5 m，对于岛状多年冻土宜提高至2 m。

青藏高原地区路堤填料为一般黏性土时，最小高度根据多年冻土不同地温分区，可参考说明表7.1.5—1取值。

说明表7.1.5—1　高含冰量冻土地段黏性土路堤最小高度

多年冻土地温分布	地温稳定区	地温基本稳定区	高温不稳定区	高温极不稳定区
多年冻土年平均地温（T_{cp}）	$T_{cp}<-2.0$ ℃	-2 ℃ $\leq T_{cp}<-1$ ℃	-1 ℃ $\leq T_{cp}<-0.5$ ℃	-0.5 ℃ $\leq T_{cp}\leq 0$ ℃
最小设计高度（m）	1.50	1.90	2.30	>2.50

路堤填料为非黏性土时，最小高度还需考虑填料的影响。一般情况下，不同填料换算的最小高度可按说明表7.1.5—2规定的换算系数乘以说明表7.1.5—1规定的数值取值。

说明表7.1.5—2　路堤最小高度土质换算系数

填料名称	一般黏性土	砂类土	砂、砾混合土	块、卵石土
换算系数	1	1.20	1.30	1.40

7.1.6　路基位置选在坡度较缓，地表干燥向阳的地段，不但可以避免融冻流泥、冻土沼泽，而且地基比较稳固。

7.1.7　路基在冻胀丘、冰椎地段的下方（即地势较低侧）以路堤通过时，其处理比较简单，因这种位置地下水的活动一般较少，冻胀丘、冰椎不致直接威胁路基的安全与稳定。如路基在冻胀丘、冰椎的上方（即地势较高侧）通过时，势必压实基底下的地层，压缩地下水的通道，阻碍地下水的排泄，很可能在路基上方又出现新的冻胀丘、冰椎，故应考虑由于地下水活动的变化对路基稳定性的影响。路基应避免在冻胀丘、冰椎地段的上方以路堑形式通过，尤其是在地下水位较高的地段。

路堤通过因厚层地下冰的融化而形成的热融湖(塘)地段,应考虑湖(塘)底冰层可能继续融化对路堤稳定性的影响,必要时应采取措施进行处理。

冻土沼泽地段,由于表层泥炭融后不易稳定和地势低洼积水不易疏干以及在厚层地下冰或层上发育地段均应避免以路堑通过。

7.1.8 当线路通过热融滑坍区时,宜从坍体下方通过。这是因为热融滑塌是溯源发展的,滑坍体下方山坡是稳定的,不受滑塌过程的影响。

7.1.9 在大片多年冻土带内,多年冻土分布面积广、厚度大,年平均气温及年平均地温均较低,多年冻土稳定,对保护多年冻土有利,应按保护多年冻土(即保护地基多年冻土的冻结状态)的原则设计。在岛状多年冻土带,多年冻土分布面积小、厚度较薄,在地面保温条件较好时,可采取加强保温的措施,按保护冻土原则设计;而在邻近季节冻土带的多年冻土的边缘地带,多年冻土多呈零星小块分布,厚度一般仅几米至十几米,年平均地温和年平均气温都较高,对外界条件变化引起的温度反映很灵敏,地面保温条件差、人为活动频繁,多年冻土处于不稳定状态,极容易被破坏,难以保持其冻结状态,应按破坏多年冻土的原则设计。

7.1.10 当路堤地基为少冰冻土时,因冻土融化的融沉量很小,不会使路基产生病害,故可按一般地区路基设计。在富冰冻土、饱冰冻土或含土冰层地段,冻土融化将会因融沉问题引起路基病害,宜采取保护冻土的设计原则。如不易保持冻土或保持冻土措施不经济时,也可采取预先挖除冻土或换填不融沉土等破坏冻土的设计原则;在融沉量不大的情况下,也可采用加宽路基、预留沉降、让其自然融化等办法。

7.1.11 多年冻土上限以上的季节融化层和上限下降部分为可压缩土层,当路堤修筑后,由于融化沉降和压缩沉降,地基均有较大的沉降(实际施工季节难以掌握,因此不论采用何种原则,均应考虑沉降)。计算沉降的目的在于计算施工期间由于地基沉降所增加的土石方数量和计算在运营期间地基继续沉降所需预先加宽路堤顶面的宽度,以便在路堤继续沉降后,当需要抬道时,仍可保持足够的路肩宽度。

7.1.16 高含冰量冻土路基的防护措施分为主动防护和被动防护两类,主要是从其工作原理上划分的。能够促使地基或路基土体散热,降低土体温度,维持冻结状态,从而防止融沉和冻胀变形的工程措施,称为主动防护措施,如热棒、片石通风路基、碎石及片石护坡、通风管路基等;采用隔热材料或其他工艺降低导热系数,增强保温效果,防止路基与大气进行热交换,从而防止季节性融沉和冻胀病害的工程措施,称为被动防护措施,如保温材料路基、保温护道等。由于被动防护措施不能有效地降低地基温度,填土中的蓄热也不能顺利散失,阴阳坡的不对称吸热效应也不能得到有效控制,因此,对高温不稳定区,特别是含厚层地下冰的多年冻土路基,应综合采取主动防护和被动防护相结合的措施。

7.1.20 黏性土具有较大的比表面积,冻胀性也较敏感。试验表明,粒径为0.005~0.05 mm的粉粒是最易形成冻胀的颗粒。实际也证明,发生冻害的路基,其土质中的粉粒含量都在50%以上。试验证明,当土中的水分超过一定界限值后,才会产生冻胀,此值称为起始冻胀含水量,即本条所列的 w_p 和 S_r 值。

土体的冻胀深度随地温的持续降低而增长,冻胀量的大小又与冻结速率的快慢呈反比。土中毛细水的始冻温度略低于0 ℃,重力水则为0 ℃,盐渍土的始冻温度随盐液浓度的增加而降低。

7.2.1 多年冻土地区路堤,当按保护多年冻土原则设计时,为使天然上限变化较小,在路堤(含护道)两侧坡脚外 20 m 范围内的地表植被不得破坏。路堤基底要加强保温,如塔头草的空隙应以反扣塔头草充填;在地下冰发育的地段,甚至加设泥炭或泡沫塑料板等保温层,以加强保温。青藏高原地区当路堤修筑后,地基人为上限上升较高,形成冻土核,应使人为上限的曲度比较缓和,以防止路堤沿冻土核表面滑动;东北地区为防止阳坡侧人为上限的下降及缓和地基两侧人为上限变化的不一致性,应在路堤两侧或向阳侧设置保温护道,并应加强地面排水,防止地面水渗入地基等综合措施。仅采取一项或两项措施,往往收不到好的效果。

在青藏线建设中,采用了路基下部设通风管、热棒降温、设置工业保温材料保温层、块石或片石通风路基、路基边坡设置碎石或片、块石护坡等措施,修筑了试验段,立项进行了试验研究,初步证明有效。青藏线块、片石通风路基是在路基下部设置倾填块、片石,厚度 0.8 ~1.2 m(试验段厚度为 1.5 m)块、片石采用粒径 0.1 ~0.3 m。碎石或块、片石边坡防护为在路基两侧或一侧边坡倾填碎石或块、片石,厚度 0.8 m。由于青藏高原冻土和东北地区高纬度冻土两个地区的自然环境、地形、水文地质条件、气候、人文特点均有很大的不同,因此青藏线采用的块、片石通风路基以及碎石或块、片石边坡防护在东北地区能否采用,值得研究。东北地区由于降水量大(一般年均降水量在 500 mm 左右,而青藏高原年均降水量小于 300 mm),而且地形及植被发育的特点、地表径流及地下水均较发育,若以片、块石填筑,表水渗透路基,水流将导致基底热融,冬季往往不能回冻。热融随时间而发展,将影响路基稳定。因此,东北地区不宜采用,若采用应通过试验工程观测其效果而定。

7.2.2　据东北地区多年的观测资料分析,当路堤有一定高度时,由于两侧朝向不同,日照条件的差异,对地基多年冻土层上限的变化有明显的影响。因此在设计保温护道时应结合路堤的高低与两侧朝向的不同,对自然条件影响的差异进行具体分析。条文中表 7.2.2 保温护道尺寸系东北地区经验,在地面保温条件差的地段,保温护道的断面尺寸宜选用表中的大值;在排水困难地段,宜选用土护道并取大值。用黏性土填筑的护道,可阻挡和减少路堤坡脚处的地面水渗入地基,并起反压作用。尤其是在沼泽地段,可阻止地基泥炭或其他软弱土层向两侧坡脚挤出,从而保证路堤不致产生大量沉降。保温护道材料为聚苯乙烯泡沫隔温板时,其表面设 0.2 m 厚细粒土防护,是为使其不致潮湿而长期起到良好的保温作用。

多年冻土地区路基的保温材料在东北地区过去多采用泥炭和黏性土(泥炭多于黏性土)。国外(主要是美国、加拿大)从 20 世纪 60 年代以来现场试验工程采用聚苯乙烯泡沫隔温板(即 EPS 板),保温隔热效益较显著,其特点是保温性能良好、容重小、吸水率低,具有一定的抗压强度,使用时间上亦能保持较长久(可用 30 年)。我国在 20 世纪 70 年代由铁科院西北所在青藏线风火山试验路基中首次进行了铺设和观测,收到明显的隔温效果。1992 年既有牙林线 K382 +775 ~ +900 等处多年冻土路堤严重热融下沉病害地段试验铺设 EPS 板保温护道材料取得成功,隔温效果很好,路基热融下沉显著减少,而且具有施工方便、使用寿命长的优点。

EPS 板采用双层铺设时,要相互搭接交错铺设,避免产生对缝和通缝,以防止产生冷桥,降低保温性能。施工时间要严格控制,应避免在 7、8、9 三个月内进行施工。

7.2.3 ~7.2.4　在多年冻土地区,一般应尽量减少挖方。当路堑边坡和基床为少冰冻土、多冰冻土和弱冻胀土融化后不会出现边坡溜坍和冻害时,可按一般路堑进行设计。但对通过富冰冻土、饱冰冻土和含土冰层或地下冰发育的路堑,开挖后地层融化将呈流塑状态,应采用部分或全部挖除换填、放缓边坡。换填的厚度应能满足保温层厚度的要求,做好边坡加固温以及排水等措施。

如有地下水,尚应根据具体情况采用渗沟、积冰坑、挡冰堤或冰结沟等措施。

在冻胀性土或地下冰地段的低填浅挖(低填系指填高小于路堤最小高度的路堤)或零断面的路基,最易产生病害,故在路基设计时不但应根据多年冻土的性质(融沉影响),而且应根据季节冻层的土质(冻胀影响)采取措施。

低填浅挖和零断面的路基,由于无法采用保温措施,只得采取全部或部分挖除冻土的措施。挖除换填的措施,施工复杂、造价昂贵,只在不得已时使用,一般应与改移线路和抬高路基等作比较,并尽量减少其长度。保温层厚度应根据当地的经验确定,当缺少经验时,可按本规范附录 B 计算确定。

7.3.1 冻土沼泽地段,一般地形平坦、地势低洼、地表潮湿,甚至具有长年积水、泥炭层较厚、季节融化层土质松软、含水量大、上限以下冻土含水量大等特点。保护多年冻土是为了保护自然条件和地质环境,从而保证路基的稳定。

7.3.2 据东北地区的经验,多年冻土沼泽地段路堤高度小于3 m时,应采取防止路基冻胀措施,一般可在路堤底部设置毛细水隔断层。在青藏高原多年冻土地区,路堤底部冻土上限上升进入堤身较高,形成冻土核,当堤身土融化时,冻土核的表面水分加大,会降低冻土核表层土的抗剪强度,很可能产生路堤沿冻土核表面滑动的现象。所以在地下水不易疏干的地段,青藏线采用在路堤底部采用块、片石填筑,尽可能少地改变原地面的水热平衡状态,同时也起到阻断毛细水的作用。

根据实践,毛细水隔断层的顶面高出冻前水位时才能起到防止路基冻胀的效果,因此毛细水隔断层顶面应在路堤沉降后至少高出冻前水位 0.5 m。

7.3.4 线路通过缓山坡沼泽时,如线路方向与山坡走向平行时,路基基底横向坡度最陡,在融化季节,路堤常会产生滑动。这是因为沼泽中冻土含冰量一般较大,冻土融化后易形成泥浆,流动状的泥浆如果上负路堤重量,极易滑动,列车通过时,在振动荷载的作用下,往往使路堤突然下滑,造成重大的行车事故。选线时,应尽量避免通过沼泽底横向坡度较陡的地段,否则应在掌握了足够的资料后,进行特殊处理,以保证路基的稳定。

线路通过沟谷沼泽时,因沼泽呈带状分布、绕行不能明显减少跨越沼泽的长度,应采取特殊处理措施。线路若通过冲、洪积阶地范围宽广的大片沼泽时,应选在沼泽的边缘。因为沼泽的边缘泥炭层一般较中间薄,冻土含冰量相对也小,故沼泽边缘地带较其中间部分基底地址条件好,且横向取土运距较近。

7.4.1 冻胀丘、冰椎地段路堤,宜在其下方以路堤通过,路堤高度不应低于冻胀丘、冰椎的最大高度,并以渗水土填筑,以防止冰胀。在这些地段应加强排水措施,首先在水源补给的上方截排,当地形不允许时才考虑在路基旁截排。

7.4.2 在冻胀丘地段宜在路堤(含护道)上侧坡脚 20 m 以外设截堵地下水的措施,如东北地区设冻结沟,青藏高原设挡水埝,用以加速地下水在初冬冻结,阻止地下水流向路基。

如路基在冻胀丘上方通过,由于修筑的路基可能压实地基下含水层,阻碍地下水的通路,使路基上侧产生冻胀丘。因此仍应在上侧采用冻结沟或挡水埝等措施,以截断地下水,并采用适当填方高度,防止积冰漫道。

7.4.3 冰椎地段路堤高度应大于冰椎最大积冰高度,以防冰椎掩埋路基,危及行车安全。冰椎的范围与高度,均与降水量密切相关,应尽量搜集当地或附近气象台站历年降水量资料，以当年降水量所形成的冰椎大小、高度与最丰年降水量相比较、分析后确定。当不可能提高路堤高度时，应根据其出水口位置、泉水类型、水量、水温、积冰范围和高度等情况，确定具体措施。当积冰量不大时，可设冻结积冰坑，有时也可利用挖沟之土石方配合积冰坑修筑挡冰堤。当地下水流量较大时，可垂直于地下水水流方向设置渗沟以引出地下水。

7.4.4 在厚层地下水冰地段，由于自然营力或人为活动的影响，破坏了多年冻土的热平衡状态，使地表沉降形成凹地积水时，就成为热融湖（塘）。在东北地区热融湖（塘）较少，但在青藏高原地区热融湖（塘）现象比较发育，在这种地段修筑路堤时，首先应查明湖（塘）底部的地下冰层是否已融完，湖（塘）底如尚有冰层继续融化，就会对路堤稳定性产生影响。其次考虑积水对路堤稳定性的影响，一般水下部分应采用片、块石或渗水土，水较深或地基松软可在两侧设置护道；如水面较宽，风浪影响大，路堤的坡面还应采取冲刷防护措施；如路堤施工后还可能继续沉降，一方面要预先加宽路基面，另一方面在确定填筑渗水土部分的顶面时，应在路堤沉降后高出冻前积水位以上0.5 m。

7.5.1 按保护多年冻土设计路基时，要考虑水在地基中渗流的影响，即其所携带的热量对多年冻土的融化。据东北地区的调查，多年冻土路堤产生严重沉降的病害，绝大部分是由于排水不畅，坡脚积水造成的。因此要采取措施排除地面水，以防止在路堤坡脚附近积水和产生基底渗流。

7.5.3 东北地区过去对排水沟距离坡脚按20 m设计，结果造成排水沟与坡脚间积水，形成基底渗流，融化了冻土，引起路基沉降。铁三院曾在东北作试验路堤，排水沟距路堤的距离有10 m、15 m两种，观测结果没有任何影响。同时对既有线路的排水沟亦进行了大量勘探，一般上限变化时随地面变化的。水沟影响范围仅1～2 m，路堤坡脚的上限下降影响范围也仅1～2 m，故规定排水沟距坡脚不得小于5 m。但在地下冰地段考虑冰层侧向融化威胁路堤稳定，规定不得小于10 m。排水沟的横断面尺寸，应有足够的过水能力，为防止淤塞和便于清理，一般底宽不宜小于0.6 m，沟深对于青藏线一般不应超过0.4 m，东北地区不应超过0.6 m，边坡不陡于1∶1。其边坡必要时可选用草皮或黏性土进行加固。在厚层地下水和冻土沼泽地段，宜采用挡水埝代替排水沟，不破坏地表植被，对保护多年冻土有利。在纵向起伏又不宜深挖排水沟的地段，可考虑排水沟与挡水埝结合使用，但排水沟的边缘至挡水埝坡脚的距离不宜小于1 m，以保证排水系统的完整与稳定。

路堑的侧沟，必要时可用混凝土板或片石干砌，用灰土或三合土作垫层，以防冲刷和渗漏。

7.5.4 青藏高原路基排水与东北地区不同之处是设置挡水埝，在原地面填筑一定高度的土堤，使多年冻土上限上升。修筑挡水埝、天沟后该处的冻土上限就形成了和地表建筑物形状相似的冻土挡水埝和冻土排水沟，起到截排地表水和上层水的双重作用。

挡水埝断面尺寸，在青藏高原地区，挡水埝的高度一般不应低于1.2 m，顶宽不小于1.0 m，边坡1∶1～1∶1.5。根据汇水面积大小，可在挡水埝外侧设天沟（排水沟），但应以尽量少破坏自然地表为原则；如果汇水面积不大，亦可不设天沟（排水沟），但挡水埝的尺寸要加大。

天沟靠线路一侧的边缘，距挡水埝坡脚的距离不小于1.0 m。天沟（排水沟）必要时用草皮铺砌。

挡水埝距堑顶（或路堤坡脚）的距离不宜小于5.0 m。当堑顶有保温层时，挡水埝设于堑顶换填交界处，以防地下水浸入，保护保温层底面不受浸泡，同时考虑到边坡稳定问题，挡水埝不宜过高。

7.7.1 有条件时，应首先满足所要求的路堤最小高度。无条件时，其他可供选择的工程措施，必须结合季节性冻土地区的特殊自然条件，经比选后确定。

（1）当有排水条件时，选用长、大、深排水沟是排除地面水或降低地下水的有效措施。水位降低，可相应降低对路堤高度的要求，大量减少工程量和工程造价。

（2）毛细水隔断层的建筑材料应做经济技术比较后确定。

（3）根据铁一院、铁三院及铁科院的冻害观测科研成果，在有害冻胀深度范围内，选用弱冻胀土作填料是防止季节性冻害的有效措施之一。

（4）近年来，哈尔滨局范围内采用聚苯乙烯泡沫板（EPS 板）防治冻害取得了良好的效果。

8.1.2 路堑和零断面较易积沙，当风沙流通过路堑时，因气流受阻，扬沙能力减弱，使气流中沙粒迅速沉积下来，路堑越深则积沙越严重，且堑内不易清沙，特别是深长路堑内的清沙工作十分繁重；在零填零挖断面地段，一场大风后路基即被积沙掩埋，影响行车。当风沙经填方地段时，由于路堤顶面风速大，沙粒不易大量停留，且可借不同方向的风力吹散，人工清沙也较容易，因此，就防止积沙而言，路堤是一种最好的断面形式。

包兰、兰新、沙通等线的调查表明，路堤高度不足 1 m 时，积沙较为严重，随着路堤的增高，路基面积沙则相应减少，而填方过高又将增加工程投资。根据《铁路路基设计规范》（TB 10001—2005）的规定，基床厚度为 2.5 m，Ⅰ级铁路路堤基床底层应选用 A、B 组填料，而粉、细砂多为 C 组填料，为避免基床底层的换填或土质改良，路堤高度宜不小于 2.5 m。

所以，对路堤的高度做出相应控制规定。而路堑越深，边坡越陡，积沙也越严重，因此，沙漠地区选线时，应力求避免路堑，无法避免时可采用展开式浅路堑。

8.1.3 本条是根据风沙地区地表土层为砂类土进行编写的。在进行勘察设计中需查明地层的性质，并根据填料颗粒组成、细粒含量、颗粒级配等按《铁路路基设计规范》（TB 10001—2005）表 5.2.2 分为 A、B、C 组，然后依据相关铁路标准的规定进行填料选择、调配、换填或改良等设计。

8.1.4 在风沙地区，路基土石方应尽量移挖作填，减少取、弃土工程。如必须设置时，弃土堆、取土坑应设在背主导风向侧，以避免被主导风吹蚀或积沙掩埋路基。

取土坑、弃土堆的位置对路基防沙的影响较大，如取土坑距离路基太近，则路堤坡脚易遭风蚀，造成边坡不稳定。弃土堆距离堑顶太近，则积沙易掉入堑内，直接威胁路基安全。因此取土坑、弃土堆设置应离开路基一定的距离，必要时还应采取防护措施。

8.1.5 线路附近地表原有植被和地表硬壳，为天然固沙层，在施工时不应破坏，并禁止在线路两侧一定距离内剥皮取土，或随意挖取和践踏，以免破坏原有稳定地表，使沙害加重。对破坏部分还应进行恢复和采取必要的防护措施。

8.2.1 风沙地区粉、细砂路基，边坡坡率不应陡于自然安息角。风成沙的自然安息角一般在 28°~32°之间，相应的坡率约为1∶1.5~1∶1.75。考虑到机车振动及自然因素对路基稳定性的影响，路基边坡坡率不宜陡于 1∶1.75，高度超过 6 m 时，适当提高其稳定系数，采用 1∶2。因变坡后坡面易积沙，且施工较困难，也不易保持，故均采用一坡到顶的直线型。

戈壁地区的浅路堑，当两侧有风沙流活动且风向与线路交角较大时，宜采用展开式，路堑边坡坡率应缓于1:4。戈壁地区活动沙粒虽然不丰富，但分布范围广，加之风沙流活动的空间高度比沙漠地区高（据玉门铁路防沙组在玉门一带观测，平均可达1.8 m），故一般拦截措施难以见效。浅路堑易于积沙，做成展开式后，可使风沙流较平顺地越过路堑，即使有部分积沙现象，也可在较平缓的边坡上停留下来，不致直接危害线路。

8.2.2 沙漠地区年降水量不大，但雨量集中，常出现暴雨。以包兰线沙坡头为例，1954年至1962年间，年平均降水量为202 mm，而1958年7月25日，1 h内集中降水45 mm，使一碗泉路基被破坏。沙层渗透系数虽较大，但当其表面有因积水形成的黏性土结皮时，则渗透能力大大降低。故一般情况下应设置排水设备。由于沙粒或沙性土沟壁易坍塌，不能保持沟的形状，故同时还应加以铺砌加固。

如果一次降雨能为沙层吸收渗透，不产生径流，则路基可不作排水设施，即路堑不设侧沟，路堤不设排水沟。

8.2.3 路堑易于积沙，为防止少数越过防护工程的沙流及堑坡局部风蚀物侵入道床，应在两侧留出平台。平台虽不能防止或减少积沙，但可供积沙暂时堆存，起到防止积沙掩埋钢轨的缓冲作用。平台宽度视当地风沙流活动强度、边坡高度及路堑长度而定，一般不小于2 m。

8.3.2 大风地区风力强大，对路基风蚀作用强烈，不论用卵石土、碎石土、粗砾土或石质弃渣等填筑的路堤，均有不同程度的风蚀，特别是路肩和边坡上部最严重。故采用碎石类土等作填料时，应对路基面宽度每侧适当加宽，当细粒土被吹蚀后，还能保持标准路基面宽度。

8.4.1 风沙流通过路堤时，在迎主导风向侧下部气流明显减速，路堤坡脚风速最小，由坡脚向路肩逐渐增大，路肩处风速最大；背主导风向侧风速则由上而下递减，部分沙粒从气流中跌落堆积，故以粉、细砂填筑的路堤，迎主导风向侧上部易受风蚀，路肩最为严重，常被吹蚀成浑圆状，坡面呈风蚀槽，使路肩宽度不足，甚至轨枕头外露，危及行车安全。背主导风向侧因气流涡旋作用，坡面上部被掏蚀成凹槽和小坑，边坡下部形成堆积。因此，粉、细砂作填料的路堤，其路肩和边坡应予防护。

当风沙流越过路堑时，产生涡旋作用，堑内风速降低，背主导风向侧风速由堑顶向坡脚处锐减，迎主导风向侧坡脚向堑顶逐渐增加，因此，粉、细砂路堑边坡易遭风蚀，堑顶最为严重，随路堑的加深而逐渐减轻，迎主导风向侧受到风力冲击最大，坡面被掏蚀成凹坑。路堑风蚀造成边坡坍塌，沙粒堆积在坡脚平台上，甚至侵入道床影响养护作业和行车安全，所以，粉、细砂路堑坡面应予防护。

当基床表层填料为级配碎石、级配砂砾石或改良土等时，为避免被风吹蚀后使路肩宽度不足，也宜视情况对路肩和坡面采取防风蚀措施。

8.4.2 路基边坡防护的途径有多种，用不易风蚀的材料将路基包裹，能有效地防止风蚀，我国的风沙路基大多采用此法。常用的防护类型主要有下列几种形式：

(1)卵石土、碎石土、粗砾土、矿渣、炉渣等包坡：适用于可就地取材，且粉、细砂边坡高度 $h \leqslant 6$ m、粉土 $h \leqslant 8$ m 的地段；包坡厚度一般采用0.2 m。

(2)黏性土包坡——在缺乏碎石类土时，可就地取黏性土防护，其缺点是容易开裂剥落，故应采用塑性指数为10～20，含沙量小于10%的土质为宜；如塑性指数大于20时，可掺入适量的沙，以防止土中水分蒸发后，产生龟裂剥落。包坡厚度一般为0.2 m。

(3)栽砌卵石方格护坡——其特点是防风蚀能力强、稳固美观，是一种较好的防护形式，常用于风蚀严重的大风地区、路堑坡面防护等，适用于卵石材料丰富的地段，卵石方格的尺寸一般采用1 m×1 m。

(4)水泥砂浆与沥青胶砂块板护坡——当地缺乏碎石类土、黏性土等防护材料时，可利用当地砂类土与水泥或沥青预制成砂浆块板，砂浆块板尺寸一般以0.5 m×0.3 m×0.05 m为宜。

8.4.3 路基边坡因防护线长、用料量大，其防护材料的选择，应根据当地情况就地取材，因材施用，并优先选用粗颗粒土，如卵石、碎石、砾石、卵石土、片石等坚实耐久、抗风蚀力强的材料做防护层，以达到既防风蚀又节省投资的目的。包兰线沙漠路基采用卵石方格防护，至今40多年仍完好如初。

如施工紧急，运输困难，可先用草席等作临时防护，待通车后再远运防护材料，更换成永久性防护。

8.5.1 为防止铁路发生沙害，在路基两侧一定范围内，需要采取各种工程防护和植物固沙措施，用以控制地表风蚀和改变沙的搬运堆积条件，按其作用和性质分为输沙、固沙、阻沙。

输、固、阻沙等工程防沙措施，各有其特点和使用条件，按风沙活动规律有机组合为一个整体，各尽其职，层层阻拦，形成严密的防沙体系，以达到最佳防沙效果。如草方格沙障，虽是一种行之有效的固沙措施，但外缘仍不断遭到沙埋，需要设置高立式栅栏，作为阻沙屏障。包兰线中卫沙漠路基，以路基为中线，由近及远，设置砾石平台输沙带、草方格与植物固沙带及高立式栅栏阻沙带的综合防护体系，防沙效果十分显著。

8.5.3 沙漠地区气候干燥，草类沙障及防沙林带，容易引起火灾。如包兰线中卫沙漠路基两侧草方格曾多次被烧，火势蔓延，难以扑灭。餐车清除炉渣等也发生过类似事件。故为保证列车安全运营，应设置防火带。

8.5.4 风沙路基两侧平面防护，除应考虑其他因素外，还应根据风沙的严重程度而区别对待。风沙严重程度一般按严重、中等、轻微风沙地段进行划分。

沙漠地区铁路防护宽度是多年来一直有争议并期待解决的问题。沙障设置过宽，则造成人力物力的浪费；过窄，则路基积沙，会危及行车安全。

根据风沙活动特点，沙丘主梁移动对铁路危害不大，而造成危害的主要因素是风沙流的运动，即以“沙舌”方式迅速前移，而威胁线路安全。观测表明，风沙流中80%的沙是沿着距地表0~5 cm高的范围内通过的，当改变下垫面的性质时，气流搬运能力也发生相应变化。故防止风沙危害的关键就在于防止和减弱风沙流的运动。

经观测，在采取工程与植物固沙措施后，风沙流的飞扬距离并不大，防护宽度在迎主导风向侧如能保持300 m，背主导风向侧200 m时，即可保证列车行车安全。包兰线中卫至甘塘段从1958年以来按此宽度设置沙障，经40多年来的实地观察，采用此宽度控制铁路两侧的流沙，就能在数年内维持列车在沙漠中基本正常运行，且又较经济实用，但适宜的沙障宽度，还有待于作进一步的探讨。

列车运行速度越快，铁路等级越高，对钢轨、轨枕的要求越高，对沙害控制越严，故防护带和植被保护带宽度应取大值。

8.5.5 治理沙害，应消除发生沙害的原因，对路基两侧植被保护带内，不合理的取弃土、开垦、樵牧等破坏植被的行为应及时禁止，以免引起新的沙源。对破坏生态平衡的行为，往往不被人重视，等发展严重时再谋治理，就会耗去无谓的人力、物力和时间，故应将沙害控制在萌发之前。

8.5.6 大风区风沙流活动的基本特征与戈壁风沙地区相似，但风力更为强劲，最大风速可达 40 m/s 以上，且出现的次数多，延续时间长，当出现暴风时，轻则吹坏建筑物和设备，重则造成列车颠覆，或酿成火灾。故在风口地段，当风速达到或超过临界翻车风速时，需要采取降低风速的措施。一般可采用挡风墙、防风栅栏等措施，均有较好的防风效果。

8.6.1 沙漠地区自然条件复杂严酷，虽光热充足，但干旱缺水，风沙活动频繁，不利于植物的发育和生长。根据多年实践观察，在年降水量小于 100 mm 的荒漠地区，如果没有灌溉条件和较高的地下水位，就无法建立人工植被，故宜采用工程防沙。

另外，在干旱荒漠区，一开始就栽植植物，植物成活率低，难以达到固沙的目的，在流动沙丘上应先设置沙障，待沙面稳定后再栽植植物，造林前期主要由机械沙障起固定流沙、保护幼林成活的作用。

8.6.3 高立式沙障和挡沙沟堤阻沙作用明显，积沙量较大时，一般宜设在离线路较远的地方，以免被积沙掩埋后形成新的沙源，造成对路基的危害。在沙源不丰富、风力不大的一般风沙地区，防沙栅栏可设在离线路不小于 100 m 的地方；在沙源丰富，风力强劲的严重风沙地区，其距离还应加大，宜设置于距路基 300 m 以外。

设置多排沙障时，为了尽可能地发挥沙障降低风速的作用，排间距离一般为障高的 20～30 倍，个别有小于 20 倍的，本规范规定以大于等于 20 倍为宜。

挡沙堤实质上是一种不透风高立式沙障，用以拦截外来流沙，一般适用于沙源较少，地形平坦的风沙流地区。在沙源较多处，可配合其他防护设施一起使用，当与防沙栅栏配合使用时，考虑到积沙的影响，沙障间应有间隔距离，根据实践经验，挡沙沟堤距栅栏的距离宜大于 20 m。

8.7.1 在年降水量大于250 mm的草原地区，固沙造林较容易，除可生长旱生植物外，还能生长中生植物，故当有水源可利用或年平均降水量大于 250 mm 时，应采用植物固沙；在年降水量为100～250 mm的半荒漠地区，湿沙层含水量为 2%～3% 时，在人工沙障的配合下，能建立稀疏的植被，但随着植物生长，耗水量增大，植物处于衰退状态，同时沙面出现结皮和大量苔藓类，使流沙固定，故当年降水量在 100～250 mm 时，可采用植物固沙。

8.7.2 植物固沙包括种草和种植乔、灌木。草本植物能够适应较差的自然条件，易于生长，枝条密集，能迅速固定沙面，但寿命不长；乔木、灌木林带防风和减少气流中输沙量的作用较强，但一般需要较好的水分条件才能成活生长。所以，理想的植物固沙措施是草、乔、灌木相结合，才能取长补短，达到较好的防风固沙效果。

铁路固沙林带宽度，是一个较为复杂的课题，影响因素很多，但主要还是考虑当地沙丘移动速度和风沙流活动强度。根据包兰、干武等线的治沙经验，当线路迎主导风向侧草方格或林带达到300 m宽时，路基上不见积沙现象，说明风沙活动距离一般不超过 300 m，故林带宽度太大没有必要。根据风沙严重程度及当地自然条件，一般设 1～5 条，每条林带宽度 20～40 m。太宽不好管理。

8.7.3 采用当地植物，一般能适应当地的自然环境，较为稳妥可靠，且种源也有保证，但还须注意选择生长较快、覆盖度较大的种类。

先锋植物生长迅速，需要水分比后期植物迫切，流沙固定后，便不适应而趋向衰退，故选择树种时，需要混交和考虑先锋植物与后期植物相互配合，以便植物更替接应，而不致造成采用单一树种时，植物大面积枯萎。

8.7.4 在沙源较丰富和风力较大的铁路沿线，多采用稀疏结构林带。因紧密结构林带的上下都很稠密，中等风速几乎不能透过，虽有利于防沙，但林缘及林中积沙现象严重，形成沙堆，压埋林带；通风结构林带不能有效的防沙，由于透风性大，造成林缘及林带中风蚀现象严重。而稀疏结构林带的防沙特点介于上述两者之间，林缘和林带中沙埋、风蚀现象也较轻，故设计时一般宜采用稀疏结构林带。

8.7.5 目前灌溉方式有明渠自流漫灌和暗管输水的喷灌、滴灌。采用漫灌虽能取得较好的灌溉效果，但须整平地面，且占地费水，水资源浪费较大；喷灌不需整平地面，且较为节水，并能显著增大近地面的空气湿度，减少蒸发，有利于植物生长，但风力达到3级以上时，易产生喷水不均匀现象；滴灌是干旱荒漠地区营造防沙林的一种很好的灌溉方式，能够最大限度地节约用水，使干旱荒漠地区宝贵的水资源得到充分利用。故有条件时，宜优先采用喷灌和滴灌。

9.1.1 在山岳丘陵地带的迎风侧，风受到山丘屏障的壅塞作用，在山前山脚外一定范围内（一般为山高的4～8倍）风速减低，减速程度和距山脚的距离成反比。离山脚越近，减速越大，由山脚至山顶，风速又逐渐增大；当到山顶时，风速最大，风翻越山顶后又开始降低，至背风侧山脚降至最低值，后又逐渐增大，直至距山脚12～14倍山高时，风速趋向正常。

9.1.2 在路堤的迎风边坡上，因路堤的屏障作用，气流的流线加密，在坡脚处使风速减小，而坡脚至路肩则风速又逐渐增大，到路肩增至最大，翻越路堤后，气流再度扩散，使背风边坡的风速从路肩至坡脚逐渐减小，坡脚处风速减至最小，在降低至起动风速以下的区域中，便产生积雪。因此，当风雪流在较高路堤上面绕越时，由于路基面处于增速区域，故路基面上无积雪，只在减速区的坡脚和边坡上积雪。而对较矮的路堤，由于增速作用小，在路肩和部分路面上也产生积雪。为避免这一雪害，一般将路堤高度提高到多年平均积雪深度的3倍以上，同时不小于1.5 m为宜。

9.1.3 当风遇到路堑时，在2 m以下的浅路堑中形成减速区，积雪严重。在2.5～4 m深的路堑中，背风的边坡上风速降低，而迎风侧的边坡附近产生旋风气流。当风雪通过这类路堑时，根据风速变化情况，在背风侧的边坡附近产生积雪，而在迎风侧的边坡附近不会产生积雪。风雪流遇到4～6 m深的路堑，在其中既产生减速又产生较弱的旋风气流，故这类路堑中积雪较缓慢，积雪产生在背风边坡上。当风雪流遇到大于6 m深的路堑时，在其中要产生旋风气流，阻止雪在路堑中堆积，故一般大于6 m深的路堑是不易产生积雪的。

9.2.1 经验证明，防护林带不仅起到了很好的防雪作用，而且有绿化造林的意义。因为防护林带既是一种永久的防护措施，又能收到综合利用的效果。防护林带的防护效果与林带结构（林带布置、高度、透风度）有密切关系。防护林带应选用上、下紧密，使风雪流不易通过的乔、灌木混合林，使林带起到长期的防护作用。

9.2.2 近年来，根据我国东北地区通霍线铁路路堤雪害治理的经验，根据地形、地貌、气候、积雪厚度、植被及地表层土层情况，因地制宜的采用防雪堤、防雪栅栏、灌木林带相结合的综合措施，形成阻、固、防相结合防护体系，不但防雪，还能恢复植被。在山体上载土增加了覆盖土层的厚度，阻雪还能避免第二年春旱对植被的破坏，更好的促使植被生长，扩大植被的覆盖面积，既有效的达到防雪效果，又恢复和改善了生态环境。

10.1.1 规模较大、性质复杂的滑坡区，由于整治工程大，且因性质不明、工程可靠度低，应以绕避为主。

10.1.2　正确评价滑坡的稳定性、分析滑坡对铁路的危害程度，是确定整治或绕避以及整治工程力度的关键。滑坡一经发现，应及早整治，争取主动，以求取得事半功倍的效果，防止病害蔓延恶化，造成处理困难，甚至发展至难以处理的地步。

10.1.3　整治滑坡，应一次根治，不留后患。

滑坡的形成和发展是多因素作用的结果，治理滑坡要从诸因素中分清主次，有针对性地进行整治设计，同时又要考虑各种因素的相互影响，进行综合整治，工程措施不能单打一，对大型滑坡尤应如此。水是滑坡的首恶，防止水进入滑动带和排除滑动带的水，都是十分重要的。南昆线八渡车站巨型滑坡采用立体排水（地面排水系统与地下排水的泄水洞）和支挡（锚索桩、锚索）相结合综合整治措施，取得显著效果。减载对减缓滑坡的变形，保证施工期间的安全，减小支挡工程，均十分有效。滑坡类型较多，同一类型的滑坡又有多种不同的情况，因此，实践中尚应根据具体情况具体分析，灵活应用各种技术，综合整治。

10.1.4　地表变形监测方法很多，如贴片对裂缝观测、地表高程和坐标测量等，但其成果不能反映滑坡深层的变形情况。当需要判明滑坡深层变形情况时，可采用深孔位移监测。

10.1.5　根据以往既有工程尤其是铁二院在西南地区的经验，在断裂带、特殊岩土及松散土质深路堑、破碎软质岩高边坡、具有不利软弱层面的路堑高边坡、斜坡软弱地基上填筑路堤，地表水汇集或地下水发育地段路基等易产生工程滑坡，应采取预防措施，设置预加固工程，避免产生滑坡后进行整治。

10.2.1　作用于滑坡体上的临时荷载，虽然作用时间短，但一些临时荷载对滑坡稳定极为不利，因此对于临时荷载应作分析检算。考虑地震对古滑坡的影响时，要调查分析滑坡产生的条件，是否经历了与设计相当的地震作用的影响，反算滑面 c、ϕ 值时应考虑历史上地震作用的影响。

10.2.3　滑坡剩余下滑力计算中的安全系数的取值，要根据滑坡规模大小、变形的快慢以及危害程度，综合滑坡的发展阶段、滑面岩土抗剪强度、工程的重要性——建筑物的重要性、永久性以及修复的难易程度，综合考虑，一般取 1.1 ~ 1.25。对于规模小、危害小的滑坡，且资料可靠以及属于附属或临时工程，安全系数可取小值，反之取大值；稳定检算考虑临时荷载时，安全系数可适当降低。特殊情况经必要的论证后可酌情增减。

10.2.4　土工试验应尽量选用岩土直剪实验方法。当滑坡为首次滑动时，可采用峰值强度；当滑坡为经常滑动或为古滑坡复活时，应作多次剪切或环剪，可采用残余强度；当滑带物质滞水时，应做饱和快剪或控制相应含水量下的快剪；当滑带物质的灵敏度高时，应在原位做试验，反之可在实验室内做；当滑带物质中粗颗粒的含量超过 30% 时，应做大面积剪，反之可用小试样做。

采用反算法求滑面 c、ϕ 值，必须注意地质条件基本一致，并根据其差异性，特别是反算时滑坡地质条件与滑坡以后可能出现的最不利情况之间的区别，分析所求 c、ϕ 值的合理性。

经验数据有其局限性，应注意使用条件。只有当滑带物质含水程度、生成历史及滑坡的滑动性质相似时，方可参照使用。

试验资料是代表该试样的现状含水率、密度和选定试验方法的试验值。试验条件、选用试验方法不能完全模拟现场情况。反算值是在假定滑坡处于极限条件或某一确定安全系数前提下得出的，反算值代表全滑面的平均抗剪强度，实际各段抗剪强度值是不同的，这样势必降低牵引段和抗滑段的实际值、增大主滑段值，因而其结果的合理性需要分析、斟酌。斜坡变形发生后，随着时间的推移，其断面形状、岩土性质、水文地质条件和人为作用等将产生不同的变化，滑动面（带）的抗剪强度值亦会随之改变，因此需要结合可能出现的最不利组合条件等分析选用。

10.3.1 地表排水工程对滑坡长期稳定作用较大，其布置的总原则是：避免地表水流入滑体，并使滑体范围的地表水迅速排出滑体。

10.3.2 地下排水分浅层地下排水和深层地下排水。浅层地下水常用支撑渗沟、渗沟工程引排，支撑渗沟主要用来支撑滑坡前缘潮湿土体兼起引排土体中的浅层滞水、地下水，疏干土体的作用，对浅层滑坡，其作用明显。

对地下水，可疏而不可堵。应根据水文地质条件，特别是滑动带地下水分布类型、补给水源和方式，采取截、排、疏、引等措施。对浅层地下水，常用各种形式的渗沟，对深层地下水，常用仰斜排水钻孔、泄水洞。埋深较大的截水渗沟、泄水洞一般施工较困难，造价也较高。因此，工程修建前应收集详细、准确的工程地质、水文地质资料，进行充分的可行性论证。仰斜排水孔，为防止坍孔，保持长期排水效果，一般内置滤水管（渗水软管或 PVC 管），其中 PVC 管的上部 2/3 处开孔，外裹透水土工布。

10.3.3 减载对减缓滑坡变形有明显作用。对中小型滑坡，减载可作为整治滑坡的主要手段采用；对大、中型滑坡，宜与其他工程措施联合使用，对保证施工期间的安全，减小抗滑工程，具有明显作用。应当注意的是，减载可能增加新的暴露面，要充分论证是否会产生次生滑坡，或是否会使滑坡稳定条件恶化，应慎重选择减载方案。反压时，应注意地基是否稳定，避免产生新的滑坡。

10.3.4 抗滑桩在整治滑坡中已被广泛应用，具有布置灵活、施工简便、施工对滑坡稳定性影响小等优点，效果显著。近年，结合路基边坡工程，各种桩间挡土结构与桩组成复合支挡，应用普遍，效果显著。

锚索与抗滑桩组成锚索抗滑桩，改善桩的受力，减少桩截面和锚固段长度，效果较好。

预应力锚索近年应用于整治滑坡的工程实例较多，但锚固段一般都置于稳定岩层中，锚固段为土层的实例较少，其内锚都采用砂浆锚固，外锚形式主要有钢筋混凝土的格子梁和垫墩，对土层宜采用格子梁。格子梁、垫墩尺寸根据滑坡体岩土承载力大小计算确定。防止锚索预应力松弛，是一种非常重要的措施，外锚梁、墩处土体的局部溜坍，常造成锚索预应力松弛，从而引起锚索失效，因此对土层坡面应采取防止表土被雨水冲蚀而产生局部溜坍的措施。

抗滑挡土墙必须置于滑面以下稳定地层，一般埋入完整基岩内不小于 0.5 m，或埋入稳定坚实地层内不小于 2 m，还应注意地基以下能否形成新的滑面，是否存在深层滑面。抗滑挡土墙基坑开挖深度较深时，对滑坡稳定性不利，施工中应采取不破坏滑坡稳定性的措施，如短跳槽开挖、及时砌筑等。

10.3.5 采用高压旋喷桩、微型桩等措施，提高滑动带土体抗滑强度，增强滑坡稳定性，对土质、中小型滑坡，经实践证明是有效的。

10.3.6 滑坡前沿受河水冲刷易诱发产生新的滑坡，设置河岸防护工程可阻止进一步冲刷滑坡前沿、防止滑坡变形。

10.4.3 土质及破碎软质岩石路堑边坡，特殊岩土边坡，当边坡高度大于边坡极限坡高时，坡脚和下部应力大于岩土强度，容易出现岩土破坏而引起边坡破坏。铁二院在南昆线、内昆线，铁四院在梅坎线、赣龙线等，对破碎软质岩石路堑高边坡、岩堆碎石土路堑采取锚固桩坡脚预加固后再开挖，工程效果显著；在京珠高速公路粤境北段路路堑高边坡采用锚管或锚杆锚固边坡中下部，以"固脚"、"强腰"，亦取得好的工程效果。岩性软硬不均或岩石顺层地段，无条件放缓边坡或顺层面开挖时，宜设置坡脚锚固桩预加固后再开挖。赣龙等线的工程实践证明，边坡较高时，采取分层开挖、坡面分级锚固稳定的措施，是技术先进、经济合理、行之有效的新方法、新工艺。

10.4.4 与水平软弱地基相比，斜坡软弱地基上填筑路堤，易出现地基失稳变形。为防止斜坡软弱地基上填筑路堤，对薄层软弱土层，可采取全部挖除，对较厚的软弱土层，可采取土体改良、提高密实度等地基加固措施消除土体可压缩性，或采取锚固桩侧向约束，限制地基侧向变形。铁二院内昆线、渝怀线工程经验表明，斜坡软弱地基路堤采取设置锚固桩侧向约束为主，结合软弱地基地基加固，工程效果显著。

11.1.2 《岩土工程勘察规范》(GB 50021—94)的规定：总体积达到5 000 m^3 及以上的崩塌为大规模崩塌，总体积不超过500 m^3的崩塌为小型崩塌，两者之间的为中型崩塌。

11.2.2 若山坡上的可能崩塌物的体积数量不大，或危岩的数量不多，而且其母岩的破碎程度不甚严重，则以全部清除为宜，并在清除后对母岩进行适当的防护加固；若边坡岩层较破碎易产生吊块，无大的危石时，可采用挂网喷浆、浆砌片石护墙防护；若危岩分布零散、边坡不高，检算跳跃高度不大时，可采用拦石墙或钢轨拦石防护；若堑坡较高，崩塌落石区坡面顺坡长度小于15 m或顺坡长度小于30 m且落石动能大于500 kJ时，宜采用SNS主动拦石网防护；若坡面危石分布较多且体积较大，可根据检算采用SNS主动或分级SNS被动拦石网防护；若坡面危石、孤石分散且难以清理时，宜采用SNS被动拦石网或拦石墙进行加固防护，也可进行综合治理；若山坡上部的母岩风化破碎，崩塌坠石的物质来源丰富，崩塌的规模虽不大，但可能频繁发生，则应设置拦截建筑物。

11.2.6 落石的弹跳高度和速度可按边坡岩体和坡面堆积物类型，把边坡简化为折线段，取最大的危岩岩块计算。岩块和坡面碰撞后的速度衰减用法向弹性系数 R_n 和切向摩擦系数 R_t 确定。一般情况下可参考说明表11.2.6确定 R_n 和 R_t 的值。

说明表11.2.6 岩块和坡面碰撞系数

岩性 / 碰撞系数	硬岩	软岩	硬土	普通土	松土
R_n	0.40	0.35	0.30	0.26	0.22
R_t	0.86	0.84	0.81	0.75	0.65

注：坡面被灌木丛覆盖，R_t 减少0.1。

11.2.7 根据最大的冲击动能确定拦挡建筑物的结构和遮挡建筑物的防护层的厚度。结构安全系数 K 取1.2～1.5。

在一般设计中，不考虑随机因素的影响，取参数的均值进行计算。块体离开地面后，按自由落体计算。

一般来说，坡面上的岩块体由于降雨时的动、静水压力、植物的根劈作用等自然营力作用下，发生缓慢的变形，当这种变形积累到一定程度时，岩块就会失稳，向坡下滚动。由于失稳前的位移为长期积累，所以其初始速度一般都很小，可以略去不计，即

$$v_{x0}^{(1)} = v_{x0}^{(0)} = 0 \quad （说明 11.2.7—1）$$

$$v_{y0}^{(1)} = v_{y0}^{(0)} = 0 \quad （说明 11.2.7—2）$$

式中上角标(0)表示第 i 次碰撞点碰撞前的状态；上角标(1)表示第 i 次碰撞点碰撞后的状态；下角标0表示初始碰撞点。

当块体和坡面碰撞时，其动能和运动轨迹都会发生变化，设第 i 次碰撞前的速度分量为 $v_{xi}^{(1)}$，$v_{yi}^{(1)}$，法向弹性系数为 R_{ni} 和切向摩擦系数为 R_{ti}，见说明图 11.2.7—1。

则碰撞后的运动分量为

$$v_{xi}^{(1)} = -R_{ni}v_{xi}^{(0)} = 0 \quad （说明 11.2.7—3）$$

$$v_{yi}^{(1)} = R_{ti}v_{yi}^{(0)} = 0 \quad （说明 11.2.7—4）$$

根据线路位置和基础状态选定拦挡建筑物的位置后，就可根据块体运动轨迹选择其高度，见说明图 11.2.7—2。

块体的轨迹和能量，为防护工程设计提供依据。

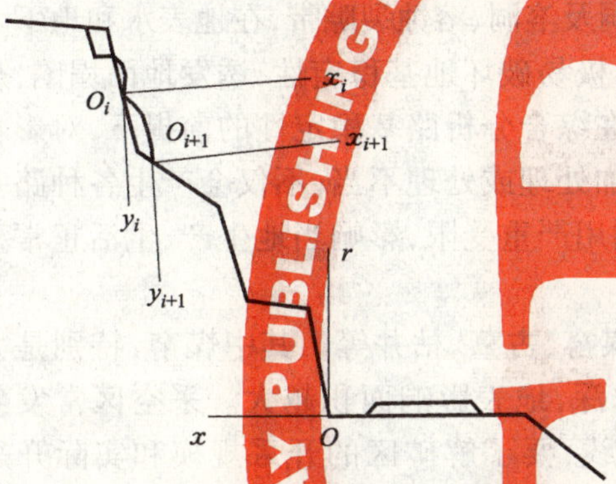

说明图 11.2.7—1 第 i 次碰撞点到 $i+1$ 次碰撞点的轨迹

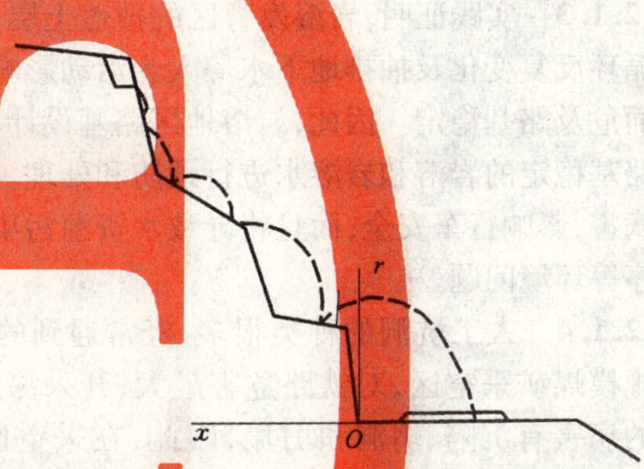

说明图 11.2.7—2 运动轨迹与拦挡建筑物

计算结果，以图的形式绘出块体的运动轨迹曲线，拦挡建筑物部位的块体的弹跳高度，以及该位置块体的速度 v_{xB} 和 v_{yB}。质量为 m 的块体在拦挡建筑物碰撞点的动能(E_B)为

$$E_B = \frac{1}{2}m(v_{xB}^2 + v_{yB}^2) \quad （说明 11.2.7—5）$$

11.3.1 当岩堆具有倾斜较陡的基底接触面或其体内具有倾斜较陡的层理面或软弱夹层时，再加上路基荷载后或者切割其某一部分后，可能诱发岩堆的全部或某一部分沿最软弱的结构面或下伏岩土界面发生滑动。因此，应根据试验资料的分析，考虑地面水和地下水的作用，采用最不利的物理力学指标，分别进行稳定性检算。

11.3.2 当岩堆体地下水较发育时，可采用支撑渗沟等措施。沟谷中的岩堆一般分布较厚，结构松散，易受水影响，应考虑加强排水及支护措施。对于临河的岩堆应根据设防标高做好冲刷防护。

11.3.3 岩堆发生滑动的事例是相当多见的，不管规模大小，都可能造成严重的后果。当判定岩堆有沿下伏岩石界面（特别有软弱夹层）发生滑动时，应按滑动地段路基进行设计。

11.3.5 从既有线的调查分析。护坡一般设计到坡高的2/3和3/4的高度。这一设计，仅从力学分析的角度可能是合理的，但留出的这一部分正是强风化带，易受雨水的侵蚀，在边坡竣工后，边坡顶部发生坍塌的概率极大。如果把护坡高度与坡面高度相当，并做好坡顶的排水措施、增加的费用不算很大，从长远看，安全和经济上都是合理的。

11.3.8　当路基以挖方通过，基床应满足土质及密实度要求，否则应采取换填、压实或加固措施。

12.1.1～12.1.2　岩溶对路基的危害，一般为溶洞顶板、土洞坍塌引起的路基下沉和破坏；岩溶地面坍塌对路基稳定性的破坏；反复泉与间歇泉浸泡路基的基底，引起路基沉陷，突发性的地下涌水冲毁路基等。因此，在岩溶地区选线，必须认真勘察，全面了解岩溶发育范围、特征及严重程度，慎重确定线路的走向和位置。一般情况下，对大型的、不易搞清楚的岩溶严重发育地段，应尽量设法绕避；对不太严重的岩溶地段，选择其最窄的、最易于处理的地段通过。当覆盖层厚，土洞特别发育、岩溶处理困难、费用巨大时，应以桥代路通过。

12.1.3　实践证明，岩溶发育区的覆盖土层、土洞及溶洞、溶蚀裂隙带，在地表水和地下水循环反复变化及抽排地下水等人为活动影响下，极易破坏地基稳定性，诱发地面塌陷，从而危及路基稳定。因此，岩溶地区路基设计，应在综合分析路基稳定性的前提下，对影响路基稳定的岩溶和岩溶水进行预防和处理。不加处理或处理不当，不仅会产生各种路基病害，影响行车安全，而且将导致水资源污染、利用严重受限，影响当地生产、生活正常秩序等环境问题。

12.1.4　人工坑洞的种类很多，经常遇到的有煤窑、古墓、枯井等。其中煤窑，特别是大规模煤矿采空区，对铁路危害最大，开采深度越深，地表影响面积越大。采空区常发生的病害有沉陷、坍洞和坍塌，因此，在采空区选线，要了解矿区的开采规模和实际开采的情况。对大型采空区，尤其是对煤层陡峭的矿区更应注意，将线路位置设于采区以外，即在地表移动盆地的边界外通过；对小型采空区和对路基有危害的其他人为洞穴，一般变形延续时间长，成为长期隐患，亦应尽量避免，不可避免时，应查明情况，尽可能以低填浅挖通过并采取可靠的措施处理。

12.1.5　实践证明，注浆是治理岩溶路基塌陷的一种行之有效的方法，但检测注浆质量的方法在煤炭、冶金和水利等部门都各不相同，铁道部也没有统一的方法。以往，铁路岩溶路基注浆效果检测主要是依据中国有色金属工业总公司与中华人民共和国冶金部联合发布的《注浆技术规程》(YSJ 211—92，YBJ 44—92)，采用抽样钻孔取芯观察和压水试验两种方法进行检测。

由于地质体的各向异性和不均匀性，导致水泥浆液渗透方向和注入量的不定性，因此钻孔取芯观察水泥结石率具有一定的偶然性。压水试验检验虽是一种比较好的方法，但设备笨重，工作效率低，检验标准目前尚不统一，难以进行大面积的压水试验检测，故有一定的局限性。

近年来，随着计算机技术的发展，瞬态面波法是一种新的物探检测方法。它是根据岩土体注浆前后面波速度大小和面波频散曲线形态变化进行综合分析评价注浆效果，能比较全面、客观地反映受浆介质体的实际状态，具有使用方便灵活、劳动强度低等优点，可以大面积地实施检测，能达到立体评价注浆质量的作用。

1996 年浙赣铁路彬江车站岩溶路基注浆工程和 1998 年浙赣铁路江山 K310、K312 岩溶注浆工程均采用了面波检测方法，通过与钻孔取芯观察和压水试验对比、相互印证、综合评价,效果良好。特别是彬江工程已历时近5年时间,路基状况良好,未发生新的塌陷,表明面波检测是一种可行的注浆质量检测方法。

铁四院与上海铁路局通过试验研究,提出如下岩溶路基塌陷注浆质量面波检测标准,可作为参考,见说明表12.1.5。

说明表12.1.5 路基岩土体注浆质量检测标准

介 质	面波检测速度 v(m/s)	面波频散曲线	注浆后岩土体单位吸水量 w 〔L/(min·m·m)〕	备 注
土层(路堑)	$v \geq 19.7h + 58.2$	不离散	$w \leq 0.33$	(1)面波检测以速度标准为主,辅以频散曲线 (2)压水试验检测孔可按3%计,但每个注浆工点的压水试验检测孔数量不应少于2个 (3)当两种检测方法判定的注浆质量结果不一致时,应以压水试验检测判定为准
岩层(路堑)	$v \geq 9.8h + 342.8$	不离散	$w \leq 0.42$	
土层(路堤)	$v \geq 12.0h + 58.7$	不离散	$w \leq 0.33$	
岩层(路堤)	$v \geq 9.8h + 207.8$	不离散	$w \leq 0.42$	

注:面波检测深度 $h \leq 25$ m。

12.2.1 路基附近的溶洞,当其顶板不能判断为安全厚度时,距离路基坡脚应有一定距离。若洞口坍塌呈漏斗形,不致危及路基安全,该距离称为路基的安全距离。条文中所提到的计算公式,是以往在工程中按坍塌时的扩散角进行估算时常采用的公式。由于影响的因素较多,在实践中还可以调查参考既有工程的实例确定。

12.2.2 岩溶水是危及路基安全的主要因素之一,宜以疏导为主,以往工程实践采用疏导措施,收到了良好的效果。对岩溶上升泉(上升泉、多潮泉、间歇泉等)不宜堵塞。在以往工程实践中,由于堵塞了上升泉,造成路基翻浆冒泥,边坡坍塌等病害。如贵昆线乌速龙填方地段,路堤基底有两处间歇性上升泉,与邻近的一个约40 m的岩溶洼地有着水力联系,由于事先没有作处理,将路堤直接修在上升泉上,以至每逢雨季,路堤地基及坡脚受到上升泉涌水的浸泡冲蚀,引起了长约160 m的路堤边坡坍滑。处理时,先将上升泉附近的填土清除,然后填筑一层厚约1 m的片石,以利水流渗透,防止地基岩溶裂隙水由于毛细管作用上升软化路堤土体,再在片石层之上填筑土方,并在两处上升泉口分别增设半节涵洞和纵向排水沟,以引出季节性的岩溶水流,坍塌严重的一段路堤改作桥通过。经过处理以后效果很好,路基未见新的病害。

疏导、截围措施的内容及使用条件说明如下:

(1)疏导——在岩溶地段,地表水和地下水具有较强烈的侵蚀性,是使岩层溶解与破坏的主要因素。因此,在设路基时,必须注意调整地表流水,疏导洼地积水及地下水。一般采用排水沟、泄水隧洞、渗水暗沟、涵洞等建筑物以疏导之,防止地表水和地下水对路基的危害。水量很小时亦可在路堤下部用片石或其他透水性较强的材料填筑,以利水流渗透,防止积水危害路基。

(2)截围——"截"是指沿垂直水流方向设置排水沟、截水渗沟、截水墙、截水隧洞等建筑物,截住水流是使其改变原有的流动途径。当路堑边坡上出露暗河,如水量不大时,亦可用急流槽将水流引入侧沟排出;当水流急或水量大时,则可在暗河上游距路堑一定距离处设浆砌片石截水墙,并开挖一新的通道,将水流引入附近的沟谷中。"围"是指在岩溶洞穴顶部周围设浆砌片石围墙,或设浆砌片石水沟围截地表水,不使地表水进入岩溶洞穴中。洞穴很大很深,附近又缺填料时,可用此法处理。当洞穴平时为落水洞,雨季期间由于地下河排泄条件不良，暂时又可能转变为上升泉时，也可用此法处理。围墙高度应根据上升泉压力大小和水头高度而定。

12.2.3　路基通过封闭的溶蚀洼地时，往往破坏原有地表水系，有的路堤是直接掩盖了落水洞，造成路基病害。因此，排泄封闭的溶蚀洼地的地表水很重要，应在查清水情的基础上，做好疏导工程，使地表水畅通。当洼地四周地形不高时，可在较低处开挖排水沟；当洼地四周地势较高或开挖排水沟较长时，则可选择适当位置开凿泄水洞，将洼地内的地表水引入邻近沟谷排走。对不可避免受雨季期间积水浸泡的路堤，其浸水部分宜用水稳定性较高的中粗砂、碎石、不易风化的石块等作为填料。

12.2.4　溶洞、溶蚀裂隙发育带及覆盖层土洞，危及路基稳定时，应视具体情况采取回填、跨越、加固等措施处理。使用说明如下：

(1)回填——系采用片石、碎石等填料，填充露出地表或埋藏于路基底部的溶洞，适用于较浅的干涸或水量很小的溶洞。

对于路堑边坡上的干溶洞，洞内可用片石回填，洞口设干砌片石并用砂浆勾缝或采用浆砌片石封闭。对位于路基基底或支挡结构物基底的干溶洞，深度较浅时，宜用砂、碎石或片石等回填夯实，洞口用浆砌片石或片石混凝土封闭。

溶洞充填物通常松散、软弱，溶洞表层溶蚀部分亦较松散、破碎，作为路基的基底，其承载力往往不能满足设计要求。对不能满足承载力要求的溶洞充填物及溶洞表层溶蚀部分，应予以清除并换填强度高稳定性好的填料，如碎石、片石等，换填必须填满填实。保证其上部荷载传递到稳定岩层中。当路基以下溶洞顶板很薄，而且洞口很小，以至无法进洞清除充填物和换填加固时，可先将顶板炸开，以清除洞内填充物及松散物，再回填片石；对于很深的溶洞，当充填物密实时，亦可采取其上部一定厚度范围内清除，换填碎石，表层用浆砌片石封闭的措施处理。

(2)跨越——对于狭小又深的溶洞，可根据其宽度的大小采用混凝土或钢筋混凝土盖板跨越；对于跨度较大的溶洞，或需要保持排水者，一般宜采用桥或涵通过。

(3)加固——为加强岩溶顶板强度，防止坍塌，可采取以下加固措施：

① 洞内加固——溶洞洞径大、顶板完整、洞内施工条件较好时，可采用浆砌片石或片石混凝土支顶墙或支顶柱加固。用干砌片石、浆砌片石回填也能起加固作用。

② 嵌补支顶加固——对于影响路堑边坡稳定的坡面上的溶洞，可采用洞内片石回填，洞口用圬工嵌补支顶加固。

③ 注浆加固——对于溶蚀裂隙发育带及埋藏较深的溶洞、土洞，一般采用注浆加固；采用回填、支顶、跨越等措施处理影响既有线运营安全时，宜采用注浆加固。

岩溶注浆的深度，一般应根据病害发生地区的岩溶地面塌陷的致塌机理和注浆加固的目的来确定。若加固埋藏较浅的破碎顶板、溶洞或溶蚀发育带，减缓溶蚀速率，作为路基地基，加固深度 10 ~ 15 m 即可；若为埋藏较深的溶洞或溶蚀变化带，加固厚度 5 ~ 8 m 即可，着重加固基岩面附近，既能充填开口的洞隙，又能固结岩土体，使其形成硬壳，阻隔地下水上、下活动，防止坍塌，这也是近年来南昆线、株六线、洛湛线、赣龙线等岩溶病害整治的常用深度。

2006 年在浙赣线提速改造工程岩溶地基处理中，未加固的覆盖层、土洞发生多处塌陷，危及路基稳定。主要原因是，在地下水位高、波动大、抽取地下水等人为活动频繁的条件下，易加剧覆盖层土洞的形成、发展和塌陷，诱发病害。为吸取类似教训，本次修订时，进一步明确了覆盖层及土洞处理的原则性要求。

此外，岩溶病害分段处理后，将改变区域内水文地质条件，诱发新的岩溶病害，因此，分段处理时，应综合考虑岩溶的隐伏性、多变性、勘探资料的精确性及水文地质条件的变化，避免分段过于零碎，消除隐患。

12.2.5 注浆孔距和注浆段的单位注浆量等与溶蚀发育程度、溶隙、溶缝的连通性和浆液浓度有关，波动范围较大，因此强调通过现场试验确定。注浆压力宜通过试验确定，一般为0.1～0.5 MPa，压力最大时可达1.5 MPa以上；对覆盖土层、溶蚀裂隙发育带及埋深大的溶洞、土洞，注浆压力应取较大值。

电气化铁路岩溶病害采用注浆加固时，其注浆孔位布置应注意钻机塔架避开接触网输电线危险区。

12.2.6 注浆水泥一般采用42.5级普通硅酸盐水泥（特殊情况可用32.5级普通硅酸盐水泥）。对酸性地层及地下水地段，可采用抗酸水泥等特种水泥。对于空溶洞注浆加固，实践证明，浆液中掺一定量的砂、粉煤灰、等物质，其加固效果很好，且可以节省工程造价。遇以下特殊情况时，宜采用水泥—水玻璃双液注浆：

（1）当地下水流速大于200 m/d，用双液速凝；

（2）水泥单液地表冒浆时，用双液封堵；

（3）注浆已超出有效范围或整治范围，浆液扩散过远时，用双液控制；

（4）为提高工作效率，缩短需清孔再注浆的时间，用双液增效；

（5）岩溶垂直裂隙贯通性好，浆液渗流太深，用双液处理。

根据多年实践，其水泥与水玻璃重量比不大于1∶0.2～1∶0.1（体积比约为1∶0.1～1∶0.05）。

12.3.1～12.3.2 人为坑洞的种类很多，危害最大的为煤矿采空区，常发生的病害有坍洞、坍塌和沉陷，且病害持续时间长。对埋藏较浅的小型煤矿采空区，可以采用明挖回填的措施；对埋藏较深的坑洞可用洞探方法查清，并进行回填，也可以采用注（压）土浆方法处理。

铁一院在包西线神木至延安北段对煤矿采空区所执行的主要设计原则为：顶板厚度小于5 m，采用明挖回填处理；顶板厚度大于5 m，根据其顶板厚度、岩性、开采时间、断面尺寸、开采方式、停采后煤窑的情况等综合分析确定是否处理，处理可采用灌浆、明挖回填和石块砌筑拱等措施；土层厚度宜按其实际厚度的1/2～1/3折减成岩层厚度；灌浆处理其孔间距（沿线路方向）5 m，排距8 m，梅花型布置，钻探深度至处理煤层下1 m。

掏砂坑是西北干旱地区河流阶地上遇到的一种人为空洞。它是由于当地农民挖取阶地底下的卵石覆盖在农田上，以减少农田的水分蒸发而形成的地下坑道。坎儿井是新疆居民为了引天山雪水灌溉田地所修建的地下水道。

上述人为洞穴仅是人工开挖所留下的空洞。只要在勘测阶段进行访问调查，早发现，妥善处理，则可以避免在施工或运营中发生路基病害。

对埋藏较浅的人为洞穴的处理，可采用开挖、回填、夯实的措施；埋藏较深时，可采用灌土浆、砂浆、混凝土浆等措施。

此外洞穴所产生的沉陷和坍塌，除与上覆岩层或土层的强度不够有关外，还与地下水的波动有关，因此强调了不可以采用引排地下水的措施。

13.1.1 被水浸泡的路基种类繁多、情况各异，很难包罗无遗，只能择取常见的、对路基安全影响较大的河滩、滨河及滨海路基作一般规定，至于穿越洼淀、池塘的路基可根据具体情况，参照本章有关部分办理。

13.1.2～13.1.3 河滩、滨河、滨海地段的铁路路基是路基的薄弱环节之一，其原因是多方面的，但主要的是除对水文地质条件难以准确掌握之外，人为地过多挤压河床、不适当的压缩桥长等严重的影响水流顺利通过，破坏了大自然的规律。因此，强调选线时应避免过多的挤压河床和压缩桥长。

路堤侵入河道后，压缩了河道流水断面，必然改变天然河道的水力因素，使水位壅高、流速增大，加剧对路堤的危害。同时，局部河床形态与水力因素的变化，将影响上、下游较长河段的水流状态，引起对沿河建筑物、农田、房舍的危害。因此要求铁路定线时，滨河路堤宜避开洪水泛滥区。难以避免时，侵入泛滥区河滩范围内的路堤应减小其与水流的交角，以减轻冲刷。路堤侵入洪水泛滥区河槽，应通过全面的技术经济比较，采用完善的工程措施。路堤浸入山区河流的河槽，难以保证工程安全，吸取既有铁路的教训，故本条规定路堤不得侵入山区河流的河槽。近年来，我国在修建山区铁路时，通过技术经济比较，曾采用河道内修建桥梁以代替浸水滨河河道的措施。

为避免在河滩路堤与河岸间形成水袋，在路堤前形成回流或长期积水，影响路堤稳定，故应避免在河滩范围内设计折向下游的路堤。如必须设计折向下游的路堤时，可通过增长桥孔或增设导流工程的技术经济比较，以消除水袋。山区河流流速湍急，宜采用增长桥孔的措施。

13.1.4 填料和地基为粉土或砂类土的路堤，当两侧水头差较高时，易产生管涌现象，导致路基失稳或破坏。产生管涌的水头高度与土质、停滞时间、渗流径路有关，一般通过计算确定，对重大工程才进行模型试验。防止管涌的计算参数有时难以准确确定，因此在设计时，应优先考虑减小水头差的高度，消除管涌产生的条件，一般是通过扩大或增设过水建筑物来实现，有困难时才考虑防治措施，如截堵或延长渗流径路，放缓外侧边坡，增设护道或设置防渗措施等。

13.2.2 浸水深度及浸泡时间对路基的稳定性影响很大，浸水越深、时间越长、危害越大，所以当水深较小、浸泡时间较短时，可采取放缓边坡。为了加强路基的稳定性及抗冲刷能力以及满足养护要求，可在一侧或两侧设置护道。护道宽度根据稳定性检算确定，另外，为了防洪抢险需要(堆料、站人及走车)，护道宽度一般不宜小于2 m。护道顶面应做成2% ～4% 的外向排水坡，外缘在平纵剖面上应尽量顺直，避免凹凸不平，出现阻水现象。若当地渗水土填料来源丰富、造价便宜，以采用单一的水稳定性较好的填料为宜。当采用两种或两种以上的填料时，由于两种材料性质不同，接触面处边坡易产生冲蚀和剥落，故在接触面处设不小于0.5 m宽的平台，以保护上部边坡的稳定。当上下部填料粒径相差过大，细颗粒容易渗入下部时，应设隔离垫层，其材料可用碎石或砂卵石，其厚度一般为0.3～0.5 m，也可采用土工布。

13.3.3 波列累计频率是指波列中某个波浪要素(如波高)不小于某一数值的波浪个数占该波浪波列总个数的百分数。它代表波浪要素的短期(以几十分钟计)统计分布规律，在该统计期内，可以认为海面处于定常状态，或者说波浪要素的平均状态不随时间变化。设计波浪重现期的标准主要反映建筑物的使用年限和重要性；设计波浪的累积频率标准则主要反映波浪对不同类型建筑物的不同作用性质。

各类建筑的设计波高波列累计频率系根据《铁路工程水文勘测设计规范》(TB

10017—99)规定列出的。

13.3.4 港区铁路采用的设计潮位频率一般为1/50，与滨海铁路就会出现断高，此时应在滨海路基的一定区段内设置渐变段，逐渐降低路肩高程，使之与港区铁路平顺相接，同时必须采取可靠的防浪措施。为了保证不产生越浪，一般可采用防浪墙。

13.3.5 斜坡式断面形式与一般路基断面形式一致，易于衔接，且施工及养护方便，故只有在有使用要求或条件限制时才采用直墙式断面。

13.3.6 滨海路基的边坡坡率，因波浪作用远较滨河路基大，所以外海侧应缓于内海侧，坡石护面的稳定性较人工护面低，故其边坡坡率亦应相应放缓，堤头部分临空面多于堤身，抗御波浪能力相应较差，故应缓于堤身部分。

13.3.8 护坡垫层是护坡面层的基础，强度不够也会导致面层失稳，所以对垫层的重量和厚度都作了规定。本条系根据《港口及护岸工程设计与施工规范》(JTJ 300)、《防波堤设计与施工规定》(JTJ 298—98)的有关规定列出。

13.3.9 为了保证护坡基础稳定，一般均在外海侧设抛石棱体。为了施工方便，抛石棱体顶面应高出施工水位。棱体顶面宽度和厚度根据《防波堤设计与施工规定》(JTJ 298—98)的有关规定列出，是结合实际工程经验的数值。

13.3.10 护底的作用是防止堤前的地基土壤被冲刷，造成护面层和抛石棱体的下滑或局部坍塌，从而影响堤的稳定性。条文中护底块石层的厚度和宽度，以及在护底块石层下铺设碎石层的厚度是实际工程中一般采用的数值。对砂质海底，护底层的宽度和厚度可按《防波堤设计与施工规定》(JTJ 298—98)的有关规定确定。

14.1.1~14.1.2 沿水库边岸或跨越其支沟、支流修筑铁路时，由于水库水位升降、波浪侵袭、地下水壅升、坍岸、水流冲刷、淤积等因素对库岸和路基的破坏作用，及库水浸泡、渗透对库岸地基和路基本体强度的影响，在设计时应根据这些不利因素，分清主次，采取相应的加固防护措施。

水库路基的路肩高程见《铁路路基设计规范》(TB 10001—2005)有关规定。

14.2.1 水库蓄水后，随地下水壅升、水位升降变化、波浪的动力作用及库岸地层浸水后性质的变化，破坏了既有边坡的稳定，使库岸发生磨蚀、坍塌、滑坡等变形。根据工程建筑物的具体位置，应对库岸作出稳定性评价。当危及建筑物安全时，则应对库岸或路基进行防护加固。坍岸主要是在第四系松散地层中发生，基岩除风化层和能被波浪磨蚀的软质岩层外一般不考虑坍岸问题。

进行库岸稳定性分析，主要考虑以下三个方面：

(1)根据库岸地层、地质构造、岩性和岸坡坡率大小，预测坍岸的可能性、坍岸大小和规模及可能出现的其他不良地质现象。

(2)对水库回水范围内，因水流受阻而使流速变缓，导致大量泥沙下沉而淤积。水库淤积对水库蓄水、水库的抗洪能力是不利的，但对库岸起到了保护作用，特别是含沙量大的河流，淤积的速度很快，进行库岸稳定性分析时，宜充分考虑水库淤积的有利因素，避免造成不必要的浪费。

(3)水库蓄水后，地下水位相应壅升，破坏了既有的水文地质环境，有可能使地基承载力降低，并在铁路运营后易造成路堑和低路堤的翻浆冒泥现象。黄土地区，进行铁路勘测设计时，应注意地下水壅升对库岸稳定和铁路地基的影响。

14.2.2 对于跨越支沟的路堤，支沟中水位高出水库水位较大时，路基体内将产生稳定渗流，若其上下游的水位差不显著，在水库泄水或洪水来临时，水位骤然变化将在路基体内产生不稳定渗流。水库水位下降幅度和时间的变化比较复杂，一般认为当土体的渗透系数 $K \geqslant 0.001$ cm/d、水位消落速度小于 1 m/d 时为缓降，而大于3 m/d 时为骤降。当水库水位骤然下降时，路堤内侧的水向库区渗流，对水库侧的边坡产生渗透压力和冲蚀作用；当水位上升时，库区的水向路堤渗流，对外侧边坡产生渗透压力和冲蚀作用。

路堤失稳情况大多发生在水位骤降时，检算时一般采用假定破裂面的条分法，但必须按浸水和非浸水两部分分别考虑土体重度和强度指标的取值。土的强度参数按地下水位高度（浸润曲线以上加地下水壅升高度）以上和以下分别采用夯后快剪和夯后饱和快剪试验值。

在淤积快的水库区，由于蓄水初期为危险期，这时没有淤积物或淤积物很少，因此，检算路堤稳定性时，不考虑将来淤积后增加的路堤抗滑能力。

路堤体内的渗透变形主要为管涌和流土。对水库路基应从土的不均匀系数、颗粒直径、土体的密实度和渗透系数及路堤体内的渗透速度、渗透压力等因素分析其渗透破坏作用。

14.3.1 由于水库坍岸而危及水库路基的安全和稳定时，可根据实际情况，对水库路基进行直接防护和间接防护。间接防护包括对水库坍岸的防护或对水库坍岸和水库路基同时防护。

14.3.2 路堤在渗透压力作用下，一方面降低了路堤边坡的稳定性，同时还可能产生管涌和流土现象，不利于路堤的稳固，因此应选用级配良好的渗水土作填料。

14.3.4 路基边坡防护

防护建筑物顶面高程为按铁路设计的洪水频率计算的设计水位加波浪侵袭高加壅水高度加安全值 0.5 m，由于大型水库的安全性比铁路的影响更大，铁路设计洪水频率往往低于水库设计洪水频率，当铁路设计水位低于水库正常高水位时，为确保路基稳定、安全，应采用水库正常高水位作为设计水位。底面高程为水库设计低水位减波浪影响深度（可采用 2～2.5 倍低水位时的波浪高）。当有封冰和流冰时，此下限应低于冰盖层的下缘。波浪影响深度，根据官厅水库实测资料及有关其他参考资料，约为波浪高的 2～2.5 倍。

水库地区浸水路堤，一般应在防护建筑物顶面设置宽度不小于 2 m 的平台，这是考虑了水库地区浸水路堤一旦损坏，修复困难，影响面广等情况，有了 2 m 宽的平台，就可以增强其稳定性，便于维修工作，加之浸水路堤的沉降量难以事先准确确定，运营期间若路堤沉降较大，需要进行路堤的加高加宽时，可由平台开始向上帮宽路基，而不影响原有防护建筑物。

库区路堤浸水部位的坡面，一般以防止波浪侵袭破坏作用为主，而水库上游地段，因库水下泄后流速增大，尚需考虑水流的冲刷作用。

在防护范围内应设置较强的防护建筑物，用以抵抗波浪的侵袭作用。防护类型宜用柔性结构，以适应库区浸水路堤沉降量大而快的特点。据对多数已成水库的调查，浸水路堤和土坝迎水坡面皆采用干砌片石或各种类型的混凝土块板铺砌而成。在防护建筑物与土体之间应做好反滤层，防止土粒流失。

14.3.5 松软土地基的处理可按本规范软土路基的有关规定进行，对湿陷性黄土地基，可预先浸水使其自行湿陷,或用强夯法加固地基土层。对设在饱和粉细砂地基上高度小于2.5 m的低路堤,应采取防止列车振动液化的处理措施。

如地基砂层的天然密度小于振稳密度,则需考虑如下措施:如有条件,可抬高线路以提高路堤高度,或路堤顶部填筑高阻尼的黏性土,或用强夯、挤密砂桩、碎石桩等方法加固饱和松砂地基。

14.4.1 水库蓄水后,库岸地层物理力学性质的变化及波浪等对水库边岸的冲刷、磨蚀,库岸将产生滑动、坍塌等变形现象,当建筑物距水库较近时,库岸变形将影响建筑物的稳定。

库岸距线路较远、最终库岸稳定时间较长、防护工程量较大时,可考虑预测期限、坍岸规模,采取分期分批防护措施。近期措施仅考虑急需的防护设施,远期的加固防护措施应保证在各种因素变化过程中不降低路基的安全性。对预测淤积严重地段,可采用简易防护或不设防护。

水库坍岸的快慢,根据库岸土质及其所在位置的不同而异。例如受主导风向作用的库岸,坍势比背风向的重;浸水深的库岸,坍势比浸水浅的重;高陡的库岸,坍势比低缓的重,具体应根据线路位置离开库岸远近的不同及上述不同因素综合考虑,区别缓急,分期投资。对坍势较重,近期将威胁路基安全的地段,在新建时应做好库岸的防护工程。

水库蓄水后,流速减小,从水库上游及支沟携带下的砂土将在水库中逐渐沉积。对水库路基有影响的是水库岸边淤积,而其沉积,一般最易发生在水库上游老河床及漫滩、支沟沟口,河湾凸出一侧或突出岸嘴的下游。在这些淤积迅速的地段,防护建筑物开始能发挥其应有的作用,但淤积后防护建筑将被掩埋而失去作用,使用时间较短。可尽量采用轻型的临时措施,以节省投资。

14.4.2 水库坍岸的防护高度与水库路基的防护高度有所不同。由于水库坍岸主要是由常水位时的波浪力对库岸的冲刷、磨蚀作用而产生的,故采用水库正常高水位作为控制防护建筑物的顶面高程,一般取水库正常高水位加波浪侵袭高加0.5 m安全高来做为水库坍岸的防护顶面高程,但根据设防意图,亦可采用水库正常高水位或低于该水位。

14.4.3 水库坍岸的防护类型应根据地形、地质条件、波浪、冰荷、流速等情况确定,通常采用干砌片石护坡、挡土墙、堆石(抛石、片石垛)、石笼等工程措施,根据工程条件合理运用。如黄河中游某水库在洪水时期的水库坍岸抢险中,采用石笼防护,在枯水期则视需要采用挡土墙及干砌片石护坡防护,对有抗冲刷要求的特殊建筑物(如水库码头)可采用浆砌片石护坡防护。

中华人民共和国行业标准

铁建设〔2006〕117 号

铁路路基土工合成材料应用设计规范

Code for design for applications of geosynthetics on subgrade of railway

TB 10118—2006

J 532—2006

2006—06—25　发布　　　　2006—06—25　实施

中华人民共和国铁道部　发布

前　言

本规范是根据铁道部《关于印发〈2003年铁路工程建设规范、定额、标准设计编制计划〉的通知》(铁建设函〔2003〕41号)的要求,在《铁路路基土工合成材料应用技术规范》(TB 10118—99)的基础上修订而成的。

本规范在修订过程中,认真总结了我国铁路路基建设的经验和教训,借鉴了国内外有关标准的规定。

工程技术人员必须按照"以人为本、服务运输、强本简末、系统优化、着眼发展"的铁路建设理念,结合工程具体情况,因地制宜,充分发挥主观能动性,积极采用安全、可靠、先进、成熟、经济、适用的新技术,不能生搬硬套标准。勘察设计单位执行(或采用)单项或局部标准,并不免除设计单位及设计人员对整体工程和系统功能质量问题应承担的法律责任。

本规范共分8章,主要内容包括:总则、术语和符号、基本规定、基床加固与处理、路基防护、路基排水、加筋土工程和地基处理等。

本次修订的主要内容有:

1. 将适用范围修改为铁路路基工程应用土工合成材料的设计;
2. 删除了原规范中"施工质量检验"一节;
3. 增加了"基本规定"一章;
4. 增加了成熟的新型土工合成材料在路基防护和严寒地区的应用规定;
5. 增加了软式透水管用于构成排水系统的规定;
6. 明确了加筋土挡土墙拉筋材料,增加包裹式挡土墙回折包裹长度计算公式;
7. 明确了土工合成材料加筋土路堤的稳定安全系数不得小于1.3;
8. 增加了路堤填土界面加筋的内容;
9. 修订了软土地基加固和盐渍土路基隔断等要求;
10. 对土工合成材料施工中的有关规定进行了补充、修改。

本规范以黑体字标志的条文为强制性条文,必须严格执行。

在执行本规范过程中,希望各单位结合工程实践,认真总结经验,积累资料。如发现需要修改和补充之处,请及时将意见及有关资料寄交铁道第四勘察设计院(湖北省武汉市武昌区杨园街和平大道745号,邮政编码:430063),并抄送铁道部经济规划研究院(北京市海淀区羊坊店路甲8号,邮政编码:100038),供今后修订时参考。

本规范由铁道部建设管理司负责解释。

本规范主编单位:铁道第四勘察设计院。

本规范参编单位:铁道第一勘察设计院、铁道第二勘察设计院、铁道第三勘察设计院。

本规范主要起草人:李小和、秦立新、包黎明、冯俊德、吴连海。

目　次

1 总 则

1.0.1 为统一铁路路基土工合成材料应用的技术要求,提高铁路路基工程质量,满足铁路工程建设的需要,制定本规范。

1.0.2 本规范适用于铁路路基工程应用土工合成材料的设计。

1.0.3 铁路路基工程应用土工合成材料,应根据铁路等级、路基结构形式、地质、水文和气象条件进行设计。设计应遵循因地制宜、安全可靠、经济合理,并与其他工程材料、工程措施综合应用的原则。

1.0.4 铁路路基工程应用土工合成材料除应符合本规范外,尚应符合国家现行的有关强制性标准的规定。

2 术语和符号

2.1 术 语

2.1.1 土工合成材料 geosynthetics

岩土工程应用的合成材料产品的总称。

2.1.2 土工织物 geotextile

以聚合物纤维为原料制成的具有渗透性的布状土工合成材料。

2.1.3 织造土工织物 woven geotextile

由纤维纱或长丝按一定方向排列机织的土工织物。

2.1.4 非织造土工织物 nonwoven geotextile

由短纤维或长丝按随机或定向排列制成的薄絮垫,经机械结合、热粘或化粘而成的土工织物。

2.1.5 土工膜 geomembrane

由聚合物或沥青制成的一种相对不透水薄膜。

2.1.6 复合土工合成材料 composite geosynthetic

由两种或两种以上土工织物、土工膜或其他材料复合制成的土工合成材料。

2.1.7 复合土工膜 composite geomembrane

用土工织物或其他材料与土工膜结合而成的不透水材料,根据主要功能的不同,复合土工膜可分为横向排水型和加筋型两种。

2.1.8 复合土工排水材料 composite geodrain

以土工织物包裹不同形状和材料的芯材制成的土工排水材料。

2.1.9 塑料排水带 strip geodrain

由不同形状的塑料条带排水芯材外包以非织造土工织物制成的竖向排水材料,是复合土工排水材的一种。

2.1.10 特种土工合成材料 special geosynthetic

经过特殊工艺制成的具有特种用途的土工合成材料。

2.1.11 土工模袋 geofabriform

由双层土工织物制成的连续(或单独的)袋状材料,其中灌注混凝土或砂浆凝结成板状或其他形状的结构。

2.1.12 土工网 geonet

经挤压或热粘而成的平面网状土工合成材料。

2.1.13 塑料土工格栅 plastic geogrid

用高密度聚乙烯等聚合物经挤压加工再进行拉伸制成的格栅状土工合成材料。

2.1.14 经编土工格栅 warp-knitted geogrid

采用高强度涤纶或玻璃纤维原料,双轴向技术编织,经聚氯乙烯或改性沥青涂层整理生产的土工格栅产品。

2.1.15 土工格室 geocell

由土工合成材料片焊接或组装成的具蜂窝状结构的三维土工合成材料制品。

2.1.16 土工网垫 geomat

由丝条状合成材料经过一定的工艺处理，并在结点上相互熔合而成的孔隙很大的三维网状土工合成材料。

2.1.17 立体植被护坡网 three-dimensional vegetation grids

一种类似于棱型格室状的植草土工网，以塑料丝纺织加工制成。

2.1.18 聚苯乙烯泡沫塑料 expanded polystyrene

由聚苯乙烯加入发泡剂膨化经模塑或挤压制成的轻型土工材料。

2.1.19 软式透水管 flexible permeable hose

高强度圈状支撑体外包土工织物及强力合成纤维外覆层制成的管状排水材料。

2.1.20 复合拉筋带 composite geobelt

经挤压拉伸再加筋制成的条带抗拉材料。

2.1.21 袋装砂井 sand well with geotextile bag

在土工织物长袋中装砂制成砂袋，打入软土中形成的竖向排水体。

2.1.22 反滤 filtration

在使流体通过的同时，保持受渗透压力作用的土粒不流失。

2.1.23 隔离 separation

防止相邻的不同介质混合。

2.1.24 加筋 reinforcement

把具有一定抗拉强度的土工合成材料埋于土体内适当位置，依靠其与土界面的相互作用，提高土体强度和稳定性，限制土体位移的措施。

2.1.25 极限抗拉强度 ultimate tensile strength

材料试样在缓慢增大的均匀单轴拉力作用下破坏时的最大拉力。

2.1.26 圆球顶破强度 ball burst strenth

以规定直径圆球顶杆匀速垂直顶压于土工合成材料平面时，土工合成材料所能承受的最大顶压力。

2.1.27 CBR 顶破强度 CBR burst strenth

以 CBR 仪的圆柱形顶杆匀速垂直顶压于土工合成材料平面时，土工合成材料所能承受的最大顶压力。

2.1.28 延伸率 elongation rate

试样拉断时的应变值，以百分比表示。

2.1.29 等效孔径 equivalent opening size(EOS)

用于表示织物型土工合成材料特征孔径的指标。采用不同的筛余率标准，可得到不同的等效孔径值，目前我国多取 O_{95}。

2.1.30 梯度比 gradient ratio

在淤堵试验中，水流通过土工织物及其上 25 mm 厚土料时的水力梯度与水流通过再上面 50 mm 土料的水力梯度的比值。

2.1.31 蠕变 creep

材料在大小不变的力的作用下，变形随时间增长而逐渐增大的现象。

2.2 符 号

A——与填料性质有关的无因次系数

B_s——与被保护土的类型、级配、土工织物品种和状态有关的经验系数

C_u——土颗粒的不均匀系数

d_n——土的特征粒径

k_g——土工织物的渗透系数

k_s——土的渗透系数

k_v——土工织物的垂直渗透系数

O_{95}——土工织物的等效孔径

T_a——土工合成材料的容许抗拉强度

T——土工合成材料的极限抗拉强度

3 基本规定

3.0.1 土工合成材料的性能应满足铁路路基工程的使用要求和应用条件。

3.0.2 土工合成材料的性能指标应包括下列方面，工程设计时应根据材料类型和工程需要确定性能试验项目：

1 物理性能，包括单位面积质量、厚度（及其与压力的关系）、材料比重、孔径等；

2 力学性能，包括条带拉伸、握持拉伸、撕裂、顶破、刺破、直剪摩擦、拉拔摩擦、蠕变等；

3 水力学性能，包括垂直渗透系数、平面渗透系数、淤堵性、防水性等；

4 耐久性能，包括抗紫外线能力、化学稳定性和生物稳定性等。

3.0.3 土工合成材料设计容许抗拉强度 T_a 应按下式计算：

$$T_a = \frac{1}{F_{iD} \cdot F_{cR} \cdot F_{cD} \cdot F_{bD}} \cdot T \tag{3.0.3}$$

式中 F_{iD}——铺设时机械破坏影响系数；

F_{cR}——材料蠕变影响系数；

F_{cD}——化学剂破坏影响系数；

F_{bD}——生物破坏影响系数；

T——由加筋材料拉伸试验测得的极限抗拉强度。

其中，F_{iD}、F_{cR}、F_{cD}和 F_{bD}四项影响系数应按实际经验确定；无经验时，其乘积宜采用2.5~5.0；当变形控制要求高、材料蠕变性大、施工条件差时，应采用大值；当为临时性工程时，宜取小值。

3.0.4 土工合成材料与土之间的摩擦系数宜通过试验确定，当试验条件不具备时，可参照当地经验或相关资料确定。

3.0.5 土工合成材料应具有经国家主管部门认可的测试单位的测试报告；材料应有标志牌，并应注明商标、产品名称、代号、等级、规格、执行标准、生产厂名、生产日期、毛重、净重等。

3.0.6 土工合成材料运输、储存和堆放时应注意防冻、避免阳光照射，并应保持通风、干燥和远离高温源。

3.0.7 土工合成材料施工应采用先进的方法和工艺，不得损伤土工合成材料。

3.0.8 土工合成材料施工时，应按规定要求进行工序验收，合格后方可进行下道工序。

4　基床加固与处理

4.1　一 般 规 定

4.1.1　新建铁路基床防渗、反滤和排水可采用土工合成材料。

4.1.2　既有铁路基床翻浆冒泥、下沉外挤、道砟陷槽、积水等病害，可采用土工合成材料加强基床和改善排水条件。

4.1.3　基床冻害可采用铺设土工合成材料隔离防渗层、保温层，并结合降排水进行综合防治。

4.1.4　土工合成材料的类型应根据基床加固与处理的需要合理选用。

4.2　设　　计

4.2.1　土工合成材料的铺设位置、垫层设置等应符合下列要求：

1　新建铁路基床需要处理时，宜将土工合成材料铺设在基床底层表面（图 4.2.1—1）或换填层的底面。

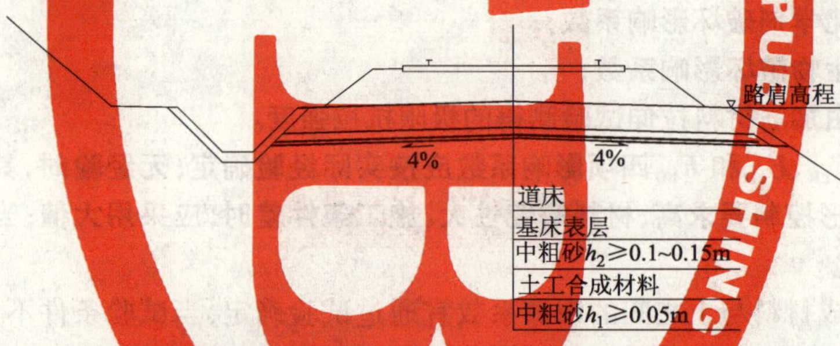

图 4.2.1—1　土工合成材料铺设在基床底层表面

2　既有铁路基床翻浆冒泥、冻害整治时，土工合成材料可铺设在基床表面（图 4.2.1—2）；采用土工格室或其他土工合成材料加固基床、整治基床下沉外挤等病害时，可铺设在基床表层内（图 4.2.1—3）。

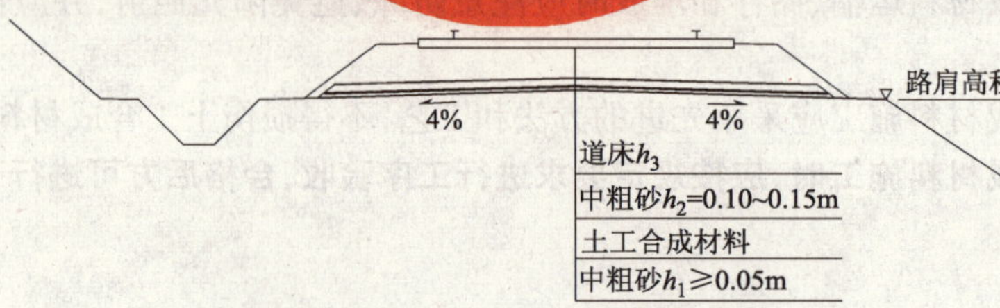

图 4.2.1—2　工合成材料铺设在基床表面

注：1　道床厚 h_3 + 中粗砂厚 h_2 ≥标准道床厚度；

2　中粗砂 $h_1 + h_2$ ≥0.20 m；

3　中粗砂含泥量不得大于 5%。

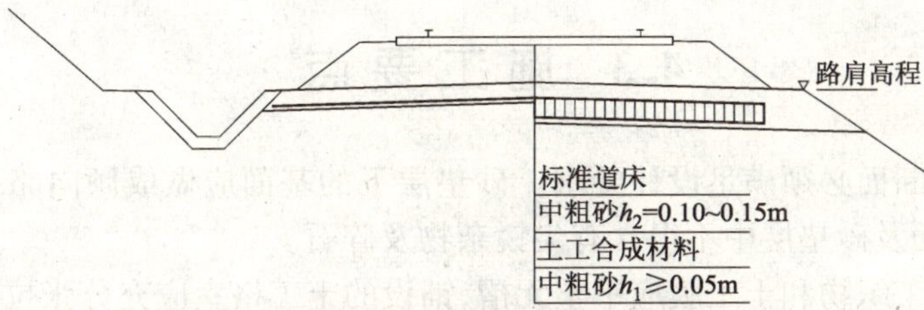

图 4. 2. 1—3　土工合成材料铺设在基床表层内

注:1　土工合成材料右侧所示为土工格室,左侧所示为其他土工合成材料;

2　中粗砂 h_1+h_2≥0. 20 m;

3　中粗砂含泥量不得大于5%。

3　土工合成材料的上、下面应铺设砂垫层,且材料下填土质量应满足设计要求。

4　土工合成材料应全断面铺设,当铺设在基床表面时,土工合成材料不得暴露于道床之外;用于膨胀土、湿陷性黄土地区时,土工合成材料横向铺设宽度应适当加宽;当铺设土工格室时,其范围宜在砟脚范围内。

5　既有铁路基床病害整治时,土工合成材料纵向应分别向病害地段两端延长 5 m 以上。

6　土工合成材料横向排水坡度不宜小于4%。

4. 2. 2　新建铁路基床加固处理设计时,根据具体情况可选用下列土工合成材料:

1　防地表水下渗可选用不透水的复合土工膜、土工膜、排水板等;

2　引排地下水可选用较厚土工织物包裹碎石、砂、砾石作为过滤体和排水体;

3　冻害地区可铺设聚苯乙烯泡沫塑料或聚胺酯保温层。

4. 2. 3　既有铁路路基基床病害整治时,土工合成材料应按下列要求选用:

1　整治既有铁路基床翻浆冒泥,可选用复合土工膜等不透水土工合成材料;

2　整治既有铁路基床强度不足、下沉外挤、陷槽、积水等病害可采用土工格室,格室的高度、焊距应根据病害的严重程度选择;用于加固补强时,格室高度及换填深度宜通过计算确定,也可参考同类型病害整治的成功经验确定;格室内宜填充中粗砂、砾石,并压实;

3　整治既有铁路道砟陷槽、积水病害可选用软式透水管或其他排水材料;

4　既有铁路基床冻害可选用复合土工膜或土工膜防治;冻害较轻时可选用较厚的无纺土工织物;冻害严重时还应铺设保温材料,保温材料可选用聚苯乙烯泡沫塑料或聚胺酯。

4. 2. 4　土工合成材料的技术性能应满足下列要求:

1　复合土工膜、土工膜的渗透系数不应大于 10^{-11} cm/s,断裂强度不应小于 20 kN/m,CBR 顶破强度不应小于 2. 5 kN,膜厚不应小于 0. 3 mm,在严寒地区应满足抗冻要求;

2　无纺土工织物的等效孔径 O_{95} 和垂直渗透系数 k_v 应满足设计要求,断裂强度不应小于 12 kN/m,CBR 顶破强度不应小于 1. 5 kN;

3　保温层的表观密度、抗压强度、导热系数、吸水率等性能指标应满足设计要求,且耐久性能好。

4.3 施工要点

4.3.1 基床开挖断面必须满足设计要求。砂垫层下的基面应做成倾向路基外侧不小于4% 的排水坡，基面及砂垫层中不得含有尖锐杂物及碎石。

4.3.2 铺设的土工织物和土工膜应平整无褶，铺设的土工格室应充分张拉成型并及时用设计要求的材料充填压实。

4.3.3 土工合成材料的连接应满足下列要求：

1 土工织物的连接可采用缝接、搭接或胶接，搭接宽度不得小于 30 cm。

2 土工膜、复合土工膜、排水板一般可采用搭接、粘接或焊接方式，用于基床防水和冻害防治时，宜采用粘接或焊接方式；采用粘接或焊接方式时，接缝宽度不应小于 10 cm，连接处的各项技术性能指标不应低于设计要求，且不得渗水；采用搭接方式时，搭接宽度不应小于 30 cm。

3 土工织物、土工膜、复合土工膜、排水板等纵向连接时，如线路有纵坡，应使高端压在低端上；当线路为平坡时，可将新铺的一端垫在相邻已铺好的一端之下。

4 聚苯乙烯泡沫塑料或聚胺酯间应连接牢固，接缝应密实。

5 土工格室两单件间应使用连接件连接牢固，连接强度不得低于设计强度。

4.3.4 土工合成材料铺设后，应及时铺垫层覆盖，并夯拍密实。

4.3.5 既有铁路路基基床病害整治施工必须确保行车安全。根据施工条件，施工可采用封锁线路、便线绕行，或架空轨道、限速行车、分段施工等方法。

5 路基防护

5.1 一般规定

5.1.1 路基边坡应采用土工合成材料与其他工程材料、工程措施相结合的综合防护措施。

5.1.2 土工网垫、立体植被护坡网、土工网可用于适宜植物生长的土质边坡防护。

5.1.3 土工合成材料石笼或沉枕、土工模袋等冲刷防护类型可与土、石、混凝土等结合，覆盖于坡面或河底，构成抗冲刷护坡。

5.1.4 土工合成材料可用于风沙地区路基边坡防护。

5.2 坡面防护

5.2.1 土质、风化岩、易风化软岩和坡面有地下水渗出的路堑边坡以及坡面易受雨水冲刷的路堤边坡，宜采用立体植被护坡网、土工网垫、土工网等结合种植植物、植生带等绿色防护措施。

5.2.2 土工合成材料技术性能应满足下列要求：

1 暴露状态下使用寿命不应少于5年；

2 土工网垫水土保持能力系数不应小于5，30 min 时回弹恢复率不应低于 80%，极限抗拉强度不应低于0.8 kN/m；

3 立体植被护坡网极限抗拉强度不应低于0.8 kN/m。

5.3 冲刷防护

5.3.1 土工合成材料用于冲刷防护工程时，其适用条件可根据表 5.3.1 确定。

表 5.3.1 冲刷防护工程类型及适用条件

防护类型	结构形式	适用条件
土工格栅或土工网石笼	土工格栅或土工网等制成箱形或圆柱形，笼内装块石、卵石形成条体或块体	适用于临时工程，流速 4～5 m/s，无滚石河段
土工织物沉枕	土工织物缝成管袋，内填砂石料等制成的枕状物	流速 4～5 m/s、冲刷较严重的护坡、护底，如丁坝、顺坝等
土工模袋	土工模袋内充填流动性水泥砂浆或混凝土，厚度应根据工程需要确定	护坡坡度不陡于 1∶1.5 的水上、水下工程。充填水泥砂浆时，容许流速为 2～3 m/s；充填混凝土时，容许流速大于 3 m/s

5.3.2 土工合成材料石笼和沉枕冲刷防护工程设计应符合下列规定：

1 石笼和沉枕应具有足够大的体积和质量，其尺寸应通过稳定性计算确定；稳定性计算一般应校核抗滑稳定、抗浮稳定和水流作用下的稳定性。

2　制作沉枕的管袋材料宜采用机织型土工织物，其经纬向断裂强度不应小于 12 kN/m。

3　防护范围内的上、下端宜设锚固措施。

4　土工格栅或土工网石笼内应选用卵石、块石充填，块径应大于网孔尺寸。

5.3.3　土工模袋冲刷防护工程设计应符合下列规定：

1　模袋应铺放在稳定的边坡上，必要时应进行边坡稳定性分析，检算其稳定性，一般情况下模袋护坡坡度不得陡于 1∶1.5。

2　模袋设计应根据工程条件选用混凝土或砂浆模袋，并进行模袋混凝土护坡厚度计算、稳定性检算和排渗核算。

3　模袋护坡厚度可分别按抗弯曲应力、抗浮动、抗冰推力进行计算，取其大值；一般竣工后的砂浆模袋护坡平均厚度不应小于 10 cm，混凝土模袋护坡平均厚度不应小于 15 cm。

4　土工模袋应具有一定的抗拉强度和耐老化能力，应承受 0.2 MPa 以上的压力。

5.4　风 沙 防 护

5.4.1　风沙地区路基本体防护设计应符合下列规定：

1　粉砂、细砂填筑的路堤边坡及粉细砂地层路堑边坡，可选用立体植被护坡网、土工网、土工网垫等作为风蚀防护层；防护断面形式如图 5.4.1—1、图 5.4.1—2。

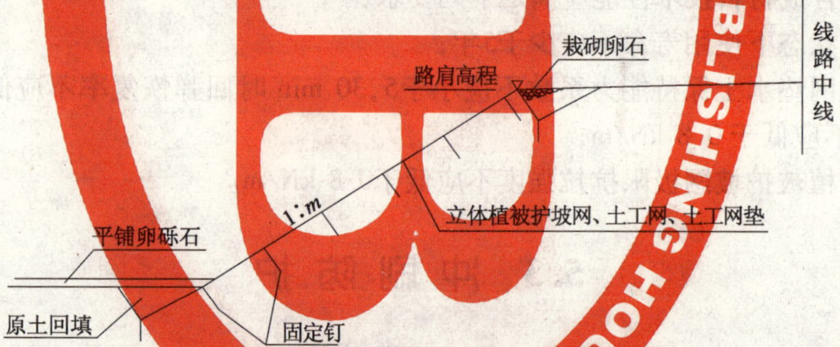

图 5.4.1—1　路堤坡面防护断面

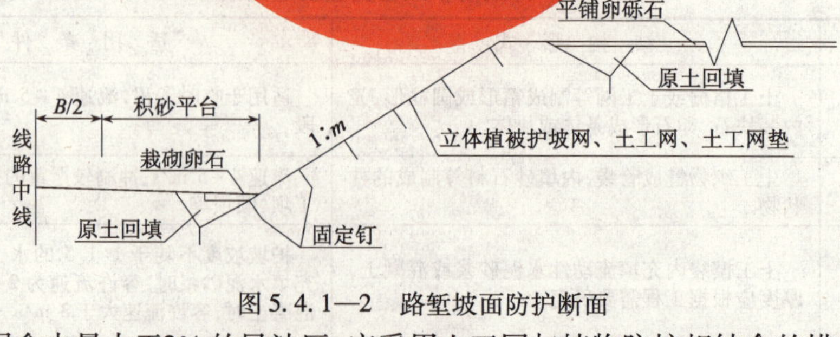

图 5.4.1—2　路堑坡面防护断面

2　沙层含水量大于2% 的风沙区，应采用土工网与植物防护相结合的措施。

5.4.2　路基两侧防沙工程设计应采取固沙与阻沙相结合的防沙措施。固沙措施宜采用立体植被护坡网、土工网、土工网垫、土工格栅等覆盖于沙面或沙地上固定浮沙；阻沙措施宜采用方格状土工网沙障或高立式土工合成材料防沙网沙障。

5.5 严寒地区防护

5.5.1 严寒地区路堑的边坡、堑顶、路基面以下和路堤地基需保温处理时，宜采用复合土工膜、聚苯乙烯泡沫塑料或聚胺酯保温材料等作为保护层。

5.5.2 严寒地区挡土墙可采用土工合成材料在墙背设置保温层，并应符合下列规定：

1 保温层可采用聚苯乙烯泡沫塑料或聚胺酯，材料应具有一定的强度、低导热系数、低吸水率。

2 保温层的厚度应通过计算确定，Ⅱ级及以下的铁路工程，可取当地标准冻结深度的1/10～1/15，并不应小于50 mm。

3 保温板可单向、双向或三向设置；单向可设置于墙背面，双向可设置于墙背面和墙顶地面，三向可设置于墙背面、墙顶地面和垂直于墙轴的两端。

5.5.3 土工合成材料的技术性能应符合本规范第4.2.4条的规定。

5.6 施工要点

5.6.1 土工合成材料防护工程施工应符合下列规定：

1 立体植被护坡网、土工网垫、土工网结合植物用于坡面防护时宜在适宜植物生长的季节铺设，铺设前应整平坡面并适量洒水湿润边坡，铺设时应与坡面密贴。路堤应伸入路肩并加以固定。对于路堑边坡，铺设范围应至堑顶以外1 m。

2 立体植被护坡网、土工网垫、土工网用于风沙防护时，在边坡坡顶和坡脚分别开挖深度不小于0.5 m的三角沟槽，并以固定钉固定其首端及末端后回填夯实。固沙植物宜在铺网后栽植。

3 立体植被护坡网、土工网垫搭接宽度不应小于5 cm，土工网搭接宽度不应小于10 cm。铺设时采用不短于20 cm的固定钉垂直坡面固定，其间距宜为0.5～1.5 m。

4 土工合成材料铺设后应及时撒土覆盖，并及时播种植物，加强养护。

5.6.2 土工合成材料石笼及沉枕冲刷防护工程的施工应符合下列规定：

1 石笼、沉枕填料的填充率不宜低于80%。

2 安置位置正确，堆叠、衔接应稳固、紧密，能发挥其整体作用。

3 施工作业不得损坏石笼、沉枕。

5.6.3 土工模袋冲刷防护工程的施工应符合下列规定：

1 施工前应预先划定作业空间，清理施工场地，设立水准点、水位及流速观测设施。

2 模袋铺设时，应在其上、下缘插入挂袋钢管，上缘挂在固定桩和松紧器上，将模袋从坡上往坡下铺设。

3 充填模袋宜采用特制的灌料泵进行，灌料后料口应扎紧。

5.6.4 严寒地区土工合成材料施工应符合下列规定：

1 保温板长度应超过设计的保温区范围。

2 铺设保温板时接缝应密闭；铺设厚度大于100 mm时，可采用2层及以上，层与层的接缝应错开。

6 路 基 排 水

6.1 一 般 规 定

6.1.1 土工合成材料可作为反滤层、隔水防渗层、排水管等材料用于截排路基或支挡防护建筑物的地表水和地下水。

6.1.2 土工合成材料品种及规格应结合截排水目的及水源、结构物的特点选择,可单独使用,也可与其他材料配合使用。

6.1.3 反滤材料宜选用无纺土工织物,隔水防渗材料宜选用土工膜或复合土工膜,排水管可选用带孔塑料管或软式透水管。

6.1.4 反滤材料应具有保土性、透水性和防淤堵性。

6.2 设 计

6.2.1 土工织物或土工织物与砂砾石在以下情况可作为反滤材料:

1 护坡、护墙及挡土墙背后的反滤层;

2 截排地表水或地下水的暗沟、渗沟,当沟壁为细粒土或粉细砂时,其截水部分的反滤层;

3 浸水路堤的粗、细粒土填料间的反滤层;

4 $d_{85}<0.075$ mm 的土不宜单独使用土工织物作反滤层,可在土工织物与土体之间设置含泥量小于5%的中粗砂层。

6.2.2 反滤材料的保土性应符合下式要求:

$$O_{95}\leqslant B_s d_{85} \tag{6.2.2}$$

式中 O_{95}——土工织物的等效孔径(mm);

d_{85}——土的特征粒径(mm),按土中小于该粒径土的质量占总土质量的85%确定;

B_s——与被保护土的类型、级配、土工织物品种有关的经验系数,可按表6.2.2确定。

表6.2.2 B_s 值表

土　类	条　件	B_s 值
粗粒土	$C_u<2$ 或 $C_u>8$	1
	$C_u=4$	2
	其　余	1~2
细粒土	无纺土工织物 $O_{95}\leqslant0.3$ mm	1.8

注:$C_u=\frac{d_{60}}{d_{10}}$

式中 C_u——土颗粒的不均匀系数;

d_{60},d_{10}——被保护土的特征粒径(mm),分别为土中小于该粒径的土质量分别占总质量的60%和10%。

6.2.3 反滤材料的透水性应符合下式要求：

$$k_g \geqslant Ak_s \tag{6.2.3}$$

式中 k_g——土工织物的渗透系数（cm/s），应按其垂直渗透系数 k_v 确定；

k_s——土的渗透系数（cm/s）；

A——无因次系数，根据工程经验确定：当被保护土的级配良好，水力梯度小和预计不致发生淤堵时，A 值取 1 ~ 10；当被保护土为细粒土、水力梯度大，长期渗透性要求高时，A 值大于10。

6.2.4 反滤材料的防淤堵性应符合下式要求：

$$GR \leqslant 3 \tag{6.2.4}$$

式中 GR——梯度比。

6.2.5 路基顶面或底面需要隔水防渗或横向排水时，宜采用砂垫层中夹铺土工膜或复合土工膜，横向排水坡度不宜小于4%。

6.2.6 采用土工合成材料的渗沟应符合下列要求：

1 当渗沟不长、渗水量不大时，可采用土工织物包裹碎石或砂砾石，见图 6.2.6—1；当渗沟较长、渗水量较大时，可在渗沟底部设置软式透水管或塑料渗水管，如图 6.2.6—2。

图 6.2.6—1 土工织物包裹碎石或砂砾石渗沟断面

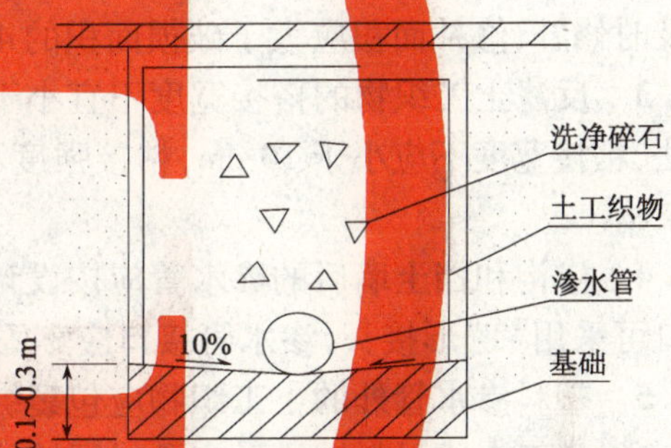

图 6.2.6—2 铺设塑料渗水管或软式透水管的渗沟断面

2 渗沟的断面尺寸及渗水管管径应根据排水要求和渗水量大小计算确定。

3 塑料渗水管管径宜为20 ~ 30 cm，软式透水管管径宜为5 ~ 20 cm。

4 渗沟底为不透水软弱地层时，应在渗水管底设置厚0.1 ~ 0.3 m 基础。根据地层情况，基础可采用砂垫层中夹铺土工膜或复合土工膜、混凝土、浆砌片石等，并向渗水管平面轴线设置不小于 10% 的排水坡。

6.2.7 引排路堑边坡或滑坡体内的地下水，宜在仰斜泄水钻孔中插入软式透水管或塑料渗水管。泄水孔位布置、直径及长度应根据含水层水文地质情况确定，仰斜角度宜为 10° ~ 15°，困难时不应小于 5°。

6.2.8 地下水发育地段的路堑挡土墙，可沿墙背斜向平行设置多条软式透水管或塑料渗水管，倾斜角度宜为 45°，并与沿墙底纵向设置的较大管径渗水管连接。斜向渗水管的管径及布设应根据地下水发育情况确定，管间距宜为 2 ~ 3 m，管径宜为5 ~ 10 cm；纵向渗水管管径宜为 8 ~ 20 cm。

6.2.9 塑料渗水管管径、渗水孔的大小及布置，应根据管材种类、渗水及排水的要求和被保护土质情况确定。塑料渗水管外宜用土工织物包裹作为反滤层。

6.2.10　软式透水管、塑料渗水管和土工织物包裹砂石料渗沟的排水量及渗水量计算，可按有关规范、规定执行。

6.2.11　土工合成材料的技术性能应符合下列要求：

1　作反滤层的土工织物宜采用耐腐蚀、抗老化的无纺土工织物，且应满足保土、透水、防淤堵设计准则，刺破强度和撕裂强度不应小于 400 N，CBR 顶破强度不应小于 1.5 kN；

2　作为隔水防渗材料的土工膜和复合土工膜，膜厚不应小于 0.3 mm，渗透系数不应大于 10^{-11} cm/s，CBR 顶破强度不应小于 2.5 kN，在严寒地区还应具有抗冻性；

3　塑料渗水管材应质量轻、耐化学腐蚀，使用寿命长，可在 −25 ℃ ~ 60 ℃条件下使用，有良好的透水、渗滤、纵向排水性能，并具有较高抗拉、抗压强度和环形刚度。

6.3　施工要点

6.3.1　盲沟、渗沟开挖后应疏干沟内积水，平整沟底及沟壁，清除尖石、树根等杂物，避免刺破、损伤土工织物。

6.3.2　土工织物应铺设平顺、松紧适度，并与沟壁被保护土体密贴，不得有皱褶。破损时应及时修补，修补面积应大于破损面积的 4 倍。

6.3.3　反滤土工织物的搭接宽度不宜小于20 cm。隔水防渗土工膜和复合土工膜宜用粘接法，粘接宽度不应小于 10 cm，粘接强度不应低于材料设计强度，连接面不得夹有砂石等杂物。

6.3.4　渗沟和挡土墙后的渗水管应按设计位置铺设并固定。挡土墙后斜向管与纵向管接口可采用“T”形接头，渗水管接口应牢固，不易松动，并避免土、碎石等落入管中。

6.3.5　塑料渗水管外的土工织物应包裹绑扎牢固，不得脱落、皱褶。

6.3.6　土工合成材料铺设后应及时回填或覆盖，回填碎石等填料时，应采取避免损伤土工织物和渗水管的措施。

6.3.7　引排水的仰斜钻孔应顺直，成孔后应及时插入渗水管，并固定管口。

7 加筋土工程

7.1 一般规定

7.1.1 当路堤填料为细粒土或软质岩、改建或增建二线帮宽或加宽的路基稳定性较差、受地形限制需要加陡路堤边坡时,可采用土工合成材料加筋补强。

7.1.2 200 km/h 及以上铁路的正线不宜采用土工合成材料加筋土挡墙及加筋收陡边坡的形式。

7.1.3 采用土工合成材料作拉筋的加筋土挡土墙,单级高度不宜大于 10 m,大于 10 m 时应进行特殊设计。

7.1.4 **加筋土挡土墙必须作好地基处理。**

7.1.5 严寒地区加筋土筋材应选用耐低温的土工合成材料。

7.2 加筋土路堤

7.2.1 土工合成材料在路堤中可采用下列结构形式:

1 采用细粒土或软质岩等填料的路堤边坡,宜选用图 7.2.1—1 的边坡加筋补强结构形式,抑制边坡浅层溜坍和增强边坡抗冲蚀的能力;

2 受地形、地物限制需加陡路堤边坡时,宜选用图 7.2.1—2 的加筋土路堤结构形式,筋材的回折长度可根据本规范式(7.3.4)计算;

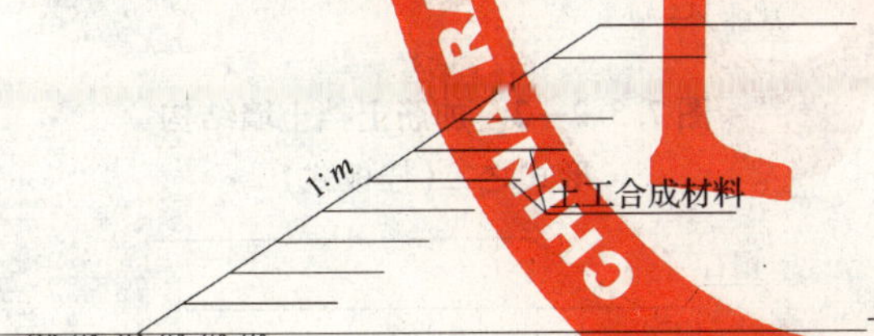

图 7.2.1—1 路堤边坡加筋补强结构形式

图 7.2.1—2 外边回折的加筋土路堤结构形式

注:图 7.2.1—1 ~2 中,m 为《铁路路基设计规范》(TB 10001)或《铁路特殊路基设计规范》(TB 10035)所规定之坡率;m_1 为加陡路堤边坡坡率。

3 增强路堤填土界面处摩擦力,提高路堤的整体稳定性时,宜选用图 7.2.1—3 的填土界面加筋结构形式。

7.2.2 当路堤采用多层土工合成材料加筋时,各层土工合成材料之间的间距不宜小于每一填筑层的最小厚度,且不宜大于1 m,加筋材料的最小铺设宽度不应小于 2.5 m。

7.2.3 加筋土路堤土工合成材料的铺设层数和长度应按圆弧滑动法或楔体滑动法稳定性检算确定,安全系数不得小于 1.3。筋材的锚固长度除应满足抗拔稳定性检算要求外,且不得小于 2.5 m。

7.2.4 加筋材料的技术性能指标应符合下列规定：

1 用于路堤边坡加筋补强时，宜选用土工格栅、土工网，其极限抗拉强度不应小于25 kN/m；

2 用于加筋土路堤的土工合成材料宜选择强度高、变形小、粗糙度大、抗老化、蠕变变形小的土工格栅，其极限抗拉强度不应小于 35 kN/m；

3 填土界面加筋宜选用土工格栅。

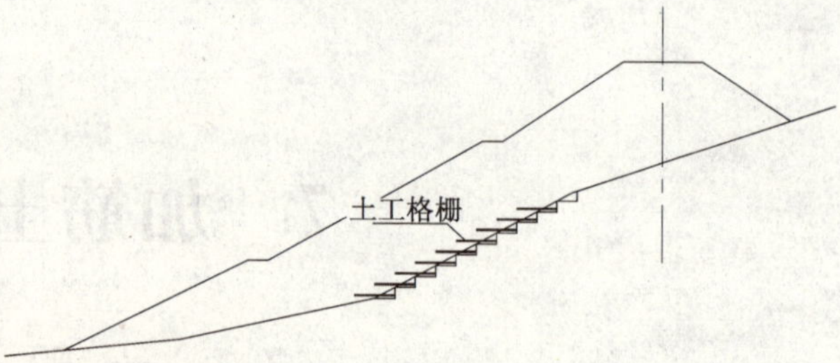

图 7.2.1—3　填土界面加筋结构形式

7.3 加筋土挡土墙

7.3.1 加筋土挡土墙可采用包裹式、挂板式等结构形式。

7.3.2 加筋土挡墙结构型式应符合下列规定：

1 以土工合成材料作筋材的挡土墙，可采用图 7.3.2—1 ~4 的结构形式；当墙高大于6.0 m时，宜采用图 7.3.2—3 的结构形式。

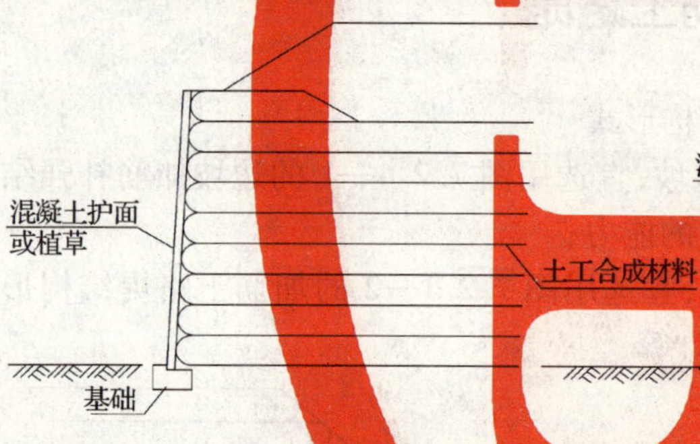

图 7.3.2—1　加筋土挡土墙结构形式之一（包裹式）

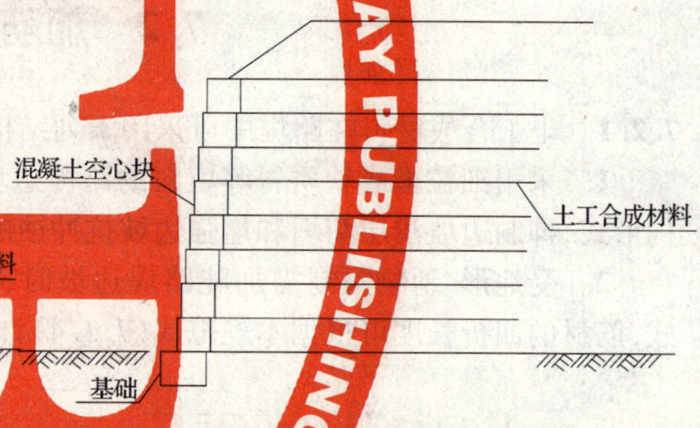

图 7.3.2—2　加筋土挡土墙结构形式之二（挂板式）

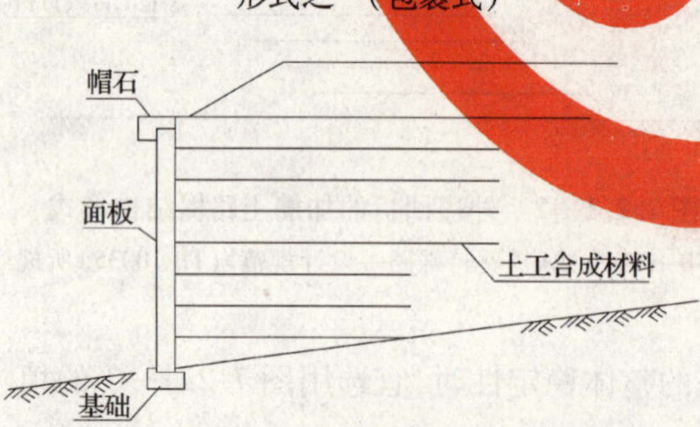

图 7.3.2—3　加筋土挡土墙结构形式之三（挂板式，拉筋材不等长布置）

图 7.3.2—4　加筋土挡土墙结构形式之四（挂板式，拉筋材等长布置）

2 路基面上需设置杆架、沟槽、管线的地段，应采取保证加筋土挡土墙的完整和稳定的工程措施。

3 土质地基和风化层较厚难以全部清除的岩石地基，加筋土挡土墙面板基础的埋置深度不应小于0.6 m,并应满足防冲刷和防冻胀要求。

4 加筋土挡土墙应有防水、排水设施,顶面应设置柔性封闭层。

7.3.3 加筋土挡土墙内部、外部稳定性和筋材长度等应按有关规定进行计算,筋材的长度除应满足计算要求外,还应满足不小于0.6倍加筋土挡土墙墙高,且不应小于4.0 m。

7.3.4 包裹式加筋土挡土墙筋材回折包裹长度应按下式计算:

$$L_0=\frac{D\cdot\sigma_h}{2(c+\gamma\cdot h\cdot\tan\delta)} \tag{7.3.4}$$

式中 L_0——计算拉筋层的水平回折包裹长度,按水平投影长度(m);

D——拉筋的上、下层间距(m);

σ_h——作用在墙面上的侧向应力(kPa);

c——拉筋与填料之间的黏聚力(kPa);

γ——填料重度(kN/m³);

h——拉筋距顶部的距离(m);

δ——拉筋与填料之间的摩擦角(°)。

土工格栅拉筋采用等长的水平回折包裹长度应大于计算的最小值,且不宜小于2.0 m,加筋土体最上部1~2层拉筋的回折长度应适当加长。

7.3.5 土工格栅、复合拉筋带设计容许抗拉强度应按本规范式(3.0.3)计算。

7.3.6 土工合成材料拉筋的技术性能指标应符合以下规定:

1 拉筋应选择强度高、延伸率小、能与填料产生足够摩擦力、抗老化性能好、蠕变变形小的高密度聚乙烯土工格栅、双向经编高强度涤纶土工格栅或复合拉筋带,并且其铺设、接长和与面板连接应简单易行;

2 土工格栅极限抗拉强度不应小于35 kN/m;

3 土工格栅极限抗拉强度对应的延伸率,高密度聚乙烯土工格栅不应大于12%,其他土工格栅不应大于10%;

4 复合拉筋带破断时,拉伸应变不得大于2%,单根破断拉力不得小于9 kN,表面应有粗糙花纹。

7.4 施工要点

7.4.1 加筋土路堤施工应符合下列要求:

1 铺设土工合成材料时,应将强度高的方向置于垂直于路堤的轴线方向。

2 土工合成材料受力方向上的连接必须牢固,连接强度不得低于材料的设计容许抗拉强度,另一方向应密贴排放。

3 土工合成材料的铺设应拉紧不得有褶皱,必要时可用插钉固定;多层铺设时,上下层接缝应错开。

4 铺设土工合成材料的填土表面应平整,不得有坚硬凸出物,严禁碾压机械直接在土工合成材料表面上进行碾压。

5 土工合成材料摊铺后应及时填筑填料,避免阳光长时间直接照射。

7.4.2 加筋土挡土墙施工应符合下列要求:

1 用作拉筋的土工格栅应将强度高的方向垂直于墙面铺设;复合拉筋带应垂直于墙

面呈扇形散开铺设，并分布均匀，自墙面板起至筋带长度的1/3以后不得重叠。

2　筋材与面板的连接、土工格栅的回折长度应符合设计要求。

3　筋材应铺设在有1%～3%横坡的平整压实的填土上（使筋材末端比前端高5～10 cm）；筋材应拉直、拉紧，不得有卷曲、扭结；筋材拉紧固定后，应立即填铺上层填料。

4　筋材需要接长时，连接处强度不得低于设计容许强度，同一层接点不得多于2个。

5　筋材重叠交叉时，筋材之间应用填料隔开，其厚度宜大于5 cm；墙面转角处相邻2～4块面板上宜增设加强筋材，加强筋材的数量不宜少于结构设计数量的1/3，加强筋材可与面板斜交。

6　填料的种类、颗粒粒径应符合设计要求，与筋材直接接触部分的填料不应含有尖锐棱角的块体，填料中最大粒径不宜大于单层填料压实厚度的1/3。

7　填料必须分层填筑、碾压，分层厚度以30 cm为宜。

8　填料的碾压顺序应从筋材中部压向筋材尾部，再由中部压向面板，全面轻压后再重压；填料未压实前，碾压机械不应做90°转向操作；压实机械与面板距离不应小于1 m，在此范围内应采用小型夯实机械或人工夯实。

9　施工机械严禁在未覆盖填料的筋材上行驶，机械行驶时，其筋材上填料覆盖厚度不宜小于20 cm。

8 地基处理

8.1 一般规定

8.1.1 土工合成材料可用于软土、松软土、盐渍土等地基的加筋补强、加速排水固结及毛细水隔断。地基加筋补强宜选用强度较高、延伸率较小的土工格栅、土工织物或土工格室,加速地基排水固结宜选用塑料排水带或袋装砂井,毛细水隔断宜采用复合土工膜。

8.1.2 采用土工合成材料处理软土地基的措施,应根据地基情况、路堤高度及稳定、工后沉降、工期等要求确定。

8.1.3 当盐渍土地区路堤高度小于不发生次生盐渍化的路堤最小高度,且难以采用降低地下水位等措施时,可设置复合土工膜毛细水隔断层。

8.2 设计

8.2.1 软土地基加筋补强设计应符合下列规定:

1 采用土工合成材料加筋补强软土地基,应在路堤底部铺设单层或多层土工合成材料与砂石等组成加筋垫层,约束地基侧向变形、均化基底应力分布、提高地基承载力和增强路堤抗滑稳定性。

2 土工合成材料加筋补强软土地基时,应根据可能发生的破坏形式,进行稳定性检算和沉降计算。

3 土工合成材料的变形宜与土体的变形相适应。

4 地表应铺设中粗砂或其他透水性好的均质渗水料垫层,垫层厚度不宜小于40 cm,含泥量不宜大于5%。

5 土工合成材料应沿路堤底部横向满铺;铺设层数应根据稳定性检算确定,不宜超过3层。

6 土工织物或土工格栅应强度高、延伸率小和不易老化。

8.2.2 大面积软土地基处理工程中,可采用大直径软式透水管作为集水井,表面辅以网状小直径软式透水管组成排水体系,加速地基排水固结。

8.2.3 软土地基排水固结设计应符合下列规定:

1 排水带或袋装砂井平面布置可采用正三角形或正方形。

2 排水带或袋装砂井的间距及长度应通过计算确定。

3 地基的固结度宜采用太沙基固结理论计算;当排水带或袋装砂井插入较深,施工对地基扰动较大时,宜考虑涂抹和井阻对固结的影响。

4 排水带设计的等值砂井直径 d_w 按下式换算:

$$d_w = \alpha \frac{2(b+\delta)}{\pi} \tag{8.2.3}$$

式中　α——折减系数，无试验资料时可采用 1；

b,δ——分别为排水带的宽度与厚度。

5　稳定分析与沉降计算应按有关规范执行。

6　地表应铺设中粗砂或其他透水性好的均质渗水料垫层，垫层厚度不宜小于50 cm，含泥量不宜大于 5%。

7　排水带芯材应具有足够的抗拉强度、耐腐性、柔性和垂直排水能力，滤套应具有一定的强度及反滤能力。

8　袋装砂井袋料应选用韧性强的聚丙烯或其他适用的织造土工织物制成，抗拉强度应能承受砂袋自重，装砂后砂袋的渗透系数不应小于砂的渗透系数；袋料主要技术性能指标应满足表 8.2.3 要求。

表 8.2.3　袋装砂井袋料技术性能指标

项　目 ＼ 砂井长度(m)	<10	10～15	15～20
极限抗拉强度(kN/m)	8	12	15
质量(g/m^2)	85	90	95
规格(经×纬)(根/10 cm)	40×40		
渗透系数(cm/s)	$>5\times10^{-3}$		
等效孔径(mm)	$O_{95}<0.05$		

9　砂袋内充填料应采用中粗砂，其含泥量不应大于 3%，渗透系数不应小于 5×10^{-3} cm/s。

8.2.4　复合土工膜毛细水隔断层宜设置在路堤底部，横断面型式如图 8.2.4 所示。在有地表积水地段，复合土工膜应设置在地表最高积水位以上不小于 0.5 m 处。

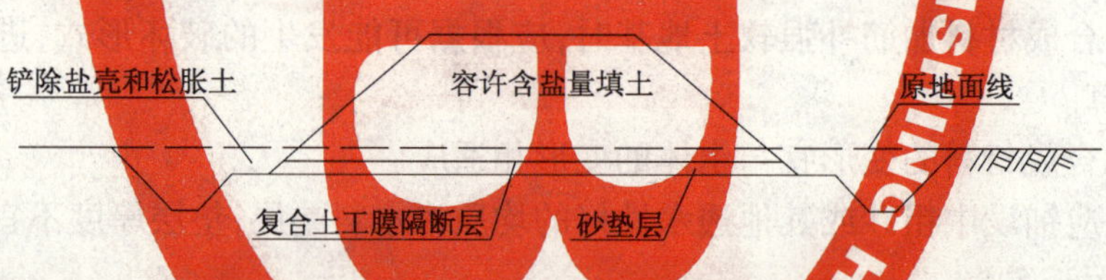

图 8.2.4　复合土工膜隔断层路基横断面形式

8.2.5　复合土工膜的技术性能应满足下列要求：

1　膜厚不应小于0.35 mm，渗透系数不应大于 10^{-11} cm/s；

2　对硫酸盐、氯盐、碳酸盐具有长期耐腐蚀性和抗老化性能；

3　CBR 顶破强度不应小于 2.5 kN；

4　严寒地区使用时，还应满足抗冻要求。

8.3　施 工 要 点

8.3.1　软土地基加筋补强施工应符合下列规定：

1　土工织物在铺设时，幅与幅之间纵向连接可采用搭接法，其搭接宽度宜为 0.3～0.5 m；土工格栅可不搭接，采取密贴排放；土工合成材料受力方向的连接应采取可靠措施，连接强度不得低于设计容许强度。

2 铺设多层土工合成材料时,其上、下层接缝应错开,错开距离不宜小于0.5 m。

3 铺设土工合成材料前应整平砂垫层,铺设时不得褶皱和损坏,铺好后应及时填砂覆盖。

4 土工合成材料铺好后,应按设计要求铺回折段砂,用刮板整平后逐幅回折,并用砂压住。

5 土工合成材料上铺的砂垫层,应采用人工或轻型机械运砂进场,散铺整平,且不宜直接碾压,待其上填土后再行碾压;第一层填料碾压应从两边开始循序向中间进行,土工合成材料上的垫层和填料厚度大于0.6 m后,方可采用重型机械碾压。

8.3.2 软土地基排水带排水固结法施工应符合下列规定:

1 定位时,锚靴或管靴应压紧套管下端对准桩位。

2 插入过程中导轨应垂直,钢套管不得弯曲,透水滤膜不得被扯破和污染;排水带底部应有可靠的锚固措施,当发生芯带随同套管拔出长度大于0.5 m时,应重新补打。

3 排水带超出孔口的长度应保证伸入砂垫层中0.3~0.5 m,并将外露排水带保护好,不宜曝晒过久。

4 排水带接长时应采用滤膜内芯平搭的连接方式,搭接长度不应小于20 cm,用滤膜包裹,并可靠固定。

8.3.3 软土地基袋装砂井排水固结法施工应符合下列规定:

1 砂袋灌砂率应达95%以上,灌砂率(r)按下式计算:

$$r=\frac{m_{sd}}{0.78d^2h\rho_d}\times 100\% \tag{8.3.3}$$

式中 m_{sd}——实际灌入砂的质量(kg);

d,h——砂井直径、深度(m);

ρ_d——中粗砂的干密度(kg/m^3)。

2 砂井可采用振动法或锤击法施工,导轨应垂直,钢套管不得弯曲,套管只准往下压入,不得起管后再往下压入,沉入时应用仪器控制垂直度。

3 在钢套管上应划出标尺,以控制砂井入土深度。

4 下砂袋时需经套管入口滚轮,平稳迅速地送入套管内并拉住袋尾,待起管提升0.5 m时方可松开,让砂袋坠入孔内;放入砂袋时应防止砂袋发生扭结、缩颈、断裂和砂袋磨损。

5 起拔套管时应先启动激振器,后提升套管,并应垂直起吊,防止带出或损坏砂袋;当带出长度大于0.5 m时,应重新补打。

6 砂袋超出孔口长度应保证伸入砂垫层中0.3~0.5 m。

7 已施打的袋装砂井应及时向袋内补砂,每隔3 d补砂一次,一般补砂2~3次,遇雨时应在雨后及时补砂。

8.3.4 盐渍土路基土工膜隔断层的施工应符合下列规定:

1 土工膜铺设面应设置砂垫层,并自线路中心向两侧做成4%的横坡;

2 土工膜的连接应确保不渗不漏;

3 土工膜隔断层铺好后,应及时填土,第一层填土应采用人工摊铺,厚度不得小于0.3 m,土中不得夹有带棱角的石块,严禁用羊足碾碾压。

本规范用词说明

执行本规范条文时，对于要求严格程度的用词说明如下，以便在执行中区别对待。

（1）表示很严格，非这样做不可的用词：

正面词采用“必须”；

反面词采用“严禁”。

（2）表示严格，在正常情况下均应这样做的用词：

正面词采用“应”；

反面词采用“不应”或“不得”。

（3）表示允许稍有选择，在条件许可时首先应这样做的用词：

正面词采用“宜”；

反面词采用“不宜”。

表示有选择，在一定条件下可以这样做的，采用“可”。

《铁路路基土工合成材料应用设计规范》条文说明

本条文说明系对重点条文的编制依据、存在的问题以及在执行中应注意的事项等予以说明。为了减少篇幅,只列条文号,未抄录原条文。

1.0.1 20世纪60年代我国铁路部门开始研究应用土工合成材料防治翻浆冒泥和包石材料作盲沟排水,80年代应用土工织物处理软土地基,铁路路基工程应用土工合成材料已有40多年的成功经验。铁路路基在土工合成材料应用研究和实践过程中,取得了许多研究成果,积累了丰富的资料和数据,为制定本规范奠定了基础。

1.0.2、1.0.3 考虑目前铁路路基工程应用土工合成材料的情况,土工合成材料在路基工程中有较广泛的适用性,因此对适用的列车设计行车速度未作限定,即目前的铁路路基工程均可应用。但是不同的铁路等级、不同的列车设计行车速度、列车荷载不同,路基结构形式也不同,应用土工合成材料应酌情设计。同时,路基工程应用土工合成材料应充分考虑工程地质条件和气象特点,尽可能采取综合应用的措施,发挥综合效应,使设计切合实际、经济合理、安全可靠,提高土工合成材料应用的实际效果。

《铁路路基工程施工质量验收标准》(TB 10414—2003)对土工合成材料的施工质量检验已有较全面的规定,因此本次修订删除了原规范第3章至第7章中"施工质量检验"一节外,还将原规范名称《铁路路基土工合成材料应用技术规范》改为《铁路路基土工合成材料应用设计规范》。

3.0.1 土工合成材料应用十分广泛,铁路路基工程土工合成材料主要应用于防渗、隔离、加筋、反滤、排水、防护和保温等,故土工合成材料的功能和技术性能必须与其使用要求和应用条件相一致。"应用条件"是指环境条件、工程地质条件和水文地质条件等。

按国际土工合成材料协会(IGS)分类法,土工合成材料产品分类如下:

- 土工合成材料
  - 土工织物
    - 织造
      - 机织(含编织)
      - 针织
    - 非织造(无纺)
      - 针刺
      - 热粘结
      - 化学粘结
  - 土工膜
  - 土工复合材料
    - 复合土工膜
    - 复合土工织物
    - 复合防排水材料:排水带、排水管、排水防水材料等
  - 土工特种材料:土工格栅、土工带、土工格室、土工网、土工模袋、土工网垫、聚苯乙烯泡沫塑料等

目前国内土工合成材料所用原材料主要有聚丙烯(PP)、聚乙烯(PE)、聚酯(PER)、

聚酰胺(PA)、高密度聚乙烯(HDPE)和聚氯乙烯(PVC)等几种,它们的用途、特点和产品适用范围比较参见说明表 3.0.1。

说明表 3.0.1　土工合成材料各种原材料用途、特点和产品适用范围

材料名称	材料用途	材　料　特　点	产品适用范围	附　注
高强聚酯纤维(俗称涤纶丝或 PET 丝)	经编土工格栅、经编复合土工布、高强度机织土工布(聚酯短纤维用于无纺布)	柔性材料,生产过程中经过超高倍数拉伸,强度高,断裂伸长率≤22%,蠕变系数最小,耐温范围为 -70 ℃ ~180 ℃,抗紫外线、微生物腐蚀性能优良,但其耐酸、碱盐性能略低于聚丙烯,是一种理想的土工合成材料原料	适用于挡土墙加筋、软土地基处理、高边坡防护及易暴露于外界的水利工程	材料性能好,但成本略高于其他材料
高强聚丙烯纤维(俗称丙纶丝或 PP 丝)	经编土工格栅、经编复合土工布、高强度机织土工布	柔性材料,生产过程中经过超高倍数拉伸,强度高,断裂伸长率≤20%,蠕变系数较大,耐温范围为 -30 ℃ ~150 ℃,抗紫外线差,抗微生物、酸、碱盐腐蚀性能优良,是一种理想的土工材料原料	适用于软土地基处理、边坡防护及环境治理工程(如垃圾填埋场)	材料价格较低,且双向及单向格栅强度高达 200 kN/m,幅宽均≥5.0 m
聚丙烯裂膜丝(俗称 PP 丝)	编织土工布、砂井袋、充砂管袋	柔性材料,生产过程中经过超高倍数拉伸,强度较高,断裂伸长率≤20%,蠕变系数取值为 4.0,(最大),耐温范围为 -30 ℃ ~ 150 ℃,抗紫外线差,抗微生物、酸、碱盐腐蚀性能优良	适用于软土地基处理及各种水利工程	只适用于生产低档土工布,多用于临时工程
玻璃纤维	玻纤土工格栅	脆性材料,生产过程中经过超高倍数拉伸,强度较高,断裂伸长率≤4%,实际应用中为 1.5% ~2.5%,蠕变系数小,耐温范围为 -50 ℃ ~ 240 ℃,不受紫外线影响,抗微生物、酸、碱盐腐蚀性能优良	适用于公路路面处理工程,不能用于地基处理	成本较低
聚酯工程塑料(俗称 PET)	塑料拉伸土工格栅	刚性材料,生产过程中经过低倍数机械拉伸,强度高,断裂伸长率小,蠕变系数小,取值为 1.67,耐温范围为 -70 ℃ ~ 180 ℃,抗紫外线、微生物腐蚀性能优良,但其耐酸、碱盐性能略低于聚丙烯,是理想的土工合成材料原料	适用于挡土墙加筋、软土地基处理、高边坡防护及易暴露于外界的水利工程	拉伸工艺复杂,成本高,目前国内暂没有厂家生产
聚乙烯工程塑料(俗称 PE)	塑料拉伸土工格栅	刚性材料,生产过程中经过低倍数机械拉伸,强度较高,断裂伸长率≤20%,蠕变系数取值为 2.67,大于聚酯材料,耐温范围为 -30 ℃ ~150 ℃,抗紫外线差,抗微生物、酸、碱盐腐蚀性能优良	适用于挡土墙加筋、软土地基处理、边坡防护等工程	拉伸工艺较复杂,成本较高,双向格栅强度低,单向格栅幅宽窄
聚丙烯工程塑料(俗称 PP)	塑料拉伸土工格栅	刚性材料,生产过程中经过低倍数机械拉伸,强度较低,断裂伸长率≤20%,蠕变系数取值为 4.0,(最大),耐温范围为 -30 ℃ ~150 ℃,抗紫外线差,抗微生物、酸、碱盐腐蚀性能优良	可用于软土地基处理、边坡防护等工程,不能用于挡土墙加筋	拉伸工艺简单,成本较低,产品经折叠后,强度损失大,双向格栅强度低,单向格栅幅宽窄
聚丙烯工程塑料+钢丝	钢塑复合土工格栅	刚性材料,强度极高,断裂伸长率≤4%,蠕变系数小,耐温范围为 -30 ℃ ~150 ℃,抗紫外线差,抗微生物、酸、碱盐腐蚀性能极差	可用于软土地基处理、边坡防护等工程,不能用于挡土墙加筋	该材料生产的格栅结点强度低,网孔大,且易腐蚀

注:本表参照中国标准出版社出版的《土工合成材料应用手册》、《土工合成材料标准汇编》汇编。

3.0.2　土工合成材料的测试项目应按工程需要确定。挡土墙高度大于 6 m 时,建议对加筋材料作蠕变试验。

3.0.3 土工合成材料的强度在实际工程中因机械损伤、化学与生物作用以及在长期使用中的蠕变等因素会不同程度地削弱。国际上普遍采用四项影响系数按式(3.0.3)计算设计容许抗拉强度。

3.0.4 《公路加筋土工程设计规范》(JTJ 015—91)列出的填料设计参数如说明表3.0.4。

说明表 3.0.4 填料设计参数

填料类型	重度(kN/m^3)	计算内摩擦角(°)	似摩擦系数
中低液限黏性土	18~21	25~40	0.25~0.4
砂性土	18~21	25	0.35~0.45
砾碎石类土	19~22	35~40	0.4~0.5

注:1 黏性土计算内摩擦角为换算内摩擦角;
2 似摩擦系数为土与筋材的摩擦系数;
3 墙高较高的挡土墙计算内摩擦角和似摩擦系数采用低值。

3.0.6 与其他建筑材料比较,土工合成材料有两个明显的特点:一是在阳光照射下容易老化;二是土工合成材料是人工合成的聚合物,受热容易变形甚至燃烧。故土工合成材料的运输、储存和堆放,要避免阳光照射、远离热源。

3.0.7 土工合成材料受损伤后,其力学性能降低,所以本条强调"土工合成材料施工应采用先进的方法和工艺,不得损伤土工合成材料"。此外,施工方法和施工工艺还应考虑土工合成材料铺设固定后,位置不得因施工而受到扰动。

4.1.2、4.1.3 既有铁路基床翻浆冒泥病害,多发生在基床排水条件不良、土质较为密实的粉质黏土或风化严重的软质岩地段。病害的特征为软化层较薄、下卧层强度较高。在病害地段的基床表面铺设土工膜或复合土工膜可起隔离(隔水、隔浆、隔砟)与排水作用,在雨量较少地区、病害程度较轻微时,亦可使用300 g/m^2以上的无纺土工织物进行反滤和排水处理。

既有铁路基床下沉外挤病害系由于土质不良和水的作用造成基床土软弱、抗剪强度降低,表现出"深陷槽"、"外挤土垄"等特征,最终导致基床受剪切破坏,直接影响线路上部结构的稳定。病害地段可在基床表层内铺设土工格室,扩散基床应力、提高基床的刚度,并根据下卧基床软弱层的强度选用合适厚度的材料。格室内填充砂砾石或合格填料。当道砟陷槽较深、积水严重时,可采用插渗水管引排。病害整治已有较多成功实例。

既有铁路基床冻害一般发生在季节性冻土地区,因路基面在土、水、温度的共同影响下产生不均匀冻胀所致。基床冻害往往伴生翻浆冒泥、道砟陷槽、基床土外挤等。冻害防治除了换土措施以外,可选用土工膜或复合土工膜进行隔、排水,选用厚度不小于5 cm的聚苯乙烯泡沫塑料进行保温处理。冻害较轻时,可选用较厚的无纺土工织物进行防治。

各类基床病害的发生与发展,均离不开水的诱发作用,故采用土工合成材料进行处理时,应根据需要同时采取相应的降、排水措施与之配合,可参考以下措施:

(1)基床表面横向排水坡度≥4%;

(2)若两侧既有浆砌片石路肩高于基床排水面,高出部分应改为干砌片石(侧面下部不勾缝)或每隔1 m加设一个泄水孔;

(3)侧沟深度不足者应进行加深改造,侧沟流水面的高程至少应低于土工格室或其他土工合成材料垫层下排水面出口处0.2 m。

4.2.1

2　在既有铁路采用土工膜(复合土工膜)与土工织物整治基床翻浆冒泥病害时,应铺设在基床表面,清除基床表面软层后即可铺设土工合成材料。铺设横坡应不小于4%,以利排水。土工合成材料上、下均应设置砂保护层,上部砂层厚度不宜小于0.10 m,下部砂层厚度不宜小于0.05 m,总厚度应大于等于0.20 m,在双层道床地段可利用道床的砂垫床,在单层道床地段可将下部0.10 m厚的道砟置换为砂层。

既有铁路采用土工格室加固基床,整治基床下沉外挤时,应将其作为置换层铺设在基床表层内,置换的材料厚度视病害程度而定。土工格室下中粗砂保护层厚度不宜小于0.05 m,土工格室与砂层之间视具体需要加设150～200 g/m² 土工织物1～2层,其作用是隔离、反滤、排水和加筋。土工格室上即路基面,可直接铺设碎石道床。为了保证置换层的排水通畅,土工格室两侧应依次设置碎石反滤层、干砌片石路肩(或留有泄水孔的浆砌片石路肩)。

3　土工合成材料的铺设深度应注意以下几方面:

(1)铺设土工合成材料后,不应降低原有道床的标准厚度;

(2)土工合成材料下的基床土应具有不致使材料破坏和降低处理效果的压实度与承载力,不满足时可清除软弱层、降低材料铺设面或对基床土采取辅助性的其他改良、补强措施;

(3)根据实践经验,土工膜(复合土工膜)与土工织物应铺设于钢轨位置(复线地段为内侧钢轨位置)轨枕底下不小于0.35 m的深度下,以避免道床捣固的损害。

4　一般地区土工合成材料的铺设宽度,原则上应满足轨道与列车上部荷载作用于路基面上的应力分布宽度(即沿轨枕两端头底面起以45°扩散角传力至路基面),且不外露于道床。铺设宽度与铺设深度有关,根据实际应用,应全断面铺设。

冻害、膨胀岩土地段,路基面需“全封闭”隔、排水,故土工合成材料应全断面铺设,并与片石路肩、侧沟配合应用。

4.2.3　铁路路基基床病害的多样性,决定了所用土工合成材料的多样性。本条主要根据实践经验提出了有针对性地选用土工合成材料的要求。

根据原杭州铁路分局、同济大学“土工格室整治基床下沉病害的设计研究”报告(2003年8月),土工格室焊距越小、高度越高,列车动应力衰减越明显。试验表明,焊距680 mm的土工格室整治与换砂法相比,动应力衰减不明显,不宜选用。

土工格室用于既有铁路基床病害整治,具有施工简便、工效高、材料运输方便,特别是对行车干扰小等优点。与充填料构成的垫层可大幅度提高基床刚度,具有明显的扩散荷载作用,降低基床表面动(静)应力水平,可防止基床侧挤和道砟陷槽病害的发生。根据已有的模型试验和现场实测资料,与砂垫层相比较,最大应力可降低5%～11%;与普通填土层相比,可降低17%～36%。

据西南交通大学的研究,土工格室与充填料构成的垫层扩散后,应力可按“当量厚度理论”计算。

未铺设土工格室前,传递至路基面的应力 P 为

$$P=\frac{a\times b}{(a+2h\tan\alpha)\times(b+2h\tan\alpha)}\times P_0$$

铺设土工格室（高度为 t）后，传递至路基面的应力 P' 为

$$P' = \frac{a \times b}{[a + 2(h + Z_g)\tan\alpha] \times [b + 2(h + Z_g)\tan\alpha]} \times P_0$$

当量厚度 Z_g 为

$$Z_g = \sqrt[3]{\frac{E_1}{E_2}} \times t$$

式中　a,b——轨枕长度、宽度；

h——枕下道床厚度；

α——扩散角（一般为 45°）；

t——土工格室高度；

E_1,E_2——土工格室和基床土的弹性模量。

在既有铁路基床病害整治设计中，可根据基床实际软弱程度，调整土工格室厚度，使扩散后应力满足基床承载力要求。

4.2.4

1　根据主要功能的不同，复合土工膜可划分为加筋型和横向排水型两种。加筋型复合土工膜具有较高的强度和模量，长期效果好，经编复合土工膜和氯丁橡胶土工膜均属于这一类型。横向排水型复合土工膜一般由无纺土工织物与土工膜复合而成，常见的有"一布一膜"、"两布一膜"等。

2　土工织物为透水性土工合成材料。用于基床处理的多为无纺土工织物，无纺土工织物的等效孔径（亦称开孔尺寸）O_{95} 一般为 0.05 ~ 0.5 mm。因粉质黏土基床中小于 0.05 mm 的颗粒多占 60% 以上，且铺设于基床表面的土工织物在列车活载作用下处于"双向排水"状态时，为了使土工织物保持较好的隔浆、渗水作用，实用中建议等效孔径采用 O_{95} = 0.05 ~ 0.08 mm。土工织物的透水性一般以渗透系数来表征，渗透系数 $k = 1 \times 10^{-3} \sim 1 \times 10^{-2}$ cm/s。

3　常用的绝热保温材料包括模塑聚苯乙烯泡沫塑料（EPS）、挤塑聚苯乙烯泡沫塑料（XPS）、聚胺酯泡沫塑料（PU）等，其相应的性能指标可分别参见《绝热用模塑聚苯乙烯泡沫塑料》（GB/T 10801.1—2002）、《绝热用挤塑聚苯乙烯泡沫塑料》（GB/T 10801.2—2002）和《软质聚胺酯泡沫塑料》（GB/T 10802—1989）。对 EPS 而言，其厚度应不小于 5 cm。

4.3.3　土工织物的连接一般有搭接法和缝接法。缝接方法有一般缝法、丁缝法和蝶形缝法等三种，各种缝接法的接缝强度一般都小于原材料强度。拉力测试表明，丁缝法和蝶形缝法比一般缝法抗拉强度较高。

4.3.5　既有铁路采用土工合成材料整治病害的施工，根据施工条件可采用封锁线路或架空轨道的施工方法。

封锁施工分"揭盖"与"不揭盖"两种。其基本作业工序为：拆除轨道（"不揭盖"方式用千斤顶支撑轨道，挖除道床）→修整基面（含挖除软弱基床部分）→摊铺下层砂垫层→铺设土工合成材料→材料连接→摊铺上层砂垫层→恢复轨道，捣固整理。

扣轨施工采用的轨束梁架空结构应根据轨道类型、运营条件、架空跨度计算确定。扣轨施工的基本作业工序为：搭设轨束梁→挖除既有道床→修整基面（含挖除软弱基床部分）→摊铺下层砂垫层→铺设土工合成材料→材料连接→摊铺上层砂垫层→恢复道床，

捣固密实→拆除轨束梁。

土工合成材料的铺设可采取纵铺与横铺两种方法。

5.1.3 作为传统冲刷防护措施的替代材料，土工合成材料具有质量轻、强度高、耐腐蚀、柔性强、施工方便、与土体相互作用有反滤、排水或防渗作用，并具有吸收水流冲击能之优点。土工合成材料可与土、石、混凝土等结合，覆盖于岸坡或河底，构成抗冲刷工程。除石笼、沉枕、土工模袋等类型外，经验成熟时，也可采用压块软体沉排和连锁压块软体沉排等措施。

5.1.4 风沙地区的路基本体防护应进行粗粒土包坡和土工合成材料辅助种草种树的经济技术比较。本体外的平面防护，经济上合理时可用立体植被护坡网、土工网、土工网垫来代替传统的种草方格等防沙、固沙和阻沙，用尼龙网立式沙障进行阻沙和拦沙。

5.2.2 为了保证施工和正常使用，用于坡面防护的土工合成材料应考虑以下因素：

1 影响土工合成材料性能的自然因素主要是阳光照射，所以隐蔽的土工合成材料使用寿命长。而对于暴露于阳光下的土工合成材料如植物防护中所采用的土工网、土工网垫、立体植被护坡网，在植物未长成之前，会受到阳光照射，对其使用寿命提出不少于5年的要求，以保证植物防护完全发挥作用之前土工合成材料不至于失效。

2 水土保持能力系数为在相同降水量条件下设防护与不设防护水土保持时间之比。土工网垫在植物成活之前，可以保护坡面免遭风雨的侵蚀，要求其水土保持能力系数不小于5。土工网垫运输和施工中不可避免地会被压扁，为了保证其三维结构，要求30 min时回弹恢复率不低于80%。

5.3.2 石笼和沉枕的稳定性计算应考虑抗滑稳定、抗浮稳定和水流作用下的稳定性，可参考《土工合成材料工程应用手册》(中国建筑工业出版社)的有关计算方法进行计算。

石笼一般长2~3 m、宽1~3 m、高0.5~1 m，圆柱体时直径为1 m；土工织物沉枕直径一般为0.6~1.0 m，长5 m或10 m，沿其长轴每隔30~50 cm用ϕ4~5 mm的合成材料筋绳捆扎一圈作为加固腰箍。

5.3.3 土工模袋护坡厚度确定和稳定性计算，可参考《土工合成材料工程应用手册》的有关计算方法。

5.4.1

1 将立体植被护坡网、土工网、土工网垫用于风沙路基防护，作为植物固沙的先行措施，不仅能起到阻止流沙移动的作用，而且有利于对沙受到扰动后所引起的风沙活动进行快速防护，并具有材料运输方便、施工速度快等优点。覆以土工网的路基边坡，坡面性状发生明显改变时，粗糙度可提高数十倍至一百倍以上。由于坡面粗糙度的增加，其蚀积环境发生了改变，在风力降低、风蚀减弱的同时，风沙流中的部分沙粒及呈悬移状态细颗粒被阻滞沉积下来，使土工网下覆沙表面细颗粒物质增加，并出现薄层结皮。细颗粒物质增加是流动沙质面固定转化的初期阶段的重要标志之一，随着这种积累过程的不断进行，有机质及微生物会随之出现，地表沉积物及理化性质也相应改变，这为局部环境的改善及后期植物的生长创造了良好的环境条件。

2 对于土工网与植物相结合的防护措施，植物物种的选择是关键因素之一。根据气候特征，对植物物种的选择要从以下几方面考虑：

(1)当地天然分布的优良固沙植物或引进的在当地生长良好的固沙植物；

(2)所选植物应具有耐旱、抗风蚀、耐贫瘠、耐高温、根系发达、易繁殖、寿命长等优良特征；

(3)兼顾植物的生物学形态，根据各类植物的防风固沙作用，以灌木、半灌木为主；

(4)适于在土工网防护坡面上栽植。

5.4.2 固沙措施采用立体植被护坡网、土工网、土工网垫等土工合成材料覆盖于沙丘或沙地上，只起固定浮沙的作用。固沙要与阻沙相结合，阻沙工程设于外缘。靠路基侧的活动沙丘、沙地，当风向与阻沙工程走向小角度（小于30°）相交时，宜全部平铺；当风向与阻沙工程走向大角度相交时，可按阻沙工程降低的风速在起动风速下的范围以外开始平铺；风向较紊乱时，宜全部平铺。

土工网方格沙障设置宽度 L 与沙源和风况等有关。在没有其他防沙措施相配合的情况下，可按下式计算：

$$L = L_1 + L_2 \quad \text{（说明 5.4.2）}$$

式中 L_1——基本宽度(m)，一年内≥17 m/s 风速累积小时数为 T，当 $T \leqslant 5$ 时，$L_1 = 30 \sim 60$ m；当 $T > 5$ 时，$L_1 = 60 \sim 100$ m；

L_2——沙埋宽度(m)。

采用平铺立体植被护坡网、土工网、土工网垫等固沙措施或采用土工网沙障固阻沙措施时，宜与营造旱生灌木林相结合，防沙效果才显著。

高立式土工合成材料防沙网沙障只起阻沙作用，一般设置一排，输沙量大时设两排或三排。设于设防带外缘，沙源少时，离路基坡脚 50 m 左右；沙源丰富时，离路基坡脚 100 ~300 m。

5.5.2 目前用于挡土墙保温的主要土工合成材料采用硬质聚苯乙烯泡沫塑料，实践证明，它们用于防止土体产生冻胀十分有效。

聚苯乙烯泡沫塑料保温层厚度可参照《土工合成材料工程应用手册》计算确定。

5.6.1 草种应播种在网垫中间。草籽播种后，表面覆盖土厚度以盖住网垫为宜，不应使网垫暴露于阳光下。

5.6.2 土工合成材料石笼可为矩形和圆柱形，具体应根据工点情况而定。矩形的底面是平面，接触面积大，稳定性好，更适合堆叠施工；圆柱形易于沿坡面滚下，省时省力。

6.1.1 传统的路基反滤、排水、隔水防渗材料主要是天然的土、砂石料和浆砌片石或混凝土等。由于土工合成材料本身具有一定的反滤、排水和隔水防渗功能，而且与传统材料相比，具有质量轻、耐腐蚀、强度高、流体阻力小、质量稳定、施工方便等特点，所以，国内外铁路、公路、水利、市政、环保等工程的反滤、排水、隔水防渗设计施工中，大量采用了土工合成材料，取得了许多成功的经验。因此，铁路路基和支挡结构工程中地表水或地下水的反滤、排水、隔水防渗可采用土工合成材料。

6.1.2 可用于反滤、排水、隔水防渗的土工合成材料及规格较多，而且性能各异，所以应结合结构物的受力、变形和防水、排水要求，选择适宜的材料品种和规格，在满足技术要求、经济合理的前提下，充分发挥材料性能。可单独使用一种土工合成材料，也可采用多种土工合成材料或与传统砂砾材料配合使用，以满足工程需要。

6.1.4 土工织物反滤层设计准则主要包括保土准则、透水准则、防淤堵准则。三个方面均应满足，否则就会影响其使用功能。

6.2.1 土工织物具有隔离、反滤和排水功能，因此在砂石料缺乏时，经过技术经济比较后，可采用土工织物作为反滤材料。

$d_{85}<0.075$ mm 的土颗粒较小，直接用土工织物作为反滤层，其等效孔径 O_{95} 一般难以满足防淤堵要求，故一般应在土工织物与土体间设置中粗砂层予以过渡，砂层的厚度可采用10～15 cm。

6.2.2　保土准则是基于反滤层中的最大孔径应小于土的最大粒径，以保证土颗粒不会流失，但允许少部分细小颗粒穿过织物流走，在长期使用条件下不致于使反滤层淤堵，保证排水通畅。

国内外对反滤准则的研究已有三十多年的历史，并不断提出许多新的和改进的反滤准则。静荷单向水流的反滤准则较为成熟，动荷双向水流下的反滤准则尚处于研究阶段。铁路路基排水多数情况下以静荷单向水流为主，尤其是排除地下水。对于动荷双向水流情况下，反滤层保土要求更为严格，一般以较厚的无纺土工织物与砂层相结合为宜。

具有代表性、应用较多的静荷单向水流下的保土准则是Calhoun（美国陆军工程师团准则）、Giround、Heerten（德国土力学及基础工程学会准则）等三个准则。Giround 准则考虑了被保护土颗粒级配情况和紧密情况，Heerten 准则则将被保护土分为有问题土和稳定土两大类并考虑原土粒级配情况，而 Calhoun 准则只将土简单地分为粗粒土和黏粒土，用织物孔径与土颗粒粒径的大小对比建立挡土准则，但 Calhoun 准则假定被保护土都是均质的（不均匀系数 $C_u<2$），没有考虑被保护土层可能形成天然滤层，在设计上偏于安全和保守。

铁道部科学研究院综合研究了国内外多种准则和大量的铁路实践资料，提出了土工织物反滤层设计准则，认为土工合成材料的保土性能与土工织物的种类及等效孔径和土颗粒不均匀系数有关，建议采用以 Calhoun 准则为基础的保土准则，如式(6.2.2)。

6.2.3　透水准则是以渗透系数表示的准则，要求织物的渗透系数应大于土的渗透系数某一量值，如 $k_g>Ak_s$。一般砂性土取 $A=1\sim10$，黏土取 $A=10\sim100$。由于细粒土不可避免对土工织物产生一定淤堵现象，导致渗透系数降低，因此 A 值应选取高值。同样，重要工程对土工织物长期渗透性要求高，A 值也应取高值。

6.2.4　美国陆军工程师团曾利用不同种类的无黏性土和土工织物进行了梯度比试验，得出 $GR\leqslant3$ 的梯度比准则。虽然国内外一些研究者对具体的取值及试验结果的实用性等提出了异议，但目前它仍然是国际上判断织物淤堵的一项通用指标，可在一般工程设计中应用。对于比较重要的工程，仍以采用长期的渗透试验来确定更可靠。

6.2.6　渗沟的布置、结构形式、检查井设置等设计，参见《铁路路基设计规范》(TB 10001)、《铁路工程设计技术手册·路基》等有关规范及设计手册。

图6.2.6—1 所示渗沟断面形式，在基床病害整治中常用于截排或疏干基床土体水分，也可用于排除浅层土体滞水。采用无纺土工织物代替传统的砂砾石反滤层，施工简便，排水效果好，已广泛应用。长度以不超过 100 m 为宜，纵向坡度一般为 5%，最小不小于1%。截面尺寸根据排水需要确定，一般不小于0.3 m×0.3 m，并不大于1.0 m×1.0 m。沟内用作渗水、排水的碎石、砂砾石应筛选和洗净，靠近土工织物的粒径应小一些。

图6.2.6—2 所示渗沟断面形式，是以塑料渗水管或软式透水管代替管式渗沟中传统的钢筋混凝土管或无砂混凝土渗水管。塑料渗水管和软式透水管质量轻，安装方便，施工效率高，耐腐蚀，渗水及排水效果好。铁三院已将 PVC 硬塑料渗水管成功应用于多处地

下水路堑纵向渗沟中，铁二院及铁四院也已将软式透水管用于多处路基地下排水工程中。采用这两种渗水管，渗沟断面宽度可适当减小。一般渗沟深 2.0 m，人力施工时，宽度最小不小于 0.8 m；沟深超过 2.0 m 时，宽度不小于 1.0 m。机械施工时，可适当加宽。

6.2.7 采用仰斜钻孔排除滑坡或路堑边坡地下水，在国内外已有许多成功经验，效果较好，但一般仰斜排水孔对于土质较差及风化破碎岩层，易塌孔堵孔，影响排水效果。在仰斜钻孔中插入塑料渗水管或软式透水管，可起到较好的支撑孔壁、渗水和排水的作用。塑料渗水管的渗水圆孔直径可采用 5 ~ 10 mm，纵向间距 50 ~ 75 mm，沿管周分三排均匀交错排列。靠出水口约1 ~ 2 m 范围的塑料渗水管可不设渗水孔。

6.2.8 地下水发育地段的路堑挡土墙，在砂砾石料缺乏时，可在墙背设置斜向与纵向塑料渗水管或软式透水管。铁二院等单位已设计施工一些工点，并取得了一些经验。也可与墙背设置土工织物反滤层及墙底设置渗水管结合。如挡土墙较长、地下水流量较大时，可以将渗水沿纵向渗水管分段引排至侧沟中，斜向渗水管间距、管径必须满足排水要求，纵向渗水管一般要比斜向渗水管管径大一些。

6.2.9 目前塑料渗水管生产厂家较多，材料大多为 PVC、PP/PE 等。种类有波纹管、卷绕管、等壁管等，管径及规格更多，但一般成品管不带渗水孔，可根据设计需要加工。等壁管渗水孔一般为圆形，波纹管及卷绕管渗水孔可为圆形或长槽形。渗水孔应沿管壁表面均匀排列、交错布设，开孔率（每延米管长渗水孔总面积占管壁表面积百分比）一般不低于 1% ~3%。圆形孔直径一般为 0.5 ~2.0 cm，间距不应小于两倍孔径；长槽形孔宽一般为 0.5 ~1.0 cm，长度一般为 2.0 ~10.0 cm，渗水孔纵向间距不应小于一倍孔长。

斜坡岩土体中的深、长泄水孔中和挡土墙后的塑料渗水管外应包裹无纺土工织物，以防止细土颗粒流入管中，避免日久淤堵管路而降低排水性能。图 6.2.6—2 所示渗沟中，如已用土工织物外包碎石或砂砾石，塑料渗水管外可不包裹土工织物。管外包裹无纺土工织物的质量一般不低于 200 g/m²，并绑扎牢固。

6.2.10 渗沟或塑料渗水管的排水流量应大于渗入水量，安全储备系数 F 可参考下式的要求：

$$F=\frac{Q_T}{Q_c}\geqslant 2.0\sim 5.0 \qquad \text{(说明 6.2.10—1)}$$

式中 Q_T——管件的排水流量（m^3/s）；

Q_c——渗入管内的水流量（m^3/s）。

对于可以清淤的渗水管 F 取小值，对于无法清淤的渗水管 F 取大值。

（1）渗入管内的水流量 Q_c 按下式计算：

$$Q_c=\pi\cdot k_s\cdot d_{ef}\cdot L \qquad \text{(说明 6.2.10—2)}$$

式中 k_s——土的渗透系数（m/s）；

d_{ef}——有效管径（m），$d_{ef}=d\cdot\exp(-2\pi\alpha)$，其中 d 为排水管直径（m），α 为无因次流入阻力系数，可取 $\alpha=0.1\sim0.3$（当土工织物渗透系数较大时取小值，反之取大值），有条件时应根据所选土工织物进行相应的渗透试验确定；

L——渗水管长度（m）。

（2）渗水管的排水流量 Q_T 按下式计算：

$$Q_T=v\cdot A \qquad \text{(说明 6.2.10—3)}$$

式中 A——渗水管的排水断面积（m^2）；

v——水流的流速(m/s), $v=\frac{1}{n}R^{2/3}\cdot i^{1/2}$,其中 n 为管的粗糙率, R 和 i 分别为水力半径和水力坡降:对于软式透水管, n 可取 0.014;对于硬聚氯乙烯管, n 可取 0.01～0.012;对于光滑塑料管,可按 $v=186.7\cdot R^{0.714}\cdot i^{0.572}$ 计算;对于塑料波纹管,可按 $v=71\cdot R^{2/3}\cdot i^{1/2}$ 计算。

6.2.11　本条仅对土工合成材料用于排水时的基本性能提出了要求,应用时要结合工程实际需要,对强度、变形、排水、渗滤、抗冻等各项性能指标作具体规定。

作为铁路路基排水的塑料渗水管,以硬聚氯乙烯塑料波纹管为宜。当对强度和径向变形要求不高时,也可选用其他类型塑料管。

软式透水管是将高强防锈钢圈、滤布和加强合成纤维外覆层组合在一起构成的渗水管,不仅具有反滤、透水、排水功能,而且质量轻,是一种轻型的排水管材。要求作为反滤层的土工织物必须满足保土、透水、防淤堵准则,管体钢圈应弹性好,径向耐压强度高、变形小,能满足工程需要。

6.3.4　塑料渗水管和软式透水管接口一般采用柔性接口。塑料渗水管接口采用承插式接头,并用配套橡胶圈密封;软式透水管接口可采用配套直通或三通(T 形)塑料接头。

6.3.5　安插塑料渗水管时,对作为反滤层的土工织物绑扎可采用高强尼龙绳,每道间距不应大于 0.5 m。

6.3.6　土工合成材料在阳光照射下易老化,影响材料性能,因此一般要求在 48 h 内应回填或及时覆盖。从高处直接抛落碎石易砸坏土工织物或渗水管,回填碎石时靠近土工织物或渗水管处应轻放,达一定厚度后(不小于 0.3 m)再用小型机具夯实。

6.3.7　仰斜钻孔钻成后可在钻孔内直接插入塑料渗水管或软式透水管,也可随钻具一起钻入后再抽出钻具。出水口 0.6 m 范围内应用黏土或水泥砂浆堵塞钻孔与管壁间隙,并固定管口。采用软式透水管时,也可根据土质和地下水情况采用风力灌砂方法,使管壁与孔壁密贴。

7.1.1　土工合成材料加筋路堤,其主要作用在于提高路堤堤身的稳定性和抵抗边坡浅层溜坍的能力,因此当路堤采用细粒土、软质岩等填料填筑时,可采用土工格栅、土工网等加固边坡。南昆、襄石等线的使用效果良好。

7.1.3　据全国不完全统计,目前用土工合成材料的加筋土挡土墙,除用砂砾石或黄土填料的墙体外,墙高超过 10 m 者较少,铁路部门单级超过 10 m 的更少,因此本条对采用土工合成材料作筋材的加筋土挡土墙单级高度作了限定。单级高度超过 10 m 时,可根据具体情况作特殊设计。

7.1.5　严寒地区土工格栅应抗低温。"青藏铁路路基设计原则"要求土工格栅在 -45 ℃低温下冻融循环 200 次抗拉强度不小于设计标准值。

7.2.1　根据目前铁路、公路土工合成材料在路堤中的应用情况,总结提出了边坡加筋补强、加筋土路堤和填土界面加筋等结构形式,或者叫三种使用方法。

1　长荆、洛湛、株六、西宁、武九、赣龙等新建铁路,路堤以中～弱膨胀土或其他土质较差的填料填筑的边坡,以及惠河高速公路大于 20 m 高填方边坡,采用土工格栅对边坡进行加筋补强,铺设宽度 2.5～4 m、层间距 0.6 m 左右,材料极限抗拉强度 25 kN/m,有效抑制了边坡浅层溜坍现象发生,增强了坡面抗雨水冲刷的能力,效果良好。

加筋补强土工格栅铺设宽度可按下式确定:

$$L = L_1 + L_2 \geqslant 2.5\ \text{m} \tag{说明 7.2.1}$$

式中 L_1——气候影响层厚度，根据经验确定；

L_2——锚固长度，一般为 0.5～1.0 m。

2 广州市华南高速公路、赣龙线等工程中，受地形条件限制，采用土工格栅进行加陡路堤边坡设计。其中赣龙线路堤边坡高 12 m，路堤加陡边坡设计坡率为 1:0.75；华南高速公路路堤边坡高达 20 m，按 1:1.3～1:1.5 进行加陡设计，避免了坡脚落入水库，效果良好。

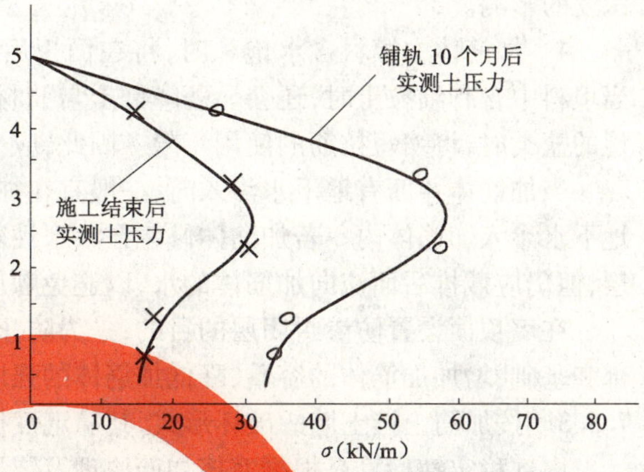

说明图 7.2.1　加筋补强形式

3 惠河高速公路陡坡路堤，于自然地面挖宽 2 m 台阶后，台阶铺设 TGDG25 型土工格栅，铺设宽度 4 m，有效提高了路堤抗滑稳定性，建成通车 5 年来，效果良好。

7.2.2 加筋土多层土工合成材料以一定间距分层铺设，为了便于施工和充分发挥筋材的作用，各层间距不宜小于一层填土的最小厚度。为了确保加固效果，同时又因受材料强度的控制，所以各层间距不宜大于 1 m。铺设宽度不小于 2.5 m 是考虑施工时，边坡附近 1.5 m 范围内土体压实较困难。对于膨胀土路堤，其“气候影响层”一般为 0.8～1.5 m，最大可达 2 m，所以作此规定。

7.2.3 加筋路堤设计中，稳定计算和锚固长度计算是设计的两个主要内容，稳定计算可按铁路有关规范、手册的相关内容进行，推荐采用圆弧滑动法或楔体滑动法。

7.2.4 土工织物、土工网、土工格栅等在相同应变条件下以土工格栅强度最高，而且土工格栅与填料的咬合作用好，因此从技术与经济角度出发，推荐采用土工格栅作为路堤加筋的主要材料。根据目前国内实际应用情况及南昆、襄石铁路施工经验，当仅仅是为防止边坡浅层溜坍，对材料强度要求较低时，采用土工网亦可达到加固的目的。

边坡加筋补强多采用极限抗拉强度 25 kN/m 的土工格栅。加陡边坡设计中，土工格栅强度应通过计算确定，一般采用35 kN/m及以上极限抗拉强度。考虑施工等原因，近年愈来愈多采用双向土工格栅。

7.3.2

1 当加筋土挡土墙较高，且地基承载力不受控制时，墙的下部范围可采用较短的筋材，特别是墙横向净空受限制时，缩短下部筋材长度，可减少开挖土方量。但当墙较低或地基承载力较低时，为达到应力扩散减少地基压应力，则应采用等长布置。墙高以 6 m 为界是根据《铁路路基支挡结构设计规范》（TB 10025）的规定“当采用不等长的拉筋时，同长度拉筋的墙段高度不应小于 3.0 m”而制定的。

3 加筋土挡墙整体上属于重力式实体结构，因此面板基础的埋置深度原则上应与一般重力式挡墙相同。根据《铁路路基设计规范》（TB 10001）的规定，对于一般土质地基，挡土墙基础埋置深度要求在地面以下至少 1 m。但是国内大量的工程实践表明，上述规定对于加筋土来说偏大，因此参照《公路加筋土工程设计规范》（JTJ 015—91），规定0.6 m 为最小埋置深度。但对于低温地区，尚应考虑冻结深度的影响。对冲刷地区，应考虑冲刷深度的影响。

4 加筋体中填料含水饱和时，将在面板后产生水压作用，从而增大挡墙的侧压力。当填料中含有细粒土时，还会显著降低土与筋材间的摩擦力。当水中含有对筋材有腐蚀性的盐类时，将缩短拉筋的使用年限。因此，应采取防渗、疏排、改良填料等措施。

当加筋体背面有地下水渗入时，一般宜在加筋体背面和底部设置排水层，这样可避免地下水渗入加筋体内。若加筋体修建在渗水性较强的地基上，则加筋体下部不再设排水层，但仍应截排后面流向加筋体的水，以避免顺坡渗入。

在墙顶面设置防渗封闭层的目的，是为防止雨水从加筋体顶面流入或渗入加筋土内部和基础，增加加筋体的容重，降低加筋体的强度和地基承载力。

7.3.3 按加筋土挡土墙的破坏形式，其稳定性检算包括内部和外部稳定性检算两部分。

内部稳定性检算是根据摩擦加筋原理及锚固理论，确定拉筋的强度、长度、布置间距和面板结构等。

外部稳定性检算是指加筋土体的整体稳定检算。其计算方法是将加筋体作为刚体，根据重力式挡土墙的设计原理，检算所拟定的加筋体断面尺寸是否满足整体稳定性要求。

关于内部和外部稳定性检算方法和要求，有关规范、手册有详细说明，可根据具体情况采用。

7.3.6

1 拉筋材料的性能对加筋土挡土墙的设计有重大影响。拉筋的强度和变形性能关系到挡土墙的稳定，拉筋不能有过大的变形，特别是蠕变易使拉筋产生应力松弛，使墙体变形量过大甚至破坏。拉筋的抗拔力是依靠拉筋与填料间的摩擦力提供的，因此摩擦系数应满足设计要求。

高密度聚乙烯土工格栅和双向经编高强度涤纶土工格栅，是国外近年来开发的一种抗老化、抗蠕变性能较好、抗拉强度高、施工简单、与填土共同作用效果较好的拉筋材料。复合拉筋带（即钢塑复合拉筋带）是我国近年来研制的另一种拉筋材料，已在公路和铁路加筋土工程中使用。而聚丙烯土工格栅抗蠕变性能差，蠕变影响系数达4.0~5.0。因此，推荐采用高密度聚乙烯土工格栅、双向经编高强度涤纶土工格栅、复合拉筋带作为拉筋材料。

2 考虑到铁路加筋土挡土墙的受力特性，安全性要求较高，综合其技术和经济等因素，要求土工格栅极限抗拉强度不小于35 kN/m。

7.4.1

1 一般土工合成材料两个方向的强度并不一致，其纵向强度高。而路堤边坡多表现为侧向滑移，强调土工合成材料强度高的方向垂直于路堤轴线方向铺设，与其受力方向一致，更有利于充分发挥其材料性能，节省工程造价。

2 土工格栅、土工网的连接一般采用绑扎。根据工程经验，采用绑扎法时，一般每隔10~15 cm应有一个绑扎点，且为使搭接处的强度满足要求，搭接宽度不应小于10 cm，在受力方向至少应有两个绑扎点。在另一方向，根据国内外工程实践经验，只要做到密贴排放即可，但应注意若多层铺设时，必须将上、下层搭接缝错开布置。

3 若土工合成材料铺设后还有褶皱，将不利于材料强度的发挥。在工程中，为保证土工格栅、土工网等的铺设质量，常采用插钉等固定方法。

4 铺设土工合成材料的土层表面如有坚硬凸出物，则易穿破或损伤土工合成材料。因此在铺设前，应将场地平整压实。为了保证土工合成材料不受损伤，严禁碾压机械直接在土工合成材料上碾压。

5 土工合成材料是以人工合成的聚合物（如塑料、化纤、合成橡胶）为原料，制成各种类型的产品，极易受紫外线照射降解的破坏，应特别注意保护，因此强调土工合成材料摊铺后应及时填土覆盖，以尽量保证材料的使用寿命。

7.4.2

1 拉筋铺设的方向与墙面垂直，是为了保证土工格栅或复合拉筋带均匀受力，充分发挥材料强度性能。要求复合拉筋带在加筋体内有1/3的长度不重叠，尽可能均匀分布，辐射状散开，达到各节点间后半部不存在明显的“无筋区”，保证加筋体能充分发挥整体作用的目的。

3 筋材铺设时，下层填料应压实、整平，其横向坡度以1% ~3%为宜，这是保证筋材拉紧、拉直、不卷曲、扭结、皱褶的关键。筋材末端比前端高5 ~10 cm，以适应加筋体墙面板处沉降较小、后部沉降较大的特点。

5 筋材之间的摩擦要小于筋材与填料之间的摩擦，因此要求筋材在加筋体内不互相接触。考虑到筋材分层铺设和填料压实厚度一般为30 cm左右，故交叉时要求筋材间隔开的厚度应大于5 cm。在外转角处，为防止加筋体后半部分无筋材情况发生，同时也为了加强墙体转角处的整体稳定性，故规定在外转角处两侧相邻2 ~4块板上增设加强筋材，其加筋材交叉部分应用填料隔开。

6 填料应按设计要求选取，要求级配良好、易压实、水稳定性好。填料与筋材直接接触部分不应含有尖锐棱角的块体，以免损伤筋材。为了控制填料的级配，使加筋体的压实质量有保证，也为使填料中一些大块不易接触筋材，要求填料最大粒径不应大于单层填料压实厚度的1/3。

7 填料的压实质量是加筋土工程成败的关键。为保证填料的压实，填料应分层铺填和分层碾压。加筋材料的分层铺设厚度一般为30 cm左右，故规定填料的分层压实厚度为20 30 cm。

8 碾压顺序应按规定的顺序进行，压路机方向应平行于墙面板，下一次碾压的轮迹应与上一次轮迹重叠轮迹宽度的1/3。第一遍先轻压，使筋材位置在填料中先固定，然后再重压。碾压的遍数以填料碾压后达到规定的压实度为准。碾压前应进行碾压试验，根据碾压机械性质确定碾压遍数，以指导施工。距面板1 m范围内及拐角处压路机无法压实，应用蛙式夯或平板夯等轻型机械压实，一般情况下不应采用人工夯。

9 用推土机摊铺填料时，筋材上填料的覆盖厚度不得小于20 cm，未压实的加筋体一般不允许车辆在上行驶，以免造成筋材错位。

8.1.1 国内应用土工合成材料加固铁路路堤软土地基已有二十多年的历史，大量的试验研究和工程实践积累了丰富的经验，其理论、技术也比较成熟。土工合成材料加固软土地基主要有地基的加筋补强和竖向排水固结。应用土工合成材料加筋补强可提高地基稳定性，具有施工简单、少占农田（与反压护道比较）等优点，但不能解决沉降问题。

土工格室加固软基由于设计理论不完善和价格因素，限制了进一步推广应用。但由于其具有不可比拟的高强度和大刚度，在特定条件下的软土加固工程中仍有应用。铁四院曾在武广电化、长荆线软基加固工程中成功应用了土工格室。

8.2.1

2　土工合成材料加固软土地基可能发生的破坏形式主要有深层圆弧滑动破坏、浅层水平滑动破坏和地基整体承载破坏，应根据可能发生的破坏形式按有关规范、技术手册的规定进行稳定性检算。

3　土工合成材料设计容许强度取值，原则上应根据材料与地基土变形相协调来确定。铁四院在连云港软土路堤试验中，测得坍滑时土工织物只发挥了延伸率为15%的强度，而大多数按土工织物峰值强度设计的路堤经施工检验都是稳定的，说明土工织物的作用是很有潜力的，但其强度发挥的影响因素较多，目前尚缺乏量化资料，建议土工织物取应变量15%的拉伸应力作为设计容许强度。对土工格栅，因其延伸率一般小于15%，建议按其极限抗拉强度的90%作为设计强度。对于填土期较长、地基采取了加速固结措施、施工期沉降量大的情况，土工合成材料的变形也大，强度得以充分发挥，设计容许强度还可适当提高。

5　铁四院在广珠线软土路堤试验中实测三层土工织物的应力，发现当填土高度7.56 m时，表层、中层和底层土工织物最大应变分别为4.0%、2.3%和6.5%，所发挥的拉力分别为8 kN/m、4.6 kN/m和13 kN/m，总共只发挥了极限抗拉强度的17%，尤其是中间层基本上未发挥多少作用。当路堤稳定性由整体滑动破坏控制时，增加土工合成材料层数对提高路堤稳定性作用已不十分明显，故规定土工合成材料的铺设层数不宜超过3层。

6　土工合成材料用于地基加筋补强应有较高的强度，极限抗拉强度一般不小于35 kN/m，高密度聚乙烯土工格栅延伸率不大于12%，其他土工格栅延伸率不大于10%。土工织物应具有与砂垫层相匹配的渗透性，渗透系数要求不小于5×10^{-3} cm/s。

8.2.3

2　排水带或袋装砂井的间距、排列方式及插入深度应根据地基情况、沉降及稳定等要求，按固结理论计算确定。

3　排水带、袋装砂井等细长排水体打入地基较深时，产生压缩弯折而使排水功能衰减，形成井阻作用；涂抹作用主要是由于施工时对地基扰动造成，因常用导管的平均直径往往比排水体直径（或等值直径）大一倍以上，常常形成一定范围的涂抹区。涂抹区内扰动土的渗透性能也比地基土明显降低。井阻和涂抹作用对地基固结效果有一定的影响，设计一般不考虑。需考虑时，具体计算可参照《塑料排水带地基设计规程》（CTAG 02—97）办理。

5　排水带、袋装砂井和射水砂井均为排水固结措施，路堤的稳定分析与沉降计算可按《铁路特殊路基设计规范》（TB 10035）或其他相关规范、规定执行。

6　排水带产品性能指标要求可参照《塑料排水带地基设计规程》（CTAG 02—97）表2.1.4。

8.2.4　隔断层的作用在于切断毛细水上升通道，防止地下水中盐分被带入路堤土体产生次生盐渍化。隔断层设在路堤底部，一般可保证路堤整体不产生次生盐渍化病害。隔断层设在路堤上部或中部可以节省隔断层工程量，但不能保证隔断层以下部分路堤不产生病害。因此，对新线和增建二线，隔断层最好设在路堤底部。对既有铁路改造，若隔断层设在路堤底部，会干扰行车、影响运营，所以隔断层宜设在路肩下一定深度。用于毛细水隔断层的复合土工膜，宜选用二布一膜。

8.2.5 作为隔断层的复合土工膜不容许渗水,为此必须满足渗透系数不大于 10^{-11} cm/s 这一指标。在盐渍土环境下使用,土工合成材料应耐腐蚀,不致因化学因素引起老化脆裂。为了防止施工中造成破损,要求复合土工膜厚度≥0.35 mm、顶破强度不小于 2.5 kN。

铁路工程施工技术指南

经规标准〔2008〕176号

客货共线铁路
路基工程施工技术指南

TZ 202—2008

2008—10—20 发布　　　　2008—10—20 实施

铁道部经济规划研究院　发布

前　言

本技术指南是根据铁道部《关于印发 2005 年铁路工程建设标准编制计划的通知》(铁建设函〔2005〕84 号)的要求进行编制的。

本技术指南在编制过程中,认真总结了我国铁路建设的经验和教训,以设计标准和施工质量验收标准为依据,重点对施工过程中的工艺、方法、措施和质量控制目标作出了规定,突出了客货共线的技术特点。本技术指南是新建、改建标准轨距客货共线铁路(包含设计时速 200 km 路段和设计时速 160 km 及以下路段)路基施工的指导性技术文件。

本技术指南共分 12 章,主要内容包括:总则、术语和符号、施工准备、地基处理、路堤、路堑、过渡段、特殊路基、支挡结构、路基防护及排水、路基相关工程及附属设施、环境保护。另有 5 个附录。

在执行本技术指南过程中,希望各单位结合工程实践,认真总结经验,积累资料。如发现需要修改和补充之处,请及时将意见和有关资料寄交中铁四局集团有限公司技术中心(安徽省合肥市望江东路 96 号,邮政编码:230023),并抄送铁道部经济规划研究院(北京市海淀区羊坊店路甲 8 号,邮政编码:100038),供今后修订时参考。

本技术指南主编单位:中铁四局集团有限公司。

本技术指南主要起草人:何贤军、张宏斌、周诗广、章国辉、郭庆智、杨家林、郭法生、徐涛、王瑛。

目　次

1 总 则

1.0.1 为了统一客货共线铁路路基施工技术要求,指导施工单位正确施工,加强施工管理,保证工程施工质量,制定本技术指南。

1.0.2 本技术指南适用于设计时速200 km及以下的新建、改建标准轨距的客货共线铁路路基工程施工。

1.0.3 路基工程必须按照批准的设计文件施工,做好与桥、隧等工程的衔接,并及时做好防、排水工程。

1.0.4 路基工程作为土工结构物,必须严格按照工程质量标准进行施工,加强过程控制及质量检测工作,上道工序必须经检查合格并办理签证后,方可进行下道工序施工。路基工程各项工作,均应及时配套完成,并作好资料汇总,编制好竣工文件。

1.0.5 路基工程施工中,应重视对农田水利、环境保护的影响,注意节约用地,尽量少占耕地,对临时占用的土地要及时做好复垦工作。

1.0.6 路基工程应采用机械化施工,推广应用新技术、新工艺、新机具、新测试方法。

1.0.7 路基工程施工中采用的大型机械设备、测试设备以及各种原材料必须符合国家和铁道部现行有关标准及规定。

1.0.8 爆破器材在储存、保管、运输、使用等方面必须符合国家爆破安全规程的相关规定。

1.0.9 路基工后沉降经评估未达到设计要求时,严禁进入轨道工程施工工序。

1.0.10 路基工程填料作为一种建筑材料,宜优先采用集中供应,以保证填料质量。

1.0.11 路基工程施工应遵守国家有关安全生产、环境保护和文物保护等法规。

1.0.12 修筑于路基上的电缆槽、接触网支柱基础、声屏障基础、预埋管线等工程项目,应与路基同步协调施工,并按设计要求做好防排水。

1.0.13 路基工程施工除应符合本技术指南的要求外,尚应符合国家及铁道部现行有关强制性标准的规定。

2 术语和符号

2.1 术 语

2.1.1 土料

天然土和岩石，包括经刨松、破碎的土、石。

2.1.2 填料

用以填筑路堤和地基换填的土料，包括经筛选或按一定要求掺和加工的土料。

2.1.3 渗水土

A、B 组填料中细粒土含量小于 10%、渗透系数大于10^{-3}cm/s的巨粒土、粗粒土（细砂除外）。

2.1.4 过渡段

路堤与桥台、路堤与路堑、路堤与横向构筑物、路堑与隧道等衔接处，为实现基础的刚度过渡需作特殊处理的地段。

2.1.5 改良土

通过在土中掺入砂、砾石、碎石或石灰、水泥、粉煤灰等物理或化学材料以改善其特性的混合料。

2.1.6 路基工后沉降

有砟轨道基础设施竣工、铺轨工程（包括铺轨）开始时的沉降量与最终形成的总沉降量之差；无砟轨道在铺轨工程完成以后基础设施产生的沉降量。

2.2 符 号

D_{15}——相邻填层中，较粗一层土的颗粒粒径（mm），小于该粒径的质量占总质量的 15%

d_{85}——相邻填层中，较细一层土的颗粒粒径（mm），小于该粒径的质量占总质量的 85%

K——压实系数

K_{30}——地基系数

n——孔隙率

P_s——静力触探比贯入阻力

σ_0——地基基本承载力

$N_{63.5}$——标准贯入试验

w——含水率

w_{opt}——最优含水率

ρ_d——干密度

ρ_{dmax}——最大干密度

3 施工准备

3.0.1 施工单位应在全面熟悉设计文件的基础上,充分了解工程的设计标准、技术条件和要求,并结合施工调查核对设计文件,作好核对记录。

3.0.2 路基工程施工调查,应根据工程特点着重调查收集下列资料,并写出调查报告。

1 施工范围内的地质、水文、气象等情况。

2 核对土石类别及分布,调查施工环境条件及取、弃土困难地段的填料来源、弃土位置和运土条件等。

3 调查核对级配填料,收集级配填料的拌和场地等有关资料。

4 石方爆破地段的地形、地貌、地质和附近居民、建筑物、交通与通信设施等情况。

5 办理临时用地手续、拆迁补偿所需的资料。

6 当地可利用的资源和设施。

7 修建各项临时工程和施工防排水设施的资料。

8 收集与工程有关的既有线运营情况、路基情况,以及采取安全合理、施工方便的工程措施所需的资料。

9 采用新技术、新工艺、新机具、新材料所需的资料。

3.0.3 开工前应对全线路基工程的地质情况进行核查。

3.0.4 交接桩及施工复测

1 交接桩应在现场进行,并按有关规定办理书面交接手续。

2 中线、高程必须与相邻地段贯通闭合,在两个施工单位的分界处,应由双方共同复测签认,线路中线和高程必须与管界外的控制桩和水准点闭合。边桩应根据贯通后的中线、高程测设,并做好原地面的高程复测工作,在地形、地质变化处应加测横断面。

3 线路控制桩和路基中线、高程测量误差应符合现行铁路工程测量的有关规定,测量工作必须贯彻复核制度。对主要的中线控制桩应设置护桩并作好记录。

3.0.5 施工前,应根据设计文件提供的资料,按照现行《铁路工程土工试验规程》(TB 10102)对路基填料进行复查和试验,确认填料类别,按规定填写土工试验报告,经审查签认后方可使用。对需改良的特殊岩土,除进行常规试验外,尚需进行专门的鉴别试验,以确认其种类和处理方法。

3.0.6 土工合成材料、固化剂、级配碎石等原材料运抵现场后,必须进行质量检验,经评定合格后方可使用,不得以供货商提供的质量检验报告或商检报告代替现场检验。

3.0.7 在施工调查的基础上,根据工程特点、实际工程数量、工期要求和资源情况编写工程施工组织设计,并确定施工方案。施工组织设计必须按审批制度报批后执行。

3.0.8 施工便道的修筑标准应按施工运量和通过的最大荷载确定,并满足施工需要。当有设计要求时,应按设计标准修筑。利用原有道路作为施工便道的,应进行实地检查;当不能满足施工运输要求时,应进行加固改造。

3.0.9 路基工程施工应按试验及检测要求设置工地试验室,试验室应经认证合格,检测仪器设备应满足质量检测项目的要求。

3.0.10 路基工程施工应根据需要配备路基变形观测仪器和人员。

3.0.11 路基工程施工全面开工前，应选择一定长度的试验区段进行填筑试验，以确定机械设备组合、施工工艺、摊铺厚度、压实遍数、改良土配合比、级配料配合比等施工参数及试验、检测的方法。试验段施工应符合附录 A 的要求。

3.0.12 路基工程开工前，必须办理开工报告。

3.0.13 路基工程施工前应作好施工人员的技术培训，建立质量管理体系和施工质量检验制度。

4 地基处理

4.1 一般规定

4.1.1 施工前应熟悉施工图及有关工程地质、水文地质资料，收集地下管线、构造物等资料，并结合工程情况，了解本地区地基处理经验和类似工程的施工情况。

4.1.2 所有运至工地的材料必须分类堆放，妥善保管，并按相关规定进行验收。

4.1.3 地基处理施工前，应设置永久性平面和高程控制基点，测定边界范围，开挖两侧排水沟，疏通排干地表积水，清除场内杂物、杂草、腐殖土，按设计要求做好抽水、清淤、回填工作。

4.1.4 施工前应组织施工人员学习和掌握所承担工程地基处理的目的、原理、施工工艺、技术要求、质量标准及检测方法等。

4.1.5 施工前应核查地质资料，并进行地基处理的各项工艺性试验。当核查或施工中发现地质情况与设计不符时，应及时反馈给有关单位。

4.1.6 施工中应做好现场的监控测量工作，及时收集、整理、分析数据，指导施工。

4.2 原地面处理

4.2.1 路堤填筑前应清除基底表层植被，挖除树根，做好临时排水设施，并将原地面积水排干。地基范围内的地下水出露处应严格按设计要求处理。

4.2.2 原地面坡度陡于1∶5时，应自上而下挖台阶，台阶宽度应符合设计要求。当基岩面上的覆盖层较薄时，宜先清除覆盖层再挖台阶。

4.2.3 原地面为松软表土及腐殖土时，应清除干净。

4.2.4 原地面表层为松散土层时，应将松土翻挖，分层回填压实，质量应符合设计要求，基底应平整、密实。

4.2.5 对于低路堤，特别是高度小于基床厚度的路堤，应按设计要求进行处理。

4.3 换填

4.3.1 当换填采用机械挖除时，应预留厚度30~50 cm的底层土由人工清理。

4.3.2 挖除需换填的土层，并将底部整平。当底部起伏较大时，可设置台阶或缓坡，并按先深后浅的顺序进行换填施工。

4.3.3 回填前，应排除积水，防止地表水流入，以保证正常施工和避免边坡遭受冲刷。

4.3.4 换填部位开挖完成后应及时回填。填料应符合所处路基部位的设计要求，填筑应分层进行并达到相应的压实标准。

4.3.5 换填完成后，应立即进行下道工序施工，以防雨水浸入地基。

4.3.6　施工控制

1　换填范围及深度应符合设计要求，施工中应对需换填土层范围、深度及地质条件进行核实，并按验标要求进行检验。

2　冻土地基基底换填时，开挖后应做好边坡保温和加固工作。

3　所用填料及压实标准应符合本技术指南第5.2～第5.5节的有关规定。

4　换填地基顶面应有横向排水坡度，其施工允许偏差应按表4.3.6的要求控制。

表4.3.6　换填地基顶面施工允许偏差

序号	项　目	允　许　偏　差	序号	项　目	允　许　偏　差
1	高程	±50 mm	4	横坡	±0.5%
2	中线至边缘距离	±50 mm	5	平整度	填土50 mm，填石100 mm
3	宽度	不小于设计值			

4.4　砂、碎石垫层

4.4.1　砂、碎石垫层施工前应进行基底清理、整平，并按设计要求作好基底碾压及路拱。

4.4.2　砂垫层应采用中、粗、砾砂，不含草根、垃圾等有机杂物，其含泥量不得大于5%。当用作排水固结时，其含泥量不得大于3%。

4.4.3　碎石垫层应采用质地坚硬、不易风化且级配良好的砾石或碎石，其最大粒径不得大于50 mm，含泥量不得大于5%，且不含草根、垃圾等有机杂物。

4.4.4　砂、碎石垫层施工应分层填筑，采用机械压实。其分层厚度、压实遍数及含水率等，应根据施工方法和施工机具通过现场试验确定。

4.4.5　砂、碎石垫层填筑完成后必须及时施工两侧干砌片石护坡，并同时做好反滤层。

4.4.6　施工控制

1　砂、碎石垫层的压实质量应符合设计要求。

2　砂、碎石垫层设置应符合设计要求。施工允许偏差应按表4.4.6的要求控制。

表4.4.6　砂、碎石垫层施工允许偏差

序号	项　目	允　许　偏　差	序号	项　目	允　许　偏　差
1	顶面高程	$^{+50}_{-20}$ mm	4	横坡	±0.5%
2	中线至边缘距离	±50 mm	5	平整度	50 mm
3	宽度	不小于设计值	6	垫层厚度	不小于设计值

4.5　袋装砂井

4.5.1　施工准备

1　砂袋原材料的技术指标应符合设计要求。砂料应采用渗水率较高的中、粗砂，含泥量不得大于3%，并应保持干燥。

2　清理场地，排除积水，并将路基范围内原地面上淤泥、树根、草皮、腐殖土等全部挖除。

3　在路基范围内应按设计要求填筑路拱，碾压密实，其上按设计填筑砂垫层。

4 砂袋进场及装砂后应妥善存放，禁止长时间在阳光下暴晒，以免砂袋老化。

4.5.2 袋装砂井施工

1 袋装砂井打设机具按设计桩位就位。

2 用振动贯入法、锤击打入法或静力压入法将成孔套管沉入土中，直至设计深度。

3 将整根砂袋吊起，下端放入套管口，徐徐下放至设计深度。

4 连续缓慢提升套管，直至拔离地面。砂井孔口周围由于拔管带出的泥土要及时清除，并用砂回填密实。

5 检查袋装砂井袋口，若砂袋不满，应及时向袋内补砂。露出地面的砂袋应埋入砂垫层中，埋入长度应大于0.3 m或符合设计要求。

6 袋装砂井施工流程如图4.5.2所示。

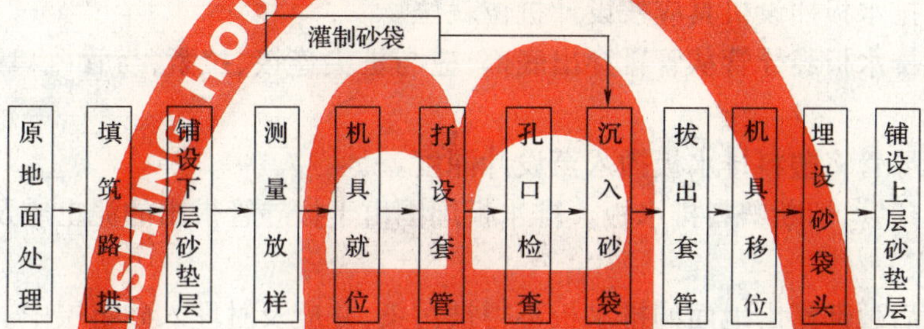

图4.5.2 袋装砂井施工流程图

4.5.3 施工控制

1 应按规定作好砂的质量检测，抽查砂袋的物理力学性能指标和缝制尺寸。

2 袋装砂井打设机具导轨应垂直，钢套管不得弯曲，沉管时应用吊锤控制垂直度。

3 施工所用钢套管的内径宜略大于砂井直径，以免拔套管时带出砂袋。

4 套管上应划出控制标高的刻划线，以保证砂袋打入深度符合设计要求。拔钢套管时，应注意垂直起吊，以防带出或磨损砂袋。当拔套管将砂袋带出长度大于0.5 m时，必须在原孔边缘重新补打；连续两次带出砂袋时，应停止施工，待查明原因后再行施工。

5 用桩架吊起砂袋入井时，应确保砂袋垂直下井，防止砂袋发生扭结、缩颈、断裂和磨损。砂袋灌制要饱满密实。

6 砂袋留出孔口长度应保证伸入砂垫层至少30 cm，并且保证垂直。

7 袋装砂井施工允许偏差应按表4.5.3的要求控制。

表4.5.3 袋装砂井施工允许偏差

序号	项目	允许偏差	序号	项目	允许偏差
1	间距(纵横向)	±50 mm	4	直径	±5 mm
2	垂直度	1.5%	5	埋入砂垫层长度	$^{+100}_{0}$ mm
3	井深	符合设计要求			

4.6　塑料排水板

4.6.1　施工准备

1　塑料排水板品种、规格、质量应符合设计要求，滤膜应紧裹芯板不松皱。塑料排水板进场后应妥善存放，禁止长时间在阳光下暴晒，并保持通风、干燥和远离高温源。

2　清理场地，排除积水，并将路基范围内原地面上淤泥、树根、草皮、腐殖土等全部挖除。

3　在路基范围内按设计要求填筑路拱，碾压密实，其上按设计填筑砂垫层。

4.6.2　塑料排水板施工

1　塑料排水板插设机具应按设计桩位就位。

2　塑料排水板经导管从管靴穿出底部，应与桩尖连接、拉紧，与管靴口贴紧，并对准桩位。

3　沉入导管将塑料排水板插入至设计深度。

4　拔出导管，切断塑料排水板。排水板周围由于拔导管带出的泥土应及时清除并用砂子回填密实。

5　打设后顶部露出地面的排水板不得被污染，并应及时埋入砂垫层中。埋入长度应大于0.3 m或符合设计要求。

6　塑料排水板施工流程如图4.6.2所示。

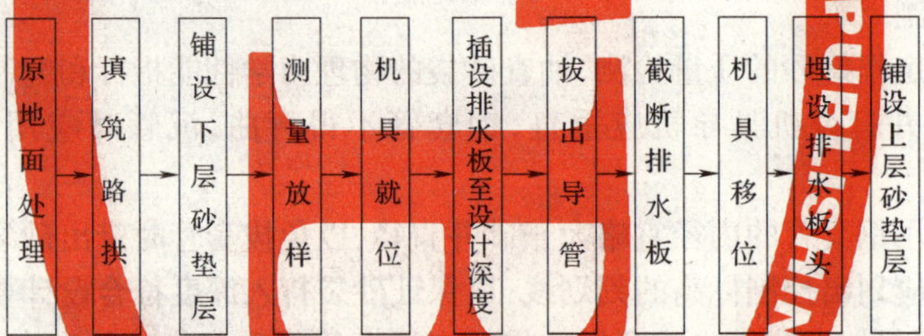

图4.6.2　塑料排水板施工流程图

4.6.3　施工控制

1　排水板与桩尖连接应牢固，桩尖平端与导管靴配合要适当，避免错缝。

2　安装及打设过程中塑料排水板不得被扭曲，透水膜不得被撕破和污染，并防止泥土等杂物进入排水板滤膜内。

3　塑料排水板不得接长使用。

4　塑料排水板打入深度应符合设计要求。当拔导管将塑料排水板带出长度大于0.5 m时，必须重新补打；连续两次带出塑料排水板长度大于0.5 m时，应停止施工，待查明原因后再行施工。

5　塑料排水板施工允许偏差应按表4.6.3的要求控制。

表4.6.3　塑料排水板施工允许偏差

序号	项　目	允许偏差	序号	项　目	允许偏差
1	间距（纵横向）	±50 mm	3	板长	不小于设计值
2	垂直度	1.5%	4	伸入砂垫层长度	$^{+100}_{0}$ mm

4.7 砂桩、碎石桩

4.7.1 施工准备

1 测量放样,平整地表,清除障碍物。

2 施工前应选择有代表性地段进行成桩工艺试验,确定施工工艺和参数,试桩数量应符合相关规范要求。

3 砂桩桩体用砂应选用一定级配的中、粗、砾砂。当设计地基形式为排水固结时,砂的含泥量不得大于3%;当设计地基形式为复合地基时,砂的含泥量不得大于5%。碎石桩桩体应选用一定级配且不易风化的碎石或砾石,粒径宜为20～50 mm,含泥量不得大于5%。

4.7.2 成桩施工宜采用振动成桩法或锤击成桩法。振动成桩法宜采用重复压拔管法,锤击成桩法宜采用双管法。砂桩、碎石桩施工工艺流程如图4.7.2所示。

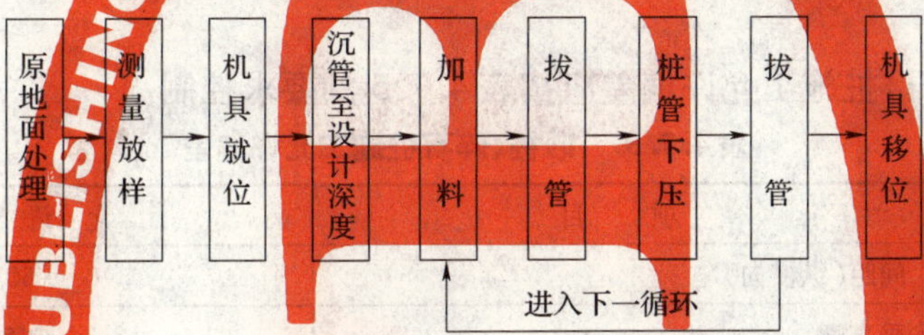

图4.7.2 砂桩、碎石桩施工流程图

4.7.3 重复压拔管法施工

1 桩机按设计桩位就位,把桩管及桩尖对准桩位,桩靴闭合。

2 启动振动器,将桩管压入土中。

3 把桩管压入到设计深度,通过料斗向桩管内投入规定数量的砂(或碎石)料。

4 边振动边拔管,拔至设计或试验确定高度,同时向套管内压缩空气使砂(或碎石)料从套管内排出。

5 边振动边下压沉管至设计或试验确定的高度,将砂(或碎石)料挤压密实。

6 停止拔管后应继续振动,一般停拔悬振时间为10～20 s。

7 再一次向桩管内投入规定数量的砂(或碎石)料,重复循环施工至桩顶。

4.7.4 双管法施工

1 桩机按设计桩位就位,把桩管及桩尖对准桩位。

2 锤击桩管,内外桩管同时沉入至设计深度。

3 提升内管,加料至外管内。

4 放下内管至外管内的砂(或碎石)料面上,提升外管与内管平齐。

5 锤击内外管,压实砂(或碎石)料。

6 重复循环施工至桩顶。

4.7.5 施工控制

1 振动法施工应根据试验确定的工艺参数,严格控制拔管高度、拔管速度、压管次数和时间、填砂(或碎石)量、电机工作电流,保证桩体连续、均匀、密实。

2 锤击法施工应根据冲击锤的能量,控制拔管高度、分段填砂量、贯入度,保证桩体质量。

3 施工中应选用适宜的桩尖结构。当选用活瓣桩靴时,砂性土地基宜采用尖锥型,黏性土地基宜采用平底型。

4 当实际灌砂(或碎石)量没有达到设计要求时,应在原位将桩管打入,补充灌砂(或碎石)后复打一次,或在旁边补桩。

5 砂(或碎石)桩施工时,砂性土地基应从外围或两侧向中间进行,以挤密为主的桩宜隔排施工。软弱黏性土地基宜从中间向外围或隔排施工。

6 质量检测应在施工结束后间隔一定时间进行。饱和黏性土宜为 2 ~ 3 周,其他土为 3 ~ 5 d。

7 砂(或碎石)桩处理软弱土地基应检验成桩及复合地基质量,其复合地基的承载力应符合设计要求。可液化土地基桩间土的加固效果应符合设计要求。

8 砂桩 2 m 深度以下桩身密实度应大于中密状态($N_{63.5}\geqslant 10$),碎石桩桩身密实度应符合设计要求。

9 砂(或碎石)桩施工允许偏差应按表 4.7.5 的要求控制。

表 4.7.5　砂桩、碎石桩施工允许偏差

序号	项　目		允　许　偏　差
1	间距(纵横向)		±50 mm
2	垂直度		1.5%
3	桩长		不小于设计值
4	直径	振动法	-20 mm
		锤击法	$^{+100}_{-50}$ mm

4.8　粉体喷射搅拌桩

4.8.1　施工准备

1 测量放样,平整地表,清除障碍物。

2 在施工现场根据地质情况分段取样,采用选定的固化剂按设计要求进行室内配比试验,确定试桩配合比。

3 固化剂的种类和规格应符合设计要求,有产品质量合格证并按有关规定抽检。严禁使用受潮、结块或失效的固化剂。

4 施工前应根据地质情况和相应的室内配合比分段进行成桩工艺试验,并经取芯和承载力等检验,确定固化剂掺入量比、钻进速度、提升速度、喷气压力、单位时间喷入量及喷搅次数等工艺参数,每段试桩数量应符合相关规范要求。工艺参数及成桩检验成果报监理确认。

5 粉体喷射搅拌机械应配置灰量自动记录仪。

4.8.2　粉体喷射搅拌桩施工

1 钻机按设计桩位就位,把钻头对准桩位。

2 调整钻机机身,保证钻机钻杆垂直度。

3　启动钻机,钻头正转,待搅拌钻头接近地面,启动自动记录仪,空压机送气,正转预搅下沉。钻至接近设计深度时,应用低速慢钻。

4　下沉钻进至设计深度,关闭送气阀门,打开送料阀门,喷送加固粉料至钻头。

5　在确认加固料已喷至孔底时,钻头反转提升,同时喷粉。当提升到桩顶或设计停灰标高后,停止喷粉。

6　重复搅拌至设计深度后再提升搅拌至桩顶。

7　粉体喷射搅拌桩施工流程如图4.8.2所示。

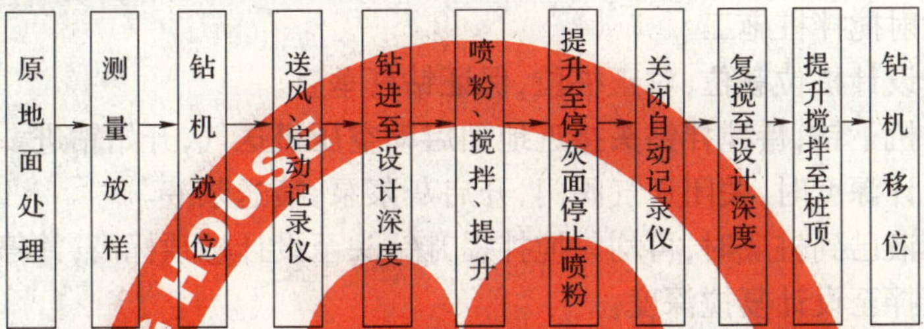

图4.8.2　粉体喷射搅拌桩施工流程图

4.8.3　施工控制

1　钻进施工中,为保证桩身垂直,应随时检查钻杆垂直度。

2　钻进至设计深度后,严禁在没有喷粉的情况下进行提升钻头作业,并严格控制钻进速度、提升速度、喷粉量及空气压力,确保成桩质量。

3　成桩过程中,应保证边喷粉、边提升连续作业。当因故缺粉或停工时,第二次喷粉必须重叠接桩,接桩重叠长度不得小于1m。

4　随时检查加固料用量、桩长、复搅长度,评定成桩质量。如有不合格桩或异常情况,应及时采取补桩或其他处理措施。

5　搅拌钻头直径磨耗量不得大于10 mm。

6　粉体喷射搅拌桩桩体无侧限抗压强度、桩顶标高、桩长应符合设计要求。

7　粉体喷射搅拌桩处理后的复合地基承载力应符合设计要求。

8　为防止污染空气,在提升喷粉距地面0.5 m处应减压或停止喷粉。施工中,孔口应设喷粉防护装置。

9　粉体喷射搅拌桩施工允许偏差应按表4.8.3的要求控制。

表4.8.3　粉体喷射搅拌桩施工允许偏差

序号	项　目	允许偏差	序号	项　目	允许偏差
1	间距(纵横向)	±50 mm	3	垂直度	1.5%
2	直径	不小于设计值	4	桩长	不小于设计值

4.9　浆体喷射搅拌桩

4.9.1　施工准备

1　测量放样,平整地表,清除障碍物。

2　在施工现场根据地质情况分段取样,按设计要求进行室内配比试验,确定浆液配比。

3　固化剂的选用应符合设计要求,有产品质量合格证并按有关规定抽检。严禁使用受潮、结块或失效的固化剂。搅拌浆液用水应符合现行《混凝土拌合用水标准》(JGJ 63)的有关规定。

4　施工前应根据地质情况和室内配合比分段进行成桩工艺试验,并经取芯和承载力等检验,确定固化剂掺入比、钻进速度、提升速度、喷气压力、单位时间喷入量及喷搅次数等工艺参数,分段试桩不得少于3根。工艺参数及成桩检验成果报监理确认。

5　浆体喷射搅拌机械应配置浆量自动记录仪。

4.9.2　浆体喷射搅拌桩施工

1　钻机按设计桩位就位,对正桩位,保证钻杆垂直。

2　启动钻机下钻,待搅拌钻头接近地面启动空压机送气,开始钻进。

3　钻到设计深度时,关闭送气阀门,开启灰浆泵,喷送浆液。

4　确认浆液已到桩底时,再均匀搅拌提升钻头至设计桩顶标高,并停止喷浆。

5　重复搅拌至设计复搅深度。

6　重复搅拌提升至桩顶,停止主电机、空压机。

7　浆体喷射搅拌桩施工流程如图4.9.2所示。

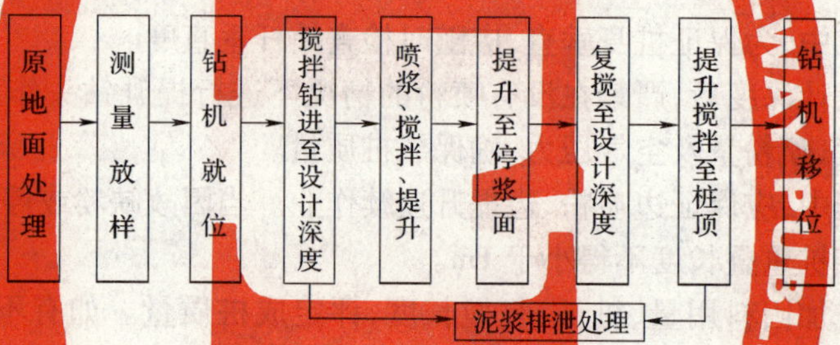

图4.9.2　浆体喷射搅拌桩施工流程图

4.9.3　施工控制

1　浆液应严格按试验确定的配合比拌制。配备好的浆液不得离析,做到随配随用。

2　泵送浆液前,管路应保持湿润,以利输浆。现场拌制浆液,应有专人记录固化剂用量,并记录泵送开始及结束时间。

3　严格控制搅拌机钻进和提升速度、供浆与停浆时间,控制下钻深度、喷浆高程及停浆面。

4　必须连续供浆,拌和均匀,一旦因故停浆,为防止断桩和缺桩,应使搅拌机下沉至停浆面以下0.5m,待恢复供浆后再喷浆提升。如间歇时间过长,无法接续时,应在原桩位旁边进行补桩处理。

5　搅拌机提升至地面以下1 m后宜用慢速;当喷浆口即将出地面时,应停止提升,喷浆搅拌数秒,以保证桩头均匀密实。

6　成桩过程中,应严格按试桩确定的工艺参数进行施工。

7　当钻进搅拌中遇有阻力较大、钻进太慢时,应增加搅拌机自重,然后启动加压装置加压,或边输入浆液边搅拌钻进。

8　随时检查施工记录,评定成桩质量,如有不合格桩或异常情况,应及时采取补桩或其他处理措施。

9 浆体喷射搅拌桩桩体无侧限抗压强度、桩顶标高、桩长及桩身均匀性应符合设计要求。

10 浆体喷射搅拌桩处理后的复合地基承载力应符合设计要求。

11 钻机成孔和喷浆过程中，应将废弃的加固料及冒浆回收处理，防止污染环境。

12 浆体喷射搅拌桩施工允许偏差应按表4.8.3的要求控制。

4.10 高压旋喷桩

4.10.1 施工准备

1 测量放样，平整地表，设置回浆池。

2 在施工现场根据地质情况分段取样，按设计要求进行室内配比试验，确定浆液配比。

3 固化剂的种类和规格应符合设计要求，有产品质量合格证并按有关规定抽检，严禁使用受潮、结块或失效的固化剂。搅拌浆液用水应符合现行《混凝土拌合用水标准》(JGJ 63)的有关规定。

4 施工前应根据地质情况和室内配合比分段进行成桩工艺试验，并经取芯和承载力等检验，确定固化剂掺入比、注浆量、压力、风量、旋转提升速度等工艺参数，分段试桩数量应符合相关规范要求。工艺参数及成桩检验成果报监理确认。

4.10.2 高压旋喷桩施工

1 桩机按设计桩位就位，并应保持钻杆垂直。

2 成孔钻进至设计深度。

3 将注浆管插入至孔底。在插管过程中，应防止泥砂堵塞喷嘴。

4 当注浆管前锋浆液流出喷头后，开始提升注浆管，自下而上喷射注浆。

5 喷射施工完毕，拔出注浆管。

6 清洗机械，管内、机内不得残存浆液。

7 高压旋喷桩施工流程如图4.10.2所示。

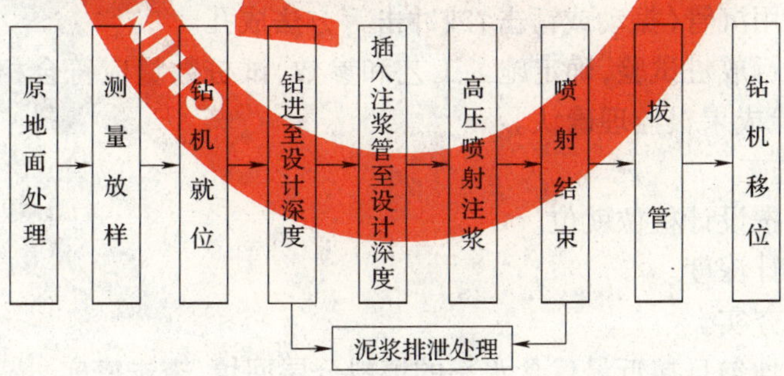

图4.10.2 高压旋喷桩施工流程图

4.10.3 施工控制

1 钻机就位应平稳，立轴、转盘与孔位对正。

2 喷射注浆前要检查高压设备和管路系统，设备的压力和排量必须满足工艺参数要求。管路系统的密封圈必须良好，各通道和喷嘴内不得有杂物。

3 喷射注浆应注意设备开动顺序。二重管或三重管的水、气、浆供应应有序进行，衔接紧密。

4　喷射注浆的搭接长度不得小于 0.5 m，以保证固结体的整体性。

5　在高压喷射注浆过程中，当出现压力突增或突降、大量冒浆或完全不冒浆时，应查明原因，采取相应措施。

6　喷射注浆作业后，桩体顶部出现凹穴，应及时使用水泥浆进行补灌，并要防止其他钻孔排出的泥土或杂物进入。

7　当发现喷浆量不足而影响工程质量时，可采用复喷技术。

8　对深层长桩应根据地质条件，分层选择适宜的喷射参数，以保证成桩均匀一致。

9　高压旋喷桩桩体无侧限抗压强度、桩顶标高、桩长及成桩均匀性应符合设计要求。

10　高压旋喷桩处理后的复合地基承载力应符合设计要求。

11　钻机成孔和喷浆过程中，应将废弃的加固料及冒浆回收处理，防止环境污染。

12　高压旋喷桩施工允许偏差应按表 4.8.3 的要求控制。

4.11　挤 密 桩

4.11.1　施工准备

1　复核地基土的含水率、饱和度，当地基土的含水率大于 24%、饱和度大于 65% 时，应及时通知设计单位予以确认。

2　测量放样，平整场地，清除障碍物。

3　桩体使用的石灰块径不得大于 5 mm，夹石量不得大于 5%。水泥不得受潮、结块，应符合设计要求，并按相关规定进行检验。

4　桩体使用的粉煤灰必须晾干。

5　桩体使用的土有机质含量不应大于 5%，其颗粒粒径不得大于 15 mm，并应符合设计要求。

6　进行室内配合比试验，选定符合设计要求的配合比。

7　按设计要求，结合现场土质、周围环境及覆盖土层厚度等选择合适的施工机具和施工方法，一般选用沉管（振动或锤击）或冲击等方法成孔。

8　施工前进行成桩试验，确定施工工艺和参数，试桩数量应符合相关规范要求。工艺参数及成桩检验成果报监理确认。

4.11.2　挤密桩施工

1　成孔机械按设计桩位就位。

2　成孔至设计深度。

3　进行孔底夯实。

4　采用拌和均匀且接近最优含水率的填料分层回填，夯击密实。

5　当整片处理时，成桩施工宜从中间向外，同排应间隔1～2孔进行；当局部处理时，宜由外向内，同排应间隔 1～2 孔进行。

6　成桩成片后应及时填筑垫层，并碾压至设计要求。

7　挤密桩施工流程如图 4.11.2 所示。

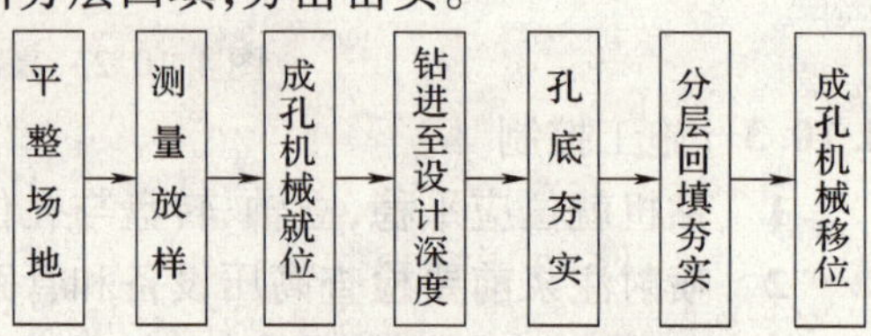

图 4.11.2　挤密桩施工流程图

4.11.3 施工控制

1 处理区段地基土的含水率宜接近最优含水率，若土的含水率过低，宜对处理范围内的土层进行增湿。增湿处理应在地基处理前4～6 d完成，需增湿的水通过一定数量和一定深度的渗水孔均匀地渗入处理范围的土层中。

2 成孔后应及时回填，当发生桩孔严重缩颈或回淤时，应填入干砂等后重新成孔。

3 挤密桩的数量、布置形式、间距、桩长、桩顶标高及直径应符合设计要求。

4 挤密桩回填压实质量应符合设计要求。

5 桩体无侧限抗压强度、压缩模量及桩间土的干密度、压缩模量应符合设计要求。

6 雨季或低温季节施工，应采取防雨或防冻措施，防止灰土和土料受雨水淋湿或冻结。

7 挤密桩施工允许偏差应按表4.11.3的要求控制。

表4.11.3 挤密桩施工允许偏差

序号	项　目	允许偏差	序号	项　目	允许偏差
1	间距(纵横向)	±50 mm	3	直径	不小于设计值
2	垂直度	1.5%			

4.12 水泥粉煤灰碎石桩(CFG桩)

4.12.1 施工准备

1 核查地质资料，结合设计参数，选择合适的施工机械和施工方法。

2 测量放样，平整场地，清除障碍物。

3 选用的水泥、粉煤灰、碎石及外加剂等原材料应符合设计要求，并按相关规定进行检验。

4 按设计要求进行室内配合比试验，选定合适的配合比。

5 施工前应根据室内配合比和地质情况分段进行成桩工艺试验，并经取芯和承载力等检验，确定提升速度、混合料坍落度、混合料泵送量或电流值等工艺参数，分段试桩数量应符合相关规范要求。工艺参数及成桩检验成果报监理确认。

4.12.2 CFG桩可采用长螺旋钻管内泵压混合料灌注或振动沉管灌注施工。

4.12.3 长螺旋钻管内泵压混合料灌注施工

1 钻机按设计桩位就位，调整钻杆垂直对准桩位中心。

2 关闭钻头阀门，向下移动钻头至地面，启动电动机开始钻进，先慢后快，钻至设计深度并停钻。

3 向管内泵送混合料，混合料的泵送量按试桩确定的数量进行，泵送时不得停泵待料。当钻杆芯管充满混合料后，方可开始提钻。混合料应经搅拌机拌和均匀，混合料坍落度应按工艺性试验确定的值进行控制。

4 拔管速率应按试桩确定参数进行控制，均匀拔管至桩顶。成桩后应覆盖加以保护。

5 机械移位，进行下一根桩施工。

6 施工流程如图4.12.3所示。

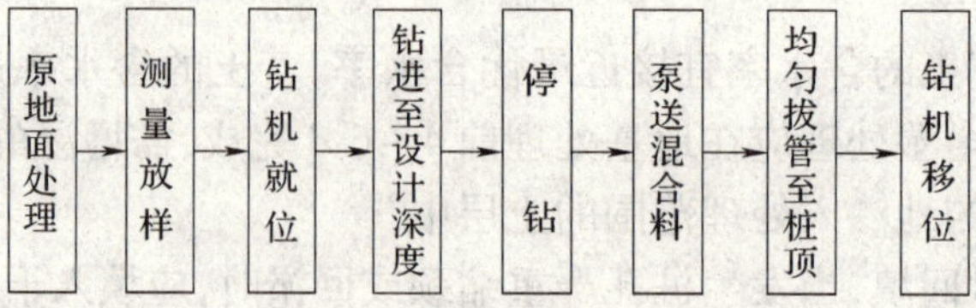

图 4.12.3　CFG 桩长螺旋钻管内泵压混合料灌注施工流程图

4.12.4　振动沉管灌注施工

1　桩机根据桩长和沉管入土深度组装完成后，按设计桩位就位，调整沉管与地面垂直。

2　振动沉管至设计深度。沉管过程中每沉 1 m 应记录电流一次，并对土层变化处予以记录说明。

3　停机后立即向管内一次投放混合料，投放数量按试桩时确定的数量进行。混合料按设计配合比经搅拌机拌和，坍落度应按工艺性试验确定的值进行控制。

4　投料后留振 5～10 s，开始拔管，直至桩顶。拔管速率应按试桩确定工艺参数进行控制。拔管过程中不允许反插，如上料不足，须在拔管过程中空中加料，不允许停拔后再投料。

5　沉管拔出地面，确认桩长符合设计要求后，桩顶采用粒状材料或湿黏土封顶。

6　机械移位，进行下一根桩施工。

7　施工流程如图 4.12.4 所示。

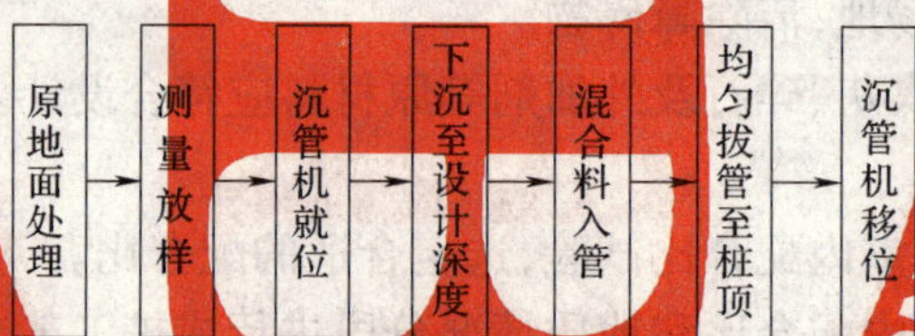

图 4.12.4　CFG 桩振动沉管灌注施工流程图

4.12.5　开挖清除表土至设计标高，将设计标高以上桩头截去。宜采用圆盘锯切割桩头。

4.12.6　褥垫层宜采用中砂、粗砂或碎石，摊铺均匀后进行碾压，一般采用静力压实。

4.12.7　施工控制

1　CFG 桩施工顺序可连续、间隔一根或多根，应按土的性质和桩距确定。

2　CFG 桩的数量、布置形式、间距、桩长、桩顶标高及直径应符合设计要求。

3　施工桩顶标高宜高出设计标高不少于 50 cm。

4　褥垫层厚度应符合设计要求。

5　CFG 桩施工中，每台班均须制作检查试件，进行 28 d 强度检验。成桩 28 d 后应及时进行单桩承载力和复合地基承载力试验，其承载力、变形模量应符合设计要求。

6　CFG 桩施工允许偏差应按表 4.12.7 的要求控制。

表 4.12.7 CFG 桩施工允许偏差

序号	项　　目	允 许 偏 差	序号	项　　目	允 许 偏 差
1	间距(纵横向)	±50 mm	3	直径	不小于设计值
2	垂直度	1.5%	4	褥垫层厚度	不小于设计值

4.13 钢筋混凝土打(压)入桩

4.13.1 施工准备

1 测量放样,平整场地,清除障碍物。

2 按设计要求检验预制桩的质量。桩头损坏部分应截去,桩顶不平时应修切或修垫平整。

3 试桩按照现行《客货共线铁路桥涵工程施工技术指南》的有关规定进行,其数量应符合相关规范要求。

4.13.2 打(压)入桩施工可根据地质条件、桩型和桩体承载能力等采用锤击法、振动法或静力压入。打(压)入桩施工流程如图 4.13.2 所示。

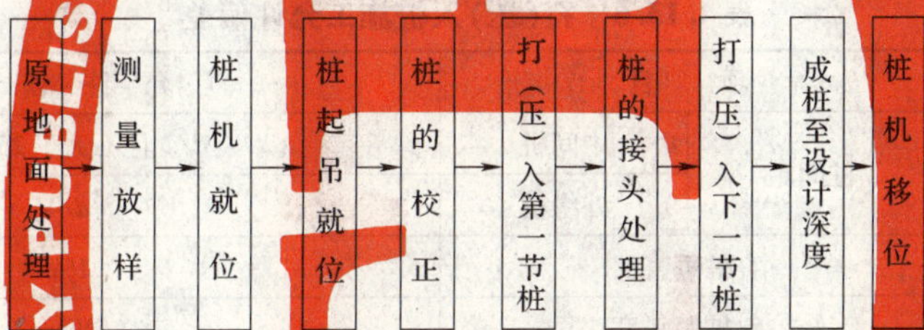

图 4.13.2 打(压)入桩施工流程图

4.13.3 锤击沉桩施工

1 打桩机按设计桩位就位。锤击沉桩应采用与桩和锤相适应的弹性衬垫。用送桩沉桩时,送桩紧接桩顶部分,应有保护桩顶的装置,桩与送桩的轴线应保持同一条直线。

2 打桩开始时应用较低落距,并在两个方向观察其垂直度,当入土达到一定深度,确认方向无误后,再按规定的落距锤击。锤击宜采用重锤低击,坠锤落距不宜大于 2 m,单打汽锤落距不宜大于 1 m;柴油锤应使锤芯冲程正常。

3 钢筋混凝土桩、预应力混凝土桩在即将进入软层前应改用较低落距锤击。

4 成桩至设计深度。锤击沉桩应连续进行,不应中途停顿。

5 桩机移位,进行下一根桩施工。

4.13.4 振动沉桩施工

1 打桩机按设计桩位就位。

2 插桩后宜先靠桩和锤的自重使桩沉入土中,待桩身入土达到一定深度并确认桩位和垂直度符合要求后再振动下沉。

3 成桩至设计深度。每根桩的沉桩作业应连续完成。

4 机械移位,进行下一根桩施工。

4.13.5 静压沉桩施工

1 压桩机应根据土质情况配足额重量或选用相应的液压桩机。

2 压入桩施工顺序应选择单向进行,不得从两侧往中间进行。

3 插桩入土达到一定深度并确认桩位和垂直度符合要求后静压下沉。

4 开动桩机油泵使之上移，再抱桩固定压入，循环作业。

5 接桩连续进行，成桩至设计深度。记录入桩行程、深度及相应压力值，以判别入桩情况及桩的承载能力。

6 机械移位，进行下一根桩施工。

4.13.6 质量控制

1 打（压）入桩的数量、布置形式及间距应符合设计要求。

2 钢筋混凝土和预应力混凝土桩，在沉桩前桩身混凝土强度应达到设计强度。打（压）桩前、后的桩身质量应符合设计要求。

3 在桩的沉入过程中，应观察桩锤、桩帽和桩身是否保持在同一轴线上。

4 桩长、桩顶标高及最终贯入度应符合设计要求。

5 对发生“假极限”现象的桩和有上浮现象的桩，必须复打。

6 振动沉桩在选锤或换锤时，应检算振动上拔力对桩身结构的影响。

7 打（压）桩后，应及时进行桩的承载力试验，并符合设计要求。

8 打（压）入桩施工允许偏差应按表 4.13.6 的要求控制。

表 4.13.6 打（压）入桩施工允许偏差

序号	项目		允许偏差
1	桩间距	中间桩	$d/2$ 且不大于 250 mm
		外缘桩	$d/4$
2	直桩垂直度		1%
3	斜桩倾斜度		15% $\tan\theta$

注：d 为桩身直径；θ 为桩身倾斜角。

4.14 混凝土灌注桩

4.14.1 施工准备

1 测量放样，平整场地，清除障碍物。

2 按设计要求准备施工所需的水泥、砂、碎石、钢筋等原材料。

3 设置制浆池、沉淀池和泥浆池，泥浆的各项指标应符合设计要求。

4 按现行《铁路混凝土工程施工技术指南》的相关要求进行室内混凝土配合比设计。

5 试桩按照现行《客货共线铁路桥涵工程施工技术指南》的有关规定进行，其数量应符合相关规范要求。

4.14.2 混凝土灌注桩的成孔应采用钻机成孔，钻机可根据地质条件、桩长和桩径等选定。

4.14.3 混凝土灌注桩施工

1 埋设护筒。

2 钻机按设计桩位就位。钻机可根据地质条件选择冲击钻、旋转钻、套管钻机或旋挖钻机钻孔。

3 钻进至设计深度。钻孔应一次成孔,不得中途停顿。

4 钻孔至设计高程经检查后,应立即进行清孔。清孔可采用抽渣法、吸泥法或换浆法。在抽渣或吸泥时都应及时向孔内加注清水或新鲜泥浆,保持孔内水位。

5 钢筋笼吊装入孔,并牢固定位。

6 浇筑水下混凝土。水下混凝土应连续浇筑,不得中途停顿。水下混凝土浇筑宜高出桩顶设计高程0.5 m。

7 混凝土灌注桩施工流程如图4.14.3所示。

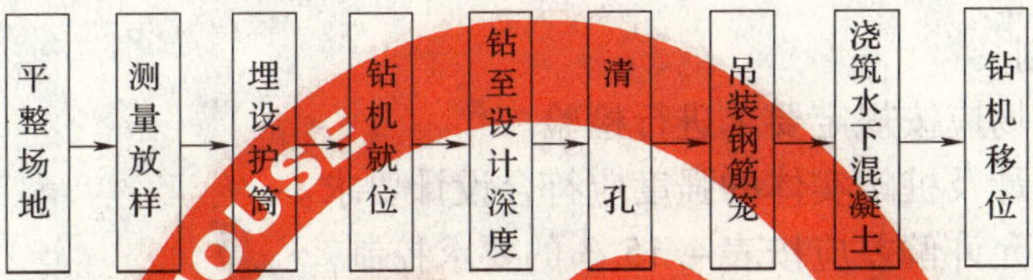

图4.14.3 混凝土灌注桩施工流程图

4.14.4 施工控制

1 原材料进场应按要求进行检验,并符合设计要求。

2 配合比设计及桩身强度应符合设计要求。

3 混凝土灌注桩的数量、布置形式及间距应符合设计要求。

4 桩长、桩顶标高应符合设计要求。

5 应及时进行桩的承载力试验,并符合设计要求。

6 孔内沉渣厚度应符合设计要求。

7 混凝土灌注桩施工允许偏差应按表4.14.4的要求控制。

表4.14.4 混凝土灌注桩施工允许偏差

序号	项目	允许偏差	序号	项目	允许偏差
1	间距(纵横向)	±100 mm	3	直径	不小于设计值
2	垂直度	1.0%			

4.15 桩 帽

4.15.1 施工准备

1 对已施工的桩体进行检验。

2 按设计要求准备桩帽施工所需的模板、水泥、砂、碎石、钢筋等原材料。

3 按现行《铁路混凝土工程施工技术指南》的相关要求进行室内配合比设计。

4.15.2 桩帽施工

1 采用小型机械或人工方式开挖基坑,并将基底压密至设计要求。

2 立侧模板和绑扎钢筋。

3 混凝土拌和、运输、浇筑,并制作足够的混凝土检查试件。

4 混凝土浇筑完成后应及时养护。

5 桩帽混凝土强度达到拆模条件后,拆除模板。桩帽四周按设计要求回填密实。

6　桩帽施工工艺流程如图 4. 15. 2 所示。

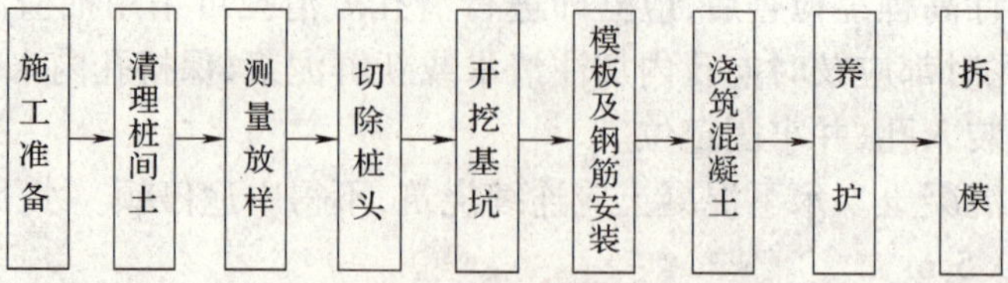

图 4. 15. 2　桩帽施工工艺流程图

4. 15. 3　施工控制

1　原材料进场应按规定要求进行检验。

2　配合比设计及桩帽实体的强度应符合设计要求。

3　桩帽施工允许偏差应按表 4. 15. 3 的要求控制。

表 4. 15. 3　桩帽施工允许偏差

序号	项　目	允 许 偏 差	序号	项　目	允 许 偏 差
1	桩帽顶标高	±20 mm	3	厚度	$^{+30}_{-20}$ mm
2	平面尺寸	±30 mm	4	中心位置	15 mm

4.16　堆 载 预 压

4. 16. 1　堆载预压应按设计要求进行。预压材料应符合设计要求，不得使用淤泥土或含垃圾杂物的填料。

4. 16. 2　预压荷载不应小于设计荷载。

4. 16. 3　预压土的堆载宽度和坡度应符合设计要求。

4. 16. 4　堆载要严格控制加载速率，分层（级）荷载应符合设计要求，保证在各级荷载下地基的稳定性。堆载时应边堆土边摊平，顶面应平整。

4. 16. 5　堆载预压过程中应进行沉降观测并保护好沉降观测设施，当有损坏应及时恢复。

4. 16. 6　堆载过程应采取有效措施防止预压土污染填筑好的路基。

4. 16. 7　当堆载预压时间达到设计要求后，应根据观测资料和工后沉降推算结果，由建设单位组织设计、监理、施工单位共同研究确定卸载时间。

4. 16. 8　堆载预压施工允许偏差应按表 4. 16. 8 的要求控制。

表 4. 16. 8　堆载预压施工允许偏差

序号	项　目	允 许 偏 差	序号	项　目	允 许 偏 差
1	宽度	±50 mm	3	边坡坡率	±0. 5% 设计值
2	范围	±100 mm			

4.17　真 空 预 压

4. 17. 1　施工准备

1 核查地基处理范围内的地质条件,检查是否有透气层,以便保证真空预压效果。

2 根据路堤填土高度、地质条件和施工设备能力划分加固区域。

3 观测点和观测断面应按设计要求设置。

4.17.2 真空预压施工

1 铺设砂垫层,打设竖向排水体。

2 人工布设真空管。

3 开挖密封沟,铺设密封膜。膜与膜之间应采用热粘法粘接;密封沟开挖深度应符合设计要求,密封膜顺密封沟铺设,且四周用黏土压实密封。

4 安装抽真空装置,连接各系统进行抽真空试验,检查密封性。

5 在加固范围内应按设计要求设置沉降观测点。

6 经检查各项指标符合设计要求后,方可进行路基填筑作业。

7 在抽真空过程中应观测泵、真空管和膜内等真空度及地表总沉降、侧向位移等。

8 当真空预压达到设计规定的技术要求后停止抽真空,按设计要求现场测试预压效果。

9 真空预压施工流程如图4.17.2所示。

4.17.3 施工控制

1 密封膜、排水滤管的种类、规格、性能及连接方式应符合设计要求。

2 在铺设滤水管时,滤水管之间应连接牢固,选用合适滤水层且包裹严密,避免抽气后杂物进入抽真空装置中。

3 密封膜应粘接牢固,热合加工的搭接长度不得小于15 mm;铺设时密封膜要适当放松,表面不得损坏。膜在埋入密封沟时,注意不要被坚硬物戳破。

4 在膜上放置沉降板时,应在膜上垫一层土工布或一小块密封膜,注意放置平稳,以防戳破薄膜。膜铺好后应对膜的完好性进行全面检查,发现膜破的地方应及时进行粘接修补。

5 密封沟开挖时若发现土层中有孔洞或透气性的夹层等,则应增加沟深或将夹层挖除换填软黏土。

6 在密封沟施工中,应作好真空度测头和孔压测头导线引出处的密封,并保护好导线。

7 抽真空作业前应按设计要求检查真空预压装置的布设及密封程度。

8 作好真空度、地面沉降、侧向位移等观测和施工记录。施工过程检测应符合设计要求。

9 当真空预压时间和沉降量达到设计要求时,应根据观测资料和工后沉降推算结果,由建设单位组织设计、监理、施工单位共同研究确定卸载时间。

10 真空预压处理范围、周围排水沟位置应符合设计要求,其允许偏差为±150 mm。

4.18 强夯及重锤夯实

4.18.1 施工准备

1 依据设计高程及预先估计夯后可能产生的平均地面变形量,确定夯前地面高程。

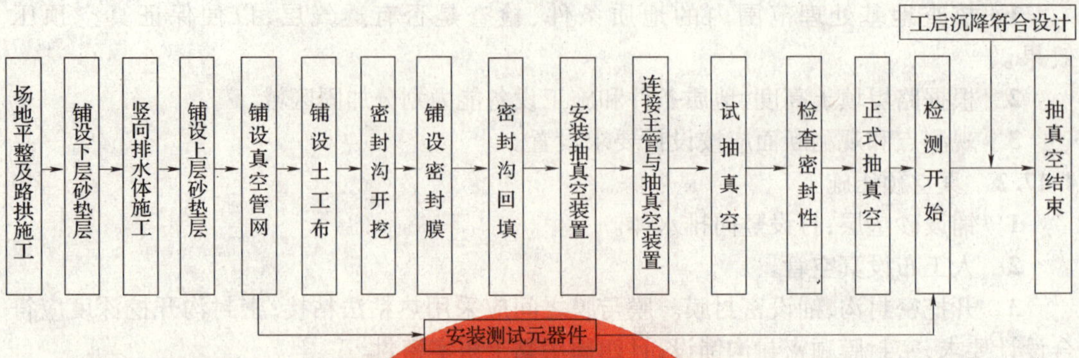

图 4.17.2　真空预压施工流程图

2　夯锤的重量应按欲加固的土层深度、土的性质及夯锤落距选定，夯锤底面宜采用圆形，面积应符合设计要求。

3　施工前，按设计初步确定的夯实参数，在有代表性的场地上进行试夯。通过夯实前后测试数据的对比，检验夯实效果，确定各项工艺参数，并报监理单位确认。

4　在整平后的场地上按设计夯点间隔距离标出第一遍夯击点的位置，并测量场地高程。

4.18.2　夯实施工

1　夯实设备就位，使夯锤对准夯点位置。

2　测量夯前锤顶高程。

3　将夯锤起吊到预定高度，夯锤脱钩自由下落，完成一次夯击。若发现因坑底倾斜而造成夯锤歪斜时，应及时将坑底整平。

4　按试夯确定的夯击次数及控制标准，完成一个夯点的夯击。

5　换夯点，重复步骤 1 至 4，完成第一遍全部夯点的夯击后，应平整夯坑，并测量场地高程。

6　在规定的间隔时间后，按上述步骤逐次完成全部夯击遍数，最后用低能量满夯将表层松土夯实达到设计要求。

7　强夯及重锤夯实施工流程如图 4.18.2 所示。

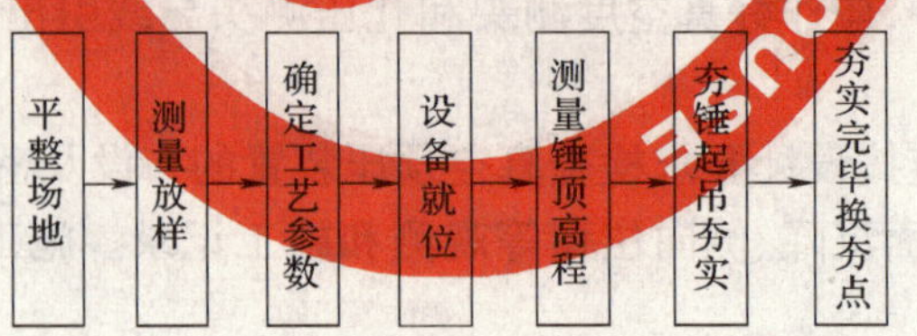

图 4.18.2　强夯及重锤夯实施工流程图

4.18.3　施工控制

1　地基表面需要满夯加固时，夯点布置应满足搭接面积不小于 1/4。

2　开夯前应检查夯锤重和落距，以确保单击夯击能量符合设计要求。

3　在每遍夯击前，应对夯点放线进行复核，夯完后检查夯坑位置，发现偏差或漏夯应及时纠正。

4　夯击加固后地基承载力和加固有效深度应符合设计要求。

5 夯击处理范围和夯击点布置应符合设计要求。夯坑中心偏移允许偏差不应大于0.1D(D为夯锤直径)。强夯和重锤夯实施工允许偏差应按表4.3.6的要求控制。

6 强夯和重锤夯实施工应按照设计要求采取隔振降噪措施,施工产生的噪声应符合现行《建筑施工场界噪声界限》(GB 12532)的有关规定。

4.19 强夯置换

4.19.1 施工准备

1 强夯置换夯锤应用圆形夯锤,锤底直径、锤的重量应根据设计置换墩直径、深度以及设备起重能力等进行确定,并应符合设计要求。

2 施工前,按设计初步确定的强夯置换参数,在有代表性的场地上进行试夯。通过强夯置换前后测试数据的对比,检验强夯置换效果,确定各项工艺参数,并报监理确认。

3 置换料性能应满足设计要求。

4 清理并整平场地,当表土松软时宜铺设一层一定厚度的砂石垫层。

5 在整平后的场地上按设计标出强夯置换墩的位置,并测量场地高程。

4.19.2 强夯置换施工

1 强夯设备就位,使夯锤对准夯点位置。测量夯前锤顶高程。

2 夯击并逐击记录夯坑深度。当夯坑过深而发生起锤困难时停夯,向坑内填料直至与坑顶平齐,记录填料数量,如此重复直至满足规定的夯击次数及控制标准,完成一个墩体的夯击。当夯点周围软土挤出影响施工时,可随时清理并在夯点周围铺垫碎石,继续施工。

3 夯孔施打顺序宜由内而外,隔孔分序跳打方式,逐一完成全部夯点的施工。

4 推平场地,用低能量满夯,将场地表层松土夯实,并测量夯后场地高程。

5 铺设垫层,并分层碾压密实。

6 强夯置换施工流程如图4.19.2所示。

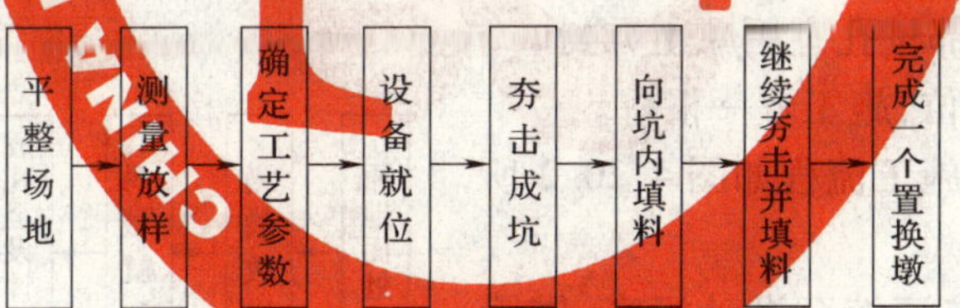

图4.19.2 强夯置换施工流程图

4.19.3 施工控制

1 开夯前应检查夯锤重和落距,以确保单击夯击能量符合设计及试夯工艺参数要求。

2 强夯置换材料应选择具有较高抗剪性和级配良好的块石、碎石、石渣等粗颗粒骨料,其粒径不应大于300 mm。

3 强夯置换加固地基的承载力以及强夯置换处理的实际有效深度应符合设计要求。

4 强夯置换处理范围和置换墩布置应符合设计要求。

5 强夯置换施工允许偏差应按表4.19.3的要求控制。

表 4.19.3　强夯置换施工允许偏差

序号	项　目	允 许 偏 差	序号	项　目	允 许 偏 差
1	高程	±50 mm	3	墩直径	不小于设计值
2	墩间距	±0.1*D*(*D* 为夯锤直径)			

6　强夯置换施工应按照设计要求采取隔振措施，施工产生的噪声应符合现行《建筑施工场界噪声界限》(GB 12532)的有关规定。

4.20　柱锤冲扩桩

4.20.1　施工准备

1　施工场区平整压实，清除障碍物。

2　根据设备的数量、类型和现场条件，确定最佳流水作业线，并测量放样。

3　按设计要求进行填料配合比设计，料场应设专人负责配料。

4　正式施工前，应根据设计要求，进行工艺试验，选择锤的质量和锤长，确定落距、分层填料量、分层夯击次数、总填料量等工艺参数。

5　柱锤冲扩桩成孔应根据土质条件选择成孔机械，一般采用机械钻孔、强力冲孔等方法。

4.20.2　柱锤冲扩桩施工

1　施工机械就位，使柱锤对准桩位，并保持垂直稳定。当加固较深、柱锤长度不够时，也可先挖一部分土，然后进行冲扩。

2　冲击成孔：将柱锤提升一定高度，自动脱勾下落冲击土层，如此反复冲击，接近设计成孔深度时，可在孔内填少量粗骨料继续冲击，直至孔底被夯密实。当冲击难以成孔时，可采用填料冲击成孔、二次复打成孔或套管成孔、钻孔等方法。

3　向孔内分层填入拌和好的填料，每填一层用柱锤夯实一层，直至桩顶设计标高以上至少 0.5 m，其上部桩孔宜用原土夯封。

4　施工机具移位，施工下一根桩。

5　柱锤冲扩桩施工流程如图 4.20.2 所示。

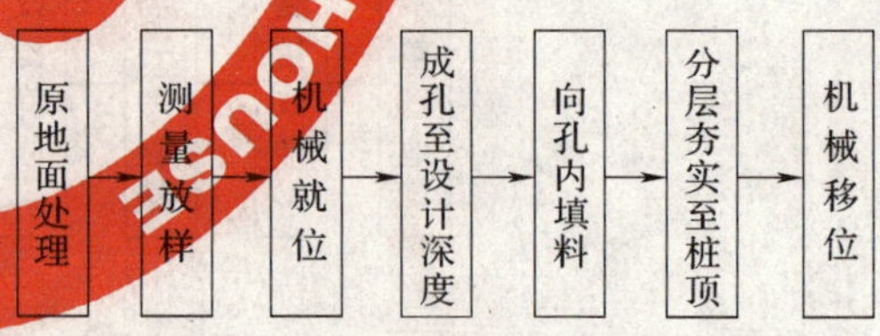

图 4.20.2　柱锤冲扩桩施工流程图

4.20.3　按设计要求清挖至设计标高，铺设垫层并压实。

4.20.4　施工控制

1　成孔深度应满足设计要求。根据土质情况可在孔底预留一定厚度的原土层，以重锤夯冲至地基处理设计深度。

2　夯填前应检查成孔直径、孔深、垂直度、孔内的虚土和积水情况等，孔底应夯击密实。

3　填料应符合设计要求，施工应按试验确定的参数进行作业。

4　当施工遇到坍孔或缩颈时，可用硬骨料夯填消除塌孔影响。

5　冲扩桩成孔中心偏差不应超过桩径的 1/2，桩径允许偏差为 −100 mm，深度不小于设计值，桩的数量应满足设计要求。

4.21 土工合成材料加筋垫层

4.21.1 施工准备

1 土工合成材料规格及性能应符合设计要求,运至工地后应分批整齐堆放在料棚(库)内,防止日晒雨淋,并保持料棚通风干燥。

2 土工合成材料进场时,应逐批检查出厂检验单、产品合格证及材料性能报告单,其主要物理力学性能指标应抽样检验。

4.21.2 土工合成材料的铺设

1 铺设土工合成材料的下承层表面应整平、压实,并清除表面坚硬凸出物。

2 铺设土工合成材料时,应将强度高的方向置于路基主要受力方向,当设计有特殊要求时按设计铺设。

3 土工合成材料的连接应牢固,受力方向连接强度不应低于设计抗拉强度。

4 土工合成材料铺设时,必须拉紧展平插钉固定,并应与路基面密贴,不得有褶皱、扭曲。

5 铺设多层土工合成材料时,其上、下层接缝应交替错开,错开距离不宜小于0.5 m。

4.21.3 土工合成材料不得直接铺设在碎石等坚硬的层面上,应在土工合成材料和碎石之间铺设5 cm厚的中、粗砂保护层。

4.21.4 土工合成材料铺好后应按设计要求铺回折段,并及时用砂覆盖。

4.21.5 土工合成材料不允许直接进行碾压,需待上覆填土后方可采用碾压机械压实。严禁碾压及运输等设备直接在土工合成材料上行走作业。

4.21.6 施工控制

1 土工合成材料的铺设范围、层数及位置应符合设计要求。

2 铺设的土工合成材料属于隐蔽工程,应按隐蔽工程作好检查记录。

3 土工合成材料的铺设允许偏差应按表4.21.6的要求控制。

表4.21.6 土工合成材料铺设允许偏差

序号	项目	允许偏差	序号	项目	允许偏差
1	铺设范围	不小于设计值	4	上下层搭接缝错开距离	±50 mm
2	搭接宽度	+50 mm	5	回折长度	±50 mm
3	层间距	±30 mm			

4.22 隔断层

4.22.1 施工准备

1 施工前,在有代表性的场地上进行隔断层填料填筑压实工艺性试验,确定各项工艺参数,并报监理确认。

2　施工前平整场地，经平整压实后表面应无杂草、树根及腐殖土。地基地下水出露处的处理应满足设计要求，并应结合永久性排水设施做好路基两侧地面排水。

4.22.2　隔断层施工

1　隔断层中各结构层应分层填筑碾压。

2　填料的装、运、填及压实应连续进行。

3　隔断层分层填筑时，填层厚度应均匀，压实层表面应大致平整。每层表面应做成向外不小于2%的横向排水坡。

4　条件具备时填料应优先选择场拌法施工。

4.22.3　施工控制

1　隔断层填料应符合设计要求，各结构层的碾压质量应符合本技术指南第5章的有关规定。当采用复合土工膜做隔断层时，其施工应符合本技术指南第4.21节的有关规定。

2　隔断层设置范围应符合设计要求，其允许偏差为±150 mm。

3　隔断层中各结构层厚度应符合设计要求，其允许偏差为±50 mm。

4　隔断层顶面的高程、中线至边缘距离、宽度、横坡、平整度允许偏差应按表4.3.6的要求控制。

4.23　岩溶注浆

4.23.1　施工准备

1　施工前应根据设计勘探资料，对施工地段进行地质核查。

2　路基施工前应先疏排地表水，防止地表水下渗。当设计有特殊要求时，按设计要求办理。

3　注浆所用材料应满足设计要求，进场时应进行现场验收。

4　按设计要求并根据现场试验确定的配合比配置浆液。

5　地基加固前，按设计的注浆工艺方法，通过试验确定注浆孔深度、孔距及注浆压力、注浆速度、注浆量等有关技术参数。

4.23.2　注浆施工

1　注浆孔可采用地质钻探方法成孔。地表有覆土时，为防止孔口坍塌或缩孔，必要时下孔口管或采用跟管钻进。当需要查明岩溶发育程度时，应采用取芯钻孔。钻孔过程中填写钻进记录，记录应详细反映该孔在钻进过程中涌水、漏水、土层分界等情况。

2　对注浆孔的孔位、孔深、孔径、孔底沉渣及孔口管进行检查，应满足设计要求。

3　压水试验，核实岩层渗透性，检查浆塞效果和注浆管路有无跑漏现象，并将孔内泥质充填物清出孔外。

4　注浆时根据钻孔记录和注浆试验结果选择适宜的浆液配合比。注浆开始时先进行自流注浆，直至浆液面到达孔口后进行有压注浆，加压由小到大。若需间歇反复注浆时，注浆压力应适当降低。

5　当注浆出现异常情况或注浆环境发现异常情况时，应分析查明原因，调整注浆方式。

6　为了保证注浆压力或注浆过程的连续性，加压注浆前应进行必要的封孔措施。

7 注浆结束后，为防止水泥浆产生离析或有较大下降，待浆面稳定且经补浆至孔口后再做止浆盘。止浆盘初凝后在其表面标明该孔的里程、桩号和设计深度。

8 注浆施工工艺流程见图 4.23.2。

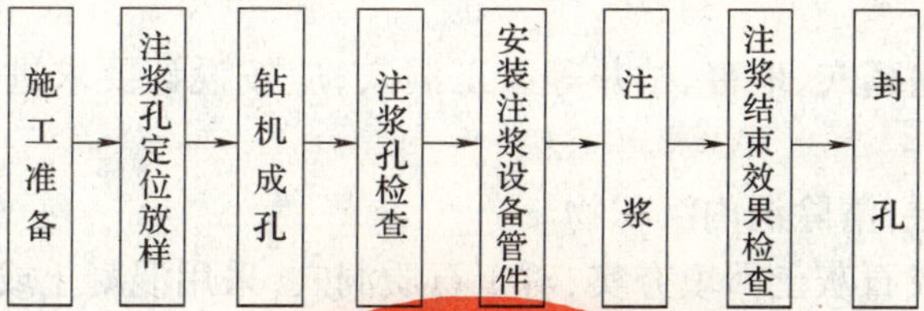

图 4.23.2 注浆施工工艺流程图

4.23.3 施工控制

1 按设计要求布置钻孔，宜为梅花形布置，地质钻成孔。当注浆孔探明的地质情况与设计不相符时，应提出设计变更。

2 应按设计要求设置检查孔，并按设计要求进行质量控制和检测。通过钻孔取样、注水试验或检验评估地基加固效果。

3 注浆孔应跳孔施钻，同步注浆，避免孔位串浆增加难度及清孔工作量。注浆应从路基坡脚向线路中心的顺序进行，先两侧后中间；在地下水有水头压力时，应先注下游孔，再注上游孔；单排孔应遵循“逐步加密、跳孔同步注浆”的原则。

4 注浆过程中应加强地面水平位移、冒浆点位置及沉陷观测。

5 注浆施工允许偏差应按表 4.23.3 的要求控制。

表 4.23.3 注浆施工允许偏差

序号	项 目	允 许 偏 差	序号	项 目	允 许 偏 差
1	间距	±20 mm	3	注浆压力	±10%
2	孔深	±100 mm			

4.24 洞穴处理

4.24.1 施工准备

1 施工前应根据设计勘探资料，核查洞穴的位置和分布情况，周密检查洞内环境，采取必要的安全防护措施。对不稳定的洞穴应加强临时支撑。洞内的有害气体和物质应予排除。

2 路基施工前应先疏排地表水，防止地表水下渗。当设计有特殊要求时，按设计要求办理。

3 洞穴处理所用材料应符合设计要求，进场时应进行现场验收。

4.24.2 洞穴处理一般方法

1 清除浅洞穴中淤泥及其他松软沉积物。先铲除洞穴表面溶蚀部分，将洞壁倾斜部分做成台阶，采用填片石及水泥土组成的混合物，自内向外逐段回填密实。

2 按设计要求进行压浆加固处理时，应符合本技术指南第 4.23 节的要求。

3 应按设计要求做好排水沟，严禁堵塞泉水出逸点，防止地下水沿路基出逸浸湿路基。

4.24.3　路基面上的溶洞应按设计要求处理，一般采用片石混凝土或钢筋混凝土封闭，封闭厚度不小于0.5 m，顶部与路基面齐平，搭盖洞口不宜小于0.2 m。

4.24.4　边坡及坡顶上的溶洞，应清除其充填物，按设计要求封闭；对于泉水发育部位，应预留泄水孔。

4.24.5　煤矿采空区、墓穴、地窖、枯井等人工洞穴，应按设计要求进行处理，并符合下列要求：

1　揭露其表盖层，清除洞内沉积物。

2　采用水泥土或石灰土回填夯实，对于石质洞穴，采用混凝土或片石混凝土回填，并视具体情况可采取压浆处理等措施。

3　回填应分层夯实、塞紧，灌浆应作好记录。

4　不得任意引排地下水。

4.24.6　黄土陷穴施工

1　按设计做好防排水措施，避免地表水流入。

2　采取回填施工，应符合本技术指南第8.3.4条的有关要求。

3　采取灌（压）浆施工，应符合本技术指南第4.23节的有关要求。

5 路 堤

5.1 一般规定

5.1.1 路堤填料分组应符合本技术指南附录 B 的要求。

5.1.2 施工前,应做好土石方的调配方案。

5.1.3 地基和原地面必须按设计要求进行处理,施工方法应符合本技术指南第 4 章的有关规定。

5.1.4 路堤各部分及护道均应分层填筑,并碾压至规定的压实标准。填筑前应通过工艺性试验段确定不同填料的压实工艺参数。

5.1.5 施工允许含水率控制范围应根据填料的性质、要求的压实标准和机械的压实能力综合确定。压实含水率应由重型击实试验的最优含水率和碾压工艺试验段施工允许含水率范围综合确定。当含水率过高时,应采取疏干、松土、晾晒或其他措施;当含水率过低时,应加水润湿,加水量 m_w(kg)可按下式估算:

$$m_w = \frac{m_w}{1+w} \times (w_{opt} - w) \tag{5.1.5}$$

式中 m_w——所取填料的湿重(kg);

w, w_{opt}——填料的天然含水率、最优含水率。

5.1.6 路堤施工应及时做好防排水,并应符合下列要求:

1 施工前应结合永久排水设施做好地表排水设施,排水沟应随挖随砌,铺砌必须及时完成。

2 基底、坡脚、填层面应及时作好排水处理,不得积水。

3 傍山修筑路堤时,应防止水渗入路堤结构各部位。

4 在多雨地区或雨季施工时,应防止地表水流入取土场内,并应将取土场内局部积水随时排除。

5.1.7 填筑路堤应符合下列条件:

1 施工前,对地基进行复查、核对,发现地基范围内有局部松软、坑穴、泉眼等,应慎重处理,不得随意填塞。

2 使用不同填料填筑时,各种填料不得混杂填筑,每一水平层的全宽应采用同一种填料。渗水土填在非渗水土上时,非渗水土上层面应设向两侧 4% 的横向排水坡。

3 相邻填层使用不同种类或颗粒条件的填料时,其粒径应符合 $D_{15}/d_{85} \leq 4$(两层渗水土间)或 $D_{15} \leq 0.5$ mm(非渗水土与渗水土间)的要求。否则,两层之间应铺设隔离作用的土工合成材料或厚度不小于 30 cm 的填层。

4 基床底层顶部和基床以下路堤顶部应设 4% 的人字排水坡。

5.1.8 改良土路堤施工应按现行《铁路路基改良土技术规程》组织施工,拌和方法应根据设计要求确定,并严格控制填料含水率和配合比。场拌时,原土料和各种外掺料应分堆存放,采用混合料拌和站拌和；路拌时，应先摊铺原土料，再均匀撒布外掺料，采用专用路拌机充分拌和均匀后，方可进行碾压；集中路拌时，应先对拌和区域进行整平，再均匀撒布外掺料，采用专用路拌机进行混合料的拌和。改良土施工设备和工艺应体现先进性原则，满足拌和施工质量要求和环境保护要求，条件具备时应优先选择场拌法施工。

5.1.9　路堤填筑应按设计要求进行沉降变形观测。路堤工后沉降量及沉降速率应符合设计要求。

5.2　填　　料

5.2.1　基床以下路堤填料

1　基床以下部位路堤应选用 A、B、C 组填料或改良土。当选用 D 组填料时，应采取改良措施。严禁使用 E 组填料。

2　当选用 C 组填料中的细粒土、粉砂和软块石时，应按设计采取隔水或加强边坡防护措施。

3　当选用块石类土时，应采用级配较好的硬质岩石及不易风化的软质岩，块石类土填料的最大粒径不得大于 30 cm 或摊铺厚度的 2/3，其抗压强度不低于 5 MPa。

5.2.2　基床底层填料

1　设计速度为 200 km/h 的路段，基床底层应选用 A、B 组填料或改良土。

2　设计速度小于等于 160 km/h 的路段，Ⅰ级铁路基床底层应选用 A、B 组填料或改良土，Ⅱ级铁路可选用 A、B、C 组填料。当采用 C 组填料时，在年平均降水量大于 500 mm 的地区，其塑性指数不得大于 12，液限不得大于 32%。

3　块石类填料的最大粒径不得大于 20 cm 或摊铺厚度的2/3。

5.2.3　基床表层填料

1　设计速度为 200 km/h 的路段，基床表层填料应采用级配砂砾石或级配碎石等材料。

2　设计速度小于等于 160 km/h 的路段，Ⅰ级铁路基床表层填料应选用 A 组填料（砂类土除外），或级配碎石、级配砂砾石；Ⅱ级铁路基床表层填料应优先选用 A 组填料，或 B 组填料。填料的颗粒粒径不得大于 15 cm。

3　采用级配砂砾石时，应符合下列技术要求：

1）颗粒的粒径、级配应符合表 5.2.3 的规定。

2）级配曲线应接近圆滑，某种尺寸的颗粒不应过多或过少。

3）颗粒中细长及扁平颗粒含量不应大于 20%。

4）粒径小于 0.5 mm 细集料的液限不应大于 28%，其塑性指数不应大于 6。

表 5.2.3　砂砾石级配范围

级配编号	通过筛孔（mm）质量百分率（%）								
	50	40	30	20	10	5	2	0.5	0.075
1	100	90 ~ 100	——	65 ~ 85	45 ~ 70	30 ~ 55	15 ~ 35	10 ~ 20	4 ~ 10
2	——	100	90 ~ 100	75 ~ 95	50 ~ 70	30 ~ 55	15 ~ 35	10 ~ 20	4 ~ 10
3	——	——	100	85 ~ 100	60 ~ 80	30 ~ 50	15 ~ 30	10 ~ 20	2 ~ 8

注：用圆孔筛时，采用 1 ~ 3 号级配；用方孔筛时，采用 2、3 号级配。

5）黏土团及有机物含量不应超过2%。

4 采用级配碎石时，碎石粒径、级配及品质应符合铁道部现行《铁路碎石道床底砟》（TB/T 2897）的有关规定。

5 基床表层与上部道床碎石及下部填土之间的颗粒级配均应满足 $D_{15} < 4d_{85}$ 的要求。当级配砂砾石或级配碎石与下部填土间不能满足要求时，基床表层应采用颗粒级配不同的双层结构，或在基床底层表面铺设土工合成材料；当路堤填料为化学改良土时，可不受此限制。

5.2.4 过渡段填料

1 基床表层填料应符合本技术指南第5.2.3条的规定。

2 设计速度为200 km/h的路段，基床表层以下可采用级配碎石分层填筑，其级配范围应符合表5.2.4的要求，颗粒中针状、片状碎石含量不应大于20%，质软、易破碎的碎石含量不应超过10%，黏土团及有机物含量不应超过2%。

表5.2.4 碎石级配范围

级配编号	通过筛孔质量百分率（%）									
	50	40	30	25	20	10	5	2.5	0.5	0.075
1	100	95～100	——	——	60～90	——	30～65	20～50	10～30	2～10
2	——	100	95～100	——	60～90	——	30～65	20～50	10～30	2～10
3	——	——	100	95～100	——	50～80	30～65	20～50	10～30	2～10

3 设计速度小于等于160 km/h的路段，一次铺设无缝线路的Ⅰ级铁路，路堤和桥台、路堤与硬质岩石路堑的过渡段基床表层以下可采用A组填料填筑；铺设非无缝线路的Ⅰ、Ⅱ级铁路的桥头路堤及Ⅰ、Ⅱ级铁路的涵洞两侧路堤应采用渗水土填筑。

5.2.5 施工控制

1 施工前应对设计取土场的填料进行取样试验并确认填料组别。

2 施工中应核对进场填料，当实际使用填料不符合规定和要求时，应及时纠正。

3 采用改良土时，应按设计文件进行室内配合比试验，并通过试验段填筑确定施工配合比。施工中应严格控制改良土的含水率和配合比。

4 基床表层级配砂砾石或级配碎石的材质、级配必须经室内及现场填筑试验，压实标准满足设计要求后，方可大面积填筑。

5 对雨季滞水及排水不畅的低洼地段，应以渗水填料或水稳性较好的填料填筑，并加以疏导。

6 在地下水位高（地下水位距地表小于0.5 m）的黏性土地基上填筑路堤时，路堤底部应填筑渗水性填料，有条件时可采取降低地下水位的措施。

5.3 基床以下路堤填筑

5.3.1 路堤填筑前应对地基和原地面处理结果进行验收，其质量必须达到设计要求。

5.3.2 高度小于基床厚度的低路堤，应严格按照设计要求进行处理。

5.3.3 路堤填筑前应选择在地质条件、断面形式均具有代表性的地段进行现场填筑压实工艺试验，确定不同压实机械、不同填料施工含水率的控制范围、松铺厚度和相应的碾压遍数、最佳的机械配套和施工组织。试验段长度不宜小于 100 m，压实机械宜选用重型振动压路机。

5.3.4　路堤填料应按本技术指南第 5.2.1 条的要求严格选用，并符合设计要求。

5.3.5　基床以下路堤填筑

1　基床以下路堤填筑应按“三阶段、四区段、八流程”的施工工艺组织施工，每个区段的长度应根据使用机械的能力、数量确定，一般宜在 200 m 以上或以构造物为界。各区段或流程内严禁几种作业交叉进行。

2　路堤应沿横断面全宽、纵向分层填筑。当原地面高低不平时，应先从最低处开始分层填筑，由两边向中部填筑。路基边坡两侧超填宽度宜为 30 ~ 50 cm，竣工时应刷坡整平。

3　分层填筑厚度应根据压实机械压实能力、填料种类和要求的压实质量，通过现场工艺试验确定。采用块石类填筑时，分层的最大压实厚度不应大于 60 cm；碎石类填料填筑时，分层的最大压实厚度不应大于 40 cm；采用砂类土和改良细粒土填筑时，分层的最大压实厚度不应大于 30 cm。分层填筑的最小分层厚度不宜小于 10 cm。

4　不同性质的填料应分别填筑，不得混填。每一水平层的全宽应用同一种填料填筑，每种填料层累计总厚不宜小于50 cm。当上下相邻填层使用不同种类及颗粒条件的填料时，其粒径应符合本技术指南第 5.1.7 条的有关规定。

5　填料摊铺应使用推土机进行初平，再用平地机进行平整，填层面目视平顺，并应做成向两侧不小于 2% 的横向排水坡。

6　用改良细粒土或含细粒成分较多的粗粒土填料填筑路堤时，必须严格控制其含水率在工艺试验确定的施工允许含水率范围内。填料含水率较低时，应及时采用洒水措施，加水量可按本技术指南式 5.1.5 计算，洒水可采用取土场内提前洒水闷湿和路堤内搅拌的方法。填料含水率过大时，宜采用取土场内开挖沟槽降低水位和用机械翻松晾晒相结合的方法，或将填料运至路堤摊铺晾晒。

7　当用块石类填料填筑时，石块应大小搭配，相互嵌塞紧密牢固，填石空隙应用小石块或石屑填满，并做到层厚均匀、顶面平整。路堤边坡两侧应使用较大块石进行码砌。

8　压实顺序应按“先两侧、后中间”进行碾压。各种压路机的最大碾压行驶速度不宜超过 4 km/h。各区段交接处，应互相重叠压实，纵向搭接长度不应小于 2 m，沿线路纵向行与行之间压实重叠不应小于 40 cm，上下两层填筑接头应错开不小于 3.0 m。

5.3.6　路堤施工控制

1　施工中应检查核对填料实际使用情况，当实际使用填料发生变化时，应另取样作土工试验进行鉴定。填料复查应符合表5.3.6—1的要求。

表 5.3.6—1　基床以下路堤填料复查项目及频次

填料类别	试验项目、频次			
	颗粒级配	液塑限	击实试验	颗粒密度
细粒土	—	5 000 m^3（或土性明显变化）	5 000 m^3（或土性明显变化）	—
粗粒土、碎石土	10 000 m^3（或土性明显变化）	—	—	10 000 m^3（或土性明显变化）

注：表列数字为进行一次试验的填料体积。按《铁路工程土工试验规程》（TB 10102）规定的试验方法检验。

2　在每一层的填筑过程中，应确认填料质量、含水率、铺土厚度、填料表面平整度符合设计及本技术指南第5.3.5条的规定后，再进行碾压。

3 填筑高度小于基床厚度的路堤基底处理及质量检验应根据所处路堤部位的要求进行。

4 路堤边坡高度大于15 m时，应根据填料、边坡高度等按设计要求加宽路基面，基床以下路堤填料的压实标准应采用基床底层的压实标准。

5 基床以下路堤填筑压实质量标准应按表5.3.6—2或表5.3.6—3控制。其中旅客列车设计时速200 km时按表5.3.6—2的要求控制，采用地基系数K_{30}和孔隙率n或压实系数K作为控制指标；旅客列车设计时速等于或小于160 km时按表5.3.6—3的要求控制，对细粒土、粉砂、改良土采用压实系数K和地基系数K_{30}作为控制指标，对砂类土(粉砂除外)采用相对密度D_r和地基系数K_{30}作为控制指标，对砾石类、碎石类采用地基系数K_{30}和孔隙率n作为控制指标，块石类采用地基系数K_{30}作为控制指标。

表5.3.6—2 时速200 km基床以下路堤填筑压实质量标准

压实标准 \ 填料类别	细粒土	粗粒土	碎石土
地基系数K_{30}(MPa/m)	≥90	≥110	≥130
孔隙率n(%)	—	<31	<31
压实系数K	≥0.90	—	—

注：K为重型击实标准(下同)。

表5.3.6—3 时速160 km基床以下路堤填筑压实质量标准

层次	压实指标 \ 铁路等级 \ 填料类别	细粒土、粉砂、改良土		砂类土(粉砂除外)		砾石类		碎石类		块石类	
		Ⅰ级	Ⅱ级	Ⅰ级	Ⅱ级	Ⅰ级	Ⅱ级	Ⅰ级	Ⅱ级	Ⅰ级	Ⅱ级
不浸水部分	压实系数K	0.90	0.90	—	—	—	—	—	—	—	—
	地基系数K_{30}(MPa/m)	80	80	80	80	110	110	120	120	130	130
	相对密度D_r	—	—	0.7	0.7	—	—	—	—	—	—
	孔隙率n(%)	—	—	—	—	32	32	32	32	—	—
浸水部分及桥涵两端	压实系数K	—	—	—	—	—	—	—	—	—	—
	地基系数K_{30}(MPa/m)	—	—	(80)	(80)	(110)	(110)	(120)	(120)	(130)	(130)
	相对密度D_r	—	—	(0.7)	(0.7)	—	—	—	—	—	—
	孔隙率n(%)	—	—	—	—	(32)	(32)	(32)	(32)	—	—

注：括号内为砂类土(粉砂除外)、砾石类、碎石类、块石类中渗水土填料的压实标准。

6 基床以下路堤顶面外形尺寸允许偏差应按表5.3.6—4的要求控制。

表 5.3.6—4 基床以下路堤顶面外形尺寸允许偏差

序号	检验项目	允许偏差	
		设计速度 200 km/h 铁路	设计速度≤160 km/h 铁路
1	高程	±50 mm	±50 mm
2	中线至边缘距离	±50 mm	±50 mm
3	宽度	不小于设计值	不小于设计值
4	横坡	±0.5%	±0.5%
5	平整度	土质路堤顶面:15 mm 填石路堤顶面:50 mm	土质路堤顶面:30 mm 填石路堤顶面:100 mm

5.4 基床底层填筑

5.4.1 基床底层填筑前应根据所选的机械及计划使用的填料种类进行现场填筑压实工艺试验。试验段的长度不宜小于 100 m。

5.4.2 基床底层填筑应符合本技术指南第 5.3.5 条的规定及下列要求：

1 采用碎石类和砾石类填筑时,分层的最大压实厚度不应大于 35 cm。

2 采用砂类土和改良细粒土填筑时,分层的最大压实厚度不应大于 30 cm。

3 分层填筑的最小压实厚度不宜小于 10 cm。

5.4.3 基床底层填筑施工控制:

1 检查核对填料的实际使用情况,当实际使用填料发生变化时,应另取样进行土工试验鉴定。填料复查应符合表 5.3.6—1 的要求。

2 在每一层的填筑过程中,应确认填料质量、含水率、松铺厚度、填料表面平整度符合设计及本技术指南第 5.4.2 条的要求后,再进行碾压。

3 已填筑好的底层应控制车辆通行。

4 基床底层压实质量按表 5.4.3—1 或表 5.4.3—2 的要求控制。当设计速度为 200 km/h时按表 5.4.3—1 控制,采用地基系数 K_{30} 和孔隙率 n 或压实系数 K 作为控制指标;当设计速度小于或等于 160 km/h 时按表 5.4.3—2 控制,对细粒土、粉砂、改良土应采用压实系数 K 和地基系数 K_{30} 作为控制指标,对砂类土(粉砂除外)应采用相对密度 D_r 和地基系数 K_{30} 作为控制指标,对砾石类、碎石类应采用地基系数 K_{30} 和孔隙率 n 作为控制指标,对块石类应采用地基系数 K_{30} 作为控制指标。

表 5.4.3—1 速度 200 km/h 基床底层压实质量标准

填料类别 / 压实标准	细粒土	粗粒土	碎石土
地基系数 K_{30}(MPa/m)	≥110	≥120	≥150
孔隙率 n(%)	—	<28	<28
压实系数 K	≥0.95	—	—

表 5.4.3—2 速度≤160 km/h 基床底层压实质量标准

压实指标 \ 铁路等级 \ 填料类别	细粒土、粉砂、改良土		砂类土（粉砂除外）		砾石类		碎石类		块石类	
	Ⅰ级	Ⅱ级	Ⅰ级	Ⅱ级	Ⅰ级	Ⅱ级	Ⅰ级	Ⅱ级	Ⅰ级	Ⅱ级
压实系数 K	(0.93)	0.91	—	—	—	—	—	—	—	—
地基系数 K_{30} (MPa/m)	(100)	90	100	100	120	120	130	130	150	150
相对密度 D_r	—	—	0.75	0.75	—	—	—	—	—	—
孔隙率 n(%)	—	—	—	—	31	31	31	31	—	—

注：细粒土、粉砂、改良土一栏中，有括号的仅为改良土的压实标准，无括号的为细粒土、粉砂、改良土的压实标准。

5 基床底层外形尺寸允许偏差按表 5.4.3—3 的要求控制。

表 5.4.3—3 基床底层外形尺寸允许偏差

序号	检验项目	允许偏差	序号	检验项目	允许偏差
1	高程	±20 mm	4	横坡	±0.5%
2	中线至边缘距离	不小于设计值	5	平整度	15 mm
3	宽度	不小于设计值			

5.5 基床表层填筑

5.5.1 基床表层级配碎石或级配砂砾石填筑前准备工作

1 施工前应做好级配碎石或级配砂砾石的备料工作。

2 拌和场内不同粒径的碎石、卵石或砂砾等集料应分类堆放。

3 级配碎石或级配砂砾石应采用拌和站场拌法生产。

4 在大面积填筑前，应根据初选的摊铺、碾压机械及填料，进行现场填筑压实工艺试验，确定填料级配、施工含水率、松铺厚度和碾压遍数、机械配套方案、施工组织。试验段长度不宜小于100 m。

5 基床表层填筑前应检查基床底层几何尺寸，核对压实标准，不符合标准的基床底层应进行修整，使之达到基床底层验收标准。

5.5.2 基床表层级配碎石或级配砂砾石填筑施工

1 基床表层的填筑宜按验收基床底层、拌和运输、摊铺碾压、检测修整“四区段”和拌和、运输、摊铺、碾压、检测试验、修整养护“六流程”的施工工艺组织施工。摊铺碾压区段的长度应根据使用机械的能力、数量确定。区段的长度一般宜在 100 m 以上。各区段或流程只能进行该区段和流程的作业，严禁几种作业交叉进行。

2 基床表层级配碎石或级配砂砾石应分层填筑，每层的最大填筑压实厚度不得大于30 cm，最小填筑压实厚度不得小于15 cm。

3 级配碎石或级配砂砾石的摊铺可采用摊铺机或平地机进行。每层的摊铺厚度应按工艺试验确定的参数严格控制。用平地机摊铺时，必须在路基上采用方格网控制填料量，方格网纵向间距不宜大于 10 m，横向应分别在路基两侧及路基中心设方格网桩。用摊铺机摊铺时，应根据摊铺机的摊铺能力配置运输车辆，减少停机待料时间。

4 在摊铺机或平地机摊铺后应由人工及时消除粗细集料离析现象。

5　整形后，当表面尚处湿润状态时应立即进行碾压。如表面水分蒸发较多，明显干燥失水，应在其表面喷洒适量水分，再进行碾压。用平地机摊铺的地段，应用轮胎压路机快速碾压一遍，暴露的潜在不平整再用平地机整平。

6　碾压时，应采用"先静压、后弱振、再强振"的方式，最后静压收光。直线地段，应由两侧路肩开始向路中心碾压；曲线地段，应由内侧路肩向外侧路肩进行碾压。沿线路纵向行与行之间重叠压实不应小于40 cm，各区段交接处，纵向搭接压实长度不应小于2 m，上下两层填筑接头应错开不小于3 m。

7　横向接缝处填料应翻挖并与新铺的填料混合均匀后再进行碾压，注意调整其含水率，纵向应避免工作缝。

8　碾压后的基床表层质量应符合设计要求，局部表面不平整处应补平并碾压。

9　已完成的基床表层应采取措施控制车辆通行，并做好基床表面的保护工作。严禁在已完成的或正在碾压的路段上调头或急刹车。

5.5.3　基床表层采用A、B组填料或改良土填筑时，填筑施工应符合本技术指南第5.4节的有关规定。

5.5.4　基床表层填筑施工控制

1　级配碎石或级配砂砾石的质量应符合本技术指南第5.2.3条的要求。

2　级配碎石或级配砂砾石填料复查试验应在级配碎石厂和摊铺现场取具有代表性的样品进行试验。每2 000 m^3 复查一次。

3　基床表层级配碎石或级配砂砾石应分层填筑，其填筑压实质量按表5.5.4—1的要求控制，采用地基系数 K_{30} 和孔隙率 n 作为控制指标。

表5.5.4—1　级配碎石或级配砂砾石基床表层填筑压实质量标准

填　料	压实标准	设计速度200 km/h铁路	设计速度≤160 km/h铁路
级配砂砾石或级配碎石	地基系数 K_{30}(MPa/m)	≥190	≥150
	孔隙率 n	<18%	<28%

4　基床表层A、B组填料及改良土填筑压实质量按表5.5.4—2的要求控制，每5 000 m^3复查一次。对细粒土、粉砂、改良土应采用压实系数 K 和地基系数 K_{30} 作为控制指标；对砂类土（粉砂除外）应采用相对密度 D_r 和地基系数 K_{30} 作为控制指标；对砾石类、碎石类应采用地基系数 K_{30} 和孔隙率 n 作为控制指标。

表5.5.4—2　基床表层填筑压实质量标准

填料类别 / 铁路等级 / 压实指标	细粒土、粉砂、改良土		砂类土（粉砂除外）		砾石类		碎石类	
	Ⅰ级	Ⅱ级	Ⅰ级	Ⅱ级	Ⅰ级	Ⅱ级	Ⅰ级	Ⅱ级
压实系数 K	—	(0.93)	—	—	—	—	—	—
地基系数 K_{30} (MPa/m)	—	(100)	—	110	150	140	150	140
相对密度 D_r	—	—	—	0.8	—	—	—	—
孔隙率 n(%)	—	—	—	—	28	29	28	29

注：细粒土、粉砂、改良土一栏中，有括号的仅为改良土的压实标准。

5　基床表层外形尺寸允许偏差按表5.5.4—3的要求控制。

表 5.5.4—3 基床表层外形尺寸允许偏差

序号	项　目	允许偏差	序号	项　目	允许偏差
1	高程	±20 mm	4	横坡	±0.5%
2	中线至路肩边缘距离	不小于设计值	5	平整度	15 mm
3	宽度	不小于设计值	6	厚度	不小于设计值

5.6 加筋土路堤

5.6.1 加筋土路堤施工准备

1 用于加筋的土工合成材料应符合设计要求,按规定的批次进行检验。

2 土工合成材料运至工地后,应分批整齐堆放在料棚(库)内,防止日晒雨淋,并保持料棚通风干燥。

5.6.2 加筋土路堤施工

1 土工合成材料的铺设应符合本技术指南第4.21.2条的规定。

2 加筋土路堤填筑应分层摊铺、分层碾压,除符合第5.3~第5.5节有关规定外,还应符合下列要求:

1)土工合成材料铺设后应及时填筑填料,避免受阳光直接暴晒时间过长。

2)严禁施工机械直接在土工合成材料上行走作业。

3)加筋土路堤与两端路堤应同步施工。

4)加筋土路堤的边坡防护宜与路堤填筑同步施工。

5.6.3 施工控制

1 土工合成材料铺设允许偏差应符合表4.21.6的规定。

2 路堤填料应按本技术指南第5.2节的有关要求控制,路基压实质量应按表5.3.6—2、表5.3.6—3或表5.4.3—1、表5.4.3—2的要求控制。

5.7 路堤边坡

5.7.1 路堤边坡应采用加宽超填或专用边坡压实机械施工。当采用加宽超填方法时,超填宽度不宜小于50 cm。

5.7.2 路堤施工时,填筑面应平整,并根据现场情况做必要的截水沟和急流槽等截、排水设施。

5.7.3 路堤刷坡宜用刷坡机械进行刷坡。机械刷坡时应根据路肩线用坡度尺控制坡度。人工刷坡时应采取挂方格网线控制边坡平整度和坡度,方格网桩距不宜大于10 m。

5.7.4 路堤边坡应密实、稳固、平顺。

5.7.5 路堤边坡外形尺寸允许偏差按表5.7.5的要求控制。

表 5.7.5 路堤边坡外形尺寸允许偏差

序号	检验项目	允许偏差	序号	检验项目	允许偏差
1	边坡坡率(偏陡率)	3%设计坡值	3	平台位置	±100 mm
2	变坡点位置	±200 mm	4	平台宽度	±50 mm

注:变坡点、平台位置以位于路肩下的高度计。

5.8 取 土

5.8.1 填方取土应根据设计要求和施工地段总的土石方调配计划,并结合路基排水和当地土地利用、环保规划进行布置,不得任意挖取。

5.8.2 取土坑面积应根据需要取土数量,结合坑深、施工方法和用地要求确定。

5.8.3 取土坑底应平顺,并有向外的排水坡。取土坑的边坡应稳定。

5.8.4 当条件适宜时,可采用深井降水、深坑取土和坡地取平等节约用地的措施。

5.8.5 取土时应保护环境。风景区或有特殊要求的施工地段,应按设计及时配套完成环保工程。对取土后的裸露面应作土地整治或采取防护措施。

5.9 雨季施工

5.9.1 雨季施工前应做好施工准备工作,区分路段,进行适合于雨季施工项目的安排。

5.9.2 雨季施工路段,应在雨季前做好涵洞,并做好防水、防洪、排水工作。必要时采取覆盖措施。

5.9.3 严禁在雨天进行非渗水土的填筑施工。

5.9.4 雨季填筑路堤,应根据机械设备的性能和数量,合理安排工作面进行轮流作业,集中力量,快速施工,不宜全面铺开。

5.9.5 雨季路堤填筑的每一压实层面均须做成2% ~4% 的横向排水坡,路堤边坡应随时保持平整,每次作业收工前必须将铺填的松土层压实完毕。

5.9.6 雨后的路基面必须进行晾晒、刮除表面浮土和复压处理,并确认填料含水率合格后才能继续施工。

5.10 低温施工

5.10.1 昼夜平均气温在0 ℃以下且连续15 d时,应按低温施工办理。

5.10.2 路堤严禁使用冻土或掺有冻土的填料填筑,宜选用级配良好的渗水土作填料。当不得不使用非渗水土时,其含水率宜低于塑限,并采取加强压实措施。

5.10.3 低温施工路堤,其地基处理应在冻结前完成,处理方法除应符合本技术指南第4章的有关规定外,还应清除冰雪、疏干积水,坑洼处用与地基同类未冻土填平压实。处理后应随即掩盖以防冻结。

5.10.4 低温施工应采取以下措施:

1 施工地段的积雪宜在临开工前清除。

2 应随挖、随运、随填、随压实。已铺土层未压实前,不得中断施工,应保证开挖、运填周转时间小于土的冻结时间。

3 对取土场、路堑和路堤的外露土层宜用松土或草袋覆盖。

4 路堤填筑应按横断面全宽分层填筑,铺土厚度应减薄20% ~25% 。

5 停工后继续施工前,应将表面冰雪及冻结的土层清除。

5.10.5 低温施工的路基面及边坡的修整工作必须在解冻后进行。

5.11 沉降变形观测

5.11.1 路堤工程施工应按设计要求进行地基沉降、侧向位移的动态观测。时速200 km路段路堤工后沉降量，一般地段不应大于15 cm，年沉降速率应小于4 cm/年；桥台台尾地段路堤工后沉降不应大于8 cm。时速160 km路段路堤工后沉降量，Ⅰ级铁路一般地段不应大于20 cm，年沉降速率应小于5 cm/年，桥台台尾地段路堤工后沉降不应大于10 cm；Ⅱ级铁路不应大于30 cm。

5.11.2 路堤施工过程中应根据具体情况确定预留沉降量。

1 填筑路堤时，应根据路堤高度、填料种类、压实条件、地基情况、施工季节及延续时间等因素，估计填筑后路堤和地基的总沉降，预先加填沉降量，并考虑与桥台及两端线路纵坡顺接，适当调整预留量，待路堤竣工（铺轨）时，再根据路面沉降观测推算的剩余沉降量修正预留量。

2 预留沉降量后，路堤坡脚位置仍按设计路肩高程及边坡坡度测定，路基面按设计宽度施工。

5.11.3 观测基桩必须置于不受施工影响的稳定地基内，并定期进行复核校正。观测装置的埋设位置应符合设计要求，且埋设稳定。施工中应保护好观测基桩及观测装置。

5.11.4 在填土过程中，应根据观测成果整理绘制“填土高－时间－沉降量”关系曲线图，分析路基沉降及侧向位移的趋势，用以指导现场施工。

5.11.5 边桩及沉降观测桩在施工期间每一填筑层应进行一次观测，在沉降量突变的情况下，每天应观测2～3次。当两次填筑间隔时间较长时，每3 d应观测一次。路堤经过分层填筑达到预压高程后，在预压期的前2～3个月内，每5 d观测一次；3个月后7～15 d观测一次；半年后1个月观测一次，一直观测到预压期末。预压期后每3个月观测一次直至移交。当沉降速率变化较大时，应增加观测频次。

5.11.6 路基填筑至设计高程后，应按设计在路肩设观测桩，与边桩和沉降观测桩同步进行观测。

5.11.7 沉降观测资料应齐全、详实、规范，符合设计要求，并及时整理、汇总分析，提供给相关单位作为工后沉降评估的依据。

5.11.8 竣工验交时，沉降观测设施和观测资料应与工程同时移交给工程接收单位。

6 路　堑

6.1 一 般 规 定

6.1.1 路堑开挖、基床处理、排水系统和弃土等，应根据地形、地质、气象、水文实际情况合理安排施工。

6.1.2 路堑开挖施工前应核对地质资料，开挖后如发现与地质资料不符时，应及时反馈给设计和监理单位。

6.1.3 路堑开挖应根据地形情况、岩层产状、断面形状、路堑长度、施工季节和环境保护要求，并结合土石方调配选用下列方式开挖：

1 全断面开挖适用于平缓地面上短而浅的路堑，用挖装、车运机具施工。

2 横向台阶开挖适用于平缓横坡上的一般路堑，用挖装、车运机具施工；较深路堑宜分层开挖。

3 逐层顺坡开挖适用于土质路堑，用铲运、推土机械施工。

4 纵向台阶开挖适用于傍山路堑，边坡较高时宜分级开挖；路堑较长时，可适当开设马口。对边坡较高的软弱、松散岩质路堑，宜采用分级开挖、分级支挡、分级防护的预加固措施。

6.1.4 路堑排水系统施工

1 路堑施工应先做好堑顶截、排水设施。堑顶为土质或有软弱夹层的岩石时，天沟应及时铺砌或采取其他防渗措施。

2 开挖区应保持排水系统通畅，临时排水设施宜与永久性排水设施相结合，并与原有排水系统相适应。

3 排出的水不得损害路基及附近建筑物地基、道路和农田，并不得引起淤积和冲刷。

4 影响边坡稳定的地面水和地下水应及时引排，在路堑的表面设排水坡，以利排水。

6.1.5 路堑开挖施工

1 开挖前应先检查坡顶、坡面，并对危石、裂缝或其他不稳定情况妥善处理。

2 开挖应从上而下进行，严禁掏底开挖。

3 对岩石的走向、倾斜不利于边坡稳定及施工安全的地段，应按设计要求开挖，并采取减弱施工振动的措施；在设有支挡结构的地段，应采取短开挖或马口开挖；对影响施工和营业线行车安全的地段，应加设临时支护措施。

4 开挖爆破应按岩性、产状、边坡高度选择适当方法，严格控制药量。爆破后应达到边坡和堑顶山体稳定，基床和边坡平顺且不破碎、不松动。凹凸不平处应用混凝土或浆砌片石补齐。

5 硬质岩路堑应根据岩体结构、结构面产状、岩性等，宜采用光面、预裂爆破等控制爆破技术。

6 边坡高度大于20 m的软弱松散岩质路堑，当岩层风化破碎、节理发育时，应根据边坡地质条件，结合机械化施工的特点，采用“边开挖、边支护”和坡脚预加固技术。

6.1.6 路堑开挖后的边坡不得长时间暴露，特别是跨雨季放置，应及时按设计要求进行防护处理。防护施工应符合本技术指南第10章的有关规定。

6.1.7 路堑开挖到设计标高时，应进行检测。当设计速度为200 km/h时，基床范围内不得夹有比贯入阻力 P_s < 1.5 MPa或基本承载力 σ_0 < 0.18 MPa的土层；当设计速度为160 km/h时，基床范围内不得夹有比贯入阻力 P_s < 1.2 MPa（其中Ⅱ级铁路 P_s < 1.0 MPa）或地基基本承载力 σ_0 < 0.15 MPa（其中Ⅱ级铁路 σ_0 < 0.12 MPa）的土层。否则应进行改良、换填或加固处理，并与侧沟同步施工。

6.1.8 路堑边坡施工允许偏差应符合表6.1.8的规定。

表6.1.8 路堑边坡施工允许偏差

序号	项 目	允许偏差	序号	项 目	允许偏差
1	边坡坡率	不陡于设计坡度	3	平台位置	±200 mm
2	变坡点位置	±200 mm	4	平台宽度	±50 mm

6.2 路堑基床

6.2.1 不易风化硬质岩石基床，应将路基面做成向两侧4%的排水坡，做到表面平顺，肩棱整齐，对凹凸不平处应以混凝土或级配砂砾石、级配碎石填平。

6.2.2 强风化硬质岩石、软质岩石及土质路堑基床表层应符合下列要求：

1 当设计速度为200 km/h时，基床表层应换填级配砂砾石或级配碎石，压实质量按表6.2.2的要求控制，施工工艺应符合本技术指南第5.5节的有关规定。

表6.2.2 基床表层压实标准

填 料	厚度(m)	压实标准			
		设计速度200 km/h		设计速度160 km/h	
		地基系数 K_{30}（MPa/m）	孔隙率 n（%）	地基系数 K_{30}（MPa/m）	孔隙率 n（%）
级配砂砾石	0.6	≥190	<18	≥150	<28
级配碎石	0.5	≥190	<18	≥150	<28
中粗砂	0.1	≥130	<18	≥130	<18

注：施工过程中，中粗砂可按相对密度≥0.67控制。

2 当设计速度为160 km/h时，基床表层土质应满足本技术指南第5.2.3条的有关规定，否则应进行换填或土质改良等措施；基床表层天然密实度不得小于表5.5.4—2的要求，否则应采取压实措施；基床表层采用换填级配砂砾石或级配碎石时，其压实质量按表6.2.2的要求控制，施工工艺应符合本技术指南第5.5节的有关规定。

6.2.3 基床底层表面应做成向两侧4%的排水坡，施工时，其上宜保留0.1～0.2 m厚土层，待基床表层施工时挖除。

6.2.4 基床底层施工允许偏差应符合表6.2.4的规定。

表 6.2.4　路堑基床施工允许偏差

序号	项　目	允许偏差	序号	项　目	允许偏差
1	高程	±20 mm	4	横坡	±0.5%
2	中线至路肩边缘距离	$^{+100}_{0}$ mm	5	平整度(土质路堑)	15 mm
3	宽度	不小于设计值	6	厚度	不小于设计值

6.3　半填半挖路基

6.3.1　开挖应符合本技术指南第 6.2 节的有关规定。

6.3.2　填筑应符合本技术指南第 5.3～第 5.5 节的有关规定。

6.3.3　路基轨道下横跨挖方与填方两部分时，换填宽度、深度、范围及填料应符合设计要求，并设置 4% 的向外排水坡。

6.3.4　当采用土工合成材料连接时，其铺设应符合设计要求及本技术指南第 4.21.2 条的要求。

6.3.5　填筑部分应挖台阶处理，台阶尺寸应符合设计要求。

6.4　地下水路堑

6.4.1　地下水发育地段的路堑开挖时，应核查地下水的出露位置、发育情况及相关的水文地质资料，必须做好地面排水，施工场地内不得存积地表水，施工中要随时将渗透出的地下水排出施工场地。

6.4.2　渗水暗沟沟槽开挖时，硬质岩石应采用预裂爆破或光面爆破。软质岩石或土质宜采用机械挖槽，使得沟槽侧壁平顺。

6.4.3　渗水暗沟基础施工时，混凝土基础表面应平整，不应出现反坡或凹凸不平现象。

6.4.4　渗水暗沟铺设土工合成材料时，其下端应按设计要求的尺寸平铺于混凝土基础顶面，再将上端沿沟壁抻平。

6.4.5　铺设渗水管时，固定管位后，沟槽内按设计回填碎石滤层，管周及管顶以上 30 cm 范围内松填，30 cm 以上应分层轻振夯实。碎石应填充密实、均匀。

6.4.6　侧沟采用预制件铺设时应用水泥砂浆勾缝。

6.5　爆　　破

6.5.1　路基爆破的一般要求：

1　爆破工程施工必须严格按国家爆破安全规程要求进行。

2　路基爆破的效果应符合下列要求：

1）准爆，达到预期的爆破形状和数量。

2）确保基床、边坡和堑顶山体稳定，不受破坏；爆出的坡面平顺、底板平整。

3）爆堆的位置、高度符合爆破任务要求；爆后需移运的石块块度适于铲挖、装运。

3　在居民聚居地、交通干道、风景名胜区、重要工程设施、高压线、地下洞库、水油气管道、化工管道等附近进行爆破施工时，必须采取相应的技术、安全和环境保护措施。

4 进行拆除等特殊爆破时,应符合国家现行特种爆破的有关规定。

5 路堑开挖严禁使用峒室药包爆破。

6.5.2 常规爆破施工

1 炮孔爆破直径宜为 38 ~ 150 mm,炮孔深度不宜大于15 m。

2 爆破孔网参数及装药参数的确定:

1)炮孔宜采用有一定倾角的倾斜炮孔。

2)台阶法开挖的台阶高度应根据钻孔机械、工程规模、开挖深度、装载设备能力、边坡稳定和技术经济效益等因素综合考虑,一般为 7 ~ 10 m。路堑深度大于 10 m时,梯段应分层。

3)炮孔的实际抵抗线 W 值应结合装药直径(或药卷直径)、炮孔孔距、炸药爆力和装药密度等因素通过计算或试验确定。

3 台阶爆破主炮孔应有一定的超深,超深值宜为 $0.1W \sim 0.3W$。

4 在深孔爆破中,炮孔装药宜实行底部和柱部分部装药,柱部的线装药密度宜为底部的50% 。

5 炮孔的堵塞长度不得小于 $1W$ 或 20 倍炮孔直径。

6 多个或多排炮孔起爆宜采用微差爆破。

6.5.3 光面爆破和预裂爆破施工

1 在石质路堑开挖施工中宜采用光面爆破、预裂爆破与深孔爆破相结合的施工方法;边坡坡率为 1:0.1 ~ 1:0.75 的岩石边坡必须采用光面爆破或预裂爆破开挖,使爆破后形成平整的坡面。

2 光面爆破和预裂爆破应选用低威力、低爆速、低密度、传爆性能好的炸药。

3 光面爆破和预裂爆破参数的确定应符合现行《铁路路堑边坡光面(预裂)爆破技术规程》(TB 10122)的规定。

4 预裂炮孔和光面炮孔的倾斜度应与设计边坡坡度一致,每层炮孔底应设在同一高程上。

5 预裂炮孔和主炮孔同次起爆时,预裂炮孔应在主炮孔前起爆,超前时间不宜小于 75 ms。

6 光面爆破可采用预留光爆层的办法实施。光面炮孔与主炮孔同次起爆时,光面炮孔应滞后相邻主炮孔起爆,滞后时间宜为 50 ~ 150 ms,且各光面炮孔均宜使用同一段的雷管起爆。

6.5.4 光面爆破和预裂爆破的质量要求:

1 坡面半孔率,硬岩不小于 80%,中硬岩不小于 60%,软岩不小于 30%。

2 预裂缝宽不宜小于 5 ~ 20 mm,缝深不得小于孔深。

3 边坡坡面平整,凹凸差小于 ±150 mm。

4 坡面上不应有明显可见的爆振裂纹,坡面稳定、美观。

6.6 弃 土

6.6.1 弃土的位置与高度应保证路堑边坡、山体和自身的稳定。弃土内侧坡脚至堑顶的距离应根据路堑土质条件和边坡高度确定,不宜小于 5 m,并不得影响附近建筑物、农田、水利、河道、交通和环境等。

6.6.2　陡坡路基和深路堑地段的弃土应置于山坡下侧并间断堆填，以保证弃土内侧地面水能顺利排出。

6.6.3　在土质松软的路堑和岩层倾向线路且倾角对边坡不利的地段，不应在堑顶弃土。

6.6.4　弃土应符合下列规定：

1　在不影响路堤稳定时，弃土可紧贴路堤坡脚填成护道，并按填筑路堤的要求分层压实。

2　严禁在岩溶漏斗、暗河口、泥石流沟上游及贴近桥墩、台弃土、弃渣。

3　沿河岸或傍山路堑的弃土，不得弃入河道、挤压桥孔或涵洞口、改变水流方向和加剧对河岸的冲刷。

4　不得向江、河、湖泊、水库、沟渠弃土、弃渣。

5　不宜沿江、河、海的岸滩堆置弃土、弃渣。

6.6.5　弃土、弃渣场应按照设计及时完成防护工程。

7 过 渡 段

7.1 一般规定

7.1.1 过渡段结构形式应满足设计要求。

7.1.2 过渡段施工一般要求:

1 应优先安排软土地基地段过渡段路堤的填筑施工。

2 过渡段地基加固工程宜在桥涵基础施工前完成。

3 过渡段的桥台、涵洞等建筑物的基坑应以混凝土回填或以碎石分层填筑,并用小型振动设备碾压。

4 过渡段范围的路堤基底处理应按本技术指南第4.2节的有关规定办理。

5 过渡段级配碎石施工应符合本技术指南第5.5节的有关规定,分层填筑压实,每层的压实厚度不应大于30 cm,最小压实厚度不宜小于15 cm,具体的摊铺厚度及碾压遍数应按工艺试验确定的工艺参数进行控制。每压实层路拱坡面应符合设计要求,无积水现象。

6 过渡段级配碎石应和与其相连的路堤及锥体同时施工,并将过渡段与连接路堤的碾压面按大致相同的水平分层高度同步填筑、均匀压实。在填筑压实过程中,应保证桥台、横向结构物稳定、无损伤。

7.1.3 过渡段排水要求:

1 过渡段施工前,应根据场地情况,采取相应的防排水措施。

2 过渡段桥台背回填料表面应按设计要求采取措施防止地表水渗入。

3 过渡段桥台背与回填料之间应按设计要求设置防排水层。

4 过渡段级配碎石填料与相邻路堤填料之间的反滤层应按设计要求进行施工。

5 过渡段坡脚两侧、路堤底部的纵横向排水措施应符合设计要求。

7.1.4 过渡段路堤两侧防护砌体的施工应在地基和路堤变形稳定后进行,宜与相邻路堤的防护砌体施工相互协调。

7.2 路堤与桥台过渡段

7.2.1 路堤与桥台过渡段填筑

1 过渡段路堤应与桥台锥体和相邻路堤同步填筑。

2 台后2.0 m范围外大型压路机能碾压到的部位,其填筑施工应符合本技术指南第5章的有关规定。

3 大型压路机碾压不到的部位及在台后2.0 m范围内,应用小型振动压实设备进行碾压,填料的松铺厚度不宜大于20 cm,具体的摊铺厚度及碾压遍数应通过工艺试验确定。

7.2.2 沉降位移观测

1 过渡段的沉降观测应按设计要求进行,过渡段范围内的路肩上均应按设计布置沉降观测桩。

2 软土地基地段的过渡段还应按设计要求进行软土地基表面沉降位移观测。测点布置宜与相邻路堤软土地基表面的沉降位移观测位置相协调。

3 观测装置埋设、观测精度及频度应符合本技术指南第 5.11 节的有关规定。

7.3 路堤与横向结构物过渡段

7.3.1 路堤与横向结构物过渡段填筑

1 横向结构物两端的过渡段填筑必须对称进行,并应与相邻路堤同步施工。

2 涵洞顶部两端大型压路机能碾压到的部位,其填筑施工应符合本技术指南第 5 章的有关规定。靠近横向结构物的部位,应平行于横向结构物进行横向碾压。大型压路机碾压时,不得影响结构物的稳定。

3 横向结构物的顶部填土厚度小于 1 m 时,不得采用大型振动压路机进行碾压。

4 大型压路机碾压不到的部位应用小型振动压实设备分层进行碾压,填料的松铺厚度不宜大于 20 cm,具体的摊铺厚度及碾压遍数应通过工艺试验确定。

7.3.2 沉降观测应按设计要求进行,并应符合本技术指南第 5.11 节的有关规定。

7.4 路堤与路堑过渡段

7.4.1 路堤与路堑过渡段填筑

1 过渡段填筑前,应平整地基表面,碾压密实,并应挖除堤堑交界坡面的表层松土,按设计要求做成台阶状。

2 过渡段的填筑施工应与相邻路堤同步进行。

3 大型压路机能碾压到的部位,其施工方法应符合本技术指南第 5 章的有关规定。靠近堤堑结合处,应沿堑坡边缘进行横向碾压。

4 大型压路机碾压不到的部位,应采用小型振动压实设备分层进行碾压,填料的松铺厚度不宜大于 20 cm,具体的摊铺厚度及碾压遍数应通过工艺试验确定。

7.4.2 沉降观测应按设计要求进行,并应符合本技术指南第 5.11 节的有关规定。

7.5 其他过渡段

7.5.1 路基与隧道连接时,应按设计要求设置过渡段。施工应符合本技术指南第 7.2.1 条和第 7.4.1 条的有关规定。

7.5.2 不同基床厚度变化处的路基连接地段,应按设计设置长度不小于 10 m 的过渡段。

7.5.3 对地质条件突变或采用不同处理方法会造成明显沉降差异的地基,应按设计要求设置过渡段。

7.6 施 工 控 制

7.6.1 过渡段填筑高度小于基床厚度时，基底压实质量应符合设计要求；填筑高度大于基床厚度时，基底压实质量应达到地基系数 K_{30}≥60 MPa/m 的要求。

7.6.2 过渡段采用的填料应符合设计要求，并符合本技术指南第 5.2.4 条的规定。

7.6.3 过渡段路堤的填筑工艺应通过现场碾压试验确定。

7.6.4 过渡段路基的基床表层压实质量应按表 5.5.4—1 的要求控制；基床表层以下路堤填筑级配碎石压实质量应按表 7.6.4 的要求控制。填筑 A 组填料压实质量应按表 5.4.3—1 或表 5.4.3—2 的要求控制。

表 7.6.4 过渡段基床表层以下路堤填筑级配碎石压实质量标准

填料	地基系数 K_{30}（MPa/m）	孔隙率 n
级配碎石	≥150	<28%

7.6.5 加入水泥的级配碎石混合料宜在 2 h 内填筑压实完毕。

7.6.6 过渡段基床表层以下路堤外形尺寸的允许偏差应符合表 5.4.3—3 的要求；基床表层外形尺寸允许偏差应符合表 5.5.4—3 的要求。路堤边坡允许偏差应符合表 5.7.5 的要求。

7.6.7 过渡段路堤坡面防护施工应符合本技术指南第 10.2 节的有关要求。

8 特殊路基

8.1 软土地段路基

8.1.1 施工准备

1 软土地区的路基应提前安排施工，并应充分考虑必需的预压期，特别是采用排水固结措施加固的地基更应及早安排施工。

2 施工场地应于开工前疏干地表水，清除杂草、树根、淤泥、石块、垃圾等杂物，整平场地，迁移电线、电缆及地下管道等设施，并按设计进行基底处理。

3 开工前应合理规划运土路线，运土道路应采用合格的填料填筑，其基底应作适当排水、加固处理，路面结构应能满足重载行车的需要。

4 技术复杂或工程量较大的软土路基，应编制单项实施性施工组织设计，并按照填土要求的时间，合理部署，周密计划，选用正确的施工方法，做到均衡施工。

5 施工前应选择试验段进行工艺试验，确定施工工艺，指导全段施工。

8.1.2 软土地段路堤填筑施工

1 做好排水系统，避免积水浸泡路基。

2 施工中应严格控制填土速率，施工组织应结合填土的特殊要求，合理安排。

3 软土地段路堤填筑施工均应按设计要求设置观测点，定期观测路基面和地面沉降量、边桩水平位移量等。观测方法可采用沉降板、水位杯和边桩等，观测频次按设计要求和实际变形情况确定。

4 软土地段路堤反压护道宜与路堤本体同时分层填筑、压实。

8.1.3 施工控制

1 软土地基上填筑路堤应在边坡坡脚外设置边桩进行水平位移观测，在路堤中心线地面上设置地基沉降观测装置进行地基沉降观测，同时应对观测装置采取有效的保护措施。沉降及位移观测应符合本技术指南第 5.11 节有关规定。路堤填筑速率应满足下列要求：

1）天然地基、排水固结法处理的地基，填筑时间不应小于地基抗剪强度增长需要的固结时间。

2）路堤中心地面沉降量每昼夜不得大于 10 mm，边桩水平位移量每昼夜不得大于 5 mm。当超过任一限值时，应减缓填筑速率或停止填筑，当观测值恢复到限值内再进行填筑。

2 路堤和反压护道均应采用合格的填料填筑，其压实标准与一般路堤相同。

3 施工过程中应及时对沉降观测资料进行分析。

4 填筑路堤时，应按本技术指南第 5.11.2 条的要求预留沉降量。

5 路堤施工允许偏差应符合本技术指南第 5 章有关规定，反压护道施工允许偏差应符合表 8.1.3 的要求。

表 8.1.3 反压护道施工允许偏差

序号	项 目	允许偏差	序号	项 目	允许偏差
1	高程	±50 mm	3	横向坡度	±0.5% 设计值
2	宽度	±50 mm	4	边坡坡度	±0.5% 设计值

8.2 膨胀土(岩)路基

8.2.1 施工准备

1 施工前应按设计要求进行地基处理。

2 施工前应结合永久性排水设施做好地表及地下排水。

3 需进行改良的膨胀土应按设计要求进行改良配合比试验。

4 填筑前应选择试验段进行工艺性试验,确定施工工艺参数,并报监理确认。

5 施工前要对全线路基填料来源和膨胀性进行核查。

8.2.2 膨胀土(岩)路堤施工除应符合本技术指南第5章的要求外,尚应符合下列规定:

1 基床以下路堤不得直接使用中、强膨胀土(岩)填筑;采用弱膨胀土(岩)作路堤填料时,应采取改良或加强边坡加固及防排水措施。

2 基床表层不得采用膨胀土(岩)或其改良土填筑;基床底层采用膨胀土(岩)作填料时,应进行土质改良。

3 直接用膨胀土(岩)填筑时,应采用重型压路机分层压实,分层厚度不得大于30 cm,填料含水率必须控制在最优含水率 ±2% 以内,土块应破碎。

4 膨胀土(岩)改良后填筑时,施工应符合现行《铁路路基改良土技术规程》的有关规定。

5 膨胀土(岩)路堤的施工预留沉降量,应参照本技术指南第5.11.2条的规定,膨胀土可酌情增加,膨胀岩可酌情减少。

8.2.3 膨胀土(岩)路堑施工除应符合本技术指南第6章的要求外,尚应符合下列规定:

1 路堑施工必须从上至下进行开挖,开挖面应随时保持不小于4% 的排水坡,严禁积水。

2 深长路堑施工宜按边坡平台的高度分级开挖,挖一级,护一级。

3 路堑高侧山坡不应设置弃土堆。弃土堆距边坡顶不应小于10 m。

4 不宜采用爆破法开挖。当岩质较硬需要爆破时,应控制药量,采取措施减少振动。

5 设有支护结构的边坡应紧跟开挖砌筑。

6 路堑基床换填深度应符合设计要求。基床表层应全部换填符合相应铁路等级标准要求的填料;基床底层应采取换填或土质改良措施。基床换填要紧随开挖完成,当有困难时,应暂留厚度不小于0.5 m 的保护层,待换填时挖除。基床底层顶面或换填底面应按设计进行封闭或隔水处理。

7 基床改良土施工应符合现行《铁路路基改良土技术规程》的有关要求。

8.2.4 膨胀土(岩)路基边坡防护施工应符合下列规定:

1 边坡防护应紧跟开挖工序施工,减少暴露时间。当有困难时,坡面应暂留厚度不小于0.5 m 的保护层。

2 路堑护坡应按设计要求设置泄水孔和伸缩缝。

3　坡面有地下水出露时应作引排处理。

8.2.5　施工控制

1　膨胀土(岩)路基宜避免雨季施工。

2　对施工、生活用水应严加管理。对附近工农业用水应采取有效措施,防止流入和渗入路基范围。

3　必须及时作好天沟、侧沟、吊沟和排水沟的铺砌,并应随挖随砌,严防渗漏。

4　低路堤、低洼地段基底,应防止和排除地表积水;路堤坡脚应采取排水措施,防止受水浸泡。

5　铺砌挡土墙、护墙下的侧沟时,必须夯实墙前基坑回填土。

6　膨胀土路堤压实质量应符合本技术指南第5章的有关规定。

7　路堤施工允许偏差应符合本技术指南第5章的有关规定,路堑施工允许偏差应符合本技术指南第6章的有关规定。

8.3　黄 土 路 基

8.3.1　施工准备

1　施工前应先做好地面排水设施。各种水沟铺砌必须保证质量,严防渗漏。

2　降雨量大的地区应及早作好边坡防护和冲刷防护。

3　黄土填料应进行室内试验复查,实测指标应符合设计要求。

4　填筑前应选择试验段进行工艺试验,确定工艺参数,并报监理确认。

8.3.2　黄土路堤施工除应符合本技术指南第5章要求外,尚应符合下列规定:

1　对强湿陷性、高压缩性、承载力不足和有陷穴的地基应按设计要求处理后才可填筑路堤。

2　填筑路堤前应将松散的地基表层洒水碾压至规定密度。路堤两侧排水沟以内的坑洼和松散地面皆应整平压实至干密度不小于15 kN/m³,并不得积水。

3　Ⅰ级铁路的基床表层不得采用黄土或黄土改良土作填料。

4　基床底层可采用黄土改良土作填料。在年平均降水量大于500 mm的地区,其塑性指数大于12、液限大于32%时,应采取土质改良或加固措施。

5　填筑黄土路堤应采用重型压路机及时碾压。

6　路堤施工预留沉降量按本技术指南第5.11.2条的规定,并可酌情增加。

8.3.3　黄土路堑施工除应符合本技术指南第6章要求外,尚应符合下列规定:

1　黄土路堑必须按设计坡度自上而下进行开挖,并保持坡面平顺,对深长路堑宜按边坡平台的高度分级开挖,分级排水、防护。

2　施工前应做好天沟。天沟距堑顶边缘不得小于5 m。堑顶边缘外相当于边坡高度加5 m范围内的洼地、裂缝应用土填平并压实至干密度不小于15 kN/m³。

3　弃土堆应远离边坡外缘,不得影响边坡稳定;深路堑边坡顶不得设置弃土堆。

4　Ⅰ级铁路的基床表层应进行换填处理,填料应符合有关规定,基床表层以下应采取换填或土质改良措施;Ⅱ级铁路的基床表层应采取换填或土质改良等措施。基床表层底部应采用复合土工膜进行封闭、隔水处理。

5　基床土质改良施工应符合现行《铁路路基改良土技术规程》的有关要求。

8.3.4 黄土陷穴处理施工应符合下列规定：

1 对流向陷穴的地面水，应采取拦截引排措施；对堑顶的裂缝和积水洼地，应填平夯实；对路堤应做好靠山侧的排水工程，并填平夯实积水洼地。

2 对浅的陷穴应按实际情况进行明挖，并用黄土回填，分层夯实。

3 对小而直的竖向陷穴可灌入干砂，用棒捣实，并用黏土封顶夯实。

4 对洞径不大、洞身曲折、离路基较远的陷穴，可取黏土、水泥加水拌和成泥浆，用泥浆泵多次灌注充填。

5 对大而深的陷穴可跟踪开挖导洞，从内向外用黄土回填夯实，并用黏土夯填封口。

8.3.5 施工控制

1 黄土路基宜在旱季施工。当在雨季施工时，应集中力量快速施工，工作面应随时保持不小于4%的排水坡，边坡脚不得受水浸泡、冲刷。

2 黄土路堤的压实质量应符合本技术指南第5章的有关规定，且干密度不小于15.5 kN/m^3。

3 填料含水率应严格控制在规定范围内，并宜接近最优含水率。

4 路堤施工允许偏差应符合本技术指南第5章的有关规定，路堑施工允许偏差应符合本技术指南第6章的有关规定。

8.4 盐渍土路基

8.4.1 施工准备

1 施工前，作好盐渍土地基、填料含盐量的复查和试验，对含盐量超过要求的不得使用。

2 施工前应结合永久排水设施作好地表水和地下水的排放。

3 填筑前应选择试验段进行工艺试验，确定工艺参数，并报监理确认。

8.4.2 用含盐量符合设计要求的盐渍土填筑路堤时应符合下列规定：

1 对设有隔断层的路堤，应清除植物根茎，将地基压实。隔断层应沿地基横坡全断面均匀填筑或铺设。当采用渗水土时，施工应符合本技术指南第5.3节的规定；采用复合土工膜时，施工应符合本技术指南第4.21节的规定。

2 当地基和天然护道的表土含盐量大于设计容许值时应予铲除，并形成向两侧2%的横向排水坡。设隔断层时可不铲除。

3 盐渍土路基施工，自清除基底的盐渍土开始，应工序衔接，连续施工，一次做到设计规定的路基标高。在采用隔断层的地段，至少要一次做到隔断层的顶部，以避免路基的再盐渍化和形成新的盐壳。

4 填料的含水率大于最优含水率时，可采用开挖临时排水沟，排除地表水和地下水，并降低地下水位，亦可采用挖槽晾晒、翻拌晒干的办法。当含水率小于最优含水率时应洒水加湿。

5 路堤预留沉降量应符合本技术指南第5.11.2条的规定。

8.4.3 盐渍土路基的坡面防护，应配合开挖和填筑及时进行，防止表层土松胀、溶失、风蚀。

8.4.4 石膏土地段路基施工应符合下列规定：

1 雨季开挖路堑前，必须先做好天沟、排水沟，并及时铺砌。

2 侧沟、平台均应整平、夯实。

3 路堤地基为松散的石膏土时应按设计进行处理。

8.4.5 施工控制

1 盐渍土路堤严禁雨季取土填筑。

2 路堤基床不得采用盐渍土、石膏土作填料；基床以下不应采用石膏土作填料。采用盐渍土作填料时，每取1 000 m^3 填料应作一组测试，每组取3个土样，其易溶盐含量不应超过设计容许值。

3 盐渍土填料的含水率应严格控制，不应大于最优含水率。

4 盐渍土路堤压实质量应符合本技术指南第5章的有关规定。

8.5 冻土路基

8.5.1 多年冻土路基施工准备

1 施工前应通过现场复查、核对设计文件，了解路基所处位置的冻土分布、类型、多年冻土上限、冻层上限、地面水、地下水以及热融、冰丘、冰椎、冻土沼泽等情况。

2 施工组织设计必须严格遵循“保持地温，保护冻土环境、地表覆盖层和植被”的原则。

3 及时做好排水设施，防止地表水流入或渗入路基基底和边坡。

4 修筑便道均应离开路堤坡脚或堑顶不少于20 m。

5 冻土路堤施工应选择试验段进行工艺性试验，确定工艺参数，并报监理确认。

8.5.2 富冰冻土、饱冰冻土或含土冰层地段路堤施工

1 保温护道宜与路堤本体同时分层填筑。

2 各种施工机械和车辆不得沿路堤坡脚与排水沟之间行驶，并宜少设穿行通道，保持地表平顺完整，减少对天然地基的破坏。

3 修筑不需处理地基的低路堤时，应在最大融化季节前一次填筑完成。

4 必须保持路基与周围冻土处于冻结状态。排水系统与路基坡脚应保持足够距离。高含冰量冻土集中地段，严禁坡脚滞水、路侧积水，边坡应及时防护。

5 填筑路堤时，应设置观测点，定期观测路堤的沉降。

8.5.3 富冰冻土、饱冰冻土或含土冰层地段路堑，当按保护冻土原则设计时，宜在寒季施工，所有换填、保温、防护、排水等设施均宜在春融前完成。如需在暖季施工，应采取临时保温措施，并不得在雨季施工。

8.5.4 季节性冻土路基宜在暖季施工。当需要在寒季进行低温施工时，应符合本技术指南第5.10节的要求。

8.5.5 施工控制

1 各项工程应在寒季配套完成。

2 在冻胀丘、冰椎地段，应防止地下水出露形成新的冻胀丘、冰椎，危害路基。

3 冻土地基上的路堤填筑应按设计最大融沉量考虑路基的加宽值，并综合考虑路堤沉降量和地基融沉量调整预留沉降量。

4 冻土路基压实质量应符合本技术指南第5章的有关规定。

5 冻土路堤护道施工允许偏差应按表 8.5.5 的要求控制。

表 8.5.5 冻土路堤护道施工允许偏差

序号	项 目	允许偏差	序号	项 目	允许偏差
1	高程	±50 mm	4	横向坡度	+1% 的设计值
2	厚度	±50 mm	5	边坡坡率	±0.5% 的设计值
3	宽度	±50 mm			

6 路堤施工允许偏差应符合本技术指南第 5 章的有关规定，路堑施工允许偏差应符合本技术指南第 6 章的有关规定。

8.6 浸水、水库路基

8.6.1 河滩、滨河路堤宜在枯水季节施工，并应在洪汛前做完水下防护工程；滨海路堤可利用潮汐间歇期或采用围堰拦潮施工；水库路堤宜在水库蓄水前或低水位时期施工。有条件时均宜采用围堰疏干施工。

8.6.2 浸水、水库路堤施工，应符合本技术指南第 5.3 ~ 第 5.5 节的有关规定。基底回填及水位下路堤施工应分层填筑碾压，每层松铺厚度不应大于 30 cm，填料的含水率应严格控制在最优含水率的上限范围内。水下路堤（含护道）超出设计水位线 0.5 m 后按一般路基施工。

8.6.3 浸水、水库路堤的填料种类及使用条件应符合设计要求。其浸水部分应采用渗水土填筑，并严格按设计要求控制好边坡坡度，其坡度不得陡于设计坡度。

8.6.4 浸水路堤填筑的压实质量应符合设计要求，基床以下路基浸水与不浸水部分分界高程的施工允许偏差为 0 ~ +100 mm。

8.6.5 填筑桥头河滩路堤，不应在河滩上取土，当有困难时，可在路堤下游一侧设计许可的范围内间隔取土。填筑滨海路堤，不得在临海一侧取土。

8.6.6 当路堤地基软弱时，应按照设计和本技术指南第 8.1 节的有关规定施工。

8.6.7 浸水、水库路堤的预留沉降量，应符合本技术指南第 5.11.2 条规定，并宜适当加大。

8.6.8 浸水、水库路堤和水库岸坡的各种防护，应按本技术指南第 10 章的有关规定施工。

8.7 滑坡地段路基

8.7.1 滑坡地段路基宜在旱季集中力量组织施工，并应及时采取防止滑坡继续恶化的措施。

8.7.2 在滑坡地段施工应设观测点，按设计要求的观测频次观测滑体动态，分析情况，采取安全措施。观测应进行至完工后一个雨季，观测资料应编入竣工文件。

8.7.3 滑坡地段地面排水工程施工应符合下列规定：

1 应先做好滑坡体外的截、排水沟，并随开挖随铺砌。对施工用水应严加管理，防止渗入滑坡体内。

2 滑坡体上不得积水,裂缝应夯填密实,洼地应整平压实。水沟应铺砌,或采取其他临时排水措施。

3 各种水沟应加强检查维修,随时保持完好、畅通。

4 临时排水宜采用搭接式或插接式槽、管,发生变形后应立即整修。

8.7.4 地下渗沟施工,应做到位置、高程及尺寸准确,反滤层材料粒径应合格,其含泥量不得大于3%。采用无砂混凝土块板或土工合成材料做反滤层时,应按设计要求敷设。

8.7.5 渗水、泄水洞施工应符合现行《客货共线铁路隧道施工技术指南》的有关规定,并符合下列要求:

1 应按照"短开挖、弱爆破、强支护、快衬砌"的原则安排施工。

2 施工中应严密监视堑顶、洞壁和支护。发现裂纹或异常现象时,应加强临时支护,保持排水畅通,同时应查明原因,采取措施,加快挡土结构或其他整治设施的施工,待滑坡体稳定后再进行衬砌。

8.7.6 仰斜钻孔疏排地下水,应在滑坡处于相对稳定时进行,施工应符合下列规定:

1 钻机、孔口及钻具上应有可靠的导向设施。施钻时应根据地质情况适当控制压力,随时检查钻具,使之处于正常工作状态,确保钻孔达到设计要求的集水区。

2 当利用垂直钻机改装施钻仰斜孔时,应采取有套管的钻进方法。

3 采用车载水平钻机施钻仰斜孔,当孔深过大时应将钻机卸下直接固定在地面上。施钻应按地质情况和钻孔深度,结合钻机性能配置适宜的钻具,分别采取冲击或正、反循环等钻进方式。施钻中应适当控制钻具转速和循环水量。

8.7.7 采用减重、加载措施时,开挖和填筑应按设计进行。施工应符合下列规定:

1 减重应自上而下开挖,开挖面应立即整平压实,并夯填裂缝。平台上的排水设施和坡面防护应及时做完。

2 弃土应堆置在滑坡区以外或设计指定的阻滑区。

3 加载的填土和减重的弃土,不得堵塞滑体下部的渗、排水出口。

8.7.8 当设有地下排水设施和支挡结构时,应先做排水设施、后做支挡结构,或互相穿插配合施工。

8.7.9 在滑坡体上开挖路堑或修筑抗滑支挡结构,应符合本技术指南第6章或第9章的有关规定,并应符合下列要求:

1 应采取分段跳槽法施工,严禁大段拉槽开挖。砌筑应紧跟开挖进行,并随即回填夯实。开挖与砌筑时均应加强支撑或临时锚固,并随时检查其受力状态,及时加固。

2 抗滑桩、锚索施工应从两端开始逐步向滑坡主轴方向进行。

3 采用抗滑挡土墙共同支挡时,应先做抗滑桩后做挡土墙。

4 临时支护、锚固设施宜与永久性支挡结合,一般不宜拆除。多排支挡时,宜先上后下进行。

8.7.10 滑坡地段路基施工,应及时完成路堤、河岸的冲刷防护及导流建筑物。

8.8 危岩、落石和崩塌与岩堆地段路基

8.8.1 在危岩、落石和崩塌与岩堆地段开挖路堑或清除崩塌体时,应严密检查,并设桩点观测滑体变化情况,采取安全措施,以防止岩体脱落造成崩塌、落石和人身事故。开挖石

方应采用控制爆破，并从上往下进行。

8.8.2 崩塌地段刷坡时，应明确清刷范围，并作出明显标志。

8.8.3 在范围较大且有地下水的错落地段，应按本技术指南第8.7节的有关规定施工。

8.8.4 危岩、落石地段各项防治设施应及时配套完成，并符合下列规定：

1 落石台和落石槽的纵、横坡度应按设计要求修筑平顺。坡面防渗层应随即施工，及时完成。

2 土质拦石堤应分层填筑压实。堤的两侧有挡土、防护结构时，应与堤身配合同时施工。拦石墙、堤的背面设有缓冲土层时，应填铺均匀。

3 拦石网和拦石栅应按设计要求结合实际地形布置施工，网不可绷得太紧，应放松略呈弧形。

8.8.5 路堑基床及路堤基底处于岩堆体土质时，应按设计采取原地碾压、翻挖夯实、换填或灌浆加固等处理措施。

8.9 岩溶、洞穴地段路基

8.9.1 岩溶地段路基施工，应先做引排岩溶水、地面水设施，防止地表水集中下渗。当利用天然泄水洞排水时，不应使所在自然汇水区以外的地面水流入洞内。

8.9.2 对堑顶或基底附近出现的岩溶水、上升泉水，应通过变更设计处理，不得任意堵塞其出口。

8.9.3 岩溶应按本技术指南第4.23节有关规定进行处理。施工中发现路堤下或堑底下有未出露的溶洞时，应通过变更设计处理。

8.9.4 对路基稳定有影响的溶洞，必须按照设计进行处理，其排水、回填和支顶设施，应按规定施工。

8.9.5 煤窑、墓穴、地窖、枯井、掏砂井和地下渠道等人工洞穴及煤矿采空区路基施工，应按设计要求进行，并符合本技术指南第4.24.5条的规定。

8.10 风沙路基

8.10.1 风沙地区路基宜在风速较小或有雨季节分段集中施工，并在大风来临前配套完成。

8.10.2 施工中应采取措施保护线路两侧防护范围内原有的地表植被和硬壳。当施工使其受损时，应按设计要求设置覆盖防护。

8.10.3 风沙地区路基施工应符合下列规定：

1 路堤应随供土、随摊铺、随压实，每次施工的未完部分，应结合气象、风沙流情况作必要的临时防护。

2 弃土堆、取土坑应设在路基的背风一侧，其距路堑、路堤的距离应符合设计要求。当其设有防护时，应于取、弃土后随即施工。

3 路肩和边坡的防护层，应随路基填筑、开挖一次做成。

4 固沙、阻沙设施应随路基主体工程及时配套完成。

8.11 雪害路基

8.11.1 雪害防护林带施工应符合下列规定：

1 防护林带的树种，应通过调查、会同设计单位选定。

2 林带应连续成林，带宽一致，密度均匀。

3 应经常养护管理，使林木正常、快速成长。

4 林带中植株未成活时，应进行补种。

8.11.2 栅栏、沟、堤或导风板等防雪设施，应构筑稳固、体形整齐，并在雪害季节前配套完成。

8.11.3 在可能发生雪崩地段施工时，应制定应急预案，并对雪体严密监视，保证施工安全。

9 支挡结构

9.1 一般规定

9.1.1 在岩体破碎、土质松软或有水地段修建支挡结构，宜在旱季施工，并应集中力量分段施工，不应长段拉开挖基。

9.1.2 支挡结构基坑开挖前，应做好截、排水及防渗设施。雨季施工宜搭设雨棚。基坑开挖后应及时进行基础及墙身施工，并做好墙后排水设施，及时回填或填筑路堤。

9.1.3 支挡结构基础基坑开挖后，应认真核对地质资料，经验收合格后，方可进行基础施工。当地质情况与设计不符或基底承载力不足时，应按规定变更设计。

9.1.4 支挡结构端部伸入路堤或嵌入地层部分应与墙体结合在一起施工。路堑支挡结构顶面应设置4%的排水坡与边坡相接，其间隙应填实并封闭。

9.1.5 支挡结构与桥台、隧道洞门应合理连接，配套施工。

9.1.6 支挡结构施工所用材料的品种、规格、质量和混凝土、砂浆强度应符合设计要求。有耐久性设计要求的混凝土施工应满足现行《铁路混凝土工程施工技术指南》的有关规定。

9.1.7 支挡结构背后填料及填筑、压实应符合设计要求。

9.1.8 泄水孔、反滤层、排水层、隔水层、沉降缝和伸缩缝设置应符合设计要求。折线挡墙易积水处应设置泄水孔。

9.1.9 支挡结构施工允许偏差应按表9.1.9的要求控制。

表9.1.9 支挡结构施工允许偏差

部位	项目			允许偏差(mm)
基础	前边缘距路基中线			0，+20
	宽度(前缘至后缘)			0，+20
	顶面高程(水平基线)			±20
墙身	前边缘距路基中线			0，+20
	厚度(前缘至后缘)			0，+20
	顶面高程			±20
	垂直度	$h≤5$ m		10
		$h>5$ m		15
预制钢筋混凝土构件(板、柱、块体)	长度	柱		+10，−5
		板、块体		+10，−5
	板对角线差			10
	横截面尺寸	柱、块体		±5
		板	宽	+3，−5
			高	+5，−3
			厚	+4，−2
	侧向弯曲	柱		$L/750$
		板、块体		$L/1\ 000$
	上表面平整			5

注：h为柱、墙高度；L为构件长度(mm)。

9.2 重力式挡土墙

9.2.1 基础形式应严格按设计要求施工。当采用桩基础或沉井基础时,施工应符合现行《客货共线铁路桥涵工程施工技术指南》的有关规定。当采用明挖基础时,应符合下列规定:

1 当基坑开挖较深且边坡稳定性差时,应采取分段、跳槽开挖和临时支护措施。

2 基坑挖到设计标高后,应将基底表面风化、松软土石清除干净。

3 坚硬岩石基坑中的基础,宜满坑施筑。

4 雨季在土质或宜风化软石基坑中施工基础时,应在基坑挖好后及时封闭坑底。

5 基坑应随基础施工分层回填夯实,顶面做成向外不小于4%的排水坡。

9.2.2 墙身施工应符合下列规定:

1 墙身混凝土施工宜一次立模浇筑。

2 墙面应平顺整齐,墙顶排水及防渗设施应及时施工。

3 伸缩缝与沉降缝内两侧壁应竖直、平齐,缝中防水材料应按设计深度填塞紧密。

4 泄水孔应在砌筑墙身时留置,必须排水通畅,并应保证墙背反滤、防渗设施的施工质量。

5 墙背应及时分层填筑,密实度应符合设计要求。

6 墙背拆模时,宜在墙背侧设置临时支撑。

9.2.3 挡土墙栏杆、检查梯或台阶应连接牢固,外观整齐;钢铁构件应及时进行防锈处理。

9.3 短卸荷板式挡土墙

9.3.1 短卸荷板式挡土墙施工应符合本技术指南第9.2节的规定。

9.3.2 墙背填土必须严格按照设计规定的填料和压实标准施工。墙背反滤层宜用粒径5~40 mm的级配砂卵石随填土、随填筑。

9.3.3 当采用预制时,应在板上预留设置板下竖直短钢筋的插入孔,并在达到设计强度的90%后方可吊运安装。

9.3.4 墙背填土至卸荷板底面后,应整平至与下墙顶面齐平。安装卸荷板时,应在板底上先铺一层水泥砂浆,精确整平后方可安装卸荷板。

9.3.5 卸荷板式挡土墙的施工允许偏差除应符合表9.1.9规定外,还应符合下列规定:基坑底高程为±50 mm;基底斜面坡率为±1%;墙前边沿线偏移为$^{+30}_{-10}$ mm;板底高程为±20 mm。

9.4 悬臂式和扶壁式挡土墙

9.4.1 凸榫必须按照设计尺寸及位置开挖,并与墙底板混凝土一同浇筑。

9.4.2 墙体必须按照设计尺寸和要求进行施工,应保持良好的水平或垂直状态。

9.4.3 每段墙的底板、面板和肋的钢筋应一次绑扎。混凝土宜一次完成浇筑,如有间断,第二次浇筑时，应保证新混凝土与已浇筑混凝土黏结牢固。浇筑混凝土应符合现行《铁路混凝土工程施工技术指南》的有关规定。

9.4.4 浇筑混凝土后，应按规定进行养护。墙体必须达到设计强度的70%以上方可进行墙背填土，并应分层填筑、碾压密实，填料和密实度应符合设计要求。墙背反滤层应跟随填土同步施工。

9.5 锚杆挡土墙

9.5.1 锚杆类型、规格及性能应与设计相符，并应按设计尺寸下料、调直、除污、制造。

9.5.2 锚杆挡土墙应自上往下进行施工。施工前，应清除岩面松动石块，整平墙背坡面，并按设计要求作锚杆拉拔试验。

9.5.3 钻孔施工应符合下列规定：

1 根据设计孔径及岩土性质合理选择钻孔机具。

2 必须按照设计孔径、孔位、深度和倾角钻孔，孔轴应保持直线，孔位允许偏差为±50 mm，深度允许偏差为$^{+50}_{-10}$ mm。

3 钻孔后应用高压风吹净孔内粉尘、石渣。

9.5.4 安装普通砂浆锚杆应符合下列规定：

1 锚杆必须安装在钻孔中心，安装前应在锚杆上设置定位支架。

2 锚杆未插入岩层部分，应按设计进行防锈处理。在腐蚀环境下，钢筋表面可采用环氧涂层等进行处理。

3 有水地段安装锚杆，应将孔内的水排出或采用早强速凝药包式锚杆。

4 砂浆必须按设计配合比拌制，随拌随用。

5 锚孔注浆应采用孔底注浆法，注浆管应插至距孔底5～10 cm处，并随水泥砂浆的注入逐渐拔出。注浆压力一般为0.2 MPa。

6 砂浆锚杆安装后，不得敲击、摇动；普通砂浆锚杆在3 d内，早强砂浆锚杆在12 h内，不得在杆体上悬挂重物；必须待砂浆达到设计强度的70%以上方可安装肋柱或墙面板。

9.5.5 安装墙面板时，应随装板、随作墙背回填。

9.5.6 锚杆头应按设计进行防锈处理和防水封闭。

9.5.7 分级平台应按设计采用混凝土进行封闭，并设2%的向外横向排水坡。

9.6 锚定板挡土墙

9.6.1 拉杆钢材及锚固件的品种、规格和性能应符合设计要求，使用前应按规定取样试验。拉杆埋于土中部分，应按设计要求进行防锈处理。

9.6.2 锚定板挡土墙挖基应符合本技术指南第9.2.1的有关规定。

9.6.3 墙背填料及压实要求应符合设计和本技术指南第5章的有关规定。墙背填料不得采用膨胀土、盐渍土，严禁采用有腐蚀作用的酸性土和有机质土。当挡土墙墙后填料为细粒土时，路基顶面应采取防、排水措施，设置柔性封闭层。

9.6.4 锚定板挡土墙墙背应按设计要求填筑渗水性材料或用无砂混凝土板、土工织物作为反滤层,并应采取排水措施。

9.6.5 肋柱与锚定板均应预留拉杆孔洞。锚定板、肋柱与螺丝端杆连接处,在填土前宜用沥青砂浆充填,并用沥青麻筋塞缝。外露的端杆和部件应在填土下沉基本稳定后,再用水泥砂浆封填。

9.6.6 吊装肋柱时,应在基础的柱座槽内铺垫沥青砂浆,厚2 cm。肋柱的倾斜度应满足设计要求。

9.6.7 拉杆及锚定板埋设时,应在填土夯填至拉杆高度以上20 cm后再挖槽就位。挖槽时,宜使锚定板比设计位置抬高3～5 cm。严禁直接碾压拉杆和锚定板。

9.6.8 分级平台应按设计采用混凝土进行封闭,并设2%的向外横向排水坡。

9.7 加筋土挡土墙

9.7.1 施工前应检查地基承载力和基础砌体强度。预制构件的质量、尺寸、精度及拉筋材料的品种、性能均应符合设计要求,使用前必须抽样检查试验。

9.7.2 拉筋应具有粗糙面,并按设计布置水平铺设,当局部与填土不密贴时应铺砂垫平。连续铺设的拉筋接头应置于其尾部。拉筋尾端宜用拉紧器拉紧,各拉筋的拉力应大体均匀,但应避免拉动墙面板。

9.7.3 筋材之间连接及筋材与墙面板之间连接强度不得低于设计强度。

9.7.4 墙面板上的金属连接件及金属拉筋应进行防锈处理。

9.7.5 墙背填料宜采用粗粒土,填料与筋带直接接触部分不应含有尖锐棱角的块体。

9.7.6 填料摊铺、碾压应从拉筋中部开始平行于墙面碾压,先向拉筋尾部逐步进行,然后再向墙面方向进行,严禁平行于拉筋方向碾压。碾压前拉筋顶面的填土厚度不宜小于0.2 m。严禁使用羊足碾碾压。

9.7.7 填土分层厚度及碾压遍数,应根据拉筋间距、碾压机具和密实度的要求,通过试验确定。填土压实质量应满足设计要求。

9.7.8 反滤层及排水层应按设计要求设置;沉降缝应根据加筋土挡土墙高度及地基土质的变化情况设置。

9.7.9 安装直立式墙面板时,面板应按不同填料和拉筋材料适当后仰,倾斜度宜为20∶1。

9.7.10 土工合成材料拉筋的加筋土挡土墙施工,应符合现行《铁路路基土工合成材料应用设计规范》(TB 10118)的有关规定。

9.8 土 钉 墙

9.8.1 施工前应按设计要求进行注浆工艺试验、土钉拉拔试验,验证设计参数。

9.8.2 土钉墙施工必须从上至下分层开挖、分层锚固、分层喷护。分层开挖的高度,应按坡面土质允许暴露的时间结合土钉排距确定,土层一般为0.5～2.0 m,岩层一般为1.0～4.0 m。

9.8.3 开挖时应选用对坡面扰动较小的施工机具和施工方法。在开挖中,应防止上部和上下层连接处局部失稳。发生局部超挖时,应采用浆砌片石回填。

9.8.4 钻孔施工应符合下列规定：

1 应根据设计要求及土层情况，选择适宜的机具。

2 钻孔直径不应小于设计尺寸。

3 在土层中钻孔时严禁向孔内灌水，防止塌孔、缩孔。

9.8.5 土钉钢材的品种、规格、性能应符合设计要求；下料后应作调直、除污处理。

9.8.6 土钉钢筋应设定位支架。在腐蚀环境下钢筋表面应按设计要求进行处理。

9.8.7 钉孔注浆采用的水泥浆或水泥砂浆应按工艺试验确定的参数要求配制。砂料应采用级配合理的中、粗砂，含泥量不得大于3%。当边坡渗水较严重时，宜添加膨胀剂。

9.8.8 注浆应采用孔底注浆法，注浆压力一般为0.2 MPa。注浆前，应把注浆管插至钉孔底部，随着浆液的注入，慢慢拔出注浆管，必须保证砂浆均匀地填满钢筋与孔壁间的空隙。当注浆管拔至孔口时应减压回零，避免喷浆，并应防止浆液不足气入钉孔。

9.8.9 土钉孔注浆后至少应养护7 d，养护期间，严禁敲击、摇动钢筋。

9.8.10 喷射混凝土墙面前，按设计要求挂好钢筋网，并预留伸缩缝和泄水孔。钢筋网搭接宜采用焊接，土钉外端与钢垫板或加强钢筋应采用螺丝端杆锚具或焊接进行连接。

9.8.11 墙面喷射混凝土应符合本技术指南10.2.3条的规定。

9.9 抗 滑 桩

9.9.1 在抗滑桩开挖施工中应核对桩孔地质情况，当地质情况特别是滑动面实际位置与设计出入较大时，应按规定及时进行变更设计。

9.9.2 抗滑桩开挖前应做好下列工作：

1 整平孔口地面，设置地表截、排水及防渗设施，雨季施工时，孔口应搭雨棚，做好锁口。孔口地面以上加筑适当高度的围埂。

2 备好各项工序的机具、器材和井下排水、通风、照明设施。

3 设置对滑坡变形、移动的观测标桩。制定井下作业和撤出人员的安全防护技术措施。

9.9.3 开挖及支护应符合下列规定：

1 应分节开挖，每节高度宜为0.6～2.0 m，按设计要求浇筑混凝土护壁。护壁混凝土应紧贴围岩浇筑，浇筑前应清除孔壁上的松动石块、浮土。地层较松软、破碎或有水时，分节不宜过长。不得在土石层变化处或滑动面处分节。

2 滑动面处的护壁应予以加强，承受较大推力的护壁和锁口的混凝土中应增加钢筋。

3 开挖应在上一节护壁混凝土拆模后进行。

4 在围岩松软、破碎和有滑动面的节段，应在护壁内顺滑动方向用临时横撑加强支护，并经常观察其受力情况，及时进行加固。当发现横撑受力变形、破损而失效时，孔下施工人员必须立即撤离。

5 开挖、出渣、运输应符合现行《客货共线铁路桥涵工程施工技术指南》及《客货共线铁路隧道工程施工技术指南》的有关规定。爆破应采取减振措施，弃渣不得堆在滑坡范围内。

6 开挖桩群应从两端向滑坡主轴隔桩开挖，桩体混凝土浇筑1 d后才可开挖邻桩。

9.9.4 浇筑桩身混凝土应符合下列规定：

1 浇筑前，应检查断面净空，凿毛混凝土护壁。

2 钢筋宜预先绑扎成笼，可在桩孔内搭接，搭接接头不得设在土石分界和滑动面处。

3 浇筑必须连续进行，并应符合现行《铁路混凝土工程施工技术指南》的有关规定。

4 当滑坡有滑动迹象或需加快施工进度时，宜采用速凝、早强混凝土。

9.9.5 桩间支挡结构及与桩相邻的挡土、排水设施等，均应与抗滑桩正确连接，配套完成。

9.9.6 抗滑桩的质量应按设计要求进行检测。

9.10 桩板式挡土墙

9.10.1 桩板式挡土墙的锚固桩，应按本技术指南第9.9节的规定施工；锚固桩加锚索（杆）时，应按本技术指南第9.11节的有关规定施工。

9.10.2 挡土板宜预制，每块应预留两个吊装孔，孔的直径宜为5 cm，孔的位置应靠近板的两端约1/4板长处。

9.10.3 桩身混凝土在达到设计强度后方可开挖桩前土体或安装挡土板，以及进行墙背填土。滑坡地段桩间土体应间隔开挖，宜从上至下逐层开挖，随挖随安装挡土板并填筑板后反滤层。

9.10.4 当桩间为土钉墙或喷锚支护时，桩间土体应分层开挖、分层加固；当锚固桩上部设有多排锚索（杆）时，应等上一排锚索（杆）施工完成后，方可开挖下一层的桩前土体。

9.10.5 锚索（杆）桩板式路堤挡土墙，应严格控制墙背填土的压实密度，压实时不得直接碾压锚索（杆）。

9.11 预应力锚索

9.11.1 预应力锚索施工使用的材料、机具设备应符合下列规定：

1 钢绞线的品种、规格及性能应符合设计要求，并有出厂质量合格证书及标牌。使用前必须抽样检查，合格后方可使用。严禁使用有机械损伤、电弧烧伤和严重锈蚀的钢绞线。

2 严禁将钢绞线及锚索束直接堆放在地面或露天储存，并应防止受潮、受腐蚀气体腐蚀。

3 注浆所用的水泥必须符合设计要求。

4 防护涂料与套管材料的技术特性，钻孔、注浆、张拉机械设备及锚、夹具的选型，均应符合设计要求。

9.11.2 预应力锚索施工应先造孔、装索、注浆，再做承压板（或桩、梁），最后进行张拉封孔。在锚固工程施工初期，应进行预应力锚索锚固试验，锚固试验的数量不少于总量的3%。

9.11.3 造孔可采用水钻或干钻。当水钻可能影响边坡或山体稳定时，应采用干钻。钻孔应按照设计的孔位、孔径、孔深、方向及倾角施工，其允许偏差为：孔位 ±10 cm，孔深 $^{+20}_{0}$ cm，方向及倾斜度偏差不应大于1.0%。

9.11.4 锚索束制作安装应符合下列规定：

1 锚索束制作宜在现场敞棚内进行。

2 钢绞线的下料长度，应满足锚索束结构设计及张拉的需要。下料应采用机械切割，严禁用电弧切割。

3 锚固段锚索束必须进行清污、除锈处理；自由段锚索束应涂防腐剂，外套塑料管；张拉段锚索束应涂防腐剂。当地层具有腐蚀性或地下水具有侵蚀性时，注浆材料应采用抗侵蚀性水泥，锚索应采用全长波纹管防护。

4 锚固段锚索束应按设计安装紧箍环和扩张环，自由段锚索束每隔0.6~1.0 m应设一紧箍环和定位支架。

5 锚索束必须顺直地安放在钻孔中心。

9.11.5 锚索孔注浆应符合下列规定：

1 放入锚索束后应及时注浆。

2 锚索孔注浆宜采用M35水泥砂浆，用孔底注浆法一次注满锚固段和自由段，要求以浆排水，不搅动浆液。

3 注浆压力宜为0.6~0.8 MPa，砂浆灌注应饱满、密实。第一次注浆完毕，水泥砂浆凝固收缩后，孔口应进行补浆。

9.11.6 制作承压板（桩、梁）时，垫墩顶面必须平整、坚固，且垂直于钻孔轴线。墩孔轴线应与钻孔轴线相重合。垫墩旁应预留补浆孔和排气孔。

9.11.7 锚索张拉应按设计要求进行，并应符合下列规定：

1 张拉设备必须配套标定。张拉设备的标定期不宜超过6个月，经拆卸检修的张拉设备或压力表经受强烈撞击后，必须重新标定。

2 锚索张拉应在孔内砂浆的强度达到设计强度70%时，并符合设计要求后进行。

3 锚具底座顶面应与钻孔轴线垂直，确保锚索张拉时千斤顶张拉力与锚索在同一轴线上。

4 锚索张拉应分两次逐级张拉，第一次张拉值应为总张拉力的70%，两次张拉间隔时间不宜少于3~5 d，并按设计要求的张拉值进行张拉。

5 采用伸长值校核应力。当实际伸长值大于计算伸长值的10%或小于5%时，应暂停张拉，查明原因处理后，才可继续张拉。

9.11.8 封孔应符合下列规定：

1 封孔注浆应在锚索张拉、锁定后进行，并应确认锚索预应力值符合设计要求。

2 封孔注浆采用纯水泥浆时，水灰比宜为0.3~0.4；当采用水泥砂浆时，水灰比宜为0.5。

3 封孔注浆时，注浆管必须插到底，注浆必须饱满。

4 封孔注浆后，锚头部分应涂防腐剂，并按设计进行封闭。

9.11.9 预应力锚固性能试验和观测，应按设计要求进行。

10 路基防护及排水

10.1 一般规定

10.1.1 路基工程施工前，对影响路基稳定的地下水及地表水，应采取措施予以截断、疏导、降低水位，并引排到路基范围以外，防止漫流、聚积和下渗。

10.1.2 路基工程施工中应按设计核对、完善全线排水系统。

10.1.3 路基工程施工中，具备条件的地段应按设计做好排水工程以及施工场地附近的临时排水设施，然后再进行路基开挖或填筑。不具备条件的地段应先做好临时排水设施，正式排水工程可与路基同步施工，并随路基施工逐步成型。

10.1.4 在路基工程施工期，不得任意破坏地表植被或堵塞水的通路。各类排水设施应及时维修和清理，保持排水畅通、有效。

10.1.5 路堤防护应安排在适宜时间施工，路堑开挖后应及时防护。软土、松软土地基地段的路基防护工程应在沉降稳定后进行施工。

10.1.6 各种防护设施应在稳定的基础和坡体上施工。在设有支挡结构物及排除地下水设施地段，应先做好支挡结构物、排水设施，再施作防护工程。需防护的坡体表面应进行检查处理，防护设施应与坡面密贴结合。

10.1.7 防护及排水工程所用的砂浆、混凝土应采用机械拌和。

10.1.8 采用土工合成材料作为路基防护的工程，施工应符合现行《铁路路基土工合成材料应用设计规范》(TB 10118)的有关规定。

10.1.9 各种水泥砂浆的强度等级和石料的强度均应符合设计要求，并应符合现行《铁路混凝土与砌体工程施工规范》(TB 10210)的有关规定。各种混凝土的强度等级均应符合设计要求，并应符合现行《铁路混凝土工程施工技术指南》的有关规定。

10.1.10 泄水孔的位置、布置形式、孔径尺寸及泄水孔背后反滤层的材料、设置应符合设计要求，且排水畅通。

10.1.11 路基采用植物防护应按照铁路路基边坡绿色防护等相关规范作好养护管理。

10.2 坡面防护

10.2.1 边坡植物防护施工

1 植物防护的种类应符合设计要求，并适合当地生长条件。植物种植前应对边坡坡面进行清理整平，清除有碍植物生长的杂物、危石。施用底肥时应以有机肥为主，均匀撒布或条施、穴施。

2 植物防护工程施工应根据植物的特性，适时种植，避免在暴雨季节、大风和高温条件下施工。

3 植物播种前应进行种子发芽率试验或植株移植试验，根据试验结果确定种植密度和种植时间，确保在雨季来临之前形成一定的防护能力。在防护未形成一定能力时，宜采取排水和覆盖等临时保护措施。

4 铺草皮防护宜选用带状或块状草皮，草皮厚度不宜小于 10 cm。铺设时，应由坡脚自下而上施工，并用尖木(或竹)桩将其固定于边坡上。

5 种草防护的草籽应均匀撒布在已清理好的坡面上，同时做好保护措施。对不利于草类生长的土质，应在坡面先铺一层 10 ~ 15 cm 厚的种植土。

6 喷播植草应先将生长液与草籽按设计要求混合并搅拌均匀，采用喷播设备将其喷洒在已清理好的坡面上。喷洒应自下而上进行，草籽喷洒均匀，不得流淌。对不利于草类生长的土质，应按设计要求在坡面上先铺一层种植土，然后再进行草籽喷洒。草籽喷洒完毕后，应及时作好养护，直至植物覆盖坡面。

7 植物防护覆盖率、成活率应符合表 10.2.1 的要求。

表 10.2.1 植物防护覆盖率、成活率

序号	项目			覆盖率(%)	成活率(%)
1	一般地区	植草防护	土质路基边坡	85	—
2			石质路基边坡	70	—
3		种植藤本植物、灌木、乔木防护	土质路基边坡	—	80
4			石质路基边坡	—	70
5	干旱地区	植草防护	土质路基边坡	65	—
6		种植藤本植物、灌木、乔木防护		—	70
7	寒冷地区	植草防护	土质路基边坡	80	—
8			石质路基边坡	70	—
9		种植藤本植物、灌木、乔木防护	土质路基边坡	—	75
10			石质路基边坡	—	70

10.2.2 边坡固土网垫植草防护施工

1 边坡固土网垫植草防护施工宜在植物生长的季节铺设。铺设前应整平坡面并适量洒水湿润边坡，再夯拍 5 ~ 8 cm 耕植土并整平与洒水。铺设时，土工网垫应与土面密贴，其下边按 L 形埋入土中，埋入深度不应小于 0.4 m，回转长度不应小于0.3 m。

2 土工网垫搭接宽度不应小于 5 cm，土工网搭接宽度不应小于 10 cm，并采用长度不小于 15 cm 的固定钉与坡面连接。固定钉间距不得大于 1.5 m，铺设范围应包括路肩、平台及堑顶以外 1 m。

3 草籽应均匀撒播于土工网内，并用松散种植土填满网穴，在坡面再进行二次撒播草籽并施肥后夯拍密实、洒水养护，直至植物成长覆盖坡面。

4 边坡固土网垫铺设允许偏差应符合表 10.2.2 的要求。

表 10.2.2 固土网垫铺设允许偏差

序 号	项 目	允许偏差	序 号	项 目	允许偏差
1	搭接宽度	$^{+30}_{0}$ mm	3	回转长度	不小于设计值
2	上、下边埋入土深度	不小于设计值	4	固定钉间距	+50 mm

10.2.3 喷浆、喷射混凝土(或带锚杆铁丝网)防护施工

1 施工前,应清除坡面较大松动土石、浮土,坡面如有较大裂缝或凹坑时应先嵌补牢实,使坡面平顺整齐。岩体表面应冲洗干净,土体表面应平整、密实、湿润。

2 锚杆孔应冲洗干净,插入锚杆应用水泥砂浆固定,铁丝网应与锚杆连接牢固,并与坡面保持设计要求的间隙。

3 喷层厚度应均匀,厚度均不得小于设计值,喷后一般应养护 7～10 d。

4 铁丝网及锚杆头均不得外露。

5 喷层周边与未防护坡面的衔接处应作好封闭处理,防止水从缝隙浸入。

6 喷射纤维混凝土时,应进行现场试验,确定配合比、风压、喷射距离和角度。喷射材料应分两次拌和,钢纤维在第二次拌和时掺入。

7 喷浆、喷射混凝土的拌和料应在规定的时间内喷射完毕,喷射 2 h 后即应开始养生。

8 在喷射混凝土过程中,应采取有效措施保证泄水孔不被堵塞。

9 喷射混凝土施工允许偏差应符合表 10.2.3 的要求。

表 10.2.3 喷射混凝土施工允许偏差

序 号	项 目	允许偏差	序 号	项 目	允许偏差
1	锚杆孔深	−50 mm	5	底面高程	±50 mm
2	锚杆间距	+50 mm	6	坡顶高程	0 −20 mm
3	锚杆长	−30 mm	7	坡 度	0.5%
4	平面位置	±50 mm			

10.2.4 浆(干)砌片石防护、浆砌片石骨架防护施工

1 浆(干)砌片石应分层、分段砌筑。分层水平砌缝应大致水平,砌块应大面朝下,互相咬合,上下砌缝应相互错开7～8 cm。

2 基础埋置深度除符合设计要求外,当其边侧存在取土坑或其他不利于基础稳定的因素时,应采取必要的保护措施。

3 浆砌片石应采用挤浆法砌筑,确保灰缝饱满。

4 护坡厚度均匀,砌层片石纵、横向搭接压缝,间隙塞满,外露面整齐。

5 设有垫层的护坡,应随垫随砌。

6 干砌护坡勾缝应在路堤沉降已趋稳定后进行。勾缝前,应先将松动和变形处修整完好。

7 浆砌片石骨架嵌入坡面深度应符合设计要求,骨架表面应与坡面顺接。

10.2.5 砌筑混凝土预制块防护施工

1 砌筑时反滤层、垫层应随垫随砌。

2 基础埋置深度除应符合设计要求外,还应按现场情况采取必要措施保护基脚。

3 砌筑混凝土预制块间砂浆应饱满,砌筑后外面整齐,各方向缝顺直。

4 勾缝应在路堤已趋稳定后进行。

5 混凝土预制块的预制应满足设计要求并符合现行《铁路混凝土工程施工技术指南》的有关规定。

10.2.6 勾缝、灌浆、嵌补、支顶等施工

1　勾缝及灌浆填缝，应先清除草根、泥土，并冲洗缝隙。

2　勾缝砂浆应嵌入缝中，并与岩石牢固结合。灌注较大的裂缝可用 M5 水泥砂浆或 C10 混凝土，并应插捣密实，灌满至缝口抹平。

3　嵌补坡面空洞及凹槽，应先清除松动岩石并将基座凿平一定宽度后再行砌筑，应做到嵌体稳固、表面平顺、周边封严。

4　支顶危岩落石，其圬工基座应置于完整、稳定的岩体上并整平或凿成台阶。

10.2.7　路堑边坡护坡护墙防护施工

1　施工前应清除松动岩石。局部超挖或凹陷处应挖成台阶后用与墙身相同的材料砌平。

2　基础埋置深度应满足设计要求。当地基软弱时，应采用加强或加深措施。

3　墙面及两端面砌筑平顺，墙背与坡面应密贴结合，墙顶与边坡间缝隙应严密封堵。

4　坡面有地下水出露时，应做好引水设施，每隔 10～15 m 宜设一道伸缩缝。

5　片石砌筑严禁通缝、叠砌、贴砌和浮塞。砌体勾缝应牢固、美观。

10.2.8　砌体施工允许偏差应符合表 10.2.8 的要求。

表 10.2.8　砌体施工允许偏差

序号	项目		允许偏差			
			浆砌片石	干砌片石	带截水沟浆砌片石	混凝土预制块
1	平面位置		±50 mm	±50 mm	±50 mm	±50 mm
2	基底高程		±50 mm	±50 mm	±50 mm	±50 mm
3	坡顶高程		$^{0}_{-20}$ mm	$^{0}_{-20}$ mm	$^{0}_{-20}$ mm	$^{0}_{-20}$ mm
4	坡度		±0.5%	±0.5%	—	±0.5%
5	护肩，镶边及基础厚度、宽度		不小于设计值	不小于设计值	不小于设计值	不小于设计值
6	砌石厚度		不小于设计值	不小于设计值	—	—
7	垫层厚度		不小于设计值	不小于设计值	—	不小于设计值
8	坡面平整度		30 mm	30 mm	30 mm	10 mm
9	骨架	净距	—	—	±50 mm	—
10	骨架	宽度及边槽高度	—	—	不小于设计值	—
11	骨架	骨架厚度及嵌置深度	—	—	不小于设计值	—
12	踏步宽度、厚度		—	—	不小于设计值	—
13	混凝土板	边长	—	—	—	$^{+6}_{-3}$ mm
14	混凝土板	对角线长	—	—	—	$^{+6}_{-3}$ mm
15	混凝土板	厚度	—	—	—	$^{+4}_{-2}$ mm

10.3　冲刷防护

10.3.1　路基冲刷防护应加强基础处理，保证质量，防止水流冲刷和淘空。

10.3.2　坡岸防护施工

1　坡岸防护应按设计要求施工。

2　基坑开挖中应核对地质情况、基础高程和嵌入基岩深度。明挖基坑应随时排干坑内积水，挖至设计标高后应检查基底承载力；水下和深基础采用沉井、桩基础施工时，应符合现行《客货共线铁路桥涵工程施工技术指南》的有关规定。基础及其护基设施均宜在枯水期内完成。

3　坡面铺砌应在填料和填筑压实符合设计要求及坡体沉降已趋稳定后进行。铺砌前应整平夯实坡面。

4　护坡上下游两端嵌入稳定岸坡的长度应满足设计要求，并衔接牢固、平顺、密贴。

10.3.3　导流构造物施工

1　导流构造物施工时，应调查核对坝址的地质、河道、水文条件等情况。

2　导流构造物施工，应按设计要求并符合水工构筑物有关规定。应特别注意坝基处理、坝根与相连地层或其他防护设施的嵌接。

10.3.4　改河工程施工

1　改河工程应在枯水期施工。旱季不能完成时，应采取防洪措施。

2　河道开挖应先挖中段，再挖末段。必须经检查确认新河床已符合要求后，方可挖通其上游河段。

3　利用开挖新河道的土石填平旧河道时，在新河道未通流前，不得堵断旧河道。

4　通流时，改河上游进口河段的河床纵坡应稍大于设计坡度。

5　河床加固设施及导流构造物应及时配套完成。

10.4　路基排水

10.4.1　路基排水设施施工

1　各类排水设施的位置、断面尺寸、坡度、高程及使用材料应符合设计及相关规范要求。

2　沟渠边坡必须平整、稳定。

3　排水设施应纵坡顺适、沟底平整、排水畅通、无冲刷和阻水现象。

4　排水沟、天沟要求线型美观，直线线型顺直，曲线线型圆顺。

5　各类防渗加固设施要求坚实稳定，表面平整美观。浆砌片石工程砂浆配合比应通过试验确定，砌体嵌缝饱满、密实，勾缝平顺无脱落，缝宽大体一致。干砌片石工程要求咬扣紧密、错缝，禁止叠砌、贴砌。

10.4.2　地面排水设施施工

1　天沟、侧沟、排水沟、边坡平台截水沟等各类排水设施应按设计要求设置，并应将水引排至路基以外。天沟不应向侧沟内排水。

2　土质、软质岩、强风化或全风化硬质岩石地段的侧沟、天沟和排水沟均应采取防止冲刷或渗漏等加固措施。

3　排水沟采用浆砌片石加固或混凝土预制构件砌筑，砌缝砂浆应饱满，沟身不漏水。

4　路堤边坡上的排水沟应在路堤处于稳定后方可施工。边坡渗沟施工应符合本技术指南第10.4.3条的规定。

5　截水沟应防止水流下渗和冲刷。地质不良地段和土质松软、透水性较大或裂隙较多的岩石路段，对沟底纵坡较大的土质截水沟及截水沟的出水口，均应采取加固措施，防止渗漏和冲刷沟底及沟壁。

6　急流槽、平台截水沟应随路基防护圬工同步砌筑，排水坡度、沟槽断面不得小于设计要求。

7　当路堤基本成型或跨雨季填筑时，路堤边坡较高地段宜在路堤顶面边缘临时设置土埂，每隔 30 m 左右于路堤边坡上设置临时排水沟，以免冲刷路堤边坡。

10.4.3　地下排水设施施工

1　当地下水位较高、潜水层埋藏不深时，可采用排水沟或暗沟截流地下水及降低地下水位，沟底宜埋入不透水层内。沟壁最下一排渗水孔的底部宜高出沟底不小于 0.2 m。

2　排水沟或暗沟采用混凝土浇筑或浆砌片石砌筑时，应在沟壁与含水地层接触面的高度处，设置一排或多排向沟中倾斜的渗水孔。沟壁外侧应填以粗粒透水材料或土工合成材料作为反滤层。沿沟槽每隔 10～15 m 或当沟槽通过软硬岩层分界处时应设置沉降缝。

3　排除地下水的渗沟均应设置排水层、反滤层和封闭层，其渗水部分可采用砂砾石、无砂混凝土、土工织物。反滤层的层数、厚度和颗粒级配等应符合设计要求。

4　渗水暗沟内应采用筛选洗净的卵石、碎石、砾石、粗砂或不易风化的片石充填。

5　渗沟的出水口宜设置端墙，端墙下部留出与渗沟排水通道大小一致的排水沟，端墙排水孔底面距排水沟沟底的高度不宜小于 0.2 m。端墙出口的排水沟应进行加固，防止冲刷。

6　渗沟的开挖宜自下游向上游进行，应随挖随即支撑并迅速回填，不可暴露太久，以免造成坍塌。支撑渗沟应间隔开挖。

7　用于排水隔离层的土工合成材料的种类、性能指标和其上铺筑的材料应符合设计要求。

8　施工过程中遇有与设计不符时，应报监理和设计单位。

10.4.4　检查井施工

1　检查井应按设计位置、尺寸施工。

2　检查井基础应与渗水暗沟混凝土基础同时施工。

3　井身混凝土强度及井盖形状、强度、拉手安设应符合设计要求，井身混凝土表面平顺光洁，井盖安装平稳、密贴，拉手牢固。

4　检查井基坑回填应按路基相同部位的材料和压实标准采用人工分层回填、夯击密实。施工时应避免机械损伤检查井井壁。

5　施工允许偏差应符合表 10.4.4 的规定。

表 10.4.4　检查井施工允许偏差

序号	项目		允许偏差
1	中心位置	纵向	±50 mm
		横向	$^{+50}_{-20}$ mm
2	井底高程		±30 mm
3	净空尺寸（内径、深度）		±30 mm
4	井盖直径		±10 mm
5	井盖厚度		不小于设计值
6	井盖与相邻路基面高差		$^{+10}_{0}$ mm

11 路基相关工程及附属设施

11.1 相关工程

11.1.1 修筑于路基上的电缆槽、接触网支柱基础、声屏障基础、预埋管线、综合接地等施工应与路基施工统一协调，不得因其施工而损坏、危及路基的稳定与安全。

11.1.2 电缆槽、接触网支柱基础、声屏障基础开挖宜采用专用机械设备。

11.1.3 通信、信号电缆槽施工

1 电缆槽预制和安装应符合设计要求。

2 电缆槽施工不应破坏侧沟和侧沟平台、堑坡坡脚及路肩，并按设计要求做好防水。

3 电缆槽施工允许偏差应按表11.1.3的要求控制。

表11.1.3 电缆槽施工允许偏差

序号	项目	允许偏差	序号	项目	允许偏差
1	距线路中心线位置	$^{+20}_{0}$ mm	2	顶面标高	±10 mm

11.1.4 电力牵引接触网支柱基础施工

1 接触网支柱基础施工应符合设计要求。基坑施工时不得破坏路基及防护工程结构。

2 接触网支柱基础基坑必须全部用混凝土浇筑。有渗水暗沟地段，应在接触网支柱基础浇筑并达到一定强度后再挖渗水暗沟。接触网支柱基础和渗水暗沟施工后，要保证基床表层底面4%的排水坡。

3 接触网拉线基础与下锚支柱基础平面位置应符合设计要求，下锚拉线的下锚环方向应在支柱基础中心与拉线基础中心连线上。

4 接触网支柱基础施工允许偏差应按表11.1.4的要求控制。

表11.1.4 接触网支柱基础施工允许偏差

序号	项目	允许偏差	序号	项目	允许偏差
1	距线路中心线位置	$^{+20}_{0}$ mm	3	埋置深度	不小于设计值
2	形状尺寸(截面尺寸)	±20 mm			

11.1.5 预埋管线、综合接地等应按设计要求与路基同步施工。

11.1.6 声屏障基础施工

1 声屏障基础应按设计要求设置于电缆槽外侧。

2 基础应按设计要求位置、形状尺寸和深度施工。当采用柱式基础时，基坑必须全部用混凝土浇筑。

3 声屏障基础所用材料应符合设计要求。

4 声屏障基础施工允许偏差应按表11.1.6的要求控制。

表 11.1.6　声屏障基础施工允许偏差

序号	项　目	允许偏差	序号	项　目	允许偏差
1	距线路中心线位置	$^{+20}_{0}$ mm	3	埋置深度	不小于设计值
2	形状尺寸(截面尺寸)	±30 mm	4	声屏障基础顶面高程	±50 mm

11.2 附属设施

11.2.1 检查台阶、检查梯、栏杆等设备施工

1 应按设计设置检查设备,并连接牢固,外观顺直整齐。

2 检查梯等检查设备杆件的涂料品种、涂刷遍数应符合设计要求,并不得漏涂、露底、脱皮。涂刷应均匀,色泽一致。

3 栏杆及检查设施施工允许偏差应按表 11.2.1 的要求控制。

表 11.2.1　栏杆及检查设施施工允许偏差

序号	项　目	允许偏差	序号	项　目	允许偏差
1	构件断面尺寸	±5% 设计尺寸	3	柱垂直度	0.5% 柱高
2	安装尺寸	±20 mm	4	检查梯、台阶尺寸	±30 mm

11.2.2 防护栅栏施工

1 防护栅栏支柱、栅栏材料应符合设计要求。

2 防护栅栏支柱埋设应符合设计要求,并埋设稳固。

12 环境保护

12.1 一般规定

12.1.1 铁路路基工程施工要认真贯彻"预防为主,防治结合,综合治理"的原则,做到统一规划、合理布局、综合利用,严格控制污染源,保护生态环境。

12.1.2 路基施工组织设计应按环境保护设计的各项要求,并结合工程实际,对在施工中可能造成的环境破坏和不利影响提出具体防治措施和方案,并付诸实施。

12.1.3 施工便道、施工场地等临时工程的规划和修建应符合当地环境保护要求。

12.1.4 铁路路基两侧绿化应符合设计要求,并与路基工程同步完成。

12.2 生态环境保护

12.2.1 取土场的位置、深度、边坡应符合设计要求,并结合当地土地利用、环保规划进行布置,不得随意取土或在水下取土。路基土石方调配应尽可能考虑移挖作填。平原地区的路堤要采取集中取土,以保护沿线的原有地形地貌。

12.2.2 弃土场的位置与高度应保证路堑边坡、山体和自身的稳定,并不得影响附近建筑物、农田、水利、河道、交通和环境。不能满足时,应加设挡护或采取其他措施。

12.2.3 弃土应符合本技术指南第6.6.4条的规定。

12.2.4 对取弃土场、弃渣场的裸露面和路基边坡应按设计要求采取植物或其他工程防护措施。

12.3 噪声、振动污染防治

12.3.1 各项临时设施、施工机械运输组装场地、材料加工厂和混凝土搅拌站等,均宜设在远离居民区。当无法满足时,应采取适当的防噪声等环境保护措施。

12.3.2 在城镇居民地区施工时,由机械设备和工艺操作所产生的噪声不得超过表12.3.2规定限值,并符合当地政府的有关规定,否则应采取消声措施。

表12.3.2 施工场所噪声限值表

施工阶段	主要噪声源	噪声限值等效声级 L_{eq}[dB(A)]	
		昼间	夜间
土石方	推土机、挖掘机、装载机等	75	55
打桩	各种打桩机等	85	禁止施工
结构	混凝土搅拌机、振捣棒、电锯等	70	55
装修	吊车、升降机等	65	55

注:1 表中所列噪声值是指与敏感区域相应的施工场地边界线处的限值。

2 如有几个施工阶段同时进行,以高噪声阶段的限值为准。

12.3.3 强振机械设备应采取减振措施。

12.4 大气污染防治

12.4.1 各种机械设备及运输车辆的废气排放量应符合现行《铁路工程环境保护设计规范》(TB 10501)和地方政府的有关规定。

12.4.2 各种运输车辆不得超量装载运输,防止土石散落污染路面。施工便道要采用洒水压尘措施。

12.4.3 工程用的粉末材料,应采用密封或袋装运输,不得散装散卸。在露天堆存时,应采取防止尘埃飞扬和因雨水流失的措施。

12.4.4 改良土施工时应采取有效措施防止粉尘污染。

12.5 水污染防治

12.5.1 路基土石方施工应做到随挖、随填、随碾压,并应合理安排好施工场地的临时排水。路堑坡面防护工程应及时施工,以减少水土流失对环境的影响。

12.5.2 在地基加固施工中溢出的浆液应回收集中处理,不得任意排放。

12.5.3 使用工业废渣填筑路基时,应按有关规范进行试验。当废渣中含有害物质易造成土质和水质污染时应提出报告,采取相应措施,批准后方可使用。

12.5.4 清洗施工机械和设备的废水、废油以及生活污水、废弃材料、垃圾等均应集中处理,严禁随意排放、丢弃,防止污染环境。

12.5.5 易受石油类污染的地面应采用水泥整体硬化,其周边应设置集水沟收集地面冲洗水和初期雨水,处理后排放。

12.5.6 建设工程完工后,应进行施工场地清理。

12.6 固体废物污染防治

12.6.1 严禁在路基两侧设置垃圾堆放场和垃圾处理场。

12.6.2 生产废物宜设置相应的堆放场地并定期处置。

12.6.3 污水处理产生的污泥,应设专用堆放场地。

附录 A　路堤填筑工艺试验段

A. 0. 1　路堤填筑工艺试验段应选择在有代表性的地段进行，试验段长度不宜小于 100 m。

A. 0. 2　应根据填料的种类、性质、压实标准及施工条件选定适宜的压实机具。

A. 0. 3　在试验段各部位的全宽度内进行填筑工艺试验，确定合理的松铺厚度、压实遍数、施工含水率及填筑工艺。

A. 0. 4　填层的松铺厚度应满足压实后不大于检测方法所控制的最大层厚，并能达到设计要求的压实标准。填层最佳厚度和相应的压实遍数，应通过逐渐调整填层的松铺厚度获得。

A. 0. 5　压实效果应根据路堤不同压实标准进行检验。当采用 K_{30} 荷载板试验检测时，基床以下的填筑试验不宜在 3 层以前取值，基床的填筑试验应在合乎要求的层位取值。

A. 0. 6　工艺性路堤填筑试验段完成后，应及时编制试验段总结报告并送相关单位批准。报告主要包括以下内容：

1　机械设备组合。

2　压路机碾压行走速度、碾压方式、碾压遍数。

3　填料的颗粒级配、最优含水率及控制。

4　适宜的松铺厚度。

5　各项压实指标采用的检测方法。

6　组织机构的设置。

7　安全环保措施的有效性及改进措施。

附录 B　路基填料分组

B.0.1　一般土作为路基填料时，可按土颗粒的粒径大小分为巨粒土、粗粒土和细粒土。

B.0.2　巨粒土、粗粒土填料应根据颗粒组成、颗粒形状、细粒含量、颗粒级配、抗风化能力等，按表 B.0.2 进行分组。

表 B.0.2　巨粒土、粗粒土填料分组

一级定名						二级定名			填料分组
类别			名称		说明	细粒含量	颗粒级配	名称	
巨粒土	碎石类土	块石类	块石土	硬块石土	粒径大于200 mm颗粒的质量超过总质量的50%（不易风化，尖棱状为主）	—	—	硬块石	A
				软块石土	粒径大于200 mm颗粒的质量超过总质量的50%（易风化，尖棱状为主）	—	—	R_c >15 MPa 的不易风化软块石	A
								R_c ≤15 MPa 的不易风化的软块石	B
								易风化的软块石	C
								风化的软块石	D
			漂石土		粒径大于200 mm颗粒的质量超过总质量的50%（浑圆或圆棱状为主）	<5%	良好	级配好的漂石	A
							不良	级配不好的漂石	B
						5% ~15%	良好	级配好的含土漂石	A
							不良	级配不好的含土漂石	B
						15% ~30%	—	土质漂石	B
						>30%	—	土质漂石	C
		碎石类	卵石土		粒径大于60 mm颗粒的质量超过总质量的50%（浑圆或圆棱状为主）	<5%	良好	级配好的卵石	A
							不良	级配不好的卵石	B
						5% ~15%	良好	级配好的含土卵石	A
							不良	级配不好的含土卵石	B
						15% ~30%	—	土质卵石	B
						>30%	—	土质卵石	C
			碎石土		粒径大于60 mm颗粒的质量超过总质量的50%（尖棱状为主）	<5%	良好	级配好的碎石	A
							不良	级配不好的碎石	B
						5% ~15%	良好	级配好的含土碎石	A
							不良	级配不好的含土碎石	B
						15% ~30%	—	土质碎石	B
						>30%	—	土质碎石	C

续上表

一级定名						二级定名			填料分组
类别			名称		说明	细粒含量	颗粒级配	名称	
粗粒土	碎石类土	砾石类	粗砾土	粗圆砾土	粒径大于20 mm颗粒的质量超过总质量的50%(浑圆或圆棱状为主)	<5%	良好	级配好的粗圆砾	A
							不良	级配不好的粗圆砾	B
						5% ~15%	良好	级配好的含土粗圆砾	A
							不良	级配不好的含土粗圆砾	B
						15% ~30%	—	土质粗圆砾	B
						>30%	—	土质粗圆砾	C
				粗角砾土	粒径大于20 mm颗粒的质量超过总质量的50%(尖棱状为主)	<5%	良好	级配好的粗角砾	A
							不良	级配不好的粗角砾	B
						5% ~15%	良好	级配好的含土粗角砾	A
							不良	级配不好的含土粗角砾	B
						15% ~30%	—	土质粗角砾	B
						>30%	—	土质粗角砾	C
			细砾土	细圆砾土	粒径大于2 mm颗粒的质量超过总质量的50%(浑圆或圆棱状为主)	<5%	良好	级配好的细圆砾	A
							不良	级配不好的细圆砾	B
						5% ~15%	良好	级配好的含土细圆砾	A
							不良	级配不好的含土细圆砾	B
						15% ~30%	—	土质细圆砾	B
						>30%	—	土质细圆砾	C
				细角砾土	粒径大于2 mm颗粒的质量超过总质量的50%(尖棱状为主)	<5%	良好	级配好的细角砾	A
							不良	级配不好的细角砾	B
						5% ~15%	良好	级配好的含土细角砾	A
							不良	级配不好的含土细角砾	B
						15% ~30%	—	土质细角砾	B
						>30%	—	土质细角砾	C
	砂类土		砾砂		粒径大于2 mm颗粒的质量占总质量的25% ~50%	<5%	良好	级配好的砾砂	A
							不良	级配不好的砾砂	B
						5% ~15%	良好	级配好的含土砾砂	A
							不良	级配不好的含土砾砂	B
						>15%	—	土质砾砂	B
			粗砂		粒径大于0.5 mm颗粒的质量超过总质量的50%	<5%	良好	级配好的粗砂	A
							不良	级配不好的粗砂	B
						5% ~15%	良好	级配好的含土粗砂	A
							不良	级配不好的含土粗砂	B
						>15%	—	土质砾砂	B

续上表

一级定名				二级定名			填料分组
类别		名称	说明	细粒含量	颗粒级配	名称	
粗粒土	砂类土	中砂	粒径大于0.25 mm颗粒的质量超过总质量的50%	<5%	良好	级配好的中砂	A
					不良	级配不好的中砂	B
				5%～15%	良好	级配好的含土中砂	A
					不良	级配不好的含土中砂	B
				>15%	—	土质中砂	B
		细砂	粒径大于0.075 mm颗粒的质量超过总质量的85%	<5%	良好	级配好的细砂	B
					不良	级配不好的细砂	C
				5%～15%	—	含土细砂	C
		粉砂	粒径大于0.075 mm颗粒的质量超过总质量的50%	—	—	粉砂	C

注:1　颗粒级配分为良好($C_u \geqslant 5$,且$C_c = 1 \sim 3$)和不良($C_u < 5$,或$C_c \neq 1 \sim 3$)。

式中:不均匀系数$C_u = d_{60}/d_{10}$;曲率系数$C_c = d_{30}^2/(d_{10} \times d_{60})$。

d_{10}、d_{30}、d_{60}分别为颗粒级配曲线上相应于总质量10%、30%、60%含量颗粒的粒径。

2　硬块石为单轴饱和抗压强度$R_c > 30$ MPa的块石;软块石为单轴饱和抗压强度$R_c \leqslant 30$ MPa的块石。

3　细粒含量指黏粒($d \leqslant 0.075$ mm)的质量占总质量的百分数。

B.0.3　细粒土填料应根据土的塑性指数I_p和液限含水率w_L,按表B.0.3进行分组。

表B.0.3　细粒土填料分组

一级定名				二级定名			填料分组
土名				液限含水率w_L	土名	塑性图	
细粒土	粉土		$I_p \leqslant 10$,且粒径大于0.075 mm颗粒的质量不超过全部质量的50%的土	$w_L < 40\%$	低液限粉土	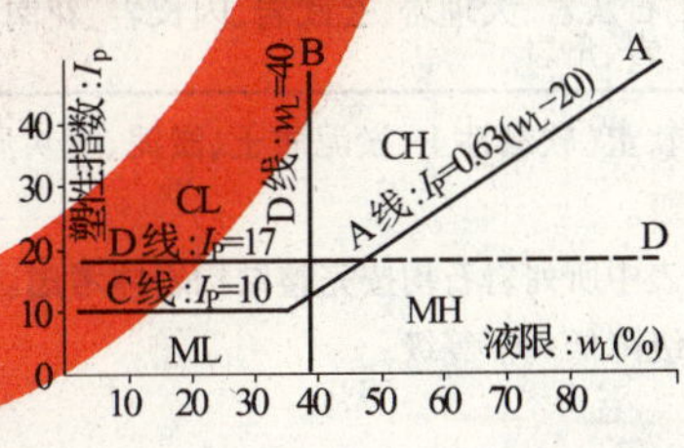	C
				$w_L \geqslant 40\%$	高液限粉土		D
	黏性土	粉质黏土	$10 < I_p \leqslant 17$	$w_L < 40\%$	低液限粉质黏土		C
				$w_L \geqslant 40\%$	高液限粉质黏土		D
		黏土	$I_p > 17$	$w_L < 40\%$	低液限黏土		C
				$w_L \geqslant 40\%$	高液限黏土		D
	有机土			有机质含量大于5%			E

注:1　液限含水率试验采用圆锥仪法,圆锥仪总质量为76 g,入土深度10 mm。

2　A线方程中的w_L按去掉百分号后的数值进行计算。

附录 C 岩土施工工程分级

C.0.1 路基开挖应根据岩土性质和施工的难易程度按表 C.0.1 进行岩土工程分级。

表 C.0.1 岩土施工工程分级

等级	分类	岩土名称及特征	钻 1 m 所需时间			岩石单轴饱和抗压强度（MPa）	开挖方法
			液压凿岩台车、潜孔钻机（净钻分钟）	手持风枪湿式凿岩合金钻头（净钻分钟）	双人打眼（工天）		
Ⅰ	松土	砂类土，种植土，未经压实的填土	—	—	—	—	用铁锹，脚蹬一下到底的松散土层，机械能全部直接铲挖，普通装卸机可满载
Ⅱ	普通土	坚硬的、可塑的粉质黏土，可塑的黏土，膨胀土，粉土，Q_3、Q_4 黄土，稍密、中密的细角砾土、细圆砾土，松散的粗角砾土、碎石土、粗圆砾土、卵石土，压密的填土，风积沙	—	—	—	—	部分用镐刨松，再用锹挖，脚连蹬数次才能挖动。挖掘机、带齿尖口装载机可满载，普通装载机可直接铲挖，但不能满载
Ⅲ	硬土	坚硬的黏性土，膨胀土，Q_1、Q_2 黄土，稍密、中密粗角砾土、碎石土、粗圆砾土、卵石土，密实的细圆砾土、细角砾土，各种风化成土状的岩石	—	—	—	—	必须用镐先全部刨过才能用锹挖。挖掘机、带齿尖口装载机不能满载；大部分采用松土器松动方能铲挖装载
Ⅳ	软石	块石土、漂石土，含块石、漂石 30% ~ 50% 的土及密实的碎石土、卵石土，岩盐，各类较软岩、软岩及成岩作用差的岩石：泥质岩类、煤、凝灰岩、云母片岩、千枚岩	—	<7	<0.2	<30	部分用撬棍及大锤开挖或挖掘机、单钩裂土器松动，部分需借助液压冲击镐解碎或部分采用爆破法开挖
Ⅴ	次坚石	各种硬质岩：硅质页岩、钙质岩、白云岩、石灰岩、泥灰岩、玄武岩、片岩、片麻岩、正长岩、花岗岩	≤10	7 ~ 20	0.2 ~ 1.0	30 ~ 60	能用液压冲击镐解碎，大部分需要爆破法开挖
Ⅵ	坚石	各种极硬岩：硅质砂岩、硅质砾岩、石灰岩、大理岩、玄武岩、闪长岩、花岗岩、角岩	>10	>20	>1.0	>60	可用液压冲击镐解碎，需用爆破法开挖

注：1 软土（软黏性土、淤泥质土、淤泥、泥炭质土、泥炭）的施工工程分级一般可定为Ⅱ级，多年冻土一般可定为Ⅳ级。

2 表中所列岩石均按完整结构岩体考虑。若岩体极破碎、节理很发育或强风化时，其等级应按表对应岩石的等级降低一个等级。

附录 D　路基填筑土工试验及测试记录报表格式

D. 0. 1　地基系数 K_{30} 试验（记录）报告

地基系数 K_{30} 试验（记录）报告

施 工 单 位：＿＿＿＿ 填 土 层 次：＿＿＿＿ 报告编号：＿＿＿＿
工 程 名 称：＿＿＿＿ 测点位置及标高：＿＿＿＿ 试验日期：＿＿＿＿
施工里程及部位：＿＿＿＿ 试 验 编 号：＿＿＿＿ 报告日期：＿＿＿＿

仪器设备		压力表或测力计		百分表编号			填料名称
		编号	示值范围	1	2	3	
加载顺序	压力表或测力计读数（MPa）	承载板荷载强度（MPa）	百分表读数（0. 01 mm）				累计沉降量 S（0. 01 mm）
			1	2	3	平均	
预压		0. 01					
复位		0. 00					
1		0. 04					
2		0. 08					
3		0. 12					
4		0. 16					
5		0. 20					
6		0. 24					
7		0. 28					
8		0. 32					
9		0. 36					

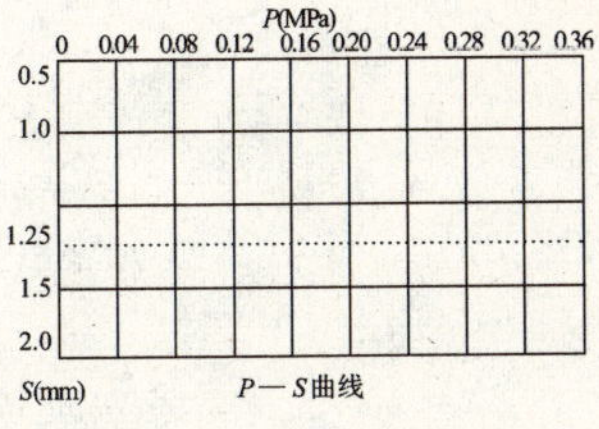

P—S 曲线

沉降 1. 25 mm 对应荷载（MPa）	
地基系数 K_{30} 值（MPa/m）	
规定值	实测值
检测环境描述：	

检测评定依据：	试验意见：

试验：＿＿＿＿　复核：＿＿＿＿　技术负责人：＿＿＿＿

D.0.2 灌砂法记录

路基填土压实试验记录(灌砂法)

施　工　单　位:________________________试验编号:________________________

工　程　名　称:________________________委托编号:________________________

施工里程及部位:________________________试验日期:________________________

仪器设备	名称	型号	编号	示值范围	分辨率
采用标准					

试验条件	填料名称	压实方式	颗粒密度 ρ_s (g/cm³)	最大干密度 ρ_{dmax} (g/cm³)	最优含水率 w_{opt} (%)	试验砂密度 (g/cm³)

里程	位置	标高 (m)	层次	填土厚度 (cm)	碾压遍数	试验砂质量 (g)	试验余砂质量 (g)	试坑内砂质量 (g)	试坑体积 (cm³)	试坑土质量 (g)	湿密度 (g/cm³)	含水率				干密度 (g/cm³)	压实系数孔隙率(%)	
												湿土质量 (g)	干土质量 (g)	含水率 (%)	平均含水率 (%)		规定值	实测值

附注:

试验:________________　复核:________________　技术负责人:________________

D.0.3 灌水法记录

路基填土压实试验记录（灌水法）

施　工　单　位：＿＿＿＿＿＿＿＿＿＿　试验编号：＿＿＿＿＿＿＿＿＿＿

工　程　名　称：＿＿＿＿＿＿＿＿＿＿　委托编号：＿＿＿＿＿＿＿＿＿＿

施工里程及部位：＿＿＿＿＿＿＿＿＿＿　试验日期：＿＿＿＿＿＿＿＿＿＿

仪器设备	名称	型号	编号	示值范围	分辨率
采用标准					

试验条件	填料名称	压实方式	颗粒密度 ρ_s（g/cm³）	最大干密度 ρ_{dmax}（g/cm³）	最优含水率 w_{opt}（%）

里程	位置	标高（m）	层次	填土厚度（cm）	碾压遍数	试坑土质量（g）	试坑体积（cm³）	湿密度（g/cm³）	含水率				干密度（g/cm³）	压实系数孔隙率（%）	
									湿土质量（g）	干土质量（g）	含水率（%）	平均含水率（%）		规定值	实测值
附注：															

试验：＿＿＿＿＿＿＿＿　复核：＿＿＿＿＿＿＿＿　技术负责人：＿＿＿＿＿＿＿＿

D.0.4 气囊法记录

路基填土压实试验记录(气囊法)

施 工 单 位:________________ 试验编号:________________

工 程 名 称:________________ 委托编号:________________

施工里程及部位:________________ 试验日期:________________

仪器设备	名称	型号	编号	示值范围	分辨率
采用标准					
试验条件	填料名称	压实方式	最大干密度 ρ_{dmax} (g/cm³)	最优含水率 w_{opt} (%)	

里程	位置	标高(m)	层次	填土厚度(cm)	碾压遍数	数显测尺读数(mm)			试坑体积(cm³)	试样质量(g)	湿密度(g/cm³)	含水率(%)				干密度(g/cm³)	平均干密度(g/cm³)	压实系数孔隙率(%)	
						初始	终了	读数差				湿土质量(g)	干土质量(g)	含水率(%)	平均含水率(%)			规定值	实测值

附注:

试验:________________ 复核:________________ 技术负责人:________________

D.0.5　核子射线法记录

路基填土压实试验记录(核子射线法)

施　工　单　位:________________　试验编号:________________

工　程　名　称:________________　委托编号:________________

施工里程及部位:________________　试验日期:________________

仪器设备		名称		型号		编号		示值范围		分辨率	
采用标准											
试验条件		填料名称		压实方式		最大干密度 ρ_{dmax} (g/cm^3)		最优含水率 w_{opt}(%)		密度 ρ_h(g/cm^3)	
里程	位置	填土层次	标高(m)	填土厚度(cm)	碾压遍数	湿密度(g/cm^3)	含水率(%)	干密度(g/cm^3)	压实系数、孔隙率(%)		
								单个值	平均值	规定值	实测值

附注:

试验:________________　复核:________________　技术负责人:________________

D. 0. 6　填土压实试验报告

路基填土压实试验报告

施工单位：＿＿＿＿＿＿＿＿＿＿报告编号：＿＿＿＿＿＿＿＿＿＿

工程名称：＿＿＿＿＿＿＿＿＿＿委托编号：＿＿＿＿＿＿＿＿＿＿

施工里程：＿＿＿＿＿＿＿＿＿＿试验编号：＿＿＿＿＿＿＿＿＿＿

压实方式：＿＿＿＿＿＿＿＿＿＿报告日期：＿＿＿＿＿＿＿＿＿＿

<table>
<tr><td colspan="2" rowspan="2">试验条件</td><td colspan="2">填料名称</td><td colspan="2">试验方法</td><td colspan="3">最大干密度（g/cm³）</td><td colspan="2">最优含水率(%)</td><td colspan="2">密度(g/cm³)</td></tr>
<tr><td colspan="2"></td><td colspan="2"></td><td colspan="3"></td><td colspan="2"></td><td colspan="2"></td></tr>
<tr><td rowspan="2">里程</td><td rowspan="2">标高(m)</td><td rowspan="2">层次</td><td rowspan="2">填土厚度(cm)</td><td rowspan="2">碾压遍数</td><td rowspan="2">试验位置</td><td rowspan="2">湿密度(g/cm³)</td><td rowspan="2">含水率(%)</td><td rowspan="2">干密度(g/cm³)</td><td colspan="2">规定值</td><td colspan="2">实测值</td></tr>
<tr><td>压实系数</td><td>孔隙率(%)</td><td>压实系数</td><td>孔隙率(%)</td></tr>
<tr><td></td><td></td><td></td><td></td><td></td><td></td><td></td><td></td><td></td><td></td><td></td><td></td><td></td></tr>
<tr><td></td><td></td><td></td><td></td><td></td><td></td><td></td><td></td><td></td><td></td><td></td><td></td><td></td></tr>
<tr><td></td><td></td><td></td><td></td><td></td><td></td><td></td><td></td><td></td><td></td><td></td><td></td><td></td></tr>
<tr><td></td><td></td><td></td><td></td><td></td><td></td><td></td><td></td><td></td><td></td><td></td><td></td><td></td></tr>
<tr><td colspan="6">检测评定依据：</td><td colspan="7">试验意见：</td></tr>
</table>

试验：＿＿＿＿＿＿＿＿　复核：＿＿＿＿＿＿＿＿　技术负责人：＿＿＿＿＿＿＿＿

D.0.7　路堤填筑质量统计表

路堤填筑质量统计表

工程名称:____________填筑部位:____________

填报单位:____________施工时间:____________

填报日期:____________

施工单位	里程	填土数量（m^3）	应检查组数	实测组数	地基系数 $K_{30}\geqslant$ MPa/m		压实系数 $K\geqslant$		相对密度 $D_r\geqslant$		孔隙率 $\leqslant$ %	
					合格点数	不合格点数	合格点数	不合格点数	合格点数	不合格点数	合格点数	不合格点数

制表:　　　　试验室主任:　　　　技术主管:　　　　单位(章):

附录 E　路基沉降观测记录表

E. 0. 1　地表沉降观测记录表

地表沉降观测记录表

施工单位：________________　工程名称：________________

施工里程：________________　工点类型：________________

点号	观测次数	观测日期	测点顶高程（m）	观测沉降量（mm）	累计沉降量（mm）	沉降速率（mm/d）	备注

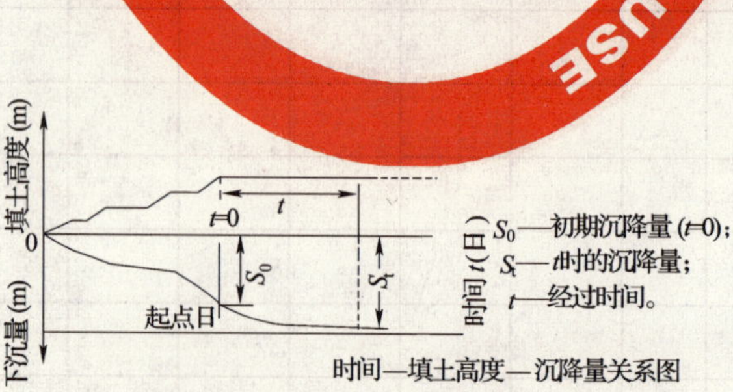

时间—填土高度—沉降量关系图

注：观测沉降量是本次观测相对上次观测发生的沉降量，累计沉降量是本次观测相对第一次观测发生的沉降量。

测量：　　　　　复核：　　　　　专业负责人：

E.0.2　水平位移观测记录表

水平位移观测记录表

施工单位：________________　工程名称：________________

施工里程：________________　工点类型：________________

点号	测次	观测日期	桩坐标		法向位移距离(mm)	总位移(mm)	位移速率(mm/d)	备　注
			x(m)	y(m)				

测量：　　　　　　　　复核：　　　　　　　　专业负责人：

本技术指南用词说明

使用本技术指南条文时，对于要求严格程度的用词说明如下，以便在执行中区别对待。

(1)表示很严格，非这样做不可的用词：

正面词采用“必须”；

反面词采用“严禁”。

(2)表示严格，在正常情况均应这样做的用词：

正面词采用“应”；

反面词采用“不应”或“不得”。

(3)表示允许稍有选择，在条件许可时首先应这样做的用词：

正面词采用“宜”；

反面词采用“不宜”。

表示有选择，在一定条件下可以这样做的，采用“可”。

《客货共线铁路路基工程施工技术指南》条文说明

本条文说明系对重点条文的编制依据,存在的问题以及在执行中应注意的事项等予以说明。为了减少篇幅,只列条文号,未抄录原条文。

1.0.1 本技术指南是针对客货共线铁路路基工程施工编制的,未涉及到的内容应符合相关规范要求。

1.0.4 为了促使对路基工程的重视,有必要对路基工程的施工方法和技术管理方面提出较高和较严格的施工控制与检测要求,特别是要加强变形监测工作,以促进工程质量的提高。

1.0.5 施工中土地使用必须符合国家有关政策要求。

1.0.6 本条为促进路基工程技术进步而提出。新技术、新工艺、新机具、新测试方法是指尚未纳入现行铁路工程规范的各种成果,其质量标准、工艺、使用要求,根据试验研究成果,按不低于现行规范要求专题制定或随工点设计提出,并按规定的程序审批。

1.0.9 对沉降控制困难的软土地段路基,应合理作好施工组织,提前安排施工,保证必要的预压期。

2.1.3、2.1.4、2.1.5、2.1.6 术语定义按铁路路基设计规范的规定编写。

3.0.2 本条是指导性的,执行中可根据具体情况,规定调查项目。

3.0.4 在两个施工单位的分界处,各施工单位管界外的线路控制点与水准点,应由双方共同复测并作出记录,以确保中线高程的正确并衔接一致。当既有线改建两端为桥梁或隧道时,应以桥梁或隧道中线、高程为准。

3.0.5 对特殊岩土,除进行一般规定的试验外,还应结合定名的需要,辅以相应的鉴别试验。

4.2.5 填筑高度小于等于基床厚度的路堤,基床范围内的地基应满足静力触探比贯入阻力 $P_S \geqslant 1.5$ MPa 和地基基本承载力 $\sigma_0 \geqslant 0.18$ MPa,否则应提出变更进行土质改良或其他加固处理。

4.5.2 当袋装砂袋长度超过桩架高度,下砂袋时无法将整个砂袋吊起,可以人工装入,采取套管口装设滚轮等措施。

4.6.2 塑料排水板与桩尖连接要牢固,避免提管时脱落,将排水板拔出。

4.7.1 当设计强调挤密效果时试桩数量宜为 7 ~9 根,正三角形布置时为 7 根(即中间 1 根、周围 6 根),正方形布置时为 9 根(3 排 3 列)。

4.7.2 碎石桩施工除常用的振动沉管法和锤击成桩法外,还有振冲、干振挤密、沉管、夯扩和袋装等施工方法。振冲法碎石桩也较为常用,现列出其方法及质量控制要求,供参考。

(1)桩机按设计桩位就位,把振冲器对准桩位。

(2)利用振冲器和高压水流,边振边冲将振冲器沉至设计深度。

(3)经过清孔后,向孔内逐段填入碎石,每段填料用振冲器振挤密实。

(4)通过重复填料和振实,施工至桩顶,在地基中形成碎石桩。

(5)振冲法施工碎石桩,应控制密实电流、填料量、留振时间、桩间距、水源压力、水量、振冲器贯入速度、振密提升高度,保证桩体质量。

4.7.3　当遇到坚硬难以压入的土层,可辅以射水压入。

4.8.2　预搅下沉时应根据土质硬软分别使用快、慢档,搅拌提升速度一般控制在0.5~0.8 m/min。钻进至设计深度后,一般应滞留2~5 min,以保证加固粉料到达桩底。当提升到设计停灰标高后,应在原位慢速搅拌1~2 min,保证桩头均匀密实。

4.9.2　钻进至设计深度后,一般应滞留喷浆30 s,以保证加固浆液到达桩底。当提升至桩顶后,应在原位复搅数秒,保证桩头均匀密实。

4.10.2　高压旋喷桩有单管、二重管、三重管等喷射注浆法,施工顺序大体一致。在插入注浆管过程中,为防止泥砂堵塞喷嘴,可边射水、边插管,水压力一般不超过1 MPa,否则易将孔壁射塌。

4.10.3　高压喷射注浆的压力愈大,处理地基的效果愈好,因此单管法、二重管法及三重管法的高压水泥浆液流或高压水射流的压力宜大于20 MPa,气流的压力通常在0.7 MPa左右,提升速度为0.1~0.25 m/min,旋转速度可取10~20 r/min。

当高压喷射注浆完毕后,或在喷射注浆过程中因故中断并在短时间(小于或等于浆液初凝时间)内不能继续喷浆时,均应立即拔出注浆管清洗备用,以防浆液凝固后拔不出注浆管。为防浆液凝固收缩产生空穴现象,应立即回灌浆液捣实。

4.11.1　当设计无要求时,石灰中活性CaO、MgO含量应按不低于50%(按干重计)控制。

4.11.3　灰土挤密桩回填压实系数一般宜大于0.97。

4.12.1　水泥一般采用P·O 42.5号水泥,碎石粒径宜为20~50 mm(长螺旋管内泵压灌注成桩时,碎石粒径不宜大于20 mm,或采用粒径不大于25 mm的卵石),粉煤灰Ⅲ级及以上,石屑粒径不宜大于10 mm。

4.12.3　拔管速率一般为1.2~1.5 m/min。施工桩顶标高宜高于设计标高50 cm,浮浆厚度不超过20 cm。

4.12.7　CFG桩施工顺序应根据地质情况、施工方法确定,可采用连续打设或间隔跳打,避免造成断桩。

4.13.3　当落锤高度达到最大值,每击贯入度小于或等于2 mm时,应停锤。但深度未达到设计要求时,应查明原因,采用换锤等措施,成桩至设计深度。当最后下沉贯入度小于试桩最后下沉贯入度,振幅符合规定时,也可认为沉桩合格。

4.16.5　在堆载预压中,车辆运行容易损坏沉降观测设备,如有损坏应及时修复,否则会影响沉降观测或观测数据的准确性。

4.18.2　一个夯点最后两击夯沉量,一般来说,对砂土不宜超过5~10 mm,对细粒土不宜超过10~20 mm。

4.18.3 参照《地基处理手册》等资料规定重锤夯实处理范围应符合设计要求，夯坑中心允许偏差不应大于0.1D(D为夯锤直径)。

4.19.1 当被加固场地表土松软时，应铺设一定厚度的垫层，以保证强夯置换设备能够正常走行。

4.20.1

1 为了确保施工顺利和安全，施工现场必须平整稳定，地上、地下以及施工范围内，必须消除有碍施工设备运转的洞穴、土坑、土堆、架空线、管线等障碍物。

2 由于柱锤冲扩桩采用预钻孔、掏孔和重锤冲击成孔等工艺，故应根据施工工艺的不同、现场设备的数量、场地条件等，制定最佳作业流水线，保证施工安全。

3 桩体填料必须按设计要求在现场配制，填料可就地选用各种无机固体材料及其混合物等。有条件时也可以采用级配砂石、矿渣、灰土、水泥混合土等。由于目前尚缺少足够的工程经验，因此当采用其他材料时，应经试验确定其适用性和配合比等有关参数。

4.20.2

2 柱锤冲扩桩法成孔方式有：①冲击成孔：是最基本的成孔工艺，条件是冲孔时孔内无明水、孔壁直立、不塌孔、不缩颈。②填料冲击成孔：当冲击成孔出现塌孔或缩颈时，采用本法。这时的填料与成桩填料不同，主要目的是吸收孔壁附近地基中的水分，密实孔壁，使孔壁直立、不塌孔、不缩颈。因此填料冲击成孔时可采用生石灰块等材料。③二次复打成孔：当采用填料冲击成孔施工工艺也不能保证孔壁直立、不塌孔、不缩颈时，应采用本方案。在每一次冲扩后，进行第二次复打成孔，要求孔壁直立、不塌孔，然后边填料边夯实形成桩体。第二次冲孔可在原桩位，也可在桩间进行。套管成孔可解决塌孔及缩颈问题，但其施工工艺较复杂，因此只在特殊情况下使用。

3 要求夯填至桩顶设计标高以上，主要是为了保证桩顶密实度。当不能满足上述要求时，应进行夯实或采用局部换填处理。

4.21.1

1 土工合成材料一般是以纤维或高分子聚合物等为原料制成的，如受日晒雨淋，易老化，使用寿命缩短，并降低材料强度，从而影响正常使用。所以应妥善存放于料棚(库)中。分批堆放便于分批使用，同时分清不同批次材料的有效使用期。

2 本款规定了土工合成材料质量检查验收内容。由于一项工程可能分数次购入材料，材料、厂家都有变化，故规定每批都要作试验。当数量较大时，按每10 000 m^2抽验一次，确保材料质量。对分批进场的材料，要根据厂家提供的产品合格证、检验单、检验报告等逐件检查验收。

4.21.2

2 目前一般的土工合成材料纵横两个方向的强度相差较大，纵向强度较高，因此要求将强度高的方向置于路堤主要受力方向铺设，以利于充分发挥材料性能。设计有特殊要求时按设计办理。

4 铺设的土工合成材料如不展平而有褶皱、扭曲，将不利于材料强度的发挥，达不到设计效果。在工程中为保证土工合成材料的铺设质量，常采用插钉固定。

4.23.2

1 岩溶地区地质复杂，设计钻探不一定能够全面反映地质情况，所以注浆孔应作为地质钻探的补充，在钻孔过程中应作好记录，及时反馈情况。

5　当出现以下异常情况时，宜采用间歇反复注浆：注浆孔揭露较大的孔洞或溶洞，自流注浆 2 m^3 后，孔底没有明显抬升；浆液漏失严重，一次性连续注浆 2 m^3 后，注浆速率不减或压力不升高；注浆压力突然降低或速率突然升高；当流量较大时，液面可以上升至孔口，但停止注浆液面又迅速下降且下降速率较大，反复注浆几次浆面没有抬升。当孔洞较大时，注浆时加入粗颗粒。

6　止浆可采用胶球止浆，也可采用砂浆止浆或预埋注浆管。该方法适用于容易塌孔的地段。

7　当设计无具体要求时，注浆结束标准可参考下列指标：当采用定量注浆时，注浆孔只要注入一定浆量后，即表示注浆结束；当采用定压注浆时，注浆孔口压力维持在 0.2 MPa左右，吸浆量不大于设计要求；冒浆点已出注浆范围外 3 ~ 5 m 时；单孔注浆量达到平均注浆量的 1.5 ~2.0 倍，且进浆量明显减少时。当达不到上述结束条件时，清孔后再次注浆。

5.1.5　最大干密度是在最优含水率时进行试验压实的密度，当含水率小于或大于最优值时，即使其他压实条件相同，其干密度将小于最大值，甚至达不到要求值，故施工时填层的含水率应接近其填料的最优含水率，一般在最优值的 +2% ~ −3% 之间。

5.1.8　改良土是为改善和提高填料的稳定性、防水性或排水性、压实性及强度而采取的措施，其所含成分的均匀性是改良土质能否达到预期效果的关键。采用物理法改良的混合料，应对拌和后的混和料进行筛分，判定其是否达到设计要求；采用化学法改良的混合料，应对其均匀性和掺和料的比例、有效成分进行判定，均匀性一般以观察其色泽为主。掺和料的比例、有效成分应按相应的试验方法进行检测。

5.2.1 ~ 5.2.4　参照《新建时速 200 公里客货共线铁路设计暂行规定》、《铁路路基设计规范》等制定。

5.3.2　当低路堤基床范围内的地基为细粒土时，比贯入阻力 P_s 值不应小于 1.5 MPa（其中Ⅰ级铁路 P_s 不应小于 1.2 MPa、Ⅱ级铁路 P_s 不应小于 1.0 MPa），或地基基本承载力 σ_0 不应小于 0.18 MPa（其中Ⅰ级铁路 σ_0 不应小于 0.15 MPa、Ⅱ级铁路 σ_0 不应小于 0.12 MPa），否则应采取土质改良或其他处理措施。

5.5.1　细粒成分含量相对较多的混合料，其级配虽然在规定范围内，但填筑碾压往往达不到孔隙率要求，所以应通过现场压实工艺验证，确定合理的施工方法和有关技术参数，以指导大面积的填筑施工，同时验证配合比的合理性。避免把级配符合规定而碾压时达不到密度指标要求的混合料用于填筑，造成不必要的返工浪费。

5.5.2

4　平地机整形易将粗集料刮到表面，造成离析和粗细集料"窝"或"带"，而且平地机来回刮平的次数愈多，离析现象可能愈严重。所以应设一个 2 ~ 3 人小组负责消除平地机整形后的粗细集料"窝"或"带"的现象。

8　薄层贴补容易脱落和被推移，也容易压碎和产生漏浆现象。因此，不得在表面光滑的低洼处填补新料。

5.5.4　填料复查试验时，颗粒密度试验应在级配碎石拌和站取样，提前测得其试验值，以作为填筑质量检测的控制指标，而颗粒级配的复查检测应在摊铺现场的不同部位采集，这样才具有代表性。

对于级配砂砾石和用河床内砂卵石破碎筛分级配碎石混合料，施工时为了易于压实，而将含水率调高，而且在碾压过程中，由于表层始终是松散状态，一般需待2~3 d晾干固结后进行地基系数测试。

5.6.2 土工合成材料受阳光照射易老化，所以强调铺设土工合成材料后应及时填筑覆盖。为了避免土工合成材料受损伤，禁止施工机械直接在土工合成材料上行走作业。

5.9.1 雨季施工路段应经过详细选择，提前作好安排，在保证工程质量的前提下方能施工。

5.9.6 雨后在已施工路堤上继续填筑施工之前，应将表面晾干，并进行清理、整平、碾压。因雨水对已填筑顶层的质量有不利影响，所以应抽查顶层填料的压实质量。

5.11.1 沉降和位移观测点宜在同一横断面上，有利于测点看护，便于集中观测，统一观测频次，更重要的是便于对观测项目数据的综合分析。

5.11.2 路堤预留沉降量应根据施工具体情况确定，可参考下列范围取值：

(1)路堤高度小于或等于5 m时，可按平均堤高的0.5% ~2%预留沉降量；路堤高度大于5 m时，5 m范围内仍按以上规定计算，另计入超过部分平均堤高0~1%的预留沉落量。

(2)用级配良好的不易风化碎石填筑，应用重型机械压实路堤，预留沉降量可按堤高的0~0.5%取值。

(3)路堤高度差在4 m以内的地段可按该段堤高的平均值计算预留沉降量。

5.11.5 观测频次应与变形速率相适应，变形越小，观测频次也可减慢，反之，观测频次要增加。当位移曲线骤然变大时，更要跟踪观测，分析原因，并考虑是否需要采取必要的措施。

6.1.1 地形、地质及水文地质环境是路堑施工布置最重要的依据，而这些条件时常会发生变化或不符，故特强调按施工时的实际情况布置施工。

6.1.3 所列要求和适用条件是指导性的，施工时可按具体情况选定开挖方法。

6.4.2 渗水沟开挖须保护沟槽两壁平顺，以确保渗水畅通。

6.5.1 本节计算和使用的炸药药量，均以2号岩石硝铵炸药为准。2号岩石销铵炸药的爆力、猛度参数值以产品标准所列数据为准。

2 本款所列原则性要求是评价爆破工作质量、效果的主要依据。

6.5.2

2 台阶法炮孔的优点：起爆后的破裂角较大；产生一部分向上分力，抵抗线前面的分力较小，从而可增加爆破量。钻孔偏差对爆破效果有重大影响，在施工中应考虑钻孔偏差因素。

3 从试验得知采用斜炮孔的超钻深度可取0.3 W，对垂直孔则取0.35 W~0.4 W。

4 炮孔底部受夹制作用最大，愈向上愈小，故底部、柱部装药量不同。在采用同类炸药时，柱部炮孔装药集中度为底部一段药集中度的40% ~50%。一般底部用大药卷，柱部装小药卷，或底部装高密度、高威力炸药，柱部装低密度、低威力炸药。在工程实际应用中取得充分破碎岩石，又不致产生大量飞石的效果。

6.5.3

3　光面、预裂爆破炮孔间距应尽可能地密一些，以达更好的爆破效果。

6　预留光面层实施光面爆破，即预留光爆孔与最后一排主炮孔之间的爆破体，待主炮孔爆破后单独进行爆破，其爆破效果会更好。

6.6.4　本条系弃土的原则要求，设计对弃土有要求时，按设计要求执行。

7.1.1　一般在路堤与桥台、路堤与横向结构物、路堤与路堑以及路堑与隧道的连接路段，都是易产生不均匀沉降的部位，施工时应按设计设置过渡段。同时从施工控制到工艺技术、工期安排到质量检测等方面采取综合措施，最大限度地减少轨下基础的不均匀沉降，保证轨道的平顺性。

7.1.2

1　过渡段路堤优先安排施工，有利于减小工后沉降，确保过渡段路堤的过渡作用。

2　先加固地基，以免地基加固施工挤坏桥涵基础。

6　过渡段在填筑过程中，应注意桥台(涵)圬工强度是否达到了规定标准，否则将引起结构物的开裂、变形、错位、垮塌等破坏。要求过渡段路堤与相邻路堤和锥坡同时进行碾压，这是保证过渡段路堤各部位的压实比较均匀、减小不均匀沉降的施工措施之一。

7.1.4　应掌握好过渡段路堤进行防护砌体的施工时间，最好在地基基础(特别是软土地基)和路堤变形基本稳定后安排施工，否则易引起砌体开裂、坡面出现凹陷错动等现象，影响防护功能和视觉效果。

7.2.1　由于小型振动压路机的夯实能量有限，填料的松铺厚度应减薄一半(不宜超过20 cm)，并增加碾压次数，压实密度才可能得到保证。

7.2.2　过渡段的沉降观测是检测处理措施是否符合设计要求的基本手段。当设计无要求时，对软土、松软土地段可以台背为起点(含桥台)，在3 m、8 m、13 m、18 m、25 m的位置设路肩沉降观测点，在3 m、13 m的位置设软土地基地表沉降观测点。对于一般地基上的过渡段只进行路肩沉降观测。

7.3.1

1　横向结构物承受的主要荷载在垂直方向，横向的抗倾覆、抗滑移、抗剪切能力一般都较低。过渡段路堤施工时，若两边不按大致相同的高度进行填筑，可能造成横向结构物承受较大的横向力，引起结构的开裂、错动、倾斜、滑动等破坏。

3　横向结构物的顶部填土厚度较小时，若使用大型压路机直接进行振动碾压，横向结构物的顶板将承受过大的冲击力，可能会引起结构产生裂缝、掉块、断裂、移动等损伤。

7.6.3　现场碾压试验，是将设计标准和室内试验数据转化为施工控制参数的必要环节。在大规模施工之前或材料来源发生变化后，都应按规定进行现场碾压试验，以确定填筑工艺，保证碾压质量。

8.2.1　膨胀土(岩)遇水膨胀软化、强度降低，因此做好排水是膨胀土(岩)路基施工的关键。

8.3.1　黄土受水浸湿后强度低，易产生土体沉降、边坡溜坍等，故在黄土路基施工中应采取措施减少水的危害。

8.4.5　填料含盐量不得大于设计值。当无设计要求时，可参考说明表8.4.5的规定。

说明表 8.4.5 路基工程对土层容许易溶盐含量的要求

盐渍土类型	地基或填料的容许含盐量($\overline{DT}$)
氯盐渍土	5% ≤$\overline{DT}$≤8%(一般为5%,如加大夯实密度,可提高其含盐量,但不得大于8%,其中硫酸钠含量不得大于2%)
亚氯盐渍土	$\overline{DT}$<5%(其中硫酸钠含量不得大于2%)
亚硫酸盐渍土	$\overline{DT}$<5%(其中硫酸钠含量不得大于2%)
硫酸盐渍土	$\overline{DT}$<2.5%(其中硫酸钠含量不得大于2%)
碱性盐渍土	$\overline{DT}$<2%(其中易溶的碳酸盐含量不得大于0.5%)

注:在干燥度大于50、年平均降水量小于60 mm、相对湿度小于40%的西北内陆盆地地区,当无地表水浸泡时,路堤填料和地基上均不受氯盐含量的限制。

8.7.2 滑坡地段路基施工设观测点进行动态监控,是保证施工安全的有效措施。

9.1.3 近年来铁路路基支挡结构多次出现坍塌,究其原因,大都为地质与设计不符而又未核对办理设计变更,故作此规定。

9.1.4 支挡结构顶、侧面与边坡相接处的间隙应填实并封闭,否则浸入雨水造成基础软化引发事故。

9.1.8 泄水孔、反滤层、排水层、隔水层、沉降缝和伸缩缝等设置往往不受重视,但其处理不当会引发支挡结构质量事故,故作此规定。

9.9.3 护壁混凝土模板的支撑一般可在浇筑后24h拆除。

10.1.7 为保证施工质量,本节明确规定路基防护及排水工程的砂浆、混凝土应采用机械拌和。

10.2.1 边坡植物防护覆盖率、成活率要求参考现行《铁路路基边坡绿色防护技术暂行规定》编写。

10.2.2 土工网垫的固定钉在搭接处应适当加密。

10.4.4 为使工序紧密衔接及保证检查井与渗水暗沟基础连接处质量,在此规定检查井基础应与渗水暗沟混凝土基础同时完工。根据秦沈客运专线铁路路基施工经验,为保证路基质量,有必要规定检查井基坑回填的压实质量要求。

11.1.1 为保证客货共线铁路路基修筑质量,避免传统施工方法带来的站后工程对路基的破坏,所有须在路基上开挖埋设的施工应与路基施工统筹安排,同步修建,并保证回填质量。

11.2.2 防护栅栏采用全线贯通封闭设置,是客货共线铁路安全、畅通的保障措施,所以防护栅栏本身的可靠程度尤为重要,故作此规定。

12.1.2 施工组织设计应含环境保护措施,并在施工中付诸实施。

12.1.4 铁路路基两侧绿化是指坡脚以外的植物种植,应按设计要求组织施工。

12.3.2 本技术指南表12.3.2中限值摘自《建筑施工场界噪声限值》(GB 12523)。

12.5.3 利用工业废渣作为填料或改良掺和剂时,在使用前应进行有害物质的含量测试,避免有害物质超标,污染环境。

中华人民共和国行业标准

铁建设〔2008〕120号

铁路路堑边坡光面(预裂)爆破技术规程

Code for smooth (presplitting) blasting on cutting of railway

TB 10122—2008

J 810—2008

2008—07—09 发布　　2008—07—09 实施

中华人民共和国铁道部　发布

前　言

本规程是根据《2008年铁路工程建设标准编制计划》(铁建设函〔2007〕1374号)的要求进行编制的。

本规程编制过程中,认真总结了十几年来铁路科研、施工单位在光面(预裂)爆破研究和工程实践中的主要成果,学习和借鉴了其他行业的先进经验,征求了国内有关单位和专家的意见。本规程包含了铁路路堑光面(预裂)爆破设计、施工、安全和质量验收全过程的内容,体现了科学性和可操作性。

本规程共分5章,主要内容包括:总则、术语和符号、爆破设计、钻爆施工和质量验收,另有4个附录。

本规程以黑体字标志的条文为强制性条文,必须严格执行。

在执行本规程过程中,希望各单位结合工程实践,认真总结经验,积累资料。如发现需要修改和补充之处,请及时将意见及有关资料寄交中国铁道科学研究院(北京市海淀区大柳树路2号,邮政编码:100081),并抄送铁路工程技术标准所(北京市海淀区羊坊店路甲8号,邮政编码:100038),供今后修订时参考。

本规程由铁道部建设管理司负责解释。

本规程编制单位:中国铁道科学研究院。

本规程主要起草人:杨年华、张志毅、王中黔、邓志勇。

目　次

1 总 则

1.0.1 为统一铁路路堑边坡光面(预裂)爆破技术标准,保证铁路路堑边坡开挖工程质量,使路堑边坡光面(预裂)爆破符合安全适用、技术先进、经济合理的要求,制订本规程。

1.0.2 本规程适用于新建铁路路堑边坡光面(预裂)爆破工程。

1.0.3 铁路路堑岩石边坡,宜采用光面爆破或预裂爆破开挖;边坡坡率为1:0.1~1:0.75的岩石边坡必须采用光面爆破或预裂爆破开挖,其光面(预裂)爆破设计、施工和质量验收应执行本规程。

1.0.4 路堑工程设计单位应提出光面(预裂)爆破工程施工范围、技术经济指标和质量要求。爆破施工前,应由施工单位提出爆破设计和施工方案。

1.0.5 铁路路堑边坡光面(预裂)爆破如采用新技术、新工艺、新材料、新设备,应经试验或论证,报有关部门批准后实施。

1.0.6 铁路路堑边坡爆破开挖设计和施工除应符合本规程外,尚应符合国家和行业现行的有关强制性标准的规定。

2 术语和符号

2.1 术　语

2.1.1 光面爆破 smooth blasting

沿开挖边界布置密集炮孔,采取不耦合装药或装填低威力炸药,在主爆区爆破后起爆,并形成平整轮廓面的爆破作业。

2.1.2 预裂爆破 presplitting blasting

沿开挖边界布置密集炮孔,采取不耦合装药或装填低威力炸药,在主爆区爆破前起爆,使主爆区与保留区之间形成贯通的裂缝,以减弱主爆破对保留岩体的损伤并形成平整轮廓面的爆破作业。

2.1.3 不耦合装药 decoupling charge

在光面(预裂)爆破的炮孔中,炸药卷表面与孔壁之间留有空气间隙或在装药长度内采用间隔装药的结构称不耦合装药。

2.1.4 光爆层 smooth blasting range

光爆层是指光面爆破孔与相邻主爆孔之间的岩石层。

2.1.5 半孔率 half cast factor

光面(预裂)爆破后在边坡壁面上残留的炮孔痕迹长度比率。

2.1.6 平整度 degree of plainness

光面(预裂)爆破后在边坡壁面上产生的凹凸差。

2.2 符　号

d——炮孔直径

H——台阶高度(即一次开挖层深度)

h——炮孔超深

L——炮孔深度

Q_g——光面爆破的单个炮孔装药量

W_g——光面爆破的炮孔最小抵抗线

a_g——光面爆破的炮孔间距

k_g——光面爆破的单位体积岩石炸药消耗量

q_g——光面爆破的炮孔线装药密度

Q_y——预裂爆破的单个炮孔装药量

a_y——预裂爆破的炮孔间距

k_y——预裂爆破的单位面积岩石炸药消耗量

q_y——预裂爆破炮孔的线装药密度

η——半孔率

3 爆破设计

3.1 一般规定

3.1.1 路堑工程设计单位应提供下列资料:

1 爆破工点名称、起止里程和光面(预裂)爆破的工程数量。

2 设计断面图,以及边坡高度和坡度。

3 开挖工点的地形地质条件,包括:地形、地貌,以及岩石类别、岩性、等级、岩体结构、风化程度和地下水情况等。

4 开挖工程地段的线路方向及附近环境平面图。

5 边坡开挖的技术经济指标和质量要求。

3.1.2 整体爆破设计应包括下述内容:

1 工程概况、环境与技术要求。

2 爆破区地形、地貌、地质条件,及爆破工程量计算。

3 设计方案比选。

4 爆破参数选择与装药量计算。

5 钻孔、装药、填塞和起爆网路设计。

6 爆破安全距离计算、安全防护技术措施。

7 施工机具、仪表及器材表。

8 爆破施工组织。

9 主要技术经济指标。

10 设计图纸应包括:

——爆破环境平面图;

——爆破区地形、地质图;

——炮孔布置平面和剖面图;

——装药和填塞结构图;

——起爆网路敷设图;

——爆破安全警戒及监测点平面布置图。

3.2 光面爆破参数设计

3.2.1 光面爆破宜与主体爆破一起分段延时起爆,也可预留光爆层在主体爆破后起爆。

3.2.2 光面爆破炮孔应沿设计开挖边界布置,炮孔倾斜角度应与设计边坡坡度一致,炮孔底应处在同一高程上。

3.2.3 炮孔直径可根据光面爆破的台阶高度、地质条件和钻机设备选定,台阶高度大、岩石坚硬宜选用较大孔径;反之选择较小的孔径。

3.2.4 光面爆破炮孔超深 h,宜为 0.3～1.5 m,钻孔深及岩石坚硬完整者取大值,反之取小值。

3.2.5 光面爆破的孔网参数可参照下列公式计算,必要时通过试验调整确定:

最小抵抗线:

$$W_g = Kd \quad (m) \tag{3.2.1}$$

式中 K——计算系数,$K = 15 \sim 25$,软岩取大值,硬岩取小值;

d——炮孔直径(m)。

孔距:

$$a_g = mW_g \quad (m) \tag{3.2.2}$$

式中 m——炮孔密集系数,$m = 0.6 \sim 0.8$,硬岩取大值,软岩取小值。

或者孔距按经验法 $a_g = (10 \sim 16)d$ 确定,并满足式(3.2.2)。

3.2.6 炮孔深度 L,按式(3.2.3)计算:

$$L = (H + h)/\sin\alpha \quad (m) \tag{3.2.3}$$

式中 α——边坡坡度角(°),也即钻孔角度;

H——台阶高度(m);

h——炮孔超深(m)。

3.2.7 光面爆破的炮孔线装药密度 q_g 可按式(3.2.4)确定:

$$q_g = k_g \cdot a_g \cdot W_g \quad (g/m) \tag{3.2.4}$$

式中 k_g——光面爆破的单位体积岩石炸药消耗量(g/m^3)。可根据不同岩性的经验值选取。

光面爆破单孔装药量 Q_g 按式(3.2.5)计算:

$$Q_g = q_g \cdot L \quad (g) \tag{3.2.5}$$

3.2.8 光面爆破与主体爆破同次爆破时,光爆孔应迟后相邻主炮孔起爆,迟后时间宜为 50～150 ms。

3.3 预裂爆破参数设计

3.3.1 对于拉槽路堑或坡面前方开挖层比较宽的路堑,以及需要设置隔振带的爆破区,边坡开挖宜采用预裂爆破。

3.3.2 预裂爆破炮孔应沿设计开挖边界布置,炮孔倾斜角度应与设计边坡坡度一致,炮孔底应处在同一高程上。

3.3.3 炮孔直径可根据预裂爆破的台阶高度、地质条件和钻机设备确定。

3.3.4 炮孔超钻深度 h,宜为 0.5～2.0 m,钻孔深及岩石坚硬完整者取大值,反之取小值。

3.3.5 炮孔深度 L 按式(3.2.3)计算。

3.3.6 孔距 a_y 按式(3.3.1)计算:

$$a_y = nd \quad (m) \tag{3.3.1}$$

式中 n——孔距计算系数,与岩性及孔径有关,$n = 8 \sim 12$。

3.3.7 预裂爆破的炮孔线装药密度 q_y 和单孔装药量 Q_y 按式(3.3.2)和式(3.3.3)计算。

$$q_y = k_y \cdot a_y \quad (g/m) \tag{3.3.2}$$

$$Q_y = q_y \cdot L \quad (g) \tag{3.3.3}$$

式中　k_y——预裂爆破的单位面积岩石炸药消耗量(g/m^2)。可根据不同岩性的经验值选取。

3.3.8　预裂孔与主炮孔之间应符合下列关系:

1　两者应有一定距离,该距离与主炮孔药包直径及单段最大起爆药量有关,可根据相关经验值选取。

2　预裂爆破时,预裂孔的布孔界限应超出主体爆破区,宜向主体爆破区两侧各延伸 5~10 m。

3　预裂爆破和主体爆破同次起爆时,预裂爆破的炮孔应在主体爆破前起爆,超前时间不宜小于 75 ms。

3.4　施工技术设计

3.4.1　爆破工艺整体设计审批后,每次爆破均应作爆破施工技术设计,施工技术设计应包括以下内容:

1　炮孔位置、编号、钻孔方向及倾斜角度与深度;

2　炮孔的爆破技术参数表;

3　炮孔装药结构及填塞方法;

4　起爆方法、起爆网路图;

5　爆破器材用量;

6　安全技术措施及所需防护材料用量;

7　施工质量要求和注意事项。

3.4.2　光面(预裂)爆破炮孔装药结构设计:

1　光面(预裂)爆破的炮孔均应采用不耦合装药,不耦合系数宜为 2~5。

2　装药结构:光面(预裂)爆破宜采用普通炸药卷和导爆索制成药串进行间隔装药,间隔装药的结构图见附录 A。也可用光面(预裂)爆破专用炸药卷进行连续装药。

3　光面(预裂)爆破炮孔的整体装药结构宜分为底部加强装药段、正常装药段和上部减弱装药段,炮孔的总装药量按式(3.2.5)和式(3.3.3)计算确定,可将减弱装药段减少的药量和孔口填塞段应计药量移至加强装药段。减弱装药段长度宜为加强装药段长度的 1~4 倍。炮孔底部增加的装药量见表 3.4.1。

表 3.4.1　光面(预裂)炮孔底部加强装药段药量增加表

炮孔深度 L(m)	<3	3~5	5~10	10~15	15~20
L_1(m)	0.2~0.5	0.5~1.0	1.0~1.5	1.5~2.0	2.0~2.5
q_{y1}/q_y(倍)	1.0~2.0	2.0~3.0	3.0~4.0	4.0~5.0	5.0~6.0
q_{g1}/q_g(倍)	1.0~1.5	1.5~2.5	2.5~3.0	3.0~4.0	4.0~5.0

注:L_1——底部加强装药段长度;
　q_{y1}——预裂爆破孔加强装药段线装药密度(g/m);
　q_y——预裂爆破孔正常装药段线装药密度(g/m);
　q_{g1}——光面爆破孔加强装药段线装药密度(g/m);
　q_g——光面爆破孔正常装药段线装药密度(g/m)。

3.4.3　光面(预裂)爆破起爆网路宜用导爆索联接,组成同时起爆或多组接力分段起爆网路,联接方法见附录 B。当环境不允许设孔外导爆索网路时,可用相应设计段别的电雷管或非电导爆管雷管直接绑于孔内药串上起爆。

4 钻 爆 施 工

4.1 一 般 规 定

4.1.1 爆破工点应建立爆破领导小组,并指定专人负责日常施工管理工作。

4.1.2 爆破施工前应做好开工准备工作,编制施工程序、安全措施、应急预案和施工进度计划。应对该工点爆破作业人员进行安全教育和技术交底。

4.1.3 从事光面(预裂)爆破作业的人员,必须通过爆破专业技术培训,并持有爆破作业许可证。

4.1.4 爆破施工作业应分工明确、专人负责,并制定相应的岗位责任制。

4.2 钻 孔

4.2.1 施工前应做好测量放线工作,标明钻孔位置。

4.2.2 钻孔作业应做到"对位准、方向正、角度精",并符合下列要求:

1 地面起伏不平处应先予平整,并根据平整后的地面调整炮孔深度,钻孔深度误差不得超过 ±2.5% 的炮孔深度;

2 孔口位置偏差不得超过 1 倍炮孔直径;

3 方向误差不得超过 1°。

4.2.3 钻孔完毕,应检查是否符合设计要求,按附录 C 做好钻孔施工记录,并做好孔口保护。不合格的钻孔应在设计人员指导下重新钻孔。

4.3 装药、爆破

4.3.1 炮孔装药前应对全部炮孔进行查验,吹净孔内残渣和积水,排不干积水的炮孔应有防水措施。

4.3.2 应按设计装药量、装药结构制作药串。药串加工完毕后需标明编号,并按药串编号送入相应炮孔内。

4.3.3 使用竹片或木板条绑扎的药串,应使竹片或木板条贴靠在边坡侧的孔壁上。

4.3.4 填塞时应保护好爆破引线,填塞质量应符合设计要求。

4.3.5 爆破前应进行起爆网路模拟试验。

4.3.6 应按附录 D 做好钻孔验收及爆破施工记录。

4.4 安 全 措 施

4.4.1 每个爆破工点,应根据具体情况,制定并落实安全和文明施工措施、应急救援预案和安全检查制度。

4.4.2　爆破作业、爆破器材的加工及盲炮处理应严格遵守《爆破安全规程》(GB 6722)的规定。

4.4.3　光面(预裂)爆破网路采用导爆索联接引爆时,应对裸露地表的导爆索进行覆盖,降低爆破冲击波和爆破噪声。

4.4.4　爆区附近有电气化铁路或其他需保护的建(构)筑物时,严禁最小抵抗线方向指向保护目标,且爆破时应对孔口进行覆盖防护,必要时对被保护物进行遮挡防护。

4.4.5　临近爆破区有隧道、桥梁或其他对振动敏感的建(构)筑物时,应验算爆破地震安全距离,必要时应进行爆破振动监测。

4.4.6　临近爆破区有古滑坡、高陡或不稳定边坡时,实施前应进行专家论证和安全评估,并在坡面设置观测点和爆破振动测点,爆破施工阶段跟踪监测坡面的变形趋势,发现异常立即发出警戒撤离信号,并制定相应对策。

4.4.7　爆破影响范围内有重要文物、风景名胜、重要设施、精密贵重仪器和重要建(构)筑物等保护对象时,必须对爆破设计进行专家论证和安全评估。经安全评估审批通过的爆破设计,施工时不得更改。施工中如发现实际情况与提交评估的资料不符,并对安全有较大影响时,应及时修改原设计,并重新进行安全评估。

4.4.8　光面(预裂)爆破单独施爆时,警戒范围按设计确定,并不小于200 m;若与主体爆破同时进行,警戒距离按主体爆破的设计要求确定。

4.4.9　爆破后应认真检查有无盲炮和其他不安全隐患,若发现盲炮和不安全隐患应及时处理,未处理前应在现场设立危险警戒标志,并派安全员看守。

5 质量验收

5.0.1 路堑光面(预裂)爆破质量验收作为路堑质量验收的一个分部分项工作。半孔率、坡面平整度和边坡坡率为光面(预裂)爆破质量验收指标的主控项目;预裂爆破裂缝宽度、坡面观感为光面(预裂)爆破质量验收指标的一般项目。

5.0.2 路堑边坡光面(预裂)爆破主控项目质量验收检测数量和检测方法:

1 半孔率指标检测数量:按不同的地质区段(或同一地质区每100 m分2段)分别进行全面统计计算。

2 半孔率指标检测方法:采用观察、米尺测量手段检测,量尺误差应小于0.2 m。

3 坡面平整度和边坡坡率指标检测数量:每开挖层每100 m等间距检测6个断面,检测断面应在两个残留炮孔中间。

4 坡面平整度和边坡坡率指标检测方法:在确定的检测断面前方架设全站仪,从坡脚开始垂直向上每隔1m测量一个坡面坐标,计算出坡面平均坡率ϕ为边坡坡率,再根据平均坡率线计算各测点的偏差,即坡面凹凸差,凹陷取正值,凸起取负值。

5.0.3 不同岩性边坡光面(预裂)爆破后坡面半孔率的质量标准见表5.1。

表5.1 按半孔率验收光面(预裂)爆破的质量标准

半孔率η(%) 岩性 / 质量等级	硬岩(Ⅰ、Ⅱ级)	中硬岩(Ⅲ级)	软岩(Ⅳ、Ⅴ级)
合格	$\eta \geqslant 80$	$\eta \geqslant 60$	$\eta \geqslant 30$

注:半孔率$\eta=\sum l_0/\sum L_0$。$\sum L_0$为检测区段坡面上的总钻孔延米数;$\sum l_0$为检测区段炮孔在坡面上残留炮孔痕迹的长度总和。

5.0.4 光面(预裂)爆破形成的边坡坡面应平顺,坡面平整度(凹凸差)小于±150 mm为合格。局部地质原因的超标凹凸差,应据实确定。

5.0.5 光面(预裂)爆破形成的边坡坡率应符合表5.2规定的质量标准。

表5.2 光面(预裂)爆破边坡坡率评价标准

项目	允许偏差	质量等级
倾斜坡面坡率ϕ	±2°	合格
垂直坡面坡率ϕ	正坡2°,不允许倒坡	合格

5.0.6 路堑边坡光面(预裂)爆破一般项目质量验收检测数量和检测方法:

1 预裂爆破裂缝宽度:

检测数量:每100 m等间距检测6个点。

检测方法:尺量。

2 坡面观感:

检测数量:全部检查。

检测方法:建设单位组织施工单位、监理单位现场共同观察。

5.0.7　预裂爆破后,裂缝应沿预裂孔中心连线贯通,裂缝宽度以 5 ~ 20 mm 为合格。

5.0.8　光面(预裂)爆破残留的半孔壁面上应没有肉眼明显可见的爆震裂缝,坡面观感应达到稳定、平整、美观的要求。

附录 A　光面(预裂)爆破炮孔装药结构图

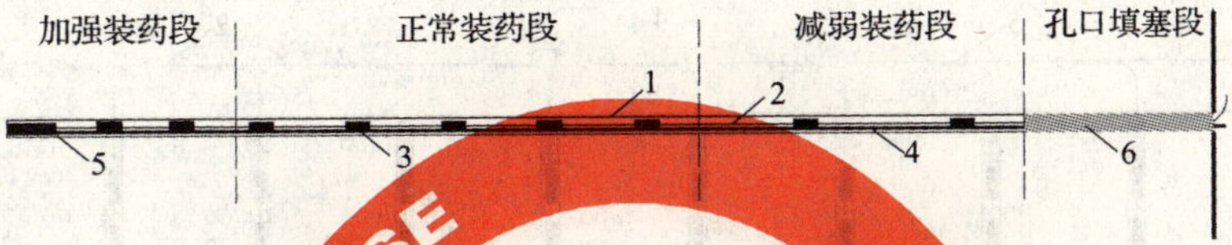

图中:1——炮孔;

2——导爆索;

3——炸药卷,按设计的线装药量间隔捆绑在导爆索上连成药串;

4——竹片或木板条,应与药串捆绑牢固,装药时使其贴靠在边坡面一侧;

5——底部药包,可按表 3.4.1 增大孔底装药量;

6——砂性土填塞,填塞长度宜为 8 ~ 20 倍炮孔直径。

附录 B　光面(预裂)爆破导爆索联接起爆网路图

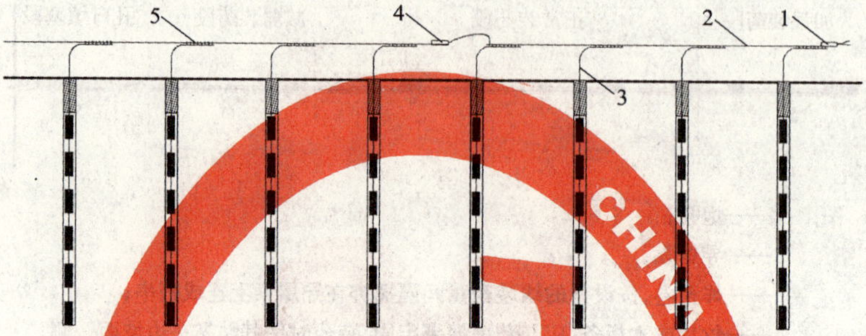

图中:1——引爆雷管。光爆孔或预裂孔单独起爆时,可用任意段别电雷管或非电导爆管雷管作引爆雷管;与主体爆破同时施爆时,应使用符合设计要求段别的电雷管或非电导爆管雷管作引爆雷管。

2——铺设于地面的导爆索主线。

3——由孔内药串引出的导爆索。

4——孔外接力分段雷管,以减小单段起爆药量,降低爆破振动,雷管分段和延时时间按设计确定,孔外接力雷管延时宜小于 50 ms。

5——孔内引出导爆索与地面导爆索主线的连接点。

附录C 光面(预裂)爆破钻孔施工记录表

工程名称与里程				
日 期			天 气	
钻孔位置			钻孔编号	
钻机型号			操作人员	
钻孔直径(mm)	钻孔深度(m)	钻孔间距(m)	钻孔方向	倾斜度(°)
地质记录:(根据岩粉、钻进速度等描述)				
故障与处理:				
钻见地下水深度				
开钻时间		完成时间		
记录人员				

附录 D 光面(预裂)爆破钻孔验收及施爆记录表

工程名称与里程								
日　　期					天　　气			
钻孔验收人员					爆破作业人员			
钻孔编号	钻孔深度(m)	地下水深度(m)	钻孔间距(m)	钻孔方向误差(°)	钻孔倾斜度误差(°)	装药量(kg)	填塞长度(m)	起爆段别(段)
网路联结与复查记录:								
防护与警戒记录:								
爆破效果描述:								
开始时间				完成时间				

本规程用词说明

执行本规程条文时，对于要求严格程度的用词说明如下，以便在执行中区别对待。

（1）表示很严格，非这样做不可的用词：

正面词采用“必须”；

反面词采用“严禁”。

（2）表示严格，在正常情况下均应这样做的用词：

正面词采用“应”；

反面词采用“不应”或“不得”。

（3）表示允许稍有选择，在条件许可时首先应这样做的用词：

正面词采用“宜”；

反面词采用“不宜”。

表示有选择，在一定条件下可以这样做的，采用“可”。

《铁路路堑边坡光面(预裂)爆破技术规程》条文说明

本条文说明系对重点条文的编制依据、存在的问题以及在执行中应注意的事项等予以说明。为了减少篇幅,只列条文号,未抄录原条文。

1.0.1 铁路路堑光面(预裂)爆破技术标准在其他铁路工程建设标准中有所涉及,考虑到与相关标准的衔接和统一,凡是铁路路堑边坡光面(预裂)爆破的设计、施工和质量验收均以本规程为准。

1.0.3 光面(预裂)爆破开挖坡面,可以提高铁路路堑边坡工程质量,最大限度地减少石方爆破对边坡岩体损伤破坏,形成的边坡稳定、平整、美观,因此在铁路路堑岩石边坡开挖中,应大力推广光面(预裂)爆破技术。即使在软弱岩体中采用光面(预裂)爆破,也能降低边坡内部岩体的损伤,提高坡面开挖平整度,有利于后期支护施工,提高边坡的长期稳定性。对于边坡坡率为1:0.1~1:0.75的边坡,基本为中硬或坚硬岩石,而且该坡率的边坡钻孔质量容易控制,光面(预裂)爆破易实施、效果好,因此应在铁路工程中强制推行。光面(预裂)爆破对提高路堑边坡的质量、确保铁路路堑的长期安全稳定有十分重要意义。

1.0.4 由于科学技术的不断发展,光面(预裂)爆破使用的技术、工艺、材料和设备也会不断更新,施工中应积极提倡技术创新,但在采用"四新"时,事先应经过试验鉴定或技术论证,并报请主管部门批准后方能使用。

3.1.1 设计单位应提出必须进行光面(预裂)爆破的工点和起止里程,统计光面(预裂)爆破的工程数量,标明其技术经济指标和质量要求。同时提供施工单位进行爆破设计的相关资料。

3.1.2 规定施工单位进行光面(预裂)爆破前,应作专项爆破设计,设计文件中应包括光面(预裂)爆破和石方开挖爆破,以及两项爆破相互协调措施。设计内容和设计图纸应符合本条规定。

3.2.1 边坡面前方开挖体较薄(小于5 m)时,光面爆破孔宜与主体爆破同次起爆,光爆孔设为最后延时段起爆。设计中对坡面爆破损伤提出特别要求时,为更严格地保护边坡,也可在主体爆破完成后预留光爆层单独爆破。

3.2.2 光面爆破的钻孔原则上应在设计开挖边界上,当钻孔直径较大时,根据经验宜将开孔位置向坡面后移0.5~1.0倍钻孔直径。每个炮孔的钻孔深度应根据地形变化加以调整,其原则是确保孔底处在同一高程上。

3.2.3 铁路路堑光面爆破采用的炮孔直径 d 一般在40~150 mm范围,根据台阶高度 H 差异按以下原则选取:当 $H=15\sim20$ m时,可取 $d=100\sim150$ mm;当 $H=10\sim15$ m时,可取 $d=80\sim100$ mm;当 $H=5\sim10$ m时,可取 $d=50\sim80$ mm;当 $H<5$ m时,可取 $d<50$ mm。

由于不同钻孔直径的钻机需要不同的作业平台宽度,因此边坡设计中除了考虑边坡稳定性而设置平台,还应考虑平台宽度需满足钻孔作业的要求。根据当前钻机条件,当钻孔直径 $d>80$ mm,钻机作业平台宽度 $B\geqslant 2.5$ m;当钻孔直径 50 mm $<d\leqslant 80$ mm,钻机作业平台宽度 $B=1.5\sim 2.5$ m;当 $d<50$ mm,钻机作业平台宽度 $B=0.2\sim 1.5$ m。

3.2.4 光面爆破炮孔超深 h,宜根据钻孔间距、钻孔深度和岩性条件选取。孔距大、钻孔深、岩体坚硬完整者超深 h 取大值。

3.2.5 光面爆破孔距,实际使用中按经验法 $a_g=(10\sim 16)d$ 计算较多。某些工程中在光面(预裂)炮孔钻凿时,用专用设备在炮孔连线方向再切割一定宽度和深度的定向槽,以便引导裂缝方向的发展,更有利于光面(或预裂面)的成形。这种应用定向刻槽技术的爆破可以适当增大光面(预裂)炮孔的间距,但间距增大量应由试验确定。

3.2.7 光面爆破的炮孔装药量计算式中,需要确定光面爆破的单位体积岩石炸药消耗量 k_g,可根据说明表 3.2.7 中的经验值选取,也可根据其他工程经验或现场试验确定。

说明表 3.2.7 各类岩石光面(预裂)爆破炸药单耗表

岩石名称	岩石特征	岩石坚固性系数 f	深孔松动爆破 K_s(g/m³)	光面爆破 k_g(g/m³)	预裂爆破 k_y(g/m²)
页岩 千枚岩	风化破碎	2~4	330~480	140~280	270~400
	完整、微风化	4~6	400~520	150~310	300~460
板岩 泥炭岩	泥质、薄层、层面张开、较破碎	3~5	370~520	150~300	300~450
	较完整、层面闭合	5~8	400~560	160~320	320~480
砂岩	泥质胶结、中薄层或风化破碎	4~6	330~480	130~270	270~400
	钙质胶结、中厚层、中细粒结构、裂隙不甚发育	7~8	430~560	160~330	330~500
	硅质胶结、石英砂岩、厚层裂隙不发育、未风化	9~14	470~680	190~390	380~580
砾岩	胶结性差、砾岩以砂岩或较不坚硬岩石为主	5~8	400~560	160~320	320~480
	胶结好、以较坚硬的岩石组成、未风化	9~12	470~640	180~370	370~550
白云岩 大理岩	节理发育、较疏松破碎、裂隙频率大于4条/m	5~8	400~560	160~320	320~480
	完整、坚硬	9~12	500~640	190~380	380~570
石灰岩	中薄层或含泥质、竹叶状结构及裂隙较发育	6~8	430~560	160~330	330~500
	厚层、完整或含硅质、致密	9~15	470~680	190~380	380~580
花岗岩	风化严重、节理裂隙发育、多组节理交割、裂隙频率大于5条/m	4~6	370~520	150~300	300~450
	风化较轻、节理不甚发育或微风化的伟晶、粗晶结构	7~12	430~640	180~360	360~540
	细晶均质结构、未风化、完整致密	12~20	530~720	210~420	420~630
流纹岩 蛇纹岩	较破碎	6~8	400~560	160~320	320~480
	完整	9~12	500~680	200~400	400~590
片麻岩	片理或节理发育	5~8	400~560	160~320	320~480
	完整坚硬	9~14	500~680	200~400	400~590

续上表

岩石名称	岩石特征	岩石坚固性系数 f	深孔松动爆破 $K_s(g/m^3)$	光面爆破 $k_g(g/m^3)$	预裂爆破 $k_y(g/m^2)$
正长岩 闪长岩	较风化、整体性差	8～12	430～600	170～340	340～520
	未风化、完整致密	12～18	530～700	200～410	410～620
石英岩	风化破碎、裂隙频率大于5条/m	5～7	370～520	150～300	300～450
	中等坚硬、较完整	8～14	470～640	190～370	370～560
	很坚硬完整、致密	14～20	570～800	230～460	460～680
安山岩 玄武岩	受节理裂隙切割	7～12	430～600	170～340	340～510
	完整坚硬致密	12～20	530～800	220～440	440～660
辉长岩 橄榄岩	受节理切割	8～14	470～680	190～380	380～580
	很完整、很坚硬致密	14～25	600～840	240～480	480～720

注:表中所用炸药为 ϕ32 mm 的 2[#]岩石药卷。若采用新技术或新材料,应按产品说明书和试炮效果确定。

3.3.1 预裂爆破同光面爆破一样都能提高边坡工程质量,使坡面稳定平整。施工单位可根据现场条件、施工组织和爆破安全等因素安排选用光面或预裂。对于拉槽路堑或坡面前方开挖层宽度大于5 m的路堑,临空面条件不好,可选用预裂爆破。此外,预裂爆破还可用于在爆破区设置隔振带,预裂爆破缝具有阻隔爆破振动的作用。

3.3.2～3.3.7 预裂爆破的参数计算基本同光面爆破一样,但预裂爆破的炮孔超深稍大,预裂孔的深度不应浅于主炮孔爆破的破坏深度。预裂爆破炮孔间距一般比光面爆破孔间距小10%～20%。预裂爆破的单位面积岩石炸药消耗量 k_y 可根据说明表3.2.7中的经验值选取,也可根据其他工程经验或现场试验确定。

3.3.8 预裂孔与主炮孔之间的关系:

1 预裂孔与相邻主炮孔之间应有一定间距。距离太小,主炮孔爆破会伤害预裂爆破的坡面;距离太大,预裂孔与主炮孔之间岩体不能爆落,形成所谓"贴饼"现象。这个间距可根据炮孔直径、前排主炮孔的单段起爆药量等参数,结合相关经验选取,说明表3.3.8给出了经验取值范围。

说明表 3.3.8 预裂孔、主炮孔间距与主炮孔药径药量关系表

主炮孔药包直径 d(mm)	<32	32≤d<50	50≤d<80	80≤d<100	100≤d<150
主炮孔单段起爆药量(kg)	<20	<50	<100	<300	<1 000
预裂孔与主炮孔间距(m)	0.8	0.8～1.2	1.2～1.5	1.5～2.0	2.0～3.0

3.4.1 单次爆破的施工技术设计可力求简单,以图表形式为主,方便施工技术交底。单次爆破的施工技术设计应符合爆破整体设计方案,由有资质的爆破工程师签发即可执行。

3.4.2 光面(预裂)爆破炮孔装药结构以间隔药串最常见。光面爆破专用药卷或设有聚能槽的聚能药卷应在光面(预裂)爆破工程中大力推广,它可以提高光面(预裂)爆破的半孔率、降低坡面岩体损伤程度,获得更好的光面(预裂)爆破效果。

3.4.3 用导爆索联接在一起的炮孔可视为同时起爆,一般情况下地表导爆索应采用砂包覆盖,以减小爆炸冲击波和爆破噪声。当需要控制单响爆破药量时,可采用每隔数孔甚至逐孔分组接力起爆,为了减小分组延时对光面(预裂)爆破质量的影响,接力雷管延时宜小于 50 ms。若用导爆管雷管作接力延时时,导爆管宜用水手结垂直搭接在导爆索上。

4.1.1 在爆破领导小组中,通常由施工单位项目经理任组长,专业爆破工程师任副组长,工段长负责日常的施工管理工作。

4.1.2 光面(预裂)爆破的施工工艺流程参见说明图 4.1.2。安全措施应包括:制定和落实安全操作制度、安全责任制度、安全检查制度、安全教育制度、环保与卫生管理制度。应急预案应包括:预想爆破可能发生的安全事故、制定应急救援快速反应和处理的详细方案、应急救援现场处置和善后工作计划、应急救援请示报告制度和应急预案演习。

说明图 4.1.2 路堑边坡光面(预裂)爆破施工工艺流程

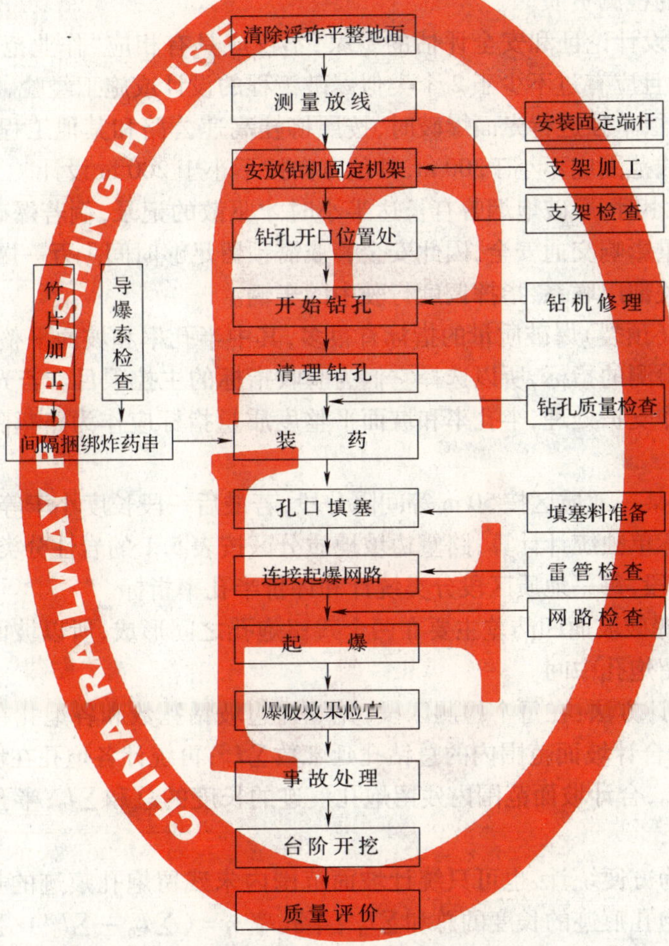

4.1.3 光面(预裂)爆破是专业性很强的一项爆破作业,只有专业施工队伍才能保证安全和质量。参加此项施工的人员,除了应持有公安部门颁发的爆破作业许可证外,还必须进行光面(预裂)爆破专项技术培训。

4.2.2 光面(预裂)爆破钻孔作业的原则是"对位准、方向正、角度精"。对位准即钻孔开口位置偏差不得超过一倍炮孔直径;方向正即钻孔左右方向偏差不得超过 1°;角度精即钻孔前后方向偏差不得超过 1°。

4.3.4 光面(预裂)爆破炮孔填塞长度宜为 8 ~ 20 倍炮孔直径,通常为 0.8 ~ 1.5 m。为保证炮孔填塞料不流进间隔装药段,先在填塞段下端用编织袋或其他材料塞紧,然后用砂性土填实。填塞捣实过程中应保护好爆破引线,防止引线滑落或折断。

4.3.5 第一次爆破前应进行起爆网路模拟试验,若第一次爆破成功,以后的爆破网路与前次相同,可以省去网路模拟试验,只检查爆破器材质量是否合格。

4.4.4 在电气化铁路线旁实施爆破,爆破飞石防护尤其重要,必须遵照《铁路技术管理规程》的有关规定,做好爆破与安全防护方案,与铁路运营部门共同建立爆破领导指挥部。

4.4.5 临近爆破区有对振动敏感的建(构)筑物时,通常应进行爆破振动监测,通过振动监测一方面可以优化爆破方案,另一方面可以评价保护物所受的振动危害。爆破振动监测单位应有相应的检测资质。

4.4.7 参加爆破设计论证和安全评估的专家,不仅应具有相应"作业范围和作业级别"的安全作业证,而且应有过不少于2个类似爆破工程的设计或施工经验。

4.4.8 预留光爆层单独进行光面爆破时,按照柳桂高速公路和其他工程的施工经验,最小抵抗线方向警戒范围应不小于300 m,其他方向按不小于200 m设计。

4.4.9 当风速很小时,爆破炮烟曾有长达半小时才驱散的记录,倘若爆破炮烟滞留在铁路、公路上,将严重影响交通安全,因此安全警戒需预留足够时间。万一爆破发生意外,应立即与运营等相关部门联系,指挥调度行驶中的车辆。

5.0.1 评价光面(预裂)爆破质量的指标有很多,其中半孔率和坡面平整度是最直观、最有代表性和方便检测的指标,所以选择它们为验收指标的主控项目。若光面(预裂)爆破后路堑边坡尚需作支护处理,半孔率和坡面平整度质量指标应作为路堑隐蔽工程质量验收的一部分。

5.0.2 路堑边坡某一地质区按50 m等间隔分段,若最后一段长度小于等于50 m,则对该段边坡半孔率指标单独统计计算;路堑边坡地质分区按表5.1的岩性分类,分为:硬岩、中硬岩、软岩三类区段,每一地质区段分类统计和评价半孔率指标。

光面(预裂)爆破坡面凹凸差主要在两个残留炮孔之间形成,所以坡面平整度检测断面应处在两个残留炮孔中间。

5.0.3 半孔率统计方法:在每个检测区段,先统计边坡钻孔数和各炮孔在坡面范围内的钻孔延米数量 L_0,合计坡面范围内的总钻孔延米数 $\sum L_0$;再统计各炮孔在坡面范围内残留炮孔痕迹的长度 l_0,合计坡面范围内残留炮孔痕迹的长度的总和 $\sum l_0$;半孔率 $\eta=\sum l_0/\sum L_0$。

实际操作中为方便统计,也可只统计坡面范围内未残留炮孔痕迹的长度 l_0',合计坡面范围内未残留炮孔痕迹的长度的总和 $\sum l_0'$;半孔率 $\eta=(\sum L_0-\sum l_0')/\sum L_0$。

5.0.4 若光面(预裂)爆破形成的边坡坡面整体上比较平顺,但因局部地质原因造成凹凸差过大,在嵌固后不影响整体稳定的情况下,应据实确定是否合格。

5.0.5 光面(预裂)爆破形成的边坡质量要求较高,所以将边坡坡率也作为质量指标的主控项目,边坡坡率与坡面平整度一起检测,边坡坡率指标反映出钻孔角度偏差,只要认真校验完全可以达到这一精度要求。

5.0.7 预裂爆破的裂缝宽度作为检测指标,主要在预裂爆破单独实施时采用,特别将预裂缝作为减振措施之一时,需要验收是否合格。在边坡开挖中,预裂爆破缝可以不作检查,预裂爆破面最终质量评价仍以半孔率和坡面平整度为主。

5.0.8 本条是光面(预裂)爆破坡面观感指标的合格标准。